新三板实务史上，全面、系统与实战之至的鸿篇巨制

（董秘的特殊性，其应涉实务的广度、深度，应为所有参与者的标杆）

新三板董秘实战600案例900问

中 股权经营与挂牌交易

王骥 编著

钻石董秘是这样打造的

電子工業出版社
Publishing House of Electronics Industry
北京·BEIJING

内容简介

该套书分上中下三册，按章设置43大类专题、480多种细分主题，所涉新三板资本实务有股权激励与结构，市值管理，定向发行、优先股，做市、转让与质押融资，战略或财务投资，并购重组、借壳，路演与投资者关系，三会运行、内控治理、规范经营，信息及脱密披露，股东及股份管理、权益分派，股票交易、限售解禁，媒体公关、舆情管理、危机管理，法律事务、财务税收等。多达118万字、累计1048页，案例610多例、问答950多项，几乎概括了挂牌前董秘、挂牌后事务性董秘与战略性董秘所有成长阶段的所有实务与能力培养内容。截至目前，可谓新三板实务史上最全面、最系统与最具实战价值的鸿篇巨制。正因如此，本书也算得上是资本市场所有参与者深度理解新三板与玩转资本运营的百科宝典。本书每一章设有两大部分，一部分为问答，属于实务性内容；另一部分为案例分析，属于实战性内容。

本书适合新三板挂牌企业、拟挂牌企业及其他各类企业董秘，抑或有志向成为董秘的各类人士阅读；适合挂牌企业、拟挂牌企业和其他企业等公司、集团以及各类金融机构、服务性中介的董事、监事、高管、合伙人等决策者和其他级别的管理者，抑或有志向成为这些决策、管理者的各类人士阅读。

图书在版编目（CIP）数据

新三板董秘实战600案例900问：全三册 / 王骥编著. —北京：电子工业出版社，2017.2
ISBN 978-7-121-30732-4

Ⅰ. ①新…　Ⅱ. ①王…　Ⅲ. ①中小企业－企业融资－中国－问题解答　Ⅳ. ①F279.243-44

中国版本图书馆CIP数据核字（2016）第316634号

责任编辑：高洪霞
印　　刷：三河市双峰印刷装订有限公司
装　　订：三河市双峰印刷装订有限公司
出版发行：电子工业出版社
　　　　　北京市海淀区万寿路173信箱　邮编：100036
开　　本：720×1000　1/16　印张：65.5　字数：1176千字
版　　次：2017年2月第1版
印　　次：2017年2月第1次印刷
定　　价：228.00元（全三册）

凡所购买电子工业出版社图书有缺损问题，请向购买书店调换。若书店售缺，请与本社发行部联系，联系及邮购电话：（010）88254888，88258888。

质量投诉请发邮件至 zlts@phei.com.cn，盗版侵权举报请发邮件至 dbqq@phei.com.cn。

本书咨询联系方式：（010）51260888-819，faq@phei.com.cn。

前言：董秘的重要地位及其层次与修炼

一、第四方力量

业界一般认为，企业董事会秘书（以下简称董秘）是新三板挂牌公司、沪深上市公司除董事长、总经理、财务总监之外的最重要职位，通常被称为企业的“四大金刚”之一。当然，还有一些人认为，一家企业如果进入了资本市场，董秘的位置可能应该要排到第二位，特别是那些战略型的董秘，对资源的整合和对资本的运营，为企业赚得的效益或许很多时候是超过总经理的。实际上，笔者甚至认为，未来的董秘应该是与总裁并驾齐驱的职位，是企业战略、资本谋划的幕僚长与实际决策者，是企业、集团除“三会”之外的第四方实务性制衡机构。

为什么这么说呢？理由很简单。

随着大数据、人工智能、互联网与移动终端技术的交融和发展，人人皆为媒体、人人皆为经济体的时代或将渐行渐近。这样，企业的商业模式、组织结构或将发生巨大的变化，甚至彻底改变，可能连员工的工作模式都会改变。那时，企业生存、发展等对各类资源的开发、匹配与整合，将实体经营（现实+线上线下）与资本经营（虚拟）合缝对接的谋划与运营则尤显重要。那么，企业智能、谋划与整合密集型的组织形式或将运应而生，它有很大可能就是以挂

牌或上市公司董秘这一角色为中心，成为独立并服务于董事会、监事会与股东大会“三会”之外的第四方力量。这一力量站在资本与实体最佳对接的高度对企业的各方经营、运作进行指导，是战略与实务的交融体，是完全有可能成为“三会”利益诉求与现实整合对接的第四方制衡力量的。

二、董秘层次与升级

既然董秘这一职位这么重要，那么怎样才能成为一个合格的、突出的甚至杰出的董秘呢？这里简单地从董秘的分类与升级说起。

就新三板市场来说，按照职责与能力，董秘可分为两个阶段，一个是挂牌前的董秘，一个是挂牌后的董秘。挂牌后的董秘又可简单地分为两种，一种是事务性的董秘，一种是战略性的董秘。2016年9月8日，全国股转系统公司发布《全国中小企业股份转让系统挂牌公司董事会秘书任职及资格管理办法（试行）》，从相关内容来看，其定义的董秘实际上属于事务性董秘，涉及战略性董秘的内容比较少。

所谓事务性董秘，就是以信息披露、合规运作、公司治理为主要工作的董秘。所谓战略性董秘，就是以企业再融资、并购重组、市值管理与股权经营等与资本运作相关事务为主要工作的董秘。其中，前者工作的特点就是格式化、标准化与流程化；后者的特点就是多样性、广博性与整合性。

董秘从挂牌前董秘成长为挂牌后董秘，是一大进步，进而再成长为事务性董秘，更是一大进步。如若从事务性董秘成长为战略性董秘，那就叫作“飞跃”，极其不容易。

目前，新三板挂牌企业中，绝大多数的董秘都停留在事务性董秘阶段，甚至可以说很多董秘连事务性的基本职能和能力都还没有达到。不然，为何近两年，全国股转公司开出了那么多的罚单（当然，董秘连坐是有的，但也可归为董秘职责）呢？这些罚单绝大多数都涉及事务性操作内容。

董秘如何成长？如何修炼？囿于行业、企业与董秘自身精力的有限性，即便是长期任职一家或数家企业董秘的人，其日常的实践和学习也必然存在它的狭隘性。所以，笔者认为，对新三板各类企业、各种情况下的董秘制度规则的

归纳、实务的总结与实践的剖析，分类精选汇总的实战性的图书，在董秘成长学习中，应该能够起到“事半功倍”的作用。基于此，我们精心设计了董秘系列实战图书。

三、三层次董秘的定制修炼

《新三板董秘实战 600 案例 900 问》分为上、中、下三册，全书涉及新三板分层挂牌、股票股权经营、融资、资本运作等数百个细分主题，几乎囊括新三板资本实务的方方面面，多达 110 万字，累计 1048 页，案例 610 多例，问答 950 多个，几乎概括了挂牌前董秘、挂牌后的事务性董秘与战略性董秘所有成长阶段的所有实务与能力培养内容，可谓截至目前新三板实务史上最全面、最系统与最具实战价值的鸿篇巨制。该书每一章分两部分，第一部分为问答，属于实务性内容；第二部分为案例分析，属于实战性内容。这里简单分类说说。

对挂牌前董秘：主要在中册内设置了股份制改造、尽职调查与分层挂牌相关的各类实务。

对挂牌后事务性董秘：在上、中、下各册内设置了三会运行与治理，包括独立性、对外担保资金占用、关联交易与同业竞争等公司内控与治理，包括年报、半年报、临时报告与涉密脱密等的信息披露，股东管理、股份管理、股票交易与转让、限售与解禁、权益分派、媒体关系与危机管理等实务与实战。

对战略性董秘：主要在中、下册内设置了股权激励、市值管理、定向发行、优先股发行、并购重组、借壳挂牌或上市、路演与投资者关系等实务、实战内容。

如上三类实务不仅概括了新三板的相关制度、规则与实践，而且还涉及新三板目前还未来得及制定的制度规则，需要比照沪深上市公司的相关规定、要求的大量内容。希望这些实务与实战能为各层级董秘的成长与修炼带来众多裨益。

由于董秘工作涉及资本市场与企业治理、规范经营的方方面面，所以，本系列图书也是企业董事、监事和高管，其他中高级管理人士及拟成为这些决策者、管理者人员，以及拟成为各类企业董秘的人士等全面了解与深度研究新三

板资本市场，并学习其实务的一套很好的实战性图书。

本书参考了新三板涉及的最新政策、制度和规范，操作实战技能、案例原始资料等参考或来自于全国股转系统官网，以及相关券商、中介与服务机构的官网和互联网所公开披露的大量信息资料，以及相关专业机构的实践，并经笔者整理、归纳和提炼，这里特作说明和感谢，不在书中单列。另外，笔者对本人家属和所有支持过该套图书编撰、出版的单位及朋友致以深切的谢意！同时，书中的纰漏、不当与谬误，敬望业界同仁予以批评、指正！

作者：王骥

2016年12月15日

目　　录

第 1 部分　股权激励与股票交易

第 1 章　股权激励概念法规、问题资格与要求 …… 2

1.1　常规疑难 13 问 …… 2

1.1.1　概念、目的与可行性 …… 2

1.1.2　问题原则与要素作用 …… 4

1.1.3　法规、资格、对象与要求 …… 7

1.2　典型实战 6 例 …… 10

1.2.1　技术出资与设置条件的股权激励 …… 10

1.2.2　股权激励的三大误区 …… 12

第 2 章　9 大股权激励模式的特点利弊及其操作 …… 15

2.1　常规疑难 11 问 …… 15

2.1.1　9 大激励模式 …… 15

2.1.2　多种激励模式优缺点及适用情况 …… 17

2.2　典型实战 11 例 …… 21

2.2.1　规范性股权激励 …… 21

2.2.2　定增与转让激励 …… 24

2.2.3　虚拟与强制激励 …… 26

2.2.4　激励模式之利弊 …… 27

第 3 章　股权激励设计的因素、程序、行权与操作要领 …… 33

3.1　常规疑难 12 问 …… 33

3.1.1 设计因素、关键点与程序……33

3.1.2 股票、资金来源与数量……35

3.1.3 行权、转板与税收……36

3.1.4 常见模式操作要领……37

3.2 典型实战6例……40

3.2.1 股权方案的设计……40

3.2.2 突破股权激励数量规定……42

第4章 投资者参与交易所涉事项与适当性管理……44

4.1 常规疑难32问……44

4.1.1 投资者门槛、权限等的理解……44

4.1.2 投资者开户、交易等操作……47

4.1.3 境外投资者及结算与税收……49

4.1.4 投资者适当性的理解与操作……50

4.1.5 投资者交易注意事项……54

4.2 典型实战12例……58

4.2.1 投资者操作与技术性错误……58

4.2.2 大股东违规与内幕交易……59

4.2.3 监事等违规与自律……60

4.2.4 操作股价与处罚……61

第5章 股票转让及协议、做市方式选择与操作……64

5.1 常规疑难36问……64

5.1.1 法规、交易制度及特点……64

5.1.2 转让方式及其选择与操作……66

5.1.3 协议转让及其操作……69

5.1.4 做市转让及做市商要求……71

5.1.5 做市特点及其具体操作……74

5.2 典型实战15例……78

5.2.1 错误操作与损失……78

5.2.2 做市、协议转让与退出……80

5.2.3 做市违规及处罚或解决……81

5.2.4 挂牌前股份转让……85

第 2 部分　股份管理与权益分派

第 6 章　股份登记变动、质押查询等管理实务……90

6.1　常规疑难 23 问……90

6.1.1　股份登记……90

6.1.2　股份变动管理……94

6.1.3　投资者对所持股份的管理……96

6.1.4　变更证券名称……101

6.1.5　数据查询业务……102

6.2　典型实战 15 例……103

6.2.1　违规股份交易……103

6.2.2　股东权益变动违规……104

6.2.3　挂牌前股份质押与继承……104

6.2.4　经营中质押及风险控制……108

第 7 章　股份限售与解除、政策匹配及核算操作……111

7.1　常规疑难 17 问……111

7.1.1　发起人、控股股东、实际控制人及董监高……111

7.1.2　增资、新增、自愿及非转让限售……113

7.1.3　并购与外资限售……114

7.1.4　解除限售时限与程序……115

7.1.5　解除限售小数与披露的处理……117

7.2　典型实战 13 例……118

7.2.1　发起人、控股股东与实际控制人……118

7.2.2　董监高限售及解除计算……119

7.2.3　多重身份限售及解除核算……122

7.2.4　挂牌前股份锁定与限售……124

第 8 章　股份暂停、恢复转让及终止挂牌等操作……126

8.1　常规疑难 12 问……126

8.1.1　股票暂停转让……126

8.1.2　股票恢复转让……129

8.1.3　股票终止挂牌……131

8.2　典型实战 11 例 …… 133
8.2.1　多种原因与暂停转让 …… 133
8.2.2　终止挂牌及其他处罚 …… 134
8.2.3　恢复转让 …… 136
第 9 章　权益分派的流程、事项与操作 …… 138
9.1　常规疑难 10 问 …… 138
9.1.1　净利润、公积金及红利 …… 138
9.1.2　权益分派流程及注意事项 …… 139
9.1.3　收费及税收 …… 141
9.2　典型实战 10 例 …… 143
9.2.1　分派比例、一致性及限制 …… 143
9.2.2　股东和投资基金税后派息 …… 144
9.2.3　不规范或违规及本处罚 …… 145

第 3 部分　尽调股改与分层挂牌

第 10 章　尽职调查流程、事项与实战操作 …… 148
10.1　常规疑难 39 问 …… 148
10.1.1　尽职调查概述与内控机制 …… 148
10.1.2　持续经营与公司治理 …… 152
10.1.3　公司财务风险 …… 157
10.1.4　会计政策稳健性 …… 160
10.1.5　合法合规 …… 163
10.2　典型实战 14 例 …… 166
10.2.1　权属、资质与原则 …… 166
10.2.2　销售与利润预判 …… 168
10.2.3　流动性、客户质量与回款风险 …… 169
10.2.4　财务造假 …… 170
10.2.5　尽职调查违规被处罚 …… 171
第 11 章　股份改制的环节、事项与筹划等实务 …… 173
11.1　常规疑难 33 问 …… 173
11.1.1　改制概念方式与类型成本 …… 173

11.1.2 改制目标、原则及外商、合伙独资等改制要求……176
11.1.3 改制流程、时间表与中介选择……179
11.1.4 整体变更改制的操作……183
11.1.5 高频常规疑难问题及解决……187
11.2 典型实战 10 例……191
11.2.1 特殊主体与折股……191
11.2.2 评估及其复核与基准日净资产调减……193
11.2.3 资质资产与股本转增……196
第 12 章 分层挂牌的流程中介、事项筹划与红利分享……199
12.1 常规疑难 40 问……199
12.1.1 市场分层及条件要求……199
12.1.2 挂牌流程步骤、问题与资料……203
12.1.3 中介机构与选择……208
12.1.4 负面清单及其他要求……211
12.1.5 费用与筹划……214
12.1.6 挂牌条件解读……216
12.2 典型实战 17 例……220
12.2.1 存续验资与财务门槛……220
12.2.2 改制与挂牌条件……222
12.2.3 业务与行业……223
12.2.4 国有、外资与激励……224
12.2.5 合规合法条件……225
第 13 章 设立出资与股本增减等相关实务及操作……227
13.1 常规疑难 29 问……227
13.1.1 发起人设立、基准日与业绩连续问题……227
13.1.2 特殊主体、沿革折股与评估验资……229
13.1.3 无形实物、债券股权出资与转移补正问题……231
13.1.4 抽逃延迟、相互循环出资问题……235
13.1.5 增减资与未分配利润、公积金等转增问题……237
13.2 典型实战 21 例……240
13.2.1 发起设立与相关主体……240

13.2.2 无形资产、实物、债券出资与解决……244
13.2.3 抽逃、代替与延期出资……249
13.2.4 增减资本与转增……252

第14章 股东股权与控制、控股等相关实务……255

14.1 常规疑难25问……255
14.1.1 股东资格适格性、代持解决与股权明晰……255
14.1.2 股权变更、转让及价格……259
14.1.3 国有产权、股权的变更和转让……261
14.1.4 实际控制人、控股股东的认定与风险……264
14.1.5 共同控制、无实际控制人的认定与风险……266

14.2 典型实战25例……267
14.2.1 股权明晰、股东资格及代持清理……267
14.2.2 股东适格、清理与锁定……271
14.2.3 股权变更、转让与价格……273
14.2.4 国有股权、资产变更转让……275
14.2.5 实际控制人与控股股东认定与解决……277
14.2.6 共同控制及无事实控制人……280

第15章 行业产业、模式业务与持续经营等实务……284

15.1 常规疑难27问……284
15.1.1 行业产业、环境业务及模式运营……284
15.1.2 资质许可、技术研发与信托金融……288
15.1.3 实物资产权属与知识产权权属……291
15.1.4 持续经营问题及解决……294

15.2 典型实战36例……296
15.2.1 实物资产权属……296
15.2.2 知识产权权属……301
15.2.3 产业及环境、经营模式与运营……304
15.2.4 资质许可、信托金融及经营风险等……309
15.2.5 客户依赖、现金交易、补贴等持续经营问题……313

第 16 章 环保用工、对赌私募与合规处罚等实务……317
16.1 常规疑难 16 问……317
16.1.1 环保、安全及质量问题……317
16.1.2 社保、公积金及用工保障……319
16.1.3 对赌、关键资源及私募备案……321
16.1.4 处罚、诉讼及重大违法违规……323
16.2 典型实战 17 例……325
16.2.1 环保与安全……325
16.2.2 经营合规……327
16.2.3 对赌问题及解决……332
16.2.4 用工与规范……333
16.2.5 处罚与诉讼……335
第 17 章 财务税收有关事项、问题与解决……339
17.1 常规疑难 28 问……339
17.1.1 财务与业务匹配性……339
17.1.2 财务指标、数据与会计政策、估计……342
17.1.3 收入与费用的确认……344
17.1.4 财务规范性与税收缴纳……346
17.2 典型实战 28 例……350
17.2.1 资产、权益与共同类……350
17.2.2 负债、成本与损益类……354
17.2.3 税收缴纳……359

问答目录

问答 001　股权激励概念及其模式是什么？……2
问答 002　新三板实施股权激励与上市公司有何区别？……2
问答 003　股权激励的目的是什么？……3
问答 004　新三板实施股权激励有何必要性？……3
问答 005　怎样理解新三板股权激励的可行性？……4
问答 006　股权激励的困惑是什么？要解决哪两个基本问题？……4
问答 007　股权激励的四项基本原则是什么？……5
问答 008　股权激励的 6 个激励要素是什么？……5
问答 009　股权激励的 4 大作用是什么？……6
问答 010　新三板法律法规关于股权激励的规定有哪些？……7
问答 011　股权激励对企业资格有何要求？……8
问答 012　激励计划的管理机构有哪些？……8
问答 013　股权激励对象如何确定？对资格有何要求？……9
问答 014　股权激励主要有哪 9 大模式？……15
问答 015　何为业绩股票、股权期权激励模式？……16
问答 016　何为虚拟股票、股票增值权与限制性股票激励模式？……16
问答 017　何为延期支付、经营者持股与管理层收购激励模式？……16
问答 018　何为账面价值增值权激励模式？……17
问答 019　业绩股票激励的优缺点与适用情况是什么？……17
问题 020　股票期权激励的优缺点与适用情况是什么？……18
问答 021　虚拟股票激励的优缺点与适用情况是什么？……19
问答 022　延期支付激励模式的优缺点与适用情况是什么？……20

问答 023 强制持股激励模式的优缺点与适用情况是什么？……20
问答 024 股票增值权激励模式的优缺点与适用情况是什么？……21
问答 025 股权激励的设计因素有哪些？……33
问答 026 股权设计主要有哪几个关键点？……34
问答 027 新三板股权激励方案设计实施需履行的程序有哪些？……34
问答 028 股权激励的股票来源是什么？……35
问答 029 股权激励对象的资金来源是什么？……35
问答 030 股权激励标的股份数量有何要求？……35
问答 031 股权激励设定的行权指标、绩效指标要求有哪些？……36
问答 032 转板时股权激励如何处理？……36
问答 033 实行股权激励计划企业所得税问题如何处理？……36
问答 034 “规范类”股权激励的操作要领有哪些？……37
问答 035 新股定向增发实施股权激励的操作要领有哪些？……38
问答 036 创新型股权激励的操作要领有哪些？……39
问答 037 新三板机构投资者门槛及要求是什么？……44
问答 038 新三板自然人投资者门槛及要求是什么？……45
问答 039 个人投资者的会计背景或经历要求具体如何把握？……45
问答 040 新三板特殊投资者具体指哪些？其交易权限如何管理？……46
问答 041 为何说全国股转系统是挂牌公司股东股票转让的唯一合法平台？……46
问答 042 新三板投资者开户有哪些流程？……47
问答 043 新三板市场投资者的交易权限的差异是什么？……47
问答 044 投资者如何委托交易？……48
问答 045 投资者如何查询股票名单与行情？……48
问答 046 投资者如何查询股票公告？……48
问答 047 投资者如何才能完成新三板的一笔交易？……48
问答 048 新三板股票转让的成交有何规定？……49
问答 049 除了参与股权交易，个人还有什么方式参与新三板？……49
问答 050 境外投资者是否可直接参与定增及交易？外资股东如何办理开具股票交易账户？……49
问答 051 投资者买入股票后如何通过另一家主办券商卖出？……49
问答 052 新三板对拟挂牌转让股票的结算登记有哪些规定？……50
问答 053 新三板投资者股票交易缴纳的税费有哪些？……50
问答 054 什么是投资者适当性管理？其制度建立有何意义？……50

问答055 投资者如何参与投资者适当性管理？证券公司如何评估？……51
问答056 投资者适当性管理对投资者信息有何要求？……51
问答057 对投资者有针对性的适当性管理有哪些规定？……52
问答058 对投资者材料、业务痕迹、投诉及检查等适当性管理有何规定？……52
问答059 为做好投资者适当性管理工作，主办券商需做好哪些基础性工作？……53
问答060 主办券商应该如何管理投资者的交易权限，以确保各类投资者能够在权限范围内正常交易？……53
问答061 如何理解和执行“主办券商应当妥善保存业务办理、投资者服务过程中风险揭示的语音或影像留痕”？……54
问答062 内幕交易与操纵市场有何规定？哪些属于内幕知情人？……54
问答063 挂牌公司交易的内幕信息有哪些内容？……55
问答064 内幕信息中所涉及的重大事件指的是什么？……55
问答065 受到全国股转系统重点监控的交易行为有哪些？……56
问答066 投资者异常转让行为有哪些？……56
问答067 股票转让过程中可能涉及哪些信息披露？……57
问答068 全国股转系统监管自律有哪些措施？……57
问答069 新三板股份转让交易遵守哪些法规？……64
问答070 新三板的交易场所及股票代码是什么？……65
问答071 新三板的转让设施与转让参与人指什么？……65
问答072 新三板股票交易时间与“T+1”交易制度是怎样的？……66
问答073 投资者股票申报数量与申报有效限期是怎样规定的？……66
问答074 新三板计价单位与涨跌幅有何规定？……66
问答075 新三板是否可以开展融资融券业务？……66
问答076 挂牌股票可以采取哪些转让方式？……66
问答077 确定股票转让方式公司申请挂牌时需履行哪些程序？……67
问答078 挂牌同时采用做市转让方式有哪些注意事项？……67
问答079 由协议变更为做市转让方式，公司需要履行哪些程序？……68
问答080 由协议变更为做市转让方式，公司有哪些注意事项？……68
问答081 由做市变更为协议转让方式，公司需履行哪些程序？……69
问答082 投资者可以进行哪些协议转让方式下的委托？……69
问答083 协议转让成交的方式有哪几种？具体是怎样的？……70
问答084 投资者在协议转让方式下需要注意些什么？……71
问答085 协议转让股票的开盘价与收盘价是怎样形成的？……71

问答 086　做市转让方式及其特点是什么？……71
问答 087　采用做市转让方式的好处有哪些？……72
问答 088　新三板做市商的条件是什么？……72
问答 089　全国股转系统公司对主办券商做市业务的要求有哪些？……72
问答 090　做市商备案、报备及证券账户如何管理？……73
问答 091　做市商做市库存股票可通过哪些方式取得？……73
问答 092　做市商加入或退出某只股票做市的时间有何限制？……73
问答 093　出现哪些情形时，做市商自动终止为相关股票做市？……74
问答 094　做市商之间的股票如何转让？……74
问答 095　做市转让方式的特点主要有哪些？……74
问答 096　做市转让交易时间有何特点？……75
问答 097　投资者在做市转让方式下有哪些委托类型？……75
问答 098　投资者订单与做市商报价如何成交？……75
问答 099　投资者与做市商获得的即时行情是否存在差异？……76
问答 100　投资者与做市商交易有哪些事项需要注意？……76
问答 101　做市转让的开盘价与收盘价是怎样形成的？……77
问答 102　挂牌公司必须以自己的主办券商作为做市商吗？……77
问答 103　公司如何在挂牌的同时做市？……77
问答 104　新三板做市商常见违法行为有哪些？……77
问答 105　申请挂牌公司办理初始登记业务的流程有哪些？……90
问答 106　挂牌公司办理股份登记等业务需通过什么渠道？……90
问答 107　（拟）挂牌公司办理股份登记有哪些注意事项？……91
问答 108　挂牌公司办理股票发行新增股份登记有哪些流程？……91
问答 109　新增股份登记操作材料等有何要求？……92
问答 110　股份登记填写时，关于证券账户、托管单元和股份性质文档需注意什么？……92
问答 111　股份登记填写时，关于证件号码和登记股数文档需注意什么？……93
问答 112　挂牌公司股东持股变动应满足的合规要求有哪些？……94
问答 113　控股股东及实际控制人应遵循信息敏感期买卖股票限制有哪些？……94
问答 114　挂牌公司“董监高”买卖股票合规要求应注意哪些事项？……95
问答 115　“董监高”及重要股东是否需要遵守短线交易的规定？……96
问答 116　全国股转系统证券账户投资者如何开立？……96
问答 117　挂牌公司股票质押是指什么？……97
问答 118　挂牌公司股票质押中介查询、指南与费用是怎样的？……97

问答119 股票质押登记与解除登记的申请材料各有哪些？……97
问答120 办理挂牌公司股票质押的注意事项有哪些？……98
问答121 办理挂牌股票非交易过户有哪些情形？……98
问答122 协议转让与法人资格丧失办理过户需提交哪些申请材料？……99
问答123 继承、离婚与基金捐赠办理过户需提交哪些申请材料？……100
问答124 挂牌公司能否变更公司全称或证券简称或，需要公告吗？……101
问答125 挂牌公司变更公司全称或证券简称，要履行哪些程序？……101
问答126 挂牌公司可以从中国结算查询哪些数据？……102
问答127 申请查询“不定期持有人名册”需要些什么？……102
问答128 挂牌公司发起人持股的转让限制有何规定？……111
问答129 控股股东和实际控制人持股转让限制有何要求？……111
问答130 控股股东、实际控制人以外的其他股东持股转让限制有何规定？……112
问答131 “董监高”持股转让限制有何规定？……112
问答132 持有挂牌公司股份的“董监高”离职的，如何办理所持股票限售？……112
问答133 对挂牌前十二个月内增资部分股份的转让限制有何规定？……113
问答134 挂牌公司发行新股的转让限制有何规定？……113
问答135 挂牌公司及其股东自愿限售股份如何办理相关手续？……113
问答136 因非转让原因获得的股票转让限制有何要求？……114
问答137 并购重组中收购人获得的股份转让限制是怎样的？……114
问答138 重大资产重组涉及的限售规定有哪些？……114
问答139 对外商投资股份公司发起人转让股份限制有何要求？……114
问答140 挂牌公司在申请办理股票限售或解限时有哪些时限要求？……115
问答141 挂牌公司股票限售及解除限售需履行哪些程序？……116
问答142 计算解除限售股数时遇到小数如何处理？……117
问答143 股票解除限售挂牌公司需履行哪些信息披露义务？……117
问答144 股票解除限售挂牌公司应在公告中披露哪些内容？……117
问答145 股票暂停转让（停牌）的触发事件有哪些？……126
问答146 挂牌公司申请股票暂停转让的流程是怎样的（情形一）？……127
问答147 挂牌公司申请股票暂停转让的流程是怎样的（情形二）？……127
问答148 重大资产重组申请股票暂停转让的流程是怎样的？……128
问答149 重大资产重组停牌与普通停牌程序有何不同？……129
问答150 挂牌公司申请股票恢复转让有哪些流程？……129
问答151 重大资产重组申请股票恢复转让有哪些流程？……130

问答 152　重大资产重组在哪些情况下可以申请股票恢复转让？ …… 130
问答 153　重大资产重组在恢复转让日前预计无法进行首次信息披露，该怎样处理？ …… 131
问答 154　挂牌公司股票终止挂牌有哪些情形？ …… 131
问答 155　挂牌公司变更持续督导主办券商哪些内容应公告？ …… 131
问答 156　挂牌公司与主办券商持续督导解除的流程有哪些？ …… 132
问答 157　当年税后净利润进行分配应遵守的规范有哪些？ …… 138
问答 158　公积金的构成及其使用上的要求是怎样的？ …… 139
问答 159　挂牌公司能否自行派发现金红利？ …… 139
问答 160　挂牌公司除权除息如何计算？ …… 139
问答 161　挂牌公司进行权益分派的流程是怎样的？ …… 139
问答 162　权益分派各流程的注意事项有哪些？ …… 140
问答 163　新三板股票的除权与除息有何规定？如何计算？ …… 141
问答 164　权益分派的收费标准是怎样的？ …… 141
问答 165　权益分派时，对税务征收对象及扣缴义务人有何要求？ …… 142
问答 166　权益分派时，应纳税所得、税率及其扣缴办法是怎样的？ …… 142
问答 167　尽职调查的概念与种类是什么？ …… 148
问答 168　尽职调查的目的有哪些？ …… 149
问答 169　拟挂牌公司尽职调查的主要内容和原则是什么？ …… 149
问答 170　尽职调查对项目小组最基本的要求是什么？ …… 149
问答 171　全国股转公司对券商尽职调查有哪些要求？ …… 150
问答 172　内控环境、体系及其制度内容和充分性如何调查？ …… 151
问答 173　风险识别与评估、监督与评价内容如何调查？ …… 152
问答 174　公司信息沟通与反馈内容怎么调查？ …… 152
问答 175　主营业务地位及业务目标对公司的影响如何调查？ …… 152
问答 176　经营模式及其转型的核查与重点是什么？ …… 153
问答 177　行业及市场竞争、客户及技术研发如何调查？ …… 153
问答 178　公司治理机制调查的方式主要是什么？ …… 154
问答 179　公司治理机制执行情况需调查哪些内容？方式是什么？ …… 154
问答 180　股东的出资、控股股东及实际控制人情况如何调查？ …… 154
问答 181　同业竞争如何核查？ …… 155
问答 182　如何调查公司 5 个方面的独立性？ …… 155
问答 183　如何调查管理层、核心技术人员的持股和稳定性情况？ …… 156
问答 184　如何调查公司管理层的诚信及声明情况？ …… 156

问答 185　公司重大事项的决策和执行情况是怎样调查的？……157
问答 186　公司运营、盈利及现金与偿债能力该怎么判断？……157
问答 187　应收账款风险及其防范调查的内容和方式主要有哪些？……158
问答 188　财务指标偏离变动与存货财务指标如何调查？……158
问答 189　公司的关联方及关联交易是怎么调查的？……158
问题 190　关联交易收入、利润及应收应付余额占比高低，及大额销售或退回如何调查？……159
问答 191　收入成本与费用资产配比及非经常性损益如何调查与判断？……159
问答 192　审计报告意见落实及更换会计师事务所（如有）原因如何调查？……160
问答 193　资产减值准备及合并报表政策是怎样调查的？……160
问题 194　公司投资机制、理财项目及其计价收益等如何调查？……161
问答 195　公司收入及其较大变动的影响如何判断？……161
问答 196　公司固定资产和折旧调查包括哪些内容和方法？……162
问答 197　如何确认公司无形资产相关账务处理的合规合理性？……162
问答 198　广告费、研发费政策及利息费与资本化关系如何调查？……163
问答 199　公司设立及存续情况的调查主要有哪些内容？……163
问答 200　如何核查股本、股权变动情况及股份转让限制？……164
问答 201　如何调查公司财产权属凭证及商标、专利、特许经营等权利期限？……164
问答 202　如何核查公司主要财产与重大债务问题？……165
问答 203　环保和质量、技术等是否符合要求是怎样核查的？……165
问答 204　如何调查公司的纳税情况？……165
问答 205　如何核查公司重大违法违规、重大诉讼与仲裁风险？……166
问答 206　何为改制？企业为何要改制？……173
问答 207　企业股份改制的成本有哪些？……174
问答 208　适宜改制的企业有哪些类型？……174
问答 209　股份公司的类型有哪些？……174
问答 210　申请在新三板挂牌的公司是否必须是股份公司？……175
问答 211　企业改制有哪些方式？……175
问答 212　股份有限公司设立方式有哪些？……176
问答 213　整体变更改制和重新设立两种股改方式有何区别？……176
问答 214　企业股份改制要达到哪些目标？……176
问答 215　企业股份改制应坚持的原则是什么？……177
问答 216　合伙企业、个人独资企业能否改制成有限（或股份）公司？……177

问答 217 外商投资企业改制为股份有限公司应满足哪些要求？……177
问答 218 民营企业改制为股份有限公司应特别注意哪些事项？……178
问答 219 公司改制大股东与高管要做哪些准备？……179
问答 220 拟挂牌公司股份改制主要包括哪些环节？……179
问答 221 新三板拟挂牌公司改制重组工作时间表大致是怎样的？……180
问答 222 改制中如何选择中介机构？……181
问答 223 整体变更，企业改制各中介机构的职责有哪些？……182
问答 224 整体变更改制准备阶段，企业主要有哪 10 项工作？……183
问答 225 整体变更改制准备阶段企业该如何梳理历史沿革资料？……184
问答 226 整体变更改制准备阶段企业该如何梳理财务、核资与会计核算？……184
问答 227 企业整体变更改制操作阶段主要有哪 16 项工作？……185
问答 228 整体变更改制操作阶段，创立大会的职权及操作是怎样的？……186
问答 229 企业整体变更改制收尾阶段的工作主要有哪些？……187
问答 230 整体变更与业绩如何连续计算？……187
问答 231 国有、外商及特殊主体改制有何要求？……188
问答 232 国有资产折股要求及注意事项有哪些？……188
问答 233 拟挂牌企业改制对评估及验资的要求是什么？……188
问答 234 拟挂牌公司改制的财务处理及要求有哪些？……189
问答 235 改制中追溯调整股改基准日净资产如何操作？……189
问答 236 改制评估日与公司成立日间隔较长有何问题？……189
问答 237 企业改制时是如何增资的？……190
问答 238 对独立性、关联与同业竞争等有何要求？……190
问答 239 挂牌公司进入创新层的财务标准（三套）是什么？……199
问答 240 创新层除财务标准之外，挂牌企业还需满足哪些条件？……200
问答 241 企业申请挂牌同时进入创新层的财务标准是什么？……200
问答 242 申请挂牌公司直接进入创新层，除财务标准之外，还需具备什么条件？……201
问答 243 进入创新层的企业维持的财务指标要求是什么？……201
问答 244 进入创新层的企业的维持，除财务标准之外，还需具备什么条件？……201
问答 245 层级划分和调整有哪些规定？……202
问答 246 创新层挂牌公司在哪些情况下将直接降级到基础层？……203
问答 247 分层制度中特定或专业术语的含义是什么？……203
问答 248 股东人数超过 200 人和未超 200 人公司申请挂牌有何差异？……203
问答 249 股东人数超过 200 人的企业有几种情况？挂牌有何不同？……204

问答 250　新三板挂牌的流程是怎样的？……204
问答 251　新三板挂牌的 10 大步骤是什么？……204
问答 252　新三板挂牌常见的 10 大问题是什么？……206
问答 253　需要公开披露企业的挂牌申请文件有哪些？……207
问答 254　企业申请挂牌需聘哪些中介机构？要注意些什么？……208
问答 255　企业申请挂牌的主办券商有何作用和工作？……209
问答 256　挂牌中，聘请的会计师事务所与资产评估机构有哪些工作？……209
问答 257　挂牌中，企业聘请的律师事务所的工作有哪些？……210
问答 258　申请挂牌如何获取 4 大中介机构的信息？……210
问答 259　新三板对挂牌准入负面清单管理有哪些要求？……211
问答 260　国有企业的国有股权设置批复文件应符合哪些要求？……211
问答 261　控股股东、实际控制人及其关联方占用资金、资产或其他资源有何情形和要求？……212
问答 262　报告期内申请挂牌公司发生实际控制人变更或者主要业务转型的是否可申请挂牌？……213
问答 263　申请挂牌公司在财务规范方面需要满足哪些要求？……213
问答 264　涉军企事业单位申请挂牌应满足哪些条件？……213
问答 265　失信被执行人是否可以申请挂牌？……214
问答 266　新三板挂牌初始费用有哪些？标准是怎样规定的？……214
问答 267　企业挂牌后每年支付的费用有哪些？……215
问答 268　挂牌后按次支付的费用有哪些？……216
问答 269　两网及退市公司股票挂牌收费标准是什么？……216
问答 270　新三板挂牌的 6 大条件是什么？……216
问答 271　如何理解拟挂牌公司的依法设立？……217
问答 272　如何理解拟挂牌公司存续期满 2 年？……217
问答 273　如何理解挂牌公司的业务明确？……218
问答 274　如何理解拟挂牌公司的持续经营能力？……218
问答 275　如何理解拟挂牌公司的治理机制健全？……218
问答 276　如何理解拟挂牌公司合法合规经营？……219
问答 277　如何理解拟挂牌公司的股权明晰？……220
问答 278　如何理解拟挂牌公司股票发行和转让合法合规？……220
问答 279　新三板对设立、股本等公司挂牌审核的关注点在哪里？……227
问答 280　如何理解发起人？……228

问答 281　如何理解整体变更与改制基准日？……228
问答 282　如何理解业绩连续与会计年度的计算？……228
问答 283　特有主体的公司改制需注意些什么？……229
问答 284　国资折股有哪些注意事项？解决办法是什么？……229
问答 285　关于存续期的历史沿革问题要注意些什么？……230
问答 286　实践中，对资产评估及验资有何要求？……230
问答 287　新三板挂牌对各类出资审核的关注点在哪里？……231
问答 288　无形资产出资有哪 5 种情况？权属不明如何解决？……231
问答 289　超比例出资问题该如何解决？……232
问答 290　出资不实的评估及解决办法是怎样的？……232
问答 291　实物出资有哪 5 大注意事项？……233
问答 292　实物出资是否属实及作价问题如何解决？……233
问答 293　未办产权转移和未经评估的实物出资问题如何解决？……233
问答 294　债权出资及其有效性如何认定？……234
问答 295　股权出资的确认问题需注意些什么？……235
问答 296　抽逃出资是如何界定的？……235
问答 297　抽逃出资的问题该如何解决？……236
问答 298　迟延出资的问题该如何解决？……236
问答 299　何为相互循环出资？该如何解决？……237
问答 300　新三板对增资减资等股本变化的审核的关注点在哪里？……237
问答 301　关于国资投资退出的股本增减问题需注意什么？……237
问答 302　关于实物、无形资产等的增减问题需注意什么？……238
问答 303　公司股本增减资的 5 大关注点是什么？……238
问答 304　企业股本减资的一般性解决办法是什么？……239
问答 305　同时增资与减资问题的解决办法是什么？……239
问答 306　公积金转增股本的确认及解决办法是什么？……239
问答 307　未分配利润转增股本的确认及解决办法是什么？……240
问答 308　新三板就股东适格性、股权明晰审核的关键点在哪里？……255
问答 309　何为股权明晰？该如何理解和把握？……256
问答 310　实践中，解决股权明晰的常规办法是什么？……256
问答 311　对股东适格要求、限制及未成年人股东适格性有何要求？……257
问答 312　股东资格的股权代持及其形成原因是什么？……257
问答 313　股权明晰及股权代持的关系及要求是什么？……258

问答 314 如何核查拟挂牌企业股权代持的问题？……258
问答 315 职工持股会清理为何很难？该怎么办？……258
问答 316 股权代持的解决办法是什么？……259
问答 317 新三板对股权变动、发行及转让审核的关键点在哪里？……259
问答 318 股权变更最集中的问题是什么？存在哪些法律问题？……260
问答 319 价格偏低的两种情形具体包含哪些内容？……260
问答 320 出现非公允价格转让股权问题该如何解决？……261
问答 321 国有股权、产权是如何鉴定的？……261
问答 322 国有股东判定的标识有哪些？……262
问答 323 国资转让是怎样的？该如何理解？……262
问答 324 国有资产转让给个体需要注意哪些问题？……263
问答 325 国有股权、资产转让的要求有哪些？……263
问答 326 国有资产转让问题主要集中在哪里？该如何解决？……263
问答 327 新三板就控股股东、实际控制人相关问题审核的关键点在哪里？……264
问答 328 何为实际控制人和控股股东？其行为有何特别要求？……264
问答 329 实际控制人及控股股东怎样认定？包含哪些要点？……265
问答 330 实际控制人出现变更，该类问题该如何解决？……265
问答 331 理解共同控制的关键是什么？如何认定？……266
问答 332 无控股股东或实际控制人情况该怎么认定？……266
问答 333 产业环境与业务明确的具体要求是什么？……284
问答 334 商业模式与行业的具体要求是什么？……285
问答 335 行业特色与行业空间的具体要求是什么？……285
问答 336 产业政策主要关注和分析哪些事项？……285
问答 337 产业政策变换风险主要有哪三种情况？……286
问答 338 业务、合同及匹配要求有哪些？……286
问答 339 外协业务要求与问题解决是怎样的？……287
问答 340 两种非相关业务问题的解决办法是什么？……288
问答 341 多种交互销售模式与收入确认问题是如何解决的？……288
问答 342 新三板对资质许可、技术研发审核的关注点是什么？……288
问答 343 新三板对业务资质合规性审查的关注点在哪里？……289
问答 344 资质及许可问题解决办法有哪些？……289
问答 345 新三板对技术研发问题及解决的审查关键点是什么？……290
问答 346 对公司研发和技术情况如何进行核查？……290

问答 347　信托金融投资问题及解决是怎样的？……291
问答 348　新三板对资产权属、知识产权审核关注点在哪里？……291
问答 349　关于国有土地使用权取得有何规定？……292
问答 350　自有房地产未办理权属问题是怎样处理的？……292
问答 351　租用农村集体建设用地以及上建厂房问题的解决办法是什么？……292
问答 352　租赁房地产未取得权属问题该如何解决？……293
问答 353　知识产权权属要求及要点是什么？……293
问答 354　知识产权权属问题解决的一般办法是什么？……293
问答 355　新三板对持续经营问题审核的关注点在哪里？……294
问答 356　持续经营的财务指标及解决办法是怎样的？……294
问答 357　大量现金交易问题如何说明持续经营性？……295
问答 358　客户或供应商集中度过大问题如何解决？……295
问答 359　生产环节外包问题如何解决？……296
问答 360　新三板对环保审查的关注点在哪里？……317
问答 361　若公司属于重污染行业，具体需核查哪些内容？……318
问答 362　实践中，环保常见问题的一般性解决办法是什么？……318
问答 363　环境污染问题的一般性解决办法是什么？……319
问答 364　新三板对安全生产、质量标准审核的关注点在哪里？……319
问答 365　如何理解合规经营？该类问题的解决主要考虑哪些方面？……319
问答 366　如何理解企业用工这一问题？……320
问答 367　如何理解劳务派遣？该类问题该如何解决？……320
问答 368　对赌依据、风险及挂牌要求是怎样的？……321
问答 369　挂牌要求及对赌解除的解决办法是什么？……321
问答 370　关键资源披露的合规性有何要求？……322
问答 371　公司或其股东的私募基金备案有何要求？……322
问答 372　新三板对违法行为、未决诉讼等问题审核的关注点在哪里？……323
问答 373　合法合规与重大违法违规行为的关系及要求是什么？……323
问答 374　重大违法违规如何认定？……324
问答 375　行政处罚问题的解决办法是什么？……325
问答 376　新三板对拟挂牌企业财务与业务匹配的总体要求是什么？……339
问答 377　对公司收入与业务匹配，挂牌审核的关注点在哪里？……339
问答 378　对成本与业务匹配，挂牌审核的关注点在哪里？……340
问答 379　对毛利率与业务匹配，挂牌审核的关注点在哪里？……340

问答 380　对期间费用与业务匹配，挂牌审核的关注点在哪里？……341
问答 381　对应收账款与业务匹配，挂牌审核的关注点在哪里？……341
问答 382　对存货与业务匹配，挂牌审核的关注点在哪里？……341
问答 383　对现金流量表与业务匹配，挂牌审核的关注点在哪里？……342
问答 384　对主要财务指标，挂牌审核的关注点在哪里？……342
问答 385　对会计数据及财务指标，企业挂牌有何要求？……343
问答 386　对会计政策及会计估计，挂牌审核的关注点在哪里？……343
问答 387　会计数据及财务指标核查的要求与解决办法是什么？……343
问答 388　资产评估调账转增股本是如何操作的？……344
问答 389　收入确认要求和原则是什么？……344
问答 390　销售商品收入及让渡资产使用权收入是如何确认的？……345
问答 391　提供的劳务收入是如何确认的？……345
问答 392　研发费用的会计处理为何为审核关注重点之一？……345
问答 393　研发费用是如何确认为企业无形资产的？……346
问答 394　对内控制度有效性及会计核算基础规范性，审核的关注点在哪里？……346
问答 395　对税收缴纳，挂牌审核的关注点在哪里？……347
问答 396　所得税查账、核定两种征收方式有何区别？……347
问答 397　公司所得税入围核查征收，该如何规范？……348
问答 398　整体改制个人所得税审核要点及常规问题的解决思路是什么？……348
问答 399　企业改制重组，怎样处理股权支付特殊税务？……348
问答 400　改制时，资本公积、未分配利润转增股本税务是怎样征收的？……349
问答 401　挂牌前出现补税情况该怎样处理？……349
问答 402　申请挂牌时，税收滞纳金问题是怎样解决的？……350
问答 403　股权转让个人所得税计税偏低有哪些正当理由？……350

案例目录

案例 001　以非专利技术出资进行股权激励（铜牛信息）……10
案例 002　股权激励同时设置转让被限制（昆拓热控）……11
案例 003　激励方案中引入 EVA 的衡量指标……12
案例 004　为员工谋福利，结果适得其反……12
案例 005　以激励为名，实则筹集资金……13
案例 006　股权激励沦为企业管理工具……13
案例 007　限制性股权激励及配比（富恒新材）……21
案例 008　股票期权激励及配比（华翼微）……22
案例 009　股票期权与限制性股权同时推行（百华悦邦）……23
案例 010　实质为定向发行的股权激励（牡丹联友）……24
案例 011　实质为股权转让的股权激励（百胜软件）……25
案例 012　虚拟股权激励（精冶源）……26
案例 013　强制持股股权激励（绍兴百大）……27
案例 014　期权股权激励实施后挂牌（仁会生物）……27
案例 015　限制性股权激励的利弊分析（百华悦邦）……29
案例 016　虚拟股权激励利弊（精冶源）……30
案例 017　股票增值权激励模式及其利弊（运达科技）……30
案例 018　股权激励基金的设计（黄国粮业）……40
案例 019　股票期权激励与考核设计（网阔信息）……40
案例 020　股员工持股计划激励方案设计（百合网）……41
案例 021　激励对象突破股份数量 10%规定（华尔美特）……42
案例 022　突破主要股东与实际控制人持股 5%规定（先临三维）……43

案例023 激励数量超过公司总股本1%（风帆科技）……43
案例024 投资者买卖股票与取现……58
案例025 投资者买卖股票与申报数……58
案例026 未与指定对手方成交，只因选错委托订单类型……58
案例027 大股东多次违反暂停交易义务……59
案例028 多个关联账户大量反向交易违规与市场操纵……59
案例029 低买高卖，大股东违规短线交易……60
案例030 监事转让限售期股票与违规（博富科技）……60
案例031 申请股票划转却未见股票遭处罚（广州证券）……61
案例032 异常价格成交被处罚……61
案例033 严重扰乱市场正常交易秩序的违规……62
案例034 哄抬股价与10万元报单创造神话……62
案例035 国泰君安证券“砸盘”新三板……63
案例036 协议转让，选错委托订单丧失成交机会……78
案例037 投资者偏离做市申报价格过多下单与损失……79
案例038 英大证券做市“乌龙指”……79
案例039 首例券商直投通过做市交易退出（安达科技）……80
案例040 新三板首单退出做市交易（海容冷链）……80
案例041 做市申请提交时服务企业仍为协议转让方式（东莞证券）……81
案例042 做市未严格履行库存股票获取程序（上海证券）……81
案例043 做市交易员以外人员进出交易室未执行登记制度（上海证券）……81
案例044 16只股票违规做市造成股价大幅波动（国泰君安）……82
案例045 做市日成交800万股变换大股东存合规质疑（中矿微星）……83
案例046 挂牌前股东缺席表决与股权转让（奥尔斯）……85
案例047 挂牌前股权转让同股不同价的解决（新网程）……85
案例048 零价转让子公司股份的处理（普华科技）……86
案例049 董事离职半年内转让未足额缴款的股份（柳爱科技）……87
案例050 股权转让比例超过法定标准的解决（均信担保）……87
案例051 高级管理人员超比例出售股票……103
案例052 禁止转让期间卖出股票与超比例出售……103
案例053 业绩预告披露前禁期买卖股份……103
案例054 公司监事短线交易被证监会立案调查……104

案例 055 自然人延迟披露权益变动……104
案例 056 持有公司股份达到总股本 5%时未停止买卖……104
案例 057 大股东一次性减持公司股份占总股本 10%……104
案例 058 股份质押被查封与股权明晰质疑（先临三维）……104
案例 059 股权质押或存股权明晰及利益纠纷（盈光科技）……106
案例 060 股东去世与股权继承（华精新材）……107
案例 061 质押股份为另一公司股份转让担保（万特电气）……108
案例 062 质押为子公司开展新业务担保……109
案例 063 90%股权质押给创投公司……109
案例 064 将公司股权质押给商业银行……109
案例 065 将公司股权质押给自然人或股东……110
案例 066 发起人及其继承人股权的限售……118
案例 067 控股股东、实际控制人股份转让及其限售……118
案例 068 董监高人员股份限售及其 25%含义……119
案例 069 董监高人员股份限售及其公司挂牌第二年解限……120
案例 070 董监高人员股票限售股数的误解与误区……120
案例 071 董监高人员股票变动后的限售与解限股份计算……121
案例 072 董监高等离职及限售解除的计算……121
案例 073 控股股东兼总经理股份限售解除及计算……122
案例 074 多重身份股份限售解除的要求与计算……123
案例 075 稳定核心员工与股份锁定（东亚装饰）……124
案例 076 股东对所持股份自愿锁定三年与操作（能为科技）……124
案例 077 股东对所持股份自愿锁定与如何承诺（意普万）……124
案例 078 员工增资持股的转让被限制问题（星原丰泰）……125
案例 079 召开股东大会申请股票暂停转让（恒大文化）……133
案例 080 涉及重大事项申请股票暂停转让（华协农业）……133
案例 081 政策要求与暂停股票转让（北国传媒）……133
案例 082 接受检察机关调查与股票暂停转让（金越交通）……134
案例 083 执行股份转让与终止股份挂牌（安得科技）……134
案例 084 未按时披露半年报被处以终止挂牌……135
案例 085 未披露定期报告与主动申请终止挂牌……135
案例 086 暂停转让申请程序违规被处罚……135

案例087　完成重大资产重组信息披露与审查后复牌（金宏泰）……136
案例088　完成信息披露与复牌（天水风动）……136
案例089　重大事项进展与延期复牌（海昌药业）……137
案例090　权益分派比例及其限制……143
案例091　权益分派方案分派比例和最终结果的一致性……143
案例092　神话权益分派创纪录10转150（君实生物）……144
案例093　股本溢价转增资本公积的派息……144
案例094　股本溢价与其他混合方式转增的派息……144
案例095　其他资本公积转增的派息计算……144
案例096　利润分配登记日早于公告日（创元期货）……145
案例097　派发红利未公告与权益分派未履行程序（通灵电器）……145
案例098　未按时督导企业披露利润分配信息（古纤道）……146
案例099　权益分派信息披露不准确违规……146
案例100　国企税收返还与土地权属陷阱……166
案例101　生产资质存风险与调查推断……167
案例102　实情核查与尽调原则的坚持……167
案例103　企业销售额和利润率质疑与调查……168
案例104　销售额量化分析和可靠性判断……168
案例105　量化推断与企业销售、利润目标的判断……168
案例106　机械企业现场尽调摸底流动资金状况……169
案例107　客户集中与应收账款的致命缺陷……169
案例108　某电气企业预判客户质量……169
案例109　造假利润与避税的调查……170
案例110　尽调企业不配合与财务造假……170
案例111　以会计师事务所尽职调查复印件作为相关工作底稿（泽辉股份、广发证券）……171
案例112　以“董监高”承诺替代尽职调查程序情况（泽辉股份）……171
案例113　财务尽职调查未勤勉尽责被警示（国都证券）……171
案例114　院所等特殊主体改制步骤和关键（现代环境）……191
案例115　整体变更，净资产折股与一般性操作（葫芦堡）……192
案例116　整体变更涉及股东缴税与如何折股（普华科技）……193
案例117　公司整体变更与资产评估（万通液压）……193
案例118　股改评估复核与会计师事务所资格（嘉达早教）……194

案例 119 股改基准日净资产调减与注册资本差额操作（维珍创意）……195
案例 120 股改后无形资产及相关资质并未变更问题（文达通）……196
案例 121 股改后，资产未能变更到股份公司（永瀚星港）……197
案例 122 整体变更未分配利润转增与未纳税事宜……197
案例 123 审计改变与改制后的股本不足问题（复展科技）……198
案例 124 存续期满两年的误读……220
案例 125 成立不足 2 年与拟借壳新三板……221
案例 126 2014 年 3 月过后申报挂牌与验资……221
案例 127 挂牌财务无门槛的门槛……221
案例 128 整体变更与业绩连续计算……222
案例 129 公司整体变更的起算日设置……222
案例 130 股改与引入新股东同步突破规定而“欲速不达”……222
案例 131 重组业务与商业模式，降低纳税率……223
案例 132 主营业务与持续经营能力的变通……223
案例 133 挂牌无行业限制与有条件进入……223
案例 134 国资参股与国有股权设置批复……224
案例 135 外商投资公司与整体改制……224
案例 136 股权激励行权与挂牌条件……225
案例 137 企业报告期与合规期限要求……225
案例 138 新三板政策与独立性要求……226
案例 139 同业竞争消除与挂牌条件……226
案例 140 董事处罚与重大违法违规行为误读……226
案例 141 设立出资批复不一致与解决（英极股份）……240
案例 142 公司设立注册资本不足与解决（旌旗电子）……241
案例 143 出资以清算审计评估报告为依据与解决（风帆电镀）……242
案例 144 发起人未签订发起人协议书与解决（易同科技）……242
案例 145 国有出资未履行程序与解决（斯派克）……243
案例 146 外籍股东设立内资公司与资格问题（网动科技）……244
案例 147 无形资产出资或存职务成果嫌疑与解决（奥特美克）……244
案例 148 无形资产增资追溯评估与补充出资价差（万泉河）……245
案例 149 著作权出资与职务发明认定（成明节能）……246
案例 150 以植物资产出资与合规性质疑（红豆杉）……246

案例 151　实物出资未投入公司，复核时现金补足（万洲电气）……247
案例 152　实物出资未评估与现金补正（安华智能）……248
案例 153　股东借款于公司转以债权增资操作（天弘激光）……248
案例 154　股东抽逃出资且享有公司债权与处理（方迪科技）……249
案例 155　第三方代替出资与合规（丰海科技）……250
案例 156　合资企业延期缴付出资与挂牌影响（麟龙股份）……251
案例 157　非专利技术出资与减资操作（元工国际）……252
案例 158　以未来盈利能力作价增资与处理（吉事达）……252
案例 159　先增资后减资完成股权转让操作（良才股份）……253
案例 160　无形资产出资瑕疵与减资处理（奥尔斯）……254
案例 161　未按原始持股比例出资与以未分配利润转增（成科机电）……254
案例 162　股东去世，其股权继承是否明晰（华精新材）……267
案例 163　工商登记股权结构不清晰与解决（奥凯立）……268
案例 164　对特殊股东的核查与操作（行悦股份）……269
案例 165　关联方代缴出资或存代持关系与如何厘清（乐升股份）……270
案例 166　成立时存在委托持股关系与解决（新吉纳）……270
案例 167　未成年人继承股东身份与适格性问题（平原非标）……271
案例 168　股东是证券从业人员与处理（伊禾农品）……272
案例 169　为稳定股权结构与核心经营人员锁定股份（东亚装饰）……273
案例 170　股东对所持股份自愿锁定三年与操作（能为科技）……273
案例 171　转让未足额缴款的股份与解决（柳爱科技）……273
案例 172　股权无偿转让或存违规嫌疑与解决（盛世光明）……274
案例 173　股权转让比例超过法定标准与如何解决（均信担保）……274
案例 174　国有股权转让未经评估存流失风险（欧丽信大）……275
案例 175　增资致国有股比例下降与如何处理（行悦股份）……276
案例 176　第一大股东持有第二大股东 70%的股份与实际控制人认定（绿岸网络）……277
案例 177　持股低与实际控制公司问题（易同科技）……278
案例 178　夫妻共持公司全部股份与不当控制（高曼重工）……278
案例 179　母公司无实际控制人与子公司实际控制人认定（东软慧聚）……279
案例 180　实际控制人与不当控制的风险（微纳颗粒）……279
案例 181　无暇参与经营导致实际控制人变更问题（星立方）……279
案例 182　实际控制人变更对持续经营造成影响（长城软件）……280

案例 183 夫妻共同为公司实际控制人及其认定（豪威尔）……280
案例 184 无控股股东但存在共同控制的认定（长合信息）……281
案例 185 股权分散与没有实际控制人问题（山本光电）……282
案例 186 报告期外无实际控制与处理（索享股份）……282
案例 187 租赁生产经营场所与无产权证书（北鼎增辉）……296
案例 188 在建工程手续办理瑕疵与处理（万特电气）……297
案例 189 厂房因政府回购存搬迁风险与解决（良才股份）……298
案例 190 房产未取得产权证与解决？（老来寿）……299
案例 191 土地使用权出让金未足额缴纳与解决（泰谷生物）……299
案例 192 租赁划拨土地建设房屋与解决（威控科技）……300
案例 193 或有工程的程序与合法合规存质疑（天羚绒业）……301
案例 194 竞业禁止与知识产权、商业机密纠纷（鸿大股份）……301
案例 195 共同拥有发明专利与处理（中卉生态）……302
案例 196 职务发明与核查（仙宜岱）……302
案例 197 员工在职期间发明的专利权属与断定（速升装备）……303
案例 198 专利权由控股股东持有与处理（鸿盛数码）……303
案例 199 行业壁垒渐破与技术优势难继问题（新疆华油）……304
案例 200 红筹架构转国内拟挂牌与操作（中搜网络）……305
案例 201 产业存在区域限制与产业竞争劣势问题（天羚绒业）……305
案例 202 商业模式易被复制或存经营风险与处理（万泉河）……306
案例 203 新兴产业容量受限或存市场竞争风险（和航科技）……306
案例 204 生产经营受制于下游行业或陷困局与处理（和航科技）……307
案例 205 根据毛利贡献最高的业务来确定公司的行业分类与操作（超弦科技）……307
案例 206 商业模式为合同能源管理模式（EPC 模式）与操作（天涌科技）……308
案例 207 快速发展与管理能力难以匹配问题（东方科技）……308
案例 208 业务市场局限或陷区域性风险（东方科技）……309
案例 209 经营模式与研发团队皆受限制性风险（锦棉种业）……309
案例 210 网站发布广告资质及合规性存疑问题（约伴传媒）……309
案例 211 网络文化经营许可存有效性质疑问题（页游科技）……310
案例 212 申贷保证金等资金存在受限情况与处理办法（乐彩科技）……311
案例 213 更换会计师事务所需追溯审计与操作（沄辉科技）……311
案例 214 存在交易性金融资产与解决（飞田通信）……312

案例215　投资项目受制于资金筹措或存实施风险（豪威尔）……312
案例216　业务因关联复杂或陷交易风险（星弧涂层）……313
案例217　对主要客户存在依赖及收入波动风险（信诺达）……313
案例218　供应商集中度高但不形成重大依赖（新网程）……314
案例219　对三大国有垄断性客户存在依赖与解决（海红技术）……314
案例220　营业收入逐年持续下降或存盈利风险（百文宝）……315
案例221　政府补助、奖金等占扣非后净利润比重较大（海红技术）……315
案例222　公司资产负债率偏高与解决（乐彩科技）……315
案例223　未按法规要求办理环评与解决（连能环保）……325
案例224　环保罚款与重大违法违规嫌疑（禾益化学）……326
案例225　高新技术企业与研发费用占比不符合要求（瑞腾科技）……327
案例226　产品或存仿造涉及不正当竞争嫌疑问题（仙宜岱）……328
案例227　动画片制作未取得备案和发行许可与解决（每日视界）……328
案例228　法定代表人任职限制的解除与处理？（伟钊科技）……329
案例229　商号、商标与香港某企业或存潜在纠纷问题（恒裕灯饰）……330
案例230　公司通过员工银行卡收取客户款项与处理（麟龙股份）……330
案例231　或存开具空头支票与违规行为质疑（连能环保）……331
案例232　PE与主要股东对赌与核查（爱科凯能）……332
案例233　与股东对赌回购与挂牌影响（皇冠幕墙）……333
案例234　未计提住房公积金的问题（盛力科技）……333
案例235　报告期内公司用工全部采用劳务派遣问题（优网科技）……334
案例236　报告期内未缴纳员工住房公积金与解决（网动科技）……335
案例237　金额较大的行政处罚与解决（奥盖克）……335
案例238　报告期内公司涉及大量诉讼案件与处理（中搜网络）……336
案例239　税务处罚与重大违法违规嫌疑（金化高容）……337
案例240　改制时按审计净资产折股后再自行调整净资产（北鼎晶辉）……350
案例241　将非经营范围内的物品计入存货与处理（三艾广告）……351
案例242　IT企业坏账准备计提与是否符合财会准则（易所试）……351
案例243　会计政策及估计变更以计提固定资产减值准备来实现（同济医药）……352
案例244　报告期内公司未将现存的子公司纳入合并范围（保华石化）……352
案例245　公司财务参股与处理（鸿大股份）……353
案例246　会计差错调整改制时报表（朗威视讯）……353

案例 247　将拟投资款披露为关联方往来（绿岸网络）……354
案例 248　应付股利余额较大该如何处理（箭鹿股份）……354
案例 249　股权激励未设置等待期和限售期（金日创）……355
案例 250　其他应付款中含向其他公司的借款（恒成工具）……356
案例 251　以发票确认收入变更为完工进度确认收入（星通联华）……356
案例 252　医疗服务收入的确认，是否符合会计准则（华韩整形）……357
案例 253　影视业销售收入、提供的劳务及其进度确认（基美影业）……357
案例 254　医药企业研发费用资本化该怎样核算（永铭医学）……358
案例 255　依赖非经常性损益风险的处理（日望电子）……358
案例 256　企业所得税征收方式更改或存罚款风险和合规性质疑（杰盛通信）……359
案例 257　增值税退税金额较大或存政策变动影响（闽保股份）……360
案例 258　特殊性税务处理未进行备案……361
案例 259　整体改制中的契税、营业税、土增税问题……361
案例 260　无形资产减资或存税务风险（网动科技）……361
案例 261　股权代持税务问题与解决……361
案例 262　未进行股权及税务架构设计……362
案例 263　自然人股东发生追缴税费的情况（大和恒）……362
案例 264　个人股东股权转让未及时申报缴纳个人所得税……362
案例 265　个人以非货币性资产投资未缴纳个人所得税……363
案例 266　自然人股东在公司整体变更时未缴纳所得税（蓝贝望）……363
案例 267　缓交股改个人所得税与处理（天涌科技）……363

第 1 部分

股权激励与股票交易

第 1 章　股权激励概念法规、问题资格与要求
第 2 章　9 大股权激励模式的特点利弊及其操作
第 3 章　股权激励设计的因素、程序、行权与操作要领
第 4 章　投资者参与交易所涉事项与适当性管理
第 5 章　股票转让及协议、做市方式选择与操作

1 第 1 章 股权激励概念法规、问题资格与要求

1.1　常规疑难13问

1.1.1　概念、目的与可行性

问答001　股权激励概念及其模式是什么？

股权激励是通过经营者获得公司股权形式，使他们能够以股东的身份参与企业决策、分享利润、承担风险，从而勤勉尽责地为公司的长期发展服务的一种激励方法。

现阶段，股权激励模式主要有：股票期权模式、限制性股票模式、股票增值权模式、业绩股票激励模式和虚拟股票模式等。

问答002　新三板实施股权激励与上市公司有何区别？

新三板市场，市场化运作的初衷减弱了行政干预在市场规范中的地位及作用。新三板作为挂牌企业的监管机构，到目前并未出台任何与挂牌企业股权激励相关的政策、法规。坚持以市场为导向的监管思路为挂牌企业股权激励计划设计带来了更大的想象空间。

对于沪深上市公司，一系列的政策法规对上市公司规范股权激励及员工持股计划进行了系统的规范。2005 年 12 月，证监会发布了《上市公司股权激励管理办法（试行）》作为上市公司实施股权激励的纲领性指导文件；2008 年证监会又连续发布了《股权激励审核备忘录 1 号》《股权激励审核备忘录 2 号》《股权激励审核备忘录 3 号》对上市公司规范股权激励相关细节进行了细化；2014 年 6 月，针对上市公司员工持股计划，证监会出台了《关于上市公司实施员工持股计划试点的指导意见》。

问答003　股权激励的目的是什么？

企业实行股权激励计划一般为达到以下目的：

（1）吸引人才、留住人才。在引进关键技术或管理人员的同时给予某种形式的激励。

（2）激励人才、创造收益。为了建立有效的技术研发动力机制或市场开发、产品推广机制，给予关键技术人员或重要营销人员某种形式的激励。

（3）职工持股，平衡经营者与所有者冲突。稳定具有一定资历的员工队伍，使企业经营者与所有者共同分享企业成长收益。

（4）联络资源、稳定客户。稳定对企业具有重要价值或影响的外部资源，例如上下游客户、融资渠道等。

（5）引入外部资源，改善公司股权结构、治理结构，吸引更多投资方。如私募基金对公司人员结构（管理层、核心员工）、股权激励方面非常看重。

问答004　新三板实施股权激励有何必要性？

（1）优化股权结构的需要。挂牌企业多为处在成长初期的中小企业，往往存在“一股独大”的现象，股权结构较为单一。随着企业的发展、壮大，公司的股权结构也需要得到优化和规范。股权的分散程度，未来也可能成为衡量挂牌企业是否适合引入竞价交易的标准之一。

（2）吸引人才、增强行业竞争力的需要。目前挂牌企业 80%以上集中在信息技术等高科技领域，行业竞争日趋激烈，人才流动频繁，吸引和激励人才成为高科技企业制胜关键。股权激励是现代企业员工薪酬制度的有力补充，可以帮助高科技挂牌企业达到留住人才的目的。

（3）提高公司的管理效率的需要。股权激励将公司业绩的增长与个人的收益水平紧密结合，使得拥有公司经营权的公司高管及核心员工通过持有股份增加参与公司管理的主动性、积极性，促进公司管理效率的提升。

问答005 怎样理解新三板股权激励的可行性？

（1）价格发现机制日趋完善

新三板做市商交易制度已于2014年8月25日正式实施，未来在条件成熟的情况下，可能实施竞价交易制度。最终新三板挂牌企业股票转让将形成协议转让、做市转让及竞价交易三种交易方式相结合的交易体系，新三板市场的挂牌企业股票价格发现功能将日趋完善。

（2）交投活跃度逐步增强

在新三板交易制度的变革下，新三板股票交易活跃度已有大幅提升。随着新三板交易制度的完善，不同层级挂牌企业的投资者准入门槛极有可能进行对应调整，届时将有更多的机构及个人投资者进入新三板市场，新三板市场的交投活跃度将进一步增强。

（3）市场化监管导向

不同于规范上市公司股权激励的《上市公司股权激励管理办法》，全国股转系统公司作为新三板挂牌企业的监管机构已明确表示原则上不出台专门针对挂牌企业股权激励的相关政策，支持挂牌企业股权激励市场化运作。此举大大加强了新三板挂牌企业实施股权激励计划的可操作性及灵活性。

1.1.2 问题原则与要素作用

问答006 股权激励的困惑是什么？要解决哪两个基本问题？

股权激励实践中，企业的大股东经常会有不同的困惑：有的企业准备进行股权激励，却不知股权怎么给；有的企业给了股权，却没有留住人才；有的企业留住了人，却没有真正形成一条心；甚至有的企业大股东准备实施股权激励，经理层却不愿意接受。

股权激励是一项系统的、复杂的工程，需要进行周密的研究与设计，需要对企业的现状和被激励者进行充分的调研和沟通，做到有的放矢。如果只是简单地给股权，而忽略给股权之前的设计和给股权之后的沟通，股权激励将难以达到预期目的。

实施股权激励要解决好两个基本问题，一是股权如何给，二是给了股权以后，所有权文化如何构建。

问答007　股权激励的四项基本原则是什么？

新三板挂牌企业等公众公司实施股权激励应该坚持四项基本激励原则：

（1）企业选择股东原则：企业应能够选择自己的股东，而不是像证券市场上那样被动地由股东选择企业。

（2）员工区别鉴定原则：将“唯一性员工”与“倚赖性员工”区别开来，将“知本型员工”与“一般员工”区别开来，应该重点激励“唯一性员工”与“知本型员工”。

（3）股权动态分配原则：不但按劳分配应实行动态分配，按资分配也应实行动态分配。公司战略、战术目标的调整将对公司的组织结构、岗位价值权重、专业人员的薪酬起到一定的影响，股权的分配在企业不同阶段也有不同的侧重。

（4）股权倾斜分配原则：股权分配要向核心层和中间层倾斜。利用股权力量形成公司的核心力量和中坚力量，并保持对公司的有效控制。

问答008　股权激励的6个激励要素是什么？

（1）定人：即股权授予哪些人。

从国外实践来看，股权激励对象大致有三种情况：经理人员、核心技术人员和有突出贡献人员、一般员工。在确定激励对象时，可以综合考虑职务、业绩和能力等因素。需要将历史贡献者与未来创造者区分开来。对于历史贡献者，授予股权是对其历史贡献的承认。对于未来创造者，授予股权是要调动其积极性和潜力，为公司创造更大的价值。

（2）定量：即授予股权的数量。

授予股份一定要进行总量控制。不同行业、不同规模、不同发展阶段企业的授予股份总量应该有所不同。此外，还需要根据情况将授予股份总量切分为当期激励股份和预留股份两部分，尽量不要一次性将可授予股份全部用完。

（3）定价：即股权授予价格及股权退出价格。

新三板挂牌等非上市公众公司股权激励行权价格通常参照每股净资产，进行平价、折扣或溢价出售。股权回购或转让需要根据主动离职、被裁、因公殉职以及因病死亡等各种不同情况制定不同的价格指导意见。

（4）定时：即确定股权授予日、有效期、等待期、可行权日及禁售期等。

通常股权授予日与获授股权首次可以行权日之间的间隔不得少于一年，并且需要分期行权。

（5）定股份来源：即用于股权激励的股份的来源。

新三板挂牌等非上市公司首次实施股权激励的股份通常来自大股东转让或赠与，或者增资扩股。现有股东需要慎重确定出让股份的比例，因为这会影响未来公司的治理结构及公司的控制关系。

（6）定资金来源：即被激励者购买股份的资金来源。

主要来源有被激励者直接出资、被激励者工资/奖金/分红抵扣以及企业资助等。确定资金来源需要综合评估公司现金流、被激励者收入状况等因素。

总之，新三板挂牌等非上市公众公司股权激励方案设计是一项系统、复杂的工程，不是简单、随意地给予股份。而是要选择一套股权激励工具组合，坚持基本激励原则，确定六个股权激励要素，就一定能够设计出系统、适用的股权激励方案。

问答009　股权激励的4大作用是什么？

（1）激励作用

使被激励者拥有公司的部分股份或股权，用股权这个纽带将被激励者的利益与公司的利益紧紧地绑在一起，使其能够积极、自觉地按照实现公司既定目标的要求，为了实现公司利益的最大化而努力工作，释放出其人力资本的潜在价值，并最大限度地降低监督成本。

（2）约束作用

约束作用主要表现在两方面，一是因为被激励者与公司已经形成了“一荣俱荣、一损俱损”的利益共同体，如果经营者因不努力工作或其他原因导致公司利益受损，比如出现亏损，则经营者将要分担公司的损失；二是通过一些限制条件（比如限制性股票）使被激者不能随意或轻意离职——如果被激励者在合同期满前离职，则会损失一笔不小的既得经济利益。

（3）改善员工福利作用

对于那些效益状况良好且比较稳定的公司，实施股权激励使多数员工通过拥有公司股权参与公司利润的分享，有十分明显的福利效果，而且这种福利作用还有助于增强公司对员工的凝聚力，利于形成一种以“利益共享”为基础的公司文化。

（4）稳定员工作用

由于很多股权激励工具都对激励对象利益的兑现附带有服务期的限制，使其不能轻言去留，特别是对于高级管理人员和技术骨干、销售骨干等关键员工，股权激励的力度往往比较大，因此股权激励对于稳定关键员工的作用也比较明显。

1.1.3　法规、资格、对象与要求

问答010　新三板法律法规关于股权激励的规定有哪些？

新三板法律法规中直接涉及股权激励的全部规定如下：

（1）《中华人民共和国公司法》第一百四十二条：公司不得收购本公司股份。但是，有下列情形之一的除外：减少公司注册资本的；与持有本公司股份的其他公司合并的；将股份奖励给本公司职工的；股东因对股东大会作出的公司合并、分立决议持异议，要求公司收购其股份的。公司依照第（三）项规定收购的本公司股份，不得超过本公司已发行股份总额的百分之五；用于收购的资金应当从公司的税后利润中支出；所收购的股份应当在一年内转让给职工。

（2）《全国中小企业股份转让系统业务规则（试行）》第 2.6 条：申请挂牌公司在其股票挂牌前实施限制性股权或股票期权等股权激励计划且尚未行权完毕的，应当在公开转让说明书中披露股权激励计划等情况。第 4.1.6 条：挂牌公司可以实施股权激励，具体办法另行规定。

（3）《全国中小企业股份转让系统挂牌公司信息披露细则（试行）》第四十一条：实行股权激励计划的挂牌公司，应当严格遵守全国股份转让系统公司的相关规定，并履行披露义务。第四十六条，挂牌公司出现以下情形之一的，应当自事实发生之日起两个转让日内披露——（七）董事会就并购重组、股利分派、回购股份、定向发行股票或者其他证券融资方案、股权激励方案形成决议。

（4）《全国中小企业股份转让系统公开转让说明书内容与格式指引（试行）》第三十条第六项：披露报告期内各期末股东权益情况，主要包括股本、资本公积、盈余公积、未分配利润及少数股东权益的情况。如果在挂牌前实施限制性股权或股票期权等股权激励计划且尚未行权完毕的，应披露股权激励计划内容及实施情况、对资本公积和各期利润的影响。

（5）《非上市公众公司信息披露内容与格式准则第 1 号——公开转让说明书》第二十五条：申请人应披露公司董事、监事及高级管理人员的薪酬和激励政策，包括但不限于基本年薪、绩效奖金、福利待遇、长期激励（包括股权激励）、是否从申请人关联企业领取报酬及其他情况。

（6）《全国中小企业股份转让系统主办券商尽职调查工作指引（试行）》第十条：通过实地考察、与管理层交谈、查阅公司主要知识产权文件等方法，结合公司行业特点，调查公司业务所依赖的关键资源，包括但不限于——（八）调查公司管理层及核心技术（业务）人员的薪酬，持股情况和激励政策（包括股权激励）。最近两年上述人员的主要变动情况、原因和对公司经营的影响，了解公司为稳定上述人员已采取或拟采取的措施，并评价管理层及核心技术（业务）人员的稳定性。

问答011　股权激励对企业资格有何要求？

参照《上市公司股权激励管理办法》的规定，公司存在下列情形的，不得实行股权激励计划：

（1）最近一个会计年度会计报告被注册会计师出具否定意见或者无法表示意见的审计报告；

（2）最近一年内因重大违法违规行为被中国证监会予以行政处罚；

（3）中国证监会认定的其他情形。

另外，依据股权系统对挂牌公司的要求，公司股权应当清晰，不存在重大权属纠纷，股权结构应当相对稳定，公司控制权不存在重大变更，相对集中和稳定。

此外，上市公司要求在上市前确定的股权激励计划必须执行完毕才能上市，或者终止该计划后再上市。而《业务规则》第2.6条规定，申请挂牌公司在其股票挂牌前实施限制性股票或股票期权等股权激励计划且尚未行权完毕的，应当在公开转让说明书中披露股权激励计划等情况。

问答012　激励计划的管理机构有哪些？

（1）股东大会作为公司最高权力机构，负责审议批准激励计划的实施、变更和终止。

（2）董事会是激励计划的执行管理机构，负责拟订和修订激励计划，报公司股东大会审批和主管部门审核（如需），并在股东大会授权范围内办理本计划相关事宜。

（3）监事会是激励计划的监督机构，负责审核激励对象的适格性，并对激励计划的实施是否符合相关法律、行政法规、部门规章及公司章程的规定进行监督（股权激励计划一般无须监事会审议，但核心员工等激励对象的认定需经监事会审议确认）。

（4）关于核心员工的认定，应当由公司董事会提名，并向全体员工公示和征求意见，由监事会发表明确意见后，经股东大会审议批准。公司股东、董事、监事、高管之外的其他激励对象的确认参照该程序进行。

问答013　股权激励对象如何确定？对资格有何要求？

根据《公司法》《证券法》《业务规则》《非上市公众公司监督管理办法》《投资者适当性管理规定》等有关法律、法规、规范性文件和《公司章程》的规定，结合公司实际情况来确定。一般包括：① 公司董事、监事、高级管理人员，但不应当包括独立董事；② 公司中层管理人员；③ 核心员工；④ 其他公司认为应当激励的人员（如业务骨干、对公司有特殊贡献的人员等）。

激励对象的选定和确认需注意：

（1）高级管理人员必须经公司董事会聘任。上述②③④所列激励对象的确认应由董事会提名，向全体员工公示，监事会发表明确意见，再经股东大会审议批准。

（2）参照《上市公司股权激励管理办法》第 8 条规定，存在如下情形的，不得成为激励对象：① 最近三年内被证券交易所或全国中小企业股份转让系统有限责任公司公开谴责或宣布为不适当人选的；② 最近三年内因重大违法违规行为被中国证监会予以行政处罚的；③ 具有《公司法》第 146 条规定的不得担任董事、监事、高级管理人员情形的。

（3）激励计划的考核期内，所有激励对象原则上必须在公司或公司的控股子公司任职并已与公司签署劳动合同。对于非公司员工的股权激励，如兴渝股份（832720）针对公司上下游供应商、常年合作客户设定专门的股权激励，不属于本节研究范畴，不在此赘述。

（4）持股 5%以上的主要股东或实际控制人原则上不得成为激励对象（持股 5%以上的主要股东或实际控制人及其配偶、直系近亲属，上市公司明令禁止其成为激励对象）。除非经股东大会表决通过，且股东大会对该事项进行投票表决时，关联股东须回避表决。这些例外案例如赛思信安（834025）、双申医疗（831230）、遥望网络（834448）、永强岩土（832054）等，均涉及持股 5%以上的股东参与认购公司股权激励计划的期权股票。

（5）持股 5%以上的主要股东或实际控制人的配偶及直系近亲属若符合成为激励对象的条件，可以成为激励对象，但其所获授权益应关注是否与其所任职务相匹配。同时股东大会对该事项进行投票表决时，关联股东须回避表决。

（6）激励对象不能同时参加两个或以上挂牌公司或上市公司的股权激励计划。

（7）董事、股东作为激励对象的，则需董事会、股东大会审议表决相关事项时，回避表决。

（8）外籍人士无权在A股市场获得期权激励。新三板并无限制性规定，但需遵守产业政策和商务部相关规定，并按中国证券登记结算有限责任公司的规定完成开立证券账户和集中登记手续。

（9）激励对象只能接受本公司本次股权激励，且在本计划实施完毕前不得再接受其他公司的股权激励。上市公司对此明令禁止，新三板暂无明文规定，一般遵照执行。

（10）激励对象出现不符合激励计划规定的适格情形的，如离职、死亡、职务变更，或公司需要引进高端人才、激励重大贡献人员等，公司董事会可依据相关规定对激励对象进行调整，监事会予以核实。

（11）以定向增发作为股票来源进行股票期权激励的，公司董事、监事、高管、核心员工，以及符合投资者适当性管理规定的适格投资者合计不得超过35名。

（12）股权激励计划实施后，公司股东累计超过200人的，需报证监会审批。

1.2 典型实战6例

1.2.1 技术出资与设置条件的股权激励

案例001 以非专利技术出资进行股权激励（铜牛信息）

北京铜牛信息科技股份有限公司（铜牛信息430243）以非专利技术出资形式进行股权激励，其操作过程如下。

铜牛针织集团及高鸿波等9方用于出资的无形资产为出资各方共同拥有的非专利技术“易纺制衣ERP系统技术”，受出资人委托，北京新京联成资产评估有限公司对该项无形资产进行评估，并出具了新京评报字[2005]第B0096号评估报告书，确认该项非专利技术的评估值为78万元。

根据《科学技术进步法》《促进科技成果转化法》《国务院办公厅转发科技部等部门关于促进科技成果转化的若干规定》及《北京科委关于促进科技成果转化若干规定的实施办法》等法律法规，并经铜牛集团公司第三届第七次董事会批准，铜牛集团董事会于 2005 年 9 月通过了《北京铜牛针织集团有限责任公司关于易纺制衣 ERP 系统非专利技术激励方案》，铜牛集团为了“依靠公司现有人才的同时吸纳其他软件开发人员，将易纺制衣 ERP 系统形成的非专利技术模块化、市场化、产业化，并通过市场化运作服务于其他服装生产型企业”，决定将易纺制衣 ERP 系统形成的非专利技术进行市场评估，按照各参与人员的贡献大小给予分割，并一同出资成立北京铜牛信息科技有限公司。

经北京新京联成评估有限公司对易纺制衣 ERP 系统形成的非专利技术进行评估后，确认其价值为人民币 78 万元整，铜牛集团将评估值的 16.67%（即 13 万元）以股权形式激励给付军，10.90%（即 8.5 万元）以股权形式激励给高鸿波，8.96%（即 7 万元）以股权形式激励给王泉，6.41%（即 5 万元）以股权形式激励给刘毅，6.41%（即 5 万元）以股权形式激励给黄飞，3.85%（即 3 万元）以股权形式激励给皮纪梅，3.85%（即 3 万元）以股权形式激励给李舜尧，1.92%（即 1.5 万元）以股权形式激励给张永刚。2005 年 9 月 14 日铜牛集团、高鸿波等签署了“非专利技术分割协议书”，明确了各出资方对该非专利技术拥有的权益比例。

依据该分割协议书，全体出资人于 2005 年 9 月 21 日签署了“高新技术成果说明书及确认书”，一致同意将该高新技术成果作价 78 万元投入到有限公司中。其中，铜牛针织集团以该高新技术成果出资 32 万元，占注册资本的 32%；付军以该高新技术成果出资 13 万元，占注册资本的 13%；高鸿波以该高新技术成果出资 8.5 万元，占注册资本的 8.5%；王泉以该高新技术成果出资 7 万元，占注册资本的 7%；刘毅以该高新技术成果出资 5 万元，占注册资本的 5%；黄飞以该高新技术成果出资 5 万元，占注册资本的 5%；皮纪梅以该高新技术成果出资 3 万元，占注册资本的 3%；李舜尧以该高新技术成果出资 3 万元，占注册资本的 3%；张永刚以该高新技术成果出资 1.5 万元，占注册资本的 1.5%。

案例002 股权激励同时设置转让被限制（昆拓热控）

苏州昆拓热控系统股份有限公司（昆拓热控 30444）实施的股权激励，股份转让受到一定的限制，其操作方案如下。

公司股权激励的股份转让限制：

（1）参与员工持股计划所获股份为限制性股份，即自获得之日起至公司创业板或中小板 IPO 后三年内，为股份限售期。如公司长期未在创业板或中小板上市，则规定限售期最长为股份获得之日起 10 年。

（2）限售期内，员工股东在职期间，未经公司书面同意，不得将股份转让给其他股东或其他任何外部第三方，不得以任何方式将所获公司股份用于设定抵押、质押、担保、交换、还债、委托他人持有等。

（3）限售期内员工股东离职的（包括但不限于考核不合格、触犯法律、违反职业道德、泄露公司机密、失职或渎职等行为严重损害公司利益或声誉而导致被辞退，或因另谋职业、疾病、工伤等各种因素主动或被动与甲方终止或解除劳动关系的，本协议统称离职），经公司董事会批准，取消其参加员工持股计划的资格，员工股东须出让所持股份。限售期内员工股东身故的，不须出让所持股份。

（4）在新三板、中小板或创业板等公开市场挂牌交易之前，员工股东离职的，员工股东应将所持股份转让给公司或公司指定对象。

（5）员工股东在新三板、中小板或创业板等公开市场挂牌交易之后离职的，公司应在国家规定的禁售期满后一个月内卖出所持股份。

（6）前述各类转让中，如转让价格高于转让前一月公司未经审计的每股净资产价值，则超出部分应交还公司，相应税收由公司承担；净资产增值部分（公司未经审计的每股净资产价值与员工股东取得股份的价格之差）归员工股东所有，相应税收由员工股东本人缴纳。

案例003　激励方案中引入EVA的衡量指标

山东东阿阿胶股份有限公司在其《中长期激励实施方法》中引进了EVA的衡量指标。

规定了激励基金提取应依据公司经注册会计师审计的年度报告，若本年度净资产收益率达不到10%，则不提取激励基金；若本年度净资产收益率达到10%及以上，则由薪酬与考核委员会基于劳动力市场对标、经济增加值测算等因素进行审核，确定提取比例，计算应提取的激励基金总额，报董事会批准，但提取额的增长率不超过净利润增长率。激励基金在本年度成本中列支。

1.2.2　股权激励的三大误区

案例004　为员工谋福利，结果适得其反

2008年，中关村某科技有限公司将在中关村新三板挂牌。该公司原有三个

股东，考虑到挂牌上市后股份会有较大增值，公司负责人认为这是一个为大家谋福利、鼓舞士气的好机会，于是在改制过程中吸收近 40 位员工入股，其中入股最少的只有 3000 多元，占公司股本总额的万分之一。

公司刚刚挂牌，便有个别小股东以急需用钱为由要求企业主收购自己的股份。根据《公司法》的规定：有限责任公司变更为股份有限公司第一年内，发起人不得转让股份。因为这些员工都是在改制过程中入股的，都是发起人，所以无法立即转让股份。企业主被逼无奈，只得先把自己的钱借给员工。这家企业错把股权激励当成员工福利，利益均沾，鼓励大家入股，而个别员工对股权激励缺乏认识，只图眼前利益，不愿与公司长期发展，导致这一尴尬的结果。

案例005　以激励为名，实则筹集资金

2008 年陕西某通信技术有限公司实施了股权激励，该公司的员工福利在西安属于中高层，经过 7 年的发展，公司年销售额近 1 亿元。但是根据行业潜规则，中国移动等该公司的大客户在建设网络时均由其垫资，由于工程浩大、回款期长，使得这家公司账面虽然盈利数千万元，但现金流异常紧张，员工奖金已在公司留存两年了，并且在银行有大量的信贷。

为了发展急需不断冲入现金，公司大股东借股权激励之名筹集现金，最终也筹到了一千多万元。在设计股权激励方案时，为了提高激励对象认购的积极性，公司设置的对价形同虚设，按正常发展趋势就可实现，如此低的“门槛”使得股权激励完全变成了集资的工具。

据上可以看出：首先，该通信公司的举措有非法集资的嫌疑；其次，这种股权激励完全没有激励的效果，对公司治理结构的完善毫无益处；再次，大股东通过该激励计划使自己的股权比例得到稀释，用如此低廉的“价格”出售公司股权，是对公司价值的严重低估，在员工向公司变卖股权时公司势必遭受重大损失。

股权激励并不是使员工获得股权就了事，它是一套严格的管理制度体系。获得股权是有条件的，只有在激励对象不断完成绩效指标的情况下，才能获得相应数量的股权。此外，股权激励是长期激励，对被激励对象而言具有收益不确定性的特点，如果企业主不诚信，员工就不会相信企业主真的在搞股权激励，不但不能激励，反而适得其反。

案例006　股权激励沦为企业管理工具

2009 年年初，浙江某化工有限公司实施了股权激励。该企业做高档纺织印

剂研发、生产、销售，正处于高速增长期，也开始有风投接洽，上市也提到议事日程，由于公司成立时间不长、发展过快，还没有完善的公司制度体系和绩效考核体系，公司管理比较混乱，老板凭自己的精力已经远不能顾及公司的方方面面。

为了规范公司管理，老板决定实施股权激励，初衷是：实施了股权激励，激励对象就是公司的主人，这样他们不用上级催促就会勤勉工作。按照老板的想法，实施了股权激励企业就是“自由人的联合劳动”场所，类似共产社会。但经过半年的实践，该化工企业不但没有实现预期的目的，反而是工资费用迅速增加，企业利润急剧下降。

股权激励并不能等同于公司管理制度和绩效考核，它需要一套严格的公司管理制度和绩效考核体系做支撑。公司管理制度、公司治理结构和绩效考核是一个繁杂的工程，需要企业根据自身情况不断构建和完善，是任何其他方式所不能取代的。股权激励只能作为这些制度的一个重要补充，协同发挥作用。

第 2 章

9 大股权激励模式的特点利弊及其操作

2.1 常规疑难11问

2.1.1 9 大激励模式

问答014 股权激励主要有哪9大模式？

对实践中股权激励的各类模式归纳，主要有如下 9 大模式：

（1）业绩股票；

（2）股票期权；

（3）虚拟股票；

（4）股票增值权；

（5）限制性股票；

（6）延期支付；

（7）经营者/员工持股；

（8）管理层/员工收购；

（9）账面价值增值权。

问答015　何为业绩股票、股权期权激励模式？

（1）业绩股票

是指在年初确定一个较为合理的业绩目标，如果激励对象到年末时达到预定的目标，则公司授予其一定数量的股票或提取一定的奖励基金购买公司股票。业绩股票的流通变现通常有时间和数量限制。另一种与业绩股票在操作和作用上相类似的长期激励方式是业绩单位，它和业绩股票的区别在于业绩股票是授予股票，而业绩单位是授予现金。

（2）股票期权

是指公司授予激励对象的一种权利，激励对象可以在规定的时期内以事先确定的价格购买一定数量的本公司流通股票，也可以放弃这种权利。股票期权的行权也有时间和数量限制，且需激励对象自行为行权支出现金。目前在我国有些上市公司中应用的虚拟股票期权是虚拟股票和股票期权的结合，即公司授予激励对象的是一种虚拟的股票认购权，激励对象行权后获得的是虚拟股票。

问答016　何为虚拟股票、股票增值权与限制性股票激励模式？

（1）虚拟股票

是指公司授予激励对象一种虚拟的股票，激励对象可以据此享受一定数量的分红权和股价升值收益，但没有所有权，没有表决权，不能转让和出售，在离开企业时自动失效。

（2）股票增值权

是指公司授予激励对象的一种权利，如果公司股价上升，激励对象可通过行权获得相应数量的股价升值收益，激励对象不用为行权付出现金，行权后获得现金或等值的公司股票。

（3）限制性股票

是指事先授予激励对象一定数量的公司股票，但对股票的来源、抛售等有一些特殊限制，一般只有当激励对象完成特定目标（如扭亏为盈）后，激励对象才可抛售限制性股票并从中获益。

问答017　何为延期支付、经营者持股与管理层收购激励模式？

（1）延期支付

是指公司为激励对象设计一揽子薪酬收入计划，其中有一部分属于股权激励收入，股权激励收入不在当年发放，而是按公司股票公平市价折算成股票数量，在一定期限后，以公司股票形式或根据届时股票市值以现金方式支付给激励对象。

（2）经营者/员工持股

是指让激励对象持有一定数量的本公司的股票，这些股票是公司无偿赠与激励对象的，或者是公司补贴激励对象购买的，或者是激励对象自行出资购买的。激励对象在股票升值时可以受益，在股票贬值时受到损失。

（3）管理层/员工收购

是指公司管理层或全体员工利用杠杆融资购买本公司的股份，成为公司股东，与其他股东风险共担、利益共享，从而改变公司的股权结构、控制权结构和资产结构，实现持股经营。

问答018　何为账面价值增值权激励模式？

账面价值增值权，具体分为购买型和虚拟型两种。购买型是指激励对象在期初按每股净资产值实际购买一定数量的公司股份，在期末再按每股净资产期末值回售给公司。虚拟型是指激励对象在期初无须支出资金，公司授予激励对象一定数量的名义股份，在期末根据公司每股净资产的增量和名义股份的数量来计算激励对象的收益，并据此向激励对象支付现金。

注意：上述业绩股票、股票期权、虚拟股票、股票增值权、限制性股票、延期支付、经营者/员工持股这种模式为与证券市场相关的股权激励模式，在这些激励模式中，激励对象所获收益受公司股票价格的影响。而账面价值增值权是与证券市场无关的股权激励模式，激励对象所获收益仅与公司的一项财务指标——每股净资产值有关，而与股价无关。

2.1.2　多种激励模式优缺点及适用情况

问答019　业绩股票激励的优缺点与适用情况是什么？

业绩股票是指公司根据业绩水平，以股票作为长期激励形式支付给管理层。公司在年初设定业绩目标，如果年末达到目标，则公司为管理层提取一定的激励基金用以购买本公司股票。

（1）优点

① 业绩股票符合国内现有法律法规，符合国际惯例，比较规范，经股东大会通过即可实行，操作性强。

② 管理层所获得的激励基金必须购买为公司股票且在任职期间不能转让，因此该模式有一定的长期激励约束效用。

③ 业绩股票模式使经营者真正持有股票，一旦将来股票下跌，经营者会承受一定损失，因此有一定约束作用。

④ 每年实行一次，因此，能够发挥滚动激励、滚动约束的良好作用。

（2）缺点

① 公司的业绩目标确定的科学性很难保证，容易导致公司高管人员为获得业绩股票而弄虚作假。

② 激励成本较高，有可能造成公司支付现金的压力。

（3）适用情况

只对公司的业绩目标进行考核，不要求股价的上涨，因此比较适合业绩稳定型的新三板挂牌公司或上市公司及其集团公司、子公司。

问题020　股票期权激励的优缺点与适用情况是什么？

（1）优点

① 将经营者的报酬与公司的长期利益“捆绑”在一起，实现了经营者与所有者利益的一致，并使二者的利益紧密联系起来。通过赋予经营者参与企业剩余收益的索取权，把对经营者的外部激励与约束变成自我激励与自我约束。经营者要实现个人利益最大化，就必须努力经营，选择有利于企业长期发展的战略，使公司的股价在市场上持续看涨，进而达到“双赢”的目标。

② 可以锁定期权持有人的风险，股票期权持有人不行权就没有任何额外的损失。由于经营者事先没有支付成本或支付成本较低，如果行权时公司股票价格下跌，期权持有人可以放弃行权，几乎没有损失。

③ 股票期权是企业赋予经营者的一种选择权，是在不确定的市场中实现的预期收入，企业没有任何现金支出，有利于企业降低激励成本．这也是企业以较低成本吸引和留住人才的方法。

④ 股票期权根据二级市场股价波动实现收益，因此激励力度比较大。另外，股票期权受证券市场的自动监督，具有相对的公平性。

（2）缺点

① 来自证券市场的风险。证券市场的价格波动和不确定性，可能导致公司的股票真实价值与股票价格的不一致。

② 可能带来经营者的短期行为。由于股票期权的收益取决于行权之日市场上的股票价格高于行权价格，因而可能促使公司的经营者片面追求股价提升的短期行为，而放弃对公司发展的重要投资，从而降低了股票期权与经营业绩的相关性。

③ 国内现行法律对实施期权的股票来源问题还存在障碍，因此，尚有待于相关的政策法律出台。

（3）适用情况

比较适合那些初始资本投入较少，资本增值较快，在资本增值过程中人力资本增值效果明显的公司，如高科技行业。

问答021　虚拟股票激励的优缺点与适用情况是什么？

（1）优点

① 它实质上是一种享有企业分红权的凭证，除此之外，不再享有其他权利，因此，虚拟股票的发放不影响公司的总资本和股本结构。

② 虚拟股票具有内在的激励作用。虚拟股票的持有人通过自身的努力去经营管理好企业，使企业不断地盈利，进而取得更多的分红收益，公司的业绩越好，其收益越多；同时，虚拟股票激励模式还可以避免因股票市场不可确定因素造成公司股票价格异常下跌对虚拟股票持有人收益的影响。

③ 虚拟股票激励模式具有一定的约束作用。因为获得分红收益的前提是实现公司的业绩目标，并且收益是在未来实现的。

（2）缺点

① 激励对象可能因考虑分红，减少甚至于不实行企业资本公积金的积累，而过分地关注企业的短期利益。

② 在这种模式下的企业分红意愿强烈，导致公司的现金支付压力比较大。因此，虚拟股票激励模式比较适合现金流量比较充裕的非上市公司和上市公司。

③ 经营者不实际持有股票，一旦下跌，其可以选择不行权而避免任何损失，因此是一种纯激励的方式。

（3）适用情况

比较适合现金流量比较充裕的新三板挂牌企业等非上市公众公司和沪深

上市公司。

问答022　延期支付激励模式的优缺点与适用情况是什么？

（1）优点

① 把经营者一部分薪酬转化为股票，且长时间锁定，增加了其退出成本，促使经营者更关注公司的长期发展，减少了经营者的短期行为，有利于长期激励，留住并吸引人才。

② 这种模式可操作性强，无须监管机构审批。

③ 管理人员部分奖金以股票的形式获得，因此具有减税作用。

（2）缺点

①这一模式早期是由上市公司大股东主导进行的，有不规范的嫌疑（令人产生对上市公司与大股东之间独立性的怀疑）。

② 业绩股票模式是提取专门的激励基金，而延期支付模式将其纳入了经营者收入的一个组成部分。

③ 公司高管人员持有公司股票数量相对较少，难以产生较强的激励力度。

（3）适用情况

比较适合那些业绩稳定型的新三板挂牌公司或上市公司及其集团公司、子公司。

问答023　强制持股激励模式的优缺点与适用情况是什么？

此模式是指公司强制管理层购买一定数量的该公司股票并加以锁定。其与业绩股票、延期支付模式的区别在于购买股票的资金来源不是公司授予而是经营者自身承担。

（1）优点

经营者自身持有公司股票，一旦公司业绩下降、股价下跌，经营者就要完全承担损失，从而给经营者以一定程度的压力和约束。

（2）缺点

经营者完全自己出资购买股票，金额太小则不能起到约束作用，金额太大则可能超过经营者的购买能力，因此有一定的局限性。

（3）适用情况

股价持续下跌之际。

问答024 股票增值权激励模式的优缺点与适用情况是什么？

（1）优点

① 这种模式简单易于操作，股票增值权持有人在行权时，直接对股票升值部分兑现。

② 审批程序简单，无须解决股票来源问题。

（2）缺点

① 激励对象不能获得真正意义上的股票，激励的效果相对较差。

② 由于我国资本市场的弱有效性，股价与公司业绩关联度不大，以股价的上升来决定激励对象的股价升值收益，可能无法真正做到“奖励公正”，起不到股权激励应有的长期激励作用，相反，还可能引致公司高管层与庄家合谋操纵公司股价等问题。

② 增值权的收益来源是公司提取的奖励基金，公司的现金支付压力较大。

（3）适用情况

较适合现金流量比较充裕且比较稳定的新三板挂牌公司或上市公司和现金流量比较充裕的非上市公司。

2.2 典型实战11例

2.2.1 规范性股权激励

案例007 限制性股权激励及配比（富恒新材）

总况简述：合伙企业为持股平台；自愿锁定三年，总募集资金 1,417 万元。

2015 年 11 月 2 日，新三板挂牌企业深圳市富恒新材料股份有限公司（富恒新材 832469）发布股权激励计划。

（1）激励对象确定的原则

① 公司高级管理人员、中层管理人员、基层管理人员。

② 在公司任职满 3 年以上或在公司发展过程中有重大贡献的核心员工。

③ 公司核心技术人员和业务骨干。

所有激励对象满足上述条件之一，并在本计划规定的考核期内必须与公司签署劳动合同，且在公司任职或受公司委派到子公司、分公司任职。

（2）激励计划的股票来源、股权分配及数量

① 股票来源

本激励计划的激励股份来源于公司定向发行给合伙企业的股票，定向发行价格为人民币2.60元/股，发行总额不超过（或等于）发行前公司总股本的10%，最终发行总额以实际认购数为准。激励对象通过合伙企业间接持有公司股份。

② 股权分配比例

a）用于公司高级管理人员激励股份占本次总激励股权总额的比例不超过22.85%；

b）用于公司中层管理人员激励股份占本次总激励股权总额的比例不超过45.23%；

c）用于公司基层管理人员激励股份占本次总激励股权总额的比例不超过16.33%；

d）用于公司核心技术人员激励股份占本次总激励股权总额的比例不超过12.84%；

e）用于公司业务骨干激励股份占本次总激励股权总额的比例不超过2.75%。

以上除公司高级管理人员外，公司中层管理人员、公司基层管理人员、公司核心技术人员和业务骨干均为公司核心员工。

案例008　股票期权激励及配比（华翼微）

总况简述：分四期；行权条件之一为激励对象个人上一年度达到绩效考核指标的（绩效考核指标由董事会负责制定和审核）。总募集资金745.5万元。

2015年11月，新三板挂牌企业山东华翼微电子技术股份有限公司（华翼微832407）发布股权激励方案。

该激励计划为股票期权激励计划，拟向激励对象授予248.50万股股票期权，涉及的标的股票种类为公司普通股，约占本激励计划签署时公司股本总额5,925.00万股的4.19%；另外预留200万股用于激励本激励计划业绩考核期内新增人才以及突出贡献人员，由董事会负责具体的考核和分配工作。其中第一期授予120.50万股，占目前公司股本总额5,925.00万股的2.03%；第二期授予32.76万股，占目前公司股本总额5,925.00万股的0.55%，预留50.00万股；第三期授予65.09万股，占目前公司股本总额5,925.00万股的1.10%，预留50.00万股；第四期授予30.15万股，占目前公司股本总额5,925.00万股的0.51%，

预留 100 万股。在满足行权条件的情况下，每份股票期权拥有在有效期内以行权价格购买 1 股公司股票的权利。

（1）该激励计划授予股票期权的行权价格为 3.0 元。

（2）该激励计划有效期为股票期权授予之日起至所有股票期权行权或注销完毕之日止。

（3）公司承诺不为激励对象依本激励计划获取有关股票期权提供贷款以及其他任何形式的财务资助，包括为其贷款提供担保。

（4）由于激励对象以认购新股的方式行权，需要按股转公司关于挂牌公司定向发行的要求，完成董事会决议、监事会决议、股东大会决议、股转公司备案、登记结算公司登记等程序，激励对象在达到行权条件时能否行权仍存在一定的不确定性。

（5）公司董事会可根据公司实际需要（如转板上市等）或有关法律、法规、规范性文件的要求，视激励对象的实际绩效情况提出加速行权方案，经股东大会山东华翼微电子技术股份有限公司股权激励方案。审议通过后，激励对象不得对该等方案提出异议。

案例009　股票期权与限制性股权同时推行（百华悦邦）

总况简述：股票期权分三期行权；行权条件之一为公司与个人达到业绩考核要求；限制性股权锁定期分为为 18 个月、30 个月和 42 个月，54 个月内分 3 批解锁，总募集资金分别为 1,500 万元与 750 万元。

2014 年 9 月新三板挂牌企业北京百华悦邦科技股份有限公司（百华悦邦 831008）发布了股票期权与限制性股票激励计划。

本激励计划包括股票期权激励计划和限制性股票激励计划两部分。股票来源为公司向激励对象定向发行新股，任何一名激励对象通过全部有效的股权激励计划获授的本公司股票累计不超过公司股本总额的 1%。本激励计划拟向激励对象授予权益总计 200 万份，涉及的标的股票种类为公司普通股，约占本激励计划签署时公司股本总额 4000 万股的 5%，其中首次授予权益 147.7 万份，占目前公司股本总额 4000 万股的 3.69%，预留 52.3 万份，占目前公司股本总额 4000 万股的 1.31%，具体如下。

股票期权激励计划：公司拟向激励对象授予 100 万份股票期权，涉及的标的股票种类为公司普通股，约占本激励计划签署时公司股本总额 4000 万股的 2.5%。其中首次授予 73.85 万股，占目前公司股本总额 4000 万股的 1.85%；预留26.15万股，占目前公司股本总额的0.65%。在满足行权条件的情况下，每份股票期权拥有在有效期内以行权价格购买1股公司股票的权利。

限制性股票激励计划：公司拟向激励对象授予100万股公司限制性股票，占本激励计划签署时公司股本总额4000万股的2.5%。其中首次授予73.85万股，占目前公司股本总额4000万股的1.85%；预留26.15万股，占目前公司股本总额的0.65%。本计划中预留权益的授予由董事会提出，公司在指定网站对包括激励份额、激励对象职务、期权行权（限制性股票授予）价格等详细内容做出充分的信息披露且完成届时其他法定程序后进行授予。

本激励计划授予的股票期权的行权价格为15元，限制性股票的授予价格为7.5元。在本激励计划公告当日至激励对象完成股票期权行权或限制性股票登记期间，若公司发生资本公积转增股本、派发股票红利、股份拆细或缩股、配股、派息、向老股东定向增发新股等事宜，股票期权的行权价格和限制性股票的授予价格将做相应的调整。

在本激励计划公告当日至激励对象完成股票期权行权或限制性股票登记期间，若公司发生资本公积转增股本、派发股票红利、股份拆细或缩股、配股等事宜，股票期权和限制性股票的数量及所涉及的标的股票总数将做相应的调整。

本激励计划有效期为股票期权和限制性股票授予之日起至所有股票期权行权或注销和限制性股票解锁或回购注销完毕之日止。

2.2.2 定增与转让激励

案例010 实质为定向发行的股权激励（牡丹联友）

总况简述：无锁定期或限售期；独立董事发表了独立意见。总募集金额810万元。

2015年11月，新三板挂牌企业北京牡丹联友环保科技股份有限公司（牡丹联友832987）发布股权激励股票发行方案。

（1）发行目的

为建立健全公司长期激励机制，吸引和保留人才，充分调动公司员工的积极性，特别是肯定新老员工对公司发展所作出的贡献，提升公司凝聚力，增强公司竞争力，促进公司持续、稳健、快速的发展，确保公司经营目标和未来发展战略的实现，公司拟对管理层、核心员工进行股权激励，特进行本次股票发行。

（2）发行对象

① 现有股东优先认购安排

本次股票发行旨在进行员工持股股权激励，发行对象不适用于非公司员工的在册股东，故本次对非公司员工的在册股东无优先认购安排。

本次股票发行方案尚需公司股东大会批准通过，若发行方案获得出席股东大会非关联方股东三分之二以上表决权通过，则公司在册股东均自愿放弃本次股票发行股份的优先认购权。

② 发行对象确定的股票发行（如有）

公司本次发行对象为 31 名自然人，其中：董事 1 人，高级管理人员 5 人，监事 3 人，核心员工 22 人。

（3）发行价格

发行价格为人民币 3 元/股。本次发行的价格综合考虑了每股净资产、公司成长性、行业前景等多方面因素，并与多方投资者沟通后最终确定。

（4）发行股份数量

本次发行股票的数量为不超过 2,700,000 股。

预计募集资金总额：本次股票发行后，预计募集资金为 8,100,000 元。

案例011　实质为股权转让的股权激励（百胜软件）

总况简述：股票来源为实际控制人间接持有公司股份转让给激励对象，总募集资金 244.2 万元。

2015 年 8 月新三板挂牌企业上海百胜软件股份有限公司（百胜软件 832722）发布了 2015 年股权激励计划。拟以公司实际控制人黄飞先生所持有公司股东上海胜鼎投资管理有限公司的股权对本公司的公司主要高管、中层以上管理人员及核心技术人员实施股权激励。

（1）激励股权的来源和激励方式

上海胜鼎目前持有百胜软件 8%的股份，黄飞目前持有上海胜鼎 76.75%的股权。本次拟激励的股份来自黄飞通过上海胜鼎间接持有的百胜软件股份。

本次股权激励的具体操作方式为：黄飞向激励对象转让其所持有的上海胜鼎部分股权，激励对象与黄飞签署《股权转让协议》，激励对象向黄飞支付股权转让款，股权转让事宜经工商登记完成后，激励对象成为上海胜鼎的股东，从而间接持有百胜软件的股份。

（2）激励股权的价格

激励对象按照百胜软件总价值8,250万元进行估值，按百胜软件目前总股本5,000万股计算，对应百胜软件股份价格为1.65元/股。

上海胜鼎共持有百胜软件8%的股份，对应百胜软件股份价值660万元，上海胜鼎目前注册资本为500万元，则本次用于激励的上海胜鼎股权价格为1.32元/注册资本，即本次激励对象按照1.32元/注册资本的价格购买上海胜鼎的股权。

2.2.3 虚拟与强制激励

案例012 虚拟股权激励（精冶源）

2015年11月，新三板挂牌企业北京精冶源新材料股份有限公司（精冶源831091）发布股权激励计划。

该计划以虚拟股权方式实施，即被激励者没有虚拟股票的表决权、转让权和继承权，只有拟制分红权（即获得与虚拟股权收益金额相等的激励基金）。

（1）有效期限

本计划的有效期限为三年，即2015年—2017年，激励对象无偿享有公司给予一定比例的分红权，计划有效期满后，公司可根据实际情况决定是否继续授予激励对象该等比例的分红权。如在该方案的有效期内经股东大会和董事会决议通过了其他的股权激励计划，经股东大会和董事会表决后可以终止该计划。

（2）虚拟股权的授予

虚拟股权授予对象参照如下标准确定：① 在公司的历史发展中作出过突出贡献的人员；② 公司未来发展亟需的人员；③ 年度工作表现突出的人员；④ 其他公司认为必要的标准。

授予范围包括公司高级管理人员、中层管理人员、业务骨干以及对公司有卓越贡献的新老员工等。

（3）授予数量的确定

虚拟股权的授予数量，根据虚拟股权激励对象所处的职位确定股权级别及其对应基准职位股数（经董事会表决同意后基准职位股数可按年度调整），根据个人能力系数和本司工龄系数确定计划初始授予数量，根据年终绩效考核结果确定当年最终授予虚拟股权数量。

虚拟股权的初始授予数量=基准职位股数×能力系数×本司工龄系数；

虚拟股权的最终授予数量=虚拟股权的初始授予数量×绩效考核系数。

股权级别及职位股数确定如表 2-1 所示。

表 2-1　股权级别（职位股数）评定表

股权级别	评定标准	基准职位股数（股）
1 级	通过按指令能基本完成本岗位的工作任务	40,000
2 级	能够独立、合格地完成本岗位的工作	60,000
3 级	通过自己的技术专长或团队管理能较好地完成	80,000
4 级	通过他人或团队管理能完成工作目标，业绩卓越且能保持团队稳定	100,000

本方案实施或修订后，公司未来因权益分派、股票发行或其他因素导致总股本变动的，则上述基准职位股数按照总股本变动比例同步调整，相应基准职位股数按照变动时间进行加权平均计算确定（2015 年股本变动已直接调整基准职位股，不再加权计算）。

案例013　强制持股股权激励（绍兴百大）

1999 年 6 月，上市公司绍兴百大（现名新湖创业，600840）发布公告称，公司高级管理人员已于今日陆续从二手市场上购入该公司的社会公众股，平均购入价格为 10.40 元左右。公告还显示，购入股份最多的是该公司总经理王某，持股数量达 28600 股，而购入股份最少的高级管理人员也有 19000 股。按照有关规定，上述人员只有在离职 6 个月后，才可将所购入的股份抛出。

此股权激励模式是指公司强制管理层购买一定数量的该公司股票并加以锁定。其与业绩股票、武汉模式（延期支付）的区别在于购买股票的资金来源不是公司授予而是经营者自身承担。

此外，中兴通讯曾经在 H 股增发而导致股权持续下跌之际，也采取了由公司高管人员在二级市场购买公司股票的方式。此举一方面旨在加强市场对公司的信心，而一方面也会对经营者施加相当程度的约束。

2.2.4　激励模式之利弊

案例014　期权股权激励实施后挂牌（仁会生物）

2014 年 2 月，上海仁会生物制药股份有限公司（仁会生物 830931）通过了股权激励方案，激励计划的有效期为自股票期权首次授予日起十年，公司分四次授予股票期权，股票期权总数为 317 万股，占当时股本总额 3.52%，股票来源为公司向激励对象定向发行普通股股票。

其利弊分析如下。

（1）对于公司

① 效率：调动员工的积极性，规范公司的治理机制，提高公司的整体效率。该次股权激励的对象均为公司的经理、主管等，为公司的中高级管理员工，而这些“中坚力量”正代表公司的管理效率，股票期权的授予带来的财富以及“主人翁”心理必定提高他们的积极性，进而提高公司的凝聚力与效率。

② 人才：固定并约束现有人才，吸收并引进外来人才。该次股权激励将一批管理者变成了股东，使他们在享有公司剩余价值分配权的同时也承担公司的经营风险，对于激励对象既是诱惑（股价上涨），也是约束（股价下跌）。同时公司巨大的股权激励力度势必会吸引更多的人才前来，从而不断优化公司的人力资源，成为公司加速发展的不竭动力。

③ 资金：获得一批投资款，客观上增加了公司的注册资本。相比其他激励模式，股票期权成本较低。仁会生物首次股票期权授予的股票来源于公司向激励对象以 1 元/股的价格定向发行普通股股票，员工购买该股票的款项来源于自有资金，公司不提供任何资金保障或担保服务。这批新增股东将是公司遭遇危机时资金的保障，这批人的“股东和员工”双重身份正是他们选择与公司共存亡的关键引导因素。

④ 弊端：股权激励最大的弊端便是股权的分散，公司决策效率降低，可能导致企业价值的减损。且股权激励的效果可能保持较为短暂，一旦员工行权后成为股东，则无从限制，其势必可能依仗股东身份，谋取个人私利，背弃公司价值目标。

（2）对于员工

① 财富：直接获得财富。首次股票期权授予确定的行权价格为 1 元/股，其他三次的预留股票期权的行权价格为 5 元/股，而根据公司目前最近的一次股票发行价格（2015 年 6 月，公司定向发行 400 万股，发行价格为 25 元/股，且股票价格一直处于稳步上升阶段），员工可以直接获得股票价格之间巨大的利差，如果股票发行价格跌破行权价格，员工可以自主放弃行权。

② 价值：管理地位更加牢固，可一定程度上通过自己的想法实现价值。股东的身份可以提出自己的想法，员工的身份可以执行自己的想法，如执行不

力，股东的身份还可以保障自己的地位与报酬。股权激励具有一般奖励无法比拟的优势，其不只是激励员工“尽本分”，更是鼓励他们敢于“不安分”去实现自己的价值。

③ 弊端：股权激励固然是公司给予员工的福利，但是该种福利的特殊性便在于其具有风险。例如仁会生物的“三证齐全”目标，如未能按时实现条件，可能获得的股权比例将大打折扣；如可行权日开始时股价跌破行权价格，员工可能放弃行权，到头来也只是空欢喜一场且折本的生意。

案例015　限制性股权激励的利弊分析（百华悦邦）

新三板挂牌企业北京百华悦邦科技股份有限公司（百华悦邦 831008）于 2014 年 10 月 9 日披露了《股票期权与限制性股权激励计划》，是股权激励模式混合使用的代表性案例。对于股票期权部分此处不再赘述，集中针对其中限制性股权部分进行详细分析。该计划授予限制性股权 100 万股，占当时公司股本总额 2.5%。

其利弊分析如下。

（1）对于公司

① 见效快：限制性股权的特殊性便在于方案一经通过，员工在数月之内一般就能成为公司股东，只不过他们的股份存在漫长的锁定期。这对于员工的心理压迫非常强烈，员工要变成股东须投入自有资金，且这些行为不可逆转（股票期权可放弃），员工只能竭尽全力去实现解锁条件。

② 风险小：如股权激励主要为了固定并约束现有人才，那限制性股权激励模式是最好的选择，因为限制性股权极大降低了股权激励行权获益的风险。百华悦邦在开展股权激励计划一个月内，便“绑定”了所有激励对象，且无论以后公司业绩是否好坏，股价上涨或下跌，这些激励对象都无法自主放弃，而且还必须努力实现解锁条件。

③ 弊端：相比较其他股权激励模式，限制性股权的弊端便在于实现战略目标的成本和手段不经济性导致偏离激励初衷，因限制期限较短，员工获得股份后容易背弃公司利益最大化目标。

（2）对于员工

相比较其他激励模式，限制性股权对于员工而言风险较大，能够快速获得股份的代价便是快速被“绑定”，如购买股份后遭遇股价跌破购买价，因缺乏退出机制，势必损失惨重，除非刻意不实现解锁条件，由公司回购股份。

案例016　虚拟股权激励利弊（精冶源）

新三板挂牌企业北京精冶源新材料股份有限公司（精冶源 831091）于 2015 年 5 月披露《虚拟股权激励方案》，开创了新三板挂牌企业股权激励模式的先河。

本激励计划的有效期限为三年，即 2015 年—2017 年，激励对象无偿享有公司给予一定比例的分红权，计划有效期满后，公司可根据实际情况决定是否继续授予激励对象该等比例的分红权。

从激励方案来看，我们能够很清晰地得知虚拟股权的实质，其本质在于以虚拟股权形式取代传统的“绩效等级”给予员工分红权。只是该种虚拟股权在特定条件下有转为股票的可能，且分红额度与企业效益息息相关。

该激励模式对于公司与员工的利弊如下。

（1）对于公司

① 操作简便。虚拟股权方案的制定、操作均只需公司内部通过即可，且未有相关法律法规限制，其实质为公司绩效考核制度，属于公司内部管理问题。

② 影响久远。相对于其他激励模式，虚拟股权的影响可以一直延伸下去，并不因为股票价格、行权、解锁等事项而受到影响，其最大的制度价值在于利用虚拟股权给予的分红权调动企业员工为公司长远发展而共同努力的积极性。

③ 弊端：虚拟股权并不是股权，所以激励力度相对较小，无法实现固定人才的作用，激励对象也可能过分关注企业短期效益获得分红，不支持企业资本公积金的积累。因虚拟股权激励模式主要以分红为激励手段，所以对于公司的现金支付压力较大。

（2）对于员工

该种激励模式实质只是一种分红政策，对于员工而言是纯奖励的措施，没有任何风险。员工较容易理解，无须自主支付资金，较易接受。但相对于其他激励模式而言，诱惑力较小，员工的积极性不会太高。

案例017　股票增值权激励模式及其利弊（运达科技）

采取股票增值权激励模式的案例例如（运达科技 300440）、正泰电器（601877）、华菱管线（000932）等。

该激励模式之于公司与员工的利弊如下。

2015 年 11 月，成都运达科技股份有限公司（运达科技 300440）发布了股权激励计划。本激励计划采用股票增值权激励工具，以运达科技股票为虚拟标的股票，在满足获授条件和行权条件的前提下，由运达科技公司以现金方式支付激励对象兑付价格与行权价格之间的差额，该差额即为激励额度。本激励计划的股票增值权不涉及实际股票，仅以运达科技股票作为虚拟股票标的。

（1）基本情况

本激励计划授予激励对象共 95 万份股票增值权。激励计划激励对象为高级管理人员、中层管理人员和核心团队人员合计共 81 人。股票增值权的授予价格确定为 66.20 元。

本激励计划有效期为自股票增值权授予日起 3 年。股票增值权自本激励计划授予日起满 12 个月后，激励对象在满足获授条件和行权条件的前提下，在 24 个月内分两期行权。

（2）条件

① 公司业绩条件

本计划在 2015—2016 年的两个会计年度中，分年度进行业绩考核。每个会计年度考核一次，以达到绩效考核目标作为计划对象的行权条件。各年度公司业绩考核目标如表 2-2 所示。

表 2-2　各年度公司业绩考核目标

行权期	绩效考核目标
第一个行权期	以公司 2014 年度会计数据为基数，2015 年公司净利润增长率不低于 15%，2015 年公司营业收入增长率不低于 18%
第二个行权期	以公司 2014 年度会计数据为基数，2016 年公司净利润增长率不低于 30%，2016 年公司营业收入增长率不低于 36%

② 个人绩效考核条件

计划激励对象的个人绩效考核条件，运达科技制定配套的《成都运达科技股份有限公司股票增值权激励计划实施考核办法》。根据该考核办法，激励对象上一年度绩效考核必须合格。

（3）利弊分析

① 对于公司。股票增值权激励模式与虚拟股权存在一定的相似性，均是公司给予激励对象一种权利，激励对象实现了相应条件后可依据该种权利获得分红。对于公司来说，操作非常便利，只需公司内核审批，无须解决股票来源问题，亦不存在资本操作的一系列难题。弊端：激励对象不能获得真正意义上的股票，激励的效果较差；激励力度与股票价格直接相关，可能与公司业绩存在偏差，无法做到“奖励公正”；无法固定现有人才，且公司支付资金压

力较大。

② 对于员工。除存在上述虚拟股权激励模式的利弊外，股票增值权激励模式直接以股票价格的升降作为支付激励对象的分红标准，可能导致激励对象过分关注股票价格的升降。且由于我国资本市场的弱式有效性，股价与公司业绩存在较大偏差，这一客观原因会让员工忽视对于业绩的追求，从而背离激励初衷。

第3章 股权激励设计的因素、程序、行权与操作要领

3.1 常规疑难12问

3.1.1 设计因素、关键点与程序

问答025 股权激励的设计因素有哪些？

（1）激励对象：既有企业经营者（如 CEO）的股权激励，也包括普通雇员的持股计划、以股票支付董事报酬、以股票支付基层管理者的报酬等。

（2）购股规定：即对经理人购买股权的相关规定，包括购买价格、期限、数量及是否允许放弃购股等。上市公司的购股价格一般参照签约当时的股票市场价格确定，其他公司的购股价格则参照当时股权价值确定。

（3）售股规定：即对经理人出售股权的相关规定，包括出售价格、数量、期限的规定。出售价格按出售日的股权市场价值确定，其中上市公司参照股票的市场价格，其他公司则一般根据预先确定的方法计算出售价格。为了使经理人更多地关心股东的长期利益，一般规定经理人在一定的期限后方可出售其持有股票，并对出售数量做出限制。

（4）权利义务：股权激励中，需要对经理人是否享有分红收益权、股票表决权和如何承担股权贬值风险等权利义务做出规定。

（5）股权管理：包括管理方式、股权获得来源和股权激励占总收入的比例等。股权获得来源包括经理人购买、奖励获得、技术入股、管理入股、岗位持股等。股权激励在经理人的总收入中占的比例不同，其激励的效果也不同。

（6）操作方式：包括是否发生股权的实际转让关系、股票来源等。一些情况下，为了回避法律障碍或其他操作上的原因，在股权激励中，实际上不发生股权的实际转让关系。在股权来源方面，有股票回购、增发新股、库存股票等。

问答026　股权设计主要有哪几个关键点？

通过为多家企业设计股权激励方案，从中总结了股权激励设计的主要几个关键点：

（1）激励模式的选择

激励模式是股权激励的核心问题，直接决定了激励的效用。

（2）激励对象的确定

股权激励是为了激励员工，平衡企业的长期目标和短期目标，特别是关注企业的长期发展和战略目标的实现，因此，确定激励对象必须以企业战略目标为导向，即选择对企业战略最具有价值的人员。

（3）量价时的确定

量即定量，指授予股权的数量；价即定价，指股权授予价格及股权退出价格；时即定时，指确定股权授予日、有效期、等待期、可行权日及禁售期等。

（4）购股资金的来源

由于鼓励对象是自然人，因而资金的来源成为整个计划过程的一个关键点。

（5）考核指标设计

股权激励的行权一定与业绩挂钩，其中一个是企业的整体业绩条件，另一个是个人业绩考核指标。

问答027　新三板股权激励方案设计实施需履行的程序有哪些？

相比较上市企业，新三板挂牌企业的股权激励方案须履行的程序较为简单，尚欠缺相应的法律法规具体细化。如下所示为过往新三板挂牌企业实施股权激励已履行的程序：

（1）董事会拟订并审议股权激励计划；

（2）监事会审核激励名单并发表意见；

（3）股东大会审议股权激励计划与方案；

（4）对相应的股票期权授予登记；

（5）信息披露股权激励计划和方案。

3.1.2　股票、资金来源与数量

问答028　股权激励的股票来源是什么？

中小企业在申请挂牌前，实行股权激励计划的股票来源一般为：

（1）控股股东或大股东股权转让；

（2）公司股权回购转让；

（3）激励对象对公司增资。

实践中，第（1）种和第（3）做法较为常见。即或者公司通过定向增发，使激励对象能以较低价格认购公司发行的股票；或者公司的创始人或大股东以较低价格向激励对象转让其所持股份。

问答029　股权激励对象的资金来源是什么？

挂牌公司或上市公司不得为激励对象依股权激励计划获取有关权益提供贷款以及其他任何形式的财务资助，包括为其贷款提供担保。

根据《上市公司股权激励管理办法（试行）》（第 10 条），据股权系统案例统计，所有企业实施股权激励的资金均来自激励对象个人。

问答030　股权激励标的股份数量有何要求？

新三板股权激励计划的实施条件大多比照上市公司要求《上市公司股权激励管理办法（试行）》以及证监会发布的三个《股权激励有关事项备忘录》操作，具体如下：

挂牌或上市公司全部有效的股权激励计划所涉及的标的股票总数累计不得超过公司股本总额的 10%。

非经股东大会特别决议批准，任何一名激励对象通过全部有效的股权激励计划获授的本公司股票累计不得超过公司股本总额的 1%。

3.1.3 行权、转板与税收

问答031 股权激励设定的行权指标、绩效指标要求有哪些？

（1）考核指标问题

挂牌公司需要根据行业及公司发展情况确定公司及公司员工的考核指标，公司考核指标通常如净资产收益率、净利润增长率、主营业务利润率、净资产增长率、ROE、净资产现金回报率等，根据实际情况选取合适的考核如KPI、满意度对激励对象个人进行绩效考核。

但股权激励显然并不能等同于公司管理制度和绩效考核，它是需要一套严格的公司管理制度和绩效考核体系做支撑。

（2）行权指标

公司设定的行权指标需要考虑业绩情况，原则上实行股权激励后的业绩指标，如每股收益、加权净资产收益率和净利润增长率等，不得低于历史水平。此外，鼓励公司同时采用如下指标：① 市值指标，如公司各考核期内的平均市值水平低于同期市场综合指数或成分指数；② 行业比较指标，如公司业绩指标不低于同行业平均水平。

问答032 转板时股权激励如何处理？

目前，并无新三板转板制，如挂牌企业申请在上交所或深交所上市，必须向中国证监会重新申报并排队。但《首次公开发行股票并上市管理办法》及《首次公开发行股票并在创业板上市管理办法》均要求：发行人的注册资本已足额缴纳，发起人或者股东用作出资的资产的财产权转移手续已办理完毕，发行人的主要资产不存在重大权属纠纷；发行人的股权清晰，控股股东和受控股股东、实际控制人支配的股东持有的发行人股份不存在重大权属纠纷。不允许存在尚未执行完毕的股权激励方案。

因此，若企业有上市预期，在设定股权激励方案时需要考虑处理股权激励问题。

问答033 实行股权激励计划企业所得税问题如何处理？

比照上市公司情况，根据上市公司依照国务院证券管理委员会发布的《上市公司股权激励管理办法（试行）》（证监公司字[2005]151 号，以下简称《管理办法》）要求，其企业所得税的处理，分别按两种规定执行。

其一，对股权激励计划实行后立即可以行权的，上市公司可以根据实际行权时该股票的公允价格与激励对象实际行权支付价格的差额和数量，计算确定作为当年上市公司工资薪金支出，依照税法规定进行税前扣除。

其二，对股权激励计划实行后，需待一定服务年限或者达到规定业绩条件（以下简称等待期）方可行权的，上市公司等待期内会计上计算确认的相关成本费用，不得在对应年度计算缴纳企业所得税时扣除。在股权激励计划可行权后，上市公司方可根据该股票实际行权时的公允价格与当年激励对象实际行权支付价格的差额及数量，计算确定作为当年上市公司工资薪金支出，依照税法规定进行税前扣除。股票实际行权时的公允价格，以实际行权日该股票的收盘价格确定。

关于股权激励涉及税务处理的相关规定有：《国家税务总局关于个人认购股票等有价证券而从雇主取得折扣或补贴收入有关征收个人所得税问题的通知》（国税发[1998]9 号）、《财政部、国家税务总局关于关于个人股票期权所得征收个人所得税问题的通知》（财税[2005]35 号）、《国家税务总局关于个人股票期权所得缴纳个人所得税有关问题的补充通知》（国税函[2006]902 号）、《财政部、国家税务总局关于股票增值权所得和限制性股票所得征收个人所得税有关问题的通知》（财税[2009]5 号）、《财政部、国家税务总局关于上市公司高管人员股票期权所得缴纳个人所得税有关问题的通知》（财税[2009]40 号）、财政部、国家税务总局和证监会关于《关于个人转让限售股所得征收个人所得税有关问题的通知》（财税[2009]167 号）、国家税务总局关于《股权激励有关个人所得税问题的通知》（国税函[2009]461 号）、国家税务总局关于《关于印发<限售股个人所得税政策解读稿>的通知》（所便函[2010]5 号）等。

3.1.4　常见模式操作要领

问答034　“规范类”股权激励的操作要领有哪些？

虽然新三板未出台关于挂牌企业股权激励计划的相关政策，但为了便于和其他激励工具相区分，这里将采用期权或限制性股票作为激励工具的新三板激励计划暂且归类为“新三板规范类股权激励计划”。与上市公司的相关政策接轨，上市公司实施的需要证监会审批的股权激励计划定义为规范股权激励计划。可采用工具中，仅包括股票期权和限制性股票，上市公司规范类股权激励计划需严格遵循《上市公司股权激励管理办法（试行）》及证监会历次备忘录要求。

股票期权或限制性股票等规范股权激励计划相较于向激励对象增发新股最大的优势是可以在股票价格的低点对股价进行锁定，对于成长性较好的新三板挂牌企业股价的快速上涨可以使激励对象获得更大的收益。除此之外，价格经过折扣的限制性股票及无须激励对象即刻出资的股票期权减轻了激励对象现阶段的出资压力。

其操作要领如下：

（1）新三板暂未出台关于股权激励的相关规定，但从降低股权激励计划的未来法律风险的角度考虑，在项目实操过程中，建议挂牌公司在公告激励计划的同时采取一些风险控制措施，例如：独立第三方财务顾问出具财务顾问报告；公司独立董事针对激励计划出具的意见；公司律师出具针对激励计划合法合规性的法律意见书等。

（2）不同于 A 股上市公司的规定，新三板允许拟挂牌企业携带期权等未来或有权益挂牌，即新三板允许企业在挂牌之前就实施期权等规范股权激励计划。

（3）由于没有相关政策限制，在考虑新三板公司定向增发等的一般规定的前提下，新三板公司采用期权或限制性股票作为激励工具时，在定人、定量、定时、股份资金来源及业绩考核的设定上将更加灵活。

（4）定价方面，做市商企业的权益定价完全可以依照做市商的报价进行；其他挂牌企业仍采取协议定价的方式确定权益工具的价格。其中限制性股票的定价也没有最低 5 折的限制。但在价格制定过程中，需综合考虑对各方利益的影响，特别是对做市定价及未来新股发行价格的影响。

（5）根据对新三板已实施规范股权激励案例的调研，挂牌公司公告规范股权激励计划前，建议聘请独立第三方机构对权益的公允价值进行认定，并将结果报送新三板进行预沟通。

问答035　新股定向增发实施股权激励的操作要领有哪些？

向公司内部员工定向发行新股已成为目前新三板公司采用频率最高的股权激励方式。许多新三板挂牌公司在新股发行的过程中除了向老股东进行配售或引入外部投资者外，还会选择向部分公司董监高及核心技术人员进行新股发行。由于没有业绩考核的强制要求，操作简单。挂牌企业通过定向增发实现对员工的股权激励，必须遵守新三板挂牌公司发行新股的一般规定。

其操作要领如下：

（1）不同于上市公司发行新股，新三板定向增发的股票无限售要求，即作为增发对象的股东可随时转让增发股份。但公司董事、监事、高级管理人员所持新增股份仍需根据《公司法》的规定进行限售。

（2）若采用员工直接持股的方式，定向增发对象中的公司董事、监事、高级管理人员、核心员工以及符合投资者适当性管理规定的自然人投资者、法人投资者及其他经济组织合计不得超过35名（未来政策放宽后除外）。即在员工直接持股的激励计划中，激励范围将受到一定限制。

（3）股东超过200人或发行后股东超过200人的公司定向发行新股需，增发前后公司股东超过200人的，本次新股发行还需履行证监会备案程序向证监会申请核准；股东未超过200人的只需新三板自律管理。

（4）为规避激励员工35人以下的数量限制以及股东超过200人对报批流程的影响，挂牌公司向员工定向发行新股，可以考虑采用设立持股平台间接持股的方式实现员工对公司的持股。间接持股条件下，持股平台需满足挂牌企业合格投资者要求，即：注册资本500万元人民币以上的法人机构；实缴出资总额500万元以上的合伙企业。

问答036 创新型股权激励的操作要领有哪些？

非上市公司的一般性激励方式也可作为新三板公司激励工具的选择，例如实股类，如增量奖股，或现金类激励工具如虚拟股份、奖励基金等。特别是对于盈利能力暂时不强的新三板公司而言，业绩未来增长的空间更大，对于激励对象的激励力度也将更大。

其操作要领：

（1）若增量奖股等实股类激励工具的股份来源为存量转让，股权的转让须遵守新三板股权交易的一般规则，激励对象需满足新三板合格投资者要求。

（2）若增量奖股等实股类激励工具的股份来源为发行新股，则同样须履行新三板的定向增发流程。

（3）现金类激励工具在使用之前应充分考虑到激励计划对公司现金流的影响。

3.2 典型实战6例

3.2.1 股权方案的设计

案例018 股权激励基金的设计（黄国粮业）

2015 年 4 月 29 日，新三板挂牌公司黄国粮业公告了《年度业绩激励基金实施方案》，其设计此处从定时、定人、定量与提取条件等方面归纳扼要。

定时：为 2015—2018 年度期间，有效期为 4 年。

定人：公司董事会聘任的高级管理人员；对公司整体业绩和持续发展有直接影响的中层管理人员、核心技术（业务）人才以及公司所需的其他关键人才；公司董事会认定的应当予以激励的其他员工。

所有被激励对象必须在本次激励的考核期内于公司或公司的控股子公司任职并已签署劳动合同。激励对象必须经董事会考核合格后方可具有获得授予当期业绩激励基金的资格。

定量：以当年度净利润增加额（即当年度激励基金提取前净利润减去年年度净利润）为基数，按照 20%的比例提取年度业绩激励基金进行现金奖励，

提取条件：公司满足如下要求：

① 当年度实现的归属股东的净利润（扣除非经常性损益前后孰低者，下同）增长率超过 10%；

② 当年净资产收益率不低于 6%（包括 6%）；

③ 最近一个会计年度财务报告审计意见为“标准无保留意见”；

④ 最近一年内公司未发生因重大违法违规行为被监管单位予以行政处罚的情形。

至于激励对象考核方式及激励额度，尚无细则，只是初步规定业绩激励基金管理办公室根据高级管理人员、骨干员工等当年的工作情况，拟定当年参与业绩激励基金分配的激励对象建议名单，并根据激励对象当年的职务级别、任职时间、绩效考核结果等因素，拟定激励对象当年分配的激励基金建议额度，在股东大会审议通过公司年度审计报告后 30 日内报公司董事会秘书批准。

案例019 股票期权激励与考核设计（网阔信息）

2015 年 11 月 27 日，成都网阔信息技术股份有限公司（网阔信息 430479）

公布了《期权激励方案》和《股票期权激励计划实施考核办法》，其股权激励的设计大致如下。

（1）标旳股票数量及来源

拟向激励对象授予股票期权总计 56.7 万份，涉及的标的股票种类为公司普通股，约占本激励计划公告时公司股本总额 3059.175 万股的 1.85%。激励对象获授的每份股票期权在满足行权条件的情况下，拥有在有效期内以行权价格购买 1 股公司股票的权利。激励对象获授的股票期权不得转让、用于担保或偿还债务。股票来源为公司向激励对象定向发行的公司股票。

（2）股票期权计划的有效期、授予日、等待期、可行权日、禁售期

激励计划有效期为股票期权授予之日起至所有股票期权行权或注销完毕之日止。授予期权的授予日为本股票期权激励计划经公司股东大会审议批准后的首个交易日。等待期是指股票期权授予后至股票期权每个行权期首个可行权日之间的时间。

在本计划通过后，激励对象可以自授予日起满 16 个月后可的交易日以开始行权，具体行权期及各期行权时间安排如下：第一个行权期为自授予日起 16 个月后的首个交易日起至授予日起 28 个月内的最后一个交易日枝，可行权数量为 30%;第二个行权期为自授予日起 28 个月后的首个交易日起至授予日起 40 个月内的最后一个交易日枝，可行权数量为 30%；第三个行权期为自授予日起 40 个月后的首个交易日起至授予日起 52 个月内的最后一个交易日枝，可行权数量为 40%。

除遵守法律规定的限售规定外，激励计划规定激励计划为行权之后 36 个月，36 个月后照《公司法》《证券法》等相关法律、法规、规范性文件和《公司章程》执行。

（3）激励对象获授权益、行权条件

在公司未发生证监会发布的三个《股权激励有关事项备忘录》中不适格的情形时，激励对象可获授股票期权。个人根据董事会制定的《考核办法》在计划有效期内的各考核周期内，考核为基本合格的可行权，其中优秀、良好合格可行权 100%，基本合格可行权 50%。

案例020　股员工持股计划激励方案设计（百合网）

2015 年 12 月 21 日，新三板挂牌公司百合网修正了员工持股计划方案与实施细则》，其设计择其扼要如下：

（1）持股参与对象及认购额度

12 月 4 日方案拟定持股参与对象为公司所有在职员工、优秀加盟商以及其他业务合作伙伴、对公司有重大贡献的业务顾问、管理顾问、对公司有重大贡献的离职员工、其他董事会认可参与的人员。可见公司离职员工、公司业务顾问均在其列，可谓实现了全员持股乃至相关利益者持股。但 12 月 21 日方案参与对象限于百合网员工，更为保守，但目前不知是商业原因或监管要求而改变。

其中，在职员工中，单个参与对象按照其入职时长可增加认购额度，入职每满一年可多认购 10%，但董事/副总经理最多可认购 100 万股，总监/经理最多可认购 50 万股，员工最多可认购 10 万股。

（2）持股参与方式

公司组织参与对象成立员工持股计划后全额认购由合法资产管理公司等机构发行的资管计划。该员工持股计划经营产生的费用由公司承担，收益税费由参与对象承担。如委托基金公司或资产管理公司等管理，则基金公司或资产管理公司等产生的相关费用从收益中扣除。

（3）限售规定

员工持股计划的存续期为 24 个月，自股东大会或其授权机构审议通过员工持股计划之日起计算。存续期内持有人不得主动提出退出员工持股计划及收取分配收益，且持有人持有的员工持股计划权益不得用于担保、偿还债务及对外转让。员工持股计划对应标的股票的锁定期为 6 个月，自标的股票过户之日起计算。

（4）回购规定

公司无义务对参与对象持有的股票进行回购，但是公司董事会可根据实际需要（如转板上市等）或有关法律规范性文件的要求，有权对参与对象认购的股票按照董事会确定的市场公平价格或估值进行回购，每股回购价格不低于认购价格。

3.2.2 突破股权激励数量规定

案例021　激励对象突破股份数量10%规定（华尔美特）

实践中，目前新三板股权激励计划的实施条件大多比照上市公司要求《上市公司股权激励管理办法（试行）》以及证监会发布的三个《股权激励有关事项备忘录》操作，但亦有个别案例突破了上述规定。如：华尔美特 2015 年 10 月激励计划的股票期权总数为 1000 万股，涉及标的股票数量占期权计划签署时股本总额的 22.38%，突破了股权激励计划所涉及的标的股票总数累计不得超过公司股本总额的 10%的规定。不过激励对象是公司经销商，有别于核心员工。

案例022　突破主要股东与实际控制人持股5%规定（先临三维）

2015 年 3 月，新三板挂牌公司杭州先临三维科技股份有限公司发布股权激励方案，拟定向激励对象发行公司股票，

首次发行对象为 113 名自然人，这些人为公司任职的部分董事、监事、高级管理人员及骨干员工。激励对象中包括持股 5%以上的股东。

显然这种情况突破了"持股 5%以上的主要股东或实际控制人原则上不得成为激励对象"的规定。

案例023　激励数量超过公司总股本1%（风帆科技）

2015 年 11 月，新三板挂牌公司武汉风帆电化科技股份有限公司（风帆科技 430221），发布股权激励计划：

本激励计划为股票期权激励计划，拟向激励对象授予权益总计 170 万份，涉及的标的股票种类为公司普通股，占本激励计划签署时公司股本总额 1850 万股的 9.19%，股票来源为公司向激励对象定向发行新股。具体如下。

股票期权激励计划：公司拟向激励对象授予 170 万份股票期权，涉及的标的股票种类为公司普通股，约占本激励计划签署时公司股本总额 1850 万股的 9.19%。

其中第一期授予 85 万股，占目前公司股本总额 1850 万股的 4.59%；第二期授予 85 万股，占目前公司股本总额 1850 万股的 4.59%。

显然，如上股权激励数量突破了"非经股东大会特别决议批准，任何一名激励对象通过全部有效的股权激励计划获授的本公司股票累计不得超过公司股本总额的 1%"的规定。

第 4 章

投资者参与交易所涉事项与适当性管理

4.1 常规疑难32问

4.1.1 投资者门槛、权限等的理解

问答037 新三板机构投资者门槛及要求是什么？

符合以下任一条件的机构投资者可认定为新三板市场的合格投资者。

（1）实缴资本（2016 年 4 月之前是注册资本）500 万元人民币以上的法人机构，需要企业提供经审计的财务报表或验资报告。

（2）实缴出资总额 500 万元人民币以上的合伙企业，需提供经审计的财务报表或会计事务所出具的验资报告，不承认合伙企业协议、银行存款回单、未经审计的报表等形式。

（3）集合信托计划、证券投资基金、银行理财产品、证券公司资产管理计划，以及由金融机构或者相关监管部门认可的其他机构管理的金融产品或资产。

（4）不满足参与挂牌公司股票公开转让条件，但《全国中小企业股份转让

系统投资者适当性管理细则》发布前（2013 年 2 月 8 日以前）已参与挂牌公司买卖交易的机构投资者。

根据 2015 年 11 月 20 日由中国证监会制定并发布的《关于进一步推进全国中小企业股份转让系统发展的若干意见》的要求，目前新三板正在研究制定公募证券投资基金投资挂牌证券的指引，支持封闭式公募基金以及混合型公募基金投资全国股转系统挂牌证券。支持证券公司、基金管理公司及其子公司、期货公司子公司、商业银行等机构，开发投资于挂牌证券的私募证券投资基金等产品。正在研究落实合格境外机构投资者及人民币合格境外机构投资者参与全国股转系统市场的制度安排。拟推动将全国股转系统挂牌证券纳入保险资金、社保基金和企业年金等长期资金投资范围。或许不久的将来，从新三板市场的流动性出发，封闭式基金或将会成为率先的行动者。

问答038　新三板自然人投资者门槛及要求是什么？

符合以下任一条件的自热人投资者可认定为合格投资者：

（1）证券类资产市值 500 万元人民币（名下前一交易日日终）以上且交易经验达到 2 年以上的个人客户；

（2）具有会计、金融、投资、财经等相关专业背景或培训经历且证券类资产市值 500 万元人民币以上的个人客户。

注意：

（1）资产计入范围包括客户交易结算资金、在沪深交易所和全国股份转让系统挂牌的股票、基金、债券等场内资产。按照证监会最新口径（2016 年），证券类资产计入范围不含信用账户资产、场外基金、理财产品、私募产品、OTC 资产。

（2）按照证监会最新要求（2016 年），上述“相关专业背景或培训经历”仅指国家承认的高校相关专业毕业证书，或考取的国家承认的会计证、CPA、CFA、经济师、审计师、证券、银行、保险从业资格。不承认非官办的职业学院证书、社会机构培训经历、公司的职业经历证明等。

问答039　个人投资者的会计背景或经历要求具体如何把握？

对“个人投资者的会计、金融、投资、财经等相关专业背景或培训经历”的要求，是为了审慎评估投资者的风险识别能力，引导投资者理性参与全国股份转让系统。在具体把握上，投资者与主办券商应厘清双方权责关系。投资者要主动提供有关会计、金融、投资、财经等相关专业的学历证书、考试合格证明文件、培训证书等材料，证明自身具备相关专业背景或培训经历，并接受主办券商的风险测评，确认自身具备参与市场的风险识别能力和风险承受能力。主办券商应做好风险揭示、风险测评和业务留痕工作。

问答040　新三板特殊投资者具体指哪些？其交易权限如何管理？

目前，全国股份转让系统存在特殊情形的投资者主要有以下 5 类：

（1）《投资者适当性管理细则》发布前已经参与挂牌公司股票买卖的自然人投资者（即非上市公司股份报价转让试点阶段已经参与市场的自然人投资者），该类投资者在不满足参与挂牌公司股票公开转让条件的情况下，只能买卖其持有或曾持有的挂牌公司股票；

（2）《投资者适当性管理细则》发布前已经参与挂牌公司股票买卖的机构投资者（即非上市公司股份报价转让试点阶段已经参与市场的机构投资者），该类投资者可以买卖所有挂牌公司股票；

（3）公司挂牌前的股东，该类投资者在不满足参与挂牌公司股票公开转让条件的情况下，只能买卖其持有或曾持有的挂牌公司股票；

（4）通过定向发行持有公司股份的股东，该类投资者在不满足参与挂牌公司股票公开转让条件的情况下，只能买卖其持有或曾持有的挂牌公司股票；

（5）因继承或司法裁决等原因持有挂牌公司股份的股东，该类投资者在不满足参与挂牌公司股票公开转让条件的情况下，只能买卖其持有或曾持有的挂牌公司股票。

问答041　为何说全国股转系统是挂牌公司股东股票转让的唯一合法平台？

根据《非上市公众公司监督管理办法》、《全国中小企业股份转让系统有限责任公司管理暂行办法》及 2016 年 1 月 22 日证监会新闻发布会，全国股转系统是挂牌公司股票公开转让（含发布挂牌公司股票买卖意向信息）的唯一合法平台，其他任何市场机构不得组织该类交易行为和股票买卖意向信息的发布。挂牌公司的股东应通过全国股转系统进行挂牌公司股票转让，不要参与任何场外机构、互联网平台开展的挂牌公司股票转让和股票发行等活动，防止自身权益受到损害。

为更好地满足投资者转让需求，方便投资者发布转让意向信息，降低转让意向信息搜寻成本，维护市场秩序，全国股转系统在官方网站开辟挂牌公司转让意向平台，该平台可为交易用户提供挂牌公司股票转让意向信息的发布、修改和删除等服务，为注册用户提供转让意向信息查询服务。挂牌公司股东可以通过转让意向平台寻找交易对手方。

4.1.2　投资者开户、交易等操作

问答042　新三板投资者开户有哪些流程？

投资者参与新三板市场交易，需要到主办券商营业部开通交易权限，具体流程如下：

（1）主办券商

从事经纪业务的主办券商名单可通过全国股转系统网站（www.neeq.com.cn）查阅。

（2）申请开户（如需）

目前，投资者参与挂牌公司股票公开转让，应开立深圳证券交易所人民币普通股票账户，若已有深 A 账户，则无需此步骤。

（3）适当性审查

投资者提供符合参与全国股转系统股票公开转让条件的证明材料，包括证券类资产证明、证券账户信息、相关专业背景或培训经历证明等。

主办券商将依据《全国中小企业股份转让系统投资者适当性管理细则（试行）》相关规定进行适当性审查，审查通过的，成为全国股转系统合格投资者。

受限投资者和已成为全国股转系统合格投资者的，无需适当性审查。

（4）签署协议文本

经审查符合投资者准入标准的投资者应当认真阅读并签署“挂牌公司股票公开转让特别风险提示书”，与主办券商签订“买卖挂牌公司股票委托代理协议”，以明确双方的权利和义务。

（5）开通权限

主办券商为投资者名下证券账户开通全国股转系统挂牌公司股票买卖权限（T 日），T+1 日投资者可以进行交易。

问答043　新三板市场投资者的交易权限的差异是什么？

新三板市场的投资者分为两大类：一类是合格投资者；另一类是受限投资者。其中，合格自然人投资者，需要满足证券类资产 500 万元、2 年投资经验

或者相关专业、培训经历的要求，可以参与所有挂牌公司股票公开转让。

挂牌前公司股东和通过股票发行持有公司股份的股东，若不满足上述要求，只能买卖持有或者曾经持有的挂牌公司股票。

问答044　投资者如何委托交易？

与沪深股票类似，已开通全国股转系统挂牌股票买卖权限的投资者，可通过主办券商柜台、互联网、自助终端等方式委托主办券商买卖股票。

问答045　投资者如何查询股票名单与行情？

投资者可以在同花顺、大智慧、通达信等行情系统中获取股票名单，查阅即时交易行情。相关行情软件使用指引如下：①大智慧：相关市场—股转系统—挂牌公司；②同花顺：报价—股转系统—挂牌公司；③通达信：股转—挂牌公司；④万得：专题统计—股转系统—挂牌公司行情。

问答046　投资者如何查询股票公告？

投资者可以在全国股转系统指定信息披露平台（www.neeq.com.cn）查阅相关挂牌公司公开转让说明书、挂牌公司公告、做市商公告获取相关信息。

问答047　投资者如何才能完成新三板的一笔交易？

目前新三板的交易还不能像二级市场那样运用交易软件交易。

首先，投资者可以委托证券公司的报价交易系统进行交易。如果投资者有意向，则告知报价意向交易的股份名称和代码、账户、买卖类别、价格、数量、联系方式等内容，委托其代理寻找买卖的对手方，达成转让协议。

投资者也可不通过委托券商报价系统寻找买卖对手，而通过其他途径自行寻找买卖对手，达成转让协议。

买卖双方达成转让协议后，需要再向证券公司提交买卖确定性委托。成交确认委托中至少注明成交约定号、股份名称和代码、账户、买卖类别、价格、数量、拟成交对手方席位号等内容。成交约定号是买卖双方达成转让协议时，由双方自行约定的不超过6位数的数字，用于成交确认委托的配对。需要注意的是，在报送卖报价委托和卖成交确认委托时，报价系统冻结相应数量的股份，因此，投资者达成转让协议后，需先行撤销原卖报价委托，再报送卖成交确认委托。

买卖达成后，股份和资金将在T+1日到账。

问答048　新三板股票转让的成交有何规定？

（1）主办券商通过报盘系统向全国股份转让系统交易主机发送买卖申报指令。买卖申报经交易主机撮合成交后，转让即告成立。按相关各项规定达成的交易于成立时生效，买卖双方必须承认转让结果，履行清算交收义务。交易记录由全国股份转让系统公司发送至主办券商。

（2）投资者买入的股票，买入当日不得卖出；做市商买入的股票，买入当日可以卖出。成交结果以交易主机记录的成交数据为准，股票买卖的清算交收业务，应当按照中国结算的规定办理。

（3）因不可抗力、意外事件、交易系统被非法侵入等原因造成严重后果的转让，全国股份转让系统公司可以采取适当措施或认定无效。对显失公平的转让，经全国股份转让系统公司认定，可以采取适当措施。

（4）严重破坏证券市场正常运行的转让，全国股份转让系统公司有权宣布取消转让。由此造成的损失由违规转让者承担。

问答049　除了参与股权交易，个人还有什么方式参与新三板？

相比成交，新三板的定向增发更加活跃。此前也有过个人投资者参与定向增发的案例。

4.1.3　境外投资者及结算与税收

问答050　境外投资者是否可直接参与定增及交易？外资股东如何办理开具股票交易账户？

根据全国股转系统公司《常见问答三》要求：全国股转系统是经国务院批准设立的全国性证券交易场所，所有符合《合格境外机构投资者境内证券投资管理办法》和《人民币合格境外机构投资者境内证券投资试点办法》规定的合格境外机构投资者（QFII）和人民币合格境外机构投资者（RQFII）均可参与。外资股东办理证券账户应遵照中国证券登记结算有限责任公司《关于外国战略投资者开立 A 股证券账户等有关问题的通知》。

问答051　投资者买入股票后如何通过另一家主办券商卖出？

投资者可以用同一证券账户在单个或多个主办券商的不同营业部买卖股

票。投资者卖出股票，须委托代理其买入该股票的主办券商办理。如需委托另一家主办券商卖出该股票，需办理股票转托管手续。

问答052　新三板对拟挂牌转让股票的结算登记有哪些规定？

申请挂牌公司在其股票挂牌前，应当与中国证券登记结算有限责任公司（以下简称“中国结算”）签订证券登记及服务协议，办理全部股票的集中登记。

中国结算作为共同对手方，为股票转让提供清算和多边净额担保交收服务；或不作为共同对手方，提供其他清算、交收等服务。

投资者因司法裁决、继承等特殊原因需要办理股票过户的，依照中国结算的规定办理。

问答053　新三板投资者股票交易缴纳的税费有哪些？

投资者参与新三板市场交易，需要缴纳交易相关税费，具体如表 4-1 所示。

表 4-1　新三板股票交易相关税费标准

收费项目		收费标准	收费对象
交易税费	转让经手费	按照股票转让成交金额的 0.5‰双边征收，通常包括在券商交易佣金中	投资者
	交易印花税	按实际成交金额的 1‰，由出让方缴纳，对受让方不征税，由中国结算代扣	投资者
	交场佣金	由主办券商收取，最高不超过成交金额的 3‰	投资者
股息红利个人所得税	持股期限在 1 个月（含）以内	按股息红利所得 20%免计征	投资者
	持股期限在 1 个月至 1 年（含）	暂按股息红利所得 10%计征	投资者
	持股期限超过 1 年	按股息红利所得 5%计征	投资者

4.1.4　投资者适当性的理解与操作

问答054　什么是投资者适当性管理？其制度建立有何意义？

投资者适当性管理是指证券公司等金融服务机构在开展业务时，必须根据投资者的财产收入状况、风险承受能力、投资经验和投资需求等情况提供相匹配的金融产品或服务。投资者则需在了解金融产品或服务的基础上，根据自身的投资能力、风险承受能力等情况，理性地选择适合自己的金融产品或服务。

新三板引入了投资者适当性管理制度，并在规则中指出：为促进全国股转系统平稳、有序发展，提示市场风险，引导投资者理性参与挂牌公司股票公开转让等相关业务，保护投资者合法权益，根据中国证监会有关规定及《业务规则》，制定本细则。主办券商应当根据中国证监会有关规定及投资者适当性管理细则要求，制定投资者适当性管理实施方案，建立健全工作制度，完善内部分工和业务流程，并报全国股转系统公司备案。投资者参与挂牌公司股票公开转让等相关业务，应当熟悉全国股份转让系统相关规定，了解挂牌公司股票风险特征，结合自身风险偏好确定投资目标，客观评估自身的心理和生理承受能力、风险识别能力及风险控制能力，审慎决定是否参与挂牌公司股票公开转让等业务。

2008 年国际金融危机得出的一个重要教训，就是要建立健全投资者适当性管理制度，加强对投资者的适当性管理。随着我国多层次资本市场的进一步发展，证券业务范围逐步拓展，金融产品种类不断丰富，需要规范证券公司向投资者提供适当金融产品或金融服务的行为，在卖者有责和买者自负之间进行有效的平衡，引导投资者进行适合其风险承受能力的金融产品投资，切实保护投资者投资权益，有助于培育投资者长期投资、价值投资和理性投资的理念。

问答055　投资者如何参与投资者适当性管理？证券公司如何评估？

投资者参与投资者适当性管理，一是应认真阅读和了解相关文件和风险揭示书的内容，尤其是了解金融产品或服务存在的风险。二是应如实、客观地填写投资者风险承受能力评估表中的个人身份、投资经验、投资需求、风险偏好等各项信息，客观评估自己的风险承受能力。三是通过评估结果，了解自己的投资风险承受能力。四是选择适合自己实际情况的金融产品或服务。

证券公司通过风险承受能力问卷调查等形式，根据投资者提供的信息对其进行初次风险承受能力评估，与投资者确认其风险承受能力等级、投资期限、投资品种，并以书面方式记载留存。

问答056　投资者适当性管理对投资者信息有何要求？

（1）投资者必须如实提供个人信息。投资者应对所提供的信息和证明材料的真实性、准确性、完整性负责。投资者不提供信息或提供信息不完整时，证券公司应当告知投资者无法确定其风险承受能力等级，由此产生的后果由投资者自身承担。

（2）投资者个人信息发生重大变化需要通知证券公司。根据规定，投资者个人信息发生变更需及时告知证券公司，以便证券公司重新评估投资者的风险承受能力，为投资者提供适当的金融产品或服务。

（3）证券公司向投资者销售金融产品或提供金融服务时，除了解投资者的姓名（或名称）、身份、住址、职业等基本信息外，还应当了解财务状况、投资知识、投资经验、投资目标和风险偏好等必要信息。

问答057　对投资者有针对性的适当性管理有哪些规定？

从主办券商角度来分析，董秘也许懂得，所谓知己知彼（下同）。

主办券商应当切实履行投资者适当性管理职责，了解投资者的身份、财务状况、证券投资经验等相关信息，评估投资者的风险承受能力和风险识别能力，有针对性地开展风险揭示、

投资者知识普及、投资者服务等工作，引导投资者审慎参与挂牌公司股票公开转让等相关业务。

主办券商应当针对不同类别的投资者制定服务方案和管理流程，根据客户的不同特点，讲解全国股份转让系统业务规则和风险特点，提示参与挂牌公司股票公开转让可能面临的风险。主办券商应当结合所了解的投资者信息和投资者参与挂牌公司股票转让的情况，定期开展对投资者风险承受能力的持续评估工作，并留存评估结果备查。

问答058　对投资者材料、业务痕迹、投诉及检查等适当性管理有何规定？

主办券商应当认真审核投资者提交的相关材料，并与投资者书面签署《买卖挂牌公司股票委托代理协议》和《挂牌公司股票公开转让特别风险揭示书》。投资者应抄录《挂牌公司股票公开转让特别风险揭示书》中的特别声明。投资者应当配合主办券商投资者适当性管理工作，如实提供申报材料。投资者不予配合或提供虚假信息的，主办券商可以拒绝为其办理挂牌公司股票公开转让相关业务。主办券商应当妥善保管投资者的档案资料，除依法配合调查和检查外，应当为投资者保密。

主办券商应当妥善保存业务办理、投资者服务过程中风险揭示的语音或影像留痕。

主办券商应当为投资者提供合理的投诉渠道，指定专门部门受理投诉，妥善处理与投资者的矛盾和纠纷，并认真做好记录工作。

主办券商应当配合全国股份转让系统公司对其投资者适当性管理执行情况进行检查，如实提供投资者开户资料、资金账户情况等信息，不得隐瞒、阻

碍和拒绝。

问答059　为做好投资者适当性管理工作，主办券商需做好哪些基础性工作？

主办券商是落实投资者适当性管理制度的主要责任主体。为有效落实《全国中小企业股份转让系统投资者适当性管理细则（试行）》（以下简称《投资者适当性管理细则”》），使具备一定风险承受能力和风险识别能力的投资者审慎参与市场，并能够正常买卖挂牌公司股票，主办券商至少应做好以下三项基础性工作：

一是根据全国股转系统的相关规定，制定投资者适当性管理实施方案，建立自身的投资者适当性管理制度，明确相关操作规程等。

二是根据全国股转系统发布的业务规则、实施细则及相关制度，对原有业务流程进行梳理，对原有柜台技术系统进行升级改造，以保证能够为投资者办理业务开通工作，并使投资者正常买卖挂牌公司股票。

三是开展内部培训工作，使营业部柜台等业务办理人员了解并熟悉投资者适当性管理的业务制度和操作流程。

问答060　主办券商应该如何管理投资者的交易权限，以确保各类投资者能够在权限范围内正常交易？

作为投资者适当性管理制度的具体执行人，为管理好投资者交易权限，确保投资者正常交易，主办券商应做好以下工作：

（1）维护管理好自身的投资者名单。在业务开通过程中，主办券商应根据投资者提供的材料，分门别类地归集好各类投资者名单。投资者分类一般包括以下几类：

一是受限自然人投资者名单，即中国结算深圳分公司每交易日向主办券商发送的自然人股东控制名单文件（stbgf.dbf），在剔除其中符合参与挂牌公司股票公开转让条件且办理完业务开通手续的自然人股东后的投资者名单；

二是《投资者适当性管理细则》发布前，已经参与挂牌公司股票买卖的机构投资者名单；

三是新开通的符合参与挂牌公司股票公开转让条件的自然人投资者和机构投资者名单；

四是新开通的不符合参与挂牌公司股票公开转让条件的机构投资者（挂牌

前老股东）名单。

（2）设置交易权限。基于上述名单以及投资者的持股信息，主办券商在技术系统中设置与该投资者对应的交易权限，即可以买卖的挂牌公司股票范围。参与挂牌公司股票公开转让投资者的交易权限分为两种：一是可以买卖所有挂牌公司股票；二是可以买卖其持有或曾持有挂牌公司股票。

（3）在投资者进行交易时，主办券商可以通过人工操作，或者系统自动控制的方式对每笔委托进行合规性校验，通过校验的即予以申报。

问答061　如何理解和执行“主办券商应当妥善保存业务办理、投资者服务过程中风险揭示的语音或影像留痕”？

《投资者适当性管理细则》提出语音或影像留痕要求，主要目的是使主办券商切实履行投资者适当性管理职责，明晰主办券商与投资者的各自职责，保护双方的正当权益。主办券商在具体执行过程中，应使留痕能够证明自身已对投资者尽到提醒义务，向投资者进行了充分的风险提示；能够确认投资者已知悉、理解并愿意承担参与全国股份转让系统公开转让所带来的投资风险。

4.1.5　投资者交易注意事项

问答062　内幕交易与操纵市场有何规定？哪些属于内幕知情人？

投资者交易挂牌公司股票，需遵守《证券法》关于内幕交易和操纵市场的有关规定。

（1）《证券法》规定：证券的发行、交易活动，必须遵守法律、行政法规，禁止欺诈、内幕交易和操纵证券市场的行为；禁止证券交易内幕信息的知情人和非法获取内幕信息的人利用内幕信息从事证券交易活动。

（2）证券交易内幕信息的知情人包括（《证券法》第七十四条）：

① 发行人的董事、监事、高级管理人员；

② 持有公司百分之五以上股份的股东及其董事、监事、高级管理人员，公司的实际控制人及其董事、监事、高级管理人员；

③ 发行人控股的公司及其董事、监事、高级管理人员；

④ 由于所任公司职务可以获取公司有关内幕信息的人员；

⑤ 证券监督管理机构工作人员以及由于法定职责对证券的发行、交易进

行管理的其他人员；

⑥ 保荐人、承销的证券公司、证券交易所、证券登记结算机构、证券服务机构的有关人员；

⑦ 国务院监督管理机构规定的其他人。

问答063　挂牌公司交易的内幕信息有哪些内容？

根据《证券法》第七十五条规定，证券交易活动中，涉及公司的经营、财务或者对该公司证券的市场价格有重大影响的尚未公开的信息，为内幕信息。下列信息皆属内幕信息：

（1）《证券法》第六十七条第二款所列重大事件；

（2）公司分配股利或者增资的计划；

（3）公司股权结构的重大变化；

（4）公司债务担保的重大变更；

（5）公司营业用主要资产的抵押、出售或者报废一次超过该资产的百分之三十；

（6）公司的董事、监事、高级管理人员的行为可能依法承担重大损害赔偿；

（7）上市公司收购的有关方案；

（8）国务院证券监督管理机构认定的对证券交易价格有显著影响的其他重要信息。

问答064　内幕信息中所涉及的重大事件指的是什么？

《证券法》规定的内幕信息所涉及的重大事件，在该法的第六十七条做出了列示，具体有：

（1）公司的经营方针和经营范围的重大变化；

（2）公司的重大投资行为和重大的购置财产的决定；

（3）公司订立重要合同，可能对公司的资产、负债、权益和经营成果产生重要影响；

（4）公司发生重大债务和未能清偿到期重大债务的违约情况；

（5）公司发生重大亏损或者重大损失；

（6）公司生产经营的外部条件发生重大变化；

（7）公司的董事、三分之一以上监事或者经理发生变动；

（8）持有公司百分之五以上股份的股东或者实际控制人，其持有股份或者控制公司的情况发生较大变化；

（9）公司减资、合并、分立、解散及申请破产的决定；

（10）涉及公司的重大诉讼，股东大会、董事会决议被依法撤销或者宣告无效；

（11）公司涉嫌犯罪被司法机关立案调查，公司董事、监事、高级管理人员涉嫌犯罪被司法机关采取强制措施；

（12）国务院证券监督管理机构规定的其他事项。

问答065　受到全国股转系统重点监控的交易行为有哪些？

根据《全国中小企业股份转让系统股票转让细则（试行）》，全国股转系统对股票转让过程中出现的下列事项，予以重点监控：

（1）涉嫌内幕交易、操纵市场等违法违规行为；

（2）可能影响股票转让价格或者股票成交量的异常转让行为；

（3）股票转让价格或者股票成交量明显异常的情形；

（4）买卖股票的范围、时间、数量、方式等受到法律、行政法规、部门规章、其他规范性文件、《全国中小企业股份转让系统业务规则（试行）》及全国股份转让系统其他规定限制的行为；

（5）全国股份转让系统公司认为需要重点监控的其他事项。

问答066　投资者异常转让行为有哪些？

根据《证券法》第六十七条的规定，投资者下列交易行为属于可能影响股票转让价格或者股票成交量的异常转行为。

（1）可能能对股票转让价格产生重大影响的信息披露前，大量或持续买入或卖出相关股票；

（2）单个账户，或两个以上固定的证券账户或涉嫌关联的证券账户之间，大量或频繁进行反向交易；

（3）单个证券账户，或两个以上固定的或证券账户涉嫌关联的证券账户，大笔申报、连续申报、密集申报或申报价格明显偏离该证券行情揭示的最近成交价；

（4）频繁申报或撤销申报，或大额申报后撤销申报，以影响股票转让价格或误导其他投资者；

（5）对单一股票在一段时期内进行大量且连续的交易；

（6）大量或者频繁进行高买低卖交易；

（7）单独或合谋，在公开发布投资分析、预测或建议前买入或卖出相关股票，或进行与自身公开发布的投资分析、预测或建议相背离的股票转让；

（8）申报成交行为造成市场价格异常或秩序混乱；

（9）涉嫌编造并传播交易虚假信息，诱骗其他投资者买卖股票。

问答067　股票转让过程中可能涉及哪些信息披露？

根据《全国中小企业股份转让系统股票异常转让实时监控指引（试行）》的规定，挂牌股票在转让过程中，涉及信息披露的主体包括挂牌公司、做市商及全国股转系统三个主体方面的内容。

（1）挂牌公司履行的披露义务

股票转让出现下列情形之一的，属于异常波动，挂牌公司应当于当日收盘后至次一转让日开盘前披露异常波动公告。

① 协议转让方式下，股票当日换手率超过 10%，或连续三个转让日换手率累计超过 20%。换手率以流通股本为基数基准。

② 做市转让方式下，股票连续三个转让日涨跌幅累计超过 50%。

如未能在次一转让日开盘前完成披露，挂牌公司应当申请股票暂停转让、直至披露《异常波动公告》后恢复转让。

（2）做市商履行报告义务

采取做市转让方式的股票，出现下列情形之一的，相关做市商应当及时向全国股转系统报告，并说明情况：

① 当日成交量加权平均价较前收盘价变动幅度超过 20%；

② 当日最高报卖价、最低报买价较前收盘价变动幅度超过 30%。

（3）全国股转系统向市场公告

采取协议转让方式的股票，成交价格较前收盘价变动幅度超过 50%的，全国股转系统于次一转让日在官方网站进行公告。公告内容包括：证券代码、证券简称、成交价格、成交数景、买卖双方证券账户名称、主办券商证券营业部或交易单元的名称等。

问答068　全国股转系统监管自律有哪些措施？

全国股转系统对挂牌公司股票的转让过程进行实时监控，并依法对实时监控中发现的异常情况及行为实施自律监管。全国股转系统在实时监控中，发现股票价格异常波动、股票转让行为异常或做市商报价与转让行为涉嫌违法违规的，可以采取以下措施：

（1）公告转让双方基本情况和转让相关信息；

（2）电话问询；

（3）要求提交书面承诺；

（4）出具警示函；

（5）暂停转让；

（6）限制证券账户交易；

（7）向中国证监会报告。

4.2 典型实战12例

4.2.1 投资者操作与技术性错误

案例024 投资者买卖股票与取现

新三板某个体投资者 2016 年 11 月 9 日需用现钱，他决定在 11 月 9 日卖出所持有的新三板某挂牌企业的股票，这样行吗？

不行。该投资者需要在 2016 年 11 月 8 日卖出股票，这样才能在 11 月 9 日从账户上取到现金。因为新三板针对投资者实行的（T+1）交易制度，与 A 股相似。但做市商买入的其担任做市商的挂牌公司股票，却实行的是（T+0）

案例025 投资者买卖股票与申报数

A 投资者账户持有某挂牌公司股票 2500 股，则 A 投资者先申报卖出 500 股，再申报卖出 2000 股，可行吗？

不行。A 投资者可以一次性申报卖出 2500 股或先申报卖出 2000 股，再申报卖出 500 股。理由：投资者买卖挂牌公司股票，申报数量应当为 1000 股或其整数倍。卖出股票时，余额不足 1000 股部分，应当一次性申报卖出。

案例026 未与指定对手方成交，只因选错委托订单类型

投资者甲与投资者乙私下商定，甲以 4 元/股的价格卖 2000 股 A 股票给乙。为达成这一交易，甲应在下单时选择成交确认申报方式，但甲在交易下单软件中输入 A 股票代码卖出 2000 股、价格为 4 元/股，错误地选择委托类型为定价委托。

投资者丙在交易行情中看到甲的上述定价卖出申报后，立即点选该笔申

报、生成了一笔成交确认买入申报，即数量 2000 股、价格为 4 元/股的申报。全国股转系统交易系统收到丙的成交确认买入申报后即时与甲的定价申报匹配成交。甲由于选错委托类型，从而造成未能与指定对手方成交。

4.2.2 大股东违规与内幕交易

案例027　大股东多次违反暂停交易义务

全国股转系统公开披露，某挂牌公司董事长柳某在持有 10%以上公司股份的情况下，多次违反《非上市公众公司收购管理办法》规定的暂停交易义务，且在全国股转系统对其电话提醒、采取要求提交书面承诺的自律监管措施后仍然进行交易，继续违反暂停交易义务，主观故意明显。

上述行为违反了《非上市公众公司收购管理办法》第十三条的规定，即有下列情形之一的，自该事实发生之日起至披露后 2 日内，不得再行买卖该公众公司的股票。

① 通过全国股份转让系统的做市方式、竞价方式进行证券转让，投资者及其一致行动人拥有权益的股份达到公众公司已发行股份的 10%；

② 通过协议方式，投资者及其一致行动人在公众公司中拥有权益的股份拟达到或者超过公众公司已发行股份的 10%。

投资者及其一致行动人拥有权益的股份达到公众公司已发行股份的 10%后，其拥有权益的股份占该公众公司已发行股份的比例每增加或者减少 5%（即其拥有权益的股份每达到 5%的整数倍时），自该事实发生之日起至披露后 2 日内，不得再行买卖该公众公司的股票。

全国股转系统对该挂牌公司董事长（第一大股东）柳某采取限制证券账户交易 1 个月，并向中国证监会报告有关违法违规行为的监管措施。

案例028　多个关联账户大量反向交易违规与市场操纵

违规事实：在挂牌公司发布《股票发行方案》前，某挂牌公司控股股东（董事长）与其存在关联关系的多个账户持续、大量进行日内反向交易，人为制造该股票交易活跃的假象，拉抬、维持股价，涉嫌市场操纵。

该行为违反了《证券法》第五条，证券的发行、交易活动，必须遵守法律、行政法规，禁止欺诈、内幕交易和操纵证券市场的行为。《全国中小企业股份转让系统股票转让细则（试行）》第三条规定，禁止证券欺诈、内幕交易、操纵市场等违法违规行为。

全国股转系统将违法行为报告中国证监会，中国证监会已经对其作出行政处罚。

案例029　低买高卖，大股东违规短线交易

2015 年 5 月 4 日，W 公司发布公告，对公司董事长柳某的“短线交易”事件做出道歉申明。在公告中，可以清晰可见，大股东柳某本人一共进行了三次“短线交易”。第一次是柳某本人通过协议转让方式变卖出个人手中的 W 公司股权，其余两次则是为做市商提供做市股票。

虽然 W 公司解释大股东并不存在套现减持的不良意图，只是由于不熟悉交易规则而一不小心触及了违规交易。但明眼人不难看出，柳某在三次不符合现行规定的短线交易中其披露的时间点把握得如此巧妙，说其是完全的无心之失恐怕难以让人信服，退一万步而言，至少 W 公司的内部监管系统是肯定存在巨大漏洞的。

4.2.3　监事等违规与自律

案例030　监事转让限售期股票与违规（博富科技）

博富科技股份有限公司（博富科技 830789）原监事杨清亮于 2015 年 9 月 8 日向博富科技股份有限公司提交监事辞职报告，离职前持有博富科技 100,000 股，其中限售 75,000 股，可流通 25,000 股。在博富科技为其持有的可流通股办理限售期间，杨清亮在明知相关法律规则的情况下仍于 2015 年 9 月 23 日至 11 月 3 日将所持有的该部分股份全部对外转让。

杨清亮在离职半年内转让所持有博富科技股份的行为，违反了《中华人民共和国公司法》（以下简称《公司法》）第一百四十一条、《全国中小企业股份转让系统业务规则（试行）》（以下简称《业务规则》）第 1.4 条的规定。

其中，《公司法》第一百四十一条规定：“发起人持有的本公司股份，自公司成立之日起一年内不得转让。公司公开发行股份前已发行的股份，自公司股票在证券交易所上市交易之日起一年内不得转让。

“公司董事、监事、高级管理人员应当向公司申报所持有的本公司的股份及其变动情况，在任职期间每年转让的股份不得超过其所持有本公司股份总数的百分之二十五；所持本公司股份自公司股票上市交易之日起一年内不得转让。上述人员离职后半年内，不得转让其所持有的本公司股份。公司章程可以对公司董事、监事、高级管理人员转让其所持有的本公司股份作出其他限制性规定。”

另《业务规则》第 1.4 条规定：“申请挂牌公司、挂牌公司及其董事、监事、高级管理人员、股东、实际控制人，主办券商、会计师事务所、律师事务所、其他证券服务机构及其相关人员，投资者应当遵守法律、行政法规、部门规章、本业务规则及全国股份转让系统公司其他业务规定。”

鉴于以上违规事实，根据《业务规则》第 6.1 条的规定，股转公司事后给予博富科技原监事杨清亮约见谈话和要求提交书面承诺的自律监管措施。

案例031 申请股票划转却未见股票遭处罚（广州证券）

广州证券股份有限公司（简称广州证券）在 2015 年 12 月 22 日，提交《后续加入做市申请》为湖北金科环保科技股份有限公司（金科环保）提供做市报价服务，并申请将自营证券账户 A 所持金科环保全部股票划转至做市证券账户 B 时，却发现公司自营账户并未持有金科环保股票。

股转公司认为，上述行为反映出广州证券做市业务内部控制不完善、经营管理混乱，

违反了《全国中小企业股份转让系统业务规则（试行)》第 5.4 条和《全国中小企业股份转让系统主办券商管理细则（试行)》第十七条的规定，在查明后，对广州证券采取出具警示函的自律监管措施。

上述规则，其中第 5.4 条规定：“主办券商在全国股份转让系统开展业务，应当建立健全各项业务管理制度和业务操作流程，建立健全风险管理制度和合规管理制度，保障业务依法合规进行，严格防范和控制业务风险。”

另第十七条规定：“主办券商开展全国股份转让系统相关业务，应当建立健全合规管理、内部风险控制与管理机制，严格防范和控制风险。”

4.2.4 操作股价与处罚

案例032 异常价格成交被处罚

某挂牌公司股票采用协议转让方式，某两名投资者约定以 0.01 元的价格交

易某股票 10,000 股，盘中双方以互报成交确认方式成交，该成交行为造成市场价格异常。

根据《全国中小企业股份转让系统股票转让细则（试行）》第一百一十三条规定，投资者申报或成交行为造成市场价格异常或秩序混乱，属于可能影响股票转让价格或者股票成交量的异常转让行为。全国股转系统对两名投资者分别采取了要求提交书面承诺的自律监管措施。

案例033 严重扰乱市场正常交易秩序的违规

全国股转系统公开披露，2015 年 3 月 23 日至 27 日，共有 40 笔交易以超高价格成交，涉及协议转让股票包括华恒生物、中科软、冰洋科技、新网程、联宇技术、昌信农贷、富机达能、同辉佳视 8 只。其中，华恒生物成交 6 笔，成交价格分别为 110 元至 1058 元不等；昌信农贷成交 24 笔，成交价格分别为 118 元至 520 元不等；联宇技术成交 4 笔，成交价格均为 120 元；新网程 2 笔，成交价格分别为 150 元和 198 元；富机达能、同辉佳视、冰洋科技各成交 1 笔，成交价格分别为 120 元、120 元、281.88 元。上述成交的交易双方主要为托管于中信证券中山市中山四路证券营业部的“中山市广安居企业投资管理有限公司”账户、“中山市八通街商务服务有限公司”账户、“中山市三宝股权投资管理有限公司”账户和自然人谭某账户共 4 个账户。

期间，超高价格申报合计 263 笔，涉及九鼎投资、华恒生物、中科软、车头制药等 61 只协议转让股票，涉及投资者合计 90 名，其中机构投资者 8 名，自然人投资者 82 名。

上述交易行为严重干扰了市场正常交易秩序和正常价格形成机制。证监会对操纵新三板市场的行为进行行政处罚。如投资者冼某控制使用 4 个证券账户，通过在自己实际控制的账户之间交易、异常价格申报等方式影响“华恒生物”等 18 只新三板股票的交易价格和交易量，获利 246,110 元。证监会决定依法没收冼某违法所得，并处以 738,330 元罚款。

案例034 哄抬股价与10万元报单创造神话

新三板挂牌企业华恒生物股票交易的账户报价中，曾经在 4 个交易日内实现股价从一百元到上千元的疯狂上涨，还曾出现千元，甚至 99999.99 元/股的买卖报单

2015 年 3 月 26 日当天共有三笔协议成交，其中一笔成交价高达 758 元，另外两笔成交价也超过 700 元。而上述三笔交易的买卖双方证券账户均来源于

神秘“中山帮”即中信证券中山市中山四路证券营业部，而买方则都是“谭均豪”。至此，华恒生物相关交易方涉嫌内幕交易，随后，股转系统对华恒生物上述交易涉嫌违规的行为启动调查程序，并对神秘的“中山帮”进行了处罚。

案例035　国泰君安证券“砸盘”新三板

2015年12月31日14：50分，为执行本部门“卖出做市股票、减少做市业务当年浮盈”的交易策略，国泰君安做市业务部对圆融科技、凌志软件等16只股票以明显低于最近成交价的价格进行卖出申报，造成上述股票尾盘价格大幅波动。其中，13只股票当日收盘价跌幅超过10%，跌幅最大的达19.93%。

上述行为严重影响了多只股票的正常转让价格，扰乱了正常市场秩序，市场影响恶劣。2016年1月，全国股转公司给予国泰君安证券股份有限公司公开谴责，给予王仕宏公开谴责，给予陈扬、李仲凯通报批评的处分。

国泰君安证券及有关责任人的行为涉嫌如下三种违法违规行为：第一，国泰君安证券构成了异常交易。《全国中小企业股份转让系统股票转让细则（试行）》第113条规定：“可能影响股票转让价格或者股票成交量的异常转让行为包括：……（九）申报或成交行为造成市场价格异常或秩序混乱……。”国泰君安证券的上述行为，就是违反了该项自律监管规定。国泰君安的这一“砸盘”行为，破坏了市场正常机制的发挥，曾给一些挂牌企业当时正在开展的定增融资蒙上了一层阴影。第二，王仕宏“同时具有向他人透露做市交易策略的行为”涉嫌泄露公司商业秘密，违反公司内部控制相关规定。第三，国泰君安证券的异常交易，涉嫌操纵市场。全国股转公司没有提及国泰君安证券异常交易的股票数量和总金额，但能造成上述16只股票尾盘价格大幅波动，13只股票当日收盘价跌幅超过10%，跌幅最大的达19.93%，可以推测其股票数量和总金额应该不低。倘真如此，则国泰君安证券则涉嫌以持股优势和资金优势操纵市场，并意图影响这些股票的市场价格。不过，对于操纵市场，行政处罚的权力在于证监会。

第5章

股票转让及协议、做市方式选择与操作

5.1 常规疑难36问

5.1.1 法规、交易制度及特点

问答069 新三板股份转让交易遵守哪些法规？

新三板的转让交易需要遵守的法律、规则与细则主要有：

（1）法规政策

①《中华人民共和国证券法》；

②《中华人民共和国公司法》；

③《国务院关于全国中小企业股份转让系统有关问题的决定》（国发〔2013〕49号）。

（2）规则与细则

①《全国中小企业股份转让系统业务规则（试行）》（2013年12月）；

②《全国中小企业股份转让系统股票转让细则（试行）》（2013年12月）。

（3）办法、指引与指南

①《全国中小企业股份转让系统股票转让方式确定及变更指引（试行）》（2014年07月）；

②《全国中小企业股份转让系统交易单元管理办法（试行）》（2014年04月）；

③《全国中小企业股份转让系统股票异常转让实时监控指引（试行）》（2015年01月）；

④《全国中小企业股份转让系统转让异常情况处理办法（试行）》（2015年01月）；

⑤《全国中小企业股份转让系统证券代码、证券简称编制管理暂行办法》（2013年12月）；

⑥《全国中小企业股份转让系统转让意向平台管理规定（试行）》（2016年03月）

⑦《全国中小企业股份转让系统交易单元业务办理指南（试行）》（2014年04月）。

问答070 新三板的交易场所及股票代码是什么？

新三板挂牌股票交易场所是全国股份转让系统，即人们所说的“北交所”，是经国务院批准设立的全国性证券交易场所。申请挂牌公司、挂牌公司及其他信息披露义务人、主办券商依法披露的信息，应当第一时间在全国股份转让系统指定信息披露平台（www.neeq.com.cn 或 www.neeq.cc）公布。

在新三板挂牌的股票代码为：43****（2014年5月19日之前）和83****（2014年5月19日之后）。

问答071 新三板的转让设施与转让参与人指什么？

（1）全国股份转让系统为股票转让提供相关设施，包括交易主机、交易单元、报盘系统及相关通信系统等。

（2）主办券商进入全国股份转让系统进行股票转让，应当向全国股份转让系统公司申请取得转让权限，成为转让参与人。

（3）交易单元是转让参与人向全国股份转让系统公司申请设立的、参与全国股份转让系统证券转让，并接受全国股份转让系统公司服务及监管的基本业务单位。

（4）转让参与人应当通过在全国股份转让系统申请开设的交易单元进行股票转让。主办券商在全国股份转让系统开展证券经纪、证券自营和做市业务，应当分别开立交易单元。

（5）交易单元和转让权限的具体规定，由全国股份转让系统公司另行制定。

问答072　新三板股票交易时间与“T+1”交易制度是怎样的？

（1）交易时间

股票转让时间为每周一至周五 9:15 至 11:30，13:00 至 15:00。

转让时间内因故停市，转让时间不作顺延。遇法定节假日和全国股转系统公告的休市日，新三板市场休市。

（2）“T+1”交易制度

投资者买入的股票，买入当日不得卖出（T+1）；卖出股票后获得的资金当天可用于购买证券类资产，但不可取现。做市商买入的其担任做市商的挂牌公司股票，买入当日可以卖出（即 T+0）。

问答073　投资者股票申报数量与申报有效限期是怎样规定的？

投资者买卖挂牌公司股票，申报数量应当为 1000 股或其整数倍。卖出股票时，余额不足 1000 股部分，应当一次性申报卖出。股票转让单笔申报最大数量不得超过 100 万股。

投资者申报当日有效。

问答074　新三板计价单位与涨跌幅有何规定？

（1）新三板挂牌公司股票转让计价单位为“每股价格”，申报价格最小变动单位为 0.01 元人民币。按成交原则达成的价格不在最小价格变动单位范围内的，按照四舍五入原则取至相应的最小价格变动单位。

（2）全国股转系统对挂牌公司股票转让不设涨跌幅限制。

问答075　新三板是否可以开展融资融券业务？

全国股转系统目前暂不能开展融资融券业务。

5.1.2　转让方式及其选择与操作

问答076　挂牌股票可以采取哪些转让方式？

挂牌股票可以采取做市转让方式、协议转让方式、竞价转让（目前未实施）

方式之一进行转让，每一种交易方式的特点如下。

（1）协议转让方式

成交方式包括三种：

① 点击成交；

② 互报成交（拉手交易）；

③ 收盘自动匹配成交。

（2）做市转让方式

① 应当有 2 家以上做市商为挂牌股票提供做市报价服务，持续发布双向报价；

② 投资者买卖的对手方均为做市商；

③ 为提升成交效率，才引入做市方式，这一方式有点类似于连续竞价自动撮合的功能。

（3）竞价转让方

① 应当符合全国股份转让系统公司规定的条件，具体条件由全国股转系统另行制定；

② 目前暂未推出竞价交易。

问答077 确定股票转让方式公司申请挂牌时需履行哪些程序？

申请挂牌时，拟挂牌公司需明确股票转让方式。申请挂牌公司股东大会应当就股票采取何种转让方式作出决议。申请挂牌公司确定转让方式的流程如下：

① 申请挂牌公司股东大会就股票采取何种转让方式作出决议；

② 申请挂牌公司提交挂牌申请材料，同时提交股票采用何种转让申清材料；

③ 全国股转系统出具同意挂牌的审查意见时，确认申请挂牌公司股票转让方式；

④ 申请挂牌公司办理股票初始登记和发行股票的登记（做市商初始做市库存股票应登记在做市专用证券账户），并将做市商做市库存股登记结果向全国股转系统报告；

⑤ 正式挂牌转让。

问答078 挂牌同时采用做市转让方式有哪些注意事项？

申请挂牌同时采用做市转让方式，需要遵循一些特殊的要求，具体如下。

（1）库存股数量要求

初始做市商（2 家以上）应当取得合计不低于挂牌公司总股本 5%或 100 万股（以孰低为准），且每家做市商不低于 10 万股的做市库存股票。

（2）库存股取得方式

① 股东在挂牌前转让给做市商；

② 挂牌同时股票发行（做市商认购）。

（3）后续加入做市限制

挂牌时采取做市转让方式的股票，后续加入的做市商、须在该股票挂牌满 5 个月后方可为其提供做市报价服务。

（4）退出做市限制

① 初始做市商为股票做市不满 6 个月的、不得退出为该股票做市；

② 后续加入的做市商为股票做市不满 3 个月的，不得退出为该股票做市。

问答079 由协议变更为做市转让方式，公司需要履行哪些程序？

挂牌公司可以申请由协议转让方式变更为做市转让方式，具体程序如下：

（1）挂牌公司股东大会就股票转让方式变更为做市转让事宜作出决议；

（2）股东大会结束后 2 个转让日内公告决议内容；

（3）作出决议后 3 个月内，挂牌公司向全国股转系统提交股票转让方式变更申请材料；涉及股票划转的，同日做市商还应向中国结算提交股票从自营账户划转至做市专用账户的申请；

（4）全国股转系统于 3 个转让日内出具意见。拟同意股票转让方式变更的，全国股转系统向中国结算传递股票划转确认单，中国结算凭单进行划转；

（5）全国股转系统出具同意变更的意见并通知挂牌公司和相关做市商，同日挂牌公司就股票转让方式变更事宜进行公告；

（6）挂牌公司公告后的次一交易日，股票采用新的转让方式。

问答080 由协议变更为做市转让方式，公司有哪些注意事项？

已经采用协议转让方式的挂牌公司可以申请由协议转让方式变更为做市转让方式，变更过程中的注意事项如下。

（1）库存股数量要求

2 家以上做市商同意为该股票提供做市报价服务，并且每家做市商已取得不低于 10 万股的做市库存股票。

（2）库存股取得方式

一是股东在挂牌前转让给做市商；二是做市商认购挂牌公司发行的股份；三是在二级市场买入。

（3）退出做市限制

一是初始做市商为股票做市不满 6 个月的，不得退出为该股票做市；二是后续加入的做市商为股票做市不满 3 个月的，不得退出为该股票做市。

问答081　由做市变更为协议转让方式，公司需履行哪些程序？

采取做市转让方式的股票，为其做市的做市商不足 2 家，且未在 30 个转让日内恢复为 2 家以上做市商的，如挂牌公司未按规定提出股票转让方式变更申请，其转让方式将强制变更为协议转让方式。采取做市转让方式的股票，拟主动变更为协议转让方式的，挂牌公司应事前征得该股票所有做市商同意。主动由做市转让转为协议转让的办理流程如下：

（1）挂牌公司股东大会就股票转让方式变更为协议转让事宜作出决议；

（2）股东大会结束后 2 个转让日内公告决议内容；

（3）作出决议后 5 个工作日内，挂牌公司向全国股转系统提交股票转让方式变更申请材料；同日，做市商还应向中国结算提交股票从做市专用账户对转至自营账户的申请；

（4）全国股转系统在 3 个转让日内审查完毕；

（5）全国股转系统出具同意变更的意见并通知挂牌公司和相关主办券商；同日，挂牌公司就股票转让方式变更事宜进行公告；

（6）公告后的次一转让日，股票转让方式变更为协议转让。

5.1.3　协议转让及其操作

问答082　投资者可以进行哪些协议转让方式下的委托？

协议转让方式下，投资者委托包括定价委托、成交确认委托和意向委托三种。

不过，目前全国股转系统交易支持平台仅支持定价委托、成交确认委托，意向委托将在后续相关技术开发完成后实施。

（1）定价委托

投资者委托主办券商按其指定的价格买卖不超过其指定数量股票的指令、

该指令适用于投资者确定了买卖价格、买卖数量，但交易对手方不确定、需要公开寻找交易对手方的情形。

（2）成交确认委托

买卖双方达成成交协议，或投资者拟与定价委托成交、委托主办狰商以指定价格和数量与指定对手方确认成交的指令。

（3）意向委托

投资者委托主办券商按其确定价格和数量买卖股票的意向指令、意向委托不具有成交功能。

问答083　协议转让成交的方式有哪几种？具体是怎样的？

协议转让方式下主要有三种成交方式，分别为点击成交方式、互报成交确认申报和收盘自动匹配成交。具体成交过程如下。

（1）点击成交方式

交易一方确定了买卖价格、买卖数量，但未确定交易对手方，因此，其根据自己的买卖意愿报出了确定的委托价格和委托数量（定价委托）

全国股转系统收到主办券商定价申报后，通过行情系统向市场发送逐笔定价申报信息，其他投资者如果愿意与该委托进行交易，可以通过交易软件点击该定价委托，形成成交确认申报，与指定的定价申报成交。

全国股转系统按照时间优先原则，将成交确认申报和与该成交确认申报证券代码、申报价格相同，买卖方向相反及成交约定号一致的定价申报进行确认成交。成交确认申报与定价申报可以部分成交，定价申报未成交数量继续有效，成交确认申报未成交部分以撤单处理

（2）互报成交确认申报

投资者双方事先在场外协商好成交价格、成交数量、约定号等交易要素，然后双方均通过全国股转系统提交约定号一致的成交确认申报，包括对手方交易单元代码、对手方证券账户号码。

全国股转系统对证券代码、申报价格和申报数量相同，买卖方向相反，指定对手方交易单元、证券账户号码相符及成交约定号一致的成交确认申报进行确认成交。

（3）收盘自动匹配成交

每个转让日的 15:00，全国股转系统按照时间优先原则，将证券代码和申报价格相同、买卖方向相反的未成交定价申报进行匹配成交。

定价申报之间在盘中不能成交，收盘时即 15:00 将被自动匹配。

问答084　投资者在协议转让方式下需要注意些什么？

在协议转让方式下，投资者转让股票需注意如下事项。

（1）股票转让无涨跌幅限制

协议转让方式下股票没有涨跌幅限制，因此投资者申报时需要准确填写申报价格并检查，谨防出现价格错误或“乌龙指”成交造成损失。

（2）拟与确定对手方成交

如投资者欲与确定对手方成交，请选择互报成交确认方式。若选择定价申报方式，则可能会被任意投资者点击成交。

若交易双方协商好，应分别填报互报成交确认申报，其中申报证券代码、价格、数量、约定号必须完全一致，买卖方向应当相反，指定对手方交易单元、证券账户号码应当相符，否则会导致申报失败，无法成交。

（3）拟与定价申报成交

投资者拟与行情中的定价申报即时匹配成交的，应当选择提交成交确认申报，而不是买卖方向相反的定价申报。因为在成交时间内定价申报之间即便方向相反、价格相同，也无法即时成交。

对投资者提交的拟与定价申报成交的成交确认申报，如系统中无对应的定价申报，该成交确认申报会作撤单处理，不会保留在系统中。

问答085　协议转让股票的开盘价与收盘价是怎样形成的？

采用协议转让方式的挂牌股票，开盘价为当日该股票的第一笔成交价格。收盘价为当日最后 30 分钟转让时间的成交量加权平均价格。最后 30 分钟无成交的，以当日成交量加权平均价格为收盘价，当日无成交的，以前日收盘价为当日收盘价。

5.1.4　做市转让及做市商要求

问答086　做市转让方式及其特点是什么？

做市转让方式是指做市商在全国股转系统持续发布买卖双向报价，并在报价价位和数量范围内履行与投资者成交的义务。

问答087　采用做市转让方式的好处有哪些？

新三板挂牌企业大多是中小微企业，股份集中度高、流动性不足，比较适合采用做市转让方式。做市转让方式有以下好处：

（1）有利于改善股票流动性。做市商必须提供持续的双向报价，投资者可以随时与做市商的报价成交，提高投资者订单的成交效率，增加市场流动性。

（2）有利于解决股票定价难问题。通过做市商之间的竞争性报价实现对股票价格的定价，发现挂牌股票的公允价格。

（3）有利于维护股票价格的稳定性。做市商是市场的稳定器，可以缓解市场短期的单向波动，有利于熨平股价波动，在一定程度上可以防止股票暴涨暴跌。

问答088　新三板做市商的条件是什么？

根据《全国中小企业股份转让系统主办券商管理细则（试行）》，证券公司申请在新三板从事做市业务应具备下列条件：

（1）具备证券自营业务资格；

（2）设立做市业务专门部门，配备开展做市业务必要人员；

（3）建立做市股票报价管理制度、库存股管理制度、做市风险监控制度及其他做市业务管理制度；

（4）具备符合全国股份转让系统公司要求的做市交易技术系统；

（5）全国股份转让系统公司规定的其他条件。

问答089　全国股转系统公司对主办券商做市业务的要求有哪些？

根据《全国中小企业股份转让系统主办券商管理细则（试行）》规定，对主办券商开展做市业务有如下要求：

一是应通过专用证券账户、专用交易单元进行。做市业务专用证券账户应向中国证券登记结算有限责任公司和全国股份转让系统公司报备。

二是建立做市资金和做市股票的管理制度，一者明确做市资金的审批、调拨、使用流程以确保做市资金安全；二者明确做市股票获取、处置的决策程序及库存股票头寸管理制度。

三是应当建立以净资本为核心的做市业务规模监控和调整机制，根据自身财务状况和中国证监会关于证券公司风险监控指标规定等要求，合理确定做市业务规模。

四是应建立做市业务内部报告制度和业务动态风险监控机制，以明确业务运作、风险监控、业务稽核及其他有关信息的报告路径和反馈机制，监控做市业务风险的动态变化，提高动态监控效率。

五是不得干预挂牌公司日常经营，其业务人员不得在挂牌公司兼职；不得利用信息优势和资金优势，单独或者通过合谋，以串通报价或相互买卖等方式制造异常价格波动，损害投资者利益。

六是开展做市业务，对报价和成交数据等应有完整、准确、详实的记录或者凭证，并采取有效措施妥善保存，保存期限不得少于二十年。

七是按全国股转系统公司要求报告其做市股票库存、做市业务盈亏及相关风险监控指标等信息。

问答090　做市商备案、报备及证券账户如何管理？

证券公司在全国股份转让系统开展做市业务前，应向全国股份转让系统公司申请备案。

做市商开展做市业务，应通过专用证券账户进行。做市专用证券账户应向中国结算和全国股份转让系统公司报备。

做市商不再为挂牌公司股票提供做市报价服务的，应将库存股票转出做市专用证券账户。做市商证券自营账户不得持有其做市股票或参与做市股票的买卖。

问答091　做市商做市库存股票可通过哪些方式取得？

做市商做市库存股票取得方式有：

（1）股东在挂牌前转让；

（2）股票发行；

（3）在全国股份转让系统买入；

（4）其他合法方式。

问答092　做市商加入或退出某只股票做市的时间有何限制？

已有做市商做市的股票，后续加入的做市商须在该股票挂牌满 3 个月后方可为其提供做市报价服务，且要提前向全国股份转让系统公司提出申请。

挂牌时采取做市转让方式的股票和由其他转让方式变更为做市转让方式的股票，其初始做市商为股票做市不满 6 个月的，不得退出为该股票做市。后续加入的做市商为股票做市不满 3 个月的，不得退出为该股票做市。

做市商退出做市的，应当事前提出申请并经全国股份转让系统公司同意。

做市商退出做市后，1个月内不得申请再次为该股票做市。

问答093 出现哪些情形时，做市商自动终止为相关股票做市？

出现下列情形时，做市商自动终止为相关股票做市：

（1）该股票摘牌；

（2）该股票因其他做市商退出导致做市商不足2家而变更转让方式；

（3）做市商被暂停、终止从事做市业务或被禁止为该股票做市；

（4）全国股份转让系统公司认定的其他情形。

问答094 做市商之间的股票如何转让？

做市商间为调节库存股等进行股票转让的，可以通过互报成交确认申报方式进行。

做市商的成交确认申报是指做市商之间按指定价格和数量与指定对手方确认成交的指令。做市商的成交确认申报应包括证券账户号码、证券代码、交易单元代码、买卖方向、申报数量、申报价格、对手方交易单元、对手方证券账户号码及成交约定号等内容。

全国股份转让系统对证券代码、申报价格和申报数量相同，买卖方向相反，指定对手方交易单元、证券账户号码相符及成交约定号一致的做市商成交确认申报进行确认成交。

做市商当日从其他做市商处买入的股票，买入当日不得卖出。

做市商间转让不纳入即时行情和指数的计算，成交量在每个转让日做市商间转让结束后计入该股票成交总量。

每个转让日做市商间转让结束后，全国股份转让系统公司逐笔公布做市商间转让信息，包括证券名称、成交量、成交价及买卖双方做市商名称等。

5.1.5 做市特点及其具体操作

问答095 做市转让方式的特点主要有哪些？

（1）数量要求

应当至少有2家以上做市商为挂牌股票提供做市报价服务。

（2）报价要求

做市商每次提交做市申报应当同时包含买入价格和卖出价格，且相对买卖价格不得超过 5%，价差=（卖出价格-买入价格）÷卖出价格×100%；

做市商最迟应于上午 9:30 发布双向报价，双向报价时间应不少于每个转让日做市转让撮合时间的 75%；

做市商前次做市申报撤销，或其申报数量经成交后不足 1000 股的，做市商应于 5 分钟内重新报价。

（3）交易对手方

做市转让撮合期间，只允许做市商与投资者之间成交，投资者之间、做市商之间不能成交；

允许做市商盘后通过互报成交确认方式调节做市库存股票。

（4）成交原则

投资者和做市商间按价格优先、时间优先原则自动撮合成交；

成交价以做市申报价格为准。

问答096　做市转让交易时间有何特点？

做市转让方式下，交易时间与协议转让存在一定差异，具体特点如下：

（1）接受投资者限价申报和做市商做市申报，时间：9:15-9：30；

（2）接受投资者限价申报和做市商做市申报做市转让撮合时间，时间：9：30-11：30；

（3）接受投资者限价申报和傲市商做市申报，做市转让撮合时间。时间：13：00-15：00；

（4）做市商间转让时间，仅接受做市商或交确认申报，时间：15：00-15:30。

问答097　投资者在做市转让方式下有哪些委托类型？

做市转让方式下，投资者只可进行限价委托。

限价委托是指投资者委托主办券商按其限定的价格买卖股票的指令，主办券商必须按限定的价格或低于限定的价格申报买入股票；按限定的价格或高于限定的价格申报卖出股票。

限价委托包括证券账户号码、证券代码、买卖方向、委托数量、委托价格等内容。

问答098　投资者订单与做市商报价如何成交？

做市转让方式下，全国股转系统采用集中撮合方式成交，即按照“价格优先、时间优先”原则，将投资者订单与做市商订单进行连续自动撮合，但限价申报之间以及做市申报之间不能成交。做市转让方式的成交情形分为两种：一种是限价申报到价成交情形；二是做市商更改报价使限价申报到价情形。

（1）限价申报到价成交情形

全国股转系统对到价的限价申报即时与做市商报价进行成交。到价是指限价申报买入价格等于或高于做市申报卖出价格或限价申报卖出价格等于或低于做市申报买入价格；

如有 2 笔以上做市申报到价的，按照价格优先、时间优先原则成交，成交价以做市商报价为准；

有 2 笔以上投资者申报到价的，按照价格优先、时间优先原则成交，成交价以做市商报价为准。

（2）做市商更改报价使限价申报到价情形

做市商更改报价使投资者限价申报到价的，全国股转系统按照价格优先、时间优先原则将到价限价申报依次与该做市申报进行成交。成交价以做市申报价格为准。

投资者限价申报未到价时，做市商不负有成交义务。

问答099　投资者与做市商获得的即时行情是否存在差异？

做市转让方式下，投资者和做市商能够获得的行情信息存在差异，做市商通常能够获得更多的行情信息，他们之间的区别主要体现在以下地方。

（1）对于普通投资者

全国股转系统每个转让日 9:30 开始发布即时行情，其内容主要包括证券代码、证券简称、前收盘价、最近成交价、当日最高价、当日累计成交数量、当日累计成交金额，做市商实时最高 3 个价位买入申报价格和数量，做市商实时最低 3 个价位卖出申报价格和数量等。

（2）做市商

除普通投资者获得的行情信息外，全国股转系统每个转让日 9：15 开始向做市商提供其做市股票实时最高 10 个价位的买入限价和数量，最低 10 个价位的卖出限价申报价格和数量等信息，以及为该股票提供做市报价服务做市商的实时最优 10 笔买入和卖出做市申报价格和数量等信息。

问答100　投资者与做市商交易有哪些事项需要注意？

投资者参与做市股票交易，需特别注意以下事项：

（1）做市转让方式下，成交价格均以做市商报价为准，投资者在下单前应参考做市商的报价信息，不宜以偏离做市商做市申报价格过多的委托价大量下单。因为，投资者到价订单即时与做市商报价撮合成交，若投资者以高价大量委托买入或低价大量委托卖出，当做市商申报数量全部成交后，做市商重新申报时可能更改报价，此时投资者价格偏高的订单或价格偏低的订单可能以较为不利的价格成交。

（2）投资者在行情系统看到的买卖盘报价都是做市商的报价。做市转让撮合时间内，投资者与投资者之间不允许成交。

（3）成交价格以做市商价格为准，因此，即便投资者价格到价或优于成交价，也未必能成交。

问答101　做市转让的开盘价与收盘价是怎样形成的？

采用做市转让方式的股票，开盘价为当日该股票的第一笔成交价；收盘价为当日该股票的最后一笔成交价，当日无成交的，以前日收盘价为当日收盘价。

问答102　挂牌公司必须以自己的主办券商作为做市商吗？

申请挂牌同时采用做市转让方式的公司，其中一家做市商应当为推荐其股票挂牌的主办券商。已经挂牌的公司若申请股票从协议转让方式转为做市转让方式，不强制要求其选择主办券商作为其做市商之一。

问答103　公司如何在挂牌的同时做市？

申请挂牌公司股票拟采取做市转让方式的，应当有 2 家以上做市商为其提供做市报价服务。其中一家做市商应为推荐其股票挂牌的主办券商或该主办券商的母（子）公司。

问答104　新三板做市商常见违法行为有哪些？

（1）不履行或不规范履行报价义务

做市商的义务是对其做市的股票发布买卖双向报价，并在其报价数量范围内按其报价履行与投资者成交义务。每个转让日内，做市商应持续发布双向报价，做市商最迟应于上午 9:30 发布双向报价。双向报价时间应不少于每个转让日做市转让撮合时间的 75%。做市商每次提交做市申报应当同时包含买入价格与卖出价格，且相对买卖价差不得超过 5%。卖出价格与买入价格之差等于最小价格变动单位的，不受此限制。做市商前次做市申报撤销，或其申报数量经成交后不足 1000 股的，做市商应于五分钟内重新报价。做市商违反了上述“法定义务”，均构成“不履行或不规范履行报价义务”。

（2）内幕交易

即利用内幕信息进行投资决策和交易。内幕交易是证券期货市场最常见的违法行为，新三板也不例外。在实践中，某些券商的做市部门往往从场外市场部索取某些挂牌公司的尚未披露的资料，以作为其做市决策的参考，这就涉嫌内幕交易。

（3）操纵市场

即利用信息优势和资金优势，单独或者通过合谋，制造异常价格波动。国泰君安证券的上述“砸盘”行为，即有操纵市场之嫌。

（4）串通报价或信息

即与其他做市商通过串通报价或私下交换做市策略、做市库存股票数量等信息谋取不正当利益。串通报价或信息会制造虚假价格，扰乱市场机制的发挥。

（5）以不正当方式影响其他做市商做市

以威胁、骚扰、恐吓以及其他不当的行为以影响其他做市商，包括要求其他做市商保持或更改报价，或者采取拒绝交易等行为报复或阻碍其他做市商或市场参与者的竞争性行为。

（6）与所做市的挂牌公司及其股东就股权回购、现金补偿等作出约定

这会导致市场价格虚高，间接达到抬升股价、操纵市场的目的。

（7）做市业务人员通过做市向自身或利益相关者进行利益输送

如做市业务人员的“老鼠仓”，先于做市商买入相关股票，待做市后再高价卖给做市商，以获得不正当利益。

5.2 典型实战15例

5.2.1 错误操作与损失

案例036　协议转让，选错委托订单丧失成交机会

某一交易日9:30时，甲投资者在交易行情中看到一笔定价买入申报（以8元/股的价格买入1000股M股票），拟与该委托成交，但该投资者并未在交易下单软件中点选该笔定价申报订单并生成成交确认委托，而是提交了定价相应的卖出委托。当日9:35时，投资者乙也看到了M股票的前述定价买入申报订

单，立即在交易下单软件中点选该笔申报，生成了成交确认委托，即 8 元/股的价格买入 1000 股 M 股票的委托。

全国股转系统交易系统收到投资者乙的成交确认卖出申报后即时匹配成交，投资者甲丧失了成交机会，原因就是由于选错委托订单类型。

案例037　投资者偏离做市申报价格过多下单与损失

投资者丙拟卖出 20,000 股的 A 股票，此时做市商报买价为 6 元，数量为 10,000 股，投资者丙为了实现自己的申报优先于其他投资者的申报成交，决定以比做市商报买价低的 3 元/股的价格申报卖出。投资者丙在交易下单软件中选择限价委托，买卖方向选为卖出，输入 A 股票代码、价格 3 元、数量 10,000 股。此时，投资者丙的申报为系统中价格最优的卖出申报，根据成交原则，丙的限价卖出申报立即以 6 元/股与做市商成交了 10,000 股。做市商做市买入申报 10,000 股被成交后，根据投资者剩余尚未成交的 10,000 股订单，立即修改买入报价（价格为 3 元、数量为 10,000 股），则丙剩余的 10,000 股将以 3 元/股的价格成交，丙的利益将因此受损。

原因：做市转让方式下，成交价格均以做市商报价为准，投资者在下单前应参考做市商的报价信息，不宜以偏离做市商做市申报价格过多的委托价大量下单。因为，投资者到价订单即时与做市商报价撮合成交，若投资者以高价大量委托买入或低价大量委托卖出，当做市商申报数量全部成交后，做市商重新申报时可能更改报价，此时投资者价格偏高的订单或价格偏低的订单可能以较为不利的价格成交。

案例038　英大证券做市“乌龙指”

2015 年 11 月 27 日，英大证券在为明利仓储（831963）提供做市服务的过程中，因交易员误操作、做市报价系统前端控制指标未设置等原因，造成相关股票成交价格出现瞬间上涨 501.88%的情形，导致三板做市指数瞬间上涨 108.65 点，振幅达 7.35%。上述报价异常变动事件，严重干扰了市场正常的交易秩序，违反了全国股转系统相关规定。

针对上述事件，全国股转公司联合深圳证监局的调查表明，英大证券做市部门人员配置不足，做市报价系统前端控制功能不完善，做市制度执行不到位，是出现报价异常变动事件的主要原因。2016 年 1 月，全国股转公司就此前出现的报价异常变动事件对英大证券采取了出具警示函的自律监管措施。

其实，事发当日，英大证券就发公告称，2015 年 11 月 27 日 10 点 14 分至

10点15分，由于交易员下单失误，将公司做市股票明利仓储买入下单下错为41.71元/股，并成交5000股，造成该股票盘中瞬间涨幅达514.29%。这个涨幅比例虽与全国股转公司的认定有所出入，但这无疑是一起影响恶劣的“误操作”事件，属于“乌龙指”事件。换言之，当时的正常交易价格应该在8元/股左右，而英大证券竟然以41.71元/股的价格进行买入报价。

5.2.2 做市、协议转让与退出

案例039　首例券商直投通过做市交易退出（安达科技）

2016年7月，国信证券全资直投子公司国信弘盛向媒体透露，其所投的安达科技已通过新三板做市交易成功退出，回报率超过100%。

安达科技在登陆新三板之后，于2015年1月11日将股票转让方式由协议转为做市。截至2015年7月23日，国信弘盛持有安达科技400万股，占总股本的2.47%，位列第七大股东。但目前，该公司所持有的安达科技股份已全部通过做市交易成功退出，从投资到退出为期一年的时间，实现了超过1倍的收益。

这也是首例券商直投通过新三板做市交易退出的成功案例。虽然目前IPO退出仍然是主流渠道，但随着市场制度的完善和交易活跃度的提升，未来主流投资机构的投资项目通过新三板退出的概率会越来越大。此外，监管层对券商直投基金的要求仍比其他机构严格，表现之一就是个人投资者的参与门槛在1000万以上。不过据了解，未来随着对股权投资基金的监管趋势，券商直投有松绑的可能，100万～1000万之间的高净值客户将成为券商直投基金争夺的目标群体。

案例040　新三板首单退出做市交易（海容冷链）

2015年10月29日，招商证券（600999）股份有限公司发布“关于退出为青岛海容商用冷链股份有限公司股票提供做市报价服务的公告”，称：

经全国股转系统公司同意，自2015年10月30日起，公司将退出为青岛海容商用冷链股份有限公司（海容冷链830822）提供做市报价服务。

并说明：经过前期严谨的调研和内部决策程序，公司于2014年12月26日开始为海容冷链公司股票提供做市报价服务，做市期间我司认真履行做市义务，对提高海容冷链股票交易活跃度，发现公司价值发挥了积极作用。近期海容冷链公布通过首次公开发行股票并上市辅导验收的提示性公告，由于外部决策和内部投资策略等原因，公司决定退出为海容冷链公司股票提供做市报价服务。

案例041　做市申请提交时服务企业仍为协议转让方式（东莞证券）

2015 年 12 月 15 日，东莞证券提交《后续加入做市申请》为宁夏晓鸣农牧股份有限公司（以下简称“晓鸣农牧”）股票提供做市报价服务，但提交申请时晓鸣农牧仍为协议转让方式，反映出该公司做市业务内部控制不完善、经营管理混乱，违反了《全国中小企业股份转让系统业务规则（试行）》第 5.4 条和《全国中小企业股份转让系统主办券商管理细则（试行）》第十七条的规定。

5.2.3　做市违规及处罚或解决

案例042　做市未严格履行库存股票获取程序（上海证券）

2016 年 3 月 23 日至 3 月 24 日，股转公司对上海证券有限责任公司（上海证券）的现场检查发现：“欧克精化”项目未严格履行库存股票获取内部程序。

前述行为反映出上海证券做市业务内部控制不完善、经营管理混乱，违反了《全国中小企业股份转让系统业务规则（试行）》第 5.4 条和《全国中小企业股份转让系统主办券商管理细则（试行）》第十七条的规定。

其中，上述第 5.4 条规定：“主办券商在全国股份转让系统开展业务，应当建立健全各项业务管理制度和业务操作流程，建立健全风险管理制度和合规管理制度，保障业务依法合规进行，严格防范和控制业务风险。”

另，上述第十七条的规定：“主办券商开展全国股份转让系统相关业务，应当建立健全合规管理、内部风险控制与管理机制，严格防范和控制风险。”

鉴于上述违规事实，根据《全国中小企业股份转让系统业务规则（试行）》第 6.1 条和《全国中小企业股份转让系统主办券商管理细则（试行）》第六十九条的规定，股转公司决定对上海证券采取要求提交书面承诺的自律监管措施。

案例043　做市交易员以外人员进出交易室未执行登记制度（上海证券）

股转公司于 2016 年 3 月 23 日至 3 月 24 日，对上海证券有限责任公司（简称上海证券）的现场检查发现，对交易员以外人员进出交易室未严格执行相关登记制度。

前述行为反映出该公司做市业务内部控制不完善、经营管理混乱，违反了《全国中小企业股份转让系统业务规则（试行）》第5.4条和《全国中小企业股份转让系统主办券商管理细则（试行）》第十七条的规定。事后，股转公司对上市证券采取要求提交书面承诺的自律监管措施。

上述第5.4条规定："主办券商在全国股份转让系统开展业务，应当建立健全各项业务管理制度和业务操作流程，建立健全风险管理制度和合规管理制度，保障业务依法合规进行，严格防范和控制业务风险。"

另，上述第十七条的规定："主办券商开展全国股份转让系统相关业务，应当建立健全合规管理、内部风险控制与管理机制，严格防范和控制风险。"

案例044　16只股票违规做市造成股价大幅波动（国泰君安）

经查明，国泰君安证券股份有限公司（简称国泰君安证券）存在以下违规事实：

2015年12月31日14：50分，为执行本部门"卖出做市股票、减少做市业务当年浮盈"的交易策略，国泰君安做市业务部对圆融科技、凌志软件、福昕软件、中兴通科等16只股票以明显低于最近成交价的价格进行卖出申报，造成上述股票尾盘价格大幅波动。其中，圆融科技、凌志软件等13只股票当日收盘价跌幅超过10%，跌幅最大的达19.93%。上述行为严重影响了多只股票的正常转让价格，扰乱了正常市场秩序，市场影响恶劣。

对于上述行为，王某作为做市业务部负责人，是做市业务的直接主管人员，同时具有向他人透露做市交易策略的行为，负有主要责任。陈某作为场外市场部总经理，召集了讨论决定交易策略的部门会议，负有领导责任。李某作为交易总监，直接指示交易员执行了当日的交易行为，负有直接责任。

国泰君安证券的上述行为违反了《全国中小企业股份转让系统业务规则（试行）》第5.4条，《全国中小企业股份转让系统股票转让细则（试行）》第一百一十三条、第一百一十五条，《全国中小企业股份转让系统做市商做市业务管理规定（试行）》第十四条的规定。鉴于上述违规事实，经全国中小企业股份转让系统有限责任公司（以下简称股转公司）纪律处分委员会审核通过，根据《全国中小企业股份转让系统业务规则（试行）》第6.4条、第6.5条，《全国中企业股份转让系统股票转让细则（试行）》第一百二十条，《全国中小企业股份转让系统做市商做市业务管理规定（试行）》第二十条、第二十一条的规定，股转公司做出给予国泰君安证券股份有限公司公开谴责，给予王某公开谴责，给予陈某、李某通报批评的处分。

案例045　做市日成交800万股变换大股东存合规质疑（中矿微星）

股转公司问询：

新三板挂牌公司中矿微星（430585）于 2016 年 7 月 26 日，其原股东、共同实际控制人王建军、王广军通过做市转让方式将其持有的你公司 7,635,600 股转让给自然人吕尚简，占公司总股本 45.45%，当日累计成交 237 笔，转让完成后二人合计持股比例由 55.8%下降为 10.35%；你公司原股东王铁成通过做市转让方式将其所持有你公司 544,600 股转让给自然人吕尚简，当日累计成交 27 笔，转让完成后，其持股比例由 12.97%下降为 9.73%；你公司当日新增股东吕尚简通过做市转让方式买入你公司 8,376,000 股，当日累计成交 290 笔，交易完成后持股比例为 49.86%，成为你公司第一大股东。

请你公司、王建军、王广军、王铁成以及吕尚简核查并说明：在 2016 年 7 月 26 日交易过程中，前述主体是否存在违反《非上市公众公司收购管理办法》第十三条之规定的行为；

请主办券商南京证券对前述主体交易行为进行核查并对其是否存在违反《非上市公众公司收购管理办法》相关规定的情形发表明确意见。

【解决回复】

根据公司原股东王建军、王广军、王铁成及收购方吕尚简提交的《客户对账单》信息，查询 7 月 26 日四人分别交易徐州中矿微星软件股份有限公司（代码：430585）股票的交易记录。交易情况如下：

（1）公司股东王建军以均价 1.6427 元/股的价格转出 7,056,000 股（占总股本 42%），交易完成后王建军不再持有公司股份；公司股东王广军以均价 1.69 元/股的价格转让 579,600 股（占总股本 3.45%），减持后持有股份占公司股本由 13.80%降低至 10.35%。

公司认为：王建军、王广军作为公司控股股东、共同实际控制人，截至 2016 年 7 月 25 日王建军、王广军持有中矿微星 55.80%的股权，超过中矿微星已发行股份的 10%，因此其拥有权益的股份占该公众公司已发行股份的比例每增加或者减少 5%（即其拥有权益的股份每达到 5%的整数倍时，应在该事实发生之日起 2 日内编制并披露权益变动报告书，并自该事实发生之日起至披露后 2 日内，不得再行买卖该公众公司的股票。王建军、王广军在 7 月 26 日的交易中共计减持股份占公司股份比例为 45.45%，存在违反《非上市公众公司收购管理办法》第十三条规定的情形。

（2）公司股东王铁成以均价 1.6903 元/股的价格转让 544,600 股（占总股本 3.24%），减持后持有股份占公司股本由 12.97%降低至 9.73%。

公司认为：王铁成在当日权益变动达到 5%整倍数的披露标准的，最后一笔报出"卖出"委托后，未再发生新的委托，并于当日签署披露了《权益变动报告书》。

但截至 2016 年 7 月 25 日王铁成持有中矿微星 12.97%的股权，超过中矿微星已发行股份的 10%，王铁成的最后一笔委托交易的股份数超过 5%整倍数的上限，导致王铁成的交易存在违反《非上市公众公司收购管理办法》第十三条规定的情形。

（3）吕尚简通过做市转让方式累计 22 笔买入公司股份，在当日第五笔交易后持股比例已超过 10%，当日累计买入公司股份 8,376,000 股，持股比例达 49.86%。

吕尚简作为本次收购方，应在收购中矿微星的股份达到 10%以后，编制披露权益变动报告书，并在之后每增加 5%的股份之时停止交易并及时履行披露义务，在事实发生之日起至披露后 2 日内不得再买卖中矿微星股份。

根据《非上市公众公司收购管理办法》第十三条的规定，通过做市方式，投资者及其一致行动人拥有权益的股份达到公众公司已发行股份的 10%，投资者及其一致行动人应当在该事实发生之日起 2 日内编制并披露权益变动报告书，报送全国股份转让系统，同时通知该公众公司；投资者及其一致行动人拥有权益的股份达到公众公司已发行股份的 10%后，其拥有权益的股份占该公众公司已发行股份的比例每增加或者减少 5%（即其拥有权益的股份每达到 5%的整数倍时），应当依照前款规定进行披露，自该事实发生之日起至披露后 2 日内，不得再进行买卖该公众公司的股票。

吕尚简的交易存在违反《非上市公众公司收购管理办法》第十三条规定的情形。

公司对当日四人的交易情况事前并不知情，当日交易后公司得知相关情况，积极联系并敦促相关交易各方履行信息披露义务，并向全国中小企业股份转让系统就此事进行了沟通。公司信息披露义务人承诺将加强相关制度学习，敦促新实际控制人及其他各股东共同加强法律法规的学习，避免再次出现股票违规交易行为。

5.2.4　挂牌前股份转让

案例046　挂牌前股东缺席表决与股权转让（奥尔斯）

北京奥尔斯科技股份有限公司（奥尔斯 430248），在 2010 年 7 月，股东会通过股东李朱峰将其持有的有限公司 2%的股权 4.00 万元货币出资转让给华志强的议论项，当时原股东侯少丹、刘巧玲、赵振丰因个人原因未参加股东会，未在股东会决议中签字。

【解决回复】

缺席股东出具声明，认可此次股权转让，披露详情如下：

2010 年 7 月 9 日，有限公司召开股东会，全体股东一致同意李朱峰将其持有的有限公司 2%的股权 4.00 万元货币出资转让给华志强；同意修改后的章程（章程修正案）。2010 年 7 月 12 日，李朱峰与华志强签订《出资转让协议》，李朱峰将其持有的有限公司 2.00%的股权 4.00 万元出资额转让给华志强。

2010 年 7 月 28 日，有限公司就上述事项在北京市工商行政管理局海淀分局办理了变更登记手续并取得新的营业执照。

本次股权转让过程中，原股东侯少丹、刘巧玲、赵振丰未在股东会决议中签字，根据上述三人出具的《声明及承诺》，其因个人原因未参加股东会，上述三人均认可此次股权转让。综上，本次股权转让程序瑕疵已经原股东签字确认，且上述原股东持有本公司股权均已全部转让，故不构成本次申请挂牌的实质性障碍。

案例047　挂牌前股权转让同股不同价的解决（新网程）

上海新网程信息技术股份有限公司（新网程 430269），在 2010 年 4 月，公司召开股东会，通过议项：股东李云明将其持有的有限公司 15.26%、4.34%、2.90%、5.36%的股权分别转让给自然人施煜敏、李勤、石勇、俞红啸；股东胡健将其持有的有限公司 6.60%、0.44%的股权分别转让给自然人施煜敏、俞红啸。但是这里存在同一次股权转让出现不同单价的问题。

【解决回复】

详细披露造成差异的原因，股权转让双方签署书面确认书披露相关信息：

2010 年 4 月 11 日，有限公司召开股东会，全体股东一致同意：股东李云明将其持有的有限公司 15.26%、4.34%、2.90%、5.36%的股权分别转让给自然人施煜敏、李勤、石勇、俞红啸；股东胡健将其持有的有限公司 6.60%、0.44%

的股权分别转让给自然人施煜敏、俞红啸。2010年4月11日，股权转让方与受让方分别签署了《股权转让协议》；本次股权转让的价格均由转让方与受让方协商后确定。除李云明与李勤系夫妻关系外，本次参与股权转让、增资的新股东与原股东之间不存在关联关系，本次股权转让的新增股东之前均未在公司任职。截至本公开转让说明书签署日，除李勤担任股份公司副总经理外，本次新增的其他股东均不在公司任职。

（1）本次股权转让出现不同价格的主要原因为：① 施煜敏在有限公司成立初期，在业务、资金等各方面给予了公司较大帮助，因此公司股东李云明和胡健为表示对施煜敏的感谢愿意以低价向其转让公司股份。本次股权转让涉及的其他受让方对此情况充分了解，且无异议。② 此次股权转让的转让方与除施煜敏以外的其他受让方参考2009年12月31日的净资产值450,594.41元，经过协商确认了转让价格。由于李勤与李云明系夫妻关系，因此转让价格相对于俞红啸和石勇略低。本次股权转让涉及的转让方与受让方对此情况充分了解，且无异议。③ 俞红啸希望从股东李云明处以82.02万元的总价受让11.60万元的出资额，而李云明仅愿意出让10.72万元的出资额，两者差额为0.88万元出资额。经过李云明、俞红啸与股东胡健的三方协商，最终确定由胡健转让0.88万元出资额给俞红啸，总价5.77万元，李云明出让10.72万元出资额，总价76.25万元，最终李云明转让给俞红啸的转让价格略高于胡健转让给俞红啸的价格。

（2）2012年11月11日，涉及本次股权转让的全体转让方与受让方签署了书面确认书，确认并承诺："经有限公司（以下简称'公司'）详细告知并经本人充分详尽调查，本人确认，本人知晓上述股权转让价格存在差异，并予以接受，不存在任何异议，上述股权转让的程序及结果真实、合法、有效。"

案例048　零价转让子公司股份的处理（普华科技）

上海普华科技发展股份有限公司（普华科技430238）挂牌报告期内，公司将普华有限持有的北京谊普华和项目管理顾问有限公司10%的股权转让给胡新渝。上述股权转让以零价格转让，是否合法合规？是否存在利益输送或损害相关方的利益？

【解决回复】

阐明受让标的公司最近几年都无经营状况，并对长期股权投资全额计提减值准备。

披露详解：

2012 年 12 月 5 日，上海普华科技发展股份有限公司同胡新渝签订股权转让协议，约定将普华有限持有的北京谊普华和项目管理顾问有限公司 10%的股权转让给胡新渝。由于受让方亦为北京谊普华和项目管理顾问有限公司的原股东，根据《公司法》及公司章程的规定，该等股权转让无须经其他股东同意。北京谊普华和项目管理顾问有限公司已经注销了普华有限的出资证明书，向胡新渝重新签发了出资证明书，并相应股东名册中有关股东及其出资额的记载。截至 2013 年 5 月 15 日，北京谊普华和项目管理顾问有限公司正在办理工商变更登记。由于北京谊普华和最近几年都无经营，上述股权转让也是零价格转让，此笔股权投资已无法收回，因此，会计师在 2012 年年报中做了调整，全额计提了长期股权投资减值准备。

案例049　董事离职半年内转让未足额缴款的股份（柳爱科技）

柳州爱格富食品科技股份有限公司（柳爱科技 430535）公司挂牌前曾有一问题，董事离职半年内转让所持股份，是否符合法合规，是否对公司挂牌构成实质性影响？

【解决回复】

合理解释、说明并实披露详情：

2009 年 12 月 24 日，公司召开股东大会，决议撤销孔俊淞董事职务，选举王素贤为董事。2009 年 12 月 29 日，孔俊淞将所持股份转让给刘果。本次股份转让行为在孔俊淞作为公司董事离职半年之内发生，违反《公司法》关于股份公司董监高股份限售的规定，但鉴于双方已签订的《股权转让协议》，转让价款已依约支付，公司亦配合办理了相应的工商变更登记手续，因此，本次股份转让系双方当事人真实意思表示，且已经实际履行完毕。公司其他股东对上述股份转让出具了书面声明，均表示上述股份转让行为未对公司利益造成损害，并对上述股份转让予以认可。本次股份转让的法律瑕疵对本次公司股票到全国股份转让系统挂牌并公开转让不构成实质性障碍。

案例050　股权转让比例超过法定标准的解决（均信担保）

哈尔滨均信投资担保股份有限公司（均信担保 430558）挂牌前曾有一问题：股权转让比例超过法定标准，该如何解决？

【解决回复】

由工商局出具不存在违法行为的证明，相关股东出具已更正的确认函。披露详情：

均信股份第一次股份转让过程中，公司董事长李明中原持有公司股1,265.41万股，本次转让予狄滨600万股、刘诚跃344.66万股后持有公司股份320.75万股，转让股份超出其所持股份的25%；但在2008年4月第二次股份转让中，李明中通过受让狄滨600万股、刘诚跃150万股、张柏林780万股的股份，所持公司股份增至1,650.75万股。李明中、狄滨、刘诚跃已于2010年10月8日对前述相关事宜进行了确认。经核查，公司董事长李明中第一次股权转让超出其所持股份的25%，但该等违规行为在1个月内通过原受让股东转回股权而得到更正，相关违规行为发生在报告期外且违规状态解除已超过5年，且哈尔滨市工商行政管理局于2013年7月9日出具证明，公司自2011年1月至今不存在重大违法违规行为。综上，李明中2008年股权转让超过其当时持有股份的25%事宜，不构成本次挂牌的实质性障碍。

第 2 部分

2

股份管理与权益分派

第 6 章　股份登记变动、质押查询等管理实务
第 7 章　股份限售与解除、政策匹配及核算操作
第 8 章　股份暂停、恢复转让及终止挂牌等操作
第 9 章　权益分派的流程、事项与操作

第 6 章

6

股份登记变动、质押查询等管理实务

6.1 常规疑难23问

6.1.1 股份登记

问答105 申请挂牌公司办理初始登记业务的流程有哪些？

根据《中国结算北京分公司发行人业务指南》、《中国结算发行人证券登记业务平台用户手册——初始登记业务》，申请挂牌公司办理股份初始登记主要流程如下图所示。若申请材料没有问题，中国结算的办理周期为两个工作日。

问答106 挂牌公司办理股份登记等业务需通过什么渠道？

2015 年 9 月 21 日，中国证券登记结算有限公司（以下简称“中国结算”）北京分公司发行人业务平台初始登记和定向增发登记功能正式上线。挂牌公司、拟挂牌公司可以通过发行人业务平台申请办理初始登记、定向增发、权益分派、限售解限、名册查询等业务，相关业务全部实现互联网在线办理。

申请挂牌公司在取得全国股转系统同意挂牌函后，应按照如图 6-1 所示流程尽快完成用户注册并取得发行人业务平台 U-KEY。

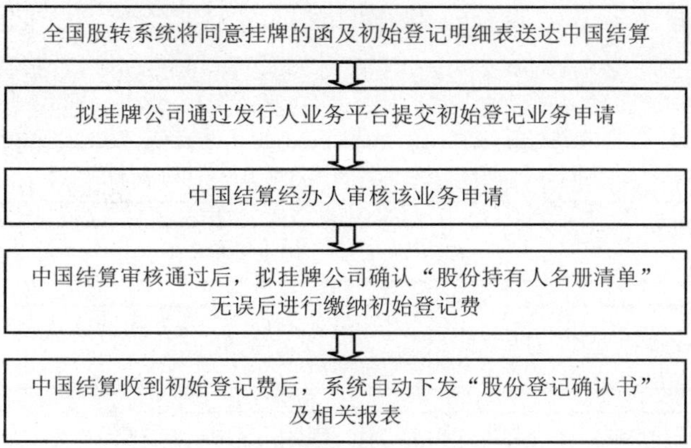

图 6-1　流程

（1）登录中国结算官方网站，单击主页右上角“注册”按钮；

（2）选择“参与人普通用户”注册，认真阅读服务协议后，选择“参与人”用户类型；

（3）选择“在线注册”并完成资料申报；

（4）中国结算审核用户注册信息，审核无误的，于两个工作日内寄出发行人业务平台 U-KEY。

拟挂牌公司、挂牌公司经办人办理上述业务前/请仔细阅读《发行人业务用户手册》。《发行人业务用户手册》下载路径是：中国结算官方网站（http://www.chinaclear.cn/）——服务支持——操作手册——全国股份转让系统。

问答107　（拟）挂牌公司办理股份登记有哪些注意事项？

挂牌和拟挂牌公司在申请办理股份登记，需要注意以下事项：

（1）拟挂牌公司、挂牌公司在向中国结算申请办理股份登记之前，应及早整理、核对持有人信息，督促没有证券账户的持有人及时开立证券账户；

（2）在进行股份登记时，拟挂牌公司、挂牌公司需确认持有人所提供的证件号码、证券账户号码与其在中国结算登记系统中的信息保持一致；

（3）外国投资者以及我国香港特别行政区、澳门特别行政区、台湾地区的投资者对挂牌公司进行战略投资取得发行人股份的，应当直接向中国结算申请开立证券账户。

问答108　挂牌公司办理股票发行新增股份登记有哪些流程？

根据《中国结算北京分公司发行人业务指南》、《中国结算发行人证券登记业务电子平台用户手册－股票发行新增股份登记业务》，挂牌公司办理股份新增股份登记主要流程见图 6-2。若申请材料没有问题，中国结算的办理周期为四个工作日。

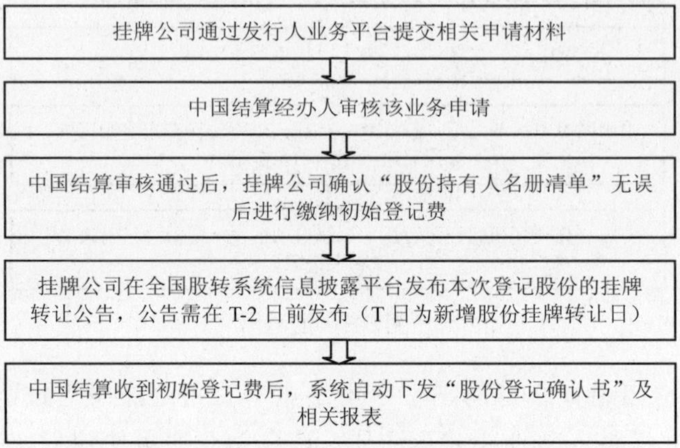

图 6-2　挂牌公司办理股份新增股份登记主要流程

问答109　新增股份登记操作材料等有何要求？

按股票定增程序取得股转系统的备案函后，使用 U-key 在中登结算公司官网办理新增股份登记事项，程序如下：

在发行人业务平台提交审查材料（股转系统出具的股票发行股份登记函、登记明细表、验资报告；股东人数＞200 人，上传证监会核准文件；涉及向境外或国有股东发行股份的，分别上传商务部、国资部批文或有权部门的批文）；

确认数据完成付款；

T-3 日在股转网站发布公告；

T-2 日 12：00 前上传发布的公告；

T 日新增股份挂牌日；

证券代表或董秘根据中登结算公司新增股份登记业务办理。

问答110　股份登记填写时，关于证券账户、托管单元和股份性质文档需注意什么？

挂牌公司通过发行人业务平台提交相关股份登记申请材料，在填写相关股份数据文档时，就证券账户、托管单元文档需注意：

（1）证券账户

证券账户号码应为股东在深市开立的证券账户号码（10 位数），不能填写资金账户号码或沪市证券账户号码；

如果一个股东希望通过多个证券账户持有股份，应分行分别填写；

证券账户名称应与全国股转系统出具的明细表及验资报告中的出资人名称保持一致。

（2）托管单元

托管单元编码（6 位数）应填写股东指定托管股份的券商的托管单元编码（一般情况下为股东开户的券商，不能盲目填写主办券商托管单元）；

采用做市转让方式，存在做市股份的，做市股份必须登记在做市专用证券账户中，并托管在做市专用托管单元（不能与券商自营账户、自营托管单元或代办转让托管单元混淆）；

填错托管单元将导致股东无法交易，可能造成股东与挂牌公司、主办券商的法律纠纷。

（3）股份性质

股份性质包括：00-无限售条件流通股、01-挂牌后个人类限售股、02-股权激励限售股、03-挂牌后机构类限售股、04-高管锁定股、05-挂牌前个人类限售股、06-挂牌前机构类限售股；

凡属于董事、监事、高级管理人员所持的限售股份，均选择 04-高管锁定股；非董事、监事、高级管理人员的个人所持的限售股份选择 01-挂牌后个人类限售股；

如同一股东持有两种性质的股份，按照所持股份性质的不同，分两行填写。

问答111　股份登记填写时，关于证件号码和登记股数文档需注意什么？

挂牌公司通过发行人业务平台提交相关股份登记申请材料，在填写相关股份数据文档时，就股份性质、证件号码和登记股数文档有一些需要注意的事项。

（1）证件号码

证件号码指股东的证件号。如果股东是自然人，填写自然人的身份证号；如果股东是法人，填写公司的营业执照号。

（2）登记股数

按股东实际持有的股数如实填写，股东股份由多券商托管的，多个券商的托管数总和要与实际持有数一致。

（3）股东类别

股东类别指股东的性质，细分如下：

00-国家股（暂不涉及）；

01-国有法人股（包括国有企业、事业单位等）；

02-境内非国有法人（包括大陆境内成立的，非国有的企业、有限合伙等机构）；

03-境内自然人（包括中国国籍的个人）；

04-境外法人（包括境外成立的企业、公司等机构）；

05-境外自然人（包括外国、我国港澳台籍的个人）；

06-基金、理财产品（包括理财计划、资产管理计划、信托计划、基金）。

6.1.2 股份变动管理

问答112　挂牌公司股东持股变动应满足的合规要求有哪些？

根据《非上市公众公司收购管理办法》及全国股转系统相关业务规则，挂牌公司股东持股变动应满足以下合规要求：

（1）持股达 10%。投资者及其一致行动人拥有挂牌公司的股份拟达到或超过挂牌公司已发行股份的 10%时，应在事实发生之日起 2 日内编制并披露权益变动报告书，同时在事实发生之日起至披露后 2 日内，不得再行买卖该挂牌公司股票。

（2）增加或减少 5%。投资者及其一致行动人拥有权益的股份达到挂牌公司已发行股份的 10%后，其拥有权益的股份占该挂牌公司已发行股份的比例每增加或减少 5%，应在事实发生之日起 2 日内编制并披露权益变动报告书，同时在事实发生之日起至披露后 2 日内，不得再行买卖该挂牌公司股票。

（3）成为挂牌公司第一大股东或实际控制人。收购人持有的被收购挂牌公司股份，在收购完成后 12 个月内不得转让，但收购人在挂牌公司中拥有权益的股份在同一控制人控制的不同主体之间进行转让的不受 12 个月的限制。

问答113　控股股东及实际控制人应遵循信息敏感期买卖股票限制有哪些？

目前，全国股转系统尚未明确规定信息披露敏感期挂牌公司控股股东及实际控制人买卖挂牌公司股票的限制。但可比对上市公司的标准执行。

控股股东及实际控制人在下列情况下不得买卖公司股票：

（1）公司年度报告公告前 30 日内，因特殊原因推迟年度报告公告日期的，自原预约公告日前30日起算，直至公告前1日；

（2）公司业绩预算、业绩快报公告前10日内；

（3）自可能对公司股票交易价格产生较大影响的重大事件发生之日或进入决策程序之日，至依法披露后2个转让日内。

问答114　挂牌公司“董监高”买卖股票合规要求应注意哪些事项？

根据《公司法》《证券法》及全国股转系统有关规定，挂牌公司董事、监事及高级管理人员（合称“董监高”）买卖股票需要遵守相关合规要求：

（1）“董监高”不得转让股票的情形

① “董监高”是挂牌公司发起人的，其持有的公司股份，自股份公司成立之日起一年内不得转让；

②“董监高”离职后半年内；

③“董监高”承诺一定期限内不转让股份。

（2）“董监高”每年可转让股票数量计算

① 可减持股份数量（当年没有新增股票的情况下）≦上年末持有股份数量×25%；

② 通过购买、协议受让、获赠等形式取得的股票，应第一时间通知挂牌公司办理股票限售，其中75%作为限售股，其余为流通股；

③ 因送红股、转增股本等形式进行权益分派导致所持股票增加，中国结算自动同比例增加限售股及流通股数量，无须人工办理。

（3）“董监高”买卖股票敏感期限制

全国股转系统对挂牌公司“董监高”买卖股票尚未规定敏感期，可参照上市公司执行标注：

① 挂牌公司定期报告公告前30日内不得买卖；

② 挂牌公司业绩预告、业绩快报公告前（1）日内不得买卖；

③ 自可能对挂牌公司股票交易价格产生重大影响的重大事项发生之日或在决策过程中，至依法披露后两个交易日内不得买卖。

（4）“董监高”买卖股票信息披露义务

全国股转系统对挂牌公司“董监高”买卖股票尚未明确相关信息披露要求，可参照上市公司的规定执行。上市公司“董监高”应当在买卖本公司股票后2个交易日内进行信息披露。披露内容包括：

① 本次变动前持股数量；

② 本次股份变动的日期、数量、价格；

③ 本次变动后的持股数量；

④ 沪深证券交易所要求披露的其他事项。

问答115 “董监高”及重要股东是否需要遵守短线交易的规定？

目前，全国股转系统尚未明确挂牌公司“董监高”及重要股东是否应遵守《证券法》关于短线交易的规定，挂牌公司可参照上市公司“董监高”及重要股东执行标准：

根据《证券法》，上市公司董事、监事、高级管理人员、持有上市公司股份以上的股东，将其持有的该公司的股票在买入后六个月内卖出，或者在卖出后六个月内又买入，由此所得收益归该公司所有，公司董事会应当收回其所得收益。

在计算标准上，对于多次买入的，以最后一次买入的时间作为六个月卖出禁止期的起算点；对于多次卖出的，以最后一次卖出的时间作为六个月买入禁止期的起算点。

6.1.3 投资者对所持股份的管理

问答116 全国股转系统证券账户投资者如何开立？

根据《中国证券登记结算有限责任公司证券账户管理规则》《中国证券登记结算有限责任公司证券账户业务指南》等规定，拟挂牌公司股东或投资者参与新三板市场投资须具有深证证券交易所A股证券账户。具有深A证券账户的投资者，向券商申请开通相应的新三板交易权限。

（1）个人和一般机构投资者：向具有证券经纪业务资格的券商营业部申请开户；

（2）外籍原始股东：外籍原始股东办理证券账户应遵照《中国结算北京分公司发行人业务指南》《关于外国战略投资者开立A股证券账户等有关问题的通知》等相关政策规定；

（3）特殊机构及产品账户：按照《中国证券登记结算有限责任公司特殊机构及产品证券账户业务指南》的规定，直接到中国结算北京、上海或深圳分公司柜台办理。

问答117　挂牌公司股票质押是指什么？

股票质押是指为担保债务的履行，出质人（债务人或者第三人）将其持有的股票质押给质权人。债务人如不履行到期债务或者发生当事人约定的实现质权的情形，质权人有权就该出质股票优先受偿。

股票质押融资是指债务人用其或第三人所持的股票等有价证券提供质押担保获得融资资金的一种方式。它主要以取得现金为目的，公司通过股票质押融资取得的资金通常用于弥补流动资金的不足。

问答118　挂牌公司股票质押中介查询、指南与费用是怎样的？

为适应市场不断增加的业务需求，为便利投资者就近办理证券质押登记业务，2012 年底，中国结算推出了代理证券质押登记业务。需要办理证券质押（包括质押登记、解除质押、部分解除质押）及相关查询业务的个人或机构，可以就近通过托管券商向中国结算提交申请材料。

（1）具有代理证券质押登记业务资格的证券公司名单查询方式

中国结算网站（www.chinaclear.cn）——网上业务平台——投资者服务专区——证券质押登记业务代理机构清单。

（2）股票质押的业务指南/指引

①《证券质押登记业务实施细则》；

②《证券质押登记状态调整业务指引》；

③《质押证券处置过户业务指引》；

④《证券质押供需信息发布平台业务操作指引（试行）》；

⑤《关于开展证券公司代理证券质押登记业务有关事项的通知》。

（3）证券质押登记费标准

① 500 万股以下（含）部分：按该部分面值的 1‰收取；

② 超过 500 万股的部分：按该部分面值的 0.1‰收取；

③ 通过证券公司远程电子化办理的中国结算与证券公司各收取 50%。

（4）解除证券质押登记费实行免费制度。

问答119　股票质押登记与解除登记的申请材料各有哪些？

挂牌公司股权质押：

（1）证券质押登记申请材料

① 证券质押登记申请表；

② 质押合同原件；

③ 质押双方有效身份证明文件；

④ 质押证券为国有股东持有的，需提供在国有资产监督管理机构备案的质押备案文件（如有）。

（2）解除证券质押登记申请材料

① 质权人提交的“证券质押登记解除申请表”；

② 质权人、经办人有效身份证明文件；

③ 中国结算出具的“证券质押登记证明书”原件（原件遗失的，须提供在中国证监会指定的信息披露报刊之一上刊登的遗失作废声明）；

④ 若质权人印鉴发生变更，须提供印鉴变更证明；若质权人名称发生变更，还需提交发证机关出具的变更证明文件。

问答120　办理挂牌公司股票质押的注意事项有哪些？

挂牌公司股东办理股票质押需要注意以下事项：

（1）司法处置或卖出风险。拟质押股票被司法机关先行冻结、扣划或被卖出，该笔质押登记失败；

（2）限售股质押风险。质押双方应声明已知晓质物处于限售期内，并承诺因质物如属法律规定的不得转让情形导致质押登记无效而产生的法律责任由质押双方承担，与中国结算无关；

（3）质押涉及多只股票。同一质押合同下出质人质押多只股票的，按多笔质押业务办理；

（4）主合同变更。需重新办理质押登记的，应解质后重新申请质押登记；已质押证券被司法冻结的，需解除司法冻结后重新申请质押登记。

问答121　办理挂牌股票非交易过户有哪些情形？

根据中国结算的有关规定，以下情形可以办理挂牌股票的非交易过户。

（1）证券协议转让过户

适用范围：

① 与挂牌公司收购及股东重大权益变动相关的股份转让；

② 转让双方存在实际控制关系，或均受同一控制人所控制的；

③ 外国投资者战略投资挂牌公司所涉及的股份转让；

④ 中国证监会认定的其他情形；

⑤ 行政划拨。

（2）法人资格丧失所涉证券过户

适用范围：

因解散、破产、合并、分立、歇业、注销等原因丧失法人资格也适用于合伙企业、非法人创业投资企业等非法人组织。

（3）适用于继承、遗赠所涉证券过户

（4）离婚财产分割所涉证券过户

（5）向基金会捐赠证券的过户

适用范围：

作为受赠人的基金会是指依据《基金会管理条例》合法设立，并在省级或省级以上民政部门登记的基金会（不含境外基金会代表机构）。

问答122　协议转让与法人资格丧失办理过户需提交哪些申请材料？

投资者向中国结算申请挂牌股票非交易过户，需要按照中国结算的要求提交申请材料。

（1）证券协议转让过户

需要的申请材料有：

① 证券非交易过户登记申请表；

② 转让协议原件；

③ 如属于需要进行权益披露的，有关权益披露义务人需履行权益披露义务，提供权益披露公告；

④ 拟转让股份涉及需要经由相关行政主管部门审批或备案的，当事人需提供相关文件原件及复印件；

⑤ 转让双方的身份证明文件原件及复印件；

⑥ 中国结算要求的其他文件。

（2）法人资格丧失所涉证券过户

① 证券非交易过户登记申请表；

② 法人资格状态证明文件；

③ 证券权属证明文件；

④ 如属于需要进行权益披露的，有关权益披露义务人需履行权益披露义务，提供权益披露公告；

⑤ 拟转让股份涉及需要经由相关行政主管部门审批或备案的，当事人需

提供相关文件原件及复印件；

⑥ 申请人身份证明文件原件及复印件；

⑦ 中国结算要求的其他文件。

问答123 继承、离婚与基金捐赠办理过户需提交哪些申请材料？

（1）继承所涉证券过户

① 证券非交易过户登记申请表；

② 能够说明遗产归属的法律文书；

③ 如属于需要进行权益披露的，有关权益披露义务人需履行权益披露义务，提供权益披露公告；

④ 继承人的身份证明文件原件及复印件；

⑤ 中国结算要求的其他文件。

（2）离婚财产分割所涉证券过户

① 证券非交易过户登记申请表；

② 离婚证明文件；

③ 经公证的离婚财产分割协议；

④ 如属于需要进行权益披露的，有关权益披露义务人需履行权益披露义务，提供权益披露公告；

⑤ 离婚双方的身份证明文件原件及复印件；

⑥ 中国结算要求的其他文件。

（3）向基金会捐赠证券的过户

① 交易非交易过户登记申请表；

② 捐赠协议原件；

③ 省级或省级以上民政部门对捐赠出具的确认文件；

④ 如属于需要进行权益披露的，有关权益披露义务人需履行权益披露义务，提供权益披露公告；

⑤ 拟转让股份涉及需要经由相关行政主管部门审批或备案的，当事人需提供相关文件原件及复印件；

⑥ 捐赠人、受赠人的有效身份证明文件原件及复印件；

⑦ 中国结算要求的其他文件。

6.1.4　变更证券名称

问答124　挂牌公司能否变更公司全称或证券简称或，需要公告吗？

根据全国股转系统相关业务规则，挂牌公司可以申请变更证券简称或公司全称，但需在变更生效前一个转让日进行信息披露。

问答125　挂牌公司变更公司全称或证券简称，要履行哪些程序？

根据《全国中小企业股份转让系统挂牌公司证券简称或公司全称变更业务指南（试行）》等有关规定，挂牌公司需按以下程序变更证券简称或公司全称：

（1）挂牌公司向主办券商的申请材料（T-6 日）

提交申请书及相关证明材料。挂牌公司变更公司全称的，应以新公司名称提出申请，并加盖新的公司印章；

“企业法人营业执照”复印件（加盖新公司印章）或工商行政管理部门关于公司变更全称的证明复印件（加盖新公司印章）；

申请证券简称变更的，还应事先与全国股转系统公司业务部进行沟通，核实新证券简称的可行性。

（2）主办券商审核（T-5 日）

主办券商审核确定证券简称或公司全称变更申请材料后，填写“挂牌公司证券简称或公司全称变更业务申请表”并加盖主办券商公章。

（3）主办券商报送申请材料（T-4 日）

主办券商须于 T 日（T 日为证券简称或公司全称变更生效日）下午 15 点前将上述业务表和其他证明材料一同传真（传真号：010-63889674）至全国股转系统，并将所有材料的电子扫描件发送至电子邮箱：ywbl@neeq.com.cn，同时电话确认收悉（电话：010-63889549）。

（4）信息披露（T-1 日）

挂牌公司最迟应于日发布相关公告进行信息披露。

（5）变更生效（T）

挂牌公司证券简称或公司全称变更生效。

6.1.5 数据查询业务

问答126 挂牌公司可以从中国结算查询哪些数据？

挂牌公司可以从中国结算取得挂牌公司的相关数据，具体数据及时限要求如下。

（1）申请查询类

① 不定期持有人名册：挂牌公司提出申请，中国结算审核；

② 信息披露义务人查询：挂牌公司提出申请，中国结算审核。

（2）中国结算主动下发类

① 定期持有人名册：月初、月中自动下发前一个工作日日终股东名册（如月初、月中为非工作日，则下一个工作日下发）；

② 股息红利差别化征税明细：每月第三个工作日自动下发上月扣税结果；

③ 股本结构表：每日自动下发按股份性质统计的股本结构表；月初和月中下发按股东类别统计的股本结构表；

④ 股份冻结数据：同定期持有人名册；

⑤ 限售股明细数据：同定期持有人名册。

问答127 申请查询“不定期持有人名册”需要些什么？

挂牌公司可以通过中国结算发行人业务平台申请查询截至任何一日的股票持有人名册，但需要遵守中国结算的有关要求。

（1）查询股东名册需提供的材料

① 若因挂牌公司召开股东大会而查询股东名册的，需提交股东大会相关公告。

② 若因挂牌公司重大资产重组而查询股东名册的，需提供公司涉及重大资产重组的相关公告。

③ 若因挂牌公司股票交易异常波动而查询股东名册的，需提供异常波动情况的说明。

④ 若因监管部门要求核查股东名册的，需提交监管部门要求核查的情况说明。

（2）查询的时点

① T日可查询T-1日及以前的股东名册；

② 若挂牌公司召开股东大会，建议股权登记日定于T-3日至T-7日之间，

查询股权登记日的股东名册。

（3）查询收费

2015 年 6 月 8 日起，查询股东名册收费方式由 100 次变为每半年收费。

6.2　典型实战15例

6.2.1　违规股份交易

案例051　高级管理人员超比例出售股票

杨某为新三板某挂牌公司的高级管理人员，于 2014 年年底从二级市场买入公司的股票，但未告知公司也未办理股票限售手续。自 2015 年 1 月 1 日至 6 月 30 日杨某转让的股份已超过所持有 A 公司股份总数的 25%，构成违规减持。

根据《公司法》，公司董事、监事、高级管理人员应当向公司申报所持有的本公司股份及其变动情况，在任职期间每年转让的股份不得超过其所持有本公司股份总数的 25%。全国股转系统对杨某采取提交书面承诺的自律监管措施。

案例052　禁止转让期间卖出股票与超比例出售

某公司原副总经理陆某于 2008 年 6 月 3 日离职，但于 2008 年 9 月 5 日卖出公司股票 1100 股，属于在离职后禁止转让期间卖出公司股票。又如某公司监事杜某，在 2007 年年末持有公司股票 2000 股，于 2008 年将其全部卖出，超比例出售 1500 股。对于上述违规案件，经证券交易所纪律处分委员会审核通过，给予了相关违规对象通报批评的纪律处分。

案例053　业绩预告披露前禁期买卖股份

某公司于 2008 年 7 月 14 日公告 2008 年半年度业绩预告，该公司副总经理黄某于 2008 年 7 月 4 日卖出该公司股票 10,000 股，属于在业绩预告披露前禁止交易期间买卖公司股票。又如某公司董事姚某，该公司于 2008 年 1 月 25 日公告 2007 年度业绩预告，姚某于 1 月 24 日买入该公司股票 1500 股，并于同年 3 月 3 日卖出 500 股。对于上述违规行为，经证券交易所纪律处分委员会审核通过，给予了相关违规对象通报批评的纪律处分。

案例054　公司监事短线交易被证监会立案调查

2008 年 11 月 6 日，某公司监事卢某以 4.69 元和 4.78 元分别买入公司 13,900 股和 20,500 股，后卢某分别于 2008 年 11 月 11 日、、12 日和 13 日以 5.70 元、5.31 元和 5.85 元分别卖出 100 股、100 股和 34,200 股，共计获利 37,052.30 元。卢某后将本次短线交易的收益全部上缴公司，并被公司处以 10,000 元罚款，同时辞去了公司监事职务。后被给予通报批评的纪律处分。2009 年 4 月 4 日，公司发布公告，称卢某短线交易公司股票被证监会立案调查。

6.2.2　股东权益变动违规

案例055　自然人延迟披露权益变动

自然人金某于 2008 年 5 月 30 日买入某公司股票 723.66 万股，直到 6 月 4 日才披露权益变动报告书。2008 年 6 月 16 日，交易所对其予以公开谴责的纪律处分。

案例056　持有公司股份达到总股本5%时未停止买卖

2008 年 10 月 16 日，某上市公司股东通过竞价交易系统买入上市公司股份占该公司总股本 8.63%。该股东在持有该公司股份达到总股本 5%时，未及时停止买卖并履行法律法规规定的报告和信息披露义务。2008 年 11 月 14 日，交易所所对该股东予以通报批评和限制股东证券账户交易一个月的纪律处分。

案例057　大股东一次性减持公司股份占总股本10%

2008 年 11 月 17 日，某上市公司原第二大股东通过大宗交易平台减持上市公司股份占该公司总股本 10%，该股东在减持过程中，未在减持达到上市公司总股本 5%时及时停止买卖并履行法律法规规定的报告和信息披露义务。交易所对该股东予以通报批评和限制股东证券账户交易一个月的纪律处分。

6.2.3　挂牌前股份质押与继承

案例058　股份质押被查封与股权明晰质疑（先临三维）

新三板挂牌企业杭州先临三维科技股份有限公司（先临三维 830978），股东持有公司的股权质押后被查封，是否构成“股权清晰”的挂牌障碍？

【解决方案】

（1）周劲持有公司股权的质押情况。2012 年 4 月 26 日，周劲与梁志光签订《股权质押合同》，周劲将其持有的 250 万股先临三维股份及派生权益质押给梁志光，并于 2012 年 4 月 27 日在杭州市工商行政管理局办理了股权质押登记手续。2014 年 1 月 6 日，公司收到梁志光委托的上海中沃律师事务所向周劲发出的《律师函》（上海中沃律函字第 36 号）传真件，该律师函的主要内容为要求周劲尽快还清借款，并可能采取包括但不限于查封周劲个人名下的全部资产，查封、拍卖质押的股权，采取限制出境等措施。目前上述股权仍处于质押状态。

（2）通联创投持有公司股权的质押、查封情况。2013 年 1 月 21 日，通联创投与万向财务有限公司签署了编号为 2013 年质押字第 011 号的《最高额质押担保合同》，通联创投将其持有的 300 万股先临三维股份质押给万向财务有限公司，并于 2013 年 1 月 24 日在杭州市工商行政管理局办理了股权质押登记手续。2013 年 10 月 28 日，浙江省杭州市中级人民法院作出《民事裁定书》（2013 浙杭商初字第 56-1 号），在中国民生银行股份有限公司杭州分行诉通联创投等 5 家公司借款合同纠纷一案中，冻结被告通联创投等 5 家公司银行存款或查封、扣押其他相应价值财产 58,581,022.94 元。2013 年 11 月 15 日，浙江省杭州市中级人民法院出具《保全通知》[（2013）浙杭商初字第 56 号]，裁定查封通联创投持有的 300 万股先临三维股份。2014 年 7 月 8 日，浙江省杭州市中级人民法院作出（2013）浙杭商初字第 56-3 号《民事裁定书》，裁定解除对通联创投的上述财产保全措施，据此，通联创投持有的 300 万股先临三维股份解除查封。目前上述股权仍处于质押状态。

先临三维设立及历次增资均已经相关会计师事务所验资确认，周劲、通联创投已依法履行出资义务并取得工商主管部门的核准登记，历次股权转让亦履行了完备的法律程序，不存在国家法律、法规、规章及规范性文件规定不适宜担任股东的情形。律师经核查后认为，根据《中华人民共和国公司法》、《中华人民共和国物权法》、《中华人民共和国担保法》等法律、法规的规定，周劲、通联创投目前持有的公司股权（以下简称“标的股权”）存在因相关债权人主张债权而导致标的股权所有权人变更的可能；但标的股权在未被最终拍卖、变卖或强制执行之前，通联创投、周劲仍为标的股权的合法所有权人。因此，先临三维符合“股权清晰”的挂牌条件。

案例059　股权质押或存股权明晰及利益纠纷（盈光科技）

新三板挂牌企业广州盈光科技股份有限公司（盈光科技430594）在挂牌前曾有一问题：股东徐雄将持有有限公司的股权质押给谭健民，该事项是否存在股权纠纷，该如何解决？

【解决方案】

解除质押，详情如实披露。

公司股东徐雄持有的有限公司股权曾于2012年6月12日-2012年12月3日期间内质押给谭健民，截至本公开转让说明书出具日，该股权质押已经注销，具体情形如下：

2012年6月1日，徐雄与谭健民签订《股权出质合同》，约定就徐雄与谭健民之间所存在的债权债务，由徐雄将其持有的有限公司100%股权质押给谭健民；2012年6月1日，有限公司的股东徐雄作出股东决议，同意将其持有的有限公司100%股权质押给谭健民；2012年6月12日，广州市工商行政管理局萝岗分局出具（穗工商）股质登记设字[2012]第***号《股权出质设立登记通知书》，就徐雄将持有的有限公司100%股权质押给谭健民的事项办理了股权出质登记手续，质权自登记之日设立，质权登记编号为***；2012年12月3日，徐雄与谭健民之间的《股权出质合同》因主债权消灭，已经履行完毕，且在广州市工商行政管理局萝岗分局办理了股转质押注销登记，广州市工商行政管理局萝岗分局于2012年12月3日，出具（穗工商）股质登记设字[2012]第***《股权出质注销登记通知书》。谭健民出具了《承诺函》，承诺如下：谭健民与徐雄因债权债务，徐雄将其持有的广州盈光机电科技有限公司的股权于2012年6月12日质押给其本人，2012年12月3日双方解除了股权质押，同时特此声明，其与徐雄之间的无债权债务纠纷，其与徐雄同时作为公司的股东，两人之间目前是不存在任何股权争议，也不存在潜在的纠纷，其与公司其他股东之间也不存在任何股权争议。另外，其所持有公司股份不存在冻结、质押的情形。

2013年10月，有限公司整体变更为股份公司，有限公司的股东成为股份公司的发起人，各发起人以其于基准日拥有的有限公司的股权所对应的公司经审计账面净资产值折合成股份公司的股份，原属有限公司所有的全部资产，包括主要生产经营设备、相关的全部生产技术及配套设施被完整地投入股份公司，同时原属有限公司的债权债务全部由股份公司继承。2013年9月2日，瑞华会计师事务所出具了瑞华验字[2013]第***号《验资报告》，验证截至2013年6月30日止，公司已收到各股东以净资产折合的股本人民币5,660,000.00元。

公司发起人投入公司的资产产权关系清晰，没有权属纠纷，发起人将上述资产投入公司不存在法律障碍，公司各股东合法持有其股份。公司实际控制人徐雄及其他所有股东均出具《承诺函》，承诺其所持广州盈光科技股份有限公司的股份不存在被质押、查封、冻结、保全、其他第三方权益等权利受到限制以及重大权属纠纷的情形。

综上：股东徐雄 2012 年 6 月 12 日-2012 年 12 月 3 日期间内质押给谭健民的股权质押已经解除，并在工商行政管理部门办理了股权出质注销登记，谭健民为此专门出具了《承诺函》，承诺与徐雄同时作为公司的股东，两人之间目前不存在任何股权争议，也不存在潜在的纠纷；公司实际控制人徐雄及其他所有股东均出具《承诺函》，承诺其所持广州盈光科技股份有限公司的股份不存在被质押、查封、冻结、保全、其他第三方权益等权利受到限制以及重大权属纠纷的情形；有限公司整体变更时，各发起人以其于基准日拥有的有限公司的股权所对应的公司经审计账面净资产值折合成股份公司的股份，原属有限公司所有的全部资产，包括主要生产经营设备、相关的全部生产技术及配套设施被完整地投入股份公司，同时原属有限公司的债权债务全部由股份公司继承。因此，公司各股东均合法持有股份公司股份，公司股权清晰，不存在争议或潜在纠纷。

案例060　股东去世与股权继承（华精新材）

新三板挂牌公司无锡华精新材股份有限公司（华精新材 830829）股东陈海星已于 2013 年去世，所持股份的继承方式、继承人情况、有无纠纷或潜在纠纷？该次继承是否会导致公司股权存在不确定性？

【解决方案】

经核查，股东陈海星持有公司股份 56,912 股，占公司股份总额的 0.09%，还持有华精咨询 0.52%的股权。根据无锡市公安局钱桥派出所 2014 年 3 月 14 日出具的户籍信息证明，该股东已经于 2013 年 5 月去世，户口已经注销。该股东所持股份及股权由其继承人继承。陈海星配偶王美珠已向公司提供由江苏省无锡市梁溪公证处于 2014 年 4 月 14 日出具的（2014）锡梁证民内字第 3034 号《公证书》，公证事项为继承。

《公证书》中已查明如下事实：1.被继承人陈海星于 2013 年 5 月 18 日死亡；2.陈海星的父亲是陈锡芳（于 2012 年 1 月 11 日死亡）；陈海星的母亲是蒋南娣；妻子是王美珠；子女是陈涛。3.王美珠申请继承陈海星下列财产：陈海星生前是华精咨询的股东，持有该公司0.52%的股份；陈海星生前是华精新材股东，持有该公司股份56,912股。上述两公司的股份中属于陈海星的份额已成其遗产。4.根据陈海星的上述法定继承人称，陈海星生前就上述财产无遗嘱（遗赠），亦未与他人签订遗赠扶养协议。对此，截至公证书出具之日亦未有人提出异议。5.王美珠表示要求继承被继承人陈海星的上述遗产，蒋南娣、陈涛均表示自愿放弃继承被继承人陈海星的上述遗产。根据陈海星死亡及继承事实，并依据《中华人民共和国继承法》（以下简称《继承法》）第三条、第五条、第十条、第二十五条、第二十六条的规定，被继承人陈海星的遗产应由其父亲陈锡芳、母亲蒋南娣、妻子王美珠、儿子陈涛共同继承。陈海星父亲陈锡芳先于其死亡，陈海星母亲蒋南娣、儿子陈涛均表示放弃继承被继承人陈海星的遗产，因此，被继承人陈海星的上述遗产应由其妻子王美珠一人继承。

根据《中华人民共和国公证法》（以下简称《公证法》）第三十六条规定，经公证的民事法律行为、有法律意义的事实和文书，应当作为认定事实的根据，但有相反证据足以推翻该项公证的除外。

综上，基于陈海星的死亡事实，以及《继承法》《公证法》等相关法律、法规规定，陈海星持有的公司56,912股份及华精咨询0.52%的股权属于陈海星的遗产，应由其妻子王美珠继承，相关工商变更正在进行过程中。该部分股份及股权的继承法律事实明确，股份及股权的继承人已经确定，无纠纷或潜在纠纷，该次继承不会导致公司股权（股份）存在不确定性。

6.2.4 经营中质押及风险控制

案例061 质押股份为另一公司股份转让担保（万特电气）

2016年11月7日，新三板挂牌企业郑州万特电气股份有限公司（万特电气430391）发布股权质押公告，称公司股东吴晓北质押其持有的万特电气股票1,243,020股（占公司总股本的3.51%）。质押期限自2016年11月4日起至出质股份达到《股份转让协议》约定的转让条件，对出质股份办理解除质押手续为止。质押股份用于吴晓北向新天科技股份有限公司转让股份的担保，质押权人为新天科技股份有限公司，质押权人与质押股东不存在关联关系。质押股份已在中国结算办理质押登记。

本次股权质押对公司生产经营无影响，不会导致公司控股股东及实际控制人的变更。

案例062　质押为子公司开展新业务担保

2016 年 11 月 4 日，新三板挂牌企业上海英内物联网科技股份有限公司发布质押公告，称：公司股东上海煜科投资有限公司质押 3,379,500 股（占公司总股本 7.51%），用于为公司子公司上海博应信息技术有限公司与绿地融资租赁有限公司开展融资租赁业务提供担保，质押权人为绿地融资，质押权人与质押股东不存在关联关系。质押股份已在中国结算办理质押登记。

在本次质押的股份中，0 股为有限售条件股份。本股权质押系公司控股股东上海煜科投资有限公司拟将其一套生产设备以“售后回租”方式为子公司上海博应信息技术有限公司与绿地融资租赁有限公司开展融资租赁业务提供担保，公司、公司股东并实际控制人李杏明先生提供连带责任保证担保，不存在其他资产抵押或质押情况。本次股权质押不会对公司生产经营产生影响，不会导致公司控股股东或者实际控制人发生变化。

案例063　90%股权质押给创投公司

某公司是一家注册资金 1000 万元、以生产制药添加剂为主的高科技公司。公司为了扩大生产规模，欲对外进行融资，但由于没有任何高附加值的实物资产可用来向金融机构作实物抵押，故融资一直没有成功。

2007 年 2 月，某省产权交易所与某创业投资有限公司合作，以该公司第一大股东的 90%股权（900 万元）作为质押，成功为企业融资 500 万元人民币。

2007 年 9 月该制药公司主要股东发生变故，需转换股东及法人代表，产权交易所配合该制药公司完成前述股权的解除冻结，等该公司股权调整后，又重新办理股权质押。因此，通过合规的具有一定实力的中间机构开展的股权质押业务，既可促进股权流动，又可合理防范风险。

案例064　将公司股权质押给商业银行

B 集团公司是一家资产规模大、颇具实力的集团公司，旗下有一家国内 A 股的上市公司及多家有实力的公司。公司为了盘活集团资产，补充流动资金，将持有的某商业银行 3000 万股股权办理了质押融资业务，将 3000 万股的股权质押给另一家银行，成功融资 2000 万元人民币。

案例065　将公司股权质押给自然人或股东

该集团是一个大型集团有限公司，旗下拥有一家 A 股的上市公司和多家公司。为了解决集团新项目融资问题，于 2007 年 7 月办理了股权质押业务，成功地将旗下一家公司的 47.5%的股权（计 6440 万元）质押给了内部职工，完成了内部融资 2692.5 万元人民币，盘活了集团资产。

第 7 章

股份限售与解除、政策匹配及核算操作

7.1　常规疑难17问

7.1.1　发起人、控股股东、实际控制人及董监高

问答128　挂牌公司发起人持股的转让限制有何规定？

根据现行《公司法》第一百四十一条规定，“发起人持有的本公司股份，自公司成立之日起一年内不得转让”。而《全国中小企业股份转让系统业务规则（试行）》（以下简称《业务规则》）将公司“依法设立且存续满两年”作为申请挂牌的条件之一，若有限责任公司按原账面净资产值折股整体变更为股份有限公司的，存续时间可以从有限责任公司成立之日起计算。因此，若挂牌公司股改后未满一年的，发起人所持公司股份不得转让。

问答129　控股股东和实际控制人持股转让限制有何要求？

根据《业务规则》第 2.8 条规定，挂牌公司控股股东和实际控制人直接或间接持有股票转让限制解除规定可简单总结为“两年三批次”。即挂牌公司控股股东及实际控制人在挂牌前直接或间接持有的股票分三批解除转让限制，每

批解除转让限制的数量均为其挂牌前所持股票的三分之一，解除转让限制的时间分别为挂牌之日、挂牌期满一年和两年。

需要说明的是，公司股票在挂牌前十二个月以内控股股东及实际控制人直接或间接持有的股票进行过转让的，该股票转让限制解除同样适用“两年三批次”的规定，但主办券商为开展做市业务取得的做市初始库存股票除外。

从上述转让限制规定可以看出，新三板对控股股东和实际控制人股票转让限制较之主板市场而言更为宽松，主板上市公司的控股股东及实际控制人所持股票在公司上市之日起至少锁定三十六个月。

问答130　控股股东、实际控制人以外的其他股东持股转让限制有何规定？

对新三板挂牌公司控股东、实际控制以外的其他股东而言持股转让限制而言，《业务规则》并未作出限制规定，即只要该股东并非股份公司发起人或虽作为发起人但股份公司设立已经满一年的，该股东股份转让不受任何限制。

与主板上市公司相比同样宽松，主板上市公司其他股东股票在公司上市之日起至少锁定十二个月。

问答131　“董监高”持股转让限制有何规定？

对董监高持股转让限制，《业务规则》并未专门作出规定。可参照并适用《公司法》第一百四十一条之规定，即：公司董事、监事、高级管理人员应当向公司申报所持有的本公司的股份及其变动情况，在任职期间每年转让的股份不得超过其所持有本公司股份总数的百分之二十五。

上述人员离职半年内，不得转让其所持有的本公司股份，公司章程可以对公司董事、监事、高级管理人员转让其所持有的本公司股份作出其他限制性规定。

问答132　持有挂牌公司股份的“董监高”离职的，如何办理所持股票限售？

挂牌公司董事、监事及高级管理人员离职时，以其所持的挂牌公司股票总额为法定限售数额，限售期间为挂牌公司公告“董监高”离职之日起6个月内。如存在离职“董监高”持有公司股票需要办理限售的情形，挂牌公司必须通过主办券商及时向全国股转系统申请办理限售，且提醒离职“董监高”在办理限售期间不得转让所持股票。

7.1.2　增资、新增、自愿及非转让限售

问答133　对挂牌前十二个月内增资部分股份的转让限制有何规定？

对挂牌前十二个月内公司增资部分股份转让是否受到限制，《业务规则》未进行明确。但在新三板中关村试点期的“代办系统”业务规则中有明确的限制，根据《证券公司代办转让系统中关村科技园区非上市股份有限公司股份转让试点办法》第十七条规定：“挂牌前十二个月内挂牌公司进行过增资的，货币出资新增股份自工商变更登记之日起满十二个月可进入代办系统转让，非货币财产出资新增股份自工商变更登记之日起满二十四个月可进入代办系统转让”。

由于《业务规则》系在代办系统规则的基础上发展而来，由此可见，该限制规定已经被取消。也就是说挂牌前十二个月内增资部分股份的转让不受限制。

问答134　挂牌公司发行新股的转让限制有何规定？

对于挂牌公司发行新股的转让限制，除了遵守前述一般性限制规定外，根据《全国中小企业股份转让系统股票发行业务细则（试行）》第九条的规定，若发行对象承诺对其认购股票进行转让限制的，应当遵守其承诺，并予以披露。

问答135　挂牌公司及其股东自愿限售股份如何办理相关手续？

全国股转系统对于自愿限售股份的，不强制要求办理限售登记，但股东应自律遵守限售承诺，券商也应履行相应督导职责。另，挂牌公司控股股东及实际控制人通过挂牌同时发行或挂牌后取得的新增股份，不受“两年三批”的限售规定，但支持承诺限售。

股票发行对象拟承诺对其股票进行限售的，根据《全国中小企业股份转让系统股票发行业务细则（试行）》等规定，应当严格遵守新手承诺，并在《股票发行方案》、《股票发行认购公告》中披露认购对象所持新增股份锁定期情况。

申请挂牌公司存在自愿销售股份情形，需要在“公开转让说明书”等文件中对股东对所持股份自愿锁定的承诺进行完整披露。

若挂牌公司股东自愿限售自己持有的股份，可以向全国股转系统申请办理自愿限售登记函，具体按照《关于向全国中小企业股份转让系统申请协助出具

自愿限售登记函有关事项的公告》（2014 年 7 月发布）的规定办理。申请办理时，需提交由挂牌公司和自愿限售股东共同签字盖章的《xxx 股份有限公司及相关股东关于提请协助出具限售股份登记函的申请书》，并提交主办券商出具的审查意见。

问答136　因非转让原因获得的股票转让限制有何要求？

对因司法裁决、继承等原因获得的股份，若获得该股份时该股份仍然处于限售期的，后续持有人应继续执行股票限售规定。

7.1.3　并购与外资限售

问答137　并购重组中收购人获得的股份转让限制是怎样的？

新三板挂牌公司作为非上市公众公司，根据《非上市公众公司监督管理办法》第十五条的规定，在公众公司收购中，收购人持有的被收购公司的股份，在收购完成后 12 个月内不得转让。

注意：收购人之被收购公司中拥有权益的股份在同一实际控制人的不同主题之间进行转让不受上述十二个月的限制。

问答138　重大资产重组涉及的限售规定有哪些？

根据《非上市公众公司重大资产重组管理办法》的规定：重大资产重组涉及发行股份的，特定对象以资产认购而取得的公众公司股份，自股份发行结束之日起六个月内不得转让;属于下列情形之一的，十二个月内不得转让：

（1）特定对象为公众公司控股股东、实际控制人或者其控制的关联人；

（2）特定对象通过认购本次发行的股份取得公众公司的实际控制权；

（3）特定对象取得本次发行的股份时，对其用于认购股份的资产持续拥有权益的时间不足十二个月。

问答139　对外商投资股份公司发起人转让股份限制有何要求？

外资企业发起人股份的流转也是一个值得关注的问题，目前各地商务审批部门对于外商投资股份公司的法律适用多以原对外贸易经济合作部《关于设立外商投资股份公司若干问题的暂行规定》（对外贸易经济合作部令［1995］第 1 号，以下简称《暂行规定》）作为审批的主要依据。

根据《暂行规定》第八条规定，“发起人股份的转让，须在公司设立登记 3 年后进行，并经公司原审批机关批准”。如前所述，《业务规则》对于发起人股票锁定期没有规定，仍然应当遵守《公司法》一年转让限制期限的规定。由此可见，对外资企业在新三板挂牌后其发起人的股份转让限制，目前存在法律适用的选择问题。

可参照并应当适用《公司法》第一百四十一条对股份公司发起人股份的限售期为一年而非《暂行规定》中的三年的规定。理由如下：

首先，现行《公司法》系 2013 年修订后施行，根据“新法优于旧法”的原则，应当适用《公司法》的规定。其次，《暂行规定》仅作为部门规章，而非法律，所以不适用“特别法优于一般法”的原则。根据《公司法》规定“外商投资的股份有限公司适用公司法；有关外商投资的法律另有规定的，适用其规定”。但作为规范外商投资的《中外合资经营企业法》、《中外合作经营企业法》、《外资企业法》并未规定外商投资企业可采取股份有限公司形式，也就没有关于股份有限公司股票限售期的规定。作为部门规章的《暂行规定》显然不能作为特别法。

7.1.4　解除限售时限与程序

问答140　挂牌公司在申请办理股票限售或解限时有哪些时限要求？

挂牌公司在办理股票限售或解除限售时需要遵守相关时限要求，具体限售或解限办理时限要求如下：

（1）董事、监事和高级管理人员因挂牌公司定向发行、实施股权激励计划、可转债转股或通过转让系统买入等新增股票的，挂牌公司在新增股票后三个转让日内申请办理股票限售。

（2）新任董事、监事持有挂牌公司股票的，挂牌公司在聘任经股东大会批准后两个转让日内申请办理股票限售。

（3）新任高级管理人员持有挂牌公司股票的，挂牌公司在聘任经董事会批准后两个转让日内申请办理股票限售。

（4）免职董事、监事持有挂牌公司股票的，挂牌公司在免职经股东大会批准后两个转让日内申请办理股票限售。

（5）免职高级管理人员持有本公司股票的，挂牌公司在免职经董事会批准两个转让日内申请办理股票限售。

（6）辞职董事、监事和高级管理人员持有本公司股票的，挂牌公司在辞职生效后两个转让日内申请办理股票限售。

（7）挂牌公司的控股股东、实际控制人及其一致行动人挂牌前直接或间接持有的股票；挂牌前 12 个月内从控股股东、实际控制人及其一致行动人处受让的股票；因司法裁决、继承等原因而获得的上述股票，挂牌公司在挂牌之日、挂牌期满一年之日、满两年之日前的两个转让日内申请办理股票解除限售。

问答141　挂牌公司股票限售及解除限售需履行哪些程序？

根据《全国中小企业股份转让系统业务规则（试行）》，挂牌公司股票需进行解售或解除限售的，应当由挂牌公司向主办券商提出，主办券商审核同意后，由主办券商报全国股转系统公司备案。全国股转系统公司备案确认后，通知中国证券登记结算有限公司办理解除限售登记。

自愿限售股份进行限售或到期后需要解除限售的，也应当按照上述申请程序办理。

股票限售及解除限售具体操作流程如下：

（1）挂牌公司准备申请材料报，主办券商审核

需注意：

① 挂牌公司向中国结算北京分公司申领股东名册；

② 按照全国股转系统的格式要求制作限售或解除限售的申请材料；③按照时限要求将申请材料提交至主办券商。

（2）主办券商审核后报全国股转系统备案

需注意：

① 主办券商审查无误的，填写股份转让限制明细表或股份解除转让限制明细表，并加盖券商公章；

② 主办券商应在两个转让日内完成审查工作。

（3）全国股转系统形式审查并出具确认函

需注意：

① 全国股转系统在两个转让日内对券商提交的明细表进行形式审查；

② 审查无误的，向中国结算和主办券商出具备案确认函。

（4）主办券商督促挂牌公司办理股票限售或解限登记

需注意：

① 主办券商通知一公司办理股份变更登记；

② 挂牌公司通过中国结算北京分公司 BPM 姑系统办理

（5）挂牌公司发布股份解除限售公告

需注意：

① 挂牌公司根据中国结算的通知及时发布解除限售公告；

② 解除限售由主办券商审核通过后披露；

③ 解除限售的股份在公告中明确的可转让日开始自由交易。

7.1.5 解除限售小数与披露的处理

问答142 计算解除限售股数时遇到小数如何处理？

挂牌公司办理股份解除限售业务，计算可申请解除限售股票数额出现小数时，不可采取四舍五入法，而应直接舍掉小数位保留整数。如果计算某一股东可解除限售股数为 12.9 万股，则本次可解除限售股数为 12 万股，而不是 13 万股。

问答143 股票解除限售挂牌公司需履行哪些信息披露义务？

挂牌公司的主办券商获得全国股转系统解除限售备案函后，督促挂牌公司登录中国结算北京分公司 BPM 系统办理解限登记，确定股票解除限售登记的日期（T 日）。挂牌公司应按照《挂牌公司股票解除限售公告格式模板》的要求拟定《xxx 股份有限公司股票解除限售公告》，于 T-2 日前发布临时公告。

问答144 股票解除限售挂牌公司应在公告中披露哪些内容？

根据《挂牌公司股票解除限售公告格式模板》，股票解除限售临时公告内容及注意事项如下。

（1）本批解限基本情况，需注意：解限梳理、比例及可转让时间；

（2）解限明细情况，需注意：解限股东明细及其类别；

（3）解限后股本变化，需注意：无限售和有限售股本结构；

（4）其他情况，需注意：

① 挂牌公司及相关股东继续屜行约定、承诺限售义务的声明；

② 说明解除限售股东非经营性资金占用的情形；

③ 说明对解除限售股东违规担保等损害公司利益的行为。

7.2 典型实战13例

7.2.1 发起人、控股股东与实际控制人

案例066 发起人及其继承人股权的限售

A 股份公司成立日（即取得股份公司营业执照的日期）为 2015 年 8 月 1 日，股票在新三板挂牌的日期为 2016 年 1 月 10 日，自然人甲和 B 公司是 A 公司的两名发起人，甲不担任董监高，也不是控股股东、实际控制人，挂牌时甲、B 公司分别持有公司股票 100 万股，且均不存在其他限售情况。则：甲、B 公司作为发起人，其持有的 100 万股在 2016 年 7 月 31 日前均不得转让，初始登记时应分别申报为高管锁定股、挂牌前机构类限售股，其最早的可转让日为 2016 年 8 月 1 日。

2015 年 11 月 1 日，甲不幸去世，其持有的 100 万股 A 公司股票均由其妻子丙继承。此前丙不持有 A 公司股份，且不在公司担任任何职务。则丙持有的该 100 万股股票视同发起人持有的股份，其最早的可转让日为 2016 年 8 月 1 日。

2016 年 2 月 1 日，B 公司破产倒闭，其持有的 A 公司股份被司法过户至债权人 C 公司。则 C 公司持有的该 100 万股股票视同发起人持有的股份，其最早的可转让日为 2016 年 8 月 1 日。

依据是《公司法》第 141 条：发起人持有的本公司（股份公司）股份，自公司成立之日起一年内不得转让。《全国股转系统业务规则》2.8：因司法裁决、继承等原因导致有限售期的股票持有人发生变更的，后续持有人应继续执行股票限售规定。注：即限售与否要追溯股票的原始来源，而非仅根据当前直接持有人身份来判断。

案例067 控股股东、实际控制人股份转让及其限售

A 股份公司成立日（即取得股份公司营业执照的日期）为 2014 年 3 月 1 日，股票在新三板挂牌的日期为 2016 年 1 月 10 日，甲是 A 公司的控股股东、实际控制人，挂牌时甲持有公司股票 100 万股，且均不存在其他限售情况。则：

甲作为发起人，其持有的 100 万股在 2015 年 2 月 28 日前均不得转让，甲作为控股股东、实际控制人，其持有的 100 万股应在 2016 年 1 月 10 日解除限售 333,333 股（1,000,000*1/3）、2017 年 1 月 10 日解除限售 333,333 股，2018

年 1 月 10 日解除限售 666,667 股。

假设在 2015 年 11 月 1 日，甲转让给乙 30 万股 A 公司股票。此前乙不持有 A 公司股份，且不在公司担任任何职务。则：

对于乙，其持有的该 30 万股股票视同发起人持有的股份。应在 2016 年 1 月 10 日解除限售 100,000 股(300,000*1/3)、2017 年 1 月 10 日解除限售 100,000 股，2018 年 1 月 10 日解除限售 100,000 股。

对于甲，转让后剩余 70 万股。应在 2016 年 1 月 10 日解除限售 233,333 股（700,000*1/3）、2017 年 1 月 10 日解除限售 233,333 股，2018 年 1 月 10 日解除限售 466,667 股。

假设在 2015 年 11 月 1 日，甲转让给 B 券商 30 万股 A 公司股票作为做市库存股。则 B 券商持有的 30 万股 A 公司股票不需要进行限售。

依据是《全国股转系统业务规则》2.8：挂牌公司控股股东及实际控制人在挂牌前直接或间接持有的股票分三批解除转让限制，每批解除转让限制的数量均为其挂牌前所持股票的三分之一，解除转让限制的时间分别为挂牌之日、挂牌期满一年和两年。挂牌前十二个月以内控股股东及实际控制人直接或间接持有的股票进行过转让的，该股票的管理按照前款规定执行，主办券商为开展做市业务取得的初始库存股票除外。

7.2.2　董监高限售及解除计算

案例068　董监高人员股份限售及其25%含义

甲为某挂牌公司董事/监事/高级管理人员（假设不存在其他限售情形），但非控股股东或实际控制人，该股份公司成立于 2014 年 3 月 1 日，其股票于 2015 年 9 月 1 日挂牌，甲在股票挂牌时共持有公司股票 100 万股，则：

法定可转让数额=100*25%=25 万股；

其他限售条件股票数额=0 股；

实际可转让数额=25－0=25 万股；

上一年度内实际可转让但未转让股票数额=0 股；

挂牌时可申请解限股票数额=25－0=25 万股。

依据是《公司法》第 141 条：公司董事、监事、高级管理人员应当向公司申报所持有的本公司的股份及其变动情况，在任职期间每年转让的股份不得超过其所持有本公司股份总数的百分之二十五；所持本公司股份自公司股票上市交易之日起一年内不得转让。

这一规则可以这么理解：挂牌公司的董事、监事和高级管理人员（以下简称"董监高"）以上年末最后一个转让日登记在其名下的本公司股票总额的 25% 为法定可转让数额；减去其他限售条件股票数额为实际可转让数额；再减去上一年度内实际可转让但未转让股票数额为当年可申请解限股票数额。

案例069　董监高人员股份限售及其公司挂牌第二年解限

甲为某挂牌公司董事/监事/高级管理人员（假设不存在其他限售情形），但非控股股东或实际控制人，该股份公司成立于 2014 年 3 月 1 日，其股票于 2015 年 9 月 1 日挂牌，甲在股票挂牌时共持有公司股票 100 万股。

2015 年 10 月，甲卖出 10 万股该公司股票；11 月，买入 300 万股该公司股票，且根据除《公司法》和《业务规则》之外的其他法律文件的规定，此 300 万股为限售股，即属于其他限售股票。除此之外，无其他股票增减变动。求甲在 2016 年可以解除限售的股份数量？

2015 年 12 月 31 日，甲持有该公司股票总数=100+300－10=390 万股；

2016 年，甲的法定可转让数额=390*25%=97.5 万股；

法定可转让数额内所含的其他限售条件股票数额=300*25%=75 万股；

实际可转让数额=97.5－75=22.5 万股；

上一年度内实际可转让但未转让股票数额=100*25%－10=15 万股；

可申请解限股票数额=22.5－15=7.5 万股。

依据同上例。

案例070　董监高人员股票限售股数的误解与误区

某股份公司成立于 2014 年 3 月 21 日，2016 年 1 月 11 日在新三板挂牌，其一个董事兼发起人（并非控股股东或实际控制人）在股份公司成立起持有公司股份 400 万股，一直到 2015 年 4 月 27 日转让 80 万股，余 320 万股，后续无股份增减变动。

依据是《公司法》第 141 条：该董事 2015 年最多可以转让其年初所持公司股份的 25%（即 100 万股），4 月 27 日转让 80 万股，当年尚可以转让 20 万股，但至 2015 年末并未转让。

2015 年 12 月 23 日取得同意挂牌函，公开转让说明书中披露的该董事挂牌时可以转让的股数为 20 万股。2016 年 1 月初办理初始登记时也是按照 20 万股无限售条件流通股进行登记的。

实际上，2016 年该董事所持股份中法定可转让股份=320*25%=80 万股，而非 20 万股。故可以办理解除限售，该董事 2016 年挂牌时可以申请解限的股数=80－20=60 万股。

案例071　董监高人员股票变动后的限售与解限股份计算

某股份公司成立于 2014 年 3 月 1 日，其股票于 2015 年 9 月 1 日在新三板挂牌，甲为控股股东和发起人，但非董监高，甲在股票挂牌时共持有公司股票 100 万股，2015 年 10 月，甲卖出 10 万股该公司股票；11 月，买入 300 万股该公司股票（无其他限售条件限制）。除此之外，无其他股票增减变动。2015 年 12 月 1 日，甲被聘任为公司总经理。求甲被聘任为总经理后应限售多少股？

甲受聘时所持股票总数=100－10+300=390 万股；

法定限售股数=390*75%=292.5 万股；

任职前持有的有限售条件股票数额=100*（1－1/3）=66.6667 万股；

甲被聘任为总经理后，应申请限售股票数额=292.5－66.6667=225.8333 万股。

依据：挂牌公司董监高因定向发行、实施股权激励计划、可转债转股、权益分派，或通过转让系统买入等原因新增股票的，应对新增股票数额的 75%进行限售。

案例072　董监高等离职及限售解除的计算

A 股份公司成立时间为 2015 年 4 月 1 日，其股票于 2015 年 9 月 1 日在新三板挂牌，甲是公司总经理，乙是公司副总经理，且甲、乙均为公司发起人。甲在公司股票挂牌前承诺，无论是否一直担任总经理，其持有的公司股票在挂牌之日起 3 年内不进行转让。乙则没有自愿限售承诺或其他限售约定情形。2016 年 1 月 10 日，甲、乙同时向公司董事会提交了辞职申请，1 月 12 日，A 公司发布了甲、乙离职的公告。甲辞职时合计持有公司股票 300 万股，均为限售股份。乙辞职时合计持有公司股票 100 万股，由于辞职时公司成立未满一年，故均为限售股。

甲：由于甲自愿限售 3 年，自愿限售期限为 2015 年 9 月 1 日至 2018 年 8 月 31 日。而离职后其股票的法定限售期限为 2016 年 1 月 12 日至 2016 年 7 月 11 日。故在 2018 年 8 月 31 日自愿限售期满之前，不得申请解限。

乙：2016 年 3 月 30 日，A 公司成立满一年。乙作为发起人，其所持股票的限售期满。但作为离职高级管理人员，限售期截止到 2016 年 7 月 11 日。即只有在2016年7月12日起，乙所持股票才可以解限。

依据是《公司法》第141条：公司董事、监事、高级管理人员……上述人员离职后半年内，不得转让其所持有的本公司股份。

演变规则：挂牌公司董监高离任时，以其所持本公司的股票总额为法定限售数额。法定限售数额减去离任前持有的有限售条件流通股数额等于申请限售股票数额。限售期间为六个月；限售期间从挂牌公司公告董监高离任时起算。

注：董监高离任时，其所持有的公司股票应全部限售，即只需查一下该董监高离任时持有的无限售条件流通股数量，将其该部分无限售条件流通股全部进行限售即可。多重身份，多重限售条件约束，以最严格（限售期间、限售数量）的方式对待。

7.2.3 多重身份限售及解除核算

案例073 控股股东兼总经理股份限售解除及计算

例：A股份公司成立时间为2015年4月1日，其股票于2015年9月1日在新三板挂牌，甲是公司总经理，同时也是控股股东。挂牌前甲持有公司股票300万股。

作为控股股东，甲持有的300万股在挂牌之日解限了三分之一，即100万股。第二批、第三批解限时点为2016年9月1日、2017年9月1日。

作为总经理，甲每年可转让股数不超过所持公司股数的25%，即挂牌时解限股数=300*25%=75万股。

综上，挂牌日甲持有75万股无限售条件流通股，225万股高管锁定股。

2015年11月，甲在二级市场买入公司股票500万股。2015年除此之外没有其他股票增减变动。

2016年4月10日，甲向公司董事会提交了辞职申请，4月12日，A公司发布了甲离职的公告。此时应对甲持有的75万股无限售条件流通股进行限售。

甲挂牌前持有的300万股的第二批解限时点为2016年9月1日，但此时尚未离职满6个月。离职满6个月的截止日为2016年10月11日。即2016年10月12日起，可以解除限售300*1/3=100万股。

甲在挂牌后买入的500万股，可以在离职满6个月后全部解除限售。即2016年10月12日起，可以解除限售500万股。

2017 年 9 月 1 日，可以解除限售 300*1/3=100 万股——甲挂牌前持有的 300 万股的第三批解限。

依据：挂牌公司董监高同时为控股股东、实际控制人及其一致行动人的，在挂牌前直接或间接持有的股票，应于离职六个月后，按照《业务规则》规定的批次和时间解限，其挂牌后所新增的无其他限售条件股票可全部解限。注：多重身份，多重限售条件约束，以最严格（限售期间、限售数量）的方式对待。

案例074　多重身份股份限售解除的要求与计算

某股份公司成立于 2014 年 3 月 1 日，其股票于 2015 年 9 月 1 日在新三板挂牌，甲为控股股东和发起人，但非董监高，甲在股票挂牌时共持有公司股票 100 万股，2015 年 10 月，甲卖出 10 万股该公司股票；11 月，买入 300 万股该公司股票（无其他限售条件限制）。2015 年 12 月 1 日，甲被聘任为公司总经理。此后，甲未买卖股票。2016 年 9 月 1 日，该公司股票挂牌满一年，求甲可以解除限售多少股？

（1）作为发起人：2015 年 3 月 1 日，公司成立满一年，其所持股票即可全部申请解限。

（2）作为控股股东：2015 年 9 月 1 日挂牌之日，已解限股数=100*1/3=33.3333 万股；2016 年 9 月 1 日，第二批解限的股数=100*1/3=33.3333 万股。

（3）作为董监高：2015 年 12 月 1 日—2016 年 9 月 1 日，甲所持股票总数=100－10+300=390 万股；2015 年 12 月 1 日，甲被聘任为公司总经理后，应对其持有的股份进行限售，申请限售股数=390*75%－100*2/3=225.5 万股；办理完限售后，甲持有的可转让股票股数=390－225.5=97.5 万股；

2016 年，法定可转让股票股数=390*25%=97.5 万股；

其他限售条件股数=0 股；

2015 年度可以转让但未转让股票数=97.5 万股；

2016 年 9 月 1 日，可申请解限售股票数额=97.5－0-97.5=0 股。

综上，2016 年 9 月 1 日，可申请解限售股票数额为 0 股。

依据：对于如下三类股东，同时担任挂牌公司董监高的，应该按照不同身份的限售标准分别计算可以解除限售的股数，以其中数值较低的一项作为当年可申请解限股票数额。

① 控股股东、实际控制人及其一致行动人；

② 挂牌前 12 个月内从控股股东、实际控制人及其一致行动人处受让股票

的受让人；

③ 因司法裁决、继承等原因而获得有限售条件股票的后续持有人。

注：多重身份，多重限售条件约束，以最严格（限售期间、限售数量）的方式对待。

7.2.4 挂牌前股份锁定与限售

案例075 稳定核心员工与股份锁定（东亚装饰）

青岛东亚装饰股份有限公司（东亚装饰 430376）公司为了保证股权结构及核心经营人员的稳定，所实施的股份锁定及其解决方案详解如下。

股份锁定安排：为了充分保障公司股权结构、核心经营管理人员的稳定性，公司控股股东建东投资自愿承诺：在东亚装饰股票挂牌交易前，以及自东亚装饰股票挂牌交易之日起五年内，不转让、抵押、质押或在该股份上设定任何其他形式的限制或他项权利，不委托他人管理本公司本次发行前已持有的东亚装饰股份，也不由东亚装饰回购该部分股份。截至本公开转让说明书签署日，建东投资持有公司 75%的股份。以上股份锁定安排会对公司挂牌后进入全国股份转让系统进行转让的流通股数量有一定影响。

案例076 股东对所持股份自愿锁定三年与操作（能为科技）

北京能为科技股份有限公司（能为科技 430281）股东对所持股份自愿锁定三年，是怎么操作的？

【解决方案】

股东对所持股份自愿锁定的承诺：

股东夏阳持有公司 50%的股份，为公司第一大股东和实际控制人。夏阳先生为公司创始人之一，长期致力于为电力行业提供促进节能减排、保证安全高效运行事业，并继续看好该行业的发展前景，目前公司是其主要精力所在，夏阳先生自愿承诺：公司股票自在全国中小企业股份转让系统挂牌之日起三年内不转让所持公司股权。

案例077 股东对所持股份自愿锁定与如何承诺（意普万）

东莞市意普万尼龙科技股份有限公司（意普万 430389）股东对所持股份自愿锁定，其承诺是怎样的？

【方案解读】

公司股东对所持股份自愿锁定的承诺：公司控股股东北京意普万及实际控制人高原、崔鹤鸣承诺：自公司股票挂牌之日起 36 个月内，不转让或委托他人管理本公司/本人直接或间接持有的公司挂牌前已发行的股份，也不由公司回购该部分股份。公司其他董事、监事、高级管理人员曹铁波、梁效礼、凌永胜、卢柱华、杨冬、牟素梅承诺：自公司股票挂牌之日起 36 个月内，不转让或委托他人管理本人直接或间接持有的公司挂牌前已发行的股份，也不由公司回购该部分股份。公司股东崔晓光承诺：自公司股票挂牌之日起 36 个月内，不转让或委托他人管理本人直接或间接持有的公司挂牌前已发行的股份，也不由公司回购该部分股份。

截至本公开转让说明书签署之日，股份公司成立已满一年，因此公司发起人的股份具备公开转让的条件。除上述承诺不转让的股份外，公司其他股东持有的合计 31.44 万股股份依法可以公开转让。

案例078 员工增资持股的转让被限制问题（星原丰泰）

北京星原丰泰电子技术股份有限公司对员工持股的转让加以限制，是怎么操作的？

【方案解读】

本次增资的同时，公司与参与增资的员工签署了《持股协议》，员工同意在 2015 年 12 月 31 日之前不离职，也不将所持公司股份进行质押或参与社会融资活动等行为，如发生离职，员工应将所持股份转回，具体转让方案由股东大会授权董事会制定。另外公司与员工约定：（1）自 2014 年 1 月 1 日至 2014 年 12 月 31 日的期间内，认购人可以将所持股份的 15%予以转让，如果转让数量超过 15%，则超出该比例部分转股价款的 60%归公司享有，剩余 40%归认购人。（2）自 2015 年 1 月 1 日至 2015 年 12 月 31 日的期间内，认购人可以将所持股份（以本协议中认股数量为基数）的 10%予以转让，如果转让数量超过 10%，则超出该比例部分转股价款的 40%归公司享有，剩余 60%归认购人。（3）自 2016 年 1 月 1 日起，认购人所持有的公司股份可以依法转让，所得收益归认购人享有。

公司与员工之间协议的相关条款本质上并不是限制员工股权转让，而是通过确定双方认可的股份转让收益分配比例在一定程度上维持公司股权的相对稳定，提升公司的内部凝聚力，维持公司业务团队的稳定性，同时也兼顾了员工股东的利益，上述条款的约定并不影响公司在全国股份转让系统挂牌并公开转让。

第8章

股份暂停、恢复转让及终止挂牌等操作

8.1 常规疑难12问

8.1.1 股票暂停转让

问答145 股票暂停转让（停牌）的触发事件有哪些？

根据《全国中小企业股份转让系统业务规则（试行）》第 4.4.1 条、《全国中小企业股份转让系统非上市公众公司重大资产重组业务指引（试行）》第六条有关规定，出现下列情形的，挂牌公司应申请股票暂停转让。

（1）预计应披露的重大信息在披露前已难以保密或已经泄露，或公共媒体出现与公司有关传闻，可能或已经对股票转让价格产生较大影响的。

（2）涉及需要向有关部门进行政策咨询、方案论证的无先例或存在重大不确定性的重大事项，或挂牌公司有合理理由需要申请暂停股票转让的其他事项。

（3）向中国证监会申请公开发行股票并在证券交易所上市，或向证券交易所申请股票上市。

（4）向全国股份转让系统主动申请终止挂牌。

（5）未在规定期限内披露年度报告或者半年度报告。

（6）主办券商与挂牌公司解除持续督导协议。

（7）出现依《公司法》第一百八十一条规定解散的情形，或法院依法受理公司重整、和解或者破产清算申请。

（8）挂牌公司在重大资产重组过程中，出现下列情形之一时，应当立即向全国股转系统申请股票暂停转让：① 交易各方初步达成实质性意向；② 虽未达成实质性意向，但在相关董事会决议公告前，相关信息已在媒体上传播或者预计信息难以保密或者公司证券转让价格出现异常波动；③ 本次重组需要向有关部门进行政策咨询、方案论证。

（9）除挂牌公司申请股票暂停转让的情形外，全国股转系统有权在必要的情况下对挂牌公司股票主动实施暂停转让。

问答146　挂牌公司申请股票暂停转让的流程是怎样的（情形一）？

根据《全国中小企业股份转让系统挂牌公司暂停与恢复转让业务指南（试行）》等有关规定，① 预计应披露的重大信息在披露前已难以保密或已经泄露，或公共媒体出现与公司有关传闻，可能或已经对股票转让价格产生较大影响的；② 涉及需要向有关部门进行政策咨询、方案论证的无先例或存在重大不确定性的重大事项，或挂牌公司有合理理由需要申请暂停股票转让的其他事项。

挂牌公在出现上述两种情形下，按以下流程申请股票暂停转让:

（1）挂牌公司准备申请材料（T-3 日）：填写“暂停转让申请表”并加盖公司公章；暂停转让时间原则上不得超过 3 个月；

（2）挂牌公司报送材料（T-1 日 15:30 后）：通过传真（010-63889872）将“暂停转让申请表”发送至全国股转系统并抄送主办券商；

（3）发布暂停转让公告：挂牌公司披露股票暂停转让公告（T-1 日 20:00 前）；持续披露未能复牌的原因及相关事件进展情况（每 10 个转让日）；

（4）暂停转让（T 日）：挂牌公司股票暂停转让生效。

问答147　挂牌公司申请股票暂停转让的流程是怎样的（情形二）？

根据《全国中小企业股份转让系统挂牌公司暂停与恢复转让业务指南（试行）》等有关规定，① 向中国证监会申请公开发行股票并在证券交易所上市，或向证券交易所申请股票上市；② 向全国股份转让系统主动申请终止挂牌；

③ 未在规定期限内披露年度报告或者半年度报告；④ 主办券商与挂牌公司解除持续督导协议；⑤ 出现依《公司法》第一百八十一条规定解散的情形，或法院依法受理公司重整、和解或者破产清算申请。

挂牌公司出现上述五种情形时，按表 8-1 所示流程申请股票暂停转让。

表 8-1　挂牌公司申请股票暂停转让的流程

<table>
<tr><th>申请流程</th><th>具体要求</th><th>时间</th></tr>
<tr><td rowspan="5">1. 挂牌公司准备申请材料，并报送主办券商</td><td>填写“暂停转让申请表，其中挂牌公司应明确恢复转让的最晚时点；除申请 IPO 并上市材料被受理外，暂停转让时间原则上不得超过 3 个月</td><td rowspan="5">T-3 日</td></tr>
<tr><td>申请 IPO 并上市的，还应提供证监会出具的受理函和挂牌公司内部决策文件</td></tr>
<tr><td>主动申请终止挂牌的，还应提供挂牌公司内部决策文件</td></tr>
<tr><td>解除持续督导协议的，还应提供解除持续督导协议书和公司内部决策文件</td></tr>
<tr><td>重整、和解或破产清算的，还应提供法院出具的挂牌公司重整、和解或破产清算申请的受理函和公司内部决策文件</td></tr>
<tr><td>2. 主办券商进行审查</td><td>主办券商对申请材料的完备性、相关内容的准确性和一致性进行审查</td><td>T-2 日</td></tr>
<tr><td>3. 主办券商报送全国股转系统</td><td>审查无误后，主办券商将加盖主办券商公章的“暂停转让申请表”和其他证明材料扫描件发送至 ywbl@neeq.con.cn</td><td>T-1 日 15:30 后</td></tr>
<tr><td rowspan="2">4. 发布暂停转让公告</td><td>挂牌公司披露股票暂停转让公告</td><td>T-1 日 20:00 前</td></tr>
<tr><td>持续披露未能复牌的原因及相关事件进展情况</td><td>每 10 个转让日</td></tr>
<tr><td>5. 暂停转让</td><td>挂牌公司股票暂停转让生效</td><td>T 日</td></tr>
</table>

问答148　重大资产重组申请股票暂停转让的流程是怎样的?

新三板挂牌公司发生重大资产重组，申请股票暂停转让的流程如下。

（1）挂牌公司准备申请材料（T-3 日）

填写“重大资产重组暂停转让申请表”并加盖公司公章。暂停转让时间原则上不超过 3 个月。

（2）挂牌公司报送材料（T-1 日 15:30 后）

通过传真（010-63889872）将“重大资产重组暂停转让申请表”发送至全国股转系统并抄送主办券商。

（3）发布暂停转让公告

① 披露股票暂停转让公告；若暂停转让时间超过 3 个月的，应获得全国

股转系统同意后发布长期暂停转让公告（T-1 日 20:00 前）。

② 披露重大资产重组进展公告，说明重组的最新进展情况（每月）

（4）暂停转让（T 日）

公司股票暂停转让生效。

问答149　重大资产重组停牌与普通停牌程序有何不同？

挂牌公司重大资产重组停牌与普通停牌在申请程序上存在一定差异，具体差异参见表 8-2。

表 8-2　重大资产重组停牌与普通停牌程序比较

差　异	普通停牌	重大资产重组停牌
申请日期要求不同	T-4 日报送停牌申请（T 日是停牌生效日）	T-1 日向全国股转系统报送停牌申请
提交时间不同	应在工作日工作时间提交（无其他时间限制）传真至 010-63889674	必须在收市后 15:30-16:30 传真至 010-63889872
盖章要求不同	普通停牌申请必须加盖挂牌公司公章、主办券商公章	重大资产重组停牌申请可以不经主办券商盖章，挂牌公司盖章后即可向全国股转系统报送

8.1.2　股票恢复转让

问答150　挂牌公司申请股票恢复转让有哪些流程？

根据《全国中小企业股份转让系统业务规则（试行）》第 4.4.1 条规定的暂停转让情形消除后，挂牌公司应按照以下流程办理恢复转让申请：

（1）挂牌公司准备申请材料，并报送主办券商（T-3 日）

① 填写“恢复转让申请表”；

② 因重大信息泄露或传闻而暂停转让的，还需提供重大信息或传闻的基本内容，相关事由已经消除的原因及说明等证明材料；

③ 因无先例或重大不确定性事项而暂停转让的，还需提供无先例或重大不确定事项的基本内容、相关事项已经消除的说明等证明材料。

（2）主办券商进行审查（T-2 日）

① 对“恢复转让申请表”内容的完整性、真实性和准确性进行审查；

② 涉及重大信息泄露、无先例或重大不确定事项而暂停转让的，主办券商应对相关证明材料进行核查并出具是否同意股票恢复转让的意见。

（3）主办券商报送全国股转系统（T-2日15:30前）

审查无误后，主办券商将加盖主办券商公章的“恢复转让申请表”和其他证明材料扫描件发送至电子邮箱ywbl@neeq.com.cn。

（4）发布恢复转让公告（T-2日20:00前）

挂牌公司披露股票恢复转让公告。

（5）恢复转让（T日）

挂牌公司股票恢复转让生效。

问答151　重大资产重组申请股票恢复转让有哪些流程？

根据《全国中小企业股份转让系统挂牌公司暂停与恢复转让业务指南（试行）》等有关规定，挂牌公司在重大资产重组过程中，满足股票恢复转让条件的，应按表8-3所示流程申请股票恢复转让。

表8-3　挂牌公司重大资产重组申请股票恢复转让的流程

申请流程	具体要求	时间
1．挂牌公司准备申请材料，并报送主办券商	填写“重大资产重组恢复转让申请表”	T-3日
	董事会决议、挂牌公司关于终止重大资产重组的说明	
2．主办券商进行审查	对申请材料的完备性、真实性和准确性进行审查	T-2日
	对终止重大资产重组材料进行核查并出具是否同意股票恢复转让的意见	
3．主办券商报送全国股转系统	审查无误后，主办券商将加盖主办券商公章的“重大资产重组恢复转让申请表”和其他证明材料扫描件发送至ywbl@neeq.con.cn	T-1日15:30前
4．发布暂停转让公告	挂牌公司披露股票暂停转让公告	T-1日20:00前
5．暂停转让	挂牌公司股票暂停转让生效	T日

问答152　重大资产重组在哪些情况下可以申请股票恢复转让？

根据《全国中小企业股份转让系统非上市公众公司重大资产重组业务指引（试行）》的有关规定，重大资产重组出现下列情形的，挂牌公司可以申请股票恢复转让：

（1）挂牌公司完成首次信息披露，且全国股转系统已对重大资产重组信息披露文件审查完毕；

（2）挂牌公司董事会决议取消重组事项或确认不构成重大资产重组；

（3）其他合理理由（需单独说明）。

问答153　重大资产重组在恢复转让日前预计无法进行首次信息披露，该怎样处理？

挂牌公司预计在最晚恢复转让日前七个转让日仍无法进行首次信息披露的，应当至少在最晚恢复转让日前九个转让日将相关情况书面告知全国股转系统，并同时申请延后最晚恢复转让日。

暂停转让延后申请获得全国股转系统批准后，公司应当在两个转让日内发布重大资产重组进展情况报告。此后，公司应当每五个转让日比照上述要求进行一次信息披露。

8.1.3　股票终止挂牌

问答154　挂牌公司股票终止挂牌有哪些情形？

根据《全国中小企业股份转让系统业务规则（试行）》第 4.5.1 条等有关规定，出现下列情形的，全国股转系统终止股票挂牌：

（1）中国证监会核准其公开发行股票并在证券交易所上市，或证券交易所同意其股票上市；

（2）终止挂牌申请获得全国股份转让系统公司同意；

（3）未在规定期限内披露年度报告或者半年度报告的，自期满之日起两个月内仍未披露年度报告或半年度报告；

（4）主办券商与挂牌公司解除持续督导协议，挂牌公司未能在股票暂停转让之日起三个月内与其他主办券商签署持续督导协议的；

（5）挂牌公司经清算组或管理人清算并注销公司登记的；

（6）全国股转系统规定的其他情形。

问答155　挂牌公司变更持续督导主办券商哪些内容应公告？

挂牌公司变更持续督导主办券商的，应按照《挂牌公司变更持续督导主办券商公告格式模板》的要求进行信息披露，公告至少包括以下内容：

（1）原主办券商持续督导工作情况，说明终止持续督导协议的原因；

（2）董事会、股东大会对变更持续督导主办券商的审议情况；

（3）与原主办券商协商一致解除持续督导协议的情况，与承接主办券商签署持续督导协议的情况。

问答156 挂牌公司与主办券商持续督导解除的流程有哪些？

挂牌公司可以更换主办券商，但需要挂牌公司、原主办券商及承接主办券商相互协商一致，具体按照《全国中小企业股份转让系统主办券商和挂牌公司协商一致解除持续督导协议操作指南》的规定办理：

（1）与原主办券商和承接主办券商达成一致意见

原主办券商与挂牌公司协商并达成解除持续督导协议的一致意见；挂牌公司与承接主办券商达成签订持续督导协议的一致意见。

（2）董事会和股东大会审议

挂牌公司召开董事会会议审议与原主办券商解除持续督导协议并与承接主办券商签署持续督导协议的有关议案，挂牌公司应当在董事会会议结束后两个转让日内以临时公告的形式及时披露更换主办券商相关事宜；

议案经董事会审议通过后，提交股东大会表决，在股东大会结束后两个转让日内以临时公告的形式及时披露。

（3）签订附生效条件的协议

挂牌公司与原主办券商签订附生效条件的终止协议，与承接主办券商签订附生效条件的持续督导协议（在全国股转系统完整下载协议模板）

挂牌公司、原主办券商和承接主办券商应在终止协议与持续督导协议中约定此协议自全国股转系统出具无异议函之日生效。

（4）向全国股转系统提交申请材料

原主办券商应在挂牌公司股东大会表决通过后十个转让日内，向全国股转统一提交说明报告和相关文件。

（5）全国股转系统审查

全国股转公司接收材料后认为与相关要求不符的，于五个转让日内提出反馈意见，要求挂牌公司、原主办券商或者承接主办券商补充、完善相关文件。全国股转公司收到反馈回复意见后重新计算五个转让日；

全国股转系统接收材料或者反馈回复意见后五个转让日内未提出异议的，向挂牌公司出具无异议函。

（6）协议生效并公告

自无异议函出具之日起，挂牌公司、原主办券商和承接主办券商签订的终止协议与新签订的持续督导协议随即生效；

挂牌公司、原主办券商和承接主办券商均应在上述协议生效的两个转让日内分别按照公告模板在全国股转系统网站进行公告。

8.2　典型实战11例

8.2.1　多种原因与暂停转让

案例079　召开股东大会申请股票暂停转让（恒大文化）

2016 年 11 月 7 日，新三板挂牌企业恒大文化产业集团股份有限公司（恒大文化 834899）发布公告，称公司 2016 年 10 月 25 日召开公司第一届董事会第十四次会议，审议通过《关于申请公司股票在全国中小企业股份转让系统终止挂牌的议案》，该事项尚需公司 2016 年第三次临时股东大会审议。为维护广大投资者的利益，保证信息披露公平，根据《全国中小企业股份转让系统挂牌公司暂停与恢复转让业务指南（试行）》等有关规定，经公司向全国中小企业股份转让系统有限责任公司申请，公司股票自 2016 年 11 月 8 日开市起暂停转让。公司暂定恢复转让的最晚时间为 2017 年 2 月 7 日。

公司将持续推进上述事项，并及时履行信息披露义务。

案例080　涉及重大事项申请股票暂停转让（华协农业）

2016 年 8 月，新三板挂牌企业甘肃华协农业生物科技股份有限公司（华协农业 83414）发布公告：目前公司涉及重大事项，因相关事项存在不确定性，为维护广大投资者的利益，保证信息披露公平，避免引起公司股票价格异常波动，经公司申请并获得全国中小企业股份转让系统有限责任公司批准，公司股票自 2016 年 8 月 11 日开市起停牌，公司暂定恢复转让的最晚时点为 2016 年 11 月 10 日。

在暂停转让期间，公司对所涉及的重大事项正在全力处理。公司将严格按照有关法律法规、业务指引的规定和要求，根据相关事项进本公司及董事会全体成员保证公告内容的真实、准确和完整，没有虚假记载、误导性陈述或者重大遗漏，并对其内容的真实性、准确性和完整性承担个别及连带法律责任。

案例081　政策要求与暂停股票转让（北国传媒）

新三板挂牌企业辽宁北国传媒网络科技股份有限公司（北国传媒 832647）于 2016 年 7 月发布公告称：

根据《国家新闻出版广电总局办公厅关于加强网络视听节目持证机构参与

“全国中小企业股份转让系统”管理有关问题的通知》（新广电办发【2016】46号）要求，重新履行相关申报审批手续，在未获得国家新闻出版广电总局批准之前，不得在全国股份转让系统进行股份交易。经公司向全国中小企业股份转让系统有限责任公司申请，公司股票将于2016年7月19日起暂停转让。后因相关申报审批手续尚未完成，公司已向全国中小企业股份转让系统有限责任公司申请，公司股票将延期恢复转让，最晚恢复转让日为2017年1月18日。

因本次申报审批流程复杂，涉及的相关部门审验及回复周期较长，相关工作尚未全部完成，为保证公平信息披露，维护投资者权益，公司股票将继续停牌。

暂停转让期间，公司将根据相关事项进展情况，严格按照法律法规的规定与要求，及时履行信息披露义务。敬请广大投资者关注，并注意投资风险。

案例082　接受检察机关调查与股票暂停转让（金越交通）

吉林省金越交通装备股份有限公司（金越交通831150）于2016年9月发布公告称：

公司于2016年9月28日在股转公司官网上披露了《金越交通重大事项停牌公告》（公告编号为：2016-030），因控股股东、实际控制人、董事长金某涉嫌行贿正在接受检察机关的调查的重大事项存在不确定性，为维护投资者利益，保证信息披露公平，避免引起公司股价异常波动，根据《全国中小企业股份转让系统业务规则（试行）》、《全国中小企业股份转让系统挂牌公司暂停与恢复转让业务指南（试行）》等有关规定，经公司向全国中小企业股份转让系统有限责任公司申请，公司股票自2016年9月28日开市起暂停股票转让。

8.2.2　终止挂牌及其他处罚

案例083　执行股份转让与终止股份挂牌（安得科技）

2016年11月3日，陕西安得科技股份有限公司（安得科技834942）发布公告称：

为配合公司经营发展需要，陕西安得科技股份有限公司（以下简称“公司”）44名自然人股东拟向河南清水源科技股份有限公司（以下简称“清水源”）合计转让51%的公司股份，公司将成为清水源的控股子公司。

根据交易协议约定，股权转让将自安得科技从全国中小企业股份转让系统完成摘牌后分阶段实施。因此公司拟申请在全国中小企业股份转让系统终止挂牌，公司于 2016 年 11 月 4 日召开的第一届董事会第九次会议审议通过了《关于申请公司股票在全国中小企业股份转让系统终止挂牌的议案》。

由于本次股份转让涉及公司全体股东，公司、公司实际控制人及相关负责人已就公司申请终止挂牌的相关事宜与公司全体股东进行了充分沟通与协商，无有异议股东并已就该事宜达成初步一致意见，会采取有效措施保证全体股东合法权益得到充分、有效的保护。

由于申请公司股票在全国中小企业股份转让系统终止挂牌的相关事宜尚需公司股东大会审议，故关于公司股票在全国中小企业股份转让系统终止挂牌事宜尚存在不确定性，敬请广大投资者注意投资风险。

案例084　未按时披露半年报被处以终止挂牌

全国股转系统公司于 2016 年 10 月 31 日发布公告称：截至 2016 年 10 月 31 日，吉林森东电力设备股份有限公司（证券代码：833364；证券简称：森东电力；主办券商：西部证券）、漯河众益达食品股份有限公司（证券代码：833974；证券简称：众益达；主办券商：申万宏源）未能按照规定时间披露 2016 年半年度报告。根据《业务规则》第 4.5.1 条第（三）项的规定，我司决定自 2016 年 11 月 1 日起终止上述公司（以下称“被摘牌公司”）股票挂牌。

案例085　未披露定期报告与主动申请终止挂牌

截至 2016 年 10 月 31 日，北京远特科技股份有限公司（证券代码：834535；证券简称：远特科技；主办券商：中信建投证券）、龙泉市佳和小额贷款股份有限公司（证券代码：834610；证券简称：佳和小贷；主办券商：浙商证券）、青岛昌盛日电太阳能科技股份有限公司（证券代码：835154；证券简称：昌盛日电；主办券商：中泰证券）3 家公司未披露 2016 年半年度报告。

这些公司此前已正式向全国股转系统提交了主动终止挂牌的申请。全国股转公司正按规定履行审查程序。

案例086　暂停转让申请程序违规被处罚

A 挂牌公司于 2015 年 12 月 4 日晚上 19:00 在全国股转系统网站披露《重大事项停牌公告》，披露公司正在筹划重大事项，股票自次一交易日起停牌。

上述行为违反了《全国中小企业股份转让系统业务规则（试行）》第 4.4.1

条和《暂停与恢复转让业务指南》的相关规定，即挂牌公司在发生涉及暂停转让的相关事项时，应当向全国股转系统申请暂停转让，并按照《暂停与恢复转让业务指南》规定的流程进行申请。

全国股转系统对相关主体采取自律监管措施。对A公司及其董事会秘书采取约见谈话及要求提交书面承诺的自律监管措施；主办券商未能勤勉尽责地督导A公司履行暂停转让的程序并真实披露信息，被采取约见谈话及要求提交书面承诺的自律监管措施。

8.2.3 恢复转让

案例087 完成重大资产重组信息披露与审查后复牌（金宏泰）

2016年11月7日，江苏金宏泰科技股份有限公司（金宏泰831649）发布公告称：

公司因正在筹划的重大资产重组事项，于2015年10月16日发布公告了《关于筹划重大资产重组事项的停牌公告》（公告编号：2015-046），公司股票已于2015年10月19日起暂停转让。自公司股票停牌以来，公司聘请独立财务顾问、评估机构、律师事务所、会计师事务所等中介机构对标的公司进行尽职调查工作，同时与交易对方展开了多轮友好协商，沟通讨论重组方案。公司股票停牌期间，公司根据相关法律法规的规定，及时履行了披露义务，及时发布一次重大资产重组进展情况公告。公司目前已经完成了本次重大资产重组文件的信息披露并通过了股转系统公司的审查，并于2016年10月28日披露了更新后的本次重大资产重组文件。

根据股转系统公司相关规定，经股转系统公司批准同意，公司股票自2016年11月8日开市时起在全国中小企业股份转让系统恢复转让。

案例088 完成信息披露与复牌（天水风动）

天水风动机械股份有限公司（天水风动833335）于2016年11月17日发布股票恢复转让的公告称：

公司因未在2016年4月30日之前完成《2015年年度报告》的披露工作，根据《全国中小企业股份转让系统业务规则（试行）》的规定，公司股票自2016年5月3日起暂停转让。公司于2016年6月27日完成《2015年年度报告》的披露工作，后因公司未在半年度报告披露期间申请公司股票恢复转让，且未在 2016 年 8 月 31 日之前完成《2016 年半年度报告》的披露工作，公司股票一直处于暂停转让状态。

公司于 2016 年 10 月 28 日完成《2016 年半年度报告》的披露工作。鉴于以上情况，公司股票暂停转让的事由已经消除，据有关规定，经公司向全国中小企业股份转让系统申请，公司股票将于 2016 年 11 月 8 日开市时恢复转让。

案例089　重大事项进展与延期复牌（海昌药业）

浙江海昌药业股份有限公司（海昌药业 834402）与 11 月 17 日发布公告：

公司因正在筹划重大资产重组事项，公司股票已于 2016 年 8 月 10 日开市时起暂停转让，并于 2016 年 8 月 9 日在全国中小企业股份转让系统（以下简称“股转系统”）指定信息披露平台（http://www.neeq.com.cn）披露了《浙江海昌药业股份有限公司关于重大资产重组事项暂停转让公告》（公告编号：2016-028），披露公司正在筹划重大事项，公司股票自 2016 年 8 月 10 日开市起停牌，最晚恢复转让日为 2016 年 11 月 8 日。

截至目前，公司重大资产重组事项正有序推进，鉴于公司重大资产重组的相关工作尚未完成，为维护投资者利益，避免公司股价异常波动，经公司申请并经股转系统批准，公司股票将延期恢复转让，最晚恢复转让日为 2017 年 2 月 6 日。

第 9 章

权益分派的流程、事项与操作

9.1 常规疑难10问

9.1.1 净利润、公积金及红利

问答157 当年税后净利润进行分配应遵守的规范有哪些？

挂牌公司对当年税后净利润进行分配，应遵循以下规范：

（1）弥补亏损。公司的盈余公积不足以弥补以前年度亏损的，在提取法定公积金前，应当先用当年净利润弥补以前年度亏损。

（2）提取法定公积金（对应资产负债表中的盈余公积项目）。挂牌公司必须按照净利润的10%提取法定盈余公积。公司法定盈余公积累计额达到公司注册资本的50%以上的，可以不再提取。

（3）提取任意公积金（对应资产负债表中的盈余公积项目）。挂牌公司从税后净利润中提取法定盈余公积后，经挂牌公司股东大会决议，还可以从税后利润中提取任意盈余公积。

（4）未分配利润。挂牌公司将弥补亏损、提取公积金（含法定和任意盈余公积）后剩余的税后净利润计入资产负债表中的未分配利润项目。履行董事和股东大会审议程序后，挂牌公司可以按照股东持股比例或公司章程规定的方式进行分红派息。

问答158　公积金的构成及其使用上的要求是怎样的？

新三板挂牌公司的公积金包括资本公积和盈余公积。其中，盈余公积包括法定盈余公积和任意盈余公积；资本公积包括资本溢价（股本溢价）和直接计入所有者权益的利得和损失等。

挂牌公司公积金在使用上需遵守以下要求：

（1）挂牌公司的公积金可以用于弥补亏损、扩大公司生产经营或者转增公司股本。但资本公积不得用于弥补公司亏损。

（2）法定盈余公积转为股本的，所留存的该项公积金不得少于转增前公司注册资本的 25%。

问答159　挂牌公司能否自行派发现金红利？

可以。不过需要按照全国股转系统规定的程序办理。

根据全国股转系统发布的《关于加强挂牌公司日常业务办理工作管理的通知》（2014 年 12 月 30 日），如挂牌公司采取自派现金红利的，主办券商应督促挂牌公司在股东大会通过分配方案后 2 个月内完成权益分派工作，并于 R-4 日（R 日为股权登记日）向全国股转系统专用电子邮箱（ywbl@neeq.org.cn）提交加盖公章的“除权除息业务通知表”，通知表模板详见全国股系统官网。

问答160　挂牌公司除权除息如何计算？

除权（息）参考价=（前收盘价-现金红利）÷（1+股份变动比例）

挂牌公司认为有必要调整上述计算公式时，可以向全国股份转让系统公司提出调整申请并说明理由。经全国股份转让系统公司同意的，挂牌公司应当向市场公布该次除权（息）适用的除权（息）参考价计算公式。

除权（息）日股票买卖，按除权（息）参考价。

9.1.2　权益分派流程及注意事项

问答161　挂牌公司进行权益分派的流程是怎样的？

新三板挂牌公司权益分派分为派发现金红利、送红股以及资本公积转增股本三类。其分派流程如下图所示，参见《全国中小企业股份转让系统挂牌公司权益分派业务指南（试行）》等有关规定。

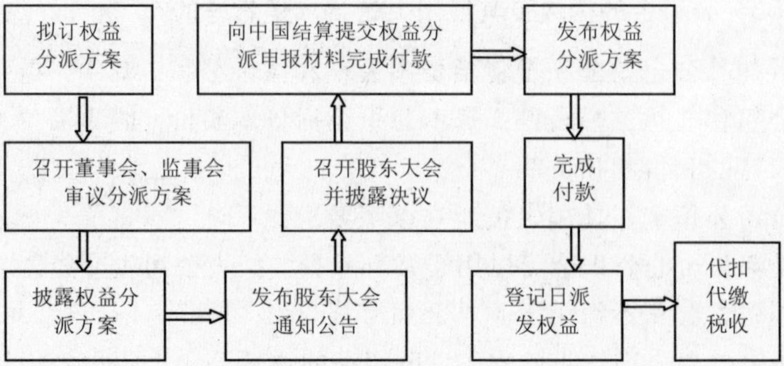

图 9-1

问答162　权益分派各流程的注意事项有哪些？

新三板挂牌公司进行权益分配需要注意事项如表 9-1 所示。依据是《全国中小企业股份转让系统挂牌公司权益分派业务指南（试行）》等制度规则的有关规定。

表 9-1　挂牌公司全息分派各流程注意事项

序号	流程	注意事项
1	拟订权益分派方案	挂牌公司董秘或信息披露负责人根据公司章程等规定拟定权益分派方案，并提请召开董事会和监事会进行审议
2	召开董事会、监事会审议分派方案	挂牌公司董事会和监事会应就权益分派方案进行表决，全体董事和监事过半数表决通过
3	披露权益分派方案	董事会和监事会表决通过的，挂牌公司董事会披露《××股份有限公司关于××年利润分配预案的公告》
4	股东大会通知公告	挂牌公司应通知召开年度股东农会或临时股东大会，对权益分派预案进行审议
5	召开股大会并披露决议公告	对权益分派预案表决情况进行披露。权益分派方案经股东大会审议通过后 2 个月内必须实施完毕，如未能实施则须重新履行审议程序
6	T-6 日前向中国结算提交权益分派申报材料	挂牌公司应在 T-6 日前，根据《中国结算北京分公司证券发行人业务指南》，通过中国结算发行人业务电子平台提交权益分派申报材料。材料包括权益分派方案、股东大会决议以及权益分派实施公告等
7	T-4 日前发布权益分派实施公告	挂牌公司应当日前发布《××年度权益分派实施公告》。注意：权益分派实施公告应按中国结算的要求编写，并按照中国结算的审核意见修改，内容主要包括：一是权益分派方案；二是股权登记日及除权除息日；三是权益分派对象；四是权益分派方法；五是实施送（转）股权变动情况

续表

序号	流程	注意事项
8	T-1 日前完成向中国结算付款	挂牌公司应当在 T-1 日前按照《中国结算北京分公司证券发行业务指南》的要求将红利款、手续费及登记费划至中国结算北京分公司的银行账户
9	T 日权益登记日派发权益	中国结算北京分公司根据 T 日日终投资者证券账户登记的股票余额进行权益计算。投资者 T 日买入的股票，享有相关权益；投资者 T 日卖出的股票，不享有相关权益
10	T+1 日完成权益分派	（1）全国股转系统在 T+1 日开盘前对挂牌公司股票进行除权除息处理； （2）挂牌公司送（转）股的股份，由中国结算于 T+1 日计入持有人的证券账户； （3）通过中国结算派发的现金红利，由中国结算于 T+1 日划至结算参与人的备付金账户，再由结算参与人划入持有人的资金账户
备注		T 为拟定的股权登记日

问答163　新三板股票的除权与除息有何规定？如何计算？

（1）股票发生权益分派、公积金转增股本等情况，全国股份转让系统在权益登记日的次一转让日对该股票作除权除息处理。除权（息）日股票买卖，按除权（息）参考价作为计算涨跌幅度和有效申报价格区间的基准。

（2）在除权（息）日，挂牌公司应变更股票简称，在简称前冠以“XR”、“XD”、“DR”等字样。“XR”代表除权；“XD”代表除息；“DR”代表除权并除息。

（3）除权（息）参考价计算公式为：除权（息）参考价＝（前收盘价-现金红利）÷（1+股份变动比例）。挂牌公司认为有必要调整上述计算公式时，可以向全国股份转让系统公司提出调整申请并说明理由。经全国股份转让系统公司同意的，挂牌公司应当向市场公布该次除权（息）适用的除权（息）参考价计算公式。

9.1.3　收费及税收

问答164　权益分派的收费标准是怎样的？

根据中国结算北京分公司的有关规定，权益分派业务涉及两项费用：现金红利手续费和股份登记费，具体收费标准参见表 9-2。

表9-2 新三板挂牌公司权益分派的收费标准

序号	收费项目	收费标准
1	股份登记费	按照所登记的送（转）股份面值的0.1‰收取
2	现金红利手续费	按照派系现金总额的0.1‰收取

问答165 权益分派时，对税务征收对象及扣缴义务人有何要求？

（1）征税对象

挂牌公司进行送红股、公积金转增股本、派发现金红利等权益分派活动时，挂牌公司的股东均需要缴纳所得税，但以股票发行溢价形成的资本公积转增的股本不征所得税。

（2）扣缴义务人

挂牌公司派发股息红利时，个人股东和证券投资基金股东适用《关于上市公司股息红利差别化个人所得税政策有关问题的通知》（财税〔2015〕101号）的规定，合格境外机构投资者（QFⅡ）股东适用《关于中国居民企业向QFⅡ支付股息、红利、利息代扣代缴企业所得税有关问题的通知》《国税函〔2009〕47号）的规定。

挂牌公司为个人股东、证券投资基金以及QFⅡ所得税的扣缴义务人，除这些主体外的挂牌公司其他股东，由股东自行申报缴纳所得税。

依据：《关于上市公司股息红利差别化个人所得税政策有关问题的通知》（财税〔2015〕101号）、《关于股权奖励和转增股本个人所得税征管问题的公告》（国家税务总局公告2015年第80号）等规定。

问答166 权益分派时，应纳税所得、税率及其扣缴办法是怎样的？

（1）应纳税所得额及税率

根据财税〔2015〕101号文的规定，挂牌公司派发股息红利时，个人股东（含证券投资基金）持股期限超过1年的，暂免征收个人所得税；持股期限在1个月内（含）的，其股息红利所得全额计入应纳税所得额；持股期限在1个月以上至1年（含）的，暂减按50%计入应纳税所得额；上述所得统一适用20%的税率计征个人所得税。

因此，个人股东（含证券投资基金）持股期限超过1年的，实际税率为0；持股期限1个月至1年的，实际税率为10%；持股期限不足1个月的，实际税率为20%。

根据国税函〔2009〕47号文件，挂牌公司派发股息红利时，合格境外机构投资者（QFⅡ）股东按 10%的税率缴纳企业所得税。

（2）扣缴办法

对于个人（含证券投资基金）持股 1 年以内（含 1 年）的，在派发股息红利时，挂牌公司暂不扣缴个人所得税。待个人（含证券投资基金）股东转让股票时，中国结算按照先进先出法计算所转让股票的应纳税额，由证券公司从个人资金账户中扣收并划付中国结算，中国结算应于次月初 5 个工作日内划付挂牌公司，挂牌公司在收到税款当月的法定申报期内向主管税务机关申报缴纳。

当股东资金账户余额不足，无法足额扣税时，视为扣税失败，中国结算将向挂牌公司发送扣税失败明显数据。挂牌公司收到扣税明细数据后，据实向税务机关申报即可。

依据：《关于上市公司股息红利差别化个人所得税政策有关问题的通知》（财税〔2015〕101 号）、《关于股权奖励和转增股本个人所得税征管问题的公告》（国家税务总局公告 2015 年第 80 号）等规定。

9.2　典型实战10例

9.2.1　分派比例、一致性及限制

案例090　权益分派比例及其限制

每 10 股送股（转股）的股数或派发的现金红利金额（单位为“元”），小数点后最多为 6 位。例如：

每 10 股送 0.123456 股。但如整数部分如果大于 0，需要保证整数部分与小数部分的位数合计不得超过 8 位，如“每 10 股送 1234.5678 股”是可以的，但“每 10 股送 1234.56789 股”则不可以，或“每 10 股送 123.45678 股”是可以的，但“每 10 股送 123.456789 股”则不可以。

案例091　权益分派方案分派比例和最终结果的一致性

如权益分派方案中含有权益分派比例和最终的分派结果，这两者应当保持绝对一致。案例：

某挂牌公司以截至 2014 年 12 月 31 日的总股本 7,400,000 股为基数，每 10 股送 1.486486 股，则权益分派之后的总股本为 7,400,000*（1+1.486486/10）

=8,499,999.64 股，小数点后应当全部舍弃，不进行四舍五入。

因此，本次权益分派的结果为 8,499,999 股，而不是其他。

案例092　神话权益分派创纪录10转150（君实生物）

注册地在上海的新三板公司君实生物（833330）抛出的 2015 年年度高送转方案亮瞎眼：公司将向全体股东每 10 股转增 150 股。

神奇的君实生物不仅在权益分派上创造神话，而且做出了如下两件很有影响力的事件：

2015 年 8 月 13 日在全国中小企业股份转让系统挂牌的君实生物在新三板可谓一枝独秀，其在进行第一次定增时，定增价格就达到了 63.49 元/股。但公司 2015 年的业绩并不理想，挂牌当年净利润就亏损 5797 万元。

公司还开了新三板吸收合并先河。就在挂牌的前一天晚上，公司发布停牌公告，称拟筹划重大事项，申请自 2015 年 8 月 13 日上午，也就是上市当天开始停牌。2015 年 9 月 2 日晚间，君实生物发布重大资产重组报告书，拟通过换股吸收合并众合医药。

9.2.2　股东和投资基金税后派息

案例093　股本溢价转增资本公积的派息

以 10,000 股为基数，每 10 股送 8 股，资本公积转增 7 股（以股本溢价形成的资本公积转增），派 5 元，则税后每 10 股派：5-（8+5）*5%=4.35 元。

依据：送股、其他资本公积转增、派息均需缴纳所得税，只有股本溢价形成的资本公积转增不需要缴纳所得税。其中，送股和转增均以面值（1 元/股）作为应纳税所得额计算依据。

案例094　股本溢价与其他混合方式转增的派息

以 10,000 股为基数，每 10 股送 8 股，资本公积转增 7 股（其中，以股本溢价形成的资本公积转增 4 股，以其他资本公积转增 3 股），派 5 元，则税后每 10 股派：5-（8+3+5）*5%=4.2 元。依据如上例。

案例095　其他资本公积转增的派息计算

以 10,000 股为基数，每 10 股送 8 股，资本公积转增 7 股（其中，以其他资本公积转增 7 股），派 5 元，则税后每 10 股派：5-（8+7+5）*5%=4 元。依据如上例。

9.2.3　不规范或违规及本处罚

案例096　利润分配登记日早于公告日（创元期货）

新三板挂牌公司创元期货于 2016 年 4 月 15 日召开第一届董事会第十次会议启动 2015 年度利润分配事项，2016 年 5 月 9 日召开 2015 年年度股东大会审议通过了 2015 年度利润分配预案。2015 年 5 月 24 日，创元期货披露《利润分配实施公告》，决定以公司总股本 120,000,000 股为基数，按持股比例向全体股东自行派发现金红利共计 4,730,582.72 元，且该公告中确定的本次现金分红的股权登记日为 2016 年 5 月 19 日，早于实施公告披露时间。

创元期货的上述行为违反了《全国中小企业股份转让系统挂牌公司信息披露细则（试行）》第四条和第三十八条的规定，即“挂牌公司应当在董事会审议通过利润分配或资本公积转增股本方案后，及时披露方案具体内容，并于实施方案的股权登记日前披露方案实施公告”。

案例097　派发红利未公告与权益分派未履行程序（通灵电器）

新三板挂牌公司江苏通灵电器股份有限公司（通灵电器 833666）于 2015 年 12 月 11 日启动的利润分配，未向中国证券登记结算有限公司北京分公司提交权益分派申请，办理权益分派相关手续，即于 2016 年 1 月 5 日向全体股东直接派送现金红利，并且未发布权益分派实施公告，违反了《全国中小企业股份转让系统挂牌公司信息披露细则（试行）》第四条和三十八条，即：

“挂牌公司及相关信息披露义务人应当及时、公平地披露所有对公司股票及其他债券品种转让价格可能产生较大影响的信息（以下简称重大信息、并保证信息披露内容的真实、准确、完整，不存在虚假记载、误导性陈述或重大遗漏”；

“挂牌公司应当在董事会审议通过利润分配或资本公积转增股本方案后，及时披露方案具体内容，并于实施方案的股权登记日前披露方案实施公告”的规定。

案例098　未按时督导企业披露利润分配信息（古纤道）

财通证券作为古纤道（834677）的主办券商，于 2016 年 4 月 25 日协助公司披露《浙江古纤道股份有限公司 2015 年股东大会决议公告》，该公告中明确指出，“审议通过《2015 年度利润分配方案》”，财通证券未督促古纤道按照规则要求的时间节点披露利润分配实施公告；财通证券于 2016 年 5 月 27 日协助古纤道补发《关于 2015 年度利润分配实施公告》，已知悉公司的违规行为，未主动向全国股权系统公司报告。以上行为违反了《主办券商持续督导工作指引》第六条的规定。

鉴于上述违规事实和情节，根据《全国中小企业股份转让系统业务规则》第 6.1 条的规定，全国股转系统公司决定对财通证券采取要求提交书面承诺的自律监管措施。财通证券应在决定书下发之日起五个转让日内提交书面承诺的电子版扫描件和纸质版原件，承诺不再违反相关规定。

案例099　权益分派信息披露不准确违规

A 挂牌公司于 2015 年 2 月通过《2015 年资本公积转增股本的议案》，向全体股东实施每 10 股转增 3 股的资本公积转增方案，但在实际转增过程中,公司资本公积不足，账面价值仅为 354 万元，与转增股本 429 万元相差 75 万元。针对差异部分，各股东按照持股比例以现金捐赠的方式补足资本公积。

此次权益分派以 2014 年半年报为依据于 2015 年 3 月进行，但现金捐赠发生在 2015 年 5 月，涉及程序违规。此外，公司披露的权益分派方案描述本次转增的资本公积由股本溢价形成，但股东现金捐赠的 75 万元不符合股本溢价的属性，应计入“其他资本公积”，故本次权益分派的信息披露不准确。

全国股转系统对 A 挂牌公司采取责令改正，并要求提交书面承诺的自律监管措施。

第3部分

尽调股改与分层挂牌

第10章　尽职调查流程、事项与实战操作
第11章　股份改制的环节、事项与筹划等实务
第12章　分层挂牌的流程中介、事项筹划与红利分享
第13章　设立出资与股本增减等相关实务及操作
第14章　股东股权与控制、控股等相关实务
第15章　行业产业、模式业务与持续经营等实务
第16章　环保用工、对赌私募与合规处罚等实务
第17章　财务税收有关事项、问题与解决

第 10 章

10

尽职调查流程、事项与实战操作

10.1 常规疑难39问

10.1.1 尽职调查概述与内控机制

问答167 尽职调查的概念与种类是什么？

（1）概念

尽职调查又称谨慎性调查，是指投资人在与目标企业达成初步合作意向后，经协商一致，投资人对目标企业一切与本次投资有关的事项进行现场调查、资料分析的一系列活动。

《全国中小企业股份转让系统主办券商尽职调查工作指引（试行）》中给出的定义：尽职调查是指主办券商遵循勤勉尽责、诚实守信原则，以形成有利于投资者做出投资决策的信息披露文件为目的，对公司进行调查，以有充分理由确信，一是公司符合《全国中小企业股份转让系统业务规则（试行）》中规定的挂牌条件；二是公开转让说明书中所披露的信息真实、准确和完整。

（2）种类

尽职调查的种类包括四类：法律尽职调查、财务尽职调查、业务尽职调查和其他尽职调查。

问答168　尽职调查的目的有哪些？

尽职调查的目的，简言之，就是要搞清楚股东背景和管控结构、行业和产品、经营和财务数据、同业态度的调查。分开来说，就是要弄清楚：

（1）他是谁？即企业实际控制人的底细和管理团队。

（2）他在做什么？即产品或服务的类别和市场竞争力。

（3）他做得如何？即经营数据和财务数据收集，尤其是财务报表反映的财务状况、经营成果、现金流量及纵向、横向（同业）比较。

（4）别人如何看？，包括银行同业和竞争对手的态度。

（5）我们如何做？在了解客户的基础上进行客户价值分析，用经验和获得的信息设计授信方案和控制措施，尽责勤勉做好该做的事情。

问答169　拟挂牌公司尽职调查的主要内容和原则是什么？

（1）主要内容（图略）

① 公司业务（包括科研、技术等在内）调查；

② 公司治理与合规合法等调查；

③ 公司财务（包括财务政策、风险与内部控制）的调查；

④ 除以上一般性内容外，主办券商还应根据公司的具体情况，对其在公开转让说明书中应披露的、足以影响投资者决策的其他事项进行调查。

（2）基本原则

① 独立性原则：项目小组专业人员应服务于项目组，确保独立性；保持客观态度。

② 谨慎性原则：调查过程的谨慎；计划、工作底稿及报告的复核。

③ 全面性原则：涵盖企业业务、治理、财务及合规等全面内容。

④ 重要性原则：针对不同行业、不同企业要依照风险水平重点调查。

问答170　尽职调查对项目小组最基本的要求是什么？

拟挂牌公司尽职调查对项目小组最基本的要求为：

① 项目小组负责人及成员必须具备勤勉尽责、诚实守信素质，这也是行事的准则。

② 项目小组的尽职调查可以在注册会计师、律师等外部专业人士意见的基础上进行，如果认为专业人士发表意见所基于的工作不够充分，或对专业人士的意见有疑义，项目小组应进行独立调查。

③ 项目小组在引用专业人士意见时，应对所引用的意见负责。

尽职调查范围如图10-1所示。

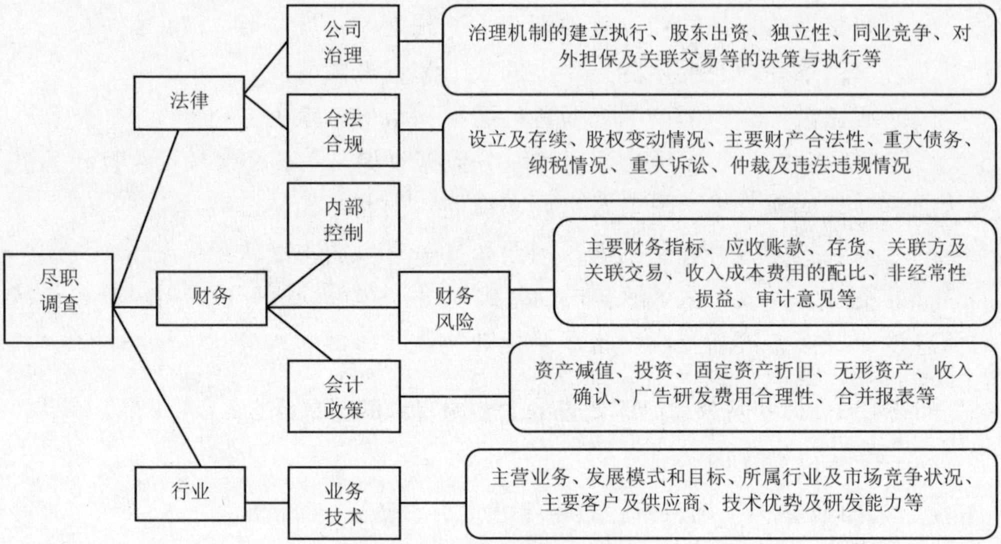

图10-1 尽职调查范围简图

问答171 全国股转公司对券商尽职调查有哪些要求？

即从券商的角度来看，他们是怎样调查企业的。董秘需要懂得哪些事项与环节是调查者们最为关心的，是企业需要在这方面留心与下功夫的，所谓知己知彼（以下各问皆是这个目的）。

《全国中小企业股份转让系统主办券商推荐业务规定（试行）》对券商尽职调查的要求有：

（1）项目小组进行尽职调查前，主办券商应与申请挂牌公司签署保密协议。

（2）项目小组应遵循勤勉尽责、诚实守信的原则，通过实地考察、查阅、访谈等方法，对申请挂牌公司进行尽职调查，以有充分理由确信申请挂牌公司符合挂牌条件以及在挂牌申请文件中披露的信息真实、准确、完整。

（3）项目小组尽职调查应以形成有助于投资者做出投资决策的信息披露文件为目的，调查范围至少应包括公开转让说明书和推荐报告中所涉及的事项。

（4）项目小组中应指定注册会计师、律师、行业分析师各一名分别负责对申请挂牌公司的财务会计事项、法律事项、相关行业事项进行尽职调查，并承担相应责任。

（5）项目小组的尽职调查可以在注册会计师、律师等外部专业人士意见的基础上进行。项目小组应判断专业人士发表意见所基于的工作是否充分，对专业人士意见有疑义、或认为专业人士发表的意见所基于的工作不够充分的，项目小组应进行独立调查。

（6）对推荐文件、挂牌申请文件中无证券服务机构及其签字人员专业意见支持的内容，项目小组应当获得充分的尽职调查证据，在对各种证据进行综合分析的基础上对申请挂牌公司提供的资料和披露的内容进行独立判断，并有充分理由确信所作的判断与挂牌申请文件、推荐文件的内容不存在实质性差异。

（7）项目小组完成尽职调查工作后，应出具尽职调查报告，各成员应在尽职调查报告上签名，承诺已参加尽职调查工作并对其负责。

（8）主办券商应当建立健全尽职调查工作底稿制度，要求项目小组真实、准确、完整地记录整个尽职调查过程。

问答172　内控环境、体系及其制度内容和充分性如何调查？

（1）内控环境

① 董事会是否负责批准并定期审查公司的经营战略和重大决策、确定经营风险的可接受水平；② 高级管理人员是否执行董事会批准的战略和政策，以及高级管理人员和董事会间的责任、授权和报告关系是否明确；③管理层是否促使公司员工了解公司的内部控制制度并在其中发挥作用。

调查方式：与公司管理层及员工交谈，查阅董事会、总经理办公会等会议记录，查阅公司规章制度等。

（2）内控体系

企业流程内控体系主要指公司运行如生产、业务等的流程和其中的控制措施，包括授权与审批、复核与查证、业务规程与操作程序、岗位权限与职责分工、相互独立与制衡、应急与预防等内部控制措施是否有效实施等。

调查方式：①查阅业务流程相关文件；②与公司管理层及主要业务流程所涉及部门的负责人交谈；③选择一定数量的控制活动样本，采取验证、观察、询问、重新操作等方法进行测试。

（3）内控制度充分性

内控制度充分性的内涵主要是指公司现有内部控制制度对合理保证遵守现行法律法规公司经营的效率和效果、财务报告的可靠性是否充分，是否存在内部控制制度缺陷及其可能导致的财务和经营风险等。

调查方式：对前面涉及的内控的环境、机制、风险识别及信息沟通、监督评价调查后所进行的综合判断。

问答173　风险识别与评估、监督与评价内容如何调查？

（1）风险识别与评估

内容包括两方面，一是管理层对影响公司整体目标实现有负面影响风险因素的识别、评估所建立的制度或采取的措施；二是这些风险识别与评估体系的有效性怎样。

方式：①与公司管理层交谈；②查阅公司相关规章制度和风险评估报告等。

（2）公司监督与评价

内容主要是指公司对内部控制活动与措施的监督和评价制度及其有效性。调查方式：

① 与公司管理层及内部审计部门交谈；②询问；③验证；④查阅内部审计报告和监事会报告等。

问答174　公司信息沟通与反馈内容怎么调查？

内容主要有两方面：

一是公司是否建立了能够涵盖公司的全部重要活动，并对内部和外部的信息进行搜集和整理的有效信息系统；

二是公司是否建立了有效的信息沟通和反馈渠道，确保员工能通过其充分理解和坚持公司政策和程序，并保证相关信息能够传达到应被传达到的人员。

调查方式：①与公司管理层和员工交谈；②查阅公司相关规章制度等。

10.1.2　持续经营与公司治理

问答175　主营业务地位及业务目标对公司的影响如何调查？

（1）业务目标及其对公司持续经营影响

公司未来两年业务发展目标、发展计划，业务发展目标是否与现有主营业务一致，方式：一是与公司管理层交谈；二是查阅董事会会议记录；三是查看公司待履行的重大业务合同等文件。

公司业务发展目标对公司持续经营的影响，这需要向公司管理层了解实现目标和计划的主要措施，根据行业经验等判断。

（2）主营业务地位

公司主营业务在经营性业务中的地位的调查方式：

一是询问管理层；二是查阅经审计的财务报告；三是听取注册会计师意见；四是计算主营业务收入占经营性业务收入的比例。

问答176　经营模式及其转型的核查与重点是什么？

（1）经营模式

公司的经营模式包括商业模式、销售模式、盈利模式等，采用该种模式的主要风险及对未来的影响，调查方式：一是询问公司管理层；二是结合公司行业属性和公司规模等进行分析。

（2）经营模式的转型

如果公司最近两年内已经或未来将发生经营模式转型的话，需要进行重点核查，可以通过询问公司管理层，通过行业专家问询等。

问答177　行业及市场竞争、客户及技术研发如何调查？

（1）行业及市场竞争状况

公司所处行业基本情况，公司面临的主要竞争状况，公司在行业中的竞争地位，自身竞争优势及列示，以及财务的竞争策略和应对措施等。调查方式：一是与公司管理层交谈；二是搜集比较行业及市场数据等。

（2）对客户和供应商的依赖度

公司主要客户及供应商情况，公司对客户和供应商的依赖程度及存在的经营风险等。调查方式：一是与公司管理层及采购部门和销售部门负责人交谈；二是查阅账簿；三是计算前五名客户的销售额及合计分别占当期主营业务收入的比例、从前五名供应商的采购额及合计分别占当期采购总额的比例。

（3）技术优势和研发能力

公司的技术优势调查的方式：一是询问核心技术人员或技术顾问；二是专利技术及其运用情况；三是分析主要产品的技术含量、可替代性、核心技术的保护情况。

公司研发能力调查的方式：一是询问核心技术人员或技术顾问；二是分析公司研发机构和研发人员的情况，研发费用投入占公司主营业务收入的比重，自主技术占核心技术的比重等。

问答178　公司治理机制调查的方式主要是什么？

公司组织结构调查的方式：一是是查阅公司章程；二是咨询公司法律顾问或律师；三是结合行业及自身经验判断。理由分别是：一是公司高层的意识高度和业务重点，二是合规性如何，三是是否与行业相融合。

股东大会、董事会、监事会、高级管理人员的构成情况和职责，公司章程和三会议事规则是否合法等问题的调查方式有：一是查阅股东大会、董事会、监事会有关文件；二是查阅公司章程。

问答179　公司治理机制执行情况需调查哪些内容？方式是什么？

（1）是否依据有关法律法规和公司章程发布通知并按期召开三会　。调查方式：一是查阅公司章程；二是查阅三会、总经理办公会会议记录、决议；三是咨询公司法律顾问或律师。

（2）董事会和监事会是否按照有关法律法规和公司章程及时进行换届选举。调查方式：一是查阅三会会议记录、决议等；二是取得管理层就公司治理机制执行情况的说明和自我评价。

（3）会议文件是否完整，会议记录中的时间、地点、出席人数等要件是否齐备，会议文件是否归档保存。调查方式：一是查阅三会会议记录、决议等；二是取得管理层就公司治理机制执行情况的说明和自我评价。

（4）会议记录是否正常签署。调查方式：一是查阅三会会议记录、决议；二是取得管理层就公司治理机制执行情况的说明和自我评价。

（5）涉及关联董事、关联股东或其他利益相关者应当回避的，相关人员是否回避了表决。调查方式：：一是查阅三会会议记录、决议；二是取得管理层就公司治理机制执行情况的说明和自我评价。

（6）监事会是否正常发挥作用，是否具备切实的监督手段。调查方式：一是查阅三会会议记录、决议；二是取得管理层就公司治理机制执行情况的说明和自我评价。

（7）三会决议的实际执行情况，未能执行的会议决议，相关执行者是否向决议机构汇报并说明原因。调查方式：一是查阅三会会议记录、决议；二是取得管理层就公司治理机制执行情况的说明和自我评价。

问答180　股东的出资、控股股东及实际控制人情况如何调查？

（1）股东出资情况

股东的出资是否及时到位，出资方式是否合法，是否存在出资不实、虚假出资、抽逃资金等情况，调查方法：一是查阅具有资格的中介机构出具的验资报告；二是咨询公司法律顾问或律师；三是询问公司管理层、会计人员；四是到工商管理部门调阅注册登记资料。

以实物、工业产权、非专利技术、土地使用权等非现金资产出资情况的核查可以查阅资产评估报告。

（2）控股股东及实际控制人

公司的控股股东及实际控制人的调查方式有：

一是查阅公司股权结构；二是查阅股东名册；三是查阅公司重要会议记录及会议决议；四是询问公司三会代表及“董监高”人员。

问答181　同业竞争如何核查？

（1）公司控股股东、实际控制人及其控制的其他其他企业的业务范围，是否与公司构成同业竞争。调查方式：一是询问控股股东、实际控制人；二是查阅营业执照；三是实地走访生产或销售部门等；四是从业务性质、客户对象、可替代性、市场差别等方面判断。

（2）为避免同业竞争采取的措施，其调查方式是取得公司对同业竞争的合理性及为避免同业竞争采取的措施的说明。

问答182　如何调查公司5个方面的独立性？

企业独立性涉及五个方面的内容，具体调查方式参见表 10-1。

表 10-1　企业 5 个方面的独立性的尽职调查方法

序号	内容	调查的主要方法
1	业务独立性	① 查阅公司组织结构文件、销售分公司等的营业执照；② 结合公司的生产、采购和销售记录考察公司的产、供、销系统；③ 分析公司是否具有完整的业务流程、独立的生产经营场所以及供应、销售部门和渠道；④ 计算公司的关联采购额和关联销售额分别占公司同期采购总额和销售总额的比例分析是否存在影响公司独立性的重大或频繁的关联交易
2	资产独立性	① 查阅相关会议记录、资产产权转移合同、资产交接手续和购货合同及发票，确定公司固定资产权属情况；② 查阅房产证、土地使用权证等权属证明文件，了解公司的房产、土地使用权、专利与非专利技术及其他无形资产的权属情况；③ 关注金额较大、期限较长的其他应收款、其他应付款、预收及预付账款产生的原因及交易记录、资金流向等，调查公司是否存在资产被控股股东占用的情况

续表

序号	内容	调查的主要方法
3	人员独立性	① 查阅股东单位员工名册及劳务合同、公司工资明细表、公司福利费缴纳凭证、与管理层及员工交谈等方法，调查公司总经理、副总经理、财务负责人、营销负责人、董事会秘书等高级管理人员是否在公司与股东单位中双重任职；② 查阅股东单位员工名册及劳务合同、公司工资明细表、公司福利费缴纳凭证、与管理层及员工交谈等方法，调查公司员工的劳动、人事、工资报酬以及相应的社会保障是否完全独立管理；③ 调查公司总经理、副总经理、财务负责人等高级管理人员是否在公司领取薪酬
4	财务独立性	① 通过与管理层和相关业务人员交谈，查阅公司财务会计制度、银行开户资料、纳税资料，到相关单位进行核实等方法，调查公司是否设立独立的财务会计机构；② 以上述方法调查是否建立独立的财务核算体系；③ 以上述方法调查是否独立地进行财务决策；④ 以上述方法调查是否独立在银行开户；⑤ 以上述方法调查是否独立纳税
5	机构独立性	① 实地调查、查阅股东大会和董事会决议关于设立相关机构的记录、查阅各机构内部规章制度，了解公司的机构是否与控股股东完全分开且独立运作； ② 以上述方法调查是否存在与控股股东混合经营、合署办公的情形； ③ 以上述方法调查是否完全拥有机构设置自主权

问答183　如何调查管理层、核心技术人员的持股和稳定性情况？

（1）管理层及核心技术人员的持股情况，方式是查阅公司管理层及核心技术人员股权凭证、公司股东名册等；

（2）管理层及核心技术人员的稳定性问题，方式：一是与公司管理层交谈、人事部门交谈，了解管理层、核心技术人员持股的锁定情况、近二年上述人员的变动情况；二是与公司管理层交谈、人事部门交谈，了解公司为稳定上述人员已采取或拟采取的措施。

问答184　如何调查公司管理层的诚信及声明情况？

（1）管理层诚信内容

一是取得经公司管理层签字的关于诚信状况的书面声明；

二是查询中国人民银行征信系统、工商行政管理部门的企业信用信息系统等公共诚信系统；

三是咨询税务部门、公司贷款银行等部门或机构；

四是咨询园区公司律师或法律顾问；

五是查阅相关记录，核实公司管理层是否存在不诚信行为的记录。

（2）诚信状况书面声明

公司管理层签字的《诚信状况书面声明》的主要内容有：

一是最近三年内是否因违反国家法律、行政法规、部门规章、自律规则等受到刑事、民事、行政处罚或纪律处分；

二是是否存在因涉嫌违法违规行为处于调查之中尚无定论的情形；

三是最近三年内是否对所任职（包括现任职和曾任职）的公司因重大违法违规行为而被处罚负有责任；

四是是否存在个人负有数额较大债务到期未清偿的情形；

五是是否有欺诈或其他不诚实行为等情况。

问答185　公司重大事项的决策和执行情况是怎样调查的？

（1）公司对外担保、重大投资、委托理财、关联交易等事项的决策是否符合股东大会、董事会的职责分工等问题，调查方式：一是与公司管理层交谈；二是咨询公司法律顾问或律师；三是查阅公司重要会议记录、决议和重要合同；四是取得管理层就公司对外担保、重大投资、委托理财、关联交易等事项的情况，是否符合法律法规和公司章程、及其对公司影响的书面声明。

（2）对外担保、重大投资、委托理财、关联交易等事项的表决是否履行了公司法和公司章程中规定的程序，决策是否得到有效执行等情况，

调查的方式：一是与公司管理层交谈；二是咨询公司法律顾问或律师；三是查阅公司重要会议记录、决议和重要合同；四是取得管理层就公司对外担保、重大投资、委托理财、关联交易等事项的情况，是否符合法律法规和公司章程、及其对公司影响的书面声明。

10.1.3　公司财务风险

问答186　公司运营、盈利及现金与偿债能力该怎么判断？

（1）运营与盈利能力

公司的运营能力的状况可以通过计算应收账款周转率和存货周转率，与行业平均水平来做比较；

公司盈利能力的情况可以通过计算公司主营业务利润率、净资产收益率、每股收益等的核算，与行业平均水平比较来确定。

（2）现金与偿债能力

获取现金能力问题，通过计算每股经营活动产生的现金流量净额来判断；

公司长短期偿债能力问题，通过计算资产负债率、流动比率、速动比率，

与行业平均水平比较来判断。

问答187　应收账款风险及其防范调查的内容和方式主要有哪些？

应收账款风险及其防范主要有如下几方面的内容与方式：

（1）应收账款余额及其变动是否合理，通过取得应收账款明细资料，结合公司行业特点和业务收入状况进行分析；

（2）大额应收账款的真实性、收回可能性及潜在的风险问题，通过抽查大额应收账款进行分析；

（3）大额其他应收款的真实性、收回可能性及潜在的风险问题，通过取得公司其他应收款明细资料，了解大额其他应收款余额的形成原因并分析确定；

（4）应收账款和其他应收款账龄的合理性、账龄较长应收款项的形成原因及公司采取的措施、是否按规定提取坏账准备等问题，分析比较公司应收账款和其他应收款账龄来得出。

问答188　财务指标偏离变动与存货财务指标如何调查？

（1）财务指标偏离与变动

对于公司较大偏离同行业平均水平的财务指标或有较大变动的各项财务指标及相关会计项目，需要要求管理层作出说明，并重点调查。

（2）存货财务指标

原材料、在产品、产成品比例是否合理，通过取得公司存货明细资料，结合生产循环特点进行分析；

存货的真实性和完整性问题，通过与股东沟通和实地查看等来分析确认；

存货账龄的合理性、账龄较长的存货的形成原因及公司采取的措施、是否按规定提取存货跌价准备问题，通过询问会计人员，分析比较公司存货账龄等确认。

问答189　公司的关联方及关联交易是怎么调查的？

（1）关联方及关联交易

对公司的关联方、关联方关系及关联方交易调查方式主要有：

① 与公司管理层交谈；② 查阅公司股权结构图和组织结构图；③ 查阅公司重要会议记录；④ 查阅重要合同。

（2）合规性

关联方交易决策是否按照公司章程或其他规定履行了必要的审批程序，其调查方式有：

① 与公司管理层、会计机构和主要业务部门负责人交谈；② 查阅账簿、相关合同和会议记录；③ 听取律师及注册会计师意见等。

（3）价格公允性

关联方交易定价是否公允，与市场独立第三方价格是否有较大差异，调查方式：① 与公司管理层、会计机构和主要业务部门负责人交谈，要求对较大差异说明原因；② 查阅账簿、相关合同和会议记录；③ 听取律师及注册会计师意见等。

（4）必要性和持续性及非关联化情况

关联方交易存在的必要性和持续性，是否存在关联方关系非关联化的情况，调查方式：一是与公司管理层、财务部门和主要业务部门负责人交谈；二是听取律师及注册会计师意见等。

问题190　关联交易收入、利润及应收应付余额占比高低，及大额销售或退回如何调查？

（1）关联交易收入、利润及应收应付余额占比高低

① 来自关联方的收入占公司主营业务收入的比例、向关联方采购额占公司采购总额的比例是否较高，调查方式：一是查阅账簿、相关合同和会议记录，二是计算。

② 关联方交易产生的利润占公司利润总额的比例是否较高，方式：一是查阅账簿、相关合同和会议记录，二是计算。

③ 对关联方的应收、应付款项余额分别占公司应收、应付款项余额的比例是否较高，调查方式：一是查阅账簿、相关合同和会议记录；二是计算。

（2）大额销售或退回影响

关联方交易如有大额销售退回情况，对财务状况的影响，调查方式：

一是查阅账簿、相关合同和会议记录；

二是与管理层、会计机构负责人交谈；

三是听取注册会计师意见等。

问答191　收入成本与费用资产配比及非经常性损益如何调查与判断？

（1）收入成本与费用资产配比

收入与成本、费用，成本、费用与相关资产摊销等财务数据之间的配比或勾稽关系是否合理，方式：分析公司收入、成本、费用的变动趋势、比例关系

等，参照同行业其他公司的情况；明显缺乏合理的配比或勾稽关系的收入与成本、费用，成本、费用与相关资产摊销等财务数据（如有），方式是要求公司管理层作出说明。

（2）非经常性损益真实及其影响判断

非经常性损益的真实性与准确性判断的方式：查阅账簿、凭证、合同等；

非经常性损益对公司财务状况及经营成果的影响，判断方式是依据前面各项的调查，进行分析判断。

问答192　审计报告意见落实及更换会计师事务所（如有）原因如何调查？

（1）财务报告审计意见落实

需重点关注财务报告审计意见的落实情况，主要通过查阅审计报告，针对注册会计师对公司财务报告出具的审计意见，特别需要注意：

公司董事会和监事会对带强调事项段的无保留意见或保留意见审计报告涉及事项（如有）的处理情况，所涉事项对公司的影响有多大，这些影响是否已经消除以及违反公允性的事项是否已予纠正等。

对于这些落实情况，需要取得董事会和监事会的说明。

（2）更换会计师事务所的原因

如存在更换会计师事务所的情况，需要调查更换会计师事务所的原因，履行审批程序情况，前后任会计师事务所的专业意见情况等（如最近两年更换会计师师事务所）

方式：一是咨询会计人员；二是查阅会议记录；三是取得公司管理层说明。

10.1.4　会计政策稳健性

问答193　资产减值准备及合并报表政策是怎样调查的？

（1）资产减值准备

各项资产减值准备的计提方法是否符合会计制度和会计准则的相关规定，依据是否充分，比例是否合理等问题，调查方式：一是查阅公司经审计的财务报告；二是询问会计人员。

资产减值准备的计提情况是否与资产质量状况相符，调查方式是重新计算。

资产减值准备的计提、冲销和转回等是否履行了必要的审批程序，计提方法和比例是否随意变更，金额是否异常，是否存在利用资产减值准备调节利润的情形等问题。调查方式是查阅董事会会议记录、会计账簿、凭证等。

（1）合并报表政策

公司合并会计报表政策调查的内容和方式相关问题有：

① 公司与其子公司的股权关系，合并范围的确定是否合理，尽职调查所涵盖期间内合并范围的变动情况；

② 公司与其子公司会计期间和会计政策是否一致及不一致时的处理是否符合相关规定；

③ 合并抵销的内容和结果是否准确。

调查方式是结合投资会计政策稳健性的调查，查阅公司及其子公司经审计的财务报告。

问题194　公司投资机制、理财项目及其计价收益等如何调查？

（1）资机制及理财项目

公司投资的评估和决策程序、管理层对投资风险及其控制的态度问题，通过与公司管理层及相关负责人交谈，查阅相关文案获得；

委托理财等风险较大的投资项目获得的方式是查阅账簿、股权或债权投资凭证等。

（2）长短期投资计价、收益及差额摊销

公司长短期投资的计价及收益确认方法、长期股权投资差额的摊销方法和期限、长期债权投资溢价或折价的摊销方法等是否符合会计制度和会计准则的相关规定。调查的方式：一是与公司管理层交谈；二是查阅股东大会、董事会、总经理办公会等会议记录；三是查阅投资合同；五是查阅账簿、股权或债权投资凭证。

（3）纳入合并报表投资真实与核算

对于纳入合并报表范围子公司的投资核算方法是否恰当的问题，可以听取注册会计师的意见。

对于子公司财务状况包括投资在内的重要方面及财务报表信息的真实性问题，可以进行财务核查，听取注册会计师意见等。

问答195　公司收入及其较大变动的影响如何判断？

（1）收入确认

公司的收入确认是否符合会计制度和会计准则的相关规定，是否有提前或延迟确认收入或虚计收入的情况等，调查方式：

一是询问会计人员；

二是查阅银行存款、应收账款、收入等相关账簿；

三是查阅公司销售商品或提供劳务的合同、定单、发出商品或提供劳务的凭证、收款凭证、发票、销售退回凭证、增值税、关税等完税凭证。

（2）收入的较大变动及销售模式

关注收入的较大变动及销售模式对其的影响，收入是否存在异常变动或重大变动及其原因。调查的方式是了解收入构成，分析公司产品价格、销量等影响因素的变动情况。

销售模式对公司收入确认的影响及是否存在异常等，方式是了解销售模式并分析。

问答196　公司固定资产和折旧调查包括哪些内容和方法？

（1）固定资产的计价政策、折旧方法、使用年限和残值率的估计等是否符合会计制度和会计准则的相关规定，其合理性如何等问题，调查方式：一是查阅公司经审计的财务报告；二是询问会计人员。

（2）固定资产的构成及状况，可以查阅账簿和实地查看。

（3）固定资产是否面临淘汰、更新、大修、技术升级等情况及其对公司持续经营能力和经营业绩的影响程度等问题。核查方式：一是对折旧进行重新计算；二是计算累计折旧占固定资产原值的比重。

问答197　如何确认公司无形资产相关账务处理的合规合理性？

（1）无形资产入账与摊销

无形资产的计价政策、摊销方法、摊销年限等是否符合会计制度和会计准则的相关规定，及其合理性等问题，核查方式：一是查阅公司经审计的财务报告；二是询问会计人员。

（2）无形资产研发、购买及股东投入

公司自行开发的无形资产的确认时间和价值是否符合会计制度和会计准则的相关规定等，核查方式是查阅投资合同、资产评估报告、资产权属证明、账簿等。

公司购买的无形资产的出售方与公司是否存在关联关系，定价是否合理等问题，核查方式是查阅投资合同、资产评估报告、资产权属证明、账簿等。

股东投入的无形资产的入账价值是否有充分依据，投资方取得无形资产的方式是否合法等，核查方式是查阅投资合同、资产评估报告、资产权属证明、账簿等。

（3）无形资产处置与转销

处置无形资产是否履行了必要的审批程序，手续是否齐全等，核查方式是查阅投资合同、资产评估报告、资产权属证明、账簿等

当预计某项无形资产已经不能带来未来经济效益时，关注公司是否已将该项无形资产的账面价值予以转销等问题，核查方式是查阅投资合同、资产评估报告、资产权属证明、账簿等。

问答198　广告费、研发费政策及利息费与资本化关系如何调查？

（1）广告费、研发费的会计政策

广告费的确认时间和价值是否符合会计制度和会计准则的相关规定，可以查阅重要广告合同、付款凭证等了解。

是否存在将研发费用资本化的不合理情况，可以同财务人员沟通查阅账簿、凭证等得知。

（2）利息费的真实、完整性及资本化

公司计入当期损益的利息费用是否真实、完整，逾期借款利息、支付给关联方的资金使用费，是否存在财务费用负担较重的风险以及有关利息费用支付合同的有效性和公允性等问题，核查方式：一是查阅借款合同、资金使用合同、利息支出凭证；二是重新计算。

公司利息费用资本化的情况是否符合会计制度和会计准则的相关规定，方式是：一是查阅资本支出凭证、利息支出凭证、开工证明等资料；二是现场查看固定资产购建情况；三是重新计算利息费用的计算。

10.1.5　合法合规

问答199　公司设立及存续情况的调查主要有哪些内容？

（1）公司设立、存续的合法性。调查方式：一是查阅公司的设立批准文件、营业执照、公司章程、年度检验等文件；二是查阅公司工商变更登记资料。

（2）整体变更的合法合规性，如股份有限公司运营是否不足两年等。调查方式主要是查阅整体变更批准文件、营业执照、公司章程、工商登记资料等文件。

（3）变更时是否以变更基准日经审计的原账面净资产额为依据，折合股本总额是否不高于公司净资产。主要查阅审计报告、验资报告等。

（4）最近两年主营业务和董事，高级管理人员是否发生重大变化，实际控制人是否发生变更，上述变化或变更对公司持续经营的影响等。调查方式：一是可以咨询公司律师或法律顾问；二是查阅董事会和股东会决议等文件。

问答200　如何核查股本、股权变动情况及股份转让限制？

（1）近二年公司股本、股权变动情况

公司近二年股本总额和股东结构是否发生变动，公司股权变动的合法、合规性。查阅方式：

一是查阅公司设立及近二年股权变动时的批准文件、验资报告、股东股权凭证；

二是核对公司股东名册、工商变更登记资料。

（2）股份是否有转让限制

公司股份是否存在转让限制的调查方式有：

① 与公司股东或股东的法定代表人交谈；

② 取得股东股份是否存在质押等转让限制情形，以及是否存在股权纠纷或潜在纠纷的书面声明；

③ 查阅公司工商变更登记资料等。

问答201　如何调查公司财产权属凭证及商标、专利、特许经营等权利期限？

（1）财产权属

调查的方式主要有：

① 查阅公司房产，土地使用权，商标、专利、版权、特许经营权等无形资产，以及主要生产经营设备等主要财产的权属凭证、相关合同等资料；

② 必要时实地查看；

③ 咨询公司律师或法律顾问的意见。

（2）商标、专利与特许经营等权利期限

调查的方式主要有：

① 查阅公司房产，土地使用权，商标、专利、版权、特许经营权等无形资产，以及主要生产经营设备等主要财产的权属凭证、相关合同等资料；

② 咨询公司律师或法律顾问的意见。

问答202　如何核查公司主要财产与重大债务问题？

（1）主要财产潜在纠纷

公司主要财产是否存在法律纠纷或潜在纠纷的调查方式主要有两种，一是与公司管理层交谈了解；二是咨询公司律师或法律顾问的意见。

（2）重大债务

主要包括三方面的内容：

① 公司债务状况，将要履行、正在履行以及虽已履行完毕但可能存在潜在纠纷的重大合同的合法性、有效性等。调查方式：一是与公司管理层进行交谈；二是查阅相关合同、公司董事会决议；三是咨询公司律师或法律顾问。

② 公司是否存在因环境保护、知识产权、产品质量、劳动安全、人身权等原因产生的侵权之债等。调查方式：一是与公司管理层进行交谈；二是查阅相关合同、公司董事会决议；三是咨询公司律师或法律顾问。

③ 公司金额较大的其他应付款是否因正常的生产经营活动发生，是否合法等。调查方式：一是与公司管理层进行交谈；二是查阅相关合同、公司董事会决议；三是咨询公司律师或法律顾问。

问答203　环保和质量、技术等是否符合要求是怎样核查的？

（1）环保和质量、技术

① 公司的生产经营活动是否符合环境保护的要求，是否受过环境保护部门的处罚。调查方式：一是询问公司管理层及相关部门负责人；二是咨询公司律师或法律顾问。

② 公司产品是否符合有关产品质量及技术标准，是否受过产品质量及技术监督部门的处罚。调查方式：一是询问公司管理层及相关部门负责人；二是咨询公司律师或法律顾问。

（2）高新技术企业资格

在新三板新规条件下，是有必要核查公司高新技术企业资格的。因为这会对公司挂牌及以后的转让、融资等加分。调查方式是查阅相关证件及科技部委等公布的文件等。

问答204　如何调查公司的纳税情况？

主要包括三方面的内容：

（1）公司及其控股子公司执行的税种、税率是否符合法律、法规和规范性文件的要求等。调查方式：一是询问公司税务负责人；二是查阅公司税务登记证。

（2）公司是否存在拖欠税款的情形，是否受过税务部门的处罚。调查方式主要是查阅公司的纳税申报表、税收缴款书、税务处理决定书或税务稽查报告等资料。

（3）公司享受优惠政策、财政补贴是否合法、合规、真实和有效等。调查方式主要是查阅公司有关税收优惠、财政补贴的依据性文件。

问答205　如何核查公司重大违法违规、重大诉讼与仲裁风险？

（1）重大违法违规

公司近二年是否存在重大违法违规行为，调查方式如下：

① 咨询公司律师或法律顾问；

② 查阅已生效的判决书、行政处罚决定书，以及其他能证明公司存在违法行为的证据性文件；

③ 询问公司管理层；

④ 查阅公司档案；

⑤ 向税务部门等查询，了解是否有违法违规记录。

（2）重大诉讼与仲裁风险

公司是否存在重大诉讼、仲裁及未决诉讼、仲裁情况及其法律风险。调查方式如下：

① 询问公司管理层；

③ 咨询公司律师或法律顾问；

④ 取得公司管理层有关公司重大诉讼、仲裁及未决诉讼仲裁及其影响的书面意见等材料。

10.2　典型实战14例

10.2.1　权属、资质与原则

案例100　国企税收返还与土地权属陷阱

某券商项目小组查看拟挂牌国有 A 公司财务报表发现，A 公司累计获得税收返还 4500 万元，对现金流贡献较大；且该公司拥有 1.7 亿元以前评估入账的土地使用权，持有某优秀企业 60%的股权。

通过财务尽职调查，该券商项目小组发现如下问题：（1）该税收返还政策适用于国有三线企业，当并购实现后该税收优惠将不再适用；（2）公司拥有的土地使用权也无法确认权属；（3）公司的房改工作尚未完成；（4）公司股权投资是在政府指令下执行的，完全缺乏控制能力。

所以，项目小组在 A 公司进行尽职调查时，对如下四方面的问题予以侧重：一是关注资产的入账价值；二是考虑国家对国企扶持政策的延续性及对国有职工的福利政策；三是对外投资的背景与实际控制力；四是遗留的资产损失、潜在的负债等。

案例101　生产资质存风险与调查推断

某民用爆破企业，盈利能力尚佳。调查人员发现，该企业所在的区域市场，需求非常强劲，但企业曾经因为实际产量超过国家核定的产能，而被国家相关部门处罚，还有再次产量超标的嫌疑。

但生产炸药的复杂度，并不比生产一般化工品和药品高多少，尽管有一定的防爆安全要求，固定资产投资规模也不高。即使是代表未来民爆产业发展方向的新产品，实质上也只是混料搅拌的工序不同。而竞争对手的门槛，主要是地方政府限制及运输成本。

其行业壁垒，主要是国家核发的“生产许可”。如果国家不批准相应的产能，企业的业绩增长就受到限制。但如果企业多次涉嫌实际产量超标，生产资质就可能受到影响，风险就会比较突出。

案例102　实情核查与尽调原则的坚持

某新三板挂牌企业，处于高科技行业并有垄断性。大股东是央企，上市可能性颇大。其部分小股东的股权有意出售，价格也颇有吸引力，部分创投机构已经接手。

但在尽职调查过程中，有关疑点也呈现出来：对于企业为消除同业竞争而进行重组的计划细节（因为可能涉及注入资产的质量、定价等细节），企业方面借口是三板挂牌企业、其信息披露接近上市公司的要求，三缄其口，董事会秘书拒绝见面交流。等到最终方案出来，原来是大股东与隶属于同一央企的竞争对手合并，以合并后的主体上市，对现有三板企业不利。

可见，如果尽调小组被其表面“华丽”所迷惑，放弃而不遵从必要的尽职调查原则，仅凭已有信息决策，这些信息是很难获得的。

10.2.2 销售与利润预判

案例103 企业销售额和利润率质疑与调查

在对某网上家具销售企业的尽职调查中，调查人员发现，该企业对家装市场提供设计、施工、家具一站式服务，借助软件系统和网站运营，节约家具实体店的投入成本。

又借助家具销售带来的利润，为消费者补贴装修支出，以迅速形成客户群。同时还通过设计师的利益趋使，实现对家具的大量采购。再通过和家具厂商的折扣关系，形成家具的销售利润。

企业在长江三角洲地区开设了诸多新分店，并且提出了雄心勃勃的业绩增长目标。

但该企业的市场可能比较狭窄。在和该企业的店长及设计师的交流中了解到：企业最佳的客户市场，其实是那些无家具、无装修的毛坯房业主，这些客户不仅要对设计师有较好的信任感，还要选择企业进行装修，并愿意在网上购买家具。满足这些条件的客户就不多了。

而且，在企业预计的“单店销售额”中，有较大部分来自于竞争激烈的房地产商的精装修房市场（这是要拼资金实力的），但这部分市场的家具销量极少。这样尽调小组对它预计的单店销售额和利润率，就有较大疑虑。

案例104 销售额量化分析和可靠性判断

某网上家具销售企业，调查人员测算比较了 2007 年同类企业的“单位面积的平均销售收入”，其中红星美凯龙为 4200 元/平米，伊利诺伊是 6700 元/平米，居然之家为 1.2 万元/平米，曲美家具为 1.4 万元/平米。而该网上家具销售企业运营历史最长久、业绩最好的店，则为 8300 元/平米。而在其盈利预测中，“单店平均年销售目标”所对应的则是 1.93 万元/平米，这显然大大超过了行业领先水平，可靠性不高。

案例105 量化推断与企业销售、利润目标的判断

某化工企业，采取“顺酐法”生产 BDO（二羟基丁烷）产品，它有较好的区位优势，拥有该区域内唯一的化工品港口，并在该港口发展沿海型石化工业。

但调查人员发现：不同工艺路线生产 BDO 的成本差异较大。而在国内，

用“电石法”生产的成本，每吨要比“顺酐法”低 3000~4000 元，主要是由原材料电石与顺酐的价格差所致。这令人怀疑，竞争对手的低成本，能完全覆盖该企业的区位优势。加上中国整体的 BDO 产能扩张迅速，可能导致该企业预计的销售目标或利润率无法实现。

10.2.3　流动性、客户质量与回款风险

案例106　机械企业现场尽调摸底流动资金状况

某项目小组考察了某工程机械企业，看到企业的核心部件包括发动机、液压件均为进口。企业自身的生产，仅涉及金属板材的加工、焊接部分及各项部件的组装、喷漆。在现场看到，有部分产品因为核心部件没到位无法组装出厂，而核心部件要提前数月订购。

由此可推断，企业需要大量流动资金作为“预付款”来采购零部件。同时，结合产品销售要给经销商一定账期的现实，便会对企业“流动资金”的压力有比较了清楚的认识，并且对企业产品的“毛利率”受钢材价格波动的影响程度，就会有一定的认识。

案例107　客户集中与应收账款的致命缺陷

B 工业企业收入稳定，当年销售 3 亿元，净利润 2400 万元，净资产收益率达 20%，总体条件很好。但经过财务尽职调查发现，B 企业的应收账款从 2010 年的 1100 万元上升到 2012 年的 7300 万元，增长近 7 倍。通过进一步了解，已确认的坏账为 500 万元，而且该企业的客户集中在某一竞争过度行业，货款回收将越来越难。因此，该企业的应收账款及未来的货款回笼被尽职调查小组列为目标企业的致命缺陷。

所以，不同性质的企业，它们容易在哪些方面存在或出现问题，根据实践经验和财务报表及现场查看、咨询等便可以大致作出判断，然后据此判断在尽职调查中给予重视。

案例108　某电气企业预判客户质量

考察某电气企业时，在仓库里看到了若干生产日期较早的产品。企业介绍说，是因客户方相关配套工程延误，导致无法交付。尽管如此，这样的状况就

会令人对企业客户的质量、付款条件等，心存担心。再结合财务数据、现场问询等调查便能对客户质量做出较准确的判断。

所以，尽职调查中，通过考察“作业现场”是否干净，功能分区是否明晰，零部件、产成品、半成品的摆放是否有规制等来衡量企业的实际管理水平；通过观察车间的“看板”，来了解企业生产计划是否饱满（如果只是上几个月的生产计划写在上面，就有问题了）、生产目前存在的问题（一般管理到位的企业，看板上会将最近生产上出现的问题点出，包括对相关人员的处罚、整改要求等）、企业着重要解决的难题等；通过深入企业的“仓库”，来考察企业的存货管理、感觉企业产品的销售状况等。

10.2.4　财务造假

案例109　造假利润与避税的调查

A 私营企业报表反映，其当年净利润 400 万元，但据财务经理解释实际净利润应为 2400 万元，企业为避税隐藏利润 2000 万元。

所以，券商对乡镇企业、私营企业在尽职调查时要注意：了解其领导者对财务及税收的观点，以及该观点下财务资料的情况，是否有多套报表、虚假报表等问题；税收事宜在未来并购中带来的成本、风险、责任问题；是否存在设立关联公司以转移利润等问题。

案例110　尽调企业不配合与财务造假

项目调查小组对某医药企业进行尽职调查时发现，对于创投机构提交的资料清单，企业准备齐全，但是在外部人员的访谈方面，企业并不配合。调查人员提出对包括销售总监、核心药品的经销商、大客户经销商、核心的研发协作单位等在内的访谈要求，企业均没有安排。

在与管理团队人员访谈中，调查人员发现团队人员能力和素质一般，只是做个简单的执行而已，并且长期以来都是拿较低的工资，似乎和财务报表及其他资料体现出的良好指标对不上。最后发现企业涉嫌财务造假，经营业绩被大大高估。

10.2.5　尽职调查违规被处罚

案例111　以会计师事务所尽职调查复印件作为相关工作底稿（泽辉股份、广发证券）

2016 年 3 月 8 日至 3 月 9 日，股转公司对广发证券的现场检查发现，“泽辉股份”挂牌项目工作底稿直接复印会计师事务所审计工作底稿作为尽职调查结果，未认真展开独立的尽职调查工作，违反了《全国中小企业股份转让系统主办券商尽职调查工作指引（试行）》第六十九条第二款的规定。

鉴于上述违规事实，根据《全国中小企业股份转让系统业务规则（试行）》第 6.1 条和《全国中小企业股份转让系统主办券商管理细则（试行）》第六十九条的规定，股转公司决定对广发证券采取约见谈话并责令改正的自律监管措施。并要求推荐业务部门负责人、做市业务部门负责人、合规部门负责人于 2016 年 5 月 27 日携带有效身份证件到股转公司接受谈话。

同时要求处罚决定书下发之日起 3 个月内对内控制度落实情况及尽职调查工作程序进行改正，向股转公司报送书面整改报告。

案例112　以“董监高”承诺替代尽职调查程序情况（泽辉股份）

2016 年 3 月 8 日至 3 月 9 日，股转公司对广发证券的现场检查发现，在推荐“泽辉股份”申请挂牌尽职调查中，存在仅要求拟挂牌公司和其董事、监事和高级管理人员对有关事项进行承诺，来替代应履行的尽职调查程序的情况，违反了《全国中小企业股份转让系统主办券商尽职调查工作指引（试行）》第二章“尽职调查主要内容和方法”的有关规定。

鉴于上述违规事实，根据《全国中小企业股份转让系统业务规则（试行）》第 6.1 条和《全国中小企业股份转让系统主办券商管理细则（试行）》第六十九条的规定，股转公司决定对广发证券采取约见谈话并责令改正的自律监管措施。并要求推荐业务部门负责人、做市业务部门负责人、合规部门负责人于 2016 年 5 月 27 日携带有效身份证件到股转公司接受谈话。

同时要求处罚决定书下发之日起 3 个月内对内控制度落实情况及尽职调查工作程序进行改正，向股转公司报送书面整改报告。

案例113　财务尽职调查未勤勉尽责被警示（国都证券）

国都证券股份有限公司（以下简称“国都证券”），为推荐浙江芯能光伏科技股份有限公司（以下简称“芯能科技”）挂牌的主办券商，经查明，国都证券在提交的《关于浙江芯能光伏科技股份有限公司尽职调查报告》（以下简称《尽调报告》）中存在以下未勤勉尽责的行为：

芯能科技申报财务报表中对于已达到固定资产确认条件的在建工程未及时结转固定资产，不符合《企业会计准则》要求。公司在 2015 年年报中对该事项进行会计差错更正，对 2014 年度营业成本追溯调增 451.64 万，调整后的 2014 年度净利润较申报报表减少 383.89 万元，占公司 2014 年度净利润的 21.72%。主办券商项目小组在《尽调报告》中描述：核实固定资产入账时间及入账价值准确，购买和处置能够履行审批程序。

国都证券的上述行为违反了股转公司《全国中小企业股份转让系统业务规则（试行）》第 1.5 条的规定。

鉴于上述违规事实和情节，根据《全国中小企业股份转让系统业务规则（试行）》第 6.1 条的规定，股转公司做出如下决定：对国都证券给予出具警示函的监管措施。并提醒国都证券进一步健全内部控制，强化内部管理，严肃追究相关人员责任，并进一步提高全员合规意识和风险意识，勤勉尽责开展挂牌推荐业务工作。

第 11 章

11

股份改制的环节、事项与筹划等实务

11.1 常规疑难33问

11.1.1 改制概念方式与类型成本

问答206 何为改制？企业为何要改制？

（1）改制是指依法改变企业原有的资本结构、组织形式、经营管理模式或体制等，使其在客观上适应企业发展新需要的过程。实践中改制包括国有企业的改制、集体企业的改制、中外合作企业的改制、企业股份制的改造等。

企业进入资本市场，包括新三板、沪深股市所指改制，是特指企业按照《公司法》、《证券法》及相关法律法规的规定，改制为股份有限公司。

（2）对于企业来说，改制主要有以下好处：

① 有利于建立现代企业制度，规范法人治理结构，促使企业持续稳定经营。

② 有利于提高企业管理水平，降低经营风险。

③ 有利于建立归属清晰、权责明确的现代产权制度，增强企业创新的动力。

⑤ 有利于企业进入资本市场进行资本运作，利用金融工具进行资源整合，做大做强。

问答207 企业股份改制的成本有哪些？

公司股份改制成本主要来自于如下三方面。

（1）规范成本

企业规范成本主要包括：建立健全公司治理机制，完善内部控制，维持其正常运行的成本，如规范历史经营中遗留问题的支出，如补缴出资、补缴欠税、不合规问题纠正及风险化解支出；董事会、监事会和股东大会的运行成本等。

（2）重组成本

企业重组成本主要包括：业务调整，资产置换、剥离、处置，股权调整，股权激励等操作所支出的税费，目的是为更有利于企业未来发展和资本运作。

（3）中介机构费用

中介机构费用主要包括：证券公司财务顾问费、会计师事务所审计费用、律师费、资产评估费（如需）等。

对于新三板挂牌，很多地方政府出台了鼓励企业股份制改造及挂牌的补贴政策，可以覆盖部分改制成本，未来这种鼓励政策或将逐渐减少或被取消。

问答208 适宜改制的企业有哪些类型？

适宜改制的企业主要包括：

（1）需要规范治理结构、提高管理水平的企业。

（2）需要扩充股东人数的企业。

（3）已有一定业务规模，需要持续发展、扩大业务规模的企业。

（4）具有创新业务模式，需要提升品牌、提高估值水平的企业。

（5）拟进入国务院批准设立的证券交易场所交易融资，即申请在全国股份转让系统及沪深证券交易所挂牌上市的企业。

问答209 股份公司的类型有哪些？

上市公司：其股票在证券交易所上市交易的股份有限公司。

公众公司：其股票向特定对象发行或者转让导致股东累计超过200人，或以公开方式向社会公开转让的股份有限公司。

非上市公众公司：公众公司中，其股票未在证券交易所上市交易的股份有限公司。

公开发行：向不特定对象发行证券或向特定对象发行证券累计超过200人，以及法律、行政法规规定的其他发行行为。

股份公司类型简图如图 11-1 所示。

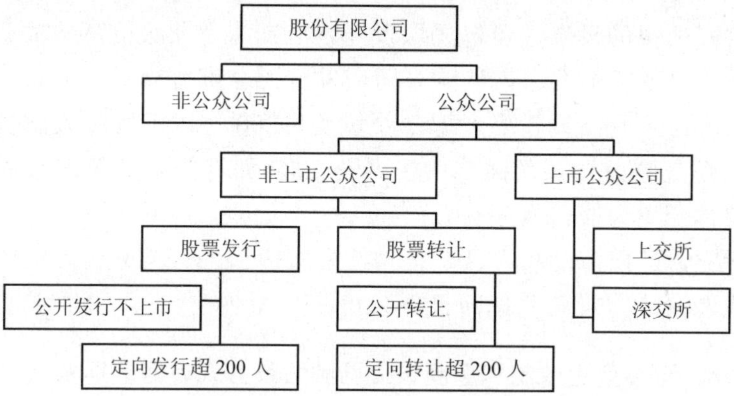

图 11-1　股份公司类型解析简图

问答210　申请在新三板挂牌的公司是否必须是股份公司？

按照《国务院关于全国中小企业股份转让系统有关问题的决定》国发（〔2013〕49 号）和《全国中小企业股份转让系统业务规则（试行）》等相关规定，申请在全国中小企业股份转让系统（简称“全国股转系统”或“股转系统”，俗称“新三板”）挂牌的公司必须为股份公司。

问答211　企业改制有哪些方式？

企业改制，应当在清产核资的基础上选择改制方式。企业的改制方式主要有以下几种。

（1）重新设立改制：又称整体设立改制，是指原企业以整体资产进行重组，并对非经营性资产剥离、少量剥离或不予剥离而改制设立新的法人实体。这是较为简单的改制方式。

（2）部分重组改制：是指将原企业以一定比例的资产和业务进行重组，设立股份有限公司。原企业（或企业集团）仍保留余下部分的经营性或非经营性资产和业务。

（3）共同发起改制：也称捆绑式改制方式，是指多个企业以其部分资产、业务、资金或债权，共同设立新的法人实体（股份有限公司）。

（4）整体变更改制：即先采取整体改制、部分改制、共同改制等方式对原企业进行改制，设立有限责任公司。待改制基本完成后，再依法将有限责任公司整体变更（注意：与“整体设立”不同）为股份有限公司。

问答212　股份有限公司设立方式有哪些？

股份有限公司的设立，可以采取发起设立或者募集设立的方式。

发起设立，是指由发起人认购公司应发行的全部股份而设立公司。主要为以下两种情况：一是新设设立，即2个以上、200个以下发起人出资新设立一个公司；二是变更设立（又称整体变更设立），即有限责任公司按原账面净资产值折股整体变更为股份有限公司。

募集设立，是指由发起人认购公司应发行股份的一部分，其余股份向社会公开募集或者向特定对象募集而设立公司。

问答213　整体变更改制和重新设立两种股改方式有何区别？

新三板拟挂牌公司股份制改造，其中的整体变更设立和重新设立的区别如下。

（1）改造主体不同：变更设立的主体为有限责任公司，而重新设立的主体还包括非公司制企业，如国有、集体和事业单位性质的公司；

（2）资产计算方式不同：变更设立是以审计后的净资产折股；而重新设立一般以评估值验资、折股；

（3）业绩计算方式不同：公司变更设立后业绩可以连续计算；而以评估值验资调账的重新设立则不能连续计算原有业绩；

（4）债权债务的处理方式不同：变更设立的债权债务由变更后的股份公司自然承继；而重新设立的债务转移需要获得债权人的同意；

（5）资产重组方式不同：变更设立是将原有限责任公司的所有资产纳入股份公司的范围，而重新设立也可能剥离非经营性资产，只将经营性资产纳入股份公司范围。

由此可见，企业进行股份制改造应当根据自身的特点以选择所需的方式，如果希望企业业绩能够被延用和连续计算，应当采用变更设立的股改方式。采取变更设立的方式，改造后的股份有限公司可以从有限责任公司成立之日起连续计算业绩，从而满足新三板对于挂牌公司存续时间的要求。

11.1.2　改制目标、原则及外商、合伙独资等改制要求

问答214　企业股份改制要达到哪些目标？

企业股份改制的主要目标有：

（1）梳理与规范企业历史瑕疵问题，消除风险隐患，按照挂牌上市要求，

夯实企业进入证券市场的基础。

（2）建立有效的公司管理结构、内部控制制度、竞争激励机制，促进公司的发展。

（3）建立规范的公司治理结构。根据《公司法》建立股东大会、董事会、监事会、经理层分权与制衡为特征的公司治理结构，塑造真正的市场竞争主体，以适应市场经济发展的需要。

（4）确定公司的独立法人财产权，有效地实现出资者所有权与公司法人财产权的分离。

（5）合法合规地将企业的类型变更为股份制公司。

问答215　企业股份改制应坚持的原则是什么？

拟挂牌企业进行股份改制应坚持的原则主要有三个：

（1）合法性原则。企业改制的内容和程序都要合法合规。

（2）稳定性原则。企业改制要保持企业在改制前后生产经营的连续性和稳定性。

（3）科学性原则。企业改制要着重于企业组织制度的科学改造，建立先进的产权制度、科学的法人治理结构。

问答216　合伙企业、个人独资企业能否改制成有限（或股份）公司？

合伙企业、个人独资企业因为在法律上其普通合伙人（或出资人）承担无限连带责任，因此，合伙企业和个人独资企业不可以直接改制为有限公司或者股份公司。

如硬是需要改制的话，先得结束合伙企业、个人独资企业的一切债权债务等关系，重新发起设立有限（或股份）公司。相当于结束一切，从头开始，也不存在业绩、存续期继承与连续的问题。

问答217　外商投资企业改制为股份有限公司应满足哪些要求？

根据外经贸部（现为商务部）1995 年发布的《关于设立外商投资股份有限公司若干问题的暂行规定》、2007 年 12 月 1 日起施行的《外商投资产业指导目录（2007 年修订）》和 2002 年 4 月 1 日《指导外商投资方向规定》（国务院第 346 号令）等的规定，外商投资企业改制为股份有限公司应需满足如下要求。

（1）以发起方式设立外商投资股份有限公司，除应符合公司法规定的发起人条件（2 人以上 200 人以下）和半数以上发起人在中国境内外，必须至少有一个发起人为外国股东，同时必须至少有一个发起人为中国股东且不得为自然人股东（但根据《关于外国投资者并购境内企业的规定》，被股权并购境内公司的中国自然人股东，经批准，可继续作为变更后所设外商投资企业的中方投资者）。也就是说，根据现行规定，外商投资企业中的外商独资经营企业若想完成改制，必须在改制阶段引入中国非自然人股东，即中国法人股东。而以募集方式设立的，除应符合前述条件外，至少还应有一个发起人有募集股份前 3 年连续盈利的记录并须提供经审计的财务报告。该发起人为中国股东时，应提供其近 3 年经过中国注册会计师审计的财务会计报告；该发起人为外国股东时，应提供该外国股东居所所在地注册会计师审计的财务报告，注册资本最低限额为人民币 3 千万元，其中外国股东购买并持有的股份不低于公司注册资本的 25%。在股份公司设立批准证书签发之日起 90 日内，发起人应一次缴足其认购的股份。

（2）已设立的中外合资经营企业、中外合作经营企业、外资企业等外商投资企业，如果有最近连续 3 年的盈利记录，可申请变更为外商投资股份有限公司。

（3）已设立的国有企业、集体所有制企业，如果营业时间超过 5 年、有最近连续 3 年的盈利记录，也可申请转变为外商投资股份有限公司。

（4）已设立的股份有限公司，可通过增资扩股、转股、发行境内上市外资股或境外上市外资股等方式，变更为外商投资股份有限公司。

无论采用何种方式，设立外商投资股份有限公司需要满足以下几个条件：设立后注册资本不低于人民币 3000 万元；外国股东持有的股份不低于 25%；经营范围符合我国外商投资企业产业政策。

问答218　民营企业改制为股份有限公司应特别注意哪些事项？

民营企业改制时需要特别注意以下事项：

（1）完善公司治理结构。民营企业往往家族集所有权与经营权于一身，缺乏有效的监督机制；产权界定不清导致所有权与经营权不分。为此，需建立健全的公司法人治理结构，使公司的经营规范化并减少股东与经营者之间的利益冲突。

（2）健全财务制和规范会计行为。不少企业财务账目不清、信息失真，存在账外账、管理混乱现象。需要建立规范化的财务核算体系。如存在偷税或漏税情况的，原则上应补清税款，充分披露有关情况；对于与国家和地方税收优惠政策不符的，应由律师出具纳税合法性意见，披露补税风险和补税责任。

（3）挂牌融资匹配公司长远规划。企业正常经营时就应该考虑包括挂牌在内的融资策略，使资金跟得上企业长远发展的需要，而不能等到企业面临资金困难时才想到去融资等。

11.1.3　改制流程、时间表与中介选择

问答219　公司改制大股东与高管要做哪些准备？

在企业股份改制准备阶段，大股东与高管需要做好以下准备工作：

（1）从思想和态度上要非常重视改制工作，建立专项工作机制，安排专人负责和协调，同时利用改制着力培育或引进专业人才（如董秘或信息披露负责人、财务负责人）。

（2）大股东应该与企业管理层、中介机构（如有）充分协商沟通，探讨企业改制的方式，设计改制的总体方案，包括股份公司的设立方式、发起人数量、股本规模及业务范围等。

（3）企业如果拟引入投资者的，需要物色、洽谈投资人。

（4）企业如果拟进行股权激励，需要拟定股权激励方案，与激励对象进行初步沟通。

（5）探讨遴选合适的中介机构。

问答220　拟挂牌公司股份改制主要包括哪些环节？

股份改制主要分为准备阶段、操作阶段和收尾阶段。具体内容参见表 11-1。

表 11-1　拟挂牌公司股份改制的三阶段的各环节步骤

序号	阶段	具体操作步骤
1	准备阶段	主要包括四个步骤： ① 选聘中介。企业选定并聘请证券公司、会计师事务所、律师事务所、资产评估机构（如需）等中介机构，签订相关协议。 ② 前期调查。证券公司、会计师事务所、律师事务所等中介机构对企业进行前期尽职调查，发现企业在历史经营中存在的不规范问题，判断企业经营的持续性、独立性，分析企业是否存在重大法律、财务、税务风险，分析企业是否存在影响改制目标实现的其他问题。 ③ 制定改制方案。各中介机构根据前期调查发现的问题提出建议，召开协调会，与企业的实际控制人、控股股东、高级管理人员充分沟通，在此基础上制定改制方案和工作时间表。 ④ 落实方案、做好规范。证券公司牵头协调企业及各个中介机构改制工作的节奏，落实改制方案，推动解决前期调查发现的问题，总体把握企业是否达到改制的目标和原则要求；帮助企业建立健全公司治理结构；指导企业建立完善各项内部控制制度

续表

<table>
<tr><th>序号</th><th>阶段</th><th>具体操作步骤</th></tr>
<tr><td>2</td><td>操作阶段</td><td>操作阶段工作主要包括以下步骤：
① 有限责任公司召开董事会，决议聘请中介机构，启动股份制改造工作。如果有限公司没有董事会（只设执行董事）的，执行董事需要就启动股份制改造提交工作报告。
② 公司办理变更名称预核准。
③ 会计师事务所对企业会计报表进行审计，出具《审计报告》。
④ 资产评估机构对公司改制基准日的净资产值进行评估，出具《资产评估报告》（如需）。
⑤ 有限责任公司召开股东会，审议改制方案，就整体折股方案、出资方式、出资比例、变更公司类型等事项做出决议。股东会应当提前15日通知全体股东（公司章程或全体股东另有约定的除外）。股东会作出变更公司形式的决议必须经代表三分之二以上表决权的股东通过。
⑥ 签订发起人协议，发出召开股份公司创立大会暨第一次临时股东大会的通知。
⑦ 中介机构进行验资，出具《验资报告》（如需要）。
⑧ 律师事务所协助公司制作《股份有限公司章程（草案）》及“三会”议事规则、《关联交易管理办法》等规章制度。
⑨ 召开职工大会选举职工监事和职工董事（如需要）。
⑩ 召开创立大会暨第一届临时股东大会，审议发起人关于公司股份改制情况的报告，通过公司章程，选举董事会成员和监事会成员等。发起人应当在创立大会召开十五日前将会议日期通知各认股人。创立大会应有代表股份总数过半数的发起人出席。
召开董事会，选举董事长，决定聘任经理；召开监事会，选举监事会主席等。公司准备整体变更为股份有限公司的相关申报资料。向工商行政管理部门申请变更登记。领取股份公司《企业法人营业执照》</td></tr>
<tr><td>3</td><td>收尾阶段</td><td>改制收尾阶段，主要应做好以下后续工作：
修改完善公司各项内部管理制度；进行相关资产权属变更，相关证照、银行账户名称变更；制作股份公司公章，通知客户、债权债务人等公司改制更名事宜</td></tr>
</table>

问答221　新三板拟挂牌公司改制重组工作时间表大致是怎样的？

拟挂牌新三板企业股份改制工作的大致时间表如表11-2所示。

表11-2　新三板拟挂牌企业改制重组工作时间表

<table>
<tr><th>阶段</th><th>时间</th><th>主要工作</th><th>责任方</th></tr>
<tr><td rowspan="4">预备阶段</td><td rowspan="2">T</td><td>1．签订股改服务协议书</td><td>券商、公司</td></tr>
<tr><td>2．聘请会计师、律师及资产评估机构</td><td>公司</td></tr>
<tr><td>T+25</td><td>3．中介对企业展开尽职调查，并准备下阶段出具报告的资料</td><td>券商、公司、会计师事务所、律师事务所</td></tr>
<tr><td>T+30</td><td>4．根据尽职调查情况规划制定股改重组方案，并经责任公司临时股东会确认</td><td>券商、公司、律师事务所</td></tr>
</table>

续表

阶段	时间	主要工作	责任方
实施阶段	T+65	5．处理各种影响改制工作推进的事项	券商、公司、会计师事务所、律师事务所
		6．完成企业股权整合变更事宜	公司
	T+75	7．出具改制《审计报告》	会计师事务所
		8．对需整合、重组资产出具《资产评估报告》	资产评估机构
申报设立阶段	T+90	9．股份公司名称预核准	公司
		10．出具股份公司成立的《验资报告》	会计师事务所
		11．完股份公司创立大会相关的法律文件及“三会”议事规则，核查拟任“董监高”人员的任职资格等	券商、公司、律师事务所
		12．对股份公司章程、三会制度规则等进行讲解，帮助股东及“董监高”人员梳理公司治理要求	券商、律师事务所
		13．召开股份公司的创立大会暨股份公司第一次股东大会，选举公司第一届董事、非职工监事	公司、律师事务所
		14．召开公司第一届董事、监事会第一次会议，讯据董事长、监事会主席，任命总经理、副总经理、财务总监级董事会秘书等高管	券商、公司、会计师事务所、律师事务所
		15．向当地工商局提交股份公司变更登记材料	公司
		16．取得股份公司营业执照	公司
备注：以上工作安排在具体实施时会根据实际情况有所调整			

问答222　改制中如何选择中介机构？

选择中介机构时，建议企业考虑以下几方面因素。

（1）中介机构的资质

改制需聘请会计师事务所进行审计、验资，聘请资产评估机构进行评估（如需）；如果企业拟改制成股份公司并在全国股份转让系统挂牌，建议同时聘请主办券商作为改制的财务顾问。

各中介机构应当具有相应的资质。如果企业向全国股份转让系统申报挂牌材料时拟使用改制的审计报告（即以改制基准日作为申请挂牌的财务报表基准日），公司所聘请的会计师事务所需具有从事证券期货业务资格。主办券商名录信息可以在全国股份转让系统网站（www.neeq.com.cn 或 www.neeq.cc）查询，具有从事证券期货业务资格的会计师事务所名录信息可在中国证监会网站（www.csrc.gov.cn）查询。

（2）中介机构成员的执业能力和经验

中介机构对企业改制的质量有重大影响。企业选择中介机构应当考虑项目组成员的执业经验、业务能力、敬业精神、时间保障，以及对企业经营模式的理解能力，疑难问题的处理经验等。

（3）不要只考察费用问题

企业在开展改制工作之初就应当周密考虑，审慎选择中介机构及项目团队，建议不要抱着“试试看”、“不行就换”等想法。

中介机构费用由企业和中介机构自由协商确定，它会影响企业改制的成本。企业不应当一味追求低成本，而应当在自身业务的复杂程度、市场平均价格水平、中介机构的声誉及执业质量三者之间寻找平衡。

问答223　整体变更，企业改制各中介机构的职责有哪些？

企业改制的中介机构包括证券公司、会计师事务所、律师事务所和资产评估机构（如需）等，各中介机构职责不一。

（1）证券公司的职责包括：牵头协调、指导企业和其他中介机构工作，参与初步调查，发现企业存在的问题并提出规范意见，协助企业拟定改制重组方案，对前期规范工作能否达到改制目标及是否符合挂牌条件进行质量把关，协调各改制参与方的工作进度。

（2）律师事务所的职责包括：对企业历史沿革的合法合规性问题进行梳理，对企业历史经营过程中的法律瑕疵提出规范解决方案，对企业改制总体方案的合法合规性进行分析评价，对企业整体折股变更为股份公司的程序合规性进行质量把关，指导企业股份改制相关文件（包括公司章程、三会议事规则、重大的业务规则、工商登记变更资料等）的起草，指导企业办理股份改制相关事项。

（3）会计师事务所的职责包括：指导企业整理报告期的财务资料；发现企业历史经营过程中遗留的财务问题，提供解决方案，指导企业规范；对企业改制总体方案的财务风险、会计核算进行分析判断，提出指导意见；审验企业改制基准日的会计报表并出具审计报告；验资并出具验资报告；指导企业股改完成后的财务规范工作。

（4）资产评估机构的职责包括：对企业以股改基准日的账面净资产值整体折股出资进行评估，出具评估报告。

11.1.4　整体变更改制的操作

问答224　整体变更改制准备阶段，企业主要有哪10项工作？

拟挂牌企业整体变更改制准备阶段的主要工作如下：

（1）准备拟改制挂牌企业的历史沿革资料，梳理企业的历史沿革。

（2）准备财务资料，进行清产核资，规范报告期会计核算。

（3）准备对外投资相关资料，梳理企业对外投资情况。

企业相关工作人员应当整理对外投资的相关资料，如公司对外投资的决策文件、批复文件、登记备案文件，并结合财务资料梳理企业对外投资关系；协调子公司打印工商登记资料，梳理子公司的历史沿革，了解其设立、变更的规范性，出资的真实性等情况。

（4）整理拟改制挂牌企业关联方的相关资料，梳理关联方关系，分析企业是否存在同业竞争。

企业应在律师的指导下，认定拟改制挂牌企业的关联方，整理关联方的相关资料，梳理出企业的关联方关系。关注企业控股股东、实际控制人及其控制的其他企业，通过询问相关人员、查阅营业执照、实地走访生产或销售部门等方式，了解公司控股股东、实际控制人及其控制的其他企业是否与拟改制挂牌企业构成同业竞争，了解同业竞争形成的原因、存在的必要性、对拟挂牌企业未来经营能力的影响，初步探讨避免同业竞争的可能方案。

（5）梳理企业业务流程，分析企业经营的合法性。

企业应在律师的指导下梳理公司的业务类型、各类业务的流程，整理企业各项业务资质，供、产、销环节应有的批文证照，产品认证证书，环保、消防的评估、验收等资料（根据具体情况提供相应的资料），分析企业经营是否符合相关法律法规的要求。

（6）整理公司法务资料，分析相关主体是否存在重大违法违规行为。

在律师的指导下，整理企业报告期内的诉讼资料、处罚资料，分析公司、实际控制人、控股股东、公司董事、监事、高级管理人员在最近 24 个月内是否存在重大违法违规行为。

（7）整理公司各项规章制度，分析公司内部控制制度的合理性、执行的有效性。

（8）初步确定股份公司董事、监事、高级管理人员的设置及人选。

控股股东、实际控制人应与董事、监事、高管沟通，初步确定股份公司董事、监事、高级管理人员的设置及人选，准备这些人员的简历资料。

（9）中介机构初步调查，拟定改制方案。

主办券商牵头各中介机构对以上内容及资料进行初步调查，汇总拟改制挂牌企业存在的问题，并与控股股东、实际控制人、高级管理人员讨论，拟定公司存在问题的解决方案，拟定公司业务调整，股权、资产调整方案，在此基础上形成改制挂牌整体方案和工作时间表，初步确定改制基准日。

（10）落实改制方案，协同做好改制前规范工作。

主办券商牵头，各中介机构协同拟挂牌企业落实改制挂牌方案，逐项解决初步调查汇总的问题及由此引发的新问题，总体把握改制挂牌方案落实的质量和时间进度，判断是否符合挂牌的基本要求。

问答225　整体变更改制准备阶段企业该如何梳理历史沿革资料？

准备改制企业的历史沿革资料的梳理主要有如下内容。

企业应在中介机构的指导下，安排专人准备以下与历史沿革相关的资料：到工商行政管理部门查询打印企业注册登记的全套资料，整理自企业成立以来历次股东会、董事会决议及会议记录；整理历次中介机构出具的审计报告、验资报告、评估报告；整理历次公司股权变更、登记变更时相关机构的批准文件（如有），整理历届股东、董事、监事、高级管理人员简历等资料。企业及中介机构在此基础上梳理企业的历史沿革，分析企业设立、变更程序合规性及公司股东、董事、监事及高级管理人员任职的适格性。

企业及中介机构应将历次股权变更工商记录与审计报告、验资报告、评估报告（如有）及公司财务资料进行比较，询问财务人员，分析股东出资是否及时到位，出资方式是否符合有关法律、法规的规定。

问答226　整体变更改制准备阶段企业该如何梳理财务、核资与会计核算？

拟改制企业需要准备财务资料，进行清产核资，规范报告期会计核算。这一阶段的主要工作内容包括：

（1）企业会计人员应当整理企业报告期及期初的全部财务资料，整理企业出资、投资、长期资产购置、长期债务、并购重组等业务入账及后续会计核算的财务资料，包括会计报表、账簿、会计凭证、纳税报表及凭证等。

（2）企业会计人员应当盘点、清查公司财物，进行账实核对，往来账项核对。在盘点、核对的基础上，企业应对盘盈盘亏、废旧毁损财物、坏账等进行财务处理，追回企业被违规占用的资金、资产。

（3）企业会计人员与中介机构财务人员共同分析报告期内企业财务基础是否健全，期初数据是否真实，报告期会计处理是否规范，会计资料是否完整。如果存在因会计基础薄弱（如账表不符、账证不符、账实不符，多套账等）导致财务数据失实的情形，企业应当考虑进行账务整改，形成一套以原始凭证为依据，符合会计准则的财务资料。

（4）企业会计人员应当整理企业对外投资的财务资料，梳理对外投资关系，协调整理纳入合并报表范围子公司的财务资料。纳入合并报表子公司的财务规范要求适用拟挂牌母公司的标准。

（5）企业会计人员在中介机构的指导下，梳理企业报告期关联方、关联关系以及存在的关联交易，分析关联交易的决策程序的规范性、存在的必要性及交易价格的公允性。

（6）企业会计人员应协调企业业务人员整理公司报告期内的重大合同，初步分析合同的执行情况，并综合研发支出、生产能力、偿债能力等因素，分析企业的可持续经营能力。

问答227　企业整体变更改制操作阶段主要有哪16项工作？

拟挂牌企业经过改制准备阶段的工作，历史遗留问题经规范符合企业在新三板挂牌的条件，已经具备实现改制目标的基础时，才可以进行改制操作阶段的工作。改制操作阶段的工作主要包括：

（1）召开董事会，决议进行股份制改造，确定股份制改造的基准日，确定审计、评估（如需）、验资等中介机构。

（2）到有限公司登记的工商行政管理部门办理拟成立股份公司名称预核准手续，该名称预核准有效期为六个月。

（3）企业完成以改制基准日为会计报表日的会计核算、封账工作。

（4）会计师事务所、评估机构（如需）到企业现场进行改制审计、资产评估（如需）工作。

（5）会计师事务所出具审计报告初稿，与企业、主办券商、律师事务所、评估事务所（如需）进行沟通后，出具正式审计报告。

（6）评估机构对企业改制基准日经审计的净资产进行评估，出具评估报告初稿，与企业、主办券商、会计师事务所、律师事务所进行沟通后，出具正式资产评估报告（如需）。

（7）有限公司召开股东会，审议《审计报告》、《评估报告》（如有），就公司改制事宜作出决议。

（8）公司在律师的指导下，准备《股份公司发起人协议书》、《股份公司章程》、《股东大会议事规则》、《董事会议事规则》、《监事会议事规则》等资料，指导公司发出召开股东大会通知，准备申办工商变更登记的相关文件。

（9）股份公司发起人签订《股份公司发起人协议书》，确定各发起人的股权比例，设立股份公司筹备委员会，或指定专人负责筹备事宜，发出召开股份公司创立大会暨第一次股东大会的通知。

（10）召开职工代表大会选举职工监事。

（11）会计师事务所进行验资并出具改制的《验资报告》（如需要）。

（12）召开创立大会暨第一次股东大会。

（13）股份公司董事会召开第一届董事会第一次会议，选举董事长，聘任经理、财务负责人、董事会秘书等高级管理人员，审议公司各项内控制度（如有）。

（14）股份公司监事会召开第一届监事会第一次会议，选举监事会主席。

（15）新成立的股份有限公司董事会委派人员向工商行政管理部门提交变更为股份有限公司的申报资料。

（16）工商行政管理部门依法变更登记，换发股份公司《企业法人营业执照》。

问答228　整体变更改制操作阶段，创立大会的职权及操作是怎样的？

在企业整体变更改制的操作阶段，其中有一个环节是创业大会，其要求与注意事项如下。

召开创立大会暨第一次股东大会，创立大会应有代表股份总数过半数的发起人出席。

创立大会通常行使下列职权：审议发起人关于公司筹办情况的报告；通过公司章程；选举董事会成员（5~19人）；选举监事会成员（3名以上，职工监事须占三分之一以上）；对公司的设立费用进行审核；对发起人用于抵作股款的财产的作价进行审核；发生不可抗力或者经营条件发生重大变化直接影响公司设立的，可以作出不设立公司的决议。

第一次股东大会一般也将审议通过股东大会议事规则、董事会议事规则、监事会议事规则、对外投资制度、对外担保制度、关联交易制度等。

问答229 企业整体变更改制收尾阶段的工作主要有哪些？

拟挂牌企业整体变更改制收尾阶段的主要工作如下。

（1）制作股份公司公章，变更相关证照、账户名称，办理相关资产和资质过户手续。

公司应制作股份公司公章，去税务机关、开户银行、社保机构、质监局、海关（如需）、外管局（如需）等单位将原有限公司名下的所有证照、账户名称变更至股份公司名下，包括：组织机构代码证、税务登记证、银行开户许可证、银行贷款证（如有）、社保基本户等。

公司属于特殊行业的，需办理相关的行业许可证名称变更手续，如特许经营权证书，生产型企业的生产许可证，进出口企业的对外贸易经营资格备案表、海关报关注册登记证、检验检疫备案证书，外商投资企业批准证书（外资企业）等。

原有限公司名下所有登记公示的资产（如土地、房产、车辆、知识产权）及资质证书，应及时更名过户至股份公司名下。

（2）通知客户、供应商、债权债务人等利益相关人公司改制更名事宜。

公司取得股份公司《企业法人营业执照》后，应及时将公司改制更名事宜告知客户、供应商、债权债务人等利益相关人，以便公司对外账务往来、订立合同、收开发票等业务往来顺利进行。

（3）制定、修改企业内部规章制度，完善公司治理和内部控制。

股份公司应在中介机构的指导下，制定、修改公司各项规章制度，完善公司内部控制。制定、完善公司治理的配套规则，健全公司财务管理，做到业务、资产、人员、财务、机构独立完整。

11.1.5 高频常规疑难问题及解决

问答230 整体变更与业绩如何连续计算？

整体变更实操中应用普遍，其原因是股份公司存续期可以从有限公司成立之日起计算。注意及解决思路有三：一是不应改变历史计价原则；二是不能根据评估结果进行账务调整；三是以改制基准日经审计的净资产额为依据折合为股份中的股本。

业绩连续计算主要涉及两方面问题：一是公司业绩连续计算需以变更基准

日经审计的净资产额为依据折合为其股份；以评估结果折股视为新设，不能连续计算业绩。二是业务重组可能影响申报期。业务重组分为同一控制下与非同一控制下两种情形。

问答231　国有、外商及特殊主体改制有何要求？

国有性质的有限责任公司、股份合作制企业、研究院所等特有主体，其设立、改制与股权变更等，约束较多，合法合规和履行程序是审核的重点。另，外商投资企业依据我国法规不论是中外合营、合作企业，还是外商独资企业，一般的组织形式都是有限责任制公司，拟挂牌前需整体变更进行股改，其中，属外商独资的，还须引入中国股东。以上改制常规处理方思路：披露关于主体内部改制审批、投资者份额确定、主管机关批准或确认、登记机关核准等主要文件。

问答232　国有资产折股要求及注意事项有哪些？

国有资产折股要求和注意事项如下。

（1）国有资产作价入股必须进行资产评估。国有资产的转让方应当委托具有相关资质的资产评估机构，依照国家有关规定进行资产评估。评估报告经核准或者备案后，作为确定企业国有产权转让价格的参考依据。

（2）国有资产作价入股时，企业应当以经核准或备案的资产评估结果为作价参考依据；当交易价格低于评估结果的90%时，应当暂停交易，在获得原经济行为批准机构同意后方可继续交易。

（3）国有资产严禁低估作价折股。一般应以评估确认后的净资产折为国有股的股本。如不全部折股，则折股方案须与募股方案和预计发行价格一并考虑，但折股比率（国有股股本/发行前国有净资产）不得低于 65%。

依据：《股份有限公司国有股权管理暂行办法》、《企业国有产权转让管理暂行办法》、《企业国有资产评估管理暂行办法》，以及参考深证证券交易所 2011 年 5 月发布的《中小企业板、创业板股票发行上市问答》。

问答233　拟挂牌企业改制对评估及验资的要求是什么？

根据 2014 年 3 月 1 日起实施的《公司注册资本登记管理规定》（工商总局令第 64 号）等规定，工商部门对有限公司整体变更为股份公司已不再强制要求提交评估报告等类似文件。目前法律明确规定需要评估有两种情况：以非货币资产出资和国有企业改制，除此之外评估并非必要条件。

根据 2014 年 3 月 1 日起生效的修订后的《公司法》第八十三条的规定，公司整体变更为股份公司时可以不进行验资。但是为谨慎、严谨及改制后融资、资本运作操作的方便起见，建议在股份改制中仍由会计师出具验资报告。

问答234　拟挂牌公司改制的财务处理及要求有哪些？

改制财务问题主要包括：公司财务情况与净资产数额问题。实操而言，改制主体会计、审计制度发生变化，有可能导致改制涉及的净资产发生变化。《公司法》对关于企业股改时净资产的规定，仅限于“有限责任公司变更为股份公司时，折合的实收资本不得高于公司净资产额”。注意：改制主要是从法律层面对企业进行制度上的变更，目前我国对财务情况是否影响改制暂无规定，财务优劣并不阻碍成功改制。所以，常规处理思路是：特殊财务问题，根据实际情况通过公司召开股东会的决议来调整实收股本。净资产折股时，如问题较突出，审计报告出具了“保留意见”，则需要对该问题进行专项审计和评估，将保留事项对应的金额找出来，将其剔除，从而清除改制的财务障碍。

问答235　改制中追溯调整股改基准日净资产如何操作？

整体变更为股份有限公司，按照账面净资产折合股本。在办理完工商登记变更手续后，申报会计师发现财务报表存在重大会计差错，追溯调整股改之前的财务数据（主要指股改审计由不具有证券资格的事务所承担的情况）。如为调增净资产，则为超额出资；如为调减净资产，则为出资不足。

超额出资解决思路如下。

方法一：股改前，由原股东承诺超额出资部分计入资本公积。

方法二：由申报会计师以近期时点为基准日，对拟挂牌公司的财务报表进行审计并出具审计报告，由拟挂牌公司申请变更注册资本。注意，变更后的注册资本应大于变更前的注册资本，否则将履行减资的法定程序。

出资不足的解决思路如下。

①充分披露可能受到的处罚，取得工商登记机关不予处罚的证明；②取得其他批文及证明，主要是工商局确认出资且免予处罚的文件；③股东补足出资；④审计复核；⑤股东做出相应承诺；⑥中介机构发表意见。

问答236　改制评估日与公司成立日间隔较长有何问题？

改制评估基准日与公司成立日中间相隔时间较长，在此期间必定会产生损益，此期间产生的收益，决不可擅自归为新设企业，务必界定清楚；如果产生亏损则很可能使出资资本不充足，如何解决？

解决办法：不管是哪一种情况，如果是出资不足，解决思路如前；如果是多出资，要么返还给原出资股东，要么取得原股东的承诺函，明确归属于全体股东共享，当然，国企改制还要考虑是否造成国有资产流失。

问答237　企业改制时是如何增资的？

整体变更股份制改造方式下，公司应以经审计的账面净资产值整体折股作为股份公司发起人股东的出资，并且经评估的净资产值不应低于审计的净资产值。

公司经审计的净资产值应按照一定的比例折合成股份公司股份，折股比例不能低于1:1，即折股时每股净资产不能低于1元，差额部分计入资本公积。折股数量和折股比例应根据企业的规模和股东的要求制定。

公司在改制的同时进行增资操作，或者以评估的净资产值进行评估调账作为股改的出资额的，公司连续经营时间将中断，视同新设股份公司，重新计算经营期。

问答238　对独立性、关联与同业竞争等有何要求？

（1）独立性原则

业务、资产、人员、财务与机构五独立。这里强调一下“人员独立”问题。重点注意，要求公司高级管理人员：一是不得在持有公司5%以上股权的股东单位及其下属企业担任除董事、监事以外的任何职务；二是不得存在自营或为他人经营与公司经营范围相同或相近业务的情形；三是建立独立的劳动、人事和工资管理体系。

（2）关联交易与同业竞争

关联交易注意：定价公允、决策程序公正（关联方回避）。

同业竞争，解决思路：①修改竞争企业经营范围；②拟上市公司收购竞争企业（资产或股权）；③将有竞争的企业转让给无关联第三方；④注销竞争企业。

（3）其他方面需注意的

控股股东与实际控制人问题、董监高任职资格问题、资金占用问题、出资与股本设置、土地使用权属、股改方案与股权设计、整体变更中的委托或代持股份情况、员工社保公积金等问题。

11.2　典型实战10例

11.2.1　特殊主体与折股

案例114　院所等特殊主体改制步骤和关键（现代环境）

上海现代环境工程技术股份有限公司（现代环境 430669），最早是研究所，先改制为有限责任公司，再由有限公司整体变更为股份公司，最后成功挂牌新三板。问题：研究院所等特殊主体是怎样改制的，其步骤与关键问题是什么？

【解决方案】

特殊性质主体，其改制前先得通过内部审批，再由各投资主体确认持有资产份额；对注资和资产进度进行验资与评估；后由负责改制的地方政府部门和地方国有资产管理办公室审批和通知；完整履行一系列资产验证和确认流程。具体内容如下。

公司前身为研究所，系由上海环境工程公司、上海环境工程协会申请设立，企业性质为全民与集体联合经营，隶属于上海环境工程公司，注册资金为 3 万元，其中职工集资认购 2.1 万元，上海环境工程公司投资 0.3 万元，上海环境工程协会投资 0.6 万元。1988 年 7 月 14 日，上海市长宁区工商行政管理局核准研究所设立。1999 年 7 月 28 日，上海长宁审计事务所出具了审计报告〔长审事财（99）303 号〕，以 1999 年 6 月 30 日为基准日，研究所经审计的总资产为 1,695,917.87 元，总负债为 452,811.10 元，净资产为 1,243,105.77 元。

1999 年 8 月 10 日，研究所向上海市工商行政管理局长宁分局申请改制为有限责任公司。

1999 年 12 月 4 日，研究所投资者依据上海市长宁审计事务所的审计报告〔长审事财（99）303 号〕，签署了《资产界定协议书》。

1999 年 12 月 4 日，上海现代环境工程技术有限公司（筹）召开第一次股东会，选举产生了公司董事会成员及公司监事，审议通过了公司章程。同日，全体出资人签署了《出资人协议书》，约定了各自的出资额，编制了股东出资额清单。

1999 年 12 月 10 日，上海市长宁区经济体制改革办公室出具了《关于上海现代环境工程技术研究所改制为上海现代环境工程技术有限公司的批复》〔长经体改（199）第 21 号〕，同意研究所改制为有限责任公司。

研究所改制前注册资本为20万元，改制变更后注册资本为125万元（其中原企业资产界定124.3万元，姜妙根以货币增资0.7万元，增资价格为1.00元股）。1999年12月24日，上海长宁审计事务所出具了验资报告〔长审事专（99）057号〕，验证截至1999年12月24日，有限公司注册资本已全部到位。

2000年4月19日，上海沪中资产评估有限公司出具了以改制为目的的资产评估报告〔沪中评报字（2000）第19号〕，以1999年6月30日为基准日，经评估的净资产价值为1,243,105.77元。

2000年5月8日，上海市长宁区国有资产管理办公室出具了《关于上海现代环境工程技术研究所整体资产评估结果的确认通知》〔长国资评（2000）32号〕，对前述《评估报告》〔沪中评报字（2000）第19号〕之结果予以确认。

2000年5月23日，上海市工商行政管理局长宁分局核准有限公司设立，并核发了注册号为***的企业法人营业执照。

案例115　整体变更，净资产折股与一般性操作（葫芦堡）

广东葫芦堡文化科技股份有限公司（葫芦堡832588）拟于2015年6月挂牌，公司致力于将动漫元素融入到生产的儿童家具中，在家具浪潮中别具一格。问题：公司股份制改造是否构成“整体变更设立”的条件？

【解决思路及方案详解】

（1）尽调程序：通过核查公司股改的工商底档、股改审计报告、股改评估报告、股改验资报告、发起人协议、创立大会会议记录等方式核查设立（改制）的资产审验情况。

（2）事实依据：公司股改的工商底档、股改审计报告、股改评估报告、股改验资报告、发起人协议、创立大会会议记录。

（3）分析过程：公司以截至2014年6月30日经审计的账面净资产值人民币23,157,386.92元为基础，按照1∶0.8939的比例折合2,070万股，净资产值与股份公司注册资本的差额计入股份公司资本公积。股改时，公司股东以账面净资产折股发起设立股份公司，账面净资产已经会计师事务所审计并由评估师出具评估报告，股份公司股本总额不高于经审计、评估的净资产值，并由会计师事务所出具的验资报告，不存在以评估值折股设立股份公司的情形。

综上，公司股改以经审计的账面净资产折股整体变更为股份有限公司，未以评估净资产进行调账，公司股改合法合规，构成“整体变更设立”的要求和条件。

案例116　整体变更涉及股东缴税与如何折股（普华科技）

上海普华科技发展股份有限公司（普华科技 430238），整体变更时，自然人股东缴纳个人所得税，涉及如何折股的事宜。

【解决方案】

整体变更时以审计净资产扣除自然人股东缴纳所得税后的净资产为基础折股，披露相关信息：

2012 年 12 月 20 日，普华有限股东包晓春等 34 人作为发起人股东，共同签署《上海普华科技发展股份有限公司发起人协议》，决定以普华有限截至 2012 年 9 月 30 日，经审计的所有者权益（净资产）人民币 41,988,791.31 元，扣除个人所得税人民币 4,970,915.75 元后的 37,017,875.56 元为基准，按照 1:0.8104 的比例，折成总股本 3,000 万股，上海普华科技发展有限公司整体变更设立上海普华科技发展股份有限公司。

有限公司整体变更设立股份公司过程中，自然人股东需要缴纳个人所得税。由于公司所有发起人股东均为自然人，公司系以经审计的净资产扣减由于普华有限整体变更设立股份公司所应缴纳的个人所得税后的净资产为基准折股，因此上述方案中，股本乘以折股系数小于变更前经审计的净资产。

11.2.2　评估及其复核与基准日净资产调减

案例117　公司整体变更与资产评估（万通液压）

山东万通液压股份有限公司（万通液压 830839），整体变更为股份公司时未履行评估手续，根据 2014 年 3 月 1 日起实施的《公司注册资本登记管理规定》（工商总局令第 64 号）等规定，解释是否合法合规，是否对挂牌构成影响？

【解决方案】

经核查，万通液压有限公司 2014 年 3 月在整体变更为股份公司的过程中未履行资产评估手续。根据相关规定，非货币出资设立公司需要评估作价，但万通液压有限公司系以净资产折股的方式整体变更为股份公司，根据 2014 年 3 月 1 日起实施的《公司注册资本登记管理规定》（工商总局令第 64 号）等规定，工商部门对有限公司整体变更为股份公司已不再强制要求提交评估报告等类似文件。经核查，在万通液压有限公司以净资产折股方式整体变更设立股份公司过程中，当地工商部门亦未要求公司提供评估报告。

2014年3月26日，日照市工商局核发了注册号为***的《营业执照》，核准万通液压有限公司整体变更设立股份公司，至今当地工商部门亦无任何异议。目前，股份公司的经营状态为存续（在营、开业、在册）。根据万通液压有限公司发起人股东签署的《发起人协议》及股份公司设立的其他相关文件，股份公司是以万通液压有限公司经审计的净资产值177,331,710.07元（以2014年2月28日为基准日）折合成股本60,000,000股而设立的股份公司。经核查，万通液压有限公司经审计的净资产值远大于股份公司注册资本，股改前后注册资本保持不变，不存在股份公司上述净资产值低于注册资本的情况，亦不存在出资不实的情况。万通液压有限公司以净资产折股方式整体变更设立股份公司事项已经公司全体股东一致同意，全体股东亦同意股份公司的注册资本及股权结构，且无任何异议。

综上，公司是由万通液压有限公司以其经审计的净资产值折股而整体变更设立的股份公司，万通液压有限公司经评估的净资产值仅是公司在整体变更为股份公司时的一个参考值，而非万通液压有限公司整体变更为股份公司的折股依据，万通液压有限公司整体变更设立股份公司前后的注册资本一致；万通液压有限公司整体变更设立股份公司已经全体股东一致同意，至今无任何异议；当地工商部门已核准万通液压有限公司整体变更设立为股份公司，未要求公司提供评估报告，至今亦未提出任何异议，目前股份公司经营状态为存续（在营、开业、在册）。因此，万通液压有限公司没有履行资产评估手续对股份公司的设立和公司本次挂牌均不构成实质性的法律障碍。

案例118 股改评估复核与会计师事务所资格（嘉达早教）

广东嘉达早教科技股份有限公司（嘉达早教430518），股改资产评估被复核涉及会计师事务所的资格问题，是怎么回事？

【解决方案】

鉴于广东中乾会计师事务所不具备从事证券期货相关业务相关资格，正中珠江于2012年12月30日出具了《专项审计报告》（广会所专字[2012]第10005990130号）对上述清产核资专项审计情况进行了复核，2013年5月29日出具了《验资复核报告》（广会所专字[2013]第10005990120号），对上述出资情况进行了复核。根据上述验资报告及验资复核报告，公司各股东出资已足额缴纳，不存在出资不实的情形。

由于广东中乾会计师事务所不具备从事证券期货相关业务相关资格，2013 年 5 月 12 日，广东中联羊城资产评估有限公司对嘉达有限公司于评估基准日列入股份制改造范围的资产、负债进行追溯性评估，出具了《资产评估复核报告书》（中联羊城咨字[2013]第 OYGPC0083 号），根据该复核报告，嘉达有限公司于 2008 年 6 月 30 日净资产评估值为 3,720.78 万元，比审计复核后的净资产增值 890.80 万元，增值率为 31.48%。

案例119　股改基准日净资产调减与注册资本差额操作（维珍创意）

北京维珍创意科技股份有限公司（维珍创意 430305），挂牌前股改时，涉及调减改制基准日净资产与注册资本的差额，该差额由现金补足，是怎么操作的？

【解决方案】

在中介机构对维珍股份补充核查的过程中，根据维珍股份的业务实质，对其 2011 年度主营业务收入对应的应交税金金额进行了测算，并根据测算结果对维珍股份以前年度财务状况和经营成果进行了调整。追溯调整后，维珍股份截至 2011 年 12 月 31 日的股东权益合计为 11,956,649.83 元，比追溯调整前的 13,066,548.23 元调减了 1,109,898.40 元。为了避免前述审计调整事项对维珍股份的设立及发起人的出资产生影响，维珍股份决定由发起人高某、张某以现金方式补足维珍股份所差的注册资本，具体实施过程如下。

（1）2013 年 7 月 10 日，维珍股份召开 2013 年第二次临时股东大会，对中勤万信会计师关于公司报告期财务报表的审计调整予以确认，并决议由维珍股份发起人高丽平、张秀清按照当时出资比例对因上述审计调整所导致的改制基准日净资产的减少数额 1,109,898.40 元进行补足，高某补足出资 11,098.98 元，张某补充出资 1,098,799.42 元。

（2）中勤万信会计师于 2013 年 7 月 10 日出具了《财务报表对以前报告披露的财务报表数据进行追溯调整的转向说明》（勤信专字〔2013〕第 548 号），确认了审计调整对 2011 年 12 月 31 日的净资产影响数为调减 1,109,898.40 元，并确认了上述变动对其 2013 年 3 月 28 日出具的《验资报告》〔（2012）中勤验字第 03012 号〕的影响如下：

报表项目	追溯调整后（元）	追溯调整前（元）	影响（元）
股本	11,890,101.60	13,000,000.00	-1,109,898.40
资本公积	66,548.23	66,548.23	无
资产合计	11,956,649.83	13,066,548.23	-1,109,898.40

上述专项说明同时确认关于上述调减金额，维珍股份发起人已于2013年7月10日以现金方式补足。

经核查中国民生银行股份有限公司北京西长安街支行的《大额支付往来记账凭证》，维珍股份已于2013年7月10日收到高某投入的投资款11,098.98元、张某投入的投资款1,098,799.42元。

经律师核查：（1）维珍股份上述股改基准日2011年12月31日净资产数额调整是由于在审计过程中发现新的调整事项而发生的；（2）相关调整事项及因该等调整事项所导致的改制基准日净资产的减少数额1,109,898.40元由维珍股份发起人高某、张某以现金补足，均已经维珍股份股东大会审议通过；（3）维珍股份审计机构中勤万信会计师出具了补充说明和确认文件，明确了维珍股份设立时的《验资报告》所载注册资本及资本公积数额不会因上述审计调整发生变化，并确认了因审计调整减少的净资产已由维珍股份发起人以现金方式予以补足；（4）维珍股份发起人高某、张某已分别将公司股东大会决议确的补足出资金额汇入了公司账户。

综上，上述审计调整事项及相应的补充净资产差额的各项安排未对维珍股份设立时的合法性产生不利影响。

11.2.3 资质资产与股本转增

案例120 股改后无形资产及相关资质并未变更问题（文达通）

青岛文达通科技股份有限公司（文达通430516），公司股改无形资产及相关资质并未变更完成，该如何解决？

【解决方案】

作出承诺并如实披露，具体如下。

2011年12月20日，青岛文达通科技股份有限公司取得了青岛市工商行政管理局颁发的注册号为***的《企业法人营业执照》，股份公司正式成立。原有限公司所有的知识产权正在变更，尚未全部变更完毕（两项计算机软件著作权、一项商标权）。公司承诺：原有限公司拥有的全部有形资产、无形资产、相关证书等均由股份公司依法全部继承，公司积极变更程序，将原有限公司所有财产、相关证书等依法变更至股份公司名下，公司承诺所有资产、相关证书不存在纠纷或潜在纠纷。

案例121　股改后，资产未能变更到股份公司（永瀚星港）

北京永瀚星港生物技术有限公司（永瀚星港 430114），曾在股改后，有限公司的资产未变更到股份公司，挂牌前如何解决？

【解决方案】

北京永瀚星港生物技术有限公司成立于 2006 年 1 月 19 日，由自然人张某和孙某共同出资人民币 10 万元设立，其中张某出资人民币 8.5 万元，占注册资本的 85%；孙某出资人民币 1.5 万元，占注册资本的 15%。于同年的 1 月 24 日取得北京市工商行政管理局开发区分局核发了《企业法人营业执照》。2007 年 11 月，公司将注册资本由 10 万元增加至 100 万元，并且范某舟以货币形式入资 90 万元。2011 年 8 月，公司又将注册资本由 100 万元增加至 200 万元，范某舟以货币形式入资 80 万元，范某符以货币形式入资 10 万元，陈某以货币形式入资 10 万元，同时相应修改有限公司章程。2011 年 10 月，公司通过股东大会决议，以全体股东作为公司发起人，以 2011 年 9 月 30 日经审计的账面净资产 700 万元折股为依据整体变更设立股份公司，同时更名为“北京永瀚星港生物科技股份有限公司”。

有限公司的这 700 万元的净资产主要包括两大类内容，一是一项股份公司拥有的实用新型专利一项和正在申请专利发明一项；二是其他资产包括办公设备、电子设备、医学实验及检车设备和机动车等固定资产。在公司股改后，有限公司一直没有将专利权和车辆等资产变更为股份公司资产，直到申请新三板申请挂牌的前夕。

虽然股份公司在整体变更时享有继承有限公司资产的权利，变更不存在什么法律障碍，但是，作为合规程序，这一事项在股改时，就应将所属资产变更到股份公司名下，这也有利于新三板挂牌的申报。

案例122　整体变更未分配利润转增与未纳税事宜

M 股份公司自然人股东在 2000 年未分配利润转增注册资本过程中没有缴纳个人所得税，该怎样处理和解释？

【解决方案】

（1）根据当地市政府政策：“科技人员所获得股权收益，用于高新技术成果转化项目投资的，在计征个人所得税时给予税基扣除”的规定，公司的全体股东免交因本次以未分配利润转增股本所应缴纳的个人所得税；

（2）公司的全体自然人股东承诺“公司在 2000 年内以利润转增股本，并进行股份制改造，将原账面净资产按《公司法》要求折为股份，引起本人所持公司股份总额增加，如税务部门认定需缴纳个人所得税，承诺由本人另行以自有资金自行申报缴纳，纳税事项与公司无关。

案例123　审计改变与改制后的股本不足问题（复展科技）

上海复展智能科技股份有限公司（复展科技 830903），2014 年 3 月的审计报告，较前一份用作改制的审计报告，公司的净资产减少了 145,235.33 元，直接导致股本不足，该怎么解决？

【解决方案】

阐明因管理费用的发生，调正了改制后的股本数，根据后一份审计报告的结果调减资本公积－股本溢价，而通过召开临时股东大会的形式，对该调整做出了确认；最后如实披露详情，具体如下。

2014 年 3 月 31 日公司召开 2014 年第三次临时股东大会，审议通过了关于《因公司财务会计事项变更导致审计报告净资产值变化》的议案。

根据中兴财光华会计师事务所有限责任公司上海分所出具的“中兴财光华（沪）审会字（2014）第 1011 号”《审计报告》，截至 2013 年 12 月 31 日，公司经审计的净资产为 35,429,366.66 元，公司全体发起人同意折合股份公司股本 3500 万股，余额为 429,366.66 元计入资本公积。

后根据中兴财光华会计师事务所（特殊普通合伙）2014 年 3 月 6 日出具的中兴财光华审会字（2014）第 07091 号《审计报告》，截至 2013 年 12 月 31 日，母公司经审计的净资产为 35,284,131.33 元，应计入资本公积的金额为 284,131.33 元。

相比于前一份审计报告，公司的净资产减少了 145,235.33 元，原因系按权责发生制原则将原计入预付账款的费用与新三板相关的中介机构费用依据财务进度确认了管理费用。公司拟根据后一份审计报告的结果调减资本公积－股本溢价 145,235.33 元，同时进行会计账务处理。

12

第 12 章

分层挂牌的流程中介、事项筹划与红利分享

12.1 常规疑难40问

12.1.1 市场分层及条件要求

问答239 挂牌公司进入创新层的财务标准（三套）是什么？

新三板从 2016 年 6 月 27 日正式分为基础层和创新层。满足以下条件之一的挂牌公司可以进入创新层：

（1）最近两年连续盈利，且年平均净利润不少于 2000 万元（以扣除非经常性损益前后孰低者为计算依据）；最近两年加权平均净资产收益率平均不低于 10%（以扣除非经常性损益前后孰低者为计算依据）。

（2）最近两年营业收入连续增长，且年均复合增长率不低于 50%；最近两年营业收入平均不低于 4000 万元；股本不少于 2000 万股。

（3）最近有成交的 60 个做市转让日的平均市值不少于 6 亿元；最近一年年末股东权益不少于 5000 万元；做市商家数不少于 6 家；合格投资者不少于 50 人。

问答240　创新层除财务标准之外，挂牌企业还需满足哪些条件？

满足财务标准（上一问）进入创新层的挂牌公司，还应当满足以下条件：

（1）最近12个月完成过股票发行融资（包括申请挂牌同时发行股票），且融资额累计不低于1000万元；或者最近60个可转让日实际成交天数占比不低于50%。（2）公司治理健全，股东大会、董事会和监事会制度、对外投资管理制度、对外担保管理制度、关联交易管理制度、投资者关系管理制度、利润分配管理制度和承诺管理制度完备；公司设立董事会秘书并作为公司高级管理人员，董事会秘书取得全国股转系统董事会秘书资格证书。

（3）最近12个月不存在以下情形。

① 挂牌公司或其控股股东、实际控制人，现任董事、监事和高级管理人员因信息披露违规、公司治理违规、交易违规等行为被全国股转公司采取出具警示函、责令改正、限制证券账户交易等自律监管措施合计3次以上的，或者被全国股转公司等自律监管机构采取了纪律处分措施。

② 挂牌公司或其控股股东、实际控制人，现任董事、监事和高级管理人员因信息披露违规、公司治理违规、交易违规等行为被中国证监会及其派出机构采取行政监管措施或者被采取行政处罚，或者正在接受立案调查，尚未有明确结论意见。

③ 挂牌公司或其控股股东、实际控制人，现任董事、监事和高级管理人员受到刑事处罚，或者正在接受司法机关的立案侦查，尚未有明确结论意见。

（4）按照全国股转公司的要求，在会计年度结束之日起4个月内编制并披露年度报告；最近两个会计年度的财务会计报告被会计师事务所出具标准无保留意见的审计报告；按照第六条第二项规定进入创新层的挂牌公司，最近三个会计年度的财务会计报告被会计师事务所出具标准无保留意见的审计报告。

（5）全国股转公司规定的其他条件。

问答241　企业申请挂牌同时进入创新层的财务标准是什么？

申请挂牌公司满足以下条件之一的，可以挂牌时直接进入创新层：

（1）最近两年连续盈利，且年平均净利润不少于2000万元（以扣除非经常性损益前后孰低者为计算依据）；最近两年加权平均净资产收益率平均不低于10%（以扣除非经常性损益前后孰低者为计算依据）；申请挂牌同时发行股票，且融资额不低于1000万元。

（2）最近两年营业收入连续增长，且年均复合增长率不低于50%；最近两年营业收入平均不低于 4000 万元；挂牌时股本不少于 2000 万股。

（3）做市商家数不少于 6 家；申请挂牌同时发行股票，发行对象中包括不少于 6 家做市商，按发行价格计算的公司市值不少于 6 亿元，且融资额不低于 1000 万元；最近一期期末股东权益不少于 5000 万元。

问答242 申请挂牌公司直接进入创新层，除财务标准之外，还需具备什么条件？

申请挂牌的企业，除满足上一问中的财务标准之外，还应当满足以下条件：

（1）申请挂牌即采用做市转让方式。

（2）公司治理健全，股东大会、董事会和监事会制度、对外投资管理制度、对外担保管理制度、关联交易管理制度、投资者关系管理制度、利润分配管理制度和承诺管理制度完备；公司设立董事会秘书并作为公司高级管理人员，董事会秘书取得全国股转系统董事会秘书资格证书。

（3）最近 12 个月不存在以下情形：申请挂牌公司或其控股股东、实际控制人，现任董事、监事和高级管理人员被中国证监会及其派出机构采取行政监管措施或者被采取行政处罚，或者正在接受立案调查，尚未有明确结论意见。

（4）最近两年及一期的财务会计报告被会计师事务所出具标准无保留意见的审计报告；按照第八条第二项规定进入创新层的申请挂牌公司，最近三个会计年度的财务会计报告被会计师事务所出具标准无保留意见的审计报告。

（5）全国股转公司规定的其他条件。

问答243 进入创新层的企业维持的财务指标要求是什么？

进入创新层的挂牌公司应当满足以下维持条件之一：

（1）最近两年连续盈利，且年平均净利润不少于 1200 万元（以扣除非经常性损益前后孰低者为计算依据）；最近两年加权平均净资产收益率平均不低于 6%（以扣除非经常性损益前后孰低者为计算依据）。

（2）最近两年营业收入连续增长，且年均复合增长率不低于 30%；最近两年营业收入平均不低于 4000 万元；股本不少于 2000 万股。

（3）最近有成交的 60 个做市转让日的平均市值不少于 3.6 亿元；最近一年年末股东权益不少于 5000 万元；做市商家数不少于 6 家。

问答244 进入创新层的企业的维持，除财务标准之外，还需具备什么条件？

进入创新层的挂牌公司除满足上面一问规定的财务维持条件外，还应当满足以下条件。

（1）合格投资者不少于 50 人。

（2）最近 60 个可转让日实际成交天数占比不低于 50%。

（3）公司治理符合第七条第二项的要求，且最近 12 个月不存在以下情形：

① 挂牌公司或其控股股东、实际控制人，现任董事、监事和高级管理人员因信息披露违规、公司治理违规、交易违规等行为被全国股转公司采取出具警示函、责令改正、限制证券账户交易等自律监管措施合计 3 次以上的，或者被全国股转公司等自律监管机构采取了纪律处分措施。

② 挂牌公司或其控股股东、实际控制人，现任董事、监事和高级管理人员因信息披露违规、公司治理违规、交易违规等行为被中国证监会及其派出机构采取行政监管措施或者被采取行政处罚，或者正在接受立案调查，尚未有明确结论意见。

③ 挂牌公司或其控股股东、实际控制人，现任董事、监事和高级管理人员受到刑事处罚，或者正在接受司法机关的立案侦查，尚未有明确结论意见。

（4）按照全国股转公司的要求，在会计年度结束之日起 4 个月内编制并披露年度报告；最近三个会计年度的财务会计报告被会计师事务所出具标准无保留意见的审计报告。

（5）全国股转公司规定的其他条件。

问答245　层级划分和调整有哪些规定？

全国股转公司根据分层标准及维持标准，于每年 5 月最后一个交易周的首个转让日调整挂牌公司所属层级（进入创新层不满 6 个月的挂牌公司不进行层级调整）。基础层的挂牌公司，符合创新层条件的，调整进入创新层；不符合创新层维持条件的挂牌公司，调整进入基础层。

全国股转公司可以根据分层管理的需要，适当提高或降低挂牌公司层级调整的频率。

全国股转公司正式调整挂牌公司层级前，在全国股转系统官网公示进入基础层和创新层的挂牌公司名单。挂牌公司对分层结果有异议或者自愿放弃进入创新层的，应当在 3 个转让日内提出。全国股转公司可视异议核实情况调整分层结果。

层级调整期间，挂牌公司出现本办法第七条第三项或者第十五条规定情形的，不得调整进入创新层。

问答246　创新层挂牌公司在哪些情况下将直接降级到基础层？

创新层挂牌公司出现以下情形之一的，自该情形认定之日起 20 个转让日内直接调整至基础层：

（1）挂牌公司因更正年报数据导致财务指标不符合创新层标准的。

（2）挂牌公司被认定存在财务造假或者市场操纵等情形，导致挂牌公司不符合创新层标准的。

（3）挂牌公司不符合创新层公司治理要求且持续时间达到 3 个月以上的。

（4）全国股转公司认定的其他情形。

问答247　分层制度中特定或专业术语的含义是什么？

（1）净利润：是指归属于挂牌公司股东的净利润，不包括少数股东损益。

（2）年均复合增长率=$\sqrt{\frac{R_n}{R_{n-2}}}-1$，其中 R_n 代表最近一个完整会计年度（第 n 年）的营业收入。

（3）最近有成交的 60 个做市转让日：是指以 4 月 30 日为截止日，在最长不超过 120 个转让日的期限内，最近有成交的 60 个做市转让日。

（4）最近 12 个月：是指以 4 月 30 日为截止日，往前计算的最近 12 个月。

（5）最近 60 个可转让日：是指以 4 月 30 日为截止日，扣除暂停转让日后的最近 60 个转让日。

（6）股东权益：是指归属于挂牌公司股东的所有者权益，不包括少数股东权益。

（7）合格投资者：是指符合《全国中小企业股份转让系统投资者适当性管理细则（试行）》第三条至第五条规定的投资者。

（8）申请挂牌同时发行股票：是指申请挂牌公司在依法取得全国股转公司同意挂牌函后至正式挂牌前，按照全国股转公司有关规定向合格投资者发行股票的行为。

12.1.2　挂牌流程步骤、问题与资料

问答248　股东人数超过200人和未超200人公司申请挂牌有何差异？

目前，根据股东人数是否超过 200 人，股份公司申请挂牌的程序存在一定

差异。

（1）股东人数超过200人

核准：挂牌前向证监会申请核准。根据《非上市公众公司监督管办法》，股东人数超过200人的公司申请其股票公开转让，应当按照中国会证监会制定制作公开转让的申请文件，公司持申请文件向中国证监会申请核准。

（2）股东人数未超过200人

豁免核准：挂牌前向全国股转系统提交申请文件。

根据《非上市公众公司监督管理办法》，股东人数未超过200人的公司申请其股票公开转让，中国证监会豁免核准，由全国中小企业股份转让系进行审查。

《国务院关于全国中小企业股份转让系统有关问题的决定》（国发〔2013〕49号）：股东人数未超过200人的股份公司申请在全国中小企业股份转让系统，证监会豁免核准。

问答249 股东人数超过200人的企业有几种情况？挂牌有何不同？

两种情况，一是：股份公司申请新三板挂牌之前股东人数就超过200人；二是股份公司挂牌前不到200人，挂牌后通过转让和增资等使股东人数超过了200人。

对于第一种情况，公司需要经证监会核准后，方能申请在新三板挂牌转让。

第二种情况下，如果申请新三板挂牌，按照相关规定，证监会豁免核准。对于豁免核准的公司，虽然证监会不出具批复文件，但是这类公司也将纳入非上市公众公司监管，在法律属性和监管要求上与经过核准程序的挂牌公司没有差别。

因此，对于豁免核准的挂牌公司，股东通过转让股份导致挂牌公司股东人数超过200人时，不再需要重新向证监会申请核准。

问答250 新三板挂牌的流程是怎样的？

新三板挂牌的流程可参见图12-1。

问答251 新三板挂牌的10大步骤是什么？

（1）前期咨询和调研

企业如有挂牌意向，在行动之前对新三板进行较系统、透彻的了解和认识是很有必要的。有的企业历经艰难，好不容易成功挂牌了，却又发现自己预期的目的根本无法实现；甚至个别企业挂牌后刚满一年，没有得到多少好处，反而承受不住各种费用压力，面临主动或被动退市的风险。所以，前期的咨询与研究的过程很重要，中小微企业需要高度重视。

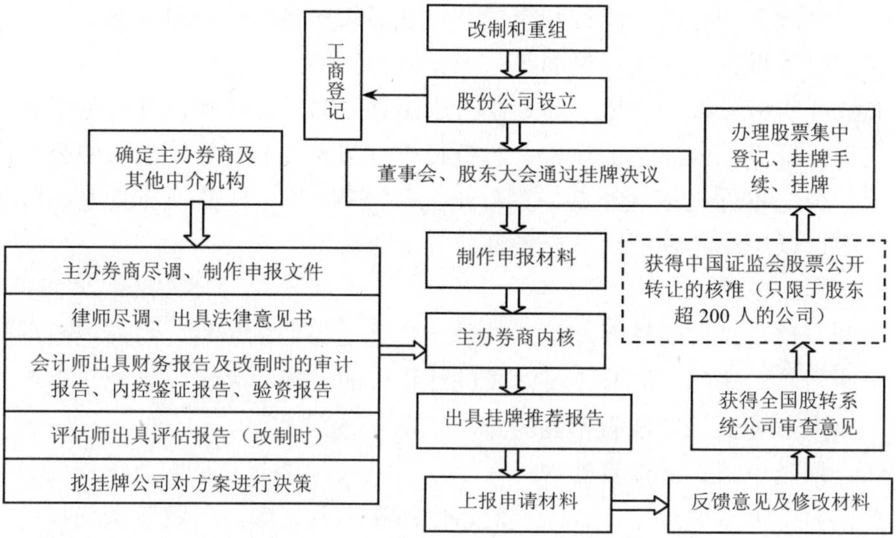

图 12-1　股份公司新三板挂牌流程

（2）挂牌方案与路径设计

一经决定申请新三板挂牌，就进入了第二大重要阶段，即由咨询机构、券商等中介为企业设计一款个性化的挂牌方案。

（3）选择中介及中介进场

挂牌方案确定之后，便可以选择券商、律师实务所、会计师实务所等中介机构，并签订相应的服务协议了，之后中介进场展开相关工作。

（4）尽职调查

对企业进行尽职调查是中介机构进场后的第一项工作，它是后续工作的基础，也是成功挂牌的重要保证。尽职调查包括法律尽职调查和财务尽职调查等。

（5）沿革及业务、财务、法律障碍解决

拟挂牌企业出现历史沿革问题是很正常的，这些问题可能涉及企业业务、财务等方面的事项，内容可能很广泛。在尽职调查阶段，需要及时发现这些沿革问题及其法律、财务障碍，及时解决。否则，轻者可能延迟挂牌时间，严重者甚至会导致整个挂牌工作的失败。各类障碍在后面的章节中将会详细讲解读。

（6）股份制改造

企业挂牌新三板后将变成公众公司，公众公司的组织形式必须是股份有限公司。而拟挂牌新三板的企业绝大多数都是有限责任公司形式的中小微企业，所以股份制改造是必需的流程和事项。这在后续章节也将详细讲解。

（7）财务报告、法律意见书等

企业挂牌新三板，律师出具专业的法律意见书，会计师出具财务报告和改制时的审计报告、内控鉴证报告、验资报告（虽然 2014 年修订后的公司法不再要求，但是根据谨慎性原则，最好出具验资报告），评估师出具改制时的评估报告等，以确认挂牌的合法合规性。

（8）券商内核

内部审核是在向股转系统报送挂牌申请之前必需的流程。内部审核可能会发现一些问题、缺陷、遗漏，那就要进行相应的解决、完善、补充，直至券商内部审核人员确认已经没有问题为止。

（9）报送申请、反馈及挂牌

券商内部审核通过后，将由券商、律师和企业一起，向股转系统报送挂牌申请文件，然后根据股转系统的反馈，进行回复。当通过股转系统审核及证监会核准后，即可挂牌。

（10）融资及资本运作

对企业来说，新三板挂牌只是拿到了进入资本市场的入场券，而挂牌之后的融资和资本运营才是目的和重点，也才是对企业真正有价值、有意义的事情。要做好挂牌后的融资和资本运营，就必须从一开始进行较详细和战略性的谋划和设计。

问答252　新三板挂牌常见的10大问题是什么？

（1）在实践中，拟挂牌公司多为“一人集权制”，缺乏规范、健全的法人治理结构。

（2）拟挂牌公司多为中小微企业，常见内部控制制度不健全或未执行。

（3）拟新三板挂牌的主体多属于民营企业，在创业初期常有出资不实、不规范的情况，存在多类瑕疵等。

（4）拟挂牌企业常有会计主体不清、资产不完整或权属不清等情况，如公司土地、房屋、设备和知识产权等以个人名义登记或无法取得产权等。

（5）拟挂牌企业常出现资金管理不规范的情况，如未设置独立的财会部门、未建立独立的财会制度、未在银行独立开户、公司资金与股东资金不分，以及股东以借款、代偿债务、代垫款项或者其他方式占用公司资金等。

（6）拟挂牌企业常存在不规范的关联交易和同业竞争的情况，表现为关联方界定不完整；关联交易目的及动机不当，如为了调节利润；交易程序不规范；交易依据不充分，缺少相关合同及确认；定价不公允；会计处理不当；实质关联方非关联化等。

（7）拟挂牌企业常出现主要经营业务活动不规范的情况，表现在采购、生产、销售和投资等方面，如购买设备没有取得合法票据，购建厂房不办理法定登记手续，采购时为了省钱不要发票，销售为了逃税不开发票，聘请工人不缴纳社保等。

（8）拟挂牌企业常出现纳税不规范的情况，如有些企业通过各种方式获取不合法的税收优惠，非独立纳税，为规避税收而少计收入、多计成本或账外核算等。

（9）存在其他违规行为。一些企业存在违规进行委托理财、违规借款担保与诉讼、违规发行证券等行为，如部分商业企业发行代币券和购物卡；一些企业违反工商、税收、土地、环保、海关的相关规定等。

（10）拟挂牌企业常出现账务处理不规范的情况，表现为会计政策、会计估计方法不正确或随意变更，资产减值准备计提不规范，销售收入确认原则不规范，随意计提和摊销费用，收益性支出与资本性支出划分不清和会计基础相对薄弱等。

问答253　需要公开披露企业的挂牌申请文件有哪些？

根据《全国中小企业股份转让系统挂牌申请文件内容与格式直营（试行）》，企业挂牌申请文件分为需要披露的文件和不需要披露的文件。其中需要公开披露的文件如下。

（1）股东人数未超 200 人

① 公开转让说明书；

② 财务报表及审计报告；

③ 法律意见书；

④ 公司章程；

⑤ 主办券商推荐报告；

⑥ 股票发行情况报告书（如有）。

（2）股东人数超过200人

① 公开转让说明书（证监会核准的最终稿）；

② 财务报表及审计报告；

③ 法律意见书；

④ 公司章程；

⑤ 主办券商推荐报告；

⑥ 股票发行情况报告书（如有）；

⑥ 中国证监会核准文件。

12.1.3 中介机构与选择

问答254 企业申请挂牌需聘哪些中介机构？要注意些什么？

企业申请在新三板挂牌需要聘请以下几类中介机构：一是证券公司（具有推荐业务资格的主办券商）、二是会计师事务所（具有证券期货业务资格）；三是律师事务所；四是资产评估机构（如需）。企业应根据自身情况，选择合适的中介机构，需要重点关注的事项。

在选择中介时需注意：根据财政部、中国证监会相关规定，会计师事务所执行证券、期货相关业务，必须取得证券、期货业务许可证；根据司法部、中国证监会相关规定，从事证券法律业务的律师事务所及其指派律师，须按照《律师事务所从事证券法律业务管理办法》及《律师事务所证券法律业务执业规则（试行）》要求开展查验、制作和出具法律意见书等执业活动。

（1）是否具有证券业务资格

① 主办券商具有推荐业务资格；

② 会计师事务所具有证券期货相关业务资格；

③ 资产评估机构具有证券期货相关业务资格。

（2）执业质量与水平

① 中介机构的市场声誉；

② 项目经验，是否熟悉企业所属行业；

③ 综合实力，包括股东构成、评级、资产规模、业务排名、专业能力等；

④ 项目团队配备，包括人员构成、时间保障、敬业精神。

（3）合作与沟通效果

① 拟挂牌企业与中介机构之间的合作与沟通情况；

② 主办券商与其他中介机构之间的合作与沟通情况；

③ 主办券商推荐、发行、持续督导、做市等业务之间的协同情况。

（4）成本费用

① 双方按照市场化原则协商确定中介机构费用；

② 综合考虑相关各类成本。

问答255　企业申请挂牌的主办券商有何作用和工作？

其中主办券商工作职责：

（1）协助企业拟定改制重组方案、成立股份有限公司；

（2）对公司主要股东、董事、监事及高级管理人员（以下简称“董监高”）等进行新三板挂牌前的辅导和专业培训；

（3）根据股转系统的相关要求对公司进行尽职调查；

（4）帮助公司完善组织结构和内部管理，规范企业行为，对发现的问题提出解决办法并协助企业落实；

（5）协调、安排其他中介机构进场进行相关工作，并使其按时制作完成所负责的申报材料；

（6）组织公司和中介机构制作挂牌申请所需材料，并对申请材料进行全面核查；

（7）负责挂牌申请材料的内核，并向全国股转系统出具推荐报告；

（8）组织企业和中介机构对全国股转系统的审查反馈意见进行回复；

（9）协助企业完成初始股份登记等挂牌事项；

（10）负责企业挂牌后的持续督导。

问答256　挂牌中，聘请的会计师事务所与资产评估机构有哪些工作？

（1）会计师事务所

① 负责企业改制的审计，并出具审计报告；

② 负责企业资本验证，并出具有关验资报告；

③ 负责企业财务报表的审计，并出具两年及一期的审计报告；

④ 对拟挂牌企业原始财务报表与申报财务报表的差异情况出具专项意见；

⑤ 提供与新三板挂牌有关的财务会计咨询服务。

（2）资产评估机构

① 企业申请挂牌涉及资产评估的，应聘请具有证券从业资格的资产评估机构承担，资产评估工作一般包括资产清查、评定估算、出具评估报告；

② 企业以实物、知识产权、土地使用权等非货币资产出资设立公司的，应当评估作价，核实资产；

③ 国有及国有控股企业以非货币资产出资或者接受其他企业的非货币资产出资，应当遵守国家有关资产评估的规定，委托有资格的资产评估机构和执业人员进行。

问答257 挂牌中，企业聘请的律师事务所的工作有哪些？

（1）对挂牌企业改制重组方案的合法性进行论证；

（2）指导挂牌企业股份公司的设立或变更；

（3）对企业挂牌过程中涉及的法律事项进行审查并协助企业规范、调整和完善；

（4）对企业主体的历史沿革、股权结构、资产、组织机构运作、独立性、税务等公司法律事项的合规性进行判断；

（5）对企业挂牌过程中的各种法律文件的合法性进行判断；

（6）协助和指导企业起草公司章程等公司法律文件；

（7）出具法律意见书等挂牌所需要的文件；

（8）对有关申请挂牌文件提供鉴证意见。

问答258 申请挂牌如何获取4大中介机构的信息？

（1）主办券商及其他机构查询

目前，可以在全国股转系统网站查询主办券商、会计师事务所、律师事务所与合作银行的相关信息。网址是（http://www.neeq.com.cn/）；查询方式："首页一市场机构一主办券商（会计师事务所、律师事务所或合作银行）"，打开后有两个子目录，分别为"机构列表"和"执业情况"。点开便能了解相关内容。除此之外，还可在其他网址查到相关信息。

（2）会计师事务所资格等信息

具有从事证券期货业务资格的会计师事务所名录信息也可在中国证监会网站查询，具体网址是：http://www.csrc.gov.cn。会计师事务所相关信息还可参考查阅中国注册会计师行业管理系统，具体网址是：http://cmispub.cicpa.org.cn/。

（3）律师事务所的信息

律师事务所从事全国股转系统相关业务，并无证券资格限制。律师事务所相关信息可参考查阅中国司法部网站。前面讲过，已经为非上市股份公司股票挂牌提供相关服务的律师事务所可通过全国股转公司网站查询，查询路径是："首页—市场机构—律师事务所"。

（4）资产评估机构的信息

具体名单可在中国财政部网站查询：

http://www.mof.gov.cn/pub/qiyesi/zaixinfuwu/zichanpinggujigou-gouzigezhengshuchaxun/。

12.1.4　负面清单及其他要求

问答259　新三板对挂牌准入负面清单管理有哪些要求？

全国股转公司根据业务规则及标准指引，结合市场定位、发展现状和国家产业政策要求，对挂牌准入实行负面清单管理，规定存在负面清单情形之一的公司不符合挂牌准入要求。负面清单将根据市场发展情况定期评估修订，具体内容如下：

（1）科技创新类公司最近两年及一期营业收入累计少于 1000 万元，但因新产品研发或新服务培育原因而营业收入少于 1000 万元，且最近一期末净资产不少于 3000 万元的除外；

（2）非科技创新类公司最近两年累计营业收入低于行业同期平均水平；

（3）非科技创新类公司最近两年及一期连续亏损，但最近两年营业收入连续增长，且年均复合增长率不低于 50%的除外；

（4）公司最近一年及一期的主营业务中存在国家淘汰落后及过剩产能类产业。

科技创新类公司是指最近两年及一期主营业务均为国家战略性新兴产业的公司，包括节能环保、新一代信息技术、生物产业、高端装备制造、新材料、新能源、新能源汽车。不符合科技创新类要求的公司为非科技创新类。非科技创新类公司营业收入行业平均水平以主办券商专业意见为准。年均复合增长率以最近三年的经审计财务数据为计算依据。

问答260　国有企业的国有股权设置批复文件应符合哪些要求？

申请挂牌公司涉及国有控股或国有参股情形，如无法提供国资主管部门出具的股权设置批复文件的，在中介机构明确发表公司不存在国有资产流失的意见的前提下，可按以下方式解决：

（1）以国有产权登记表（证）替代国资部门批复文件

根据国资委《国家出资企业产权登记管理暂行办法》规定，国有产权登记表（证）是经过国资管理部门审核通过的，如申请挂牌公司无法提供国资主管部门批复文件的，可以用国有产权登记表（证）替代。

（2）针对财政参与出资的政府引导型股权投资基金，可以决策文件替代国资或财政部门的批复文件

若财政参与出资的政府引导型股权投资基金有地方政府（含地市、区县级）批准的章程或管理办法，并且章程或办法对引导性投资基金的决策程序做了合法、明确的规定，且该基金对申请挂牌公司的投资符合决策程序，则经过各部门代表签字的决策文件可替代国资或财政部门批复文件，作为国有股权设置依据。对于不规范的决策文件（如会议纪要等），应由律师事务所对该类型文件有效性进行鉴证，以保证文件的真实、有效、合法。

（3）针对不属于国资部门管理的申请挂牌公司以及央企或国企多级子公司，可提供上级主管部门出具的批复或经其盖章的产权登记表

对于国有股权不归属国资部门（包括财政部、国资委及其地方机关）监管的申请挂牌公司（如归属中科院、教育部、地方政府、地方教委、地方文资办等管理的申请挂牌公司），以及属于央企或国企多级子公司的申请挂牌公司，可提供上级主管部门（或国有集团公司）出具的批文或经主管部门盖章的产权登记表，作为国有股权设置批复文件。

（4）对国有做市商暂不要求其提供国资或财政部门的批复文件

针对做市商不以长期持有或参与公司经营为目的，证券公司不再做市后，其所持有挂牌公司股票也将转入证券公司自营账户中的情形，不要求其提供国资或财政部门批复文件。

问答261　控股股东、实际控制人及其关联方占用资金、资产或其他资源有何情形和要求？

占用公司资金、资产或其他资源的具体情形包括：向公司拆借资金；由公司代垫费用，代偿债务；由公司承担担保责任而形成债权；无偿使用公司的土地房产、设备动产等资产；无偿使用公司的劳务等人力资源；在没有商品和劳务对价情况下使用公司的资金、资产或其他资源。

占用公司资金、资产或其他资源的行为应在申请挂牌相关文件签署前予以归还或规范。资金或其他动产应当予以归还（完成交付或变更登记）；人力资源等或其他形式的占用的，应当予以规范。

问答262　报告期内申请挂牌公司发生实际控制人变更或者主要业务转型的是否可申请挂牌？

申请挂牌公司在报告期内存在实际控制人变更或主要业务转型的，在符合《全国中小企业股份转让系统股票挂牌条件适用基本标准指引（试行）》以及股转公司有关借壳问题（参见本系列书下册第 9 章相关问题的解答）的要求的前提下可以申请挂牌。

问答263　申请挂牌公司在财务规范方面需要满足哪些要求？

（1）申请挂牌公司财务机构及人员独立并能够独立作出财务决策、财务会计制度及内控制度健全且得到有效执行、会计基础工作规范，符合《会计法》、《会计基础工作规范》，以及《公司法》、《现金管理条例》等其他法律法规要求。

（2）申请挂牌公司财务报表的编制符合企业会计准则和相关会计制度的规定，在所有重大方面公允地反映了申请挂牌公司的财务状况、经营成果和现金流量，财务报表及附注不得存在虚假记载、重大遗漏及误导性陈述。

（3）申请挂牌公司存在以下情形的应视为财务不规范，不符合挂牌条件：

一是报告期内未按照《企业会计准则》的要求进行会计处理且需要修改申报报表；

二是控股股东、实际控制人及其控制的其他企业占用公司款项未在申报前归还；

三是因财务核算不规范情形被税务机关采取核定征收企业所得且未规范；

四是其他财务不规范情形。

问答264　涉军企事业单位申请挂牌应满足哪些条件？

涉军企事业单位申请在全国中小企业股份转让系统挂牌，除符合挂牌准入条件外，还应根据《涉军企事业单位改制重组上市及上市后资本运作军工事项审查工作管理暂行办法》的规定，满足包括但不限于以下要求：

（1）涉军企事业单位的改制、重组及在全国中小企业股份转让系统挂牌交易，需进行军工事项审查，并取得国防科工局等部门的审查意见。

（2）为涉军企事业单位提供推荐、审计、法律、评估等服务的中介机构，应具有从事军工涉密业务咨询服务资格。

（3）涉军企事业单位在全国中小企业股份转让系统挂牌交易，公司章程中应包含军工事项特别条款，特别条款具体应符合《涉军企事业单位改制重组上市及上市后资本运作军工事项审查工作管理暂行办法》具体规定。

取得武器装备科研生产单位保密资格，但自身及其控股子公司未取得武器装备科研生产许可的企事业单位，其实施改制、重组及在全国中小企业股份转让系统挂牌交易，应按照有关规定办理涉密信息披露审查。

问答265　失信被执行人是否可以申请挂牌？

依据国家发展改革委、最高人民法院等《关于印发对失信被执行人实施联合惩戒的合作备忘录的通知》、中国证监会《关于对失信被执行人实施联合惩戒的通知》（证监发〔2016〕60号）的有关要求，申请挂牌公司及其控股子公司、申请挂牌公司的“法定代表人、控股股东、实际控制人、董事、监事、高级管理人员”，自申报报表审计基准日至申请挂牌文件受理时不应存在被列入失信被执行人名单、被执行联合惩戒的情形。挂牌审查期间被列入失信被执行人名单、被执行联合惩戒的，应在规范后重新提交申请挂牌文件。

12.1.5　费用与筹划

问答266　新三板挂牌初始费用有哪些？标准是怎样规定的？

主板券商、律师事务所、会计师事务所、资产评估事务所等机构打包收费挂牌相关费用包括委托备案费、改制费、代收的备案费、信息披露服务费等，四类机构费用打包合计预计超过200万元或更高。详见表12-1[①]。

表12-1　企业挂牌新三板各类费用明细表

机构		费用项目	金额	收取
中介机构	主办券商	改制财务顾问费	150万元左右（甚至有券商报出200万元），依据企业规模确定	一次性收取
		推荐费		
		委托备案费		
		持续督导费（挂牌后）	15~20万元，依据股本规模确定	按年收取

① 来自王骥编著《新三板资本裂变1：分层挂牌与借壳转板》P88，电子工业出版社出版。

续表

<table>
<tr><th colspan="2">机　　构</th><th>费用项目</th><th>金　　额</th><th>收取</th></tr>
<tr><td rowspan="3"></td><td>律师事务所</td><td>挂牌服务费用</td><td>25~30 万，依据企业规模确定</td><td>分阶段收取</td></tr>
<tr><td>资产评估机构</td><td>评估费（如有）</td><td rowspan="2">35~40 万，依据企业规模确定</td><td rowspan="2">分阶段收取</td></tr>
<tr><td>会计师
事务所</td><td>挂牌服务费用</td></tr>
<tr><td colspan="2" rowspan="3">全国股转系统公司</td><td>挂牌初费</td><td>总股本 2000 万股（含）以下，3 万元
总股本 2000~5000 万股（含），5 万元
总股本 5000 万~1 亿股（含），8 万元
总股本 1 亿股以上，10 万元</td><td>一次性收取</td></tr>
<tr><td>挂牌年费</td><td>总股本 2000 万股（含）以下，2 万元
总股本 2000~5000 万股（含），3 万元
总股本 5000 万~1 亿股（含），4 万元
总股本 1 亿股以上，5 万元</td><td>按年收取</td></tr>
<tr><td>投资者</td><td>按挂牌转让成交金额的 0.5‰双边收取</td><td>转让经手费</td></tr>
<tr><td colspan="2" rowspan="3">结算公司</td><td>股票发行登记费</td><td>股本面值*0.1‰</td><td>一次性收取</td></tr>
<tr><td>名册服务费</td><td>100 元</td><td>按次收取</td></tr>
<tr><td>分红手续费</td><td>（红股及公积金转增股本面值+红利即股息）*0.1‰</td><td>按次收取</td></tr>
<tr><td colspan="2">信息公司</td><td>信息披露费</td><td>每个证券账户 70 元，无开户记录每人 10 元</td><td>按次收取</td></tr>
<tr><td colspan="2">备注</td><td colspan="3">1．四大中介挂牌收费与企业所在地区市场价格、企业的规范程度、规模以及中介机构收费标准有关；
2. 股转公司与中国结算从 2015 年 1 月 1 日起，暂免征收注册在内蒙古、广西、西藏、宁夏和新疆 5 个民族自治地区的挂牌公司挂牌费用</td></tr>
</table>

问答267　企业挂牌后每年支付的费用有哪些？

（1）律师所事务所持续督导费 5~10 万元/年

（2）会计事务所审计费 10~20 万元/年，根据规模大小决定

（3）股转系统挂牌年费

① 挂牌公司总股本 2000 万股（含）以下，每年收费 2 万元；

② 挂牌公司总股本 2000~5000 万股（含），每年收费 3 万元；

③ 挂牌公司总股本 5000 万~1 亿股（含），每年收费 4 万元；

④ 挂牌公司总股本 1 亿股以上，每年收费 5 万元。

注：自 2015 年 1 月 1 日起，暂免征收注册在内蒙古、广西、西藏、宁夏和新疆 5 个民族自治地区的挂牌公司挂牌费用。

（4）中国结算股票发行登记费所登记股本面值的0.1‰。

问答268　挂牌后按次支付的费用有哪些？

（1）中国结算系统收取权益分派手续费

（2）按红股及公积金转增股本面值与红利（股息）总额的0.1‰

（3）中国结算系统收取名册服务费100元/次

（4）中国结算系统信息披露义务人查询费

每个证券账户70元，无开户记录每人10元。

问答269　两网及退市公司股票挂牌收费标准是什么？

在全国股转系统内，用来承接两网及退市公司股票挂牌和交易的收费见表12-2。

表12-2　两网及退市公司股票挂牌交易收费标准

收费对象	收费项目	收费标准	备注
挂牌公司	挂牌初费	总股本2000万股（含）以下，3万元 总股本2000~5000万股（含），5万元 总股本5000万~1亿股（含），8万元 总股本1亿股以上，10万元	暂免征收
	挂牌年费	总股本2000万股（含）以下，2万元 总股本2000~5000万股（含），3万元 总股本5000万~1亿股（含），4万元 总股本1亿股以上，5万元	暂免征收
投资者	转让手续费	A股、B股转让分别按成交金额的0.6‰、0.8‰双边收取	
	证券交易印花费	A股、B出让方按成交金额的1‰征收，受让方不征收	代国家税务机关扣缴

12.1.6　挂牌条件解读

问答270　新三板挂牌的6大条件是什么？

股份有限公司申请股票在全国股份转让系统挂牌，不受股东所有制性质的限制，不限于高新技术企业，应当符合下列条件：

（1）依法设立且存续满两年。有限责任公司按原账面净资产值折股整体变更为股份有限公司的，存续时间可以从有限责任公司成立之日起计算；

（2）业务明确，具有持续经营能力；

（3）公司治理机制健全，合法规范经营；

（4）股权明晰，股票发行和转让行为合法合规；

（5）主办券商推荐并持续督导；

（6）全国股份转让系统要求的其他条件。

问答271　如何理解拟挂牌公司的依法设立？

依法设立，是指公司依据《公司法》等法律、法规及规章的规定向公司登记机关申请登记，并已取得《企业法人营业执照》。

（1）公司设立的主体、程序合法、合规。

① 国有企业需提供相应的国有资产监督管理机构或国务院、地方政府授权的其他部门、机构关于国有股权设置的批复文件。

② 外商投资企业须提供商务主管部门出具的设立批复文件。

③《公司法》修改（2006 年 1 月 1 日）前设立的股份公司，须取得国务院授权部门或者省级人民政府的批准文件。

（2）公司股东的出资合法、合规，出资方式及比例应符合《公司法》相关规定。

① 以实物、知识产权、土地使用权等非货币财产出资的，应当评估作价，核实财产，明确权属，财产权转移手续办理完毕。

② 以国有资产出资的，应遵守有关国有资产评估的规定。

③ 公司注册资本缴足，不存在出资不实情形。

问答272　如何理解拟挂牌公司存续期满2年？

存续两年是指存续两个完整的会计年度。即每年的 1 月 1 日~12 月 31 日。

注意事项：财务报表的有效期是 6 个月，股转系统要求申报企业至少给其留出 2 个月审核时间，因此企业申报时距其最近一期财务报表有效期截止日不能少于 2 个月，否则股转系统会直接要求企业加审。

有限责任公司按原账面净资产值折股整体变更为股份有限公司的，存续时间可以从有限责任公司成立之日起计算。整体变更不应改变历史成本计价原则，不应根据资产评估结果进行账务调整，应以改制基准日经审计的净资产额为依据折合为股份有限公司股本。申报财务报表最近一期截止日不得早于改制基准日。

问答273　如何理解挂牌公司的业务明确？

业务明确，是指公司能够明确、具体地阐述其经营的业务、产品或服务、用途及其商业模式等信息。

公司可同时经营一种或多种业务，每种业务应具有相应的关键资源要素，该要素组成应具有投入、处理和产出能力，能够与商业合同、收入或成本费用等相匹配。

（1）公司业务如需主管部门审批，应取得相应的资质、许可或特许经营权等。

（2）公司业务须遵守法律、行政法规和规章的规定，符合国家产业政策以及环保、质量、安全等要求。

问答274　如何理解拟挂牌公司的持续经营能力？

持续经营能力，是指公司基于报告期内的生产经营状况，在可预见的将来，有能力按照既定目标持续经营下去。

（1）公司业务在报告期内应有持续的营运记录，不应仅存在偶发性交易或事项。营运记录包括现金流量、营业收入、交易客户、研发费用支出等。

（2）公司应按照《企业会计准则》的规定编制并披露报告期内的财务报表，公司不存在《中国注册会计师审计准则第 1324 号——持续经营》中列举的影响其持续经营能力的相关事项，并由具有证券期货相关业务资格的会计师事务所出具标准无保留意见的审计报告。

财务报表被出具带强调事项段的无保留审计意见的，应全文披露审计报告正文以及董事会、监事会和注册会计师对强调事项的详细说明，并披露董事会和监事会对审计报告涉及事项的处理情况，说明该事项对公司的影响是否重大、影响是否已经消除、违反公允性的事项是否已予纠正。

（3）公司不存在依据《公司法》第一百八十一条规定解散的情形，或法院依法受理重整、和解或者破产申请。

问答275　如何理解拟挂牌公司的治理机制健全？

公司治理机制健全，是指公司按规定建立股东大会、董事会、监事会和高级管理层（以下简称“三会一层”）组成的公司治理架构，制定相应的公司治理制度，并能证明有效运行，保护股东权益。

（1）公司依法建立“三会一层”，并按照《公司法》、《非上市公众公司监督管理办法》及《非上市公众公司监管指引第 3 号—章程必备条款》等规定建立公司治理制度。

（2）公司“三会一层”应按照公司治理制度进行规范运作。在报告期内的有限公司阶段应遵守《公司法》的相关规定。

（3）公司董事会应对报告期内公司治理机制执行情况进行讨论、评估。

问答276　如何理解拟挂牌公司合法合规经营？

合法合规经营，是指公司及其控股股东、实际控制人、董事、监事、高级管理人员须依法开展经营活动，经营行为合法、合规，不存在重大违法违规行为。

（1）公司报告期内不应存在股东包括控股股东、实际控制人及其关联方占用公司资金、资产或其他资源的情形。如有，应在申请挂牌前予以归还或规范。

（2）公司应设有独立财务部门进行独立的财务会计核算，相关会计政策能如实反映企业财务状况、经营成果和现金流量。

（3）公司的重大违法违规行为是指公司最近 24 个月内因违犯国家法律、行政法规、规章的行为，受到刑事处罚或适用重大违法违规情形的行政处罚。

① 行政处罚是指经济管理部门对涉及公司经营活动的违法违规行为给予的行政处罚。

② 重大违法违规情形是指，凡被行政处罚的实施机关给予没收违法所得、没收非法财物以上行政处罚的行为，属于重大违法违规情形，但处罚机关依法认定不属于的除外；被行政处罚的实施机关给予罚款的行为，除主办券商和律师能依法合理说明或处罚机关认定该行为不属于重大违法违规行为的外，都视为重大违法违规情形。

③ 公司最近 24 个月内不存在涉嫌犯罪被司法机关立案侦查，尚未有明确结论意见的情形。

（4）控股股东、实际控制人合法合规，最近 24 个月内不存在涉及以下情形的重大违法违规行为：

① 控股股东、实际控制人受刑事处罚；

② 受到与公司规范经营相关的行政处罚，且情节严重；情节严重的界定参照前述规定；

③ 涉嫌犯罪被司法机关立案侦查，尚未有明确结论意见。

（5）现任董事、监事和高级管理人员应具备和遵守《公司法》规定的任职资格和义务，不应存在最近 24 个月内受到中国证监会行政处罚或者被采取证券市场禁入措施的情形。

问答277 如何理解拟挂牌公司的股权明晰？

股权明晰，是指公司的股权结构清晰，权属分明，真实确定，合法合规，股东特别是控股股东、实际控制人及其关联股东或实际支配的股东持有公司的股份不存在权属争议或潜在纠纷。

① 公司的股东不存在国家法律、法规、规章及规范性文件规定不适宜担任股东的情形。

② 申请挂牌前存在国有股权转让的情形，应遵守国资管理规定。

③ 申请挂牌前外商投资企业的股权转让，应遵守商务部门的规定。

问答278 如何理解拟挂牌公司股票发行和转让合法合规？

股票发行和转让合法合规，是指公司的股票发行和转让依法履行必要内部决议、外部审批（如有）程序，股票转让须符合限售的规定。

（1）公司股票发行和转让行为合法合规，不存在下列情形：

① 最近36个月内未经法定机关核准，擅自公开或者变相公开发行过证券；

② 违法行为虽然发生在36个月前，目前仍处于持续状态，但《非上市公众公司监督管理办法》实施前形成的股东超200人的股份有限公司经中国证监会确认的除外。

（2）公司股票限售安排应符合《公司法》和《全国中小企业股份转让系统业务规则（试行）》的有关规定。

另，在区域股权市场及其他交易市场进行权益转让的公司，申请股票在全国股份转让系统挂牌前的发行和转让等行为应合法合规。公司的控股子公司或纳入合并报表的其他企业的发行和转让行为需符合相关规则的规定。

12.2 典型实战17例

12.2.1 存续验资与财务门槛

案例124 存续期满两年的误读

新三板挂牌条件中明确要求拟挂牌企业存续时间应当满2年。对此，有人理解为满24个月即可，如2012年9月1日成立的企业，2014年9月1日就可以申请在新三板挂牌；也有人理解为必须要有2个完整会计年度加1期的经营记录方可申请在新三板挂牌。

解析：企业须有 2 个完整会计年度（每年的 1 月 1 日至 12 月 31 日）的运营记录方可申请在新三板挂牌，也就是说如果 2014 年 9 月 1 日操作挂牌，企业成立时间不得晚于 2012 年 1 月 1 日。此外，如果公司成立于 2013 年 1 月 1 日，并且于 2015 年 2 月份完成 2014 年度财务报表审计，则可以直接申报新三板挂牌，无须等到 2015 年一季报出来后再申报，即最近一期财务报表不强制要求为季度、半年度或年度报表。

案例125　成立不足2年与拟借壳新三板

某企业成立不足两年，拟找个空壳公司借壳上新三板。

建议不要这样操作。如果拟挂牌公司成立不足 2 年，仅是找了一个空壳公司对拟挂牌公司进行收购，其容易被认为刻意规避“依法设立且存续满两年”的条件而遭劝退。

案例126　2014年3月过后申报挂牌与验资

某企业 2016 年 7 月拟申请挂牌，企业认为不需要验资报告。理由：2014 年 3 月 1 日新修订的《公司法》已将公司注册资本制度由实缴制改为认缴制，实收资本不再作为工商登记事项，出资期限也由股东在章程中自行约定，也不再强制要求股东实际缴纳出资后聘请验资机构出具验资报告，所以自 2014 年 3 月 1 日之后，拟挂牌公司设立或增资扩股不再需要履行验资程序，并由验资机构出具验资报告。

解读：不正确。新三板业务规则规定，针对 2014 年 3 月 1 日后申请挂牌公司的设立、增资等，股东应按照修改后《公司法》第 28 条和公司章程的规定办理出资手续、履行出资义务，主办券商、律师、会计师应加强股东出资的核验工作，核查股东是否按公司章程规定出资，制作核查出资工作底稿，提供出资证明文件，包括但不限于验资报告、打款凭证。因此，新三板拟挂牌企业设立及增资扩股时仍然需要履行验资程序，并取得验资报告。

案例127　挂牌财务无门槛的门槛

某一拟挂牌的企业，纳税报表经常显示亏损，但是实际情况可能并非如此。该企业觉得这不存在新三板挂牌障碍，是这样吗？

解读：虽然新三板不设置任何财务门槛，但并不是不要求财务规范、独立合法。其《挂牌条件指引》中要求公司“应设有独立财务部门进行独立的财务会计核算，相关会计政策能如实反映企业财务状况、经营成果和现金流量”。实践中，70%以上挂牌失败的企业都是由于财务不规范，会计基础薄弱，涉税事项较多。

12.2.2 改制与挂牌条件

案例128 整体变更与业绩连续计算

某公司改制基准日之前 1 天股本结构做了调整，一些人认为，这样是不能连续计算业绩的。理由：有限公司整体变更为股份公司过程中，公司的股本总额及股权结构不能发生变更，否则公司业绩将不能连续计算。这个过程包括准备改制的日期在内，公司在确定改制基准日之前 2 个月就在准备了。

解读：不正确。因为，公司整体变更的起算日是公司确定的改制基准日，通俗地讲就是有限公司股东会决定以哪一天经审计后的净资产折股整体变更为股份公司。因此，自改制基准日起至公司取得股份公司工商执照之日期间，公司的股本总额及股权结构不得发生任何变化，否则公司的业绩将不能连续计算。注意：对于整体改制过程中的审计、评估及验资机构，股转系统并未强制要求必须具备证券从业资格。

案例129 公司整体变更的起算日设置

某公司在整体变更过程中，就股份公司的起算日提出两种方案，即有限公司做出整体变更的股东会决议之日，或公司召开创立大会之日。

解读：以上两个时间点都错误，应为：公司的成立日期自公司取得股份公司工商执照之日起重新计算。

案例130 股改与引入新股东同步突破规定而“欲速不达”

A 企业在挂牌新三板的过程中，将股改与引入新股东等其他操作同步进行，因触及挂牌硬性条款规定，不仅造成挂牌时间延后严重，且引来税务机构查账和增收税收问题。

解析：股改更名为股份公司，面临着公司所有资产、权益随之更名的问题，在正常情况下这个过程是没有税的，因为实质上法律主体并没有改变，股东结构也没有本质上的变化。但是，一些企业喜欢抢时间，将三步并作两步走，如本例中将股改与引入新股东等操作同步进行，这突破了“投资主体不变”的挂牌条款，才招致如上后果。所以，在设计新三板挂牌方案时，建议规划挂牌路径图分步走，该快则快、该慢则慢，无远虑则必有近忧。

12.2.3　业务与行业

案例131　重组业务与商业模式，降低纳税率

某机械设备生产商，原本销售机器并负责设计、运输、安装、培训和保养，全额交了增值税，在挂牌新三板过程中请专家引入了融资租赁、售后回租、期票贴现、分期付款等金融元素，降低了客户的资金门槛，对扩大销售发挥了积极的作用。但因其毛利较高，执行 17%的税率导致增值税税负率一直居高不下。

后来咨询专家团队，详细分析其销售及服务的内容实质，将机器的设计、运输、安装、培训和保养等服务性职能转移到单设的全资子公司专业履行并与客户签定长期维保合同，同时承接竞争同行所售设备维保工作，单独对服务团队进行绩效考核。这样取得了良好的多赢效果：提升了专业服务能力、拓宽了营收领域、改善了客户体验、享受了现代服务业较低的税率（3%、6%、11%等）。

案例132　主营业务与持续经营能力的变通

仁会生物，属于典型的生物制药企业，在取得药物批文之前不会有任何主营业务收入，且之需要投入巨额成本，如海外的好的品种，1 个品种大约 1 亿美元，还可能失败，但是其依然通过了全国股转系统公司的审核，于 2014 年 8 月成功挂牌新三板。但若是传统贸易公司，报告期内没有主营业务收入就说不过去了，肯定是不能挂牌的。

案例133　挂牌无行业限制与有条件进入

某企业属于互联网彩票销售企业，拟挂牌新三板可行吗？理由：新三板业务规则明确指出，股份有限公司申请股票在全国股份转让系统挂牌，不受股东所有制性质的限制，不限于高新技术企业。意思是任何行业企业皆可挂牌。

解读：

（1）虽然业务规则明确拟挂牌公司不受行业、所有制的限制，但是涉及 P2P、众筹等互联网金融和房地产等行业登陆新三板受限。同时，请注意其他一些违背传统观念、公序民俗的行业，建议在申报之前与全国股份转让系统进行充分

预沟通，在征求股转系统意见后再行准备，不可贸然申报。如 2016 年 1 月，股转系统发文暂停 PE 等类金融行业企业挂牌新三板的业务。

（2）特定商业模式与超越资质经营。在某些特殊行业或者特定企业模式中，企业的生产经营需要主管部门颁发的特定资质证书才能够正常经营。如果企业的生产经营过程中，企业存在无资质经营或者超越资质要求经营的情形，那么企业的生产经营也会存在重大不确定性甚至存在违规的可能。比如互联网彩票销售行业。

12.2.4 国有、外资与激励

案例134 国资参股与国有股权设置批复

某公司是国资参股企业，未拿到国资监管部门出具的关于国有股权设置的批复文件，所以不能申请在新三板挂牌。

解读：不正确。根据 IPO 要求，对于有包括国有独资、控股及参股等国资背景的拟上市企业，证监会要求其在申报文件中提供国资监管部门出具的关于国有股权设置的批复文件。同时，股转系统也要求拟挂牌国有企业提供国资监管部门出具的国有股权设置批复文件。实践中，股转系统对于国有独资及控股企业要求比较严格，要求其必须提供国资监管部门出具的国有股权设置批复文件，但对于国有参股企业，更多的是关注国有股东参股时是否合法合规，并履行了必要的法定程序等，并不强制要求提供国有股权设置的批复文件。注意：实操中，国有企业的股权设置批复一般要逐层向上追溯至国资监管部门（一般是各级国资委），但如果能够找到明确的文件依据，也可由国资委授权的单位出具上述批复。

案例135 外商投资公司与整体改制

某外资企业最近 1 年亏损，是不能改制的，所以就不能申请在新三板挂牌了。理由：依据《关于设立外商投资股份有限公司若干问题的暂行规定》（外经贸部令 1995 年第 1 号）的有关规定：外商投资股份公司的注册资本不得低于 3000 万元人民币，已设立的中外合资经营企业、中外合作经营企业、外资企业等外商投资企业，如申请转变为外商投资股份有限公司的，应有最近连续 3 年的盈利记录。所以，拟挂牌外商投资企业改制为股份公司时必须满足改制前最近 3 年连续盈利，改制后注册资本不能低于 3000 万元人民币的条件。

解读：不正确。因为外商投资企业整体改制为外商投资股份有限公司，不再要求其改制前最近 3 年连续盈利，改制后注册资本不低于 3000 万元人民币。依据是商务部分别于 2014 年 6 月 17 日发布的《关于改进外资审核管理工作的通知》（商资函[2014]314 号）及 2014 年 6 月 25 日下发的《关于中外合资经营等类型企业转变为外商投资股份有限公司有关问题的函》（商办资函[2014]516 号）的规定，外商投资股份公司最低注册资本及外商投资企业连续 3 年盈利记录的要求已经被废止。

案例136　股权激励行权与挂牌条件

某公司拟申请新三板挂牌，有人建议：该公司需要进行股权激励，因为新三板拟挂牌企业在挂牌前必须将未行权的股票期权行权完毕或终止才能在新三板挂牌。

解读：不正确。实操中，新三板要求股权激励方案表述清晰，确保不出现潜在纠纷，并未要求拟挂牌企业在股票期权未行权完毕就不能挂牌。注意：拟挂牌企业制定股权激励方案，保证激励效果的同时，需要防控可能产生的法律风险和潜在纠纷，建议拟挂牌企业充分依托律师等中介机构专业优势及能力。

12.2.5　合规合法条件

案例137　企业报告期与合规期限要求

某企业的实际控制人在 2014 年 4 月出现重大违法事件被处罚，那么该企业需要在什么时候才可以申报挂牌申请？

解读：新三板要求拟挂牌企业应当合法合规经营，公司及其控股股东、实际控制人、董事、监事、高级管理人员须依法开展经营活动，经营行为合法合规，不存在重大违法违规行为。一些人认为上述要求为整个报告期，即最近两个会计年度及一期。这样是不正确的。

实际上，新三板只要求公司及其控股股东、实际控制人、董事、监事、高级管理人员最近 24 个月内合法合规，不存在重大违法违规行为，也就是说如果重大违法违规行为发生在申报基准日 24 个月前，即使在报告期内也不会成为公司挂牌的实质性障碍，只要如实披露、说明情况一般不会对企业挂牌构成重大影响及障碍。

案例138　新三板政策与独立性要求

某公司业务和机构不独立，自认为不存在挂牌障碍，理由：新三板挂牌条件适用基本标准指引仅规定公司报告期内不应存在股东包括控股股东、实际控制人及其关联方占用公司资金、资产或其他资源的情形，公司应设有独立财务部门进行独立的财务会计核算，而对拟挂牌企业的业务独立、机构独立、人员独立性并未提出明确要求。那么，新三板挂牌企业在业务、机构及人员方面可以不独立。

解读：不正确。实操中，股转系统要求拟挂牌企业应当在业务、机构、人员、资产、财务5个方面独立于控股股东、实际控制人及其控制的其他企业（关联企业），同时在《全国中小企业股份转让系统主办券商尽职调查工作指引（试行）》中也对此提出了明确要求。拟挂牌企业如果不符合上述独立性要求，会对其在新三板挂牌产生实质性障碍。

注意事项：新三板对于拟挂牌企业独立性的要求与拟上市企业相同，其原因是对于一家不具有独立性的企业，根本无法判断其是否具有持续经营能力，当然也就不符合新三板挂牌条件。

案例139　同业竞争消除与挂牌条件

某公司挂牌前存在必需的可以解释的同业竞争，参照IPO规则要求，该企业必须消除同业竞争，否则无法挂牌。

解析：不正确。实操中，新三板并不要求企业挂牌前必须消除同业竞争，企业只要充分披露，股东作出解决同业竞争问题的承诺，且承诺可行便可。注意：拟挂牌企业最好在挂牌前解决，因为很可能会影响挂牌进度，而且同业竞争最终还是要消除，只是不强制要求挂牌前解决而已。

案例140　董事处罚与重大违法违规行为误读

某新三板挂牌公司董事最近24个月遭受行政处罚或者被罚款，这就可能构成重大违法违规，就会对企业挂牌产生实质性障碍。

解读：不正确。实操中，如不存在主观故意，仅仅是由于疏忽造成的违法违规、行为，没有造成严重后果且违法情节轻微，以及处罚决定按照低限标准做出等，只要由中介机构（主要指律师）对其性质依法做出明确认定，必要时找有关主管部门出具书面意见后，如实披露便可。当然，是否影响企业诚信问题及企业长远利益，企业可自行掂量。

13

第 13 章

设立出资与股本增减等相关实务及操作

13.1 常规疑难29问

13.1.1 发起人设立、基准日与业绩连续问题

问答279 新三板对设立、股本等公司挂牌审核的关注点在哪里？

企业申请挂牌，就设立、股本等问题，全国股转系统公司审核与券商内核的关注点如下。

（1）公司设立（改制）的出资审验情况，如以评估值入资设立股份公司，补充说明是否合法、合规，是否构成“整体变更设立”。

（2）自然人股东纳税情况，如未缴纳，说明其合法合规性及规范措施。

（3）是否存在股东以未分配利润转增股本的情形，公司代缴代扣个人所得税的情况。若未代缴个人所得税，请说明若发生追缴税费的情形，相关防范措施情况。

如上要点（其中的税收问题，本书本部分将专章解读），主办券商及律师需得核查并发表明确意见，拟挂牌需要就相应事项作出披露。

问答280　如何理解发起人？

有限公司设立按现行法律规定：应当有2人以上、200人以下为发起人，其中须半数以上的发起人在中国境内有住所。

股份公司的发起人必须符合法定人数，即2人或2人以上；发起人可以是自然人，也可以是法人，包括事业法人、社团法人和国家规定可以投资的机关法人。注意“职工持股会及工会”不能作为申请挂牌企业的发起人。

另外，如果拟挂牌公司原股东超过200人，程序和文件等有所不同，则需符合《非上市公众公司监管指引第4号—股东人数超过200人的未上市股份有限公司申请行政许可有关问题的审核指引》。

问答281　如何理解整体变更与改制基准日？

新三板申请挂牌，一般企业都采用整体变更的设立方式，是因为股份公司存续期可以从有限公司成立之日起计算。这里需注意：

（1）不应改变历史计价原则；

（2）不能根据评估结果进行账务调整；

（3）以改制基准日经审计的净资产额为依据折合为股份中的股本。

注意，申报财务报表最近一期截止日不得早于改制基准日（审计报告的有效期为6个月，特殊情况可以延长1个月），改制基准日，即申报基准日，指的是每个公历月的最后一日，如1月31日、2月28日、8月31日、9月30日、12月31日等。

问答282　如何理解业绩连续与会计年度的计算？

（1）业绩连续计算

申请新三板挂牌的公司，业绩连续计算主要涉及两种情况：

① 需以变更基准日经审计的净资产额为依据折合为其股份；以评估结果折股视为新设，不能连续计算业绩。

② 是业务重组，分为同一控制下与非同一控制下两种情形，可能影响申报期。

（2）会计年度的计算

按照新三板挂牌条件，公司存续两年是指存续两个完整的会计年度。会计年度自公历1月1日起至12月31日止。比如一公司成立于2010年1月9日，那么它的会计年需从2011年1月1日计起。

13.1.2　特殊主体、沿革折股与评估验资

问答283　特有主体的公司改制需注意些什么?

（1）国资所属特有主体

国有性质的有限责任公司、股份合作制企业、研究院所等特有主体，其设立、改制与股权变更等，约束较多，合法合规和履行程序是审核的重点。

（2）外商主体

外商投资企业依据我国法规不论是中外合营、合作企业，还是外商独资企业，一般的组织形式都是有限责任制公司，拟挂牌前需整体变更进行股改，其中，属外商独资的，还须引入中国股东。

外商投资产业应符合国家有关外商投资企业产业政策的规定，由省级商务主管部门负责审批，但涉及外商投资有专项规定的行业、特定产业政策、宏观调控行业及外国投资者对上市公司进行战略投资的，仍按现行规定办理或按有关规定报商务部审核。

（3）注意

上述主体改制主要注意批露关于主体内部改制审批、投资者份额确定、主管机关批准或确认、登记机关核准等主要文件。

问答284　国资折股有哪些注意事项？解决办法是什么？

新三板挂牌过程中，企业涉及国有资产折股问题，注意事项及解决办法主要有如下三方面的内容。

（1）国资评估

国有资产作价入股必须进行资产评估。国有资产的转让方应当委托具有相关资质的资产评估机构，依照国家有关规定进行资产评估。评估报告经核准或者备案后，作为确定企业国有产权转让价格的参考依据。

（2）国资作价

国有资产作价入股时，企业应当以经核准或备案的资产评估结果为作价参考依据；当交易价格低于评估结果的90%时，应当暂停交易，在获得原经济行为批准机构同意后方可继续交易。

（3）折股

国有资产严禁低估作价折股。一般应以评估确认后的净资产折为国有股的股本。如不全部折股，则折股方案须与募股方案和预计发行价格一并考虑，但

折股比率（国有股股本/发行前国有净资产）不得低于65%。

问答285　关于存续期的历史沿革问题要注意些什么？

企业沿革几乎涉及挂牌条件要求的所有问题，是因为拟挂牌的企业需要在满足至少两年合法存续的同时，自身需要不存在任何重大历史沿革瑕疵及问题。

（1）问题

实践中主要归纳两类历史沿革问题：

① 企业设立的历史问题，主要体现在企业的出资、设立程序与手续等问题上；

② 存续的历史问题，主要体现在企业的增资、股权转让、资产交割等行为上存在的问题。

（2）需要注意的

① 对于企业出资登记手续问题的，需要企业与工商机关进行沟通和协调，对于错误的工商登记予以纠正；

② 未转移出资权属的应当转移至公司名下，并由股东承担与此相关的责任。

问答286　实践中，对资产评估及验资有何要求？

（1）评估

相关法规明确规定有两种情况需要评估：以非货币资产出资和国有企业改制，除此之外评估并非必要条件。

根据2014年3月1日起实施的《公司注册资本登记管理规定》（工商总局令第64号）等的规定，工商部门对有限公司整体变更为股份公司已不再强制要求提交评估报告等类似文件。

（2）验资

2014年3月1日起生效的修订后的《公司法》第八十三条规定，公司整体变更为股份公司时可以不进行验资。

但是，实践中，拟挂牌公司为了以后工作的方便，同时也为了谨慎、严谨起见，在股份改制中最好由会计师出具验资报告。

13.1.3　无形实物、债券股权出资与转移补正问题

问答287　新三板挂牌对各类出资审核的关注点在哪里？

企业申请挂牌，就各类出资问题，全国股转系统公司审核与券商内核的关注点如下。

（1）公司历次出资的缴纳、非货币资产评估和权属转移情况（如有）、验资情况等，对公司股东出资的真实性、充足性等的核查和关注。

（2）出资履行程序、出资形式及相应比例等是否符合当时有效法律法规的规定，对出资程序完备性和合法合规性的关注。

（3）公司是否存在出资瑕疵，若存在，核查和关注：

① 出资瑕疵的形成原因、具体情形，出资瑕疵对公司经营或财务的影响；

② 对公司前述出资瑕疵是否存在虚假出资事项、公司是否符合挂牌条件；

③ 公司针对出资瑕疵所采取的规范措施情况，并对规范措施是否履行相应程序并合法有效、是否足以弥补出资瑕疵、出资瑕疵及其规范措施是否会导致公司面临相应的法律风险；

④ 公司采取的规范措施涉及的会计处理方式是否符合《企业会计准则》的规定。

以上内容（财务要求将专章讨论）需主办券商、律师和会计师等中介在挂牌申请中核查并发表明确意见。

问答288　无形资产出资有哪5种情况？权属不明如何解决？

（1）5 种情况

新三板的拟挂牌企业无形资产出资情况很普遍，常见问题有无形资产超比例出资、无形资产权属不明、无形资产出资不实与评估、无形资产未产生预期效益、无形资产出资与主营业务不相关五种情况。

（2）权属不明情况及解决

无形资产权属不明的问题主要是指无法区分该无形资产属个人发明还是职务发明。这类问题的解决办法如下：

① 根据相关法律准则确认出资人在公司设立后已经依法取得了该无形资产的所有权；

② 从专利权人背景出发解释其具有独立完成所出资专利的能力；

③ 律师出具“出资人不存在权利嫌疑”的公正意见；

④ 拥有无形资产的股东可做出“承担一切与无形资产权属嫌疑有关的责任”的承诺；

⑤ 出资人工作过或有相关关联的单位做出“此无形资产与其无关”的证明或说明，反向证明法；

⑥ 如上方式都无法排除出资人职务成果的嫌疑，则认定职务发明的界限较为模糊，应当从严谨性出发，做减资处理或由原出资人现金补正。

问答289　超比例出资问题该如何解决？

超比例出资问题主要指的是有限公司设立时，非专利技术等无形资产出资比例超过20%（与1999年12月25日修订的《公司法》的相关规定不符合）。

（1）解决办法

超比例出资问题的一般性解决办法如下：

① 说明2014年修订的《公司法》废止了对货币出资金额最低比例的要求；

② 2005年之前施行的公司法中注明“国家对采用高新技术成果有特别规定的除外”，这为突破无形资产出资比例提供了灵活的空间；

③ 考察出资的无形资产是否符合高新技术成果的相关要求如《关于以高新技术成果出资入股若干问题的规定》等，不符合高新技术成果的公司，可通过补充获得相关科技主管部门的认定来进行弥补；

④ 类比区域政府政策，如《中关村科技园区条例》、《中关村科技园区企业登记注册管理办法等》等不受无形资产出资比例的限制；

（2）说明

① 从无形资产现时账面价值是否在逐年摊销之后符合出资要求；

② 从公司是否因当时的出资行为未受到相关部门的处罚；

③ 从公司股东是否书面确认不会对本次出资行为产生争议或纠纷；

④ 从无形资产出资行为是否符合现行有效的《公司法》的要求等。

如实披露并进行解释，从而消除无形资产超比例出资部分所存在的实质法律障碍。

问答290　出资不实的评估及解决办法是怎样的？

根据《公司法》等法律规定，国有出资和非货币出资都是要进行评估的，且无形资产出资应当评估作价，且不得高估或者低估作价。此类问题的解决办法如下：

（1）查看是否具有无形资产出资确认书和财产转移协议，且该出资不涉及各方，不存在疑义和纠纷；

（2）是否已办理工商登记且并未由工商部门提出任何异议；

（3）由专业评估机构追溯评估，如出现高估，则原出资股东以货币资金补足评估值与原账面值的价差；

（4）其他股东可出具“不再追究出资不实股东责任”的免责声明；

（5）券商、律师或会计师阐明不存在实质性法律障碍。

问答291　实物出资有哪5大注意事项？

股东以实物作价出资入股的，需要注意如下 5 大事项：

（1）出资应当是该公司生产经营必需的物品，包括交通工具、办公用房、办公用品、生产经营设备、原材料和产品等；

（2）以经营性资产出资，应同时将与该业务密切关联的商标出资折股；

（3）与该公司无关联关系的实物不能作价出资；

（4）用于出资的实物不得设定担保，设定担保的实物资产属于权利受限的实物，不具备出资的条件；

（5）实物资产出资必须进行评估作价，还需到有关机关办理过户手续。

问答292　实物出资是否属实及作价问题如何解决？

这类问题的常规解决办法要注意如下 4 点。

（1）出资方如为国有企业的，需取得上级单位或国资委对出资的确认文件，避免被认定为国有资产流失；

（2）提供非货币资产作价公允的证据，如：资产购置合同、发票、报关单等（以新购资产出资的），购置日与出资日相近的证据；相同或类似资产公开的报价单；股东关于出资作价的确认文件；原出资作价所参考的评估报告，并非以出资为评估目的的，可考虑由具有证券资格的评估所出具价值复核报告；

（3）以净资产按账面价值出资的，需申报会计师对原净资产的账面价值出具复核报告；

（4）股东做出承诺，同时中介机构发表明确意见。

问答293　未办产权转移和未经评估的实物出资问题如何解决？

（1）未办理产权转移

这类问题的一般性解决办法有两种：

① 将瑕疵资产转让；取得有批准权的人民政府、国资委、上级单位的批

文及证明；股东承诺同时中介机构发表明确意见。

② 土地、房地产、股权、车辆等资产出资未办理产权转移手续的，首先应该考虑补办产权变更手续，其中，划拨用地出资属于一种出资不足的情形，解决思路适用于出资不足的解决方式。

（2）实物出资未评估

此类问题的一般性解决办法如下：

① 由具备资质的评估机构进行复核并做出复核评估报告，由出资人对实物出资部分以货币资金进行再出资；

② 或者由实物出资股东出具“承担一切相关责任和损失”的承诺，并由其他股东出具不追究的承诺；

③ 中介机构可从实物出资来源、公司股东股权并未因此而存在潜在纠纷和风险、公司债权人未因此而遭受损失等方面出具不存在实质性法律障碍的证明。

问答294　债权出资及其有效性如何认定？

债权出资是指投资人以其对公司的债权向公司出资，抵缴股款。依据《公司法》规定股东可以用货币出资，也可以用实物、知识产权、土地使用权等可以用货币估价并可以依法转让的非货币财产作价出资，所以，法律并未对债权出资进行禁止性规定。

实践中，对于一般企业的债权转股权，只要是债权真实、程序合法，无论从工商部门还是证券监管部门也是予以认可的。新三板挂牌公司规模一般较小，设立之初往往由实际控制人以自有资金借给公司，用以补充流动性或其他正常经营的用途，这便涉及债权出资的有效性认定问题。

此类问题有效性认定的办法如下：

（1）债权出资是否以公司经营发展为目的，债权出资的资金来源是否合法且自有；

（2）债权出资是否真实，债权转股权的作价金额并未高于债权的账面值，并已取得了相关验资报告；

（3）债权出资股东是否出具承担相关责任、不损害其他股东或第三方利益的承诺；

（4）工商行政管理机关是否已进行了相关变更登记，并未提出异议；

（5）中介机构就以上内容发表明确意见，律师出具证明“债权出资真实性和合法性”的法律意见。

问答295　股权出资的确认问题需注意些什么？

虽然新三板挂牌企业股权出资的情况比较少，但是，遇到这些情况时需要注意：

（1）以其持有的股权（在其公司内占控股地位的股权）出资设立公司，但是用以出资的股权应不存在权利瑕疵及潜在纠纷；

（2）出资的股权应当是其能够控制的，而且被出资或设立的公司的业务基本一致；

（3）关联方并不适合进行出资；

（4）该出资的股权必须是在工商行政管理部门进行过登记与备案的；

（5）股东以其持有的股权作为出资，需要按照《公司法》的规定办理股权转让手续。

13.1.4　抽逃延迟、相互循环出资问题

问答296　抽逃出资是如何界定的？

（1）主要情况

根据 2014 年 2 月 17 日最高人民法院审判委员会第 1607 次会议《关于修改关于适用〈中华人民共和国公司法〉若干问题的规定的决定》修正及中国人民银行《关于印发〈对金融机构违反会计制度规定等问题定性的说明〉的通知》，抽逃出资是指在公司验资注册后，股东将所缴出资通过一定方式暗中撤出，却仍保留股东身份和原有出资数额的一种欺诈性违法行为。主要有如下情况：

① 公司验资注册后，将货币出资用于偿还股东个人债务或他人个人债务，这常常表现为发起人或股东用借款或贷款验资注册，一旦公司设立后，就将借来的出资抽回，归还原主；

② 公司验资注册后，将已办产权转移手续的实物、工业产权、专利、非专利技术、土地使用权再无偿或以不合理的低价转让给他人；

③ 公司验资注册后，非因经营或正常业务开支又没有正当理由抽走货币出资；

④ 把他人的实物“借”来出资，公司一经注册，再将它归还原来的权利

人等。

（2）股东借款问题

关于股东向公司借款，法律法规及其他规范性文件均未禁止，根据国家工商行政总局回复江苏省工商行政管理局《关于股东借款是否属于抽逃出资行为问题的答复》，公司借款给股东是公司依法享有其财产所有权的体现，股东与公司之间的这种关系属于借贷关系，合法的借贷关系受法律保护，公司对合法借出的资金依法享有相应的债权，借款的股东依法承担相应的债务。因此，股东向公司借款并不必然构成抽逃出资的行为，这二者之间的关系和区别，需要由中介机构进行清晰的界定。

问答297　抽逃出资的问题该如何解决？

抽逃出资的一般性解决办法：

（1）确定借款已经归还，并承担了相关补救措施，如补缴了资金占用费等；

（2）明确公司提供借款形成的原因、过程，判断是否存在主观、恶意，是否造成了公司、债权人的经济损失或实质损害；

（3）核查公司其他股东是否同意提供借款，是否存在潜在纠纷或争议；

（4）核查工商行政管理部门有无行政处罚的证明；

（5）拆借股东做出“承担相关责任、不再发生类似事件”的承诺等。

问答298　迟延出资的问题该如何解决？

迟延出资是指在做出判断的时点出资已经缴纳，但缴纳时间晚于《公司法》、公司章程或出资的股东会决议等决策文件所规定的出资时间。此类问题的解决办法一般为：

（1）对未按期缴纳的出资进行补正；

（2）明确在延期出资期间，是否对对公司及债权人等主体的利益造成实质性侵害，是否影响发行人正常经营；

（3）是否正常通过年检；

（4）工商行政管理部门是否就该事件对公司及股东做出行政处罚；

（5）看是否超过了《行政处罚法》规定的二年追债时效（2014年修订的《公司法》取消了对注册资本缴清年限的限制）；

（6）控股股东是否出具“承诺承担全部赔偿责任”的声明，或者其他股东是否出具声明免除股东延期出资的违约责任；最后由中介机构发表明确意见。

问答299　何为相互循环出资？该如何解决？

（1）两种情况

相互、循环出资情况，在实践中表现为如下情况：

一是同一控制人控制下的公司之间相互持有股权，构成相互出资，比如同一控制人下的 A、B 两公司，A 公司持有 B 公司 40%的股权，B 公司持有 A 公司 30%的股权；

二是母子公司之间相互出资，形成出资循环，放大关联公司之间的资本金，比如 A、B、C 三家公司，A 公司为 B 公司的母公司，B 公司为 C 公司的母公司，A 公司对 B 公司增资 3000 万元，B 公司对 C 公司增资 3000 万元，C 公司对 A 公司增资 3000 万元。

（2）规范和解决方法

关联企业之间相互出资、循环出资虚增了关联企业之间的资产和注册资本，容易导致实际控制人混淆，应当通过减资、股权转让的方式溯本清源。

相互出资和循环出资不会对企业的损益产生影响，因此在会计上只需对减资、股权转让行为进行会计处理即可，无须进行追溯调整。

13.1.5　增减资与未分配利润、公积金等转增问题

问答300　新三板对增资减资等股本变化的审核的关注点在哪里？

企业申请挂牌，就增资、减资等股本变化情况等问题，全国股转系统公司审核与券商内核的关注点如下：

公司历次增资、减资等股本变化情况及履行的内部决议、外部审批程序，以及公司历次的增资、减资等是否依法履行必要程序，是否合法合规，有无纠纷及潜在纠纷。

主办券商及律师需得核查并发表明确意见，拟挂牌企业需要就上述事项作出披露。

问答301　关于国资投资退出的股本增减问题需注意什么？

拟挂牌新三板的公司多为高新技术企业，一些公司曾有国有企业或者国有创业引导基金前期投资及退出情况，所以要特别关注其投资、退出时是否履行了国有股权投资、退出的法律程序：

① 投资时，是否经有权部门履行了决策程序，是否对拟投资的公司进行过评估、备案，是否需要国有资产监督管理部门批准；

② 增资扩股时，是否同比例增资，如未同比例增资，是否履行评估、备案手续；

③ 国有股退出时是否履行了评估、备案，是否在产权交易所进行了交易等，相应的都要做增资和减资的处理。

问答302　关于实物、无形资产等的增减问题需注意什么？

按照《公司法》的要求规定，非货币如实物、无形资产等出资或增资需要经过评估，且不能高估与估股作价。这里主要有如下两种减资情况。

（1）难以撇清职务发明的无形资产的减资

该类减资，在实践中很普遍，由于该类发明等已经评估过户至公司，此种情况下，一般的做法是通过减资程序规范，财务上将已经减掉的无形资产做专项处理，并将通过减资置换出来的无形资产无偿赠送给公司使用。但是此种情况下，该等无形资产研发费用不能计提。需要注意的是：

实践中大部分工商登记部门因为法律上没有相关规定，拒绝公司通过现金置换无形资产出资的方案，但是减资是《公司法》允许的方案，工商登记部门容易接受，但是不能进行专项减资，即专项减掉无形资产，但是会计师可以在减资的报告中进行专项说明，说明公司本次减资的标的是无形资产。

（2）与公司主营业务无关的无形资产的减资

在实践中，有些企业为了申报高新技术企业，创始股东与大学合作，购买与公司主营业务无关的无形资产通过评估出资至公司，或者股东自己拥有的专利技术或者非专利技术后来因为种种原因，虽然评估出资至公司，但是由于公司后来主营业务发生变化或者其他原因，公司从来没有使用过该等无形资产，则该等行为涉嫌出资不实，需要通过减资程序予以规范。

问答303　公司股本增减资的5大关注点是什么？

增资和减资涉及公司股本的变动问题，该类问题比较复杂，需要综合考虑如下几点。

（1）如果没有进行股东会表决程序，需要公司股东补充出示有关决议文件；

（2）未进行国有资产评估及报批手续的，需要协调国资委出示有关说明文件，确保其中不存在国有资产低估流失等问题；

（3）同一次增资未按同比例增资或出现不同价格存在真实、合法和有效性质疑的处理：一要详细阐明造成差异的原因；二要增资方签署书面确认书；三要股东会的通过及相关股东的承诺；

（4）增资高于标的账面价值或存高估质疑的处理：一是对标的资产进行资产评估，以评估值衡量出资资本的充实性；二是要说明本次收购的作价依据。

（5）增资或有特殊条款安排或有公司控制权、治理财务影响风险的处理：一要分析特殊条款的履行情况；二是将其他特殊条款予以解除；三是是否对公司股权结构、控股股东控制权、经营财务状况产生影响，做出明确结论，等等。这些都需要股东或相关股东对增资事宜做出表态，最后中介发表明确意见。

问答304　企业股本减资的一般性解决办法是什么？

针对挂牌，这类问题一般解决办法如下：

（1）充分披露可能受到的处罚，取得工商登记机关不予处罚的证明；

（2）取得其他批文及证明，主要指的是工商局确认出资且免予处罚的文件；

（3）股东补足出资并审计复核；

（4）股东做出相应承诺且中介机构发表意见。

问答305　同时增资与减资问题的解决办法是什么？

2014 年修订前还是修订后的《公司法》，都对减资、注销等进行了严格的程序性规定，在合并、分立过程中发生注册资本变动的，也需履行相应的程序，这是因为企业的注册资本具有对外公示的性质。

实践中，企业在减资的同时有新股东增资，容易忽略减资程序的履行。解决办法参见上一问答关于减资的解决办法。

问答306　公积金转增股本的确认及解决办法是什么？

新三板拟挂牌企业存在公积金（包括资本公积和盈余公积）转增股本的，其确认与解决办法如下：

（1）股东会作出决议；

（2）对增资标的进行评估作价（2014 年 3 月《公司法》修订前还需要《验资报告》验资）；

（3）涉及以债权、存货、固定资产评估增值形成资本公积进行增资的，必须做到或说明资本公积转增注册资本的部分已通过存货销售及固定资产折旧方式实现；

（4）如有未经评估的债转股增资，则要通过现金置换解决；

（5）工商行政管理部门出具增资确认函；

（6）实际控制人出具责任承诺，中介机构发表明确意见并详细披露事项及过程。

问答307　未分配利润转增股本的确认及解决办法是什么？

对于拟挂牌企业未分配利润转增资本确认和解决办法如下：

（1）股东会作出决议；

（2）评估作价（2014 年 3 月《公司法》修订前需要《验资报告》验资）；

（3）工商行政管理部门出具增资确认函；

（4）公司就本次变更是否办理了工商变更登记，并取得了变更后的《企业法人营业执照》；

（5）中介机构发表明确意见等。

13.2　典型实战21例

13.2.1　发起设立与相关主体

案例141　设立出资批复不一致与解决（英极股份）

英极软件（大连）股份有限公司（英极股份 430441），其原身有限公司设立时，出资方式与主管部门批复同意的设立方式不完全一致该如何处理？

【解决方案及解读】

根据 2000 年 9 月 7 日大连高新技术产业园区管理委员会出具《关于设立英极软件开发（大连）有限公司的批复》（大高管外审字[2000]51 号）和《关于英极软件开发（大连）有限公司的立项批复》（大高管外项字[2000]77 号）的批复，英极有限设立时的出资方式应为相当于 25 万美元的设备和 25 万美元现汇出资；根据大连旅顺兴华会计师事务所有限公司出具《验资报告》（大旅会外验[2000]第 21 号）验证，英极有限设立时的出资方式均为货币出资。上述出资方式变更未取得主管部门的批复同意。英极有限设立时的出资方式与主管部门批复同意的设立方式不完全一致，存在出资方式的瑕疵。公司实际控制人已出具声明，声明英极有限设立时的注册资本 50 万美元已实际缴足，英极有限设立至今未因该出资方式瑕疵问题被主管部门或有权机关处以行政处罚；也未与他人就该等出资方式瑕疵发生任何权益或其他纠纷；未给公司、股东、债权人或其他相关第三方造成任何损失；不会对公司的有效存续及正常经营产生影响。就上述出资方式瑕疵问题而引起的任何处罚、争议、损失等承担全部责任，公司利益不会因此而受到影响。

案例142　公司设立注册资本不足与解决（旌旗电子）

西安旌旗电子股份有限公司（旌旗电子 430387），其原身有限公司成立时的注册资本为 16.8 万元，低于当时适用的《有限责任公司规范意见》规定的生产经营性公司注册资本最低 50 万元人民币的限制（2014 年修订后的《公司法》中这已经不再是问题了）。该如何解决才不影响公司挂牌？

【解决方案及解读】

1994 年 6 月 14 日，经西安高新技术开发区管理委员会"市管项字[1994]181 号"《关于成立"西安旌旗电子有限公司"的批复》批准，并经西安市工商行政管理局高新技术产业开发区分局核准登记，西安旌旗电子有限公司正式成立。有限公司成立时由张化冰等 8 名自然人与西安高新技术产业开发区创业服务中心共同出资，经西安高新技术产业开发区会计师事务所出具的"西高会验字（1994）第 157 号"《验资报告》验证。有限公司成立时取得注册号为***的《企业法人营业执照》，登记的法定代表人为张化冰，注册资本为人民币 16.80 万元，

（1）有限公司成立时的注册资本为 16.8 万元，低于当时适用的《有限责任公司规范意见》规定的生产经营性公司注册资本最低 50 万元人民币的限制。但 16.8 万元注册资本由公司股东根据当时公司生产经营的实际需要确定，且经西安高新技术开发区管理委员会批准，经西安市工商行政管理局高新技术产业开发区分局核准。该事项未给公司的生产经营造成障碍或不利影响，且现行《公司法》及相关的法律、行政法规已将该类公司的最低注册资本降低至 3 万元人民币。因此，该事项不会影响公司的成立和有效存续，不会影响公司未来的生产经营。

（2）有限公司成立时股东邹帆以实物设备出资作价 1.4 万元，未进行评估。当时适用的《有限责任公司规范意见》规定：股东出资的实物，应当为公司生产经营所需的建筑物、设备或其他物资，并应当委托具有资格的资产评估机构进行资产评估，数额不大的，可由股东各方按照国家有关规定确定实物的作价。当时出资的 1.4 万元设备系有限公司办公使用的计算机，确为公司生产经营所

需，且金额不大，作价根据设备的购置发票并参考当时市场价格由股东协商确定，因此该出资事项符合《有限责任公司规范意见》的有关规定。

案例143　出资以清算审计评估报告为依据与解决（风帆电镀）

武汉风帆电镀技术股份有限公司（风帆电镀 430221），原身有限公司组建时，股东武汉风帆表面工程有限公司提供的验资报告是以变更登记为目的出具的，其中以净资产出资的作价系依据清算审计、评估报告，而不是以投资为目的的审计、评估报告，这种情况该怎么办？

【解决方案及解读】

现金置换出资并出具验资报告，阐明详情并如实披露如下：

武汉风帆电镀技术有限公司由武汉风帆表面工程有限公司、王志军、刘仁志和杨磊共同组建，其中，王志军、刘仁志、杨磊分别以货币方式出资 5 万元，风帆表面出资 105 万元，以其在“中外合资企业武汉风帆电镀技术有限公司”清算后净资产享有的权益进行出资。武汉鄂汉会计师事务有限责任公司出具鄂汉验报字[2002]006 号验资报告进行了审验。该验资报告是以变更登记为目的出具的，导致验资报告的审验形式与工商登记方式不符，而且验资报告中所述的净资产出资作价系依据清算审计、评估报告，而不是以投资为目的的审计、评估报告，因此该验资报告对净资产出资的审验程序存在瑕疵。

2012 年 10 月 20 日，有限公司通过股东会决议，决定股东风帆表面用现金 105 万元置换原 105 万元的净资产出资，以弥补原净资产出资审验程序上的瑕疵。

风帆表面于 2012 年 11 月 9 日缴存现金 105 万元汇入有限公司账户。该 105 万元置换资金公司计入了资本公积。风帆表面原投入的净资产仍由有限公司所有。国富浩华会计师事务所（特殊普通合伙）湖北分所对风帆表面以现金置换原 105 万元净资产出资进行了审验，出具了国浩鄂验字[2012]503C26 号验资报告。本次出资方式置换后，公司累计注册资本（实收资本）仍为 1050 万元。2012 年 11 月 21 日，公司就本次出资置换办理了工商备案手续。

案例144　发起人未签订发起人协议书与解决（易同科技）

上海易同科技股份有限公司（易同科技 430258）整体变更设立股份公司时，未签订发起人协议书该如何解决？

【解决方案及解读】

股份公司发起人当时未签订发起人协议，2013 年 3 月 10 日，全体发起人出具了《关于公司整体变更的声明》，声明“有限公司的所有资产、业务、债权、债务及其他一切权益、权利和义务，自有限公司变更登记为股份公司之日起由公司承继。有限公司自 2009 年 1 月 1 日至股份公司完成变更登记之日止的经营损益由各发起人按照其持股比例承担或享有。发起人之间没有发生有关公司整体变更事项的争议，发起人认可公司整体变更的有效性，未来不就公司整体变更相关事项发生争议。”

案例145　国有出资未履行程序与解决（斯派克）

湖南斯派克科技股份有限公司（斯派克 430392）公司挂牌前存在的问题：国有法人股东的出资未经主管部门审批，是否存在国有资产流失的情况？

【解决方案】

主管部门事后确认并不存在国有资产流失情形。详情如实披露如下：

2007 年国家农药创制工程技术研究中心出资 79.9 万元。该次国家农药创制工程技术研究中心的出资，由国家农药创制工程技术研究中心会同湖南化工研究院于 2007 年 11 月 5 日召开办公会议审议通过（此时上述两单位实际上采用“整建制”运行，即“两块牌子，一套人马”），对出资额度、出资价格、出资比例等做了详细安排，实际出资与上述安排一致。但此次出资，未见国家农药创制工程技术研究中心的主管单位湖南海利高新技术产业集团有限公司的审批文件。

根据《关于同意设立湖南海利高新技术产业集团有限公司的批复》（湘政函[2000]138 号）中有关“省人民政府授权集团有限公司（即海利集团）经营原湖南化工研究院、湖南海利化工股份有限公司等控股企业以及参股企业的国有资产，依照《公司法》行使国有资产投资主体职能，享有投资收益、重大决策和选择管理者的权利”及相关法律法规的明确规定，国家农药创制工程技术研究中心对外投资的程序应该是先由其自身依据章程约定履行内部决策程序，后报经湖南海利高新技术产业集团有限公司批准后实施。2013 年 10 月 17 日，湖南海利高新技术产业集团有限公司出具《关于对湖南斯派克科技股份有限公司出资及其改制的有关意见》，并又于 2013 年 11 月 20 日出具《情况说明》，对国家农药创制工程技术研究中心的此次出资进行核实及确认。

综上，国家农药创制工程技术研究中心的此次出资，程序上存在瑕疵，尤其是相关决策事项当时未及时报经主管单位湖南海利高新技术产业集团有限公司批准存在不当，但本次投资数额较小，实质上已经相关决策人员的审议和通过，湖南海利高新技术产业集团有限公司作为其主管单位对该次出资事项进行了事后的核实及确认，认为本次投资依照办公会议要求进行，事实上也形成了不错的投资效果，不存在国有资产损失的情形。

案例146　外籍股东设立内资公司与资格问题（网动科技）

北京网动网络科技股份有限公司（网动科技 430224），2009 年 2 月 18 日，该公司前身北京讯网天下科技有限公司（以下简称“讯网天下”）成立时，股东马滨已取得澳大利亚国籍。根据讯网天下设立时的《内资企业设立登记（备案）审核表》和海淀工商局于 2009 年 2 月 18 日向其颁发的《企业法人营业执照》，讯网天下设立时性质为内资企业。问题：马滨出资设立有限责任公司并持有讯网天下的股权，是否合法合规？

【解决方案及解读】

外籍股东转股退出公司；说明公司未受到外资待遇；工商部门出具近两年没有受到查处记录的证明；如实披露详情：

马滨因长期以中国居民身份在中国境内生活、工作，对国家外商投资制度、外商投资企业优惠政策均缺乏了解，因此在办理讯网天下设立事项时未申请设立外商投资企业，公司注册成立后讯网天下也未要求享受任何外商投资企业的优惠待遇。因此不存在马滨为规避外商投资审批法律制度故意隐瞒了自身外籍身份的情形。

马滨为外籍身份而以中国公民身份出资设立内资公司并持有讯网天下股权的问题已因马滨于讯网天下 2012 年 6 月减资时退出了该公司而得到消除。经核查，讯网天下及其后续主体股份公司已通过 2009、2010、2011、2012 年的工商年检。同时 2012 年 11 月 15 日，北京市工商行政管理局海淀分局出具《证明》，证明公司近两年没有因违反工商行政管理法律法规受到查处的记录。

据此认为，讯网天下设立时马滨的股东资格存在法律瑕疵不属于应当受到行政处罚的重大违法行为。

13.2.2　无形资产、实物、债券出资与解决

案例147　无形资产出资或存职务成果嫌疑与解决（奥特美克）

北京奥特美克科技股份有限公司（奥特美克 430245）原身有限公司设立时，

一股东以与公司生产经营相关的非专利技术出资，该技术不排除利用了公司的场地和办公设备甚至公司的相关技术成果，无法排除出资人职务成果的嫌疑，该怎样解决呢？

【解决方案及解读】

2006 年 4 月，有限公司股东吴玉晓和路小梅以非专利技术“水资源远程实时监控网络管理系统技术”出资 640 万元，二人各自占比均为 50%。由于该项非专利技术与公司的生产经营相关，不排除利用了公司的场地和办公设备甚至公司的相关技术成果，无法排除出资人职务成果的嫌疑，以此项技术出资存在瑕疵，公司决定以现金对该部分出资予以补正。

2012 年 8 月 29 日，有限公司召开股东会，决议由股东路小梅和吴玉晓分别以现金 320 万元对公司 2006 年 4 月的非专利技术出资 640 万元进行补正，并计入资本公积。2012 年 8 月 31 日，兴华会计师事务所出具[2012]京会兴核字第 01012239 号审核报告，对上述补正出资的资金进行了审验，确认截至 2012 年 8 月 31 日止，公司已收到上述股东的补足出资，并已进行了合理的会计处理。补正该出资后，公司的注册资本、实收资本不变。

案例148 无形资产增资追溯评估与补充出资价差（万泉河）

深圳市万泉河科技股份有限公司（万泉河 430434）原身有限公司在 2007 年 12 月增资时，股东王亮以中国医疗人才网（doctorjob.com.cn）和中国旅游人才网（tourjob.net）两项网络域名资产出资，现在进行追溯评估，存在与出资时作价不同的情况，该怎么办？

【解决方案及解读】

出资股东补足评估值与原账面值的价差；出具验资报告；如实披露详情：

2011 年 12 月 9 日，公司股东会作出决议，同意根据深圳市德正信资产评估有限公司出具的德正信咨评报字[2011]第 008 号《关于深圳市万泉河科技有限公司 2007 年 12 月增资事宜所涉及的中国医疗人才网（doctorjob.com.cn）和中国旅游人才网（tourjob.net）两项网络域名资产追溯性评估报告》，将王亮出资的无形资产（中国旅游人才网、中国医疗人才网）作价 450.00 万元，较之前 630.00 万元，其差额 180.00 万元部分由王亮向公司投入货币资金作为补偿。另外，股东会作出决议同意王亮向恒沃投资转让其所持 7.12%公司股权，转让价格为 356.00 万元；同意晏军向恒沃投资转让其所持 2.88%公司股权，转让价格为人民币 144.00 万元。

2011年12月21日，利安达出具“利安达验字[2011]第H1146号”《验资报告》对此次股东出资形式调整予以验证。

案例149　著作权出资与职务发明认定（成明节能）

陕西成明节能技术股份有限公司（成明节能430380）挂牌前曾有一问题：公司股东李季以一项著作权“采暖供热系统温度调控专家识别系统VCM-5.0”出资，该著作权在认定为职务发明上界限较为模糊，该怎么处理才不影响公司挂牌？

【解决方案及解读】

现金全额置换出资，并履行合法程序；详情如实披露：

2013年1月28日，成明有限在公司会议室召开临时股东会，一致同意：（1）公司于2011年7月将公司注册资本由200万增加至580万元，股东李季以一项著作权——“采暖供热系统温度调控专家识别系统VCM-5.0”认缴新增注册资本200万元。现全体股东同意股东李季变更出资方式，以现金出资200万元人民币置换前述著作权出资，公司注册资本580万元保持不变，公司各股东出资额及股权比例均保持不变；（2）李季原用于出资的“采暖供热系统温度调控专家识别系统VCM-5.0”著作权仍由公司享有著作权且无须向李季支付费用等。

置换原因：股东李季用于出资的著作权与公司生产经营相关，但著作权人是否在一定程度上利用了公司的场所、设备等物质条件，是否认定为职务发明界限较为模糊。从严谨性出发，2013年1月28日临时股东会一致同意，李季将上述述著作权出资用现金补正。

2013年1月29日，国富浩华会计师事务所（特殊普通合伙）陕西分所出具验资报告（国浩陕验字[2013]710C0003号），确认：股东李季于2011年7月在公司增资中以一项著作权“采暖供热系统温度调控专家识别系统VCM-5.0”认缴出资200万元，经公司全体股东同意李季变更出资方式，以货币200万元进行置换出资，股东李季已向中国工商银行成明有限账户以现金方式汇入200万元。2013年1月，成明有限就此次出资置换办理了工商登记。

案例150　以植物资产出资与合规性质疑（红豆杉）

江苏红豆杉生物科技股份有限公司（红豆杉430383）原身有限公司2007年增资时，公司将14,000亩红豆杉林生物资产折价，其中的12,600万元作为对有限公司的出资，该种出资方式是否合法合规？

【解决方案及解读】

由有资格的会计师事务所验证并出具验资报告，详情如实披露：

2007 年 5 月 25 日，经有限公司股东会决议，公司注册资本由 1,500 万元增至 18,000 万元。其中，无锡红豆投资管理有限公司受让原股东褚菊芬出资额 150 万元，另外又以货币增资 3,450 万元。原股东红豆集团以货币增资 450 万元，此外将 14000 亩红豆杉林生物资产，评估价值为 165,332,000 元，全体股东确认的价值为 16,500 万元，其中 12,600 万元作为对有限公司的出资，剩余 3,900 万元计入有限公司对红豆集团的负债。本次出资业经江苏公证会计师事务所有限公司苏公 W[2007]B068 号验资报告予以验证。

公司本次用于增资的红豆杉林生物资产不包括土地使用权，评估机构江苏中天资产评估事务所有限公司及其评估人员具有相应的资质、资格，上述 3,900 万元负债已于 2007 年 6 月偿还。经核查认为：红豆集团对用于出资的红豆杉拥有所有权，已履行了股东会决议、资产评估和验资程序，且已办理资产移交手续，本次红豆集团使用红豆杉林生物资产出资合法、合规。

案例151　实物出资未投入公司，复核时现金补足（万洲电气）

万洲电气股份有限公司（万洲电气 430436）设立时股东实物构成、作价依据是怎样的？前述出资是否符合当时法规规定？是否符合挂牌条件和要求？

【解决方案及解读】

设立时，两股东的实物资产并没有投入到有限公司，因此并没有评估，属于出资未完全到位；2001 年 1 月增资时对出资不到位进行了补足；出具相关验资符合报告；如实披露详情：

襄樊万州设立时，按照襄樊华炬会计师事务有限公司出具的《验资报告》的审验结果，股东赵世运、许卫东分别以实物出资，共作价 23 万元，实物出资占注册资本的比例符合当时《公司法》的相关规定。

经律师核查，襄樊万州设立时，股东赵世运、许卫东出资的实物资产并没有投入到襄樊万州，因此并没有评估，襄樊万州设立时出资未完全到位。襄樊万州 2001 年 1 月增资时，各股东实际出资比注册资本多 23 万元，各股东对设立时出资的差额进行了补足。且中瑞岳华于 2013 年 7 月 31 日出具《验资复核报告》（中瑶岳华专审字〔2013〕第 3063 号）进行了复核确认。

公司于 2011 年 12 月以净资产折股的方式整体变更设立股份有限公司，公司存续的时间从有限公司设立时开始计算，因此，公司的设立符合《全国中小企业股份转让系统业务规则（试行）》中相关挂牌的规定。

公司上述实物出资存在不规范的情形，公司设立时的出资不到位。虽然赛樊万州设立时，在出资上有一些瑕疵，但鉴于出资人已进行了出资补足，且经过会计师事务所的验资确认及复核确认，目前注册资本已缴足，上述不规范情形对公司本次挂牌不构成重大实质性障碍。

案例152　实物出资未评估与现金补正（安华智能）

安华智能股份公司（安华智能 430332）原身有限公司设立时股东实物出资未经评估，该如何处理才不影响公司挂牌？

【解决方案及解读】

安华有限设立时以购买价格直接作价出资不存在高估或低估实物价值的情况，该出资的实物系安华有限生产经营中必需的实物，已入安华有限的财务账目并用于安华有限对外施工的工程，不存在出资不实的情形。按照股东确认并根据《验资报告》的验证，该部分实物资产已全部缴付至安华有限，安华有限已就本次出资办理了工商登记。

同时，由于该等实物出资离现在时间较长，已用于安华有限对外施工的工程，现已无法进行评估，为了规范公司股东的出资行为，安华有限的股东决议以货币资金出资的方式对该等未经评估的实物出资进行再出资，在客观上起到了使出资方式符合法律规定的目的，有利于公司其他股东、特别是中小股东，对公司本次申请挂牌不构成实质性的法律障碍。除实物资产出资没有进行评估不符合当时施行《公司法》的规定外，安华有限履行了法律规定的其他程序且符合有关的法律法规的规定。

案例153　股东借款于公司转以债权增资操作（天弘激光）

苏州天弘激光股份有限公司（天弘激光 430549），2008 年，公司原身有限公司因资金周转需要，与股东借款共计 160 万元，后将此借款转增股本，此方式是否影响公司挂牌？

【解决方案及解读】

根据规定，作出合法合规解释并如实披露详情如下。

本次增资涉及债权转股权事宜，具体情况如下：2008 年，有限公司因资金周转需要，与股东金朝龙、郭秀火口头约定，分别向金朝龙、郭秀火借款 80 万元、160 万元。金朝龙于 2008 年 8 月分次向有限公司汇款 20 万元、60 万元，郭秀火于 2008 年 2 月、3 月分次向有限公司汇款 60 万元、100 万元。

2008 年 11 月，经有限公司股东会审议通过，金朝龙将其享有有限公司的 80 万元债权转为股权，郭秀火将其享有有限公司 160 万元债权中的 150 万元债权转为股权。鉴于上述债权均为债权人向有限公司提供的货币借款，属于货币债权，债权金额确定，因此未进行评估，但依法经过验资机构审验并办理了工商登记手续。

13.2.3 抽逃、代替与延期出资

案例154 股东抽逃出资且享有公司债权与处理（方迪科技）

深圳市方迪科技股份有限公司（方迪科技 430464）。2000 年 7 月 7 日，股东李晨从方迪有限抽出 100 万元注册资金，另谭建忠对方迪有限享有 100 万元债权，问题：上述事项具体详情是怎样的？是否违规违法？该怎样解决？

【解决方案及解读】

根据方迪股份提供的银行转账凭证及对李进的访谈，李晨从方迪有限抽出 100 万元注册资金的事实情况如下：

2000 年 7 月 7 日，李晨将其投入方迪有限的 70 万元注册资金和李进投入方迪有限的 30 万元注册资金全部转入李晨个人账户。因方迪有限成立后李晨前往加拿大工作，李进当时对李晨抽出 100 万元注册资金的事实并不知情，亦不知道李晨抽出 100 万元注册资金的具体原因。根据方迪股份提供的银行转账凭证、会计凭证及对谭建忠的访谈，谭建忠对方迪有限享有的 100 万元债权的形成过程如下：

谭建忠于 2004 年 1 月 31 日向方迪有限借款 600 万元系因谭建忠个人急用资金，但当时未签署借款协议，未约定借款利息，亦未召开董事会或股东会对该借款事宜进行审批。

2008 年 10 月 20 日，方迪有限、李进、谭建忠签署《往来借款清偿协议》，鉴于方迪有限于 2000 年 7 月设立时方迪有限原股东李晨将其出资的 70 万元及李进出资的 30 万元抽出，方迪有限现股东谭建忠同意将借予方迪有限的 100 万元往来借款用于补足李晨从方迪有限抽出的 100 万元注册资金，以保证方迪有限的注册资本足额缴纳，同时放弃向方迪有限、李晨及李进的追偿权利。另外，谭建忠与李倩仪为夫妻关系，谭建忠、李倩仪与李晨、李进之间及李晨与李进之间没有任何亲属关系。

本所律师认为，谭建忠对方迪有限享有的100万元债权真实、合法、有效，谭建忠自愿以其对方迪有限享有的100万元债权（现金）补足原股东李晨抽出的100万元注册资金不违反法律法规的强制性规定，合法、有效；且方迪股份系由方迪有限以截至2012年7月31日经审计的净资产折股整体变更设立，方迪股份的注册资本已足额缴纳；深圳市市场监督管理局已于2013年7月5日出具“深市监信证[2013]320号”《复函》，方迪股份在2011年1月1日至2013年6月30日期间没有违反市场监督管理局有关法律法规的记录。因此，方迪股份的注册资本已真实、合法、足额缴纳，不存在违反《公司法》等相关法律法规的情形。

案例155　第三方代替出资与合规（丰海科技）

广州市丰海科技股份有限公司（丰海科技 830862）。公司原身有限公司设立时，公司两股东的出资是由第三方代替出资并由公司偿还，该行为是否损害公司及债权人的合法权益？是否给公司挂牌带来实质性的影响？

【解决方案及解读】

依据公司提供的原始会计凭证、广州瀚祥贸易有限公司出具的确认文件，并经律师核查，丰海有限设立时，严公雷的700万元出资及胡亚平的295万元出资系委托广州瀚祥贸易有限公司代为支付；丰海有限设立后，丰海有限代严公雷、胡亚平向广州瀚祥贸易有限公司指定的第三方偿还完毕代为支付的款项及相应利息，丰海有限对股东形成“其他应收款”1000万元。

依据广州瀚祥贸易有限公司出具的《确认函》并经律师核查，广州瀚祥贸易有限公司确认已收回代严公雷、胡亚平支付的出资款9,950,000.00元及相关利息，与严公雷、胡亚平的债权债务已全部结清，与丰海有限之间不存在投资关系，对丰海有限不享有股权及其他任何权益。经核查，丰海有限成立后，陆续收到股东以货币支付的相关款项。

2013年12月5日，华寅五洲广东分所出具“华寅五洲穗专审字2013[105]号”《关于广州市丰海信息科技有限公司股东出资情况的专项审计报告》，对丰海有限股东支付上述款项的情况予以专项审计。

2013年11月25日，严公雷和胡亚平出具承诺：承诺丰海科技若因丰海有限设立时承诺人的出资行为受到行政部门的处罚或受到其他任何损失，承诺人将全额赔偿公司受到的损失。

综上认为：严公雷、胡亚平在丰海有限设立时，委托第三方代为支付投资款，并在丰海有限成立后，由丰海有限代其偿还第三方款项的行为，不符合我国《公司法》等相关规定。但是，丰海有限成立后，陆续收到严公雷、胡亚平以货币支付的相关款项，未损害公司及债权人的合法权益，同时，严公雷、胡亚平已出具承诺函，承诺承担公司因此可能受到的所有损失，因此上述行为不会对公司本次挂牌造成实质障碍。

案例156　合资企业延期缴付出资与挂牌影响（麟龙股份）

沈阳麟龙科技股份有限公司（麟龙股份 430515）挂牌前，其原身有限公司设立时，股东出现延迟出资的现象，该怎样解决？

【解决方案及解读】

公司其他股东出具声明免除股东延期出资的违约责任，同时做详情披露：

根据合营合同、公司章程及《关于沈台“沈阳麟龙科技有限公司”合同、章程及设立企业的批复》，各股东应营业执照颁发之日起 3 个月内一次性缴付出资。有限公司于 2002 年 1 月 15 日取得了营业执照，但股东邱一平分二期出资且第二期出资（8.33 万元人民币）于 2002 年 7 月 5 日缴付，超出了约定出资的期限。根据《中华人民共和国中外合资经营企业法实施条例》第二十八条及《中外合资经营企业合营各方出资的若干规定》第七条的规定，合营一方未按合营合同的规定如期缴付或者缴清其出资的，即构成违约。守约方可以依法要求违约方赔偿因未缴付或者缴清出资造成的经济损失，同时审批机关有权撤销对该合营企业的批准证书。因此麟龙科技设立时的股东沈阳智龙、沈阳鼎诺有权要求邱一平因延期出资赔偿给其经济损失，审批机关有权撤销合营企业的批准证书。就邱一平延期缴付出资事项，沈阳鼎诺的股东朱荣晖、鲁景义，沈阳智龙的股东倪忠威、颜为民出具了声明，邱一平分期并且延期出资系经得到沈阳鼎诺、沈阳的同意，并同意免除邱一平延期出资的违约责任，各方对公司设立时的出资不存在任何争议或纠纷。此外，有关审批机关并未因邱一平延期缴付出资而撤销合营企业的批准证书。

公司律师认为邱一平在有限公司设立时未按合营合同和公司章程的约定而分期且逾期缴纳出资的行为，系取得了其他股东的同意，并且其他股东对邱一平逾期交付出资的违约责任予以免除，各方均对其出资不存在争议或纠纷。同时，有关审批机关并未因邱一平分期及延期缴付出资而撤销合营企业的批准证书，不影响有限公司的合法存续。

13.2.4 增减资本与转增

案例157 非专利技术出资与减资操作（元工国际）

北京元工国际科技股份有限公司（元工国际430327）挂牌前曾有一问题：股东丁德宇与种磊以非专利技术“智信平台系统技术”对公司的出资是否合法合规？是否影响公司的挂牌？

【解决方案及解读】

减资做详情披露：2013年2月4日，有限公司召开股东会，全体股东一致同意公司注册资本减少至370万元，减少的630万元出资为2012年8月股东丁德宇与种磊以非专利技术“智信平台系统技术”对公司的出资。其中，丁德宇减少实缴知识产权出资504万元，种磊减少实缴知识产权出资126万元。

2013年2月6日有限公司在《北京晨报》公告了减资事项，在《公司法》规定的时间内，有限公司未接到债权人清偿债务或者提供相应担保的要求。2013年3月25日，北京兴华会计师事务所有限责任公司出具了（2013）京会验字第04010068号《验资报告书》，验证截至2013年3月25日，公司已减少注册资本630万元，变更后的注册资本为370万元。2013年3月25日，北京市工商行政管理局海淀分局核准了公司本次减资工商变更事宜。

案例158 以未来盈利能力作价增资与处理（吉事达）

武汉吉事达科技股份有限公司（吉事达430402）原身有限公司增资价格以公司未来盈利能力作定价依据且通过验资程序。该事件是否合规合法？如何解决？

【解决方案及解读】

由有证券资格的会计师事务所出具验资复核报告，阐明当初验资报告仅审验列入注册资本的金额，未表述列入资本公积的金额，详情如实披露如下：

2010年12月3日，自然人付放、闫炘、陈家甦与陈刚、任清荣签署《关于武汉吉事达激光技术有限公司增资扩股的协议》，约定由付放、闫炘、陈家甦出资500万元，其中付放出资300万元，列入注册资本16.92万元；闫炘出资150万元，列入注册资本8.46万元；陈家甦出资50万元，列入注册资本2.82万元；公司注册资本由100万元变更为128.2万元。本次增资价格以公司未来盈利能力作定价依据。本次增资由武汉中谷会计师事务所有限公司审验，于2010年12月30日出具武中谷验字（2010）第193号《验资报告》，确认截至

2010 年 12 月 28 日，公司已收到股东付放、闫炘、陈家甦缴纳的新增注册资本合计 28.2 万元。2010 年 12 月 31 日，武汉市工商行政管理局东湖分局核发《企业变更通知书》，核准本次注册资本和股东变更登记。

本次增资系溢价形式出资。武汉中谷会计师事务所有限公司出具的验资报告仅审验列入注册资本的金额，未表述列入资本公积的金额。北京兴华会计师事务所有限责任公司进行验资复核，于 2013 年 8 月 13 日出具了[2013]京会兴专字第 12170421 号《验资报告专项复核报告》，确认公司收到股东付方、闫炘、陈家甦出资 500 万元，其中 28.2 万元列入注册资本，其余 471.8 万元列入资本公积。

案例159　先增资后减资完成股权转让操作（良才股份）

苏州良才物流科技股份有限公司（良才股份 430417）挂牌前曾有一问题：公司已先增资后减资的方式完成股权转让款的交割，是否合法合规？是否存在潜在法律风险？

【解决方案及解读】

对操作合法性进行分析，并如实披露如下：针对本次股权转让，江苏天平会计师事务所出具编号为天平会验字（99）第 215 号《验资报告》。根据此验资报告及工商银行苏州分行出具的《现金缴款单》，有限公司 1999 年 7 月 6 日收到马瑞云投资款 30 万元；根据有限公司《记账凭证》，有限公司 1999 年 7 月 6 日从实收资本科目清出王良才投入款 30 万元，将王良才退股款 30 万元记入其他应付款科目。因此，王良才与马瑞云之间的股权转让款交割实际上是按照马瑞云以现金 30 万元增资于有限公司，同时有限公司将王良才所持有的 30 万元股权从公司注册资本中减去，即实际上履行的是增资同时减资的程序。按照当时公司法的规定，公司减少注册资本应履行公告、编制资产清单以及通知债权人等程序。但是有限公司并没有实际减少其注册资本，仍以 50 万元注册资本对外承担责任。而且此次股权转让距今已时隔 13 年，相关权利人主张权利已超过诉讼时效。

主办券商认为，本次股权转让价款支付存在程序上的瑕疵，但并没有损害公司的利益，也没有实际减少公司的注册资本，转让方已实际获得受让方支付的转让价款，无潜在股权纠纷，不会对公司本次挂牌构成重大障碍。律师认为，有限公司以先增资后减资的方式完成股权转让款的交割并无潜在法律风险，不会对公司本次在全国股份转让系统挂牌并公开转让产生法律上的障碍。

案例160 无形资产出资瑕疵与减资处理（奥尔斯）

北京奥尔斯科技股份有限公司（奥尔斯 430248）原身有限公司设立时，股东以非专利技术“智能微电流传感器”出资未评估作价，该怎样处理？

【解决方案及解读】

做减资处理并如实披露详情如下：有限公司系由自然人李朱峰、赵振丰共同出资设立的有限责任公司，注册资本 50.00 万元，成立于 2003 年 12 月 19 日。2003 年 12 月 15 日，北京驰创会计师事务所有限责任公司出具了京创会字[2003]第 2-Y3311 号《验资报告》，经审验，截至 2003 年 12 月 15 日，有限公司注册资本 50.00 万元已全部到位，其中李朱峰以货币资金出资 6.40 万元，以非专利技术“智能微电流传感器”出资 25.60 万元，出资额占公司注册资本 64.00%；赵振丰以货币资金出资 3.60 万元，以非专利技术“智能微电流传感器”出资 14.40 万元，出资额占公司注册资本 36.00%。

根据 1999 年修订的《公司法》规定：“股东可以用货币出资，也可以用实物、工业产权、非专利技术、土地使用权作价出资。对作为出资的实物、工业产权、非专利技术或者土地使用权，必须进行评估作价，核实财产，不得高估或者低估作价。土地使用权的评估作价，依照法律、行政法规的规定办理。”公司设立时的无形资产非专利技术未进行评估作价，存在出资瑕疵。该部分无形资产出资已经在 2012 年 7 月份进行了减资处理，出资瑕疵影响已经消除。

案例161 未按原始持股比例出资与以未分配利润转增（成科机电）

天津成科传动机电技术股份有限公司（成科机电 430257）挂牌前曾出现一问题：未按原持股比例进行未分配利润转增资本。此次增资行为是否合法有效？是否存在潜在的法律纠纷？

【解决方案及解读】

2001 年 9 月 1 日，成科机电有限召开股东会作出决议，决定公司以累积未分配利润增加注册资本 250 万元，其中张钢转增 220 万元，张强转增 20 万元，胡凤兰转增 10 万元。上述增资情况经津天地验内字（2001）第 376 号《验资报告》验证。会议决定变更公司经营范围，增加“成套输送设备制造（以环保部门审核为准）”业务；会议决定变更公司住所至天津某地。公司按照要求修改了公司章程。2001 年 9 月 24 日，公司就本次变更办理了工商变更登记，并取得了变更后的《企业法人营业执照》。公司律师认为：成科机电有限本次未按照原持股比例进行未分配利润转增的行为不违反法律、法规的强制性规定，且各股东均予认可，因此本次增资行为合法有效，不存在潜在的法律纠纷。

14

第 14 章

股东股权与控制、控股等相关实务

14.1 常规疑难25问

14.1.1 股东资格适格性、代持解决与股权明晰

问答308 新三板就股东适格性、股权明晰审核的关键点在哪里？

企业申请挂牌，就股东主体适格性、股权明晰等问题，全国股转系统公司审核与券商内核的关注点如下。

（1）股东主体适格性

① 公司股东是否存在或曾经存在法律法规、任职单位规定不得担任股东的情形或者不满足法律法规规定的股东资格条件等主体资格瑕疵问题，并对公司股东适格性有明确意见。

② 若曾存在股东主体资格瑕疵问题，需核查规范措施是否真实、合法、有效，以及规范措施对公司的影响，股东资格瑕疵问题是否影响公司股权明晰、公司设立或存续的合法合规性。

以上要点券商、律师等中介必须明确发表意见，公司需就相应事项或未披

露事项作补充披露。

（2）股权明晰要点

① 公司是否存在或曾经存在股权代持的情形，若存在，请核查股权代持的形成、变更及解除情况以及全部代持人与被代持人的确认情况，代持形成与解除的真实有效性、有无纠纷或潜在纠纷。

② 公司是否存在影响公司股权明晰的问题及相关问题的解决情况，以及公司现有股权是否存在权属争议纠纷情形。

③ 结合具体事实情况，确定公司是否符合“股权明晰、股票发行和转让合法合规”的挂牌条件。

以上要点券商、律师等中介必须明确发表意见，公司需就相应事项或未披露事项作补充披露。

问答309　何为股权明晰？该如何理解和把握？

股权明晰是指公司的股权结构清晰，权属分明，真实确定，合法合规，股东特别是控股股东、实际控制人及其关联股东或实际支配的股东持有公司的股份不存在权属争议或潜在纠纷。

新三板《业务规则》对于“股权明晰”未作出细化的规定。因此，相关注意和要求可能参考《首次公开发行股票并上市管理办法》和《首次公开发行股票并在创业板上市转让办法》的有关规定，以及《中国证券监督管理委员会法律部关于职工持股会及工会持股有关问题的法律意见》相关规定的精神，从严把控。主要有以下方面：

（1）公司的股东不存在国家法律、法规、规章及规范性文件规定不适宜担任股东的情形。

（2）申请挂牌前存在国有股权转让的情形，应遵守国资管理规定。

（3）申请挂牌前外商投资企业的股权转让应遵守商务部门的规定。股票发行和转让合法合规，是指公司的股票发行和转让依法履行必要内部决议、外部审批（如有）程序，股票转让须符合限售的规定。

股权不明晰比较常见的有股权代持、历史上存在职工持股会、集体企业改制程序缺失、历次股权转让中可能存在诉讼，等等。

问答310　实践中，解决股权明晰的常规办法是什么？

实践中，常见的和主要特殊股权包括国家股和职工股。其是否明晰的解决办法如下。

对于国家股，重点关注的是股权来源、验证及主管部门的审批意见，所以需要搜集并披露的是其来源、资产验证和改制验资、转让变更的审批确认文件；

对于职工股，重点关注的是股权归属的确认，所以如代持、委托持股等需要清理，存在股权出资、转让、变更的纠纷和违法违规等情形的则需要给予梳理并予以厘清。

问答311　对股东适格要求、限制及未成年人股东适格性有何要求？

（1）股东适格要求及限制

股东适格就是要求公司的股东不存在相关法律法规规定不得或限制成为企业股东的情形如公务员、国有企业领导人员、证券公司从业人员、职工持股会和工会、事业单位如大学和研究所、县以上妇联、共青团、文联以及各种协会、基金会、会计师事务所、审计事务所、资产评估机构、律师事务所、外商投资性公司或者个人。

（2）未成年人股东的适格性

《公司法》对未成年人能否成为公司股东没有作出限制性规定，同时根据《国家工商行政管理总局关于未成年人能否成为公司股东问题的答复（工商企字〔2007〕131 号）之规定，未成年人可以成为公司股东，其股东权利可以由法定代理人代为行使。

问答312　股东资格的股权代持及其形成原因是什么？

（1）两者关系及概念

股东资格问题主要集中为股权代持问题。股权代持是指实际出资人对外隐瞒其作为出资人的事实，以他人名义代其履行股东权利义务的一种股权或股份处置方式，又称委托持股、隐名投资。

在此种情况下，实际出资人与名义出资人之间往往通过股权代持协议确定存在代为持有股权或股份的事实。这里的“股权代持协议”就是股东将自己的股份以其他股东名义在工商管理部门登记，同时与名义股东签订协议确认股份的实际持有人为未登记的股东。

（2）股权代持形成原因

① 真实的出资人不愿意公开身份；

② 为了规避经营中的关联交易；

③ 为了规避国家法律对某些行业持股上限的限制；

④ 有些公司对股东身份有特别的要求，不符合要求的人也想成为股东，

私下出资请别人代持股份。

问答313　股权明晰及股权代持的关系及要求是什么？

虽然《最高人民法院关于适用〈中华人民共和国公司法〉若干问题的规定（三）》专门就股权代持问题进行了规定，肯定了股权代持的合法性，但是，作为公众公司，股权必须明晰。所以，证监会在《首次公开发行股票并上市管理办法》中明确要求：发行人的股权清晰，控股股东和受控股股东、实际控制人支配的股东持有的发行人股份不存在重大权属纠纷。这样要求的动机在于股份代持可能导致股权不清、引发股权纠纷及公司的不稳定，进而隐藏违法犯罪的可能性。

由于《全国中小企业股份转让系统业务规则》对股权转让的要求仅为“股票发行和转让行为合法合规”，并未明确禁止股权代持，但是也要求挂牌公司股权明晰。因此，股权代持情况无论是在企业上市还是新三板挂牌中均需要清理。可参照《首次公开发行股票并上市管理办法》和《首次公开发行股票并在创业板上市管理办法》的有关规定。

问答314　如何核查拟挂牌企业股权代持的问题？

股权代持的核查首先要从公司股东入手，向股东说明相关法律法规的规定，明确股权代持对公司上新三板挂牌转让的法律障碍，说明信息披露的重要性，阐述虚假信息披露被处罚的风险，说明诚信在资本市场的重要性。

如果股东能够自己向中介机构说明原因，一般情况下，中介机构可以根据股东的说明进一步核查，提出股权还原的解决方案。核查中需要落实是否签署了股权代持协议，代持股权时的资金来源，是否有银行流水，代持的原因说明，还原代持时应当由双方出具股权代持的原因，出资情况，以及还原后不存在任何其他股权纠纷、利益纠葛。

如果股东未向中介机构说明，中介机构自行核查难度较高，但是还是可以通过专业的判断搜索到一些蛛丝马迹，如该股东是否在公司任职，是否参加股东会，是否参与分红，股东是否有资金缴纳出资，股东出资时是否是以自有资产出资，与公司高级管理人员访谈，了解股东参与公司管理的基本情况等。

问答315　职工持股会清理为何很难？该怎么办？

（1）清理难度

职工持股会是股权代持的一种方式。但是这一形式清理起来比较难，原因如下：

① 职工持股会人数众多，逐一清理、签署确认函或者进行公证，难度较大；

② 拟挂牌公司在历史上未按照公司章程发放红利，职工对公司的做法有意见，不愿意配合；

③ 部分职工思想和认识不统一，不愿意转让出资，而且部分职工对于出资转让价格期望值较高；

④ 职工持股会人员因工作调动、辞退、死亡等原因变动较大，难以取得其对有关事项的确认或承诺；

⑤ 部分职工与拟挂牌公司存在法律纠纷，不愿意配合职工持股会的清理。

（2）清理的一般办法

一是职工持股会召开理事会，作出关于同意会员清理、转让出资或解散职工持股会的决议；

二是职工持股会召开会员代表大会，做出关于同意会员清理、转让出资或解散职工持股会的决议；

三是转让出资的职工与受让出资的职工或投资人签署《出资转让协议》；

四是受让出资的职工或其他投资人支付款项。

问答316　股权代持的解决办法是什么？

股权代持的一般性解决办法如下：

（1）核查清楚股份代持原因及形成过程；

（2）通过股权转让的方式解除股份代持关系，还原真实持股情况；

（3）在解除终止委托代持关系的时候，要特别关注实际控制人是否发生变化；

（4）涉及股权代持的各方签署《承诺函》，承诺在股权代持关系形成、存续、演变和解除的过程中，各方之间不存在现实或潜在的争议、纠纷及其他隐患等；

（5）在公开转让说明书中对股权代持情况进行充分披露。

14.1.2　股权变更、转让及价格

问答317　新三板对股权变动、发行及转让审核的关键点在哪里？

企业申请挂牌，就股权变动、发行及转让等问题，全国股转系统公司审核

与券商内核的关注点如下。

（1）股权变动与股票发行

① 公司历次股权转让是否依法履行必要程序、是否合法合规、有无纠纷及潜在纠纷。

② 核查公司历次股票发行情况（如有），公司股票发行是否合法合规。

券商、律师等中介需核查并发表明确意见，公司应就相应事项或未披露事项作出披露。

（2）子公司股票发行及股权转让

公司的控股子公司或纳入合并报表的其他企业的股票发行及股权转让情况并对其合法合规。

券商、律师等中介需核查并发表明确意见，公司应就相应事项或未披露事项作出披露。

问答318　股权变更最集中的问题是什么？存在哪些法律问题？

实践中，价格问题是股权转让变更最集中的问题，也就是股权转让的价格偏低或多数属于低价转股，这也是新三板挂牌调查和审核的重点。

实践中，股权转让价格明显偏低，存在（或有嫌疑）的法律问题主要有两方面：

（1）公司的利益被输送给受让方；

（2）受让方得以避税。

问答319　价格偏低的两种情形具体包含哪些内容？

依据《关于股权转让所得个人所得税计税依据核定问题的公告》，股权转让价格偏低主要有如下两种情形。

（1）明显偏低的情形

① 申报的股权转让价格低于初始投资成本或低于取得该股权所支付的价款及相关税费的；

② 申报的股权转让价格低于相同或类似条件下同一企业、同一股东或其他股东股权转让价格的；

③ 申报的股权转让价格低于相同或类似条件下同类行业的企业股权转让价格的；

④ 申报的股权转让价格低于对应的净资产份额的；

⑤ 经主管税务机关认定的其他情形。

（2）明显偏低但有合理理由

① 因国家政策调整的原因而低价转让股权；

② 所投资企业连续三年以上（含三年）亏损；

③ 将股权转让给配偶、父母、子女、祖父母、外祖父母、孙子女、外孙子女、兄弟姐妹以及对转让人承担直接抚养或者赡养义务的抚养人或者赡养人；

④ 经主管税务机关认定的其他合理情形。

另外，还有如母子公司之间内部股权划转、在特殊交易所购买的股权再次转让等。

问答320　出现非公允价格转让股权问题该如何解决？

实践中，由于各种客观原因，股权转让并非按公允价格实现。企业新三板挂牌过程中如出现该类问题，常规性的解决办法如下：

（1）控股股东、实际控制人出具“承担因低价转股行为导致公司遭受的损失”的承诺；

（2）税务部门开具无违法违规证明或其他确认文件；

（3）中介机构就此情形发表“公司是否构成挂牌的实质障碍”的意见。

14.1.3　国有产权、股权的变更和转让

问答321　国有股权、产权是如何鉴定的？

企业国有资产，是指国家对企业各种形式的出资所形成的权益。国家出资企业，是指国家出资的国有独资企业、国有独资公司，以及国有资本控股公司、国有资本参股公司。

国家出资企业合并、分立、改制、上市，增加或者减少注册资本，发行债券，进行重大投资，为他人提供大额担保，转让重大财产，进行大额捐赠，分配利润，以及解散、申请破产等重大事项，应当遵守法律、行政法规以及企业章程的规定，不得损害出资人和债权人的权益。国有资本控股公司、国有资本参股公司，依照法律、行政法规以及公司章程的规定，由公司股东会、股东大会或者董事会决定。国有资产监督管理机构可以对所出资企业中具备条件的国有独资企业、国有独资公司进行国有资产授权经营。被授权的国有独资企业、

国有独资公司对其全资、控股、参股企业中国家投资形成的国有资产依法进行经营、管理和监督。

依据：《企业国有资产法》、《企业国有产权转让管理暂行办法》、《企业国有资产评估管理暂行办法》、《事业单位国有资产管理暂行办法》、《教育部直属高等学校、直属单位国有资产管理工作规程（暂行）》和《公司法》等。

问答322　国有股东判定的标识有哪些？

判断出资人所持股份是否属于国有股权的意义在于，是否需要取得国有资产主管部门的批准、设立出资、股权转让的程序不同，以及是否需要进行国有股东标识管理申报。国有股东标识如下：

（1）政府机构、部门、事业单位、国有独资企业或出资人全部为国有独资企业的有限责任公司或股份有限公司；

（2）上述单位或企业独家持股比例达到或超过50%的公司制企业；上述单位或企业合计持股比例达到或超过50%，且其中之一为第一大股东的公司制企业。

（3）上述（2）中所述企业连续保持绝对控股关系的各级子企业。

（4）以上所有单位或企业的所属单位或全资子企业。

问答323　国资转让是怎样的？该如何理解？

（1）转让程序

国有资产转让由履行出资人职责的机构决定，转让全部或控股份额的国有资产，应当报请本级人民政府批准。

企业国有产权转让可以采取拍卖、招投标、协议转让以及国家法律、行政法规规定的其他方式进行。除按照国家规定可以直接协议转让的以外，国有资产转让应当在依法设立的产权交易场所公开进行。转让方应当如实披露有关信息，征集受让方；征集产生的受让方为两个以上的，转让应当采用公开竞价的交易方式。具体交易要求根据相应产权交易机构的交易规则规定进行。

（2）国资评估

国有企业、国有控股企业及其各级子企业涉及的资产评估，非国有控股企业涉及企业国有股权变动的资产评估，应进行评估核准或备案。

应当评估而未评估的由国有资产监督管理机构通报批评并责令改正，必要时可依法向人民法院提起诉讼，确认其相应的经济行为无效。转让方、转让标的企业不履行相应的内部决策程序、批准程序或者超越权限、擅自转让企业国有产权的，以及未在产权交易机构中进行交易的，国有资产监督管理机构或者企业国有产权转让相关批准机构应当要求转让方终止产权转让活动，必要时应当依法向人民法院提起诉讼，确认转让行为无效。

问答324　国有资产转让给个体需要注意哪些问题？

国有资产转让给个体的情况应当注意：

（1）国有资产转让行为是否按照国有资产管理权限履行有权部门批准程序；

（2）国有资产转让价格是否公允、合理。根据《企业国有资产监督管理暂行条例》、《国有资产评估管理办法》、《企业国有资产评估管理暂行办法》等做好国有资产评估确认手续，保证国有资产转让价格公允、合理；

（3）收购国有资产价款的来源是否合力、合规，其转让款项是否按合同约定及时、足额履行支付手续；

（4）企业国有产权转让给个人时，可以采用拍卖、招投标、协议转让及国家法律、行政法规规定的其他方式，但应当在依法设立的产权交易机构中公开进行。同时，企业国有产权向管理层转让时，还应严格执行《企业国有产权向管理层转让暂行规定（国资发产权〔2005〕78 号）》的要求，履行相应的审计、资产清核、公开挂牌交易等程序。

问答325　国有股权、资产转让的要求有哪些？

国有资产、股份合作制企业、研究院所等特有主体，其设立与股权变更等约束较多，合法合规性及履行相关程序是重点。要求主要包括四方面的内容：

（1）取得出资部门的批准；

（2）委托资产评估机构对资产进行评估；

（3）将评估项目上报出资部门批准；

（4）签订相关出资、转让合同。

问答326　国有资产转让问题主要集中在哪里？该如何解决？

国有资产及股权转让、变更问题主要集中在未履行国有资产转让的立项、审计、评估、在产权交易所公开挂牌转让等程序，而直接以协议方式实施转让。其一般性的解决办法如下：

（1）可以通过补充相关国有股权转让程序，并获取相关级别的国资监管部门的批复来解决；

（2）未能取得省国资监管部门追认的，应如实披露并由公司大股东承诺承担责任；

（3）中介机构应结合国有股权转让的历史沿革、动机等，就国有股权结构变动与国有资产流失的潜在风险出具公正意见。

14.1.4 实际控制人、控股股东的认定与风险

问答327 新三板就控股股东、实际控制人相关问题审核的关键点在哪里？

企业申请挂牌，就控股股东、实际控制人认定、合规等问题，全国股转系统公司审核与券商内核的关注点如下。

（1）认定

控股股东、实际控制人的认定的理由和依据是什么，认定依据是否充分、合法。请公司就相应未披露事项作补充披露。

（2）合法合规

公司的控股股东、实际控制人最近24个月内是否存在重大违法违规行为，对控股股东、实际控制人的合法合规情况怎样。

（3）与公司分开情况

公司的财务、机构、人员、业务、资产与控股股东和实际控制人及其控制的其他企业的分开情况。

一是公司的财务、机构、人员、业务、资产是否与控股股东和实际控制人及其控制的其他企业分开；

二是公司是否存在对关联方的依赖，其是否影响公司的持续经营能力。

以上内容、券商、律师等中介需核查并发表明确意见，公司应就相应事项作出补充披露。

问答328 何为实际控制人和控股股东？其行为有何特别要求？

实际控制人是指通过投资关系、协议或者其他安排，能够支配、实际支配公司行为的自然人、法人或者其他组织。实际控制人可以是公司股东，也可以不是公司的股东。

控股股东是指投资额占公司资本总额百分之五十以上或者其持有的股份占股份有限公司股本总额百分之五十以上的股东；出资额或者持有股份的比例

虽然不足百分之五十，但依其出资额或者持有的股份所享有的表决权足以对股东会、股东大会的决议产生重大影响的股东。

新三板挂牌条件对实际控制人的行为做出特别要求，有关问题的关键主要为 4 方面：

（1）实际控制人和控股股东认定的问题；

（2）存在共同控制的情形；

（3）无控股股东与实际控制人的情形；

（4）报告期内公司实际控制人发生变更的情形。

问答329　实际控制人及控股股东怎样认定？包含哪些要点？

实际控制人的认定应当结合董事会与管理层席位、协议或其他安排等进行实质判断，以确定是否能决定一个企业的财务和经营政策，并能据以该企业的经营活动中获取利益。

控股股东的认定主要看是否符合如下 5 项条件：

（1）为挂牌公司持股 50%以上的控股股东；

（2）可以实际支配挂牌公司股份表决权超过 30%；

（3）通过实际支配挂牌公司股份表决权能够决定公司董事会半数以上成员选任；

（4）依其可实际支配的挂牌公司股份表决权足以对公司股东大会的决议产生重大影响；

（5）中国证监会或全国股份转让系统公司认定的其他情形。

问答330　实际控制人出现变更，该类问题该如何解决？

申请挂牌新三板的公司的实际控制人如发生变更，其解决办法一般是：

（1）实际控制人的变更对公司持续经营能力、管理团队稳定性是否存在影响是关键；

（2）分析实际控制人变更前后公司业务发展方向、客户、收入及利润的变化，中介机构需要作出明确的结论并如实披露详情；

（3）新三板挂牌并未禁止报告期内实际控制人变更，因此报告期内发生实际控制人变更的，应该对此作出合理的解释和说明；

（4）根据实际情形可在公开转让说明书中作出重大事项提示。

14.1.5　共同控制、无实际控制人的认定与风险

问答331　理解共同控制的关键是什么？如何认定？

（1）概念的关键

控制是指有权决定一个企业的财务和经营政策，并能据以从该企业的经营活动中获取利益。共同控制就是指两个或两个以上的股东通过协议、股权约束或其他方式达成重大事件决策的“同一行动”来实现共同支配、把控公司经营和方向的现象。

由于公司控制权往往能够决定和实质影响公司的经营方针、决策和经营管理层的任免，一旦公司控制权发生变化，公司的经营方针和决策、组织机构运作及业务运营等都可能发生重大变化，给发行人的持续发展和持续盈利能力带来重大不确定性，所以，关于股东、股权及公司治理两项新三板挂牌条件中对实际控制人的认定是有较高要求的。

（2）认定

关于如何对共同控制的情况作出认定，对拟挂牌新三板的公司来说，一般性办法有：

（1）核查并阐明在经营过程中，关于各项重大决策，他们是否都曾保持了一致性的意见并形成了一致行动的习惯；

（2）公司股权结构分散，没有任何一名股东占控股地位，但其中两名或多名股东股权合计超过 50%；

（3）如果无法从股权结构及董事会、管理层席位上认定他们的控制关系，那么，他们之间需要自愿签署“在经营过程中的各项重大决策事项保持一致意见”一致行动性决议；

（4）如有必要，让其他股东作出“不发生签订一致行动人协议”的承诺；

（5）根据实际情形，可在公开转让说明书中作出重大事项提示。

问答332　无控股股东或实际控制人情况该怎么认定？

关于如何对无控股股东或实际控制人的情况作出认定，对于拟挂牌新三板的公司来说，一般性办法是：

（1）公司股权结构相对分散，未能有任意一名股东占控股股东地位并实际实施控制权；

（2）根据法律法规、公司章程、个股东承诺函，说明单一股东无法控制股

东大会；

（3）根据各股东承诺函和实际情况，说明股东不存在一致行动、代持股权或达成了一致行动的意愿；

（4）如有必要，可以采取股东承诺锁定部分股份的应对措施；

（5）健全内部管理制度以保证公司治理的有效性；

（6）健全内部控制制度以防范某些股东有效实施内部控制，从而保障股东的利益；

（7）根据实际情形，可在公开转让说明书中作出重大事项提示。

14.2　典型实战25例

14.2.1　股权明晰、股东资格及代持清理

案例162　股东去世，其股权继承是否明晰（华精新材）

无锡华精新材股份有限公司（华精新材 830829）股东陈海星已于 2013 年去世，所持股份正在办理继承手续。问题一：公司该部分股份的继承方式、继承人情况，有无纠纷或潜在纠纷？会否产生代持？问题二：核查该次继承是否会导致公司股权不确定性？是否符合“股权明晰”的挂牌条件？

【解决方案及解读】

股权继承事宜出具《公证书》；进行工商变更；如实披露相关详情：

经核查，股东陈海星持有公司股份 56,912 股，占公司股份总额的 0.09%，还持有华精咨询 0.52%的股权。根据无锡市公安局钱桥派出所 2014 年 3 月 14 日出具的户籍信息证明，该股东已经于 2013 年 5 月去世，户口已经注销。该股东所持股份及股权由其继承人继承。陈海星配偶王美珠已向公司提供由江苏省无锡市梁溪公证处于 2014 年 4 月 14 日出具的（2014）锡梁证民内字第 3034 号《公证书》，公证事项为继承。

《公证书》中已查明如下事实：1.被继承人陈海星于 2013 年 5 月 18 日死亡；2.陈海星的父亲是陈锡芳（于 2012 年 1 月 11 日死亡）；陈海星的母亲是蒋南娣；妻子是王美珠；子女是陈涛。3.王美珠申请继承陈海星下列财产：陈海星生前是华精咨询的股东，持有该公司 0.52%的股份；陈海星生前是华精新材股东，持有该公司股份 56,912 股。上述两公司的股份中属于陈海星的份额已成其遗

产。4.根据陈海星的上述法定继承人称，陈海星生前就上述财产无遗嘱（遗赠），亦未与他人签订遗赠扶养协议。对此，截至公证书出具之日亦未有人提出异议。5.王美珠表示要求继承被继承人陈海星的上述遗产，蒋南娣、陈涛均表示自愿放弃继承被继承人陈海星的上述遗产。根据陈海星死亡及继承事实，并依据《中华人民共和国继承法》（以下简称《继承法》）第三条、第五条、第十条、第二十五条、第二十六条的规定，被继承人陈海星的遗产应由其父亲陈锡芳、母亲蒋南娣、妻子王美珠、儿子陈涛共同继承。陈海星父亲陈锡芳先于其死亡，陈海星母亲蒋南娣、儿子陈涛均表示放弃继承被继承人陈海星的遗产，因此，被继承人陈海星的上述遗产应由其妻子王美珠一人继承。

根据《中华人民共和国公证法》（以下简称《公证法》）第三十六条规定，经公证的民事法律行为、有法律意义的事实和文书，应当作为认定事实的根据，但有相反证据足以推翻该项公证的除外。

综上，基于陈海星的死亡事实，以及《继承法》、《公证法》等相关法律、法规规定，陈海星持有的公司56,912股份及华精咨询0.52%的股权属于陈海星的遗产，应由其妻子王美珠继承，相关工商变更正在进行过程中。该部分股份及股权的继承法律事实明确，股份及股权的继承人已经确定，无纠纷或潜在纠纷，不会产生代持，该次继承不会导致公司股权（股份）存在不确定性，符合“股权明晰”的挂牌条件。

案例163　工商登记股权结构不清晰与解决（奥凯立）

北京奥凯立科技发展股份有限公司（奥凯立430226），其子公司卫辉市化工有限公司（以下简称卫辉化工）工商登记股权结构不清晰，该怎么解决？

【解决方案及解读】

股东出具书面证明并签字予以确认；工商行政管理部门出具书面证明予以认可；发行人控股股东及实际控制人承诺：有关股权异议及任何纠纷均由其承担全部责任；详情如实披露：

由于卫辉化工成立时《公司法》尚未实施，管理层规范治理的意识也相对薄弱，卫辉化工设立时的工商登记资料不完整，设立时出资比例及变动不明确。针对上述问题，卫辉化工根据其保存的相关资料和工商档案，厘清了成立以来的历次股权结构及变化情况，由相关股东签字确认并经卫辉市工商行政管理局出具书面证明予以认可。除此之外，公司控股股东及实际控制人卢甲举亦承诺，如卫辉化工历任股东及任何善意不知情第三方对卫辉化工股权提出任何异议及由此导致的任何纠纷均由其承担，负全部责任，与公司及卫辉化工之间均不产生任何关系。

案例164 对特殊股东的核查与操作（行悦股份）

上海行悦信息科技股份有限公司（行悦股份 430357）对特殊股东的核查是怎样操作的？

【解决方案及解读】

复旦视觉现持有上海市民政局核发的《民办非企业单位登记证书（法人）》（沪民民政字第 0259 号），代码为**，住所为上海市某处，法定代表人薛沛建，开办资金为 5,000 万元，学院的举办者：复旦大学与上海文化广播影视集团等社会企事业合作举办。学院的教育业务管理机关：上海市教育委员会，学院的登记管理机关：上海市民政局。学院的办学类型：普通高等学校设置的独立学院。根据其《章程》五十八条的规定："学院对举办者投入和社会捐赠的资金、财产、办学积累以及其他合法资产，享有法人财产权。学院存续期间，所有资产由学院依法管理和使用，任何组织和个人不得占用、挪用。"2013 年 4 月，国家教育部向上海市人民政府发函，同意复旦大学上海视觉艺术学院正式转设为"上海视觉艺术学院"，转设后，学校将从原来复旦大学下属二级独立学院转设为独立设置的普通本科高等学校。

2012 年 1 月 6 日复旦大学上海视觉艺术学院第二届第三次董事会通过《关于同意购买上海慧浦神望电子科技有限公司股权的决议》。同意出资人民币 700 万元，向徐恩麒、杨凯瑜、张理和蔡福果四名自然人购买其持有的慧浦神望部分股权，此次购买股权的合计数为 350 万元，占该公司当前注册资本的 6.53%。祝建民为公司创始人，自公司设立起，一直担任公司董事、高级管理人员，现任公司副董事长、总经理，参与公司日常经营管理。公司核心技术"数字媒体装置"、"酒店互动系统"、"多节目源播放系统"、"数字多媒体系统"皆为徐恩麒与祝建民共同研发。祝建民为公司的发展、壮大作出重要贡献。所以，经转让双方协商，其他股东一致同意，确定祝建民的受让价格为 1 元/每一元出资额。

复旦视觉于第七次股权转让前非公司股东，未参与公司经营管理，亦未对公司经营发展有任何贡献。所以，转让双方通过充分协商，其他股东一致同意，参考公司 2011 年 9 月的增资价格，确定复旦视觉的受让价格为 2 元/每一元出资额。

案例165　关联方代缴出资或存代持关系与如何厘清（乐升股份）

北京乐升科技股份有限公司（乐升股份 430213）原身有限公司成立时由关联方代缴出资，该如何清理并解决？

【解决方案及解读】

双方签署委托支付投资款的委托协议，并出具非代持的证明及声明书；披露详情：

2006年9月27日，XPEC ENTERTAINMENT HOLDINGS (CAYMAN) LTD. 代香港启升向有限公司汇入投资款12.5423万美元，作为香港启升投入有限公司的新增注册资本。2006年11月10日、11月17日及11月29日香港启升分别向有限公司汇出投资款12.8005万美元、10万美元及14.6587万美元，以上四笔款项共计50.0015万美元，均存入有限公司在中国工商银行北京分行海淀支行营业部开立的账户，该营业部出具了《外汇款收账通知》。2006年12月18日，北京数码会计师事务所有限公司出具开验字[2006]第1591号《验资报告》，确认截至2006年11月29日，香港启升对有限公司新增加的50万美元出资已全部缴纳完成。2006年12月31日，北京市工商行政管理局出具京工商注册企许字（2006）0035812号《准予设立（变更、注销、撤销变更）登记（备案）通知书》，核准了50万美元出资已全部缴纳的变更登记事项。

公司律师认为：根据香港启升与XPEC ENTERTAINMENT HOLDINGS (CAYMAN) LTD. 在2006年9月27日签署的关于委托支付投资款12.5423万美元的《委托协议》、双方出具的证明书及声明书，XPEC ENTERTAINMENT HOLDINGS (CAYMAN) LTD. 与香港启升之间是借款12.5423万美元的债权债务关系，不存在股权代持关系，且香港启升已经将该借款全部归还，双方不存在任何争议和法律纠纷。

案例166　成立时存在委托持股关系与解决（新吉纳）

济南新吉纳远程测控股份有限公司（新吉纳 430517），2002年3月公司成立之初，注册资本50万元，工商登记显示为2人，但是实际公司股东应为6人，是否存在股权代持关系？如何解决？

【解决方案及解读】

股份代持各方签订《解除委托持股协议书》，确认各方权利；如实披露详情：

2002年3月公司成立之初，注册资本50万元，工商登记显示股东为卢祥明及余民二人，但是实际公司股东应为 6 人。

委托持股股东魏岭、孙国春、黄程云及陈志雄的股权由卢祥明及余民代为持有。2009 年 5 月，委托持股股东魏岭、孙国春、黄程云及陈志雄考虑到卢祥明及余民对于公司经营的贡献，自愿终止了委托持股关系，由卢祥明、余民按注册资本每一单位股本退还 1 元进行出资退回，至此委托持股关系终止。为了明确公司股权，避免股权纠纷，上述代持各方于 2013 年 4 月 22 日，自愿签订了《解除委托持股协议书》，对上述代持关系的形成及终止情况进行了确认，并确认委托持股股东魏岭、孙国春、黄程云及陈志雄已收到上述退回的出资，未来将不会就上述代持事宜向卢祥明及余民主张任何股东权利。

14.2.2 股东适格、清理与锁定

案例167 未成年人继承股东身份与适格性问题（平原非标）

河南平原非标准装备股份有限公司（平原非标 830849）股东姚若辰出生于 2001 年，属于未成年人，请公司披露姚若辰行使股东权利的具体情况，其是否符合股东适格性要求？

【解决方案及解读】

父亲去世，子女继承财产法规列示并履行相关程序；其母作出“作为其监护人及法定代理人代理其行使公司股东权利及承担股东义务”的承诺书；详情如实披露：

经核查，孙振文先生于 2012 年 1 月 16 日因病在河南省郑州市去世。根据河南省郑州市黄河公证处于 2012 年 3 月 16 日出具的(2012)郑黄证民字第 2737 号、第 2738 号《公证书》：孙振文生前持有的公司 7,001,400 股的股份属于其遗留的个人财产，其配偶姚征表示自愿放弃对该遗产的继承权。因此，孙振文持有的公司股份由其子女孙罡、孙睿、姚若辰共同继承。根据孙罡、孙睿、姚若辰（姚征代）于 2012 年 3 月 16 日签署的《析产协议》和河南省郑州市黄河公证处出具的（2012）郑黄证民字第 2739 号《公证书》，孙罡、孙睿、姚若辰(姚征代)经协商一致签订了《析产协议》，约定由姚若辰继承平原非标 3,361,400 股股份，孙睿继承平原非标 2,000,000 股股份，孙罡继承平原非标 1,640,000 股股份；河南省郑州市黄河公证处确认：当事人在订立协议时具有法律规定的民事权利能力和民事行为能力，签订的《析产协议》意思表示真实，协议内容符

合《中华人民共和国民法通则》的规定。

2012年3月，公司及平原集团分别召开股东大会，根据上述股份继承结果修改了其各自的《公司章程》，并办理了工商备案手续。

截至本《补充法律意见书》出具之日，公司股东姚若辰已满10周岁但未满18周岁，为限制民事能力人。由其母姚征作为其监护人及法定代理人代理其行使公司股东权利及承担股东义务。

2014年6月6日，姚征出具《承诺书》："姚若辰尚未成年，本人为姚若辰之母，根据《中华人民共和国民法通则》的相关规定为其监护人及法定代理人。本人代表姚若辰行使其作为河南平原非标准装备股份有限公司股东的权利不存在任何障碍，对河南平原非标准装备股份有限公司历次股东大会所做决议之程序及效力均无任何异议，亦不存在任何法律纠纷。

本人将继续严格依照《中华人民共和国公司法》及《河南平原非标准装备股份有限公司章程》的规定代表姚若辰行使其作为河南平原非标准装备股份有限公司股东的权利并承担相应的股东义务。"

综上，在孙振文先生去世后，根据《中华人民共和国继承法》的有关规定，其法定继承人姚若辰依法享有继承公司股份中属于其应当继承股份的权利，不存在法律、法规规定的不得为公司股东的情形。姚若辰作为限制民事能力人，由其母作为其法定代理人代理其行使公司股东权利承担股东义务符合《中华人民共和国民法通则》的有关规定。姚征作为姚若辰法定代理人行使其股东权利的具体行为合法合规。

案例168　股东是证券从业人员与处理（伊禾农品）

上海伊禾农产品科技发展股份有限公司（伊禾农品430225）的股东有证券从业人员，该怎么办？

【解决方案及解读】

承诺挂牌后尽快转让并如实披露。

公司股东刘玉华现任职于太平洋证券股份有限公司，属于证券从业人员，2012年12月刘玉华出具了书面承诺，称将按照相关法律法规的规定，在伊禾农品于全国中小企业股份转让系统挂牌后，尽快将其所持有的伊禾农品265.5244万股股份（占公司总股本的2.53%）进行转让，待股份转让后，将不再持有伊禾农品任何股份，不再作为伊禾农品股东。

案例169　为稳定股权结构与核心经营人员锁定股份（东亚装饰）

青岛东亚装饰股份有限公司（东亚装饰 430376）为了保证股权结构及核心经营人员的稳定，所实施的股份锁定是怎么回事？

【解决方案及解读】

股份锁定安排：为了充分保障公司股权结构、核心经营管理人员的稳定性，公司控股股东建东投资自愿承诺：在东亚装饰股票挂牌交易前，以及自东亚装饰股票挂牌交易之日起五年内，不转让、抵押、质押或在该股份上设定任何其他形式的限制或他项权利，不委托他人管理本公司本次发行前已持有的东亚装饰股份，也不由东亚装饰回购该部分股份。截至本公开转让说明书签署日，建东投资持有公司 75%的股份。以上股份锁定安排会对公司挂牌后进入全国股份转让系统进行转让的流通股数量有一定影响。

案例170　股东对所持股份自愿锁定三年与操作（能为科技）

北京能为科技股份有限公司（能为科技 430281）股东对所持股份自愿锁定三年，是怎么操作的？

【解决方案及解读】

股东对所持股份自愿锁定的承诺：

股东夏阳持有公司 50%的股份，为公司第一大股东和实际控制人。夏阳先生为公司创始人之一，长期致力于为电力行业提供促进节能减排、保证安全高效运行事业，并继续看好该行业的发展前景，目前公司是其主要精力所在，夏阳先生自愿承诺：公司股票自在全国中小企业股份转让系统挂牌之日起三年内不转让所持公司股权。

14.2.3　股权变更、转让与价格

案例171　转让未足额缴款的股份与解决（柳爱科技）

柳州爱格富食品科技股份有限公司（柳爱科技 430535）挂牌前曾有一问题：股份出资未足额缴纳即进行转让是否合法合规？

【解决方案及解读】

进行合理解释、说明并实披露详情：

公司本次股本变更，包含：发起人将未缴股份转让给北京爱格富，由北京

爱格富以货币形式直接缴纳；发起人将其部分实缴股份转让给北京爱格富；公司向北京爱格富发行 100 万股新股份。公司由发起人发起设立，注资资本 600 万元，本次第 3 期出资未在公司成立之日起两年内缴足，且本次变更股本，是在将发起人未缴股份转让给北京爱格富直接缴纳的同时又将部分实缴股份转让给北京爱格富，并向北京爱格富发行了新股，存在法律瑕疵，但鉴于公司上述股份已实际缴足，由柳州开诚联合会计师事务所出具《验资报告》（开诚验字【2009】第 0590 号）验证资金已实际到位，进行了工商登记。本次股本变更的法律瑕疵对本次公司股票到全国股份转让系统挂牌并公开转让不构成实质性障碍。

案例172　股权无偿转让或存违规嫌疑与解决（盛世光明）

北京盛世光明软件股份有限公司（盛世光明 430267）挂牌前出现无偿或以出资额转让股权的问题，该如何解决？

【解决方案及解读】

阐明原因并如实披露，内容为：本次转让对象有三类人，第一类，转让给邦盛投资，转让给邦盛投资是因为其作为基金，具有较强的资本市场运作经验且拥有大量的客户资源，公司希望邦盛投资能带来资本市场管理经验及潜在客户，另外，邦盛投资同意先行垫付公司全国股份转让系统挂牌的有关费用。鉴于上述原因，本次转让系无偿转让。第二类，转让给部分公司高管及公司核心骨干，目的是激励，转让依据出资额定价，转让价款等同于出资额。第三类，转让给李红新、孙良浩、朱相祯等，这几个人当时系公司关联公司微山公司的骨干，目的也是激励他们，因此转让依据出资额定价，转让价款等同于出资额。本次转让都是在平等自愿的基础上进行的，其中受让方李红新系孙伟力妻弟。

本次转让不存在代持行为，不存在纠纷或潜在纠纷。

案例173　股权转让比例超过法定标准与如何解决（均信担保）

哈尔滨均信投资担保股份有限公司（均信担保 430558）挂牌前曾有一问题：股权转让比例超过法定标准，该如何解决？

【解决方案与解读】

由工商局出具不存在违法行为的证明；相关股东出具已更正的确认函；如实披露详情：

均信股份第一次股份转让过程中，公司董事长李明中原持有公司股 1,265.41 万股，本次转让予狄滨 600 万股、刘诚跃 344.66 万股后持有公司股份

320.75 万股，转让股份超出其所持股份的 25%；但在 2008 年 4 月第二次股份转让中，李明中通过受让狄滨 600 万股、刘诚跃 150 万股、张柏林 780 万股的股份，所持公司股份增至 1,650.75 万股。李明中、狄滨、刘诚跃已于 2010 年 10 月 8 日对前述相关事宜进行了确认。经核查，公司董事长李明中第一次股权转让超出其所持股份的 25%，但该等违规行为在 1 个月内通过原受让股东转回股权而得到更正，相关违规行为发生在报告期外且违规状态解除已超过 5 年，且哈尔滨市工商行政管理局于 2013 年 7 月 9 日出具证明，公司自 2011 年 1 月至今不存在重大违法违规行为。

综上，李明中 2008 年股权转让超过其当时持有股份的 25%事宜，不构成本次挂牌的实质性障碍。

14.2.4 国有股权、资产变更转让

案例174 国有股权转让未经评估存流失风险（欧丽信大）

郑州欧丽信大电子信息股份有限公司（欧丽信大 430528），2004 年 9 月 29 日，欧丽集团转让国有股权未经过资产评估，而是以审计结果作为股权转让的价格依据，未履行在产权交易所公开交易程序而以协议转让的方式进行，问题：是否存在国有资产流失？是否影响公司挂牌条件？

【解决方案与解读】

阐明国有股权转让未导致国有资产流失；期后补足相关国有股权转让的程序，并获取省国资委的确认批复；详情如实披露：

2004 年 9 月 29 日，欧丽集团分别与付强先生、沈红印先生、汤清龙先生、葛益平先生、张建峰先生订立《出资转让协议》和《收付款项证明》，进行了股权转让。欧丽集团持有欧丽信大的股份为国有法人股。本次欧丽集团转让国有股权未经过资产评估，而是以审计结果作为股权转让的价格依据，未履行在产权交易所公开交易程序而以协议转让的方式进行。

该次转让发生时，欧丽集团的股权结构是：中国华融资产管理公司 11，428.00 万元，占注册资本的 86.65%；郑州市国有资产管理局 1，395.00 万元，占注册资本的 10.58%；工会股 365.00 万元，占注册资本的 2.77%。该次股权转让时审计报告显示：有限公司 2003 年、2004 年经营持续亏损，欧丽集团将 50 万元出资额等价转让给受让方作为实际出资额登记为注册资本，未使公司利

益和国有资产受到损失。目前公司净资产已由欧丽集团转让50万元股权时的224万元，增长至2013年6月30日经审计的7351万元，欧丽集团在公司所持有的净资产也由原来的74万元增长至2450万元，实现国有资产保值增值。

2005年9月1日，郑州市国有资产监督管理委员会为欧丽集团持有的200万国有法人股办理《企业国有资产产权登记证》，注册号：***。2010年3月30日进行了企业国有资产产权变动登记，欧丽集团持有的公司股份变更为668万股，注册号：***。2010年1月27日，华融资产管理公司郑州办事处出具了《关于郑州欧丽信大电子信息股份有限公司国有股权管理有关问题的函》，确认郑州欧丽集团持有公司 33.33%的国有股权。根据《中国华融资产管理公司对债转股企业重大事项的内部决策程序》（编号：00-02004-30版号B）“5.重大事项管理权限”之“5.1.2公司所持股权2亿元以下（不含2亿元）的债转股企业提交股东会、董事会、监事会审议的以下事项：……4）对外投资、部分重组、合资等事项，涉及到企业账面总资产20%以上（含20%）金额的；除5.1所规定的由总部审批的债转股企业重大事项之外按照属地化管理的原则，由办事处负责审批”。

因此，由华融资产管理公司郑州办事处出具《关于郑州欧丽信大电子信息份有限公司国有股权管理有关问题的函》，确认欧丽集团持有欧丽信大电子信息股份有限公司 33.33%的国有股权的行为，在郑州办事处权限范围之内，合法有效。

2013年2月6日，河南省国有资产监督管理委员会出具了“豫国资产权【2013】9号”《关于郑州欧丽信大电子信息股份有限公司国有股权确认的批复》，确认郑州欧丽电子（集团）股份有限公司持有欧丽信大电子信息股份有限公司33.33%的国有股权。

案例175　增资致国有股比例下降与如何处理（行悦股份）

上海行悦信息科技股份有限公司（行悦股份430357）挂牌前曾有一问题：增资未按国有资产管理相关规定对公司股东全部权益价值进行评估并在相应的国有资产监督管理机构备案，是否合法合规？是否对公司挂牌形成实质性影响？

【解决方案及解读】

本次增资，因交大科技园放弃同比例增资的权利，其持有公司的股权比例相应减少。本次增资完成后，交大科技园持有公司的股权比例由 18.25%变更为 16.67%，上海慧谷持有公司的股权比例由 7.30%变更为 6.67%。公司 2009 年年检报告书显示：截至 2009 年 12 月 31 日，公司账面资产总额为 29,706,813.16 元，负债总额为 376,522.50 元，净资产为 29,330,290.66 元。按本次增资前 27,390,000 元的实收资本计算，其每元出资额对应的净资产为 1.07 元（未审计）。本次增资完成后，交大科技园所持公司的股权比例由 18.25%降至 16.67%，上海慧谷持有公司的股权比例由 7.30%降至为 6.67%。系因其他股东同时以 1 元/每元出资额的价格（约等于每元出资额对应的净资产值）用对公司增资 2,610,000 元所致。

公司增资履行了股东会审议批准、验资及工商核准变更登记程序，符合《公司法》关于有限公司增资的规定。2010 年 11 月 15 日，教育部科技发展中心下发《关于同意上海交大科技园有限公司和上海慧谷创业投资管理有限公司转让所持上海慧浦神望电子科技有限公司股权的批复》（教技发中心函[2010]197 号），亦未对本次增资导致国有股权比例减少提出异议。因此，虽然公司本次增资未按国有资产管理相关规定对公司股东全部权益价值进行评估并在相应的国有资产监督管理机构备案，存在程序上瑕疵，但考虑到国有股东交大科技园在股东会表决时同意本次增资的价格，本次增资未履行评估并备案程序不会对本次挂牌造成实质障碍。

14.2.5 实际控制人与控股股东认定与解决

案例176 第一大股东持有第二大股东70%的股份与实际控制人认定（绿岸网络）

上海绿岸网络科技股份有限公司（绿岸网络 430229）第一大股东持有第二大股东 70%的股份，是怎样认定实际控制人的？

【解决方案及解读】

截至本公开转让说明书签署之日，公司控股股东及实际控制人为许帆，其直接持有公司 67.5%的股份，同时还持有公司第二大股东上海高讯投资有限公司 70%的股份。

虽然，从公司的历史沿革看，许帆从公司设立起至 2012 年 9 月前一直与其他股东同为第一大股东，作为公司主要创始人，自公司成立以来，许帆曾担任公司董事长、董事，并一直担任总经理一职，2012 年 9 月起任公司董事长、总经理。因此，许帆为公司实际控制人。

综上来看，最近两年公司实际控制人未发生变化。

案例177　持股低与实际控制公司问题（易同科技）

上海易同科技股份有限公司（易同科技 430258），2009 年 11 月后，公司两夫妇股东共持股 45%左右，是否认定为实际控制人？

【解决方案及解读】

股份公司成立时（2009 年 11 月），朱玉明、杨亚官夫妇合计持有公司 40.00%股份，杨军、施陈飞夫妇合计持有公司 50.00%股份；股份公司第一次增资扩股后（2011 年 3 月），朱玉明、杨亚官合计持有公司 45.00%股份，杨军、施陈飞夫妇合计持有公司 25.00%股份；股份公司第二次增资扩股后（2012 年 12 月），朱玉明、杨亚官夫妇合计持有公司 50.16%股份至今，杨军、施陈飞夫妇合计持有公司 20.00%股份至今。在上述期间内，公司其他股东持股比例分散，与上述两对夫妇无关联关系，相互之间也无关联关系。

2009 年 11 月至 2011 年 3 月期间，朱玉明、杨亚官分别为公司董事长兼总经理、董事，杨军、施陈飞分别为公司董事、监事会主席；朱玉明为公司创始人、法定代表人，是主要决策者、实际经营管理者及核心技术人员，杨亚官为公司决策者之一，而杨军仅作为公司财务投资者，并不参与公司经营的决策，施陈飞也仅为公司财务投资者和监督者之一。虽然在此期间朱玉明、杨亚官夫妇合计持股比例低于杨军、施陈飞夫妇合计持股比例，但不论从公司的历史沿革，还是当时的实际状况，公司均由朱玉明、杨亚官夫妇控制。

案例178　夫妻共持公司全部股份与不当控制（高曼重工）

湖北高曼重工股份有限公司（高曼重工 430270）由夫妻两人合并持有公司全部股份，挂牌前该怎样处理？

【解决方案及解读】

作重大事项提示以披露相关风险。

夫妻两人合并持有公司全部股份的风险：公司控股股东为夏曙光，持有公司 99.20%的股份，任公司的董事长及总经理。股东陈蓉持有公司 0.80%的股份，任公司的副总经理。夏曙光与陈蓉为夫妻关系，两人合计持有公司 100%的股份。若夏曙光与陈蓉利用其对公司的实际控制权对公司的经营决策、人事、财务等进行不当控制，可能损害公司利益。

案例179　母公司无实际控制人与子公司实际控制人认定（东软慧聚）

【解决方案及解读】

辽宁东软创业投资有限公司（控股股东）成立于 2000 年 4 月 8 日，注册资本 125,000,000 元，法定代表人刘某，住所为大连某处，公司类型为有限责任公司，经营范围：对以信息技术为主要业务方向的中小企业投资、投资管理和服务。

东软集团股份有限公司（600718）截至本说明书出具之日，东软集团持有辽宁东创 60%股权，为辽宁东创控股股东。

东软集团成立于 1991 年 6 月 17 日，注册资本 1,227,594,245 元，法定代表人刘某，注册地址为沈阳市某处，公司类型为股份有限公司（中外合资、上市），经营范围："计算机软、硬件，机电一体化产品开发、销售、安装；技术咨询服务；场地租赁；计算机软、硬件租赁；CT 机生产；物业管理，交通及通信、监控、电子工程安装；经营本企业自产产品及技术进出口业务和本企业所需的机械设备、零配件、原辅材料及技术的进口业务，但国家限定经营或禁止进出口的商品及技术除外。"

东软集团各股东持股相对分散，不存在控股股东和实际控制人。东软集团第一大股东为东北大学科技产业集团有限公司，持股比例为 17.6248%。因此，公司不存在实际控制人。

案例180　实际控制人与不当控制的风险（微纳颗粒）

济南微纳颗粒仪器股份有限公司（微纳颗粒 430410）实际控制人为任中京与高维秀夫妇，他们分别持有公司 68.41%和 20.67%的股份，合计达 89.08%的股份，存在不当控制的风险问题，该怎么解决？

【解决方案及解读】

作重大事项提示并如实披露相关信息。公司的实际控制人为任中京与高维秀夫妇，分别持有公司 68.41%和 20.67%的股份，合计持有公司 89.08%的股份；同时，任中京先生担任公司的董事长、总经理，高维秀女士担任公司的董事、财务总监。二人对公司形成绝对控股，对公司经营管理拥有较大的影响力。如二人利用其控股地位和管理职权对公司的经营决策、人事、财务等进行不当控制，可能给公司经营和其他股东利益带来一定风险。

案例181　无暇参与经营导致实际控制人变更问题（星立方）

北京星立方科技发展股份有限公司（星立方 430375）因无暇参与公司经营

而导致实际控制人变更，该怎么处理？

【解决方案及解读】

在股份制改造之前，股东计划对公司进行增加注册资本并决定规范公司经营，由于朱晓霞女士不愿继续投资且无暇参与公司经营，遂决定退出投资，不再担任星立方有限公司股东。2013 年 5 月 22 日，股东之间签订《出资转让协议》。2013 年 6 月 9 日，有限公司股权转让获工商行政管理部门核准，导致公司实际控制人由朱晓霞女士变更为刘宇明先生。报告期内，公司实际控制人虽发生变更，但由于刘宇明在公司持续运营期间一直负责公司的经营管理事务，故不存在因实际控制人变更而对公司持续经营及公司治理产生不利影响的情况，与此同时，公司借助股份制改造建立符合现代化公司的法人治理机制，更加有利于公司未来合法合规的发展。

案例182　实际控制人变更对持续经营造成影响（长城软件）

四川长城软件科技股份有限公司（长城软件 430426）报告期内实际控制人变更，是否对公司持续稳定经营存在一定的不利影响？

【解决方案及解读】

分析并如实披露。实际控制人变更风险：

2011 年 6 月 30 日，有限公司发生股权变更。冯珏、刘红分别与刘新签署了股权转让协议，刘新取得有限公司 33.765%股权，为有限公司第二大股东。刘珊珊持有公司 39.46%的股权，为公司第一大股东。公司董事长由刘珊珊变更为刘新。2011 年 9 月，有限公司进行增资及股权变更。股权变更事项完成后，刘新为公司第一大股东，持有 30.18%的公司股权。公司实际控制人由刘珊珊变更为刘新。实际控制人变更前后，公司管理团队、业务发展方向、主要客户、收入及盈利能力等方面未发生明显变化。报告期内，公司实际经营未受到重大不利影响，保持持续稳定增长趋势。但若未来实际控制人发生变化，将可能对公司持续稳定经营产生一定的不利影响。

14.2.6　共同控制及无事实控制人

案例183　夫妻共同为公司实际控制人及其认定（豪威尔）

郑州豪威尔电子科技股份有限公司（豪威尔 430471）夫妻共同为公司实际控制人，是怎么认定的？

【解决方案及解读】

控股股东和实际控制人的认定截至本公开转让说明书签署日，公司第一大股东孙玉琴持有 285.87 万股，占总股本的 31.76%；第二大股东李启海持有 270.09 万股，占总股本的 30.01%，二人合计持有公司 61.77%的股份；且自公司 2006 年 6 月成立以来，两人合计持有公司股权，一直为公司第一大股东，同为公司的创始人，因此能够对公司股东会和股东大会产生重大实际的影响；另，自公司成立以来，孙玉琴一直任公司董事，李启海一直任公司董事长、总经理，因此就董事会和公司的实际运营管理而言，两人又能够实际控制公司，影响公司的经营理念及实际决策；孙玉琴与李启海系夫妻关系，自公司成立以来在董事会和股东会或股东大会的表决中意思均表示一致。但自股份公司成立后，为能够使公司实际控制权更加明确，便于统一决策，孙玉琴与李启海于 2013 年 2 月 26 日签订《一致行动协议》，协议对重大事项决策做了强制性约束，以保证共同实际控制权的发挥。

综上，孙玉琴与李启海共同构成公司的实际控制人，最近两年没有发生变化。协议约定：如果协议双方进行充分沟通协商后，对有关公司经营发展的重大事项行使何种表决权达不成一致意见，双方在股东大会上对该等重大事项共同投弃权票。公司认为其不丧失实际控制人的地位，理由具体如下：《公司法》第一百零四条规定："股东大会作出决议，必须经出席会议的股东所持表决权过半数通过。但是，股东大会作出修改公司章程、增加或者减少注册资本的决议，以及公司合并、分立、解散或者变更公司形式的决议，必须经出席会议的股东所持表决权的三分之二以上通过。"孙玉琴与李启海二人合计持有公司 61.77%的股份，占公司总表决权数的 50%以上，如果两人在股东大会上对重大事项共同投弃权票则该重大事项则无法通过，因此就不会影响到公司实际控制人的控制地位。

案例184　无控股股东但存在共同控制的认定（长合信息）

上海长合信息技术股份有限公司（长合信息 430407）无控股股东，但存在共同控制，这是怎样认定的？

【解决方案及解读】

公司自然人股东黄学军、隋志毅、张敏为公司法人股东上海益诚汉明投资合伙企业（有限合伙）的合伙人，其中黄学军为执行事务合伙人，隋志毅、张敏为有限合伙人。

公司股东黄学军、隋志毅、张敏于2013年8月12日签订《一致行动协议》，三方作为公司的共同控制人。公司无控股股东，实际控制人为黄学军、隋志毅、张敏。截至本公开转让说明书签署日，三人直接持有公司8,333,333.00股股份，通过益诚汉明间接持有公司1,666,667.00股股份，合计持有公司100.00%股份。根据公司历史上的决策情况，自2011年初黄学军成为公司股东之日起，黄学军、隋志毅、张敏三人对公司发展战略、重大经营决策、日常经营活动均发表相同的意见，共同实施重大影响，在公司历次股东（大）会、董事会上均有相同的表决意见；且三人一直担任公司董事长、董事或总经理等重要职务，能够实际支配公司董事会和日常经营活动；2013年10月12日，三人也共同出具书面说明，确认三人作为公司股东期间持续一致行动的事实。2013年8月12日，为延续和稳定共同控制的状态，黄学军、隋志毅、张敏三人正式签署了《一致行动协议》。因此，认定黄学军、隋志毅、张敏为公司的共同实际控制人。公司实际控制人近两年未发生变化。

案例185　股权分散与没有实际控制人问题（山本光电）

深圳市山本光电股份有限公司（山本光电430378）股权分散，没有实际控制人，该怎么办？

【解决方案及解读】

如实披露信息。由于公司各股东所持股份相对分散，没有单一股东持有股份公司30%以上的股份，没有单一股东可以对股份公司股东大会的决策形成实质性影响。周晓斌持有深圳市创鑫道投资合伙企业（有限合伙）42.86%的出资额，持有股份公司7.25%股份的王志高持有深圳市创鑫道投资合伙企业（有限合伙）42.86%的出资额，据此，周晓斌、王志高和深圳市创鑫道投资合伙企业（有限合伙）具有除共同投资山本光电以外的其他关联关系；另经核查，周晓斌和赵后鹏均为公司的关联方深圳市宇顺电子股份有限公司的股东，除此以外，公司的12名股东之间不存在除共同投资山本光电以外的其他关联关系。公司现有董事5名，董事会成员为周晓斌、王志高、赵后鹏、龚裕和、徐敏，该5名董事均为公司的股东，不存在任何单一董事可以对公司董事会的决策形成实质性影响。

综上所述，公司无实际控制人。

案例186　报告期外无实际控制与处理（索享股份）

索享（北京）科技股份有限公司（索享股份430280）报告期外无实际控制

人，挂牌前该怎么处理？

【解决方案及解读】

如实披露。公司控股股东和实际控制人为常达，持有公司 492 万股公司股份，占公司股本的 82%。常达于 2010 年 5 月通过股权转让方式成为公司股东，持股比例为 65%。2011 年 4 月，常达进一步受让公司的股权，持股比例增至 99%。2012 年增资后常达的股权比例降至 82%。从 2010 年 5 月至今，常达持股比例均为低于 50%，能够通过在股东大会行使表决权的方式决定公司的经营和财务政策及管理层人事任免，是在公示的实际控制人。在 2010 年 5 月之前，公司的股权比例呈现出每个股东股权比列相同，出资额均分的格局，公司无实际控制人。

第 15 章

15

行业产业、模式业务与持续经营等实务

15.1 常规疑难27问

15.1.1 行业产业、环境业务及模式运营

问答333 产业环境与业务明确的具体要求是什么？

“业务明确”作为新三板挂牌条件之一，是指公司能够明确、具体地阐述其经营的业务、产品或服务、用途及其商业模式等信息。而产业及环境是与公司业务分不开的。

公司可同时经营一种或多种业务，每种业务应具有相应的关键资源要素，该要素组成应具有投入、处理和产出能力，能够与商业合同、收入或成本费用等相匹配。

同时，公司业务在遵守法律、行政法规和规章的规定以及环保、质量、安全等要求的同时，还必须符合国家产业政策，需要与行业环境、公司运营模式及框架等相匹配。

问答334　商业模式与行业的具体要求是什么？

新三板要求，公司需清晰准确描述商业模式，可参照“公司业务立足或属于哪个行业，具有什么关键资源要素（如技术、渠道、专利、模式等），利用该关键资源要素生产出什么产品或提供什么服务，面向那些客户（列举一两名典型客户），以何种销售方式销售给客户，报告内利润率，高于或低于同行业利润率的概要原因”重新修订公司的商业模式。

由此，公司所属行业及生产产品尽可能做到不属于《产业结构调整指导目录》中的淘汰类；不存在失去主要市场、特许权或供应商的风险；人力资源及原材料充足等条件。

问答335　行业特色与行业空间的具体要求是什么？

企业申请新三板挂牌，要求对如下事项进行分析和描述。

（1）行业特色

行业特色体现在分类上，分类除按国民经济行业分类和上市公司行业分类指引以外，可参考维度如下：

① 按行业分类。例如：战略新兴产业（节能环保、新一代信息技术、生物、高端装备制造、新能源、新材料、新能源汽车等）、现代农业、文化创意、互联网、高新技术企业、传统产业优化升级、商业模式创新型及其他新兴业态。

② 按投融资类型分类。例如：挂牌并发行、挂牌并做市、有两个以上的股东是 VC 或 PE、券商直投。

③ 按经营状况分类。例如：阶段性亏损但富有市场前景、同行业或细分行业前十名、微型（500 万股本以下）、职业经理人管理团队、研发费用高于同行业、高投入培育型、产品或服务受众群体或潜在消费者广泛型。

④ 按区域经济分类。例如：具有民族和区域经济特色。

⑤ 公司、主办券商自定义。主办券商项目组的行业分析师应结合公司实际经营、中介机构尽调内核等情况，对公司分类、投资价值发表意见，也可引用券商的行业研究部门或机构对公司出具的投资价值分析意见。

（2）行业空间

公司需要结合所处行业政策、市场规模、公司市场地位与竞争优劣势等因素，客观、如实地描述公司业务发展的空间。

问答336　产业政策主要关注和分析哪些事项？

产业政策主要关注和分析如下三方面的事项：

（1）公司业务是否符合国家产业政策要求，是否属于国家产业政策限制发展的行业、业务；

（2）若为外商投资企业，是否符合外商投资企业产业目录或其他政策规范的要求；

（3）分析产业政策变化风险。

问答337　产业政策变换风险主要有哪三种情况？

产业与政策环境有着密切的关系，实践中，拟挂牌新三板公司经常出现产业政策变换风险问题，这里归纳三种情况。

（1）产业限制风险及解决

行业和产业是否存在产业限制风险的一般性解决办法：

① 如属于限制范围，分析对企业经营的影响及公司将采取的应对措施和效果等情况，以及未来业务或战略调整的计划与可行性和对经营持续性的影响等，并如实披露详情；

② 如不属于，则对照国家近年及目前产业政策，对公司产业状况进行对比分析，说明其符合政策，属于非限制性行业、业务的原因；

③ 作出相应风险提示。

（2）区域限制及竞争劣势

产业竞争劣势或有区域限制和问题的一般性解决办法：

① 利用本地优势，实现在本地建立加工场地，减少委托内地加工环节，同时引进先进技术，提高产品质量，树立地域品牌，加强内部控制和管理；

② 从措施和步骤上明确、积极地拓展外部市场，并作详情披露。

（3）政策性收入变动

对于行业或地方政策变动引发或将引发政策性收入变动的风险的一般性解决办法：

① 通过与公司三层及核心员工访谈，查询行业、产业及地方相关的各类政策、制度及规范性文件，参考行业同类型的上市公司状况，结合公司商业、销售模式对上述政策对公司业务是否有持续性作出判断；

② 如实披露产业政策变动的影响的原因和内容；

③ 作出“政策变动风险”提示。

问答338　业务、合同及匹配要求有哪些？

（1）业务描述

股转系统要求，结合公司报告期内业务收入分类，准确、具体地阐述公司的业务、业务分类的标准、产品或服务。核查前述披露事项并确认公司业务描述是否准确、公司披露的产品或服务与营业收入分类是否匹配。

（2）重大业务合同

公司披露报告期内对公司持续经营有重大影响的业务合同及履行情况，包括披露标准、合同主体、合同标的、合同期间、合同总价，披露的合同应与报告期内收入成本相匹配，包括履行完毕的、仍在履行的；并请按采购合同、销售合同、借款合同、担保合同（若有）等分别列示。

（3）人员、资产、业务的匹配性

① 公司是否拥有生产经营所必需的资产；

② 结合公司员工的教育背景、学历、职业经历、员工结构情况等分析并披露员工状况与公司业务的匹配性、互补性；

④ 公司主要资产与业务、人员的匹配性、关联性。

问答339　外协业务要求与问题解决是怎样的？

（1）要求披露

根据股转公司要求，外协业务公司需披露或补充说明、披露内容：

① 外协厂商的名称；

② 外协厂商与公司、董事、监事、高级管理人员的关联关系情况；

③ 与外协厂商的定价机制；

④ 外协产品、成本的占比情况；

⑤ 外协产品的质量控制措施；

⑥ 外协在公司整个业务中所处环节和所占地位重要性。

（2）中介意见

主办券商和律师需分别发表明确意见的：

① 外协厂商与公司、董事、监事、高级管理人员是否存有关联关系；

② 公司对外协厂商是否存有依赖。

（3）解决办法

有涉及外协加工问题的一般性解决办法：

① 示各报告期外协加工主要单位及其外协运作情况；

② 阐明不限于外协加工对公司经营的影响并进行自我评述；

③ 判断并分析是否影响公司整个生产系统的运作，并如实披露详情。

问答340　两种非相关业务问题的解决办法是什么？

有两种非相关性的主营业务的一般性解决办法：

（1）阐明业务模式是双头并重，还是以一种为主，另一种为辅，判断并分析存其运行的流程、盈利模式及管理操作方式等；

（2）说明其运作方式和安排是否合法合规，必要性、合理性及其是否对公司持续经营形成较大影响等；

（3）中介机构作出明确意见，判断是否对挂牌形成实质性影响并如实披露详情。

问答341　多种交互销售模式与收入确认问题是如何解决的？

多种交互销售模式与收入确认问题的一般性解决办法如下：

（1）列示多种销售模式的运作方式与收入的确认流程及方式；

（2）对公司重要代理商通过商品销售流转程序对验、银行对账、访谈等方式验证是否收入确认的各类嫌疑，并如实披露详情。

15.1.2　资质许可、技术研发与信托金融

问答342　新三板对资质许可、技术研发审核的关注点是什么？

企业申请挂牌，就资质许可、技术与研发等问题，全国股转系统公司审核与券商内核的关注点如下。

（1）资质许可

公司业务如需主管部门审批，应取得相应的资质、许可或特许经营权等。该类问题常见资质续期或存障碍、销售没有产品资质以及地域审查标准不一致业务导致资质内涵不一面临行政处罚等。

（2）技术与研发

公司所使用的技术工艺及其在公司产品或服务中的作用，公司技术或工艺的创新性、比较优势及可替代情况。

研发基本情况，包括且不限于研发机构的部门设置情况、研发人员数量和构成、核心技术（业务）人员情况、研发支出的具体情况及其占营业收入比例、研发项目与成果。

公司所取得的技术的明细，以及是否存在侵犯他人知识产权情形。请公司

区分技术的不同取得形式进行披露：①若是原始取得，应披露是否存在其他单位的职务发明问题、是否侵犯他人知识产权、是否存在竞业禁止问题；②若是合作研发取得，应披露合作概况、相关权属和利益分配的约定；③若是受让取得，应披露受让的原因、受让概况、技术是否存在权属瑕疵。针对以上情况，公司应披露相应技术是否存在纠纷或潜在纠纷，公司的相应应对措施。

若公司为高新技术企业，请结合研发投入、收入、研发人员等情况核查公司申请通过高新技术企业资格复审所存在的风险。

主办券商及律师需核查上述事项并发表明确意见，公司需作出详细披露。

问答343 新三板对业务资质合规性审查的关注点在哪里？

券商内核及股转公司审核的要求：主办券商及律师需对如下事项核查并发表明确意见，同时拟挂牌公司需如实披露详情。

（1）公司是否具有经营业务所需的全部资质、许可、认证、特许经营权，公司业务资质的齐备性如何、相关业务是否合法合规。

（2）公司是否存在超越资质、经营范围、使用过期资质的情况，若存在，需核查公司的规范措施、实施情况及公司所面临的法律风险、相应风险控制措施，并核查判断其是否构成重大违法行为。

（3）公司是否存在相关资质将到期的情况，若存在，需核查续期情况以及是否存在无法续期的风险，若存在无法续期的风险需核查该事项对公司持续经营的影响。

问答344 资质及许可问题解决办法有哪些？

这里主要谈三种资质许可问题的一般性解决办法。

（1）资质续期或存障碍

此类问题的常规解决办法：

① 从主营业务范围来看，公司还包括其他相关资质，列示该业务目前及未来是否持续看好证据；

② 实际控制人就续期及其相关问题作出声明和承诺；

③ 阐明相关业务合法合规并如实披露详情。

（2）销售没有产品资质问题

此类问题的常规解决办法：

① 查核是否属于偶发交易，是否并不具有持续性及其理由；

② 实际控制人出具“承担或将引发的处罚和损失”承诺，并承诺整改；

③ 分析为非重大违法行为的原因并如实披露。

（3）地域审查标准不一致业务

此类问题极有可能面临行政处罚，其常规解决办法是实际控制人作出承担任何罚款或损失的承诺；积极做好相关应对的措施和办法并如实披露详情。

问答345　新三板对技术研发问题及解决的审查关键点是什么？

券商、律师等中介需要作出如下事项的核查，也是拟挂牌企业需要注意的。

（1）研发基本情况核查

询问管理层和核心技术人员，调查公司研发能力和技术储备情况，取得公司员工名册以及公司组织架构和职责说明，查阅公司专利证书以及专利发明人的简历以及相关发明人的确认文件，分析公司的研发机构和研发人员情况；了解公司自主技术占核心技术的比重，核查公司的专利证书；查看审计报告确认研发费用投入占公司业务收入的比重等。

（2）技术明细和取得方式的核查

（3）职务发明专利和潜在技术纠纷核查

核查公司提供的专利证书及专利证书所载发明人的简历、入职时间、公司的说明、相关发明人的确认，公司拥有的已授权专利均是发明人执行公司的任务或者主要是利用公司提供的物质技术条件完成的，不存在发明人从原任职单位离职后 1 年内作出的、与其在原单位承担的本职工作或者原单位分配的任务有关的发明，不涉及其他单位的职务发明或职务成果，公司相关专利权的取得不存在潜在纠纷，核心技术人员与原任职单位不存在竞业禁止的约定。

如上调查或核查后，券商、律师需作出明确的结论和意见。

问答346　对公司研发和技术情况如何进行核查？

公司研发和技术情况进行以下核查：

（1）查阅公司管理层和核心技术人员简历，与公司管理层和核心技术人员交谈、取得公司研发制度流程文件；

（2）查询中国知识产权网、中国商标网、中国版权在线等相关网站，核实公司拥有的专利、非专利技术、软件著作权、商标、许可协议等；

（3）调查公司及下属子公司的无形资产的数量、取得情况、实际使用情况、使用期限或保护期；

（4）查看审计报告中最近一期末无形资产账面价值、了解企业知识产权纠纷情况，并核查已缴纳相关专利年费等。

问答347　信托金融投资问题及解决是怎样的？

购买信托产品，是否存在决策程序问题及其他风险问题？一般的解决途径如下：

（1）核查公司对外投资管理制度和相关对外投资决策是否符合内部制度规定，是否合法合规并如实披露详情。

（2）对于存在交易性金融资产，拟挂牌公司的解决思路主要为清理相关金融资产，并如实披露信息。

（3）对于申贷保证金等货币资金存在受限情况则需如实披露并根据情况作出风险提示。

15.1.3　实物资产权属与知识产权权属

问答348　新三板对资产权属、知识产权审核关注点在哪里？

企业申请挂牌，就资产权属、知识产权等问题，全国股转系统公司审核与券商内核的关注点如下。

（1）资产权属

① 公司资产是否权属清晰、证件齐备，是否存在权利瑕疵、权属争议纠纷或其他权属不明的情形，若存在，请核查相应事项的规范情况。

② 是否存在资产产权共有的情形以及是否存在对他方重大依赖的情形，是否影响公司资产、业务的独立性。

主办券商及律师核查公司如上事项并发表明确意见，公司就相应事项作出详细披露。

（2）知识产权

① 是否存在权利瑕疵、权属争议纠纷或权属不明的情形，公司相对应的解决措施及其有效性；

② 公司在知识产权方面是否存在对他方的依赖，是否影响公司资产、业务的独立性。

③ 存在知识产权纠纷的诉讼或仲裁的，量化分析诉讼或仲裁对公司持续经营能力的影响。

主办券商及律师核查公司如上事项并发表明确意见，公司就相应事项作出详细披露。

问答349 关于国有土地使用权取得有何规定？

根据《关于加强土地调控有关问题的通知》（国发〔2006〕31号）规定和《国土资源部、监察部关于进一步落实工业用地出让制度的通知》（国土资发〔2009〕101号）要求，2006年8月31日之后，企业取得的国有土地使用权必须是通过"招拍挂"方式取得的，否则属于违法取得。具体来说：

由于城市规划调整、经济形势发生变化、企业转型等原因，土地使用权人已依法取得的国有划拨工业用地补办出让、国有承租工业用地补办出让，符合规划并经依法批准，可以采取协议方式。

政府实施城市规划进行旧城区改建，需要搬迁的工业项目符合国家产业政策的，经市、县国土资源行政主管部门审核并报市、县人民政府批准，收回原国有土地使用权，以协议出让或租赁方式为原土地使用权人重新安排工业用地。拟安置的工业项目用地应符合土地利用总体规划布局和城市规划功能分区要求，尽可能在确定的工业集中区安排工业用地。

问答350 自有房地产未办理权属问题是怎样处理的？

企业对外开展业务需要的资源要素应该拥有相应的权属。这涉及公司的持续经营能力。这些资源包括房产、土地及知识产权等。公司在使用资源要素时不得存在违反《土地管理法》、《专利法》等法律法规的情形。

实践中，拟挂牌公司在实物资产权属方面较集中出现的问题有：自建、自购房产、自有土地未取得《房产证》、《土地使用权证》等权属证明。其原因通常是房屋施工手续不齐、违反规划建设、未通过安全消费验收或证件正在办理中等。一般性解决办法：

（1）如未办权证，需对公司办理过程、进度等进行详细、如实披露；

（2）如无法确认权证能否办理或者难以预计取得权证的具体时间，需阐明公司正寻找替代性经营场所的事实和举措；

（3）从房地产用途、必要性等方面评估该等实物资产对公司经营的影响；并评估或受处罚及被迫迁址的可能性，以及可能产生的损失；

（4）取得有关部门的不存在重大违法违规证明；

（5）控股股东或实际控制人作出"承担可能导致一切损失"的兜底承诺；

（6）中介发表明确意见并如实披露详情。

问答351 租用农村集体建设用地以及上建厂房问题的解决办法是什么？

企业使用集体用地情况实践中较普遍，国家、地方对农村集体建设用地相关法律法规的有些复杂，而企业租赁了集体用地或在其上盖建筑，通常也表现为无法完全取得房地产的权属证明。这类问题的一般性解决办法：

（1）寻求当时及当地的法律法规，对租用农村集体建设用地事项的原因行为进行支持，如实阐述经过和原因；

（2）从面积、用途、租金价格、市场替代性等方面入手评估未取得权证部分房地产对公司经营影响；

（4）阐明公司正寻找替代性经营场所的事实和举措；

（5）取得有关部门的不存在重大违法违规证明；

（6）控股股东或实际控制人作出“承担可能导致一切损失”的承诺；

（7）中介发表明确意见并如实披露详情。

问答352　租赁房地产未取得权属问题该如何解决？

公司租赁用于生产经营的土地或房产未取得相应权属证明问题的一般性解决办法如下：

（1）从面积、用途、租金价格、市场替代性等方面入手评估未取得权证部分房地产对公司经营影响；

（2）取得有关部门的不存在重大违法违规证明；

（3）控股股东或实际控制人作出“承担可能导致一切损失”的兜底承诺；

（4）中介发表明确意见并如实披露详情。

问答353　知识产权权属要求及要点是什么？

申请新三板挂牌的企业，可同时经营一种或多种业务，每种业务应具有相应的关键资源要素，该要素组成应具有投入、处理和产出能力，能够与商业合同、收入或成本费用等相匹配。”

因此，为保证持续经营能力，公司开展业务所需的资源要素必须拥有相应的权属，这些资源不仅包括前面谈到的房产、土地，还包括及知识产权等。当然，这些资源要素，不得违反《土地管理法》、《专利法》等法律法规，必须符合合法合规经营的要求。

问答354　知识产权权属问题解决的一般办法是什么？

实践中，常见的知识产权权属问题是：股东用于增资的专利或非专利技术存在职务发明嫌疑，或用于公司生产经营的无形资产登记于个人名下等。一般性解决办法如下：

（1）中介需对专利或非专利技术可从发明人的研发能力、研发过程、参与人员、所需条件等方面进行核查并对是否为职务发明作出明确结论，

（2）登记于个人名下的公司生产经营用无形资产，需要将相关资产移入公司名下；

（3）证明该等事项没有损害公司利益的情形，如有需要弥补并如实披露；

（4）对于有瑕疵的无形资产用于增资，需要进行减资或现金替换的处理；

（5）控股股东或实际控制人作出“承担可能导致一切损失”的承诺；

（6）中介发表明确意见并如实披露详情。

15.1.4 持续经营问题及解决

问答355 新三板对持续经营问题审核的关注点在哪里？

企业申请挂牌，就持续经营等问题，全国股转系统公司审核与券商内核的关注点如下。

（1）自我评估

公司应结合营运记录（可采用多维度界定，如：现金流量、营业收入、交易客户、研发费用、合同签订情况、行业特有计量指标等情况）、资金筹资能力（如：挂牌并发行）等量化指标，以及行业发展趋势、市场竞争情况、公司核心优势（如：技术领先性）、商业模式创新性、风险管理、主要客户及供应商情况、期后合同签订以及盈利情况等方面评估公司在可预见的未来的持续经营能力。如果评估结果表明对持续经营能力产生重大怀疑的，公司应在公开转让说明书中披露导致对持续经营能力产生重大怀疑的因素以及公司拟采取的改善措施。

（2）分析意见

主办券商需结合上述情况论证公司持续经营能力，并就公司是否满足《全国中小企业股份转让系统挂牌条件适用基本标准指引（试行）》中关于持续经营能力的要求发表意见。

问答356 持续经营的财务指标及解决办法是怎样的？

新三板的挂牌条件之一是不设置财务指标，包容亏损企业，但也不是没有标准。拟挂牌公司尤其是亏损企业是否具备持续经营能力是财务审核的重要标准之一。对于经营业绩较差的企业，如何充分说明其具备持续经营能力成为通

过挂牌审核的道槛。这类问题的一般性解决办法如下：

（1）说明公司具备经营能力，主要从市场容量、公司订单、亏损原因、业绩增长情况、公司所持技术能力等方面分析；

（2）针对一些如研发性投入比例较大和周期长的企业，其特殊性的说明很重要，如医药企业从新药研发与临床周期长，前期投资多等方面阐述其特殊性；或者一些创新性模式运行的企业等；

（3）中介核查、发表客观与明确的意见并如实披露详情。

问答357　大量现金交易问题如何说明持续经营性？

由于缺少了银行流水这一重要会计凭证，拟挂牌公司采购或销售环节存在大量现金交易，会导致会计师的审计工作难度加大。通常来说，除农业企业外，其他行业采取现金交易的公司，股转系统的关注度比较高。这些问题的解决办法一般为：

（1）从行业特点、上下游情况着手说明公司采购现金交易的必要性；

（2）核查并说明公司内控制度及其执行情况，重点核查公司收入和费用的真实性、完整性。

（3）阐明公司为减少现金交易采取的措施等。

问答358　客户或供应商集中度过大问题如何解决？

公司客户或供应商集中度过大，会使公司对客户或供应商产生重大依靠，一旦失去主要客户或供应商，会造成业绩下滑或无法维持持续经营。对于新三板挂牌企业，通常认为单一客户或供应商占比超过 50%或前五名的占比超过80%属于集中度过大。这类问题的一般性解决办法如下：

（1）核查公司对客户或者供应商是否存在依赖关系。如不存在，需要阐明客户或供应商的可替代性，主要从市场特点、公司市场地位、供求关系和产品特色等方面进行；如存在，需要从公司的市场地位和产品特色等方面论证客户或供应商的稳定性，同时，需要双方签署的长期合作协议。

（2）明确说明公司为了解决集中度过大的问题所采取的措施、时间计划及其可行性。重点核查重大客户或供应商与公司是否存在关联关系，是否有利益输送的情况；

（3）中介发表明确意见并披露详情，若存在依赖还需要作出相应的风险提示。

问答359　生产环节外包问题如何解决？

生产环节外包一般包括外协加工、定点生产（OEM）、原始设计商、服务外包、工程分包等。核查的重点：公司的独立性；是否存在利益输送；外包环节是否符合相关法规；外包过程中的质量风险；对外包供应商是否存在重大依赖等。此类问题的解决方式如下：

（1）核查外包过程中是否合法合规，尤其是采用工程分包方式外包的，接包方是否拥有所需资质，外包合同是否有法律效力等；

（2）主要从外包环节成本占比、外包供应商的分散情况、外包环节的市场状况等方面入手解释公司对外包环节不存在依赖性；

（3）核查并从生产流程或服务流程上说明外包环节在公司生产营中的作用；

（4）重点核查重大外包供应商与公司是否存在关联关系，是否有利益输送的情况；

（5）阐明公司对外包环节的质量控制、供应商管理等流程，以及为减少外包环节风险所采取防范措施等。

15.2　典型实战36例

15.2.1　实物资产权属

案例187　租赁生产经营场所与无产权证书（北鼎增辉）

深圳市北鼎晶辉科技股份有限公司（北鼎晶辉 430532）主要生产经营场所均通过租赁方式取得，且出租人未取得产权证书，该怎么办？

【解决方案及解读】

获得相关部门出具“房屋未纳入城市更新改造范围”的证明；控股股东、实际控制人作出承担连带责任的承诺；如实披露详情：

由于历史原因，公司承租的上述第 3、4 项房产的出租人未取得产权证书，因此存在因搬迁或者难以续租而导致生产中断的风险，公司为界定和降低租赁房产的相关风险，采取了以下措施。

（1）深圳市宝安区城中村（旧村）改造办公室于 2013 年 11 月 5 日出具了

证明文件，证明北鼎晶辉承租的上述房屋未纳入城市更新改造范围，也没有规划在未来五年内对其进行改造，但如果有关单位按照深圳市城市更新政策向相关部门提出改造申请，或因城市发展需要等原因，该地块仍然可能在未来五年内被纳入更新改造范围进行改造。

（2）公司控股股东晶辉电器集团有限公司、实际控制人签署《承诺及保证函》:“若北鼎晶辉及其分、子公司因租赁房产存在权属瑕疵而导致该等租赁房产发生被拆除或拆迁等情形，或者该房产租赁合同被认定为无效或者出现任何因该等租赁房产引发的纠纷，因此而给北鼎晶辉及其分、子公司造成经济损失，包括（但不限于）被拆除、被处罚等直接或间接损失，或者因拆迁可能产生的搬迁费用、固定配套设施损失、停工损失，或者被有权部门处以罚款或者被有关利害关系人追索而支付的赔偿等，本公司/本人将就北鼎晶辉及其分、子公司遭受的任何损失，向北鼎晶辉及其分、子公司承担连带赔偿责任，以保证北鼎晶辉及其分、子公司不因此遭受任何损失，包括（但不限于）经济损失。”

案例188　在建工程手续办理瑕疵与处理（万特电气）

郑州万特电气股份有限公司（万特电气 430391）在建工程手续办理存在瑕疵，该如何解决？

【解决方案及解读】

阐明公司已建房屋和在建工程未办理建设工程规划、施工许可手续及房屋产权登记，存在哪些风险及状况如何，如实披露并作风险提示：

2013 年 1 月 29 日，公司取得郑州市人民政府郑国用（2013）第 0013 号国有土地使用权证。2011 年 6 月，公司取得郑州高新技术开发区管理委员会郑高开建环表［2012］38 号关于《郑州万特电气有限公司智能电网产业园建设项目环境影响评价报告表》的批复；2011 年 10 月 9 日郑州市城乡规划局向郑州高新技术产业开发区管理委员会下发了郑规件字第***号《建设用地规划设计条件通知书》；2012 年 5 月 2 日，公司取得郑州高新技术产业开发区管理委员会规划局于郑高规地字第***号《建设用地规划许可证》，核定用地项目名称为智能电网产业园建设项目。

公司现在拥有的上述国有土地上，于 2011 年 10 月开工建设一号厂房，至 2012 年 3 月完工，2013 年 1 月达到可使用状态。2013 年 4 月，公司开工建设智能电网产业园三号综合厂房，目前工程仍在建设中。公司已建一号厂房、在建三号厂房在建设过程中未办理建设工程规划、施工许可证件，一号厂房目前尚未办理房屋所有权登记。

公司未办理建设工程规划、施工许可证件及目前尚未办理房屋所有权登记的主要原因为：

（1）公司所处的郑州高新区电子电器产业园作为郑州市十大产业园区之一和促进电子电器企业快速发展及产业迅速集聚的重要平台，目前尚处于开发建设阶段，园区及其周边区域整体规划尚待办理和完善，道路及其路名路号、水电管网、城市配套设备设施等尚待进一步建设和完善，形成了园区企业建设迅速，建设工程规划、施工许可、城市配套等管理和服务滞后的局面，影响了包括但不限于公司在内的园区企业的建设工程规划、施工许可手续的办理；

（2）根据郑州高新技术开发区管理委员和郑州高新区电子电器产业园管理办公室的意见，为加快推进园内企业的建设并早日实现生产经营，保障入园企业生产经营不受影响，实行边建边补办手续的政策；

（3）按照相关规定，公司已缴纳了400万元左右的（应纳）城市配套费，相关材料已交付郑州高新技术开发区管理委员会财政局审核，目前尚在审核中，有待签发审核证，之后才具备办理消防证、建设工程规划许可证、施工许可证和房屋产权登记的条件。公司正在积极向郑州市政府、郑州高新技术开发区管理委员会及消防、城乡规划、住建等部门申请补办消防、建设工程规划、施工许可证件和已建房屋所有权登记手续，目前正处办理中。公司已建房屋和在建工程未办理建设工程规划、施工许可手续及房屋产权登记虽不符合相关法律法规的规定，但不存在无法取得相关许可证和房屋所有权证的风险。

案例189　厂房因政府回购存搬迁风险与解决（良才股份）

苏州良才物流科技股份有限公司（良才股份 430417）厂房因政府回购存在搬迁风险，该怎么办？

【解决方案及解读】

存在重大资本性支出导致的风险。报告期内，公司重大资本性支出包括：

由于公司现有位于苏州工业园区***号的厂房被政府以4250万元的价格予以回购，且合同约定2013年底前完成搬迁，2011年3月10日公司召开的临时股东大会决议投资购地并建设新厂房。

由于经营发展需要，2011年塑胶公司以每平方米346.08元、总计692万元取得坐落于苏州某地、面积为2公顷的工业用地使用权，并于当年在该地块开工建设新厂房，工程分两期建设。一期工程施工合同总金额1300万元，截至 2013 年 8 月 31 日已支付 1000 万元，尚需支付 300 余万元。目前，一期工程已建设完毕，达到预定可使用状态；二期工程尚在规划中，视公司业务发展需求与资本性支出能力而定。

虽然截至 2013 年 8 月 31 日，公司现金及流动性较好的银行保本理财产品总计近 5000 万元，且除已经向政府收取的 2125 万元搬迁补偿金外，2013 年底搬迁完毕后将收取其余 2125 万元搬迁补偿金，无须再扩大现有贷款规模以支持报告期内重大资本性支出，但上述重大资本性支出仍会造成经营现金流紧张与净资产收益率下降的风险。

案例190　房产未取得产权证与解决？（老来寿）

济南老来寿生物股份有限公司（老来寿 430492）拥有的房产未取得产权证，挂牌前该如何解决？

【解决方案及解读】

由市房产管理局出具《房产确认权手续证明》；由园区发展中心出具《房产证明》；如实披露信息：

公司拥有位于济南市高新区某地房产一处，账面价值 3,141,000.00 元，该房产总建筑面积 1095 平方米，坐落于土地使用权证为高新国用（2009）第***号的土地上，土地使用权人为济南齐鲁软件园发展中心。该房产已于 2010 年 9 月 10 日取得高新区建设局施工许可证，于 2011 年 12 月 26 日办理完竣工验收手续，截至本说明书出具日，公司尚未取得该房产的产权证，相关确权手续正在办理中。公司已取得济南市高新区管委会房产管理局于出具的《关于济南齐鲁软件园发展中心怡科产业基地项目房产确权手续的说明》和济南齐鲁软件园发展中心出具的《房产证明》，相关产权证书办理不存在障碍。

案例191　土地使用权出让金未足额缴纳与解决（泰谷生物）

湖南泰谷生物科技股份有限公司（泰谷生物 430523）土地使用权出让金未足额缴纳，该如何解决？

【解决方案及解读】

风险提示。土地使用权出让金补缴的风险：

2009 年 10 月 29 日，有限公司分别与长沙国家生物产业基地管理委员会（以下简称“管委会”）、长沙国家生物产业基地开发投资有限公司签订《长沙国家生物产业基地管理委员会招商项目合作合同》、《国有土地使用权转让合同》。管委会为吸引公司在长沙国家生物产业基地投资建厂，在两个合同中做出如下约定：地块转让价款为11万元/亩，总价为440万。2013年3月1日，浏阳市国土资源局与公司签订《国有建设用地使用权出让合同》，约定土地价款为1,020万元。

2013年3月18日，公司取得证号为浏国用（2013）第0515号《国有土地使用权证》，土地用途为工业用地，使用权类型为出让，使用权面积26,675.05平方米。在土地取得的过程中，浏阳市财政局工业园分局代泰谷生物缴纳土地出让金528.74万元，浏阳市国土资源局收到全部土地价款1,020万元。公司虽取得了国有土地使用权证，但仍然存在土地使用权出让金补缴的风险。

案例192　租赁划拨土地建设房屋与解决（威控科技）

北京威控科技股份有限公司（威控科技430292）租赁划拨土地所建设的房屋，挂牌前该如何解决？

【解决方案及解读】

威控科技与顺程盛隆签订了《房屋租赁合同》，租赁其位于北京市海淀区某地的房屋作为海淀分公司的经营场所，并办理了工商登记。根据上述《房屋租赁合同》所附海集字第***号《房屋所有权证》和京海国用2004划字第2595号《国有土地使用权证》显示，该房屋所有权人及土地使用权人均为北京风机二厂，土地用途为工业用地，使用权类型为划拨。北京风机二厂将位于北京市海淀区某处的房屋委托给顺程盛隆进行出租，代收物业费、水电费等，委托时间自2011年11月28日至2026年11月27日。

根据《中华人民共和国城镇国有土地使用权出让和转让暂行条例》、《划拨土地使用权管理暂行办法》的规定，地上建筑物需要出租的，其使用范围内的土地使用权随之出租，划拨土地使用权的出租必须经市、县人民政府土地管理部门批准并办理土地使用权出让手续，交付土地使用权出让金。目前出租方顺程盛隆无法提供确认该划拨土地已经办理相关审批的文件，该土地的租赁合同存在被确认无效的风险，因此分公司厂房存在搬迁风险，可能会对公司生产经营造成不利影响。

为此，2012年11月，海淀分公司以上述地块上房屋为经营场所在北京市工商行政管理局海淀分局办理了工商登记。公司将在海淀区其他地点进行实地考察，选定合适的厂房，签订租赁意向书，作为储备经营场所。如果顺程盛隆与威控科技的《房屋租赁合同》被确认无效，公司将尽快进行搬迁。

案例193 或有工程的程序与合法合规存质疑（天羚绒业）

新疆天羚绒业科技股份有限公司（天羚绒业 832427）于 2015 年 5 月挂牌，公司主要从事羊毛、羊绒的购销、加工和加工品的销售。公司挂牌前曾有一问题：公司或有在建工程项目土地证及相关环评、规划等手续取得情况及其履行程序是否合法、合规？

【解决方案及解读】

1. 核查梳绒厂项目的可行性研究报告、文件等情况，并与公司董事长及高级管理人员进行访谈。

2. 取得事实证据：（1）访谈记录；（2）项目可行性研究报告、环境保护审查意见、投资项目登记备案证。

3. 结合核查程序和取得的证据认为：梳绒厂项目系金天路正在筹建项目，相关项目可行性研究报告、环境保护审查意见、投资项目登记备案证均在金天路名下。

综上，目前，公司名下尚未有在建工程。不存在在建工程土地证及相关环评、规划等手续取得情况及公司在建工程所履行的程序是否合法、合规的披露事项。

15.2.2 知识产权权属

案例194 竞业禁止与知识产权、商业机密纠纷（鸿大股份）

衡阳鸿大特种钢管股份有限公司（鸿大股份 832543）挂牌前涉及高管及核心人员的事项。问题一：公司董监高、核心人员是否存在违反关于竞业禁止的约定、法律规定？是否存在有关上述事项的纠纷或潜在纠纷？问题二：是否存在侵犯原任职单位知识产权、商业秘密的纠纷或潜在纠纷？

【解决方案及解读】

通过获取公司董事、监事及高级管理人员、核心技术人员调查表，该等人士与公司签订的劳动合同，获取董事、监事、高级管理人员及核心技术人员出具的声明与承诺；通过查询公司知识产权情况等方式核查有关竞业禁止和侵犯知识产权、商业秘密的情况。

公司董事、监事及高级管理人员、核心技术人员调查表，公司现任董事、监事、高级管理人员（在公司担任管理职务的）、核心技术人员与公司签订的劳动合同，董事、监事、高级管理人员、核心技术人员出具的声明与承诺，公司专利证书等资料。

董事、监事、高管、核心技术人员出具的调查表、声明与承诺均表明，公司董事、监事、高管、核心技术人员并未与其他单位签订竞业禁止协议，也不存在尚未了结的或可预见的重大诉讼和仲裁。在公司任职的董事、监事、高管已从原单位离职超过 2 年，并不违反《劳动合同法》第二十四条第二款规定，“在解除或者终止劳动合同后，前款规定的人员到与本单位生产或者经营同类产品、从事同类业务的有竞争关系的其他用人单位，或者自己开业生产或者经营同类产品、从事同类业务的竞业限制期限，不得超过二年”，因此，在公司任职的董事、监事、高管并未违反竞业禁止的有关法律规定。公司的专利均为公司自主研发，专利权人为公司，公司董监高、核心技术人员已在声明与承诺中表示其不存在侵犯原任职单位知识产权、商业秘密的纠纷或潜在纠纷。

经核查认为：公司现任董事、监事、高级管理人员及核心技术人员不存在违反竞业禁止的约定或法律规定的情形，也不存在有关前述事项的纠纷或者潜在纠纷，不存在侵犯原任职单位知识产权、商业秘密的纠纷或潜在纠纷。

案例195　共同拥有发明专利与处理（中卉生态）

上海中卉生态科技股份有限公司（中卉生态 430254）一项专利与人共同拥有，是怎样披露的？

【解决方案及解读】

公司一项已进入实审阶段的发明专利“蓄水阻根隔热保温栽植盘”是与城市建筑研究院作为共同专利权人，公司已与城市建筑研究院签订相关合作协议，协议中约定该项知识产权双方共同拥有，使用权也由双方共同拥有，且不存在任何知识产权的纠纷。双方就权益分配的具体约定内容为：任何一方如需生产、销售专利产品，应向对方支付相应的专利权使用费，该笔专利使用费为产品利润的 3%。报告期内，涉及该专利权的产品尚未生产、销售。

案例196　职务发明与核查（仙宜岱）

仙宜岱股份有限公司（仙宜岱 430445）专利号为“ZL201010109999.5”的发明系公司从颜宏钟处受让取得。请说明该项发明是否构成颜宏钟在公司或其他任何企业任职时的职务发明，是否存在任何纠纷或潜在纠纷，是否对公司持续经营构成重大不利影响。

【解决方案及解读】

通过专利证书、专利年费缴付凭证，查询了国家知识产权局专利登记簿信息，查阅了颜宏钟的简历及其填写的尽职调查问卷，并对颜宏钟进行了访谈。

经核查，颜宏钟于 1999 年 5 月创办仙宜岱，并自仙宜岱成立以来一直全面负责公司的经营管理。2010 年为申请专利便利，公司以颜宏钟名义向国家知识产权局申请了专利号为“ZL201010109999.5”的发明专利。2013 年 7 月 25 日，为保证公司资产的完整性，颜宏钟和公司订立《专利权转让协议书》，将登记在其名下的专利号为 ZL201010109999.5 的发明专利无偿转让予公司。

律师认为，上述发明专利为发明人在公司任职期间利用公司的物质技术条件所完成的发明创造，为职务发明，专利权应属于公司，其登记在颜宏钟名下系因申请便利导致，该发明专利权属清晰，不存在任何纠纷或潜在纠纷，也不会对公司持续经营造成重大不利影响。

案例197　员工在职期间发明的专利权属与断定（速升装备）

江苏速升自动化装备股份有限公司（速升装备 430514）存在员工于在职期间利用单位资发明的专利，其权属该怎样断定？

【解决方案及解读】

员工把利用单位资源完成的发明专利权无偿转让给母公司或子公司并如实披露信息。

截至 2013 年 6 月 30 日，公司专利使用权的账面价值为 25.61 万元。公司共拥有国家专利 149 件;，其中发明专利 50 件，实用新型专利 99 件。其中，专利号为 200420024719.0、200420026580.3、200420026556.X、200420026569.7 的四个专利是公司 2006 年 3 月增资时，由王树生转让给公司的，现专利权归属于公司；专利号为 200520073150.1 的专利是 2006 年 12 月设立安徽速升时，王树生以无形资产出资转让给安徽速升的，现专利权归属于普瑞森。

2009 年以前，公司员工在职期间研发的技术都由发明人申请专利。但是，员工利用单位的资源进行的发明属于职务行为，应由单位申请专利。因此，从 2009 年开始，公司员工在职发明的专利由公司申请专利，专利权归公司所有。原本由员工个人申请的专利，自 2010 年起，逐渐根据申请所在地分别无偿转让给母公司或子公司普瑞森。

综上所述，公司合法有效地拥有上述专利的全部权利，不存在潜在纠纷。

案例198　专利权由控股股东持有与处理（鸿盛数码）

郑州鸿盛数码科技股份有限公司（鸿盛数码 430616）专利权由控股股东持有，挂牌前该怎样处理？

【解决方案及解读】

公司控股股东上海印能持有“纺织品数码印花活性染料喷墨墨水及其生产工艺”、“纳米颜料数码印花喷墨墨水及其生产工艺”两项专利，这两项专利是上海印能在上海市有关政府部门的大力支持下，借助了当地企业孵化器平台研发的。为便于继续取得上海有关部门的支持，上海印能没有将这两项专利转让给公司，但上海印能已不可撤销地许可公司无偿独占使用这两项专利，并在国家知识产权局备案，许可期限为专利有效期内的所有时间。

在公司改制为股份公司之前，上海印能经营过喷墨墨水的销售和服务，公司改制后，上海印能已在2010年年底前将此类业务全部移交给公司的全资子公司上海锐美。同时，上海印能的经营范围进行了变更，不再包括墨水、打印设备的生产、销售等业务。2011年，由于政策原因，鸿盛数码出口打印机设备时不能享受出口设备的免税政策，而上海印能可以享受出口退税政策。因此鸿盛数码将产品出售给上海印能，上海印能办理对外报关手续。从2012年7月1日起执行《财政部、国家税务总局关于出口货物劳务增值税和消费税政策的通知》（财税[2012]39号）、《国家税务总局关于出口货物劳务增值税和消费税管理办法》（国家税务总局公告2012年第24号）后，鸿盛数码可以享受出口设备的免税政策，没有再通过上海印能办理对外报关手续，此后上海印能没有再进行对外出口业务。

公司控股股东上海印能持有喷墨墨水两项专利，公司实际控制人秦国胜先生同时担任上海印能与鸿盛数码的法定代表人，为了排除公司与上海印能出现同业竞争，公司同上海印能签订了《避免同业竞争协议》、《避免同业竞争协议的补充约定》，并于2010年3月28日签订了《专利独占许可补充协议》，上海印能许可公司无偿独占使用这两项专利，并在国家知识产权局备案，许可期限为专利有效期内的所有时间。

15.2.3　产业及环境、经营模式与运营

案例199　行业壁垒渐破与技术优势难继问题（新疆华油）

新疆华油技术服务股份有限公司（新疆华油430466）行业壁垒渐渐有打破可能，且技术性优势或难长久保持，行业竞争必然更加激烈，该怎么办？

【解决方案及解读】

详情分析。油气田技术服务行业主要是为石油天然气开发商提供专业的配套服务。近年来，石油天然气价格维持高位运行，中石油、中石化两大国内石油巨头均加大了油气勘探、开发力度，并在油气田稳产增产和增加采收率等方面加大了投入，为油气田技术服务行业带来了巨大的发展机遇。而与此同时，随着中石油、中石化两大集团不断深化企业改革，油气田技术服务领域内原有体制下的行政壁垒逐渐被打破，市场竞争和行业重整成为发展的必然趋势。中石油、中石化下属各大油田公司的技术服务单位、石油系统分离转制企业及其他性质的油气田技术服务企业之间呈现出越来越激烈的竞争态势。

虽然与其他竞争对手相比，本公司具有技术工艺先进、稳产增产服务链较为完整、服务质量好等优势，但油气田技术服务行业的竞争也在不断加剧，如果本公司不能及时适应不断变化的市场环境，跟上日新月异的技术发展步伐，并有效开拓市场，公司将在未来的竞争中丧失现有优势，对未来经营发展产生不利影响。

案例200　红筹架构转国内拟挂牌与操作（中搜网络）

北京中搜网络技术股份有限公司（中搜网络 430339）曾通过境外红筹架构以实现境外上市的目的，后放弃，其解散是如何操作的？

【解决方案及解读】

陈沛、陈波及相应投资机构为实现搜索业务境外上市而在开曼群岛设立了特殊目的公司 China Search Inc.（“CSI”）。CSI 的境外红筹架构主要是以 CSI 控股国内的中外合资企业中搜软件，并通过中搜软件协议控制中搜有限和中搜信息（目前系公司的全资子公司）以实现境外上市的目的；其中中国网 2009 年时持有中搜软件 7.53%的股权。

2009 年下半年，陈沛、陈波与 CSI 的其他股东及中国网协商一致，决定放弃境外上市计划并回归国内 A 股创业板上市，因此决定解散红筹架构，并将中搜有限确定为国内 A 股上市主体，同意享有 CSI 红筹架构权益的各主体（包括当时 CSI 的股东及其指定主体、中国网、当时中搜软件和陈沛个人的债权人）可以以增资或股权转让的方式持有境内上市主体中搜有限的股权。经核查，CSI 红筹架构已解散，中搜软件正在办理注销手续；根据公司的说明与承诺，CSI 也将在中搜软件注销完毕后启动注销程序。

案例201　产业存在区域限制与产业竞争劣势问题（天羚绒业）

新疆天羚绒业科技股份有限公司（天羚绒业 832427）地处新疆，又属于竞争性产业，其市场竞争能力有何影响？

【解决方案及解读】

公司属于“制造业—毛纺织业—毛条和毛纱线加工”行业，在毛纺织大行业中属于原料初级加工，技术含量低，加工产品附加值低，这使得公司在全国范围内横向比较竞争力差。为此，公司正在筹备引进先进加工技术，延伸产业链，增加产品附加值，提高公司竞争力。

公司地处新疆，虽然具备地域资源优势，但同时也增加了公司产品加工、运输的成本，与纺织业发达的内地缺乏及时有效的技术等资源沟通和共享，这将阻碍公司快速发展。为此，公司已逐步实现在本地建立加工场地，减少委托内地加工环节，同时引进先进技术，提高羊毛、羊绒产品质量，树立新疆地域品牌。

案例202　商业模式易被复制或存经营风险与处理（万泉河）

深圳市万泉河科技股份有限公司（万泉河 430434）商业模式存在可复制性风险，该如何处理？

【解决方案及解读】

分析商业模式可复制原因并作重大事项提示以披露风险，内容为：公司为国内细分行业互联网职业信息服务业开拓者之一，以“行业细分”为切入点的经营模式使得公司在成立初期便形成了不同于综合型互联网职业信息服务供应商的独特竞争优势，并成为公司迅速发展壮大的基石。虽然存在人才数据库建设等壁垒，但该模式的相对可复制性和发展前景正吸引着不少试图避开与行业巨头如智联招聘、中华英才网、前程无忧等直接竞争的新进者加入。随着社会分工进一步细化，细分行业互联网职业信息服务将成为行业未来发展之趋势，由此，不仅细分行业新进者可能继续增加，现有的综合型互联网职业信息服务供应商亦可能对自身现有模式进行变更使之向行业细分方向发展，从而加剧公司具有优势地位领域内的竞争，若公司不能采取有效措施继续巩固和强化在该领域内的地位，则将面临较大的经营风险。

案例203　新兴产业容量受限或存市场竞争风险（和航科技）

重庆和航科技股份有限公司（和航科技 430448）生产经营规模普遍较小存在竞争性风险，该如何处理？

【解决方案及解读】

说明原因。本行业属于新兴行业，目前行业产值规模有限，同行业企业生产经营规模普遍较小。但作为智慧社区和智慧城市物联网终端的重要组成部分，随着物联网行业的发展和智慧城市的推进，将会有越来越多的智能安防产品制造商关注本行业，甚至于一些传统行业的大型企业也会通过合作、投资的方式介入。如果公司不能充分利用现有资源和先发优势，通过批量复制迅速扩大生产经营规模、占领市场份额，或者继续受制于资金瓶颈、市场开发未能适应未来市场竞争状况的变化，公司的现有竞争优势将可能被削弱。

案例204　生产经营受制于下游行业或陷困局与处理（和航科技）

重庆和航科技股份有限公司（和航科技 430448）生产经营受下游行业影响较大，该怎么办？

【解决方案及解读】

如实披露并作风险提示。目前公司产品的终端用户主要为使用电梯安全监测系统和楼宇消防监测系统的房地产开发商和电梯公司、电梯维保公司等单位，而房地产行业一直是深受宏观调控政策关注的行业，电梯行业的发展一方面与房地产行业相关，另一方面与主管政府部门、对于旧梯改造、电梯安全的关注度有关。终端用户所在行业的发展状况将直接影响公司产品的市场需求，若房地产行业和电梯行业未来出现经营困难局面，公司的生产经营将会受到直接冲击。

案例205　根据毛利贡献最高的业务来确定公司的行业分类与操作（超弦科技）

湖南超弦科技股份有限公司（超弦科技 430522）根据毛利贡献最高的业务来确定公司行业分类，是怎样操作的？

【解决方案及解读】

根据公司实际情况，我们认为公司属于大类“信息传输、软件和信息技术服务业”中的子类“I65 软件和信息技术服务业”。2013 年 1~8 月，公司工控产品、嵌入式软件、嵌入式硬件的销售额分别为 1409.33 万元、625.96 万元、353.85 万元，毛利分别为 138.81 万元、575.63 万元、105.57 万元。虽然工控产品收入 370 最多，但嵌入式软件产品毛利占主营产品毛利比重高达 70.20%，而且这一趋势预计至少 3 年内不会发生变化。再结合中国证券监督管理委员会 2012 年发布的《上市公司行业分类指引》对公司的划分，我们认为公司属于大类“I 信息传输、软件和信息技术服务业”中的子类“I65 软件和信息技术服务业”。虽然公司工控产品代理业务在公司营业收入中占比超过 50%，但贡献的利润不多，且业务模式简单，因此公司所处行业情况部分不涉及工控产品代理业务，只涉及嵌入式软硬件业务。

案例206 商业模式为合同能源管理模式（EPC模式）与操作（天涌科技）

广西天涌节能科技股份有限公司（天涌科技430534）的商业模式为合同能源管理模式，该种模式是怎样操作的？

【解决方案及解读】

合同能源管理是一种新型的市场化节能机制。合同能源管理模式在国家标准《合同能源管理技术通则》（GB/T24915-2010）中的定义为：节能服务公司与用能单位以契约形式约定节能项目的节能目标，节能服务公司为实现节能目标向用能单位提供必要的服务，用能单位以节能效益支付节能服务公司的投入及其合理利润的节能服务机制。按照具体的业务方式，可以分为节能效益分享型合同能源管理业务、节能量保证型合同能源管理业务、能源费用托管型合同能源管理业务、节能设备租赁型合同能源管理业务。公司采用同能源管理模式为客户提供热水供应的节能服务，采用的方式是节能效益分享型。此服务主要适用于需要热水集中供应的各类建筑，如学校、酒店、住宅小区等，目前公司主要服务于学校。传统方式下，客户的热水系统由客户自行投资，委托设计单位设计、施工单位建设，其后由客户自行负责操作、运行、管理和维护，客户需要承担设计费、工程费、运营管理费等成本费用。如果采用公司的热水供应节能服务，客户将不再承担上述各项费用。

按照双方签署《合同能源管理项目服务合同》，公司提供全套节能热水设备并负责运行管理，客户按照约定向公司支付节能服务费。合同期间，公司与客户分享节能效益，收回投资并获得合理利润，合同期结束后全部节能设备归客户所有。

案例207 快速发展与管理能力难以匹配问题（东方科技）

贵州东方世纪科技股份有限公司（东方科技430465）快速发展与管理能力不匹配或存风险，该怎样处理？

【解决方案及解读】

分析说明风险。公司的市场规模在逐年扩大，处在快速发展阶段。公司规模的快速扩大，将在资源整合、市场营销、项目实施、科研开发、资本运作等方面对公司管理层提出更高的要求。如果公司管理层的业务素质及管理水平不能适应公司规模迅速扩大的需要，将制约公司发展。

案例208　业务市场局限或陷区域性风险（东方科技）

贵州东方世纪科技股份有限公司（东方科技 430465）收入区域性存在风险，该怎样处理？

【解决方案及解读】

阐明状况、如实披露。内容为：公司位于中国西南部地区贵州省，离沿海经济发达地区距离较远，地理位置不利，经济和技术发展水平相对落后。目前公司业务均来自贵州省内，公司产品在省外，尤其是省外发达地区认可度相对较低，给公司的市场开拓带来一定的困难。因此，公司收入集中在贵州省内，区域性明显，存在省外市场开拓困难的风险。

案例209　经营模式与研发团队皆受限制性风险（锦棉种业）

新疆锦棉种业科技股份有限公司（锦棉种业 430468）经营模式与研发团队组建皆受限制或存风险，该怎么办？

【解决方案及解读】

阐述详情并分别作重大事项提示以披露风险。

对经营模式：公司目前拥有 5 万亩稳定的繁育基地，但随着公司生产规模的扩大，现有基地很可能不能满足公司发展的需求，如未来公司的种子繁育基地不能随着公司的发展同步增加或者现有种子繁育基地减少，或与公司签订的种子繁育基地合同不能如约履行，可能导致公司生产种子所需原材料的不足。

对研发团队：公司目前正在积极组建研发团队，如果七师农科所的核心研发人员未能如期进入公司，或者公司未来不能在发展前景、薪酬福利、工作环境等方面提供具有竞争力的激励机制吸收其他外部优秀人才加入，可能会造成公司无法在短期内组建具备核心竞争力的研发团队，从而导致公司在激烈的市场竞争中无法占据优势，对公司未来发展造成不利影响。

15.2.4　资质许可、信托金融及经营风险等

案例210　网站发布广告资质及合规性存疑问题（约伴传媒）

大连约伴传媒股份有限公司（约伴传媒 830812）在申请挂牌报告期内，公司网站发布广告的资质及合法性是否存在问题？

【解决方案及解读】

《互联网信息服务管理办法》第三条规定："非经营性互联网信息服务，是指通过互联网向上网用户无偿提供具有公开性、共享性信息的服务活动"。第四条规定："国家对经营性互联网信息服务实行许可制度；对非经营性互联网信息服务实行备案制度。未取得许可或者未履行备案手续的，不得从事互联网信息服务"。约伴传媒目前在网站上发布广告的行为，属于非经营性互联网信息服务，已履行相应的备案手续。

根据《广告法》第三十四条规定："利用广播、电影、电视、报纸、期刊以及其他媒介发布药品、医疗器械、农药、兽药等商品的广告和法律、行政法规规定应当进行审查的其他广告，必须在发布前依照有关法律、行政法规由有关行政主管部门（以下简称广告审查机关）对广告内容进行审查，未经审查，不得发布"。其中"农药广告"的行政审批项目已被《国务院关于第六批取消和调整行政审批项目的决定》（实施日期：2012 年 9 月 23 日）取消。约伴传媒目前发布的广告内容以旅游路线宣传为主，无须进行审查。

案例211　网络文化经营许可存有效性质疑问题（页游科技）

成都页游科技股份有限公司（页游科技 430627）现持有的《网络文化经营许可证》（川网文[2010]0531-8 号）有效期为 2010 年 11 月 23 日—2013 年 11 月 23 日。问题：该公司《网络文化经营许可证》的续办情况如何？是否有效？

【解决方案及解读】

公司严格按照《网络游戏管理暂行办法》的规定申请续办《网络文化经营许可证》并更名，根据《网络游戏管理暂行办法》第七条第二款规定，《网络文化经营许可证》有效期为 3 年。有效期届满，需继续从事经营的，应当于有效期届满 30 日前申请续办。同时，《网络游戏管理暂行办法》第七条第一款规定，申请《网络文化经营许可证》，应当向省、自治区、直辖市文化行政部门提出申请。

根据《网络游戏管理暂行办法》第八条规定，获得《网络文化经营许可证》的网络游戏经营单位变更网站名称、网站域名或者法定代表人、注册地址、经营地址、注册资金、股权结构以及许可经营范围的，应当自变更之日起 20 日内向原发证机关办理变更手续。

经核查，公司于 2013 年 10 月 29 日经成都工商局核准在有限公司基础上整体变更为股份有限公司。公司现持有的《网络文化经营许可证》（川网文[2010]0531-8 号）由四川省文化厅颁发，有效期为 2010 年 11 月 23 日—2013

年 11 月 23 日，登记的权利人名称为有限公司。另经核查，公司于 2013 年 10 月份即根据《网络游戏管理暂行办法》第七条和第八条的规定向四川省文化厅申请续办《网络文化经营许可证》，并申请办理变更权利人为股份公司。

综上，公司在规定的期限内申请续办《网络文化经营许可证》并申请更名，符合《网络游戏管理暂行办法》的规定。

根据《网络游戏管理暂行办法》第七条第一款规定，申请《网络文化经营许可证》，应当向省、自治区、直辖市文化行政部门提出申请。省、自治区、直辖市文化行政部门自收到申请之日起 20 日内做出批准或者不批准的决定。批准的，核发《网络文化经营许可证》，并向社会公告；不批准的，应当书面通知申请人并说明理由。

经核查《通知书》，四川省文化厅将于 14 个工作日内进行审核，并于 2014 年 2 月 7 日决定是否向公司颁发新的《网络文化经营许可证》。另经核查，四川省文化厅市场处于 2014 年 1 月 13 日出具《情况说明》。该说明称："目前我处对成都页游科技股份有限公司关于申请更名和《网络文化经营许可证》到期续签的纸质申报材料进行了初审，符合申请续办和更名条件。"

综上，公司通过申请续办取得《网络文化经营许可证》不存在法律障碍。

案例212　申贷保证金等资金存在受限情况与处理办法（乐彩科技）

郑州乐彩科技股份有限公司（乐彩科技 430546）申请贷款的保证金存款属于受限制资金，挂牌前该怎样处理？

解决方案解读

披露实情。报告期内，2011 年 12 月 31 日公司银行存款中有 1,750,000.00 元是公司向中国建设银行股份有限公司郑州金水支行申请贷款的保证金存款；各报告期末的其他货币资金均为出口收汇的待核查账户利息。

案例213　更换会计师事务所需追溯审计与操作（沄辉科技）

湖南沄辉科技股份有限公司（沄辉科技 430413）更换会计师事务所需追溯审计，是怎样操作的？

【解决方案及解读】

更换后会计事务所后，之前的年度审计报告需要进行追溯审计并作信息披露。

2012 年 7 月公司进行股份制改制时，由中磊会计师事务所有限责任公司出具了[2012]中磊（审 C）字第 0808 号审计报告。由于中磊会计师事务所目前已与其他会计师事务所进行了重组，多数业务人员均已转所并入其他事务所，导致中磊会计师事务所人力资源短缺，已无法组织具有专业胜任能力的人员和团队继续为公司 2013 年上半年度的财务报表提供审计服务。为保持公司外部审计工作的连续性和稳定性，保证公司财务报表的审计质量，公司董事会提议改聘亚太（集团）会计师事务所有限公司为公司的外部审计机构。公司于 2013 年 7 月 20 日召开的第二次临时股东大会审议通过了《关于变更会计师事务所的议案》，同意公司将外部审计机构由中磊会计师事务所有限责任公司变更为亚太（集团）会计师事务所有限公司。同时，亚太（集团）会计师事务所对 2011 年、2012 年度财务报表进行了追溯审计。

案例214　存在交易性金融资产与解决（飞田通信）

上海飞田通信股份有限公司（飞田通信 430427）存在交易性金融资产，挂牌前该怎么办？

【解决方案及解读】

进行清理并披露。清理的交易性金融产品披露如下：

项　目	3013 年 6 月 30 日	2012 年 12 月 31 日	2011 年 12 月 31 日
股票	-	8,796,405.50	17,955,717.00
基金	-	-	903,162.54
信托产品	-	2,877,583.80	2,825,869.03
合计	-	11,673,989.30	21,684,748.57

案例215　投资项目受制于资金筹措或存实施风险（豪威尔）

郑州豪威尔电子科技股份有限公司（豪威尔 430471）现金流紧张，筹措资金并合理投放，投资项目实施受到影响可能性很大，该怎么办？

【解决方案及解读】

作重大事项提示以如实披露风险：根据与山东测绘地理信息产业园区管委会签订的《投资协议》，公司已斥资 1001 万元设立全资子公司潍坊新视听电子科技有限公司，拟在山东潍坊信息产业园设立生产基地，该项目预计总占地 45 亩，总投资 5000 万元，建设期限 2 年。公司目前现金流较为紧张，如果公司不能及时筹措资金并合理投放，投资项目的实施将可能受到影响；同时，项目建成后，能否有足够的订单消化扩充的产能、弥补固定资产投资带来的折旧负担，都可能存在一定的不确定性。提请投资者关注投资风险。

案例216　业务因关联复杂或陷交易风险（星弧涂层）

星弧涂层新材料科技（苏州）股份有限公司（星弧涂层 430438）关联方复杂或陷交易风险，该如何处理？

【解决方案及解读】

详情分析并作重大事项提示：报告期，公司向关联企业热驰光电销售三台设备和部分设备配件。2013 年 1~6 月，公司主营业务收入为 1,188.95 万元，净利润为 346.71 万元，关联交易一台连续线收入 641.03 万元；关联收入占营业收入比例为 53.92%，关联交易毛利占主营业务毛利比例为 34.89%。2012 年度，公司主营业务收入为 1,280.92 万元，净利润为 282.19 万元，关联交易设备配件收入 11.29 万元；关联收入占主营业务销售收入比例为 0.88%，关联交易毛利占主营业务毛利比例为 0.86%。2011 年度，公司主营业务收入为 1,604.42 万元，净利润为 174.44 万元，关联交易两台设备及部分配件收入 449.97 万元；关联收入占主营业务销售收入比例为 28.05%，关联交易毛利占主营业务毛利比例为 24.33%。参股企业热驰光电目前产能合理，近期没有设备采购需求，虽然公司的关联交易对报告期内的涂层加工不产生影响，但报告期内，关联交易仍对当期利润产生影响。

15.2.5　客户依赖、现金交易、补贴等持续经营问题

案例217　对主要客户存在依赖及收入波动风险（信诺达）

北京信诺达泰思特科技股份有限公司（信诺达 430239）对主要客户存在依赖，是否会影响公司的持续发展，该如何解决？

【解决方案及解读】

对主要客户及收入波动等方面作出合理解释；作重大事项提示以如实披露风险。

（1）营业收入波动风险：公司 2011 年、2012 年营业收入分别为 1,109,866.41 元、13,742,126.70 元，2012 年收入大幅增加主要原因为与镇江艾科半导体有限公司的业务合同（销售收入 10,935,923.09 元）占公司全年收入比例较高，达 79.58%，致使公司当期营业收入出现波动。公司目前的客户数量较少，且未与销售客户签订长期合作协议，若公司与镇江艾科半导体有限公司终止合作关系，公司又无其他大额销售合同弥补未来销售额下滑，公司未来的收入及盈利

水平将可能受到较大影响。

（2）主要客户情况：2011 年、2012 年公司对前五名客户的销售金额占比主营业务收入分别为 100%和 93.62%。2011 年，公司全部 3 家客户为中国电子科技集团公司第 54 研究所、中国人民解放军某部队科研所和重庆金美通信有限责任公司；2012 年，前五位大客户为镇江艾科半导体有限公司、山东航天电子技术研究所、北京市科学技术研究院、中国电子科技集团公司第 39 研究所和中国航天科技集团公司第九所。报告期内，公司的主要客户销售金额占营业收入比例较高，主要原因在于现阶段公司市场拓展有限，主要客户大都计入上述样本统计。随着公司市场开拓力度的不断加大，上述问题将得到改善。

案例218　供应商集中度高但不形成重大依赖（新网程）

上海新网程信息技术股份有限公司（新网程 430269）存在供应商集中度高的问题，该如何处理？

【解决方案及解读】

2011 年度，2012 年度，公司对前五大供应商的采购总额分别占当期采购总额的 85.56%、93.09%，其中对第一大供应商的采购总额占当期采购的占比分别为 45.70%、57.00%。公司供应商分布集中度较高的原因是：公司为软件开发和服务公司，产品的加工流程主要为软件在硬件上的灌装，因此硬件材料的稳定性有利于保证公司产品性能和质量，稳定的供应商可以保障公司采购的硬件材料在性能、参数、质量上的一致性；另外，长期合作的供应商更了解公司对硬件原材料的规格要求，有利于保证公司的采购效率。除此之外，公司所采购硬件主要为计算机工控设备及其部分零配件，计算机工控设备及零配件领域为充分竞争的市场领域，产品供应并非掌握在少数寡头供应商中，如有需求，公司可迅速在市场上寻找到新的合适供应商。

综上所述，公司在报告期内供应商虽然集中度较高，但公司不会对单一或者少数供应商形成重大依赖。

案例219　对三大国有垄断性客户存在依赖与解决（海红技术）

兰州海红技术股份有限公司（海红技术 430553）对主要客户中国电信、中国移动、中国联通存在依赖，该如何解决？

【解决方案及解读】

如实披露风险。对三大运营商的依赖风险：公司主要客户为中国电信、中国移动、中国联通。2011 年、2012 年和 2013 年 1~6 月公司其销售额分别占到当期销售收入的 86.72%、94.18%和 97.79%。国内电信行业产业链中，三大电信运营商处于基础性核心地位，其固定资产投资决定通信设备需求量，营运模式的变化直接影响通信设备和服务需求层次，采购方式的变化间接影响通信设备供应商的毛利率、应收账款周转率、存货周转率等。因此，如公司未来不能及时适应和调整电信运营商投资、营运、采购的重大变化，将对公司业绩产生不利影响。

案例220　营业收入逐年持续下降或存盈利风险（百文宝）

北京百文宝科技股份有限公司（百文宝 430303）报告期内，营业收入逐年呈下降趋势，公司盈利水平是否面临风险？该怎么办？

【解决方案及解读】

作重大事项提示。公司收入减少导致盈利水平下降风险：

近两年国际经济形势的变化和智能机的兴起对我国国产手机的出口形成一定影响，导致公司营业收入持续减少。2011 年度、2012 年度、2013 年 1~3 月公司营业收入分别是 17,143,827.95 元、12,469,415.26 元、1,250,635.39 元，收入呈下降趋势。面对市场的变化，公司未来收入具有较大不确定性，公司的盈利水平面临风险。

案例221　政府补助、奖金等占扣非后净利润比重较大（海红技术）

兰州海红技术股份有限公司（海红技术 430553）获得的政府补助及奖励资金，非经常性损益金额占公司扣除非经常性损益后的净利润的比重较大，该如何解决？

【解决方案及解读】

作重大事项提示。非经常性损益的风险：

公司 2011 年度、2012 年度和及 2013 年 1~6 月，非经常性损益分别为 690,000.00 元、422,041.56 元、-14,931.74 万元，主要为公司获得的政府补助及奖励资金，非经常性损益金额占公司扣除非经常性损益后的净利润的比重分别为 60.01%、82.92%及-0.37%，。由于上述非经常性损益金额较大，公司面临因非经常性损益波动对公司经营业绩带来影响的风险。

案例222　公司资产负债率偏高与解决（乐彩科技）

郑州乐彩科技股份有限公司（乐彩科技 430546）资产负债率偏高，挂牌前该怎样处理？

【解决方案及解读】

如实披露，并作风险提示。营运资金不足的风险：

报告期内公司业务及规模正处于快速发展阶段，公司项目建设、技术研发、人才培养、市场拓展等对资金的需求较大，最近两年及一期公司向银行及关联方借贷了较多资金，负债金额较高，2011 年 12 月 31 日、2012 年 12 月 31 日和 2013 年 6 月 30 日的资产负债率分别为 43.45%、55.61%和 61.62%。如果未来公司不能从金融机构或关联方获得资金支持，公司将面临营运资金不足风险，在一定程度上将会限制公司快速发展的步伐。

第16章

16

环保用工、对赌私募与合规处罚等实务

16.1 常规疑难16问

16.1.1 环保、安全及质量问题

问答360 新三板对环保审查的关注点在哪里？

根据全国股转公司要求，也是券商内核和股转公司审核的重点，需要主办券商及律师核查并发表明确意见，同时拟挂牌公司需详尽披露的内容如下。

（1）公司所处行业是否为重污染行业，以及认定的依据或参考。

（2）若公司不属于前述重污染行业，需核查：

① 公司建设项目的环保是否合规，包括且不限于公司建设项目的环评批复、环评验收及“三同时”验收等批复文件的取得情况；

② 公司是否需要办理排污许可证及取得情况如何；

③ 结合公司的业务流程需要核查公司日常环保合规情况，是否存在环保违法和受处罚的情况。

（3）若公司属于重污染行业，需核查相关内容。

（4）需核查公司是否存在排污许可、环评等行政许可手续未办理或未办理

完成等环保违法情形，若存在，需核查违法原因及公司的补救措施，相应补救措施的进展及是否可行、可预期，需说明向环保监管机构的尽职调查情况，并分析公司存在的风险、相应的风险管理措施及其有效性、风险可控性，以及是否影响公司的持续经营能力。

问答361　若公司属于重污染行业，具体需核查哪些内容？

根据全国股转公司要求，若公司属于重污染行业，具体需核查的内容有：

（1）关于公司建设项目，需核查公司建设项目的环评批复、环评验收及“三同时”验收等批复文件的取得情况。建设项目未完工或尚未取得相关主管部门的验收文件的，请核查环评批复文件中的环保要求的执行情况。如上建设项目环保事项是否合法合规。

（2）关于污染物排放，需结合公司的业务流程核查公司是否存在污染物排放，若存在污染物排放，需核查公司的排污许可证取得和排污费缴纳情况，公司是否属于污染物减排对象，公司的排放是否符合标准，是否遵守重点污染物排放总量控制指标。

（3）关于公司的日常环保运转，需核查：公司有关污染处理设施是否正常有效运转；公司的环境保护责任制度和突发环境应急预案建设情况；公司是否存在公司工业固体废物和危险废物申报和处理情况；公司是否有禁止使用或重点防控的物质处理问题。

（4）公司是否被环保监管部门列入重点排污单位名录，是否依法公开披露环境信息。

（5）公司是否存在环保事故、环保纠纷或潜在纠纷、是否存在处罚等；公司曾受到处罚的，是否构成重大违法行为，以及公司的相关整改情况。

问答362　实践中，环保常见问题的一般性解决办法是什么？

根据《中华人民共和国环境影响评价法》和《建设项目环塊保护管理条例》的相关规定，建设项目依法应当进行环境影响评价而未评价；改建、扩建项目和技术改造项目必须采取措施，治理与该项目有关的环境污染和生态破坏。

实践中，拟挂牌企业环保问题主要体现在公司未及时办理环保评价及其他环保相关手续的问题。这类问题一般性解决办法如下：

（1）未及时办理环保评价及其他环保相关手续，企业需要申请补办环保评价，并取得环保局等主管部门出具“不属于重大违法违规行为”的证明；

（2）由大股东或全体股东承诺承担由此或将产生的相应费用或损失。

问答363　环境污染问题的一般性解决办法是什么？

企业经营是否合规合法应该满足的条件之一：取得所有必需的资质，符合相关环保政策。对环境有污染的行业或企业，需要重点关注其排污的合法性，以及是否属于被淘汰类的行业。这类问题的常规解决办法如下：

（1）生产厂商应取得环保部门的《环评报告》，公司应取得环保部门的《无重大违法违规证明》；

（2）介绍公司在排污处理中采取的措施与技术，公司取得的排污资质、认证体系、减排的专利或技术、环保部门或第三方检测机构的检测报告等；

（3）核查公司排污情况是否满足相关的法规；

（4）股东出具为挂牌公司承担因环境保护而产生损失的承诺函。

问答364　新三板对安全生产、质量标准审核的关注点在哪里？

安全生产、质量标准也是券商内核及股转公司审核关注的内容之一，如下关键点是需要主办券商及律师核查并发表明确意见，且需拟挂牌公司详细披露的内容。

（1）安全生产

① 公司是否需要并取得相关部门的安全生产许可，建设项目安全设施验收情况；

② 公司日常业务环节安全生产、安全施工防护、风险防控等措施；

③ 公司报告期以及期后是否发生安全生产方面的事故、纠纷、处罚，若发生，需核查其具体情况、公司的整改措施、对公司持续经营的影响，是否构成重大违法行为。公司安全生产事项是否合法合规。

请公司就相应未披露事项作补充披露。

（2）质量标准

① 公司采取的质量标准；

② 公司的质量标准是否符合法律法规规定。

16.1.2　社保、公积金及用工保障

问答365　如何理解合规经营？该类问题的解决主要考虑哪些方面？

公司合规经营方面涉及的问题比较复杂、烦琐，主要表现为日常业务开展

是否遵守行业或相关制度及财务规则、劳动用工问题社保和公积金问题、环保问题、税务罚款问题以及未决诉讼或行政处罚等问题。本节主要讲解拟挂牌公司日常经营是否合规、劳动用工、保障等内容。

企业经营过程中或多或少会存在一些问题，这些问题最终涉及是否符合挂牌条件的“合法合规经营”要求的判断。这类问题解决时主要考虑如下几点：

（1）中介机构应当对问题发生的背景和事实情况进行详细分析，判断该问题是偶发性的还是历史遗漏的普遍问题。

（2）重点关注问题的法律后果、责任划分和企业态度，判断问题是由于公司经营疏忽还是故意，抑或是第三方原因引发的。通常需要结合法律法规的规定，分析该问题究竟属于违反哪一层级的法律法规，并明确定性。

（3）在确认违法违规性质或判断处理结果后，需要结合该事项对公司生产经营及盈利能力的影响结果，进一步确定企业是否依然具备挂牌条件。

问答366　如何理解企业用工这一问题？

根据《劳动合同法》、《劳动法》以及 2014 年 3 月 1 日起施行的《劳务派遣暂行规定》的规定，企业用工需要符合法律法规的规定。但是在《劳务派遣暂行规定》颁布实施前，我国的劳务派遣制度并不完善。基于企业行业特性或企业成立初期降低人工成本的需要，不少企业存在大量采取劳务工或劳务派遣的用工方式，其中劳务派遣尤为特出。

根据《中华人民共和国劳动合同法（2012 修正）》第 66 条有关劳务派遣员工的使用的规定，劳动合同用工是我国的企业基本用工形式。劳务派遣用工是补充形式，只能在临时性、辅助性或者替代性的工作岗位上实施。具体如下：

（1）临时性工作岗位是指存续时间不超过六个月的岗位；

（2）辅助性工作岗位是指为主营业务岗位提供服务的非主营业务岗位；

（3）替代性工作岗位是指用工单位的劳动者因脱产学习、休假等原因无法工作的一定期间内，可以由其他劳动者替代工作的岗位。

问答367　如何理解劳务派遣？该类问题该如何解决？

《劳务派遣暂行规定》，用工单位决定使用被派遣劳动者的辅助性岗位，应当经职工代表大会或者全体职工讨论，提出方案和意见，与工会或者职工代表平等协商确定，并在用工单位内公示。同时规定，用工单位应当严格控制劳务派遣用工数量，使用的被派遣劳动者数量不得超过其用工总量的 10%。用工单位在规定施行前使用被派遣劳动者数量超过其用工总量的 10%的，应当制定调整用工方案，于规定施行之日起 2 年内降至规定比例。用工单位未将规定施行前使用的被派遣劳动者数量降至符合规定比例之前，不得新用被派遣劳动者。

拟挂牌公司存在劳务派遣情况的一般解决办法如下：

（1）企业应当与员工签订劳动合同，为员工建立社保、住房公积金关系，限期纠正劳务派遣人数超过规定比例，并取得当地社保部门出具的合规证明；

（2）由企业大股东或全体股东承诺承担因此可能产生的相应费用或损失。

16.1.3　对赌、关键资源及私募备案

问答368　对赌依据、风险及挂牌要求是怎样的？

对赌协议是投资方与融资方在达成协议时，双方对于未来不确定情况的一种约定。如果约定的条件出现，投资方可以行使一种估值调整协议权利；如果约定的条件不出现，融资方则行使一种权利。《合同法》第 45 条规定："当事人对合同的效力可以约定附条件。附生效条件的合同，自条件成就时生效。附解除条件的合同，自条件成就时失效。当事人为自己的利益不正当地阻止条件成就的，视为条件已成就；不正当地促成条件成就的，视为条件不成就。"在法律性质上讲，对赌协议是附生效条件的合同，当约定的条件成就时，合同即发生法律效力。因此，在符合合同生效条件的情况下，对赌协议是受我国法律保护的。

通过条款设计，对赌协议可以有效保护投资人利益、激励被投资企业管理层提升公司业绩。但由于内外部多方面因素，投融资方在对赌过程中面临较多风险。对投资方而言，有可能通过虚增盈利来美化业绩，这样无形中就形成了业绩泡沫。不切实的业绩目标将进一步放大企业错误的发展战略和本身不成熟的商业模式，从而把企业推向困境。而一旦业绩不达标触及对赌协议条款时，融资方往往不愿意放弃企业控制权，较易产生对赌纠纷。

问答369　挂牌要求及对赌解除的解决办法是什么？

新三板新的"业务规则"规定"股权明晰，股票发行和转让行为合法合规"，这是股份有限公司申请在新三板挂牌的条件之一。由此可知，对赌协议可能违反相关规定，同时也可能会对拟挂牌企业的经营稳定性造成影响，所以存在不符合该业务规则要求的情况。之前证监会要求企业在新三板挂牌前清理对赌协议。但是 2013 年开始，证监会态度松动，新三板放松限制，拟挂牌企业可以

有对赌协议存在，但是绝不能与挂牌公司对赌，而可以与挂牌公司实际控制人或者大股东对赌。

对赌解除的一般性解决办法如下：

（1）投资机构与公司的对赌，涉及股东权益，建议解除对赌协议；或者是增资方、公司与大股东签订补偿协议，协定自公司申报股转系统之日起豁免公司的责任和义务；

（2）最好情况是对赌协议签署方为控股股东与投资方，不涉及挂牌主体；

（3）大股东出具承诺函，承担出资方提出一切责任和义务；增资方出具承诺函，放弃受让股权的权利；

（4）主办券商详细核查大股东履行承诺的能力，即使触发对赌协议，对于公司的控制权也不会产生影响，进而说明不影响公司的持续经营；

（5）主办券商、律师发表明确意见。

问答370　关键资源披露的合规性有何要求？

拟挂牌公司需要遵循重要性与其业务相关关键资源要素的披露原则，披露需要事实真实、程序合规，内容合法。这些要素包括：

（1）产品或服务所使用的主要技术；

（2）主要无形资产的取得方式和时间、实际使用情况、使用期限或保护期、最近一期末账面价值；

（3）取得的业务许可资格或资质情况；

（4）特许经营权（如有）的取得、期限、费用标准；

（5）主要生产设备等重要固定资产使用情况、成新率或尚可使用年限；

（6）员工情况，包括人数、结构等。其中核心技术（业务）人员应披露姓名、年龄、主要业务经历及职务、现任职务与任期及持有申请挂牌公司的股份情况。核心技术（业务）团队在近两年内发生重大变动的，应披露变动情况和原因；

（7）其他体现所属行业或业态特征的资源要素，主要针对高新技术企业合规问题。

问答371　公司或其股东的私募基金备案有何要求？

根据规定，自2015年3月20日之日起申报的公司或其股东属于私募投资基金管理人或私募投资基金的，需核查其私募基金备案问题。

（1）应核查公司或其股东是否按照《证券投资基金法》、《私募投资基金监督管理暂行办法》及《私募投资基金管理人登记和基金备案办法（试行）》等相关规定履行了登记备案程序，并需分别在《推荐报告》、《法律意见书》中说明核查对象、核查方式、核查结果并发表意见。

（2）申请挂牌同时发行股票的，应核查公司股票认购对象中是否存在私募投资基金管理人或私募投资基金，是否按照《证券投资基金法》、《私募投资基金监督管理暂行办法》及《私募投资基金管理人登记和基金备案办法（试行）》等相关规定履行登记备案程序，并需分别在《推荐报告》、《法律意见书》或其他关于股票发行的专项意见中说明核查对象、核查方式、核查结果并发表意见。

主办券商及律师需核查并发表明确意见，同时公司应就相关事项作出充分披露。

16.1.4　处罚、诉讼及重大违法违规

问答372　新三板对违法行为、未决诉讼等问题审核的关注点在哪里？

以下违法行为、未决诉讼等问题都需要主办券商及律师核查并发表明确意见，且由公司详细披露。

（1）公司违法行为

① 公司最近 24 个月是否存在违法行为，如有，这些违法行为是否构成重大违法行为。

② 针对公司受到处罚的情况，需核查公司受处罚的原因、公司的整改措施及其有效性，处罚事项对公司经营的影响及公司风险管理措施的有效性。

（2）其他合规经营问题

需核查公司是否存在其他如劳动社保、消防、食品安全、海关、工商、质检等合规经营方面的问题和法律风险。

（3）未决诉讼或仲裁

公司存在未决诉讼或仲裁的，主办券商及律师需核查：

① 公司诉讼、仲裁的具体事由和进展情况；

② 诉讼、仲裁事项对公司经营的具体影响，若存在不利影响，公司应披露所采取的措施。

问答373　合法合规与重大违法违规行为的关系及要求是什么？

根据《全国中小企业股份转让系统股票挂牌条件适用基本标准指引（试

行）》：合法合规经营是指公司及其控股股东、人、董事、监事、高级管理人员须依法开展经营活动，经营行为合法、合规，不存在重大违法违规行为。具体如下：

（1）公司的重大违法违规行为是指公司最近 24 个月内因违犯国家法律、行政法规、规章的行为，受到刑事处罚或适用重大违法违规情形的行政处罚。

① 行政处罚是指经济管理部门对涉及公司经营活动的违法违规行为给予的行政处罚。

② 重大违法违规情形是指，凡被行政处罚的实施机关给予没收违法所得、没收非法财物以上行政处罚的行为，属于重大违法违规情形，但处罚机关依法认定不属于的除外；被行政处罚的实施机关给予罚款的行为，除主办券商和律师能依法合理说明或处罚机关认定该行为不属于重大违法违规行为的外，都视为重大违法违规情形。

③ 公司最近 24 个月内不存在涉嫌犯罪被司法机关立案侦查，尚未有明确结论意见的情形。

（2）控股股东、实际控制人合法合规，最近 24 个月内不存在涉及以下情形的重大违法违规行为：

① 控股股东、实际控制人受刑事处罚；

② 受到与公司规范经营相关的行政处罚，且情节严重；情节严重的界定参照前述规定；

③ 涉嫌犯罪被司法机关立案侦查，尚未有明确结论意见。

（3）现任董事、监事和高级管理人员应具备和遵守《公司法》规定的任职资格和义务，不应存在最近 24 个月内受到中国证监会行政处罚或者被采取证券市场禁入措施的情形。

问答374　重大违法违规如何认定？

《行政处罚法》及相关法律中没有鉴定什么是重大违法违规行为，所以，实践中，律师需要自行判断。本着谨慎原则，需要企业到相关行政机关开具行政处罚不属于重大违法违规的证明文件。不过，行政机关在处理企业上市、新三板挂牌时比较谨慎，开具的文件也趋向规范化、格式化。在相关行政法规中，重大违法违规行为适用于情节严重的加重处罚。对于那些情节严重、造成严重后果的，即便是行政处罚机关出具了不属于重大违法违规行为的证明，律师也要慎重做出判断。

行政处罚未出现情节严重事项，如处罚金额不大，低于 10 万元，可以明确为一般行政处罚，或适用简易程序的，或者行政处罚并非针对公司主营业务做出的行政处罚，律师一般均可以自行做出判断。

实践中，相关行政处罚机关亦会根据相关法律法规开具属于一般行政处罚、或者适用简易程序处罚、或者情节轻微的处罚的证明文件，该等情况下，律师基本上可以判断是否属于重大行政处罚行为。

问答375　行政处罚问题的解决办法是什么？

实践中，拟挂牌公司行政处罚的一般性解决办法如下：

（1）凡被罚款以上的处罚，均需要处罚机关出具不属于重大违法违规行为的证明，并关注税务处罚、工商、环保处罚。

（2）董监高应当在中国人民银行征信系统中信用记录良好，不存在失信行为。

（3）实际控制人、董事、监事、高管人员是否设立过其他公司或者在其他公司担任该公司法定代表人而该公司可能因为未年检被吊销营业执照的情形。

（4）董监高被列入黑名单而不能在拟挂牌企业担任董监高及法定代表人。

16.2　典型实战17例

16.2.1　环保与安全

案例223　未按法规要求办理环评与解决（连能环保）

上海连能环保科技股份有限公司（连能环保 430278）存在未按法规要求办理环评的情况，该怎么解决？

【解决方案及解读】

如实披露并作风险提示。公司的子公司龙能自动化尚未办理环评手续，存在被有关部门处以罚款、责令停产的风险。

龙能自动化控股子公司连亮自动化已于 2010 年 3 月取得闵环保许评[2010]160 号《关于上海连亮自动化设备有限公司新增生产流水线项目环境影响报告表的审批意见》（简称“环评批复”），批复内容为“新增一条流水线，主要从事自动化设备的生产加工和维修。投产后，可年产汽车零部件自动化装配机 30 台，汽车自动测试设备 30 台。项目的地点为上海市某地”，但尚未办理完毕环评竣工验收手续。依据《上海市实施<中华人民共和国环境影响评价法>办法》第三十六条第（六）款的规定“违反本办法第二十四条第一款、第二款、第三款规定，建设单位未按规定申请环境保护设施竣工验收的，责令限期办理环境保护设施竣工验收手续；逾期未办理的，责令停止试生产或者试运行，并可处以 1 万元以上 5 万元以下的罚款。”，连亮自动化存在被有关部门处以罚款、责令停产的风险。

龙能自动化目前所实施的项目内容、项目性质、规模、项目采用的生产工艺或者防治污染、防止生态破坏的措施与连亮自动化环评批复中的内容基本相似，且未出现对周边环境污染情况。龙能自动化承诺尽快办理环评手续，目前正在办理中。连亮自动化已于 2013 年 6 月 4 日委托上海市闵行区环境监测站进行环境监测，目前正在办理环评竣工验收手续，预计于 2013 年内完成环评验收。公司实际控制人出具了《关于公司环评事项的说明及承诺》，承诺督促龙能自动化、连亮自动化及时办理完毕环评手续。若连能环保科技其及下属公司因环评事项而遭受任何罚款、违约赔偿金及其他经济损失时，由本人负责赔偿连能环保科技其及下属公司的全部经济损失。

案例224　环保罚款与重大违法违规嫌疑（禾益化学）

安徽禾益化学股份有限公司（禾益化学 430478）在 2011 年第四季度因水污染物超标，被安徽省环保厅要求责令企业停止生产，罚款人民币 12,000 元。请核实，并确认公司是否存在重大违法违规的情形？

【解决方案及解读】

对公司 2011 年水污染物超标排放行为是否构成“重大违法违规行为”的核查意见。经核查，公司在 2011 年第四季度安徽省环境保护厅环境监察时被发现水污染物超标，安徽省环境保护厅要求天长市环境保护局责令公司停产整改并对公司处以罚款。2011 年 12 月 26 日天长市环境保护局向禾益化学有限作出《关于天长市禾益化学药品有限公司环境问题的监察意见》（天环[2011]102 号，以下简称“意见”），责令公司停止生产，立即制定整改方案进行整改，整改完毕经其验收合格后方可恢复生产。公司根据上述意见进行整改，并于 2012 年 1 月 21 日经天长市环境保护局验收后恢复生产。2012 年 3 月 12 日，天长市环境保护局向禾益化学有限作出天环罚字[2012]001 号《行政处罚决定书》，对公司处以罚款人民币 12,000 元。公司已于 2012 年 3 月 13 日缴纳了上述罚款。

就上述情况，天长市环境保护局于 2013 年 9 月出具《证明》，该《证明》载明：“安徽禾益化学股份有限公司在 2011 年第四季度安徽省环保厅环境监察时，被发现存在污水处理设施不正常运转，气浮设施不正常使用、加药设备未使用、接触氧化池无活性污泥，雨污分流、清污分流系统不完善，部分车间设备清洗水、地面冲洗水进入厂区雨水明渠，雨水和污水汇流经总排口外排问题。我局依照安徽省环保厅要求于 2011 年 12 月 26 日向该公司做出责令停止生产，立即制定整改方案进行整改，整改完毕经验收合格后方可恢复生产的监察意见，并于 2012 年 3 月 12 日向该公司作出罚款人民币 12,000 元的处罚决定。截至 2012 年 1 月 21 日，该公司已经整改完毕并经我局验收合格，且于其后缴纳了 12,000 元罚款。上述行为不构成重大违法违规行为。除上述情况外，自 2011 年 1 月至本证明出具之日，该公司能够遵守国家和地方有关环境保护方面的法律、法规，不存在其他因违反环境保护方面的法律、法规和其他规范性文件而受到行政处罚的情况。”滁州市环境保护局于 2013 年 9 月出具《证明》，该《证明》载明：“安徽禾益化学股份有限公司在 2011 年第四季度安徽省环保厅环境监察时，因水污染物超标被天长市环境保护局处以罚款人民币 12,000 元。该公司已经履行行政处罚决定并且采取有效措施进行整改，上述超标排放行为不构成重大违法违规行为。除上述情况外，自 2011 年 1 月至本证明出具之日，该公司能够遵守国家和地方有关环境保护方面的法律、法规，不存在因违反环境保护方面的法律、法规和其他规范性文件而受到行政处罚的情况。”

根据《全国中小企业股份转让系统股票挂牌条件适用基本标准指引（试行）》第三条第二项之相关规定，“重大违法违规情形”是指：“被行政处罚的实施机关给予罚款的行为，除主办券商和律师能依法合理说明或处罚机关认定该行为不属于重大违法违规行为的外，都视为重大违法违规情形。”鉴于公司 2011 年水污染物超标行为已由天长市环境保护局及滁州市环境保护局在上述证明文件中认定为“不构成重大违法违规行为”，因此，律师认为，公司 2011 年水污染物超标排放行为不构成重大违法违规行为。

16.2.2　经营合规

案例225　高新技术企业与研发费用占比不符合要求（瑞腾科技）

苏州瑞腾照明科技股份有限公司（瑞腾科技 430404）属于高新技术企业，

但是研发费用占比不符合要求，该如何解决？

【解决方案及解读】

如实披露。公司享有按15%征收企业所得税的优惠政策，公司于2012年8月6日获得江苏省科学技术厅、江苏省财政厅、江苏省国家税务局及江苏省地方税务局批准的《高新技术企业证书》，证书有效期自2012年8月6日至2015年8月5日。报告期内管理费用中列支的研发费用占比维持在4%-5%之间，低于高新技术企业评定所要求的6%，研发费用占营业收入比重低于6%的主要原因为部分研发项目已研发成功并实现销售，对应的产品研发费用已结转至营业成本。公司管理层表示公司将进一步加大研发力度，增加研发投入，在增强公司产品竞争优势的同时，使公司研发费用支出比例符合高新技术企业的认定条件。

案例226　产品或存仿造涉及不正当竞争嫌疑问题（仙宜岱）

仙宜岱股份有限公司（仙宜岱430445）产品或存伪造涉及不正当竞争嫌疑，该怎么办？

【解决方案及解读】

核查公司的产品研发情况、报告期公司的诉讼和仲裁情况，走访了公司所在地法院，并取得了法院的证明文件和公司的确认函。

经核查，公司具有较强的产品研发能力和创新能力，拥有一支包括专业设计师、工艺师、制版师、技术员等70余人的研发技术团队，建有“揭阳市功能型内衣工程技术研究开发中心”，先后获得5项发明专利以及23项实用新型专利。公司主要产品均由公司自主研发、设计，报告期内公司不存在知识产权方面的侵权纠纷。

普宁市人民法院已出具证明文件，证明：“公司于2011年1月至今在我院未发生涉及知识产权、民事纠纷及不正当竞争等诉讼。”公司已出具《确认函》确认：“本公司报告期间不存在仿造其他企业产品的情况，不存在因产品设计、知识产权等事宜与他人发生争议或纠纷的情形”。

经审慎核查，律师认为，公司报告期内不存在仿造其他企业产品的情形，也不存在任何纠纷或潜在纠纷，符合“依法规范经营”的挂牌条件。

案例227　动画片制作未取得备案和发行许可与解决（每日视界）

北京每日视界影视动画股份有限公司（每日视界430304）存在动画片制作时未取得备案和发行许可，该如何解决？

【解决方案及解读】

公司补充申请备案和发行许可；控股股东承诺承担全部经济损失；如实披露信息：

根据《国产电视动画片制作备案公示管理制度暂行规定》的规定："国产电视动画片经国家广电总局备案公示后方能投产制作。未经备案公示的国产电视动画片，不予审查完成片，不予发放《动画片发行许可证》，各级电视播出机构不予播出。"

根据《广电总局关于实行国产电视动画片发行许可制度的通知》的规定，国家开始实行国产电视动画片发行许可制度。自 2005 年 7 月 1 日开始，全国所有电视播出机构一律不得播放未取得《国产电视动画片发行许可证》的国产电视动画片。

《刺儿扎扎》在制作时未进行相关备案和发行许可，但是鉴于《刺儿扎扎》为环保题材公益短片，仅通过第三方网络媒体传播，且每日视界也未从中获得利益；同时，公司控股股东做出承诺："公司将对上述作品根据国家广播电影电视总局的要求，申请备案及发行许可。本人愿承担因上述作品未办理备案及发行许可及受到主管部门的处罚而遭受的全部经济损失。"故上述瑕疵不会对每日视界本次挂牌转让构成实质性障碍。

案例228　法定代表人任职限制的解除与处理？（伟钊科技）

上海伟钊光学科技股份有限公司（伟钊科技 430340）法定代表人任职限制的解除，该怎么处理？

【解决方案及解读】

如实披露信息。2011 年 5 月 25 日、2012 年 4 月 26 日，公司因原法定代表人黄泽光担任未按期参加年检而被吊销营业执照的珠海新光光学科技有限公司法定代表人，自该企业被吊销营业执照之日起未逾三年，且未办理法定代表人变更登记的行为违反了《企业法人法定代表人》登记管理规定第四条、第八条的规定，分别收到上海市工商行政管理局嘉定分局出具的沪工商嘉改字[2011]140201163858 号和沪工商嘉改字[2012]14020129957 号《责令改正通知书》。上海市工商行政管理局嘉定分局出具的这两次《责令改正通知书》的内容和原因相同，公司考虑到变更法定代表人可能对公司正常经营造成影响，2011 年公司未及时办理法定代表人变更手续，直至 2012 年 7 月 26 日，公司完成了法定代表人变更的工商登记手续，纠正了上述行为。珠海新光光学科技有限公司已于2011年5月完成注销，且广东省珠海市工商行政管理局于2012年6月20日出具《证明》："兹证明珠海新光光学科技有限公司法定代表人黄泽光，我局已于2012年6月20日同意解除其担任法定代表人的任职限制。"黄泽光本人也出具书面承诺，承诺其个人任职限制已解除，因此，黄泽光担任公司董事的行为不违反《公司法》第一百四十七条第一款第四项关于董事任职的限制性规定。

案例229 商号、商标与香港某企业或存潜在纠纷问题（恒裕灯饰）

广东恒裕灯饰股份有限公司（恒裕灯饰430474）的恒裕商号、商标是否与香港恒裕存在潜在争议或纠纷？该如何解决？

【解决方案及解读】

经律师核查：

（1）2009年2月13日，恒裕有限公司依法设立，惠州市惠城区工商行政管理局核发了企业法人营业执照，2012年12月17日，恒裕有限公司整体变更设立为恒裕股份公司，恒裕股份公司继续延用"恒裕"商号。

（2）在原法律意见书中详尽披露了恒裕股份公司在中国大陆地区和中国香港特别行政区所拥有的注册商标，具体见原法律意见书之"十、股份公司主要财产"。

（3）依中国香港特别行政区公司注册处公示的文件，香港恒裕的英文名称为：HANCON INDUSTRIAL COMPANY LIMITED，中文名称为：恒裕电子实业有限公司，该公司成立于1997年2月26日，持有中国香港特别行政区公司注册处颁发的公司注册证书，证书编号为596110。

综上认为，商号、注册商标均具有地域属性，恒裕股份公司在中国大陆地区依法设立并依法申请注册商标，恒裕股份公司的商号和注册商标均受中国大陆地区法律的保护，同理，香港恒裕在中国香港特别行政区依法设立，香港恒裕的商号受中国香港特别行政区法律的保护，恒裕股份公司与香港恒裕二者各自使用自己的商号、注册商标，在法律上不存在权利的冲突，因此，恒裕股份公司的商号、注册商标与香港恒裕不存在潜在的争议或纠纷。

案例230 公司通过员工银行卡收取客户款项与处理（麟龙股份）

沈阳麟龙科技股份有限公司（麟龙股份430515）存在委托员工个人银行卡账户收取客户款项的行为，该如何处理？

【解决方案及解读】

核算财务影响并说明今后加强内控的措施，同时如实披露相关信息。

公司通过银行账户向客户收取款项。但公司报告期内存在为方便客户汇款而委托公司员工开通个人银行卡日记账收取客户款项的情形，具体如下：

员工名称	开通如期	注销如期	2013 年 1~6 月	2012 年度	2011 年度
张斌	2012 年 8 月	2013 年 3 月	350,200.00	721,210.62	-
陈建	2012 年 8 月	未注销	6,668,213.55	4,000,325.31	-

公司 2012 年度、2013 年 1~6 月通过张斌收取的款项占当期营业收入的比例分别为 3.18%、1.69%，通过陈建收取的款项占当期营业收入的比例分别为 17.61%、32.11%。由于公司客户多为个人，而公司销售人员多在周末与客户洽谈业务并实现收款，而周末多数银行不受理个人汇款至公司性质的银行账户，为了确保公司的业务发展，公司委托员工张斌、陈建开通了个人卡，用于周末收取客户款项，其银行卡实际交由公司财务部负责管理。公司与张斌、陈建签订了账户托管协议书，约定公司根据业务需要委托其开立账户，该账户由公司管理，相关借记卡、密码等账户信息由公司保管，账户内的资金为公司所有，产生的利息归属公司，公司有权使用账户中的资金。

目前，公司已注销了张斌的银行卡，但鉴于公司业务开展过程中周末收取个人客户款项的实际需要，陈建的银行卡在未来一定期间仍将继续使用。公司将加强内部控制管理，确保上述事项不会对公司收入确认、资金管理造成不利影响。

案例231　或存开具空头支票与违规行为质疑（连能环保）

上海连能环保科技股份有限公司（连能环保 430278）因账户内余额不足而开具支票，存在开具空头支票的违规行为质疑，该如何处理？

【解决方案及解读】

详细说明事情原委及经过；律师作出不属于重大违法违规行为的判断；如实披露：

公司在 2012 年期间，因账户内余额不足开具支票而被中国人民银行上海分行认定为签发空头支票并依据《票据管理实施办法》第三十一条的规定“签发空头支票或者签发与其预留的签章不符的支票，不以骗取财物为目的的，由中国人民银行处以票面金额 5%但不低于 1000 元的罚款。”处以罚款 87,544.38 元；公司出具了《关于税收滞纳金、税务罚款、支票罚款等情况说明及承诺》，对于上述罚款，公司已经全额缴纳。公司保证将加强资金管理、支票管理工作，并严格遵守《票据法》的规定，避免类似上述违法行为发生。公司律师认为上述罚款系因公司资金紧张而致，并无骗取财物的目的，公司已缴纳了罚款，上述处罚不属于重大违法违规行为。

16.2.3　对赌问题及解决

案例232　PE 与主要股东对赌与核查（爱科凯能）

爱科凯能科技（北京）股份有限公司（爱科凯能 430351）挂牌前曾有一问题：PE 与公司主要股东签订增资对赌协议的情况核查是怎样的？

【解决方案及解读】

核查并如实披露信息：2012 年 4 月 12 日，北京望京科技孵化服务有限公司与公司、爱科咨询、常熟明辉、孙云龙及熊振宏签订《增资协议》，协议约定："望京孵化向公司增资 200 万元，出现以下情况之一，望京孵化有权要求爱科咨询和/或孙云龙及熊振宏回购望京孵化所持公司股份：（1）公司资产存在虚假，导致投资协议目的受到严重影响的；（2）因公司经营管理团队或研发团队发生重大变更，导致本协议规定的项目研究生产目的受到严重影响的；（3）公司和/或爱科咨询承诺和保证事项不真实；（4）公司和/或爱科咨询违反合同约定的义务；（5）公司累计新增亏损达到望京孵化投资时公司净资产的 30%；（6）望京孵化投资公司期限为三年或按相关政府管理规定，期满爱科咨询和/或孙云龙、熊振宏回购望京孵化持有的全部股份。

股权收购的价格为以下款项之较高者：（1）望京孵化已支付的全部增资款项及全部增资款项按中国人民银行于增资日公布的同期金融机构人民币贷款基准利率上浮 50%（单利）计算的收益；（2）依据评估机构对公司截至股权收购通知之日的评估结果所计算的股权价值。

在公司清算或结束业务时，望京孵化享有清算优先权，即望京孵化有权优先于其他股东获得相当于增资款项（如本次投资后望京孵化增加投资的为全部增资款项，此增资款项包括望京孵化投入公司的全部金额，包括计入注册资本及资本公积金的金额）及按中国人民银行于增资日公布的同期金融机构人民币贷款基准利率上浮 50%（单利）计算的收益的清算财产以及宣布但尚未发放的股利。在完成对望京孵化上述清算优先权的支付之后，剩余财产由其他股东按出资比例进行分配。"

案例233　与股东对赌回购与挂牌影响（皇冠幕墙）

天津皇冠幕墙装饰股份有限公司（皇冠幕墙 430336）2014 年 3 月定向增发，投资方与两大股东签署对赌协议，该协议是否影响公司挂牌？

【解决方案及解读】

投资方与控股股东签署对赌协议，不涉及挂牌主体；即使触发对赌协议，对于公司的控制权不产生影响；阐明此对赌不会影响公司的持续经营；如实披露详情：

2014 年 3 月 27 日，皇冠幕墙（430336）发布定向发行公告，公司定向发行 200 万股，融资 1000 万，新增一名股东天津市武清区国有资产经营投资公司（以下简称武清国投），以现金方式全额认购本次定向发行的股份。同时披露的还有武清国投与公司前两大股东欧洪荣、黄海龙的对赌条款，条款要求皇冠幕墙自 2014 年起，连续三年，每年经审计的营业收入保持 15%增幅；如触发条款，武清国投有权要求欧洪荣、黄海龙以其实际出资额 1000 万+5%的年收益水平的价格受让其持有的部分或者全部股份。完成定向发行后，欧洪荣、黄海龙以及武清国投所占公司股份比例分别为：46.609%、28.742%以及 4.334%。

项目律师就该回购条款的合法合规性发表意见：上述条款为皇冠幕墙的股东、实际控制人欧洪荣、黄海龙与武清国投附条件股份转让条款，双方本着意思自治的原则自愿订立，内容不影响皇冠幕墙及其他股东的利益，条款合法有效。假使条件成就，执行该条款，股份变更不会导致皇冠幕墙的控股股东、实际控制人发生变化，不影响挂牌公司的持续稳定经营。

16.2.4　用工与规范

案例234　未计提住房公积金的问题（盛力科技）

芜湖盛力科技股份有限公司（盛力科技 430477）2013 年未计提住房公积金有何原因？该如何披露？

【解决方案及解读】

请公司补充披露 2013 年未计提住房公积金的原因。根据芜湖市住房公积金中心 2011 年 3 月 14 日发布的房金委[2011]1 号《关于鼓励企业建立住房公积金制度的意见》，企业可根据用工管理需要，先在管理人员、生产骨干等部分职工中建立，再逐步扩大范围。缴存基数和缴存比例可先低于芜湖市现行规定，有条件后再逐步提高。过渡时间一般不超过三年，自2011年4月1日起试行，2014年4月1日为最后的期限。

盛力科技已出具《承诺》，盛力科技将在2014年4月1日前按芜湖市住房公积金中心发布的房金委[2011]1号《关于鼓励企业建立住房公积金制度的意见》要求，规范缴纳住房公积金。

律师认为，盛力科技2013未计提住房公积金原因系企业尚在芜湖市住房公积金中心房金委[2011]1号《关于鼓励企业建立住房公积金制度的意见》所规定的过渡期内，盛力科技已出具《承诺》将按房金委[2011]1号文件的要求规范缴纳住房公积金。

案例235　报告期内公司用工全部采用劳务派遣问题（优网科技）

优网科技（上海）股份有限公司（优网科技430343）在报告期内公司用工全部采用劳务派遣形式，挂牌前该如何解决？

【解决方案及解读】

管理人员和研发人员转为正式员工；控股股东出具兜底承诺；详情如实披露：

公司成立伊始，为了更好地提高企业管理效率以及有效保障用工需求，集中精力发展核心业务，公司员工全部采用劳务派遣形式。2004年9月9日，公司与上海东凌国际人才有限公司（以下简称："东凌国际"）签订了《派遣合同》，2010年9月29日和2012年2月3日公司与东凌国际续签该合同，约定东凌国际根据公司劳务用工的需要，向公司派遣劳务人员；由东凌国际为派遣人员缴纳社会保险；公司为相关派遣人员购买团体工伤综合保险；公司按照劳务派遣人数情况向东凌国际支付管理费。

随着公司业务发展，公司治理的完善，公司逐步解决劳务派遣问题。2013年4月，公司中高层管理人员与全部研发技术人员，终止与东凌国际的劳动合同，与公司签订劳动合同。截至2013年4月30日，公司尚有14名后台辅助人员仍采用劳务派遣方式，主要原因系该14名员工承担辅助性业务工作，工作专业技术能力不强，且该部分人员流动性较大。公司将逐步解决部分员工劳务派遣问题。公司律师经核查认为，公司签署的《派遣合同》内容齐备，权利义务约定明确，对合同双方均有法律约束力。发行人在部分岗位采用劳务派遣方式的用工制度符合公司的实际用工需要，符合《劳动法》、《劳动合同法》的规定。发行人劳务派遣用工方式不存在违法违规行为，符合其实际经营特点，上述用工形式不会对公司经营的稳定性、持续性造成不利影响。公司实际控制人出具的承诺真实、有效，可以有效消除潜在的法律风险。

公司控股股东及实际控制人共同出具关于劳务派遣的《承诺函》，承诺："如优网科技（上海）股份有限公司因违反社会保险及住房公积金相关法律法规或规范性文件而受到处罚或损失，或因劳务派遣单位上海东凌国际人才有限公司未缴纳社会保险、住房公积金等损害被派遣劳务人员利益情形，导致股份公司须承担连带赔偿责任或遭受处罚的，本人将全额承担优网科技（上海）股份有限公司的补缴义务、罚款或损失，并保证优网科技（上海）股份有限公司不会因此遭受任何损失。"

案例236　报告期内未缴纳员工住房公积金与解决（网动科技）

北京网动网络科技股份有限公司（网动科技 430224）在报告期内未缴纳员工住房公积金，该如何解决？

【解决方案及解读】

股东承诺承担全部责任，披露详情。2012 年 10 月 8 日，公司股东朱云、李明、聂维伟和陶永劲签订了《公司股东关于北京网动网络科技股份有限公司住房公积金问题的承诺函》，具体承诺如下：

如果公司住房公积金管理部门要求公司对报告期内的住房公积金进行补缴，公司现有股东朱云、李明、陶永劲、聂维伟将无条件按主管部门核定的金额无偿代公司补缴，如果公司因未按照规定为职工缴纳住房公积金而带来任何其他费用支出或经济损失，公司现有四位股东将无条件全部无偿代公司承担。

16.2.5　处罚与诉讼

案例237　金额较大的行政处罚与解决（奥盖克）

青岛奥盖克化工股份有限公司（奥盖克 430395）存在金额较大的行政处罚，挂牌前该如何解决？

【解决方案及解读】

主管部门对行政处罚出具专项证明并如实披露。报告期内，公司因违法违规接受过两笔处罚，具体情况如下：

（1）2012 年 1 月，平度市公安局在检查中发现公司硫酸出入库账目管理不符合公安局相关规定，因此责令公司整改并处以1万元罚款。2013年9月26日，平度市公安局出具《处罚、刑罚情况证明》，认定“公司2011年度、2012年度、2013年度截至目前不存在重大违法违规行为，没有被立案侦查及刑事处罚的情形”。据此，主办券商及律师认为，公司该笔处罚并不构成重大违法违规的情形。

(2) 2012年4月，青岛市环境保护局在检查中发现公司在水污染防治设施未建成情况下主体工程进行产品试生产，因此于2012年6月26日对公司下发青环罚字[2012]040号《行政处罚决定书》，责令公司整改并处以2万元罚款。根据《水污染防治法》第71条规定，“建设项目的水污染防治设施未建成、未经验收或者验收不合格，主体工程即投入生产或者使用的，处五万元以上五十万元以下的罚款”。鉴于公司已对自身错误行为积极采取措施予以纠正，且违法行为未对周围环境造成损害，因此青岛市环境保护局对公司作出低于法定罚款幅度的处罚决定。2013年9月16日，青岛市环境保护局出具《关于青岛奥盖克化工股份有限公司环保守法情况的函》，认定“公司已按期缴纳罚款并进行整改，该行为未对周围环境造成危害后果”。据此，主办券商及律师认为，公司该笔处罚并不构成重大违法违规的情形。

案例238　报告期内公司涉及大量诉讼案件与处理（中搜网络）

北京中搜网络技术股份有限公司（中搜网络430339）在报告期内涉及大量诉讼案件，挂牌前该如何处理？

【解决方案及解读】

详情如实披露。2011年1月1日至2013年7月29日，公司诉讼总宗数及金额详细情况如下：

(1) 其中已了结诉讼宗数、金额及了结诉讼方式具体情况如下：

结案方式	宗　数	诉讼标的金额（元）	公司支付金额（元）
已结诉讼合计	103	12,957,393	5,439,731
其中：判决	23	3,991,405	158,910
调解	47	5,560,836	3,469,211
撤诉	33	3,405,151	1,811,610

(2) 其中未了结诉讼宗数、金额及案件审理状态具体情况如下：公司及其子公司、分公司截至2013年7月29日的尚未了结的诉讼案件共计53宗，涉及总金额9,638,506.47元。其中52宗为被告案件，涉及金额9,338,506.47元，

其中 1 宗为原告案件，涉及金额 300,000 元。公司根据以前年度的败诉赔偿金额占比，截至 2013 年 4 月末计提预计负债 463.77 万元。

上述 52 宗未了结的公司为被告的案件被诉及审理状态见下表（略）。

从 2013 年 7 月 29 日至本公开转让说明书签署日未决诉讼发生的进展变化情况如下（略）。此外，在此期间另有 1 宗原处于一审状态的未了结被告诉讼，其状态转变为公司一审胜诉对方上诉二审中的状态。

截至本公开转让说明书签署日，未了结的诉讼案件共计 44 宗，其中 43 宗为被告案件，涉及总金额 7,678,466 元，1 宗为原告案件，涉及金额 300,000 元。公司为被告的案件审理状态见下表（略）。

公司的涉诉合同以及重大合同条款如实陈述了公司事实情况、服务范围（或服务需求），明确约定了公司与合同相对方的权利、义务与责任，不存在违反《中华人民共和国合同法》等相关法律法规的情形，在合同条款设计方面不存在虚假宣传、商业欺诈等违法情形，公司在业务推介等方面不存在虚假宣传、商业欺诈等违法行为。

案例239 税务处罚与重大违法违规嫌疑（金化高容）

衡阳金化高压容器有限公司（金化高容 430749）申请挂牌报告期内存在因少缴税款受到税务机关的行政处罚，问题：该等处罚是否构成重大违法违规行为？依据是什么？

【解决方案及解读】

如《法律意见书》“十六、公司的税务和政府补贴”所述，2012 年 12 月 25 日，湖南省衡阳市地方税务局稽查局向金化有限出具了编号为衡地税稽罚告（2012）45 号的《税务行政处罚事项告知书》，主要内容为：湖南省衡阳市地方税务局稽查局依据《中华人民共和国税收征收管理法》第六十四条第二款的规定，对金化有限因 2010—2011 年度少申报缴纳印花税 5897.81 元的税收违法行为作出处以少缴税款 0.5 倍的罚款计 2948.91 元的处罚决定。金化有限在上述税收违法行为发生后及时依据《税务行政处罚事项告知书》的告知内容补缴了所欠税款并缴纳了滞纳金及罚款。

根据《国家税务总局关于印花税违章处罚有关问题的通知》（国税发[2004]15 号）第四条的规定：“四、按期汇总缴纳印花税的纳税人，超过税务机关核定的纳税期限，未缴或少缴印花税款的，视其违章性质，适用《税收征管法》第六十三条或第六十四条的处罚规定，情节严重的，同时撤销其汇缴许可证。”而《税收征收管理法》第六十四条第二款的规定如下：“纳税人不进行纳税申报，不缴或者少缴应纳税款的，由税务机关追缴其不缴或者少缴的税款、滞纳金，并处不缴或者少缴的税款百分之五十以上五倍以下的罚款。”

经比对湖南省衡阳市地方税务局稽查局对金化有限的具体处罚金额与《中华人民共和国税收征收管理法》第六十四条第二款所规定的处罚适用标准，公司上述处罚适用的是前述法律条文所确定的处罚中的最低处罚标准；同时，截至本补充法律意见书出具日，公司未因上述涉税违法行为被主管税务机关撤销汇缴许可证，故根据《国家税务总局关于印花税违章处罚有关问题的通知》第四条的规定，公司上述涉税违法行为不属于情节严重的行为。

综上，公司上述税收违法违规行为性质较轻，且公司及时补缴所欠税款并缴纳罚款及滞纳金，未造成重大危害后果，不属于重大违法违规。

17

第 17 章

财务税收有关事项、问题与解决

17.1　常规疑难28问

17.1.1　财务与业务匹配性

问答376　新三板对拟挂牌企业财务与业务匹配的总体要求是什么？

结合行业特点、产品或服务类型、关键资源要素、采购模式、销售模式、盈利模式、收付款政策、客户及供应商类型、主要业务合同等，主办券商、会计师需要比照《企业会计准则》核查公司财务报表相关科目的会计政策及会计处理、列报是否与实际业务相匹配。

问答377　对公司收入与业务匹配，挂牌审核的关注点在哪里？

全国股转系统审查、主办券商内核的关注点有：

（1）对公司：

① 结合产品类别、销售模式、销售区域等列表披露收入构成，如：自有产品与代销产品、自主产品与 OEM 产品、提供劳务与销售商品、外销产品与内销产品、经销收入与直销收入等；

② 结合产品及服务类别、销售模式等实际生产经营特点披露具体收入确认原则以及具体时点；如存在同类业务采用不同经营模式在不同时点确认收入

的，请分别披露。如公司按完工百分比法确认收入，披露确定合同完工进度的依据和方法。

（2）对主办券商及会计师

① 核查收入确认是否符合公司经营实际情况，是否存在特殊处理方式及其合理性（净额确认、完工百分比等），如是，请补充披露；

② 说明针对收入真实性、完整性、准确性履行的尽调程序及审计程序，确认的金额占总金额的比重，并说明取得的相关的内外部证据；

③ 核查是否存在虚增收入以及隐藏收入的情形，并针对收入的真实性、完整性、准确性发表专业意见。

问答378　对成本与业务匹配，挂牌审核的关注点在哪里？

（1）于公司

① 披露成本构成，结合直接材料、直接人工、制造费用等分析成本的主要影响因素，发生较大波动的，请公司披露波动原因；

② 说明成本的归集、分配、结转方法；

③ 结合存货变动情况说明采购总额、营业成本之间的勾稽关系。

（2）主办券商及会计师核查

① 公司成本归集、分配、结转是否准确，是否存在通过成本调整业绩的情形；

② 公司成本构成与可比公司相比是否存在异常情况，若存在，核查是否合理；

③ 核查公司采购的真实性、成本的真实性及完整性，并发表专业意见。

问答379　对毛利率与业务匹配，挂牌审核的关注点在哪里？

（1）对公司

① 披露毛利的构成明细，如在报告期间波动较大的，请结合销售价格及单位成本的内外部影响因素的变动情况分析并披露各项毛利波动的原因；

② 结合同行业情况、公司自身优劣势等分析公司毛利率水平与同行业可比公司是否存在重大差异，如存在，请披露原因。

（2）对主办券商及会计师

① 核查毛利水平以及波动是否合理；

② 针对公司营业成本和期间费用的各组成项目的划分归集是否合规发表意见，并针对公司报告期内收入、成本的配比关系是否合理核查并发表意见。

问答380　对期间费用与业务匹配，挂牌审核的关注点在哪里？

对公司，需要披露期间费用的明细，并结合影响期间费用的内外部因素的变动情况披露公司期间费用波动的合理性。

对主办券商、会计师：

① 结合预付款项、其他应收款、应付款项、其他应付款等资产负债类科目核查公司是否存在跨期确认费用的情形；

② 结合固定资产、在建工程、长期待摊费用等科目核查公司是否存在将期间费用资本化的情形；

③ 针对公司期间费用的真实性、准确性、完整性发表专业意见。

问答381　对应收账款与业务匹配，挂牌审核的关注点在哪里？

对公司：

① 结合收款政策、客户对象、业务特点等说明公司应收账款余额水平以及占当期收入的比例的合理性；

② 存在长期未收回款项的，请披露原因，并结合客户资信情况说明可回收性；

③ 报告期内或期后有大额冲减的，请公司披露冲减原因；

④ 结合同行业公司以及公司自身特点分析坏账计提政策的谨慎性；

⑤ 说明期后收款情况。

对主办券商及会计师：需要核查坏账政策是否谨慎，并结合应收账款期后收款情况核查收入的真实性，结合收入确认依据核查是否存在提前确认收入的情形。

问答382　对存货与业务匹配，挂牌审核的关注点在哪里？

（1）对公司

① 披露存货构成及波动原因；结合经营模式、生产周期、生产模式等补充分析并说明存货构成的合理性；

② 说明公司对存货内控管理制度的建立及执行情况；

③ 结合生产模式分析公司的生产核算流程与主要环节，说明如何区分存货明细项目的核算时点，存货各项目的确认、计量与结转是否符合会计准则的规定。

④ 存货期末余额中含有建造合同形成的已完工未结算资产的，汇总披露

累计已发生成本、累计已确认毛利、预计损失、已办理结算的金额。

（2）对主办券商及会计师：

① 结合公司盘点报告补充核查公司盘点情况，并说明履行的监盘程序；

② 存货跌价准备计提及转回的具体依据、测算过程，并进一步核查公司存货跌价准备是否谨慎合理；

③ 公司存货各项目的发生、计价、分配与结转情况，是否与实际生产流转一致、分配及结转方法是否合理、计算是否准确，是否存在通过存货科目调节利润的情形。

问答383　对现金流量表与业务匹配，挂牌审核的关注点在哪里？

对公司：

① 分析并披露经营活动现金流波动的合理性，经营活动现金流量净额与净利润的匹配性；

② 说明各报告期内所有大额现金流量变动项目的内容、发生额是否与实际业务的发生相符，是否与相关科目的会计核算勾稽，特别是"销售商品、提供劳务收到的现金"、"购买商品、接受劳务支付的现金"、"收到的其他与经营活动有关的现金"、"支付的其他与经营活动有关的现金"、收到的其他与筹资活动有关的现金"、"支付的其他与筹资活动有关的现金"、"构建固定资产、无形资产和其他长期资产支付的现金"等。

主办券商、会计师核查并发表意见。

17.1.2　财务指标、数据与会计政策、估计

问答384　对主要财务指标，挂牌审核的关注点在哪里？

对公司来说，主要注意：

（1）按照反馈督查报告模板格式在公开转让说明书中填列主要会计数据及财务指标简表；资产收益率、每股收益应按照证监会《公开发行证券的公司信息披露编报规则第 9 号—净资产收益率和每股收益的计算机披露（2010 年修订）》的要求计算；公司整体变更为股份有限公司的，应模拟计算并披露有限公司阶段的每股净资产、每股收益、每股经营活动现金流等指标，并披露计算方法。

（2）披露公司盈利能力、偿债能力、营运能力、获取现金流能力，结合同行业公司情况补充分析公司相关指标的合理性，并针对财务指标的波动原因进行分析并披露。

请主办券商、会计师结合上述情况核查公司财务指标及其波动的合理性，如存在异常，请核查异常会计数据的真实性及准确性。

问答385　对会计数据及财务指标，企业挂牌有何要求？

申请挂牌公司应在公开转让说明书中披露最近两年及一期的主要会计数据和财务指标简表，主要包括：

营业收入、净利润、归属于申请挂牌公司股东的净利润、扣除非经常性损益后的净利润、归属于申请挂牌公司股东的扣除非经常性损益后的净利润、毛利率、净资产收益率、扣除非经常性损益后净资产收益率、应收账款周转率、存货周转率、基本每股收益、稀释每股收益、经营活动产生的现金流量净额，每股经营活动产生的现金流量净额、总资产、股东权益合计、归属于申请挂牌公司股东权益合计、每股净资产、归属于申请挂牌公司股东的每股净资产、资产负债率（以母公司报表为基础）、流动比率、速动比率。

问答386　对会计政策及会计估计，挂牌审核的关注点在哪里？

对公司，需披露与公司行业、业务特点相符的会计政策与估计。报告期发生的重要会计政策和会计估计变更，量化分析影响，包括但不限于重要性判断标准、内容、原因、审批程序、受影响的报表项目名称和金额及会计估计变更开始适用的时点。

对主办券商和会计师，需核查上述情况，分析公司选用会计政策和会计估计的适当性、会计政策和会计估计是否与同行业公司存在明显差异、报告期内会计政策的一致性、分析其是否利用会计政策和会计估计变更操纵利润，如改变收入确认方式、调整坏账计提比例、调整存货计价方式等。

问答387　会计数据及财务指标核查的要求与解决办法是什么？

（1）核查

主办券商应调查公司的财务风险，综合公司的财务风险和经营风险，判断公司财务状况是否良好。挂牌条件不设置财务指标，因此财务指标审核重点主要是信息披露。这些主要会计数据和财务指标简表，需以合并财务报表的数据为基础进行计算。相关指标的计算应执行中国证监会的有关规定。

（2）解决思路

申请新三板挂牌的公司，应以经审计的财务报表为基础计算和编制财务指标，对指标波动异常进行解释说明，并做好横向和纵向比较，并在公开转让说明书中进行如实披露。对企业资产、负债在挂牌前进行合理重组格外重要。比如资产负债率过高将被视为融资需求不足，会受到股转系统审核的重点关注。所以，适度负债有利约束代理人道德风险和减少成本，可以为企业的债权人提供适度的干预权，有利于企业的挂牌融资。

问答388　资产评估调账转增股本是如何操作的？

企业的各项财产在取得时应当按照实际成本计量。其后，各项财产如果发生减值，应当按照本制度规定计提相应的减值准备。除法律、行政法规和国家统一的会计制度另有规定者外，企业一律不得自行调整其账面价值。国有资产管理行政主管部门确认的净资产价值应作为国有资产折股和确定各方股权比例的依据。注册会计师对准备实行股份制企业的财务和财产状况进行验证后，其验证结果与国有资产管理行政主管部门确认的资产评估结果不一致需要调整时，必须经原资产评估结果确认机关同意。

解决思路：

① 国有土地使用权评估增值部分作为重大会计差错追溯调整计入其他应收款中应收股东的款项。股东按照出资比例用现金补足；

② 以自有无形资产评估增值，全体股东按比例共享，无形资产已经摊销完毕，公司的净资产已由未分配利润予以充实。依据：《企业会计制度》及《国有资产评估管理办法施行细则》。

17.1.3　收入与费用的确认

问答389　收入确认要求和原则是什么？

新三板拟挂牌公司的要求：按照《企业会计准则》的规定编制并披露报告期内的财务报表，并需根据业务特点披露各类收入的具体确认方法。实践中，收入确认原则是尽职调查及审核的重点内容之一。

原因：若企业滥用收入确认原则可能导致提前或推迟确认收入、提前或推迟结转成本等调节利润或粉饰财务报表的情形。

收入是指企业在日常活动中形成的、会导致所有者权益增加的、与所有者投入资本无关的经济利益总流入。根据《企业会计准则》，收入包括销售商品收入、提供劳务收入和让渡资产使用权收入。

公司的收入确认原则必须根据自身业务特点，结合具体销售模式来披露收入确认的具体时点及依据。

问答390　销售商品收入及让渡资产使用权收入是如何确认的？

（1）销售商品收入

销售商品收入的确认需同时满足：

① 企业已将商品所有权上的主要风险和报酬转移给购货方；

② 企业既没有保留通常与所有权相联系的继续管理权，也没有对已售出的商品实施有效控制；

③ 收入的金额能够可靠地计量；

④ 相关的经济利益很可能流入企业；

⑤ 相关的已发生或将发生的成本能够可靠地计量。

（2）让渡资产使用权收入

需同时满足下列条件：

① 相关的经济利益很可能流入企业；

② 收入的金额能够可靠地计量。

问答391　提供的劳务收入是如何确认的？

企业在资产负债表日提供劳务交易的结果能够可靠估计的，应当采用完工百分比法确认提供劳务收入。

企业在资产负债表日提供劳务交易结果不能够可靠估计的，下列情况应当分别处理：

① 已经发生的劳务成本预计能够得到补偿的，按照已经发生的劳务成本金额确认提供劳务收入，并按相同金额结转劳务成本；

② 已经发生的劳务成本预计不能够得到补偿的，应当将已经发生的劳务成本计入当期损益，不确认提供劳务收入。

问答392　研发费用的会计处理为何为审核关注重点之一？

研发费用是指企业内部研究开发项目的支出，其中分为研究阶段支出与开发阶段支出。研究是指为获取并理解新的科学或技术知识而进行的独创性的有计划调查。开发是指在进行商业性生产或使用前，将研究成果或其他知识应用于某项计划或设计，以生产出新的或具有实质性改进的材料、装置、产品等。

实践中，申请挂牌企业研发费用的处理是否恰当也是审核所关注的重点之一。原因如下：

根据《企业会计准则》，企业的研发费用在符合相关条件时可予以资本化，形成无形资产并在其使用寿命内系统地分摊其应摊销的金额，否则需要费用化并计入当期损益。由于研发费用的资本化或费用化对当期损益的影响较大，尤其是对于盈利能力较低的企业影响更甚，且研发费用是否符合资本化条件往往会涉及一些主观判断。

问答393　研发费用是如何确认为企业无形资产的？

企业内部研究开发项目研究阶段的支出，应当于发生时计入当期损益。企业内部研究开发项目开发阶段的支出确认为企业无形资产，须同时满足的条件：

（1）完成该无形资产以使其能够使用或出售在技术上具有可行性；

（2）具有完成该无形资产并使用或出售的意图；

（3）无形资产产生经济利益的方式，包括能够证明运用该无形资产生产的产品存在市场或无形资产自身存在市场，无形资产将在内部使用的，应当证明其有用性；

（4）有足够的技术、财务资源与其他资源的支持，已完成无形资产的开发，并有能力使用和出售该无形资产；

（5）归属于该无形资产开发阶段的支出能够可靠地计算。

另，根据《企业会计准则》并结合公司研发流程、相关制度文件区分研究阶段和开发阶段以及费用化和资本化条件，说明公司研发费用相关会计处理是否正确。

17.1.4　财务规范性与税收缴纳

问答394　对内控制度有效性及会计核算基础规范性，审核的关注点在哪里？

（1）对公司

① 说明报告期内公司财务制度的制定及执行情况；

② 说明财务机构设置情况、财务人员是否独立，并结合财务人员数量、执业能力、公司业务特点等情况补充说明公司的财务人员是否能满足财务核算的需要。

（2）对主办券商与会计师

需核查：

① 公司销售与收款循环、购货与付款循环、生产循环、筹资与投资循环、货币资金循环等五大循环相关的内控制度，结合职责分离、授权审批、内部凭证记录等核查相关制度是否有效，是否得到有效执行；

② 公司会计核算基础是否符合现行会计基础工作规范要求，说明在尽职调查及审计过程中发现的与公司内控及会计核算相关的主要问题以及后续规范措施，并对报告期内公司财务管理制度是否健全、会计核算是否规范发表专业意见。

问答395 对税收缴纳，挂牌审核的关注点在哪里？

对公司，需分别披露报告期内公司及其子公司的流转税与所得税税率、征收方式、税收优惠情况，如公司业绩对税收优惠政策存在依赖，请披露享受税收优惠的期限以及对公司经营业绩的影响。

对主办券商、会计师和律师，应结合公司业务特点、客户对象、报告期内发生的重大资产重组、非货币资产出资规范等实际情况，核查公司税收缴纳的合法合规性，包括但不限于：

① 公司缴纳税种以及税率情况；

② 公司税收缴纳情况、是否存在少计税款、未足额缴纳税款、延期缴纳税款等不规范行为；

③ 公司是否存在偷税、漏税等重大违法违规行为。

问答396 所得税查账、核定两种征收方式有何区别？

企业所得税的征收方式分为查账征收和核定征收两种。企业一般是按查账征收方式缴纳企业所得税，少数情况下采用核定征收方式。查账征收即是根据相关规定对企业各项收入、成本、费用等逐项进行计算得出应纳税所得额后乘以税率得到应纳税额；核定征收是由税务机关根据纳税人具体情况，核定应税所得率或者核定应纳所得税额。

注意，核定征收需要关注两点：一是是否合法合规，二是是否对挂牌形成影响。采用核定征收税务的，说明公司财务不规范，可能存在审计基础缺失的情况。

如果公司计划在新三板挂牌转让，应及早规范财务，变更为查账征收方式。这是新三板对挂牌公司财务规范的要求。

问答397　公司所得税入围核查征收，该如何规范？

一般性解决思路如下：

（1）报告期内申请挂牌公司或其子公司存在核定征收方式的，应如实披露；

（2）申请挂牌公司按照企业会计准则要求建立财务务核算体系，并尽快申请企业所得税征收方式变更为查账征收；

（3）相关中介应对核定征收是否影响公司合法合规经营发表明确意见。

问答398　整体改制个人所得税审核要点及常规问题的解决思路是什么？

整体改制个人所得税审核要点：关注有限责任公司整体变更为股份有限公司时，盈余公积和未分配利润转增股本和资本公积，自然人股东个人所得税是否足额缴纳。

解决思路：如申请挂牌公司未就企业股份制改造过程中自然人股东的个人所得税代扣代缴，则建议取得申请挂牌公司主管税局对该税务事项缓交的同意，并由申请挂牌公司的自然人股东进行承诺，同时建议申请挂牌公司的实际控制人进行连带承诺。

实际上，各地政府对企业股份制改造过程中涉及的个人所得税政策执行不完全一致，某些地方政府为鼓励当地企业上市并做大做强，允许企业对上述个税缓交或不交，而有些地方则严格征收税款，各地在此方面政策的把握尺度差异较大。例如在上海，根据《上海市人民政府办公厅转发市财政局等五部门关于推进经济发展方式转变和产业结构调整若干政策意见的通知》（沪府办发〔2008〕拥号）第十三条规定："加强金融服务，支持本市有条件的中小企业上市。对列入上海证监局拟上市辅导期中小企业名单的企业将非货币性资产经评估增值转增股本的，以及用未分配利润、盈余公积、资本公积转增股本的，可向主管税务机关备案后，在取得股权分红派息时，一并缴纳个人所得税。"

问答399　企业改制重组，怎样处理股权支付特殊税务？

以股权收购方式收购企业购买的股权不低于被收购企业全部股权的75%、收购企业在该股权收购发生时的股权支付金额不低于其交易支付总额的 85%且符合上述条件的，交易各方对其交易中的股权支付部分，可以选择按以下规定进行特殊性税务处理：

（1）被收购企业的股东取得收购企业股权的计税基础，以被收购股权的原有计税基础确定；

（2）收购企业取得被收购企业股权的计税基础，以被收购股权的原有计税基础确定；

（3）收购企业、被收购企业的原有各项资产和负债的计税基础和其他相关所得税事项保持不变。

依据：《财政部国家税务总局关于企业重组业务企业所得税处理若干问题的通知》（财税〔2009〕59 号）、《国家税务总局关于发布〈企业重组业务企业所得税管理办法〉的公告》（国家税务总局公告 2010 年第 4 号）。

问答400　改制时，资本公积、未分配利润转增股本税务是怎样征收的？

改制时，资本公积（资本或股本）溢价、接受现金捐赠、拨款转入、外币资本折算差额和其他资本公积等）盈余公积及未分配利润转增股本按以下情况区别纳税：

（1）对自然人股东

① 资本公积转增股本暂时不征收个人所得税（先将资本公积转增股本增资然后再股改）；

② 盈余公积及未分配利润转增股本时应当缴纳个人所得税。

（2）法人股东

① 资本公积转增股本时不缴纳企业所得税；

② 盈余公积及未分配利润转增股本虽然视同利润分配行为，但法人股东不需要缴纳企业所得税；但是如果法人股东适用的所得税率高于公司所适用的所得税率时，法人股东需要补缴所得税的差额部分。

问答401　挂牌前出现补税情况该怎样处理？

中小企业在创业阶段或者发展阶段，隐藏一部分收入问题比较常见，企业拟挂牌转让，经会计师审计后，发现了财务不规范问题，可以通过财务处理解决，但是需要补增值税或者所得税。

那么此种情况下，企业需要权衡挂牌转让的利弊，但是退一步讲，企业迟早要规范、诚信、守法经营，企业主动规范财务问题，补缴税收，税务机关一般不会给予行政处罚，但是如果被税务机关在核查过程发现该等问题，轻则给予行政处罚，重则构成偷税、漏税，触犯刑法，移交司法机关处理。

问答402 申请挂牌时，税收滞纳金问题是怎样解决的？

公司在报告期内收到的已生效的判决书、行政处罚决定书及其他能证明公司存在违法违规行为的证据性文件，可能造成公司的重大违法违规嫌疑，进而形成挂牌的实质性障碍。税收滞纳金属于情形之一。解决的一般思路如下：

（1）税收滞纳金，属于税务机关的征税行为，申请挂牌公司应取得主管税局的合规证明，以证明滞纳金不属于处罚，或不存在重大违规违法嫌疑；

（2）对滞纳金是否合法经营并形成挂牌障碍作出说明。

问答403 股权转让个人所得税计税偏低有哪些正当理由？

《关于股权转让所得个人所得税计税依据核定问题的公告》（2010 年第 27 号），自然人转让所投资企业股权（份）取得所得，按照公平交易价格计算并确定计税依据。计税依据明显偏低且无正当理由的，主管税务机关可采用公告列举的方法核定。这里的正当理由是指以下情形：

（1）所投资企业连续三年以上（含三年）亏损；

（2）因国家政策调整的原因而低价转让股权；

（3）将股权转让给配偶、父母、子女、祖父母、外祖父母、孙子女、外孙子女、兄弟姐妹以及对转让人承担直接抚养或者赡养义务的抚养人或者赡养人；

（4）经主管税务机关认定的其他合理情形。

17.2 典型实战28例

17.2.1 资产、权益与共同类

案例240 改制时按审计净资产折股后再自行调整净资产（北鼎晶辉）

深圳市北鼎晶辉科技股份有限公司（北鼎晶辉 430532）改制时按审计净资产折股后再自行调整净资产，该如何解决？

【解决方案及解读】

作出解释并如实披露：2013 年 3 月 20 日，根据晶辉科技（深圳）有限公司的股东晶辉电器集团有限公司等签订的《深圳市北鼎晶辉科技股份有限公司发起人协议书》及公司章程约定，晶辉科技（深圳）有限公司整体变更为深圳

市北鼎晶辉科技股份有限公司。以晶辉科技（深圳）有限公司截至 2012 年 12 月 31 日经审计后的净资产 103,171,878.45 元按 1.03:1 比例折合成 100,000,000 股份（每股面值 1 元），超出部分 3,171,878.45 元计入资本公积，变更后的注册资本为 100,000,000.00 元，此次变更业经信永中和会计师事务所 XYZH/2012SZA1039-1 验资报告验证。由于在公司本次审计中发现了新的调整事项，母公司对以 2012 年 12 月 31 日为改制基准日的相关资产和负债的账面值进行了调整，调整后的净资产为 104,691,623.14 元，以 2012 年 12 月 31 日为改制基准日的《验资 334 报告》（XYZH/2012SZA1039-1）中的净资产为 103,171,878.45 元，二者差异 1,519,744.69 元，公司作为未分配利润。

案例241　将非经营范围内的物品计入存货与处理（三艾广告）

江苏三艾国际广告股份有限公司（三艾广告 832048）在申请挂牌过程中曾有一问题：公司将拟用于内部招待使用的泸州老窖计入存货，财务处理方式是否合理？

【解决方案及解读】

根据《企业会计准则第 1 号——存货》存货的定义为“存货，是指企业在日常活动中持有以备出售的产成品或商品、处在生产过程中的在产品、在生产过程或提供劳务过程中耗用的材料和物料等”。

公司收到的泸州老窖酒拟用于内部招待使用，并非持有以备出售，因此公司将泸州老窖酒原计入“存货-其他”科目重分类至“其他流动资产”列示更为合理，信会师报字[2014]第 114385 号审计报告已对上述内容作出了相应的修改。

案例242　IT 企业坏账准备计提与是否符合财会准则（易所试）

上海易所试网络信息技术股份有限公司（易所试 430309）坏账准备计提是否符合财会准则？是怎样操作的？

【解决方案及解读】

期末，本公司对应收款项计提减值准备。计提减值准备时，对单项金额重大的进行单独减值测试；对单项金额不重大的，在具有类似信用风险的特征的金融资产组中进行减值测试。

应收款项坏账准备的计提方法如下。

① 集团合并范围内的各单位之间的内部往来款，以及收回没有困难的其他应收款中的押金、保证金和备用金不计提坏账准备。

② 单项金额重大的应收款项：本公司单项金额重大的应收款项标准为应收款项余额占应收款项合计 30%以上且金额 50 万以上。单项金额重大的应收款项应当单独进行减值测试，如有客观证据表明其发生了减值的，根据其未来现金流量现值低于其账面价值的差额，

确认减值损失。

③ 特殊准备：对于属于特定对象的应收款项单独进行减值测试，计提坏账准备。

④ 单项测试未减值的应收款项（包括单项金额重大和不重大的应收款项）剔除上述"应收款项"项目后，单独测试未发生减值的应收款项（包括单项金额重大和不重大的应收款项），包括在具有类似信用风险特征的应收款项组合中再进行减值测试。

除已单独计提减值准备的应收款项外，以账龄作为具有类似信用风险特征组合的依据，计提坏账准备。

案例243　会计政策及估计变更以计提固定资产减值准备来实现（同济医药）

武汉同济现代医药科技股份有限公司（同济医药 430359）将计提固定资产减值准备作为会计政策、会计估计变更，是怎样操作的？

【解决方案及解读】

（1）重大会计政策、会计估计变更：2011 年以前公司没有对固定资产进行过减值测试，未计提固定资产减值准备。2011 年开始公司按照公开转让说明书中主要会计政策部分所列的固定资产的减值测试方法进行固定资产减值测试，并对 2011 年以前年度所发生的固定资产减值进行追溯调整。

（2）对公司利润的影响：2011 年公司计提了固定资产减值准备 9,330,494.28 元，并进行了追溯调整，调减了 2011 年年初未分配利润 9,330,494.28 元。

案例244　报告期内公司未将现存的子公司纳入合并范围（保华石化）

武汉保华石化新材料开发股份有限公司（保华石化 430302）申请挂牌报告期内，子公司未纳入合并范围，是否符合财务规定？该怎样处理？

【解决方案及解读】

报告期内，九江保华显示科技有限公司曾为公司的子公司，具体情况如下：2010 年 11 月 18 日，公司与付晶及武汉中弘投资有限公司分别签订《股权转让协议》，约定付晶将持有的九江保华显示科技有限公司 1%股权、武汉中弘投资有限公司将持有的九江保华显示科技有限公司 99%股权全部转让给公司。但公

司未向付晶及九江保华显示科技有限公司支付股权转让款。2012 年 3 月 18 日，公司又与武汉中弘投资有限公司及傅正美分别签订《股权转让协议》，约定公司将持有的九江保华显示科技有限公司 99%股权转让给武汉中弘投资有限公司、将持有的九江保华显示科技有限公司 1%股权转让给傅正美。同时公司、武汉中弘投资有限公司、傅正美及付晶四方签订《协议书》约定：因公司未实际支付股权转让对价，故本次受让方也不予支付对价，武汉中弘投资有限公司和付晶放弃追究公司不支付股权转让对价的违约责任。因未实际支付股权转让价款，公司未在财务上确认该长期股权投资，也未将该公司其纳入合并范围。

案例245　公司财务参股与处理（鸿大股份）

衡阳鸿大特种钢管股份有限公司（鸿大股份 832543）挂牌前存在财务参股问题：衡阳市天鸣动力有限公司为衡阳鸿大特种钢管股份有限公司的参股公司，参股比例为 1.50%。其参股公司的账务处理方式如何？

【解决方案及解读】

（1）进入尽职程序：主办券商核查公司对衡阳市天鸣动力有限公司投资状况，查看衡阳市天鸣动力工商登记材料；（2）获得事实证据：公司对衡阳市天鸣动力的股权投资协议、衡阳市天鸣动力工商登记材料；（3）做出分析判断。

经核查，公司对衡阳市天鸣动力有限公司 1.50%的股权投资，按照成本法核算。鉴于衡阳市天鸣动力有限公司连续亏损，公司已经对其全额计提减值准备。由于衡阳市天鸣动力有限公司为非上市企业，无法及时获得其公允价值，且其账面价值已经减值为零，因此放在长期股权投资比较合理。

结论：公司持有对衡阳市天鸣动力有限公司的账务处理方式为计入长期股权投资。

案例246　会计差错调整改制时报表（朗威视讯）

北京朗威视讯科技股份有限公司（朗威视讯 430337）因前期会计差错调整改制时报表，是否符合会计准则？该如何处理？

【解决方案及解读】

（1）关于 2011 年度发生的同一控制下企业合并和收购子公司少数股权事项，在编制 2012 年度财务报表和公司股份制改制母公司单体财务报表时，未按照会计准则规定确认相应的投资成本和资本公积，故本次在编制两年及一期申报财务报表时，已采用追溯重述法对该项差错进行了更正。更正后，调减 2010

年度未分配利润 224,007.26 元，调增 2010 年末少数股东权益 224,007.26 元，调减 2011 年末资本公积 63,117.18 元；调增 2011 年度归属于母公司股东的净利润 287,124.44 元，从而调增 2011 年期末未分配利润 63,117.18 元；调减母公司长期股权投资 283,527.73 元，调减母公司资本公积 283,527.73 元。

（2）关于 2012 年度发生的预付购房款，在编制 2012 年度财务报表和公司股份制改制母公司单体财务报表时，未按照会计准则规定确认为相应的其他非流动资产，在编制两年一期申报财务报表时，已采用追溯重述法对该项差错进行了更正。更正后，调减 2012 年 12 月 31 日预付账款 6,000,000.00 元，调增其他非流动资产 6,000,000.00 元。

案例247　将拟投资款披露为关联方往来（绿岸网络）

上海绿岸网络科技股份有限公司（绿岸网络 430229）挂牌前，曾将拟投资款披露为关联方往来，是否合财务规则？该如何解决？

【解决方案及解读】

关联方往来：

表 17-1

预付账款	款项性质	2012 年 12 月 31 日	2011 年 12 月 31 日
上海宝宏典当有限公司	投资款	0.00	12,000,000.00
合计	-	0.00	12,000,000.00
占期末余额比重	-	-	88.49%

上述预付账款形成，主要是公司拟投资人民币 1,200 万元设立上海宝宏典当有限公司，持股 60%，遂于 2011 年 12 月将款项汇入宝宏典当验资户；但宝宏典当于 2012 年 8 月 2 日才办妥工商登记手续。因宝宏典当自设立之日起方才纳入合并报表范围，2011 年度不在合并范围，故 2011 年 12 月支付的投资款暂作为预付款挂账。

17.2.2　负债、成本与损益类

案例248　应付股利余额较大该如何处理（箭鹿股份）

江苏箭鹿毛纺股份有限公司（箭鹿股份 430623）应付股利余额较大，怎样处理更有利于公司经营并符合财务准则？

【解决方案及解读】:

向股东支付；未收取股利的大股东出具承诺函，避免因为未来的股利支付影响公司日后的正常经营；详情如实披露：

公司报告期各期末应付股利余额较大，主要是由于公司股东为了支持公司发展未提取所分配到的股利所致。公司账面上应付股利形成的原因，主要系股份公司成立公司以来，公司股东未全部提取历年分红所致。截至 2013 年 12 月 31 日，公司已完成了对南京汇恩实业有限公司、宿迁市苏棉纺织有限公司以及自然人股东的股利支付，公司计划在 2014 年完成对上海第五化学纤维厂应付股利的支付。宿迁产业发展集团有限公司同时出具了就公司支付其股利计划的承诺：

“截至 2013 年 6 月 30 日，箭鹿股份应付本公司股利总计 31,859,529.05 元，上述应收股利系本公司为了支持箭鹿股份经营发展，自愿未予收取所致。本公司承诺对于上述应收箭鹿股份的股利，与箭鹿股份不存在法律纠纷或潜在争议事项。本公司将综合考虑箭鹿股份经营状况及现金流状况，通过与箭鹿股份友好协商的方式确定上述股利未来支付安排，并避免该等安排对箭鹿股份日后正常经营产生不利影响。”

案例249　股权激励未设置等待期和限售期（金日创）

北京金日创科技股份有限公司（金日创 430247），2012 年 12 月公司增资中，对 26 名实施了股权激励计划，造成当期公司亏损，是否影响公司未来损益？

【解决方案及解读】

（1）2012 年 12 月 25 日，公司召开临时股东大会，决议公司进行增资，由付宏璧等 26 名公司员工和全永吉等 14 名外部投资者认购公司新增股份。本次增资的总股数为 459 万股，认购价格为公司员工每股 1.5 元，外部投资者每股 2.5 元。

（2）2012 年末公司进行增资，由付宏璧等 26 名公司员工和全永吉等 14 名外部投资者认购公司新增股份。出于对内部员工进行股权激励的考虑，公司对其认购价格为每股 1.5 元，低于对外部投资者的认购价格每股 2.5 元。该股权激励适用股份支付准则，以对外部投资者的每股 2.5 元的认购价格认定为公司股票的每股公允价值，因此对内部职工增资的 254.50 万股形成了 254.50 万元的管理费用，是造成 2012 年公司亏损的重要原因。若扣除股份支付的影响，公司2012年净利润为65.40万元。

由于此次股权激励未设置等待期和限售期，激励对象直接获得公司股票，股份支付差额254.50万元一次性全部计入当期损益，对公司未来期间的损益没有影响。

案例250　其他应付款中含向其他公司的借款（恒成工具）

成都恒成工具股份有限公司（恒成工具430529）其他应付款中含向其他公司的借款，该怎样解释？

【解决方案及解读】

进行合理解释并如实披露：远东国际租赁有限公司款项为公司急需用于采购设备所用款项，当时租赁合同的细节未确定，但鉴于业务的真实性，款项先以借款形式拨付我公司，2013年6月20日签订借款合同，约定借款期限半年，年利率9.31%，记为其他应付款，2013年12月20日借款合同到期后按固定资产售后回租方式调整处理。

案例251　以发票确认收入变更为完工进度确认收入（星通联华）

北京星通联华科技发展股份有限公司（星通联华430614）以前年度对销售采取开具发票确认收入，本期更正为按照完工进度确认收入，该怎样操作？

【解决方案及解读】

如实披露信息：报告期内无会计政策与会计估计的变更。会计差错更正情况如下：

（1）公司以前年度对销售采取开具发票确认收入，本期更正为按照完工进度确认收入，由此进行的追溯调整为：影响2012年度净利润7,059,467.68元，影响2011年度净利润-4,263,842.77元，影响2011年初留存收益-55,823.56元。

（2）公司以前年度将存货中列示的二代检测车、首发检测车作为固定资产使用，由于未对其提取折旧，本期对其补提折旧，由此进行的追溯调整为：影响2012年度净利润-218,638.82元，影响2011年度净利润-218,638.82元，影响2011年年初留存收益-437,277.64元。（共十六项会计差错更正，案例摘录下略）

本期重大会计差错更正影响期初如下：

表 17-2

账　　龄	计提比例（%）
1 年以内	0
1~2 年	5
2~3 年	15
3 年以上	100

案例252　医疗服务收入的确认，是否符合会计准则（华韩整形）

华韩整形美容医院投资股份有限公司（华韩整形 430335）医疗服务收入该如何确认，是否符合会计准则及相关政策？

【解决方案及解读】

报告期内公司业务收入主要包括整形业务收入、皮肤科业务收入、牙科业务收入。其中整形业务收入主要指手术及住院治疗收入。

（1）整形业务收入

① 收入确认流程：对于门诊客户：初诊——确认诊疗方案及手术时间——办理充值或交付现金并开具收据——客户进行手术——手术结束后确认本次诊疗的收入。对于住院客户：初诊——确认诊疗方案及手术时间——办理充值或交付现金并开具收据，同时确认“预收账款”——客户住院并进行手术——办理客户出院结算手续并补交其他费用，同时确认收入。

②收入确认原则：公司为客户提供完毕整形医疗服务后，方可确认手术及住院治疗收入。

（2）皮肤科及牙科业务收入

① 收入确认流程：初诊——确认诊疗方案及治疗时间——办理充值或交付现金并开具收据，同时确认“预收账款”——进行护理治疗——当次治疗结束后确认本次治疗的收入。

② 收入确认原则：公司为客户提供完毕皮肤和牙科美容服务后，方可确认当次治疗的收入。

案例253　影视业销售收入、提供的劳务及其进度确认（基美影业）

上海基美影业股份有限公司（基美影业 430358）销售收入、提供的劳务及其进度该如何确认？确认的标准是什么？

【解决方案及解读】

（1）公司销售商品收入确认的确认标准及收入确认时间的具体判断标准电

影版权收入：在影片取得《电影片公映许可证》、母带已经交付，且交易相关的经济利益很可能流入本公司时确认。

（2）公司按完工百分比法确认提供劳务的收入时，提供劳务收入的确认标准，确定提供劳务交易完工进度的依据和方法：协助推广收入：在影片上映后，公司按照国家电影事业发展专项资金委员会办公室票房统计信息结合以往与发行方结算历史经验先预估收入，最终按照影片放映完与影片发行方最终结算结果进行调整。协助推广成本：推广影片发生的成本费用于发生时计入当期损益。

案例254　医药企业研发费用资本化该怎样核算（永铭医学）

永铭诚道（北京）医学科技股份有限公司（永铭医学 430306）挂牌前，用于研究新技术应用项目的费用该如何核算？

【解决方案及解读】

核算方法：根据不同研发项目，将支出在不同项目下分明细归集，最终转入管理费用或项目成本，或进行资本化从而转入相关资产。

结合业务发展分析其合理性：公司业务为 CRO 服务，在研究的新技术应用于项目时，并不会产生太多的增量费用，与新技术相关的费用支出（同时与项目相关）如果资本化，则会导致相关项目的成本降低，毛利率提升，而将来同样的项目毛利率不会达到如此高的毛利率。所以从业务指标稳定性角度考虑，不适合将开发阶段相关支出进行资本化。

案例255　依赖非经常性损益风险的处理（日望电子）

株洲日望电子科技股份有限公司（日望电子 430400）2011 年、2012 年非经常性损益净额分别为 2,133,822.16 元、982,600.00 元，非经常性损益净额占净利润的比重分别为 81.99%、45.41%。而公司非经常性损益主要为取得的政府补助。显然，公司存在较严重的非经常性损益依赖风险，该怎么解决？

【解决方案及解读】

说明公司为此采取的措施和办法；作重大事项风险提示：

公司非经常性损益主要为取得的政府补助，2011 年、2012 年和 2013 年 1-6 月扣除所得税影响数后非经常性损益净额分别为 2,133,822.16 元、982,600.00 元和 34,021.25 元，非经常性损益净额占净利润的比重分别为 81.99%、45.41% 和 7.13%，虽然非经常性损益占当年净利润的比例明显下降，但是，非经常性损益占净利润的比例仍然较高，净利润对非经常性损益存在重大依赖。考虑到非经常性损益对公司盈利产生的重大影响，如果公司自身盈利没有取得大幅增长，并且没有取得政府补助，将对公司的利润产生重大不利影响。

针对该风险，公司将组建销售团队，加大市场开拓力度，拓展公司产品销售领域，以提高公司产品的销量和市场占有率；同时，加大科研开发力度，持续研制高附加值的产品，保持公司主营业务的持续增长，逐步降低对非经常性损益的依赖程度。

17.2.3　税收缴纳

案例256　企业所得税征收方式更改或存罚款风险和合规性质疑（杰盛通信）

上海杰盛通信工程股份有限公司（杰盛通信 831113），2014 年 8 月挂牌，主要业务为移动信息数据网络的咨询评估、规划设计、调测、部署集成、运营支撑和优化调整的一站式综合服务。公司 2012 年企业所得税征收方式为核定征收，2013 年 9 月变更为查账征收。问题一：报告期内公司实行核定征收方式申报缴纳企业所得税的原因是什么？问题二：公司因所得税征缴方式变化导致存在补缴或处罚款、滞纳金等潜在风险是否须主管税务机关同意或审批？问题三：补充披露所辖税务机关对于报告期内合法纳税的证明文件等相关事项的同时，披露说明控股股东或实际控制人对可能存在的追缴税款和滞纳金风险的应对措施是什么？

【解决方案及解读】

公司自 2004 年成立起，采用核定征收方式申报缴纳企业所得税，核定征收方式经上海市宝山区国家税务局、上海市地方税务局宝山区分局鉴定并公示。故一直沿用至 2013 年第二季度。2012 年当期按应税收入的 8%作为应纳税所得额征收企业所得税，所得税费用为 737,843.26 元。如果为查账征收并按照应纳税所得额和当期适用之税率（25%）计征企业所得税，所得税费用为 1,677,433.43 元。两者相差 939,590.17 元。假定公司 2012 年度使用查账征收方法申报所得税，当期净利润将减少 939,590.17 元。

经适当核查，认为，公司 2013 年第三季度开始采用查账征收方式申报企业所得税。根据公司主管税务机关出具的《证明》，公司在报告期内依法纳税，未因税收问题受到税务机关处罚。公司所得税征缴方式变化导致公司补缴或处罚款、滞纳金等潜在风险较小。公司实际控制人出具承诺，由于所得税征缴方式变化导致公司补缴或处罚款、滞纳金的损失由其承担。

综上，根据公司提供的完税凭证及主管税务机关出具的证明文件等材料，公司在报告期内按期办理纳税申报，税务局未下发补缴或行政处罚类文件，公司未受行政处罚，上述行为不构成重大违法违规行为，不构成杰盛通信本次公开转让的实质性法律障碍。

案例257　增值税退税金额较大或存政策变动影响（闽保股份）

福建省闽保信息技术股份有限公司（闽保股份 430544）增值税退税金额较大，未来如国家增值税税收优惠政策发生不利变化，是否将直接影响公司的净利润？

【解决方案及解读】

说明增值税退税金额较大的原因及相关情况；匡算财务影响并说明对公司经营的影响；如实披露详情：

公司于 2008 年 3 月通过软件企业认证，根据财政部、国家税务总局、海关总署《关于鼓励软件产业和集成电路产业发展有关税收政策问题的通知》（财税[2000]25 号）文件的规定，自 2000 年 6 月 24 日起至 2010 年年底以前，对增值税一般纳税人销售其自行开发生产的软件产品，按 17%的法定税率征收增值税后，对其增值税实际税负超过 3%的部分实行即征即退政策，本公司从 2009 年起销售自行开发生产的软件产品，按 17%的法定税率征收增值税后，对其增值税实际税负超过 3%的部分实行即征即退政策。

根据国务院 2011 年 1 月 28 日下发的《国务院关于印发进一步鼓励软件产业和集成电路产业发展若干政策的通知》（国发[2011]4 号），继续实施软件增值税优惠政策。软件增值税即征即退政策在 2010 年到期后将继续执行。报告期内，公司所享受的增值税退税情况如下：

表 17-3

项　目	2013 年 1~6 月	2102 年度	2011 年度
增值税退税	285,849.48	651,782.99	911,342.88
利润总额	-3,610,720.00	2,258,028.03	5,855,219.22
占利润总额比例	-7.95%	32.09%	17.64%

公司按照上述税收优惠文件享受增值税退税，2013 年 1~6 月、2012 年和 2011 年分别形成增值税退税 285,849.48 元、651,782.99 元和 911,342.88 元，占当期利润总额的比例分别为-7.95%、32.09%和 17.64%。但如果国家增值税税收优惠政策发生不利变化，将直接影响公司的净利润。

案例258 特殊性税务处理未进行备案

B 企业在 2013 年 5 月进行的重组中，适用了特殊性的税务处理，却没有按照规定到主管机关进行备案。

【解决方案及解读】

选择特殊税务处理应按《关于企业重组业务企业所得税处理若干问题的通知》（财税[2009]59 号）第 11 条规定备案；如企业重组各方需要税务机关确认，可以选择由重组主导方可向税务机关申请，层报省级税务机关确认；

案例259 整体改制中的契税、营业税、土增税问题

C 企业申请挂牌的在整体改制过程中，涉及大量资产的转让行为，没有按照税法规定缴纳相应的契税、营业税、土地增值税等。

【解决方案及解读】

依照税法规定，纳税人在资产重组过程中，通过合并、分立、出售、置换等方式，将全部或者部分实物资产以及与其相关联的债权、债务和劳动力一并转让给其他单位和个人的行为，不属于营业税征收范围，其中涉及的不动产、土地使用权转让，不征收营业税。根据《关于企业改制重组有关土地增值税政策的通知》（财税〔2015〕5 号），符合条件的四种情况暂不征收土地增值税。

案例260 无形资产减资或存税务风险（网动科技）

北京网动网络科技股份有限公司（网动科技 430224）无形资产减资或存补缴包括但不限于企业所得税、税收滞纳金及罚款等风险，该如何解决？

【解决方案及解读】

股东承诺承担全部责任并作信息披露。

网动科技减资时，无形资产原值为 245 万元，已累计摊销金额 72.48 万元，净值为 172.52 万元，减少注册资本 245 万元。减少的注册资本与无形资产净值之间的差额 72.48 万元计入本期资本公积。

公司全体股东对于此次无形资产减资可能涉及的税务风险已经出具承诺：如果公司因该事项需要补缴包括但不限于企业所得税、税收滞纳金及罚款，将由公司股东朱云、李明、陶永劲及聂维伟按现有持股比例承担缴纳责任。

案例261 股权代持税务问题与解决

F 公司基于特定的原因，公司在申请挂牌前存在代持股的情形，这样的税收怎么收取？

【解决方案及解读】

在不构成经营障碍的前提下，应做到股权的实名制，如果客观上需要代持股，代持股协议应明确双方的权利义务，代持人应该按照规定依法缴纳税款。

案例262　未进行股权及税务架构设计

D投资者由于没有事前进行税务架构的优化，而将在2010年投资退出时，面临缴纳了25%的企业所得税，以及20%的个人所得税的问题。

【解决方案及解读】

我国为了发展中西部地区经济，鼓励产业转移，国家及省、市、县各层面已经出台了许多税收优惠政策和财政补贴政策，公司可以事前优化税务架构，以降低经营，尤其是投资退出的税负。

案例263　自然人股东发生追缴税费的情况（大和恒）

北京大和恒粮油贸易股份有限公司（大和恒831749）在申请挂牌的过程中，存在自然人股东纳税情况，如未缴纳，说明其合法合规性及规范措施；

【解决方案及解读】

依据《国家税务总局关于股份制企业转增股本和派发红股征收个人所得税的通知》，有限公司整体变更时，除注册资本外的资本公积、盈余公积及未分配利润转增股本按以下情况区别纳税：

（1）资本公积转增股本时不征收个人所得税，股份制企业用资本公积金转增股本不属于股息、红利性质的分配，对个人取得的转增股本数额，不作为个人所得，不征收个人所得税；

（2）盈余公积及未分配利润转增股本时应当缴纳所得税，股份制企业用盈余公积金及未分配利润转增股本属于股息、红利性质的分配，对个人取得的红股数额，应作为个人所得进行征税。因此，折股或转增股本过程中，个人股东只有“资本公积－股票溢价”部分是免征个人所得税的，其他需要纳税。

案例264　个人股东股权转让未及时申报缴纳个人所得税

D公司个人股东在2015年1月发生的股转转让等行为，没有按照税法的规定及时缴纳个人所得税。

【解决方案及解读】

2014年12月7日，国家税务总局发布了《股权转让所得个人所得税管理办法（试行）》（国税总局公告2014年第67号）并自2015年1月1日起施行，按照 67 号文规定，当股权转让协议签订生效后，纳税义务即产生，而无论此时是否已经收到股权转让款。此时扣缴义务人和纳税人应当在次月 15 日内向主管机关申报纳税。

案例265　个人以非货币性资产投资未缴纳个人所得税

A 公司在 2012 年时，个人股东 B 以无形资产等非货币性资产投资入股，没有缴纳个人所得税，且已经按照一定年限对无形资产进行了摊销。

【解决方案及解读】

根据《关于个人非货币性资产投资有关个人所得税政策的通知》（财税[2015]41 号文），个人以非货币性资产投资，属于个人转让非货币性资产和投资同时发生。

企业挂牌对个人转让非货币性资产的所得，应按照“财产转让所得”项目，依法计算缴纳个人所得税。个人以非货币性资产投资，应按评估后的公允价值确认非货币性资产转让收入。非货币性资产转让收入减除该资产原值及合理税费后的余额为应纳税所得额。

案例266　自然人股东在公司整体变更时未缴纳所得税（蓝贝望）

北京蓝贝望生物医药科技股份有限公司（蓝贝望 430242）公司整体变更时，自然人股东未缴纳个人所得税，该怎么办？

【解决方案及解读】

自然人股东出具承诺函，承诺承担全部责任并如实披露信息。

2013 年 1 月 29 日，公司 3 位自然人股东温光辉、宛六一、李春红出具《承诺函》，承诺蓝贝望有限整体变更为股份有限公司，股东应缴纳的个人所得税，由全体自然人股东按持股比例承担，与蓝贝望股份公司无关，若因此导致蓝贝望股份遭受任何损失和处罚，由全体自然人股东按出资比例承担。

案例267　缓交股改个人所得税与处理（天涌科技）

广西天涌节能科技股份有限公司（天涌科技 430534）存在缓交股改个人所得税的情况，该如何处理？

【解决方案及解读】

如实披露：2013 年 10 月 31 日应交税费余额为 644,680.08 元，比 2012 年 12 月 31 日明显增加，主要是计提股东应交个人所得税 599,874.22 元。计提股东应交个人所得税 599,874.22 元的原因：

2012年12月25日公司股改，根据个人所得税的相关规定，股东以未分配利润转增股本应缴纳的个人所得税599,874.22元，截至本说明书签署日，个人所得税尚未缴纳。公司对股东的个人所得税具有代扣代缴义务，在账务上已计提这部分税款，计提分录为：

借：其他应收款　　599,874.22

　　贷：应交税费——应交个人所得税　　599,874.22

公司代股东向柳州地税局提交了缓交股改个人所得税的申请，股东也已出具承诺，由其个人承担这部分税款的缴纳责任。

新三板实务史上，全面、系统与实战之至的鸿篇巨制

（董秘的特殊性，其应涉实务的广度、深度，应为所有参与者的标杆）

新三板董秘实战
600案例900问

下 投融关系与定增并购

王骥 编著

钻石董秘是这样打造的

電子工業出版社
Publishing House of Electronics Industry
北京•BEIJING

内 容 简 介

该套书分上中下三册，按章设置43大类专题、480多种细分主题，所涉新三板资本实务有股权激励与结构，市值管理，定向发行、优先股，做市、转让与质押融资，战略或财务投资，并购重组、借壳，路演与投资者关系，三会运行、内控治理、规范经营，信息及脱密披露，股东及股份管理、权益分派，股票交易、限售解禁，媒体公关、舆情管理、危机管理，法律事务、财务税收等。多达118万字、累计1048页，案例610多例、问答950多项，几乎概括了挂牌前董秘、挂牌后事务性董秘与战略性董秘所有成长阶段的所有实务与能力培养内容。截至目前，可谓新三板实务史上最全面、最系统与最具实战价值的鸿篇巨制。正因如此，本书也算得上是资本市场所有参与者深度理解新三板与玩转资本运营的百科宝典。本书每一章设有两大部分，一部分为问答，属于实务性内容；另一部分为案例分析，属于实战性内容。

本书适合新三板挂牌企业、拟挂牌企业及其他各类企业董秘，抑或有志向成为董秘的各类人士阅读；适合挂牌企业、拟挂牌企业和其他企业等公司、集团以及各类金融机构、服务性中介的董事、监事、高管、合伙人等决策者和其他级别的管理者，抑或有志向成为这些决策、管理者的各类人士阅读。

图书在版编目（CIP）数据

新三板董秘实战600案例900问：全三册 / 王骥编著. —北京：电子工业出版社，2017.2
ISBN 978-7-121-30732-4

Ⅰ. ①新…　Ⅱ. ①王…　Ⅲ. ①中小企业－企业融资－中国－问题解答　Ⅳ. ①F279.243-44

中国版本图书馆CIP数据核字（2016）第316634号

责任编辑：高洪霞
印　　刷：三河市双峰印刷装订有限公司
装　　订：三河市双峰印刷装订有限公司
出版发行：电子工业出版社
　　　　　北京市海淀区万寿路173信箱　邮编：100036
开　　本：720×1000　1/16　印张：65.5　字数：1176千字
版　　次：2017年2月第1版
印　　次：2017年2月第1次印刷
定　　价：228.00元（全三册）

前言：董秘的重要地位及其层次与修炼

一、第四方力量

业界一般认为，企业董事会秘书（以下简称董秘）是新三板挂牌公司、沪深上市公司除董事长、总经理、财务总监之外的最重要职位，通常被称为企业的“四大金刚”之一。当然，还有一些人认为，一家企业如果进入了资本市场，董秘的位置可能应该要排到第二位，特别是那些战略型的董秘，对资源的整合和对资本的运营，为企业赚得的效益或许很多时候是超过总经理的。实际上，笔者甚至认为，未来的董秘应该是与总裁并驾齐驱的职位，是企业战略、资本谋划的幕僚长与实际决策者，是企业、集团除“三会”之外的第四方实务性制衡机构。

为什么这么说呢？理由很简单。

随着大数据、人工智能、互联网与移动终端技术的交融和发展，人人皆为媒体、人人皆为经济体的时代或将渐行渐近。这样，企业的商业模式、组织结构或将发生巨大的变化，甚至彻底改变，可能连员工的工作模式都会改变。那时，企业生存、发展等对各类资源的开发、匹配与整合，将实体经营（现实+线上线下）与资本经营（虚拟）合缝对接的谋划与运营则尤显重要。那么，企业智能、谋划与整合密集型的组织形式或将运应而生，它有很大可能就是以挂

牌或上市公司董秘这一角色为中心，成为独立并服务于董事会、监事会与股东大会“三会”之外的第四方力量。这一力量站在资本与实体最佳对接的高度对企业的各方经营、运作进行指导，是战略与实务的交融体，是完全有可能成为“三会”利益诉求与现实整合对接的第四方制衡力量的。

二、董秘层次与升级

既然董秘这一职位这么重要，那么怎样才能成为一个合格的、突出的甚至杰出的董秘呢？这里简单地从董秘的分类与升级说起。

就新三板市场来说，按照职责与能力，董秘可分为两个阶段，一个是挂牌前的董秘，一个是挂牌后的董秘。挂牌后的董秘又可简单地分为两种，一种是事务性的董秘，一种是战略性的董秘。2016年9月8日，全国股转系统公司发布《全国中小企业股份转让系统挂牌公司董事会秘书任职及资格管理办法（试行）》，从相关内容来看，其定义的董秘实际上属于事务性董秘，涉及战略性董秘的内容比较少。

所谓事务性董秘，就是以信息披露、合规运作、公司治理为主要工作的董秘。所谓战略性董秘，就是以企业再融资、并购重组、市值管理与股权经营等与资本运作相关事务为主要工作的董秘。其中，前者工作的特点就是格式化、标准化与流程化；后者的特点就是多样性、广博性与整合性。

董秘从挂牌前董秘成长为挂牌后董秘，是一大进步，进而再成长为事务性董秘，更是一大进步。如若从事务性董秘成长为战略性董秘，那就叫作“飞跃”，极其不容易。

目前，新三板挂牌企业中，绝大多数的董秘都停留在事务性董秘阶段，甚至可以说很多董秘连事务性的基本职能和能力都还没有达到。不然，为何近两年，全国股转公司开出了那么多的罚单（当然，董秘连坐是有的，但也可归为董秘职责）呢？这些罚单绝大多数都涉及事务性操作内容。

董秘如何成长？如何修炼？囿于行业、企业与董秘自身精力的有限性，即便是长期任职一家或数家企业董秘的人，其日常的实践和学习也必然存在它的狭隘性。所以，笔者认为，对新三板各类企业、各种情况下的董秘制度规则的

归纳、实务的总结与实践的剖析，分类精选汇总的实战性的图书，在董秘成长学习中，应该能够起到“事半功倍”的作用。基于此，我们精心设计了董秘系列实战图书。

三、三层次董秘的定制修炼

《新三板董秘实战 600 案例 900 问》分为上、中、下三册，全书涉及新三板分层挂牌、股票股权经营、融资、资本运作等数百个细分主题，几乎囊括新三板资本实务的方方面面，多达 110 万字，累计 1048 页，案例 610 多例，问答 950 多个，几乎概括了挂牌前董秘、挂牌后的事务性董秘与战略性董秘所有成长阶段的所有实务与能力培养内容，可谓截至目前新三板实务史上最全面、最系统与最具实战价值的鸿篇巨制。该书每一章分两部分，第一部分为问答，属于实务性内容；第二部分为案例分析，属于实战性内容。这里简单分类说说。

对挂牌前董秘：主要在中册内设置了股份制改造、尽职调查与分层挂牌相关的各类实务。

对挂牌后事务性董秘：在上、中、下各册内设置了三会运行与治理，包括独立性、对外担保资金占用、关联交易与同业竞争等公司内控与治理，包括年报、半年报、临时报告与涉密脱密等的信息披露，股东管理、股份管理、股票交易与转让、限售与解禁、权益分派、媒体关系与危机管理等实务与实战。

对战略性董秘：主要在中、下册内设置了股权激励、市值管理、定向发行、优先股发行、并购重组、借壳挂牌或上市、路演与投资者关系等实务、实战内容。

如上三类实务不仅概括了新三板的相关制度、规则与实践，而且还涉及新三板目前还未来得及制定的制度规则，需要比照沪深上市公司的相关规定、要求的大量内容。希望这些实务与实战能为各层级董秘的成长与修炼带来众多裨益。

由于董秘工作涉及资本市场与企业治理、规范经营的方方面面，所以，本系列图书也是企业董事、监事和高管，其他中高级管理人士及拟成为这些决策者、管理者人员，以及拟成为各类企业董秘的人士等全面了解与深度研究新三

板资本市场，并学习其实务的一套很好的实战性图书。

本书参考了新三板涉及的最新政策、制度和规范，操作实战技能、案例原始资料等参考或来自于全国股转系统官网，以及相关券商、中介与服务机构的官网和互联网所公开披露的大量信息资料，以及相关专业机构的实践，并经笔者整理、归纳和提炼，这里特作说明和感谢，不在书中单列。另外，笔者对本人家属和所有支持过该套图书编撰、出版的单位及朋友致以深切的谢意！同时，书中的纰漏、不当与谬误，敬望业界同仁予以批评、指正！

作者：王骥

2016 年 12 月 15 日

目　录

第 1 部分　股票发行、优先股与市值管理

第 1 章　股票发行：谋划及流程、要事操作等实务……2

1.1　常规疑难 31 问……2

1.1.1　概念类型、流程与披露时点……2

1.1.2　外资、合伙等 10 种发行对象与要求……6

1.1.3　连续变更、对赌价格、资金使用等……10

1.1.4　报告、意见书及督导等……13

1.1.5　股票发行相关会计处理……13

1.2　典型实战 20 例……15

1.2.1　表决权、延迟备案与认购上限……15

1.2.2　认购提前、延迟与大股东借款问题……16

1.2.3　资产收购与股权收购的发行……17

1.2.4　并购及资金储备与控制权变更的定增……19

1.2.5　股权激励、合作投资与改装偿债等……22

1.2.6　多种募集用途新玩法与资金的使用……24

第 2 章　股东人数超 200 的股票发行实务……29

2.1　常规疑难 15 问……29

2.1.1　制度、流程与申报……29

2.1.2　说明书、报告及要求……31

2.1.3　发行方式、数量金额与办理……33

2.1.4　对象、优先权与推荐查询……34

2.2 典型实战11例……35
2.2.1 发行范围、方式及要求……35
2.2.2 中介适格性与尽责意见等……37
2.2.3 财务指标与募资用途……40
2.2.4 关联交易、同业竞争与资金占用……43
第3章 股东人数未超过200的股票发行实务……46
3.1 常规疑难16问……46
3.1.1 制度、流程等要求……46
3.1.2 审核、合同与报告书……48
3.1.3 方式、数量与认购……50
3.1.4 备案、登记及要求……52
3.2 典型实战16例……54
3.2.1 自愿锁定与转让限售……54
3.2.2 优先认购有无及其安排……59
3.2.3 投资人反水与友好终止……61
3.2.4 要求高、经营不理想与认购人缺失……62
3.2.5 低价定增、资金占用与股东会否决……63
第4章 优先股发行：流程、事项与重点操作等实务……65
4.1 常规疑难18问……65
4.1.1 概念分类、权利风险与作用意义……65
4.1.2 特点利弊、主体场所与发行回购……68
4.1.3 法规对象与适合条款……71
4.1.4 流程决议、披露转让与登记结算等……73
4.2 典型实战12例……75
4.2.1 首开发行优先股……75
4.2.2 目的种类、数量金额与价格利率……76
4.2.3 赎回、条款与强制赎回……78
4.2.4 分配方式与利息支付……82
4.2.5 表决权限制、恢复与风险问题……84
第5章 市值管理：概念、流程与事项关键等实务……88
5.1 常规疑难17问……88

5.1.1 市值管理的概念、误区及意义……88
5.1.2 新三板市值管理的痛点、环节与影响因素……91
5.1.3 市值管理的阶段、方式与评价……93
5.1.4 股东结构、4R 与定位及周期……95
5.1.5 产融互动、入口、融资与并购……97
5.2 典型实战 11 例……100
5.2.1 产融结合、融资与资产注入……100
5.2.2 并购分拆、定增增持与逆周期及波段操作……103
5.2.3 市值操作中的违规与处罚……104

第 2 部分 并购重组与借壳实务

第 6 章 并购重组制度、策略尽调及方案设计等实务……108
6.1 常规疑难 23 问……108
6.1.1 并购重组概念模式与作用风险……108
6.1.2 并购重组战略、策略与尽职调查……115
6.1.3 并购重组交易方案步骤、原则与内容……124
6.1.4 资产评估、支付方式与过渡期安排……126
6.2 典型实战 8 例……130
6.2.1 横向并购……130
6.2.2 纵向并购……133
6.2.3 混合并购……137
6.2.4 境外并购重组……139
第 7 章 收购实务：谋划、流程要事与操作……145
7.1 常规疑难 19 问……145
7.1.1 收购概念制度、分类与主体……145
7.1.2 收购人、中介及信息披露、限售与监管……148
7.1.3 股份权益变动及要求与操作……150
7.1.4 要约收购流程、要求注意及竞争要约……153
7.2 典型实战 18 例……157
7.2.1 持续触发、一致行动人权益与内幕知情人……157
7.2.2 收购评估定价、关联交易与限制性业务植入……159
7.2.3 收购后业绩大增、持续经营与曲线上市……162

7.2.4 板内、溢价的收购与权益披露……165
7.2.5 行权披露、大额买卖与操纵市场等违规……168
第8章 重大资产重组流程、事项操作与重点等实务……173
8.1 常规疑难29问……173
8.1.1 概念制度、情况条件与中介注意……173
8.1.2 鉴别、两种类型及流程……176
8.1.3 申请暂停（恢复）转让、保密性与内幕人要求等……178
8.1.4 董事会、股东会审议及各阶段信息披露等……181
8.1.5 预案、报告书及其变更与资产评估要求操作……184
8.1.6 审查核准、备案与交易双方责任及其股份限售……188
8.2 典型实战13例……190
8.2.1 判断、募集人数确认与实质性条件……190
8.2.2 过渡期损益、配套融资与申请暂停转让违规……194
8.2.3 实际控制人变更、资产注入与中概股回归……196
8.2.4 发行股份、现金支付及特殊资产与产业布局……198
第9章 借壳政策、事项与操作关键……206
9.1 常规疑难9问……206
9.1.1 狭义与广义内涵与如何规避狭义借壳……206
9.1.2 监管态度、标准与意义……208
9.1.3 借壳模式、方案设计与法律问题……210
9.2 典型实战9例……211
9.2.1 股权收购借壳……211
9.2.2 定向增发借壳……215
9.2.3 其他借壳方式……218

第3部分 投资者关系、路演与危机管理

第10章 投资者关系所涉重要事项、环节与操作……224
10.1 常规疑难27问……224
10.1.1 内涵拓展、原则目标与价值作用……224
10.1.2 新时期环境转换升级与发展方向……227
10.1.3 工作职责、建议与常规工作……229

10.1.4 渠道沟通与平台建设……232
10.1.5 会务沟通及活动内容及操作……235
10.1.6 与企业成长阶段匹配 11 类资本与机构关系……236
10.2 典型实战 15 例……242
10.2.1 信息不对称、专业认证与滚动计划……242
10.2.2 股价波动、企业跟踪与投资者身份……245
10.2.3 天使投资、风险投资与私募投资……248
10.2.4 重振资本、管理层收购与杠杠收购……250
10.2.5 信托夹层资本与小 IPO 资本融资关系……251
第 11 章 路演必备知识、环节与要事操作等实务……253
11.1 常规疑难 17 问……253
11.1.1 近年来的市场乱象与监管……253
11.1.2 概念分类、形式好处与参与者……256
11.1.3 路演内容、准备与服务操作……258
11.1.4 线上路演及操作……260
11.1.5 反向路演、预路演与境外路演……262
11.2 典型实战 4 例……264
11.2.1 定增路演与海外路演……264
11.2.2 集中路演与违规处罚……265
第 12 章 危机管理意识、事项操作与实战技能……267
12.1 常规疑难 24 问……267
12.1.1 危机概念、特点与类型……267
12.1.2 危机引发、连锁反应及其管理小组与原则……269
12.1.3 危机管理 4 大阶段及操作……272
12.1.4 危机管理的八大策略……275
12.1.5 7 类群体危机公关技能……277
12.2 典型实战 18 例……280
12.2.1 危机公关对企业、个人与品牌影响……280
12.2.2 积极应对与危机管理的效果……282
12.2.3 态度、策略不同，结果大相径庭……284
12.2.4 傲慢、偏执与掩盖与重大损失……289
12.2.5 如何详尽分析与处理危机事件……292

问答目录

问答 001　新三板股票发行与定向发行的概念有什么区别？……2

问答 002　股东人数以 200 为界，两类股票发行程序与判断有何不同？……3

问答 003　挂牌公司股票发行的基本流程有哪些？……4

问答 004　申请挂牌的同时发行股票具体有哪些流程？……4

问答 005　何为储架发行？挂牌公司有何要求？……5

问答 006　对挂牌公司股票发行涉及的信息披露时点是怎样要求的？……5

问答 007　挂牌公司股票发行对象有何要求？……6

问答 008　机构投资者与自然人投资者的股票发行有何要求？……6

问答 009　认购对象中存在私募投资基金管理人或私募投资基金的情况需注意什么？……7

问答 010　对证券公司参与挂牌公司股票发行有何要求？……8

问答 011　发行对象为做市商的，有哪些事项需注意？……8

问答 012　挂牌公司是否可以向持股平台、员工持股计划定向发行股份？有何要求？……8

问答 013　定向发行对象为外资企业的是否有限制性规定？……9

问答 014　境外机构和外国人是否可以直接参与定向增发及交易？外资股东如何办理开具股票交易账户？……9

问答 015　合伙企业能否参与认购挂牌公司定向发行的股份？……9

问答 016　定向发行业务中，子公司员工是否可以被认定为挂牌公司核心员工？……9

问答 017　股票发行对象应遵守的限售规定有哪些？……10

问答 018　挂牌公司连续发行股票应当如何操作？……10

问答 019　通过发行股份变更控股股东和实际控制人，发行对象有何要求？……11

问答 020　通过场外机构和互联网平台进行股票发行，挂牌公司允许吗？……12

问答 021　通过股票发行募集的资金，挂牌公司何时可以使用？……12

问答 022 发行募集资金用于股权投资的，必要时是否可以出售其购买的子公司股份？是否会影响公司下一轮定向发行？……12
问答 023 股票发行认购人与挂牌公司可以签订对赌协议吗？……12
问答 024 外部投资者和原股东定增价格不一，可行吗？……12
问答 025 发行申请备案时，审计报告与资产评估报告分别在何种情况下提交？……13
问答 026 定向发行申请文件中的法律意见书，为控制成本是否可以省略？……13
问答 027 挂牌公司定向发行，是否可以由主办券商以外的券商代为向全国股转系统报送有关备案资料？……13
问答 028 挂牌公司需要一直有主办券商持续督导吗？是否有督导期？……13
问答 029 股票发行验资的会计师事务所必须与年报审计的会计师事务所一致吗？……13
问答 030 股票发行，如何判断是否适用企业会计准则要求？……14
问答 031 发行权益性证券时发生的各种费用该如何进行会计核算？……14
问答 032 股东人数超过 200 的股票发行，有哪些制度规则？……29
问答 033 超过 200 股东人数的股票发行，主要业务流程有哪些？……29
问答 034 超过 200 股东人数的股票发行，证监会核准需要报送哪些申请文件？……30
问答 035 超过 200 股东人数的股票发行，定向发行说明书主要有哪些内容？……31
问答 036 超过 200 股东人数的股票发行，报告书主要有哪些内容？……32
问答 037 “申请人最近两年及一期的财务报告及其审计报告”具体有何要求？……32
问答 038 定向发行情况报告书中，“发行前后相关情况对比”需比较几名股东持股数量与比例？……32
问答 039 超过 200 股东人数的股票发行，可以采取的发行方式有哪几种？……33
问答 040 超过 200 股东人数的股票发行，发行价格和发行数量如何确定？……33
问答 041 发行方案中规定拟募集资金“不超过 4000 万元”，实际募集资金仅 3200 万元，是否可以？……33
问答 042 超过 200 股东人数的股票发行，新增股份挂牌手续如何办理？……33
问答 043 超过 200 股东人数的股票发行，以非现金资产认购股份的，对发行对象有何要求？……34
问答 044 超过 200 股东人数的股票发行，现有股东是否有优先认购权？……35
问答 045 发行验资报告应由会计师事务所出具，股转系统是否有推荐或者其他要求？……35
问答 046 超过 200 股东人数的股票发行，中国证监会怎样公布审查进度情况？……35
问答 047 股东人数未超过 200 的股票发行有哪些制度规则？……46
问答 048 股东人数未超过 200 的股票发行的业务流程有哪些？……47
问答 049 股票的发行和认购环节的业务流程主要有哪些？……48

问答050 董事会审议股票发行有哪些问题需要注意？……48
问答051 股东大会审议股票发行有哪些问题要注意？……49
问答052 挂牌公司与发行对象签署股票认购合同时，需要注意什么？……50
问答053 股票定向发行情况报告书中应包括什么内容？……50
问答054 股票发行，挂牌公司可采取哪几种发行方式？……50
问答055 股票发行价格和发行数量是如何确定的？……51
问答056 针对股票发行，如何理解现有股东优先认购权？……51
问答057 以非现金资产认购股份，发行对象有哪些特别规定？……52
问答058 股票发行，在认购对象缴款后如何验资？……52
问答059 股票发行，挂牌公司需要向全国股转系统提交的备案申请文件有哪些？……52
问答060 新三板对股票发行备案申请材料的审查有哪些程序？……53
问答061 发行备案需向全国股转系统提交“中国结算出具的股份登记证明文件”，具体指什么？……54
问答062 挂牌公司取得股份登记函后，还需要履行哪些手续？……54
问答063 何为优先股？……65
问答064 优先股有哪些种类？……65
问答065 优先股股东具有的权利有哪些？……66
问答066 优先股对新三板挂牌企业与投资者有何重大意义？……67
问答067 优先股可能存在的风险有哪些？……68
问答068 优先股与普通股的不同点有哪些？……68
问答069 优先股相对普通股的利弊有哪些？……68
问答070 优先股与债券的不同点有哪些？……69
问答071 优先股发行主体、发行方式和转让场所的规定是怎样的？……70
问答072 优先股回购方式有哪些？……70
问答073 发行优先股的挂牌公司适用的法律规则主要有哪些？……71
问答074 对挂牌公司来说，优先股发行对象的要求有哪些？……71
问答075 适合发行优先股的有哪些公司？……72
问答076 发行优先股需要遵循的事项与条款有哪些？……72
问答077 挂牌公司发行优先股有哪些程序？……73
问答078 发行优先股，股东大会审议程序与表决要求是什么？……73
问答079 发行优先股的挂牌公司信息披露事项有哪些？……74
问答080 优先股交易转让、登记结算及并购重组有哪些规定？……74
问答081 怎样理解市值管理的概念？……88

问答 082　市值管理概念、内涵认识的六大误区是什么？……89
问答 083　市值管理涉及 200 多条法律法规说明了什么？……90
问答 084　市值管理有何意义？……90
问答 085　新三板市值管理 4 大痛点是什么？……91
问答 086　市值管理匹配新三板特点的 9 大环节是什么？……91
问答 087　识别影响公司市值的 9 大关键因素是什么？……92
问答 088　市值管理实现的 4 大阶段或步骤是什么？……93
问答 089　市值管理的一般方式有哪些？……93
问答 090　市值管理如何作出评价？主要考察哪些因素？……94
问答 091　市值管理与股东结构的内在关系是什么？……95
问答 092　市值管理与 4R 关系管理该怎样理解？……96
问答 093　市值管理与业务产业、市场定位及周期该如何互动？……97
问答 094　为何说产融互动是市值管理的精髓？……97
问答 095　为何说估值是市值管理的入口和起点？……98
问答 096　为何说融资是市值管理的试金石？……98
问答 097　为何说并购重组是市值管理的放大器？……99
问答 098　如何理解并购重组的概念？……108
问答 099　并购重组常见模式有哪些？……109
问答 100　并购重组的意义与风险有哪些？……110
问答 101　新三板的并购重组为何很火爆？……111
问答 102　并购重组的制度规则有哪些？……111
问答 103　挂牌公司与上市公司在收购制度上有何区别？……112
问答 104　挂牌公司与上市公司重大资产重组制度有何区别？……113
问答 105　挂牌公司与上市公司并购购重组的监管有何区别？……113
问答 106　并购重组战略的重点及其所涉成本是什么？……115
问答 107　挂牌公司并购重组策略种类是什么？该如何选择？……116
问答 108　并购重组尽职调查的原则是什么？……117
问答 109　并购重组尽职调查的主要流程有哪些？……118
问答 110　并购重组法律尽职调查的关注重点有哪些？……119
问答 111　并购重组财务和税务尽职调查的关注重点有哪些？……120
问答 112　并购重组商业尽职调查的关注重点有哪些？……121
问答 113　并购重组海外并购尽职调查的关注重点有哪些？……122
问答 114　挂牌公司并购重组交易方案设计的步骤是什么？……124

问答115 挂牌公司并购重组交易方案设计的目的和原则是什么？……124
问答116 挂牌公司并购重组交易方案设计的内容是什么？……125
问答117 并购重组所涉资产评估的基本方法是什么？……126
问答118 资产评估三种基本方法的基本原理与要素是什么？……127
问答119 并购重组支付方式主要有哪些？……128
问答120 挂牌公司并购重组过渡期安排……129
问答121 如何理解新三板收购的概念？……145
问答122 挂牌公司收购制度规则有哪些？……146
问答123 收购制度的依据和目的是什么？……146
问答124 协议收购与要约收购的区别有哪些？……147
问答125 新三板收购涉及的主体有哪些？……147
问答126 新三板挂牌企业收购人及条件有哪些要求？……148
问答127 挂牌公司收购，需要聘请中介机构有哪些？……149
问答128 挂牌公司收购，涉及的信息披露主体及限售规定有哪些？……149
问答129 新三板收购的监管原理与原则是什么？……150
问答130 投资者收购权益披露的触发条件是什么？……150
问答131 协议收购挂牌公司过程中的注意事项有哪些？……151
问答132 收购中投资者的一致行动人该如何认定？……152
问答133 收购投资者及其一致行动人拥有的权益如何计算？……153
问答134 要约收购的类型及基本要求有哪些？……153
问答135 要约收购的基本流程是怎样？……154
问答136 要约收购的期限与要约变更的要求是什么？……154
问答137 要约收购的支付手段及履约保障有何要求？……155
问答138 对被收购公司、预受股东及要约期满后的处理有何要求？……156
问答139 竞争要约及其特别规定是什么？……156
问答140 挂牌公司重大资产重组的概念什么？……173
问答141 挂牌公司重大资产重组的制度规则有哪些？……173
问答142 构成挂牌公司重大资产重组的情况有哪些？……174
问答143 挂牌公司实施重大资产重组应具备哪些基本条件？……175
问答144 重大资产重组挂牌公司应当聘请的中介机构有哪些？……175
问答145 筹划重大资产重组阶段的其他注意事项有哪些？……175
问答146 挂牌公司重大与非重大资产重组的辨别及操作是怎样的？……176
问答147 现金购买资产的重大资产重组的流程是怎样的？……177

问答 148　发行股份购买资产的重大资产重组的流程是怎样的？……177
问答 149　重大资产重组中申请暂停、恢复转让情形及注意事项有哪些？……178
问答 150　挂牌公司重大资产重组保密性的要求有哪些？……178
问答 151　重大资产重组中内幕信息知情人报备及注意事项有哪些？……179
问答 152　挂牌公司重大资产重组内幕知情人有哪些？……180
问答 153　挂牌公司如何做好重大资产重组过程中内幕信息管理？……180
问答 154　内幕信息知情人在暂停转让前夕买入股票应怎样处理？……181
问答 155　重大资产重组中首次董事会议应注意哪些问题？……181
问答 156　重大资产重组中股东大会表决及注意事项有哪些？……182
问答 157　重大资产重组不同阶段挂牌公司涉及哪些信息披露？……182
问答 158　重大资产重组首次信息披露及其注意事项有哪些？……183
问答 159　重大资产重组的首次信息披露全国股转系统如何审查？……183
问答 160　重大资产重组实施完毕后有哪些信息披露？……184
问答 161　重大资产重组预案披露内容及注意事项有哪些？……184
问答 162　重大资产重组报告书披露的内容及注意事项有哪些？……185
问答 163　挂牌公司在重大资产重组过程中变更方案如何处理？……186
问答 164　重大资产重组过程中，挂牌公司需要资产评估的情形有哪些？……187
问答 165　全国股转系统公司审查的要求与注意事项有哪些？……188
问答 166　发行股份购买资产履行核准或备案程序怎样操作？……188
问答 167　挂牌公司管理层及其交易对手方就重大资产重组责任各有哪些？……189
问答 168　重大资产重组，挂牌公司股份限售及定价有何要求？……189
问答 169　如何理解借壳的概念？……206
问答 170　新三板借壳的广义性与狭义性如何区别？……206
问答 171　为拓展资本运作的途径，如何规避“狭义借壳”？……207
问答 172　股转系统对借壳的态度是怎样的？……208
问答 173　挂牌公司借壳标准是怎样的？……209
问答 174　对企业所涉双方来说，借壳有何意义？……209
问答 175　企业借壳挂牌（上市）模式有哪些？……210
问答 176　借壳方案的谈判与设计需要注意哪些问题？……210
问答 177　借壳涉及的法律问题和注意事项有哪些？……211
问答 178　投资者关系的狭义、广义概念是什么？……224
问答 179　投资者关系管理的原则是什么？……225
问答 180　投资者关系管理的目标是什么？……225

问答 181　投资者关系管理的价值创造、作用是什么？……226
问答 182　国内投资者关系起步 4 阶段是什么？……227
问答 183　投资者关系在新时期背景下内涵是如何转换和升级的？……228
问答 184　国内投资者关系发展的 5 大方向和工作是什么？……228
问答 185　投资者关系管理的工作职责是什么？……229
问答 186　投资者关系管理工作的建议是什么？……230
问答 187　投资者关系管理常规工作内容有哪些？……230
问答 188　投资者关系管理研究工作主要有哪三方面内容？……231
问答 189　投资者关系管理中的渠道平台与会务活动主要指什么？……232
问答 190　投资者关系沟通形式、内容和要求主要有哪些？……232
问答 191　业绩推介会内容及操作要点是什么？……233
问答 192　投资者关系管理中反路演的内容要点是什么？……233
问答 193　IR 网站建设与平台搭建的主要内容是什么？……234
问答 194　投资者关系中三会服务内容及操作要点是什么？……235
问答 195　投资者关系中分析师会议内容要点是什么？……235
问答 196　投资者关系中全年会议活动该如何统筹与安排？……236
问答 197　与企业成长阶段匹配的 11 类资本与机构有哪些？……236
问答 198　天使投资与创业投资（VC）该怎样理解？……237
问答 199　私募股权投资（PE）概念、种类与方式是什么？……238
问答 200　发展资本与重振资本是什么？……240
问答 201　并购基金与管理层收购是怎么回事？……240
问答 202　杠杆收购与夹层资本投资是怎么回事？……240
问答 203　Pre-IPO（或小 IPO）投资是怎么回事？……241
问答 204　PIPE 或挂牌后 PE 投资是怎么回事？……242
问答 205　近年来，新三板路演乱象到底是怎样的？……253
问答 206　2016 年年初证监会首次发声新三板定增路演，情况是怎样的？……254
问答 207　为何说新三板近年来路演信息有违规传播嫌疑？……255
问答 208　新三板路演“度”如何把握？该怎么做？……255
问答 209　未来，新三板路演政策及规范何去何从？……256
问答 210　路演概念该如何理解？……256
问答 211　路演的分类、形式与参与者有哪些？……257
问答 212　路演的目的与好处是什么？……258
问答 213　路演的框架内容主要有哪些？……258

问答 214 资料、服务与注意事项有哪些？……259
问答 215 路演准备、时间与后勤需要注意哪些事项？……259
问答 216 何为线上路演？其特点有哪些？……260
问答 217 线上路演的功能有哪些？……261
问答 218 线上路演的程序一般是怎样的？……261
问答 219 反向路演该怎样理解？操作流程与注意事项是什么？……262
问答 220 什么是预路演？如何操作？……263
问答 221 如何理解境外路演？又该如何操作？……263
问答 222 企业危机概念是什么？……267
问答 223 企业危机的 7 大特点是什么？……268
问答 224 危机的基本类型有哪些？……269
问答 225 危机引发的基础是什么？……269
问答 226 危机的连锁反应有哪些后果？……270
问答 227 危机管理小组及其成员有何要求？……270
问答 228 危机管理的 5 大原则是什么？……271
问答 229 危机演化的 4 大阶段是什么？……272
问答 230 危机预防的防御系统包含哪些内容？又该如何操作？……273
问答 231 危机预防的网络支持体系包含哪些内容？又该如何操作？……273
问答 232 如何对危机做出评估？……273
问答 233 危机如何处理？操作内容及要求是什么？……273
问答 234 危机过后，如何重塑企业形象？……274
问答 235 危机管理战略高度与问题本质和根源是什么？……275
问答 236 对危机管理的速度与责任有何要求？……275
问答 237 危机管理的沟通与“让第三方说话”该如何处理？……276
问答 238 对危机管理中转移视线与创作机会有何要求？……276
问答 239 危机管理组织内部的对策及操作是什么？……277
问答 240 对受害者的对策、操作及要求是什么？……278
问答 241 对客户的对策、操作及要求是什么？……278
问答 242 对新闻媒介的对策、操作及要求是什么？……278
问答 243 危机管理中对上级部门对策、要求及操作是怎样的？……279
问答 244 危机管理中对消费者对策、要求及操作是怎样的？……279
问答 245 危机管理中对社区居民（如有）对策、要求及操作是怎样的？……280

案例目录

案例 001　股票发行表决权回避问题（新阳升）……15
案例 002　延迟备案是否实质性影响发行效力（英福美）……15
案例 003　股东优先认购定增数额超出规定上限（固安信通）……16
案例 004　股票发行与认购者提前缴款（博峰新业）……16
案例 005　股票发行延迟缴款与法律风险（每日视界）……16
案例 006　募集资金用途与大股东借款关系说明（中矿龙科）……17
案例 007　资产收购的发行与业务领域拓展（中盈科技）……17
案例 008　100%股权收购以建设基地的定向发行（越洋科技）……18
案例 009　储备并购资金的股票发行（狮华股份）……19
案例 010　股票发行是否构成收购质疑（奥尔斯）……20
案例 011　实际控制人与控股股东变更收购的定增（斯科电气）……20
案例 012　发行股票是否导致实际控制人变更（中矿龙科）……21
案例 013　合作项目提供运营资金的定向发行（智乐园）……22
案例 014　股权激励与流动性的股票发行（中电智能）……22
案例 015　新领域投资的股票发行（方圆现代）……23
案例 016　定增公告大量信息新玩法（新昶虹）……24
案例 017　研发注册、订制改装与偿贷等多种目的定增（阿尔特）……26
案例 018　改变股票发行的募集资金用途未履行程序（宇昂科技）……26
案例 019　股票发行未取得登记函前使用募集资金（千草生物）……27
案例 020　提前使用募集资金与违规（海斯比）……27
案例 021　发行对象范围和确定方法（箭鹿股份）……35
案例 022　股东是否参与定向发行（时空客）……36

案例 023　中介机构发表意见不完整（指南针）……37

案例 024　审计机构被调查与适格性（东电创新）……38

案例 025　律师事务所适格性问题（成大生物）……39

案例 026　未回复现金流量异常问题导致发行被否（特辰科技）……40

案例 027　营收上升，利润、现金流净额下降（银都传媒）……40

案例 028　募集资金使用情况的陈述（润农节水）……41

案例 029　募集资金规范用途与措施（分豆教育）……42

案例 030　关联交易是否履行程序，价格是否公允（润农节水）……43

案例 031　实际控制人占用募集资金与发行失败（凌志环保 831068）……44

案例 032　定向发行股票与自愿锁定期（博雅科技）……54

案例 033　转让限售与自愿锁定皆有的发行（创新股份）……55

案例 034　无限售又无自愿锁定的发行（派诺生物）……57

案例 035　有限售但无自愿锁定的发行（普诺威）……57

案例 036　优先认购安排的股票发行（创尔生物）……59

案例 037　无优先认购安排的股票发行（利通液压）……60

案例 038　投资人放弃认购导致定增失败（金长城）……61

案例 039　定增失败因认购人未按期缴款（楼兰股份）……61

案例 040　“债转股”的定增友好协商而终止（房掌柜）……62

案例 041　医药项目定增与友好协商终止（全宇制药）……62

案例 042　认购人无法适应公司规范而终止定增（明硕股份）……62

案例 043　经营不理想导致定增失败（联海通信）……62

案例 044　未收到有效询价致使定增延期或终止（佳音王）……63

案例 045　发行价格低于净资产而终止定增（成丰股份）……63

案例 046　实控人占资金整改导致定增终止（三炬生物）……64

案例 047　定增遭遇股东大会阻击而失败（丽华股份）……64

案例 048　新三板首例优先股发行（鑫庄农贷）……75

案例 049　新三板首家金融企业优先股发行（齐鲁银行）……75

案例 050　优先股发行目的设计（肇庆动力 834387）……76

案例 051　发行种类数量、金额价格与票面利率（聚赛龙）……77

案例 052　票面金额、发行价格及限售期限（中视文化）……78

案例 053　赎回及回售条款问题（肇庆动力）……78

案例 054　强制转股条款的设置（琼中农信）……80

案例055　优先股股东参与分配利润的方式（贝融股份）……82
案例056　发行优先股股息的支付能力问题……83
案例057　表决权限制的设置问题（时代电影）……84
案例058　表决权恢复的问题（时代电影）……85
案例059　优先股发行带来的风险问题（钢泓科技）……86
案例060　产融结合创造细分领域隐形冠军（维珍创意）……100
案例061　融资对企业的估值和市值的展示……101
案例062　母公司优质资产注入进行市值管理（华润置地）……101
案例063　注资重组、开辟新领域实现市值增长（中航重机）……101
案例064　金融危机前逆周期并购定增等方式有效实施市值管理（中信证券）……103
案例065　通过重组（分拆）的方式进行市值管理（联想集团）……104
案例066　波段操作达成综合管理市值……104
案例067　市值操作中限售交易及处罚（宏达股份）……104
案例068　市值交易中的违规减持（开开实业）……105
案例069　市值操作中的短线交易（太阳纸业）……105
案例070　高管违规操作（南风股份）……105
案例071　收购新兴制药强化健康产业（科新生物）……130
案例072　换股吸收合并的重大资产重组（君实生物）……131
案例073　打造智能工厂全产业链的并购（华索科技4）……133
案例074　三维数字与3D打印股权并购（先临三维）……135
案例075　创意企业跨领域收购百货贸易股权（中创发）……137
案例076　广告媒体业务线上线下多元化并购（齐顺科技）……138
案例077　收购境外公司以拓展国际市场（红旗民爆）……139
案例078　拓展欧洲市场设立境外子公司的重组（丰光精密）……143
案例079　投资者收购挂牌公司股份超10%后的披露……157
案例080　收购投资者及其一致行动人拥有的权益计算……157
案例081　收购内幕知情人构成存疑与核查（点击网络）……157
案例082　投资认股股权，标的评估与定价公允性（中矿龙科）……159
案例083　0元对价收购与标的定价依据和评估（中矿龙科）……161
案例084　0元对价收购未运营公司与关联交易必要性（中矿龙科）……161
案例085　收购后是否置入限制业务（优能控股）……162
案例086　上市公司横向收购挂牌公司净利润大增75%（铂亚信息）……162

案例 087　上市公司跨界收购新三板公司利润大增（宇寿医疗）…………162
案例 088　挂牌当天实施收购的超速度（国图信息）…………163
案例 089　并购与公司持续经营能力或存质疑（优能控股）…………164
案例 090　上市公司收购曲线登陆创业板（易事达）…………164
案例 091　估值溢价曾拟近 70 倍的收购（蓝山科技）…………165
案例 092　首例新三板创新层企业整体收购基础层企业（卡特股份）…………166
案例 093　大额买卖股权的权益变动与收购违规置疑（大德捷盈）…………168
案例 094　未履行权益披露违规和暂停交易…………169
案例 095　收购股票买卖约定或存操纵市场嫌疑（点击网络）…………170
案例 096　大额买卖股权存代持与一致行动关系质疑（大德捷盈）…………171
案例 097　如何判断是否构成重大资产重组（九鼎集团）…………190
案例 098　三项对外投资是否构成重大重组（中矿龙科）…………191
案例 099　财务顾问失职与重组募集配套资金人数不准确（敦华石油）…………192
案例 100　重大资产重组实质性条件如何分析（九鼎集团）…………192
案例 101　过渡期间损益的归属如何明确（新科生物）…………194
案例 102　配套融资方案发生重大变化如何解释（善为影业）…………195
案例 103　重大资产重组事项申请暂停转让程序违规…………195
案例 104　变更实际控制人的重大资产重组（ST 鼎讯）…………196
案例 105　控制权变更与资产注入同步的重大资产重组（亚锦科技）…………197
案例 106　中概股回归的另类重大资产重组（美中嘉和）…………197
案例 107　发行股份等购买资产重大资产重组（百合网）…………198
案例 108　竞拍土地构成重大资产重组（三重股份）…………201
案例 109　联手打造电商平台的重大资产重组（云天软件）…………201
案例 110　盛恒达收购股权借壳尚远环保…………211
案例 111　汇绿园林收购借壳华信股份…………212
案例 112　收购被借壳的鼎讯互动…………214
案例 113　盖娅互娱定增实现借壳…………215
案例 114　通过定向增发借壳天翔昌运…………216
案例 115　定增认购或将借壳搜装科技…………217
案例 116　被借壳的老三板企业（创智 5）…………218
案例 117　实际控制人秒变的借壳（麒润文化）…………219
案例 118　曲线借壳 A 股上市（九鼎投资）…………220

案例 119 国际巨头对投资者关系的重视……242
案例 120 关联信息不对称与投资者关系……242
案例 121 NIRI 首推投资者关系专业认证计划……243
案例 122 GE 投资者关系滚动沟通交流计划……245
案例 123 “乌龙指”与股价异动（同济医药）……245
案例 124 企业跟踪分析报告操作（大汉三通）……246
案例 125 发行认购与自然人投资者身份确认（创通信息）……247
案例 126 新三板挂牌前的天使投资（合一康）……248
案例 127 新三板对赌回购的风险投资（皇冠幕墙）……248
案例 128 契约私募基金投资与避开代持披露（新绿股份）……249
案例 129 黑石集团首笔中国重振资本投资（蓝星集团）……250
案例 130 新三板挂牌企业的 MBO（帝联科技）……250
案例 131 国内最大规模的海外杠杆收购（吉利控股）……251
案例 132 信托夹层融资的股权投资模式（丽水馨庭）……251
案例 133 新三板首家“小 IPO”（蓝天环保）……252
案例 134 新三板路演企业获认可，成功定增 1.12 亿元……264
案例 135 中石油首次海外路演……264
案例 136 新三板挂牌或拟挂牌企业集中路演邀请函……265
案例 137 路演违规与监督……266
案例 138 危机公关与企业生死抉择……280
案例 139 个人危机公关刻不容缓……280
案例 140 汽车品牌危机与影响……280
案例 141 五粮液涉嫌违反证券法规……281
案例 142 取缔余额宝风波与积极应对……282
案例 143 王老吉夏枯草事件的危机公关……282
案例 144 谷歌色情门事件与公关……283
案例 145 福喜事件不同表态，不同结局……284
案例 146 某作家京东维权与一视同仁事件……285
案例 147 淘宝正品率事件与恰当的策略和姿态……286
案例 148 光纤被挖断与支付宝的积极应对……286
案例 149 化险为利，在危机中创造商机……287
案例 150 优酷约架“双输”闹剧……288

案例 151　丰田汽车召回事件……289
案例 152　携程“泄密门”事件……290
案例 153　尼康“黑斑”事件拖延症患者……291
案例 154　麦当劳山东招远血案……292
案例 155　金浩茶油致癌物超标事件……293

1

第 1 部分

股票发行、优先股与市值管理

第 1 章　股票发行：谋划及流程、要事操作等实务

第 2 章　股东人数超 200 的股票发行实务

第 3 章　股东人数未超过 200 的股票发行实务

第 4 章　优先股发行：流程、事项与重点操作等实务

第 5 章　市值管理：概念、流程与事项关键等实务

第 1 章

1

股票发行：谋划及流程、要事操作等实务

1.1 常规疑难31问

1.1.1 概念类型、流程与披露时点

问答001 新三板股票发行与定向发行的概念有什么区别？

股票发行，根据投票发行对象的不同，可以将其分为非公开发行（Private placement）与公开发行（Public offering），前者只针对特定少数人进行股票发售，而不采取公开的劝募行为，因此也被称为“私募”、“定向募集”等；后者则是向不特定的发行对象发出广泛的认购邀约。

非公开发行即向特定投资者发行，也叫定向增发，实际上就是海外常见的私募，中国股市早已有之。但是，作为两大背景下，即新《证券法》正式实施和股改后股份全流通率先推出的一项新政，非公开发行同以前的定向增发相比，已经发生了质的变化。

定向增发（私募）是指上市公司向符合条件的少数特定投资者非公开发行股份的行为，规定要求发行对象不得超过 10 人，发行价不得低于公告前 20 个交易市价的 90%，发行股份 12 个月内（认购后变成控股股东或拥有实际控制

权的 36 个月内）不得转让。

对于新三板来说，根据“公司确定发行对象时，除公司现有股东以外，每次股票发行的投资者人数合计不得超过 35 名”（目前这样要求，未来很可能放开 35 名人员限制）规定，所以其不属于上市公司所定义的“私募”（发行对象少于 10 人），从全国股转系统颁发的制度规则，统一称之为“股票发行”。而中国证监会颁发的有关文件称其为“定向发行”，比如：

《非上市公众公司信息披露内容与格式准则第 4 号——定向发行申请文件》（2013-12-26）

《非上市公众公司信息披露内容与格式准则第 7 号——定向发行优先股说明书和发行情况报告书》（2014-09-19）

《非上市公众公司信息披露内容与格式准则第 4 号——定向发行申请文件》（2013-12-26）

《非上市公众公司信息披露内容与格式准则第 8 号——定向发行优先股申请文件》（2014-09-19）

所以，实践中，对于新三板，以及全国股转系统与中国在证监会的不同叫法上来说，“股票发行”与“定向发行”是混用的，所指的事项基本一致，当然，从字面理解，前者包含后者且比后者内涵与外延更宽泛些。不过从严格的意义上来说，全国股转系统公司定义的“股票发行”更为准确些，并为未来拓宽发行对象做好了概念上的准备。

问答002　股东人数以200为界，两类股票发行程序与判断有何不同？

（1）发行程序

根据《非上市公众公司监督管理办法》，股东人数超过 200 与未超过 200，挂牌公司在股票发行程序上存在不同。

向发行对象发行股票导致股东累计超过 200 人或者股东人数超过 200 的挂牌公司向特定对象发行股票，应当向证监会申请核准。证监会受理申请文件后，依法对公司治理和信息披露以及发行对象情况进行审核，在 20 个工作日内作出核准、中止审核、终止审核、不予核准的决定。

挂牌公司向特定对象发行股票后股东累计不超过 200 人的，需证监会豁免核准。由全国股转系统自律管理，由挂牌公司向全国股转系统申请备案。

（2）判断标准

股票发行过程中，判断股东人数是否超过 200 人的具体计算标准是：

挂牌公司股票发行导致股东人数累计超过200的，包括向发行对象发行股票导致股东人数累计超过200，以及股东人数超过200的挂牌公司股票发行。

在股票发行实务中，以审议本次股票发行的股东大会股权登记日挂牌公司股东人数为判断基准。股票发行方案确定或预计的新增股东人数或新增股东人数上限与审议本次股票发行的股东大会规定的股权登记在册股东人数之和超过200的，属于应报中国证监会核准的情况，挂牌公司应在股东大会审议通过本次发行事项后向中国证监会报送申请材料。

问答003　挂牌公司股票发行的基本流程有哪些？

总体上看，挂牌公司进行股票发行有几项基本流程，具体流程如图1-1所示。

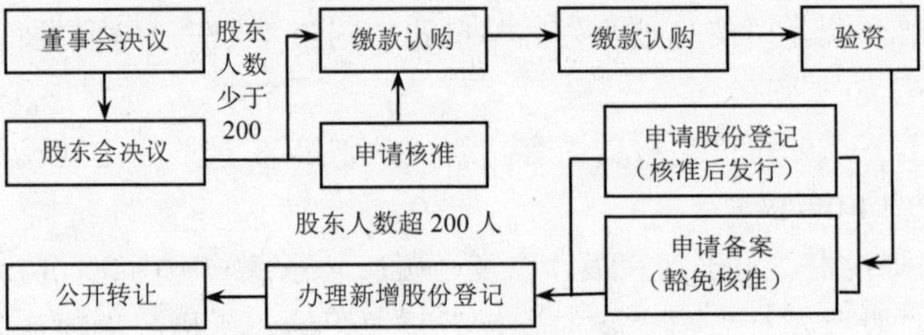

图1-1　新三板挂牌公司股票发行流程图

此外，根据《全国中小企业股份转让系统挂牌公司股票发行业务细则》第十一条规定，挂牌公司董事会应当就股票发行有关事项作出决议，因此，挂牌公司不可将未经董事会审议通过的股票发行方案等事项以临时提案的方式提请股东大会审议。

问答004　申请挂牌的同时发行股票具体有哪些流程？

根据《全国中小企业股份转让系统业务规则（试行）》，申请挂牌公司申请股票在全国股转系统挂牌的同时发行的，应在公开转让说明书中披露。申请挂牌公司可在申请挂牌时或挂牌审查期间提出股票发行申请，履行董事会、股东大会审议程序，自主决定发行方式、发行价格和发行比例。申请挂牌同时股票发后股东不超过200人的，中国证监会豁免核准。

具体流程如下：

（1）报送备案材料

在完成股票认购、验资后，参照《全国中小企业股份转让系统股票发行业务细则（试行）》及其指引的有关规定，向挂牌业务部报送备案材料。

（2）办理股份登记

取得股份登记函后，申请挂牌公司根据中国结算北京分公司的要求办理股份初始登记，初始登记的股份为发行完成后的全部股份。

（3）披露发行的股份等文件

取得“股份登记确认书”后，申请挂牌公司披露《关于公司挂牌同时股票发行的股票将在全国股转系统挂牌公开转让的公告》等文件。

（4）披露工商变更登记公告

申请挂牌公司完成工商变更登记后，发布《关于完成工商变更登记的公告》。

（5）通过股票发行持有公司股份的股东

在取得同意挂牌备案函前完成股票发行，认购对象不受投资者适当性限制。但认购对象如不符合参与挂牌公司公开转让条件，只能买卖其持有或曾持有的挂牌公司股票。

（6）取得同意挂牌函之后完成股票发行的

申请挂牌公司于挂牌日后完成股票发行的，即认购及验资在全国股转系统出具同意挂牌函之后，认购对象需满足投资者适当性要求。

问答005　何为储架发行？挂牌公司有何要求？

所谓储架发行，即根据《非上市公众公司监督管理办法》，挂牌公司申请定向发行股票，可申请一次核准，分期发行。要求：

（1）自证监会予以核准之日起，公司应当在 3 个月内首期发行，剩余数量应当在 12 个月内发行完毕。

（2）首期发行数量应当不少于总发行数量的 50%，剩余各期发行的数量由公司自行确定，每期发行后 5 个工作作日内将发行情况报证监会备案。

（3）对于向特定对象发行股票导致股东累计超过 200 人，以及股东人数超过 200 的公众公司向特定对象发行股票的两种情形，有三方面的内容需注意：一是上述时间界定是“自中国证监会予以核准之日算起”；二是超过核准文件限定的有效期未发行的，须重新经中国证监会核准后方可发行；三是每期发行后 5 个工作日内，还应将发行情况报中国证监会备案。

问答006　对挂牌公司股票发行涉及的信息披露时点是怎样要求的？

根据全国股转系统有关规定，挂牌公司进行股票发行涉及相关信息披露，其时间点的具体要求参见表 1-1。

表 1-1　新三板挂牌公司股票发行涉及信息披露时间点

序号	披露事项	披露时点
1	董事会及股东大会决议	挂牌公司董事会、股东大会通过关于发行股票的决议后两个转让日内
2	股票发行方案	与董事会决议同时披露
3	审计报告及评估报告（如有）	不晚于召开股东大会通知的公布时间
4	股票认购公告	最迟在缴款起始日前的两个转让日
5	股票发行情况报告书	办理新增股份登记前，新增股份转让前
6	主办券商的合法合规性意见	
7	律师事务所的法律意见书	
8	股票转让公告	

1.1.2　外资、合伙等 10 种发行对象与要求

问答007　挂牌公司股票发行对象有何要求？

根据《非上市公众公司监督管理办法》和《全国中小企业股份转让系统投资者适当性管理细则（试行）》（以下简称《投资者适当性管理细则》），下列投资者可以参与挂牌公司股票发行，其类别和要求如下：

（1）公司现股东

参与股票发行的公司现股东可以不符合《投资者适当性管理细则》第三条、第四条、第五条关于参与挂牌公司股票公开转让条件的规定，但只能买卖其持有或曾持有的挂牌公司股票。

（2）公司现董事、监事、高级管理人员、核心员工

参与股票的公司现董事、监事、高管及核心员工可以不符合《投资者适当性管理细则》第三条、第四条、第五条关于参与挂牌公司股票公开转让条件的规定，但只能买卖其持有或曾持有的挂牌公司的股票。

核心员工的认定，应当由公司董事会提名，并向全体员工公示和征求意见，由监事会发表明确意见后，经股东大会审议批准。

（3）符合投资者适当性管理规定的合格投资者

（4）每次发行对象人数限制

公司确定发行对象时，除公司现有股东以外，每次股票发行的投资者人数合计不得超过 35。

问答008　机构投资者与自然人投资者的股票发行有何要求？

（1）机构投资者。

根据《投资者适当性管理细则》，机构、自然人投资者申请参与挂牌公司股票公开转让，应当符合下列条件，参见表 1-2。

表 1-2　挂牌公司股票发行的机构、自然人投资者

机构投资者	自然人投资者
① 法人机构。注册资本 500 万元人民币以上，注册资本的构成和实缴情况应符合《公司法》的规定，但特定行业法人机构注册资本须遵守相关法律、行政法规以及国务院决定的要求 ② 合伙企业。实缴出资总额 500 万元人民币以上，合伙企业实缴出资总额，依据会计师事务所为其出具的最近一期审计报告或实缴出资证明文件认定 ③ 集合信托计划、证券投资基金、银行理财产品、证券公司资产管理计划，以及由金融机构或相关监管部门认可的其他机构管理的金融产品或资产，可以申请参与挂牌公司股票公开转让	① 投资者本人名下前一交易日日终证券类资产市值 500 万元人民币以上。证券类资产包括客户交易结算资金、在沪深证券交易所和全国股份转让系统挂牌的股票、基金、债券、券商集合理财产品等信用证券账户资产除外 ② 具有两年以上证券投资经验，或具有会计、金融、投资、财经等相关专业背景或培训经历。投资经验的起算时间点为投资者本人名下账户在全国股份转让系统、上海证券交易所或深圳证券交易所发生首笔股票交易之日

问答009　认购对象中存在私募投资基金管理人或私募投资基金的情况需注意什么？

申请挂牌公司或挂牌公司计划进行股票发行的，应提前梳理现股东和认购对象中是否存在私募投资基金管理人或私募投资基金，若存在，则应要求私募基金管理人和私募投资基金到中国基金业协会履行备案程序，否则应拒绝其作为认购对象，注意事项见表 1-3。

表 1-3　发行认购的私募投资基金管理人或私募投资基金的注意事项

登记备案	专项说明
根据 2015 年 3 月 20 日发布的《关于加强参与全国股转系统业务的私募投资基金备案管理的监管问答函》，申请挂牌同时发行股票的，主办券商和律师核查公司股票认购对象中是否存在私募投资基金管理人或私募投资基金，是否按照《证券投资基金法》、《私募投资基金监督管理暂行办法》及《私募投资基金管理人登记和基金备案办法（试行）》等相关规定履行登记备案程序，并分别在《推荐报告》、《法律意见书》或其他关于股票发行的专项结果中说明核查对象、核查方式、核查结果并发表意见	挂牌公司报送的股票发行融资备案材料中，主办券商和律师应当分别核查挂牌公司股票认购对象和挂牌公司现有股东中是否存在私募投资基金管理人或私募投资基金，其是否按照《证券投资基金法》、《私募投资基金监督管理暂行办法》及《私募投资基金管理人登记和基金备案办法（试行）》等相关规定履行了登记备案程序，并分别在《主办券商关于股票发行合法合规性意见》和《股票发行法律意见书》中对核查对象、核查方式、核查结果进行专门说明

问答010　对证券公司参与挂牌公司股票发行有何要求？

证券公司参与认购挂牌公司股票发行的，应在备案材料，即股票发行情况报告书中说明证券公司取得股份的目的和登记账户。

若证券公司认购的股票作为做市库存股，应登记记入证券公司做市专用证券账户；若以自营为目的，应登记记入证券公司自营证券账户。

问答011　发行对象为做市商的，有哪些事项需注意？

挂牌公司拟采用做市转让方式的，做市商可以通过认购挂牌公司发行的股票取得库存股，在此过程中挂牌公司和做市商需要注意事项如下：

（1）确定并披露做市商认购股票的具体用途

根据《全国中小企业股份转让系统股票转让细则（试行）》，做市商可以通过认购挂牌公司发行的股份取得做市库存股票。在股票发行实践中，挂牌公司应提前与做市商确定其认购的股票是用于自营还是做市。

如果做市商认购股票的目的是用于做市，则在股票发行方案和认购公告中披露股票的用途，在中国结算登记股票时，将股票记入券商做市专用证券账户。

若做市商认购股票的目的是用于自营，则在股票发行方案和认购公告中披露股票的自营用途，在中国结算登记股票时，将股票记入券商自营证券账户。

（2）采用做市转让方式需具备一定的条件

① 根据《全国中小企业股份转让系统股票转让方式确定及变更指引（试行）》，股票挂牌同时采取做市转让方式的，应当具备以下条件：

一是2家以上做市商同意为申请挂牌公司股票提供做市报价服务，且其中一家做市商为推荐该股票挂牌的主办券商或该主办券商的母（子）公司；

二是做市商合计取得不低于申请挂牌公司总股本或 100 万股（以孰低为准），且每家做市商已取得不低于10万股的做市库存股票。

② 挂牌后挂牌公司申请变更为做市转让方式的，应当符合以下条件：

一是2家以上做市商同意为该股票提供做市报价服务，并且每家做市商已取得不低于10万股的做市库存股票；

二是不强制要求主办券商或主办券商的母（子）公司成为其做市商。

问答012　挂牌公司是否可以向持股平台、员工持股计划定向发行股份？有何要求？

根据《非上市公众公司监管问答——定向发行（二）》以及《关于非上市

公众公司监管问答——定向发行（二）适用有关问题的通知》对持股平台参与定向发行进行了规范，具体规范要求如下。

（1）持股平台不能参与挂牌公司股票发行

根据《非上市公众公司监管问答——定向发行（二）》，为保障股权清晰、防范融资风险，单纯以认购股份为目的而设立的公司法人、合伙企业等持股平台，不具有实际经营业务的，不符合投资者适当性管理要求，不得参与非上市公众公司的股份发行。已经存在的持股平台，不得再参与挂牌公司的股票发行。

（2）员工持股计划可以参与挂牌公司股票发行

通过设立员工持股计划参与挂牌公司股票发行的，挂牌公司应当履行法定的决策程序和信息披露义务。同时，挂牌公司设立的员工持股计划，应通过认购私募股权基金、资产管理计划等接受证监会监管的金融产品，完成核准、备案程序并充分披露信息。

其中，金融企业还应当符合《关于规范金融企业内部职工持股的通知》（财金〔2010〕97 号）有关员工持股监管的规定。

问答013　定向发行对象为外资企业的是否有限制性规定？

全国股转系统原则上对此没有限制性规定，但引入外资企业应符合国家有关部门对行业准入、外汇等的相关规定。

问答014　境外机构和外国人是否可以直接参与定向增发及交易？外资股东如何办理开具股票交易账户？

全国股转系统是经国务院批准设立的全国性证券交易场所，所有符合《合格境外机构投资者境内证券投资管理办法》和《人民币合格境外机构投资者境内证券投资试点办法》规定的合格境外机构投资者（QFII）和人民币合格境外机构投资者（RQFII）均可参与。外资股东办理证券账户应遵照中国证券登记结算有限责任公司《关于外国战略投资者开立 A 股证券账户等有关问题的通知》。

问答015　合伙企业能否参与认购挂牌公司定向发行的股份？

在符合投资者适当性的前提下，可以参与认购。

问答016　定向发行业务中，子公司员工是否可以被认定为挂牌公司核心员工？

被认定为核心员工的前提是该员工与挂牌公司存在劳动合同关系，即该员工需与挂牌公司签订劳动合同。因此，如果子公司员工未与挂牌公司签订劳动合同，则不能被认定为挂牌公司的核心员工。核心员工的认定程序：应当由公司董事会提名，并向全体员工公示和征求意见，由监事会发表明确意见后，经股东大会审议批准。

问答017　股票发行对象应遵守的限售规定有哪些？

根据全国股转系统有关规定，发行对象认购挂牌公司发行的股份，需要遵循相关限售规定，具体要求如下：

（1）发行对象为控股股东或实际控制人的

挂牌公司控制股东及实际控制人在挂牌前直接或间接持有的股票分三批解除转让限制，每批解除转让限制的数量均为其挂牌前所持股票的1/3，解除转让限制的时间分别为挂牌之日、挂牌期满一年和两年。除此之外，无其他限售要求。

（2）发行对象为董事、监事、高级管理人员的

公司董事、监事、高级管理人员应当向公司申报所持有的本公司的股份及其变动情况，在任职期间每年转让的股份不得超过其所持有本公司股份总数的25%；

上述人员离职后半年内，不得转让其所持有的本公司股份；

公司章程可以对公司董事、监事、高级管理人员转让其所持有的本公司股份作出其他限制性规定。

（3）增设锁定期

挂牌公司还可以在《股票发行方案》《股票发行认购公告》中对认购对象所持新增股份设置一定的锁定期。

（4）自行承诺锁定

发行对象承诺对其认购股票进行转让限制的，应当遵守其承诺，并进行披露。

1.1.3　连续变更、对赌价格、资金使用等

问答018　挂牌公司连续发行股票应当如何操作？

根据全国股转系统《挂牌公司股票发行常见问题解答（二）——连续发行》

的规定：

实践中，部分挂牌公司连续启动决策程序进行多次股票发行，这种做法客观上提高了挂牌公司股权融资效率，但在监管实践中逐步凸显出一些问题。例如，有的挂牌公司连续启动多个股票发行程序，前一次发行备案通过后，一直不进行新增股份登记。这种做法一是导致前一次发行的认购对象在股份登记完成前无法就下一次发行行使股东表决权，使其合法权益陷于不确定状态，可能产生纠纷的隐患；二是若连续发行后股东人数累计超过 200 人，还会存在涉嫌违反股票发行监管程序的违规情形。还有的挂牌公司连续启动股票发行程序，但在定价环境没有明显变化的情况下定价差异较大，扰乱了公司股票的合理估值和二级市场交易价格。因此，为规范挂牌公司股票连续发行行为，保护投资者合法权益，明确市场预期，有必要规范挂牌公司股票连续发行行为。

根据《非上市公众公司监督管理办法》《全国中小企业股份转让系统业务规则（试行）》和《全国中小企业股份转让系统股票发行业务细则（试行）》的规定，拟连续发行股票的挂牌公司，应当在前一次股票发行的新增股份登记手续完成后，才能召开董事会审议下一次股票发行方案，也就是说挂牌公司前一次股票发行新增股份没有登记完成前，不得启动下一次股票发行的董事会决策程序。

此外，挂牌公司股票发行在取得全国股转系统出具的新增股份登记函后，应当在 10 个工作日内向中国结算申请办理新增股份登记手续。

问答019　通过发行股份变更控股股东和实际控制人，发行对象有何要求？

收购人通过认购定向发行的股票成为挂牌公司的控股股东或实际控制人的，根据《非上市公众公司收购管理办法》的规定，发行对象（收购人）应当具有良好的诚信记录，收购人及其实际控制人为法人的应当具有健全的公司治理机制。同时，发行对象（收购人）不应存在如下情况之一：

（1）收购人负有数额较大债务，到期未清偿，且处于持续状态；

（2）收购人最近 2 年有重大违法行为或者涉嫌有重大违法行为；

（3）收购人最近 2 年有严重的证券市场失信行为；

（4）收购人为自然人的，存在《公司法》第一百四十六条规定的情形；

（5）法律、行政法规规定以及中国证监会认定的不得收购公众公司的其他情形。

问答020 通过场外机构和互联网平台进行股票发行，挂牌公司允许吗？

根据《非占市公众公司监督管理办法》《全国中小企业股份转让系统业务规则（试行）》等要求，挂牌公司应严格遵守法律法规，规范履行信息披露义务，公开披露的信息应第一时间在全国股转系统指定平台，即全国股转系统官网发布，不得通过任何场外信息平台公开发布定向发行信息。

主办券商等中介机构应督导挂牌公司规范履行信息披露义务，不得通过场外信息平台等网络形式，向不特定对象发布定向发行信息或在不特定对象中寻找定向发行潜在认购者。

问答021 通过股票发行募集的资金，挂牌公司何时可以使用？

根据《全国中小企业股份转让系统股票发行业务指南》的规定，挂牌公司在取得股份登记函之前，不得使用本次股票发行募集的资金。所以，挂牌公司应在取得股份登记函后方可使用募集的资金。

问答022 发行募集资金用于股权投资的，必要时是否可以出售其购买的子公司股份？是否会影响公司下一轮定向发行？

公司依战略调整出售子公司股份属于公司自治的范畴，不会影响公司下一轮定向发行。但公司应依公司章程及公司治理的有关要求，履行相应程序，如存在关联交易应及时履行信息披露义务。

问答023 股票发行认购人与挂牌公司可以签订对赌协议吗？

根据全国股转系统的审核政策，在股票发行过程中，挂牌公司不得与股票认购人签订对赌协议，但挂牌公司的实际控制人可以与股票认购人签订对赌协议。

签订对赌协议的有关情况在股票发行方案或者股票发行情况报告书当中披露，同时主办券商、律师应当就对赌协议或条款的合法合规性发表明确意见。

问答024 外部投资者和原股东定增价格不一，可行吗？

不可以。挂牌公司定向发行应遵循同股同价原则。同一次定向发行中，不同认购对象的认购价格应保持一致。如果员工认购股份构成股份支付的，应执行有关会计准则并进行信息披露。

1.1.4　报告、意见书及督导等

问答025　发行申请备案时，审计报告与资产评估报告分别在何种情况下提交？

发行对象可以以非现金资产认购新增股份，非现金资产应当经过具有证券、期货相关业务资格的会计师事务所、资产评估机构审计或评估。

非现金资产若为股权资产，应当提供会计师事务所出具的标的资产最近一年一期的审计报告，审计截止日距审议该交易事项的股东大会召开日不得超过六个月。

非现金资产若为股权以外的其他非现金资产，应当提供资产评估事务所出具的评估报告，评估基准日距审议该交易事项的股东大会召开日不得超过一年。

问答026　定向发行申请文件中的法律意见书，为控制成本是否可以省略？

是必需项，不能省略。

问答027　挂牌公司定向发行，是否可以由主办券商以外的券商代为向全国股转系统报送有关备案资料？

不能。

依据《全国股转系统业务规则（试行）》第 434 条的要求：“按照《管理办法》豁免申请核准的定向发行，主办券商应履行持续督导职责并发表意见。”

问答028　挂牌公司需要一直有主办券商持续督导吗？是否有督导期？

需要一直有主办券商持续督导。依据全国股转系统要求，全国股份转让系统实行主办券商制度，即挂牌公司在全国股转系统进行股票转让、定向发行等业务，需要主办券商持续督导。

1.1.5　股票发行相关会计处理

问答029　股票发行验资的会计师事务所必须与年报审计的会计师事务所一致吗？

对股票发行验资的会计师事务所不需要与年报审计的会计师事务所一致，但验资报告必须由具有证券、期货相关业务资格的会计师事务所出具。

问答030　股票发行，如何判断是否适用企业会计准则要求？

挂牌公司在股票发行业务中符合《企业会计准则第 11 号——股份支付》规定情形的，均应适用股份支付的会计准则并进行相应账务处理。挂牌公司应当结合本次股票发行的对象、发行的目的、股票的公允价值和发行的价格，判断是否需要适用股份支付。需要考虑的情况参见表 1-4。

表 1-4　挂牌公司股票发行是否适用股权支付情况

发行对象	向公司高管、核心员工、员工持股平台或者其他投资者发行股票的价格明显低于市场价格或者低于公司股票公允价值的
发行目的	是否以获取职工或其他方服务为目的，或者以激励为目的的
发行价格	股票发行价格低于每股净资产的

问答031　发行权益性证券时发生的各种费用该如何进行会计核算？

挂牌公司在发行权益性证券过程中发生的各种费用，会计核算参见表 1-5。

表 1-5　挂牌公司发行权益性证券中的各种费用核算和处理

制度依据	处理办法
（1）《财政部关于执行企业会计准则的上市公司和非上市企业做好 2010 年年报工作的通知》（财会〔2010〕25 号）规定，企业为发行权益性证券（包括作为企业合并对价发行的权益性证券）发生的审计、法律服务、评估咨询等交易费用，应当分别按照《企业会计准则解释第 4 号》和《企业会计准则第 37 号金融工具列报》的规定进行会计处理。但是，发行权益性证券过程中发生的广告费、路演费、上市酒会费等费用，应当计入当期损益 （2）《企业会计准则第 37 号——金融工具列报》规定，企业发行或取得自身权益工具时发生的交易费用，例如登记费，承销费，法律、会计、评估及其他专业服务费用，印刷成本和印花税等，可直接归属于权益性交易的，应当从权益中扣减。终止的未完成权益性交易所发生的交易费用应当计入当期损益 （3）《企业会计准则解释第 4 号》规定，非同一控制下的企业合并中，购买方为企业合并发生的审计、法律服务、评估咨询等中介费用以及其他相关管理费用，应当于发生时计入当期损益；购买方作为合并对价发行的权益性证券或债务性证券的交易费用，应当计入权益性证券或债务性证券的初始确认金额	由此，挂牌公司在发行权益性证券过程中发生的各种费用，进行会计处理应按照如下原则： （1）挂牌公司为发行权益性证券发生的承销费、财务顾问费、备案材料印刷费、律师费、评估费、会计师费等与发行权益性证券直接相关的新增外部费用，冲减溢价形成的资本公积；在权益性证券发行无溢价或溢价金额不足以扣减的情况下，冲减盈余公积和未分配利润。发行权益性证券过程中发生的路演费、财经公关费、酒会费等其他费用应在发生时计入当期损益 （2）挂牌公司以权益性证券作为企业合并的对价，在此过程中涉及的费用一般包括合并费用与权益性证券发行费用。通常情况下，针对被收购方的尽职调查、评估和审计、为申报重大资产重组而发生的费用，属于企业合并费用；为验资、权益性证券发行备案、股份登记而发生的费用，属于发行证券的费用。公司需要合理区分属于企业合并交易的费用和属于发行证券的费用，合并费用应在发生当期计入损益，发行费用直接扣减发行股份产生的溢价

1.2　典型实战20例

1.2.1　表决权、延迟备案与认购上限

案例001　股票发行表决权回避问题（新阳升）

苏州新阳升科技股份有限公司（新阳升 832226）在 2015 年股票发行方案表决中，涉及董事未履行表决权回避，这种情况是否合法合规？该怎样处理？

【解决办法及点评】

2015 年 8 月 14 日公司第一届第四次董事会审议《苏州新阳升科技股份有限公司股权激励股票发行方案》等议案时，因股票发行对象并未确定，所以徐建德、沈晓磊和李亮以董事身份参加董事会审议议案，无须进行回避表决。

在《苏州新阳升科技股份有限公司股权激励股票发行方案》中确定本次股票是面向不特定的董事、监事、高级管理人员和核心员工等对象发行，并不违反相关法律法规及公司章程的规定。在公司《股票发行认购公告》前，股东或董事参加临时股东大会、董事会的表决程序过程中无须进行回避，不违反相关法律和章程的规定；会议审议表决的内容不违反相关法律法规，合法有效。

案例002　延迟备案是否实质性影响发行效力（英福美）

2015 年 7 月，北京英福美信息科技股份有限公司（英福美 430121）的定向发行备案延期，该如何处理与解决？

【解决办法及点评】

按《全国中小企业股份转让系统股票发行业务细则（试行）》（以下简称《业务细则》）第二十二条规定，“挂牌公司在验资完成后十个转让日内，按照规定向全国股份转让系统公司报送材料，履行备案程序。”

公司未能在规定时间内履行备案程序，公司及股东出具了《关于定向发行股票未能及时进行申报的说明》，对迟延备案的原因进行说明，公司股东承诺迟延备案未对公司造成实际经济损失，股东自身利益未受到实际损害。

律师发表意见，认为迟延备案虽在程序上存在瑕疵，但对定向发行的效力不产生实质影响。

实践操作中，需要企业和各中介机构把握材料的准备程度，核心点是控制好验资报告的出具日，以免延迟备案。

案例003　股东优先认购定增数额超出规定上限（固安信通）

2014 年 10 月，固安信通信号技术股份有限公司（固安信通 430621）股票发行中，出现股东李春霞、陈万顺、周飞、陈晔、马雷优先认购数额超出了规定的上限，该如何解决？

【解决办法及点评】

根据《业务细则》第八条的规定，挂牌公司股票发行以现金认购的，公司现有股东在同等条件下对发行的股票有权优先认购，每一股东可优先认购的股份数量上限为股权登记日其在公司的持股比例与本次发行股份数量上限的乘积。

显然公司现有股东认购存在违反上述规定的情况，但根据公司的发行方案和认购公告，公司实际发行的股数低于公告中的拟发行数量，在其他现有股东签订放弃优先认购权的声明和外部投资者认购未满的情况下，剩余额度由老股东认购，且已经公司董事会、股东大会审议批准。

律师认为，本次股票发行部分现有股东行使的超额认购权虽超过规定上限，但未损害现有股东、外部投资者的利益，本次超额认购合法、有效。

1.2.2　认购提前、延迟与大股东借款问题

案例004　股票发行与认购者提前缴款（博峰新业）

2015 年 7 月，新疆博峰新业石油工程技术股份有限公司（博峰新业 831241）进行的股票发行，在股东大会召开前，认购对象就已经缴款。这种情况是否合法合规？该怎么解决？

【解决办法】

律师发表意见，提前缴款情形虽存在一定的瑕疵，但公司股东对该提前缴款情形无异议，且公司未动用该款项，未损害公司股东的任何利益。

案例005　股票发行延迟缴款与法律风险（每日视界）

北京每日视界影视动画股份有限公司（每日视界 430304）根据《股票发行认购公告》，认购打款截止日为 2015 年 8 月 6 日，但其中一名发行对象缴款日为 2015 年 8 月 11 日。这种情况该怎么解决？

【解决办法】

律师发表意见，迟延缴款是因为经办人员的工作失误，并且总共缴款金额

符合《股票发行方案》及《股票发行认购协议书》的约定，对本次股票发行不构成实质性的法律障碍。

案例006 募集资金用途与大股东借款关系说明（中矿龙科）

新三板挂牌企业中矿龙科（430147）于 2016 年 7 月 4 日所披《股票发行方案》称，公司拟以每股 4 元的价格，向不确定对象发行不超过 2300 万股，拟募集资金不超过 9200 万元人民币，所募集资金 2000 万元拟用于自动化事业部智慧城市项目，6000 万元拟用于归还借款，剩余部分拟用于补充流动资金。

【股转公司问询】

关于募集资金用途所述借款情况，请具体披露公司目前借款结构及相关要素，包括但不限于借款时间、金额、利息及担保情况等。

【公司回复】

2016 年 4 月 18 日召开的第二届董事会第六次会议审议通过《关于 2016 年度公司与关联方日常关联交易预计的议案》，确定向第一大股东赵世纯借款不超过 3000 万元，年利率 7.8%。截至 2016 年 6 月 30 日，向股东赵世纯无期限、无担保借款 6,100.00 万元，已产生利息 319.30 万元。其中：2015 年借款 3,400.00 万元，2016 年借款 2.700.00 万元。

计息依据：根据我公司（2014 年——2015 年）向广东发展银行贷款利率计息，具体借款情况如下表：（略）

1.2.3 资产收购与股权收购的发行

案例007 资产收购的发行与业务领域拓展（中盈科技）

大连中盈科技股份有限公司（中盈科技 833124）2016 年 11 月定向发行方案称，公司拟收购大连佳盈半导体技术有限公司（以下简称：佳盈半导体）的股权，佳盈半导体将成为中盈科技的全资子公司，以拓展公司在热敏打印机核心零部件、整机等领域的业务；本次募集资金主要目的为生产经营补充流动资金和优化公司财务结构，提高公司盈利水平和抗风险能力，对于公司未来持续、稳健、快速发展具有重要意义。

（1）发行对象

现有股东优先认购安排：

根据《全国中小企业股份转让系统股票发行业务细则（试行）》第八条，挂牌公司股票发行以现金认购的，公司现有股东在同等条件下对发行的股票有权优先认购。本次发行分为现金认购及非现金认购两部分，对于非现金认购部分，公司在册股东无优先认购权。

对于现金认购部分：根据《公司章程》第二十九条规定“依照其所持有的股份份额获得股利和其他形式的利益分配，公司新增资本时，有权优先按照实缴的出资比例认缴出资”。公司现有在册股东 28 名，均放弃对本次股票发行的优先认购权，并签署书面的放弃优先认购承诺函。

（2）发行价格

本次发行股票的发行价格为 1.40 元/股。

本次定向发行的价格综合考虑了公司所处行业、公司成长性、每股净资产、市盈率、分红派息等多种因素，并与发行对象进行充分沟通后最终确定。

（3）发行股份数量与募集金额

本次发行股票的种类为人民币普通股，发行股票不超过 8,805,000 股（含 8,805,000 股）。股票融资额不超过人民币 12,327,000.00 元（含 12,327,000.00 元）。本次股票发行对象刘勇 1 以评估价 217.23 万元佳盈半导体股权认购 150.60 万股，以 510.93 万元现金认购 364.95 万股；发行对象赵环以 510.93 万元现金认购 364.95 万股。

（4）股票限售安排

本次股票发行的新增股份登记在中国证券登记结算有限责任公司北京分公司。公司董事、监事、高级管理人员因本次股票发行而持有的新增股份将按照《中华人民共和国公司法》及全国中小企业股份转让系统相关规则的要求进行限售，除此外，其他发行对象认购股份无限售安排，亦无自愿锁定承诺。

案例008　100%股权收购以建设基地的定向发行（越洋科技）

2016 年 11 月广西越洋科技股份有限公司（越洋科技 835248）公布定向发行方案，称公司以发行股份的方式购买宇洋公司 100%的股权。通过本次收购，公司将与宇洋公司合作在四川省邛崃市建设聚磷酸铵生产基地，用于开展聚磷酸（SPA）及聚磷酸铵（APP）新项目固定资产，开拓新型液体肥市场，拓展公司新项目业务，提升公司的盈利能力和抗风险能力，从而实现公司经营的持续发展。

（1）发行对象

本次股票发行为定向发行，参与认购的投资者拟认购数量及方式如下：

序号	股东名称	认购股数	认购价格	拟认购金额	认购方式
1	四川省高宇化工有限公司	2,275 万股	2.08 元/股	4,732 万元	宇洋公司 100%股权
合计		2,275 万股	-	4,732 万元	

（2）发行价格及定价方法

本次发行股票的发行价格为每股人民币 2.08 元。股票发行价格综合考虑了宏观经济环境、公司所处行业、公司目前发展状况及成长性、每股净资产、市盈率等多种因素，并与认购对象协商后最终确定。

（3）发行股份数量及预计募集资金总额

本次发行股票的种类为人民币普通股。发行的股票数量=标的资产交易价格/公司每股发行价格。标的资产交易价格为 4,732 万元，本次发行的股票发行数量为 2,275 万股。高宇公司以非现金资产认购 2,275 万股。

1.2.4　并购及资金储备与控制权变更的定增

案例009　储备并购资金的股票发行（狮华股份）

上海狮华信息技术服务股份有限公司股票发行方案（狮华股份 837778）2016 年 11 月发布的股票发行方案称：本次股票发行募集资金主要目的是战略储备并购资金，未来进行海外资产收购，从而进一步拓展海外市场，完善公司亚太地区主要资本市场业务布局，迅速提升公司业务和财务规模，提高公司盈利能力和抗风险能力，并进一步增强公司的核心竞争力。

（1）发行对象确定的股票发行

本次股票发行对象为蓝色光标（上海）投资管理有限公司，属于对象确定的股票发行，系符合《非上市公众公司监督管理办法》《全国中小企业股份转让系统投资者适当性管理细则（试行）》相关规定的合格投资者。

（2）发行价格及定价方法

本次股票发行的价格为 15.77 元/股。本次股票发行价格综合考虑了公司盈利水平预测、公司所处行业及自身成长性等多种因素，并与投资者充分沟通后最终确定。

（3）发行股份数量

① 发行种类：无限售条件的人民币普通股

② 发行方式：定向发行

③ 发行数量：不超过 3,418,000 股，募集资金金额不超过 53,901,860.00 元，占发行后股本的比例 5.39%。

案例010　股票发行是否构成收购质疑（奥尔斯）

新三板挂牌企业奥尔斯（430248）于 2016 年 3 月 31 日经董事会审议通过不确定对象的股票发行方案，拟发行不超过 10,000 万股（含 10,000 万股），每股价格为不低于人民币 2.5 元（含 2.5 元），不高于人民币 3 元（含 3 元），融资金额不超过人民币 30,000 万元（含人民币 30,000 万元），而你公司股本总计为 1,000 万股。

【股转公司问询】本次股票发行是否构成收购。

【解决与回复】

公司于 2016 年 6 月 30 日披露《北京奥尔斯科技股份有限公司股票发行认购延期公告》（公告编号 2016-035），将此次股权认购缴款截止日推迟至 2016 年 9 月 30 日（含当日），公司此次股票发行尚处于募集期间。根据目前股票认购情况，预计无法在上述认缴期限内完成股票认购，故公司近期将发布公告，终止此次股票认购。

案例011　实际控制人与控股股东变更收购的定增（斯科电气）

广东斯科电气股份有限公司（斯科电气 831078）2016 年 11 月的股票发行方案称，公司本次发行的主要目的是完成收购方贾木云对斯科电气的收购。本次发行前，贾木云持有公司股票 4,461,250 股，其持有公司发行前股份比例为 44.41%；本次发行完成后，贾木云持有公司股票 9,461,250 股，其持有公司发行后股份比例为 62.89%，成为公司的控股股东，贾木云将成为公司的实际控制人。同时，公司实际控制人发生变更后，公司计划新增信息技术业务，目前公司流动资金短缺，新业务的发展在人员招聘、市场开拓、固定资产投入等方面，均需要有资金驱动，而新业务短期内难以产生现金流，故而本次发行募集资金将用于公司业务的开展。

（1）发行价格

本次股票发行的价格为人民币 1.00 元/股。

（2）发行股份数量

本次拟发行股票的数量为 5,000,000 股人民币普通股，募集资金金额为 5,000,000.00 元。

（3）本次发行股票的限售安排和发行对象自愿锁定的承诺

根据《非上市公众公司收购管理办法》第十八条规定："按照本办法进行公众公司收购后，收购人成为公司第一大股东或者实际控制人的，收购人持有的被收购公司股份，在收购完成后 12 个月内不得转让。"

本次发行前，持有斯科电气 4,461,250 股股份，持股比例 44.41%；本次发行完成后，贾木云持有公司股票 9,461,250 股，其持有公司发行后股份比例为 62.89%，成为公司的第一大股东。因此，收购人贾木云作为第一大股东所持有的股份，在收购完成后 12 个月内不得转让。

本次发行认购人所持新增股份无自愿限售承诺及安排。

案例012　发行股票是否导致实际控制人变更（中矿龙科）

新三板挂牌企业中矿龙科（430147）披露于 2016 年 7 月 4 日所披《股票发行方案》称，公司拟以每股 4 元的价格，向不确定对象发行不超过 2300 万股，拟募集资金不超过 9200 万元人民币，所募集资金 2000 万元拟用于自动化事业部智慧城市项目，6000 万元拟用于归还借款，剩余部分拟用于补充流动资金。

【股转公司问询】

根据 2015 年年报所示，公司第一大股东赵世纯持股 1510 万股，请公司补充披露本次发行是否会导致公司实际控制人发生变更。

【解决与回复】

截至 2016 年 7 月 29 日，公司总股本 4800 万股，公司第一大股东赵世纯持股 1510 万股，2016 年 5 月通过协议转让形式多批次增持 100 万股，持股总数达到 1610 万股，占总股本的 33.54%。公司第二大股东凌标灿持股 1317 万股，占总股本 27.44%。赵世纯与凌标灿为一致行动人，共占总股本的 60.98%。

公司 2016 年 7 月 4 日所披《股票发行方案》向不确定对象发行不超过 2300 万股，发行后总股本不超过 7100 万股。按现有赵世纯与一致行动人凌标灿持股情况，发行后占总股本持股比例不低于 41.22%，而其他股东持股比例较为分散，且本次发行参与定增人数较多，2300 万股不会只给单一股东认购，因此，本次发行不会导致公司实际控制人发生变更。

综上，公司按照 2016 年 7 月 4 日所披露《股票发行方案》发行后，不会导致公司实际控制人发生变更。

1.2.5 股权激励、合作投资与改装偿债等

案例013 合作项目提供运营资金的定向发行（智乐园）

深圳市智乐园科技股份有限公司（智乐园 836632）2016 年 11 月公布了定向发行预案。称公司目前处于快速发展阶段，业务发展对资金需求较大，因此公司计划进行股票定向发行，本次发行募集资金主要用于与天津市广播电视网络有限公司（以下简称“天津广电”）合作国学项目制作开发和全国广电系统国学推广的运营，以及补充公司营运资金，以促进公司主营业务良性快速发展，进一步提高公司综合竞争力。拟以非公开定向发行的方式，每股 8.00 元人民币的股票发行价格，发行股票不超过 2,000,000 股（含），预计募集资金不超过人民币 16,000,000.00 元（含）。

本次股票发行对象系公司现有登记在册股东，及符合《非上市公众公司监督管理办法》及《全国中小企业股份转让系统投资者适当性管理细则（试行）》中规定的合格投资者。最终发行对象中，非公司截至股转登记日在册股东外合计不超过 35 人。

本次认购对象需承诺自股份登记之日起自愿锁定 12 个月，锁定期内不得转让。

案例014 股权激励与流动性的股票发行（中电智能）

中电智能（福建）系统集成股份有限公司（中电智能 831356）2015 年 11 月公布的发行方案称：公司拟为激励公司管理人员，拟对其进行股权激励，并进一步补充公司流动资金，优化公司财务结构，扩大公司股本，特进行本次股票发行。

（1）发行对象

公司董事会通过的本次发行方案，目前尚未确定具体发行对象。公司本次发行对象为在册股东及公司董事、监事和高级管理人员。

（2）现有股东优先认购安排

根据全国中小企业股份转让系统于 2013 年 12 月 30 日发布的《全国中小企业股份转让系统股票发行业务细则（试行）》第八条的规定，挂牌公司股票发行以现金认购的，公司现有股东在同等条件下对发行的股票有权优先认购。每一股东可优先认购的股份数量上限为股权登记日其在公司的持股比例与本次发行股份数量上限的乘积。

公司章程对优先认购另有规定的，从其规定。

公司现有章程对股东优先认购权没有规定，故公司现有股东在同等条件下对发行的股票有权优先认购。

（3）发行价格及定价方法

本次发行股票的发行价格为 1 元/股，由发行对象以货币方式认缴。

本次发行前公司 2015 年半年报每股净资产为 0.9966 元/股。本次发行价格为每股净资产的 1.0034 倍。本次股票发行价格综合考虑了本次股权激励的有效性、公司所处行业、公司成长性、每股净资产、市盈率等多种因素，并与公司董事、监事和高级管理人员协商后最终确定。

（4）发行股份数量及预计募集资金总额

本次发行股票的种类为人民币普通股。发行股票不超过 3000.00 万股（含 3000.00 万股），融资额不超过人民币 3000.00 万元（含 3000.00 万元）。

案例015　新领域投资的股票发行（方圆现代）

广州方圆现代生活服务股份有限公司（方圆现代 834381）2016 年 11 月发布了 2016 年第一次股票发行方案称，公司本次股票发行主要为了筹集资金用于智慧停车、停车场运营及新能源汽车分时租赁领域投资，提升公司的盈利能力和抗风险能力，保障公司经营的持续发展；同时募集资金用于整改公司运营的社区公共设施，提升服务品质，改善用户体验。

（1）发行对象

① 现有股东的优先认购安排

公司现有在册股东均签署书面的放弃优先认购承诺函，自愿放弃本次股票发行股份的优先认购权。

② 发行对象确定的股票发行

本次股票发行数量 6,000,000 股，发行对象共计 23 名。

（2）发行价格

本次股票发行的价格为每股人民币 1.88 元。

本次股票发行价格综合考虑了公司所处行业、成长性、市盈率等多种因素，最终确定了此次发行价格。确定参与本次股票发行的认购对象均以现金方式认购本次发行的全部股份。

（3）发行股份数量及预计募集资金总额

本次发行股票的种类为人民币普通股，股票发行数量为 6,000,000 股，按每股发行价格 1.88 元计算，预计募集资金总额 11,280,000.00 元。

（4）本次发行的限售安排

公司董事、监事、高级管理人员认购的全部新增股份自本次定向发行完成新增股份登记之日起一年内不得转让；一年期满后，其在公司任职期间每年转让的股份不得超过其所持有公司股份总数的 25%；其离职后半年内，不得转让其所持有的公司股份。

广州市乐鑫股权投资基金管理有限公司、广州市乐冠投资有限公司和公司 10 名核心员工认购的全部新增股份自本次定向发行完成新增股份登记之日起一年内不得转让。

1.2.6 多种募集用途新玩法与资金的使用

案例016 定增公告大量信息新玩法（新昶虹）

新三板挂牌企业新昶虹（830830）2015 年定增公告里展现了大量信息，包括询价、优先认购权、承诺锁定期、业绩承诺、增持回购，按约定价格回购等信息同时出现在一份定增方案中，如此创新，可以给以后的企业定增方案设计上提供很多参考和借鉴。这里做个简要介绍。

方案简述：认购对象为除了第一大股东以外的现有股东，发行数量 1554.6 万股，询价区间 4.20 元～5.50 元，大股东承诺一年内市场价格低于定增价格 90%时，大股东在二级市上增持，维护市场价格；如果本次参与定增的股东承诺 2 年锁定，则保证两年后市场价格不低于本次定增价格的 125%；如果定增募集资金全部到位，保证今明两年合计利润不低于 4800 万，在募集资金不能全部到位的情况下，保证今明两年净利润合计不低于 3600 万。

（1）发行目的

本次发行目的主要是建设 12,000 平方米中低压三箱装配大楼、建设 200 万台全塑照明箱生产线及补充流动资金。

（2）发行种类及数额

发行种类：人民币普通股

发行方式：非公开股票发行

发行数额：不超过 15,546,000 股

（3）发行对象及现有股东的优先认购安排

① 发行对象（范围）

本次发行对象将采取询价的方式，股权登记日登记在册的除江阴市新长江继电有限公司以外的向公司提交申购意向书的现有股东可根据认购意向书的内容向公司申报认购，由公司董事会按照价格优先、数量优先的原则，以及综合考虑申购者与公司未来发展的契合度，确定发行对象、发行价格和发行数量。

② 现有股东的优先认购安排

本次发行股票的对象仅限于股权登记日登记在册的除江阴市新长江继电有限公司以外的现有股东，不存在外部认购者，所有发行对象享有同等的配售权，所以无须进行优先认购安排。

江阴市新长江继电有限公司自愿放弃本次认购权。

（4）发行价格及定价方法

公司本次发行的价格为每股 4.20 元～5.50 元。

……

（8）回购条款和实际控制人对公司业绩的承诺

① 回购条款

本次股票发行后的一年内，如公司股价连续七个交易日低于该次发行价格的 90%，则公司进行回购（或实际控制人增持），直至股票收盘价恢复至不低于本次股票发行价格的 90%。

如本次股票发行对象自愿锁定二年，则二年后自愿锁定对象可要求公司按 1.25 倍的发行价格回购（或实际控制人通过增持股票使股票收盘价达发行价格的 1.25 倍）自愿锁定的股份。

② 回购方式

a）本次股票发行后的一年内，如公司股价连续七个交易日低于该次发行价格的 90%，则公司进行回购（或实际控制人增持），直至股票收盘价恢复至不低于本次股票发行价格的 90%。

在做市交易情况下，如果达到回购条件，公司或实际控制人将在做市转让方式正常交易情况下向做市商购买股票，以达到股票收盘价恢复至不低于本次股票发行价格的 90%的目的。

b）如本次股票发行对象自愿锁定二年，则二年后自愿锁定对象可要求公司按 1.25 倍的发行价格回购（或实际控制人通过增持股票使股票收盘价达发行价格的1.25倍）自愿锁定的股份。

在做市交易情况下，本次发行中自愿锁定两年的发行对象持有相应的股票在二年后出售价格低于发行价格1.25倍的，由实际控制人在二级市场增持，直至市场价格高于发行价格的1.25倍。协议交易下，由实际控制人与发行对象直接交易。执行其他交易方式的，按相关规定合法履行。

③ 实际控制人对公司业绩的承诺

若本次拟募集的8,550.3万元资金全部到位，公司承诺2015年度、2016年度公司经审计的净利润合计不低于4,800.00万元人民币，低于部分由实际控制人无条件补足。若本次拟募集的8,550.3万元资金不能全部到位，则公司承诺2015年度、2016年度公司经审计的净利润（本次发行募集的到位资金数额/85,503,000）按比例减少，最低不低于3600万元，低于部分由实际控制人无条件补足。

案例017　研发注册、订制改装与偿贷等多种目的定增（阿尔特）

新三板挂牌企业阿尔特汽车技术股份有限公司股票发行方案（阿尔特836019）2016年11月公布发行方案。

公司拟以人民币8.10元/股的价格发行股票，拟发行数量不超过30,864,197股（含30,864,197股），预计股票发行募集金额不超过人民币25,000万元（含25,000万元）。

本次股票发行募集资金将主要用于公司插电式混合动力系统（PHEV）产业化二期的研发、补充缴纳子公司注册资本、高端定制与原厂改装业务以及智能驾驶项目募集投入资金，同时补充日常经营流动资金，偿还银行贷款，优化公司的业务与财务结构。

本次股票的发行对象均以现金认购。其股票发行价格综合考虑了公司所属行业、公司的商业模式、成长周期、每股净资产、市盈率等多种因素，并将与投资者协商后最终确定。

案例018　改变股票发行的募集资金用途未履行程序（宇昂科技）

新三板挂牌企业上海宇昂新材料科技股份有限公司（宇昂科技430179）于2015年6月30日同时完成两次股票发行，共募集资金2028.4万元。7月13日和14日，宇昂科技改变募集资金用途，分别向公司开立的证券账户中汇入募集资金500万元和200万元，合计占募集资金总金额的35%，购买二级市场A股股票及分级基金。根据宇昂科技《公司章程》第104条的规定，单笔或12

个月内累计占公司最近经审计的净资产总额 30%以下（不含 30%）的对外投资，由董事会决定；超过上述权限的重大投资项目应当组织有关专家、专业人员进行评审，并报股东大会批准。

宇昂科技上述 700 万元的对外投资超过了最近经审计的净资产总额（2014 年度经审计净资产总额为 671 万元），应当履行董事会及股东大会的决议程序。宇昂科技未依据《公司章程》履行内部决议程序，直接实施了对外投资，也未告知主办券商广发证券。2015 年 11 月 22 日，证券账户市值已降至 439.19 万元，宇昂科技将该事项告知广发证券。2015 年 12 月 15 日，实际控制人王宇履行承诺以自有资金补足了上述亏损。

对宇昂科技对外投资未履行董事会、股东大会的审议程序的违规行为，宇昂科技董事长王宇、董事兼财务负责人刘振璐负有责任。对宇昂科技的信息披露违规行为，董事长王宇、信息披露负责人刘振璐负有责任。对此，股转公司根据《全国中小企业股份转让系统业务规则（试行）》相关规定给予宇昂科技、王宇和刘振璐通报批评的纪律处分。

案例019　股票发行未取得登记函前使用募集资金（千草生物）

挂牌公司四川千草生物技术股份有限公司（千草生物 380875）于 2014 年 9 月 28 日、2015 年 6 月 9 日启动的两次股票发行，均在尚未取得股份登记函的情况下，分别于 2014 年 10 月 31 日、2015 年 7 月 7 日起提前使用了募集资金 2856 万元、3115 万元。

上述行为违反了《全国中小企业股份转让系统股票发行业务指南》第 1 条的规定“挂牌公司董事会、股东大会应当对股票发行等事项作出决议。董事会、股东大会表决应当执行公司章程规定的表决权回避制度。”，属于股票发行违规行为。

鉴于上述违规事实和情节，根据《全国中小企业股份转让系统业务规则（试行）》第 6.1 条与《全国中小企业股份转让系统股票发行业务细则（试行）》第 30 条的规定，股转公司决定对千草生物给予出具警示函的自律监管措施。

案例020　提前使用募集资金与违规（海斯比）

挂牌企业深圳市海斯比船艇科技股份有限公司（海斯比 833286）于 2015 年 8 月 6 日启动的股票发行，自 2015 年 11 月 24 日至 2015 年 12 月 1 日期间，共计使用募集资金 48,390,834.48 元，用于支付采购款、付承兑汇票、归还借款及支付员工工资等，且未予归还。

上述行为系取得股份登记函之前使用发行募集的资金，违反了《全国中小企业股份转让系统股票发行业务指南》第 1 条的规定，属于股票发行违规行为。

鉴于上述违规事实，根据《全国中小企业股份转让系统业务规则（试行）》第 6.1 条与《全国中小企业股份转让系统股票发行业务细则（试行）》第三十条的规定，股转公司做出对海斯比采取约见谈话、要求提交书面承诺的自律监管措施。

第 2 章

股东人数超200的股票发行实务

2.1 常规疑难15问

2.1.1 制度、流程与申报

问答032 股东人数超过200的股票发行，有哪些制度规则？

股东人数超过200的挂牌公司进行定向发行以及定向发行导致股东人数累计超过200（以下简称超过200股东人数的股票发行》的制度规则主要有：

（1）《非上市公众公司监督管理办法》；

（2）《非上市公众公司信息披露内容与格式准则第 3 号——定向发行说明书和发行情况报告书》（证监会公告〔2013〕52号）；

（3）《非上市公众公司信息披露内容与格式准则第 4 号——定向发行申请文件》（证监会公告〔2013〕53号）。

问答033 超过200股东人数的股票发行，主要业务流程有哪些？

发行前后超过200股东人数的股票发行，一般情况下，整个业务流程需要3～4个月时间，具体流程如下：

（1）召开董事会审议股票发行方案；

（2）公告董事会决议及股票发行方案、临时股东大会通知；

（3）召开临时股东大会审议股票发行方案；

（4）向证监会提交定向发行申请文件并在两个转让日内披露证监会受理公告，并在受理公告中提示投资者可以在证监会网站查阅公开的相关信息；

（5）证监会依法对公司治理、信息披露以及发行对象情况进行审核，并出具反馈意见；

（6）挂牌公司及主办券商落实反馈意见，修改全套申请文件并重新提交；

（7）取得证监会核准文件并在两个转让日内公告；

（8）挂牌公司公告股票认购公告（不晚于缴款起始日前的两个转让日）；

（9）认购人进行股票认购及缴款；

（10）公司到开户银行确认认购人的认购资金到账后，通知认购人股份认购成功；

（11）会计师事务所出具验资报告；

（12）验资完成后的十个转让日内，向全国股转系统报送备案文件；

（13）全国股转系统对备案文件进行审查并出具问题清单；

（14）挂牌公司在收到问题清单后十个转让日内进行回复；

（15）全国股转系统对文件审查同意后出具股份登记函，送达中国结算和主办券商；

（16）挂牌公司公告股票发行情况报告书、股票发行法律意见书、主办券商关股票发行合法合规性意见；股票发行新增股份挂牌并公开转让的公告，需在新增股份挂牌公开转让日两日前公布；

（17）挂牌公司按照中国结算发布的《中国结算北京分公司发行人业务指南》的要求向中国结算办理股份登记；

（18）完成股份登记后，本次股票发行中无限售条件和无锁定承诺的股份按照挂牌公开转让公告中安排的时间在全国股转系统公开转让；

（19）挂牌公司进行工商变更登记；

（20）披露关于工商变更登记并换发营业执照的公告。

问答034　超过200股东人数的股票发行，证监会核准需要报送哪些申请文件？

根据《非上市公众公司信息披露内容与格式准则第 4 号定向发行申请文件》，股东人数超过 200 的股票发行，挂牌公司应制作和报送下列申请文件：

（1）定向发行说明书及授权文件

① 申请人关于定向发行的申请报告；

② 定向发行说明书；

③ 申请人关于定向发行的董事会决议；

④ 申请人关于定向发行的股东大会决议。

（2）定向发行推荐文件

主办券商定向发行推荐工作报告。

（3）证券服务机构关于定向发行的文件

① 申请人最近两年及一期的财务报告及其审计报告；

② 法律意见书；

③ 本次定向发行收购资产相关的最近 1 年及 1 期的财务报告及其审计报告、资产评估报告（如有）。

另，根据《非上市公众公司信息披露内容与格式准则第 3 号——定向发行说明书和发行情况报告书》，挂牌公司定向发行结束后，应按照该准则的要求编制并披露发行情况报告书。

2.1.2　说明书、报告及要求

问答035　超过200股东人数的股票发行，定向发行说明书主要有哪些内容？

发行前后超过 200 股东人数的挂牌公司，股票发行需要披露定向发行说明书，说明书具体内容和要求如下：

（1）本次定向发行的目的。

（2）发行对象及公司现有股东优先认购安排。如董事会未确定具体发行对象的，应披露股票发行对象的范围和确定方法。

（3）发行价格和定价原则。如董事会未确定具体发行价格的，应披露价格区间。

（4）股票发行数量或数量上限。

（5）发行对象关于持有本次定向发行股票的限售安排及自愿锁定的承诺。如无限售安排，应说明。

（6）募集资金投向。

（7）本次定向发行涉及的主管部门审批、核准或备案事项情况。

（8）附生效条件的股票认购合同的内容摘要。

（9）以资产认购本次定向发行股份的，应披露相关资产的基本情况。

（10）附生效条件的资产转让合同的内容摘要。

（11）本次定向发行对申请人的影响。

问答036　超过200股东人数的股票发行，报告书主要有哪些内容？

发行前后超过 200 股东人数的挂牌公司，股票发行需要披露发行情况报告书，报告书具体内容和要求有：

（1）本次定向发行股票的数量、发行价格、认购人、认购股票数量及相关股票限售安排；

（2）本次定向发行前后相关情况对比；

（3）主办券商关于本次定向发行过程、结果和发行对象合规性的结论意见；

（4）律师关于本次定向发行过程、结果和发行对象合规性的结论意见；

（5）董事会决议中关于本次定向发行的有关事项的修正或者补充说明。

问答037　“申请人最近两年及一期的财务报告及其审计报告”具体有何要求？

根据《非上市公众公司信息披露内容与格式准则第 4 号——定向发行申请文件》，申请定向发行行政许可需要提交挂牌公司最近两年及一期财务报告及其审计报告，其中年度财务报告应当经过具有证券期货相关业务资格的会计师事务所审计。

财务报告在最近一期截止日后 6 个月内有效，特殊情况下，可以申请延长，但延长期至多不超过一个月。

申请行政许可提交的财务报告应当是公开披露的定期报告。

问答038　定向发行情况报告书中，“发行前后相关情况对比”需比较几名股东持股数量与比例？

前 10 名（不论股东人数超 200 或未超 200 的股票发行都一样）。

根据《关于定向发行情况报告书必备内容的规定》第 6 条第 1 项之规定：“发行前后相关情况对比应至少包括：（1）发行前后前 10 名股东持股数量、持股比例及股票限售等比较情况。”

2.1.3　发行方式、数量金额与办理

问答039　超过200股东人数的股票发行，可以采取的发行方式有哪几种？

根据《非上市公众公司信息披露内容与格式准则第 3 号——定向发行说明书和发行情况报告书》，挂牌公司应在《定向发行说明书》中披露发行对象，如董事会未确定具体发行对象的，应披露股票发行对象的范围和确定方法。因此，对于股东人数超过 200 的股票发行可以采取两种方式：

一是董事会确定具体发行对象；

二是董事会未确定具体发行对象，仅明确股票发行对象的范围和确定方法。

股东人数未超过 200 的股票发行，在股东大会决议后即实施询价、认购及缴款等发行行为；而股东人数超过 200 的股票发行，挂牌公司须在证监会核准发行之后实施询价、认购及缴款等发行行为。

问答040　超过200股东人数的股票发行，发行价格和发行数量如何确定？

对于股东人数超过 200 的股票发行，法律法规对发行价格和发行数量仅作原则性规定。根据《非上市公众公司信息披露内容与格式准则第 3 号——定向发行说明书和发行情况报告书》，挂牌公司应在《定向发行说明书》中披露发行价格和定价原则，如董事会未确定具体发行价格的，应当披露发行价格区间，同时披露股票发行数量或数量上限。

问答041　发行方案中规定拟募集资金“不超过4000万元”，实际募集资金仅3200万元，是否可以？

可以（不论股东人数超 200 或未超 200 的股票发行都一样）。

挂牌公司定向发行实际募集的资金金额未超过定向发行方案中披露的募集资金金额，未违反已披露的定向发行方案要求。但是建议挂牌公司在制定定向发行方案时，应合理规划，设定合理募集资金总额。

问答042　超过200股东人数的股票发行，新增股份挂牌手续如何办理？

根据《全国中小企业股份转让系统股票发行业务指南》，经证监会核准的股东人数超过 200 的股票发行，挂牌公司申请办理新增股份挂牌手续适用的业务流程与股东人数不超过 200 的股票发行新增股份挂牌手续的业务流程一致，挂牌公司应当在股票发行完成验资后的十个转让日内，向全国股转系统提交的文件如表 2-1 所示。

表 2-1　超过 200 股东人数的股票发行提交的申请文件

1	挂牌公司股票发行登记表
2	证监会的核准批文
3	申请出具股份登记函的报告
4	本次股票发行的验资报告
5	资产权属证明文件（如有）
6	股票发行情况报告书
7	签字注册会计师执业证书复印件及其所在机构的执业证书复印件
8	挂牌公司全体董事对申请文件真实性、准确性和完整性的承诺书
9	主办券商项目组及负责人的联系方式

2.1.4　对象、优先权与推荐查询

问答043　超过200股东人数的股票发行，以非现金资产认购股份的，对发行对象有何要求？

根据《非上市公众公司信息披露内容与格式准则第 3 号——定向发行说明书和发行情况报告书》，超过 200 股东人数的股票发行，发行对象以资产认购股份的，挂牌公司需遵守特别披露规定，参见表 2-2。

表 2-2　超过 200 股东人数的股票发行，以非现金资产认购股份的要求

发行对象以非股权资产认购股份的，挂牌公司应在《定向发行说明书》中披露相关资产的基本情况	（1）资产名称、类别以及所有者和经验管理者的基本情况 （2）资产权属是否清晰、是否存在权利受限、权属争议或者妨碍权属转移的其他情况 （3）资产独立运营和核算的，披露最近 1 年及 1 期经具有证券期货相关业务资格会计师事务所审计的财务信息摘要 （4）资产的交易价格及定价依据。披露相关资产经审计的账面值；交易价格以资产评估结果作为依据的，应披露资产评估方法和资产评估结果
发行对象以股权资产认购股份的，挂牌公司应在《定向发行说明书》中披露相关股权的基本情况	（1）股权所投资的公司的名称、企业性质、注册地、主要办公地点、法定代表人、注册资本；股权及控制关系，包括公司的主要股东及其持股比例、最近 2 年控股股东或实际控制人的变化情况、股东出资协议及公司章程中可能对本次交易产生影响的主要内容、原高管人员的安排 （2）股权所投资的公司主要资产的权属状况及对外担保和主要负债情况 （3）股权所投资的公司最近 1 年及 1 期的业务发展情况和经具有证券期货相关业务资格会计师事务所审计的财务信息摘要 （4）股权的资产评估价值（如有）、交易价格及定价依据

问答044　超过200股东人数的股票发行，现有股东是否有优先认购权？

根据《非上市公众公司信息披露内容与格式准则第 3 号——定向发行说明书和发行情况报告书》，挂牌公司应在《定向发行说明书》中披露现有股东优先认购安排。

因此，对于超过 200 股东人数的股票发行，证监会现有规则虽然尚未明确现有股东是否有优先认购权，但是，现有股东认购安排尊重公司自治的原则。

问答045　发行验资报告应由会计师事务所出具，股转系统是否有推荐或者其他要求？

挂牌公司自主选择为当次定向发行出具验资报告的会计师事务所，但是必须是具有证券、期货相关业务资格的会计师事务所。

问答046　超过200股东人数的股票发行，中国证监会怎样公布审查进度情况？

根据证监会发布的《非上市公众公司行政许可反馈意见和审核意见公开工作》，证监会将申请人的定向发明说书申报稿和对反馈意见的回复予以公开披露。

公开的具体方式是：自 2015 年 4 月 1 日起证监会受理的非上市公众公司行政许可申请，在证监会办公厅受理处作出受理通知、向申请人出具反馈意见、审核部门正式接收对反馈意见的回复，以及出具核准、中止审核、终止审核或不予核准的决定后的当周周五晚，更新“非上市公众公司监管部行政许可申请企业基本信息及审核进度表”时，在证监会网站非上市公众公司监管部专区同步公开申请材料、证监会反馈意见、申请人对反馈意见的回复和最终审核意见。

具体，打开 http://www.csre.gov.cn/pub/newsite/gzgsb，在“申请材料公开和审核意见公开栏目”中查询。

2.2　典型实战11例

2.2.1　发行范围、方式及要求

案例021　发行对象范围和确定方法（箭鹿股份）

江苏箭鹿毛纺股份有限公司（箭鹿股份 430623）于 2015 年 6 月向证监会

提交了定向发行说明书，证监会在反馈意见中就此次定向发行对象范围和具体确定方法提出问询：

申请材料显示，本次定向发行的对象包括“符合投资者适当性管理规定的外部投资者”。请申请人按照《非上市公众公司信息披露内容与格式准则第 3 号——定向发行说明书和发行情况报告书》的要求，补充披露董事会是否确定了具体的发行对象，如果没有，请补充披露“符合投资者适当性管理规定的外部投资者”的范围和确定方法，以及保证参与认购的投资者符合投资者适当性的具体措施。请主办券商、律师进行核查并发表明确意见。

【解决办法及解读】

反馈意见中要求箭鹿股份对股票发行对象的具体范围和确定方法作出说明，针对发行对象这一问题，箭鹿股份详细解释了“符合投资者适当性管理规定的外部投资者”，并对本次发行对象的确定方法做出了明确的说明，加上主办券商和律师都对此发表了明确意见，箭鹿股份定向发行于 2015 年 7 月顺利通过证监会的审核。

公司部分回复参考：

申请人在《定向发行说明书》中补充披露，“符合投资者适当性管理规定的外部投资者”是指符合投资者适当性管理规定的自然人投资者、法人投资者及其他经济组织。此外，私募投资基金管理人和私募投资基金还需按照《中华人民共和国证券投资基金法》《私募投资基金监督管理暂行办法》及《私募投资基金管理人登记和基金备案办法（试行）》等相关规定在中国证券投资基金业协会履行登记和备案手续。

在上述符合投资者适当性管理规定的外部投资者中，申请人确定本次发行对象的方法为：优先选取了解纺织行业未来发展方向及政策导向、在纺织行业产业链上下游有一定的资历，并与申请人未来的战略规划和业务拓展方向较为契合的投资者。

案例022　股东是否参与定向发行（时空客）

时空客新传媒（大连）股份有限公司（时空客 831335）于 2015 年 7 月初向证监会提交了定向发行申请。证监会在反馈意见中提到了现有股东是否参与此次发行的问题，部分原文如下：

申请材料显示，6 名董事和 30 名股东因为有意向参与本次定向发行在相关董事会、股东大会上进行了回避表决。请申请人：补充披露因为有意向参与本次定向发行在相关董事会、股东大会进行回避表决的 6 名董事和 30 名股东是否已与申请人签订附生效条件的股票认购合同，是否为本次定向发行对象；保证本次股票发行对象符合投资者适当性要求的措施。

【解决办法及解读】

时空客在回复中对现有股东是否参与此次发行作出了详细说明，并在后面披露了保证此次股票发行对象符合投资者适当性要求的措施，回答在定向发行对象上证监会提出的反馈意见，最终时空客于 2015 年 7 月 22 日受到了证监会核准定向发行的批复。

部分回复供参考：

上述 6 名董事和 30 名股东尚未正式成为本次定向发行对象。审议本次股票发行方案的第三届董事会第二十三次会议召开以前申请人陆续收到上述6名董事书面提交的《股票认购函》，2015 年第四次临时股东大会召开以前申请人收到了上述 30 名股东书面提交的《股票认购函》，由于他们均有意向按照申请人本次发行相关程序认购申请人股票，因此在审议《定向发行方案》议案时上述人员回避表决该项议案。

但上述人员只是意向参与本次发行，尚未签署附生效条件的股票认购合同，是否认购本次发行股票取决于本次股票发行事宜是否取得中国证监会的核准以及是否按照申请人的股票发行程序签署股票认购合同、缴纳股票认购款。

2.2.2　中介适格性与尽责意见等

案例023　中介机构发表意见不完整（指南针）

北京指南针科技发展股份有限公司（指南针 430011）向特定对象发行股票的申请在 2015 年 9 月 23 日受到证监会正式审理，于 2015 年 10 月收到证监会反馈意见，原文如下：

审核中关注到，主办券商和律师发表意见不完整。对此，要求主办券商、律师围绕《非上市公众公司信息披露内容与格式准则第 3 号——定向发行说明书和发行情况报告书》逐条进行核查，披露核查方式并就本次发行的价格、优先认购安排、限售安排等方面发表明确意见。

【解决办法及解读】

指南针的主办券商和律师按照证监会反馈意见的要求，围绕《准则第 3 号》

逐条审查，对反馈意见中的相关问题发表了明确意见，指南针于2015年10月获得了证监会的批准。指南针部分回复参考：

（1）关于发行价格

主办券商、律师认为，本次定向发行价格系申请人综合考虑所处行业、成长性以及股票在全国股份转让系统交易价格等多种因素，并与投资者沟通后最终确定，定价合理、公允。

（2）关于优先认购安排

主办券商、律师认为，申请人现有股东不享有本次定向发行的优先认购权，本次定向发行不存在对现有股东优先认购的安排；申请人本次定向发行中现有股东无优先认购的安排符合申请人现行有效的《公司章程》及相关法律、法规的规定。

（3）关于限售安排

主办券商、律师认为，本次定向发行中的股票限售安排符合法律、法规及规范性文件的规定。

案例024　审计机构被调查与适格性（东电创新）

东电创新（北京）科技发展股份有限公司（东电创新430362）聘请的审计机构为瑞华会计师事务所，瑞华会计师事务所由于违规被证监会立案调查，因此在证监会给东电创新的反馈意见里有一点是关于瑞华会计师事务所作为审计机构的合法合规性，反馈意见原文如下：

审核中关注到，为申请人本次股票发行提供审计服务的瑞华会计师事务所由于为东莞勤上光电股份有限公司出具2014年年报时的违规行为于2014年12月被我会立案调查。对此，要求主办券商和律师核查相关情况并就瑞华会计师事务所担任申请人本次股票发行审计机构的适格性发表明确意见。

【解决办法及解读】

对于会计事务所遭证监会立案调查事项，通过主办券商和律师发表明确意见认为瑞华会计师事务所担任申请人本次股票发行的审计机构具有适格性，东电创新于2015年7月7日通过证监会审核。东电创新回复如下。

主办券商和律师认为：

（1）截至反馈意见回复出具之日，瑞华会计师事务所（特殊普通合伙）持有注册号为***的《营业执照》；持有会计师事务所编号为***的《会计师事务所执业证书》；同时持有证书序号为***的《会计师事务所证券、期货相关业务许可证》，该证书有效期至 2015 年 7 月 23 日；为申请人本次发行提供审计服务的从业人员孙卫国、万奇见均持有《中华人民共和国注册会计师证书》。因此，瑞华会计师事务所与其经办人均具备为申请人本次发行提供相应服务的资格。

（2）截至反馈意见回复出具之日，申请人 2014 年度审计报告的签字注册会计师孙卫国、万奇见未受到中国证监会处罚且未参与瑞华会计师事务所 2014 年 12 月被中国证监会立案调查案件的审计工作，不存在不良执业记录。

因此，主办券商和律师认为，上述注册会计师在为申请人提供审计服务时能够遵守中国注册会计师职业道德守则，瑞华会计师事务所担任申请人本次股票发行的审计机构具有适格性。

案例025　律师事务所适格性问题（成大生物）

辽宁成大生物股份有限公司（成大生物 831550）于 2016 年 1 月向证监会提交了定向发行申请材料，证监会针对成大生物聘请的辽宁恒信律师事务所沈阳分所为本次定向发行出具法律意见书的适格性提出了反馈意见如下：

审核中关注到，辽宁恒信律师事务所沈阳分所对本次定向发行出具了法律意见书。据此，要求主办券商核查辽宁恒信律师事务所沈阳分所为本次定向发行出具法律意见书在主体适格性、出具的程序等方面是否符合《律师事务所从事证券法律业务管理办法》、《律师事务所证券法律业务执业规则（试行）》等法律法规、规范性文件的规定。

【解决办法及解读】

反馈意见中要求成大生物的主办券商对辽宁恒信律师事务所沈阳分所为本次定向发行出具法律意见书在主体适格性进行审查。通过主办券商对律师事务所的适格性发表明确意见，成大生物在 2016 年 2 月 29 日收到了证监会核准定向发行的批复。

部分回复供参考：

主办券商认为，辽宁恒信律师事务所沈阳分所为申请人本次定向发行出具法律意见书的主体资格、出具程序符合《律师事务所从事证券法律业务管理办法》《律师事务所证券法律业务执业规则（试行）》等法律法规、规范性文件的规定。

2.2.3 财务指标与募资用途

案例026 未回复现金流量异常问题导致发行被否（特辰科技）

深圳市特辰科技股份有限公司（特辰科技 831242）于 2015 年 12 月向证监会提交了定向发行说明书，证监会于 2016 年 1 月回复了反馈意见。其中关于经营活动现金流量异常的反馈意见原文如下：

申请材料显示，报告期内，申请人 2013 年度、2014 年度和 2015 年上半年支付其他与经营活动有关的现金分别为 3000.67 万元、1983.06 万元和 2070.74 万元，且其中支付往来款金额较大。请申请人结合实际经营状况，补充披露支付其他与经营活动有关的现金的具体情况，核查是否存在资金占用情形。请主办券商、会计师核查并发表明确意见。

【问题及解读】

这条反馈意见的关注点在于经营活动相关现金流量异常，要求特辰科技核查是否存在资金占用的情形。证件会官网没有特辰科技就反馈意见进行回复的文件，特辰科技最终并未获得证监会的批复函，并且在 2016 年没有进行定向发行。

案例027 营收上升，利润、现金流净额下降（银都传媒）

2015 年 6 月武汉银都文化传媒股份有限公司（银都传媒 430230）向证监会提交了定向发行说明书，证监会于 7 月初提出了反馈意见，其第一点内容：

申请材料显示，申请人 2014 年度营业收入上升，但毛利率、净利润、归属于母公司股东的扣除非经常性损益后的净利润下降，同时经营活动产生的现金流量净额大幅下降。请申请人结合企业实际经营状况，补充披露以上情况具体原因及影响。请主办券商、会计师核查并发表明确意见。

【解决办法及解读】

银都传媒在回复中详细解释了公司营业收入上升但公司毛利率、净利润下降的原因，同时主办券商和会计师均发表了银都传媒财务指标真实准确的明确意见，最终银都传媒在 2015 年 8 月 3 日获得了证监会同意定向发行的批复。公司补充披露内容：

（1）公司 2014 年度营业收入为 3,123.56 万元，较 2013 年度增加 817.55 万元，主要为 2014 年申请人投资拍摄了悬疑类电影《全城通缉》，该片于 2014 年 11 月 6 日全国上映。电影收入一般包括电影票房分账收入、海外发行收入、音像版权收入及电视、航空及网络播映权收入，电影票房收入一般占电影收入的 80%以上。2014 年申请人实现了电影网络版权收入 780.00 万元，使得 2014 年营业总收入较 2013 年有较大幅度增加。

（2）公司 2014 年度的综合毛利率为 46.63%，较 2013 年下降了 4.02%。主要原因为 2014 年电影收入的毛利率仅为 4.65%，大幅拉低了 2014 年度的综合毛利率。

会计师认为，报告期内财务数据能够公允反映申请人财务状况、经营成果及现金流量，2014 年盈利情况及现金流等情况符合申请人业务增长情况，申请人对反馈问题中提到的财务变动的解释与申请人实际经营状况相符。

案例028　募集资金使用情况的陈述（润农节水）

河北润农节水科技股份有限公司（润农节水 830964）分别于 2014 年 12 月和 2015 年 2 月进行了两次股票发行募集资金，针对这两次募集资金的使用情况，证监会在反馈意见中要求润农节水对之前募集资金的合法合规性进行说明，要求对募集资金具体使用情况进行补充披露，其中之一如下：

审核中关注到，申请人没有披露历次募集资金使用的合法合规性以及本次募集资金具体的使用情况。请申请人补充披露：自挂牌以来发行股票募集资金的情况及募集资金的使用情况，募集资金使用情况是否与公开披露的募集资金用途一致，募集资金是否用于持有交易性金融资产和可供出售的金融资产、借予他人、委托理财等财务性投资，是否直接或间接投资于以买卖有价证券为主要业务的公司。

【解决办法及解读】

这条反馈意见的关键点在于之前募集资金使用的“合法合规性”以及本次募集资金“具体的使用情况”。润农节水在回复中提及了企业层使用募集资金持有过短期、保本、低风险的银行理财产品，但并未违反《上市公司证券发行管理办法》中的相关规定，并且说募集资金使用情况与公开披露的募集资金用途一致。后续证监会并未就募集资金用途问题作进一步问询，润农节水于 2015 年 11 月顺利通过证监会定向发行审核。

企业回复参考：

申请人自挂牌以来，募集资金使用情况与公开披露的募集资金用途一致。募集资金为了节约资金成本曾持有过短期、保本、低风险的银行理财产品，不存在用于持有交易性金融资产和可供出售的金融资产、借予他人、委托理财等财务性投资，不存在直接或间接投资于以买卖有价证券为主要业务的公司的情况。

案例029　募集资金规范用途与措施（分豆教育）

北京分豆教育科技股份有限公司（分豆教育 831850）定向发行的申请于2016年5月3日被证监会正式受理，在随后的反馈意见中，证监会针对公司的经营情况对分豆教育之前三次募集资金的使用情况提出了反馈意见，部分内容如下：

审核中关注到，申请人已完成了三次发行，共募集资金1.073亿元，据此，要求申请人补充披露：前次发行募集资金是否已使用完毕，是否已充分完整披露了前次募集资金使用情况，并结合历次发行方案说明实际使用情况是否与方案一致；本次募集资金规模是否已考虑现有资金规模和其他方式可获取的资金，分析并说明本次发行募集资金的必要性、合理性；募集资金是否用于持有交易性金融资产和可供出售的金融资产、借予他人、委托理财等财务性投资，是否直接或间接投资于以买卖有价证券为主要业务的公司。

【解决办法及解读】

反馈意见要求分豆教育对之前募集资金使用情况进行说明。分豆教育在回复结合公司自身经营情况对之前历次募集资金使用情况进行了详细的说明，明确表示没有变更资金使用用途，并对本次定向增发募集资金的用途的必要性、合理性进行了分析，也给出了后续管理募集资金的具体措施。证监会后续并未就募集资金问题对企业进行进一步问询，分豆教育最终于7月14日收到证监会核准同意定向发行的批复。

企业回复内容参考如下：

申请人历次募集资金实际投资项目与当时披露的股票发行方案相符，未变更募集资金使用用途的情况。

申请人目前尚无计划通过贷款、信托、股权质押等方式获取资金，充分考虑了现有资金规模与远期规划的契合度，申请人认为本次募集资金是必要、合理的。

申请人预计两年共投入资金约6.7亿元，其中截至2015年12月31日自有资金约1.6亿元，预计2016年现金净流入不低于0.8亿元，尚有约4.3亿元资金缺口。因此，本次拟募集资金4亿元，资金缺口不足部分由2017年度经营产生的现金流补足。

申请人为保障募集资金用途按计划合理使用，采取具体措施如下：（1）尽快制定《募集资金管理制度》，规范对募集资金的使用；（2）开通募集资金专户，集中管理本次募集资金；（3）对募集资金的使用情况设立台账，详细记录募集资金的支出情况和募集资金项目的投入情况；（4）申请人已出具承诺，本次向特定对象发行股票所募集的资金不会投资于交易性金融资产和可供出售的金融资产、借予他人、委托理财等财务性投资，不直接或间接投资于以买卖有价证券为主要业务的公司。

2.2.4 关联交易、同业竞争与资金占用

案例030　关联交易是否履行程序，价格是否公允（润农节水）

河北润农节水科技股份有限公司（润农节水 830964）在向证监会提交的定向发行说明书中提到公司于 2015 年与实际控制人薛宝松土地、房产关联交易事项，证监会给润农节水的反馈意见中就针对此次关联交易提出了相关问题，反馈意见如下：

申请材料显示，报告期内，申请人与关联方具体交易情况为：（1）2015 年半年报中未披露与关联方交易的情况，且在 6 月份申请人向实际控制人薛宝松购入土地及房产，并向其支付 648 万元，为购房总价的 30%；（2）2014 年财务报表附注中显示与关联方存在较多关联交易，如与关联方免费拆借资金，免费或低价租入关联方房产等。请申请人结合实际经营状况，补充披露：（1）2015 年与关联方交易的具体情况，关联交易是否公允；（2）报告期内与关联方交易事项是否已经履行相关审批程序，是否已经进行了充分披露，是否存在违反相关法律法规及申请人内部规定的情形，同时结合企业经营状况和金融市场利率水平，分析关联方交易对申请人财务情况的影响，并进行重大事项提示。请主办券商、会计师核查并发表明确意见。

【解决办法及解读】

反馈意见中要求润农节水对与实际控制人薛宝松进行的关联交易进行详细披露，就关联交易是否公允、是否履行相关审批程序以及是否符合相关规定进行说明，润农节水的回复参考如下。

此次关联交易定价公允性：此关联交易依北京国融兴华资产评估有限责任公司出具的国融兴华评报字[2015]第 050017 号评估报告定价；定价政策和定价

依据为国有土地评估采用市场法，以该工业用地本地区一级市场拍卖价格95%计算，房屋建筑物采用成本法进行评估。

此次关联交易必要性：因原定审批土地未能落实，而标的建筑物申请人已租用两栋，现又生产急需，办公场地也严重不足，为了满足迅速扩张的工程量的需要及申请人的整体建筑规划。

主办券商和会计师通过核查相关披露文件、交易合同、评估报告，认为申请人与实际控制人薛宝松土地、房产关联交易事项真实、合理、定价公允、必要。

由于润农节水说明了关联交易的公允性和必要性，同时主办券商和会计师也对此发表了明确意见，润农节水于2015年11月顺利通过证监会定向发行审核。

案例031　实际控制人占用募集资金与发行失败（凌志环保831068）

凌志环保股份有限公司（凌志环保831068）在2015年9月18日向证监会提交了定向发行申请材料，证监会对凌志环保的定向发行申请两次反馈意见中最突出的问题就是关于实际控制人占用募集资金。并明确要求凌志环保对实际控制人往来款是否构成资金占用作出回复。

【解决办法及解读】

凌志环保部分回复如下：

2014年年末，公司应收实际控制人凌建军往来款11,782,257.50元，其中5,210,679.20元实际控制人凌建军用于缴纳个人所得税。个人所得税系由于实际控制人凌建军将其持有公司2,746,604.00股股权转让给远东控股集团有限公司和国联昆吾九鼎（无锡）投资中心（有限合伙），转让价款28,800,000.00元，转让溢价所得26,053,396.00元产生的。另外6,571,578.30元实际控制人凌建军部分用于垫付项目前期费用，无法与实际控制人凌建军日常支出明确区分开。因此，上述实际控制人凌建军与公司往来款项构成实际控制人资金占用。

上述借款事项发生时未经公司董事会、股东大会决议程序，未及时向主办券商报告，亦未履行信息披露义务。

凌志环保在回复中承认实际控制人来往款构成了资金占用，并说明资金占用未经相关程序决议以及信息披露。

证监会在2015年11月又对凌志环保资金占用问题提出了第二次反馈意见，原文如下：

请申请人补充披露：（1）申请人申请在全国股转系统挂牌以来关联方资金占用情况，包括并不限于占用时间、占用方、占用金额等；（2）历次关联方资金占用是否履行了必要的内部程序，公司治理、内部控制是否有效运行；（3）关联方资金占用发生时，是否真实、准确、完整、及时地履行了信息披露义务，是否违反了《全国中小企业股份转让系统挂牌公司信息披露细则（试行）》第 46 条关于实际控制人资金占用的应当自事实发生之日起两个转让日内披露，应当至少每月发布一次提示性公告等相关规定，如是，请说明对此应承担何种法律责任；（4）挂牌后的关联方资金占用是否违反了挂牌时《公开转让说明书》中的有关承诺，是否违反了《全国中小企业股份转让系统挂牌公司信息披露细则（试行）》第 44 条关于挂牌公司和相关信息披露义务人应当严格履行其披露的承诺的有关规定，如是，请说明对此应承担何种法律责任。请主办券商、会计师、律师进行核查并发表明确意见。

第二次反馈意见中要求凌志环保更加详细地披露有关实际控制人资金占用的具体情况，但是凌志环保没有及时对证监会的第二次反馈意见进行回复，凌志环保在 2015 及 2016 年都没有进行定向发行。

第3章 股东人数未超过200的股票发行实务

3.1 常规疑难16问

3.1.1 制度、流程等要求

问答047 股东人数未超过200的股票发行有哪些制度规则？

新三板挂牌企业发行前后股东人数未超过200，股票发行需遵守的制度规则如下：

（1）《非上市公司监督管理办法》；

（2）《全国中小企业股份转让系统股票发行业务细则（试行）》；

（3）《全国中业股份转让系统股票发行业务指南》；

（4）《全国中小企业股份转让系统股票发行业务指引第1号——备案文件的内容与格式（试行）》；

（5）《全国中小企业股份转让系统股票发行业务指引第2号——股票发行方案及发行情况报告书的内容与格式（试行）》；

（6）《全国中小企业股份转让系统股票发行业务指引第3号——主办券商

关于股票发行合法合规性意见的内容与格式（试行）》；

（7）《全国中小企业股份转让系统股票发行业务指引第 4 号——法律意见书的内容与格式（试行）》；

（8）《全国中小企业股份转让系统股票发行文件模板》。

问答048　股东人数未超过200的股票发行的业务流程有哪些？

股东人数未超过 200 的股票发行，主要按照以下业务流程（一般情况，需要 2～3 个月时间）办理：

（1）召开董事会审议股票发行方案。

（2）公告董事会决议及股票发行方案、临时股东大会通知。注意：以非现金资产认购股票涉及资产审计、评估的，资产审计结果、评估结果应当最晚和召开股东大会的通知同时公告。

（3）召开临时股东大会审议股票发行方案。

（4）股票认购公告。不晚于缴款起始日前的两个转让日披露股票发行认购购公告。

（5）认购对象进行股票认购及缴款。

（6）公司到开户银行确认认购人的认购资金到账无误后，通知认购人股票认购成功。

（7）会计师事务所出具验资报告。

（8）在股票发行验资完成后十个转让日内，向全国股转系统报送备案文件。

（9）全国股转系统对备案文件进行审查并出具审查意见。

（10）挂牌公司及主办券商落实问题清单中的问题，并在十个转让日内进行。

（11）全国股转系统审查后出具同意股份登记函，送达中国结算和主办券商。

（12）挂牌公司公告股票发行情况报告书、股票发行法律意见书、主办券商关于股票发行合法合规性意见；股票发行新增股份挂牌并公开转让的公告需在新增股份挂牌公开转让日两日前公布。

（13）挂牌公司按照中国结算发布的《中国结算北京分公司发行人业务指南》的要求向中国结算办理股份登记。

（14）完成股份登记后，本次股票发行中无限售条件和无锁定承诺的股份按照挂牌公开转让公告中安排的时间在全国股转系统公开转让。

（15）挂牌公司进行工商变更登记。

（16）披露关于工商变更登记并换发营业执照的公告。

问答049 股票的发行和认购环节的业务流程主要有哪些？

根据全国股转系统相关规定，挂牌公司进行股票发行，发行和认购环节办理流程主要有：

（1）发行程序

董事会决议确定具体发行对象的，挂牌公司应当按照股票发行方案和认购合同的约定发行股票。

董事会决议未确定具体发行对象的，挂牌公司可以通过询价确定发行对象、发行价格和发行股数。

（2）披露认购公告

对认购期限时间长短无限制，但挂牌公司最迟应当在缴款起始日前的两个转让日披露股票发行认购公告。

认购公告应包括：① 缴款的股权登记日；② 投资者参与询价、定价情况；③ 股票配售的原则和方法；④ 本次股票发行如有优先认购安排的，还应披露现有股东的优先认购安排。

优先认购安排包括但不限于以下内容：① 现有股东在本次发行前放弃优先认购的情况（如有）；② 现有股东优先认购的缴款期限和缴款方式；③ 现有股东放弃优先认购股份的处理方式。

（3）认购与缴款

发行对象可用现金、非现金资产以及同时以非现金资产和现金认购发行股票。参与认购的投资者和现有股东应按照认购公告和认购合同的约定，在缴款期内进行缴款认购。

认购对象如果不能在认购期内缴款的，挂牌公司是可以发布延期认购公告的。

3.1.2 审核、合同与报告书

问答050 董事会审议股票发行有哪些问题需要注意？

挂牌公司进行股票发行，需要通过董事会决议，相关注意事项主要有：

（1）会议形式

根据《公司法》，董事会会议应有过半数的董事出席方可举行，董事会作出决议，必须经全体董事的过半数通过。董事会应当执行公司章程规定的表决权回避制度。

（2）董事会决议的内容

挂牌公司董事会应当就本次股票发行的具体方案作出决议，并提请股东大会批准，决议应当包括以下内容：

① 董事会决议确定具体发行对象的，董事会决议应当明确具体发行对象（是否为关联方）及其认购价格、认购数量或数量上限、现有股东优先认购办法等事项。已确定的发行对象（现有股东除外）与公司签署的附生效条件的股票认购合同应当经董事会批准；

② 董事会决议未确定具体发行对象的，董事会决议应当明确发行对象的范围、发行价格区间、发行价格确定办法、发行数量上限、现有股东优先认购办法等事项；

③ 发行对象用非现金资产认购发行股票的，董事会决议应当明确交易对手（应当说明是否为关联方）、标的资产、作价原则及审计、评估等事项；

④ 说明本次发行募集资金的用途。

（3）董事会决议

挂牌公司应当在董事会通过股票发行决议之日起两个转让日内披露董事会决议公告；

挂牌公司在披露董事会决议的同时，应当披露经董事会批准的股票发行方案。

问答051　股东大会审议股票发行有哪些问题要注意？

根据《公司法》《非上市公众公司监督管理办法》，股东大会作出股票发行的决议，注意事项参见表3-1。

表3-1　股东大会股票发行决议的注意事项

会议形式	根据《公司法》，表决必须经出席会议的股东所持表决权的2/3以上通过，在表决时，股东大会还应当执行公司章程规定的表决权回避制度
如出现调整	挂牌公司股东大会审议通过股票发行方案后，挂牌公司董事会对发行方案作出重大调整的，应当申请重新召开股东大会进行审议。重大调整包括以下情形： （1）发行对象名称（现有股东除外）、认购价格、认购数量或数量上限、现有股东优先认购办法的调整。 （2）发行对象范围、发行价格区间、发行价格确定办法、发行数量或数量上限的调整
披露	挂牌么司股东大会应当就股票发行事项作出决议，在股东大会通过股票发行决议之日起两个转让日内披露股东大会决议公告

问答052　挂牌公司与发行对象签署股票认购合同时，需要注意什么？

确定发行对象的股票发行，挂牌公司应当在董事会之前与发行对象签署附生效条件的股票认购合同；确定部分发行对象的，已确定的发行对象也应当签署认购合同。不确定发行对象的股票发行，挂牌公司应当在股东大会通过之后与投资者签订认购合同。认购合同应满足以下要求：

一是认购合同须经董事会审议。

二是应在股票发行方案中披露认购合同摘要。

三是认购合同应当载明该发行对象拟购股票的数量或数量区间、认购价格、限售期，同时约定本次发行经公司董事会、股东大会批准后，该合同即生效。

问答053　股票定向发行情况报告书中应包括什么内容？

根据《关于定向发行情况报告书必备内容的规定》第3条之规定，定向发行情况报告书至少应包括以下内容：

（1）挂牌公司符合豁免申请核准定向发行情形的说明；

（2）本次发行的基本情况；

（3）发行前后相关情况对比；

（4）新增股份限售安排（如有）；

（5）现有股东优先认购安排；

（6）主办券商关于本次发行合法合规性的意见；

（7）律师事务所关于本次发行过程及发行对象合法合规性的意见；

（8）挂牌公司全体董事、主办券商以及律师事务所等相关中介机构的声明。

关于上述各部分的具体内容要求详见《关于定向发行情况报告书必备内容的规定》其他有关规定。

3.1.3　方式、数量与认购

问答054　股票发行，挂牌公司可采取哪几种发行方式？

根据《全国中小企业股份转让系统股票发行业务细则》，挂牌公司股票发行可采用两种方式：一是董事会决议确定具体发行对象；二是董事会决议未确定具体发行对象。

董事会决议确定具体发行对象的，挂牌公司应依据股票发行方案和股票认购合同的约定发行股票。

董事会决议未确定具体发行对象的，挂牌公司及主办券商可以向包括挂牌公司股东、主办券商经纪业务客户、机构投资者、集合信托计划、证券投资基金、证券公司资产管理计划以及其他个人投资者在内的询价对象进行询价，询价对象应当符合投资者适当性的规定。

采用询价发行时，挂牌公司和主办券商可以进行路演，并按照股票发行方案确定的发行对象范围，向符合投资者适当性规定的特定投资者发送认购邀请书。挂牌公司及主办券商在认购邀请书约定的时间内接收询价对象的申购报价。

问答055　股票发行价格和发行数量是如何确定的？

（1）确定发行对象情形下

董事会决议确定具体发行对象的，发行价格一般由挂牌公司和投资者提前沟通协商确定。

（2）未确定发行对象情形下

董事会决议未确定具体发行对象的，需要通过主办券商确定发行价格，主办券商应根据询价对象的申购报价情况，按照价格优先的原则，并考虑认购数量或其他因素，与挂牌公司协商确定发行对象、发行价格和发行股数。

挂牌公司可根据资金需求量、股权分布等因素综合确定股票发行数量。

问答056　针对股票发行，如何理解现有股东优先认购权？

现有股东是指股权登记日的在册股东，包括在披露发行方案之后至股权登记日之间新增的股东。根据《全国中小企业股份转让系统股票发行业务细则》，主要分两种情况：

（1）挂牌公司股票发行以现金认购的，公司现有股东在同等条件下对发行的股票有权优先认购。每一股东可优先认购的股份数量上限为股权登记日期在公司的持股比例与本次发行股份数量上限的乘积。当然，优先认购是公司现有股东的权利，而非义务，现有股东可以自愿放弃优先认购权。

（2）挂牌公司在确定的询价对象范围内进行询价发行的，现有股东优先认购的，在相同认购条件下应优先满足现有股东的认购需求。在公布的现有股东优先认购办法中，应明确现有股东放弃优先认购股票份额的认购安排。

按照尊重公司自治的原则，挂牌公司的公司章程对优先认购另有规定的，按照其公司章程的规定执行。

问答057　以非现金资产认购股份，发行对象有哪些特别规定？

发行对象可用现金或者非现金资产认购发行股票。若以非现金资产认购股份，还须遵守以下规定：

（1）以非现金资产认购股票，董事会应当在发行方案中对资产定价合理性进行讨论与分析。

（2）以股权资产认购的，应当提供具有证券、期货相关业务资格的会计师事务所出具的标的资产最近二年及一期（如有）的审计报告，审计截止日距审该交易事项的股东大会召开日不得超过 6 个月。以非股权资产认购的，非股权资产应当经过具有证券、期货等相关业务资格的资产评估机构评估。

（3）以资产评估结果作为定价依据的，应当由具有证券、期货等相关业务资格的资产评估机构出具评估报告。

（4）以非现金资产认购股票涉及资产审计、评估或者盈利预测的，资产审计结果、评估结果和经具有证券、期货相关业务资格的会计师事务所审核的盈利预测报告对外公告的日期应当不晚于召开股东大会的通知公告日。

问答058　股票发行，在认购对象缴款后如何验资？

股票发行认购期结束后，挂牌公司应当及时办理验资手续，聘请具有证券、期货相关业务资格的会计师事务所出具验资报告。

验资报告必须由会计师事务所的总所出具，不可由会计师事务所的分所出具，验资报告加盖总所公章。

3.1.4　备案、登记及要求

问答059　股票发行，挂牌公司需要向全国股转系统提交的备案申请文件有哪些？

挂牌公司应当在股票发行验资完成后的十个转让日内，向全国股份转让系统公司接收申请材料的服务窗口（北京市西城区金融大街丁 26 号金阳大厦南门）报送的文件参见表 3-2，履行备案程序。目前，备案文件需纸质文件原件和电子版文件各一份。

表 3-2　挂牌公司股票发行备案文件（股东未超 200 人）

1	挂牌公司股票发行备案登记表
2	股票发行备案报告
3	公司关于股票发行的董事会决议
4	公司关于股票发行的股东大会决议
5	股票发行方案；
6	股票发行认购公告
7	认购合同或认购缴款凭证
8	本次股票发行的验资报告
9	资产审计报告或评估报告（如有）
10	资产权属证明文件（如有）
11	资产生产经营所需行业资质的资质证明或批准文件（如有）
12	股票发行情况报告书
13	主办券商关于股票发行合法合规性意见
14	股票发行法律意见书
15	签字注册会计师、律师或者资产评估师执业证书复印件及其所在机构的执业证书复印件
16	挂牌公司全体董事对备案文件真实性、准确性和完整性的承诺书
17	主办券商项目组及负责人的联络方式

问答060　新三板对股票发行备案申请材料的审查有哪些程序？

股票发行备案申请材料需报送全国股转系统进行审查，具体审查程序主要为：

（1）全国股转系统对提交的文件进行审查

如发现问题，将通过电子邮件（feedback@neeq.org.cn）向主办券商发送问题清单。主办券商应协助公司落实问题清单中的问题，并在收到问题清单后的十个转让日内将对问题清单的回复发送至电子上述邮箱。

全国股转系统在备案审查过程中，发现挂牌公司、主办券商、律师事务所及其他证券服务机构有需要补充披露或说明的情形，可以要求其提供补充材料或进行补充披露。

（2）出具股份登记函

全国股转系统对文件审查后出具股份登记函，送达挂牌公司并送交中国结算和主办券商。以非现金资产认购股票的情形，尚未完成相关资产权属过户或相关资产存在重大法律瑕疵的，全国股转系统不予出具股份登记函。

问答061　发行备案需向全国股转系统提交“中国结算出具的股份登记证明文件”，具体指什么？

中国结算出具的股份登记证明文件是指：

（1）新增股份登记确认书；

（2）非上市公司股本结构表；

（3）证券持有人名册。

挂牌公司应将加盖公司公章的上述文件复印件交至全国股转系统公司以完成备案。

问答062　挂牌公司取得股份登记函后，还需要履行哪些手续？

挂牌公司取得全国股转系统股份登记函后，应按照中国结算发布的《中国结算北京分公司证券发行人业务指南》的要求向中国结算申请办理股份登记。具体有以下手续：

（1）挂牌公司办理股份登记前

应与中国结算协商确定股票发行情况报告书和本次登记股份的挂牌转让公告的披露日（T-2 日之前），同时披露股票发行法律意见书和主办券商关于股票发行合法合规性意见。挂牌转让公告应当明确本次新增股份挂牌转让日（T 日）。

（2）挂牌转让公告披露后

中国结算公司进行股份登记并出具股份登记证明文件。

（3）挂牌公司完成股份登记的办理后

本次股票发行中无限售条件和无锁定承诺的股份按照挂牌转让公告中确定的时间在全国股转系统公开转让。

3.2　典型实战16例

3.2.1　自愿锁定与转让限售

案例032　定向发行股票与自愿锁定期（博雅科技）

北京博雅英杰科技股份有限公司（博雅科技 430082）2015 年 12 月披露股票发行方案，公司拟以 10 元/股的价格，发行股票数量不超过 500 万股，用以研发新产品、补充流动资金及拓展新市场。公司在公告中明确指出，本次发行股票的认购人承诺本次新增股票锁定期为 10 个月。自愿锁定期满后，股票发行认购方为公司董事、监事和高级管理人员的，按照相关规定办理限售，其余认购人的新增股份予以解除。

【市场解读】

进入 2015 年四季度以来，挂牌公司发行股份进行一定期限锁定的公司明显增多。根据 Choice 金融终端统计，2015 年 10 月 1 日到 2016 年 1 月 13 日，新三板挂牌公司共向 10479 名对象发行股份，其中天原药业等公司对增发股份设置了 3 个月锁定，微传播等设置了 4 个月锁定，海格物流等设置了 6 个月锁定，全通服等设置了 1 年期锁定，奔腾股份等公司则更是设置了 3 年时间的锁定安排。除了通过公告形式进行"显性"锁定期约定外，还有一种"隐性"锁定正在新三板公司中出现。浙江某资本创始合伙人参与了一家挂牌公司的股份增发，虽然挂牌公司并没有在认购合同中明确约定锁定期，但是对单纯财务投资性质的定增参与方进行了"筛除"，只保留有意愿锁定半年时间的投资方成为公司新晋股东。

市场自发出现的"自愿锁定"表明，买卖双方存在稳定的"利益共同体"需求较大。一方面，企业与部分机构投资者通常不会过于看重短期股价的波动，而是愿意通过持有较长时间与公司实现共同成长，另一方面，2015 年四季度开始，新三板市场交投低迷、挂牌公司股价承压有关。对新增股份进行锁定期安排，有利于减缓股份在相关时间节点前后的抛压。

案例033　转让限售与自愿锁定皆有的发行（创新股份）

温州创新新材料股份有限公司股票发行方案（创新股份 837935）2016 年发布的定向发行方案，称公司非公开定向发行股票旨在募集资金用于补充流动资金、对子公司增资、特种砂浆生产线建设。补充流动资金能够有利于缓解公司营运资金压力，改善公司财务结构，提升公司抗风险能力；对子公司增资有利于解决子公司资金短缺问题，以使子公司更好地经营，促使公司抢占市场先机，以此加速产业整合、助推公司高速发展；特种砂浆生产线建设有利于提升公司生产能力，增强公司市场竞争力。

该定向发行股票转让限售安排及自愿锁定承诺如下：

本次股票发行的新增股份登记在中国证券登记结算有限公司北京分公司。本次发行的股票自登记之日起 24 个月内不得转让。认购人为公司董事、监事、高级管理人员的，其新增的认购股份还需按照《中华人民共和国公司法》《全国中小企业股份转让系统业务规则（试行）》《公司章程》以及其他相关规定进行转让。

该次发行的其他情况如下。

（1）发行对象

① 现有股东的优先认购安排

根据公司章程约定，公司在增发新股时，公司原股东不享有对新增股份的优先认购权。本次股票发行不存在优先认购安排。

现有股东是指截至2016年12月6日下午收市时在中国登记结算有限责任公司北京分公司登记在册的股东。

② 发行对象不确定的股票发行及发行对象范围

根据《非上市公众公司监督管理办法》《全国中小企业股份转让系统投资者适当性管理细则（试行）》的相关规定，本次股票发行对象包括下列机构和自然人：

a）公司股东；

b）公司的董事、监事、高级管理人员和核心人员；

c）符合投资者适当性管理规定的投资者。

本次股票发行，最终确定的发行对象中，新增股东人数合计不超过35名。

（2）发行价格及定价方法

公司本次发行的价格为人民币1.50元/股。所有发行对象均以现金认购本次发行的股票。

经审计公司2015年末每股净资产为1.42元，每股收益0.21元；公司自挂牌以来，公司发生过一次股票交易；2016年9月5日，原股东蔡海西分别以1.30元/股和1.85元/股转让股份199万股和1万股，交易价格以1.30元/股为主。

本次股票发行价格综合考虑了公司所处行业、每股净资产、公司的成长性、行业前景和宏观经济环境等多种因素，价格较为公允，未损害公司在册股东的利益。

（4）发行股份数量及预计募集资金总额

本次定向发行股份数量不超过1,547万股（含1,547万股），预计募集资金总额不超过（含）2,320.50万元（未扣除发行费用）。

案例034　无限售又无自愿锁定的发行（派诺生物）

证券代码：833281　证券简称：派诺生物　主办券商：东吴证券

吉林派诺生物技术股份有限公司（派诺生物 833281）2015 年 11 月公布的股票发行方案称，公司希望通过本次定向发行，进一步优化资本结构，提高资产质量，增强偿债能力，补充流动资金，增强公司的市场竞争力和持续盈利能力，为公司未来发展奠定坚实基础。

（1）发行对象及现有股东的优先认购安排

① 发行对象及认购情况

序号	名称/姓名	认购数量（股）	认购金额（元）	股东性质	认购方式	持股方式
1	上海灵琐资产管理有限公司	2,000,000	6,000,000	企业法人	现金	直接持有
2	马米	2,000,000	6,000,000	自然人	现金	直接持有
合计		4,000,000	12,000,000	-	-	-

② 现有股东的优先认购安排

公司现有股东放弃认购本次定向发行股票的优先认购权。

（2）发行价格及定价方法

公司本次股票发行价格综合考虑公司所处行业、公司成长性、市盈率、资产结构状况等因素后由公司与投资方协商确定，发行价格为 3.00 元/股。

（3）发行股份数量及募集资金总额

本次发行股份的种类为人民币普通股，发行的股票数为 4,000,000 股，预计募集资金 12,000,000 元。

（4）公司董事会决议至股份认购股权登记日期间的分红派息、转增股本及其对公司价格的影响公司在董事会决议日至股份认购股权登记日期间没有除权、除息的计划；公司自挂牌以来未发生分红派息、转增股本等情形。

（5）本次发行股票的限售安排

本次股票发行认购对象为无限售条件的人民币普通股，无限售安排，亦无自愿锁定承诺，可以一次性进入全国中小企业股份转让系统参与转让。

案例035　有限售但无自愿锁定的发行（普诺威）

江苏普诺威电子股份有限公司（普诺威 830908）2015 年 11 月公布的股票发行的主要目的是补充公司流动资金，促进新产品开发及市场的开拓，进一步提升公司产品市场竞争力，保持业绩稳步增长，同时增加股票做市商数量，增强股票流动性，公司拟向特定对象发行股票募集资金。

（1）发行对象

本次股票发行对象范围为：

公司董事、监事、高级管理人员及核心员工；合计不超过 35 名符合投资者适当性管理规定的自然人投资者、法人投资者及其他经济组织。经公司股东大会审议通过后，认购者可根据认购意向书的内容向公司申报认购的价格和数量，由公司董事会及主办券商按照价格优先、时间优先的原则，综合考虑认购数量、认购对象的类型与公司未来发展的协同效应，确定发行对象、发行价格和发行股数。

（2）现有股东优先认购安排

公司现行有效公司章程第十九条明确规定：公司根据经营和发展的需要，依照法律、法规的规定，经股东大会分别作出决议，可以采用下列方式增加资本：

（一）非公开发行股份；（二）向现有股东派送红股；（三）以公积金转增股本；（四）法律、行政法规规定的其他方式。公司发行股份增加公司股本时，现有股东无优先认购权。公司章程已经明确在册股东无优先认购权。因此，本次股票发行，公司现有股东不享有优先认购权。

（3）认购方式

本次股票发行的申购方式为现金申购。

（4）发行价格、金额及定价方法

公司本次发行数量不超过普通股 1,111,000 股，发行对象不超过 35 名合格投资者，每股发行价格为 1.25 元，募集资金不超过 1,388,750 元人民币。本次具体发行股数由董事会与主办券商根据具体情况最终确定。本次股票发行，每个认购者认购股份数量上限为 50 万股，下限为 2,000 股（认购股票数量必须是 1,000 股的整数倍）。实际募集资金总额以实际发行股数和发行价格计算为准。

公司有权根据申购情况以及公司实际需要选择终止或取消战略投资者申购之外的其他申购并调配股票认购额度（发行股份数不超过 1,111,000 股）。公司亦有权选择终止或取消本次股票发行。

申购完成后，将根据有效申购对象与公司战略及未来发展的契合程度，再结合有效申购对象的类型、其申购数量、现持股数量和持股时间等多方面因素综合考虑，对有效申购对象进行选择，确定发行对象，并分配其申购数额。

（5）本次股票发行限售安排

本次股票发行的新增股份登记在中国证券登记结算有限公司北京分公司。除公司董事、监事及高级管理人员认购的股份有限售外，投资者增发完成后，无须锁定，增发股份自在中国证券登记结算有限公司北京分公司登记之日起进入全国中小企业股份转让系统进行转让。

3.2.2　优先认购有无及其安排

案例036　优先认购安排的股票发行（创尔生物）

新三板挂牌公司的股票发行，很多都涉及优先认购安排，这里提供一个典型案例。广州创尔生物技术股份有限公司（创尔生物 831187）2016 年 11 月股票发行方案涉及内部股东与外部投资者，设置了优先认购安排，具体情况如下。

（1）发行目的

本次股票发行主要目的为通过向公司在册股东、董事、监事、高级管理人员、核心员工发行股份，健全公司长期激励机制，吸引和保留人才，充分调动公司员工的积极性，有效地将公司股东利益、公司利益与管理层、员工利益结合在一起，促进公司持续、稳健、快速发展，确保公司未来发展战略和经营目标的实现。本次股票发行募集的资金用于向创尔美全资子公司进行货币增资，为创尔美药妆医学护肤品的品牌建设及产品推广补充营运资金。

（2）发行对象及现有股东优先认购安排

① 本次定向发行对象

本次股票拟发行对象为符合《非上市公众公司监督管理办法》中第三十九条规定的合格投资者，其中第（一）项投资者为公司现有股东，共计 32 名，第（二）项投资者为公司的董事、高级管理人员、核心员工，共计 35 名，本次股票发行新增股东人数累计不超过 35 名。

本次发行对象均以现金方式认购，具体认购情况如下：

a）现有股东，共计 32 人，均为境内自然人。

b）新增股东共计 35 名，均为境内自然人。

上述核心员工的认定经公司董事会提名，待向公司全体员工公示并征求意见，公司监事会发表明确意见，提请公司股东大会审议批准。

如有其他未签署放弃优先认购权声明的股东最终放弃认购的，公司控股股东、实际控制人佟刚承诺认购该等股东放弃认购的份额。

③ 现有股东认定方法

股权登记日登记在册的股东。

③ 优先认购数量

股权登记日在册的股东优先认购数量上限为：股东在股权登记日登记在册的持股比例乘以本次发行股票数量向下取整。

行使优先认购权的股东认购数量如果超过认购上限，公司将会在验资完成后退还超出认购上限部分的认购资金，按照规定数量予以优先认购。

公司将通过《股票发行认购公告》公告本次发行的认购资金缴付期限截止日及《股票发行认购合同》。

在册股东拟行使优先认购权的，应当于《股票发行认购公告》约定的在册股东优先认购资金缴付期限截止日前两个工作日将签署版的《股票发行认购合同》送至公司董事会秘书办公室，否则，视为其放弃优先认购权。

行使优先认购权的股东按照《股票发行认购公告》规定的认购资金缴付期限及支付方式执行。

（3）发行价格和定价依据

公司本次股票发行的价格为每股人民币 6.00 元，由发行对象以现金方式认购。

（4）发行股份数量及预计募集资金金额

本次股票发行数量不超过 436 万股，预计募集资金总额不超过 2,616 万元。

（5）本次发行股票的限售安排

本次股票发行的新增股份为有限售条件的人民币普通股，将在中国证券登记结算有限责任公司北京分公司登记。

本次发行股票的限售安排为：限售期为自新增股份登记之日起三年。限售期满后，新增股份按照《公司法》《全国中小企业股份转让系统业务规则（试行）》相关规定进行转让。

案例037　无优先认购安排的股票发行（利通液压）

新三板挂牌公司大部分定向发行都涉及补充流动性的问题。这里举个案例。2016 年 11 月 28 日新三板挂牌公司漯河利通液压科技股份有限公司（利通液压 832225）拟定向发行。

（1）发行目的

公司本次发行股票的目的主要为补充公司流动资金、购买机器设备和偿还银行贷款，为公司业务的进一步发展提供资金支持。

（2）发行对象与限售安排

① 现有股东优先认购安排：无。

② 发行对象确定的股票发行：本次股票发行对象为：符合投资者适当性管理规定的自然人投资者。认购人股份锁定期为 3 年。

（3）发行价格与数量

公司本次发行股票的种类为人民币普通股。本次发行的发行价格为每股人民币 3.20 元。

本次拟发行的发行股数总额为不超过 250 万股（含 250 万股）。预计募集资金总额不超过人民币 8,000,000 元（含 8,000,000 元）。

（4）除权、除息事项

董事会决议日至股份认购股权登记日期间预计不会发生除权、除息事项，不会导致发行数量和发行价格做相应调整。

公司自挂牌以来，未发生过分红派息、转增股本等情形。公司在董事会决议日至股份认购股权登记日期间预计不会发生除权、除息情况，不需对发行数量和发行价格进行相应调整。

3.2.3　投资人反水与友好终止

案例038　投资人放弃认购导致定增失败（金长城）

2015 年 11 月 30 日，新三板挂牌公司拟金长城就在股转系统披露了定增方案。初始方案是以每股 2.8 元的价格向沁心投资、张庭中和杨蘅 3 名特定对象发行股票。其中，沁心投资的认购金额最多，为 1498.03 万元。

然而，2016 年 5 月 11 日，金长城却发布终止股票发行方案的公告称，本次发行的认购对象之一沁心投资未在认购期限内缴款，放弃了本次认购，因市场变化，经与剩余认购对象协商，同意终止本次股票发行。

案例039　定增失败因认购人未按期缴款（楼兰股份）

2016 年 6 月 3 日，新三板挂牌公司楼兰股份宣布，由于在 2016 年 5 月 31 日之前，认购人仍未将认购款汇入指定账户，该行为不符合全国中小企业股份转让系统关于定向发行股份的相关要求，因此公司决定终止本次股票发行。

之前，楼兰股份本次股票发行是针对特定对象——上海瀛一股权投资基金管理有限公司，该投资人拟以每股12.56元的价格发行不超1989.53万股，募集不超过2.5亿元。

案例040 “债转股”的定增友好协商而终止（房掌柜）

新三板挂牌公司房掌柜2016年4月26日发布定增公告，称为进一步优化公司资产、负债结构、增强公司综合实力，缓解公司偿债压力，公司拟向深圳掌柜汇美投资基金合伙企业（有限合伙）定向发行19.452万股股票，深圳掌柜将以持有公司的债权认购公司本次发行的股票。

但是到了5月25日，房掌柜却发布公告称，公司与投资人友好协商，决定终止股票发行方案。也就是说，房掌柜此次增发是名副其实的“债转股”。但终止原因，公司却用“友好协商”一笔带过，背后真实原因不得而知。

案例041 医药项目定增与友好协商终止（全宇制药）

2015年11月份，新三板挂牌企业全宇制药宣布拟以5.5元～8元每股的价格发行不超过1000万股，所募集资金将用于购买四个原料药批准文号的所有权及生产工艺等项目。

但是6个月之后，即2016年5月23日，全宇制药发布了“经与投资者友好协商，决定终止本次股票发行”的公告。

3.2.4 要求高、经营不理想与认购人缺失

案例042 认购人无法适应公司规范而终止定增（明硕股份）

2016年1月19日，新三板挂牌公司明硕股份公布的股票发行方案称，本次定增的目的是拟通过定向发行股票的方式购买古奕端、许志峰、郑建木3名对象合计持有深圳博达51%的股权。

但是到了5月25日，明硕股份发布终止股票发行方案的公告称，因认购人向公司声明无法适应公司的管理规范要求，经与认购人协商，一致同意终止本次的股票发行。

案例043 经营不理想导致定增失败（联海通信）

2016年5月3日，新三板挂牌公司联海通信宣布，鉴于公司2015年经营

不甚理想，经与认购对象协商，同意终止本次股票发行。据 4 月 6 日的认购公告，联海通信本次拟募集金额不超过人民币 420 万元，每股价格是 2 元。

而联海通信 2015 年年报显示，公司报告期内实现营业收入为 4629.34 万元；归属于挂牌股东的净利润为 298.83 万元，同比下降 20.70%。由于股票发行方案的终止，对于认购对象已于缴款截止日之前缴纳了 400 万元认缴款，根据双方签署的《定向发行股票认购终止协议书》，公司已于 2016 年 4 月 29 日将以上款项退还给投资者。

案例044　未收到有效询价致使定增延期或终止（佳音王）

2015 年 11 月 16 日，新三板挂牌公司佳音王发布了《关于终止股票发行的公告》称，本次股票发行在规定时间内，未有收到有效询价，公司决定终止股票发行的议案。根据 2015 年 8 月 18 日的股票发行方案计划，佳音王拟在每股 3.90 元至 5.00 元之间，采用有效询价的方式发行股份。

在终止股票发行方案之后，2016 年 1 月 14 日，佳音王变更了持续督导券商。随后，1 月 19 日，公司公布了新的《股票发行方案》，发行价格由之前的询价方式调整为定价发行，价格为每股人民币 3.90 元。

4 月 1 日，公司决定对缴款截止日进行延期，延期后的缴款截止日至 2016 年 4 月 22 日，从定增方案看，定增能否成功，定价方式和督导券商都很重要。

3.2.5　低价定增、资金占用与股东会否决

案例045　发行价格低于净资产而终止定增（成丰股份）

2016 年 4 月 29 日，成丰股份在股转系统发布《关于终止股票发行方案的公告》称，因公司 2015 年 12 月 31 日经审计的每股净资产为 1.46 元，超过了本次股票发行每股 1.30 元的发行价格，经与认购对象协商，公司决定终止本次股票发行。

因发行价格低于净资产导致终止失败，终止定增也在情理之中。这一方案即便是通过董事会审议，股东大会也难以顺利通过。另外，根据股转系统关于《挂牌公司股票发行审查要点》等文件，股票发行价格低于每股净资产的，挂牌公司的主办券商应按照《企业会计准则第 11 号——股份支付》的规定，就本次股票发行是否适用股份支付进行说明。但是成丰股份并未对此进行任何的

解释说明。

案例046　实控人占资金整改导致定增终止（三炬生物）

2016 年 1 月 29 日，新三板挂牌公司拟三炬生物发布定增认购公告称，本次定增方案拟以每股 1.24 元的价格向金正大生态工程集团股份有限公司发行不超过 5238 万股，募集金额不超过 6495.12 万元。

到了 4 月 7 日，三炬生物收到厦门监管局行政监管措施的决定书。受到处罚的原因在于公司实际控制人尤越存在占用公司资金行为，公司未如实披露与尤越的关联资金往来，并与尤越个人资金混用，330 万元政府补助会计核算不规范，因此厦门证监局对其采取责令改正的自律监管处罚。

这一处罚之后的 4 月 29 日，三炬生物发布《关于终止股票发行方案公告》。公告称，因公司内部整改，经与投资者友好协商，公司决定终止本次股票发行。

案例047　定增遭遇股东大会阻击而失败（丽华股份）

2016 年 5 月 23 日，新三板挂牌企业丽华股份发布终止股票发行方案的公告称，由于本次股票发行方案没有获得股东大会的审核通过，因此终止发行。公开资料显示，丽华股份于 5 月 9 日才在新三板挂牌，其发行方案显示，公司拟以每股 5.85 元的价格向不特定对象发行不超过 1000 万股，拟募集资金不超过 5850 万元，目的是为了补充公司的运营资金，支持主营业务的发展。

但是，该方案虽然已经通过了董事会和监事会的审议通过，但是却遭遇股东大会的阻击，未能通过。

第 4 章

4

优先股发行：流程、事项与重点操作等实务

4.1　常规疑难18问

4.1.1　概念分类、权利风险与作用意义

问答063　何为优先股？

优先股是指依照《公司法》，在一般规定的普通种类股份之外，另行规定的其他种类股份，其股份持有人优先于普通股股东分配公司利润和剩余财产，但参与公司决策管理等权利受到限制。

优先股股东的权利、义务以及优先股股份的管理应当符合公司法的规定。试点期间不允许发行在股息分配和剩余财产分配上具有不同优先顺序的优先股，但允许发行在其他条款上具有不同设置的优先股。

问答064　优先股有哪些种类？

根据不同的股息分配方式，优先股可以分为多个种类。

（1）强制分红优先股和非强制分红优先股

公司可以在章程中规定，在有可分配税后利润时必须向优先股股东分配利

润的，是强制分红优先股，否则即为非强制分红优先股。

（2）可累积优先股和非累积优先股

可累积优先股是指公司在某一时期所获盈利不足，导致当年可分配利润不足以支付优先股股息时，则将应付股息累积到次年或以后某一年盈利时，在普通股的股息发放之前，连同本年优先股股息一并发放。

非累积优先股则是指公司不足以支付优先股的全部股息时，对所欠股息部分，优先股股东不能要求公司在以后年度补发。

（3）固定股息率优先股和浮动股息率优先股

股息率优先股存续期内不作调整的，称为固定股息率优先股，而根据约定的计算方法进行调整的，称为浮动股息率优先股。

（4）可转换优先股和不可转换优先股

可转换优先股是指在规定的时间内，优先股股东或发行人可以按照一定的转换比率把优先股换成该公司普通股。否则是不可转换优先股。

（5）参与优先股和非参与优先股

持有人只能获取一定股息，但不能参加公司额外分红的优先股，称为非参与优先股。

持有人除可按规定的股息率优先获得股息外，还可与普通股股东分享公司的剩余收益的优先股，称为参与优先股。

（6）可回购优先股和不可回购优先股

可回购优先股是指允许发行公司按发行价加上一定比例的补偿收益回购优先股。公司通常在认为可以用较低股息率发行新的优先股时，就可用此方法回购已发行的优先股股票。而不附有回购条款的优先股则被称为不可回购优先股。

问答065　优先股股东具有的权利有哪些？

优先股股东具有如下权利：

（1）优先分配权

优先股股东按照约定的票面股息率，优先于普通股股东分配公司利润。

公司因解散、破产等原因进行清算时，公司财产在按照公司法和破产法有关规定进行清偿后的剩余财产，应当优先向优先股股东支付未派发的股息和公司章程约定的清算金额，不足以支付的按照优先股股东持股比例分配。普通股股东必须在公司的债权人、优先股股东之后才能分得财产。

（2）仅对特定事项享有表决权

除以下情况外，优先股股东不出席股东大会，所持股份没有表决权力：①修改公司章程中与优先股相关的内容；② 一次或累计减少公司注册资本超过10%；③ 公司合并、分立、解散或变更公司形式；④ 发行优先股；⑤ 公司章程规定的其他情形。

上述事项的表决，除经出席会议的普通股股东（含表决权恢复的优先股股东）所持表决权的 2/3 以上通过外，还须经出席会议的优先股股东（不含表决权恢复的优先股股东）所持表决权的 2/3 以上通过。

（3）发生特定情形，表决权恢复

公司累计 3 个会计:年度或连续 2 个会计年度未按约定支付优先股股息的，优先股股东有权出席股东大会，每股优先股股份享有公司章程规定的表决权。

对于股息可累积到下一年度的优先股，表决权恢复直至公司全额支付所欠肢息。对于股息不可累积的优先股，表决权恢复直至公司全额支付当年股息。

问答066　优先股对新三板挂牌企业与投资者有何重大意义？

（1）丰富了新三板的融资工具和投资工具

作为股债混合工具，优先股设计条款灵活，给融资主体和投资者都提供了更多选择，进一步完善了新三板的市场功能。

（2）有利于拓宽公司的融资渠道，并不会分散控制权

由于优先股不具有表决权，如果大股东持股比例不太高，而公司又想通过股权融资，公司可以发行优先股以达到控制权不被稀释的目的。无意取得公司的控制权又看好公司未来发展趋势的投资者可以以优先股的形式进行投资，既能抓住投资机会又能获得稳定的收益，符合其投资意愿。

（3）有利于公司灵活调整融资结构

优先股是一种非常有弹性的融资方式，加上“可赎回”条款，就类似于无偿还期只支付利息的永续债；加上“可转换普通股”条款，就可按条件转为普通股票。公司可以利用优先股灵活调整融资结构。

（4）防御恶意收购

发行人可以利用优先股的转换条款、赎回条款，稀释公司的股权，增加收购难度，或者增加公司债务，减少收购价值，从而击退收购方，实现保卫控制权的意图。

问答067　优先股可能存在的风险有哪些？

一般来说，企业发行的优先股存在如下四个方面的风险：

（1）优先股的违约风险，但是优先股的违约很少发生。

（2）优先股附带的赎回条款会给投资者带来再投资风险。

（3）优先股市场容量小，流动性要低于股票市场。

（4）优先股的升值空间小，主要收益来自于股息的收益。

4.1.2　特点利弊、主体场所与发行回购

问答068　优先股与普通股的不同点有哪些？

优先股与普通股的不同点主要有：

（1）参与经营权不同

普通股股东全面参与公司的经营管理，有参与重大决策和选择管理者等权利。优先股股东一般不参与公司的日常经营管理，一般情况下不参与股东大会投票。

（2）分配权不同

普通股无优先权，而优先股在公司利润和剩余财产的分配上享有优先权。

（3）股息收益特点不同

普通股股息收益并不固定，既取决于公司当年盈利状况，还要看当年具体的分配政策，很有可能公司决定当年不分配；而优先股的股息收益一般是固定的，尤其对于具有强制分红条款的优先股而言，只要公司有利润可以分配，就应当按照约定的数额向优先股股东支付。

（4）价差收益不同

普通股除了获取股息收益外，收益一部分来源于二级市场价格上涨；优先股的二级市场股价波动相对较小，依靠买卖价差获利的空间也较小。

（5）退出渠道不同

普通股不能要求退股，只能在二级市场上变现退出，而优先股股东可依约将股票回售给公司。

问答069　优先股相对普通股的利弊有哪些？

（1）有利之处

① 由于优先股票股利不是发行公司必须偿付的一项法定债务，如果公司

财务状况恶化时，这种股利可以不付，从而减轻了企业的财务负担。

② 由于优先股票没有规定最终到期日，它实质上是一种永续性借款。优先股票的收回由企业决定，企业可在有利条件下收回优先股票，具有较大的灵活性。

③ 由于从债权人的角度看，优先股属于公司股本，从而巩固了公司的财务状况，提高了公司的举债能力，因此，财务风险小。

④ 与普通股票相比，优先股票每股收益是固定的，只要企业净资产收益率高于优先股票成本率，普通股票每股收益就会上升；另外，优先股票无表决权，因此，不影响普通股股东对企业的控制权。

（2）不利之处

① 由于优先股票股利不能抵减所得税，因此其成本高于债务成本。这是优先股票筹资的最大不利因素。

② 虽然公司可以不按规定支付股利，但这会影响企业形象，进而对普通股票市价产生不利影响，损害到普通股股东的权益。当然，在企业财务状况恶化时，这是不可避免的；但是，如企业盈利很大，想更多地留用利润来扩大经营时，由于股利支付的固定性，便成为一项财务负担，影响了企业的扩大再生产。

问答070　优先股与债券的不同点有哪些？

（1）法律属性不同

债券属于负债，计入资产负债表负债项目，优先股法律上属于股票，但发行人可以通过不同的条款设计实现优先股在权益或负债入账方面的不同需求。

（2）期限不同

债券除了永续债券这种特殊的混合证券外，绝大多数债券需要到期还本付息，优先股没有到期的概念，发行人没有偿还本金的压力。

（3）风险不同

债券对于债券持有人而言，定期还本付息属于公司必须履行的强制义务，如果公司不能按时还本付息会构成违约事件，公司有破产风险，优先股在公司出现亏损或者利润不足支付优先股股息时，如有约定，可将所欠股息累积到下一年度，或者恢复表决权直至公司支付所欠股息。

（4）税收效应不同

优先股的股息一般来自于可分配税后利润，债券的利息来自于税前利润。

问答071　优先股发行主体、发行方式和转让场所的规定是怎样的？

《国务院关于开展优先股试点的指导意见》（以下简称“《优先股试点办法》”）明确了非上市公众公司、注册在境内的境外上市公司可以非公开发行优先股。非公开发行的优先股可以在全国股转系统进行转让。按照《优先股试点办法》（中国证监会令第97号）的规定，非上市公众公司发行优先股的基本条件是：一是合法规范经营；二是公司治理机制健全；三是依法履行信息披露义务。

优先股的发转主体、发行方式和转让场所参见表4-1。

表4-1　优先股发行主体、发行方式和转让场所

<table>
<tr><th colspan="2">发行主体</th><th>发行方式</th><th>发行场所</th><th>发行条件</th></tr>
<tr><td rowspan="2">上市公司</td><td>上证50公司</td><td>公开发行</td><td rowspan="2">沪深证券交易所</td><td rowspan="2"></td></tr>
<tr><td>其他上市公司</td><td>非公开发行</td></tr>
<tr><td colspan="2">挂牌公司和申请挂牌的公司</td><td rowspan="3">非公开发行</td><td rowspan="3">全国股份转让系统（新三板）</td><td rowspan="2">一是合法规范经营；二是公司治理机制健全；三是依法履行信息披露义务</td></tr>
<tr><td colspan="2">其他非上市公司</td></tr>
<tr><td colspan="2">注册在境内的境外上市公司</td><td></td></tr>
</table>

问答072　优先股回购方式有哪些？

优先股回购方式主要有三种，具体如下：

（1）溢价方式

公司在赎回优先股时，虽是按事先规定的价格进行，但是，这样往往给投资者带来不便，因而发行公司常在优先股面值上再加一笔溢价。

（2）定期赎回

公司在发行优先股时，从所获得的资金中提出一部分款项创立偿债基金，专用于定期赎回已发出的一部分优先股。

（3）转换方式

优先股可按规定转换成普通股。虽然可转换的优先股本身构成优先股的一个种类，但在国外投资界，也常把它看成是一种实际上的收回优先股方式，只是这种收回的主动权在投资者而不在公司里，对投资者来说，在普通股的市价上升时这样做是十分有利的。

4.1.3　法规对象与适合条款

问答073　发行优先股的挂牌公司适用的法律规则主要有哪些？

挂牌公司发行优先股涉及的法律规则主要有：

（1）法律法规

①《公司法》；

②《国务院关于开展优先股试点的指导意见》。

（2）部门规则及规范性文件

①《优先股试点管理办法》；

②《非上市公众公寧信息披露内容与格式准则第 7 号——定向发行优先股说明书和发行情况报告书》；

③《非上市公众公司信息披露内容与格式准则第 8 号——定向发行优先股申请文件》。

（3）全国股转系统自律规则

①《全国中小企业股份转让系统优先股业务指引（试行）》；

②《全国中小企业股份转让系统优先股业务指南第 1 号——发行备案和申请办理挂牌的文件与程序》；

③《全国中小企业股份转让系统优先股业务指南第 2 号——主办券商推荐工作报告的内容与格式》；

④《全国中小企业股份转让系统优先股业务指南第 3 号——法律意见书的内容与格式》。

问答074　对挂牌公司来说，优先股发行对象的要求有哪些？

根据《优先股试点办法》，全国股转系统挂牌公司只能非公开发行优先股，每次发行对象不得超过 200 人，且持有相同条款优先股的发行对象累计不得超过 200 人。只能向合格投资者发行优先股，合格投资者范围如下：

（1）金融机构，包括商业银行、证券公司、基金管理公司、信托公司和保险公司等。

（2）理财产品，包括但不限于银行理财产品、信托产品、投连险产品、基金产品、证券公司资产管理产品等。

（3）实收资本或实收股本总额不低于人民币 500 万元的企业法人。

（4）实缴出资总额不低于人民币 500 万元的合伙企业。

（5）合格境外机构投资者（QFⅡ）人民币合格境外机构投资者（RQFⅡ）、符合国务院相关部门规定的境外战略投资者。

（6）除发行人董事、高级管理人员及其配偶以外的，名下各类证券账户、资金账户、资产管理账户的资产总额不低于人民币500万元的个人投资者。

（7）经中国证监会认可的其他合格投资者。

问答075　适合发行优先股的有哪些公司？

并不是所有的挂牌公司均适合发行优先股，优先股适合特定类别的挂牌公司主要有四类，具体如下：

（1）创业期、成长初期的公司

股票估值较低，通过发行优先股，可在不稀释控制权的情况下融资。

（2）资金需求量较大、现金流稳定的公司

发行优先股可以补充低成本的长期资金，降低资产负债率，改善公司的财务结构。

（3）商业银行等金融机构

可以发行优先股补充一级资本，满足资本充足率的监管要求。

（4）进行并购重组的公司

发行优先股可以作为收购资产或换股的支付工具。

问答076　发行优先股需要遵循的事项与条款有哪些？

根据《优先股试点办法》及全国股转系统有关规定，挂牌公司发行优先股需重点关注以下事项：

（1）面值。优先股面值为100元。

（2）发行数量。已发行的优先股不得超过公司普通股股份总数的50%，且筹资金额不得超过发行前净资产的50%。

（3）股息率。非公开发行优先股的票面股息率不得高于最近两个会计年度的年均加权平均净资产收益率。

（4）同次发行。相同条款的优先股应当具有同等权利。同次发行的相同条款优先股，每股发行的条件、价格和票面股息率应当相同。

（5）发行条款差异。不允许发行在股息分配和剩余财产分配上具有不同优先顺序的优先股，但允许发行在其他条款上具有不同设置的优先股。

（6）转换安排。不得发行可转换为普通股的优先股（商业银行除外）。

（7）转让方式。非公开发行的相同条款优先股经转让后投资者不能超过

200 人，全国股转系统为优先股转让提供协议转让安排。

4.1.4　流程决议、披露转让与登记结算等

问答077　挂牌公司发行优先股有哪些程序？

挂牌公司拟发行优先股，若普通股股东人数与优先股股东人数（在册和新增）合并累计不超过 200 的，证监会豁免核准，由全国股转系统备案管理；若优先股股东和普通股股东人数合并累计超过 200 人发行优先股的，由证监会核准。具体发行程序参见图 4-1。

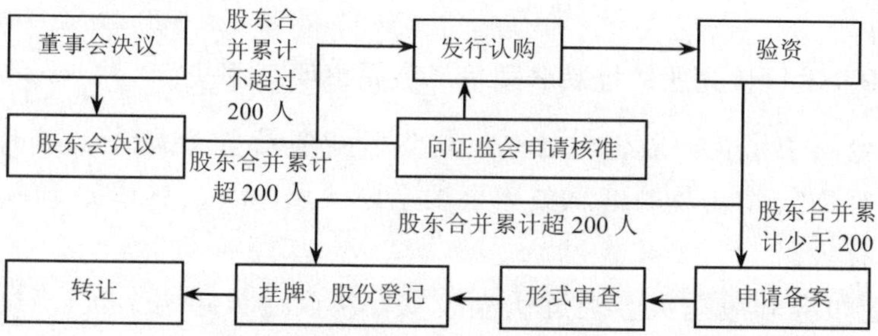

图 4-1　新三板挂牌公司发行优先股的程序

问答078　发行优先股，股东大会审议程序与表决要求是什么？

按照证监会发布的《优先股试点办法》规定，非上市公众公司拟发行优先股，股东大会审议，应当就下列事项逐项进行表决：

（1）本次发行优先股的种类和数量；

（2）发行方式、发行对象及向原股东配售的安排；

（3）票面金额、发行价格或其确定原则；

（4）优先股股东参与分配利润的方式，包括：票面股息率或其确定原则、股息发放的条件、股息支付方式、股息是否累积、是否可以参与剩余利润分配等；

（5）回购条款，包括回购的条件、期间、价格及其确定原则、回购选择权的行使主体等（如有）；

（6）募集资金用途；

（7）公司与发行对象签订的附条件生效的优先股认购合同（如有）；

（8）决议的有效期；

（9）公司章程关于优先股股东和普通股股东利润分配、剩余财产分配、优先股表决权恢复等相关政策条款的修订方案；

（10）对董事会办理本次发行具体事宜的授权；

（11）其他事项。

上述决议，须经出席会议的普通股股东（含表决权恢复的优先股股东）所持表决权的2/3以上通过。已发行优先股的，还须经出席会议的优先股股东（不含表决权恢复的优先股股东）所持表决权的2/3以上通过。非上市公众公司向公司特定股东及其关联人发行优先股的，股东大会就发行方案进行表决时，关联股东应当回避，公司普通股股东（不含表决权恢复的优先股股东）人数少于200的除外。

问答079　发行优先股的挂牌公司信息披露事项有哪些？

根据《全国中小企业股份转让系统优先股业务指引（试行）》等有关规定，挂牌公司发行优先股涉及的信息披露事项主要涉及两类，具体如下：

（1）发行披露

① 在董事会和股东大会通过优先股发行决议之日起两个转让日内披露董事会、股东大会决议公告。

② 在缴款期前披露优先股认购公告，明确缴款安排。

③ 在优先股挂牌转让前，应当披露优先股转让公告。同时披露定向发行优先股说明书、发行情况报告书、主办券商推荐工作报告和法律意见书。

（2）持续信息披露

① 发行优先股的挂牌公司，在年度报告、半年度报告等定期报告中，应当设专章披露优先股的相关情况。

② 在日常信息披露中，涉及优先股付息、回售、赎回、转换、表决权恢复等特殊事项，应当发布专门的临时公告。

问答080　优先股交易转让、登记结算及并购重组有哪些规定？

根据《优先股试点办法》规定，非上市公众公司（包括新三板挂牌公司）非公开发行的优先股可以在全国股转系统转让，转让范围仅限合格投资者。交易或转让的具体办法由全国股转系统另行制定。

优先股交易或转让环节的投资者适当性标准应当与发行环节保持一致；非公开发行的相同条款优先股经交易或转让后，投资者不得超过200人。

中国证券登记结算公司为优先股提供登记、存管、清算、交收等服务。

非上市公众公司发行优先股的方案涉及重大资产重组的，应当符合中国证监会有关重大资产重组的规定。

4.2　典型实战12例

4.2.1　首开发行优先股

案例048　新三板首例优先股发行（鑫庄农贷）

2015 年 11 月 2 日，鑫庄农贷（830958）在股转系统官网上发布《非公开发行优先股预案》，成为新三板的首例优先股发行企业。

该公司公告显示，鑫庄农贷采取非公开发行的方式，本次拟发行的优先股数量不超过 220 万股，每股票面金额为人民币 100 元，以票面金额平价发行，计划融资规模不超过 2.2 亿元人民币，发行对象为符合《优先股试点管理办法》规定的合格投资者。由于鑫贷农庄股东人数超过 200，优先股发行的必须得到证监会的审核批准。

鑫庄农贷本次优先股所募集资金将在扣除发行费用后，全部用于补充其他一级资本，提高公司资本充足率。作为新三板小贷行业的龙头公司，鑫庄农贷于 2014 年 7 月挂牌，并于今年 5 月初将转让方式由协议转为做市。在公司中长期发展战略中，金融创新、跨界并购和发展互联网金融是三大方向。随着金融市场化改革进程加快，小贷公司经营环境正在发生深刻变化，面临持续的资本压力。为此，鑫庄农贷正考虑积极实施金融创新，大力发展开鑫贷、中小企业私募债等创新业务。

此外，为巩固和加强行业龙头地位，鑫庄农贷已经着手开展以小额借贷和涉农小微企业股权融资需求为基础的互联网金融布局。鑫贷农庄正处于发展创新的关键时期，各项业务的持续发展需要增强资本实力。

案例049　新三板首家金融企业优先股发行（齐鲁银行）

2016 年 7 月 11 日，新三板挂牌公司齐鲁银行优先股发行方案获得中国证监会批复，齐鲁银行将非公开发行不超过 2000 万股优先股，募集资金不超过 20 亿元人民币。据悉，齐鲁银行成为首家在新三板发行优先股的商业银行，也是除沪深交易所上市银行之外的首家获批在境内发行优先股的商业银行。

根据证监会《优先股试点管理办法》规定，上市公司可以发行优先股，非上市公众公司可以非公开发行优先股。作为首家在新三板挂牌的城商行，齐鲁银行通过发行优先股不仅能有效补充资本，优化资本结构，提升品牌价值和市场影响力，还为中小商业银行建立资本补充新渠道起到良好的示范效应，预计将进一步提升中小银行挂牌新三板的积极性。

齐鲁银行发行优先股将采取非公开发行，并且一次核准单次发行的方式。发行对象为符合《优先股试点管理办法》和其他法律法规规定的合格投资者，发行对象不超过200人，且相同条款优先股的发行对象累计不得超过200人。公司将根据股东大会授权和中国证监会的相关规定，采取询价方式，与主办券商（主承销商）协商确定发行对象。

4.2.2 目的种类、数量金额与价格利率

案例050 优先股发行目的设计（肇庆动力834387）

对于新三板发行优先股的挂牌公司，其发行目的的文本设置一般是标准化的，一般大体相似，这里以广东肇庆动力金属股份有限公司（肇庆动力834387）为例来说明。该公司是2016年9月6日发布《优先股发行预案》的，其发行优先股的目的是这样描述的：

本公司主营业务为从事动力或汽车零部件技术开发、研究、生产和销售，主要产品包括铝合金零部件、气缸套、不锈钢精铸件等动力或汽车零部件。本次非公开发行优先股股票的募集资金计划用于重力铸造缸盖项目和新能源电机项目。

（1）有利于公司业务持续稳定的发展

公司自2015年11月挂牌新三板以来，业务规模不断扩大：2015年公司经审计的营业收入为45,520.81万元，净利润为3,676.50万元。公司业务规模的快速扩张一方面提升了公司利润水平和抗风险能力，另一方面也对公司提出了更高的资金需求。

（2）有利于公司提升盈利水平，实现股东利益最大化

优先股作为混合性资本工具，一方面能较好满足公司业务发展所带来的资金需求；另一方面，本次发行的优先股因投资者具有回售权而计入金融负债，

有助于提高公司的财务杠杆，同时发行后公司的资产负债率为 44.25%（资产总额、负债总额按照 2015 年经会计师事务所审计的归属于母公司的资产总额及负债总额分别加上本次发行所增加的现金资产及金融负债后计算），仍处在相对较低、可控的水平。

此外，优先股的发行既不会扩张股本，一般情况下也不会稀释现有股东的投票权，又能使公司通过较低的成本获得融资，满足公司不断扩张的资金需求，实现股东利益最大化。

案例051　发行种类数量、金额价格与票面利率（聚赛龙）

新三板挂牌企业发行优先股，有关发行种类数量、金额价格与票面利率等内容一般是怎样考虑与设计的，这里以 2016 年 11 月 24 日广州市聚赛龙工程塑料股份有限公司（聚赛龙 839141）公布的非公开发行优先股预案为例说明。

公司发行种类数量、金额价格与票面利率是这样的：

（1）本次发行优先股的种类和数量

本次发行证券的种类为在境内发行的人民币优先股。本次非公开发行的优先股的种类为固定股息率、可累积、非参与、设回售条款、不可转换的在境内发行的人民币优先股。

本次发行的优先股总数不超过 9.7 万股，募集资金总额不超过人民币 970 万元，具体数额由股东大会授权董事会根据相关法律法规的要求等情况在上述额度范围内确定。

（2）票面金额、发行价格及存续期限

本次发行的优先股每股票面金额为人民币 100 元，按票面金额平价发行。发行对象以现金认购本次发行的优先股。

本次优先股的期限至完成本次优先股股份登记之日起三年，到期后优先股股东有权要求回售其所持有的优先股，公司也有权要求赎回已发行的优先股。

（3）发行方式和发行对象

本次发行将采取向合格投资者非公开发行的方式，一次核准、一次发行完毕。经全国中小企业股份转让系统备案后按照相关程序发行。

本次优先股的发行对象为广州市广永国有资产经营有限公司。

（4）票面股息率的确定原则

本次发行的优先股采用固定股息率。根据本次发行时的国家政策、市场状况、公司具体情况及投资者要求等因素，经公司与主办券商按照有关规定协商后确定，本次优先股发行的票面股息率为2.5%。

本次优先股票面股息率不高于本公司最近两个会计年度的年均加权平均净资产收益率。

案例052　票面金额、发行价格及限售期限（中视文化）

海南中视文化传播股份有限公司（中视文化 430508）2016年11月公布的优先股发行预案，其票面金额、发行价格及限售期限是这样的：

本次发行的优先股每股票面金额为人民币100元，按票面金额平价发行。发行对象以现金认购本次发行的优先股。

本次优先股的限售期限为五年，自本次优先股发行正式取得证券登记结算机构出具的优先股登记证明文件之日起开始计算，限售期满后优先股股东具有回售权，如不行使，公司可以行使赎回权。如限售期满当日，优先股股东和公司均未行使各自权利，届时优先股股息将在现有基础上按照上下浮动不超过20%的标准调整，调整后的股息不高于届时本公司最近两个会计年度的年均加权平均净资产收益率，并符合优先股相关的其他法律法规规定；公司在确定新股息后，将会及时履行相应的信息披露义务。

4.2.3　赎回、条款与强制赎回

案例053　赎回及回售条款问题（肇庆动力）

证券代码：834387；证券简称：肇庆动力；主办券商：信达证券

新三板挂牌企业发行优先股，其赎回及回售条款一般是这样设计和考虑的。以广东肇庆动力金属股份有限公司（肇庆动力 834387）2016年11月24日公布的非公开发行优先股预案为例说明。

（1）赎回权及回售权的行使主体

本次发行的优先股的赎回选择权为公司所有，即公司拥有赎回权。回售权归发行对象即肇庆金叶所有，即肇庆金叶拥有回售权。

（2）赎回及回售条件及赎回期

本次发行优先股赎回期及回售期为自首个计息起始日（发行对象认购款项到账之日）起期满4年之日次年的付息日（2021年5月31日），优先股股东可以要求公司按照本次发行所登记的股数一次性全部赎回其所持有的优先股股票；如优先股股东不行使回售权，公司应在首个计息日期满 4 年之日次年的优先股股息支付日（2021 年 5 月 31 日）一次性赎回本次发行的该期优先股。公司在该股息支付日除支付最后一个计息年度之股息外，还需向优先股股东支付自最后一个计息年度届满之日次日起至回售或赎回之日止产生的优先股股息（2021 年 1 月 1 日至 5 月 31 日），利率按照本次发行优先股的票面利率计算。

除法律法规要求外，本次发行优先股的赎回或回售无须满足其他条件。另外，公司本次非公开发行优先股因属于国家财政资金投资，如发生认购合同条款所约定的情形，发行对象有权要求公司赎回本次发行所登记的全部优先股股票。

具体情形包括：

① 公司因违反国家相关法律法规且情节严重而受到政府主管部门处罚的；

② 公司投资进度缓慢，预计难以完成的；

③ 公司净资产低于其完成本次优先股发行时净资产的 70%的；

④ 项目核心管理团队或经营策略发生重大变动，无法继续按约定实现政策目标的；

⑤ 根据肇庆市政府相关安排，需提前退出的；

⑥ 根据双方约定需提前退出的其他情形。

若出现上述六种情形，经双方协商决定触发提前赎回条款，由公司一次性赎回本次发行优先股股票。公司应按照相关信息披露要求，及时披露赎回的提示性公告。

（3）赎回及回售价格及其确定原则

本次发行的优先股的赎回及回售价格为优先股票面金额加累计未支付利息（包括所有递延支付的股息及其孳息。累计未支付的股息的计算方式如下：

累计未支付的股息=累计未支付的优先股股息+累计未支付的优先股股息之孳息

其中，累计未支付的优先股股息=优先股票面金额*票面股息率-本年度已支付股息金额+过往年度未支付股息之和

累计未支付的优先股股息之孳息=累计未支付的股息*当期票面利率*累计延迟支付月份/12。

（4）赎回及回售事项的授权

股东大会授权董事会，根据相关法律法规的要求，全权办理与赎回及回售

相关的所有事宜。

案例054 强制转股条款的设置（琼中农信）

新三板挂牌企业发行优先股，有时根据企业及环境情况，需要设置强制转股条款，这里以琼中黎族苗族自治县农村信用合作联社股份有限公司（琼中农信 430753）2016 年 8 月 19 日公布的非公开发行优先股预案为例来说明。

（1）强制转股触发条件

① 当公司核心一级资本充足率降至 5.125%（或以下）时，由公司董事会决定，本次发行的优先股应按照强制转股价格全额或部分转为公司普通股，并使公司的核心一级资本充足率恢复至 5.125%以上；

② 当公司发生二级资本工具触发事件时，本次发行的优先股应按照强制转股价格全额转为公司普通股。其中，二级资本工具触发事件是指以下两种情形的较早发生者：a）中国银监会认定若不进行转股或减记，公司将无法生存；b）相关部门认定若不进行公共部门注资或提供同等效力的支持，公司将无法生存。

当本次优先股转换为普通股后，任何条件下不再被恢复为优先股。公司发生优先股强制转换为普通股的情形时，将报中国银监会审查并决定，并按照《中华人民共和国证券法》及中国证监会的相关规定，履行临时报告、公告等信息披露义务。

（2）强制转股价格

本次优先股的初始强制转股价格为 2016 年度 6 月末（即 2016 年 6 月 30 日）公司合并报表口径归属母公司所有者的每股净资产（未经审计），即 2.09 元/股。

自公司董事会通过本次优先股发行方案之日起，当公司因送红股（不包括派发现金股利选择权等方式）、转增股本、增发新股（不包括因公司发行的带有可转为普通股条款的融资工具转股而增加的股本，如优先股、可转换公司债券等）或配股等情况使公司普通股股份数发生变化时，公司将按上述情况出现的先后顺序，依次对强制转股价格进行累积调整，但不因公司派发普通股现金股利的行为而进行调整。具体调整办法如下：

送红股或转增股本：$P1=P0\times N/(N+n)$

增发新股或配股：$P1=P0\times (N+k)/(N+n)$；$k=n\times A/M$

其中：$P0$ 为调整前有效的强制转股价格，N 为公司该次普通股送红股、转增股本、增发新股或配股前公司普通股总股本数，n 为公司该次普通股送红股、转增股本、增发新股或配股的新增股份数量，A 为该次普通股增发新股价或配股价，M 为该次增发新股或配股的公告（指已生效且不可撤销的增发或配股条款的公告）前最近一个报告期末公司合并报表口径归属母公司所有者的每股净资产（经审计或未经审计），$P1$ 为调整后有效的强制转股价格。

公司出现上述普通股股份变化情况时，将对强制转股价格进行相应的调整，并按照规定进行相应信息披露。

当公司发生普通股回购、公司合并、分立或任何其他情形使股份及股东权益发生变化从而可能影响本次优先股股东的权益时，公司将按照公平、公正、公允的原则，充分保护及平衡本次发行优先股股东和普通股股东权益的原则，视具体情况调整强制转股价格。该等情形下强制转股价格调整内容及操作办法将依据国家有关法律法规制定。

本次优先股强制转股价格不因公司派发普通股现金股利的行为而进行调整。

（3）强制转股比例及其确定原则

本次优先股股东强制转股时，转股数量的计算方式为：$Q=V/P$。

其中 Q 为每一优先股股东持有的本次优先股转换为普通股的股数；V 为强制转股涉及的优先股的票面总金额；P 为截至发生强制转股时按照“（二）强制转股价格”中的调整公式经累积调整后的有效的强制转股价格。

本次优先股转股时不足转换为一股的余额，公司将按照有关法律法规的规定进行处理，如无相关规定，以去尾法取一股的整数倍。

在部分转股情形下，所有本次发行的优先股按比例以同等条件转股。

优先股转换为普通股导致公司控制权变化的，还应符合中国证监会、中国银监会及全国股转系统的有关规定。

（4）强制转股期限

本次优先股的强制转股期自优先股发行完成后的第一个交易日起至全部赎回或转股之日止。

（5）强制转股年度有关股利的归属

实施强制转股的优先股任何尚未支付的应付股息将不再支付。因本次优先股转股而增加的公司普通股享有与原普通股同等的权益，在普通股股利分配股权登记日当日登记在册的所有普通股股东（含因本次优先股强制转股形成的普通股股东）均参与当期普通股股利分配，享有同等权益。

（6）强制转股事项的授权

公司提请股东大会授权董事会，在股东大会审议通过的框架和原则下，根据相关法律法规要求及市场情况，在本次发行的优先股强制转股触发事件发生时，全权办理强制转股的所有相关事宜，包括但不限于确定转股时间、转股比例、转股执行程序、发行相应普通股、修改公司章程相关条款、办理有权机关相关审批手续及工商变更登记等事宜。

4.2.4 分配方式与利息支付

案例055 优先股股东参与分配利润的方式（贝融股份）

2016 年 11 月 24 日江西贝融循环材料股份有限公司（贝融股份 837463）发布非公开发行优先股预案，从其优先股股东参与分配利润的方式的设置和要求可以大致了解一个总体上的模式。

（1）股息发放的条件

① 按照《公司章程》规定，公司在依法弥补亏损、提取公积金后有可分配利润的情况下，可以向本次优先股股东派发股息。公司向本次优先股股东发放股息的顺序在普通股股东之前。

公司本次优先股股息发放的条件所依据的财务报表口径以公开披露的年度财务报告为准（可分配利润以年度财务报告之母公司财务报表和合并财务报表孰低为依据，下同）。

本次发行优先股股息的派发由公司年度股东大会审议决定。股东大会授权董事会具体实施全部优先股股息的宣派和支付事宜；若涉及优先股股息的部分或全部递延，则该等事宜仍需由股东大会审议批准，且应在股息支付日前至少 10 个工作日按照相关部门的规定通知优先股股东。

② 不同次发行的优先股在股息分配上具有相同的优先顺序。优先股股东分配股息的顺序在普通股股东之前，在确保完全派发优先股约定的股息前，公司不得向普通股股东分配利润。

③ 除非发生强制付息事件，公司股东大会有权决定将当期股息以及按本条款已经递延的所有股息及孳息推迟至下一期支付，且不受到任何递延支付股息次数的限制；前述股息递延不构成公司违约。每笔递延股息在递延期间应当按照同期 1 年期贷款基准利率累计计息。发生强制付息事件时，股息支付的决

策和实施程序，无须提交股东大会审议（注：孳息按照“累计递延股息*同期 1 年期贷款基准利率*累计延迟支付月份/12”计算，在递延期间不再重复计算孳息，下同）。

强制付息事件指在股息支付日前 12 个月发生以下情形之一：

a）公司向普通股股东支付股利；

b）减少注册资本（因股权激励计划导致需要回购并注销股份的，或通过发行优先股赎回并注销股份的除外）。

（2）股息支付方式

公司以现金方式支付优先股股息。

本次发行的优先股采用每年度支付 1 次股息的方式。首个计息起始日为公司收到投资款项之日。首个计息周期为收到投资款之日起至当年度 12 月 31 日，此后每个计息周期为每年的 1 月 1 日至 12 月 31 日，最后一个计息周期为 2018 年 1 月 1 日至 2018 年 4 月 18 日。计息周期不足 12 个月的，股息计算公式为：优先股股东持有的优先股票面总金额*票面股息率*计息周期内实际自然天数/365。

每年的 4 月 18 日支付上一计息周期的股息（如遇节假日，则自动顺延至下一工作日）。2018 年 4 月 18 日优先股发生赎回或回售时，公司支付 2017 年度和 2018 年 1 月 1 日至 2018 年 4 月 18 日的股息。

优先股股东所获得股息收入的应付税项由优先股股东根据相关法律法规承担。

（3）股息累计方式

本次发行的优先股采取累积股息支付方式，即在之前年度未向优先股股东足额派发股息和孳息的差额部分，累积到下一年度，且不构成违约。

（4）剩余利润分配

本次发行的优先股的股东按照约定的票面股息率分配股息后，不再同普通股股东一起参加剩余利润的分配。

案例056　发行优先股股息的支付能力问题

新三板挂牌企业发行优先股，优先股股息的支付能力一般是怎样设置和考虑的呢？这里以琼中黎族苗族自治县农村信用合作联社股份有限公司（琼中农信 430753）2016 年 8 月 19 日公布的非公开发行优先股预案为例来说明。

（1）公司近三年利润分配情况

2013年以来，公司只实施了利润转增股本的分配政策，利润全部留存，很好的兼顾了资本补充和股东的分红需求。今后公司将继续坚持利润转增为主，现金分红为辅的分配政策补充资本。

2013—2015年，公司利润分配具体情况如下表所示（略）。

公司近三年利润分配情况符合公司章程及股东大会决议要求，决策程序和机制完备，股东合法权益得到充分维护。

（2）公司本次优先股股息支付能力

① 公司的盈利能力良好，为优先股股息支付打下良好基础公司自成立以来，一直保持着稳健而良好的运营记录，盈利水平不断提高。

2013—2015年，公司分别实现了归属母公司股东的净利润1,896.53万元、1,869.98万元和2,286.19万元。良好的盈利能力为优先股股息的正常支付打下良好基础。

② 公司充足的累积未分配利润将为优先股股息的支付提供有效保障。

截至2015年12月31日，公司报表累计未分配利润为6,435.82万元。公司累计未分配利润充足，将为未来优先股股息的支付提供有效保障。

③ 优先股募集资金产生的效益可以作为优先股股息支付的重要来源根据优先股发行的相关规定，优先股票面股息率不得高于公司最近两个会计年度的年均加权平均净资产收益率。故正常情况下本次优先股的股息率水平将低于公司的净资产收益率。因此，在公司经营发展及盈利能力保持基本稳定的情况下，优先股募集资金所产生的效益可覆盖需支付的优先股股息，将作为优先股股息支付的重要来源。

④ 公司不存在会对优先股股息支付能力构成重大不利影响的大额债务截至本预案公告之日，公司不存在任何发行在外的债券，亦不存在会对优先股股息支付能力构成重大不利影响的大额债务。

综上所述，公司将有充分的能力支付优先股股息。

4.2.5 表决权限制、恢复与风险问题

案例057 表决权限制的设置问题（时代电影）

关于新三板挂牌期企业发行优先股，其表决权限制一般是怎样考虑与设计的，这里以北京信义时代电影股份有限公司（时代电影834146）2016年10月

30 日发布的非公开发行优先股方案予以说明。其表决权限制：

除法律法规或公司章程规定需由优先股股东表决事项外，优先股股东没有请求、召集、主持、参加或者委派股东代理人参加股东大会的权利，没有表决权。

出现以下情况之一的，本公司在召开股东大会会议应当通知优先股股东，并遵循《公司法》及《公司章程》通知普通股股东的规定程序：

（1）修改公司章程中与优先股相关的内容；

（2）一次或累计减少公司注册资本超过百分之十；

（3）公司合并、分立、解散或变更公司形式；

（4）发行优先股；

（5）法律法规及公司章程规定的其他情形。

公司在召开股东大会会议审议上述事项时，应遵循《公司法》及公司章程规定的通知普通股股东的程序通知优先股股东。优先股股东有权出席股东大会，就上述事项与普通股股东分类表决，其所持每一优先股有一表决权，但公司持有的本公司优先股没有表决权。

上述（1）～（5）事项的决议，除须经出席会议的普通股股东（含表决权恢复的优先股股东）所持表决权的 2/3 以上通过之外，还须经出席会议的优先股股东（不含表决权恢复的优先股股东）所持表决权的 2/3 以上通过。

案例058　表决权恢复的问题（时代电影）

新三板挂牌期企业发行优先股，其表决权恢复一般是怎样考虑与设计的，条件要求如何？这里以北京信义时代电影股份有限公司（时代电影 834146）2016 年 10 月 30 日发布的非公开发行优先股方案予以说明。

（1）表决权恢复条款

公司累计三个会计年度或连续两个会计年度未按约定支付优先股股息的，自股东大会批准当年不按约定分配利润的方案次日起，优先股股东有权出席股东大会与普通股股东共同表决，每股优先股股份享有一定比例表决权。

本次发行的每股优先股股份享有的普通股表决权计算公式如下：

北京信义时代电影股份有限公司非公开发行优先股方案 $N=V/Pn$

其中：V 为优先股股东持有的优先股票面总金额；模拟转股价格 Pn 为参考公司本次发行最近一期增资的股价，即 2.50 元/股。恢复的表决权份额为以去尾法取一的整数。

（2）表决权恢复时模拟转股价格调整方式

在公司董事会通过本次优先股发行方案之日起，当公司因派送股票股利、转增股本、增发新股（不包括因公司发行的带有可转为普通股条款的融资工具转股而增加的股本）或配股等情况使公司普通股股份发生变化时，将按下述公式进行表决权恢复时模拟转股价格的调整。

送红股或转增股本：$P1=P0/(1+n)$

增发新股或配股：$P1=P0*[N+Q*(A/M)]/(N+Q)$

其中：$P0$ 为调整前有效的模拟转股价格，n 为该次送股率或转增股本率，Q 为该次增发新股或配股的数量，N 为该次增发新股或配股前公司普通股总股本数，A 为该次增发新股价或配股价，M 为增发新股或配股新增股份公告前一交易日普通股收盘价，$P1$ 为调整后有效的模拟转股价格。

公司出现上述普通股股份变化的情况时，将对表决权恢复时的模拟转股价格进行相应的调整，并按照规定进行相应信息披露。

公司股份及股东权益发生变化从而可能影响本次发行优先股股东的权益时，公司将按照公平、公正、公允的原则，保护本次发行优先股股东和普通股股东权益，视具体情况调整表决权恢复时的模拟转股价格。

本次发行优先股表决权恢复时的模拟转股价格不因公司派发普通股现金股利的行为而进行调整。

（3）恢复条款的解除

表决权恢复后，当公司已全额支付应付股息（包括所有递延支付的股息及其孳息）的，则自全额付息之日起，优先股股东根据表决权恢复条款取得的表决权即终止，但法律法规、公司章程另有规定的除外。后续如再次触发表决权恢复条北京信义时代电影股份有限公司非公开发行优先股方案款的，优先股股东的表决权可以重新恢复。

案例059　优先股发行带来的风险问题（钢泓科技）

新三板板挂牌公司发行优先股，一般情况下，披露风险的文本构架是怎样的，涉及哪些内容和要求？这里以福建钢泓金属科技股份有限公司（钢泓科技 835445）2016 年 11 月 1 日公布的非公开发行优先股方案予以说明。

本次优先股发行带来的主要风险：

相关各方在评价本次优先股发行时，除公司日常信息披露文件和本预案提供的各项资料外，应特别认真考虑下述风险因素：

（1）普通股股东分红减少

根据《国务院关于开展优先股试点的指导意见》《优先股试点管理办法》《全国中小企业股份转让系统优先股业务指引（试行）》等法规以及《公司章程》的相关规定，优先股股东优先于普通股股东分配公司利润，且公司在确保向优先股股东完全支付约定的当年优先股股息之前，不得向普通股股东分配利润。虽然通过本次优先股发行，公司的资产规模将有所提高，减少公司的资金压力，业务经营风险承受能力和盈利能力有望得到进一步改善，整体净利润水平也有望进一步提升。但是，公司业务经营到最终取得收益，还需要一定的周期。如果前述募集资金带来的净利润增长额不能覆盖优先股的固定股息，将可能减少普通股股东可供分配利润。

（2）表决权被摊薄的风险

如果本次优先股表决权恢复，公司原普通股股东在股东大会上所享有的表决权会相应被摊薄。

根据本次优先股的表决权恢复条款，若公司累计两个会计年度未按约定向优先股股东支付优先股股息的，优先股股东有权出席股东大会与普通股股东共同表决，届时公司原普通股股东在股东大会上所享有的表决权会相应被摊薄。

（3）普通股股东清偿顺序靠后的风险

根据《国务院关于开展优先股试点的指导意见》《优先股试点管理办法》《全国中小企业股份转让系统优先股业务指引（试行）》等法规以及《公司章程》的相关规定，公司因解散、破产等原因进行清算时，在剩余财产的分配顺序上，普通股股东劣后于优先股股东，即只有向优先股股东完全支付清算金额后，普通股股东方可按照持股比例享有剩余财产分配。因此，本次优先股发行后，如公司发生解散、破产等事项，普通股股东在清偿顺序中所面临的风险将有所增加。

（4）税务风险

根据《国务院关于开展优先股试点的指导意见》和相关税务法规的规定，本次优先股发放的股息来自于公司可供分配的利润，不在所得税前列支。但公司不排除国家未来调整有关税务政策从而带来税务风险的可能。

第5章

市值管理：概念、流程与事项关键等实务

5.1 常规疑难17问

5.1.1 市值管理的概念、误区及意义

问答081 怎样理解市值管理的概念？

市值管理是公司经营哲学和经营理念的深刻转型，核心内容是企业经营的目标从利润最大化向企业价值最大化过渡。所以，市值管理是旨在以促使新三板挂牌或沪深上市公司市值稳定增长为目标，以顶层战略设计、经营方法改善及与投资者沟通渠道多元化为途径，以做到创造价值和实现价值为核心，从而实现股价对于企业内在价值的即时互动并实现企业价值最大化的活动。这里从如下几个角度来理解：

（1）价值体系

价值创造是市值管理的基础，其内涵不仅限于经营收入、利润等指标的良好，更在于企业在内部治理，资本结构以及技术投入等方面的完善。

价值实现是体现的是对价值基础的放大作用，通过和专业的机构投资者以

及分析师、公众投资者等的沟通和反馈，将价值基础拉到整个时间轴上进行评估，从而得到反映企业历史、现在以及未来的市值。

（2）市值的基础因素

公司的市值是由净利润乘以市盈率，就是 E 乘以 PE，应该就是把和市值相关的所有影响净利润 E 的重要因素和所有影响市盈率 PE 的重要因素都进行有效的管理。

作为市值的基础环节，净利润是可以通过多方面来进行改善和提高的，而不仅仅只是通过产品生产销售环节的改善，从而使净利润被表现得更清晰。

市盈率作为市值的另一重要因素，是在市值管理方面被严重忽视的，也是市值管理应该关注的部分之一。

以下是净利润与市盈率被影响的环节，也是对它们进行管理的切入点。从图 5-1 所示的这张图可以明白“所谓市值管理就是管理公司的一切”的说法一点儿都不夸张。

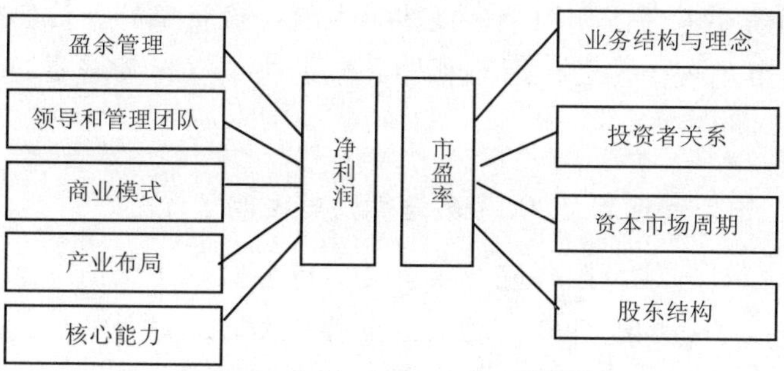

图 5-1　影响市值两大基础因素的环节

问答082　市值管理概念、内涵认识的六大误区是什么？

（1）市值管理等同定价管理

市值管理目的是企业价值的创造和兑现，针对的是对企业的整体的全方位经营与运作，而定价管理则是对股票价值的评估。

（2）市值管理等同股价管理

股价高低确实是影响公司市值大小的重要因素，但是，市值管理决不等同于对股价的管理，其目标并非一味追求市值最大化，而是市值与价值的匹配。

（3）市值等于股本与股价之积

对于新三板挂牌公司来说，市值是公司股本与股价之积，即市值=股本×股价。在新三板上，一些股份很活跃，股价随时都在变化；而某些股份一年都难有一次成交。所以，这种概念是错误的。

（4）市值管理追求的就是股价最高

前面说过，市值管理的核心是价值管理。公司的价值涉及公司战略、公司理财、公司治理、投资者关系四个方面。而这四个方面的经营需要得到促成公司保持业绩持续增长、维持估值目标的资本市场的广泛认同，如机构、中小投资者及其他市场参与者们要认同公司的理念、价值等，才是市值管理所要追求的东西。

（5）股本相同，市值差别等于股价差别

新三板挂牌公司，真正决定市值的不是股价，而是股价背后、影响股价的深层价值因素如企业的盈利能力、成长前景、投资者关系、并购重组、行业地位、治理结构、战略思想、资本运营等综合原因。人们是不能仅仅依靠股价的高低来确认市值的大小的，虽然市值确实与股份的价格涨跌密切相关。

（6）市值管理等同于迎合市场

市值管理需要考虑诸如周期、规律、人气、投资偏好、估值标准等市场因素，需要遵循市场规律，贵在因势利导。但是决不意味着需要迎合市场及迎合市场主力。

问答083　市值管理涉及200多条法律法规说明了什么？

据统计市值管理涉及国务院、国资委、证监会、上交所、深交所等9个部门及各地国资委颁布的逾200条相关的法律法规。这说明：

（1）市值管理是资产管理业务中最为复杂的业务；

（2）市值管理需要专业的管理人，操作中必须完全符合所有法律法规要求，并建立严格的风控体系。

（3）由于市值管理涉及的法规条款众多，经常有股东在股权管理过程中，由于触犯某些法规而被相关部门通报批评甚至处罚。

问答084　市值管理有何意义？

（1）对公司而言

有利于公司的持续发展，高市值的公司容易获得市场认可；

有利于提高公司的融资能力，有效降低公司再融资成本，提高再融资规模；

有利于提升公司整体形象，市值作为公司综合实力的体现，市值提升能够受到市场和投资者的认可，并获得品牌溢价。

（2）对股东而言

股东所持有的公司股份会因市值管理而得到充分溢价，能够强化公司股东长期持有公司股份的意愿和再投资的规模；

对国有股东而言，公司进行市值管理是国有资产保值增值的有效途径，具有政策支持性

（3）对公司管理层而言

公司市值已成为市场及股东评价公司高级管理层管理效率和能力的主要指标，有利于提升股东对于公司高级管理层的支持度和资本市场的认可度。

5.1.2　新三板市值管理的痛点、环节与影响因素

问答085　新三板市值管理4大痛点是什么？

（1）顶层设计不清晰

公司未来发展战略、资本运作、产融互动、融资、并购等没有做详细的规划。

（2）路演传播范围窄

目前为止，新三板市场仍然是一个信息高度不对称的市场，挂牌公司不知道机构投资者在哪里。

（3）投资者听不懂

投资者在讲行业规模、增速、净利润，挂牌公司在讲供研产销，不懂得资本市场水性。

（4）企业价值不认可

企业路演时公司战略及公司价值并未受到资本市场的认可，投资者不愿意买单或者不愿意出高价买单。

问答086　市值管理匹配新三板特点的9大环节是什么？

（1）股改

股改是新三板挂牌的起点，也是市值管理的起点，公司战略投资者的引入和整体资本市场战略的设计在此时就宜落定，媒体方面也可预热，法律风险的把控同步跟进。

（2）预披

预披是社会公众可以在全国中小企业股份转让系统中看到公司的详细资

料的时点，此时已开始具备公众性，媒体方面可以加强，也是为后续的路演和定增造势。

（3）挂牌

正式成为新三板公司，一般可以各类宣传包括常规媒体报道等提升公司形象，扩大公司影响。

（4）路演

路演是融资成功的核心环节之一，保证参会者的数量和质量，并配合良好的现场控制以及持续的投资者沟通，是公司成功融资和取得理想估值的基础。

（5）发行

路演之后配套的投资者的持续调研和沟通，以及投资协议的签订。

（6）并购

选择资本市场，一般会配套外延式扩张，物色具有产业链战略价值的标的，并以合理的方案进行收购。并购基本是市值管理的王冠，也是最需要舆论和法律工具保驾护航的核心节点。

（7）做市

选择做市商，目前仅券商自营资金做市，基金子公司、期货子公司、证券投资咨询、阳光私募做市尚待落地。协调做市商介入，并调动做市商相关研究院配合财经媒体的投资题材发掘。

（8）分层

冲击创新层，成为 TOP10%；进入创新层的公司，将享受新三板整体的制度性红利。未来如果创新层推出公募基金准入、做市商扩围、投资者门口降低，则流动性不会弱于创业板和战略新兴板，否则可考虑转入深圳或上海的场内市场寻求更高估值。

（9）转板

转板至深圳创业板，面向更广泛的投资者群体，更利于估值提升。

问答087　识别影响公司市值的9大关键因素是什么？

识别影响公司市值的关键 9 大关键因素，即所谓的九因素模型如下。

（1）财务报表：注意指标如收入、EPS，财务结构、变动趋势，EVA 与会计利润四表。

（2）行业：此行业还是彼行业，多元化还是专业化，周期性行业还是抗周期行业，低风险行业还是高风险行业，朝阳行业还是夕阳行业，传统行业还是高科技行业，政策扶植行业还是政策限制行业。

（3）商业模式：如小米手机 vs 诺基亚。阿里金融 vs 农业银行，携程网 vs 春秋旅游。

（4）主题或概念。

（5）股本和股东结构：股本大小、送股能力（主要由未分配利润和资本公积金两个指标决定）、股东结构等。

（6）风格和股性

（7）4R（IR、AR、MR、RR）：价值状态、价值识别、价值描述、价值传播、价值认知、价值实现。

（8）价位区间

（9）规模：市值规模、资产规模、收入利润规模。

5.1.3　市值管理的阶段、方式与评价

问答088　市值管理实现的4大阶段或步骤是什么？

市值管理的重点在于重新塑造和提升企业价值，可以通过多种资本运作和实体操作的方式实现。市值管理价值实现的四大阶段是价值创造、价值描述、价值传播与价值实现。每个阶段的作用参见表 5-1。

表 5-1　价值管理实现的四大阶段（步骤）

价值创造	价值描述	价值传播	价值实现
1．充分发挥核心业务优势，尽量将企业的资源集中于优势业务中 2．垃圾业务要及时出售处理，调高资产的使用效率 3．调整财务结构，最大化利用财务杠杆	重视企业文化和历史的积淀，保持和发扬企业优秀的“基因” 更加重视企业未来的愿景和规划，并且尽量保持企业文化的一致性，在此基础上定制产业转型和升级	1．对公众股东和潜在投资者及时高效地进行企业信息披露，以便消除市场不完全带来的不对称信息 2．通过路演、主动推介等方式对机构投资者进行营销	常见的价值实现手段有融资、并购、股权减持变现等措施使增值后的市值惠及企业以及每一位投资者，也是为了下一轮的价值创造到价值实现的过程进行铺垫

问答089　市值管理的一般方式有哪些？

一般来说，市值管理的常规方式参见表 5-2。

表 5-2　市值管理的八大主要方式

1	并购重组	应该是目前最容易增大市值的一种市值管理方式。主要包括股权并购、业务与资产重组两类。其中股权并购可分为先减持后重组、先增持再并购和换股并购是那种方式；业务与资产重组包括业务拆分、开展新业务、业务设立、引入业务合作和不良资产剥离等内容
2	股东引入与股权结构变动	一是战略性股东引入。有利于公司战略布局以及业务转型等方面起到重大作用的股东的引入，不仅改变公司的股权结构，而且为公司的持续或快速发展带来更高的空间和期望值，这会推动公司股价的上涨，也是市值管理一项重要方式。 二是引入协同股东。吸引业务上有协同效应的股东，能够充分利用双方优势资源，共同打开业务市场，企业增长空间及盈利上升估值上升
3	股份的资本运作	主要包括股份回购、大股东增持与减持、转增股本与股票分拆四种方式来影响市值并实现市值管理
4	股权激励	通过经营者获得公司股权形式，使他们能够以股东的身份参与企业决策、分享利润、承担风险，从而勤勉尽责地为公司的长期发展服务的一种激励方法。 对公司高管进行股权激励，不仅能从一定程度上降低内部人控制的风险，还可以提高公司高管人员的积极性，从根本上理顺股东和内部人等相关者之间的利益分歧，为公司高速增长奠定基础，最终有利于公司提高经营效率，从而提高公司的市值表现
5	发放股利	指新三板挂牌公司或沪深上市公司将本年的利润留在公司里，发放股票作为红利，从而将利润转化为股本的一种利润分配方式，这也是人们通常所说的“送红股”。“送红股”对于股东来说，强于优于不分配利润，尽管送红股不会改变股东的持股比例，但在市场强势的情况下，在股票供不应求的阶段，送红股增加了股东的股票数量，降低了购买股票的门槛，在局部可以改变股票的供求关系，在市场热点的影响下有利于股价的上涨
6	资产证券化	资产证券化是以特定资产组合或特定现金流为支持，发行可交易证券的一种融资形式。传统的证券发行是以企业为基础，而资产证券化则是以特定的资产池为基础发行证券。在资产证券化过程中发行的以资产池为基础的证券就称为证券化产品。 资产证券化现今和未来将成为新三板挂牌企业或沪深上市公司市值管理的一种很好的方式之一
7	定向增发	不论是新三板挂牌公司还是沪深股市是上市公司，定向增发的公司通常会伴随着资产注入、整体上市、资产重组、引入战略投资者等行为，这对于改善公司业绩有明显的促进作用
8	发行可转债	可转换债券是一种公司债券，持有人有权在规定在期限内按照一定的比例和相应的条件将其转换成确定数量的发债公司的普通股票，可转债具有双重属性，即债券性和期权性。 作为介于股和债之间的融资品种，发行可转债在有重大收购活动需筹集资金时，可以作为一种筹资手段。同时也可成为挂牌或上市公司市值管理的重要手段

问答090　市值管理如何作出评价？主要考察哪些因素？

市值管理的自然不能仅仅通过市值来评价，而是要从多方面来综合考量，具体参见表 5-3。

表 5-3　市值管理的评价及其因素考察

1	市值	最直观的指标，也是我们做市值管理的目标，但是市值只是一个反映，我们专注的是未来市值的趋势和内在的变化，所以还引入下面几个指标
2	市盈率	市盈率主要反映了资本市场对企业的前景的预期，但是其也受到宏观经济的影响和行业本身的影响，所以首先还需要横向和纵向的对比，高市盈率通常认为市值管理做得到位
3	股权激励行权	如果股权激励是通过溢价行权的，则说明企业员工都通过股权激励计划得到了相当部分的收益，也说明未来公司员工结构将会比较稳定，员工的工作积极性将会提高
4	主营业务	主营业务的明确也是能反映市值管理良好的一个风向标，明确清晰地主营业务可以明白地告诉投资人企业未来的发展方向和前景，投资人也能更加理性地判断股票的价值，减少投机行为
5	研报频率	研报频率可以说明企业被研究机构关注的程度，高频率的研报发布可以说明市场对公司的的强烈关注，有利于公司经营信息的传达
6	媒体关注度	媒体关注度的提高可以通过相关媒体对公司的报导次数来衡量，强烈的曝光度可以说明企业不仅被资本市场关注，还被公众所关注，有利于提高企业形象
7	机构流通股东数量	机构流通股东数量也可以反映专业机构对公司前景的判断，并且这种判断以持股的方式表现出来，更加有说服力
8	股东结构稳定性	股东结构越稳定，越说明投资者都是长期投资者而不是短期投机者，可以反映企业的前景良好

5.1.4　股东结构、4R 与定位及周期

问答091　市值管理与股东结构的内在关系是什么？

所谓股权结构，是指股份公司总股本中，不同性质的股份所占的比例及其相互关系。股权即股票持有者所具有的与其拥有的股票比例相应的权益及承担一定责任的权力。基于股东地位而可对公司主张的权利，是股权。股权结构是公司治理结构的基础，公司治理结构则是股权结构的具体运行形式。不同的股权结构决定了不同的企业组织结构，从而决定了不同的企业治理结构，最终决定了企业的行为和绩效。

股权结构一般来讲有两层含义。

（1）指股权集中度，即前五大股东持股比例

从这个意义上讲，股权结构有三种类型：一是股权高度集中，绝对控股股东一般拥有公司股份的 50%以上，对公司拥有绝对控制权；二是股权高度分散，公司没有大股东，所有权与经营权基本完全分离、单个股东所持股份的比例在

10%以下；三是公司拥有较大的相对控股股东，同时还拥有其他大股东，所持股份比例在10%与50%之间。

（2）股权构成，即各个不同背景的股东集团分别持有股份的多少

从理论上讲，股权结构可以按企业剩余控制权和剩余收益索取权的分布状况与匹配方式来分类。从这个角度，股权结构可以被区分为控制权不可竞争和控制权可竞争的股权结构两种类型。在控制权可竞争的情况下，剩余控制权和剩余索取权是相互匹配的，股东能够并且愿意对董事会和经理层实施有效控制；在控制权不可竞争的股权结构中，企业控股股东的控制地位是锁定的，对董事会和经理层的监督作用将被削弱。

完美的股东结构会直接影响企业市值，即使是同一个产业、做同样业务的两家公司，如果它的股东结构不一样的话，那么它的市盈率是完全有可能不一样的。

比如在新三板上也可以看到，比较活跃的维珍创意（430305）市盈率最高的时候能有100多倍，据传2012年，几位大佬联合成立的北京中关天使投资有限公司将维珍创意作为公司所投资的第六家企业，有这些大佬背书，维珍创意不火都难。

问答092　市值管理与4R关系管理该怎样理解？

新三板挂牌公司或沪深上市公司面对资本市场时最为重要的四个对象就是“投资者、证券分析师、监管机构和媒体关系”，因其英文开头字母皆为R，故简称“4R”。市值管理某种程度上讲就是要和他们做好维护和管理。

（1）投资者关系

500万投资门槛限制了中小投资者对新三板的参与，决定了新三板参与者以机构投资者和高净值个人投资者为主，两个群体的特征是思维理性和具有专业投资水平。

投资人能否看懂企业发展的未来，能否带来资源、品牌帮助，能否真正陪着企业长期发展，都是很重要的。

（2）分析师关系

券商研报、金融信息服务商、财经媒体是影响资本市场的三个主要渠道，其中以券商研报的影响最为精准和有深度，缺点是影响范围小。

关于证券分析师，建议企业一定要绑定核心券商，绑定核心分析师，通过分析师的影响把企业对接给资本市场。

（3）监管层关系

一切直接的融资活动和间接影响融资活动的研报和媒体，都必须在监管框

架下运作才具有可持续性。

（4）媒体关系

财经媒体是影响资本市场的另一个主要渠道，特点是影响范围大，在影响投资者投资决策的思维逻辑层面较券商研报为弱。金融信息服务商也可视为广义的财经媒体。

媒体关系不仅要做好对企业好的方面的宣传，还要做好危机公关，这一点很重要。

问答093　市值管理与业务产业、市场定位及周期该如何互动？

（1）业务与产业

实质上，对于一家企业来说，业务和产业是市值管理的底盘。在企业发展的业务端如利润 EPS 端，企业要着重产业布局、商业模式、核心竞争力、团队打造、财物报表策略等。这些都能为企业有一个好的市值打下基础。

（2）资本市场主题定位

市值管理与资本市场主题定位，也被称为“主题投资”。每家挂牌或上市公司都有若干主题，每个主题强弱是不一样的。公司在资本市场是一个怎样的定位，传递一个怎样的主题，这是需要管理的。比如一个传统的公司如果去融资，比如 2016 年上半年比较火的“工业革命 4.0、精准医疗、大数据、智慧城市、VR 或 AR”等这些“主题概念”，如果靠得上的话，就比较容易有一个好的估值，股票就容易卖出去，所以企业一定要学会主题定位和主题管理。

（3）市场周期

市值管理与资本市场股市周期管理，这一点很重要。

在整个资本市场发展过程当中，是有一定的周期性的，每个周期里面又有不同的主题，所谓人们常说的牛市熊市。无论周期如何，新三板挂牌或上市公司可以在股市高点减持、增发、配股、跨行业并购；股市低点大股东可以增持、资产注入、去并购上下游同行等利用周期性去提升公司市值。

5.1.5　产融互动、入口、融资与并购

问答094　为何说产融互动是市值管理的精髓？

企业市值管理的精髓就是产融互动，一定是“业务＋资本”双轮驱动。

任何一家新三板挂牌公司或沪深股市上市公司，都是在资本市场和产品市场这两个市场之间进行经营的。前一市场的经营目标是市值，后一市场经营目标的核心是利润。

市值管理的具体执行，体现为通过产业经营和布局来提高净利润，通过和资本市场的有效对接来实现对公司的认知，从而提高或稳定估值。

问答095　为何说估值是市值管理的入口和起点？

先从企业价值、市值及估值这三个概念说起。

企业的价值是该企业预期自由现金流量以其加权平均资本成本为贴现率折现的现值，它与企业的财务决策密切相关，体现了企业资金的时间价值、风险以及持续发展能力。扩大到管理学领域，企业价值可定义为企业遵循价值规律，通过以价值为核心的管理，使所有与企业利益相关者（包括股东、债权人、管理者、普通员工、政府等）均能获得满意回报的能力。显然，企业的价值越高，企业给予其利益相关者回报的能力就越高。而这个价值是可以通过其经济定义加以计量的。

企业估值是投融资、交易的前提。一家投资机构将一笔资金注入企业，应该占有的权益首先取决于企业的价值。而一个成长中的企业值多少钱？这是一个非常专业、非常复杂的问题。对投资管理机构而言，在财务模型的基础上进行企业估值不仅是一种重要的研究方法，而且是从业人员的一种基本技能。它可以帮助我们将对行业和企业的认识转化为具体的投资建议；预测企业的策略及其实施对企业价值的影响；深入了解影响企业价值的各种变量之间的相互关系；判断企业的资本性交易对其价值的影响。

企业的市值：是指一家上市公司的发行股份按市场价格计算出来的股票总价值，其计算方法为每股股票的市场价格乘以发行总股数。

所谓估值，就是进行预测，更多的要考虑的是未来的变化，可以长期经营的企业才有估值和贴现的基础。所以估值的高低某种程度上会影响企业的市值表现，所以有一个合理的估值将会打开市值管理的水龙头，所以说估值是市值管理的入口和起点。

问答096　为何说融资是市值管理的试金石？

企业在融资时通常有很多种融资方式可供选择，每种融资方式由于特点不同给企业带来的影响也是不一样的，而且这种影响也会反映到对企业竞争力的影响上。企业融资通常会通过以下途径给企业带来影响：

首先，通过融资，壮大了企业资本实力，增强了企业的支付能力和发展后劲，从而增加与竞争对手竞争的能力；其次，通过融资，能够提高企业信誉，扩大企业产品的市场份额；最后，通过融资，能够增大企业规模和获利能力，充分利用规模经济优势，从而提高企业在市场上的竞争力，加快企业的发展。

但是，企业竞争力的提高程度，根据企业融资方式、融资收益的不同而有很大差异。

比如，通常初次发行普通股并挂牌或上市流通融资，不仅会给企业带来巨额的资金，还会大大提高企业的知名度和商誉，使企业的竞争力获得极大提高。

实际上，企业登陆资本市场进行市值管理，其实最重要的一个核心需求就是融资，而能够高效地融资，有节奏地合理融资，也是市值管理的最佳体现。

所以，市值管理的好坏，往往通过企业融资的能力、融资的密度与在什么情况下能融到自己所需的资金很有关系，可以说，融资能力就是市值管理的试金石。

问答097　为何说并购重组是市值管理的放大器？

随着行业、企业的不断发展，企业之间的竞争加剧，一些公司可能会将自己卖给更大、更好的公司，成为他们业务组合中的个体。同样，一些大的企业或集团，基于各种考虑而转变经营方向，可能会将该某项业务个体独立或进行重组，给它一个精简的成本结构，分拆、重组，从而来创造新的价值。这就是形成了行业内外、企业内外的并购重组。

并购重组应该是目前最容易增大市值的一种市值管理方式。收购同行业公司，能够使市场份额扩大和集中，议价能力增强，规模扩大，业务协同，带来成本下降。而且以高市盈率收购低市盈率公司，收购后市值膨胀更厉害。收购上下游公司也可能在原材料掌控，更贴近市场方面起到协同效应。

另外，企业及其市值发展到一定规模，靠自己的增长显然是慢的，特别是在登陆资本市场之后，股权成为了一种支付手段，这个时候，通过并购重组做大企业、做强业务是一常见的市值提升方法。

并购重组设计作为市值管理的重要方式，对于企业来说具有三层意义：

（1）业务剥离重组和并购一样都能为企业创造价值。

（2）在企业的生命周期里，业务组合的增加和减少是个不间断的过程，它会经历不同的最佳组合形式和最佳管理、运营环境。每一个好的组合与运营环境都会为这个企业或相关业务创造价值，组合的好坏直接影响价值的大小。

（3）业务组合的多元化并不是简单的好和坏，而是不断动态变化的，要与时俱进。

5.2 典型实战11例

5.2.1 产融结合、融资与资产注入

案例060 产融结合创造细分领域隐形冠军（维珍创意）

维珍创意（430305）是新三板市场很好地将产业与资本融合的一家公司，该公司挂牌新三板后，市盈率最高的时候能有 100 多倍，据传 2012 年，柳传志、俞敏洪、雷军几位大佬联合成立的北京中关天使投资有限公司将维珍创意作为公司所投资的第六家企业，据部分研究资料对其盈利做出的预测：公司 2016—2017 年归属于挂牌公司股东的净利润分别为 0.40 亿元、0.49 亿元，每股收益分别为 0.51 元、0.62 元，2016 年 7 月 1 日收盘价对应于公司 2016、2017 年动态市盈率分别为 15.2 倍、12.4 倍。

这是资本市场作为“产融结合”中“融”的内容，下面来谈谈“产”的情况。

维珍创意是国内最大的 ATM 形象创新及安全防护产品供应商，是全国领先的 ATM 形象创新及安全防护产品整体方案提供商，主营业务是 ATM 形象创新及安全防护产品的工业设计、IT 软硬件研发、市场开拓、系统安装及售后服务。公司细分市场第一，已安装 4.2 万套产品。

ATM 保有量及增量均持续增长。我国 ATM 保有量一直保持稳健增长，除个别年份外，增长速度一直保持在 20%以上。截至 2015 年年末，全国联网 ATM 86.67 万台，较上年年末增加 25.18 万台。

设计和研发具有先行优势。公司始终专注于 ATM 形象创新及安全防护产品设计、研发与销售工作，目前拥有 320 项成熟的产品设计和解决方案，242 项已经转化为实际产品。公司已经形成明显的领先优势，在这一领域内引领着产品开发和应用的方向。

开拓创新业务。公司总体发展战略是，在保持现有业务稳健增长的同时，开拓创新业务，发展目标是成为金融综合服务商。创新业务包括自有产品维保

服务、全国最大的银行 ATM 无线 WiFi 广告网络和 ATM 微地产业务。

案例061　融资对企业的估值和市值的展示

小米公司，创立于 2010 年，作为一家未公开挂牌和上市的企业，小米并不披露自己的财务业绩。

在 2012 年 6 月和 2013 年夏季的融资中，公司的估值分别为约 40 亿美元和 100 亿美元。所以我们可以看到，通过融资，可以对一个企业的市值进行展现，所以说融资是公司市值管理很好的试金石！

截至 2015 年年底，仅仅 5 年时间，小米通过 6 轮的融资实现对企业的估值（市值）达到 450 亿美金，翻了近 200 倍。

案例062　母公司优质资产注入进行市值管理（华润置地）

（1）起缘

为更好地让市场发掘公司项目的价值，推动股价上升，华润置地母公司对某些优质项目资产采取“孵化战略”。

（2）经过

所谓“孵化战略”，就是让一些土地先期由集团购买和持有，等到项目比较成熟时再按照市场价格注入上市公司。2010 年 9 月 20 日，华润置地发布公告称，向母公司华润集团收购迅领全部已发行股本的待售股份。2011 年 8 月，华润置地与控股股东华润集团签订协议，以“现金+配股”的方式，向母公司华润集团收购四个项目。

（3）结果

华润置地股价因为优质资产概念迅速拉升，并在股价高位进行配股融资，即实现巨额再融资，也拉升了母公司资产价值。

与此同时，从 2012 年 4 月份起，华润置地已与多家银行签订股权质押贷款融资协议，筹集金额高达 70 亿港元。

案例063　注资重组、开辟新领域实现市值增长（中航重机）

（1）公司基本情况

公司名称：中航重机股份有限公司（中航重机）

成立日期：1996/11/14

注册资本（万元）：77,800.32

上市日期：1996/11/6

上市地点：上海证券交易所

（2）交易对方

中航工业集团公司；

中国贵州航空工业（集团）有限责任公司；

惠阳航空螺旋桨有限责任公司；

美腾风能（香港）有限公司。

收购前企业状况：

中航重机 2009 年年初再融资的 21 个募投项目中有多个项目存在发展前景不明、未按计划实施以及募集资金项目频繁变更的问题。

中航重机业务上重要的子公司中航世新燃气轮股份有限公司，近三年来业绩基本上停滞不前，2010 年上半年该项业务继续亏损 1513 万元

（3）标的资产

新能源投资公司 30.7%的股权；

惠腾公司 80%的股权；

安吉精铸公司 100%的股权；

贵航（集团）公司持有的 12 宗授权经营土地，该 12 宗土地面积合计为 32.27 万平方米。

（4）交易过程

此次交易对价全部以增发股份进行支付：

发行单价（元）	发行股份数量（万股）	交易金额（万元）
15.35	11,673.43	179,187.15

（5）交易目的

中航重机拟通过本次重大资产重组（注入资产），进一步整合中航工业集团内、外部的新能源和锻铸业务，从而进一步扩大业务规模，提升公司三大产业平台的竞争能力。

一是继续完善产业链，提升综合竞争优势；二是扩大生产能力，提升盈利能力；三是实现资产完整、减少关联交易。

（6）交易对市值和股价的影响（2010 年 10 月 29 日为交易公告日）

本次交易后，股价连续三天涨停，市盈率从 72.01 增至 95.86，市净率从 5.33 升至 7.10，可见，无论是市值绝对值还是相对值，公司在重组后都有了很大的提升，市净率增长近 40%，不仅整合了资源，更使得其在资本市场上的表现抢眼。

5.2.2　并购分拆、定增增持与逆周期及波段操作

案例064　金融危机前逆周期并购定增等方式有效实施市值管理（中信证券）

中信证券于 2003 年起就已经开始进行反周期的外部并购式壮大，仅历时 5 年就打造成证券界的领头羊，到 2013 年 8 月中信市值高达 1200 多亿元，其市值管理主要策略如下。

（1）股市低迷的时候采取并购策略

在低迷的环境下，好的企业往往被低估，此时有利于以低价购入优质资产。在低迷的环境下，并购的竞争者受到宏观经济影响会较少，有利于提升公司行业地位。在经济形势不乐观的情况下，购入优质资产相当于将股权配置到更加多元化的优质资产中，分散企业的风险。

（2）股市高涨的时候采取增发融资策略

在高涨的环境下，自身企业的股权价值往往被高估，此时融资增发可以以较小的股权稀释度博取足够的资金，用于内在价值的改善和发展。增发股票往往意味着增加了股票的供给，来平抑过度旺盛的需求，防止股价出现非理性的增长。

2003—2008 年之间，中信证券利用宏观经济形势的起伏做了一系列的市值管理行为，主要有：

a）2003 年 10 月，中信证券以 1 亿元收购万通证券 30.78%的股权。之后，中信证券几次增持，至 2004 年底，中信证券已持有万通证券 73.64%的股权；

b）2005 年 8 月，中信证券联手建银投资重组华夏证券，成立了中信建投证券公司，中信证券出资 16.2 亿元持有新公司 60%的股权；

c）2005 年 9 月，中信证券启动收购金通证券的计划。一年之后，中信证券的全资子公司中信金通证券正式成立；

d）2006 年，中信证券定向增发 5 亿股；

e）2007 年 8 月，中信证券二次增发 3.34 亿股，募集资金总量约为 250 亿元，增发价格为每股 74.91 元。

如上并购、定增、增持、设立等方式的市值管理尽管在当期没看到市值和股价有什么差异，但是在金融危机到来之时，股市再次走向低迷的情况下，中信证券市值的下降幅度远没有整体股市那么大，并且保持较平稳的一个态势，且中信证券在 2013 年还逆市收购了里昂证券，将布局成功扩展到海外。

案例065　通过重组（分拆）的方式进行市值管理（联想集团）

（1）起缘

神州数码曾是联想集团的子公司，当时亏损；联想集团与神州数码业务类型不同，定位、战略不清晰，市盈率也不高。

（2）策略

联想集团分拆神州数码，变为两家上市公司。

（3）结果

联想联想集团的定位、战略清晰，市盈率相应提高；由于不含神州数码的亏损，联想控股净利润也提高；市盈率、利润同时提高，联想控股市值大幅增加。

神州数码的软件服务业务得到了市场认同，也具有不错的市盈率。至 2012 年年底，神州数码市值 141 亿，静态市盈率 11 倍；联想集团市值 753 亿，静态市盈率 20 倍，远高于分拆之前的市值。

案例066　波段操作达成综合管理市值

管理目标：某公司持有茅台约**万股（占总股本在 5%以下），希望每年年末得到部分现金。投资方向由管理人自主决策，并实现合法减税。

（1）高位减持：持续跟踪上市公司股价，高位减持公司股票，为客户避免了高位下跌带来的市值损失，平抑了股价波动，兑现投资收益。

（2）低位增持：当公司股价趋于合理估值买入区间时，为客户低位增持股票，分享公司长期增长的收益。

（3）分红避税：为客户高位减持后的资金进行开放式基金的申购、赎回操作及封闭式基金的买卖，管理期间实现分红抵税金额超过 2 亿元。

（4）长期管理：为客户长期股权综合管理提供决策依据及建议，实现客户资产保值增值，接受客户长期委托资产管理期限长达 12 年。

5.2.3　市值操作中的违规与处罚

案例067　市值操作中限售交易及处罚（宏达股份）

2008 年 4 月 29 日，宏达股份第二大股东平原实业和第六大股东益多园房产通过竞价交易系统分别减持 696.23 万股和 751.36 万股，减持数量占宏达股份总股本比例分别达到 1.35%和 1.46%。

该行为违反了证监会发布的《上市公司解除限售存量股份转让指导意见》的“1%”的相关规定，成为大小非解禁违规第一案。

上交所根据相关规则，对这两名“大小非”进行限制交易处罚，4 月 30 日起一个月内限制这两个账户在宏达股份上的卖出交易。

案例068　市值交易中的违规减持（开开实业）

2008 年 4 月 21 日至 5 月 7 日，上交所查实，中国石油化工股份有限公司上海石油零售分公司通过竞价交易系统累计卖出开开实业解除限售存量股份达 377.6928 万股，减持数量占开开实业总股本的 1.55%。

上交所发布处理决定：对中国石化上海石油零售分公司的违规减持行为进行公开谴责，对其股东账户实施限制交易三个月，并记入诚信档案。

案例069　市值操作中的短线交易（太阳纸业）

太阳纸业控股股东兖州市金太阳投资有限公司在某年 9 月 7 日出现了违规短线交易，当天金太阳先以 11.804 元卖出 40 万股太阳纸业，随后又以 11.74 元买回 40 万，扣除印花税、佣金后虽只赚了 3735.78 元的价差。

但是其行为却违反了“上市公司董事、监事、高级管理人员、持有上市公司股份百分之五以上的股东，将其持有的该公司的股票在买入后六个月内卖出，或者在卖出后六个月内买入，由此所得收益归该公司所有，公司董事会应当收到其所得收益”。

案例070　高管违规操作（南风股份）

南风股份董事邓××某年 11 月 2～3 日累计卖出 23.67 万股南风，均价 59.19 元/股，最高价 59.48 元/股；而 11 月 3 日，由于操作失误，邓××又以均价 59.30 元/股买入 4 万股。违反了“上市公司董事、监事、高级管理人员、持有上市公司股份 5%以上的股东，将其持有的该公司的股票在买入后 6 个月内卖出，或者在卖出后 6 个月内买入，由此所得收益归该公司所有，公司董事会应当收到其所得收益”的相关规定。

第 2 部分

2

并购重组与借壳实务

第 6 章　并购重组制度、策略尽调及方案设计等实务

第 7 章　收购实务：谋划、流程要事与操作

第 8 章　重大资产重组流程、事项操作与重点等实务

第 9 章　借壳政策、事项与操作关键

第6章 并购重组制度、策略尽调及方案设计等实务

6.1 常规疑难23问

6.1.1 并购重组概念模式与作用风险

问答098 如何理解并购重组的概念？

“并购重组”一词并不是一个专业的法律术语，而是市场及业界人士一种约定俗成的说法。

并购重组是指基于经营、战略考虑而纳入企业体系所进行的包括股权、资产、债务等的收购、回购、出售、分立、合并、置换等功能定位与梳理活动。并购重组的类型大多涉及企业股权结构调整，一般包括资产与债务重组、收购与兼并、破产与清算、企业改制与股份制改造、公积金与未分配利润转增、引入投资者溢价增资、股权及资产转让、非货币资产出售、管理层及员工持股或股权激励、债转股与股转债、资本结构与治理结构调整等。

企业进行并购重组的原因大致有完善自身产业链、扩大市场份额、获取战略发展机会、降低同业竞争、企业或集团内部控股架构、公司资产（功能与风

险）及关联交易等的重新梳理、合理避税等。

并购重组是包括全国中小企业股份转让系统（以下简称全国股份转让系统，或俗称新三板）在内的证券资本市场的一项重要功能和资本运营的一种重要形式。

"并购重组"内涵非常广泛，但是归根结底，所有的"并购重组"事项都可归纳到"收购"和"重大资产重组"两项事项之中（可参见《新三板资本裂变 2：并购重组实务》一书 P2～P4 详解），这或许也是中国证券监督管理委员会（以下简称中国证监会）在制定非上市公众公司"并购重组"制度及全国中小企业股份转让系统（以下简称全国股份转让系统）在制定"并购重组"的相关细则、指南时，目前也只是定位并限制在"收购"和"重大资产重组"概念（也包括上市公司"并购重组"的制度和细则）上的原因。

所以本书所涉及的"并购重组"概念，就集中到对"收购"和"重大资产重组"理论、实务及操作的讲解。

问答099　并购重组常见模式有哪些？

一般来说，企业并购重组主要有如下四种模式。

（1）横向并购

横向并购是指生产相同、相似的产品，或生产工艺相近的企业之间的并购，实质上也是竞争对手之间的合并。其主要驱动因素是规模经济、范围经济、市场能力，同时并购后的资源和产能整合还能提高收入，并在一定程度上拓展未来增长的机会。横向并购往往发生在处于成熟期或衰退期的行业或市场中，这些市场整体增长率很低，产能过剩较为明显。此外，横向并购的发生容易形成高度垄断局面。

（2）纵向并购

纵向并购是指共同协调下的垂直供应链中连续活动或单个企业控制的结合，具体又可以分为前向并购和后向并购。纵向并购的经济合理性来源于一体化之后的技术和协调方面的效率提升。此外，纵向并购还可以创造其他的价值来源。

（3）混合并购/多元并购拓展

混合并购/多元并购是指既非竞争对手又非现实中或潜在的客户或供应商的企业并购，通常双方所处的行业并不相关。混合并购的主要目的在于减少长期经营一个行业所带来的风险，与其密切相关的是企业多元化经营战略，其对价值的创造通常源于逐渐增强的市场力量及内部资本市场的有效运作。

（4）引进战略投资者

通过如上三种或其他方式引入具有资金、技术、管理、市场、人才优势，能够促进产业结构升级，增强企业核心竞争力和创新能力，拓展企业产品市场占有率，致力于长期投资合作，谋求获得长期利益回报和企业可持续发展的境内外机构、大企业、集团及合伙人等。

问答100　并购重组的意义与风险有哪些？

（1）作用和意义

目前，我国经济处于一个全球化下的转轨中的新兴市场经济，这一历史时期的特色决定了并购重组在我国有着巨大的意义和价值。

并购重组是包括新三板市场在内的证券市场里最能体现资本市场效率和最具创新活力的一环；能够促进经济结构调整和充分发挥资源配置作用，有利于培育新的经济增长点，发展先进生产力；能进一步活跃证券市场，促进整个经济的结构调整和产业升级。

从投资人对被低估价值企业进行发掘、收购，及诸多有发展潜力的企业通过并购重组进行主营业务调整，都会提升上市或挂牌公司质量，改善产业结构，同时发展控制权市场、改善公司法人治理。同时，规范收购兼并活动，可以有效保护投资者和利益相关方的权益，尤其要在程序上使所有的投资者得到公平待遇。

新三板正是专门为中小微企业量身打造的一个资本市场。作为我国实体经济不可缺少的重要组成部分，中小微企业越来越发挥着重要的作用，显然，随着我国经济的持续发展和产业的升级转型，并购重组和产业整合的浪潮将越来越大、越来越猛，中小微企业将会逐步成为推动我国并购事业发展的重要力量。

（2）并购重组的风险

并购是一项复杂的系统工程，它不仅仅是资本交易，还涉及并购的法律、政策环境、社会背景和公司的文化等诸多因素，这些事项很复杂，有时还极富风险。

具体来说，并购前，并购价格主要依据目标企业的年度报告、财务报表等，这些报表是否存在隐瞒损失或夸大收益对于并购价格的合理性有着严重的影响。一方面，并购方必须对目标企业的资产或负债进行正确的评估，尽可能地保证报表的准确性，同时，并购方也不可以过分依赖报表的账面信息，须确认资产在法律上是否存在，避免并购后出现大量的不良资产；另一方面，并购重组涉及目标企业债务问题，所以，并购方必须清楚确认目标企业的原有债务、现有负债及未来负债问题。

并购后，并购方的经营规模进一步扩大，一是并购方须注意文化整合的风险，很多企业由于文化整合不恰当，使各类政策、决策难以有效贯彻，难以有效实现企业并购的协同效应和规模经济效益；二是在如何处理目标公司原有客户及雇员问题上须小心谨慎。公司能否保留目标公司原客户会影响到预期的盈利性，原有雇员是否过多、在岗职员的业务能力是否熟练以及雇员是否会在并购之后离开等都是需要认真考虑和处理的；三是由于未来经营环境的多变性如行业变化、技术进步以及国际经济形势的改变等，都有可能使得并购后的企业无法实现既定目标从而形成风险。

问答101　新三板的并购重组为何很火爆？

如今，围绕新三板市场挂牌企业的并购重组业务之所以如此火爆，主要有如下 5 个方面原因：

（1）新三板定位在创业型、创新型和成长性企业资本服务，所以，挂牌的企业有不少具有技术优势和模式创新的公司，而 2013 年以来 A 股上市公司并购重组风起云涌，这些挂牌企业为上市公司谋求外延扩张或者跨界转型提供了可选择的标的范围。

（2）新三板公司的并购成本较低。这是因为新三板公司具有较高的信息披露要求和财务透明度，以及较好的公司治理等，这比起并购那些没有挂牌、非公众公司的企业来说，对并购双方来说都能节约大量的费用和时间成本。

（3）在我国证券市场改革政策频出，一些优质的新三板挂牌公司存在转板意愿，套利动机明显。

（4）部分新三板公司有创投背景，创投通过推动并购重组实现退出的同时，一些挂牌公司谋取曲线上市的情况比较明显。

（5）新三板公司并购重组制度逐步完善，政策面支持有关新三板公司的并购重组。包括颁布《非上市公众公司收购管理办法》《非上市公众公司重大资产重组管理办法》《并购重组私募债券试点办法》以及引入做市商制度等。

问答102　并购重组的制度规则有哪些？

新三板挂牌企业适用的制度规则如表 6-1 所示。

表 6-1　新三板挂牌公司并购重组法规制度

类别	法规制度
法律法规	《中华人民共和国证券法》
	《中华人民共和国公司法》
规范性文件	《国务院关于全国中小企业股份转让系统有关问题的决定》（国发〔2013〕49 号）
	《国务院关于进一步优化企业兼并重组市场环境的意见》（国发〔2014〕14 号）
部门规章与准则	《非上市公众公司收购管理办法》（证监会令〔第 102 号）
	《非上市公众公司重大资产重组管理办法》（证监会令〔第 103 号）
	《非上市公众公司信息披露内容与格式准则第 5 号——权益变动报告书、收购报告书和要约收购报告书》（证监会[2014]34 号）
	《非上市公众公司信息披露内容与格式准则第 6 号——重大资产重组报告书》（证监会[2014]35 号）
业务细则与自律规则	《全国中小企业股份转让系统非上市公众公司重大资产重组业务指引（试行）》
	《全国中小企业股份转让系统重大资产重组业务指南第 1 号：非上市公众公司重大资产重组内幕信息知情人报备指南》
	《全国中小企业股份转让系统重大资产重组业务指南第 2 号：非上市公众公司发行股份购买资产构成重大资产重组文件报送指南》
	《并购重组私募债券试点办法》（中国证券业协会第五届常务理事会第二十七次会议通过）

问答103　挂牌公司与上市公司在收购制度上有何区别？

新三板挂牌公司收购与沪深上市公司收购的主要区分事项如表 6-2 所示。

表 6-2　新三板挂牌公司与沪深上市公司收购制度的主要区别

序号	事项	上市公司收购要求	非上市公众公司收购要求	备注
1.	权益变动的披露	（1）制作简式权益变动报告书：非第一大股东或实际控制人，权益股份达到或超过公司已发行股份 5%，但未达到 20%的；投资者达到已发行股份 5%后每增加或减少 5%的； （2）制作详式权益变动报告书：a. 投资者及其一致行动人为上市公司第一大股东或者实际控制人，其拥有权益的股份达到或者超过一个上市公司已发行股份的 5%，但未达到 20%的；b. 非第一大股东或实际控制人，权益股份达到或超过公司已发行股份 20%，但未达到 30%的	制作权益变动报告书：通过做市、竞价方式进行证券转让，投资人拥有权益的股份达到公众公司已发行股份的 10%，通过协议方式，股份者拟达到或超过已发行股份的 10%的；投资者达到已发行股份 10%后每增加或减少 5%	（1）新三板公司权益变动不再区分简式或详式权益变动报告书，统一为权益变动报告书； （2）触发比例提高至 10%

续表

序号	事项	上市公司收购要求	非上市公众公司收购要求	备注
2.	公司收购的披露	（1）通过证券交易所的证券交易，收购人持有一个上市公司的股份达到该公司已发行股份的 30%时，继续增持股份的，应当采取要约方式进行并编制上市公司收购报告书； （2）以协议方式收购上市公司股份超过 30%，收购人拟申请豁免的，应当在与上市公司股东达到收购协议之日起 3 日内编制上市公司收购报告书	（1）投资者拥有权益的股份变动导致股东成为公众公司第一大股东或者实际控制人； （2）通过投资关系等方式拥有权益的股份变动导致其成为或拟成为公众公司第一大股东或者实际控制人且拥有权益的股份超过已发行股份 10%的 以上编制收购告书	编制收购报告书的触发条件发生改变。新三板的披露条件更宽松，仅限于成为第一大股东或实际控制人
3.	要约收购是否强制	收购人持有上市公司股份达到已发行股份的 30%时，继续增持股份应当采取要约方式进行	公众公司应当在公司章程中约定在公司被收购时收购人是否需要向公司全体股东发出全面要约收购	要约收购不再强制，依据公司自治原则自主决定
4.	披露内容	披露内容需包括收购的主观性分析信息，对公司的影响分析等	不需要披露持股目的、持有达到或超过 5%的其他公众公司和上司公司股份情况等，重在强化客观性事实披露，如：收购人的基本情况、财务资料、前 6 个月买卖公司股份情况、前 24 个月与公司及关联方之间的重大交易等	披露内容大幅简化，收购报告书和要约收购报告书的规定不足 20 项，较上市公司的相关要求减少超过一半
5.	管理层收购	管理层收购明确规定在《上市公司收购管理办法》中	未约定	公众公司以民营企业为主，管理层与股东高度重合，暂不规定

问答104　挂牌公司与上市公司重大资产重组制度有何区别？

新三板挂牌公司与沪深上市公司重大资产重组制度的主要区分事项如表 6-3 所示。

问答105　挂牌公司与上市公司并购购重组的监管有何区别？

新三板挂牌公司与沪深上市公司并购购重组的监管的主要区分如表 6-4 所示。

表 6-3　新三板挂牌等公众公司与沪深上市公司重大资产重组的不同事项

序号	事项	上市公司重大资产重组要求	非上市公众公司重大资产重组要求	备注
1.	构成重大资产重组标准	（1）购买、出售的资产总额占上市公司最近一个会计年度经审计的合并财务会计报告期末资产总额的比例达到 50%以上； （2）购买、出售的资产在最近一个会计年度所产生的营业收入占上市公司同期经审计的合并财务会计报告营业收入的比例达到 50%以上； （3）购买、出售的资产净额占上市公司最近一个会计年度经审计的合并财务会计报告期末净资产额的比例达到 50%以上，且超过 5000 万元人民币	（1）购买、出售的资产总额占公众公司最近一个会计年度经审计的合并财务会计报表期末资产总额的比例达到 50%经上； （2）购买、出售的资产净额占公众公司最近一个会计年度经审计的合并财务会计报表期末净资产额的比例达到 50%以上，且购买、出售的资产总额占公众公司最近一个会计年度经审计的合并财务会计报表期末资产总额的比例达到 30%以上	（1）新三板企业重大资产重组取消了营业收入指标； （2）对触及净资产的指标进行了调整
2.	需经审批的情形	（1）自控制权发生变更之日起 60 个月内，上市公司向收购人及其关联人购买的资产总额、净资产额和资产产生的营业收入、净利润，4 项中任何一项占上市公司控制权发生变更的前一个会计年度经审计的合并财务会计报告期末对应类别的比例达到 100%以上的；为购买资产发行的股份占上市公司首次向收购人及其关联人购买资产的董事会决议前一个交易日的股份的比例达到 100%以上；上市公司向收购人及其关联人购买资产虽未达到上述 5 点标准，但可能导致上市公司主营业务发生根本变化的。 （2）借壳上市的认定指标由一项“资产总额”指标拓展为“5+1+1”共 7 项指标，即资产总额；资产净额；营业收入；净利润；股份；主营业务；中国证监会自由裁量之兜底条款。 （3）控股权变更需从股本比例、董事会构成、管理层控制三个维度认定	公众公司向特定对象发行股份购买资产后股东累计超过 200 人的重大资产重组，经股东大会决议后，应当按照中国证监会的有关规定编制申请文件并申请核准	新三板企业重大资产重组只有一种需行政审批的情形。对借壳行为不再单独规定
3.	支付手段（股份）的价格	发行股份购买资产时，上市公司发行股份的价格不得低于市场参考价的 90%。市场参考价为本次发行股份购买资产的董事会决议公告日前 20 个交易日、60 个交易日或者 120 个交易日的公司股票交易均价之一	支付手段的价格由交易双方自行协商确定，可参考公众公司股票的市场价格、同行业可比公司的市盈率或市净率等。董事会应当对定价方法和依据进行充分披露	（1）买卖双方自行协商价格，充分发挥公司自治功能。 （2）强化披露，董事会充分披露支付手段定价的合理性

续表

序号	事项	上市公司重大资产重组要求	非上市公众公司重大资产重组要求	备注
4.	披露内容	包括董事会决议及独立董事的意见；上市公司重大资产重组预案；重大资产重组报告书、独立财务顾问报告、法律意见书以及重组涉及的审计报告、资产评估报告或者估值报告等	不强制要求公司提供盈利预测报告、备考财务报告等信息。对于披露内容，不要求董事会对评估机构独立性、评估假设和评估方法的合理性、评估定价的公允性进行讨论并发表意见；不要求公众公司在报刊上披露董事会决议和重大资产重组报告书摘要；不要求公司频繁披露重组情况进展；对于披露的事项，要求公司突出客观性事实的陈述，减少描述性、定性的分析以及预测性信息	对于披露内容进行大幅简化

表 6-4 新三板挂牌公司与沪深上市公司并购重组部分监督行为对比

并购行为	上市公司监管方式	公众公司监管方式
发布收购报告书	备案	信息披露
全面要约收购	强制、豁免	不设强制全面要约
发行股份购买资产	核准	重大资产重组不涉及发行股份或定向发行股份购买资产股东超 200 人的，由证监会核准
		重大资产重组不涉及发行股份或定向发行股份购买资产未超过 200 人的，由全国股转系统对信息披露文件进行审查
单纯重大资产重组	审批	信息披露、监管

6.1.2 并购重组战略、策略与尽职调查

问答106 并购重组战略的重点及其所涉成本是什么？

公司并购重组战略的重点就是寻找企业资源、经营、财务的协同效应以及促成这些协同的工具，这些工具都涉及成本的问题，主要有如下三类成本。

（1）协调成本

为了完成并购重组活动，企业内部及与目标企业的各部门之间必须在诸如并购计划、确定重点和解决问题等方面进行协调，涉及时间、人员或许还有金钱方面的成本等。

（2）妥协成本

战略及方案的设计不可能准确地适合一个部门的需要，它还要适合其他部门以及目标企业的相关部门和人员等，妥协成本不仅包括共享价值活动的成本，还包括其他相关价值活动的费用。

（3）刚性成本

如潜在困难、退出壁垒等，刚性成本不是现行的成本，而是增加弹性所需要的潜在成本。

问答107　挂牌公司并购重组策略种类是什么？该如何选择？

挂牌并购重组的具体策略主要可以归纳为中心式多元化策略、复合式多元化策略、纵向并购策略及水平式并购策略四种。

（1）中心式多元化策略

是指围绕并购方企业经营行业相关度较高的，又不处在同一行业的目标企业实施并购，以寻求新的收益与利润的增长途径。实践中，很多企业就采取了此种策略，经过技术上的相互支持，销售网的更好利用，迅速在市场上占领了一席之地。此策略的风险在于对新开拓的行业缺乏了解而贸然投入，这个需要并购前必须认真分析和评估。

（2）复合式多元化策略

此策略与并购方企业原来经营的行业几乎完全无关，实质上是跨界并购重组，目的是促进企业紧跟市场趋势和需求，分散投资风险，保持利润稳定增加。实践中，此种策略也具有很大的风险，此种策略的最佳途径是可先并购某一前景看好产业中一家基础较好的企业，然后再以内部成长的方式发展起来，这样就能大大降低进入风险。

（3）纵向并购策略

针对并购方企业所在产业的上游或下游企业进行并购，其目的是为了获取并购目标整合后产生的综合效益，包括规模经济效益，获取技术、产品线或市场的扩大，如公司为了获得稳定的零部件、原料、成品供应来源，或产品销售市场等等。

企业实行纵向并购需要考虑下面问题：一是是否有足够的时间容许企业内部成长；二是并购价格与自行发展的成本相比较，哪一个更低；三是并购的目标公司的生产设备及生产的产品质量等关系到日后的营运效益，是否比自行发展要好。所以，进行纵向并购时，事前必须经过相当审慎周密的规划，切不可过于勉强，尤其是不要为了挽救目前的危机企业而冒险行事，以免愈陷愈深。

（4）水平式并购策略

此策略可以得到目标企业现成的生产技术，其产品的品牌及行销网络，往往更是公司的价值所在，所以可以激发并购方强烈的并购欲望。在市场竞争中，如果能将竞争对手予以并购，是消除市场竞争压力，提高企业自身市场地位的最有效策略。实施此策略，需要考虑并购价格及市场效益两互补因素的发挥程度。如果预期市场效益大，投资的回收期就短，就可以较高的价格予以并购，但是，实践中，经常有许多无法预期的因素会在并购后出现，使并购所需资金投入大大超过并购前的估计。

问答108　并购重组尽职调查的原则是什么？

并购重组尽职调查程序和关注点不尽相同，基本上遵循的原则是相通的。

（1）目标明确与重点突出原则

对标的企业实施尽职调查涉及的范围和程度需要综合考虑时间、人力和物力资源，根据自己的并购战略及目标，重点关注相关信息和资料，才能做到有的放矢。

（2）签订协议、严守秘密原则

尽职调查势必会涉及企业的大量商业秘密，而尽职调查作为企业并购的前期环节，并不能保证并购重组将成功进行到底。因此，保密原则在尽职调查的过程中显得尤为重要。

（3）客观公正、信息完整原则

尽职调查团队在搜集信息的过程中，应依据公司的投资理念和标准，一定要客观公正，不能带有个人主观看法，不能因个人情感因素扭曲事实，更不能为了迎合委托人的需要，大肆包装甚至扭曲事实；同时，搜集的信息还要尽量全面，不能有意取舍，不能以点带面，以偏概全。要努力发现信息之间的联系，尽可能地反映出真实的一面。

（4）亲临现场、实地考察原则

尽职调查团队不能仅依据纸面材料甚至道听途说的内容作出判断或出具结论性意见，而是一定要亲临目标企业现场，进行实地考察、访谈，亲身体验和感受。

（5）配合调查、提升效率的原则

很多时候，被调查的目标企业认为内部资料涉及商业机密，不愿意提供给调查者，其实这是不对的。因为尽职调查这一关键环节能否有效地进行关系到后面的并购能否成功，是双方加深了解的过程，目标企业积极配合调查，对双方都是有利的。当然，也不能完全没有原则地配合，一般会在签订意向书的时候，事先约定好披露范围。

（6）注重团队、以人为本原则

尽职调查团队对标的企业从技术、产品、市场、财务等方面进行全面考察的同时，还应重点注意对管理团队的创新能力、管理能力、诚信程度的评判。

问答109　并购重组尽职调查的主要流程有哪些？

（1）明确尽职调查目标

首先，根据企业并购战略规划及任务要求初步确定尽职调查的目标、范围。其次，需要考虑并购方式及交易特征。并购方式如资产并购或股权并购不同、并购标的价值不同、股权并购比例不同，决定了尽职调查的范围与程度不同。相较于股权并购，资产并购中尽职调查的范围与程度较小，可能考虑资产权属状况、权利来源、权属转移事项、税务负担等事项就已足够。反之，并购标的价值越高，股权并购中拥有标的公司股权比例越高，越是需要范围更广、程度更深的尽职调查。再次，需要考虑调查标的情况。调查标的规模、业务模式、规范运作程度不同，尽职调查需要的时间和工作量也会不同。

在充分考虑上述因素，确定尽职调查的目的、对象和范围后，方可开展尽职调查。随着交易的进展，某些交易的商业计划和交易结构可能会发生变化，客户的需要也可能会发生变化，导致尽职调查的对象和范围随之发生相应调整。

（2）初步调查明确关键点

明确了尽职调查目标后，应该根据本次调查涉及的相关事项进行调研、明确尽职调查关键点。针对调查对象业务类型、公司类型进行有针对性的产业政策、法律法规梳理，整理与交易事项有关的所有政策、规定及条款，明确尽职调查的重点和关键点就显得尤为重要。在这个过程中，建议就调查领域汇编产业业务、财务税收的政策、法规，并归纳主要政策和条款，这样一方面便于在项目进展中随时查阅相关资料；另一方面可以归纳总结调查中所需要关注的具体如财务、法律要点。

需要注意的是，进行调研、明确关键点可能会是一个不断重复的过程。随着尽职调查的开展，需要不断进行研究，完善或修改关键点。

（3）制定尽职调查计划

在明确关键事项后，可以拟定尽职调查计划，以期合理安排尽职调查时间，落实尽职调查重点事项，达到尽职调查目标。一份完善的尽职调查计划应包括尽职调查清单、尽职调查手段和方法、尽职调查注意事项等多方面的内容。

根据尽职调查计划，需拟定一份尽职调查清单，将所有与调查目标有关联性的事实逐条列明，并应包括尽职调查的重点事项。需要注意的是，不同种类的尽职调查清单模板往往并不适用于所有的公司，应该根据工作经验，结合调查对象的具体情况列出适用的清单。

尽职调查的方法和手段越丰富，调查者了解的内容越全面，越是能够做到审慎调查。尽职调查不仅限于收集事实材料，还应包括访谈、核查等多种手段。在尽职调查过程中，能否发现问题，通常取决于被调查方能否积极配合。在制定出尽职调查清单后，应及时将尽职调查清单发送给被调查方，提前与相关人员沟通，并给予被调查方合理的时间准备相关资料。针对访谈事项，应提前拟好访谈提纲，明确被访谈人员范围，以期获得被调查方的配合。

（4）落实尽职调查，进行调查分析

按照尽职调查计划予以落实，在尽职调查过程中，应根据尽职调查清单收集材料，并视情况随时调整尽职调查计划；最终，结合尽职调查了解的事实情况进行法律分析，得出尽职调查结论。

得出尽职调查结论后，应及时、完整地制作工作底稿并存档，避免丢失或对外泄露。

问答110　并购重组法律尽职调查的关注重点有哪些？

（1）目标企业设立及合法存续

关注目标企业设立是否经有权审批部门的批准（如需），股东是否适格，股东出资是否真实、充足等。

（2）企业股权结构

关注目标企业股权是否为交易对方合法拥有，是否可以自由转让，是否存在代持和职工持股会等情形。

（3）企业的业务经营

目标公司是否应依法成立，是否存在持续经营障碍等，关注其经营范围、经营方式、业务发展目标、业务变动情况，以及与业务经营相关的投资项目等。

（4）目标企业的资产状况

关注目标企业拥有的重要资产，包括但不限于土地使用权、房屋建筑物、主要生产经营设备、无形资产、对外投资等的权属是否清晰，是否存在任何权利限制等。

（5）重大债权债务情况

对目标企业重大债权债务情况，主要关注债权债务的内容、形成原因、是否存在纠纷或潜在纠纷、是否可能对标的企业的生产经营产生不利影响等，需要核查企业的各项重大合同形式和内容是否合法、合规、真实、有效，合同是否正常履行、是否存在任何潜在风险或纠纷，其他应收款、应付款是否因正常的生产经营活动发生等。

（6）企业的独立性

主要关注目标企业是否在业务、资产、人员、财务、机构等方面具备独立于控股股东及其他关联方的运营能力，以保证其在被并购重组之后能够持续稳健地生产经营。

（7）关联交易和同业竞争

重点关注目标企业的控股股东和其他关联方是否通过不正当的关联交易侵占标的企业利益，是否通过关联交易影响标的企业的独立性，是否因存在同业竞争而影响标的企业的盈利能力和持续经营能力等。

（8）规范运作和法律纠纷

对于目标企业的规范运作，需要核查目标企业是否按照法律法规的要求建立健全各项组织机构，以及该等机构是否能够有效运作。

对标的企业的法律纠纷情况，需要核查企业是否存在重大法律纠纷或潜在纠纷，了解该等纠纷处理的进展情况，是否会对企业的资产状况或持续经营造成重大不利影响等。

问答111　并购重组财务和税务尽职调查的关注重点有哪些？

（1）内部控制体系，会计政策和估计稳健性

如果目标企业财务内部控制体系不健全或未得到有效执行，或者会计基础工作薄弱或财务管理不规范，都可能导致财务报表失真，甚至可能出现财务风险和经营风险。

（2）主要财务指标、资产真实性及其价值

对于目标企业主要财务指标，主要关注标的企业的资产负债结构、周转情况、盈利能力相关的指标与同行业公司相比是否存在重大异常。

（3）企业债务及薪酬制度

对于目标企业的债务调查，一是通过查阅审计报告、查询银行账户信息及贷款卡信息和访谈相关人员等，了解目标企业的实际债务情况；二是通过查阅审计报告、担保合同、董事会决议、查询贷款卡信息等，核实目标企业是否存在对外担保责任，是否有因重大诉讼、仲裁及未决诉讼仲裁事项和产品质量情况等产生的或有或潜在债务。

对于目标企业薪酬政策，通过与公司管理层及人力资源部门负责人进行交谈、查阅公司薪酬考核文件和同地区同行业薪酬信息等。根据薪酬等因素综合考虑，如果实施并购，相关核心人员的去留安排是否将影响目标企业的持续经营能力。

（4）营业收入、税务与现金流

目标企业的营业收入主要关注收入确认标准、收入的变化趋势、质量及其集中程度等。

目标企业的税务主要关注标的企业执行的税种、税率是否符合法律、法规和规范性文件的要求，历年各项税款是否足额缴纳，享受的税收优惠是否有国家和地方政府文件的支持。

目标企业的现金流主要关注企业经营活动产生的现金流量净额是否与净利润匹配，目前的资金是否足以支持未来的资本性支出等。

（5）存货、营业成本与非经常性损益

主要关注期末存货盘存情况和在产品、发出商品等是否存在余额巨大等异常情况，判断是否存在应转未转成本的情况；结合毛利率指标分析最近几个年度的变化情况并判断未来变动趋势；与同行业企业进行比较分析时产品毛利率、影业利润率是否正常等。关注非经常性损益的来源及对当期利润的影响。

（6）关联交易及其披露

主要关注目标企业关联交易的必要性和合理性及价格的公允性，关注其控股股东、实际控制人或关联方资金往来情况和资金占用情况；标的企业是否存在关联交易非关联化等情形。

问答112　并购重组商业尽职调查的关注重点有哪些？

（1）宏观环境与市场情况

宏观环境方面，主要需要了解目标企业所在行业的主要宏观经济指标如GDP、固定资产投资总额、利率、汇率等变动的相关性和敏感程度，分析目标企业所在行业与其上下游行业的关联度、上下游行业的发展前景、上下游行业变动及变动趋势。

市场情况可以关注目标企业主要产品或服务的市场发展趋势，从供给和需求角度估算市场规模，分析客户购买标的企业主要产品或服务时所看重的关键因素，预测市场发展趋势的延续性和未来可能发生的变化。

（2）竞争环境与技术研发

在行业专家的协助下，分析目标企业所在市场的竞争环境和进入壁垒，预计替代产品产生的可能性和导致的竞争后果。

调查目标企业的研发模式和研发系统的设置和运行情况，分析是否存在良好的技术创新机制，是否能够满足目标企业和并购方公司未来发展的需要。

（3）业务流程和业绩分析

了解目标企业在各业务环节是否设置并有效执行了内部控制程序。通过分析企业如何通过业务流程创造最终产品或服务的附加价值或业务流程如何影响销售收入和利润，确定企业的核心竞争优势和业务流程可以改进的环节。

通过已获取的财务数据对目标企业的盈利能力、成本构成、资本结构和运营效率进行全面分析，从业务、产品、区域、客户等视角分析标的企业的业绩驱动因素。

商业尽职调查一般需要聘请技术咨询公司、行业协会、规划设计院等专业机构协助并购方企业对目标企业实施调查。

问答113　并购重组海外并购尽职调查的关注重点有哪些？

（1）目标企业所在国监管、政治及国有化风险

目标企业所在国家对外国投资的安全审查制度。国内企业在海外国家实施并购，特别是收购能源、军工、航空、电信等敏感性资产时应事先全面了解该国对外国投资的安全审查制度，并利用我国驻外使领馆和该国的专业机构提前做好沟通和公关工作。除此之外，并购也面临着由于缺乏对相关法律的熟悉了解所带来的风险。

国内企业在实施海外并购时，应充分了解标的企业所在国的国有化政策、历史上曾实施的国有化行为以及实施国有化对外国投资者的补偿标准。

目标企业所在国家的政治风险除来自政策方面外，还有其爆发武装冲突和社会动乱的风险，实施并购需要对目标企业所在国家的政治和社会环境进行详细的评估，根据评估结果建立防范社会动乱的内部机制，并应加强保护措施。

（2）核心资产及用工潜在风险

具有技术、渠道、品牌优势但暂时陷入经营困境的海外企业是国内企业实施并购的主要对象，在对此类企业实施尽职调查的过程中应重点关注其专利、外观设计、商标、特许经营权等核心资产的权属情况，是否存在因经营困难而设定的抵押和转让情况。

海外发达国家一般用工薪酬、福利制度比较优越，尽职调查除注意现存的薪酬和激励体系外，还应重点关注其是否存在暂时未在财务信息中体现的雇员福利和股权激励计划。

（3）基础设施及环保情况

在国外尤其是欠发达国家和地区的基础设施建设远远落后于我国，在对海外目标企业实施尽职调查的过程中，除目标企业本身外，与其生产经营相关的配套基础设施也应纳入调查范围。

海外发达国家环保标准和对环境污染的处罚措施较高，且环境问题更容易引发企业与周边居民的纠纷，国内企业在实施海外并购时，应当在充分了解该国环保法规和环保标准的前提下，对目标企业进行详尽的调查和了解，除关注标的企业现有的制度、环保设施和过去曾因环保问题引发的行政处罚和司法纠纷外，更应重点关注目标企业在收购完成后可能需要承担的环保成本，并将其作为投资决策和目标企业估值的重要依据。

（4）金融与文化风险、

海外并购，国际货币或资本市场存在极大的不确定性，给并购企业带来一定的风险，包括汇率风险和利率风险。尤其是金融危机下的美元的汇率和利率走势波动极大。

企业在海外并购过程中，由于双方母国、双方公司及个体文化环境因素的复杂性和差异性，所导致的文化误解、冲突有时会危及并购最终目标的实现，甚至可能导致企业经营活动失败。由于不同的文化直接影响企业决策和员工行为，因此跨文化管理已成为关系到跨国并购成败的重要因素。

（5）财务与整合风险

财务风险：一是定价风险；二是融资风险，除并购资金的筹集外，还要面临未体现在收购价中的债务风险；三是支付风险，用现金、股权、期权等方式支付，由于未来现金流大于支付额及未来现金流的不确定性均会导致风险。

多公司因缺乏协调与解决并购双方间差异与冲突的整合措施，将会造成并购战略失败与并购后经营业绩不佳。

由于各国的市场、法律、政治和社会环境千差万别，海外并购又涉及种种复杂的博弈过程，熟知所在国当地国情的专业机构如财务顾问、会计师、律师和咨询机构等可以帮助企业尽快了解目标企业所在国的政治、经济环境和市场规则，有效控制风险；但与此同时，境外的专业机构也各自有自己的立场和利益考虑，国内企业对其不应盲目相信，正确地辨别和选择很重要。

6.1.3　并购重组交易方案步骤、原则与内容

问答114　挂牌公司并购重组交易方案设计的步骤是什么？

新三板挂牌企业等并购重组涉及公司、交易对方、控股股东、中股东、监管机构等多方参与者的博弈，其中的交易对方可能还包括产业投资者和并购基金等利益诉求不同的多家机构。所以，并购交易方案的设计不仅需考虑的因素很多很复杂，而且是一个动态调整的过程，贯穿于公司产业并购的始终，并直接决定了并购重组交易的成败。履行设计和调整需要注意如下步骤：

首先，公司在获取目标资产初步信息后就应结合自身并购战略在财务顾问协助下拟定交易方案框架；

其次，在尽职调查完成后与对方谈判过程中进一步细化方案，并基本确定方案；

再次，应将基本确定的方案按照相关法律法规和规范性文件要求提交董事会、股东大会审议并履行信息披露义务；

最后，需要在推行的过程中，根据市场变化和监管机构审核要求的情况不断进行调整。

根据对过往新三板实践情况以及上市公司并购重组实践的总结，企业并购重组的交易方案框架大致包括企业并购重组交易的法律形式、会计方式、估值、定价、融资方式、支付方式和税收形式等。

问答115　挂牌公司并购重组交易方案设计的目的和原则是什么？

（1）目的

设计并购重组交易方案的目的就是在某种法律框架内确定未来交易双方在被收购企业中的地位、权利和责任，确定企业未来决定权的归属，进而降低交易风险，最终实现双赢。方案需要以尽可能少的条款涵盖所有可能发生的情况，满足并购重组交易各方目的，平衡交易各方的风险收益关系，同时还要适

应法律与税收环境。

（2）原则

并购重组交易方案所遵循的基本原则就是平衡原则，即：

① 在交易结构的复杂程度、交易风险与交易成本之间取得平衡，这是从交易方案的结构层面上来说的；

② 在交易双方的权利、义务与风险承担方面取得平衡，这是从当事人关系的层面上来讲的。

问答116　挂牌公司并购重组交易方案设计的内容是什么？

主要有如下 5 个方面的内容。

（1）法律形式与会计方法

挂牌公司并购重组的法律形式是指从法律的角度来识别并购交易所采取的形式。它是其他形式的综合体现，在选择了特定的法律形式的前提下，其他方式可能就没有了选择的余地。

挂牌公司并购重组交易有两种记账方法：购买法和权益结合法。购买法将企业合并视为一项购买活动，即认为这一交易与购买方企业通过一次交换方式购买目标方企业的固定资产或存货的形式或状况并无本质区别。权益结合法是指两个或两个以上的企业联合在一起，以达到持续各自经营活动及运营目的。这是将企业合并视为权益的结合体来理解和操作的。

我国新会计准则规定，同一控制下的企业并购须采用类似权益结合法的方式进行会计处理，而非同一控制下的企业并购须采用购买法进行会计处理。

（2）估值与定价

挂牌公司并购重组的估值就是并购交易双方确定目标企业的最终产权转让价格的过程，它是并购财务决策中最关键的问题，直接关系到并购重组双方的利益。一般来说，并购重组的估值方法有重置成本法、清算价值法、现金流贴现法、未来收益法、市盈率（P/E）估值法和经济附加值法（EVA）等。

挂牌公司并购重组的的价格除了目标企业自身的价值以外，还包括目标企业相对于出价公司的附加价值，即并购溢价。并购溢价主要包括资产的升水、预期协同效应、增长期权以及并购者之间的竞争抬高购置价格等。

实践中，企业在完成对目标企业的价值评估和并购溢价估算之后，常容易忽略一些诸如并购后运营成本等细节问题，这些问题因素主要包括并购成本及并购后公司的运行成本、改进和扩大业务的成本等内容。

（3）融资与支付

挂牌公司并购重组中，能否及时、足额、低成本地筹措到并购所需资金，并将其合理地实现支付，以顺利完成并购重组的法律程序，是并购重组成功的关键所在。公众公司的并购重组的融资与企业普通的融资一样，可以分为权益性融资、债务融资和混合融资三大类，其中比较特殊的有卖方融资、过桥贷款等融资方式。

一般来说，挂牌公司并购重组的支付方式有现金支付、股票支付和混合支付三种形式。

以上这三种支付方式，各有利弊：用现金支付减少了出售方的不确定性但增加了税收影响，同时对并购方来说压力比较大，特别是现金流不充裕的情况下；用股票支付使出售方的实际收入取决于股票所属公司的经营表现，但此时收购方财务压力较小并且出售方避免了即时纳税；混合收购则兼有两种方式的优点。

（4）税收形式

并购交易一般可以分为应税交易和免税交易两种。一项并购交易是否应税，原则上取决于并购的支付方式。如果并购方以现金或债务工具等货币性方式进行并购的，一般目标公司应就其所得纳税；如果并购方以自己或母公司的股票等非货币性方式支付的，只要符合相关规定就构成免税并购交易。

（5）过渡期安排及其他事项

在目标资产将被并购重组的过渡期内，目标资产因损益等因素导致的净资产变化、人员变化、资产变化和业务变化将对并购重组预期效果能否顺利实现产生较重要影响，挂牌公司应该在并购重组交易方案中做出恰当的安排。

6.1.4 资产评估、支付方式与过渡期安排

问答117 并购重组所涉资产评估的基本方法是什么？

资产评估是挂牌公司特别是上市公司并购重组长期以来通用的估值方法，目前国内已经建立起较完善的资产评估准则体系，即便是未来，估计资产评估依然会是并购重组中确定交易价格的主要依据。依据财政部下发的《资产评估准则——基本准则》，资产价值评估的基本方法主要包括三大类：

第一类为收益法，如现金流折现法、股利折现法等；

第二类为资产基础法，又称成本法；

第三类为市场法，如可比交易法、可比公司法等，在证券投资分析领域，主要采用乘数法、PE 估值法、PS 估值法、托宾 Q 估值法、PB 估值法、EV/EBITDA 估值法等。

问答118　资产评估三种基本方法的基本原理与要素是什么？

资产评估三种评估方法的基本原理和要素参见 6-5。

表 6-5　挂牌企业并购重组目标资产定价参考的评估方法比较

类别	市场法	收益法	成本法（资产基础法）
基本含义	利用市场上同类或类似资产的近期交易价格，经过直接比较或类比分析以估测资产价值的各种评估技术方法的总称	通过估测被评估资产未来预期收益的现值来判断资产价值的各种评估方法的总称	首先估测被评估资产的重置成本，然后估测被评估资产已存在的各种贬值的因素，并将其从重置成本中予以扣除而得到被评估资产价值的各种评估方法的总称
前提条件	1. 有一个活跃和充分发育的公开市场；2. 公开市场上要有可参照比对的资产及其交易活；3. 与参照物资产可供比较的相关指标和技术参数能够搜集并能在价值形态上量化	1. 被评估资产的未来预期收益可以预测并可以用货币衡量；2. 资产所用者获得预期收益所承担的风险也可以预测并可以用货币衡量；3. 被评估资产预期收益时间可以预测	1. 被评估资产处于继续使用状态或被假定处于继续使用状态；2. 应当具备可利用的历史资料。同时现时资产与历史资产具有相同性或可比性；3. 形成资产价值的耗费是必需的
关键指标	参照物资产的业务特点和财务特点；被评估资产的盈利、收入、净资产、资本结构等	收益期、预测期、未来收益、折现率、预测期后的价值	被评估资产的历史成本、现行市价和成新率
基本公式	$V=N\times Pi$，其中 N：比较实力价值；Pi：修正参数，i=1、2……	$V=\sum_{i=1}^{n}\frac{Ri}{(1+r)i}$ 其中，R：净收益；n：收益期数；r：折现率	$V=N-M$，其中 N：重置成本；M：价值减损
基本程序	1. 选择参照物；2. 在评估对象和参照物之间选择比较因素；3. 指标对比、量化差异；4. 在各参照物成交价格的基础上调整已经量化的对比指标差异，形成初步评估结果；5. 综合分析，确定评估结果	1. 搜集并验证与评估对象未来预期收益有关的数据资料；2. 分析测算被评估对象未来预期收益；3. 确定折现率或资本化率；4. 用折现率或资本化率将评估对象未来预期折算成现值；5. 分析确定评估结果	1. 估测被评估对象的重置成本； 2. 然后估测被评估对象已存在的各种贬值因素； 3. 将各种贬值因素从重置成本中予以扣除，得出评估结果
适用行业	实践中，多集中在金融行业对目标资产的评估与定价	在轻资产公司、高新技术公司，在文化、影视、传播文化与社会服务等轻资产行业中适用比例较高	普遍适用，且不受持续经营条件的约束，多涉及一个仅进行投资或拥有不动产的评估企业，以及被评估资产的假设前提条件是非持续经营的

问答119 并购重组支付方式主要有哪些？

主要有5种支付方式：

（1）自有资金支付

用企业自有资金支付并购重组对价是并购中最为常见的支付方式。所谓自有资金支付，就是用现金置换目标公司的资产或股权以达到收购目标公司的部分或全部控制权的目的。用自有资金支付全部并购对价主要发生在收购方货币资金较多、变现能力较强、交易规模相对较小的情况下。在多数情况下，并购对价是用现金与证券相结合的方式支付的。

好处就是简单快速，可以保持收购方股权结构不变，且可以降低目标公司股东的风险，缺点就是营运资金压力大。

（2）发行股份

发行股份收购目标资产是另一种较为常见的并购重组支付方式。这种支付方式可使公众公司避免自有资金支付对价造成的流动性压力，但是，势必增加收购方股本，影响股权结构，从而稀释收购方原股东权益，特别是降低了公司原控股股东的控股比例，使其控制权受到一定的影响。另外，股票价格的波动性将会导致股份购买资产成本的不确定性。

一般有发行股份支付全部对价、发行股份及用自有资金支付对价和发行股份及募集配套资金支付对价。

（3）发行优先股支付

除发行普通股外，挂牌公司还可发行优先股作为支付手段。优先股是指在一般规定的普通种类股份之外，另行规定的其他种类股份，其股份持有人优先于普通股股东分配公司利润和剩余财产，但参与公司决策管理等权利受到限制。

（4）贷款支付

并购贷款，是指商业银行向并购方或其子公司发放的，用于支付并购交易价款的贷款。按规定，并购的资金来源中并购贷款所占比例不应高于50%，并购贷款期限一般不超过5年。因此，与其他并购对价支付手段相比较，并购贷款的长期性有利于并购方从长期战略规划考虑，作出长远的并购安排，也有利于减轻并购方的财务压力与现金流压力。

（5）私募债支付

并购重组私募债券，是指在中国境内注册的公司制法人为开展并购重组活动，在中国境内发行和转让，约定在一定期限还本付息的公司债券。

根据《并购私募试点办法》规定，在报价系统发行并购重组私募债券，应当符合四项条件。一是发行人是中国境内注册的有限责任公司或股份有限公司，暂不包括沪深交易所上市公司；二是募集资金用于支持并购重组活动，包括但不限于支付并购重组款项、偿还并购重组贷款等；三是发行利率不得超过同期银行贷款基准利率的 4 倍；四是中国证监会、证券业协会规定的其他条件。试点初期，证券业协会重点支持符合国家政策导向的重点行业公司发行并购重组私募债券。

采取私募的方式发行债券，不仅可以拓展并购重组资金的渠道，而且与并购重组的保密性等因素正好契合。

问答120　挂牌公司并购重组过渡期安排

新三板挂牌公司初步确定启动某并购项目后，需经历停牌（挂牌公司）、审计评估、董事会审议、股东大会通过、全国股份转让系统备案（或证监会审核登记）、资产交割等多个环节才能实施完成，在此期间（过渡期）目标资产发生的变化，包括因损益等因素导致的净资产变化、人员变化、资产变化和业务变化，将对并购重组预期效果能否顺利实现产生较重要影响，公众公司应该慎重考虑并购重组交易方案中过渡期安排的问题。

过渡期安排的核心是过渡期损益，即目标公司在过渡期内经营产生的损益按收购的股权比例计算的部分的归属，这也是交易方案和协议中的必备条款。在过渡期内，目标公司的经营活动会产生损益（盈利或亏损），其归属关系到各方利益，实践中，过渡期损益的归属通常为公众公司与交易对方谈判的结果，谈判会考虑到收益均衡、倾向保护、合同执行与合理性等因素。

过渡期损益通常有归属于股权转让方、归属于股权购买方和由不同方承担三种安排。但是，针对资产评估三种方法，即市场法、成本法和权益法来说，由于每种评估方法对于确定评估基准日目标资产股权价值的原则不同，因而对过渡期权益归属也有影响。

具体来说：

在市场法下，过渡期损益的归属应由股权转让双方协商确定，原因在于，由于目标资产评估价格是按照市场价值规律确定的，过渡期估值的变动主要受市场供求关系的影响，并不受过渡期损益的影响。并购双方对于交易作价的谈判在市场法估值的基础上应该更多地考虑未来市场价格的变化，过渡期发生的市场价格的变化并不反映到相关财务报表上。

在成本法下，过渡期损益应归属于转让方，原因在于，由于在过渡期，目标公司是由交易对方实际控制的，其重大经营决策由转让方作出，并购方不拥有控制权，也不承担经营责任，不应承担过渡期经营的风险和收益，过渡期损益也未包括在评估基准日标的资产价值内，收购方没有付出相应对价。

在收益法下，收益法评估对象价值具有不变性，过渡期损益应该属于股权购买方，这是因为，收益法会确定一个收益期，通常为评估基准日到未来的几年内，由于过渡期包含在收益期内，在评估标的资产基准日的公允价值时，过渡期损益已经考虑了预期收益内进行折现，即收购方付出的股权对价已经包括了过渡期损益。实践中，大部分并购重组采用收益法进行评估。

除此之外，过渡期安排还需要对在此期间相关的资产、人员和业务的稳定性等作出安排，采取措施。

6.2 典型实战8例

6.2.1 横向并购

案例071 收购新兴制药强化健康产业（科新生物）

2015 年 4 月 4 日，上海科新生物技术股份有限公司（科新生物 430175）公告，以现金 1.02 亿收购北京金豪制药股份有限公司（以下简称金豪制药）85%的股权，其中，股东曹健荣持有金豪制药的 50.07%股份，股东张誌持有金豪制药的 34.93%股份。收购后金豪制药将成为控股子公司。解读如下：

（1）交易构成重大资产重组

本次交易，科新生物以现金方式购买金豪制药 85%股份。根据众华会计师事务所（特殊普通合伙）出具的众会字（2014）第 2232 号《审计报告》，公司 2013 年期末经审计总资产为 98,055,847.67 元；本次交易金豪制药 85%股份经协商确定的成交金额为 102,000,000.00 元，高于公司 2013 年期末经审计总资产的 50%，根据《重组办法》的规定，本次交易构成重大资产重组。

（2）交易不构成关联交易

根据披露资料判断，本次交易的交易对方张誌、曹健荣与本公司均不存在关联关系，公司本次交易不构成关联交易。

（3）并购原因与作用

科新生物与标的公司均为从事体外诊断试剂的研发、生产和销售企业；本次交易符合公司业务发展的战略需要；公司与本次并购的标的公司在原料供应、产业化、项目管理及销售渠道方面可产生较强的协同效应。

通过本次交易，公司将进一步扩大业务领域，改善产品结构和客户结构，并将充分发挥和金豪制药的协同效应，提升市场竞争能力，扩大市场份额，推动公司主营业务的发展。同时，公司生产及研发基地得到了快速拓展，资产结构得到进一步优化，公司的品牌和形象得到有效提升。

（4）意义和前景

科兴生物的此次收购事件是新三板众多医药健康企业做大做强的表现，目前健康行业板块非常火热，各个企业急于在市场抢先份额，大动作布局，瞄准国家政策的利好和行业机遇，此次科兴生物花费如此大的金额进行收购，可见其战略布局的雄心和行业的火热。

此次并购属于横向并购，科兴生物主要从事生物药物、新型诊断试剂的研发、生产、销售和技术服务，而金豪制药主要从事制造体外诊断试剂，从事技术的开发、咨询与销售等，两者的业务相类似，互为补强，共享技术。能加强在体外诊断试剂方面的市场份额，增强在这方面的竞争力，难处是是否快速使被并购方摆脱一直亏损的状态，快速把研发成果转换投放市场。

案例072　换股吸收合并的重大资产重组（君实生物）

2015 年 7 月 10 日上海众合医药科技股份有限公司（众合医药 430598）公布董事会决议，称众合医药将被上海君实生物医药科技股份有限公司（君实生物 833330）换股吸收合并，而彼时君实生物还没在新三板挂牌，当然此次合并方案成功实施的条件之一就是君实生物在全国股份转让系统挂牌并公开转让的申请获得全国股份转让系统审查通过。君实生物也如愿以偿在 7 月 31 日成功挂牌转让。君实生物于 12 月 18 日发行 7,350,000 股股票，全部用于吸收合并众合医药。参考众合医药 2014 年年末每股净资产，确定众合医药本次换股价格为 1.30 元/股。在此基础上，确定君实生物换股发行价格为 25.90 元/股。本次换股吸收合并的换股比例为 1:19.87，即换股股东所持有的每 19.87 股众合医药普通股股票可以换得 1 股君实生物本次发行的普通股股票。换股吸收合并后，众合医药法人资格注销，所有资产、负债、人员和在研项目均进入君实生物，研发人员和研发项目均保留并正常开展，公司经营和研发层面不受影响。众合医药终止挂牌并注销其法人资格。其换股吸收方案主要内容参见表 6-6。

表 6-6 君实生物发行股份换股吸收合并众合医药方案内容

交易方式	君实生物向众合医药全体股东发行股份换股吸收合并众合医药
发行股份、面值、价格和数量	君实生物本次发行人民币普通股，面值1元/股，价格为每股25.90元，共735万股股票，全部用于吸收合并众合医药
发行对象	本次发行股票的发行对象为众合医药全体股东
换股价格及换股比例	众合医药换股价格：1.303,408,933元/股。 换股比例：换股比例=众合医药的换股价格/君实生物的发行价格。本次换股吸收合并的换股比例为 0.050,317,983:1，即换股股东所持有的每 1 股众合医药普通股股票可以换得0.050,317,983股君实生物本次发行的普通股股票
注销	吸收合并完成后，众合医药法人主体注销

投资方君实医药是一家以开发治疗性抗体为主的研发型高科技公司。公司由多名毕业于美国知名学府，有着丰富的科技成果转化及产业化经验的留学人员创办，专注于创新单克隆抗体药物和其他治疗性蛋白药物的研发与产业化。公司自成立以来瞄准国际抗体技术研发的前沿进展，通过广泛的国内外技术合作，着力研发条件、研发团队和技术平台的建设，已搭建国内一流创新人源化抗体药物产品研究开发技术平台。该平台涵盖分子抗体药物筛选、高产稳定CHO 细胞株的构建及治疗性抗体分析检测在内的多个核心技术。目前在研产品十余种，主要覆盖肿瘤、心血管疾病和骨质疏松等领域。

标的方众合医药是一家专业从事创新抗体药物研发和产业化的高科技医药企业，位于上海张江药谷，实验场所近千平方米，各种研发设备齐全。公司由长期从事生物技术药物包括重组制品、疫苗和单克隆抗体药物研发和产业化的国内外专业技术团队创建，核心团队先后主持完成了多个新生物制品的研发和产业化，积累了丰富的经验，公司成立后创建了涵盖抗体药物开发全流程的五大技术平台："抗体发现及筛选技术平台"、"抗体人源化和亲和力成熟技术平台"、"高表达细胞株构建技术平台"、"哺乳动物细胞规模化培养技术平台"和"抗体药物质量研究技术平台"，其中"抗体人源化和亲和力成熟技术平台"于2010年获得国家"十二五"重大新药创制专项资助。

并购解读如下：

（1）构成重大资产重组

本次合并中，合并任何一方2015年4月30日经审计的合并财务会计报告期末资产总额均占另一方2014年年末经审计的资产总额的比例50%以上，按照《重组管理办法》第二条的规定，本次合并对合并双方均构成重大资产重组。

（2）构成关联交易

本次换股吸收合并的合并方君实生物和被合并方众合医药存在的主要关联关系如下：

一是两家公司的实际控制人均为熊凤祥、熊俊父子，熊俊同时担任君实生物董事长，担任众合医药董事长兼总经理。二是汤毅先生同时在两家公司担任董事，其配偶王山鹰女士直接持有众合医药 681.47 万股；其担任执行事务合伙人的苏州瑞源盛本生物医药管理合伙企业（有限合伙）持有君实生物 272.40 万股。三是周华先生在众合医药担任董事、副总经理、财务总监、董事会秘书，其配偶吴军女士持有君实生物 53.80 万股；四是张卓兵先生在众合医药担任董事、副总经理，其配偶刘小玲女士持有君实生物 53.80 万股；五是陈翔先生在众合医药担任监事会主席，其能够实施重大影响的企业上海日章投资管理有限公司为君实生物股东上海盈定投资管理合伙企业（有限合伙）的执行事务合伙人，上海盈定投资管理合伙企业（有限合伙）持有君实生物 3.50 万股。

因此，本交易构成关联交易。

（3）作用和前景

此次吸收合并也是新三板市场上最彪悍的重组，新三板企业首次被吸收合并后退市，也是两个新三板企业之间的重组。而之前众合医药一直处于亏损的状态，同样君实生物也是处于亏损状态，两者抱团取暖，完美结合。

众合医药虽然处于亏损状态，由于没有银行长期借款和其他借款，这对君实生物来说也是减轻了负担。众合医药没有土地、房产，相信合并的进程将会更快。目前，两家公司很多技术都处于研发阶段，合并后将会整合两家公司的专利技术，增强竞争力，扩大业务范围，做大做强主营业务。

6.2.2　纵向并购

案例073　打造智能工厂全产业链的并购（华索科技4）

北京华索科技股份有限公司（以下简称华索科技）董事会于 2016 年 3 月 1 日发布公告称，公司拟以现金增资及股权收购的方式收购河南省中瑞机器人科技有限公司 60%股份。

（1）事件简况

① 交易对手方和标的

交易对手方河南省中瑞机器人科技有限公司，注册地及办公地点为长葛市魏武路南段某地，法定代表人为吕国建，注册资本为人民币1,000,000.00元，营业执照号为***，主营业务为工业机器人、自动生产线、超精密减速机、高端制造装备、数控控制系统的技术研发、技术应用和销售。

标的情况如下。

名称：河南省中瑞机器人科技有限公司60%股权，标的所在地：河南省长葛市。

② 交易协议主要内容

公司拟以现金增资及股权收购的方式收购河南省中瑞机器人科技有限公司60%股份。本次收购价格为2000万元人民币。其中1000万元为现金增资，另外1000万元现金用于收购中瑞机器人原股东吕国建的部分股权，并同意部分现金由吕国建用于购买华索科技定向增发股票，定增价格不高于投资协议生效日华索科技股价的85%折价，具体金额由正式收购合同约定。

交易定价依据：本次交易的定价为双方协商。

时间安排：协议约定标的的交付时间为:本协议各方同意，在华索科技完成尽职调查、获得内部决策机关对于本协议项下的批准、并以书面形式通知双方公司后，本协议对协议各方具有法律约束力，协议各方应签署与本协议实质内容相同的正式收购协议及其补充协议，除非经双方协商一致，不得在正式收购协议中对本协议进行实质性的违反。

本次收购价格为2000万元人民币。其中1000万元为现金增资。

审计出具无保留意见的审计报告、评估师出具评估报告、律师出具法律意见书后即行支付，同时办理工商变更。其余1000万元由华索科技支付给吕国建，部分由吕国建用于购买华索科技定向增发股票，定增价格不高于投资协议生效日华索股价的85%折价，具体金额由正式收购合同中约定。股票根据业绩承诺实现情况，自2017年开始每年审计后分期分批解限。

（2）收购解读

① 定性、程序及合规

a）定性和利益

本次交易不构成重大资产重组，不存在关联交易。

交易对方与挂牌公司、挂牌公司控股股东或实际控制人不存在关联关系。在产权、业务、资产、债权债务、人员等方面不存在可能或已经造成挂牌公司对其利益倾斜的关系。

b）履行程序

公司第二届董事会第四次会议审议并通过。交易生效需要的其他审批及有关程序如下：

本协议各方同意，在华索科技完成尽职调查、获得内部决策机关对于本协议项下的批准、并以书面形式通知双方公司后，本协议对协议各方具有法律约束力，协议各方应签署与本协议实质内容相同的正式收购协议及其补充协议，除非经双方协商一致，不得在正式收购协议中对本协议进行实质性的违反。

本次收购价格为 2000 万元人民币。其中 1000 万元为现金增资。审计出具无保留意见的审计报告、评估师出具评估报告、律师出具法律意见书后即行支付，同时办理工商变更。其余 1000 万元由华索科技支付给吕国建，部分由吕国建用于购买华索科技定向增发股票，定增价格不高于投资协议生效日华索股价的 85%折价，具体金额由正式收购合同中约定。股票根据业绩承诺实现情况，自 2017 年开始每年审计后分期分批解限。

② 对公司影响

本次资产收购是公司战略发展的规划，对于打造数字化、节能环保型的智能工厂的全产业链服务具有良好影响。

案例074　三维数字与3D 打印股权并购（先临三维）

2015 年 6 月 1 日，杭州先临三维科技股份有限公司（先临三维 830978）发布公告称，公司拟收购北京天远三维科技有限公司（以下简称天远三维）55%的股权，目前已经与天远三维全体股东李仁举、叶成蔚签订了《股权收购意向书》。公司本次向标的公司增资人民币 1500 万元，同时向李仁举、叶成蔚发行 275 万股公司股票，取得标的公司 55%的股权。同时与李仁举、叶成蔚进行 2015 年—2017 年业绩对赌，收购整合后的标的公司 2015 年—2017 年经审计后的净利润目标为 400 万、800 万、1500 万，公司同意如收购整合后的标的公司，2015 年—2017 年如当年实现的经审计的净利润超过净利润目标的 80%（含），则公司同意下一年支付李仁举、叶成蔚 500 万元（三年最多为 1500 万元）。

（1）标的方基本情况

天远三维成立于 2002 年 12 月 26 日，注册地北京市，为国内最早从事工业级非接触三维光学数字化测量技术的企业，在国内工业三维光学数字化测量领域具有领先的技术和广泛的客户应用。天远三维为国内技术实力最强、销售规模最大的工业三维扫描解决方案提供商之一，为国家白光三维测量系统行业标准的主要起草单位之一。公司为国家白光三维测量系统行业标准的第一起草单位，双方拟进行强强联合，通过股权合作与业务整合，由天远三维统一进行相应产品的研发、推广和服务。联合将天远三维打造成国内工业级非接触三维光学数字化测量领域技术实力最强、销售规模最大的企业。天远三维总经理李仁举，男，1979年出生，清华大学学士、硕士，北京大学博士，持有天远三维60%股权，天远三维董事长、技术总监。叶成蔚，男，1973年出生，持有天远三维40%股权。

（2）并购解读

① 定性与程序

a）根据先临三维资产及净资产及本次收购标的购买金额等情况，结合中国证监会颁发的《非上市公众公司收购管理办法》《非上市公众公司重大重组管理办法》及全国股份转让系统制定的相关细则等制度规则，判定此次收购目的只在获得控股权，不构成重大资产重组事项。

b）此次收购事项内部程序需履行董事会决议，按照《公司章程》判定是否履行要股东大会审议通过便可。对外需要按照有关规定，履行相应的审批程序，并依法履行信息披露义务。

c）先临三维与交易对方、交易标的之间不存在关联关系。

② 股价波动情况

本次收购完成后，目前先临三维市盈率为145，对应的行业平均市盈率（剔除负值和离群值）为57.68，相对于行业估值偏高。

③ 目的、影响及意义

通过本次收购，将进一步完善和充实先临三维的三维数字化与3D打印技术生态系统，提升公司的盈利能力，大大提升公司在三维数字化测量领域的技术实力和销售规模。结合公司之前对北京易加三维科技有限公司的收购与乐道战略材料有限公司的合作，以及公司工业三维数字化和工业光固化3D打印技术及装备的研发和在全国各地开设的3D打印服务中心，公司将形成涵盖工业三维扫描、工业3D打印、工业3D打印材料、工业3D数字化和3D打印服务等的完整的工业领域3D数字化与3D打印产业链和生态系统。

此收购，从行业前瞻性、企业战略布局以及业务市场的拓展具有重要的意义，不过，对于具体的整合及其整合后的效益表现还需要时间来检验。

6.2.3　混合并购

案例075　创意企业跨领域收购百货贸易股权（中创发）

湖州市中杰创意产业发展股份有限公司于 2016 年 2 月 2 日发布公告称，公司拟以现金方式收购湖州震远同食品有限公司持有的湖州远同天下湖品百货贸易有限公司 49%的股权。交易价格为人民币 220,914.97 元。

（1）标的与支付、定价与时间

① 交易标的简况

标的名称：远同天下 49%的股权

标的类别：股权类资产

标的所在地：湖州市

股权类资产信息说明如下。

成立时间：2014 年 7 月 29 日；法定代表人：沈晓红；注册资本：100 万；股权结构：湖州天下湖品旅游商品购物中心有限公司持有远同天下 51%股权，湖州震远同食品有限公司持有远同天下 49%股权；经营范围：零售；预包装食品兼散装食品（食品流通许可证有效期至 2017 年 07 月 17 日）；工艺品、纺织品、文具零售；票务代理（不含航空）（依法须经批准的项目，经相关部门批准后方可开展经营活动）。

② 交易支付、定价及时间

a）交易支付方式：协议签署之日起 10 日内，湖州市中杰创意产业发展股份有限公司向湖州震远同食品有限公司一次性支付股权转让款 220,914.97 元。

b）本次交易的定价依据为湖州恒生资产评估有限公司出具的《资产评估报告》（湖恒评报字[2016]第 004 号），截至 2015 年 11 月 30 日，远同天下的净资产为 450,846.87 元。双方以经评估的净资产作为基准，确定远同天下 49%的股权转让价格为人民币 220,914.97 元。

c）协议约定标的的交付时间为股权转让协议生效之日，过户时间以工商行政部门规章为准。

（2）收购解读

① 定性及程序

a）定性及利益

本次收购事项不构成重大资产重组。

交易对方与挂牌公司、挂牌公司控股股东或实际控制人不存在关联关系。

在产权、业务、资产、债权债务、人员等方面不存在可能或已经造成挂牌公司对其利益倾斜的关系。

b）履行程序

内部审议和表决情况：公司于2016年2月1日召开的第一届董事会第七次会议，审议通过了《关于收购湖州远同天下湖品百货贸易有限公司49%股权的议案》。根据《公司章程》的规定，本次投资事项在董事会通过后，无须提交股东大会审批。

交易生效需要的其他审批及有关程序：本次收购不需要经过政府有关部门批准，截至目前不存在尚未完成的审批程序，不存在重大法律障碍。

② 标的资产权属

该交易标的的产权清晰，不存在抵押、质押及其他任何限制转让的情况，未涉及诉讼、仲裁事项或查封、冻结等司法措施，不存在妨碍权属转移的其他情况。

③ 对公司影响

本次股权转让交易完成后，进一步增强公司的综合竞争实力，扩大业务范围，对公司经营业绩将产生持续积极影响。

案例076　广告媒体业务线上线下多元化并购（齐顺科技）

苏州齐顺信息科技股份有限公司于2016年1月14日公告称，公司拟受让苏州嘉奇达飞网络科技有限公司（以下简称“嘉奇达飞”）股东的股权。具体股权结构：傅伟持有嘉奇达飞的60%的股权，储佩垚持有嘉奇达飞的40%的股权。鉴于原股东尚未实缴资本金，本次收购股权的交易价格为零元。

（1）事件简况

① 交易标的情况

标的名称：傅伟、储佩垚分别持有苏州嘉奇达飞网络科技有限公司60%和40%股权

标的类别：股权资产

标的所在地：苏州高新区通安镇

股权类资产信息说明：苏州嘉奇达飞网络科技有限公司股东人数为2人，傅伟、储佩垚；傅伟持有60%的股权，储佩垚持有40%的股权。主要业务：软件设计与开发、销售，并提供相关技术咨询、技术转让、技术服务；游戏开发；企业信息化服务；网站设计与开发；商户及会员营销系统的开发、设计、管理；网页制作；网上贸易代理；通信系统开发集成、自动化控制系统开发与集成；承接自动化工程；市场营销活动组织、咨询、策划；通信产品及网络终端产品

的销售并提供相应技术服务；提供软件系统的安装、维修及咨询服务。注册资本为 500 万元。设立时间：2015 年 12 月 25 日。住所：苏州高新区通安镇。截至本公告出具之日，傅伟、储佩垚分别持有 60%和 40%的股权。

② 交易的主要内容

a）本次收购的交易价格为零元，协议生效条件：公司注册登记完成变更；生效时间：公司注册登记完成变更后。

b）本次交易的定价依据为双方协商定价。

c）标的的交付时间为 2016 年 2 月底前，过户时间为 2016 年 2 月底前。

（2）并购解读

① 定性、程序与合规

a）本次收购事项不构成关联交易，也不构成重大资产重组。交易对方与挂牌公司、挂牌公司控股股东或实际控制人不存在关联关系。在产权、业务、资产、债权债务、人员等方面不存在可能或已经造成挂牌公司对其利益倾斜的关系。

b）审议和表决情况。公司于 2016 年 1 月 12 日召开第一届董事会第七次会议，审议通过了《向自然人傅伟、储佩垚收购苏州嘉奇达飞网络科技有限公司 100%股权的决议》。根据《公司章程》《对外投资管理制度》的规定，本次对外投资金额在公司董事会审议权限之内，无须提交股东大会审议。

c）标的资产权属

傅伟、储佩垚分别持有的苏州嘉奇达飞网络科技有限公司 60%和 40%的股权不存在抵押、质押及其他任何限制转让的情况，不存在涉及诉讼、仲裁事项或查封、冻结等司法措施及妨碍权属转移的其他情况。

② 意义和影响

通过本次对外投资，公司将持有嘉奇达飞 100%的股权。本次对外投资，将整合公司现有的线上支付资源与嘉奇达飞线下的网点资源，有利于公司从线上支付到 O2O 转型，线上支付、广告媒体业务的多元化发展，增强公司的综合实力和盈利能力，对公司未来的业绩增长产生积极的作用。

6.2.4　境外并购重组

案例077　收购境外公司以拓展国际市场（红旗民爆）

2016 年 2 月 22 日，新三板挂牌公司红旗民爆（833480）公告称，公司于

2016年2月18日召开2016年第一次临时股东大会，审议通过了《关于以现金方式收购境外公司股权的议案。同意公司以评估结果为依据，以4000万元人民币的价格购买安徽光大矿业投资有限公司持有的吉尔吉斯共和国吉中合资萨硫特爆破有限公司55%股权。

（1）事件简况

① 标的简况

a）出资方式。本次对外投资的出资方式为货币出资，资金来源为公司的自有资金。

b）交易标的基本情况。吉中合资萨硫特爆破有限责任公司，注册地吉尔吉斯斯坦，主要经营生产和销售爆破物料、石油射孔弹、勘探震源药柱、烟花等，承担爆破工程，进出口爆炸物品。该公司的股权结构如下：安徽光大矿业投资有限公司（中国企业，法定代表人为中国公民张道福）占60%股份；斯特尔集团（STER GROUP）有限责任公司占5%为吉国企业。其他自然人为中国公民张道福、钟志宏分别占19%和16%的股份。

股　东	持股比例	备　注
安徽光大矿业投资有限公司	60%	中国企业，法定代表人为中华人民共和国公民张道福
斯特尔集团（STER GROUP）有限责任公司	5%	吉国企业
张道福	19%	中华人民共和国公民
钟志宏	16%	中华人民共和国公民

本次股权转让后，吉尔吉斯共和国吉中合资萨硫特爆破有限公司的股权结构发生变化：

陕西红旗民爆集团股份有限公司55%，安徽光大矿业投资有限公司5%，斯特尔集团（STERGROUP）有限责任公司5%，其他两自然人不变。

② 交易标的资产权属

标的资产产权清晰，不存在抵押、质押、其他任何限制转让和妨碍权属转移的情况，也不涉及诉讼、仲裁事项或查封、冻结等司法措施。

③ 协议主要内容

a）交易协议主要内容

红旗民爆将以人民币4,000万元现金的总价格向安徽光大购买其依法持有的标的股权，具体支付方式如下：本协议签订后5个工作日内红旗民爆向安徽光大支付股权转让款4,000万元人民币，安徽光大承诺，在收到红旗民爆支付的 4000 万元股权转让款后，不超过 4 个月，保证萨硫特公司炸药生产线建设完成并达到生产条件。届时，安徽光大需提供不少于 500 万元人民币或等值货币的流动资金用于生产经营；且萨硫特公司账务清晰，除经审计确定外，无任何其他债务及或有债务事项。安徽光大应在红旗民爆按上述约定支付了 4000 万元股权转让款后 30 日内，协助红旗民爆在吉尔吉斯共和国办理完成萨硫特公司股权过户至红旗民爆的变更登记手续。本次购买股权完成后，红旗民爆将直接持有萨硫特公司 55%股权。

b）交易定价依据

本次交易的定价依据为亚洲评价有限责任公司出具的“中吉合资 SALUTECOMPANY 有限责任公司 60%资本资产的市场价评价报告”。协议约定标的的交付时间为安徽光大应在红旗民爆支付了股权转让款后 30 日内，协助红旗民爆在吉尔吉斯共和国办理完成萨硫特公司股权过户至红旗民爆的变更登记手续。

（2）收购解读

① 定性、程序和合规等判定

a）根据中国证监会制定的《非上市公众公司收购管理办法》《非上市公众公司重大资产重组管理办法》、全国股份转让系统相关细则要求，结合公司资产、净资产和此次收购对价等判定，再依据公司《章程》及《对外投资管理制度》的有关规定可知，该次境外股权收购不构成关联交易，也不构成重大资产重组。

b）该次境外收购议案经董事会通过，股东大会审议通过后生效；资产购买协议在股东大会审议通过后即可签订。

c）交易对方与挂牌公司、挂牌公司控股股东或实际控制人不存在关联关系。在产权、业务、资产、债权债务、人员等方面不存在可能或已经造成挂牌公司对其利益倾斜的关系。

② 国际布局与战略意义

近几年来国内民爆行业受市场下行压力影响，整体市场需求情况出现了一定程度的下滑，根据目前的经济发展趋势，预期未来几年国内民爆行业也将不存在新的增长空间。公司欲在目前日趋严峻的市场化竞争中立足取胜，必须进一步寻求新的利润增长点，积极开拓国际市场，进行海外投资，延伸产业链，实现公司的快速可持续发展。

公司在全面跟进海外投资项目的过程中，对项目信息进行全面收集、重点筛选和跟踪，通过对吉尔吉斯共和国进行实地考察、调研、分析，了解到吉尔吉斯国内目前没有民爆产品生产企业，且吉尔吉斯斯坦年炸药使用量在3万吨左右，公司拟收购安徽光大矿业投资有限公司持有的吉尔吉斯斯坦境内唯一拥有炸药生产资质的吉中合资萨硫特爆破有限公司。所以市场巨大，前景看好。

③ 收购对公司各方面的影响

a）有助于实现海外投资突破，加快国际化战略进程。萨硫特公司目前已进入生产建线安装调试阶段，即将建设完毕达到生产条件。此次控股进入萨硫特公司，将会是公司在海外业务上的重大突破，可以迅速完成公司在吉尔吉斯的布局并产生收益，充分落实公司的发展战略。同时本次收购完成后，萨硫特公司的生产经营将全面展开，有利于公司以萨硫特公司为平台，加快布局海外民爆产业链，为进一步开拓国际市场奠定坚实的基础。

b）有助于扩大公司经营规模，提高公司盈利水平。本次收购将使公司迅速完成在吉尔吉斯的布局，根据吉尔吉斯民爆市场需求情况，萨硫特公司可以有效确保现有生产线建设完成后产能的完全释放，从而进一步扩大公司的经营规模，迅速提高公司的整体盈利水平。同时实施本次股权收购也可以为公司将来延伸到上下游产业链奠定良好的基础，吉尔吉斯目前工业炸药的原材料均靠进口，公司可在收购后适时延伸到上游原材料生产环节，降低炸药生产的成本，另一方面，萨硫特公司目前已申请取得爆破工程服务的相关许可，通过工业炸药生产销售与爆破工程服务业务的协作互补，公司将可以迅速确立在吉尔吉斯民爆行业的龙头地位，从而进一步大幅增加项目收益和公司整体盈利水平。

c）有助于公司积极参与国际竞争和全球资源配置。目前，国家正在大力促进“一带一路”建设，沿线各国资源禀赋各异，经济互补性较强，彼此之间合作潜力和空间很大，并且基础设施的互联互通是“一带一路”建设的优先领域。公司此次收购吉尔吉斯共和国萨硫特公司股权，是响应国家政策号召，可以积极助推公司融入到“一带一路”建设中去，有利于公司依托宏观政策，顺应发展潮流，积极参与国际竞争，在全球资源配置中占得先机。

d）公司有海外工作经历的管理人员和专业技术人员不足20人，在未来发展中，面临人才短缺和经验不足。该次收购完成后，将全方面的推进公司海外项目管理工作，培养一大批海外工作经历的管理人员和专业技术人员。

案例078　拓展欧洲市场设立境外子公司的重组（丰光精密）

青岛丰光精密机械股份有限公司（丰光精密 430510）于 2015 年 1 月 16 日召开第一届董事会，表决通过《关于设立境外全资子公司的议案》。该议案涉及公司拟设立全资子公司 BEST PIONEER CO.,LTD（暂定），注册地为法国巴黎，注册资本为 4,210,000.00 欧元。本次投资不涉及进入新的领域。

（1）出资方与标的简况

① 出资方式

本次对外投资的出资方式为货币出资并对外投资的出资说明，本次对外投资经相关政府部门批准后，公司拟以自有资金，作为对子公司投资的资金来源。

② 投资标的基本情况

a）名称：BEST PIONEER CO.,LTD.（暂定）

b）注册地：法国巴黎

c）经营范围：进出口贸易；投资（以最终注册的经营范围为准）

d）各主要投资人的投资规模和持股比例：

股东名称	币种	出资额	出资比例
青岛丰光精密机械股份有限公司	欧元	4,210,000.00	100.00%

（2）重组解读

① 定性、程序及合规判断

a）本次投资不构成关联交易，不构成重大资产重组，属于非重大资产重组范畴。

b）本次交易生效需要的其他审批及有关程序：投资交易生效还需要经发改委、商务局及外汇管理局等政府部门备案。

② 投资的目的

a）通过设立境外子公司，公司将不断开拓新的市场领域，特别是增强与欧洲市场的相互联系，以子公司作为公司海外相关业务合作和实施的平台。

b）作为公司与海外市场的联络窗口，法国公司的设立能够促进公司与国际市场的交流与合作，及时获取海外市场的最新消息，增强公司的国际竞争力，促进公司快速、可持续发展。

③ 存在的风险和影响

a）法国的法律、政策体系、商业环境与中国存在较大的区别，因此，法国公司的设立与运营存在一定的风险，公司需要尽快熟悉并适应法国的法律政策和文化环境。

b）在法国设立子公司尚需经过青岛市发展和改革委员会、胶州市商务局、青岛市商务局、国家外汇管理局青岛市分局等政府部门的批准，因此，公司董事会将积极关注事项的进展情况，并及时履行信息披露义务。

c）本次对外投资对公司的未来财务状况和经营成果影响：本次对外投资设立子公司不存在影响公司正常经营活动的情形。通过本次投资，将进一步增强公司与欧洲市场的联系，有利于对外合作活动的开展及公司的长远发展。

第 7 章

7

收购实务：谋划、流程要事与操作

7.1 常规疑难19问

7.1.1 收购概念制度、分类与主体

问答121 如何理解新三板收购的概念？

收购是指以购买全部或部分股票（或称为股份收购）的方式购买了某一企业的全部或部分所有权，或者以购买全部或部分资产（或称资产收购）的方式购买某一企业的全部或部分所有权。是通过取得控制性股权而成为一个公司的第一大股东或实际控制人的过程。收购的目标是获得对目标企业的控制权，目标企业的法人地位并不消失。

为规范非上市公众公司的收购，中国证监会制定并颁布了《非上市公众公司收购管理办法》（以下简称《收购办法》）及配套的格式指引，全国股份转让系统也出台了相应的配套规则。目前，《证券法》和《收购办法》均未对收购给出明确定义，不过，从《收购办法》的内容来看，主要是对非上市公众公司控制权或第一大股东发生变化的情况进行了规定，所以，一般来说，新三板挂

牌企业以及其他公众公司的收购就是指取得或巩固对公众公司的控制权，通常会对公众公司的生产经营活动产生较大影响。需要说明，证监会《收购办法》的“收购”，仅指非上市公众公司被收购的情形。

一般取得股份的方式主要有以下几种：

（1）协议收购。即收购人与被收购公司的控股股东或实际控制人达成收购协议的行为。

（2）要约收购。指收购人向被收购公司的全体股东发出收购全部或部分股份的书面文件，从而取得被收购公司的控股权的行为。

（3）通过全国股转系统的股票转让（做市转让或协议转让）。

（4）投资关系、行政划转或者变更、执行法院裁定、继承、赠与等其他安排方式。

问答122　挂牌公司收购制度规则有哪些？

新三板挂牌公司收购相关的制度规则参见表7-1。

表7-1　新三板挂牌公司收购相关的主要制度规则

1	《国务院关于进一步优化企业兼并重组市场环境的意见》
2	《非上市公众公司监督管理办法》（证监会令第96号）
3	《非上市公众公司收购管理办法》（证监会令第102号）
4	《非上市公众公司信息披露内容与格式准则第5号——权益变动报告书、收购报告书、要约收购报告书》（证监会公告〔2014〕34号）

问答123　收购制度的依据和目的是什么？

新三板挂牌企业及其他公众公司收购事宜的直接依据是中国证监会制定的《非上市公众公司收购管理办法》（以下简称《收购办法》），该办法是根据《公司法》《证券法》《国务院关于全国中小企业股份转让系统有关问题的决定》（国发[2013]49号）《国务院关于进一步促进企业兼并重组若干政策措施的意见》（国发[2014]14号）及其他相关法律法规的规定而制定的。目的有二：

（1）规范引导收购活动，提高收购质量，发挥收购优化市场资源配置功能，有效推动产业结构调整和产业升级，促进实体经济发展；

（2）保护投资者合法权益，避免不诚信的收购行为，防范和减少内幕交易的发生。这与上市公司收购的监管原理是一致的。

《收购办法》共六章四十七条，分为总则、权益披露、控制权变动披露、要约收购、监管措施与法律责任和附则。大体上可以分为两大制度体系，一是权益披露，二是收购类型。在此基础上，《收购办法》又对收购类型进行了细化规定，分为控制权变动、要约收购等几种情况，并分别作出了规定。

问答124　协议收购与要约收购的区别有哪些？

协议收购与要约收购是包括新三板、沪深股市在内的证券市场企业收购的两种方式，这两种方式的区别主要体现在以下几个方面：

（1）交易场地不同。要约收购只能通过新三板、沪深股市等证券交易场所的证券交易进行，而协议收购则可以在证券交易场所之外通过协议转让股份的方式进行。

（2）股份限制不同。对于新三板挂牌企业等公众公司的要约收购不要求强制，依照公司自治原则自主决定（而与沪深交易所不同，在收购人持有上市公司发行在外的股份达到30%时，若继续收购，须向被收购公司的全体股东发出收购要约）；而协议收购的实施对持有股份的比例无限制。

（3）收购态度不同。协议收购多发生在目标公司股权相对集中，股东掌握着公司终极控制权的情况下，所以大部分协议收购都会得到目标公司经营者的合作，故协议收购多为友好收购。而要约收购则多发生在目标公司股权分散，目标公司的股东与公司的控制权分离的情况下，此种收购的最大特点就是不须事先征得目标公司管理层的同意，因此要约收购一般是敌意收购。

（4）收购对象的股权结构不同。协议收购方大多选择股权集中、存在控股股东的目标公司，以较少的协议次数、较低的成本获得控制权；而要约收购中收购倾向于选择股权较为分散的公司，以降低收购难度。

（5）收购性质不同。根据收购人收购的股份占该目标公司已发行股份的比例，新三板挂牌公司及其他非上市公众公司的要约收购可分为部分要约收购和全面要约收购两种（与上市公司相同）。部分收购是指试图收购一家公司少于100%的股份而获得对对该公司控制权的行为，它是公司收购的一种，与全面收购相对应。

问答125　新三板收购涉及的主体有哪些？

一般来说，新三板挂牌企业等公众公司的收购的主要参与主体有三大类：收购人、被收购公司及其股东、中介机构。

收购人即收购行为的发起人。在收购完成后，收购人将成为挂牌公司的第一大股东或实际控制人。

被收购公司即收购的对象，被收购公司的股东则是收购人的直接交易对手方。由于公司一般不能持有自己的股票，因此收购行为一般是收购人通过购买被收购公司股东的股票来完成的。

中介机构则是包括独立财务顾问、会计师事务所、律师事务所等在内的，可能参与到挂牌公司收购中的各类机构。其中，独立财务顾问是收购中作用最为显著的中介机构，《收购办法》中也明确规定“为公众公司收购提供服务的财务顾问的业务许可、业务规则和法律责任等，按照《上市公司并购重组财务顾问业务管理办法》的相关规定执行”。后面章节将详细解读独立财务顾问这一中介机构。

7.1.2　收购人、中介及信息披露、限售与监管

问答126　新三板挂牌企业收购人及条件有哪些要求？

为保护被收购公司及其股东的合法权益，新三板挂牌企业等公众公司收购行为的收购人，需要满足如下正反两方面的条件要求。

正面条件：收购人及其实际控制人应当具有良好的诚信记录，收购人及其实际控制人为法人的，应当具有健全的公司治理机制；任何人不得利用公众公司收购损害被收购公司及其股东的合法权益。

反面条件：有下列情形之一的，不得进行公众公司收购。

（1）收购人负有数额较大债务，到期未清偿，且处于持续状态；

（2）收购人最近2年有重大违法行为或者涉嫌有重大违法行为；

（3）收购人最近2年有严重的证券市场失信行为；

（4）法律、行政法规规定以及中国证监会认定的不得收购公众公司的其他情形。

如果收购人为自然人，具有如下5方面问题的，不得进行公众公司的收购：

（1）无民事行为能力或者限制民事行为能力；

（2）因贪污、贿赂、侵占财产、挪用财产或者破坏社会主义市场经济秩序，被判处刑罚，执行期满未逾五年，或者因犯罪被剥夺政治权利，执行期满未逾五年；

（3）担任破产清算的公司、企业的董事或者厂长、经理，对该公司、企业的破产负有个人责任的，自该公司、企业破产清算完结之日起未逾三年；

（4）担任因违法被吊销营业执照、责令关闭的公司、企业的法定代表人，并负有个人责任的，自该公司、企业被吊销营业执照之日起未逾三年；

（5）个人所负数额较大的债务到期未清偿。

问答127　挂牌公司收购，需要聘请中介机构有哪些？

投资者进行挂牌公司收购时，收购双方需要聘请的中介机构参见表7-2。

表7-2　投资者（收购人）与被收购企业需聘请的中介机构

收购人即投资者	财务顾问	投资者进行挂牌公司收购时，原则上应当聘请具有财务顾问资格的专业机构担任财务务顾问，但通过国有股行政划转或变更、因继承取得股份、股份在同一实际控制人控制的不同主体之间进行转让、取得挂牌公司向其发行的新股、司法裁决导致收购人成为挂牌公司第一大股东或实际控制人的情形除外
	会计师事务所	需要聘请会计师事务所的情形：收购人以证券支付收购价款的，应当披露该证券发行人最近2年经审计的财务会计报表、证券估值报告，因此收购人可能还需要聘请具有证券、期货相关资格的会计师事务所
	律师事务所	应聘请律师事务所。因为收购人编制并披露收购报告书的同时，需要披露律师出具的法律意见书
被收购企业	中介	被收购挂牌公司聘请独立财务顾问的情形：在要约收购过程中，被收购公司董事会可以根据自身情况选择是否聘请独立财务顾问提供专业意见。被收购公司决定聘请独立财务顾问的，可以聘请为其提供督导服务的主办券商为独立财务顾问，但存在影响独立性、财务顾问业务受到限制等不宜担任独立财务顾问情形的除外。被收购公司也可以同时聘请其他机构为其提供顾问服务

问答128　挂牌公司收购，涉及的信息披露主体及限售规定有哪些？

（1）信息披露主体

挂牌公司收购事项涉及的信息披露主体为收购人，收购人需借助被收购挂牌公司的披露渠道进行信息披露，其中涉及的披露方包括：

收购人、收购人聘请的财务顾问、收购人聘请的律师和被收购挂牌公司聘请的律师。

需要披露的内容包括：

收购人编制的收购报告书，财务顾问出具的专业意见，律师出具的法律意见书和被收购挂牌公司律师出具的法律意见书。

（2）限售规定

投资者进行挂牌公司收购后，收购人成为挂牌公司第一大股东或实际控制人的，收购人持有的公司股份，在收购完成后12个月内不得转让。但收购人在被收购公司中拥有的股份在同一实际控制人控制的不同主体之间进行转让的，不受前述12个月的限制。

问答129　新三板收购的监管原理与原则是什么？

（1）监管原理

新三板挂牌企业收购的交易对象形式上是公司股份，而实质上是公司控制权。与公司董事会、监事会、股东大会各司其职、相互制衡的内部治理结构相比，挂牌收购能对公司管理者形成外部约束，是公司外部治理的重要方式。

新三板挂牌公司收购监管制度与上市公司收购的监管原理是一致的。由于境外成熟资本市场的收购监管基本不对公众公司和上市公司进行严格区分，因此，挂牌收购监管制度仍需坚持和沿用上市公司监管制度中已经被实践证明的、成熟且行之有效的做法和基本制度。

（2）自身特色与监管原则

新三板挂牌公司与上市公司相比具有自身的特点，主要表现在：

一是公众公司多以中小微企业为主，收购机会可能更多，所涉及的资产金额可能更小，收购监管制度安排应简便、灵活、高效，体现鼓励公众公司收购的精神。二是公众公司具有数量多、情况差异大、监管难度较高等特点，收购监管要求不宜过多、过高或者整齐划一，应具有适应性、适当性和有效性。三是新三板的制度安排和投资者结构也与交易所市场有所不同。

因此，公众公司收购监管应坚持“鼓励收购、降低成本、强化信披、提高效率”的原则，建立适度的制度安排。

7.1.3　股份权益变动及要求与操作

问答130　投资者收购权益披露的触发条件是什么？

投资者在收购挂牌公司中拥有的权益达到一定比例的，需要履行信息披露义务，具体可分为：首次触发披露要求、持续触发披露要求和特别要求等内容，详情如下。

（1）首次触发

通过全国股转系统的做市方式进行交易，投资者及其一致行动人持有股份达到挂牌公司已发行股份10%时。

通过协议方式，投资者及其一致行动人在挂牌公司中拥有权益的股份拟达到或者超过挂牌公司已发行股份的 10%时。

（2）持续触发

投资者及其一致行动人持有挂牌公司股份达到挂牌公司已发行股份的 10%后，其持有的股份占该公司已发行股份的比例每增加或减少 5%时，即持有权益的股份每达到 5%的整数倍。

（3）特别要求

① 通过行政划转或者变更、执行法院裁定、继承、赠与等方式导致其直接拥有权益的股份变动触发披露条件的。

② 投资者虽不是公众公司的股东，但通过投资关系、协议、其他安排等方式进行收购导致其间接拥有的权益触发披露条件的。

③ 发行新股或减资达到应披露比例的，无须履行权益变动披露义务。

（4）披露内容

上述第（1）、（2）和第（3）中的第①、②情况发生时，触发信息披露，其要求：

一是投资者在该事实发生之日起两个转让日内编制并披露权益变动报告书，报送全国股转系统，同时通知挂牌公司；

二是自该事实发生之日起至披露后两个转让日内，投资者及其一致行动人不得再买卖该挂牌公司的股票。

问答131　协议收购挂牌公司过程中的注意事项有哪些？

根据《非上市公众公司收购管理办法》及全国股转系统的有关规定，投资者在协议收购挂牌公司过程中，主要注意事项如下。

（1）控股权变动

通过全国股转系统的股票转让，投资者及其一致行动人成为挂牌公司第一大股东或者实际控制人。通过投资关系、协议转让、行政划转或者变更、执行法院裁定、继承、赠与及其他安排等方式成为或拟成为挂牌公司第一大股东或实际控制人且拥有权益的股份超过挂牌公司已发行股份的 10%，控股权变动需注意：

① 投资者应当在事实发生之日起两日内编制并披露收购报告书；

② 同时披露财务顾问专业意见和律师出具的法律意见书；

③ 收购挂牌公司股份需要取得国家有关部门批准的，收购人应当在收购

报告书中进行说明，并持续披露批准程序进展情况。

（2）协议收购过渡期问题

在以协议方式收购挂牌公司的过程中，自签订收购协议起至相关股份完成过户的期间为收购过渡期，“过渡期”内对被收购公司有一些特殊要求：

① 收购人不得通过控股股东提议改选挂牌公司董事会，确有充分理由改选董事会的，来自收购人的董事不得超过董事会成员总数的 1/3；

② 被收购公司不得为收购人及其关联方提供担保；

③ 被收购公司不得发行股份募集资金；

④ 被收购公司除继续从事正常的经营活动或者执行股东大会已作出的决议外，被收购公司事会提出拟处置公司资产、调整公司主要业务、担保、贷款等议案，可能对公司的资产、负债、权益或经营成果造成重大影响的，应当提交股东大会审议通过。

（3）被收购公司控股股东、实际控制人的特殊要求

① 尽职调查要求：向收购人转让其所持有的挂牌公司股份的，应当对收购人的主体资格、诚信情况及收购意图进行调查，并在其权益变动报告书中披露有关调查情况。

② 消除损害要求：未清偿对公司的负债，为解除公司为其负债提供的担保，或者存在损害公司利益的其他情形的，被收购公司董事会应当及时披露，并采取有效措施维护公司利益。

问答132　收购中投资者的一致行动人该如何认定？

挂牌公司收购的投资者的一致行动人认定参照《上市公司收购管理办法》的相关规定。因此，在挂牌公司的收购及相关股份权益变动活动中有一致行动情形的投资者，互为一致行动人。如无相反证据，投资者有下列情形之一的，认定为一致行动人，如表 7-3 所示。

表 7-3　构成投资者一致行动人的情形

1	投资者之间有股权控制关系
2	投资者受同一主体控制
3	投资者的董事、监事或者高级管理人员中的主要成员，同时在另一个投资者担任董事、监事或者高级管理人员
4	投资者参股另一投资者，可以对参股公司的重大决策产生重大影响
5	银行以外的其他法人、其他组织和自然人为投资者取得相关股份提供融资安排

续表

6	投资者之间存在合伙、合作、联营等其他经济利益关系
7	持有投资者 30%以上股份的自然人，与投资者持有同一挂牌公司股份
8	在投资者任职的董事、监事及高级管理人员，与投资者持有同一挂牌公司股份
9	持有投资者 30%以上股份的自然人和在投资者企业、机构任职的董事、监事及高级管理人员，其父母、配偶、子女及其配偶、配偶的父母、兄弟姐妹及其配偶、配偶的兄弟姐妹及其配偶等亲属，与投资者持有同一挂牌公司股份
10	在挂牌公司任职的董事、监事、高级管理人员及其前项所述亲属同时持有本公司股份的，或者与其自己或者其前项所述亲属直接或者间接控制的企业同时持有本公司股份
11	挂牌公司董事、监事、高级管理人员和员工与其所控制或者委托的法人或者其他组织持有本公司股份
12	投资者之间具有其他关联关系

问答133　收购投资者及其一致行动人拥有的权益如何计算？

根据《非上市公众公司收购管理办法》，投资者在挂牌公司中拥有的权益，包括登记在其名下的股份和虽未登记在其名下但该投资者可以实际支配表决权的股份。投资者及其一致行动人在挂牌公司中拥有的权益应当合并计算。合并计算是指投资者与其一致行动人能够控制挂牌公司股份的总数。

7.1.4　要约收购流程、要求注意及竞争要约

问答134　要约收购的类型及基本要求有哪些？

投资者选择以要约收购方式收购挂牌公司股份的，具体遵循以下基本要求。

（1）要约类型

要约类型主要有两种：全面要约与部分要约。前者是向被收购公司所有股东发出收购其所持有的全部股份的要约，后者是向被收购公司所有股东发出收购其所持有的部分股份的要约。

不论收购人发出的是全面要约还是部分要约，都是向被收购公司的所有股东发出，只是收购股份的数量不一样。

（2）收购比例、价格与原则

① 收购股份的比例不得低于挂牌公司已发行股份的 5%；

② 收购人需要向公司全体股东发出全面要约收购的，对同一种类股票的要约价格，不得低于要约收购报告书披露日前 6 个月内取得该种股票所支付的最高价格。

③ 原则：一是以要约方式收购挂牌公司的，收购人应当公平对待被收购公司的所有股东；二是股东自由选择是否将股份卖给收购人。

（3）收购人禁买与禁卖要求

收购人披露后至收购期限届满前，不得卖出被收购公司的股票，也不得采取要约规定以外的形式和超出要约的条件买入被收购公司的股票。

（4）公司章程及信息披露要求

挂牌公司应当在公司章程中约定，在公司收购时收购人是否需要向公司全体股东发出全面要约收购，并明确全面要约收购的触发条件及相应制度安排。

信息披露要求：一是披露要约收购报告书、财务顾问专业意见和律师出具法律意见书；二是要约收购需要取得国家有关部门批准的，应当在要约收购报告书中明确说明，并持续披露批准程序进展情况；三是收购事项无事先核准或事后备案要求。

问答135　要约收购的基本流程是怎样？

投资者选择以要约方式收购挂牌公司股份的，其流程参见图 7-1。

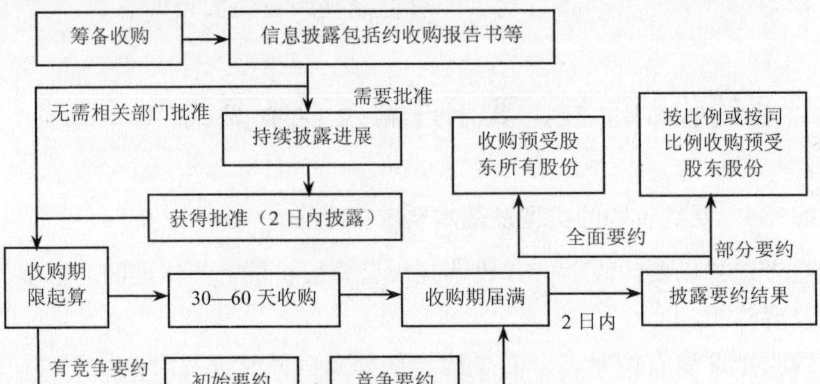

图 7-1　新挂牌公司要约收购流程图

问答136　要约收购的期限与要约变更的要求是什么？

（1）收购期限

收购要约约定的收购期限不得少于 30 日，并不得超过 60 日；但是出现竞争要约的除外。

① 收购期限自要约收购报告书披露之日起开始计算；需要取得国家相关部门批准的，收购人应将取得的本次收购的批准情况连同律师出具的专项核查

意见一并在取得全部批准后2日内披露，收购期限自披露之日起开始计算；

② 在收购要约约定的承诺期限内，收购人不得撤销其收购要约；

③ 在要约收购期限内，收购人应当每日披露已预受收购要约的股份数量；

④ 在要约收购期限届满后2日内，收购人应当披露本次要约收购的结果。

（2）要约变更

在要约收购期间，收购人需要变更收购要约的需遵守的规定如下：

① 应当重新编制并披露要约收购报告书，报送全国股份转让系统，同时通知被收购公司。

② 变更后的要约收购价格不得低于变更前的要约收购价格。

③ 收购要约期限届满前15日内，收购人不得变更收购要约；但是出现竞争要约的除外。

问答137　要约收购的支付手段及履约保障有何要求？

（1）支付手段

① 种类及要求：在要约收购中，收购人可以采用现金、证券、现金与证券相结合等合法方式支付收购公众公司的价款。收购人聘请的财务顾问应当说明收购人具备要约收购的能力。

② 证券支付要求：

一是披露该证券的发行人最近2年经审计的财务会计报表、证券估值报告，并配合被收购公司或者其聘请的独立财务顾问的尽职调查工作；

二是收购人以未在中国证券登记结算有限责任公司登记的证券支付收购价款的，必须同时提供现金方式供被收购公司的股东选择，并详细披露相关证券的保管、送达被收购公司股东的方式和程序安排。

（2）履约保障

收购人应当在披露要约收购报告书的同时，提供以下至少一项安排保证其具备履约能力：

① 将不少于收购价款总额的20%作为履约保证金存入中国结算指定的银行等金融机构；收购人以在中国结算登记的证券支付收购价款的，在披露要约收购报告书的同时，将用于支付的全部证券向中国结算申请办理权属变更或锁定。

② 银行等金融机构对于要约收购所需价款出具的保函。

③ 财务顾问出具承担连带担保责任的书面承诺。如要约期满，收购人不

支付收购价款，财务顾问应当承担连带责任，并进行支付。

问答138　对被收购公司、预受股东及要约期满后的处理有何要求？

（1）被收购公司

① 被收购公司董事会应当对收购人的主体资格、资信情况及收购意图进行调查，对要约条件进行分析，对股东是否接受要约提出建议，并可以根据自身情况选择是否聘请独立财务顾问提供专业意见。

② 被收购公司决定聘请独立财务顾问的，可以聘请为其提供督导服务的主办券商为独立财务顾问，但存在影响独立性、财务顾问业务受到限制等不宜担任独立财务顾问情形的除外。被收购公司也可以同时聘请其他机构为其提供顾问服务。

③ 在要约收购期间，被收购公司董事不得辞职。

（2）预受股东

① 同意接受收购要约的预受股东，应当委托证券公司办理预受要约的相关手续；

② 在要约收购期限届满前 2 日内，预受股东不得撤回其对要约的接受。

（3）要约期满后处理

以要约方式进行公众公司收购的，收购人应当公平对待被收购公司的所有股东。

部分要约：应当按照收购要约约定的条件购买被收购公司股东预受的股份；预受要约股份的数量超过预定收购数量时，收购人应当按照同等比例收购预受要约的股份；

全面要约：应当购买股东预受的全部股份。

问答139　竞争要约及其特别规定是什么？

在某些情况下，可能同时出现针对同一家公司发出的多个收购要约，其中，第一个发出的要约称为初始要约，之后发出的要约称为竞争要约。

（1）竞争要约的披露时间

根据证监会《收购办法》的规定，发出竞争要约的收购人最迟不得晚于初始要约收购期限届满前 15 日披露要约收购报告书，同时需要履行相应的披露义务。

（2）初始要约收购期限的延长

在出现竞争要约的情况下，发出初始要约的收购人变更收购要约距初始要约收购期限届满不足 15 日的，应当延长收购期限，延长后的要约期应当不少于 15 日，不得超过最后一个竞争要约的期满日，并按规定比例追加履约保证能力。

7.2　典型实战18例

7.2.1　持续触发、一致行动人权益与内幕知情人

案例079　投资者收购挂牌公司股份超10%后的披露

某投资者所持股份占挂牌公司已发行股份的 13%，如果继续增持，那么下一个披露时点为所持股份占比的 15%，而不是 18%。

理由：根据《非上市公众公司收购管理办法》的规定，投资者及其一致行动人持有挂牌公司股份达到挂牌公司已发行股份的 10%后，其持有的股份占该公司已发行股份的比例每增加或减少 5%时，即持有权益的股份每达到 5%的整数倍时，触发持续信息披露要求。

案例080　收购投资者及其一致行动人拥有的权益计算

例如：B 投资者直接持有 A 挂牌公司 30%的股份，B 投资者持有 C 公司 60%的股份，同时 C 持有 A 挂牌公司 30%的股份，则 B 投资者在 A 挂牌公司中拥有权益的股份比例为直接拥有的 30%与间接控制的 30%之和即 60%，而不是 48%，即 30%+60%×30%。

理由：根据《非上市公众公司收购管理办法》，投资者在挂牌公司中拥有的权益，包括登记在其名下的股份和虽未登记在其名下但该投资者可以实际支配表决权的股份。投资者及其一致行动人在挂牌公司中拥有的权益应当合并计算。合并计算是指投资者与其一致行动人能够控制挂牌公司股份的总数。

案例081　收购内幕知情人构成存疑与核查（点击网络）

新三板挂牌企业点击网络（832571）在股转公司就收购事项的问询回复文件中显示：本次收购事项共有内幕知情人及其直系亲属 96 人，2016 年 1 月 15 日至 7 月 15 日期间，共 8 位内幕知情人及其直系亲属持有你公司股票。除因公司进行权益分派，以及蔡立成、黄巧玲、王寒竹、庄志辉等四人因认购公司

发行的股票完成股份登记而导致相关内幕知情人及其直系亲属持股数量发生变化，未发现其他内幕知情人及其直系亲属持股发生变化的情形，亦不存在利用内幕信息进行股票交易的行为。

【股转公司问询】

请公司及首创证券核实前述96名内幕知情人及其直系亲属是否完整包含以下人员：

（1）公司的董事、监事、高级管理人员；

（2）持有公司10%以上股份的股东和公司的实际控制人；

（3）由于所任公司职务可以获取公司本次交易相关信息的人员；

（4）本次交易的交易对方及其关联方，以及其董事、监事、高级管理人员；

（5）为本次交易方案提供服务以及参与本次方案的咨询、制定、论证等各环节的相关单位和人员；

（6）参与本次交易方案筹划、制定、论证、审批等各环节的相关单位和人员；

（7）前述自然人的直系亲属（配偶、父母、子女及配偶的父母）。如未完整包含，请补充核查相关人员的证券交易情况，并出具书面说明材料。

【解决与回复】

公司对上述（1）至（7）中内幕知情人及其直系亲属进行了详细核查，核查结果如下，

（1）公司的董事、监事、高级管理人员合计9人，9人的直系亲属合计36人。

（2）持有公司10%以上股份的股东合计1人，公司的实际控制人1人，均为公司董事蔡立文。

（3）除公司董事、监事、高级管理人员外，公司不存在其他由于所任公司职务可以获取公司本次交易相关信息的人员。

（4）本次交易的交易对方为北京聚陆捷通网络科技有限公司（以下简称“北京聚陆捷通”）、北京康桥云生物科技有限公司（以下简称“康桥生物”）、北京智网聚合科技有限公司（以下简称“智网聚合”）。北京聚陆捷通的唯一股东、执行董事、经理为陈和虎，监事为王金华；康桥生物的唯一股东、执行董事、经理为刘雪茵，监事为陈悦；智网聚合的唯一股东、执行董事、经理为陈悦（监事李伟已辞职）。交易标的北京云方舟科技有限公司执行董事、经理为陈悦，监事为陈和虎，财务经理为杨波。上述合计5人，5人的直系亲属合计6人（其

中陈和虎与刘雪茵系夫妻，王金华系刘雪茵母亲）。

（5）为本次交易方案提供服务以及参与本次方案的咨询、制定、论证等各环节的相关单位和人员包括券商、律师、会计师、评估师等工作人员合计 9 人，9 人的直系亲属合计 31 人。

（6）同第（5）条。

（7）详见（1）至（6）分析。

综上所述，本次收购事项共有内幕知情人及其直系亲属 96 人，完整包括了上述（1）至（7）中所列人员。

7.2.2　收购评估定价、关联交易与限制性业务植入

案例082　投资认股股权，标的评估与定价公允性（中矿龙科）

新三板挂牌企业中矿龙科（430147）披露于 2016 年 6 月 8 日、7 月 8 日所披《对外投资公告》称，拟投资 1000 万元用于设立全资子公司南京龙科环保科技有限公司，投资 1000 万元用于设立全资子公司沧州临海龙科环保科技有限公司及投资 3000 万元用于认购南京安立德电子科技公司 30%股权，合计投资金额达 5000 万元。根据公司 2015 年年报数据显示，公司净资产为 72,740,495.68 元，总资产为 134,227,378.92 元。

【股转公司问询】

请公司补充披露交易标的南京安立德电子科技公司的审计报告及资产评估报告，并详细说明交易定价的依据及定价公允性。

【解决与回复】

（1）交易标的南京安立德电子科技公司的审计报告及资产评估情况公司投资南京安立德电子科技公司（以下简称“标的公司”）时未经审计和评估。

未评估的原因：标的公司实际控制人李世东拥有两项专利，在国内的使用权归标的公司。实际控制人李世东的另两项技术成果（饱和阵列天线的优化设计、制作方法和设备，基于框架理论的全一加权阵列天线的优化设计方法和设备）也与经营业务相关，在排他性协议签订后也归标的公司使用。据实际控制人分析专有技术“任意三维体相控阵天线的最优设计以及加工服务”具有很好的未来发展前景，未来产品主要为共形相控阵天线，客户目标主要为军工企业。由于上述技术涉及保密内容，本公司认可标的公司的技术和未来产品的市场空

间，因此未对专有技术及两项专利进行评估。

（2）交易定价的依据及定价公允性定价依据：公司在投资标的公司前进行专项调研，按照2012年5月20日的一份报告《积极做大雷达产业》，雷达天线系统的毛利率近年来一直是60%。今后最低不低于40%～50%。标的公司解决了长期以来，共形阵天线没有做好的问题，更有利润升值的空间。因此，标的公司以毛利润率 50%来计算公司的产值。计划第 5 年渗透天线前端系统的0.25%市场份额，也就是达到产值300*0.25%=7500万元。按照一个中小型前端（25x25个通道）共有625个阵元和通道计算，材料成本约700万元（具体为需625 个 T/R 组件，单价在 10000～80000 元不等。仅 T/R 组件至少耗资625*10000=625万元。天线体加T/R组件等构成的材料成本大于700万元。市场价大约1400万（按毛利润50%计算）。第5年争取5个类似的项目（或者一个产品大于5件），产值大于1400万*5=7000万元。

标的公司团队已经完成了前期3年的技术论证和市场准备工作，已经获得价值200万元的设计服务费的商业意向。注资有利于市场开拓，现阶段已经不是最早期的天使投资。按业内对高技术含量和发展潜力较大的企业的估算基本原则，公司的价值按第 5 年的利润的 6 倍的估算公式。第 5 年的利润为 2195万元（产值7000万元－成本4805万元）。为此，公司估值为2195万元*6=1.317亿元。据此标的公司估值按照 1 亿元人民币考虑，最终投资 3000 万元，占股30%确定投资方案。

同时，公司与标的公司就股权回购进行达成一致意见，双方约定合同生效7年内（2022年前）标的公司未能进行首次公开发行（含全国中小企业股份转让系统），或实际控制人/原始股东或标的公司严重违反其在本合同中的承诺或保证，且未能及时补救，则此后的任何时间，公司应有权要求标的公司以购买价格回购其所持有的全部或部分本次融资股权：认购价格加上2.75%年复合利率计算的回报。

综合上述因素，公司决定对标的公司投资 3000 万元购买其 30%股权，其中42.85万元进入注册资本，剩余出资款计入资本公积，认购价格为70元/股。

决策过程：2016年6月7日召开第二届董事会第八次会议审议通过了《关于向南京安立德电子科技公司投资3000万元的议案》，参加董事7人，同意7人（参见公告编号 2016-015）。2016 年 6 月 24 日召开第三次临时股东大会，审议通过了《关于向南京安立德电子科技公司投资3000万元的议案》，同意股数4068万股，占本次大会有表决权股份总数的100%（参见公告编号2016-018）。

综上，公司本次认购虽然没有经过审计和评估，但是认购价格系根据标的公司整体估值并与全体股东协商一致确定，符合公司客观实际情况，因此，本次认购价格公允不存在损害公司及股东利益的情形。

案例083　0元对价收购与标的定价依据和评估（中矿龙科）

新三板挂牌企业中矿龙科（430147）披露于 2016 年 5 月 6 日所披《关联交易公告》称，公司以 0 元对价收购关联企业龙科智能科技（北京）有限公司 100%股权。

【股转公司问询】

请公司详细说明本次交易的定价依据，并补充披露相关审计报告或资产评估报告（如有）。

【解决与回复】

龙科智能公司成立于 2015 年 11 月，成立时间较短且未实缴注册资金，亦未开展经营，故本次交易未进行审计评估。2016 年 5 月 4 日第二届董事会第七次会议审议通过了《关于收购龙科智能科技（北京）有限公司暨关联交易的议案》，董事 7 人，赵世纯和刘谊为关联方，其余 5 个董事全票通过。2016 年第二次临时股东大会审议通过《关于收购龙科智能科技（北京）有限公司暨关联交易的议案》，参加表决的股份为 4646 万股，占公司总股份的 96.797。因涉及关联交易，关联股东回避，777 万股同意，占有表决权股份总数的 100%。因此公司决定以 0 元对价收购关联企业龙科智能科技（北京）有限公司 100%股权。

案例084　0元对价收购未运营公司与关联交易必要性（中矿龙科）

新三板挂牌企业中矿龙科（430147）披露于 2016 年 5 月 6 日所披《关联交易公告》称，公司以 0 元对价收购关联企业龙科智能科技（北京）有限公司 100%股权。

【股转公司问询】

请公司补充说明该关联交易的必要性及对公司的影响。

【解决与回复】

关联交易的必要性：龙科智能科技（北京）有限公司的主要股东均为中矿龙科公司主要股东，成立之初就准备在工业自动化与智慧城市融合方面有所发展，并为此准备了一些解决方案。2016 年公司在谐波法设备故障诊断系统产品推出后，可以与工业自动化和智慧城市融合，进一步推展公司产品的应用领域。因此，公司决定并购龙科智能科技（北京）有限公司。

收购关联企业后对公司的影响：龙科智能科技（北京）有限公司主营业务为工业自动化、智慧矿山、智慧城市、智慧工厂等的软件开发和物联网为基础的硬件开发，与公司主营业务电气设备健康管理专家系统是相互补充的关系，对公司今后业务的发展和业绩提升有积极促进作用，如电气设备健康管理专家系统可以作为智慧矿山中大型设备动态管理中提供状态检测的运行基础数据和诊断数据，为智慧城市中提供救灾环节中变电所、排水系统、供水系统等电机的状态数据。

案例085　收购后是否置入限制业务（优能控股）

新三板挂牌公司优能控股（831667）在 2016 年上半年实施收购事项被股转公司问询：

请收购人陈义发说明：本次收购完成后，是否有将房地产开发与销售业务置入挂牌公司或通过挂牌公司开展房地产开发与销售业务的计划。

收购人回复：

本次收购完成后，没有有将房地产开发与销售业务置入挂牌公司或通过挂牌公司开展房地产开发与销售业务的计划，未来也不会将现有的房地产开发业务置入挂牌公司开展房地产开发与销售。

7.2.3　收购后业绩大增、持续经营与曲线上市

案例086　上市公司横向收购挂牌公司净利润大增75%（铂亚信息）

上市欧比特出于横向整合目的收购新三板挂牌公司铂亚信息（430708），合并财务报表后，为上市公司贡献了 75%的净利润。

2014 年 10 月，欧比特发行股份及支付现金收购铂亚信息 100%股权。2015 年 4 月完成标的资产过户手续。2015 年，欧比特实现营业收入 3.8 亿元，同比增长 120.29%，净利润为 5783.37 万元，同比增长 130.74%。其中，铂亚信息 2015 年的营业收入为 2.1 亿元，占欧比特营业收入的 54.49%；实现归属于母公司股东的净利润 4363.80 万元，占欧比特净利润的 75.45%。

案例087　上市公司跨界收购新三板公司利润大增（宇寿医疗）

上市公司天华超净跨界收购宇寿医疗（831812）100%股权，合并报表后，为上市公司贡献了 58.58%的净利润，实现了多元化战略布局。

2015 年 4 月，天华超净发行股份及支付现金购买宇寿医疗 100%股份。2015 年 12 月完成标的资产过户手续。天华超净营业收入 4.6 亿元，较上年同期增长 17.94%；净利润 4707.15 万元，较上年同期增长 13.04%。其中，宇寿医疗营业收入 1.7 亿元，占上市公司营业收入的 37.26%；扣除非经常性损益后归属于母公司所有者净利润为 2757.25 万元，占上市公司扣非后净利润的 58.58%。

案例088　挂牌当天实施收购的超速度（国图信息）

新三板挂牌企业南京国图信息产业股份有限公司（国图信息 834724），挂牌当天暂停转让，2016 年新年伊始便与 A 股上市公司超图软件闪电实施收购事项。

国图信息于 2001 年成立，据 2015 年年报显示，主要产品和服务是国土资源、数字城市等领域的 GIS 软件管理平台系统开发与销售，测绘数据和土地规划设计咨询，数据采集与整理业务。盈利能力在不断增加，营业收入增长 35.6%，净利润增长 39.2%。

被收购方超图软件为地理信息系统基础平台软件提供商和整理方案解决商，处于 GIS 平台软件产业链的中游，国图信息则是下游客户之一。此次收购，双方将形成“系统+数据”的模式，延伸超图软件产业链布局，加大在不动产登记业务系统的市场拓展，能够提升公司在地理信息产业链的市场占有率。其收购简况如下：

2015 年 12 月 17 日，国图信息正式挂牌新三板交易。挂牌当天的公告显示，公司股票暂停转让。

根据该公司 2016 年 1 月 1 日的《发行股份及支付现金购买资产协议》、A 股公司超图软件（300036）第三届董事会第十四次会议、第三届监事会第十三次会议、国图信息第一次临时股东大会的议案结果，超图软件拟以发行股份及支付现金方式，购买国图信息孙在宏、吴长彬、蒋斌、张伟良、刘新平、王履华、王亚华、胡永珍、吉波等 9 名自然人股东与人才投资、高投科贷等 2 名合伙企业股东计持有的 100%股权，而这次发布公告距离国图信息挂牌仅仅过去了半个月不到。

公司在 5 月 18 日发布公告，称公司股票将在 5 月 19 日起停止挂牌。国图信息在新三板仅仅挂牌半年。

而国图信息这一波也不亏，国图信息 100%股权的交易价格为 4.68 亿元，本次交易对价的支付分为现金支付与股份支付。其中，股份对价支付比例为

76.27%，合计为 35,694.36 万元；现金对价支付比例为 23.73%，合计为 11,105.64 万元。而截至评估基准日 2015 年 9 月 30 日，国图信息母公司股东权益账面价值为 4418.88 万元，本次并购增值率高达 963.62%。当然，国图信息股东也相应作出了业绩承诺，业绩承诺期第一个年度 2,600 万元，第二个年度 3,400 万元，第三个年度 4,420 万元，第四个年度 5,746 万元。

案例089 并购与公司持续经营能力或存质疑（优能控股）

新三板挂牌公司优能控股（831667）在 2016 年上半年实施并购对否影响公司持续经营事项被股转公司问询：

此前，你公司已购买新疆本伟石油天然气有限公司、新疆顺开国际货运代理有限公司及阿拉山口中多石油液化气管道有限公司等公司 100%股权，拟通过新疆涉外口岸开展面向中亚的进出口和物流服务业务，并在问询回复中就上述业务对公司的持续经营能力影响进行了说明。请你公司结合本次收购后的经营计划，对挂牌公司持续经营能力作补充分析说明。

【解决与回复】

本次收购完成后，公司现有三家子公司仍将维持现有业务，以确保公司持续经营能力不受影响；公司未来拟设立或参股成立医疗管理公司，行业市场前景宽阔且为国家鼓励支持行业，受优惠政策影响，发展空间巨大。

陈义发先生收购公司后，拟投资设立药房管理公司，为公司进入医疗健康领域、提升盈利能力奠定基础。

除上述项目外，公司还计划参与地方肿瘤治疗中心建设项目，作为公司未来三年的主要投资项目，建立以肿瘤治疗、医疗资源为核心的商业服务体系。

综上，公司目前仍以货运代理业务为主要业务，公司业务经营所需资质齐全，公司业务、资产、人员、财务、机构等独立，具备独立的自主经营能力；本次收购后的经营计划具备合理性和可行性。公司具有良好的经营发展预期，目前公司具备持续经营能力。

案例090 上市公司收购曲线登陆创业板（易事达）

2014 年 9 月 26 日，上市公司联建光电发布重组预案，公司拟以支付现金及发行股份相结合的方式收购上海友拓公关顾问有限公司（以下简称友拓公关）、深圳市易事达电子股份有限公司（易事达 430628）各 100%股权，并募集配套资金，标的资产整体作价约 9.5 亿元。重组完成后，公司将进一步强化上市公司传媒业务的服务能力，同时巩固和提升 LED 显示应用领域的竞争优势。

联建光电的重组预案显示，友拓公关 100%股权交易作价为 4.6 亿元，其中拟以现金方式支付 1.15 亿元，发行股份支付 3.45 亿元；而易事达 100%股权交易价格为 4.89 亿元，其中现金支付 1.47 亿元，发行股份支付 3.42 亿元。

同时，联建光电拟向刘虎军、何吉远、建联 1 号计划发行股份募集配套资金 2.82 亿元，发行价格为 31 元/股，将用于支付收购友拓公关和易事达现金对价款及本次交易的中介机构费用和其他交易费用。其中，刘虎军为上市公司控股股东，何吉远为公司第二大股东何吉伦之兄，建联 1 号计划由员工持股计划全额认购。

公开资料显示，易事达则主要从事 LED 高清节能全彩显示屏产品的研发、设计、生产和销售，是国内领先的 LED 显示方案专业服务商，产品可广泛应用于广告媒体、展览展示、舞台演艺等领域，其业务主要面向海外市场。截至 2014 年 6 月 30 日，易事达总资产为 2.90 亿元，净资产为 1.55 亿元，其 2012 年—2014 年上半年分别实现营业收入 2.82 亿元、2.89 亿元和 1.47 亿元，净利润分别为 3211.16 万元、3579.21 万元和 2516.80 万元。

对于如此一份重磅交易，相关交易方也给出了业绩承诺，2014 年-2018 年期间，友拓公关净利润分别不低于 3100 万元、3720 万元、4464 万元、5357 万元和 6428 万元；易事达对应年份净利润则分别不低于 3800 万元、4200 万元、4600 万元、5000 万元和 5330 万元。

7.2.4　板内、溢价的收购与权益披露

案例091　估值溢价曾拟近70倍的收购（蓝山科技）

新三板挂牌公司蓝山科技（830815）2016 年 3 月 1 日发布《发行股份购买资产并募集配套资金暨关联交易报告书》，计划向上海元泉定向发行 33,840 万股股份，发行价格为每股 6.6 元，用于收购上海易兑 100%股权，同时，公司还计划另外发行 1 亿股股份，向不超过 35 名合格投资者募集 6.6 亿元资金。由此可以算出，上海易兑的整体估值超过 22.33 亿元，然而上海易兑被收购前账面净资产仅仅为 3275.47 万元，溢价将近 70 倍。在 2014 年 6 月 17 日，上海元泉还以仅仅 770 万元的价格，从陆家嘴金融、陆家嘴集团买下上海易兑 100%股权。不到一年，这个价格就翻了 290 倍。

上海易兑为何如此值钱？蓝山科技的报告书里是这样解释的：由于货币兑

换行业发展速度较快，上海易兑在股东背景、专业人才等方面，都具有突出的优势，并在2015年9月成为最先获得通过互联网办理个人本外币特许业务资质的公司之一，管理层对上海易兑未来的盈利都有着较好的预期。然而，报告书中也披露了上海易兑近几年的盈利状况，从表格（略）可以看出，亏损在不断扩大，所以上海易兑能否实现蓝山科技对其较好的预期，还难以预料。

但是投资者并不是那么容易被说服的，根据《简式权益变动报告书》，投资者与媒体们发现，本次发行对象上海元泉的控股股东是谭某，他同时也是蓝山科技的实际控制人之一、董事长以及总经理，而蓝山科技的另一位实际控制人Zhao Ruimei，则是谭某的母亲。而随着蓝山科技股票的不断增发，挂牌价格从2015年年初的15.8元降到了3月25日的4.2元。收购上海易兑之后，蓝山科技的每股净资产几乎将下降一半，这样的巨额损失或将让其他股东无法接受。

抵挡不住压力的蓝山科技在4月5日发布《澄清公告》，对收购价格、股东亏损等进行解释。4月22日，发布公告称已从证监会撤回本次重大资产重组相关申请文件，拟在完成相关方案调整及材料准备工作，并履行相关审批程序后，重新向证监会上报申请文件。等到6月2日重新发布的《收购报告书》中，确定本次收购上海易兑的价格为13.53亿元，比账面净资产溢价40倍左右。

案例092　首例新三板创新层企业整体收购基础层企业（卡特股份）

2016年9月2日卡特股份（830816）和合建重科（831147）同时发布公告，称卡特股份拟发行股份及支付现金方式收购合建重科，收购完成后，合建重科将成为卡特股份的子公司，至此，本次收购将成为首例新三板创新层企业整体收购基础层企业的案例。

（1）事件简况

① 交易价格及支付情况

合建重科在评估基准日2016年6月30日股东全部权益价值的评估值为16,061.02万元，评估增值5,543.31万元，增值率52.70%。以上述资产评估结果为依据，并参考合建重科停牌前三个月股票交易价格区间为2.10～2.49元/股，经卡特股份与交易对方协商确定合建重科每股作价2.6元，99.97%股权的交易价格为18,599.62万元。其中，卡特股份以7.20元/股价格向55个交易对方发行19,588,814股股份以支付交易对价14,103.94万元，并以现金支付交易对价4,495.68万元。本次交易完成后，公司将持有合建重科99.97%股权。

② 发行股份募集配套资金

卡特股份拟向军融基金、光谷人才、财通证券、兴业证券 4 名特定对象以 7.20 元/股的价格非公开发行 11,359,150 股股份，募集配套资金 8,178.588 万元，其中 4,495.68 万元用于支付本次交易的现金对价（包括偿还为支付该现金对价而产生的债务），2,000 万元用于向合建重科进行增资，剩余的部分用于补充公司流动资金。

（3）动机、特点及分析

① 并购动机

在本次案例中，卡特股份 2016 年上半年实现营业收入 1115 万元，比上年同期减少了 24.51%，归属于公司股东的净利润为 54 万元；合建重科 2016 年上半年营业收入 4278 万元，同比减少了 26.13%，归属于公司股东的净利润为 122 万元，同比减少了 79.9%。作为创新层公司，卡特股份的收入规模低于合建重科，合建重科平均营业收入超过 1 亿元，而卡特股份仅四千多万，但卡特股份的盈利能力好于合建重科。

从合建重科角度考虑，公司尽管收入规模高于卡特股份，但盈利能力低于卡特股份。合建重科股东接受股份支付的交易方式，得到的交易价格虽然没有增值很多，但基础层股票变成了创新层股票，随着两家公司有效融合，公司业绩增长，股东身价岂不是也跟着水涨船高。创新层的流动性比基础层好，且创新层的估值会比基础层高很多，公司并入创新层必将较大提高了估值，而且两家公司的合作，定能获得更好的发展。

从卡特股份来说，该公司是按照标准二进入创新层的，但卡特股份 2016 年中报收入第一次出现了同比下滑，半年收入仅 1000 多万元，离创新层的维持标准还有不少距离。其并购动机很明显，通过并购一家比自身收入更高的公司，充分利用标的公司资源，实现公司业务的扩张，维持创新层地位，进而提高公司净利润，若能成功将净利润稳定在 3000 万元或 4000 万元，就有希望 IPO，这对卡特股份来说是极具诱惑力的。

② 100%股权收购与避嫌同业竞争

本次收购，卡特股份采取的是 100%收购（另剩余 0.03%的股权因无法联系股东而未作为交易对象）。并且，为了使并购方案顺利进行，也为了排除合建重科与卡特股份同业竞争的嫌疑，合建重科将首先退出新三板挂牌并改为有限责任公司。

③ 未使用自有现金

卡特股份拟使用发行股份与现金支付的方式支付交易价格，以非公开发行的方式向持有合建重科的股东以7.2元/股的价格发行股份。同时向军融基金、光谷人才、财通证券、兴业证券四个机构发行股份来募集资金，资金一部分用于支付本次交易的现金对价，其余用于对合建重科增资以及补充流动资金。

④ 资源互补

卡特股份与合建重科均属于通用设备制造行业，两家公司的产品及服务主要应用于道路和桥梁工程建设，目标客户高度一致，两家客户资源互补性非常强，合并后双方的产品都可充分利用对方客户资源，共同扩大市场。在技术方面，卡特股份拥有领先的液压及相关机电控制技术，而合建重科对工程机械设计能力突出，双方合并后将会进一步增强企业核心技术竞争力。在生产管理方面，合建重科拥有非常丰富的经验，通过并购整合可以提升公司整体生产管理能力和效率。

通过本次战略重组，将奠定卡特股份公司在重载移运安装领域的人才、技术及制造优势，成为该领域突出的集装备提供、工程方案设计及工程技术服务一揽子整体解决方案提供商。同时，可以增强公司核心竞争力，有效发挥两家公司的优势，对公司业务拓展、市场份额的占领、品牌影响力都有巨大的推进作用。

7.2.5 行权披露、大额买卖与操纵市场等违规

案例093 大额买卖股权的权益变动与收购违规置疑（大德捷盈）

新三板挂牌公司大德捷盈（834078）于2016年8月9日，一致行动人陈彦池、向婷合计卖出大德捷盈股票1,250,000股，合计持股比例从50.00%降至37.50%；马欣秀卖出大德捷盈股票 1,000,000 万股，持股比例从 40.00%降至30.00%；投资者刘东京买入大德提盈股票2,500,000股，持股比例从0变为25%。

【股转公司问询】

请大德捷盈实际控制人陈彦池、向婷，股东马欣秀，刘东京说明上述交易是否违反了《非上市公众公司收购管理办法》第十三条的规定。

【解决与回复】

根据公司实际控制人陈彦池、向婷，股东马欣秀，刘东京的《客户对账单》信息，查询2016年8月9日四人分别交易北京大德捷盈科技股份有限公司（代

码：834078）股票交易记录。交易情况如下：

（1）公司实际控制人陈彦池、向婷以均价 1.00 元/股的价格共转出大德捷盈股票 1,250,000 股，合计持股比例从 50.00%降至 37.50%。

公司认为：陈彦池、向婷作为公司控股股东、实际控制人，截至 2016 年 8 月 8 日陈彦池、向婷持有大德捷盈 50.00%的股权，超过大德捷盈已发行股份 10%，因此其拥有权益的股份占该公司已发行股份的比例每增加或者减少 5%。，即其拥有权益的股份每达到 5%的整数倍时，在该事实发生之日起 2 日内公司编制并披露权益变动报告书，并在该事实发生之日起披露后 2 日内，不得再行买卖该公司股票。陈彦池、向婷在 2016 年 8 月 9 日的交易中共计减持股份比例为 12.50%。上述行为违反《非上市公众公司收购管理办法》第十三条的规定。

（2）股东马欣秀以均价 1.00 元/股的价格转让大德捷盈股票 1,000,000 万股，持股比例从 40.00%降至 30.00%。

公司认为：马欣秀在当日权益变动减持达到 5%的整数倍的披露标准，编制并披露权益变动报告书，应在该事实发生之日起披露后 2 日内，不得再行买卖该公司股票。上述行为存在违反《非上市公众公司收购管理办法》第十三条的规定。

（3）投资者刘东京通过协议转让方式累计 5 笔买入大德捷盈股票 2,500,000 股，持股比例从 0%变为 25%。当日交易后累计买入持股比例超过 10%。

刘京东作为本次投资方，应在买入大德捷盈的股份达到 10%，编制披露权益变动报告书后，在事实发生之日起披露后 2 日内不得买卖大德捷盈股份。上述行为违反《非上市公众公司收购管理办法》第十三条的规定。

当日交易后公司得知相关情况，积极联系券商、股转系统积极沟通，公司信息披露义务人承诺将加强相关制度学习，敦促实际控制人及其他各股东共同加强法律法规的学习，避免再次出现股票违规交易行为。

案例094　未履行权益披露违规和暂停交易

2015 年 3 月，挂牌公司 X 公司董事长柳某买卖公司股票导致权益多次触发持续披露标准和要求，需要及时披露权益变动报告书并暂停交易，且在全国股转公司对其电话提醒、采取要求提交书面承诺的自律监管措施后仍然进行交易，继续违反暂停交易义务。

显然，柳某上述行为违反了《非上市公众公司收购管理办法》第十三条，即达到披露标准的投资者应在 2 日内披露权益变动报告书，并自事实发生之日起至披露后 2 日内，不得再行买卖该公司股票。

由此，全国股转系统对柳某采取限制证券账户交易 1 个月，并向中国证监会报告有关违法违规行为的监管措施。

案例095　收购股票买卖约定或存操纵市场嫌疑（点击网络）

新三板挂牌企业点击网络（832571）收购事项中，公司与交易对手方有关点击网络股票买卖的约定是否涉嫌操纵证券市场一事。

【股转公司问询】

据信息披露文件及回复文件显示：你公司与标的公司股东约定，标的公司股东应在收到第一期股权转让款后 10 个转让日内，以不低于 3,500 万元的资金购买你公司对应价值的股票，且原则上获取的股票数量不低于 435 万股。根据前述约定，当标的公司股东以 3,500 万元资金购买你公司 435 万股股票时，股票价格可达每股 8.05 元，而你公司董事会审议通过本次收购议案前的最近一次交易价格为每股 5.30 元。你公司的解释是：进行如此约定的目的是为了保护公司及全体股东的权益，避免因标的公司股东购买你公司股票时因不熟悉规则抬高股价而导致估价异常波动，不存在操纵证券市场的动机和行为。

请结合《证券法》第七十七条的规定，就你公司就与交易对手方的有关约定（约定交易时间，同时约定交易总金额与交易股数下限，变相约定交易价格）是否涉嫌操纵证券市场进行详细解释说明。

【解决与回复】

针对协议约定，首创证券查询了《证券法》及相关法律法规中针对操纵市场行为的相关规定；对公司及相关人员进行了访谈；获取了标的公司股东出具的承诺函。

经查询相关法律法规，操纵市场是指以获取利益或减少损失为目的，利用资金、信息等优势或滥用职权，影响证券市场价格，制造证券市场假象，诱导投资者在不了解事实真相的情况下作出证券投资决定，扰乱证券市场秩序的行为。

《中华人民共和国证券法》第七十七条列示了三种具体的操纵证券市场形式：（一）单独或者通过合谋，集中资金优势、持股优势或者利用信息优势联合或者连续买卖，操纵证券交易价格或者证券交易量；（二）与他人串通，以事先约定的时间、价格和方式相互进行证券交易，影响证券交易价格或者证券交易量；（三）在自己实际控制的账户之间进行证券交易，影响证券交易价格或者证券交易量。

从操纵市场的定义及证券法第七十七条的规定来看，公司本次与标的公司股东约定购买股票的行为在以下几个方面不符合操纵市场行为的构成要件。

第一：操纵市场行为是在社会公众不知情的情况下发生，行为人通过操纵行为诱使社会投资人作出投资决策。本次交易在收购协议签订后即按照相关法律法规的规定及时进行了详细的信息披露，标的公司股东购买公司股票系按照目前的市场交易规则、由做市商撮合成交的公开市场行为。社会公众对于本次收购股票的交易总金额下限、时间点、交易股数下限均信息透明，不存在利用信息不对称诱导投资者交易的情形。

第二：本次股票收购完成后，标的公司股东按照约定将收购的股票进行锁定，根据未来是否能够完成业绩约定分期解锁，标的公司股东购买股票的目的不是为了短期获利，而是获得库存股票与公司长期合作发展，从动机角度来看与操纵市场行为的动机要件不符。

第三：从交易形式来看，公司目前为做市交易方式，标的公司股东只能与做市商进行交易，相互之间不能交易，不符合“合谋”、“串通”或者“在实际控制账户之间”进行交易的形态，无法直接影响股价，与证券法第七十七条列示的操纵证券市场行为不符。

在做市交易方式下，股票交易价格及交易活跃度取决于做市商对公司股票价值的判断和报价，公司与标的公司股东的该项约定无法对股票交易价格和交易量构成直接影响。本条款实质是一种公开的股票购买行为，即公告将在规定的时间，以一定的资金量购买一定数量的股票，并不违反法律规定。

综上，本次约定履行了正常的信息披露程序，目的正当，不违反法律规定，不构成操纵市场的行为。同时，标的公司股东出具《承诺》，承诺未来购买股票的过程中将严格遵循《证券法》及相关法律法规的规定，避免涉嫌操纵证券市场行为的发生。

案例096　大额买卖股权存代持与一致行动关系质疑（大德捷盈）

2015 年 11 月 26 日、12 月 15 日，新三板挂牌企业大德捷盈（834078）分别召开董事会和临时股东大会，审议通过股票发行方案，拟以 1 元/股的价格向自然人单金显发行 1200 万股，占发行后总股本的 51.55%，本次发行将导致挂牌公司实际控制人、控股股东发生变更，构成非上市公众公司收购情形。2015

年12月22日，大德捷盈披露《收购报告书》等相关文件。2016年7月11日、7月29日，大德捷盈分别召开董事会和临时股东大会，审议通过了关于终止上述股票发行方案的议案，并披露了《股票发行终止公告》，上述收购事项将同时终止。

2016年8月9日，自然人刘东京通过协议转让方式以1元/股的价格买入大德提盈股票250万股。根据披露的《权益变动报告书》，刘东京于1995年4月出生，2016年6月本科毕业后进入江苏三六五易贷工作至今。而根据此前你公司披露的《收购报告书》，原收购人单金显控制的核心企业包括江苏三六五易贷金融信息服务股份有限公司。

【股转公司问询】

请刘东京说明，在江苏三六五易贷的具体工作经历和现任职务，与自然人单金显是否存在关联关系或一致行动关系；用于购买250万股大德捷盈股票的资金来源是否合法合规；购买上述股票是否为本人真实意愿，上述股票是否存在代持情形。

【解决与回复】

刘东京，2016年6月本科毕业后进入江苏三六五易贷工作至今，工作岗位为风险控制部专员，工作内容为合作商的尽职调查，与自然人单金显无关联关系、无一致行动关系；用于购买250万股大德捷盈股票的资金，为家庭合法经营所得，本人父母在江苏省沭阳县经营陇集镇化肥批发中心，主要从事复合肥、尿素等涉农物资的销售，一般批发利润为15%左右，门零业务利润为50%左右，用于购买股权款为父母支持本人投资的家庭存款，不存在虚假出资，不存在非法融资的情况；购买北京大德捷盈科技股份有限公司的股票为本人的真实意愿，不存在代持现象。

8

第 8 章

重大资产重组流程、事项操作与重点等实务

8.1 常规疑难29问

8.1.1 概念制度、情况条件与中介注意

问答140 挂牌公司重大资产重组的概念什么？

根据中国证监会制定并颁布的《非上市公众公司重大资产重组管理办法》（以下简称《重组办法》的定义，新三板挂牌公司的重大资产重组是指公众公司及其控股或者控制的公司在日常经营活动之外购买、出售资产或者通过其他方式进行资产交易，导致公众公司的业务、资产发生重大变化的资产交易行为。

挂牌公司的重大资产重组通常会导致挂牌公司的业务、资产等发生重大变化，从而影响今后的挂牌公司经营情况并实际影响股东的基本权益。

问答141 挂牌公司重大资产重组的制度规则有哪些？

挂牌公司重大资产重组相关的制度规则参见表 8-1。

表8-1　挂牌公司重大资产重组的主要制度规则

1	《国务院关于进一步优化企业并购重组市场环境的意见》
2	《非上市公众公司重大资产重组管理办法》（证监会令第103号）
3	《非上市公众公司信息披露内容与格式准则第6号——重大资产重组报告书》（证监会公告〔2014〕35号）
4	《全国中小企业股份转让系统非上市公众公司重大资产重组业务指引（试行）》
5	《全国股转系统重大资产重组业务指南第1号——非上市公众公司重大资产重组内幕信息知情人报备指南》
6	《全国股转系统重大资产重组业务指南第2号——非上市公众公司发行股份购买资产构成重大资产重组文件报送指南》

问答142　构成挂牌公司重大资产重组的情况有哪些？

新三板挂牌公司及其控股或者控制的公司购买、出售资产，达到如下标准之一的，构成重大资产重组。

（1）总资产标准（标准之一）

购买、出售的资产总额占挂牌公司最近一个会计年度经审计的合并财务会计报表期末资产总额的比例达到50%以上。

（2）净资产标准（标准二）

购买、出售的资产净额占挂牌公司最近一个会计年度经审计的合并财务会计报表期末净资产额的比例达到50%以上，且购买、出售的资产总额占挂牌公司最近一个会计年度经审计的合并财务会计报表期末资产总额的比例达到30%以上。

（3）注意事项

① 标的为股权类资产的：a）取得控制权的，按股权账面值与成交价的较高值计算；b）丧失控制权的，按股权账面价值计算；c）不涉及控制权的，购买股权按成交价格计算，出售股权按账面值计算。

② 标的为非股权类资产的：a）买入资产的，按账面值与成交价的较高值计算；b）出售资产的，按账面值计算。

③ 同时购买、出售资产的，分别计算购买、出售资产的相关比例，取较高值。

④ 连续购买或出售的：a）12个月内连续对同一或者相关资产进行购买、出售的，以其累计数分别计算相应数额（已履行重组程序的不计入）；b）同一或相关资产认定标准包括交易标的属于同一交易法所有或者控制，或者属于相同或相近的业务范围。

问答143　挂牌公司实施重大资产重组应具备哪些基本条件？

新三板挂牌公司实施重大资产重组应具备四个基本条件，参见表 8-2。

表 8-2　新三板挂牌公司重大资产重组应具备的基本条件

1	重大资产重组所涉及的资产定价公允，不存在损害挂牌公司和股东合法权益的情形
2	重大资产重组所涉及的资产权属清晰，资产过户或者转移不存在法律障碍，相关债权债务处理合法；所购买的资产，应当为权属清晰的经营性资产
3	实施重大资产重组后有利于提高挂牌公司资产质量和增强持续经营能力，不存在可能导致挂牌公司重组后主要资产为现金或者无具体经营业务的情形
4	实施重大资产重组后有利于挂牌公司形成或者保持健全有效的法人治理结构

问答144　重大资产重组挂牌公司应当聘请的中介机构有哪些？

挂牌公司实施重大资产重组涉及以下中介机构：

（1）必须聘请独立财务顾问。挂牌公司应当聘请为其提供督导服务的主办券商为独立财务顾问，但存在影响独立性、财务顾问业务受到限制等不宜担任独立财务顾问情形的除外。可以同时聘请其他机构担任财务顾问。

（2）必须聘请律师。重大资产重组需要披露法律意见书及律师的专业意见。

（3）资产评估机构。重大资产重组涉及财务报表审计或资产评估的，挂牌公司应当聘请具有证券期货业务资格的会计师事务所和资产评估机构。

问答145　筹划重大资产重组阶段的其他注意事项有哪些？

挂牌公司在重大资产重组筹划阶段，其他注意事项参见表 8-3。

表 8-3　重大资产重组筹划阶段的其他注意事项

序号	事　由	注　意
1	签署保密协议	挂牌公司与交易对手方就重大资产重组事宜进行初步磋商时，应当立即采取必要充分的保密措施，制定严格有效的保密制度，限定相关敏感信息的知悉范围。挂牌公司及交易对手方聘请证券服务机构的，应当立即与所聘请的证券服务机构签署保密协议
2	及时申请股票暂停转让	在筹划公众公司重大资产重组的阶段，交易各方初步达成实质性意向或者虽未达成实质性意向，但相关信息已在媒体上播出，或者预计该信息难以保密或者公司股票转让出现异常波动的，挂牌公司应当及时向全国股份转让系统申请股票暂停转让
3	不得直接向股转系统监管员咨询	在公司股票暂停转让前，全国股转系统工作人员不接受任何与该公司重大资产重组事项相关的业务咨询，也不接受任何与重大资产重组相关的材料

8.1.2 鉴别、两种类型及流程

问答146 挂牌公司重大与非重大资产重组的辨别及操作是怎样的？

见表8-4所述。

表8-4 新三板挂牌公司重组重大与非重大的辨别及操作

<table>
<tr><th></th><th>支付手段</th><th>首次董事会时
披露的内容</th><th>股东大会后
2个工作日内</th><th>实施完毕
后2个工
作日内</th><th>是否需备案</th></tr>
<tr><td rowspan="2">构成重大</td><td>发股、发股与其他支付手段混合</td><td rowspan="2">1、首次董事会时披露重大资产重组报告书、独立财务顾问报告、法律意见书以及本次重大资产重组涉及的审计报告、资产评估报告（或资产估值报告）五大报告。
2、若首次董事会时未完成审计，则需同时披露重组预案、独立财务顾问对预案的核查意见；待6个月后的第二次董事会时再披露五大报告</td><td>验资后报材料</td><td rowspan="2">编制并披露实施情况报告书及独立财务顾问、律师的专业意见。</td><td>需要（验资完成后10个转让日内报送全套文件），参见《全国股份转让系统重大重组业务指南第2号：非上市公众公司发行股份购买资产构成重大资产重组文件报送指南》</td></tr>
<tr><td>不发股（现金）</td><td>股东大会决议后2个工作日内将五大报告等信披文件报送至股转系统，股转系统审查其完备性</td><td>无须备案</td></tr>
<tr><td rowspan="2">不构成重大</td><td>发股、发股与其他支付手段混合</td><td colspan="4">适用《全国中小企业股份转让系统股票发行业务细则（试行）》的有关规定</td></tr>
<tr><td>不发股（现金）</td><td colspan="4">不大重要事项（即不符合重大资产重组要求），披露董事会决决议、股东大会决议（如需），对外投资公告即可</td></tr>
<tr><td colspan="6">备注：
1、此表中的发股，都是发股后股东累计≤200人。公众公司向特定对象发行股份购买资产后股东累计超过200人的重大资产重组，经股东大会决议后，应当按照中国证监会的有关规定编制申请文件并申请核准。中国证监会受理申请文件后，依法进行审核，在20个工作日内作出核准、中止审核、终止审核、不予核准的决定。
2、全国股份转让系统公司制定的《非上市公众公司给重大资产重组指引（试行）》第十九条“公司发行股份购买资产构成重大资产重组且发行结束后股东人数不超过两百人的，应当向全国股份转让系统公司申请备案。涉及重大资产重组的股票发行信息披露及具体操作流程，须遵守《重组办法》及本指引的要求，不再适用《全国中小企业股份转让系统股票发行业务细则（试行）》的有关规定。涉及以发行股份和其他支付手段混合认购资产构成重大资产重组的，按照发行股份购买资产构成重大资产重组的规定办理。”</td></tr>
</table>

说明：此表来自《新三板资本裂变2：并购重组实务》P103。

问答147　现金购买资产的重大资产重组的流程是怎样的？

挂牌公司以现金收购资产的方式进行重大资产重组的，具体流程参见图 8-1。

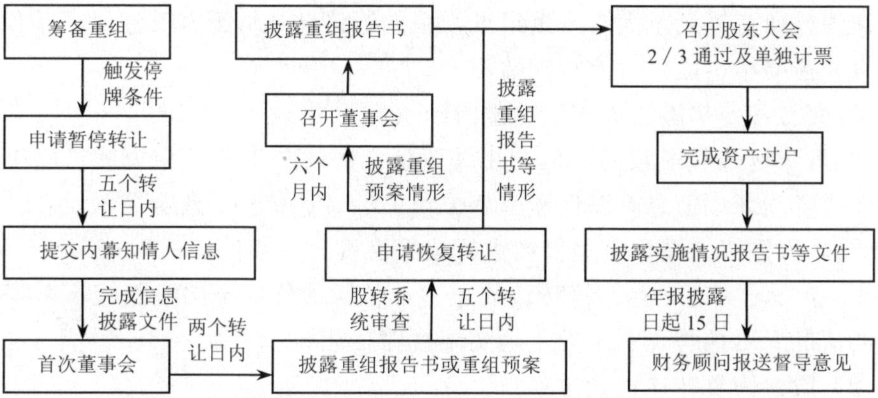

图 8-1　新三板挂牌公司现金购买资产的重大资产重组流程

说明：该图来自《新三板资本裂变 2：并购重组实务》P127 插图。

问答148　发行股份购买资产的重大资产重组的流程是怎样的？

新三板挂牌公司以发行股份收购资产的方式进行重大资产重组的，具体流程参见图 8-2。

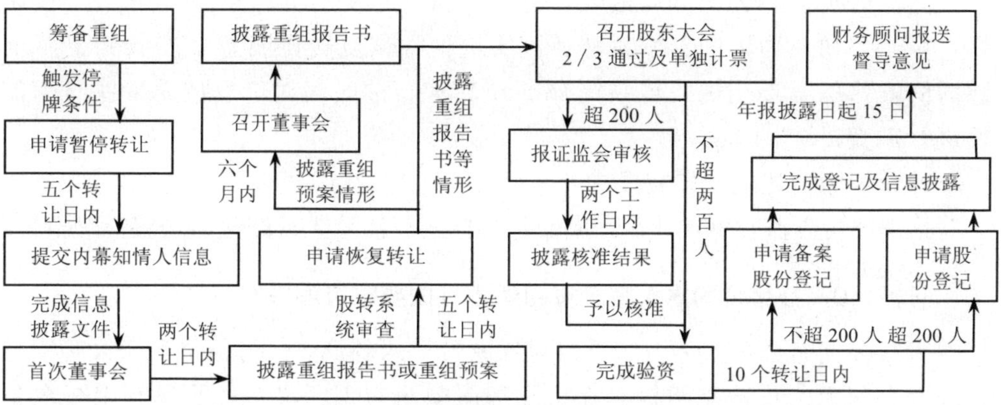

图 8-2　新三板挂牌公司发行股份购买资产的重大资产重组流程

说明：该图来自《新三板资本裂变 2：并购重组实务》P143 插图。

8.1.3 申请暂停（恢复）转让、保密性与内幕人要求等

问答149 重大资产重组中申请暂停、恢复转让情形及注意事项有哪些？

挂牌公司在筹划重大资产重组过程中的暂停转让情形及其注意事项如下：

（1）需要申请股票暂停转让情形

① 交易各方初步达成实质性意向；

② 虽未达成实质意向，但在相关董事会决议公告前，相关信息已在媒体上传播或者预计该信息难以保密或者公司证券转让价格出现异常波动；

③ 本次重组需要向有关部门进行政策咨询、方案论证。

④ 除公司申请证券暂停转让的上述三种情形外，全国股份转让系统有权在必要情况下对挂牌公司证券主动实施暂停转让。

（2）股票恢复转让日确定

① 在《股票暂停转让的公告》中明确恢复转让的最晚时点；

② 公司自主确定恢复转让日期，但暂停转让时间原则上不得超过3个月，暂停转让时间确需超过3个月的，应当向全国股转系统说明理由，并在取得全国股转系统的同意后发布关于股票长期暂停转让的公告；

③ 首次董事会召开之日（T日）与最晚恢复转让日间应当有至少9个转让日的时间间隔（即最晚恢复转让日不早于T+9日）。主要考虑：保证首次信息披露的时点（T+2日）与最晚恢复转让日（T+9日）间至少相距7个转让日。由于公司从申请证券恢复转让到实现证券恢复转让还需2个转让日，上述时间安排保证了全国股转系统有5个转让日的时间对信息披露文件的完备性进行审查。

（3）暂停转让期间披露要求

挂牌公司股份暂停转让后，应当每月披露一次重大资产重组进展情况报告。

问答150 挂牌公司重大资产重组保密性的要求有哪些？

新三板挂牌公司重大资产重组对保密性要求较高，任何单位和个人对知悉的公众公司重大资产重组信息在依法披露前负有保密义务，不得利用公众公司重大资产重组信息从事内幕交易、操纵证券市场等违法活动。具体包括如下要求：

（1）挂牌公司与交易对方就重大资产重组进行初步磋商时，应当采取有效的保密措施，限定相关敏感信息的知悉范围，并与参与或知悉本次重大资产重

组信息的相关主体签订保密协议；

（2）挂牌公司及其控股股东、实际控制人等相关主体研究、筹划、决策重大资产重组事项，原则上应当在相关股票暂停转让后或者非转让时间进行，并尽量简化决策流程、提高决策效率、缩短决策时限，尽可能缩小内幕信息知情人范围；

（3）如需要向有关部门进行政策咨询、方案论证的，应在相关股票暂停转让后进行。

问答151　重大资产重组中内幕信息知情人报备及注意事项有哪些？

新三板挂牌公司在筹划重大资产重组过程中，应按照《全国中小企业股份转让系统重大资产重组业务指南第 1 号——非上市公众公司重大资产重组内幕信息知情人报备指南》的要求进行内幕信息知情人报备，具体要求如下（报备登记表参看表 8-5）。

表 8-5　新三板挂牌公司重大资产重组内幕信息知情人登记表

证券简称：　　　　　证券代码：　　　　　主办券商：

序号	姓名	所在单位/部门	知情人类型	身份证号码	证券账户代码	联系方式	获取内幕信息的时间

注：1、获取内幕信息的时间一栏请填入内幕信息知情人获取或应当获取内幕信息的第一时间。

2、“知情人类型”指重组相关方（如发行对象、交易对手方、审计机构、评估机构、独立财务顾问、政府相关部门等）或自然人在重组相关方的相关岗位、职务或与相关方的亲属关系等。

报送日期：××年×月×日

（1）时间要求

① 股票暂停转让之日起 5 个转让日内；

② 距离首次董事会召开不足 5 个转让日的，应当在申请暂停转让的同时报备。

（2）报送文件要求

① 挂牌公司重大资产重组内幕信息知情人登记表（含内幕信息知情人及直系亲属名单）；

② 相关人员买卖公司证券的自查报告；

③ 公司重大资产重组交易进程备忘录；

④ 公司全体董事对内幕信息知情人报备文件真实性、准确性和完整性的承诺书。

（3）全国股转系统核查

全国股转系统在收到内幕信息知情人名单及自查报告后，将对内幕信息知情人在暂停转让申请日前六个月的公司证券转让情况进行核查。

问答152 挂牌公司重大资产重组内幕知情人有哪些？

新三板挂牌公司内幕信息知情人的范围主要有：

（1）挂牌公司所有的董事、监事、高级管理人员（不单指知情人员）；

（2）持有公司 10%以上股份的股东和公司的实际控制人，以及其董事、监事、高级管理人员；

（3）由于所任公司职务可以获取公司本次重组相关信息的人员；

（4）本次重大资产重组的交易对方及其关联方，以及其董事、监事、高级管理人员；

（5）为本次重大资产重组方案提供服务以及参与本次方案的咨询、制定、论证等各环节的相关单位和人员；

（6）参与本次重大资产重组方案筹划、制定、论证、审批等各环节的相关单位和人员；

（7）前述自然人的直系亲属，如配偶、父母、子女及配偶的父母。

问答153 挂牌公司如何做好重大资产重组过程中内幕信息管理？

挂牌公司与交易对手方进行重大资产重组，应做好内幕信息管理工作，具体如下。

（1）签订保密协议

挂牌公司与交易对手方就重大资产重组进行初步磋商时，应当采取有效的保密措施，限定相关敏感信息的知悉范围，并与参与或知悉本重大资产重组信息的相关主体签订保密协议。

（2）筹划、决策重组事项时间限制

挂牌公司及其控股股东、实际控制人等主体研究、筹划、决策重大资产重组事项，原则上应当在相关股票暂停转让后或者非转让时间进行；

简化决策流程，提高决策效率，缩短决策时间，尽可能缩小内幕信息知情人范围；

如需要向有关部门进行政策咨询、方案论证的，应在相关股票暂停转让后进行。

（3）交易进程备忘录

挂牌公司筹划重大资产重组事项，应当详细记载筹划过程中每一具体环节的进展情况，包括商议相关方案、形成相关意向、签署相关协议或者意向书的具体时间、地点、参与机构和人员、商议和决议内容等，制作书面的交易进程备忘录并妥善保管；

参与每一具体环节的所有人员均应在备忘录上签名确认。

（4）内幕信息知情人报备

应当在证券暂停转让之日起五个转让日内，向全国股转系统报备。

问答154　内幕信息知情人在暂停转让前夕买入股票应怎样处理？

根据《证券法》的相关规定，证券交易内幕信息的知情人和非法获取内幕信息的人，在内幕信息公开前，不得买卖该公司的证券，或者泄露该信息，或者建议他人买卖该证券。在挂牌公司重大资产重组过程中，属于内幕信息知情人范围的相关人员，在股票暂停转让日前六个月内存在买卖挂牌公司股票行为的，按以下原则处理：

（1）相关人员存在买卖公司股票行为的，当事人应当书面说明其买卖股票行为是否利用了相关内幕信息；挂牌公司及相关方应当书面说明与买卖股票人员相关事项的动议时间，买卖股票人员是否参与决策，买卖行为与该事项是否存在关联关系，以及是否签订了保密协议书等。

（2）发现异常转让情况，全国股转系统有权要求挂牌公司、财务顾问及其他相关主体对转让情况作出进一步核查；涉嫌利用公司重大资产重组信息从事内幕交易、操纵证券市场等违法活动的，全国股转系统将采取自律管理措施，并向中国证监会报告。

8.1.4　董事会、股东会审议及各阶段信息披露等

问答155　重大资产重组中首次董事会议应注意哪些问题？

新三板挂牌公司重大资产重组召开首次董事会会议审议事项及其注意参见表 8-6。

表8-6 新三板挂公司重大资产重组首次董事会会议议案及注意事项

<table>
<tr><td>1</td><td>关于公司进行重大资产重组的议案</td><td>包括但不限于：
① 本次重大资产重组的方式、交易标的和交易对手
② 交易价格或价格区间
③ 定价方式和定价依据
④ 相关资产办理权属转移的合同义务和违约责任
⑤ 决议的有效期
⑥ 对董事会办理本次重大资产重组事宜的具体授权
⑦ 其他需要明确的事项</td></tr>
<tr><td>2</td><td colspan="2">重大资产重组预案或重大资产重组报告书</td></tr>
<tr><td>3</td><td colspan="2">关于本次重组是否构成关联交易的议案</td></tr>
<tr><td>4</td><td colspan="2">关于签订附生效条件的重组相关协议的议案（如有）</td></tr>
<tr><td>5</td><td colspan="2">关于批准本次重组有关审计、评估或估值、盈利预测报告的议案（如有）</td></tr>
<tr><td>6</td><td colspan="2">关于召开挂牌公司股东大会的议案（如有）</td></tr>
</table>

问答156 重大资产重组中股东大会表决及注意事项有哪些？

新三板挂牌公司重大资产重组事项需要经股东大会表决，具体要求与注意事项如下：

（1）单独计票制

① 股东人数超过200的，应当对出席会议的持股比例在10%以下的股东表决情况实施单独计票，决议后及时披露表决情况；

② 持股比例在10%以下的股东，不包括公众公司董事、监事、高级管理人员及其关联人以及持股比例在10%以上股东的关联人。

（2）通过比例限制

必须经出席会议的股东所持表决权的2/3以上通过。

（3）其他注意事项

① 关联股东应当回避表决；

② 挂牌公司视自身情况在公司章程中约定是否提供网络投票方式。

问答157 重大资产重组不同阶段挂牌公司涉及哪些信息披露？

挂牌公司进行重大资产重组，在不同进展阶段会涉及不同的信息披露文件，具体如下。

（1）暂停转社

需要披露：① 股票暂停转让公告；② 每月披露重大资产重组进展报告。

（2）召开首次董事会

需要披露：① 董事会决议、股东会相关事项；② 若已完成相关资产审计：披露重大资产重组报告书、财务顾问报告、法律意见书及重组涉及的审计报告、资产评估报告（或资产估值报告）；③ 若未完成相关资产审计：则披露重大资产重组预案及独立财务顾问对原重组方案的审查意见，并在 6 个月内再次召开董事会。

（3）恢复转让

该阶段需要披露股票恢复转让公告。

（4）召开股东会

该阶段需要披露股东会决议。

（5）重大资产重组结束

需要披露：① 重大资产重组实施情况报告书；② 独立财务顾问及律师的专业意见。

（6）重大资产重组后

在年报披露 15 日内，披露财务顾问持续督导意见。

问答158 重大资产重组首次信息披露及其注意事项有哪些？

新三板挂牌公司在暂停转让期间，应当针对重大资产重组召开首次董事会并完成首次信息披露事项的准备工作，并在首次董事会召开后的两个转让日内进行首次信息披露。具体内容及注意事项如下。

（1）相关资产已完成审计或评估

首次董事会后两个转让日内，披露董事会决议、重大资产重组报告书、独立财务顾问报告、法律意见书以及重组涉及的审计报告、资产评估报告或资产估值报告。

（2）相关资产尚未完成审计或评估

① 首次董事会后 2 个转让日内，披露董事会决议、重大资产重组预案及独立财务顾问对预案的核查意见

② 披露重组预案后 6 个月内完成审计等工作，并再次召开董事会，在披露董事会决议时一并披露重大资产重组报告书、独立财务顾问报告、法律意见书以及本次重大资产重组涉及的审计报告、资产评估报告或资产估值报告等。

问答159 重大资产重组的首次信息披露全国股转系统如何审查？

根据中国证监会及全国股转系统有关规定，重大资产重组首次披露的信息需经全国股转系统审查，具体要求如下：

（1）审查时间

首次信息披露后五个转让日内、股票恢复转让前。

（2）审查原则

对信息披露文件的完备性和规范性进行审查。

（3）审查方式

① 五个转让日内全国股转系统未提出异议，则视为默示同意，公司可以正常进行信息披露并申请恢复转让；

② 发现信息披露存在完备性问题的，全国股转系统要求公司对存在问题的信息披露内容进行解释、说明和更正；

③ 发现公司重大资产重组信息披露涉嫌虚假披露、误导性陈述、重大遗漏或存在程序不规范问题的，全国股转系统要求股票持续暂停转让，视情况采取自律监管措施并向中国证监会报告。

问答160　重大资产重组实施完毕后有哪些信息披露？

新三板挂牌公司重大资产重组实施完成后，应当披露相关文件，并在之后的年报披露时披露财务顾问的持续督导意见，具体内容及要求如下。

（1）披露文件

① 实施情况报告书；

② 独立财务顾问的意见；

③ 律师的专业意见。

（2）披露时点

重大资产重组实施完毕之日起 2 个工作日内。

（3）财务顾问后续持续督导要求

① 持续督导的期限自本次重大资产重组之日起，不少于一个完整会计年度；

② 独立财务顾问应当结合挂牌公司重大资产重组实施当年和实施完毕后的第一个完整会计年度的年报，自年报披露之日起 15 日内，对重大资产重组实施的有关事项出具持续督导意见，报送全国股转系统并披露。

8.1.5　预案、报告书及其变更与资产评估要求操作

问答161　重大资产重组预案披露内容及注意事项有哪些？

根据《非上市公众公司重大资产重组管理办法》及全国股转系统的有关规

定，新三板挂牌公司重组过程中需披露重大资产重组预案，披露的内容主要有如下四部分。

（1）基本情况

① 挂牌公司和交易对手方基本情况；

② 本次交易的背景和目的；

③ 本次交易的具体方案、交易标的基本情况。

（2）交易的影响

① 本次交易对挂牌公司的影响；

② 保护投资者合法权益的有关安排。

（3）交易报批情况

① 说明已向有关主管部门报批的进展情况和尚需呈报批准的程序；

② 对可能无法获得批准的风险作特别提示。

（4）证券服务机构意见

① 独立财务顾问、律师事务所、会计师事务所等意见；

② 尚未出具意见的，特别提示。证券服务机构意见将在重大资产重组报告书中予以披露。

问答162　重大资产重组报告书披露的内容及注意事项有哪些？

根据《非上市公众公司重大资产重组管理办法》及全国股转系统的有关规定，新三板挂牌公司重组过程中需披露重大资产重组报告书，主要内容与注意事项如下。

（1）交易概述

本次重组的基本情况。

（2）挂牌公司基本情况

① 主要业务发展和财务指标；

② 控股股东、实际控制人。

（3）交易对手方情况

① 交易对手方基本情况；

② 与挂牌公司之间的关联关系。

（4）交易标的

① 交易标的基本情况；

② 根据资产评估结果的定价，披露资产评估方法和资产评估结果；

③ 涉及重大资产购买的，披露拟购买资产主要业务情况；

④ 涉及重大资产出售的，披露出售资产主要业务情况；

⑤ 涉及债权债务转移的，披露解决方案。

（5）发行股份情况（如有）

① 发行定价合理性；

② 发行的基本情况。

（6）交易合同的主要内容

① 交易价格、支付方式等合同要素；

② 资产交付或过户安排。

（7）承诺事项

当事人公开承诺事项及未能履行承诺的约束措施。

（8）财务会计信息

① 交易标的为完整经营性资产的，披露最近2年简要财务报表；

② 不构成完整经营性资产的，披露最近2年经审计的财务数据；

③ 拟购买资产盈利预测数据（如有）。

（9）证券服务机构意见

① 独立财务顾问的意见；

② 律师的结论性意见。

（10）证券服务机构基本信息

财务顾问、律师、会计师等专业机构的基本信息。

问答163　挂牌公司在重大资产重组过程中变更方案如何处理？

新三板挂牌工资在进行重大资产重组的过程中，可以对重组方案进行变更，但需要履行一定的程序，具体如下：

（1）对原方案的重大调整

① 对交易对象、交易标的、交易价格、支付手段等作出变更，构成对原重组方案的重大调整；

② 董事会就新方案表决通过后重新提交股东大会审议；

③ 向全国股转系统重新报送信息披露文件或者向中国证监会重新提出核准申请。

（2）终止交易

股东大会作出重大资产重组的决议后，董事会决议终止本次交易或者撤回有关申请的，应当说明原因并披露，并提交股东大会审议。

问答164 重大资产重组过程中，挂牌公司需要资产评估的情形有哪些？

新三板挂牌公司重大资产重组中，相关法律法规要求标的资产应当进行评估。应当进行评估并提供资产评估报告的情形如下。

（1）《公司法》所涉情形（第二十七条）

股东可以用货币出资，也可以用实物、知识产权、土地使用权等可以用货币估价并可以依法转让的非货币财产作价出资，对作价出资的非货币财产应当评估作价。

（2）《国有资产评估管理办法》所涉情形（第三条）

国有资产占有单位有下列情形之一的，应当进行资产评估。

① 资产拍卖、转让；

② 企业兼并、出售、联营、股份经营；

③ 与外国公司、企业和其他经济组织或者个人开办中外合资经营企业或者中外合作经营企业；

④ 企业清算；

⑤ 依照国家有关规定需要进行资产评估的其他情形。

（3）《企业国有资产评估管理暂行办法》所涉情形（第六条）

企业有下列行为之一的，应当对相关资产进行评估。

① 整体或者部分改建为有限责任公司或者股份有限公司；

② 以非货币资产对外投资；

③ 合并、分立、破产、解散；

④ 非上市公司国有股东股权比例变动；

⑤ 产权转让；

⑥ 资产转让、置换；

⑦ 整体资产或者部分资产租赁给非国有单位；

⑧ 以非货币资产偿还债务；

⑨ 资产涉讼；

⑩ 收购非国有单位的资产；

⑪ 接受非国有单位以非货币资产出资；

⑫ 接受非国有单位以非货币资产抵债；

⑬ 法律、行政法规规定的其他需要进行资产评估的事项。

（4）《财政部关于规范珠宝首饰艺术品管理有关问题的通知》所涉情形

上市公司、拟上市公司在涉及珠宝类相关资产的交易活动中，应当聘请专门的机构进行评估。从事珠宝类相关资产评估业务的机构需要具备一定的条件。新三板挂牌公司可以参照上述对上市或拟上市公司的规定。

8.1.6 审查核准、备案与交易双方责任及其股份限售

问答165 全国股转系统公司审查的要求与注意事项有哪些？

（1）审查时间

首次信息披露后，恢复转让前。

（2）审查原则

规范性审查。

（3）审查方式

五个转让日内无异议即为同意。

（4）发现问题的处理方式：

发现信息披露文件存在完备性问题的，全国股份转让系统有权要求公司对存在问题的信息披露内容进行解释、说明和更正，公司应当视情况申请延后至最晚恢复转让日。

发现公司重大资产重组信息披露文件存在重大瑕疵的，全国股份转让系统有权要求公司证券持续暂停转让并向中国证监会报告。

问答166 发行股份购买资产履行核准或备案程序怎样操作？

新三板挂牌公司发行股份购买资产构成重大资产重组的，根据股东人数是否超过200，履行相应的核准或备案程序，具体要求如下：

（1）发行后股东人数不超过200的

① 向全国股转系统申请备案；

② 股票发行信息披露及具体流程直接适用重组规则，不再适用股票发行规则；

③ 需满足投资者适当性的有关规定；

④ 股东大会通过后，办理验资手续，验资完成后向全国股转系统申请备案及股份登记。

（2）发行后股东人数超过 200 的

① 按证监会的有关规定编制申请文件并申请核准；

② 股票发行信息披露及具体流程直接适用《非上市公众公司重大资产重组管理办法》的规定，不再适用股票发行规则；

③ 需满足投资者适当性的有关规定；

④ 股东大会通过后报证监会核准，核准通过后办理验资手续，验资完成后直接向全国股转系统申请股份登记。

（3）特殊情形

涉及以发行股份和其他支付手段混合认购资产构成重大资产重组的，按照发行股份购买资产构成重大资产重组的规定办理。

问答167　挂牌公司管理层及其交易对手方就重大资产重组责任各有哪些？

新三板挂牌公司重大资产重组事项，挂牌公司管理层、交易对手方等当事人需要承担一定责任，主要如下。

（1）交易对手方

① 交易对手方作出公开承诺事项的，应当同时提出未能履行承诺时的约束措施并披露；

② 全国股转系统对不履行承诺的行为及时采取自律监管措施。

（2）挂牌公司及其管理层

重大资产重组实施完毕后，凡不属于挂牌公司管理层事前无法获知且事后无法控制的原因，出现以下情形的：

① 购买资产实现的利润未达到盈利预测报告或者资产评估报告预测金额的 80%，或者实际运营情况与重大资产重组报告书存在较大差距的，挂牌公司的董事长、总经理、财务负责人应当在挂牌公司披露年度报告的同时作出解释，并向投资者公开道歉；

② 实现利润未达到预测金额的 50%的，中国证监会可以对挂牌公司及相关责任人员采取监管谈话、出具警示函、责令定期报告等监管措施。

问答168　重大资产重组，挂牌公司股份限售及定价有何要求？

（1）股份限售

重大资产重组涉及发行股份的，特定对象以资产认购而取得的挂牌公司股份，自股份发行结束之日起 6 个月内不得转让。属于表 8-7 所列列情形之一的，12 个月内不得转让。

表 8-7　挂牌公司重大资产重组中股份的限售规定情况

1	特定对象为挂牌公司控股股东、实际控制人或者其控制的关联人
2	特定对象通过认购本次发行的股份取得挂牌公司的实际控制权
3	特定对象取得本次发行的股份时，对其用于认购股份的资产持续拥有权益的时间不足 12 个月

（2）股份定价

根据《非上市公众公司重大资产重组管理办法》，使用股份、可转换债券、优先股等支付方式购买资产的，其支付手段的价格由交易双方自行协商确定，定价可以参考董事会召开前一定期间内公众公司股票的市场价格、同行业可比公司的市盈率或市净率等。

董事会应当对定价方法和依据进行充分披露。

8.2　典型实战13例

8.2.1　判断、募集人数确认与实质性条件

案例097　如何判断是否构成重大资产重组（九鼎集团）

这里以新三板挂牌企业北京同创九鼎投资管理股份有限公司（简称九鼎投资 430719，于 2015 年 12 月 21 日更名为九鼎集团，为了方便，后文简称九鼎投资）于 2015 年海外收购富通亚洲控股有限公司股份为例来说明。

是否构成重大资产重组：

根据九鼎投资在股转系统公布的《2014 年年度报告》，九鼎投资 2014 年经审计的财务会计报表期末资产总额为 13,112,185,992.68 元人民币，期末净资产额为 11,460,117,416.61 元人民币。根据《股份购买协议》，本次交易的交易价格将高于 106.88 亿元港币。根据兴华出具的《审计报告》，截至基准日 2015 年 6 月 30 日，目标公司的资产总额为 29,320,885,000 元人民币，目标公司的净资产额为 5,180,248,000 元人民币。

截至基准日 Ageas Asia 全部股东权益评估价值 90.14 亿元，评估增值 38.34 亿元，评估增值率为 74.01%。经交易双方最终协商确定，本次交易的价格为 106.88 亿港元以相应利息。因九鼎投资向 Ageas International 购买的资产总额占九鼎投资 2014 年度经审计的合并财务会计报表期末资产总额的比例达到

50%以上，本次交易构成重大资产重组。

根据《非上市公众公司重大资产重组管理办法》第二条、第三十五条的规定，本次交易构成重大资产重组。

上述规定提供了两条构成重大资产重组的条件，即：

一是购买、出售的资产总额占挂牌公司最近一个会计年度经审计的合并财务会计报表期末资产总额的比例达到 50%以上。

二是购买、出售的资产净额占挂牌公司最近一个会计年度经审计的合并财务会计报表期末净资产额的比例达到 50%以上，且购买、出售的资产总额占挂牌公司最近一个会计年度经审计的合并财务会计报表期末资产总额的比例达到 30%以上。

案例098　三项对外投资是否构成重大重组（中矿龙科）

新三板挂牌企业中矿龙科（430147）披露于 2016 年 6 月 8 日、7 月 8 日所披《对外投资公告》称，拟投资 1000 万元用于设立全资子公司南京龙科环保科技有限公司，投资 1000 万元用于设立全资子公司沧州临海龙科环保科技有限公司及投资 3000 万元用于认购南京安立德电子科技公司 30%股权，合计投资金额达 5000 万元。根据公司 2015 年年报数据显示，公司净资产为 72,740,495.68 元，总资产为 134,227,378.92 元。

【股转公司问询】

请公司说明目前上述三项对外投资进展情况，并判断在合并计算时是否构成重大资产重组。

【解决与回复】

按照资产总额、净资产、营业收入计算，本公司购买南京安立德 30%股权相关财务信息如下：

公　司	2015 年 12 月 31 日	
	资产/投资额（元）	净资产/投资额（元）
南京安立德	30,000,00.00	30,000,00.00
中矿龙科	134,227,378.92	72,740,495.68
占比（%）	22.35	41.24

因此，根据《非上市公众公司重大资产重组管理办法》，公司投资南京安立德的行为不构成重大资产重组。

案例099　财务顾问失职与重组募集配套资金人数不准确（敦华石油）

2015年10月26日新疆敦华石油技术股份有限公司（敦华石油832275）披露了经董事会审议的重大资产重组报告书、独立财务顾问报告等文件。披露的独立财务顾问报告显示拟向16名自然人及机构投资者募集配套资金。经核查，敦华石油实际拟向14名投资者募集配套资金。作为独立财务顾问，西部证券出具的独立财务顾问报告不准确，违反了《非上市公众公司重大资产重组管理办法》第六条、《全国中小企业股份转让系统业务规则（试行）》（下简称《业务规则》）第1.4条的规定，未能严格履行职责。其中，第六条为：

“主办券商应履行以下督导职责：（一）指导、督促挂牌公司完善公司治理机制，提高挂牌公司规范运作水平；（二）指导、督促挂牌公司规范履行信息披露义务，事前审查挂牌公司信息披露文件，发布风险揭示公告；（三）开展挂牌公司现场检查工作，督促挂牌公司进行整改；（四）建立与挂牌公司日常联系机制，对挂牌公司进行培训和业务指导；（五）关注挂牌公司重大变化，向全国股份转让系统公司报告挂牌公司重大事项，调查或协助调查指定事项，并配合做好挂牌公司的日常监管；（六）全国股份转让系统公司规定的其他职责。”

鉴于以上违规事实，根据《业务规则》第6.1条的规定，股转公司决定对西部证券采取要求出具书面承诺的自律监管措施。

案例100　重大资产重组实质性条件如何分析（九鼎集团）

重大资产重组实质条件分析，这里依然以2015年九鼎投资海外收购富通亚洲控股有限公司股份为例来说明。本次重组实质条件分析如下：

（1）重大资产重组所涉及的资产定价公允，不存在损害公众公司和股东合法权益的情形；

本次交易中，九鼎投资及交易对方在公平、自愿的原则下，确定本次交易的成交金额。本次交易的对价为以下两项之和：

①106.88亿港币；

② 2015年1月1日（含该日）至2015年12月31日（含该日）期间按每年1%的利率就前述金额应计的利息金额，以及2016年1月1日（含该日）至交割日（含该日）期间按每年1.8%的利率就前述金额应计的利息金额，两种情况均按已过去的实际日数除以360计息。

根据兴华出具的《审计报告》，截至2015年6月30日，Ageas Asia总资产值为 29,320,885,000 元人民币，净资产值为 5,180,248,000 元人民币。根据国融兴华出具的《评估报告》，截至 2015 年 6 月 30 日，经收益法评估，Ageas Asia 股东全部权益价值为人民币 9,014,330.94 千元（按中国外汇交易中心公告的 2015 年 6 月 30 日汇率 1 港元对人民币 0.78861 元计算为港币 11,430,657.66 千元）。

所以，本次重组所涉及的资产定价公允，不存在损害挂牌公司及其股东合法权益的情形，符合《重组管理办法》第三条第（一）款的规定。

（2）重大资产重组所涉及的资产权属清晰，资产过户或者转移不存在法律障碍，相关债权债务处理合法；所购买的资产，应当为权属清晰的经营性资产。

本次重组所涉及的资产为交易对方 Ageas International 所持有的 Ageas Asia 的全部 843,807,498 股普通股股份，占 Ageas Asia 已发行股份的 100%。本次重组所涉及的资产为完整的经营性资产。

根据交易对方在《股份购买协议》中的保证及百慕大律师的法律意见，目标股权权属清晰。

根据百慕大律师 2015 年 9 月 16 日出具的法律意见，《股份购买协议》中拟议交易未导致且不会导致：（a）与 Ageas Asia 及 Ageas Insurance Company（Asia）Limited 的组织大纲或章程细则存在任何冲突；或（b）由于违反 Ageas Asia 及 Ageas Insurance Company（Asia）Limited 的组织大纲及章程细则而对其或其董事产生任何限制；或（c）违背百慕大的任何法律；或（d）（就通过百慕大律师 2015 年 9 月 16 日的查询可以确定的情形而言）违背百慕大任何政府、司法或公共机关或机构的任何法规或命令。

根据香港龙杨律师 2015 年 9 月 18 日出具的法律意见，受限于香港当地保险主管部门可能持有不同意见或基于裁量权不予批准九鼎投资出任 Ageas Asia 的控股股东的前提下，香港龙杨律师认为，九鼎投资收购 Ageas Asia 及成为其控股股东的事宜在香港法律项下无重大法律障碍。

根据《股份购买协议》，本次交易的交割时，交易双方将按照《股份购买协议》的附件签订格式确定的《更新契据》，对相关债权债务进行交接。根据香港年利达律师的法律意见，前述有关债权债务处理的约定合法、有效，且按照其条款，构成有约束力并可强制执行的义务。《更新契据》的签署、交付和履行以及依据其条款完成拟议交易不会违反任何适用的香港法律和法规。

所以，本次重组符合《重组管理办法》第三条第（二）款的规定。

（3）实施重大资产重组后有利于提高公众公司资产质量和增强持续经营能

力，不存在可能导致公众公司重组后主要资产为现金或者无具体经营业务的情形。

根据《独立财务顾问报告》，九鼎投资的主营业务为资产管理业务。本次交易的标的资产为 Ageas Asia100%股权。Ageas Asia 的主营业务为人寿保险业务。本次重大资产重组，九鼎投资旨在通过支付现金购买资产的方式拓宽公众公司主营业务领域，进军海外保险业务，优化公司的经营状况，增强公司的持续盈利能力和发展潜力，提升公司价值和股东回报。

根据《独立财务顾问报告》，本次交易有利于公众公司增强持续经营能力，不存在可能导致公众公司重组后主要资产为现金或者无具体经营业务的情形。

所以，本次重组符合《重组管理办法》第三条第（三）款的规定。

（4）实施重大资产重组后有利于公众公司形成或者保持健全有效的法人治理结构。

九鼎投资已按照《公司法》、《证券法》、《管理办法》等法律、法规及规范性文件的规定，设置了股东大会、董事会、监事会等内部组织机构并制定了股东大会议事规则、董事会议事规则、监事会议事规则等一系列治理制度，从制度上保证股东大会、董事会和监事会的规范运作和依法行使职责。

根据《股份购买协议》，本次交易不涉及九鼎投资董事及高级管理人员的变化，九鼎投资的治理结构不会因本次交易发生变化。

所以，本次重组完成后，九鼎投资将继续保持其健全有效的法人治理结构，符合《重组管理办法》第三条第（四）款的规定。

综上所述，本次重组符合现行法律、法规及《重组管理办法》第三条和相关规范性文件规定的原则和条件。

8.2.2 过渡期损益、配套融资与申请暂停转让违规

案例101 过渡期间损益的归属如何明确（新科生物）

过渡期间是指标的资产评估基准日到交割日之间的这段时间，由于重大资产重组流程复杂耗时较长，一般情况下需要近一年的时间，过渡期间损益的情况有时候还是很大的。

那么，过渡期间损益的归属如何明确与规定就比较重要了。这里以新三板挂牌新科生物（430175）2015 年实施的重大资产重组为例进行说明。

（1）依法存续和正常经营，不出现依法应予解散或终止经营的情况，现有主营业务不发生重大变化，不开展任何现有业务之外的业务；不停止或终止现有主要业务等所有非基于正常商业交易的行为；

（2）非经科新生物同意，不得解雇员工，不得增加员工工资、福利；

（3）不对金豪制药的股东进行利润分配、红利或其他形式的分配，或者通过决议分配利润、红利或其他形式的分配。除经科新生物书面同意外，不对注册资本进行任何形式的变更，不对金豪制药的股权结构作任何变更；

（4）不对外提任何新的担保。除经科新生物同意外，不得新作出同意金豪制药进行资金拆借的决议，保证金豪制药不发生新的资金拆借行为；

（5）除经科新生物同意外，不收购或出售交易金额超过人民币500万元的重大资产，非基于正常生产经营行为而发生的资产购买和出售行为，不在金豪制药资产上设置正常生产经营业务以外的权利负担（包括抵押、质押和其他任何方式的权利负担）。

案例102　配套融资方案发生重大变化如何解释（善为影业）

新三板挂牌企业重大资产重组中关于配套融资的变化，一般有三种情形：①定向增发人数变化，金额也发生变化；②定向增发对象发生变化，人数不变；③定向增发对象人数增加，或者减少，募集资金额不变。

关于如何解决和披露，这里以新三板挂牌公司善为影业（831973）2015年重大资产重组为例予以说明。

本次重组中，发行股份募集配套资金不超过2,700万元，原拟定认购对象为6名，各认购对象的认购数量已确定。但实际认购对象为4名，即2名认购对象放弃认购，且4名认购对象中的2名认购对象认购股份数量亦有所减少，最终实际认购股份数量为97.50万股，实际募集资金为1.950.00万元。

上述认购对象和认购对象认购股份数量的变化，不违反本次重组的整体方案；原拟认购对象放弃股份的认购或认购对象减少股份认购数量，并未给公司造成实质损害，不会构成本次重组实施的实质性障碍。

案例103　重大资产重组事项申请暂停转让程序违规

2015年9月14日9时21分，某挂牌公司通过邮件发送“暂停转让申请表”，申请重大资产重组事项暂停转让，导致挂牌公司股票盘中紧急停牌。

上述事件及行为违反了《全国中小企业股份转让系统重大资产重组业务指引（试行）》第八条规定：

（1）在公司证券转让时段，全国股转系统不接收任何关于公司重大资产重组事项的暂停转让申请及材料报送。

（2）全国股转系统设立专门的纸质文件传真机（传真号 010-63889872），在转让日收市后 15 时 30 分至 16 时 30 分之间接收公司的暂停转让申请。公司通过其他方式、其他渠道提交的暂停转让申请不得早于通过前述专门用途传真机的提交时间。

（3）全国股转系统对公司重大资产重组事项暂停转让申请实行统一登记、集中管理。公司必须在确认公司证券已暂停转让后才能开始与股转系统工作人员沟通重大资产重组事项相关业务。

由此，全国股转系统对该公司采取约见谈话的自律监管措施，同时对该公司的主办券商未勤勉尽责，未能督导公司按照有关规定申请暂停转让，采取约见谈话的自律监管措施。

8.2.3 实际控制人变更、资产注入与中概股回归

案例104 变更实际控制人的重大资产重组（ST 鼎讯）

新三板挂牌公司 ST 鼎讯原主营业务为手机终端单机游戏、手机终端网络游戏的研发与运营，是游戏产品的内容提供商；重组后主营业务为汽车销售。

（1）借壳的背景

ST 鼎讯原简称鼎讯，于 2012 年 12 月在新三板挂牌，但 2013 年和 2014 年连续 2 年亏损，2014 年度经审计的期末净资产为负值，股票被标识“ST”。

（2）借壳过程

2015 年 1 月，曾飞等原股东通过协议方式将所持 50.4%股份转让给吴晓翔，公司实际控制人由曾飞变更为吴晓翔；

2015 年 4 月 8 日，鼎讯互动发布公告实施重大资产重组，股票暂停转让；

2015 年 4 月 30 日，鼎讯互动公告了重组报告书等法定披露文件，以发行股份方式购买广东欧美城 100%股权（即吴晓翔控制的企业）；

2015 年 10 月 27 日，ST 鼎讯公告了更正后的重组报告书等法定披露文件，并于 2015 年 10 月 28 日起恢复转让。

（3）借壳方案分析

分步实施：第一步，控制权变更；第二步，以发行股份购买资产的方式购

入实际控制人控制的资产。

全国股转系统审查标的公司是否符合挂牌条件，分别于 2015 年 6 月 24 日、2015 年 7 月 27 日进行了两次反馈。

案例105　控制权变更与资产注入同步的重大资产重组（亚锦科技）

新三板挂牌公司亚锦科技原主营业务为医疗卫生软件的研发、销售及售后服务；重组后主营业务为电池生产与销售。

公司采取控制权变更与资产注入同步实施的方式，实施重大资产重组，实现借壳。

（1）借壳的背景

亚锦科技经营规模较小且连续亏损，未来盈利前景不明朗。

（2）借壳过程

2015 年 6 月 18 日，亚锦科技发布关于筹划重大资产重组暂停转让的公告；

2015 年 9 月 30 日，亚锦科技公告重组报告书等法定披露文件，亚锦科技发行 26.4 亿股收购大丰电器其持有的南孚电池 60%的股权，交易完成后注册资本由 500 万元变更为 45 亿元，控股股东由彭利安变更为大丰电器，实际控制人由彭利安变更为吴尚志和焦树阁。

2016 年 1 月 12 日，亚锦科技公告更正后的重组报告书等法定披露文件，并于 2016 年 1 月 21 日起恢复转让。

案例106　中概股回归的另类重大资产重组（美中嘉和）

2016 年 2 月 23 日，新三板挂牌公司北京美中嘉和医院管理股份有限公司（美中嘉和 835660）披露了《支付现金购买资产暨关联交易之重大资产重组报告书》，拟收购傲华科技 100%股权，交易价格为 3.2 亿元；拟收购世纪友好 100%股权，交易价格为 7000 万元。交易对价以现金支付，价款在三年期内付清。

美中嘉和、傲华科技、世纪友好皆为纽交所上市企业泰和医疗控股（NYSE：CCM）间接全资持有的下属企业。本次收购实际上是将同一挂牌公司实际控制人的非挂牌资产注入挂牌公司。本次重大资产重组若成功实施，或将成为中概股回归国内资本市场的另类案例。

拟收购标的世纪友好主要经营活动为筹备北京质子中心，北京质子中心从 2012 年设立至今一直处于筹备阶段，预计正式运营尚需 3 年左右。中心建成后争取成为国际先进、国内一流的以质子治疗为核心技术，集肿瘤诊断治疗科研及培训为一体的现代化医疗机构。

拟收购标的傲华科技主营业务为肿瘤诊断及放疗设备的租赁服务及相关设备的技术咨询服务，客户主要为以放疗为治疗手段的肿瘤治疗医院。自 2013 年以来，公司主营业务收入稳定在两个亿左右（其中：2013 年 2.01 亿元，2014 年 2.18 亿元，2015 年预计 2.12 亿元，2016 年预测超 3.2 亿元）。

而挂牌公司美中嘉和的主营业务为肿瘤诊疗中心的管理及肿瘤放疗医院的运营管理，公司积累了国内外大量肿瘤诊疗领域的医疗专家资源，管理着国内最庞大的肿瘤诊疗医疗服务网络，在市场上处于领先地位。同时在管理中积累了大量的医疗数据，这些数据积累可为公司未来医院运营、质量控制、设备检测与维护提供强有力的支持。

美中嘉和本次并购实施后，挂牌公司将整合原有肿瘤诊疗中心的管理与运营能力、傲华科技的诊断及放疗设备租赁及技术咨询服务能力，以及一家放射治疗机构，此举将扩大公司经营规模，增强盈利能力和核心竞争力，加强公司资金实力和后续发展能力。同时，也使得公司基本具备独立开展肿瘤治疗的业务能力，可加快肿瘤放疗系统布局，有助于公司从传统的与医院合作建设放疗中心 1.0 模式向自建二级肿瘤放疗连锁医院的 2.0 模式升级，打造和提高自有品牌“美中嘉和”在国内精准放疗领域的地位。

据披露的 2015 年财报，美中嘉和本期净利润 802.7 万元，资产重组报告书中预测 2016 年傲华科技将实现净利润 8666.5 万元，业务整合后的美中嘉和预期在 2016 年期间原有业务收入继续保持稳步增长，利润保持快速增长：预测 2016 年将实现营业收入 3.9 亿元、净利润 1 亿元。

新三板重大资产重组监管导向是市场化，而美中嘉和此次重大资产重组不存在实际控制人变更和主营业务范围改变，报请股转系统备案即可顺利完成，可以预见时间会比整体回归短得多。

8.2.4 发行股份、现金支付及特殊资产与产业布局

案例107 发行股份等购买资产重大资产重组（百合网）

2015 年 12 月 7 日，百合网（834214）全资子公司 LoveWorld 将以每普通股 5.04 美元或每美国存托股（ADS）7.56 美元的现金对价收购世纪佳缘，后者作价 2.52 亿美元。合并子公司 FutureWorld 将并入世纪佳缘，世纪佳缘将继续作为存续公司（“存续公司”），同时成为 LoveWorld 的全资子公司（即“合并”），

公司在合并生效前已发行并流通在外的每一普通股（包括以 ADS 代表的普通股）将被注销，对价是获取无利息的每普通股 5.04 美元或每 ADS 7.56 美元现金的权利。具体情况如下。

（1）本次交易概述

① 本次交易概述

百合网拟通过使用公司自有资金、定向发行股份获得的资金及银行贷款收购世纪佳缘发行在外的全部 ADS 和普通股，但本次交易不以定向发行股份完成为前提。

百合网在天津市自由贸易试验区设立全资子公司百合时代资产，并由百合时代资产在开曼设立境外特殊目的公司 LoveWorld，再由 LoveWorld.在开曼设立子公司 FutureWorld，LoveWorld 将按照 7.56 美元每 ADS 的价格或 5.04 美元每普通股的价格（合计 2.4 亿～2.5 亿美元现金），购买世纪佳缘发行在外的全部 ADS 和普通股，此后，FutureWorld 和世纪佳缘依据当地的法律法规吸收合并。世纪佳缘现有全部股东获得现金退出，世纪佳缘将从美国纳斯达克退市。

② 交易对手方基本情况

a）持股比例情况

本次交易的对方为世纪佳缘的全体股东（包括持有世纪佳缘 ADS 和普通股的股东）。根据世纪佳缘提供的信息，截至 2015 年 9 月 30 日，世纪佳缘 5%以上的股东情况如下：

	股东名称	持股比例
1	Vast Profit Holdings Limited	21.01%
2	Qiming Venture Partners, L.P.	13.26%
3	Citi(Nominees) Limited	44.61%
4	Fame Gain Investments Limited	19.12%

注：

① 上述数据以世纪佳缘 2015 年 9 月 30 日发行在外的总股数为基数，持股比例的计算是依据全部 ADS 转换为普通股后的总股数计算的；

② 由于世纪佳缘为上市公司，其股份数处于变动过程中，上述持股比例可能发生变化，具体持股比例以实际交易日为准。

③ 上述持股比例并不包含截至 2015 年 9 月 30 日世纪佳缘本身持有的 4,145,727 股库存股份。

b）持股 5%以上股东的基本信息

本书此处略去。

① 本次交易标的

本次交易标的为世纪佳缘公司股东所持有世纪佳缘发行在外的全部 ADS 和普通股。

② 交易标的的定价依据

根据重大资产重组预案：本次交易标的按照7.56美元每ADS的价格或5.04美元每普通股的价格，合计2.4亿～2.5亿美元现金。最终交易价格将根据独立财务顾问出具的资产估值报告所确定的目标资产评估值为基础，并由百合网与交易对方协商确定。

（3）后续安排

合并完成后，据相关资料显示，世纪佳缘董事及首席执行官吴琳光将担任存续公司的联席董事长和联席首席执行官，百合也将启动公司更名程序。百合已向公司存入现金人民币1.5亿元，这笔资金将被用来支付合并的部分对价。百合计划通过股票定向增发（或银行贷款）方式支付合并所需的剩余对价。

（4）重组解读

① 交易构成重大资产重组

本次交易涉及购买交易对方发行在外的全部 ADS 和普通股，根据世纪佳缘 2014 年年报财务数据（根据美国会计准则编制），世纪佳缘 2014 年资产总额为 108,540,000.00 美元（约为 651,240,000.00 元人民币）。百合网 2014 年经审计资产总额为 68,719,466.69 元人民币。拟购买的资产总额超过百合网 2014 年度经审计的合并财务会计报表期末资产总额的比例将达到 50%以上，本次交易构成非上市公众公司的重大资产重组。

② 意义和前景

世纪佳缘在美国纳斯达克上市的一家婚恋互联网公司，与百合网的合并也是两者之间的强强联手，同时也是我国新三板企业与美国纳斯达克上市企业上演的一段跨国牵手的美好良缘。目前，在美国正出现一股中概股退市潮，而世纪佳缘由于股价表现不佳等因素，早在 2015 年 3 月接到私有化要约，而百合网想当老大，两者一拍即合。值得注意的是，这是国内新三板公司首次收购已提出私有化要约的中概股公司。

百合网与世纪佳缘的合并是属于横向并购，两者之间的强强联合。由于两家公司的主营业务都是在婚恋这一块，联合后主营业务的发展将会更快，企业之间的文化融合和管理对接将更快，更容易。而百合网的市场份额却一直少得可怜，仅占婚恋网站的市场份额中 12.2%。前面是排第一的世纪佳缘 26.7%，两者之间的结合将会占领市场 38.9%的份额，百合网也将会稳稳地占领市场的第一把椅子。而之前百合网一直是在亏损，相信在合并整合后业绩有好转。

案例108　竞拍土地构成重大资产重组（三重股份）

这个案例很特殊，即挂牌公司通过拍卖的方式竞买了一块土地构成了重大资产重组。

三重股份于 2014 年 12 月 4 日召开董事会，通过了《关于竞拍栖霞经济开发区吉林路北的房产及工业用地使用权的议案》及《关于授权董事会办理竞拍栖霞经济开发区吉林路北的房产及工业用地使用权具体相关事宜的议案》，之于后 12 月 19 日提交股东大会审议通过。于 2014 年 12 月 22 日经公开竞价取得了标的房屋所有权和标的工业用地使用权。拍卖成交额为人民币 24,000,000 元整（大写：贰仟肆佰万元整）。

随后，公司将成交款汇入指定账户，并分别于 2015 年 8 月、9 月，将房屋与工业用地过户完毕，结束本次重大资产重组事宜。

案例109　联手打造电商平台的重大资产重组（云天软件）

2015 年 7 月，杭州云天软件股份有限公司（云天软件 430580）公告，公司拟发行股份 32,250,000.00 股股票，作价支付对价合计为 445,050,000.00 元，收购邵俊、华犨、杭州义云科技有限公司、江浩持有的浙江中建网络科技股份有限公司（以下简称中建网络）100.00%股权。本次交易的价格确定：根据中联资产评估集团有限公司出具的以 2015 年 5 月 31 日为评估基准日的中联评报字[2015]第 815 号《杭州云天软件股份有限公司发行股份拟收购浙江中建网络科技股份有限公司 100%股权项目资产评估报告》，公司拟购买的中建网络 100%股权的评估价值合计为 44,510.72 万元，以上述资产评估结果为依据，各方协商确定中建网络 100%股权的交易价格为人民币 445,050,000.00 元。

收购方云天软件成立于 2000 年 2 月 29 日，现有 38 余名员工和 24 名的研发团队，累计取得 23 项计算机软件著作权、3 个软件产品登记证书。公司主要从事水泥软件的开发、销售，公司还于 2015 年 5 月 5 日引入了齐鲁证券有限公司、华安证券股份有限公司作为公司的做市商，竞争力持续增强。公司主要从事水泥行业的管理软件开发、销售及技术服务。主要产品为水泥企业物流管理软件、C6.NET 水泥企业 ERP 管理系统和水泥专业 MIS 系统管理软件。公司根据水泥企业的规模和实际需求，为水泥粉磨站、熟料生产基地、大中小型水泥企业等行业客户开发行业解决方案，提供个性化产品和服务，致力于增强水泥行业客户的信息化建设，提高其内部管理和运营效率。2013年、2014年、2015年1～5月（未审数），公司主营业务收入分别为12,605,552.74元、13,001,871.74元和4,390,432.18元，实现归属母公司所有者的净利润分别为3,272,284.10元、4,854,387.67元、228,471.97元；资产规模分别为13,259,346.11元、16,037,813.28元和25,118,106.49元。

被收购方情况：中建网络成立日于007年3月22日，注册资本515.46万元。公司是一家专业面向于中国建材行业的互联网服务企业，同时开发和提供企业级的B2B电子商务和软件解决方案。公司凭借着强劲的技术实力、深厚的行业背景和丰富的市场推广经验，公司开发和运营了一系列便捷、稳定、高效的第三方电子商务服务平台，帮助建材企业进行产业链整合，提高营销能力。目前下属的建材行业网站有"中国建材网"、"中国水泥网"、"中国石材网"、"中国混凝土与水泥制品网"、"中国陶瓷网"、"中国砖瓦网"、"中国绝热节能材料网"。公司在网络技术和软件开发上都在同行业中具有绝对的优势。除运营着以上七大行业网站外，还为水泥企业提供管理软件开发、电子商务解决方案等多种服务。到目前为止，已为国内几十家大中型水泥企业完成ERP软件建设，并为数百家水泥企业提供了行业ERP管理软件开发，是水泥行业内最专业、最具影响力的ERP软件开发企业。此外，公司还凭借着深厚的行业基础和广泛的影响力，为建材企业提供各类会议活动的全案策划服务，帮助企业开展品牌推广、新产品展示及危机公关处理，同时提供管理人员培训和生产技术各类工种的技能培训。通过多年来的运作实践，公司在行业内取得了长足发展，是浙江省及杭州市高新技术企业、浙江省十强电子商务企业、中国建材行业企业信用AAA级企业、中国建筑材料联合会第四届理事会理事单位，并通过CMMI3认证。旗下网站连续几年被评为中国行业电子商务网站TOP100。

（1）定性与程序

① 构成重大资产重组

云天软件2014年12月31日的财务会计报表期末资产总额为16,037,813.28元，此次交易价格为445,050,000.00元，是云天软件最近一个会计年度经审计的期末资产总额的27.75倍。根据《重组办法》第二条规定，构成重大资产重组。

② 交易履行的决策过程

a）本次交易需要云天软件2015年董事会通过，并获得公司股东大会的审议通过。

b）本次重组需经全国股份转让系统备案。

（2）交易构成关联交易情况

① 购买资产发行股份是否构成关联交易。本次交易对方中，邵俊是云天软件的实际控制人和控股股东，杭州义云科技有限公司是由邵俊控制的有限责任公司。云天软件和中建网络的控股股东和实际控制人均为邵俊；华垈是中建网络公司董事兼总经理，同时又是云天软件的拟任董事，并参股杭州义云科技有限公司。以上交易对方为云天软件的关联方，本次发行股份购买资产构成云天软件关联交易。

② 发行股份募集配套资金是否构成关联交易。本次募集配套资金的股票认购方为刘艳、童浩、马丽、陈钢、孙志武，其中，公司原股东、董事陈钢拟以现金认购本次发行的配套资金属于关联交易。刘艳、童浩、马丽、孙志武在本次交易前与公司不存在关联关系，认购本次发行的配套资金不构成关联交易。

（3）本次交易的背景

我国水泥产量连续 24 年居世界第 1 位，目前占世界总产量的 60%左右。从 2005 年—2014 年间，全国水泥产量绝对值呈现持续增长趋势，但是，产能利用率逐年降低，产能过剩矛盾日益凸显，新常态下，经济增长放缓，市场需求进入平台期，企业效益大幅下滑。面临行业的严峻形势，水泥企业在巩固原有销售渠道的基础上，加快以电子商务手段开辟新的渠道，实现商业模式的创新和提升，从而进一步扩大市场占有率，“互联网+水泥”是水泥行业发展的大势所趋。中建网络旗下主体网站中国水泥网根植于水泥行业十余年，紧紧围绕技术变革与市场动向等方面深度发掘、研究，已成为中国水泥行业唯一集互联网、交易、电商的综合服务平台。作为行业最大、最权威、最活跃的综合平台，网站排名、IP 访问量、百度收录量都领先于同行。中建网络面临着巨大的发展机遇，有良好的发展前景，而其发展却受资金短缺掣肘，急需搭乘资本市场的快车，实现业务的快速扩张，依托资本市场实现跨越式发展。

本次交易标的中建网络与公司所处行业相同，其拥有水泥行业网站的绝对领先市场地位，客户囊括全国水泥行业众多企业，包括华润水泥（01313.HK）、天瑞水泥（01252.HK）、同力水泥（000885.SZ）、上峰水泥（000672.SZ）等水上市公司，公司可以借助其平台实现业务的进一步拓展。通过本次资产重组，可以进一步提升公司的规模、经营效益和综合竞争力。

（4）本次交易的目的

① 发挥协同效应，提升公司的综合竞争力

云天软件主要为水泥行业客户提供各类软件的开发和技术服务，致力于提高客户的内部管理水平；中建网络旗下的中国水泥网根植于水泥行业十余年，紧紧围绕技术变革与市场动向等方面深度发掘、研究，已成为中国水泥行业唯一集互联网、交易、电商的综合服务平台，主要解决行业客户购销渠道、信息资讯等服务；中建网络旗下的水泥现货网处于刚刚起步的阶段，从2015年5月开始进行现货直营业务，其目标是建立基于互联网的水泥现货交易平台，结合水泥行业现状、顺应国家互联网+传统产业的政策引导，适时转型升级，利用自身已有的丰富资源搭建交易平台、进行现货交易业务，这是企业发展的一个必然发展方向；中建网络旗下的中国水泥备件网是依托于水泥工业备品备件耗材的B2B垂直电子商务交易平台，目前平台已运营3年，通过整合水泥行业数据库，打通了行业信息流、资金流、物流，业已形成完整的行业数据库雏形。交易双方均积累了大量水泥客户资源，在各自擅长的领域为行业客户提供专业服务，其中云天软件着重提升客户内部生产和财务等管理水平和效率，中建网络旗下的各业务板块着重提升客户外部采购和销售渠道的优化。中建网络目前业务主要围绕水泥和混凝土行业，今后将逐步扩展到其他领域诸如建材、冶金、电力等，具有较强的综合实力。本次重组完成后，中建网络将成为公司的全资子公司，有利于双方更紧密地整合客户资源，协同公司在未来市场的不断变化中及时跟上和引导行业发展潮流，为客户提供一条龙贴身管家服务，进一步提升公司的综合竞争力。

② 拓宽融资渠道，依托资本市场实现跨越式发展

云天软件自2014年1月正式登陆全国中小企业股份转让系统后，融资渠道更加便捷、多样和高效，但同时传统的水泥行业软件开发业务资金需求有限，业务发展空间受所处细分领域限制，也亟需注入新的增长点；而中建网络多年来已经完成了初期客户的沉淀和积累，业务正处于快速成长期，需要大量的营运资金，资金筹措能力的不足已经成为限制中建网络业务发展的主要瓶颈。本次交易完成后，云天软件将中建网络旗下信息平台和现货交易平台等业务板块纳入进来，双方可以实现业务的快速扩张。

（5）意义和前景

云天软件并购事件是新三板新兴行业的大量并购中的代表，目前，在股转系统上并购最多也是互联网高新技术企业。而云天软件已成为中国最专业、最具行业影响力的针对水泥企业的ERP软件开发公司。中建网络目前在中国的水泥网中属于行业最大、最权威、最活跃的综合平台，此次是两者的强强联合，

为客户提供一条龙贴身管家服务。

此次并购属于横向并购，两者之间的业务将互补，形成强大的结合，云天软件主要为水泥行业客户提供各类软件的开发和技术服务，致力于提高客户的内部管理水平，中建网络旗下的中国水泥网根植于水泥行业十余年，主要解决行业客户购销渠道、信息资讯等服务，利用自身已有的丰富资源搭建交易平台、进行现货交易业务，并购后云天软件将会的更多的客户资源，增加其获利点，其利润也将进一步提高，而中建网络也会因为目前一些业务处于开发扩建阶段，所需的资金压力将会大大缓解，增多融资的渠道。云天软件将中建网络旗下信息平台和现货交易平台等业务板块纳入进来，双方可以实现业务的快速扩张。

第9章

借壳政策、事项与操作关键

9.1 常规疑难9问

9.1.1 狭义与广义内涵与如何规避狭义借壳

问答169 如何理解借壳的概念？

作为一种间接挂牌新三板或股市（如沪深交易所）上市的途径，借壳挂牌（上市）是指非新三板挂牌或非股市上市公司通过权益互换、定向增发等方式进入新三板挂牌或股市上市公司，并取得该挂牌（上市）公司的控制权，实现其挂牌（上市）的目标。其中，挂牌（上市）公司称之为“壳公司”，非挂牌（上市）的公司则称为“借壳公司”。借壳的过程中，一般隐含着以下几项内容，取得挂牌公司控制权、股票转让、发行股票、重大资产重组，这几项内容可能分开操作，也可能一次性完成。

一般情况下，借壳挂牌（上市）的主要方式有：通过资产置换形成净壳，再通过定向增发使借壳公司完成反向收购成功挂牌（上市）；“母”借“子”壳集团整体（挂牌）上市和“买壳（挂牌）上市”等。

问答170 新三板借壳的广义性与狭义性如何区别？

根据 2015 年 8 月，全国股份转让系统官方微博发布的一篇文章《新三板挂牌公司并购重组基本不涉"借壳"行为审查效率持续提升》，将"新三板借壳"描述为"出现收购（即控制权变更）与重组（即主营业务变更）行为的交叉"，其中，对于"主营业务变更"的认定未进行说明，标准模糊。现实中，同时符合上述两个条件的借壳，确实很少，但是，符合其中之一条件的情况却比较多。本书就将同时符合以上两条件的情况称之为"狭义借壳"，而将符合其中之一条件等情况的称之为"广义借壳"

针对狭义借壳，其监管要求：如果新三板挂牌企业出现被全国股转系统认定为借壳的话，那么挂牌业务部和公司业务部都将共同参与审查。两部门分别按"挂牌"和"重组"两道流程进行审核，时间肯定会拉长，这一操作方式可能通过窗口指导方式下发。

两部门"会审"及在重组方案中加入"目标公司符合挂牌条件"的内容并进行审核，或许会成为未来新三板处理"借壳"的标准流程，以保持"与挂牌准入环节一致"的要求。当前购买壳资源的公司，有相当一部分是希望通过采用借壳的方式绕开股转系统的挂牌审核，即监管套利空间。

如按照目前要求，如果企业符合挂牌条件，借壳并非捷径，所花费的时间成本和操作成本反而可能增加。但是，对于本书说讲的广义借壳的话，其程序仅仅与公众公司收购或重组的程序相同，比较简单。更为重要的是，在这个过程中，企业可以开展诸如再融资、资产置换、股权变更等众多的资本运营活动，这里面存在着广阔的想象和操着空间。这也是本书专门列出数章来讲述本题材的原因，本书在以下的章节中的讲述和提供的案例，几乎都属于新三板广义借壳的范畴。

问答171　为拓展资本运作的途径，如何规避"狭义借壳"？

根据全国股份转让系统现行标准和要求，控制权变更与主营业务变更同时发生方构成借壳。只要成功规避其中一个条件，即上一问所说的"广义借壳"，就无须构成"狭义借壳"所需的严苛的审核，当然，这也拓展了新三板挂牌企业及其拟与新三板"壳"资源进行联动的非挂牌企业进行大规模资本运营的途径，所以，本书认为，规避"狭义借壳"的途径也可称之为企业资本运作的途径。

对于控制权不发生变更。实践中可以采取的确保挂牌公司控制权不发生变更的方式可参考表9-1。

表 9-1　确保挂牌公司控制权不发生变更的方法

1	控股股东、实际控制人参与配套募集资金，即增加控股股东、实际控制人持股比例
2	分步置入资产
3	降低交易对方持股比例，即增加现金支付比例，减少股份支付比例
4	再融资和收购同时进行
5	为保持控股地位而签署一致行动协议
6	交易对方不谋求控制权承诺，即控股股东、实际控制人保持控制权承诺等

对于主营业务不发生变更的问题，目前全国股份转让系统对于“主营业务发生变更”缺少明确的认定，方案设计及解释存在一定的空间。

这里，需要说明的是，“借壳”本身属于新三板挂牌企业或股市上市公司并购重组的内容，但是，它最终体现了拟借壳企业实现其整体或部分资产在新三板挂牌或股市上市的目的，同时，在这个过程中，必然伴随着一系列甚至非常有价值的资本运作，这些运作对于新三板挂牌企业和拟挂牌的广大中小微企业来说，具有重要意义。

9.1.2　监管态度、标准与意义

问答172　股转系统对借壳的态度是怎样的？

针对新三板的“借壳”，全国股份转让系统认为：新三板挂牌审核流程顺畅便捷，企业挂牌的综合成本很低，完全没有必要借壳。在涉及新三板“借壳”问题中，不排除某些方面利用信息不对称牟取利益。如果有人利用中小微企业对新三板市场了解不到位、信息不对称，而炒作所谓的“壳资源”，显然扭曲了新三板市场的定位和价值。同时，股转系统还表示在审查中将保持与挂牌准入环节的一致性，避免出现监管套利。一方面支持企业通过并购重组进行正常的行业、业务整合。另一方面，也将加强市场监控和交易监察，严厉打击利用“借壳”炒作从事违法违规行为。

目前新三板借壳主要有两种方法：第一种是通过收购新三板企业股权的方式取得控制权，再用“资产+增发股权”买入新资产，反向并购借壳，原有资产在此方案中被置出；第二种是买方通过参与挂牌公司的增发，注入现金，获得公司控股权，然后出售旧资产，购入新资产。但无论采用哪一种方式注入资产，注入的资产都必须是经营性资产，并且该注入的经营性资产要在原控制人下运营两年，否则股转系统的审核员会将其劝退。

按照目前法规，新三板借壳监管不严格，收购方不一定要符合新三板挂牌条件，这为借壳新三板的企业提供了一些便利。

问答173　挂牌公司借壳标准是怎样的？

新三板挂牌公司，按照全国股份转让系统公司非制度性的认定（或默认），参见表9-2。

表9-2　非挂牌公司借壳新三板挂牌企业的标准

需要同时满足两条标准	即“出现收购（即控制权变更）与重组（即主营业务变更）行为的交叉情况，本书将其定义为新三板的“狭义借壳”。除此之外，截至本书面世，中国证监会与全国股份转让系统官方均未对公众公司借壳给出明确界定
拟借壳企业的审核标准	与挂牌标准保持一致性，之前，全国股份转让系统强调：存续期不满两年的公司不能通过借壳方式登陆新三板

问答174　对企业所涉双方来说，借壳有何意义？

与一般企业相比，新三板挂牌企业或沪深股市上市公司最大的优势是能在证券市场上能够较容易甚至大规模筹集资金，以此促进公司规模的快速增长。因此，挂牌（上市）公司的挂牌（上市）资格在某些情况下来说是一种“稀有资源”，所谓“壳”，就是指新三板挂牌企业或沪深上市公司的挂牌（上市）资格。

由于有些挂牌（上市）公司机制转换不彻底，不善于经营管理，其业绩表现不尽如人意，丧失了在证券市场进一步筹集资金的能力。要充分利用挂牌（上市）公司的这个“壳”资源，就必须对其进行资产重组，买壳和借壳挂牌（上市）就是更充分地利用挂牌（上市）资源的两种资产重组形式。

借壳挂牌（上市）一般都涉及大宗的关联交易，为了保护中小投资者的利益，这些关联交易的信息皆需要根据有关的监管要求，充分、准确、及时地予以公开披露。

对于新三板，监管层也一直强调企业挂牌新无须借壳，但部分公司仍由于自身资质、历史沿革、成立时间、挂牌周期较长等因素限制选择借壳，当然，股转系统在2015年4月已表示过，针对挂牌公司收购或重大资产重组行为，在审查中将保持与挂牌准入环节的一致性，避免出现监管套利的情形。

9.1.3 借壳模式、方案设计与法律问题

问答175 企业借壳挂牌（上市）模式有哪些？

企业借壳挂牌新三板或沪深股市上市的模式参见表 9-3。

表 9-3 企业借壳挂牌或上市的模式

1	集团公司借壳挂牌或上市	即集团公司借助下属某一挂牌（上市）公司，而将集团公司的其他非上市资产予以置入，从而实现非上市公司资产的挂牌（上市）
2	正向并购借壳挂牌或上市	非上市公司通过收购作为壳资源的目标挂牌（上市）公司，取得目标挂牌（上市）公司的实际控制权，然后通过资产配换，实现非挂牌（上市）公司资产的挂牌或上市
3	反向并购借壳挂牌或上市	通过作为壳资源的目标挂牌（上市）公司，通过向非挂牌（上市）公司的股东增发新股的方式，取得非挂牌（上市）公司的全部或大部份股权，以此将非挂牌（上市）公司的资产置入挂牌（上市）公司，同时通过获得增发股份，非挂牌（上市）公司的股东获得挂牌（上市）公司的控制权
4	新三板挂牌公司借壳上市	即在新三板挂牌的公司通过如上三种或其他途径实现在沪深 A 股市场上市的模式

问答176 借壳方案的谈判与设计需要注意哪些问题？

企业借壳双方就借壳方案的谈判与设计，主要需考虑的要点如下。

（1）壳资源控制权获得问题

借壳目的就是要获得“壳资源”的控制权，以便日后开展资本运作与经营转换等能够保证自己说了算数。常规手段是“壳资源”方的企业向借壳方企业定向增发，从而使借壳方成为控股股东或实际控制人。在这种模式下，需考虑增发股份数量、价格以及未来如何使用这些融得的资金。

（2）壳资源价格与费用支付问题

壳资源的价格怎么形成，如何达成双方的认同，这之后该怎么支付，也是很重要的内容：一是付给谁的问题，是付给控股股东、实际控制人还是全体股东？二是如何付的问题，是分期还是一次性支付，是否需要附加条款吗？这些问题都需要根据企业性质与壳资源方诉求而做出处理与解决。

（3）获得壳后的治理与结构问题

取得壳公司控制权后，公司的“三会一层”即股东会、董事会、监事会及经理层该怎么调整，其结构与具体人员的分工等需要综合考虑企业文化、人员构成等诸多因素，需要在保证原有业务的稳定运营和借壳方实际控制权之间寻

求某些平衡。

（4）原业务处置与资产置入等资本运作问题

对于壳公司的原有业务，都需要进行评估作价，处理有两种方式：一种是通过后续的重资产重组时置出，二是继续留存于体内运营（至少在重大资产重组实现前是要留存在体内运营）。如果留在体内，是用现金支付还是股份支付都是需要考虑的问题。

一般来说，“借壳”的最大目的在于后续的资本运作，这是需要进行重大资产重组的。置入什么资产、价格如何，如何发行股份、数量多少，是否需要再募资，大致时间与时机如何确定等，这些都是需要认真设计与规划的内容。

问答177　借壳涉及的法律问题和注意事项有哪些？

新三板挂牌企业借壳所涉及的法律问题与注意事项可参见表 9-4。

表 9-4　挂牌公司借壳的注意事项和法律问题

1	收购借壳方案中，收购人要符合《全国中小企业股份转让系统投资者适当性管理细则（试行）》第三条、第六条的规定，具有参加挂牌公司股票定向发行的资格
2	收购借壳导致新三板企业的实际控制人变更的，根据《非上市公众公司收购管理办法》第 18 条，“按照本办法进行公众公司收购后，收购人成为公司第一大股东或者实际控制人的，收购人持有的被收购公司股份，在收购完成后 12 个月内不得转让。”变更后的实际控制人要作出相应承诺
3	如果收购行为构成重大资产重组，亦需经过政府有关部门批准
4	收购公告书中披露的有关收购完成后的后续计划（对公司主要业务的调整计划、对公司管理层的调整计划、对公司组织结构的调整计划、对公司章程的修改计划、对公司资产进行重大处置的计划、对公司员工聘用做出调整的计划）可以帮助综合判断是否构成借壳
5	如果是通过为向特定对象发行股份购买资产借壳的，还要注意是否触及《非上市公众公司重大资产重组管理办法》第十九条之规定：“公众公司向特定对象发行股份购买资产后股东累计超过 200 人的重大资产重组，经股东大会决议后，应当按照中国证监会的有关规定编制申请文件并申请核准。”如不适用该条，则应当向全国股份转让系统公司申请备案

9.2　典型实战9例

9.2.1　股权收购借壳

案例110　盛恒达收购股权借壳尚远环保

新三板挂牌企业武汉尚远环保股份有限公司（尚远环保 430206）创建于

2006 年，是一家专注于工业污废水污染治理、纯水净化技术研发、应用的高新技术企业。收购人北京盛恒达投资合伙企业是一家专门从事投资管理的有限合伙企业。该公司于 2015 年 2 月成立，注册资本为 2000 万元，李显章持有北京盛恒达 99%的出资份额，为北京盛恒达的实际控制人。截至收购报告书出具日，北京盛恒达的合伙人结构如下：

北京盛恒达对尚远环保所处行业的前景及长远发展充满信心，其基于对自身情况考虑及资产统筹的安排，并考虑了对尚远环保投资的目前及长远的整体回报，经双方友好协商确定了本次股权收购。

2015 年 3 月 25 日，北京盛恒达分别与翁欲晓、李洪、王海峰、高星、吴贵凡、徐欣欣、韩显斌、周植宏、陈阳波、马燕妮、孙菊、李静、孙春生、尹健、汪文蓓、武汉安达胜投资合伙企业（有限合伙）、武汉东湖百兴创业投资中心（有限合伙）、宁波明谷投资合伙企业（有限合伙）、石河子安胜投资合伙企业（有限合伙）、大庆科维建筑安装工程有限公司和石河子慈隆股权投资有限合伙企业（有限合伙）签订了《股份转让协议》。将通过全国股份转让系统证券转让方式（具体为协议转让方式）取得本次收购的股份。

根据《股份转让协议》的规定，转让人将其持有尚远环保的股份共计 22758150 股通过全国股份转让系统转让给收购人，转让价格为每股 3 元；上述股份转让完成后，收购人持有公司 22740150 股，占公司总股本的 54.14%；本次收购收购人支付的价款总额为 68,220,450 元。根据收购人提供的银行对账单、收购人的确认和本所律师核查，收购人的收购资金来源为其自有资金。

《收购报告书》在“收购人财务状况”一项中披露“因收购人于 2015 年 2 月成立，成立时间较短，尚未实际开展业务，因此无财务数据。”本次收购资金来源于其自有资金，不存在利用本次收购的股份向银行等金融机构质押取得融资的情形，也不存在直接或间接利用被收购公司资源获得其任何形式财务资助的情况。

本次收购完成后，收购人北京盛恒达成为尚远环保的第一大股东及实际控制人。

案例111　汇绿园林收购借壳华信股份

华信股份（400038）属于老三板的挂牌公司，目前在全国股转系统挂牌的老三板公司共有 59 家，其中绝大多数是从沪深交易所退市而来的。华信股份原为深圳证券交易所的上市公司，由于主业经营不善、历史负债较重，2001

年起连续三个会计年度亏损，2004 年，公司股票被深圳证券交易所暂停上市交易，并于 2005 年终止上市交易。现在，挂牌在股转系统上的华信股份依靠自身发展已无法形成有效的持续经营能力和偿债能力，希望通过资产重组的途径寻求摆脱经营困境。

与华信股份进行重组交易的对手方为汇绿园林建设股份有限公司的全体股东。汇绿园林是浙江省著名园林建设企业，自 2010 年起连续 4 年进入“全国城市园林绿化企业 50 强”，其于今年 1 月 12 日主动撤销了 IPO 申请。

华信股份于 2015 年 3 月 26 日公告了《收购报告书》。根据《收购报告书》，华信 3 将以 1.16 亿股（约占总股本的 47%）置换汇绿园林价值 1.48 亿元的（约占总股本的 14.53%）股份。收购人为汇绿园林的董事长李晓明、总经理李晓伟和法人股东宁波汇宁投资有限公司。收购人及汇绿园林其他股东将优质资产注入公司以提高公司的资产质量和可持续发展能力。收购完成后，李晓明将持有华信股份 46,435,743 股普通股，占华信股份已发行股份的 18.6596%；李晓伟将持有华信股份 7,903,956 股普通股，占华信股份已发行股份的 3.1761%；宁波汇宁将持有华信股份 31,121,828 股普通股，占华信股份已发行股份的 12.5059%。

收购导致公司的控制权发生了变化，汇绿园林的董事长李晓明成为了华信股份的控股股东和实际控制人。同时，华信股份的主营业务将发生变化，形成以园林绿化工程施工、园林景观设计、苗木种植及绿化养护为核心的业务。

4 月 13 日，华信股份发布《收购资产公告》，其中，根据宁波市工商行政管理局出具的《备案通知书》，华信股份现已持有汇绿园林 2255.4780 万股（约占总股本的 14.53%）股份。

而汇绿园林各股东除了要将其持有的 1.48 亿元等额汇绿园林股份转让给华信股份并办理完毕过户登记手续外，还需通过认购非公开发行股票等合法方式向华信股份注入其剩余持有的汇绿园林股份，相关方将另行签署《发行股份购买资产协议》等协议。对于华信股份已完成公开变卖的 1,000 万股流通股股票中成交价不足 3 元/股的部分，以及华信股份通过公开拍卖等方式完成的资产处置中成交价低于评估值的部分，汇率园林各股东要补足差额；并承诺，汇绿园林各股东所持汇绿园林全部股份完成注入后，注入资产连续三个完整会计年度内归属于母公司所有者的净利润不低于 2.5 亿元。如果最终实现的归属于母公司所有者的净利润未达到上述标准，汇绿园林各股东将在相应会计年度结束后 6 个月内向甲方补足。

2015 年 4 月 30 日，华信股份发布《关于公司股票分类转让方式及股票简称变更的公告》声明：自 2015 年 4 月 30 日后的第一个交易日起，华信股份的股票转让方式由“周转让三次”变更为“周转让五次”，股票简称由“华信 3”变更为“华信 5”。

案例112　收购被借壳的鼎讯互动

新三板挂牌企业鼎讯互动（北京）科技股份有限公司（鼎讯互动 430173）是一家主要从事手机终端单机游戏、手机终端网络游戏的研发与运营的公司。

依据公司 2014 年半年报，截至 2014 年 6 月 30 日，曾飞、徐建、茅萧、胡剑峰、刘淑艳、董强、王嘉力、刘凯持股比例为 61%、12%、10%、8%、6%、1%、1%、1%，收购人吴晓翔并未持有鼎讯互动任何股权。

2014 年 10 月，吴飞将所持鼎讯互动 15%的股权协议转让给李良琼。此后徐建、胡剑峰于 2014 年 11 月分别通过股转系统协议转让鼎讯互动股权。2014 年 11 月 21 日，李良琼、王丽分别通过协议将鼎讯互动 34.9%股权转让给吴晓翔。2015 年 2 月 12 日，收购人吴晓翔与股份转让方曾飞、茅萧、刘淑艳签订《关于鼎讯互动（北京）股份有限公司之股份转让协议》。

鼎讯互动股东吴晓翔从另外三名股东手中收购（受让）鼎讯互动可转让股数 155 万股，每股股份的转让价格为 1 元/股。其中，收购曾飞持有的 115 万股流通股，收购茅萧持有的 25 万流通股，收购刘淑艳持有的 15 万流通股。吴晓翔本次收购前持有鼎讯互动 3,490,000 股，持股比例 34.90%；本次收购后，吴晓翔持有 5,040,000 股，持股比例 50.40%，成为公司第一大股东，担任公司董事长职位，成为公司实际控制人；来源企业上市微信公众号 TL18911835315，原实际控制人曾飞持有公司股份 3,450,000 股，持股比例下降 34.50%，且其将辞任公司董事长职务，进一步淡出公司经营决策和管理。且收购报告书中披露：未来 12 个月内，收购人吴晓翔拟择机将其控制的部分企业置入鼎讯互动，改善鼎讯互动经营情况、提高鼎讯互动盈利能力。

2015 年 2 月 13 日，鼎讯互动公告相关收购事项。2015 年 4 月 28 日鼎讯互动发行股份合计 200,000,000 股购买振业集团、李蓬龙及肖娜霞分别持有的广东欧美的 60.00%、30.00%、10.00%的股权，即广东欧美合计 100%的股权。新增股本占发行后总股本的比例为 95.24%，实际控制人仍是吴晓翔，原公司实际控制人曾飞持股比例稀释至不到 2%。其中广东欧美 2014 年约亏损 230 万元，净资产为 1.98 亿元，主营业务为汽车整车销售、汽车行业配套服务、汽车商贸城服务等。

此次收购，吴晓翔收购曾飞所持公司股权时 1 元/股，总股本为 1,000 万元。但收购方并未完全通过现金支付这笔代价，在公司收购广东欧美后，曾飞仍持有的少量股份作为代价支付一部分。

9.2.2　定向增发借壳

案例113　盖娅互娱定增实现借壳

北京道从交通安全科技股份有限公司（道从科技 430181），主要从事道路交通安全设施的研发、生产、销售及相关技术服务。根据道从科技 2014 年度报告，公司控股股东、实际控制人为白书锋和栾斌夫妇，自公司成立以来，该二人合计持有的股权一直处于绝对控股地位，目前合计持有公司 405 万股股份，占公司总股本的 81.00%。

2014 年 11 月 4 日，道从科技发布股票发行方案。根据方案，公司拟以每股人民币 1 元的价格向郭书安定向发行 520 万股股票，本次募得的 520 万元将用于补充公司流动资金。本次发行后，郭书安持有道从科技 520 万股股份，占总股本的 50.98%，公司控股股东将由白书锋、栾斌夫妻变更为郭书安。本次股票发行因认购方郭书安未在规定的缴纳期限完成缴款而失败。

2015 年 6 月 17 日，道从科技公布收购报告书。根据报告书，2015 年 6 月 15 日，王彦直、深圳盖娅网络科技有限公司（以下简称“深圳盖娅”）与栾斌、白书锋、张颖、刘小勇、郎永刚签订了《股份转让协议》，约定王彦直、深圳盖娅以每股 3.2 元的价格分别受让 105.9 万股、256.475 万股。本次股权转让完成后，深圳盖娅成为道从科技的控股股东；王彦直直接持有道从科技 21.180%股份，通过深圳盖娅持有道从科技 51.295%股份，合计持有、控制道从科技 72.475%股份，为道从科技的实际控制人。

紧接着，道从科技于 2015 年 7 月再次公开股票发行方案。根据方案，道从科技拟向现有股东深圳盖娅、王彦直、姜洪文、张淑娟及白书锋以 1.25 元每股的价格发行共计 12050 万股以补充公司流动资金。

2015 年 8 月 31 日，道从科技发布重大资产重组进展公告。根据公告，公司正在筹划的重大事项已确定为重大资产重组事项，公司股票已于 2015 年 7 月 31 日开市起暂停转让。

深圳盖娅成立于2014年9月18日，至此还不到一个完整的会计年度，还不符合“新三板”挂牌的条件。一再寻找转让方、收购方，白书锋和栾斌夫妇终于被王彦直及其控制的深圳盖娅收购，2015年9月24日，道从科技正式更名为盖娅互娱，借壳被证明。

案例114 通过定向增发借壳天翔昌运

北京天翔昌运节能科技股份有限公司（天翔昌运430757）业务定位在环境健康节能领域，主要从事人居健康环境改造以及动物养殖环境改造业务。该公司于2014年5月30日在新三板挂牌并公开转让。截至2014年12月31日，万朝文先生持有天翔昌运3,834,163股，占挂牌公司总股本的49.16%。

2015年2月19日，天翔昌运公告《权益变动报告书》，万朝文先生于2015年1月16日通过全国中小企业股份转让系统以协议转让的方式减持所持有的天翔昌运流通股755,000股，占天翔昌运总股本的9.68%。本次权益变动前，万朝文未通过全国中小企业股份转让系统以协议转让方式转让过股份。本次权益变动前，海文投资未持有天翔昌运公司股份。上述转让后，万朝文先生持有天翔昌运3,079,163股，占公司总股本的39.48%。上述转让后，海文投资持有天翔昌运755,000股，占公司总股本的9.68%。

根据2015年2月16日天翔昌运发布的公告《股票发行方案》，本次股票发行拟向2名原机构投资者、4名新增机构投资者、3名原自然人股东、4名新自然人投资者定向发行1674万股。而本次发行认购人与天翔昌运及主要股东存在如下关联关系：（1）海文投资系公司现有股东，持有公司755,000股（现持股比例为9.68%），海文投资的执行事务合伙人陈海平与公司现有股东陈北罗系父子关系，陈北罗同时也是海文投资的有限合伙人；（2）湖北联飞翔汽车科技有限公司（以下简称“湖北联飞翔”）系陈海平对外投资的企业，陈海平持有该公司13.27%股份，陈海平在2014年12月30日之前担任湖北联飞翔的法定代表人及总经理。

2015年3月3日，天翔昌运公告《收购报告书》。根据报告书，天翔昌运定向发行1674万股，每股1.30元。其中，海文投资以现金认购本次发行的股份539万股，认购资金总额700.70万元。本次收购实施前，收购人海文投资持有天翔昌运755,000股股份，持股比例为9.68%。本次收购完成后，收购人海文投资将持有天翔昌运6,145,000股股份，持股比例为25.04%。本次收购将导致天翔昌运控制权发生变化，海文投资将成为天翔昌运的控股股东，陈海平将成为天翔昌运的实际控制人。本次收购完成后，收购人将积极寻求具有市场发展潜力的投资项目并纳入公众公司。

这里做出说明：湖北联飞翔是联飞翔（430037）的控股子公司，曾作为受托加工单位，接受天翔昌运委托，为其提供产品加工服务。万朝文正是从联飞翔手中接过的天翔昌运控制权。2013 年 5 月，万朝文受让联飞翔持有的 340 万元公司股权，成为公司控股股东。1 年后的 2014 年 4 月，天翔昌运正式挂牌新三板，万朝文持有公司 49.16%股权。定增完成后，尽管失去了控制权，万朝文仍持 307.91 万股公司股份，持股比例为 12.55%。而联飞翔将通过子公司湖北联飞翔持有公司 14.06%股份，再度成为天翔昌运股东。

天翔昌运的主营业务是涉农领域产品和地源热泵，受外部环境的影响较大并存在一定的市场竞争风险，导致其在 2014 年年报中披露的营业收入较上年同期减少了 71.30%，净利润也由半年报中披露的“大幅增长”变成了年报中的负值，而这成为了天翔昌运寻求转型的主要原因之一。本次收购完成后，海文投资成为天翔昌运的控股股东，其执行事务合伙人陈海平成为天翔昌运的实际控制人。这也是天翔昌运三年内第二次更换控股股东。

案例115 定增认购或将借壳搜装科技

北京搜装网络科技股份有限公司（搜装科技 430193）主要从事跨媒体排版软件的开发、销售和服务等业务。该公司之前名为“北京紫新报通科技股份有限公司”。

2015 年 5 月 14 日，紫新科技发布定增失败和终止资产收购公告，因为认购方西安购圈放弃认购，公司之前的定增告吹。5 月 19 日，紫新科技发布权益变动报告书称，西安购圈网络科技有限公司于 2015 年 5 月 15 日通过全国中小企业股份转让系统以协议转让方式转让其所持有的紫新科技 1,269,875 股股份，占当时紫新科技已发行股份比例的 25.4%。该股权被周驹悦拿下。而行情软件显示，当天该笔交易成交价格为 1 元/股。5 月 25 日，当时证券简称还为紫新科技的搜装科技发布定增方案，公司以 1 元/股的价格发行 3923 万股，在册股东周驹悦认购本次股票发行新增的股份 1198 万股。其他在册股东放弃优先认购权。5 月 28 日，公司再发公告，公司全称由“北京紫新报通科技股份有限公司”变更为“北京搜装网络科技股份有限公司”，公司证券简称由“紫新科技”变更为“搜装科技”。

2015 年 6 月 8 日晚，搜装科技发布提示公告，自然人周驹悦未来将通过认购定增的股票成为公司的新的第一大股东。搜装科技表示，周驹悦将以货币认购搜装科技定向发行的股票，成为搜装科技第一大股东，获取搜装科技发展的投资收益。本次定向发行的募集资金将用于补充公司流动资金，拓宽公司业务领域，寻找公司新的盈利增长点，提高公众公司盈利能力。

本次定增除周驹悦认购外，参与认购的还有自然人陈双庆、龙曦、刘昕和中联畅想（北京）科技有限公司，分别认购 950 万股、375 万股、250 万股和 1150 万股。本次认购后，周驹悦持有公司股份将达 29.96%，为第一大股东。紧随其后的分别是：中联畅想（北京）科技有限公司持有公司 26%、陈双庆持股 21.48%、龙曦持股 8.48%。公司原来的大股东郭求实对公司的持股将由原先的 55.65%下降至 6.29%。

周驹悦是北京交大的辅导员出身，2013 年 2 月至 2015 年 5 月投资设立长春恒屹科技有限责任公司，并担任执行董事；陈双庆之前曾在深圳报业集团旗下晶报任教育线记者，随后又在经济观察报担任过财经记者；龙曦 2010 年 5 月至今任北京盈谷信晔投资有限公司董事长，同时兼任搜装科技副董事长；刘昕则曾在上市公司天润曲轴担任董事，2010 年至今任货站网络技术有限公司董事长。

从该案例近期一系列资本运作轨迹来看，很有可能就是一起变相借壳。一方面搜装科技 2014 全年收入不到 80 万元，业务有难以为继之嫌，卖壳的动机是客观存在的。另一方面，搜装科技刚刚更名即启动新的定增，背后或许有通盘考虑。目前来看，这有可能仅仅是第一步。通过本次定增，公司控制层将发生变化，周驹首先实现了第一步控股，如果后续新进股东给公司注入相应资产，借壳动机便能坐实，未来公司走势值得继续观察。

9.2.3 其他借壳方式

案例116 被借壳的老三板企业（创智5）

新三板挂牌期公司创智信息科技股份有限公司（创智 5：400059）主要从事研制、开发、销售计算机软件及配套系统、提供软件制作及软件售后服务。公司是 2013 年 4 月 15 日进入代办转让系统交易，属于老三板挂牌股票。

借壳方天珑移动是以手机研发、设计为主的国家级高新技术企业，主营业务为手机产品（主要包括 GSM 手机、3G 手机、智能手机等）的研发、设计、采购、生产（外协加工）、销售及提供相关服务。该公司控股股东为永盛科技。

创智科技由于2004年、2005年、2006年连续三个会计年度亏损，创智科技自2007年5月24日至退市前一直处于暂停上市状态。公司从2010年开始进入破产重整状态。2014年9月，主营业务几近停滞的创智科技发布公告称将通过收购天珑移动摇身一变成为一家手机生产商。但是遭遇众多小股东反对，认为此次资产注入跟以往一样，对小股东不公平，经过创智科技的多重努力才未能使小股东否决该决议，天珑移动的借壳之路一路走来可以说是阻碍重重。

2015年3月，天珑移动技术股份有限公司（下称"天珑移动"）在IPO遭遇折戟两年之后卷土重来，以膨胀两倍有余的估值借壳创智科技（400059）实现新三板挂牌上市再闯资本市场。而历时四年多重整，创智科技已经成为产权清晰、资产干净、没有债务的净壳公司。如今永盛科技成为新的重组方，并将天珑移动整体注入创智科技，交易完成后，永盛科技将成为公司的控股股东。

根据目前披露的收购预案，公司将以现金及发行股份的方式购买天珑移动100%股权，交易金额达到42.33亿元。其中，创智科技拟通过出售成飞电子17.8%的股权等重大资产，获得1410.16万元现金用于购买天珑移动3.3765%股权，剩余96.62%股权将通过向天珑移动控股股东永盛科技及其他7家股东公司发行股份的形式购买。交易完成后，天珑移动将成为公司的全资子公司。永盛科技承诺天珑移动2014年、2015年、2016年净利润分别不低于3亿元、4亿元、5.2亿元。

案例117　实际控制人秒变的借壳（麒润文化）

新三板挂牌公司上海麒润文化传播股份有限公司（麒润文化831680）就是由于挂牌后迅速变更实际控制人被认定挂牌为卖壳。该公司原身有限公司成立于2004年12月10日，注册资本为200万元其整体变更为股份公司经上海市工商行政管理局核准，公司取得上海市工商行政管理局于2014年7月31日颁发的注册号为310114001195716的《营业执照》，公司的股份结构如下：2015年年1月15日，麒润文化在新三板挂牌。挂牌时公司的实际控制人为何天华、王璇夫妇。何天华持有公司300万股的股份、占公司股份总数的50%，王璇持有公司15万股的股份、占公司股份总数的2.5%，何天华夫妇共计持有公司52.5%的股份。

2015年4月10日，公司公告《2015年度第一次股票发行方案》。根据方案，公司拟通过本次股票发行引入战略投资者，而本次股票发行只针对1名新增的自然人投资者黄炬培，其拟以现金认购 1000 万股。本次发行价格为每股人民币 3.24 元，融资额共计 3240 万元。黄炬培与麒润文化及其主要股东之间不存在关联系。黄炬培对此出具了书面承诺。

4 月 15 日，公司控股股东及实际控制人何天华因个人资金周转需要与公司第二大股东上海大磐投资管理有限公司（以下简称“大磐投资”）签署股权转让协议书，根据协议安排，何天华将通过协议转让的方式向大磐投资转让其持有的麒润文化 2,000,000 股股份（占协议签署时公司股份总数的 30%）。股份转让款分二期支付：自协议签署之日起三个工作日内，大磐投资向何天华支付首期股份转让款 428 万元；2015 年 4 月 30 日前，大磐投资向何天华支付剩余股份转让款 428 万元。

自协议签署之日起七个工作日内，何天华辞去公司董事长、总经理、法定代表人职务，并向中证登办理本次转让所涉及的公司 2,000,000 股股份质押登记，作为何天华履行协议之担保。自何天华辞去公司董事、总经理职务届满 6 个月之日起五个工作日内，何天华将其所持公司 1,000,000 股股份（占协议签署时公司股份总数的 15%）转让给大磐投资，并向中证登办理相关股份质押解除及股份转让变更登记。自公司在全国股份转让系统挂牌满一年（2016 年 1 月 14 日）后五个工作日内，何天华将其所持公司 1,000,000 股（占协议签署时公司股份总数的 15%）股份转让给大磐投资，并向中证登办理相关股份质押解除及股份转让变更登记。

案例118　曲线借壳 A 股上市（九鼎投资）

同创九鼎集团管理集团股份有限公司，原名北京同创九鼎集团管理股份有限公司，是 2015 年 12 月 21 更名的。更名前的简称九鼎投资，更名后简称为九鼎集团（为方便，以下统一简称九鼎集团），该公司于 2014 年 4 月 23 日正式挂牌新三板，股份代码为 430719。该公司是一家专业的私募股权投资管理机构，主营业务是私募股权投资管理，即通过私募方式向基金出资人募集基金，将募集的资金投资于企业的股权，最终通过股权的增值为基金赚取投资收益，该公司则向基金收取管理费以及管理报酬。关于九鼎集团是怎么操作，让其控股子公司昆吾九鼎投资控股股份有限公司（以下简称昆吾九鼎）借壳 A 股成功实现曲线上市的，要从九鼎集团围绕 A 股上市公司中江地产所转开的一系列并购重组事件说起。

2015 年 9 月 23 日，A 股上市公司中江地产公告称，中江地产拟以 9.1 亿元收购九鼎集团及拉萨昆吾合资持有的昆吾九鼎 100%股权。而就在前一日，九鼎集团收购中江地产控股股东中江集团正式获得国务院国资委的批准。短短4个月内，九鼎投集团已经通过主动收购国企中江集团的最后一道关卡。2015年12月22日，昆吾九鼎正式曲线借壳顺利入主A股上市公司中江地产，成为借助母公司在新三板资本运作所积累的资源，助推子公司成功登陆上海证券交易所的企业。

（1）收购上市公司的母公司

2015年5月15中江地产日公告，公司收到控股股东中江集团就股权挂牌转让电子竞价结果的通知：15日，中江集团股权挂牌转让项目在江西省产权交易所举行了电子竞价会，九鼎集团最终通过电子竞价的方式，以41.496亿元竞得中江集团 100%股权，确认为最终受让人。据公告，中江集团的所有股东将与九鼎集团签订《江西省产权交易合同》，该合同需经江西省人民政府、国务院国资委会批准后生效。这意味着，一旦完成转让，九鼎集团将成为主板上市公司中江地产的大股东。

据江西产交所信息显示，本次拍卖的中江集团 100%股权底价为18.296亿元，九鼎集团的出价较底价溢价126.80%。九鼎集团本次拍下的资产包括：中江地产上市流通股份A股共计31373.73万股（占总股本的72.37%），江西江中物业有限责任公司100%股权，南昌江中投资有限责任公司100%股权及财产权益所涉及“紫金城”的商铺、车位等。

当时正挂牌新三板的九鼎集团对此作出了更全面的信息披露，称公司收购中江集团后，拟将公司持有的部分资产注入中江集团控股子公司中江地产，具体注入方案正在筹划中。

九鼎集团本次重组标的昆吾九鼎主营业务是私募股权投资管理，2013 年度、2014年度、2015年1～5月净利润分别为0.55亿元、1.93亿元、1.024亿元。根据九鼎集团公开转让说明书显示，九鼎集团在2013年报99%以上的营业收入来自于昆吾九鼎，并且在九鼎集团登陆新三板之时，昆吾九鼎实际上便是九鼎集团的经营主体。此次九鼎集团将其体系下的相关PE业务全部纳入昆吾九鼎，同时也将昆吾九鼎的非PE业务进行了剥离，再将昆吾九鼎注入其控股公司中江地产。至此，昆吾九鼎将带着九鼎集团的“上市梦”正式登陆A股市场。

（2）曲线借壳上市

在这之前，尽管A股目前有一些创投概念股，但要么是原来业务转型而来，比如鲁信创投，要么就是非上市公司的主营业务，如电广传媒子公司达晨创投，PE 机构在 A 股首发上市还没有先例。早在几年前，深圳市高特佳投资集团有限公司就曾对外宣称正谋求过集团整体上市，也试图尝试转战 H 股，不过最终以搁置告终。深创投、达晨创投也曾有上市计划，不过至今尚未梦圆，PE 的上市之路可谓坎坷。

在如今实施的 IPO 核准制的财务审核口径下，国内还没有 PE 成功登陆过 A 股。一方面，对于 PE 而言，将投资项目情况、财务状况公之于众并非易事；另一方面，国内 PE 机构直接 IPO 上市的政策始终不明朗，几乎无政策可循。如今，身价千亿的九鼎集团巧妙的运用了剥离 PE 业务，并把它置入并借壳上市公司的曲线方式，完成并实现了 PE 的“主板梦”。

3

第 3 部分

投资者关系、路演与危机管理

第 10 章　投资者关系所涉重要事项、环节与操作

第 11 章　路演必备知识、环节与要事操作等实务

第 12 章　危机管理意识、事项操作与实战技能

第 10 章

投资者关系所涉重要事项、环节与操作

10.1　常规疑难27问

10.1.1　内涵拓展、原则目标与价值作用

问答178　投资者关系的狭义、广义概念是什么？

投资者关系管理（Investor Relations Managementa，英文缩写为 IRM，有时也简称为投资者关系，Investor Relations，英文缩写为 IR）诞生于美国 20 世纪 50 年代后期。

目前业界对投资者关系的普遍性定义（笔者将其设定为狭义概念），是指投资者关系管理人员在规范、充分的信息披露基础上，与投资者、证券分析师等就公司的战略规划、公司治理、经营业绩、财务状况、发展前景等沟通，以消除公司股票的市场价值与内在价值之间的差异，保持股票的合理流动性，增强公司在资本市场中的竞争力。

同时通过投资者关系管理，向公司决策层和管理层反馈来自市场和投资者传递的信息，以提升公司治理水平和企业价值的双向互动式持续战略管理行为。

在狭义概念下，投资者关系管理主要有五大内容，即信息披露（公告、媒

体、网站、终端）、制度完善（投资者关系制度、公司治理制度与危机管理制度等）、感情沟通（推介、研讨、接待、交流）、理念认同（信披、反馈等一系列互动来实现）与素质提高（投资者及其关系管理的工作者，含公司内外人员）。本书将其定义为投资者关系管理的常规或日常工作。

在广义概念下，投资者关系管理不仅包括如上狭义概念（常规或日常类投资者关系管理）下的五大内容，而且还包括更为重要的范畴，主要有媒体关系管理（即媒体公关，包括传统媒介，互联网，微博、微信等手机终端管理等），危机管理、路演（融资、发行等资本运作）以及财经公关的部分内容。

本书主要站在董秘视角下进行投资者关系日常工作（即狭义方面）的部分要点的选讲，其他包括全部广义概念下的内容以及日常工作中对各类投资者的具体研究、对接等更详细、更深入的内容与实务操作请参见笔者的另一部书《新三板裂变 3：投资者关系与财经公关》。

问答179 投资者关系管理的原则是什么？

投资者关系管理的原则主要有 6 方面的内容，参见表 10-1。

表 10-1 新三板挂牌企业投资者关系管理的原则

1	充分披露信息原则	除强制的信息披露以外，公司可主动披露投资者关心的其他相关信息，需要做到客观地介绍公司，令人信服
2	合规披露信息原则	公司应遵守国家法律、法规及证券监管部门、包括新三板在内的证券交易场所对公司信息披露的规定，保证信息披露真实、准确、完整、及时。在开展投资者关系工作时应注意尚未公布信息及其他内部信息的保密，一旦出现泄密的情形，公司应当按有关规定及时予以披露
3	投资者机会均等原则	公司应公平对待公司的所有股东及潜在投资者，避免进行选择性信息披露
4	诚实守信原则	公司的投资者关系工作应客观、真实和准确，避免过度宣传和误导。高效低耗原则。选择投资者关系工作方式时，公司应充分考虑提高沟通效率，降低沟通成本
5	互动沟通原则	公司应主动听取投资者的意见、建议，实现公司与投资者之间的双向沟通，形成良性互动
6	平等对待原则	公司对各类投资者，不论是机构还是个人，都需要坚持平等对待

问答180 投资者关系管理的目标是什么？

投资者关系管理的目标是指导投资者关系管理实践的基础，可分为短期目标和长期目标两种。

（1）短期目标

① 通过充分的信息披露加强与投资者的沟通，促进投资者对公司的了解和认同；

② 推动公司与投资者之间的良性互动，营造诚信、互利的氛围。效益主要集中在两点上：

一是通过有效管理投资者的预期，使公司股票获得公平的市场定价；

二是保障公司股票合理的流动性。

（2）长期目标

通过运用多种有效措施建立挂牌公司或上市公司投资者关系管理体系，在树立公司良好的资本市场形象、形成尊重投资者和对投资者负责的企业文化的过程中，实现投资者与经营层对公司发展规划、运营的高度协同。获得的持续效益有三点：

① 实现公司内在价值和市场价值长期的不断提升；

② 为公司未来融资、并购等资本运作提供便利；

③ 实现公司、股东价值的最大化和投资者利益的最大化，维护资本市场稳定。

问答181　投资者关系管理的价值创造、作用是什么？

（1）价值创造

对于新三板挂牌公司，投资者关系管理的价值主要体现在公司的业绩因素和非财务指标因素两大方面，具体参见图10-1。良好的投资者关系管理是完善公司治理结构、提升公司价值和股东价值的重要途径；同时，投资者关系管理也有利于强化公司诚信建设，提高公司核心竞争力。

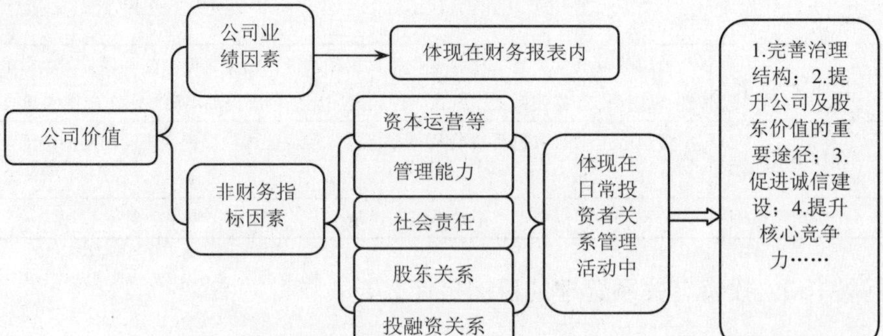

图10-1　投资者关系管理与公司价值创造的关系

注：上图来源于《新三板资本裂变3：投资者关系与财经公关》P9插图。

（2）作用和意义

投资者关系关系管理（IRM）的作用和意义，具体变现在：

① 有利于公司证券公允价值的体现、无形资产价值的提升。

② 能够加强公司与投资者的有效沟通，增强公司与投资者之间的相互信任与支持，提升公司的投资价值。

③ 有利于增强投资者对公司的认同、信心和忠诚度，有利于公司保持持续的再融资能力、抗风险能力。

④ 有利于管理投资者预期，防止和降低负面分析、报道以及传言对公司产生的不良影响，减少股价异常波动，维护股东利益。

⑤ 有利于公司治理机构的完善与经营的自律。

10.1.2　新时期环境转换升级与发展方向

问答182　国内投资者关系起步4阶段是什么？

（1）第一阶段（从 1990－1998 年）

上市公司的股票发行，大多实行严格的计划和“审批制”，供不应求，同时，由于广大中小投资者处于弱势地位，投资者缺乏了解公司的更为广泛的渠道，维权意识十分淡薄，所以，该阶段尚未形成真正意义上的投资者关系管理。

（2）第二阶段（1999－2002 年）

这个阶段的上市公司开始出现路演、网上推介等财经方面的公关行为。

在 20 世纪 90 年代末，发行市场化使得路演成为上市公司在发行时普遍进行的投资者关系管理行为。此期间，联想、中石化等海外上市公司开始实施投资者关系管理。2000 年以来，一些上市公司陆续开展联合调研、业绩推介等具有投资者关系管理性质的活动。

（3）第三阶段（从 2003—2007 年年初）

2004 年 1 月国务院发布了《关于推进资本市场改革和稳定发展的若干意见》，同年 12 月，中国证监会又发布了《关于加强社会公众股股东权益保护的若干规定》等。随着我国证券市场的日趋成熟，上市公司为了适应不同市场的监管，开始重视投资者关系管理活动。投资者关系管理进入起步阶段。

（4）第四阶段（2008 年－2013 年）

这个阶段，股权分置改革在完成之后，投资者关系管理真正被上市公司纳入到企业经营管理的范畴。由于大股东利益诉求的变化、监管层的要求、激励机制的完善、国内证券市场日益成熟和规范化，这个时候，投资者关系管理就真正成为上市公司管理的一部分，得到企业管理层的高度重视。

问答183　投资者关系在新时期背景下内涵是如何转换和升级的？

投资者关系管理的发展主要是基于资本市场的发展和风格转换而成长与逐步趋向成熟的，早期我国只有单一的沪深 A 股市场（上海证券交易所、深圳证券交易所分别于 1990 年的 11 月、12 月成立），该市场内后来产生了中小板（2004 年 5 月成立）、创业板（2009 年 10 月运行）两个层次。2001 年 7 月老三板产生，2006 年 1 月新三板形成，2013 年 12 月新三板全国扩容，截至 2016 年 12 月底挂牌企业近 10000 家。在此期间，区域性股权交易市场（四板）也得到长足发展，目前至少达到 33 家以上。我国多层次资本市场已经初步建立。

如今，我国资本市场各类金融及衍生产品层出不穷，个人及机构投资者跨越式增长，投资者权益意识愈发强烈，目前大有全民股权的热情与意识。在此背景和趋势下，投资者关系管理越来越显得到重要，越来越需要战略性考量、精心地策划与细心地维护。其发展与转换关系可参见图 10-2。

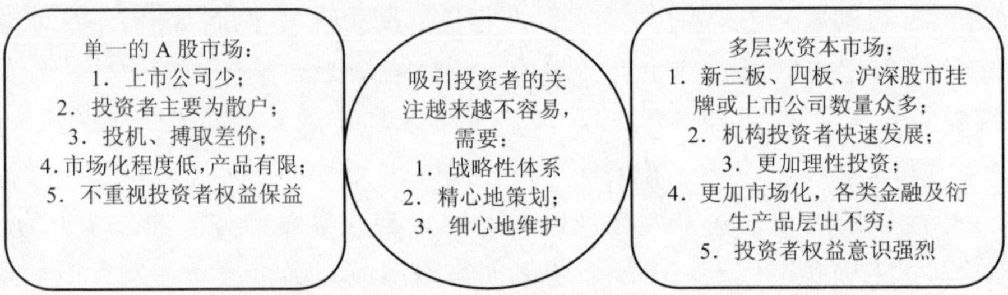

图 10-2　投资者关系管理的背景转化

注：上图来源于《新三板资本裂变 3：投资者关系与财经公关》P16 插图。

问答184　国内投资者关系发展的5大方向和工作是什么？

（1）提高人们对 IRM 的认识和理解。我国的投资者关系管理工作虽然开展多年，但是人们对其认识仍然不深，其需要提高与深入。投资者关系概念不仅触及沪深上市公司、新三板挂牌企业等公众公司的利益，而且与各类投资机构、基金等金融单位与中介的利益也密切相关。

（2）完善与其他工作部门的协作关系。不论是公众公司、上市公司，还是相关机构，投资者关系工作不是孤立进行的，必须加强与其他领域的协作关系。

增强透明度，保护投资者利益，革除报喜不报忧弊病，加强督导监督作用。

（3）提升 IRM 工作的规范化。投资者关系管理涉及最为广泛的问题是市场秩序的规范化问题，其 IRM 工作的完善必须与时代的发展相适应，在广泛吸取互联网朝向手机终端发展大趋势的情况，更需要加强相关工作的规范化进程。

（4）加强相关法规的制定。实践中，受巨大利益驱使，从事 IRM 工作的挂牌公司、上市公司或专业代理公司都可能存在弄虚作假、误导投资者的行为。我国法律法规部门应加强对 IRM 工作领域的监督，及时制定相关法规，以打击违背自身职业操守、欺骗误导投资者的行为。唯有如此，才能从根本上保障投资者关系管理工作的健康发展，同时保证投资者特别是中小投资者的利益。

（5）改变专业性 IRM 型人才匮乏的局面。由于投资者关系管理是一项系统而长期的工作，涉及到多方面的专业知识。尽管在国内有许多财经公关公司在负责投资者关系管理的事务，但这些公司都不够专业，虽然善于包装却缺乏足够的金融专业的理论知识，缺乏专业的投资者关系管理方面的人才，正因为投资关系管理服务机构水平的参差不齐和专业人才的缺乏，使得企业在管理中始终存在改进的问题。

（6）培育专门的 IRM 服务机构、筹建 IRM 协会等。从整个世界范围来说，特别是欧美国家，近年来投资者关系管理方面的专业服务机构已经成为该产业链中的一个重要环节，而且发挥着举足轻重的作用。这类专业的服务机构说，其优势在于专业性及规模效应能够给企业带来更低的成本。而在国内大多数的投资关系管理服务都是依靠“财经公关”的攻速来负责提供的，主要包括股票发行及增发路演等工作内容，而这里只是其中很小的一个部分。但随着后国内证券市场逐渐走向多层次化，投资关系管理的专业服务也必定会拥有一个更为广阔的发展平台。另外，IRM 协会作为行业性的自律组织，在我国的 IRM 工作迅猛发展，逐渐形成一个行业情况下也是必要的。

10.1.3　工作职责、建议与常规工作

问答185　投资者关系管理的工作职责是什么？

（1）整合公司内部信息流程，通过建立适当的制度规范，跟踪研究公司的

发展战略、经营状况、行业动态以及监管部门的法规，及时、准确、完整、合规地披露与投资者投资决策相关的信息。

（2）定期或针对重大事件组织分析师会、网络会议、路演等活动，与投资者进行沟通。

（3）在公司网站中设立投资者关系管理专栏，在网上披露公司信息，方便投资者查寻和咨询。

（4）与机构投资者、证券分析师及中小投资者保持经常联系，提高市场对公司的关注度。

（5）加强与财经媒体的合作关系，引导媒体的报道，安排高级管理人员和其他重要人员的采访、报道。

（6）与监管部门、行业协会、交易所等保持接触，形成良好的沟通关系。

（7）与其他公众公司或上市公司的投资者关系管理部门、专业的投资者关系管理咨询公司、财经公关公司等保持良好的合作、交流关系。

问答186　投资者关系管理工作的建议是什么？

联系实践，本书归纳出对投资者关系管理工作的建议，见表10-2。

表10-2　投资者关系管理工作的建议

日常工作	日常的投资者关系管理工作是量变到质变的积累过程，也是建立公司在资本市场的长期形象，维持股价的长期稳定的基本工具。同时只有在日常的投资者关系工作基础之上，面对资本市场事件的投资者关系工作才会更加有效和得力
工作方式	主动的投资者关系管理工作方式比起被动的信息披露投资者关系管理工作方式有着更深刻的内涵和延伸
特殊事件	在融资，引入战略投资者，限售流通股等未来的发展过程中必然要面对的资本事件，如何顺利实施这些资本市场事件，需要投资者关系管理工作的配合，并通过它来取得投资者与媒体的支持和认同
应对危机	资本市场上的危机事件是经常发生，且有着不确定性。有着这样的原因，只能够通过持续、有效的投资者关系管理工作避免和解决这些问题

问答187　投资者关系管理常规工作内容有哪些？

投资者关系常规管理实现的五大维度，即信息披露、制度完善、感情沟通、理念认同与素质提高。可参看表10-3。

表 10-3　新三板挂牌公司投资者关系日常管理的内容和工作

类别	内容	具体工作
信息披露	公告	在及时、准确披露的前提下，引入公告模版，将公司战略渗透于公告中，正确引导投资者
	证券媒体	定期向证券媒体发布宣传稿，重要活动宣传稿，并与媒体建立稳定合作，长期向证券媒体发送公司简讯
	网站（互动平台）	设立投资者关系管理子网或互动平台。其中，公告、简报、产销快讯、问题解答、新闻稿和公司相关情况等力求上网，还要定期后非定期召开网络视频会议等
制度完善	公司治理	三会独立，建立董秘制度、独立董事与独立监事制度（如有必要）等等，提高法人治理水平
	投资者关系	细化投资者关系管理办法，制定投资者关系操作手册
	危机处理	危机处理相关制度、流程
感情沟通	个人投资者接待	主动并长期向投资者发送政策、行业及公司情况分析资料，通过互动平台互动。
	机构投资者接待	定期组织机构投资者到公司现场调研、主动向行业研究员发送政策、行业及公司情况分析资料
	推介会、行业研讨会	每年定期或非定期开展推介会；举办行业产业研讨会（如有必要）
	投资者关系交流会	举行投资者关系交流会（如有必要，小范围或大范围定期或非定期举行），旨在加强与监管部门、行业内挂牌或上市公司和投资者一起研讨如何进一步提高投资者关系管理水平
理念认同	投资者相关分析	开展年报受众分析、对投资者等的动态分析，每季度或半年（依照公司具体情况选定）形成一份投资者分析报告
	投资者意见反馈	定期将投资者的合理化建议以报告的形式向经营层汇报
	满意度分析	建议每年第一季度调查分析投资者对上一年投资者关系工作的满意度
	优秀投资者评选	每年第一季度在上一年度热情关心公司的投资者中进行评优活动（如有必要）
素质提高	投资者关系管理培训	在对董监事培训中加入投资者关系管理的内容
	投资者培训课程	定期或非定期组织监管部门或投资专家为投资者讲课
	投资价值实现	实现公司价值稳步提升，投资者长期投资获益，并使公司获得投资者的全面支持

问答188　投资者关系管理研究工作主要有哪三方面内容？

（1）股价异动分析

新三板挂牌公司或沪深上市公司，在证券市场上的股票可能出现异动的情况。一般发生过大的异动，往往会引起媒体、第三方中介（如卖方证券分析师等）的注意，媒体、中介等很可能对公司股票的异常走势原因，有关公司重大事件等发表独立意见。这类事件，公司须得配合媒体、中介，及时并积极地披露相关事项，适时引导舆论向着有利于公司方向发展。同时，如有必要，可以委托第三方中介对公司股价异动进行投资者的广泛调研，获取客观信息，以采取合理的应对措施。

（2）跟踪分析报告

新三板挂牌企业、沪深上市公司等公司的行业研究报告跟踪，也是投资者关系研究的一项重要内容。行业跟踪研究，如能预期重大政策调整，行业环境改变的情况，这种研究则更显重要。

（3）股权结构研究

股权结构是指股份公司总股本中，不同性质的股份所占的比例及其相互关系。股权即股票持有者所具有的与其拥有的股票比例相应的权益及承担一定责任的权力。基于股东地位而可对公司主张的权利，是股权。股权结构是公司治理结构的基础，公司治理结构则是股权结构的具体运行形式。不同的股权结构决定了不同的企业组织结构，从而决定了不同的企业治理结构，最终决定了企业的行为和绩效。

问答189　投资者关系管理中的渠道平台与会务活动主要指什么？

新三板挂牌、拟挂牌企业等公司的投资者关系管理中的沟通一般包括渠道沟通、平台搭建、会务服务和会议活动等。其中渠道沟通包括沟通形式、业绩推介会、反路演和IR网站建设。

会务服务与活动互动也是投资者关系日常管理中的重要内容。一般来说，会务服务主要有三会服务（董事会、监事会和股东大会）、分析师会议和非上市路演、会务活动等。

10.1.4　渠道沟通与平台建设

问答190　投资者关系沟通形式、内容和要求主要有哪些？

如图10-3所示。

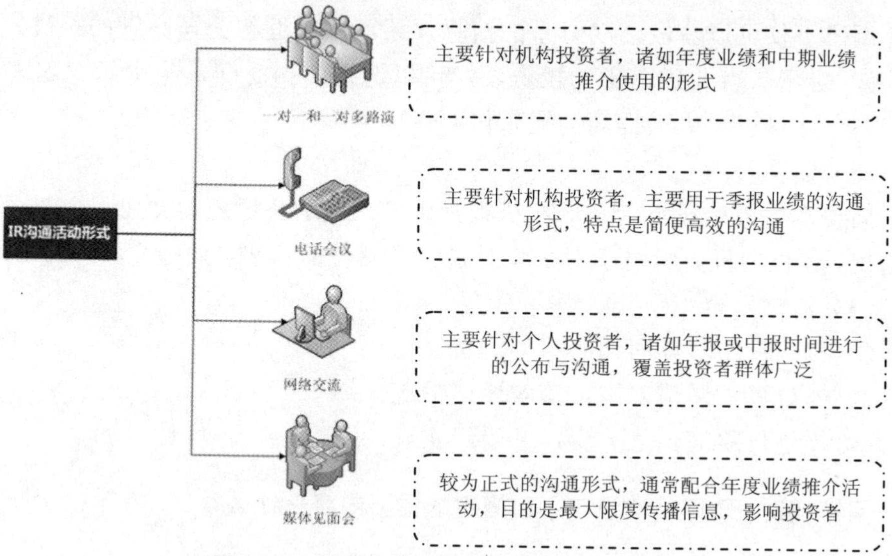

图 10-3　投资者关系管理的常规沟通形式

注：上图来源于《新三板资本裂变 3：投资者关系与财经公关》P28 插图。

问答191　业绩推介会内容及操作要点是什么？

（1）活动背景

① 业绩推介活动是上市公司跟投资者保持持续性沟通的最佳途径之一，此外对于不断新进场的投资者也需要与之加强沟通，增进共识活动目标；

② 宣传公司经营发展取得的最新成绩，消除投资者的疑虑，明确市场的预期。

（2）活动目的

使机构投资者及时全面了解公司的经营状况并对发展前景充满信心。

（3）活动内容

制定活动主题；

策划活动形式、组织实施；

邀请投资者；

调研机构反馈意见。

问答192　投资者关系管理中反路演的内容要点是什么？

这里重点强调如下内容。

（1）活动背景

① 上门调研是机构投资者经常采用的一种调研方式，通过近距离接触和

实地调研不仅可以获取活动背景的信息，还可以拉近与公司高管的距离。

② 对于具有此类需求的投资者，可以选择恰当时间，集中组织起来进行反路演，这样可以大大提高沟通工作的效率。

（2）活动目的

向现有的机构投资者及潜在机构投资者，展示公司企业文化、企业运转实际情况，使机构投资者对于对公司有进一步感性的认识。加强交流，密切关系。

（3）活动内容

① 机构反路演意向调研；

② 建议机构邀请范围，落实邀请情况；

③ 提供反路演策划方案，并组织实施。

问答193　IR网站建设与平台搭建的主要内容是什么？

（1）IR网站建设

信息化时代的到来，网络成为企业宣传的主要渠道，我们将会为企业设计适合企业行业特点的官方网站和IR网站。

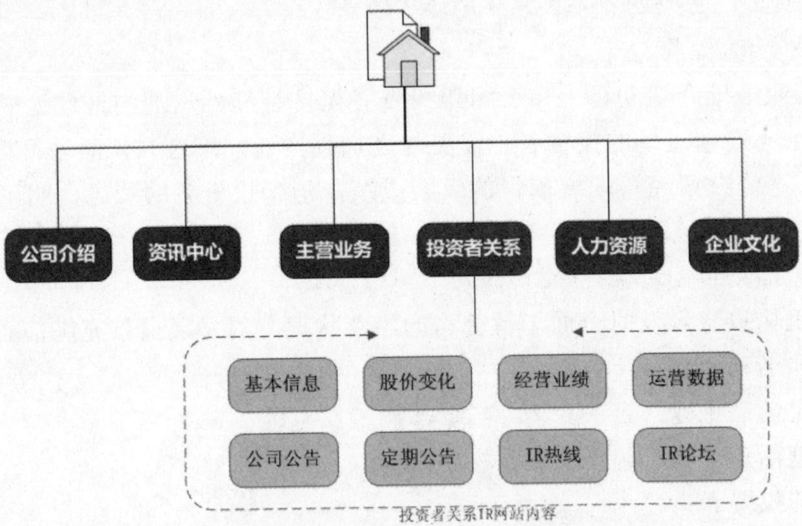

图10-4　投资者关系（IR）网站简图

注：上图来源于《新三板资本裂变3：投资者关系与财经公关》P29插图。

（2）平台搭建

一般来说，企业可根据需要搭建信息管理平台，简要地说，主要有如下内容：

① 建设相应网站；

② 设立相关微博、微信并获得认证；

③ 关联各可控论坛、信息发布渠道等；

④ 建立信息自动收集检索系统。

10.1.5　会务沟通及活动内容及操作

问答194　投资者关系中三会服务内容及操作要点是什么？

（1）会议背景

① 挂牌或上市公司三会所涉及的议题和内容均关系到企业治理发展的重要问题，备受股东及广大投资者的关注，

② 会议相关工作的缜密安排及细致执行不仅能显示公司完善的治理工作及良好的企业形象，而且体现了公司对股东和投资者的尊重和重视。

（2）时间和频率

年度股东大会是法规的强制要求，至少每年召开一次；

董事会一般一年要召开 2 次，而且一般情况下，监事必须列席董事会；

监事会一般一年要召开至少 2 次。

（3）重要意义

机构投资者往往愿意参加重要的股东会议，发表自己的意见和建议，并就关心问题向管理层问询。因此，股东大会也成为投资者关系沟通的重要渠道之一。

股东大会也是上市公司获取投资者反馈的绝好机会。

问答195　投资者关系中分析师会议内容要点是什么？

（1）活动背景

业绩推介活动是上市公司跟投资者保持持续性沟通的最佳途径之一，此外对于不断新进场的投资者也需要加强沟通，增进共识活动目标；

宣讲公司经营发展取得的最新成绩，消除投资者的疑虑，明确市场的预期。

（2）活动目的

主要目的是使机构投资者及时全面了解公司的经营状况并对发展前景充满信心。

定期业绩公布后举行分析师会议，使投资者可以准确把握公司的实际情况。

（3）活动内容

① 制定活动主题；

② 策划活动形式、组织实施；

③ 邀请投资者；

④ 调研机构反馈意见。

问答196　投资者关系中全年会议活动该如何统筹与安排？

这里根据新三板挂牌公司的实际情况，参考上市公司，给出一个建议的会务活动安排，如表 10-4 所示。可参考。

表 10-4　新三板挂牌企业等公众公司会议活动参考安排

会议名称	时间	会期	参加人员	会议内容
第一次临时股东大会	2 月底、3 月初	半天	股东、董事会成员、高管、相关部门	审议议案
全年业绩发布会	4 月	半天	高管人员、相关部门、投资者、分析师、财经媒体	全年业绩公布
投资者分析师见面会	4 月	半天	高管人员、相关部门、投资者、分析师	介绍公司经营发展情况，回答投资者、分析师的问题
年度股东年会	5 月底、6 月初	半天	股东、董事会成员、监事会成员、相关部门、高管人员	审议议案
路演推介会	5 月底	5 天	高管人员、相关部门、投资者、分析师	介绍公司经营发展情况，回答投资者、分析师的问题
半年业绩发布会	8 月底	半天-1 天	高管人员，相关部门、投资者、分析师、财经媒体	中期业绩公布
投资者反向路演见面会	10 月底	半天	高管人员、相关部门、投资者、分析师	介绍公司经营发展情况，回答投资者、分析师的问题
投资者日	11 月底	1 天	高管人员、相关部门、投资者、分析师	介绍公司经营发展情况，回答投资者、分析师的问题
备注	新三板挂牌公司差异很大，如上内容可根据公司实际按需求和时节增减，仅作参考			

10.1.6　与企业成长阶段匹配 11 类资本与机构关系

问答197　与企业成长阶段匹配的11类资本与机构有哪些？

对于新三板挂牌、拟挂牌企业等广大中小微公司，其成长阶段一般可分为种子期、初创期、发展期、扩展期、成熟期和 Pre-IPO 期（含新三板业界所称的“小 IPO”）。目前，除种子期外，其他任何阶段的企业新三板都有。

根据以上各个时期的企业所获得的投资，相关机构的资本按照不同企业所在阶段可划分为创业投资（Venture Capital）、发展资本（Development Capital）、并购基金（BuyOut/BuyIn Fund）、夹层资本（Mezzanine Capital）、重振资本（Turn Around），Pre-IPO 资本（如 Bridge Finance），以及其他如上市后私募投资（Private Investment in Public Equity，即 PIPE）、不良债权（Distressed Debt）和不动产投资（Real Estate）等。这些投资一般都属于机构投资者（天使投资者除外）参与和实施的，所以，这些不同类别的投资也可以作为不同性质的投资机构的一种划分方式。如图 10-5 所示（详细解读请参考《新三板资本裂变 3：投资者关系与财经公关》相关内容）。

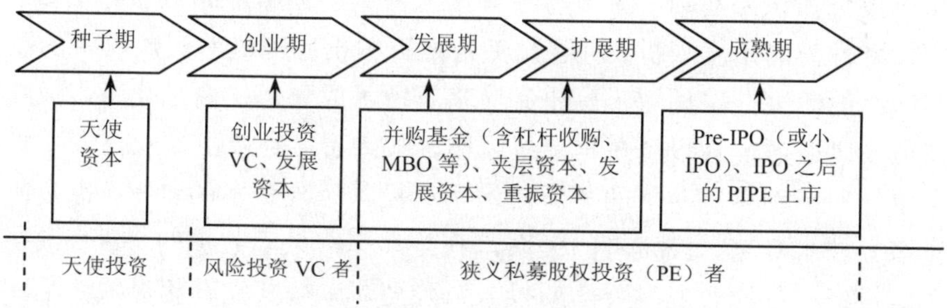

图 10-5 企业不同成长阶段的匹配投资和对应的投资机构

注：上图来自于《新三板资本裂变 3：投资者关系与财经公关》P44 插图。

问答198 天使投资与创业投资（VC）该怎样理解？

创业投资（国内专有称谓），实际上就是，国际惯行的风险投资（VC），一般用于为企业创业中后期、发展初期的资本，是一种风险和回报均非常高的资本。天使投资主要是个人行为，一般投资于种子期的企业（严格地说，此时还不能叫作企业）。

（1）天使投资

天使投资者是具有丰厚收入并为初创企业提供启动资本的个人。与风险投资者不同，天使投资者一般不会通过由职业经理人管理基金的方式来投放自己的天使资本，天使投资者们会通过自我组织成天使投资者网络或者天使投资者团体，然后向这个网络投放天使资本并彼此分享投资调研成果。

风险投资承担着很高的风险，因此它要求的回报会非常高。由于大多数天使投资会因为初创企业破产而丧失掉所有的资金，职业的天使投资者一般都会要求5年内至少相当于本金10倍以上的投资收益，并且要有一个明确的退出机制，或者通过被投资企业的公开募股发行（IPO），或者通过被投资企业被收购。

在综合考虑了以成功的投资来弥补不成功的投资的资金损失后和等待成功投资项目最终成功的时间成本后，一个典型的成功的天使投资投资组合的投资回报率应该在20%～30%。虽然天使投资的高回报需求使得天使投资成为一种非常昂贵的资本来源，但是那些便宜的融资方式比如银行贷款对处于初创期的企业来说通常不可能得到。

（2）风险投资

风险投资VC（Venture Capital），在国内又叫作“创业投资”，是指由职业金融家投入到新兴的、迅速发展的、有巨大竞争力的企业中的一种权益资本，是以高科技与知识为基础，生产与经营技术密集的创新产品或服务的投资。

从投资行为的角度来讲，风险投资是把资本投向蕴藏着失败风险的高新技术及其产品的研究开发领域，旨在促使高新技术成果尽快商品化、产业化，以取得高资本收益的一种投资过程。从运作方式来看，是指由专业化人才管理下的投资中介向特别具有潜能的高新技术企业投入风险资本的过程，也是协调风险投资家、技术专家、投资者的关系，利益共享，风险共担的一种投资方式。

风险投资在创业企业发展初期投入风险资本，待其发育相对成熟后，通过市场退出机制将所投入的资本由股权形态转化为资金形态，以收回投资。风险投资的运作过程可总结为“融投管退”，即为融资过程、投资过程、参与管理过程和退出过程。

风险资本市场是一个培育创新型企业的市场，是创新型企业的孵化器和成长摇篮。风险投资是优化现有企业生产要素组合，把科学技术转化为生产力的催化剂。风险投资不同于传统的投资方式，它集金融服务、管理服务、市场营销服务于一体。风险投资机构为企业从孵化、发育到成长的全过程提供了融资服务。风险投资不仅为种子期和扩展期的企业带来了发展资金，还带来了国外先进的创业理念和企业管理模式，帮助企业解决各类创业难题，使很多中小企业得以跨越式发展。

问答199　私募股权投资（PE）概念、种类与方式是什么？

（1）概念

私募股权投资（Private Equity，简称PE）是指通过私募基金对非上市公司进行的权益性投资。私募股权投资在交易实施过程中，PE 会附带考虑将来的退出机制，即通过公司首次公开发行股票（IPO）、挂牌、兼并与收购（M&A）或管理层回购（MBO）等方式退出获利。简单的讲，PE 投资就是 PE 投资者寻找优秀的高成长性的未上市公司，注资其中，获得其一定比例的股份，推动公司发展、挂牌或上市，此后通过转让股权获利。

狭义的 PE 主要指对已经形成一定规模的，并产生稳定现金流的成熟企业的私募股权投资部分，主要是指创业投资后期的私募股权投资部分，而这其中并购基金和夹层资本在资金规模上占最大的一部分。（并购基金是专注于对目标企业进行并购的基金，其投资手法是，通过收购目标企业股权，获得对目标企业的控制权，然后对其进行一定的重组改造，持有一定时期后再出售。并购基金与其他类型投资的不同表现在，风险投资主要投资于创业型企业，并购基金选择的对象是成熟企业；其他私募股权投资对企业控制权无兴趣，而并购基金意在获得目标企业的控制权。并购基金经常出现在 MBO 和 MBI 中。

广义上的 PE 对处于种子期、初创期、发展期、扩展期、成熟期等各个时期的企业进行投资。

（2）私募股权基金种类

私募股权投资基金一般有四种：一是专门的独立投资基金，拥有多元化的资金来源；二是大型的多元化金融机构下设的投资基金；三是关于中外合资产业投资基金的法规出台后，一些新成立的私募股权投资基金；四是大型企业的投资基金，这种基金的投资服务于其集团的发展战略和投资组合，资金来源于集团内部。

（3）私募股权基金投资方式

私募股权投资基金是推动资本市场可持续发展的力量。私募股权基金产业的快速发展将为提高金融业的收益率提供新的方法，也为解决民营小企业的金融困境提供有效的途径，打通产业需求和金融资本获利的需求。私募股权投资模式主要有以下几种方式：

① 增资扩股投资方式。增资扩股就是公司新发行一部分股份，将这部分新发行的股份出售给新股东或者原股东，这样的结果将导致公司股份总数的增加。

② 股权转让投资方式。股权转让是指公司股东将自己的股份让渡给他人，使他人成为公司股东的民事行为。

③ 其他投资方式。除了上述两种投资模式外，还可以两者并用，与债券

投资并用，实物和现金出资设立目标企业的模式。

问答200　发展资本与重振资本是什么？

发展资本（Expansion Capital），又称成长资本。主要投资于正在进行资本扩张或经营重组的企业，也包括进入新的市场或在控制权不发生变化下的并购融资等。一般认为成长资本不同于创业资本，其投资的企业处于发展期和扩张期，能够产生收入但尚不能盈利或难以为未来发展提供足够的现金流。在许多情况下，成长资本与创业资本难以区分，因而在有些国家与地区的统计中被直接计入创业资本的范围（例如美国）。

重振资本（Turn Around）是指向业绩不佳的企业投资，改善企业的经营状况。这类企业一般处于传统行业，出现财务危机或者处于重组当中，但仍具有长期的市场生存能力。

问答201　并购基金与管理层收购是怎么回事？

并购基金，是专注于对目标企业进行并购的基金，其投资手法是，通过收购目标企业股权，获得对目标企业的控制权，然后对其进行一定的重组改造，持有一定时期后再出售。

并购基金经常出现在管理层收购（MBO）和管理层换购（MBI）中。

管理层收购（Management Buy Out，简称 MBO）。经济学者给 MBO 的定义是，目标公司的管理者与经理层利用所融资本对公司股份的购买，以实现对公司所有权结构、控制权结构和资产结构的改变，实现管理者以所有者和经营者合一的身份主导重组公司，进而获得产权预期收益的一种收购行为。由于管理层收购在激励内部人员积极性、降低代理成本、改善企业经营状况等方面起到了积极的作用，因而它成为 20 世纪 70～80 年代流行于欧美国家的一种企业收购方式。

问答202　杠杆收购与夹层资本投资是怎么回事？

（1）杠杆收购

杠杆收购（Leveraged BuyOut，LBO）是一种战略型的股权资本，通过使用财务杠杆对外借债的方式来收购一家公司、商品实体或资产，被收购的公司一般处于成熟期且能够产生足够的现金流，在收购完成后，可以利用被收购公司的现金流来偿还杠杆收购的债务，并最终卖出，从而取得投资差价的收益。它具有一般并购交易的所有特征，又被称为融资收购。

（2）夹层资本与投资

夹层投资（Mezzanine Capital）的目标主要是已经完成初步股权融资的企业。它是一种兼有债权投资和股权投资双重性质的投资方式，其实质是一种附有权益认购权的无担保长期债权。这种债权总是伴随相应的认股权证，投资人可依据事先约定的期限或触发条件，以事先约定的价格购买被投资公司的股权，或者将债权转换成股权。

夹层投资的风险和收益低于股权投资，高于优先债权。在公司的财务报表上，夹层投资也处于底层的股权资本和上层的优先债（高级债）之间，因而称为“夹层”。与风险投资不同的是，夹层投资很少寻求控股，一般也不愿长期持有股权，更倾向于迅速地退出。当企业在两轮融资之间，或者在希望上市之前的最后冲刺阶段，资金处于青黄不接的时刻，夹层投资者往往就会从天而降，带给企业最需要的现金，然后在企业进入新的发展期后全身而退。这也是它被称为“夹层”投资的另一个原因。夹层投资的操作模式风险相对较小，因此寻求的回报率也低一些，一般在 18%～28%。

问答203　Pre-IPO（或小 IPO）投资是怎么回事？

Pre-IPO 投资主要投资于企业上市前阶段，预期企业上市的企业规模与盈利已达到可上市水平的企业，其退出方式一般为上市后从公开资本市场上出售股票。

一般而言，Pre-IPO 投资者主要有战略型投资基金和投行型投资基金两类。

战略型投资基金，致力于为企业提供管理、客户、技术等资源，协助企业在上市之前建立起规范的法人治理结构，或者为企业提供专业的财务咨询。Pre-IPO 投资具有风险小、回收快的优点，并且在企业股票受到投资者追崇的情况下，可以获得较高的投资回报。

投行型的投资基金如高盛、摩根斯坦利等投资基金，它们具有双重身份——既是私募股权投资者，又是投资银行家。作为投资银行家，他们能够为企业的 IPO 提供直接的帮助；而作为私募股权投资者的身份则为企业的股票进行了价值“背书”，有助于提升公开市场上投资者对企业股票的信心，因此投行型投资基金的引入往往有助于企业股票的成功发行。

所谓“小 IPO”，特指新三板企业挂牌同时定增的现象。自 2013 年 7 月份蓝天环保成为新三板首家挂牌同时定增的企业，业界将新三板企业挂牌同时定增模式称之为“小 IPO”，此后“小 IPO”模式被拟挂牌企业所追捧。主板市场

IPO“上市即融资”的便利性，在新三板市场中也得到充分展现。中国证监会2016年11月20日正式对外发布《关于进一步推进全国中小企业股份转让系统发展的若干意见》（以下简称《意见》），提出探索放开挂牌同时向合格投资者发行股票新增股东人数35人的限制，加快推出储架发行制度和授权发行机制。这一政策的出台，让新三板“小IPO”越来越具有想象空间。

问答204　PIPE或挂牌后PE投资是怎么回事？

PIPE指投资于已上市公司股份的私募股权投资，以市场价格的一定折价率购买上市公司股份以扩大公司资本的一种投资方式。PIPE投资分为传统型和结构型两种形式，传统型PIPE由发行人以设定价格向PIPE投资人发行优先股或普通股，结构型PIPE则是发行可转换为普通股或者优先股的可转债。相对于二次发行等传统的融资手段，PIPE融资成本和融资效率相对较高，监管机构的审查较少，而且不需要昂贵的路演成本，这使得获得资本的成本和时间都大大降低。PIPE比较适合一些不希望应付传统股权融资复杂程序的快速成长为中型企业的上市公司。

同样，在新三板挂牌后的私募股权投资也大量存在。

10.2　典型实战15例

10.2.1　信息不对称、专业认证与滚动计划

案例119　国际巨头对投资者关系的重视

GE公司的CEO韦尔奇时代有一个副总裁叫贝尔格，他是负责GE投资者关系的主管，长期追随韦尔奇，每次当GE有重大事情的时候，韦尔奇都会跟贝尔格商量，他每天都会跟贝尔格建立电话联络，了解投资者的兴趣。韦尔奇本人对华尔街的GE的股票表现出极大的热情，几乎每天都要询问股票的价格，以及公司股票持股者的变化。投资者关系这个部门在GE的组织结构里面位置是很高的，贝尔格直接对韦尔奇负责，所以当更多的投资者开分析会的时候，贝尔格基本上代表了韦尔奇的观点。

案例120　关联信息不对称与投资者关系

企业关联交易的关联人是一般的法人，应与其他法人一样享有同等的市场

条件和交易权利，但由于关联交易信息披露问题可能的信息不对称尤为严重，应当引起投资人的注意。这里以某上市公司曾经的情况（现早已整改）作出分析。

A 上市公司成立于 1993 年，公司的主要经营单位为改装车间、零部件生产车间和有关路市场。公司 1996 年上市之后经过两次配股融资扩建和大股东的资产置换，车轮成为其主营方向。根据 A 上市公司公开的年报信息披露，发现该公司经营有两大特点：

其一，该公司基本上属于两头在外的加工厂，大股东 B 集团控制了上市公司大部分的采购与销售；

其二，上市公司在 1996 年成立至今，公司很大一部分固定资产来自于动用募集资金收购大股东资产或与大股东资产进行资产置换得到。

从财务报表可以看出，A 上市公司的产品主要是销售给大股东 B 集团公司。如此大的关联交易其价格如何确定，公司年报只用了“按市场价格协议定价”来进行披露。当控制了上市公司的采购和销售后，大股东在决定上市公司的利润时就显得游刃有余。从公司某年公告情况来看，16 名董监高中，其中一董事、一名监事和两名副总经理在上市公司任职，而有 12 人在大股东单位任职并领薪，与“三分开”政策相去甚远。在分析董事会人员构成时，我们发现第一大股东中有五人任职于上市公司的董事长、董事及监事职务，其中 B 集团的副总经理兼任 A 上市公司的董事长，集团的纪律检查委员会副书记任上市公司监事。

从上述董事会结构我们不难看出，董事会人员在集团的任职状况以及集团在上市公司的董事会构成比例都使得集团通过人士作为控制的途径牢牢地控制了上市公司。

存在如此大的关联交易同时没有进行充分的披露，从而可能导致公司的业绩并不是对公司的真实价值的反映，这也导致了股票价格对公司业绩信息反映不足。

案例121　NIRI 首推投资者关系专业认证计划

据美国商业资讯中文网 2015 年 11 月 18 日报道：全美投资者关系协会（NIRI）目前已开始接受参加首次投资者关系特许认证考试的申请。

弗吉尼亚州亚历山大——（美国商业资讯）——全美投资者关系协会（NIRI）今日宣布推出其首个专业认证计划——投资者关系特许认证（Investor Relations

Charter，简称 IRC）。申请人如今可以申请参加将于 2016 年 3 月举行的首次 IRC 考试；如需申请，请访问 NIRI 网站：www.niri.org/certification。

由 NIRI 开发和管理的新 IRC 项目不仅为确定投资者关系职业的内涵树立了通用框架，同样，它也通过其最高标准的考试，为投资者关系职业人士提供了展示其知识、专长和敬业精神的机会。

NIRI 董事会主席兼 Impax Laboratories, Inc.投资者关系和企业传播业务副总裁 Mark Donohue 表示，“这对于 NIRI 来说是一个巨大的成就，我对参加这一项目的众多主题事务专家志愿者表示祝贺，他们为 IRC 的开发无私地奉献了大量的时间。”

NIRI 总裁兼首席执行官 Jim Cudahy 指出，“IRC 满足了市场中明确存在的需求，也十分符合 NIRI 推动投资者关系事业、提升投资者关系职业人士竞争力和水平的宗旨。”

如何获得 IRC

IRC 认证项目对申请人有具体的工作经验要求。申请人不仅必须掌握相关知识、对概念的应用理解，也必须拥有该行业的实际工作经验。获取认证涉及以下三个步骤：

1. IRC 考试备考——阅读由投资者关系主题事物专家开发的 IRC 能力大纲（IRC Competency Framework），并学习相关资源，包括 NIRI 的投资者关系知识体系（Investor Relations Body of Knowledge）。作为核心的 IRC 资源，知识体系是一本 180 页的教科书，根据全面的投资者关系职业人士工作任务分析而编写，而且基于能力大纲中所提到的 10 个科目。

2. 通过 IRC 考试——申请人在 IRC 项目中所面临的终极考验是一个时长 4 小时、200 道问题的综合考试，它衡量了申请人在投资者关系实践中运用其基础知识和技能的能力。在全球范围内，NIRI 每年将在计算机测试中心举办两次考试，测试窗口为期一周。可登录 NIRI 网站 www.niri.org/certification/FAQ 了解具体信息，例如考试资格、申请截止日期和费用。

3. 满足 IRC 职业发展要求——IRC 展示了投资者关系职业人士对该职业的敬业精神。这一精神涵盖不断的补充 IRC 能力大纲中所列出的知识和技能。在获得 IRC 认证之后，IRC 证书持有者每三年必须参加资质教育和持续实践活动，且不低于 30 个职业发展单位。

如需了解有关 IRC 的详情，包括如何申请参加 2016 年 3 月的首次考试，请登录 NIRI 官网查阅 IRC 申请人手册。有疑问的申请人也可以通过邮箱

certification@niri.org 直接联系 NIRI 认证人员。

案例122　GE 投资者关系滚动沟通交流计划

GE 自己搞了一个 12 个月的滚动沟通交流计划，另外还有季度会议。滚动沟通就是每个月投资主管不定期自己亲自出面沟通，同时要求副手、属下职员、整个投资者关系部门都出去，每个月都在外面跑，跟 GE 有关的股东进行拜访，同时邀请他们到 GE 来参观工厂，安排更大的股东听 GE 老板伊迈尔特讲故事，介绍公司的业务情况，通过邀请，使投资者感到很兴奋，分析师也高兴，投资者更高兴，大量购入他的股票，所以 GE 在美国华尔街道琼斯市场是一个晴雨表。GE 的股价一动，就影响道琼斯指数，很多散户，很多中小企业主都购买 GE，只要有钱就去买 GE。

10.2.2　股价波动、企业跟踪与投资者身份

案例123　“乌龙指”与股价异动（同济医药）

2016 年 7 月 6 日，新三板挂牌公司同济医药（430359）股价出现异动，当天晚上 9 点 36 分同花顺金融服务网新三板频道的第一路演便对此事件进行了报道，并采用了专业人士（一般为卖方分析师）的判断，同时对照新三板之前出现的类似情况进行了详细的分析。具体内容如下。

第一路演讯：7 月 6 日上午 10 点 20 左右，同济医药股价出现异动，快速上升后迅速回落，专业人士表示这种异动疑似乌龙指。

以史鉴今，各级市场都发生过乌龙指，新三板市场上也不例外，2015 年 3 月 20 日，新三板发生了首起乌龙指，上市仅 3 天的新三板指数之一——三板做市指数，就遭遇令人质疑其指数编制的情况。天风证券员工误将其做市股票红豆杉 6.8 元的价格输入成 68 元，仅成交 1000 股，就让三板做市指数盘中大涨 18%。为何会出现误操作，天风证券的风控系统是否有漏洞？天风证券表示，公司十分重视此次事件，现已成立了专项小组进行了详细核查，对相关交易员暂停交易，并做出了处理措施和后续防控方案，日后将加派交易员对实时报单每笔进行二次复查后再申报。

就在“红豆杉乌龙指”事件的同一天，新三板第一大市值股“九鼎投资（600053）”也出现了一笔疑似乌龙指。当天 14 点 48 分，本来上一笔交易还在

9 元/股的九鼎投资，突然出现一笔 99 元/股的报价，股价瞬间涨幅达到 1017.38%，“估计本来要报 9.9 元，结果报成了 99 元。”有 PE 系公募公司投资经理说，但因为不在做市股票名单中，所以当时没有引起做市指数涨跌幅变动。一日内两起乌龙指事件的发生，除了券商风控不严外，也说明了新三板交易系统存在着许多漏洞。

另外，2016 年 7 月 4 日，三板做市指数早盘开盘后低位震荡，临近午盘长针探底疑似出现“乌龙指”，最低报 1133.00 点，随后股指瞬间拉升。天地壹号在“事发”当时曾出现 4 手低价成交，成交价从 20.20 元跌至 10.24 元，跌去 49.31%，而一分钟后又有 1 手交易，交易价格恢复至 20.20 元。当天总成交 69 手，总成交额 170 万，振幅达 49.43%。

案例124　企业跟踪分析报告操作（大汉三通）

大汉三通（430237）新三板公司跟踪分析报告：国内流量经营龙头地位持续巩固短信业务增速向行业龙头看齐

报告名称：大汉三通（430237）新三板公司跟踪分析报告：国内流量经营龙头地位持续巩固短信业务增速向行业龙头看齐

报告类型：深度分析

报告日期：2016-05-05

研究机构：××证券

研究员：×××

股票名称：大汉三通

股票代码：430237

页数：18

简介：公司流量业务：单季收入突破 1.4 亿元，市场龙头地位进一步巩固。自 2015 年 9 月份开始发力，2015 年大汉三通流量经营业务实现营收 1.2 亿元，2016Q1 上升至 1.42 亿元，继续保持爆发式增长。同时公司在运营商资源、平台能力、下游客户渠道方面快速推进，和 BAT、京东等主要互联网企业均建立了流量业务合作关系。流量业务和短信业务具有明显的相似性，体现为先进入企业更可能借助行业的规模效应持续做大做强。我们判断，大汉三通借助在流量经营领域的先进入优势以及领先市场地位，叠加自身较强的业务执行力，公司在流量经营领域的龙头地位长期有望保持。

公司短信业务：短信业务实现同比翻番，毛利率向行业龙头看齐。严厉的市场整治带来国内企业短信市场集中度快速提升，行业靠前企业成为市场主要受益者，业绩实现高速增长。大汉三通作为国内企业短信市场领先企业之一，2015年企业短信发送量近40亿条，营收达到1.29亿元，同比增长近一倍，毛利率提升至30%附近，和行业第一的梦网科技（34.4%）基本处于同一水平。2016Q1公司短信收入达到0.5亿元，发送量同比增长140%。我们判断，2016年公司短信业务营收大概率将翻番。

公司财务分析：业绩高速增长，流量业务毛利率短期可能维持较低水平。成长能力方面，大汉三通短信业务、流量业务继续保持高速增长，同时考虑到短信业务、流量业务自身的规模效应，我们判断公司后续利润的增幅将显着快于收入增幅；运营能力方面，受益于公司聚焦优质行业大客户策略，公司应收账款周转率在2015年提升至5.31，较2014年（2.31）呈现明显改善；毛利率方面，预计短信业务毛利率有望在30%附近平稳小幅上移，受公司为扩大市场份额而在流量业务上采取激进市场策略影响，流量业务毛利率短期仍料将大概率处于20%以下的较低水平。

风险因素。行业风险。宏观经济下滑风险，运营商行业政策风险，竞争持续加剧风险；公司风险。公司核心人员流失风险。

盈利预测、估值及投资评级。公司作为国内流量经营领域龙头企业，长期有望受益于短信业务、流量业务的高速增长，整体业绩空间广阔。我们预测公司2016/17/18年EPS分别为0.64/1.48/2.66元。根据wind一致业绩预测，选取4月29日收盘价格，目前国内主板流量经营相关公司股价对应2015/2016/2017的平均PE分别为106/48/32倍。目前三板信息技术行业PE（TTM，整体）为45倍，较主板的77倍折价约42%，考虑到三板市场的流动性折价，我们给予公司2016年28倍的估值（较主板可比公司折价42%），对应市值为15.68亿元，对应股价为17.79元，给予“买入”评级。

案例125 发行认购与自然人投资者身份确认（创通信息）

2016年8月5日，山东创通信息技术股份有限公司（创通信息831470）发布《股票发行情况报告书》的临时公告，披露了公司近期股票的发行情况。

（1）发行对象及认购数量

本次发行的认购对象为自然人杨×，认购数量为1,200,000股。

（2）发行对象基本情况

根据本次股票发行方案，公司拟向1名投资者发行股份不超过1,200,000股。

本次股票发行中，发行对象按照公司《股票发行认购公告》的要求缴纳认股款。

本次股票发行对象及其认购股份数量情况如下表所示：

序号	认购人名称	认购数（股）	金额（元）	占本次增资股本比例
1	杨希	1,200,000	1,680,000.00	100.00%
合计		1,200,000	1,680,000.00	100.00%

（3）合格投资者证明

公司本次股票发行对象为1名自然人杨×，具体情况如下：

杨×，女，中国国籍，新增自然人投资者，1985年5月10日出生，毕业于中国某大学，本科，工商管理专业，无境外永久居留权。2008年1月至2010年1月，就职于北京某资产管理中心（有限合伙），任副总经理；2010年2月至2011年1月，就职于北京某财富咨询中心（有限合伙），任总经理；2011年2月至今，就职于北京某投资管理有限公司，任董事长。

杨×首次参与深圳证券交易所股票交易时间为2008年3月12日，具有两年以上证券投资经验；海通证券股份有限公司青岛杭州路证券营业部2016年5月10日开具证明，截至2016年5月10日，其资产账户内资金超过500万元。

综上所述，本次发行的发行对象均符合《非公管理办法》第三十九条和《投资者适当性管理细则》的有关规定，可以认购本次发行股票。

10.2.3 天使投资、风险投资与私募投资

案例126 新三板挂牌前的天使投资（合一康）

深圳市合一康生物科技股份有限公司（合一康832521）成立于2010年，是免疫细胞技术领域首家国家高新技术企业，于2015年5月26日正式登陆新三板。作为全国首家以细胞技术研发、临床科研及临床应用与技术服务为主营业务，具有自主知识产权且经营业绩优异的行业龙头企业。2012年，成立仅两年的合一康获得全国首届创新创业大赛深圳赛区生物组的第一名后，获得专项股权投资基金创赛投资140万元的天使孵化金。

案例127 新三板对赌回购的风险投资（皇冠幕墙）

2014年3月27日，皇冠幕墙（4300336）发布定向发行公告，公司定向发

行 200 万股，融资 1000 万，新增一名股东天津市武清区国有资产经营投资公司（以下简称武清国投），以现金方式全额认购本次定向发行的股份。

同时披露的还有武清国投与公司前两大股东欧洪荣、黄海龙的对赌条款，条款要求皇冠幕墙自 2014 年起，连续三年，每年经审计的营业收入保持 15%增幅；如触发条款，武清国投有权要求欧洪荣、黄海龙以其实际出资额 1000 万+5%的年收益水平的价格受让其持有的部分或者全部股份。完成定向发行后，欧洪荣、黄海龙以及武清国投所占公司股份比例分别为：46.609%、28.742%以及 4.334%。

项目律师就该回购条款的合法合规性发表意见：上述条款为皇冠幕墙的股东、实际控制人欧洪荣、黄海龙与武清国投附条件股份转让条款，双方本着意思自治的原则自愿订立，内容不影响皇冠幕墙及其他股东的利益，条款合法有效。假使条件成就，执行该条款，股份变更不会导致皇冠幕墙的控股股东、实际控制人发生变化，不影响挂牌公司的持续稳定经营。

案例分析：

（1）对赌协议签署方为控股股东与投资方，不涉及上市主体；

（2）即使触发对赌协议，对于公司的控制权不产生影响，进而说明不影响公司的持续经营。

案例128　契约私募基金投资与避开代持披露（新绿股份）

山东新绿食品股份有限公司（新绿股份 834632）2015 年 12 月挂牌新三板，其公开转让说明书披露，公司股东中存在多支私募基金，其中两个股东北京方正富邦创融资产管理有限公司（“方正富邦”）、上海德骏资产管理有限公司（“德骏资产”）实际为资管计划的管理人，即德骏资产系“德骏资产-中国纳斯达克-新三板 2 期基金”的基金管理人，该基金已在中国证券投资基金业协会网站备案，故从法定意义上，德骏资产系代该基金持有新绿股份的股权；方正富邦系代“方正富邦-和生-新三板专项资产管理计划”代为持有新绿股份的股权，该资产管理计划已在中国证券业协会履行登记备案手续，故从法定意义上，方正富邦亦系代该基金持有新绿股份的股权。

长期以来，契约型私募基金之所以无法成为拟挂牌公司股东，一个重要的原因在于其工商登记难以完成，各地的工商登记部门基本不接受由契约型基金作为公司股东的登记，在新绿股份的案例中，作为工商登记的股东仍旧是有限责任公司性质的方正富邦和德骏资产，这解决了工商登记的资质问题，但同时带来另一个问题，即如此一来方正富邦和德骏资产持有的新绿股份的股权实际是代背后的投资人持有的，绕开工商局带来另一个“代持”的问题。

对于该问题，新绿股份的中介解释道：根据《非上市公众公司监管指引第4号——股东人数超过200人的未上市股份有限公司申请行政许可有关问题的审核指引》“三、关于股份代持及间接持股的处理：（二）特别规定”，“以私募股权基金、资产管理计划以及其他金融计划进行持股的，如果该金融计划是依据相关法律法规设立并规范运作，且已经接受证券监督管理机构监管的，可不进行股份还原或转为直接持股。”因此，德骏资产、方正富邦代持股可以不进行还原，符合相关法律、法规的规定。

在拟挂牌新三板公司中，以契约型基金的管理人为工商登记的股东，辅以契约型基金在协会备案的相关信息，以此解决契约型基金作为拟挂牌公司股东的登记问题，不失为一条可操作之道，而且在新绿股份公开的文件中，也没有公布契约型基金的实际背后投资人，这可能就更受欢迎了。

10.2.4　重振资本、管理层收购与杠杠收购

案例129　黑石集团首笔中国重振资本投资（蓝星集团）

2007年9月，黑石集团正式宣布出资6亿美元购入蓝星集团20%的股权，这是黑石集团对中国企业的首笔投资，也是当时私募股权投资基金在中国非金融类企业的最大一笔单笔投资，在2008年1月10日经由发改委审批通过。

案例130　新三板挂牌企业的MBO（帝联科技）

上海帝联信息科技股份有限公司（帝联科技831482）在2012年12月实施管理层收购（MB0）。

北京电信通将其持有的帝联科技1800万股份全部转让给岭捷科技，帝联科技实际控制人由杨学平、陈玉茹变更为康凯。变更前，康凯为帝联科技的总经理，变更后职位未变。变更后，帝联科技实现管理层与所有者的统一，产生了良好的激励效果。MBO完成后，帝联科技管理层在2013年年底制定了公司发展规划：以CDN全内容加速产品为帝联的拳头产品，持续扩大其业务规模，2014年及未来多年内企业的发展方向加大CDN技术服务收入比重。由于CDN行业扩张迅速，公司规模进一步扩大，公司营业收入在2013年和2014年分别

增长 18.83%和 12.89%。营业利润和净利润在 2013 年分别增长 205.10%和 567.75%，在 2014 年则分别增长 130.91%和 97.19%。可以看出，经过这次 MBO 后，帝联科技加快发展，其经营状况大大改善。

在本次案例中，康凯虽然并非大股东，但他通过 MBO 取得了公司的控制权进而实现管理者和所有者的统一。而对于作为管理者的大股东而言，也可以透过 MBO 进一步提高自己的控股股份，掌控公司的控股权，从而实现管理者和所有者的统一。

案例131　国内最大规模的海外杠杆收购（吉利控股）

2010 年 3 月 28 日，我国吉利控股集团宣布与瑞典福特汽车签署最终股权收购协议，以 18 亿美元的代价获得沃尔沃轿车公司 100%的股权以及包括知识产权在内的相关资产。此项交易预计于 2010 年三季度完成，当然此交易还要符合通常交易完成条件，包括获得相关监管部门的批复。此次交易得到中国、瑞典两国的高度重视，当时，中国工信部部长李毅中以及瑞典副总理兼企业能源部长 Maud Olofsson 出席了签署仪式。作为中国汽车业最大规模的海外杠杆收购案，吉利上演了中国车企“蛇吞象”的完美大戏。

10.2.5　信托夹层资本与小 IPO 资本融资关系

案例132　信托夹层融资的股权投资模式（丽水馨庭）

信托公司通过设立信托计划将募集到的信托资金以股权方式进入具有良好破产隔离的特设目的公司（SPV），特设目的公司负责项目运作，并最终获取投资收益。

2006 年 3 月 1 日，上海国际信托投资有限责任公司发行“丽水馨庭房产投资信托计划”。

（1）产品名称：丽水馨庭房产投资信托计划。

（2）发行规模：52000 万元（其中优先受益权 2 亿元人民币，一般受益权 3.2 亿元）。

（3）信托时间：2.25 年（其中 A 类优先受益权预计会在信托成立后的 24 个月内提前结束）；

（4）信托方式：股权投资。

（5）资金运用方式：本信托计划集合资金用于受让上海阳龙投资咨询有限公司持有的上海新宏大置业有限公司（简称“新弘大公司”）85%的股权。

（6）收益来源及分配：信托收益权分为A类（优先受益权）和B类（一般受益权）。A类（优先受益权）向社会投资人与机构投资人募集；B类（一般受益权）向沿海地产公司定向募集。其中，优先受益权项下的信托利益范围为优先受益权部分的信托资金与按照年5.5%的预期收益率计算的收益额之和。

（7）风险控制：沿海绿色家园有限公司（香港上市公司）（简称“沿海集团”）对股权溢价回购事宜提供不可撤销连带责任担保。

案例133　新三板首家“小IPO”（蓝天环保）

蓝天环保（430263）公司于7月22日正式在新三板挂牌的同时，完成了股本定向增发工作。蓝天环保定向增发前股本为6600万股，定向发行完成后为7331.43万股，募集资金1024万元。蓝天环保是首家挂牌同时定向增发的企业，随后这种“双模式”被业界称为“小IPO”，受到拟挂牌企业追捧。

本次定向发行完成后，蓝天环保总计7名自然人股东及1名企业法人股东，这意味着蓝天环保本次定向发行后公司股东人数不超过200人。另据中兴财光华会计师事务所有限责任公司出具的审计报告，蓝天环保2012年度经审计的净资产为6901.12万元。本次定向发行金额为1024万元，12个月内发行股票累计融资额为公司净资产的14.84%。因此，蓝天环保符合《非上市公众公司监督管理办法》第四十二条关于豁免向中国证监会申请核准的条件。

11

第 11 章

路演必备知识、环节与要事操作等实务

11.1　常规疑难17问

11.1.1　近年来的市场乱象与监管

问答205　近年来，新三板路演乱象到底是怎样的？

2015 年年初，新三板行情大好，只要有定增项目，投资机构便会蜂拥而至。然而，下半年开始，新三板交易低迷，企业定增频频遇冷，破发现象随时发生。

挂牌企业亟待资金，投资机构又渴求真正的好项目。在此背景下，各路路演平台如雨后春笋，意在为企业和投资者搭建投融资平台，仅北京地区每日就有数场路演上演。

（1）平台如过江之鲫

融资是新三板的核心功能，新三板企业数量繁多，但投资者却较少，在市场行情较为萎靡不振的情况下，如何获得区区几十万投资者的关注，就需要有展示与交流的平台，而设立平台的门槛并不高。2015 年伊始，各路路演平台如同“过江之鲫”顺势而生。目前新三板市场上，券商、投资机构、中介机构都会组织线下路演，还有微信群、一些 APP 会举行线上路演，路演平台很多，信息非常杂乱。

在移动互联网大行其道的当下，微信正在成为新三板企业信息传播巨大的秀场。有大量微信群和微信公众号都在开展路演活动，发布挂牌企业的融资信息。在一个微信路演群中，每周会有企业定期进行网络路演，这样的微信群当中通常主要的成员是各类投资机构的人士，包括大大小小的私募，公募专户以及券商资管。路演形式为在微信群里发布企业基本情况的文件，另外会由企业的董秘或是董事长以语音的形式在微信群中进行路演。待挂牌企业完成路演之后，投资机构可以随时针对企业发问，同时感兴趣的机构可以添加企业有关负责人的微信，进行进一步沟通。

除了微信群之外，一些网站也充当着企业路演平台以及定增信息发布渠道的角色。

（2）大杂烩及欺诈现象

一些路演平台仅是将报名的几家企业像“大杂烩”一般聚集在一块，到场的投资者未经筛选，对企业及所在行业甚至毫不了解。一些企业参加过几次路演后反馈，效果都不是太好。

更有甚者，一些路演平台会选择尚未做市的企业，例如把与企业商定 5 元的价格，抬高到 7 元卖给投资者，从中赚取差价。不仅如此，甚至还会允许企业在路演台上，把营收写作净利润等。

某些业内人士认为，现场路演具备一定优势，投资者在调研企业的时候肯定会观察言行举止，比如回答问题是否会犹豫等。路演群仅是补充性质，肯定不会成为主流。

问答206　2016年年初证监会首次发声新三板定增路演，情况是怎样的？

2016 年 1 月底，证监会新闻发言人张晓军表示，新三年挂牌公司应严格遵守法律法规，规范履行信息披露义务，公开披露的信息应第一时间在全国股转系统指定平台发布，不得通过任何场外信息平台公开发布定向发行信息。

这是证监会层面首次，也是监管层第二次表态全国中小企业股份转让系统是挂牌公司股票公开转让（含发布挂牌公司股票买卖意向信息）的唯一合法平台，其他任何市场机构不得组织该类交易行为和股票买卖意向信息的发布。

另外，主办券商等中介机构应督导挂牌公司规范履行信息披露义务，不得通过场外信息平台等网络形式，向不特定对象发布定向发行信息或在不特定对象中寻找定向发行潜在认购者。这一表态也被认为监管层首次关注到新三板企业定增信息发布渠道的问题。

问答207　为何说新三板近年来路演信息有违规传播嫌疑？

事实上，通过微信群或 QQ 群等渠道发布定增信息，确实存在向不特定对象发布定向发行信息或在不特定对象中寻找定向发行潜在认购者的情况。其嫌疑参见表 11-1。

表 11-1　目前新三板路演信息违规传播嫌疑原因

1	定增公开化	一些微信群、QQ 群和网络交易平台虽然没有直接完成交易和募集资金，但是有打擦边球的嫌疑。一个路演微信群可能拉了四五百人，不认识你也把你拉进来，实际上就是公开的，违反了法律规定
2	投资者适当性难以把控	通过微信、QQ 群等形式寻找投资者，投资者适当性也无法把握。新三板虽然对挂牌企业不设置财务指标门槛，但是对投资者有比较高的门槛。个人投资者必须有价值 500 万元以上的金融资产，并且有两年以上的证券投资经验，或者接受过财经专业训练。这样的要求是为了保证新三板投资者拥有基本的风险识别能力
3	欺诈等风险聚集。	“目前行业里很多机构打着新三板的幌子兜售原始股，或者对企业片面地夸大，做很多不符合预期的承诺，尤其是跟垫资开户的机构联合起来，这对风险把握能力不是很强，或者对市场不了解的投资者，会造成比较大的风险

问答208　新三板路演“度”如何把握？该怎么做？

（1）度的把控

尽管不少人抱怨新三板路演乱象丛生，但是，也有不少企业通过路演平台成功对接投资者。某些经常参加路演的新三板挂牌公司反馈，认为路演对企业定增肯定有帮助，而线上路演则更方便与其他地区的投资者接触。不过，企业在宣传的初期效果会比较好，但随着路演增多，也开始到了瓶颈期，比如会发现见到的投资者都大同小异。

目前新三板近 10000 家，企业如何脱颖而出，把自己展现给投资者很重要。在新三板投资者看来，路演的价值更多地在于宣传。

企业参加路演也并非越多越好，要把握好“度”，路演可能会占用过多董事长或董秘的时间，其次会让投资者产生‘怎么哪里都能看到’的感想，对项目是否优质产生质疑。另外，如果企业老总只注重路演，不抓业务，这样的公司也会难以维继的。

（2）该怎么做

就目前而言，现在有很多自媒体组织的路演，组织能力，尤其是筛选项目能力上稍差强人意。需要专业性较强机构的路演活动，怎么在众多平台中引起关注，要做出特色，比如有高净值客户能够更高效率融到资，比如企业更加优质。路演平台最好能预先筛选企业，提高路演企业的质量。

首先资源要足够多，最好有个明确的主题。路演的时候最好有企业董秘或者财务人员参与。除了现场交流，会后的资料共享也非常重要。对投资者来说，对于纷繁杂乱的路演信息，则希望有 APP 可以把路演消息都集中起来，并且提供企业的相关信息与行情，方便了解与投资。

由于新三板企业数量众多，单个路演平台涵盖所有企业显然难以实现。未来路演会逐渐专业化、细分化。除了线上、线下路演，还会出现带有地域特征、行业特征、媒体特征等的路演平台。而对于企业，更多地是希望能更“省事”，通过路演更有效率地找到更多高净值投资者，如一些大的路演平台，在大平台路演一次，结果相当于去别的小的平台路演四五次。

问答209　未来，新三板路演政策及规范何去何从？

新三板市场中除了微信群以及一些极不规范的网站之外，还存在一些以提供专业路演服务为主的路演平台。因为新三板企业自身的渠道资源有限，他们非常需要这样的平台帮其提高融资沟通的效率。

但由于目前新三板上的主要融资手段便是定增，因此这些路演平台不可避免地要提供企业定增的信息，这样平台发布的信息是否也会被算作通过场外信息平台呢？目前为止，监管层并没有讲清楚什么样形式的场外信息平台算是违规。另外，除了没有明确界定之外，监管层也没公布对违反要求机构的惩罚措施。

当然，按照证监会发言人意思，场外信息平台等网络形式，微信群这种形式肯定算在内。还有一些网站也在其平台上发布定增信息，这一类严格来说也算是所谓的以网络形式传播信息的场外信息平台。

截至本书出版为止，监管层依然未出台明确的规定以规范新三板路演。

11.1.2　概念分类、形式好处与参与者

问答210　路演概念该如何理解？

路演（Road Show），顾名思义，就是在马（大）路上进行的演示活动。早

期华尔街股票经纪人在兜售手中的债券时，为了说服别人，总要站在街头路中宣传证券的升值空间并声嘶力竭地叫卖。到后来，虽然有了交易大厅、有了先进的电子交易手段，但路演的习惯还是保留了下来，而且，路演已经成为国际上广泛采用的股票发行推介方式。

所以，路演最初是指证券发行商通过投资银行家或者支付承诺商的帮助，在初级市场上发行证券前针对机构投资者进行的推介活动。是在投资、融资双方充分交流的条件下促进股票成功发行的重要推介、宣传手段，促进投资者与股票发行人之间的沟通和交流，以保证股票的顺利发行，并有助于提高股票潜在的价值。

后来，路演被广泛地运用于企业、组织的商业、公益等产品、项目的推介活动中，指在公共场所进行演说、演示产品、推介理念，及向他人推广自己的公司、团体、产品、想法的一种方式。

不过，本书只谈与证券发行、企业融资等资本运营类的路演，不涉及商业或公益项目路演。对象主要针对的是新三板挂牌企业等公众公司或拟挂牌的中小微企业。

问答211　路演的分类、形式与参与者有哪些？

（1）分类

① 从形式上来分，路演可分为线上项目路演和线下项目路演。线下项目路演主要通过活动专场对投资人进行面对面的演讲以及交流；线上项目路演主要是通过在线视频、微信群或 QQ 群等互联网方式对项目进行演示和讲解。

② 从区域上来分，可分为国内路演与海外路演。

（2）形式

路演的主要形式：举行推介会（有时含午餐酒会）。

在推介会上，公司向投资者就公司的业绩、产品、发展方向等作详细介绍，充分阐述新三板挂牌企业或沪深上市公司的投资价值，让准投资者们深入了解具体情况，并回答机构投资者关心的问题。

随着网络技术的发展，这种传统的路演同时搬到了互联网上。线上路演现已成为新三板挂牌企业或沪深上市公司展示自我的重要平台，推广股票发行的重要方式。

（3）路演参与者

路演的参加者，公司一方为路演团队，投资者一方为受到邀请的机构投资者、分析师和基金管理人等，一般情况下媒体是被禁止参加的。

问答212　路演的目的与好处是什么？

（1）项目路演的目的

对于新三板挂牌企业等公众公司的股票发行项目来说，股票发行人和承销商要根据路演的情况来实现以下目的：

① 企业管理层广泛接触投资者，可以介绍并让投资者了解公司的投资亮点，业务、财务等方面的经营状况以及未来的发展战略。

② 查明投资者需求情况，由此决定发行量、发行价和发行时机，保证重点销售。

③ 使投资者了解发行人的情况，作出价格判断；利用销售计划，形成投资者之间的竞争，最大限度地提高价格评估。

面对投资者对于风险、盈利的顾虑，管理层需要加以澄清，或提出具体措施以消除潜在的忧虑，为发行人与投资者保持关系打下基础。

（2）项目路演的好处

一是可以同时让多个投资人很认真地倾听企业的讲解和说明，同时还可以有一个思考和交流的过程。真正读懂企业，从而作出更为准确的判断。通常情况下，投资家每天看到的计划书和接触的项目很多，甚至有的投资家一天阅读上百份项目计划书，所以筛选项目往往只能凭借一些市场份额、盈利水平等硬性指标，很难了解项目的精彩之处，很多优质的企业都是因此而与投资擦肩而过。

二是路演就是可以让投资家在安静的环境里，在企业家声情并茂的展示下，真正读懂企业的项目，从而作出更为准确的判断。特别是对于一些技术性强的项目，更能减少出现投资家看不懂和不理解项目的弊端。企业可以通过自己的精辟讲解和投资家之间的交流，快速对接自己的项目，减少融资之路上的弯路。

11.1.3　路演内容、准备与服务操作

问答213　路演的框架内容主要有哪些？

框架内容如图 11-1 所示。

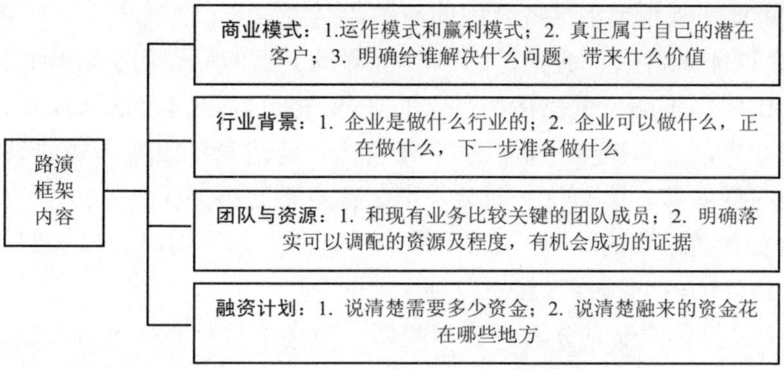

图 11-1　公众公司项目路演内容框架

注：上图来自《新三板资本裂变 3：投资者关系与财经公关》P300 插图。

问答214　资料、服务与注意事项有哪些？

新三板挂牌企业路演所需资料和物件可参考表 11-2。

表 11-2　挂牌企业路演所需资料和服务内容

1	专业精美的企业推介画册，中/英文（如需）
2	招股说明书中/英文（如需）
3	研究报告（产品技术分析/市场分析/募集资金可行性分析报告）
4	项目公司文件封套，中/英文（如需）
5	PPT 或幻灯片和幻灯彩册，中/英文（如需）
6	企业推广视频中/英文（如需）、礼品、文件礼品袋等
7	路演推介还将提供推介会、新闻发布会（如有必要）、酒会的场租（如有必要），会场布置及其所需器材、展板、图片、背景牌和横条、度牌、同声翻译器材等的租赁和制作，以及演讲者的名牌、名片、名套、胸花等
注：上述物件因路演事件大小与场景增添取舍	

问答215　路演准备、时间与后勤需要注意哪些事项？

新三板挂牌企业的路演（线下路演）的准备、时间选择与后勤等操作，这里强调三方面的注意事项及问题。

（1）准备与操作

主讲人是路演演讲的重中之重，注意：

① PPT（中/英文）最好简短、清晰、准确，经过律师审阅，不可以有超出项目要求（如招股书）范围的内容；

② 主讲人与辅讲人每个人讲什么部分分工明确，事先充分排练，心中有

底，自然不慌，碰到超出准备范围的问题，不要慌张、应随机应变、灵活机动。

③ 会议前主讲人（含辅讲人）应了解投资者的简要历史、规模、投资风格、持股比例，了解投资机构、个人的一些背景情况（教育经历，职业经历，投资喜好）等，尽量减少主讲人（含辅讲人）走进会场时对未知的恐惧。

建议注意细节，比如统一着装、不要有不雅的小动作（尤其是在大型午餐会、新闻发布会这样的场合），路演期间尽可能抓紧一切时间休息好

（2）路演的时间选择（线下路演）

① 时间表安排要充分考虑公共假期、市场上其他竞争性项目的时间表、各金融中心城市同期是否有大型投资者会议、合理安排长途飞行在周末等，目的是要尽可能地使得投资者来参加会议。

② 会议和小组会（包括但不限于一般的小组会、早餐会、午餐会）的比例合理。尤其是大型午餐会，如果场地太大而来者甚少，场面会很难看

③ 确保投资者会见主讲人（含辅讲人）之前适当做功课，至少对行业情况、公司情况、项目情况有所了解。

（3）后勤安排（线上路演不需）

① 机票、酒店、车子确保预订获得确认。酒店尽量定离会场比较近的。

② 会议绝对不可以迟到，如果真的碰到前面的会议拖了，或者路上交通出问题，应该立即和投资者沟通预计能到的时间，不要让投资者傻等，迟到后要向投资者真诚地表达歉意。

③ 带足名片、相关宣传资料及必要的礼品、纪念品等会务用品。

11.1.4 线上路演及操作

问答216 何为线上路演？其特点有哪些？

（1）概念

线上路演（Net Roadshow），是指证券发行人和网民通过互联网进行互动交流的活动。通过实时、开放、交互的网上交流，一方面可以使证券发行人进一步展示所发行证券的价值，加深投资者的认知程度，并从中了解投资人的投资意向，对投资者进行答疑解惑，另一方面使各类投资者了解企业的内在价值和市场定位，了解企业高管人员的素质，从而更加准确地判断公司的投资价值。

线上路演是实现新股发行公司和中小投资者进行沟通的有效途径，并将起到舆论监督、强化信息披露、增加新股发行透明度的作用。

（2）特点

一是通过线上路演，利用一次性的路演活动就可全方位展现自己，在很大程度上降低了发行人的时间成本。传统地面路演，发行人要在全国各地甚至海外巡回路演，这期间，一般情况下，股票发行人一天要安排很多场推介会，期间工作量很大，因此效率低下。

二是线上路演中，商家可将大量公司资料存放在数据库中，供人们随时查阅，便于公众反复浏览、研读，加深了解。在传统的地面路演推介会中，证券发行商发放大量纸质材料，不便携带和保存，而且每次路演的时间较短，不利于大众深入了解商家的情况。

三是在线上路演中，可以利用网上调查系统，设计调查表格让投资者填写，通过自动统计调查结果，供发行人和承销商进行及时的科学评估、判断。传统地面路演会中，发行人和承销商要根据巡回路演后的结果来决定发行价和发行规模，由于人工计算评估，准确度低，速度较慢，耗时较长。

问答217　线上路演的功能有哪些？

对于新三板挂牌企业中小微企业来说，其线上路演的功能参见表 11-3。

表 11-3　新三板挂牌企业等中小微企业线上路演的功能

1	线上线下实时同步	网下安排地面会场，邀佳宾参会，网上则利用视频传输技术设计虚拟会场，代表凭密码后其他如微信圈等形式参会，公司与投资者进行的实时交流，可实现与地面会场相同的效果
2	远程异地联动交流	远程异地联动交流。演讲者的发言可以同时传播到各个地面会场和网上虚拟会场，可实现跨地区跨国界同的联接、交流
3	场景随意切换	场景随意切换。主持人可根据会议议程安排，切换各会场场景，随意指定不同地点参会者进行提问
4	互动功能	互动功能。对于线上路演，地面会场代表可以通过视频画面提问，网上代表可以通过文字提问，路演佳宾的回答可实现视频、语音与文字同步传输，即时实现。具有使公司与投资者自由互动交流的独特优势，这是地面路演不具备的优势
5	信息开放与共享	信息开放与共享。投资人的问题如得到解答，通过网络传输可使其成为所有投资人共享的信息资源
6	形象展示	形象展示。借助网络传播，以图片、文字、视频形式，立体再现公司的企业综台形象

问答218　线上路演的程序一般是怎样的？

（1）流程

一般来说，新三板挂牌企业等公众公司发行股份、债券的线上路演的流程可简单分为（可根据具体项目等增减相关内容）：

一是选择路演网路形式；二是发布路演公告；三是展示背景材料；四是设计问卷调查；五是进行现场推介；六整理路演内容。

（2）程序

对于新三板挂牌或拟挂牌公司线上路演项目，其简要程序参见表11-4。

表11-4　线上路演的简要程序

<table>
<tr><th>事　项</th><th>时　间</th><th>备　注</th></tr>
<tr><td>主持人介绍参与路演的发行人代表（董事长或总裁）及主承销商代表（项目负责人）</td><td>5分钟</td><td rowspan="6">时间长短根据项目情况、参会投资者等具体安排</td></tr>
<tr><td>发行人代表致辞</td><td>5分钟</td></tr>
<tr><td>主承销商代表致辞</td><td>10分钟</td></tr>
<tr><td>发行人高管及主承销商代表通过网络回答投资者的问题</td><td>30分钟～3小时不等</td></tr>
<tr><td>发行人代表致感谢辞</td><td>5分钟</td></tr>
<tr><td>线上路演结束</td><td>共计1～4小时不等</td></tr>
</table>

11.1.5　反向路演、预路演与境外路演

问答219　反向路演该怎样理解？操作流程与注意事项是什么？

反向路演就是将投资者请到公司的管理或生产现场参观，相对于“走出去”的项目路演，这一“请进来”的模式称为反向路演。新三板挂牌公司或沪深上市公司邀请国内各大投资机构的专业人士，通过现场实地考察，与公司管理层直面对话，主动与投资者进行“亲密接触”。这种双向沟通能够减少因信息不对称给公司所带来的负面影响，营造公司和投资者之间的良性互动关系，实现公司和投资者双赢。

反向路演如果安排得当，可以与重要的机构投资者建立起良好的沟通渠道，有助于争取其对项目（如股票、债券发行）的支持。此外，由于重要的机构投资者通常是大型投资基金，其内部决策程序复杂，时间较长，安排反向路演与管理层见面，有助于推动其尽早启动内部投资决策程序。

一般来说，制造业的反向路演较为常见，通常会安排投资者参观工厂或矿山等有形的生产设施和设备。需注意：过早安排反向路演会因为投资故事尚未成熟，距项目正式融资启动时间较长，对投资决策的直接推动作用有限；而且，

过早进行可能会被证券交易场所（如股转系统或沪深交易所视为信息选择性披露，因此存在一定法律风险。

问答220　什么是预路演？如何操作？

预路演主要针对的是股票、债券发行等的询价工作，对于新三板挂牌企业或沪深上市企业等公众公司，通俗来讲，预路演就是项目推销前的市场调查，具体程序是由销售（或承销）人员和分析人员拜访一些特定的投资者，通常为大型的专业机构投资者，对他们进行广泛的市场调查，听取投资者对于发行价格的意见及看法，了解市场的整体需求，并据此确定一个价格区间的过程。预路演的形式主要包括一对一推介、一对多推介等。

为了保证预路演的效果，必须从地域、行业等多方面考虑抽样的多样性，否则询价结论就会比较主观，不能准确地反映出市场供求关系。预路演的目的是充分发挥市场机制的价格发现功能，合理确定股票的发行价格。主承销商和发行人根据预路演的结果，协商确定价格区间，网下法人投资者以此区间作为申报依据，最终根据法人投资者的申报结果确定发行价格。也就是发行价完全由市场决定。

另外，对于沪深股市正上市的企业的股票发行，根据中国证监会 2014 年修订的《证券发行与承销管理办法》的规定，首次公开发行股票应通过向在中国证券业协会注册的机构投资者中选定的部分投资者询价的方式来确定价格区间和最终价格。其中，“公开发行股票数量在 4 亿股（含）以下的，有效报价投资者的数量不少于 10 家；公开发行股票数量在 4 亿股以上的，有效报价投资者的数量不少于 20 家。剔除最高报价部分后有效报价投资者数量不足的，应当中止发行”。询价分为初步询价和累计投标询价两部分。初步询价阶段是向询价对象进行预路演推介，最终根据其报价区间确定发行价格区间；累计投标询价阶段要向所有的合格机构进行正式路演推介，最终根据申购簿记结果确定最终发行价格。确定发行价格之后，发行人须进行线上路演。

问答221　如何理解境外路演？又该如何操作？

新三板挂牌企业、沪深上市公司等公众公司在境外发行股票、债券等，或者内地企业拟在海外上市，要进行全球路演。路演一般历时两周，通过一对一的会议，以及各种规模的团体推介活动，如大型午餐会、小型早餐会等，同遍布全球的重要机构投资者进行交流，推介公司的投资，解答投资者的疑问，实现投资需求最大化的目标。

在海外股票市场，股票发行人和承销商要根据路演的情况来决定发行量、发行价和发行时机。所以，从路演的效果往往能够看到股票发行的成败。其中，在累计投标询价阶段，发行人要向所有的合格机构进行正式路演推介，最终根据申购簿记结果确定最终发行价格。

公司的境外路演，需根据公司的发行规模，组建路演队伍，一般来说，队伍不宜过于庞大，需要组织一到两支团队。根据过往企业海外路演项目经验，每支团队的核心成员为 4 人至 5 人；可视情况需要，每队配备若干综合能力较强的支持人员。

11.2 典型实战4例

11.2.1 定增路演与海外路演

案例134 新三板路演企业获认可，成功定增1.12亿元

据 2016 年 3 月 17 日全景网报道，新三板挂牌企业奥迪威（832491）于 2015 年 12 月 16 日举行了路演推介，2016 年 3 月 16 日，奥迪威对外公告完成定增，时隔三个月，成功募集资金 1.12 亿元人民币。

奥迪威发布公告称，公司成功发行股票 800 万股，14 元/股，募集资金 1.12 亿元。其中相关公司股票走势有限售条件 112,500 股，无限售条件 7,887,500 股，无限售条件股份将于 2016 年 3 月 18 日在全国中小企业股份转让系统挂牌并公开转让。

2015 年 12 月 16 日，奥迪威董事长张曙光携众高管出席“××新三板挂牌企业路演第 7 期国信专场”。路演当日，张曙光表示，公司已公告正式启动定增，本次募集资金主要为确保公司未来发展战略和经营目标的实现，进一步拓展公司业务，提升公司的盈利能力和抗风险能力，加大对外投资力度，促进公司持续、稳定、快速发展。

案例135 中石油首次海外路演

中海油第一次海外融资，在路演过程中投资者对公司反应冷淡，公司虽然宣布缩减规模并降低招股价，市场仍然没有起色，加上有关部门的意见分歧，招股计划只好放弃，转而等待下一个机会。所以，从路演的效果往往能够看到股票发行的成败。

11.2.2 集中路演与违规处罚

案例136　新三板挂牌或拟挂牌企业集中路演邀请函

活动介绍：

此次路演活动旨在为新三板拟挂牌和已挂牌企业和投资人之间搭建一个相互交流的平台。我们已经邀请 10 个顶级投资机构代表对现场路演活动中的项目进行投资评价，使企业与投资者之间搭建一个能够充分交流的平台，完善不足，助力企业发展壮大，同时也为投资人筛选一批优秀企业。

活动地点：北京×大酒店布×梅厅（北京市朝阳区×地址）。注：三人同行可申请专车接送。

活动时间：2015 年 3 月 24 日下午 14:00

路演项目简介：

（1）江西省 YBT 信息科技股份有限公司（一月份已上报股转中心）自成立以来专注于中国医疗信息化行业最具吸引力的新兴市场——区域医疗信息解决方案建设，公司立足江西，面向全国，积极开拓区域医疗信息解决方案和移动医疗两大市场。公司的愿景是利用区域卫生信息平台、移动医疗卫生信息平台、可穿戴智能硬件设备及移动医疗设备三大互补业务，将公司打造成为全国最具竞争力的互联网医疗综合服务商。目前，公司积极从传统的软件服务商向互联网医疗综合服务商的战略转型。

（3）北京 SRX 科技有限公司（拟挂牌）是海淀区软件认证企业，多年从事金融行业和能源行业的管理系统研发。赛融信公司致力于软件项目开发、信息系统咨询顾问服务、计算机系统设计与集成服务的高科技企业。公司一直跟踪和研究国内外最成熟和领先的软件开发引擎及平台技术，在此过程中积累了丰富的开发设计和项目经验。赛融信在银行金融、保险等领域积累了丰富的行业经验，具备全面的 IT 专业服务能力，为客户提供研究及开发、应用软件开发和维护、质量保证和测试、基础设施外包以及业务流程外包等专业服务，帮助客户实现投资收益最大化，并使之能够更专注于自身的核心业务。

（4）北京 AX 通机电设备有限公司（拟挂牌）是专门从事机械式立体停车设备设计开发、生产制造、安装调试及售后服务的高科技民营企业。通过技术规模自动化生产线，实现了产品模块标准化生产，具备年产 5000 多个泊位的生产能力。获得国家质检总局颁发的机械式立体停车设备生产制造资格证书；北京市质量技术监督局颁发的机械式立体停车设备安装改造维修资格证书；公司严格质量，另外我单位是北京市工商联静态交通业商会理事单位，同时也是中国重机协会停车设备工作委员会会员。北京安祥通还拥有一支专业的安装施工队伍来保证公司产品的顺利安装调试和运行及售后服务。

（5）北京HY科技股份有限公司（已挂牌）为中关村科技园区高新技术企业、软件企业，是北京市“守信企业”。2007年6月15日在深交所挂牌成为新三板企业，证券名称：恒业世纪，证券代码：430014。公司创建于1996年，经过二十年不懈努力，从专业生产消防广播电话的配套生产型企业，发展成为集研发、制造、销售、技术服务及系统集成为一体的综合企业。现注册资金5000余万元，销售收入过亿元。

路演议程：

14:00-14:15 来宾签到

14:15-14:20　主持人开场

14:20-14:30　嘉宾介绍

14:30-16:30 新三板拟挂牌项目路演（每个项目10分钟，随后投资人将对项目进行2分钟点评和提问）

16:30-17:00 茶歇、自由交流，活动结束

活动联系人：罗×

电话：××××

邮箱：××××

微信：××××（手机号可加，备注24日路演报名）

主办单位：××证券

案例137　路演违规与监督

2014年5月23日下午，证监会发行部组织相关券商开会，针对即将发行的新股发行方案调整、路演推介等事宜进行沟通。

其中，针对路演推介，证监会相关负责人表示，未来律师要对券商的路演过程进行鉴证，包括路演过程和推介资料，对推介材料是否有超过招股说明书范围要发表明确意见。网下路演可以选择不做，但如果进行网下路演，必须注重合规性。

会上还举例某券商在承销××项目过程中，路演材料中有关发行人的信息超出招股说明书披露内容。

第 12 章

危机管理意识、事项操作与实战技能

12.1 常规疑难24问

12.1.1 危机概念、特点与类型

问答222 企业危机概念是什么？

新三板挂牌企业司在投资者关系管理中，如何做到主动、互动与精细，危机管理（公关）是不可忽视的一项重要工作和内容。在解读危机管理之前，我们先来了解一下企业危机的概念和形成等内涵。

企业危机可分为企业运营性危机和企业突发性危机。企业运营性危机指的是企业经营的过程中，由于宏观大环境的突然变化如国家标准、行业问题的暴露以及企业在经营的过程中没有按照规范进行生产运营，而因此引发的一系列危害企业的行为。这类危机大体可以分为经营危机、制度危机、管理危机、安全危机和竞争危机。

企业突发性危机主要指企业因为管理不当，经营不善、防范不力，安保疏忽等原因引发诸如商业机密泄露、利润严重下滑、渠道及商业危机、信誉受损、

重大伤亡事故等突发性危机。

注意，本书所解读企业危机，专门指的是企业突发性危机。在这全球化、商业模式与产品日益更新的现代社会，企业的危机随时有可能牵一发而动全身，引发整个企业甚至整个行业的动荡和地震。在这些突发性危机中，一些企业遭遇了血与火的考验、企业声誉、市场份额蒙受了巨大损失。所以，如何进行危机管理（公关）就显得格外重要。

问答223　企业危机的7大特点是什么？

一般来说，新三板挂牌企业等公众公司的企业危机具有七大特点，详见表12-1。

表12-1　新三板挂牌企业等公众公司企业危机的七大特点

必然性	危机的必然性是指危机是不可避免的。原因：一是在企业中，人们认识事务与驾驭事务能力必然会存在偏差，所以任何的错误都可能变为现实；二是企业生产经营不确定因素的复杂性增加了危机产生的必然性；三是信息传递的过程中由于噪音的干扰势必产生失真现象，失真即有误差，误差导致错误，错误导致危机；四是信息经过多层系，多渠道，多阶段的传输之后，其失真现象必趋严重，导致系统的稳定性减弱，一旦震荡度加大，危机便接踵而至。所以任何一个社会组织在它的发展过程中都遇到性质不同，表现形式各异的危机
普遍性	任何一个社会组织（包括企业）在它的发展过程中都遇到性质不同，表现形式各异的危机，幻想企业不会发生危机，总是一帆风顺是不可能的
意外性	企业运营的任何一个薄弱环节都可能因某种偶然因素而致失衡，崩溃，形成危机。危机每时每刻存在于企业中，发生的时间、态势、规模和影响程度，深度，是很难完全预测的
扩散与放大	危机往往会通过媒体、网络在较短的时间内迅速扩散，其不良影响会被放大。效应社会对此广泛关注、高度关注
聚焦性	危机一旦发生，与企业有关联的上下游客户、消费者首先成为直接关注者，随着媒体、公众的介入与放大，危机将被聚焦，进而或促使危机进一步恶化
紧迫性	企业危机总是在短时间内突然爆发，使组织立刻处于备战状态，要求公关人员第一时间全面掌握事实真相。危机爆发所造成的巨大影响，又令人瞩目。它常常会成为社会和舆论关注的焦点和讨论的话题，成为新闻界争相报道的内容，成为竞争对手发现破绽的线索，成为主管部门检查批评的对象。所以，危机在突然与缺乏防备的情况下或将迅猛演化，企业如果不能及时控制，危机会急剧恶化，因此可供做出决策的时间有限
两面性与建设性	危机即“危险中的机会”，一般来说，危机会在不同程度地给企业造成破坏或损失。但是另一方面，危机中也蕴含着机遇，危机处理得当，会促进企业的发展和变革，所以，危机处理得当，可能形成建设作用。只有认识到这一点，才会采取主动姿态，沉着冷静，从危机中寻找和抓住任何可能的机会，甚至为企业建立富有竞争力的声誉，树立企业形象，并为重大问题的解决创造了机会

问答224　危机的基本类型有哪些？

从不同的角度划分，企业危机有以下几种的类型：

（1）从存在的状态看，可划分为一般性危机和重大危机

① 一般性危机。一般性危机主要是指常见的各类关系纠纷和事件。只要及时处理，做好工作，这些纠纷和事件就不会转向并造成企业危机局面。

② 重大危机。主要是指企业诸如产品或信誉危机、突发性大规模收购、突发性的商业危机、重大生产失误、重大工伤事故、大的劳资纠纷及严重性火灾损失等，这些都是企业面临的必须及时处理的真正危机。

（2）从危机与企业关系及归咎的对象看，可分为内部危机和外部危机

① 内部危机。发生在企业内部的，主要是由该企业的成员直接造成的，危机的责任主要由该企业内部的成员承担。

② 外部危机。与内部危机相对而言，是指发生在企业外部，影响多数公众利益的一种公关危机。本企业只是受害者之一。

这里谈的内部或外部是相对的，诸如谣言引起的危机，政策变动引起的危机，敌意收购带来的企业重组危机等危机的发生，内部和外部原因都有，所承担的责任大小也相差不多，所以，对具体危机的划分与处理必须具体分析，恰当处理。

（3）从危机给企业带来损失的表现形态来看，可分为有形公关危机和无形公关危机

① 有形危机。给企业带来凭借肉眼即可观测到直接而明显的损失，如房屋倒塌、爆炸、商品流转中的交通事故等造成的人员伤亡或财产损失等危机。

② 无形危机。给企业带来的损失表现得不明显的危机，称为无形公关危机。如企业形象、商誉损害等危机。

12.1.2　危机引发、连锁反应及其管理小组与原则

问答225　危机引发的基础是什么？

（1）公众公司透明度高，与运营有关的正面的、负面的较重要表现等皆需披露；

（2）正如企业名为“公众公司”，显然，公众性强，受到社会有关各类人群和团体的关注；

（3）公众公司大多在行业内具备一定地位，行业关注度高；

（4）对于媒体，特别是业务对口的财经类或都市类媒体，相关公众公司与其媒体新闻要求对口，记者往往希望对此挖掘吸引读者，所以具有传播价值大的效应；

（5）公众公司，新三板、沪深股市的监管部门或政府机构监管很严格，问题容易暴露。

问答226　危机的连锁反应有哪些后果？

新三板挂牌企业一旦出现危机，很有可能产生危机的连锁反应，依次出现如下情况：

（1）消费者信心下降；

（2）导致股价爆跌；

（3）产品/服务遭受抵制；

（4）品牌资产受到重大损失；

（5）资金链和生产出现问题；

（6）市场环境恶化；

（7）潜在管理危机爆发；

（8）限制法规出台；

（9）严重时或将引发强制退市；

（10）更极端情况下或将宣布破产。

问答227　危机管理小组及其成员有何要求？

（1）危机小组

对于新三板挂牌企业来说，危机管理是指企业或机构遇到危机时，为避免或者减轻危机所带来的严重损害和威胁，通过有组织、有计划地制定和实施一系列管理措施和应对策略，包括危机的规避、控制、解决以及危机解决后的复兴等活动来获得社会公众的谅解，从而避免不良影响，并巩固良好形象的一项工作。本节主要谈谈危机管理的组织与原则。

危机管理小组是专门从事企业危机管理工作的组织和机构，具有非常设性的特点。危机管理小组的目的仍在于系统的情报搜集和管理危机资讯，使企业危机防患于未然或者使危机损失最小化。

（2）危机管理小组成员

① 企业领导。重要问题尽早做出权威决断的决策人物。

② 公关专业人员。负责危机管理程序的优化和实施，理论参谋和具体执行者，

③ 生产、质检、销售人员。熟悉企业生产、销售、质量检验等流程，容易把握产品生产、流通的各个环节的问节，便于应对来自消费者及媒体的疑问。

④ 核心技术、行业专家（如有必要）。用于应对产品、管理等涉及危机有关核心技术性问题的咨询及解决。

⑤ 法律工作者。企业法律事务顾问熟悉企业日常运作过程中可能出现的法律问题，便于在法律程序上保证企业行为的正确性，危机产生后有利于规避非合规性法律程序及尽早通过法律途径解决相关纠纷。

⑥ 接待人员或投诉处理人员。危机管理的第一道门户，是接受消费者投诉、沟通信息和对外树立形象的重要环节，如果处理得当的话，往往会把由投诉引起的危机消灭在萌芽状态。

问答228 危机管理的5大原则是什么？

危机管理的原则如表 12-2 所示。

表 12-2 挂牌企业危机管理的原则

1	积极预防原则	“凡事预则立，不预则废”，企业危机管理应从事前做起，建立危机应急预案，尽量避免危机的发生，在危机的诱因还没有演变成危机之前就将其平息
2	主动面对、真诚沟通原则	当危机发生时，企业应立即承担第一消息来源的职责，主动公众的提问和配合媒体的采访，掌握对外发布信息的主动权。危机发生后，无论危机责任在哪一方，企业都应主动承担一定的责任，不能遮遮掩掩，需要开诚布公，对外界澄清事实真相，避免引起种种猜测，导致局面失控。对于确实不便发布的消息，不可简单以“无可奉告”应付，应说明理由，求得记者的谅解，甚至在某些情况下，还应该通过新闻媒体谢罪，表示企业愿意承担责任。对于危机所损害的群体或投资者，危机处理人员在在接触时，要有诚意，对其不满、愤怒时需要耐心倾听，并言辞缓和地予以沟通和交流
3	快速反应原则	危机一旦发生，会马上引起公众的注意。企业必须以最快的速度调集人员、设备、资金，以便迅速查明情况并进行处理，实施危机管理计划，并在第一时间采取以下措施：一是告知专业的危机管理公司，借助第三方力量进行危机的控制；二是告知企业对外公关及其相关的员工，统一口径，避免企业员工在面对采访时不知所措；三是组织危机涉及部门迅速采取措施调查事件真相，新闻发言人发布公司采取的措施安抚公众、并对受害者事件进行处理；四是把真相告知政府部门或者相关权威机构，进行公众信心的树立；五是引导媒体沿着良性的方向进行危机报道

续表

4	单一口径原则	在危机来临时刻，企业内部很容易会陷入混乱的信息交杂状态，不利于形成有效的危机传播，因而形成一个统一的对外传播声音是形势要求的必然结果。新闻发言人专门负责与外界沟通，只有经过他所发出的声音才是企业最终决定，才是向新闻媒体公开的内容，其他人决不能够随意代表企业发表意见，只能维护、服从新闻代言人的权威。尤其是面对新闻媒体，一定要及时、准确、口径一致地按照企业的对外宣传的需要把公关信息发布出去，形成有效的对外沟通渠道。这样，就可以避免危机来临时对外宣传的无序、混乱以及由此可能产生的公众猜疑，便于企业驾御危机管理信息的传播
5	绝对领导原则	缺失权威必然引发混乱，所以企业领导者应在危机刚一出现之时便赋予危机事件管理者充分的权力，对危机实行"集权管理"。公司应成立危机公关委员会统一领导、处理公关危机，由董事长或总经理、董事会秘书、总经理办公室主任任领导小组成员，领导、协调董事会办公室、总经理办公室、法律事务部等部门，统筹处理好与投资者、分析师、财经媒体等各方的关系

12.1.3 危机管理4大阶段及操作

问答229 危机演化的4大阶段是什么？

对于新三板挂牌公司，企业危机是一种突发性事件，但又不是绝对不可完全预见性的，它往往以渐进式的方式演化，是一个从量变到质变的转化过程，一般可简单地分为四个阶段：潜伏期、爆发期、持续期和终止期。

潜伏期：在这个时期，危机的隐患往往会初露端倪，向外界发出警告。这时危机处在一个不稳定的状态，此时重要的是如何使这种状态向好的方面转化，扼制住它向坏方向转化的可能，化险为夷，转危为安。如果对潜伏期的某些前兆的危机信号熟视无睹，到一定程度后，就会形成企业危机的爆发，并迅速蔓延，产生连锁反应，使企业措手不及。

爆发期：这个时期，企业潜在问题暴露，公众投诉、媒介跟进接踵而至，企业或社会公众已较清楚地了解到到底发生了什么事情，企业声誉大降。

持续期：短则一两天，长则持续数周数月或更长时间。这个时期，企业危机一旦加剧，只能使任何控制危机的努力变成对损失程度的控制。

终止期：这一时期企业危机被遏制，并渐渐趋于平复，对企业来说，除着手准备详细的调查报告外，主管部门和公关部门都还需要做一些具体的事，妥善处理危机后期工作，安抚人心。同时，依靠公共关系手段消除影响，矫正形象。

问答230　危机预防的防御系统包含哪些内容？又该如何操作？

（1）漏洞审查：环节排查、危机流程；
（2）现存危机隐患排查：建立备忘制度；
（3）设置危机反应小组：三点要求，即对流程熟悉、有相应权限、反应力；
（4）危机管理计划：三点要求，即制定预案、确定联络人、反馈系统；
（5）设立重点监测对象和跟踪支持网络；
（6）实时监测和预警；
（7）危机反应培训和模拟练习。

问答231　危机预防的网络支持体系包含哪些内容？又该如何操作？

防构建网络支持体系也是重要的危机预防要求与模式，具体要求如下：
（1）建立完善的资料库；
（2）定期更新资料库；
（3）主动提供公司资料；
（4）日常沟通、节日问候；
（5）赞助、战略性合作；
（6）建立跟踪表，加强体系中重要人物观察；
（7）定期组织公关活动，如媒体见面会、分析师会议等；
（8）定期召开圆桌会议，讨论行业热点，向公众传达公司的意图和想法。

问答232　如何对危机做出评估？

一般对应危机的爆发期。在问题被媒体曝光或因其他原因出现危机后，公司方应迅速组成“危机评估工作小组”，对危机的性质进行评估，分析危机的严重程度，同时确定危机的发生原因和传播途径，然后迅速制定公关方案。

（1）定性，即对危机的性质进行评估；
（2）定量，即分析危机的影响范围和损失；
（3）定点，即确定危机发生和传播的关键点；
（4）定案，即根据以上前提制定公关方案。

问答233　危机如何处理？操作内容及要求是什么？

一般对应危机的持续期。“危机”意味着“危险”也意味着“机会”，应该运用积极有效的“危机公关”措施，化“风险”为“机遇”，通过危机的消除树立公司正面的企业形象，凸显公司规范的运作、良好的投资价值。这个时期的工作一般包括调查情况，自我分析，安抚公众，联络媒介等工作。

在经过危机评估及内外部沟通后，应针对危机制定统一的宣传口径，并通过多种方式对外发布，用“主流”的声音盖住“噪音”。

（1）设立对外联系方式，培训内部人员，以统一口径接受投资者主动联系的咨询、质疑，设立专门的新闻发言人。

（2）组成机构沟通小组，针对机构投资者进行“一对一”、“一对多”的沟通，争取机构投资者的理解、认可。

（3）企业应设立信息中心，按时把危机工作的最新消息传送给媒介人士。在发表各种消息时，一定要坚持“公开事实真相”的原则，以避免新闻媒介和社会公众的猜疑、质询。

（4）开展多种形式的公共媒体宣传。媒体宣传内容上应该采取多个诉求点交叉进行，如：专门针对危机的释疑文章、公司管理层致投资者的一封信、公司管理层接受媒体采访、公司投资价值分析、公司企业形象宣传片等。另外，从时效性、覆盖率等角度考虑，公司方在危机期间应充分利用新媒体如网站、电视，更新速度快、传播范围光的特点，开展多种形式的公关活动。

（5）多种形式的公关活动。如投资者网上交流活动等。树立公司不回避问题、勇于面对投资者的姿态，另一方面也通过在线交流，真正消除投资者的误会，获得投资者的理解和支持。

问答234　危机过后，如何重塑企业形象？

一般对应危机的终止期。危机发生后，企业形象受到了影响，公众对企业会非常敏感，要靠一系列危机善后管理工作来挽回影响，重塑企业形象。

（1）对危机管理工作进行全面的评价。包括对预警系统的组织和工作程序、危机处理计划、危机决策等各方面的评价，要详尽地列出危机管理工作中存在的各种问题。

（2）对问题进行整顿。多数危机的爆发与企业管理不善有关，通过总结评估提出改正措施，责成有关部门逐项落实，完善危机管理内容。

（3）一般而言，在危机公关过后，企业一般会采用低价促销的策略，先确保企业产品的销售或服务的数量，即使有利润的损失。

（4）根据社会发展的不同情况，多做社会公益活动，如捐建希望小学，大灾难时捐款捐物等，树立良好的企业形象。

（5）寻找商机。危机给企业制造了另外一种环境，企业管理者要善于利用危机探索经营的新路子，进行重大改革。这样，危机可能会给企业带来商机。

总之，危机并不等同于企业失败，危机之中往往孕育着转机。危机管理是一门艺术，是企业发展战略中的一项长期规划。一个企业在危机管理上的成败能够显示出它的整体素质和综合实力。成功的企业不仅能够妥善处理危机，而且能够化危机为商机。

12.1.4　危机管理的八大策略

问答235　危机管理战略高度与问题本质和根源是什么？

（1）上升到战略高度

实践中，很多企业危机管理失利的主要原因是，没有把看起来较小的危机事件当回事，在此种态度下导致事件影响与危害不断递增，甚至不可收拾、发展到完全失控的地步。所以，对于企业来说，不管危机事件大小，都要高度重视，需要站在战略的高度，从整体性、系统性、全面性和连续性上来认识和管理企业的危机事件。只有这样才能把不该发生的危机扼杀在摇篮之中，把已发生的危机事件控制在最低的影响程度，把危机的解决转变成企业展示综合实力与快速反应等其他价值的契机。

（2）发现问题本质与根源

当发生危机时应该先客观全面地了解整个事件，然后冷静的观察问题的核心，找到问题的关键与根源，研读相关法规与规定，把问题完全参透，或聘请专业公关公司把脉支招，切忌不可毫无准备，贸然行动。实践中，一些企业，特别是新三挂牌企业中的小微企业，许多危机管理人员处理相关事件时，往往出现哪儿出了问题就抓那儿，而本质性的根源问题却没有得到解决，最终导致了只治标不治本，不能迅速彻底解决危机，甚至会导致事态不断地扩大。

问答236　对危机管理的速度与责任有何要求？

（1）迅速反应与快速行动

速度是危机管理中的第一原则。一般来说，危机爆发，企业立即处理便可以避免许多损失。但是，实践中因为看似很小的问题，没有引起企业重视或缺乏危机处理经验等，从而错过了最佳处理时机，结果就会导致事件不断扩大与蔓延。

（2）承担责任比什么都重要

实践中，很多危机事件发生后媒体与受众甚至是受害者并不十分关心事件本身，更在意的是责任人的态度。推诿、不负责任的态度会激发公众更大的愤怒，把事件本身严重放大。所以，危机事件发生后的第一时间应该把所有质疑的声音与责任都承接下来，不可以含糊其词，不可以态度暧昧，不可以速度迟慢，然后拿出最负责任的态度与事实行动迅速对事件作出处理。

问答237　危机管理的沟通与“让第三方说话”该如何处理？

（1）耐心、持续的沟通与再沟通

实践中，危机激发矛盾80%的原因都来自缺乏沟通或沟通的质量不佳，所以，危急时的沟通是非常重要的一项工作。

首先要对企业全体员工进行沟通，让大家了解事件细节，保持一直的口径，一直的行动等；然后是第一时间向媒体提供真实的事件情况及随时提供事件发展情况，主动出击以有效填补此时舆论的“真空期”，避免小道消息、猜测，甚至是竞争对手恶意散布的消息而引发事件恶化，最后是与政府及相关部门进行沟通，得到政府的支持或谅解，甚至是帮助，对控制事态发展有很大的帮助。同时也要对合作伙伴等进行沟通，以免引起误解及不必要的恐慌。

（2）让第三方为自己说话

危机发生时，积极的做法是：尽量自己不要在事件还未明朗、大众还存在误解的时候多说话，应该请第三方权威部门介入，让权威部门为自己说话，有了证据之后再主动联系媒体，让媒体为自己说话，必要的时候再让消费者为自己说话。

如果自己确实有责任与过失，要态度诚恳，诸如“对不起，我们将承担全部责任”，首先稳定情绪、消除消费者的不满情绪，博取同情很重要，而后用事实来证明。如果不是自己的责任或问题，也不能跳出来反驳，与媒体、受众，甚至政府打口水仗，这样的结果往往是即使是弄清楚了事实的真相也失去了公众对其的好感，更容易导致事件的扩大，拓展到企业诚信问题，社会责任问题等方面，导致有理的事反倒没理了。

问答238　对危机管理中转移视线与创作机会有何要求？

（1）转移视线

企业在妥善处理危机之后，要尽快把公众视线吸引开，否则纠缠下去对企业会十分不利，但是需要注意时机和方式，目的是在正确采取措施并得到妥善处理后让事件的余震尽快结束，而不是推委责任。诸如企业捐助公益事业，推出新产品、新发明等相关新闻，以转移大众的视线。

（2）危机中创造机会

一般来说，企业发生危机事件后媒体与大众的关注度很高，这时若企业危机管理手法得当不仅可以化解危机，还可以提高企业或品牌的知名度，树立良好的企业形象，所以，利用这种机会还能找到为企业创造额外价值机会的可能。

总之，因此，危机管理是个系统性的工作和事项，平时企业就应当防患于未然，建立完善的危机防范预案机制，这样可以防范绝大部分危机的发生，至少可以把危机控制在最低范围内。

12.1.5　7 类群体危机公关技能

问答239　危机管理组织内部的对策及操作是什么？

新三板挂牌企业危机管理组织内部的对策及操作参见表 12-3。

表 12-3　挂牌企业危机管理组织内部的对策及操作

1	成立专门机构（或扩充常设的危机管理小组）以便迅速处理危机事件。建议副总裁以上级别的高管担任该机构组长，行政部公关事务人员必须参加这一机构，汇同各有关职能部门的人员组成一个有权威性、有效率的工作班子。如果企业没有专业的公关人才，就要借助专业公关公司的力量，请他们参与机构并策划如何开展工作
2	迅速而准确地判明情况、把握事态的发展，确定危机事件的类型、特点，确认有关的公众对象，以便争取主动
3	在了解并和诊断危机之后，制定处理危机事件的原则方针、具体程序与对策
4	以危机处理结构作为唯一权威的信息发布源头，确保对外发布的信息高度一致，避免让媒体找到借题发挥的把柄。同时将理危机事件的原则方针、程序和对策，通告全体职工，以统一口径，统一思想认识，协同行动
5	向有关媒体、群体（如社区）意见代表等公众危机事件的真相，表示企业对该事件的态度和通报将要采取的措施
6	如有必要，企业各部门或有关部门围绕危机处理机构共同参加急救实务。如危机事件是由不合格产品引发，应不惜代价立即收回不合格产品，或立即组织检修队伍，对不合格产品逐个检验。通知有关部门立即停止出售这类产品；危机事件若造成伤亡，一方面应立即进行救护工作或进行善后处理，另一方面应立即通知受害者家属，并尽可能提供一切备件，满足其受害者家属的探视或要求
7	危机结束后，调查引发危机事件的原因，并对处理工作进行评估，同时奖励处理危机事件的有功人员，处罚事件的责任者，并通告有关各方

问答240　对受害者的对策、操作及要求是什么？

新三板挂牌企业危机管理中对受害者的对策及操作如下：

（1）应由专人负责与受害者及受害者家属谨慎地接触，认真了解受害者情况，耐心而冷静地听取受害者的意见，包括他们要求赔偿损失的意见，诚恳地向他们及其家属道歉，并实事求是地承担相应的责任。

（2）企业应避免出现为自己辩护的言辞，避免与受害者厦受害者家属发生争辩与纠纷。即使受害者有一定责任，也不要在现场追究。

（3）给受害者安慰与同情，并尽可能提供其所需的服务，尽最大努力做好善后处理工作。

（4）了解、确认和制定有关赔偿损失的文件规定与处理原则，向受害者及受害者家属补偿的方法与标准，并尽快实施。

（5）如无特殊情况，在处理危机事件的过程中不可随便更换负责处理工作的人员。

问答241　对客户的对策、操作及要求是什么？

新三板挂牌企业危机中对客户的对策及操作如下：

（1）危机事件发生后，应尽快如实地向企业的上下游的有关客户传达事故发生的消息，并表明企业对该事件的坦诚态度。

（2）以书面的形式通报正在或将要采取的各种对策和措施，如有必要，还可派人直接与重点大客户进行面对面的沟通和解释。

（3）在事故处理的过程中，定期向企业上下游客户传达进展程度与处理经过。

（4）事故处理完毕后，应用书面的形式对上下游有关客户表示歉意，并向理解和援助的单位表示诚挚的谢意。

问答242　对新闻媒介的对策、操作及要求是什么？

新三板挂牌企业危机中对新闻媒介的对策及操作如参见表12-4。

表12-4　挂牌企业危机中对新闻媒介的对策及操作

1	危机处理机构，首先要对如何接待媒体的采访、谁来担任公司的新闻发言人等等做出明确的规定。向新闻界公布危机事件，公布时如何措辞，采用什么形式，有关信息怎样有计划地披露等，应事先达成共识
2	对新闻界表示出合作、主动和自信的态度，不可采取隐瞒、搪塞、时抗的态度。不要一边向记者发表敏感言论，一边又强调不要记录。对确实不便发表的消息，亦不要简单地“无可奉告”，而应说明理由，求得记者的同情和理解

续表

3	成立记者接待机构，专人负责发布消息，集中处理与事件有关的新闻采访，向记者提供权威的资料。为了避免报道失实，向记者提供的资料应尽可能采用书面形式。介绍危机事件的资料简明扼要，避免使用技术术语或难懂的词汇
4	通过权威媒体渠道发布企业最新的信息，主动向新闻界提供真实、准确的消息，公开表明企业的立场和态度，以减少新闻界的猜测，帮助新闻界做出正确的报道。同时，刊登有关事件消息的报刊上发歉意广告，向公说明事实真相，并向公众表示道歉和担责任。注意：一是在事情未完全明了之前，不要对事故的原因、损失以度其他方面的任何可能性进行推测性的报道，不轻易地表示赞成或反对的态度；二是以公众的立场和观点来进行报道，不断向公众提供他们所关心的消息
5	当记者发表了不符合事实真相的报道时，应尽快向该报刊提出更正要求并指明失实的地方，同时，向该刊提供全部与事实有关的资料，派重要发言人接受采访，表明立场，特别应注意避免对媒体产生敌意
6	危机结束后，有必要的话，可以策划以“新闻”等方式，多角度多层次地为企业、产品或人物进行正面宣传，吸引公众的注意，澄清企业信任危机。消除公关危机对企业形象的影响。这样能让信息从“焦点”变为“记忆点”，进而产生“卖点”，无论是短期还是长期都能为企业带来积极的效应和价值

问答243　危机管理中对上级部门对策、要求及操作是怎样的？

新三板挂牌企业危机中上级部门的对策及操作如下：

（1）危机事件发生后，应以最快的速度向企业的直属上级部门实事求是地报告，争取他们的援助、支持与关注。

（2）在危机事件的处理过程中，应定期汇报事态发展的状况，求得上级领导部门的指导。

（3）危机事件处理完毕后，应向上级领导部门详细地报告处理的经过、解决方法、事件发生的原因等情况，并提出今后的预防计划和措施。

问答244　危机管理中对消费者对策、要求及操作是怎样的？

新三板挂牌企业危机中对新闻媒介的对策及操作如参见表 12-5。

表 12-5　挂牌企业危机中对新闻媒介的对策及操作

1	迅速查明和判断危机事件所涉及的消费者的类型、特征、数量、分布等情况，收集受到不同程度影响的消费者时事故处理的意见和愿望
2	通过不同的传播渠道向消费者发布说明危机事件概况、经过和处理方法。不隐瞒事故的真相，所有的对策、措施，都应以尊重消费者权益为前提
3	热情地接待消费者团体的代表，回答他们的询问、质询，及时与消费者团体中的领导及意见领袖进行沟通、磋商
4	通过新闻媒介向外界公布与消费者团体达成的一致意见或处理办法和今后的预防措施

问答245　危机管理中对社区居民（如有）对策、要求及操作是怎样的？

新三板挂牌企业危机中，如涉及社区居民，其对策及操作如下：

(1)社区是企业生存和发展的基地，如果危机事件给社区居民带来了损失，企业应组织人员专门向他们致歉。可根据危机事件的性质，进行群体道歉或派人到社区居民家庭中分别道歉。

（2）针对社区的特点，通过张贴公告或有影响的地方报刊发布道歉广告，明确而鲜明地表示企业敢于承担社会责任、知错必改的态度。

（3）必要时应向社区居民赔偿经济损失或提供其他补偿。

12.2　典型实战18例

12.2.1　危机公关对企业、个人与品牌影响

案例138　危机公关与企业生死抉择

2008 年 9 月，举国震惊的“三聚氰胺”事件爆发。面对危机，三鹿表现得无所适从，短短三个月，企业 150 亿元的市值瞬间蒸发，不仅如此，董事长田文华身陷囹圄。由此不难发现：企业问题不仅仅是在产品安全上，更表现在了危机公关处理能力上。

案例139　个人危机公关刻不容缓

2012 年 8 月 26 日凌晨 2 点 40 分许，陕西包茂高速公路安塞段发生一起客车与运送甲醇货运车辆追尾碰撞交通事故，引发甲醇泄漏并导致两车起火，造成 36 人遇难，3 人受伤。

在这次“8·26”特大交通事故中，因为一张新闻图片，陕西省安监局的领导杨达才一夜成名。在外界舆论的压力下，一个月内被双规落马。

在现代网络社会，不良信息的传播尤为惊人，个人的行为随时可能被放大传播。因此，个人危机公关刻不容缓。

案例140　汽车品牌危机与影响

事件回放：

2006 年年初，一批锐志车主发现油底壳、正时链盒出现不同程度的渗漏。

随着统计的问题车辆数量增加，丰田漏油事件开始冒头。

2006 年 4 月，一汽丰田发布声明称，“REIZ 锐志是在发动机装配过程中由于装配工艺问题，导致部分车辆在使用过程中出现机油渗出问题。

5 月 23 日，天津车主李宏宇因发动机维修后出现二次渗漏，至此锐志车主与天津一汽正式对簿公堂。

6 月 29 日，一汽丰田在京宣布，从 7 月 17 日起，对锐志、皇冠开展免费入厂检修活动，并将这些车辆发动机渗油项目的保修期延长一倍。同时，一汽丰田还通过浙江省消费者协会，就渗油问题向用户致歉。

影响分析：

（1）销售业绩的影响。4 月份锐志的单月销量下滑到 4000 辆以下，和前年最高近 7000 辆月销量相距甚远；5 月份锐志轿车的销量比 4 月份又下降了 34%。

（2）品牌的影响。层出不穷的汽车产品安全事件和众多消费者积怨已久的“仇日”情绪交织在一起，令日系品牌汽车在国内正经受着前所未有的信任危机。

案例141　五粮液涉嫌违反证券法规

事件回放：

2009 年 9 月 9 日，五粮液午间在深交所网站发布公告称，公司 9 日收到中国证监会调查通知书，因公司涉嫌违反证券法律法规，证监会决定立案调查。受五粮液负面消息影响，酿酒食品版块整体下跌。

一时间，市场开始纷纷猜测五粮液违规被调查的原因，出现多种版本，如偷逃税、涉嫌虚增利润、委托理财资金去向不明、利益输送等等。在立案消息公布后不久，五粮液股票随即出现大批量恐慌性抛盘，20 分钟不到即已跌停。

此危机事件影响和损害面非常大，不仅打击了持有五粮液股票的股民的信任，也打击了中国整个酿酒食品行业，严重损害了五粮液的企业形象。从百度中搜索一下关键词“五粮液危机”，找到相关网页 2,590,000 篇，其搜索量为年度最高。

危机分析：

五粮液此次所遭遇的危机事件属于声誉危机——声誉危机虽不像产品质量危机那样对企业的冲击直接且巨大，但如果声誉危机未能管理到位，也可能产生滚雪球效应，最终演变成影响力巨大的全面危机。

在媒体为王的时代，媒体对企业的监督力量也是空前巨大。在一个透明化的时代，企业必须做好声誉危机的预防及应对，当企业声誉危机汹涌而来时，退避或闭门自守是愚蠢之计。五粮液当务之急是分析危机情景，并根据引发此次危机的根源、危机特点、扩散的范围制定相应的策略，通过否认－自责－控制－补救－重构策略进行声誉危机管理。

12.2.2 积极应对与危机管理的效果

案例142 取缔余额宝风波与积极应对

事件回放：

2014 年 2 月 21 日，某新闻评论员发博文称，“余额宝是趴在银行身上的‘吸血鬼’，典型的‘金融寄生虫’”。

该评论员认为，余额宝冲击的是整个中国的经济安全。因为，当余额宝和其前端的货币基金将 2%的收益放入自己兜里，而将 4%～6%的收益分给成千上万的余额宝客户的时候，整个中国实体经济、也就是最终的贷款客户将成为这一成本的最终买单人。这一评论当时引起较大反响。

2 月 22 日凌晨，支付宝官方发长微博《记一个难忘的周末》幽默回应。支付宝则表示，余额宝加上增利宝，一年的管理费是 0.3%、托管费是 0.08%、销售服务费是 0.25%，利润只为 0.63%，除此之外再无费用。并对吸血鬼一说加以调侃称，“老师您能别逗了吗?我查了下，2013 年上半年，16 家国内上市银行净利润总额达到 6191.7 亿元人民币，全年起码翻一番，12000 亿吧?”同日，阿里小微金融服务集团首席战略官舒明称：即使与总规模约 10 万亿元的银行理财产品相比，货币市场基金也不到其总规模的十分之一。很难想象，规模如此之小的货币市场基金会对市场整体利率水平产生巨大的影响，会“严重干扰利率市场”。

危机分析：

支付宝在被质疑后，第二日一早便及时发微博进行回应，微博内容诙谐调侃，却又态度明确，将对方质疑的观点予以反驳，此外，公司高管也及时与媒体进行了沟通，对质疑者的说法进行了驳斥。快速反应与迅速行动这方面做得比较到位。

案例143 王老吉夏枯草事件的危机公关

事件回放：

2009 年 4 月 13 日，杭州消费者起诉王老吉，称自己的胃溃疡是由于饮用王老吉所致。5 月 11 日，国家疾控中心营养与食品安全所常务副所长严卫星给红罐王老吉定了性：王老吉中的有些成分和原料，不在食品安全法已经规定的既是食品又是药品的名单之列，王老吉卷入“添加门”危机风波骤然掀起。

危机分析：

危机之后的第二天，广东食品协会就紧急召开记者招待会，称王老吉凉茶中含有夏枯草配方是合法的，不存在添加物违规问题。事发仅 4 天，卫生部也发布声明确认王老吉凉茶在 2005 年已备案，并认可夏枯草的安全性。

由于王老吉的巨大知名度与品牌影响力，“添加门”事件发生之后，迅速点燃了众多媒体的兴奋点，在客观报道的同时，各种各样的谣言与攻击也铺天盖地而来，让到王老吉一时间背负着巨大的舆论压力。

王老吉这次事件平息得这么快，最重要的原因就在于其政府公关出色。当企业知名度及影响力很大时，任何一点失误都可能成为受攻击或广泛报道的根源，所以企业必须做到以下三点：严格遵守行业法则，减少危机漏洞；其次是营销宣传有度，避免过分夸大授人话柄；第三是积极建立品牌美誉度。

案例144　谷歌色情门事件与公关

事件回放：

2009 年 6 月 18 日晚 19 时左右，中央电视台《新闻联播》用了 1 分 20 秒对“谷歌中国”含有大量淫秽信息进行了报道称，谷歌中国（google.cn）存在大量淫秽色情和低俗信息，违反国家有关法律规定，严重侵害青少年身心健康。而在当天下午四时左右，中国新闻网等媒体已曾对此进行报道。晚些时间，中央电视台《焦点访谈》再以“‘谷歌中国’色情链接遭谴责”为题进行了专题报道。焦点访谈栏目组建议有关部门对“谷歌中国”进行处理。《新闻 1+1》又以“谷歌，色戒”为题再次做了报道。

央视的集中报道把谷歌中国这一搜索引擎巨头推上风头浪尖。

危机分析：

对于行业垄断者而言，企业的社会责任意识、对社会责任法则的遵守及履行力度往往比企业盈利性更受人关注。谷歌作为作为一家行业的领导者，拥有左右行业进程的力量，因此其涉黄事件更显得受人关注。

谷歌中国在受到央视批评之后，所采取的策略还是令人赞赏的：迅速发出对外声明，向公众道歉，对内开展整改措施，删掉色情链接，危机风波在喧嚣一时之后很快恢复平静。

12.2.3 态度、策略不同，结果大相径庭

案例145 福喜事件不同表态，不同结局

事件回放：

2014年7月20日，据上海广播电视台电视新闻中心官方微博报道，麦当劳、肯德基等洋快餐供应商上海福喜食品公司被曝使用过期劣质肉。随后，福喜、麦当劳、肯德基陷入危机，并展开危机公关。

一直以来，福喜集团给人的印象：不仅是规模大、历史久、设备好，而且它通过了HACCP、ISO、GMP乃至LEED等众多国际性行业标准认证。所以福喜总是显得“自信满满”，危机发生后一天便声明说：“福喜集团管理层相信，本次事件是一起个体事件。”且福喜集团首席执行官坚持称，集团在全世界的工厂都严格遵守最高的质量标准。当上海市食品药品监督管理局于2015年初召回上海福喜生产的521.21吨问题食品，福喜集团居然“表示遗憾”。

肯德基的东家百胜集团在事件曝光之后，在第一天和第三天分别发布了两个声明，内容涵盖品牌的立场、对事件的态度和相应的处理对策。最为重要的是，声明和大众站在一起，明确表达出对公众尤其是消费者的歉意。虽然公关技巧十足，至少让消费者易于接受。2014年8月1日，百胜中国又发布《致广大消费者公开信》，就肯德基、必胜客牵涉其中引发大家忧虑和不安向广大消费者致歉，同时启动吹哨人制度，对举报危害百胜食品安全的违法违规行为给予奖励，同时表示，百胜中国已经全面断绝与福喜中国的供应关系，百胜集团也已经全面断绝与福喜集团的全球供应关系，百胜中国全力配合政府部门的调查，并按照指引和要求处理所有后续事宜。这一系列态度和立场的表述，对挽回消费者信心起了很大作用。

而作为此次福喜事件中最大的受害方之一，麦当劳很快发布首发声明，从基调上表现出麦当劳“对违法违规行为零容忍”的坚决态度，表示“立即停用并封存由上海福喜提供的所有肉类食品”，表明麦当劳“食品安全是麦当劳的重中之重”的一贯立场。然而，这篇声明对自己最大的公关对象群体——消费者没有半句道歉，对食用过问题肉的消费者的赔偿问题只字未提。10个小时之后，或许是意识到之前声明的僵硬，麦当劳发布了试图走情感路线的第二篇声明。事件发生4天之后，麦当劳没为公众带来此次食品安全危机的真相解释或是解决方案，取而代之的是第三篇声明的“我们无比震惊”，并有继续为福喜撑腰的“嫌疑”——“决定换上海福喜为河南福喜”。在外界压力下，第二天

麦当劳才发布第四篇声明，宣布与福喜暂停一切合作。福喜受调查一事公开以来，麦当劳股价累计下跌了约 5.2%。

分析启示：

福喜这家已经进入中国 20 年的知名企业，危机公关表现与自己的行业地位极不相称。反应速度慢，一味自信的表述，只给外界留下不负责、不真诚、没有担当意识的态度。在此事件上，麦当劳拖拉、扭捏地打“感情牌”，让人不能确定麦当劳的立场，甚至“有些‘犯晕’，已经搞不清楚自己是受害者还是同谋”。而肯德基用两个干净利落的声明完胜麦当劳。

在危机更易爆发的信息时代，企业必须重视危机公关，同时，公关团队须得有话语权，对内能及时了解情况，防范危机，对外能沟通情况，缓解社会情绪和压力。危机公关成功与否，技巧和策略固然重要，但决定成败的是立场和态度。出现问题要及时承担责任，这一点，很多企业都未做到。

案例146　某作家京东维权与一视同仁事件

事件回放：

2015 年 7 月，某作家发了一条微博，称自己在京东上购买的天天果园水果是烂的，要求退款却被拒绝。作为一名拥有 1000 多万粉丝的女作家，这条微博一面世，立刻引来大量关注。一个小时后，天天果园即联系该作家提出全额退款。遭拒绝后，京东和天天果园又相继联系商讨退款，天天果园还邀请该作家为其质量监督员。7 月 13 日，该作家再次在微博上发表名为《我要的是公平》的文章，拒绝和解。7 月 14 日，天天果园在微博上公开道歉，京东进行转发并表示要加强自身服务。

正当舆论趋缓时，名人王某却在 7 月 18 日转发该作家微博，表示自己也拥有同样经历。7 月 19 日，京东官方微博向王某道歉。然而，事情反而引来了更多的质疑：为什么某思聪就能得到公开道歉?“看人下菜碟”的帽子，就这样戴在了京东的头上。

事件分析：

京东和天天果园在处理这件事上，忽视了一个问题：就是没有把自己和普通用户放到一个立场上。京东和天天果园应该分别诚恳地承担起一个电商平台和一个供应商的职责，而不是看客户是否是网络大 V 或名人。须知，事情一旦捅到了公众面前，当事双方已经都不能用“私了”的方式来息事宁人了。面对这种情况，最核心的问题就是用户。把自己摆在用户立场上，去解释问题，承担责任，弥补损失。快速反应是必要的，但不要因为快而失了分寸。

案例147　淘宝正品率事件与恰当的策略和姿态

2015年1月23日，国家工商总局公布2014年下半年网络交易商品定向监测结果，其中点名淘宝网：在购物网站的检测结果中，淘宝网正品率最低。1月27日，淘宝官方微博上发了一篇名为公开信，对工商总局这份报告的调查方式和结果提出了质疑。

27号晚上，工商总局发布了三点官方回应。1月28日上午，工商总局官网发布了一篇文章《关于对阿里巴巴集团进行行政指导工作情况的白皮书》，其中指出，阿里系网络交易平台长期存在大量违法经营问题。28日下午，淘宝发声明向国家工商总局正式投诉刘红亮在监管过程中程序失当、情绪执法。

两个小时后，淘宝官微发表文章，在文中，马云说，假货是所有商业模式发展的硬伤，假货不是淘宝造成的，但淘宝注定要背负这种委屈、这种责任，淘宝只能认下它、解决它。

1月30日，工商总局发布消息称，张茅局长在工商总局会见马云，马云称阿里巴巴将配合政府打假，加强日常线上巡查和抽检。国家工商总局发言人强调，此前发布的白皮书，是行政指导座谈会会议记录，不具有法律效力。至此，这场罕见的政企过招正式结束，双方握手言和。

事件分析：

这次危机处理，阿里的姿态，则表现得非常巧妙。淘宝推出的形象代表，一是淘宝是小二，二是受害的是民企，全是普通网友易于带入的角色，立刻赚取了巨大的同情分。同时，成功将淘宝“假货”风波转化为“打假”，提高到支持创新、支持民营经济的高度。所有危机公关，都是建立在两个基础之上的：一个是产品在可行性和合法性上要过关，另外一个，则是公司要建立自己的诚信基因。

案例148　光纤被挖断与支付宝的积极应对

事件回放：

2015年5月27日晚上18点左右，杭州、上海、武汉等地的用户纷纷反映支付宝PC端和移动端均无法使用支付转账功能，余额宝也不能显示余额。事件发生半个小时后，支付宝在微博上回应称，事故是杭州市萧山区某地光纤被挖断造成的，运营商正在抢修，支付宝工程师正紧急将用户请求切换至其他机房，资金安全不会受到影响等。

随后的时间内，支付宝在微博上通报抢修进程。并在晚上 7:30，再发官微表示，系统恢复正常服务。整个系统瘫痪时间 2.5 小时。事故结束后，支付宝发布官方声明，再次解释整个事件起因，对用户表示歉意，并对用户关心的问题一一进行解答，并表示会推进技术的升级改造。

分析解读：

事发后半个小时即做出回应，140 个字的限制下，在微博中对事故原因、修复措施、用户资金等关键问题一个也没落下，事故中持续回复，保持用户信心。事件解决后再次通过官方进行详细解释，使得危机迅速平复，遏制流言产生。整个事件，支付宝处理得冷静、有序。

案例149　化险为利，在危机中创造商机

事件回放：

2004 年杜邦"特富龙"事件（其生产的材料可能给人体造成危害发酵事件）不仅给杜邦公司造成了巨大的负面影响，更给使用"特富龙"材料生产产品以及的企业造成了巨大的影响，比如说格兰仕。

在"特富龙"事件闹的沸沸扬扬全民关注的时候，格兰仕的相关负责人通过媒体表示：格兰仕的产品大部分都是出口海外，而海外市场对产品的质量等各项市场准入指标比国内严格的多，因此质量安全有绝对的保证，但目前也在积极寻找相应的替代材料，以便消除消费者的疑虑。

在整个行业发生危机，消费者信心动摇时，当时的格兰仕此举正是从对消费者权益负责的角度，拟树立企业的形象。

随后"特富龙"事件的危机继续蔓延，已经殃及整个炒锅行业，甚至是使用该材料的相关行业。媒体与消费者的声音也越来越严厉苛刻，此时格兰仕再出猛招：

与两家国外高端材料技术公司达成了宇航 DYH 材料技术和宇航 5T 涂层技术联合产销及研发意向，这种材料对人体没有任何危害，可以替代"特富龙"材料应用于炒锅、电饭煲、微波炉等炊具中。同时与 100 多家国内外材料供应商签定"材料健康保证书"，向外界表明格兰仕不采用"特富龙"材料，其微波炉与炒锅等产品是健康安全的。此外，格兰仕还向广大下游经销商发表"材料健康声明"，稳定经销商信心。

危机分析：

在媒体大肆宣扬杜邦"特富龙"事件，消费者高度关注的情况下，格兰仕抓变危机为转机，甚至创造出商机，甚至大打“健康牌”，不仅增强了格兰仕的品牌知名度与美誉度，甚至使当时的格兰仕微波炉在全国引起抢购风潮。

在这起危机事件中，格兰仕本不属于“特富龙”事件的直接受害企业，但格兰仕主动出击，通过媒体公关，使企业及其安全的品牌形象得以维护和提升。把本是一件不利的事件转化为塑造品牌形象的机会。

案例150 优酷约架“双输”闹剧

事件回放：

2014年8月1日，Zealer（国内热门的手机评测工作室）发布了关于锤子手机Smartisan T1的评测视频。其创始人王自如称T1算不上“东半球最好用”的手机，还列举了诸多弊端。此举刺激了锤子手机创始人罗永浩。罗永浩公开表示：“王自如你别瞎猜，有时间去优酷公开辩论。”2014年8月27日19时，两人如约在优酷面对面PK。双方就“锤子手机是否易碎”“散热设计是否有问题”等话题展开了激烈辩论。此次优酷约架引起250万人围观，被网友称为“决战优酷之巅”。虽然辩论结果罗永浩略占上风，但事实上两者皆为输家。

案例分析：

在这场全民围观的大秀当中，已经不是谁是谁非的问题了。公众除了关注事件本身之外，也关注双方在公众面前的表现。对于罗永浩：

（1）大量贬低同行，将目前国内行业描绘成没有品位、没有理想的混沌状态，四处树敌，容易将自己陷入被动。

（2）在论战中，老罗准备非常充分，连放三大招，让王自如根本没有还手之力。老罗的强势更让公众有了同情弱小的心理，使得老罗反而失去了支持和信任。

对于王自如来说，两大昏招：

（1）罗永浩攻击王自如接受四家厂商的投资，不是“独立、客观、第三方”。论战第二天，王自如主动发视频道歉，并去掉“独立、客观、第三方”。虽然在危机公关中承担责任是第一原则，真诚道歉也没有错，但是这场论战是论理，本无输赢之分。王自如此举相当于承认了对方的指责。

（2）从硬件评测变为“反盗版斗士”。王自如揭露了锤子商店的侵权。这虽然是对方的错，但无疑再次坐实了老罗对Zealer专黑锤子的指责和猜测，反而给了老罗再次回击的机会，非明智之举。

结论：危机发生时，不能自乱阵脚，硬搬危机处理原则，要随时调整危机应对策略。国企资产雄厚、实力不凡，即使有理也不能太过强势，赶尽杀绝。

12.2.4　傲慢、偏执与掩盖与重大损失

案例151　丰田汽车召回事件

事件回放：

2009 年 8 月 28 日，在美国加州圣迭戈的高速公路上，驾驶一辆雷克萨斯 ES350 轿车的车主突然加速导致一家四口死亡。经过美国媒体的轮番报道，丰田车的质量问题引发关注。政府部门介入，责令丰田公司对其汽车安全系统进行检查，由于油门踏板和脚垫的安全故障，丰田自 2009 年年底开始在全球大规模召回车辆，总裁全球“巡回道歉”。爆发了丰田的召回门事件。

据统计，受丰田的“召回门”事件影响，2010 年 1 月份，丰田公司在美国市场销量同比下降 15.8%，市场份额环比下降 4.1 个百分点至 14.1%。

更为不利的是，召回事件对丰田的品牌造成了巨大的负面影响。据著名调查机构贝叶思的调查显示：在丰田公司经历了大规模的召回后，丰田品牌在国内消费者心目中的品牌影响力下降十分明显，其品牌影响力由召回事件发生前的第一位，下降至事发后的第五位。

在“召回门”愈演愈烈之时，中国国家质量监督检验检疫总局就丰田车加速踏板等缺陷发出风险警示通告，希望消费者谨慎使用部分车型，同时在全国范围内搜集缺陷信息。

2010 年 3 月 1 日，丰田汽车公司总裁丰田章男在北京举行记者会，就大规模召回事件进行说明，并向中国消费者道歉，并宣布召回丰田在中国销售的多款品牌汽车。过去十年一直高速发展丰田公司，遇到了重大的危机打击，公司发展速度将大受影响。

案例分析：

首先说 2009 年突然爆发的丰田“踏板门”危机事件其实就是企业过往细微质量瑕疵的集中性显现后果。这场危机中，丰田公关经历了一个从早期的“不作为”、“动作迟缓”，到后来的不得不“正面出击”、“全力布局”的过程。

早先，丰田的危机公关策略曾经出现重大失误，迟滞、傲慢、抓不住重点，这反映了一家全球性的制造公司危机意识的不足。随着事态的发展，丰田公司也采取了不少应对措施，甚至公司总裁在美国国会的听证会上掉着眼泪表示对

此事件负责，并及时跑到中国向中国消费者道歉。然而，多数媒体并没有因此而改变对丰田的指责，这让丰田陷入了前所未有的困境。但幸好丰田认识到自身的错误，重新制定危机策略，在全球范围内进行召回，并积极与消费者沟通，总裁亲身现身致歉，上书政府承认错误，丰田危机方始没有越演越烈。

启示：在危机事件的处理上，态度比方法更重要。如果态度过关，方法就算有所欠缺也会挽回损失；而态度不好，再好的方法也会无济于事。

案例152　携程“泄密门”事件

事件回放：

2014 年 3 月 22 日晚间，国内漏洞研究机构乌云平台曝光称，携程系统开启了用户支付服务接口的调试功能，使所有向银行验证持卡所有者接口传输的数据包均直接保存在本地服务器，包括信用卡用户的身份证、卡号、CVV 码等信息均可能被黑客任意窃取。

正处于央行对于第三方支付表示质疑的关口，加上安全漏洞关乎携程数以亿计的用户财产安全，舆论对于这一消息表示了极大的关注，根据中国上市公司舆情中心监测数据显示，从“泄密门”事件在短短的时间内，以“携程+安全漏洞”为关键词的新闻及转载量高达 120 万篇之多，按照危机事件衡量维度，达到“橙色”高度预警级别。

3 月 22 日晚 23 时，携程官方微博对此予以回应，称漏洞系该公司技术调试中的短时漏洞，并已在两小时内修复，仅对 3 月 21 日、22 日的部分客户存在危险，“目前没有用户受到该漏洞的影响造成相应财产损失的情况发现”，并表示将持续对此事件进行通报。

这一说法引发了用户的强烈回击，一些业内人士声称，携程“官方信息完全在瞎扯”，并附上信用卡记录为证。

针对种种质疑，携程一直保持着沉默，而不少业内人士已经忍不住跳出来指责其“闭着眼睛撒谎”。3 月 27 日，《中国青年报》更是发表题为《大数据时代个人隐私丢哪儿了》的署名文章，谴责企业“在用户不知情的情况下收集有限的数据，在一定程度上忽略了人的权利”。

案例分析：

（1）事件曝光后，携程坚称“网络支付是安全的”，并将“泄密门”原因归结于“个别技术开发人员”的疏忽。同时对用户的质疑始终含糊其辞，最后在强大压力下承认此前的操作流程中确有违规之处，然而此时携程的品牌形象已经受损。

（2）危机发生后，携程虽然及时、不断通过官方微博对事件进行回应，但是对于用户的继续质疑，携程客服没有拿出解决问题应有的诚意，没有提供更多的具体解决问题的举措，而是以官方话语加以回应，其敷衍塞责的态度导致危机更加激烈。

（3）在整个危机处理过程中，携程始终在自说自话，没有邀请权威第三方为自己证言，没有收到什么好的社会效果。

案例153　尼康“黑斑”事件拖延症患者

案例回放：

尼康 D600 率先在美国和英国上市后，就深陷“黑斑门”，在 2013 年 2 月 22 日，尼康发表公告，承认一些用户指出使用尼康 D600 数码单反相机拍摄时，照片上会出现多个颗粒状影像。当时尼康给出的解决办法是让用户按照用户手册（第 301～305 页）关于“清洁影像感应器”进行清洁，或用气吹手动清洁，或者到尼康售后服务中心进行清洁。

央视 2014 年 315 晚会报道称，全国多位消费者发现新买的尼康 D600 拍摄照片后出现黑点。用户就此到尼康维修点进行过四五次清洗进灰，也无法解决问题。随后尼康通过更换快门等方式，也无法解决这款宣称防尘防潮相机的问题。按照三包规定，相机因质量问题返修两次之后，可以退换产品。不过尼康售后辩称清灰不算修理，但尼康官方规定清灰属于修理范围。在随后发布的公告中，尼康再次要求用户对 D600 进行清理更换。

2014 年 2 月 26 日，尼康再度发表公告，表示将免费替所有出现进灰问题的全幅单反 D600 用户进行检查、清洁，并进行快门等相关零部件的更换。

案例分析：

（1）尼康黑斑门早在 2013 年上市之初就已经被曝光，然而并没有认真对待，导致危机进一步蔓延。

（2）、面对消费者的质疑，尼康并没有拿出诚恳负责的态度与用户进行沟通，而是坚决否认相机存在质量问题，严词拒绝用户退机、换机的要求。这种态度严重损害了公众对尼康的信任，使黑斑门愈演愈烈。

（3）危机发生后，对于多次清洗仍然存在黑点的问题，尼康公司只是以相机中进入灰尘来搪塞，甚至连一份质量监管部门出具的产品检测报告都没有拿出，不能让受众信服。

（4）缺乏公关应对策略，仅两份公告了事。在央视的压力之下，对“3-15”节目让步，而不是对消费者让步。

12.2.5 如何详尽分析与处理危机事件

案例154 麦当劳山东招远血案

案例回放：

2014 年 5 月 28 日 21 点多，在山东招远的一家麦当劳快餐店内发生了一起命案，一名就餐的女子遭到六名男女的疯狂殴打，最终不治身亡。案发后，招远市公安局出警民警快速反应，四分钟内到达案发现场，将张某某等六人抓捕到案。经初步审查，张立东等六人对殴打吴某的犯罪行为供认不讳。目前，该案正在进一步侦查当中。

5 月 30 日晚间 7 点，麦当劳才在官方微博上发布了第一条简短的信息：“对于山东招远事件，我们深感痛心。此案件正由相关部门处理，我们全力配合调查。”5 月 31 日，麦当劳更新了一条微博称：“关于招远事件，麦当劳深表痛心，我们对事件中遇难的受害者表示沉痛的哀悼，并对因上前阻止而受伤的员工深表关切。在事发当时，餐厅已立即报警。目前店内监控录像已交由当地警方调查。”

招远市公安局官方微博发布消息，5・28 案件发生后，招远市公安局立即成立专案组，经参战民警连夜审讯，张立东等人对自己的犯罪行为供认不讳。当时，除张立冬之子因未达到刑事责任年龄另行处理外，张立冬等 5 人因涉嫌故意杀人均已被依法刑事拘留。

案例分析：

根据危机公关 5S 原则，对案例做如下点评：

（1）承担责任原则

虽然在这起悲剧事件中麦当劳可以说是“躺着中枪”，但案件发生在其餐厅之内，麦当劳势必要拿出应有的态度，承担起应有的责任。但遗憾的是，命案发生后，麦当劳在第一时间选择了沉默。两天后，仅仅是在官微上发了两篇对逝者表达哀悼的微博。麦当劳在第一时间的失声，以及之后对事件、对死者的零行动、零举措，没有让公众看到一个勇于担则、充满温情的品牌形象。项目分数：40 分 评分：5 分

（2）真诚沟通原则

案件发生后，麦当劳第一时间选择失声，在之后的两篇微博中，也只是简单地对死者表达悲痛之情。之后便没有了更加深入、真诚的沟通，丝毫看不到其诚意所在。项目分数：20 分 评分：5 分

（3）速度第一原则

危机发生后，麦当劳并没有在第一时间站出来发声，表达态度，而是时隔两天后才发微博表态，且内容反而引发网友的指责，危机愈加激烈。项目分数：20 分 评分：0 分

（4）系统运行原则

案件发生后，麦当劳除了发布两次微博之外再无其他行动，不符合系统运行原则。项目分数：10 分 评分：0 分

（5）权威证实原则（STANDARD）

在这次危机中，麦当劳没有邀请权威第三方来证言，仅仅是通过官微发布，显然不符合权威证实原则。项目分数：10 分 评分：0 分

案例评分：总分 100 分，实际总评分 10 分。

案例155　金浩茶油致癌物超标事件

事件回放：

2010 年 8 月下旬以来，国内最大茶油生产企业——金浩茶油股份有限公司，由于金浩茶油被曝出苯并芘超标，受到公众强烈质疑。实际上，早在 2 月 18 日湖南质监局即已通过抽检，查出金浩茶油的 9 批次产品存在苯并芘超标，却在长达半年之内未公之于众。国家质检总局和湖南省质监局早在 3 月即获悉部分茶油企业抽查结果不合格的情况，企业也在内部自查中发现致癌物“苯并芘”严重超标。有专家质疑质监总局未及时发布信息涉嫌行政不作为。

2010 年 9 月 1 日，在曝光压力之下，食用油公司金浩茶油终于为一个隐瞒了 5 个月的消息作出道歉：今年 3 月，金浩茶油等一批公司生产的茶油被查出含有超国家标准 6 倍的强致癌物质。金浩公司的道歉还透露，尚有近 10 吨含致癌物质的茶油未被召回。金浩公司还承诺将按照相关规定对消费者进行退款和补偿。9 月 2 日，湖南省质量技术监督局也开始“发声”，就该事件进行说明，并于随后采取了一系列处理措施，包括责令金浩公司停产整顿，召回问题产品等。9 月 6 日，金浩茶油股份有限公司董事长刘翔浩在其微博上透露：现在消费者手中还未召回的 9 个问题批次的产品数量为 491 公斤，价值约 30 万元。

据不完全统计，事件导致的市场损失已过亿元。

案例分析：

看似简单的产品质量“个案”，演化成一场公众信任危机。企业联合政府共同上演的一出失败的危机公关戏码。

（1）当初，金浩茶油被查出含有致癌物质超标6倍”的消息在网上广泛流传时，金浩公司的第一反应却是矢口否认，后来实在瞒不住了才改口承认并道歉。显然，致歉可以说是被逼出来的。这样延迟了11天的时间，失去了与消费者坦诚沟通的最佳时机，也丧失了公众的信任。

（2）金浩在处理本次危机事件时，忽略了如今互联网、自媒体的传播效力，在这样的背景下，企业妄想通过欺骗和隐瞒来蒙混消费者，不仅是徒劳的，更加是对企业品牌的。最好的处理方式是企业必须正视自己存在问题，大胆地站出来去面对现在发生的这场危机。

（3）越早公布结果，越能降低受害者的受损程度，也越能体现企业和监管部门的社会责任心，从而也越能赢得百姓的理解和尊敬。相反，则会使事情升级恶化。

（4）结论：国内部分企业因为自身或者是环境的因素，对于自身品牌和利益认识不够，大部分尤其是一些地区性企业片面的认识自身利益仅仅是能够看得到的物质收获，而忽视品牌和形象这些无形利益，最为缺失的就是危机公关。金浩茶油处理致癌事件的方法值得食品企业，乃至中国国内的所有企业深思。

新三板实务史上，全面、系统与实战之至的鸿篇巨制

（董秘的特殊性，其应涉实务的广度、深度，应为所有参与者的标杆）

新三板董秘实战600案例900问

上 三会治理与内控信披

王骥 编著

钻石董秘是这样打造的

電子工業出版社
Publishing House of Electronics Industry
北京•BEIJING

内 容 简 介

该套书分上中下三册，按章设置43大类专题、480多种细分主题，所涉新三板资本实务有股权激励与结构，市值管理，定向发行、优先股，做市、转让与质押融资，战略或财务投资，并购重组、借壳，路演与投资者关系，三会运行、内控治理、规范经营，信息及脱密披露，股东及股份管理、权益分派，股票交易、限售解禁，媒体公关、舆情管理、危机管理，法律事务、财务税收等。多达118万字、累计1048页，案例610多例、问答950多项，几乎概括了挂牌前董秘、挂牌后事务性董秘与战略性董秘所有成长阶段的所有实务与能力培养内容。截至目前，可谓新三板实务史上最全面、最系统与最具实战价值的鸿篇巨制。正因如此，本书也算得上是资本市场所有参与者深度理解新三板与玩转资本运营的百科宝典。本书每一章设有两大部分，一部分为问答，属于实务性内容；另一部分为案例分析，属于实战性内容。

本书适合新三板挂牌企业、拟挂牌企业及其他各类企业董秘，抑或有志向成为董秘的各类人士阅读；适合挂牌企业、拟挂牌企业和其他企业等公司、集团以及各类金融机构、服务性中介的董事、监事、高管、合伙人等决策者和其他级别的管理者，抑或有志向成为这些决策、管理者的各类人士阅读。

图书在版编目（CIP）数据

新三板董秘实战600案例900问：全三册 / 王骥编著. —北京：电子工业出版社，2017.2
ISBN 978-7-121-30732-4

Ⅰ. ①新… Ⅱ. ①王… Ⅲ. ①中小企业－企业融资－中国－问题解答 Ⅳ. ①F279.243-44

中国版本图书馆CIP数据核字（2016）第316634号

责任编辑：高洪霞
印　　刷：三河市双峰印刷装订有限公司
装　　订：三河市双峰印刷装订有限公司
出版发行：电子工业出版社
　　　　　北京市海淀区万寿路173信箱　邮编：100036
开　　本：720×1000　1/16　印张：65.5　字数：1176千字
版　　次：2017年2月第1版
印　　次：2017年2月第1次印刷
定　　价：228.00元（全三册）

凡所购买电子工业出版社图书有缺损问题，请向购买书店调换。若书店售缺，请与本社发行部联系，联系及邮购电话：（010）88254888，88258888。

质量投诉请发邮件至zlts@phei.com.cn，盗版侵权举报请发邮件至dbqq@phei.com.cn。

本书咨询联系方式：（010）51260888-819，faq@phei.com.cn。

前言：董秘的重要地位及其层次与修炼

一、第四方力量

业界一般认为，企业董事会秘书（以下简称董秘）是新三板挂牌公司、沪深上市公司除董事长、总经理、财务总监之外的最重要职位，通常被称为企业的“四大金刚”之一。当然，还有一些人认为，一家企业如果进入了资本市场，董秘的位置可能应该要排到第二位，特别是那些战略型的董秘，对资源的整合和对资本的运营，为企业赚得的效益或许很多时候是超过总经理的。实际上，笔者甚至认为，未来的董秘应该是与总裁并驾齐驱的职位，是企业战略、资本谋划的幕僚长与实际决策者，是企业、集团除“三会”之外的第四方实务性制衡机构。

为什么这么说呢？理由很简单。

随着大数据、人工智能、互联网与移动终端技术的交融和发展，人人皆为媒体、人人皆为经济体的时代或将渐行渐近。这样，企业的商业模式、组织结构或将发生巨大的变化，甚至彻底改变，可能连员工的工作模式都会改变。那时，企业生存、发展等对各类资源的开发、匹配与整合，将实体经营（现实+线上线下）与资本经营（虚拟）合缝对接的谋划与运营则尤显重要。那么，企业智能、谋划与整合密集型的组织形式或将运应而生，它有很大可能就是以挂

牌或上市公司董秘这一角色为中心，成为独立并服务于董事会、监事会与股东大会“三会”之外的第四方力量。这一力量站在资本与实体最佳对接的高度对企业的各方经营、运作进行指导，是战略与实务的交融体，是完全有可能成为“三会”利益诉求与现实整合对接的第四方制衡力量的。

二、董秘层次与升级

既然董秘这一职位这么重要，那么怎样才能成为一个合格的、突出的甚至杰出的董秘呢？这里简单地从董秘的分类与升级说起。

就新三板市场来说，按照职责与能力，董秘可分为两个阶段，一个是挂牌前的董秘，一个是挂牌后的董秘。挂牌后的董秘又可简单地分为两种，一种是事务性的董秘，一种是战略性的董秘。2016年9月8日，全国股转系统公司发布《全国中小企业股份转让系统挂牌公司董事会秘书任职及资格管理办法（试行）》，从相关内容来看，其定义的董秘实际上属于事务性董秘，涉及战略性董秘的内容比较少。

所谓事务性董秘，就是以信息披露、合规运作、公司治理为主要工作的董秘。所谓战略性董秘，就是以企业再融资、并购重组、市值管理与股权经营等与资本运作相关事务为主要工作的董秘。其中，前者工作的特点就是格式化、标准化与流程化；后者的特点就是多样性、广博性与整合性。

董秘从挂牌前董秘成长为挂牌后董秘，是一大进步，进而再成长为事务性董秘，更是一大进步。如若从事务性董秘成长为战略性董秘，那就叫作“飞跃”，极其不容易。

目前，新三板挂牌企业中，绝大多数的董秘都停留在事务性董秘阶段，甚至可以说很多董秘连事务性的基本职能和能力都还没有达到。不然，为何近两年，全国股转公司开出了那么多的罚单（当然，董秘连坐是有的，但也可归为董秘职责）呢？这些罚单绝大多数都涉及事务性操作内容。

董秘如何成长？如何修炼？囿于行业、企业与董秘自身精力的有限性，即便是长期任职一家或数家企业董秘的人，其日常的实践和学习也必然存在它的狭隘性。所以，笔者认为，对新三板各类企业、各种情况下的董秘制度规则的

归纳、实务的总结与实践的剖析，分类精选汇总的实战性的图书，在董秘成长学习中，应该能够起到“事半功倍”的作用。基于此，我们精心设计了董秘系列实战图书。

三、三层次董秘的定制修炼

《新三板董秘实战 600 案例 900 问》分为上、中、下三册，全书涉及新三板分层挂牌、股票股权经营、融资、资本运作等数百个细分主题，几乎囊括新三板资本实务的方方面面，多达 110 万字，累计 1048 页，案例 610 多例，问答 950 多个，几乎概括了挂牌前董秘、挂牌后的事务性董秘与战略性董秘所有成长阶段的所有实务与能力培养内容，可谓截至目前新三板实务史上最全面、最系统与最具实战价值的鸿篇巨制。该书每一章分两部分，第一部分为问答，属于实务性内容；第二部分为案例分析，属于实战性内容。这里简单分类说说。

对挂牌前董秘：主要在中册内设置了股份制改造、尽职调查与分层挂牌相关的各类实务。

对挂牌后事务性董秘：在上、中、下各册内设置了三会运行与治理，包括独立性、对外担保资金占用、关联交易与同业竞争等公司内控与治理，包括年报、半年报、临时报告与涉密脱密等的信息披露，股东管理、股份管理、股票交易与转让、限售与解禁、权益分派、媒体关系与危机管理等实务与实战。

对战略性董秘：主要在中、下册内设置了股权激励、市值管理、定向发行、优先股发行、并购重组、借壳挂牌或上市、路演与投资者关系等实务、实战内容。

如上三类实务不仅概括了新三板的相关制度、规则与实践，而且还涉及新三板目前还未来得及制定的制度规则，需要比照沪深上市公司的相关规定、要求的大量内容。希望这些实务与实战能为各层级董秘的成长与修炼带来众多裨益。

由于董秘工作涉及资本市场与企业治理、规范经营的方方面面，所以，本系列图书也是企业董事、监事和高管，其他中高级管理人士及拟成为这些决策者、管理者人员，以及拟成为各类企业董秘的人士等全面了解与深度研究新三

板资本市场，并学习其实务的一套很好的实战性图书。

本书参考了新三板涉及的最新政策、制度和规范，操作实战技能、案例原始资料等参考或来自于全国股转系统官网，以及相关券商、中介与服务机构的官网和互联网所公开披露的大量信息资料，以及相关专业机构的实践，并经笔者整理、归纳和提炼，这里特作说明和感谢，不在书中单列。另外，笔者对本人家属和所有支持过该套图书编撰、出版的单位及朋友致以深切的谢意！同时，书中的纰漏、不当与谬误，敬望业界同仁予以批评、指正！

作者：王骥

2016年12月15日

目　录

第 1 部分　董秘成长与三会治理

第 1 章　新三板董秘角色定位、素质修炼与政策要求……2

1.1　常规疑难 15 问……2

1.1.1　董秘稀缺性、素质与职责……2

1.1.2　杰出董秘的修炼……8

1.1.3　董秘制度、政策及要求……11

1.2　典型实战 9 例……13

1.2.1　不懂或不重视董秘工作……13

1.2.2　董秘必备 5 大素质和修养……15

第 2 章　新三板董秘视角下的公司治理及内控概述……18

2.1　常规疑难 15 问……18

2.1.1　治理概念与问题重点……18

2.1.2　四类公司治理模式及特点……21

2.1.3　内控事项及各总体要求……22

2.2　典型实战 5 例……25

2.2.1　治理与规范……25

2.2.2　投资、审计等内控……26

第 3 章　股东会董秘操作与各类实战、法律问题及解决……28

3.1　常规疑难 18 问……28

3.1.1　有限、股份公司皆有问题……28

3.1.2 股份公司股东会……31
3.1.3 有限公司股东会……34
3.2 典型实战9例……35
3.2.1 召集与运行……35
3.2.2 多种决议与要求……39
第4章 董事会运作与各类实战、法律问题及解决……42
4.1 常规疑难12问……42
4.1.1 股份有限公司……42
4.1.2 有限公司……45
4.2 典型实战9例……47
4.2.1 召集与运行……47
4.2.2 多种表决与要求……49
第5章 监事会、国有独资“三会”及董监高治理……53
5.1 常规疑难19问……53
5.1.1 监事会……53
5.1.2 董监高治理与国有独资等……56
5.2 典型实战9例……61
5.2.1 召集与运行……61
5.2.2 董监高治理……63

第2部分 核心治理与内部控制

第6章 关联交易实战要害、环节与操作……68
6.1 常规疑难20问……68
6.1.1 关联交易与关联方的认定……68
6.1.2 股转公司审核及要求……69
6.1.3 董秘与律师核查工作……70
6.1.4 规范与解决办法……72
6.1.5 非正常规避关联交易手法……76
6.2 典型实战26例……78
6.2.1 购销与劳务……78
6.2.2 投资（借款）、担保与租赁……80

6.2.3 项目、许可、债务与劳资……82
6.2.4 非关联化的解决方案……83
6.2.5 重大依赖性关联交易的处理……86

第 7 章 资金占用的政策、常规及典型问题与解决……93
7.1 常规疑难 12 问……93
7.1.1 资金占用概念分类与分类监管……93
7.1.2 资金占用原因与四种方式……97
7.1.3 认定、要求与解决……98
7.2 典型实战 7 例……100
7.2.1 资金占用类型……100
7.2.2 核查与处罚……101

第 8 章 对外担保的细则、实践重点与操作……104
8.1 常规疑难 12 问答……104
8.1.1 内涵、口径与审核……104
8.1.2 类型确认与性质特征……106
8.1.3 披露、处罚与风险……108
8.2 典型实战 8 案例……110
8.2.1 四类担保……110
8.2.2 警示与内控……112
8.2.3 风险与代价……113

第 9 章 同业竞争的政策、实践、典型问题与解决……115
9.1 常规疑难 11 问……115
9.1.1 概念、认定与审核……115
9.1.2 态度与调查……118
9.1.3 解决办法……119
9.1.4 税务处理……121
9.2 典型实战 12 例……122
9.2.1 撇清关系……122
9.2.2 收购、转让与注销解除关系……124
9.2.3 承诺、转移与重组等解除关系……126

第3部分　三类信披与涉密脱密

第10章　信息披露概要、重点与实战操作……132

10.1　常规疑难29问……132

10.1.1　信息披露概述及制度体系……132

10.1.2　主体、职责与流程……139

10.1.3　定期报告披露实务……143

10.1.4　信息披露违规……145

10.1.5　券商督导与监管处罚……146

10.2　典型实战15例……149

10.2.1　不披露、忘记披露与不及时……149

10.2.2　不一致、不准确与不完整……151

10.2.3　遗漏与未在指定平台披露……153

10.2.4　券商、会计师等中介违规……154

第11章　年报披露所涉重要事项、环节操作及财务问题与解决……156

11.1　常规疑难47问……156

11.1.1　高频出错或关注问题……156

11.1.2　监管问询高频问题……163

11.1.3　年报披露总体要求……164

11.1.4　整体自查与核查关键……170

11.1.5　重要事项自查与审查关键……173

11.1.6　财务报告核查要点及关键……177

11.2　典型实战21例……179

11.2.1　主要数据与管理层讨论案例……179

11.2.2　治理问题案例……181

11.2.3　重大事项案例……186

11.2.4　财务问题案例……188

第12章　半年报告要点、环节与操作……196

12.1　常规疑难43问……196

12.1.1　总体要求及基本信息……196

12.1.2　重要事项……201

12.1.3 股本与股东变动……205
12.1.4 财务报表……206
12.1.5 近年频率最高提问汇总……209
12.2 典型实战32例……211
12.2.1 大事记、重大风险与违约等案例……211
12.2.2 主要数据、关键指标与管理层讨论……214
12.2.3 股本与业务案例……219
12.2.4 战略、市场与预付款案例……224
12.2.5 营收、资产等与费用案例……226
12.2.6 财务报表错误与作假……228
第13章 临时报告重要事项、环节与操作……231
13.1 常规疑难43问……231
13.1.1 临时披露的基本要求与内容……231
13.1.2 关联交易、股票限售与股东大会披露操作……237
13.1.3 会计政策估计、诉讼仲裁与交易波动披露实战……251
13.1.4 澄清、担保、收购与资产出售披露操作……257
13.1.5 投资、主业变更、质押冻结与中介变更披露操作……267
13.2 典型实战14例……277
13.2.1 权益分派与关联交易等……277
13.2.2 融投资、债务与重组……279
13.2.3 业务、成本与资金拆借……281
13.2.4 规范与违规……284
第14章 涉密披露与豁免重要事项与操作……286
14.1 常见疑难6问……286
14.1.1 军工等涉密信息要求与鉴别……286
14.1.2 保密、脱密披露与豁免……288
14.2 典型实战12例……291
14.2.1 商业机密不豁免……291
14.2.2 涉密军工豁免披露……292
14.2.3 涉密脱密披露……296
14.2.4 未通过豁免或未申请直接披露……297

问答目录

问答 001　新三板董秘人才的稀缺与曾现离职潮的原因是什么？……2
问答 002　董秘需要具备的业务素质与资质有哪些？……4
问答 003　董秘的常规性的职责与工作有哪些？……5
问答 004　我国董秘职业是怎样产生的？……6
问答 005　如何理解我国资本市场董秘类别？……7
问答 006　杰出董秘与合格董秘的区别在哪儿？……8
问答 007　杰出董秘需要具备的知识体系至少有哪些？……9
问答 008　杰出董秘应该如何练好日常基本功？……9
问答 009　董秘如何选择适合自己未来与之共成长的公司？……10
问答 010　董秘如何补足自己的财务知识？……10
问答 011　挂牌公司信息披露部与董秘就财务、经营关系有何规定？……11
问答 012　哪些人士不得担任董事会秘书？……11
问答 013　挂牌公司董秘聘任、辞职有何规定？……12
问答 014　挂牌公司董秘解聘、离职有何规定？……12
问答 015　挂牌公司董秘资格证书及考试规定有哪些？……12
问答 016　公司治理与本书将讲解的主要内容是什么？……18
问答 017　我国挂牌或上市公司治理的主要特点是什么？……19
问答 018　新三板等公众公司治理的问题主要是什么？……19
问答 019　公司治理主要关注哪三个重点？……20
问答 020　公司治理制度一般有哪些？章程有何作用？……20
问答 021　公司治理的英美模式特点是什么？……21
问答 022　公司治理的德日模式特点是什么？……21

问答 023 公司治理的东亚模式特点是什么？……22
问答 024 我国公司治理的主要问题及事项是什么？……22
问答 025 对控股子公司的管理控制活动是什么？……22
问答 026 关联交易的内部控制总体要求是什么？……23
问答 027 对外担保的内部控制总体要求是什么？……23
问答 028 重大投资的内部控制总体要求是什么？……24
问答 029 内部审计工作规范要求是什么？……24
问答 030 内部控制的检查和披露工作有哪些内容？……25
问答 031 公司股东的权利有哪些？……28
问答 032 公司股东会能够行使哪些职权？……29
问答 033 何为累积投票制？如何实行累积投票制？……29
问答 034 累积投票制与直线投票制有何区别？……29
问答 035 何为逐项表决制度？何为分类表决制度？……30
问答 036 何为回避表决制度？……30
问答 037 何为股东权利征集制度？……30
问答 038 股东大会出席、会议记录与资料保存有何要求？……31
问答 039 股份有限公司股东大会性质及临时大会召开的要求是什么？……31
问答 040 股份公司股东大会怎样召集与主持？……32
问答 041 股份公司股东大会通知有哪些要求？……32
问答 042 股份公司股东大会有关提案有何要求？……32
问答 043 股份公司股份与表决权，表决通过及要求有哪些？……33
问答 044 股东大会特定多数制度及其要求是什么？……33
问答 045 股东会性质及类型是什么？不需召开会议即可做决定的情况有哪些？……34
问答 046 有限公司首次股东会是怎样召集与主持的？……34
问答 047 股东会通知、会议记录签名与表决权的规定有哪些？……34
问答 048 有限公司哪些事项需经代表 2/3 以上表决权的股东通过？……35
问答 049 创立大会结束 30 日内，董事会报送的登记文件有哪些？……42
问答 050 股份公司董事会成员的产生、任期等有哪些规定？……43
问答 051 股份公司董事会行使的职权有哪些？……43
问答 052 董事会召集、委托出席及会议记录有何要求？……44
问答 053 股份公司董事会召开、通知与举行等有哪些规定？……44
问答 054 股份公司董事会议事规则有哪些？……44

问答 055　股份公司经理聘任及其职权内容是什么？……45
问答 056　董事会设立与不设立规定、成员人数及其他特殊要求有哪些？……45
问答 057　董事任期与改选等要求有哪些？……46
问答 058　有限公司董事会有哪些职权？……46
问答 059　董事会召集、主持，记录、签名与表决有哪些规定？……46
问答 060　董事会聘任的经理（高层）行使的职权有哪些？……46
问答 061　股份公司监事会产生，成员设置、选举及要求等有哪些规定？……53
问答 062　股份公司监事会成员任期、改选及其与公司决议、经营等的关系是什么？……54
问答 063　股份公司监事会、监事的职权有何规定？……54
问答 064　股份公司监事会召开、表决、通过及费用等有何规定？……54
问答 065　有限公司监事会成员人数、产生及分工、要求等有何规定？……55
问答 066　有限公司监事会成员任期、改选及其对董事会决议异议等有何规定？……55
问答 067　监事会、不设监事会的公司监事有哪些职权？……55
问答 068　监事会召开、程序、表决、记录等规定是什么？……56
问答 069　国有独资概念与不设股东会等规定有哪些？……56
问答 070　国有独资董事会设置及其成员产生是怎样的？……57
问答 071　国有独资企业高管要求及可行使哪些职权？……57
问答 072　国有独资对监事会设置、权限与人员有何规定？……58
问答 073　不能担任公司董监高人员的要求情形有哪些？……58
问答 074　董监高人员与股东会、监事会的关系是什么？……59
问答 075　公司董监高人员自律及不得出现哪些违规情形？……59
问答 076　董监高人员被起诉等要求和规定是什么？……59
问答 077　公司董监高权利约束与三会决议违规等规定有哪些？……60
问答 078　董监高人员报酬披露与子公司借款的特殊规定有哪些？……60
问答 079　沪深上市公司董事、董秘及其相关规定有哪些？……60
问答 080　如何认定新三板的关联交易？……68
问答 081　哪些主体构成关联方？……69
问答 082　监管部门对新三板关联交易的态度与要求是什么？……69
问答 083　股转公司对关联交易的审核要点有哪些？……70
问答 084　律师尽职调查中如何核查关联交易？要点有哪些？……70
问答 085　律师在处理关联交易过程中的主要工作有哪些？……71
问答 086　关联交易规范的 6 种方式是什么？……72

问答 087　关联交易规范方式之一的剥离，具体如何操作？……72
问答 088　关联交易主要可分哪两类？处理模式是什么？……73
问答 089　资金占用与资金拆借关联交易的解决途径有哪些？……73
问答 090　与资金无关的经营业务往来的关联交易的解决途径有哪些？……74
问答 091　通过业务整合是怎样解决关联交易的？……75
问答 092　重大依赖性关联交易的处理办法有哪些？……75
问答 093　如何解释方能让监管层认可现存的关联交易？……76
问答 094　非正常关联交易常见规避关联手法有哪些？……76
问答 095　如何识别隐匿关联关系？……77
问答 096　如何识别和核查"解除关联关系"问题？……77
问答 097　如何识别"隐蔽的非关联方利益输送"？……77
问答 098　关联交易调查要考虑的最重要因素是什么？……78
问答 099　公允价值的确定方法有哪些？……78
问答 100　新三板资金占用的监管态度有多严厉？……93
问答 101　资金占用概念、分类和方式是什么？……94
问答 102　资金占用问题的缘起是怎样的？……95
问答 103　挂牌公司资金占用问题的特殊性体现在哪里？……95
问答 104　何为经营性资金占用？……96
问答 105　何为非经营性资金占用？……96
问答 106　新三板挂牌公司资金占用主要原因有哪些？……97
问答 107　挂牌公司资金被占用的三种常规方式是什么？……97
问答 108　未来资金占用可更为隐蔽的方式是什么？……97
问答 109　资金占用规定的原则与认定标准是什么？……98
问答 110　资金占用定期与临时报告的要求什么？……99
问答 111　资金占有的解决方式有哪些？利弊如何？……99
问答 112　对外担保的概念和内涵是什么？……104
问答 113　对外担保总额的计算口径是怎样的？……105
问答 114　审议对外担保的特殊要求有哪些？……105
问答 115　对全资子公司担保算不算对外担保？……106
问答 116　公司为自身贷款提供担保算不算对外担保？……107
问答 117　对子公司担保算不算关联担保？……107
问答 118　控股股东或其他关联方可以为挂牌或上市公司担保吗？……107

问答119 挂牌或上市公司可以为控股股东担保吗？……107
问答120 控股或全资子公司能为挂牌或上市公司担保吗？……108
问答121 对外担保的披露义务有哪些？……108
问答122 违规担保的处罚有何要求？……109
问答123 违规担保被实施其他风险警示的撤销规定是什么？……109
问答124 同业竞争与不竞争的概念及判定是怎样的？……115
问答125 监管部门对新三板同业竞争的态度与要求是怎样的？……116
问答126 同业竞争如何认定？……116
问答127 新三板同业竞争的审核尺度是什么？……117
问答128 新三板审核同业竞争通常关注哪些内容？……117
问答129 新三板企业为何最好消除同业竞争？……118
问答130 同业竞争中介工作及调查有哪些方法？……119
问答131 通过重组解决同业竞争的5种方式是什么？……119
问答132 结合关联方情况解决同业竞争有哪8种方式？……120
问答133 综合解决同业竞争的一般方式总结为哪些方面？……121
问答134 解决同业竞争问题时的税务事宜是如何处理的？……121
问答135 新三板企业1年出具2736份公告更正说明了什么？……132
问答136 新三板企业1年来临时报告多达45类问题又说明了什么？……133
问答137 什么是新三板信息披露？……133
问答138 新三板信息披露分为哪两大类？……134
问答139 新三板企业挂牌前的信息披露有哪些内容？……134
问答140 挂牌后的持续信息披露主要有哪些内容？……135
问答141 新三板信息披露的主要特点有哪些？……135
问答142 新三板信息披露法律法规主要有哪些？……136
问答143 信息披露基本原则是什么？……137
问答144 信息披露的作用和意义是什么？……138
问答145 新三板信息披露地位与义务人主体是什么？……139
问答146 信息披露义务人的注意事项有哪些？……140
问答147 企业、大股东与董、监、高的职责分别有哪些？……140
问答148 信息披露负责人董秘等的主要职责有哪些？……141
问答149 新三板中介机构信息披露的注意事项有哪些？……141
问答150 新三板挂牌公司信息披露的注意事项有哪些？……141

问答 151 信息披露的操作流程是什么？……142
问答 152 新三板定期报告内容及披露的总体要求是什么？……143
问答 153 全国股转系统对定期报告的审查标准和流程是什么？……144
问答 154 全国股转系统对定期报告不规范行为如何处理？……145
问答 155 如何对定期报告进行修改和补充？……145
问答 156 实践中，公司及相关人员信息披露违规行为和处理是怎样的？……145
问答 157 中介机构信息披露的违规行为主要有哪些？……146
问答 158 全国股转系统信息披露日常监管及其四方面工作内容是什么？……146
问答 159 信息披露的券商持续督导要求是什么？……147
问答 160 实践中，主办券商信息披露督导主要做哪三件事？……147
问答 161 新三板信息披露监管与惩处是如何升级的？……147
问答 162 新三板信息披露自律监管及限制情形是什么？……148
问答 163 自律监管及纪律处分内容是什么？……148
问答 164 实践中，关注度最高需董秘注意的 8 大年报事项是什么？……156
问答 165 披露年报的当天需要披露哪些公告？……157
问答 166 年报披露前需向券商提供什么文件？……158
问答 167 年报中是否需要包括审计附注？为什么 XBRL 编制工具里只能填写至四大财务报表？……158
问答 168 审计报告出具时间是什么时候？……159
问答 169 董事会、监事会召开日期与预披露日的关系是什么？……159
问答 170 是否可以变更年报的预披露时间？是否需要做变更提示性公告？……159
问答 171 公司财务报告被出具了非标审计意见，该如何披露？……159
问答 172 普通股股本结构中，某股东既是控股股东、实际控制人又是董监高，该如何填写持股数？……160
问答 173 年报合并利润表中，营业总收入、营业收入、营业总成本、营业成本的填写有什么要求？……160
问答 174 公司在 12 月 31 日前发行股票，其股本结构如何填写？……160
问答 175 年报中填列的持股情况，是填直接持股数还是直接加间接持股数？……160
问答 176 主要会计数据和关键指标中是否每个项目的增减比例都要填列？……160
问答 177 核心员工是否就是公开转让说明书中披露的核心技术人员？……161
问答 178 证券简称变更的特别处理方式是什么？……161
问答 179 挂牌公司董监高可以在公司年报披露前几天买卖公司股份吗？……161

问答180　董监高买卖公司股票还需注意些什么？……161
问答181　近年来年报问询就概况与管理层讨论关注哪些问题？……163
问答182　近年来年报问询函就重要事件等主要关注那些问题？……163
问答183　近年来年报问询函就财务报告主要关注哪些问题？……164
问答184　新三板年度报告的基本要求是什么？……164
问答185　年度报告的主要内容及审计要求有哪些？……165
问答186　新三板年度报告的主要格式、内容是什么？……165
问答187　实践中，新三板年报披露需注意些什么？……166
问答188　新三板三类公司年报预约披露如何操作？……166
问答189　企业如何才能做好年度报告编制及报送、披露工作？……167
问答190　年报编制与披露对挂牌公司的要求有哪些？……168
问答191　年报编制与披露对主办券商的要求有哪些？……169
问答192　企业年报对会计师事务执业准则与审慎审计的要求有哪些？……170
问答193　股转公司对企业年报整体情况的审查要点有哪些？……170
问答194　企业年报公司概况、会计数据与财务数据摘要审核要点有哪些？……171
问答195　企业年报管理层讨论与分析的审核要点有哪些？……171
问答196　企业年报重要事项的总体审核要点有哪些？……173
问答197　企业年报诉讼、仲裁与对外担保的审核要点有哪些？……174
问答198　企业年报资金占用的审核要点有哪些？……174
问答199　企业年报关联交易的审核要点有哪些？……174
问答200　企业年报对外投资、企业合并的审核要点有哪些？……175
问答201　企业年报收购，资产出售、限售的审核要点有哪些？……175
问答202　企业年报股权激励、承诺与媒体质疑的审核要点有哪些？……175
问答203　企业年报股本变动及股东情况的审核要点有哪些？……175
问答204　企业年报融资及分配的审核要点有哪些？……176
问答205　企业年报治理内控，董监高及核心员工的审核要点有哪些？……176
问答206　企业年报审计事项的审核要点有哪些？……177
问答207　企业年报财务报表的总体审核要点有哪些？……177
问答208　企业年报会计政策、估计变更与差错更正的审核要点有哪些？……178
问答209　企业年报财务报告合并范围调整的审核要点有哪些？……178
问答210　企业年报资产负债表日后事项、资产减值损失的审核要点有哪些？……178
问答211　半年度报告的主要内容及审计要求有哪些？……196

问答 212 新三板企业半年报披露流程是什么？……197
问答 213 挂牌公司半年报披露的原则及规则依据是什么？……197
问答 214 半年报及季度报告披露的基本要求与关注点是什么？……198
问答 215 半年报对挂牌公司这一主体的责任是什么？……198
问答 216 半年报对主办券商的责任要求是什么？……199
问答 217 半年报声明与公司概况要点及要求是什么？……199
问答 218 主要会计的数据和关键指标是什么？……199
问答 219 管理层讨论与分析中商业模式的要点与要求是什么？……200
问答 220 管理层讨论与分析中经营情况的要点与要求是什么？……200
问答 221 管理层讨论与分析中风险与价值的要点与要求是什么？……201
问答 222 重要事项的总体判断与内容有哪些？……201
问答 223 利润分配或公积金转增股本披露要点是什么？……202
问答 224 重大仲裁与诉讼事项情况要点是什么？……202
问答 225 对外担保情况的要点与要求是什么？……202
问答 226 资金占用披露的要点及要求是什么？……203
问答 227 两类关联交易定义与分类审议、披露要求与要点是什么？……203
问答 228 哪些关联方交易可以免于审议和披露？……204
问答 229 对外投资、收购合并与资产、限售的要点及要求是什么？……204
问答 230 股权激励、处罚与承诺等披露的要求与要点是什么？……204
问答 231 股本变动及股东情况披露要点及要求是什么？……205
问答 232 董事、监事、高管及核心员工情况要点及要求是什么？……205
问答 233 审计报告与财务报表的内容要点及期间要求是什么？……206
问答 234 挂牌公司半年报财务报告的一般要求是什么？……206
问答 235 企业半年报对会计政策和会计估计的要求是什么？……207
问答 236 企业半年报对前期差错更正的要求是什么？……207
问答 237 企业半年报对财务报表合并范围的要求是什么？……208
问答 238 企业半年报对研发费用资本化的时点和条件的要求是什么？……208
问答 239 财务报表项目编制注意事项有哪些？……208
问答 240 财务报表附注的内容和事项有哪些？……208
问答 241 过往几年半年报常犯的低级错误有哪些？……209
问答 242 半年报披露之前是否也要经股东大会、监事会通过？……209
问答 243 已预约但却无法按时披露，是否可以申请更改披露时间？……209

问答244 公司发现已披露的半年报存重大遗漏或错误，是否可以重新发布？……210
问答245 挂牌公司半年度报告是否需要审计？……210
问答246 半年度报告中财务报表包括几个部分？……210
问答247 半年度报告是否必须披露“公司半年大事记”？……210
问答248 半年报会计数据和关键指标部分，成长性指标中各比率是否还需要计算增减比例？……210
问答249 半年报公司概览部分“拥有的重要经营资质”需要披露什么？……210
问答250 半年报公司是否需要披露以前年度的定向发行？……210
问答251 半年报中公司在何处披露报表项目的重要变动？……210
问答252 半年报附注里面是否需要披露公司沿革、会计政策等内容？……211
问答253 半年报附注中是否需要披露现金流量补充材料？……211
问答254 哪些属于应当披露的重大信息？……231
问答255 全国股转系统对临时报告的审查标准和流程是什么？……231
问答256 新三板临时报告的三个触及点是什么？……232
问答257 披露临时报告的时间要求是什么？……232
问答258 需要披露临时报告的情形有哪些？……232
问答259 需及时报送的12项重大事项是什么？……233
问答260 新三板企业“三会”信息披露要求是什么？……234
问答261 关联交易披露与免于披露的内容有哪些？……235
问答262 新三板信息披露的其他一般规则有哪些？……235
问答263 如何对临时报告进行修改和补充？……236
问答264 全国股转系统发布的临时公告模板是否强制适用？……237
问答265 全国股转系统对临时报告不规范行为如何处理？……237
问答266 关联交易，董秘信息披露与公告如何撰写？……237
问答267 关联交易信息披露的公告模板与注意事项是怎样的？……238
问答268 股票解除限售，披露公告如何撰写？……240
问答269 股票解除限售信息披露的公告模板与注意事项是怎样的？……241
问答270 召开股东大会，披露公告如何撰写？……242
问答271 股票召开股东大会信息披露的公告模板与注意事项是怎样的？……243
问答272 股东大会决议，披露公告如何撰写？……245
问答273 股东大会决议信息披露的公告模板与注意事项是怎样的？……246
问答274 董监高辞职，披露公告如何撰写？……248

问答 275　董监高辞职信息披露的公告模板与注意事项是怎样的？……248
问答 276　董监高任免信息披露的公告模板与注意事项是怎样的？……249
问答 277　会计政策与会计估计变更，披露公告如何撰写？……251
问答 278　会计政策与会计估计变更的公告模板与注意事项是怎样的？……252
问答 279　公司涉及诉讼、仲裁，披露公告如何撰写？……253
问答 280　公司涉及诉讼、仲裁的公告模板与注意事项是怎样的？……253
问答 281　股份交易异常波动，披露公告如何撰写？……255
问答 282　股份交易异常波动的公告模板与注意事项是怎样的？……256
问答 283　公司事项澄清，披露公告如何撰写？……257
问答 284　公司事项澄清的公告模板与注意事项是怎样的？……258
问答 285　对外提供担保，披露公告如何撰写？……260
问答 286　对外提供担保的公告模板与注意事项是怎样的？……261
问答 287　收购与出售资产，披露公告如何撰写？……263
问答 288　收购、出售资产的公告模板与注意事项是怎样的？……265
问答 289　对外投资，披露公告如何撰写？……267
问答 290　对外投资的公告模板与注意事项是怎样的？……269
问答 291　公司主营业务变更，披露公告如何撰写？……272
问答 292　公司主营业务变更的公告模板与注意事项是怎样的？……272
问答 293　公司股权质押、司法冻结，披露公告如何撰写？……273
问答 294　公司股权质押、司法冻结的公告模板与注意事项是怎样的？……274
问答 295　公司会计师事务所变更、更名，披露公告如何撰写？……276
问答 296　会计师事务所变更、更名的公告模板与注意事项是怎样的？……276
问答 297　资本市场企业对军工涉密信息披露的总体要求是什么？……286
问答 298　保密资格单位和涉军企业的鉴别及要求有哪些？……287
问答 299　参与企业新三板申请挂牌的中介机构及其人员的要求有哪些？……287
问答 300　挂牌过程中的保密和信息披露注意事项有哪些？……288
问答 301　中介为涉军企业提供改制和挂牌咨询的要求和注意事项是什么？……290
问答 302　实践中，申请豁免信息披露的要求和条件一般是什么？……290

案例目录

案例 001　9 天 36 家公司遭罚多因不懂或不重视董秘工作……13
案例 002　回避信息沟通导致挂牌或被推迟超 1 年……14
案例 003　1 天 4 道处罚与董秘未勤勉尽责……14
案例 004　信息披露不准确、更正不及时董秘被连坐处罚……15
案例 005　咬文嚼字与杜绝文字差漏……15
案例 006　控制情绪与不吐槽、不浮夸……16
案例 007　把握分寸与敬畏媒体……16
案例 008　管住嘴巴与核心信息……16
案例 009　坚守底线与唯老板意识……17
案例 010　关联交易定价缺乏公允的内部控制……25
案例 011　向监事借款与治理不规范（蓝天园林）……26
案例 012　治理不规范与关联方交易违规（无锡环卫）……26
案例 013　中信泰富对外投资巨亏损案例……26
案例 014　第一家内部控制审计被出具否定意见企业……27
案例 015　董事长自行决定并召开股东会是否合规……35
案例 016　召开股东会通知与表决的合规问题……36
案例 017　临时股东会召开、通知与股东权益等问题……36
案例 018　股东大会累积投票制如何选举董事……38
案例 019　股东会决议样本（某公司委托贷款抵押担保）……38
案例 020　公司分立的股东会决议与公告问题……39
案例 021　更换董监高人员、亏损合并与股东大会……39
案例 022　股东会与发行债、转增股本决议……40

案例 023　清算决议、委托与债权人保护与股东会问题……41
案例 024　章程规定与董事会设立条件问题……47
案例 025　成员不足规定人数与提议召开董事会问题……47
案例 026　董事会委托与签字问题……48
案例 027　某公司委托贷款担保的董事会决议样本……48
案例 028　董事会委托出席董事会及表决与合规问题……49
案例 029　改变募集资金用途与董事会签字问题……49
案例 030　表决退席与董事会决议问题……50
案例 031　薪资、设置财务部与董事会权力问题……50
案例 032　对外投资并设立合伙企业与董事会决议问题……51
案例 033　监事产生与合法合规问题……61
案例 034　监事会反对董事会决议与提议股东会召开等问题……62
案例 035　国有独资公司董事会产生等问题……62
案例 036　董事长任命与董监高资格限制条款……63
案例 037　执行董事老婆拟为法定代表人是否可行……64
案例 038　副总经理与法定代表人……64
案例 039　为控股股东担保与董事会决议……64
案例 040　总经理违法牟利与董事会解聘……65
案例 041　监事借款未履行程序且违反董监高承诺……65
案例 042　向关联方采购和销售且金额较大（奥盖克）……78
案例 043　向关联方销售整机（开山股份）……79
案例 044　委托关联方销售产品（新开普）……79
案例 045　接受关联方货物承运（巨龙管业）……80
案例 046　关联双方共同投资（捷顺科技）……80
案例 047　向关联方借款（星星科技）……80
案例 048　股权质押的关联担保（凯德自控）……81
案例 049　控股股东免租提供办公场所……81
案例 050　委托关联方开发软件（卫宁软件）……82
案例 051　关联方商号使用许可（星星科技）……82
案例 052　关联方代收货款的债务计算（中京电子）……83
案例 053　支付关联方关键管理人员薪酬（大连电瓷）……83
案例 054　剥离给独立第三方以解决关联交易（捷顺科技）……83

案例055 剥离子公司给关联方（光线传媒）……83
案例056 转让方式解决关联交易（巨龙管业）……84
案例057 收购及注销方式解决关联交易（天津宝恒）……84
案例058 公允定价及收购解决关联交易及操作（虹越花卉）……84
案例059 吸收合并关联企业（百润股份）……85
案例060 清算注销经营不善的关联企业（星星科技）……85
案例061 关联方非关联化方式解决重大依赖问题（绿岸网络）……86
案例062 购买方式解决重大依赖性关联交易（星星科技）……86
案例063 出售转让方式解决重大依赖性关联交易（初灵信息）……87
案例064 实际控制人与高管共同投资的关联交易的解决（捷顺科技）……88
案例065 控股股东拆借资金及解决（威达宇电）……88
案例066 报告期内资金拆借及解决（星星科技）……90
案例067 关联方事宜披露不完整……92
案例068 非经营性交易实施资金占用……100
案例069 通过违规担保实施间接资金占用……101
案例070 新三板首现大股东违规占款遭整改……101
案例071 挪用了上亿元公款后自首的董事长……102
案例072 控股股东关联方资金占有被处罚……102
案例073 股权回购减资解决股东占用资金问题……102
案例074 归还借款解决控股股东、实际控制人占用资金……103
案例075 为客户提供融资担保（中窑股份830949）……110
案例076 偶发性关联担保（盈博莱839146）……111
案例077 为子公司提供担保（宝达股份832375）……111
案例078 控股股东为公司担保……111
案例079 对外担保与风险警示……112
案例080 对外担保的内部控制……113
案例081 被担保企业破产，董事长股权被冻结……113
案例082 违规担保与发行不予核准……113
案例083 相似业务领域与同业竞争撇清（国威机床）……122
案例084 监事对外投资或存公司利益处理（麟龙股份）……123
案例085 供应商及客户重叠与同业竞争撇清（永铭医学）……123
案例086 关联公司未实际经营，撇清同业竞争（博控科技）……124

案例 087 收购解决同业竞争（威控科技）……124
案例 088 转让股权消除同业竞争（华宿电气）……124
案例 089 注销关联公司消除同业竞争（金日创）……125
案例 090 关联企业减资后并入公司消除同业竞争（弘陆股份）……125
案例 091 控股股东承诺解决同业竞争……126
案例 092 业务转移及承诺措施消除同业竞争（数聚软件）……127
案例 093 同业竞争解除后仍进行风险提示（科胜石油）……128
案例 094 重大资产重组消除同业竞争的操作（英派瑞）……128
案例 095 企业不良信息不披露违规……149
案例 096 涉及实际控制人违规不披露……149
案例 097 未如实提供个人信息与未披露……150
案例 098 忘记披露信息与违规……150
案例 099 未及时披露会计差错更正信息被警示……150
案例 100 未及时披露定期报告被约谈……150
案例 101 信息披露前后、对外宣传不一致被约谈……151
案例 102 出售金融资产披露不准确与核实解决……152
案例 103 信息披露不完整问题与解决……152
案例 104 信息披露出现重大遗漏被警示……153
案例 105 未在指定平台披露信息被警示……153
案例 106 定期报告（年报）没有注册会计师签字……154
案例 107 年报督导不力券商被约谈……154
案例 108 券商督导失职与派发红利未公告（银河证券 通灵电器）……154
案例 109 主办券商未勤勉尽责被自律监管……155
案例 110 前五大供应商存信用信息存疑（朗铭科技）……179
案例 111 营业收入与报表不一致（九鼎集团）……179
案例 112 与客户合作模式及收入确认问题（九鼎集团）……180
案例 113 高新技术企业资格存续存问题（朗铭科技）……180
案例 114 实际控制人变更后其借款与其公司关系存疑（易点天下）……181
案例 115 多名高管变动质疑（朗铭科技）……182
案例 116 其他应收款中借款人与公司关系存疑（易点天下）……182
案例 117 关联交易及其章程约定披露（九鼎集团）……184
案例 118 前五名共同控制人承诺与履行披露（九鼎集团）……185

案例 119　资产抵押、质押情况“重要事项”与附注披露不一致（阿波罗）……186
案例 120　大额个人借款存资金占用质疑（朗铭科技）……186
案例 121　注册资本 4000 万元却 0 元对价收购（易点天下）……187
案例 122　公允价值负值的收购与影响（朗铭科技）……187
案例 123　费用确认存差错更正置疑的会计政策变更（阿波罗）……188
案例 124　应收账款坏账政策存合规置疑（易点天下）……189
案例 125　收入确认政策及实际开展问题及披露（阿波罗）……190
案例 126　存货跌价准备及其确认依据（易点天下）……192
案例 127　发行费用的会计处理（易点天下）……194
案例 128　关利润表与现金表中投资收益不一致（九鼎集团）……194
案例 129　应付票据未见保证金（阿波罗）……194
案例 130　未按时披露 2015 年年报的两家挂牌公司被摘牌……195
案例 131　半年大事记撰写的思路与解决（鑫岳影视）……211
案例 132　重要风险提示撰写思路与解决（华协农业）……211
案例 133　私募债违约风险（华协农业）……212
案例 134　项目变更资料不完善的风险（大方生态）……213
案例 135　实际控制人不当控制的风险（华协农业）……213
案例 136　半年度报告与主办券商事前审查被问询（普泰股份）……214
案例 137　半年报之盈利能力涵盖内容与数据（丰年科技）……214
案例 138　半年报之偿债能力涵盖内容与数据（丰年科技）……215
案例 139　偿债能力质疑（普泰股份）……215
案例 140　半年报之营运情况和成长情况涵盖内容（惠同股份）……216
案例 141　半年报管理层讨论与分析之商业模式（中新股份）……216
案例 142　半年报管理层讨论与分析之经营情况（惠同股份）……217
案例 143　半年报管理层讨论与分析之风险与价值（中新股份）……218
案例 144　半年报告期期末普通股股本结构（金维制药）……219
案例 145　业务清理与拟转型与主营业务变更（浩祯股份）……220
案例 146　主营业务变更或存业务明确质疑（中矿龙科）……221
案例 147　主营业务调整是否符合产业政策（中矿龙科）……222
案例 148　报告期内未能开展业务被问询（华燃油气）……223
案例 149　大客户破产与主营业务转移被问询（华燃油气）……223
案例 150　现金流与战略转型的可操作性（奥尔斯）……224

案例 151　拓展新市场办法与计划被问询（华燃油气）……225
案例 152　预付款项未结算被问询（华协农业）……225
案例 153　营业收入真实性与收取被问询（了望股份）……226
案例 154　毛利、净资产为负与存货跌价准备计提问题（奥尔斯）……227
案例 155　薪酬调整与合理性问询被问询（了望股份）……228
案例 156　财务报表报出时间与披露时间存疑（普泰股份）……228
案例 157　支出资本化的虚假记载……229
案例 158　减值准备计提不充分的虚假陈述……229
案例 159　少计收入和利润的虚假陈述……229
案例 160　期初余额与上半年几乎都不一致……229
案例 161　财务报表错误——数据漏填……229
案例 162　财务报表与附注注释不一致……230
案例 163　权益分派未向中国结算履行申请程序（古纤道）……277
案例 164　利润分配登记日早于公告日（创元期货）……278
案例 165　派发红利未公告与权益分派未履行程序（通灵电器）……278
案例 166　信息披露不及时与股东大会召开违规（无锡环卫）……278
案例 167　向关联方借款与治理不规范（页游科技）……279
案例 168　融资计划非指定媒体披露或存违规（客如云）……279
案例 169　对外投资未履行信息披露义务（宇昂科技）……280
案例 170　发行企业债未披露违规（永联科技）……281
案例 171　重大资产重组披露信息不一致（伯朗特）……281
案例 172　主营业务调整是否影响持续经营能力（中矿龙科）……281
案例 173　营业成本追溯调增前信息披露不真实（芯能科技）……283
案例 174　拆借资金未履行三会程序和披露义务（银奕达）……283
案例 175　隐瞒境外居留权致公司信息披露违规（南菱汽车）……284
案例 176　董事、总经理被逮捕与公司主业变更（中矿龙科）……284
案例 177　以商业机密申请豁免披露未获批准……291
案例 178　涉密信息豁免披露（高德红外）……292
案例 179　军工企业信息披露豁免（希脉气象）……292
案例 180　涉密信息豁免披露（长城军工）……295
案例 181　涉密信息脱密后披露（智创联合）……296
案例 182　涉密信息脱密后披露（中科国信）……296

案例 183　涉密信息脱密后披露（国基科技）……297
案例 184　军工企业未能通过信息披露豁免（捷世智通）……297
案例 185　军工企业未涉及军队客户直接披露（日望电子）……299
案例 186　未申请豁免直接披露销售合同（西部超导）……299
案例 187　军工企业非涉密军工合同直接披露（常荣声学）……299
案例 188　军工未涉及军队客户的信息披露（七维航测）……300

第 1 部分

董秘成长与三会治理

第 1 章　新三板董秘角色定位、素质修炼与政策要求
第 2 章　新三板董秘视角下的公司治理及内控概述
第 3 章　股东会董秘操作与各类实战、法律问题及解决
第 4 章　董事会运作与各类实战、法律问题及解决
第 5 章　监事会、国有独资“三会”及董监高治理

第 1 章

新三板董秘角色定位、素质修炼与政策要求

1.1 常规疑难15问

1.1.1 董秘稀缺性、素质与职责

问答001 新三板董秘人才的稀缺与曾现离职潮的原因是什么？

对于董事会秘书（以下简称“董秘”），有媒体这样形容：“新三板江湖里充满了传说的一群人，左手拿高薪，右手掌握各类关键信息，外能通达监管媒体投资人，内可应对股东高管员工层，仿佛三头六臂外兼十八般武艺的世外高手，神秘又引人好奇。”

目前，新三板挂牌企业，创新层必须设置高管职位的专职董秘，基础层对专职董秘的需求越来越强烈，而且非常必要。所以，对专业资质与综合能力的要求将成为董秘岗位人才、新增、更替的主要门槛。

第一，使自身成为企业熟悉资本市场规则、法律财务专业知识的综合型人才。所涉及的工作与技能主要包括年报、半年报、各种重大事项的临时报告等各类信息披露，三会运行，企业规范治理，对接资本市场等各种监管、衔接事

务，进而疏通与公司决策层、经营层企业合规运行的管道，对外投资者关系的维护与拓展，股东管理与关系维护、股份转让与运作管理，股票交易波动管理，挂牌股票的各类限售、分红派现等相关事务的管理与操作，以及企业日常运行中有关媒体公关与危机公关事项的相关衔接与处理等。

第二，熟悉企业多层次性资本运作事务。主要有企业股权结构、股权激励的综合设计与操作，包括定向发行、优先股、公司债、中小企业私募债、股权质押与质押回购等企业多层次融资筹划，企业对外的各类投资，引入财务、战略投资者，企业包括股权、资产、债务等的收购、回购、出售、分立、合并、置换等功能定位与梳理活动的并购重组事务，以及维护与推进新三板挂牌股票的合理价值的市值管理等。

显然，基本上或能够达到以上这两点要求的高级董秘，目前非常稀缺，在未来的新三板市场上必然大受欢迎。

之前，不少新三板挂牌公司对“董秘”的理解一直停留在“董事长秘书”或者“秘书”的认知和定位上，董秘职位大部分都是由公司的 HR、行政或财务岗位的员工兼任的。但是如果在新三板进行交易，需要操作融资策划、投资并购等资本运作的事务时，其他岗位兼职董秘的人员能力就显得捉襟见肘了。这说明有大量新三板企业的高管、董秘连最基本的公司法、新三板市场规则都不懂。因此，有那么多的企业被调查、出具警示函也就不足为奇了。如上状况都与公司对董秘一职不太重视，以及董秘专业素养总体偏低等因素有着重要的关系。

正因为如上原因，在 2016 年 3 季度前后出现了新三板挂牌企业董秘离职潮的现象。据权威数据显示，2016 年 7 月 1 日至 8 月 31 日，短短两个月，新三板共有 297 家公司发布《董事会秘书辞职公告》。其中，8 月份离职的董秘达 173 位，7 月份为 124 位。这种情况的出现，当然也还有其他原因。

第一，董秘自身原因。由于董秘年龄、身体、家庭因素、职业规划等个人原因主动提出离职。

第二，近年来，在董秘圈中女性身影逐渐活跃起来，但随着新三板公司的转型升级、创新业务不断出现，董秘作为公司与资本市场的“对接人”，工作的范畴也开始超出信息披露和投资者关系管理等基础事务，以及融资策划、投资并购等资本运作能力。“心力交瘁”在董秘群体中十分常见，导致不少董秘，尤其是要兼顾家庭的女性董秘大批离职。这也是离职董秘女性数量明显高于男性的原因。

第三，7月、8月正值新三板公司半年报密集披露期，是公司的一大门槛，公司的董秘和财务总监则是半年报披露的重要角色。但由于一些董秘专业知识储备不够扎实，业务不清，导致公司各项财务报表混乱，无言以对，只得辞职。

第四，和主板上市公司对董秘资格有明确要求有所不同，新三板市场在2016年9月8日推出《全国中小企业股份转让系统挂牌公司董事会秘书任职及资格管理办法（试行）》（以下简称《董秘管理办法》）之前，监管与运营机构对挂牌公司的董秘一直没有明确的资质限定。

如上情况，进一步反映出新三板挂牌企业董秘的稀缺性，以及董秘相关知识、实务与操作规范的系统性欠缺。出版一套包含董秘从最基础的常规工作到推动企业战略执行、各类资本运营及企业层次综合能力打造的全方位、阶梯式的“董秘实战性质”图书，目前看来很有必要。

问答002　董秘需要具备的业务素质与资质有哪些？

董秘可以跨越行业，诸如三会运行、信息披露与公司治理等基础工作需要非常专业，除此之外，其他在企业的规范运行、资本运作及其相关法律、财务等方面的知识范围需要更广泛。董秘业务素质主要分为以下几部分。

（1）扎实的专业知识

董秘应该具备一定的专业知识，这是董秘的职业所必需的。董秘不仅要掌握公司法、证券法、上市或挂牌规则等有关法律法规，还要熟悉公司章程、信息披露规则，掌握财务及行政管理方面的有关知识；需要懂得必备的财务知识和法律知识，以及必备的产业与管理知识。比如在财务方面，不一定要懂如何做账，但是要懂经营财务数据的解读。只有这样，才能有效地行使董秘的职责，为董事会提供全面的专业意见，保障公司规范化运作，从而确立董秘在公司的地位及作用。

（2）超强的沟通协调能力、传播能力和人际关系能力

处在监管部门、股东和公司管理层之间的董秘，是资本圈中各方利益的交汇点，角色特殊，责任重大，是否具备超强的沟通协调能力是董秘能否出色完成使命的关键。

（3）经验和从业背景

我国董秘的职业化道路并不长，如今活跃在市场上的董秘背景复杂，有的来自公司内部高管，有的是来自基金公司的基金经理，也有来自券商、律所、会所等IPO中介机构的从业者等。具备相关从业背景的董秘自然有利于工作的

开展，而有过新三板挂牌或沪深股市上市操作经验的董秘更成为关注的重点。

（4）懂得规范运作和资本市场资本运作

需要懂得公司治理、三会运作、内部控制以及信息披露。懂得市值管理、股权激励，企业成长，如何利用资本市场持续融资，展开企业升级、转型性质的对外投资和并购重组事务等。

（5）需要的资质

2016 年 9 月，全国股转系统发布了《挂牌公司董事会秘书任职及资格管理办法（试行）》（以下简称《董秘管理办法》）规定，新三板进入创新层的挂牌公司应当按照《全国中小企业股份转让系统挂牌公司分层管理办法（试行）》（以下简称《分层管理办法》）和《董秘管理办法》的规定，设立董事会秘书。董事会秘书应当在规定时间内取得资格证书。而对沪深股市，上证所公布的《上市公司董事会秘书资格管理办法》和深交所公布的《上市公司董事会秘书及证券事务代表资格管理办法》均要求，2010 年 1 月 1 日起，上市公司聘任的董事会秘书或证券事务代表，都应通过资格考试，取得交易所颁发的《董事会秘书资格证书》。而对于拟上市公司而言，董秘是否必须具备任职资格目前没有明确要求，只要企业上市前到位即可。

问答003　董秘的常规性的职责与工作有哪些？

根据全国股转系统公司 2016 年 9 月发布的《董秘管理办法》以及其他相关实践情况总结，董秘常规性主要工作职责可以归纳成如下 13 项内容：

（1）董事会秘书为公司与全国股转系统或沪深证券交易所的指定联络人，负责准备和提交证券交易场所要求的文件，组织完成监管机构布置的任务。

（2）准备和提交董事会和股东大会的报告和文件。

（3）按照法定程序筹备董事会会议和股东大会，列席董事会会议并作记录，并应当在会议纪要上签字，保证其准确性。

（4）协调和组织公司信息披露事项，包括建立信息披露的制度、接待来访、回答咨询、联系股东，向投资者提供公司公开披露的资料，促使公司及时、合法、真实和完整地进行信息披露。

（5）列席涉及信息披露的有关会议，公司有关部门应当向董事会秘书提供所需要的资料和信息。公司做出重大决定之前，应当从信息披露角度征询董事会秘书的意见。

（6）负责信息的保密工作，制定保密措施。内幕信息泄露时，及时采取补救措施加以解释和澄清，并报告全国股转系统或沪深证券交易场所和中国证监会。

（7）负责保管公司股东名册资料、董事名册、大股东及董事持股资料和董事会印章，保管公司董事会和股东大会的会议文件和记录。

（8）负责组织董事、监事和高级管理人员进行证券法律法规、部门规章和全国股转系统业务规则的培训；督促董事、监事和高级管理人员遵守证券法律法规、部门规章、全国股转系统业务规则以及公司章程，切实履行其所作出的承诺。

（9）协助董事会依法行使职权，在董事会违反法律法规、公司章程及证券交易所有关规定做出决议时及时提出异议，如董事会坚持做出上述决议，应当把情况记载在会议纪要上，并将该会议纪要马上提交公司全体董事和监事。

（10）为公司重大决策提供咨询和建议。

（11）协调挂牌公司与证券监管机构、股东及实际控制人、证券服务机构、媒体等之间的信息沟通。

（12）负责督促董事会及时回复主办券商督导问询以及全国股转公司监管问询；在知悉挂牌公司作出或者可能作出违反有关规定的决议时，应当及时提醒董事会，并及时向主办券商或者全国股转公司报告。

（13）全国股转系统或沪深证券交易所要求履行的其他职责。

问答004　我国董秘职业是怎样产生的？

我国董秘的职业化，追根溯源，应该要从1996年4月由证监会和沪深证券交易所联合发起的一次董秘培训算起。当时参会的40多家B股上市公司董秘，是中国最早的一批职业董秘。然而，当时的《中华人民共和国公司法》（以下简称《公司法》）中却并未提及“董秘”二字，所以董秘在企业中的地位并不高。

1997年12月16日，证监会发布了被称之为上市公司的“根本大法”的《上市公司章程指引》，专门列出一章“董事会秘书”条款，要求所有上市公司都必须配备董秘，这才真正确立了董秘在上市公司中的地位和作用。

按照我国现有的法规规定，董秘是新三板挂牌公司和沪深上市公司的高级管理人员，由董事长提名，董事会任免，对董事会负责，是新三板、沪深证券交易所与挂牌或上市公司的指定联系人，接受当地证券监管部门的双重领导，促进公司规范运作、管理公司证券事务、负责公司信息披露等工作。可以说，董秘是挂牌或上市公司的“窗口”。

董秘这个角色，从公司开始筹备挂牌或上市的时候就开始，企业挂牌或上市前需要引入的各类职业经理人中，董事会秘书和财务总监往往是最为关键的，因为这两个角色，将直接决定着企业挂牌或上市的工作进度和工作成效。

问答005　如何理解我国资本市场董秘类别？

我国资本市场董秘可以分为三类：上市公司（沪深股市）董秘、挂牌公司（新三板）董秘，以及未上市未挂牌公司董秘。这里从企业资本运作的角度对未上市企业董秘（即挂牌和未挂牌企业）的分类进行解读，主要涉及事项就是未上市公司董秘的资本运作。

（1）小 IPO 董秘

首先说什么是小 IPO。所谓“小 IPO”，特指新三板企业挂牌同时定增的现象。自 2013 年 7 月蓝天环保成为新三板首家挂牌同时定增的企业起，业界将新三板企业挂牌同时定增模式称之为“小 IPO”，此后“小 IPO”模式被拟挂牌企业所追捧。主板市场 IPO“上市即融资”的便利性，在新三板市场中也得到充分展现。中国证监会于 2016 年 11 月 20 日正式对外发布《关于进一步推进全国中小企业股份转让系统发展的若干意见》（以下简称《意见》），提出探索放开挂牌同时向合格投资者发行股票新增股东人数 35 人的限制，加快推出储架发行制度和授权发行机制。这一政策的出台，让新三板“小 IPO”越来越具有想象空间。

第一，考虑的关键问题就是全国股转系统与证监会的标准是什么？如何符合标准？用好中介机构（本系列相关章节将详细解读）。

第二，考虑资本市场的标准是什么？相同的股权如何多融钱？时点是一方面，包括对公司战略的解读和推进都很重要（本系列相关章节将详细解读）。

（2）投资并购董秘

虽没有专门的投资并购董秘这个名称，但是有这样的群体，在做这样的事情，主要针对有更高资本运作或需要转板的公司。它们往往是通过投资与被投资的并购重组方式进行的，通过如资产与债务重组、收购与兼并、公积金与未分配利润转增、引入投资者溢价增资、股权及资产转让、非货币资产出售、管理层及员工持股或股权激励、债转股与股转债、资本结构与治理结构调整等方式做大做强企业。

对于拟转板的那些挂牌企业来说，由于沪深股市 IPO 时间有很大的不确定性，且目前还没有一条成型的“绿色转板通道”，因此这里只讲一种思维，就是被并购模式。只要公司质地别太差，总是有人愿意买。考虑的基本问题就是公司潜在买家是谁，选择谁不选择谁很重要，这里的购买都是股份支付的，所以一定要看并购对象未来的增长空间。另外公司价值何在、如何最大化被并购等都很重要（这将在本书下册详细解读）。

（3）挂牌公司董秘

除了做好信息披露的工作、三会运行、公司治理以外，一定要学会通过资本运作、战略规划等驱动并实现企业价值成长（这将在本书中册详解解读）。

1.1.2 杰出董秘的修炼

问答006 杰出董秘与合格董秘的区别在哪儿？

目前几乎绝大多数沪深上市公司、95%以上的新三板挂牌公司，董秘还处于事务性工作之中，企业和董秘本身都不太了解或不重视这个职位在企业挂牌或上市后真正应该起到的重要作用，更多的还处于一些信息披露与合规性工作中。这只是董秘最基础的工作。很多企业甚至一些市场达数百亿元、上千亿元的沪深上市公司董秘，工作职责基本上还与办公室主任差不多，没有更多的专业性工作。

实践中，一些专业人士和资深董秘曾这样描述董秘的基本功：在行业及财务方面的知识要能胜任证券公司或基金行业研究员的工作；在证券法规方面的知识要能胜任律师事务所的工作。看来，成为一名合格董秘真不简单，成为一位杰出董秘更不简单。

从基础上来说，对于挂牌公司或上市公司，无论是外部监管机关和中小股东，还是公司内部自身经营管理需要，都要求董秘对以下事项高度关注，保持敏感：公司治理和规范运作、信息披露、关联交易和同业竞争、募集资金使用，这方面越来越重要，披露的募集资金项目业绩没有达到预期的再融资时都是非常大的障碍。大股东资金占用、对外担保和财务资助、内幕交易和股票买卖等这些事没做好的话董秘就不及格了。

董秘作为企业挂牌或上市筹划和资本运营过程中不可或缺的重要职位，是企业内横跨实业和资本领域的重要枢纽，是“对外沟通联络，对内协调管理”的重要岗位。特别是要加强自身对资本市场的了解，熟悉资本市场的“水性”，能够帮助企业在大的资本动作上做出正确的选择。比如股权激励在什么时点做合适，再融资在什么时点合适，怎样完成适合公司的并购等。

董秘要像一个水手一样非常熟悉公司的股性，至少能够判断未来大概半年公司股价的走势。真正杰出的董秘是跨领域的资源配置或推动促进者，是企业内外部战略、资源整合的推动者，更应该或多或少地具备投行家的特质和水准，在实业和资本之间穿越，发挥较重要的影响力，对公司股价、形象地位等产生一定的影响。

问答007　杰出董秘需要具备的知识体系至少有哪些？

要成为一名杰出董秘，仅仅懂得治理合规、信息披露与三会运行指示框架是远远不够的，除此之外还应具备的知识结构和能力体系如下：

（1）公司战略、公司财务、法律法规、企业价值（估值）、证券投资学、市场营销、传播心理学。

（2）资本市场、并购重组、金融产品和金融创新、投资银行学、企业投融资及其趋势、财经公关学等。

（3）宏观、微观经济学及其原理、产业学及其特定领域历史与发展趋势、公共关系学、危机公关与舆情管控，人文审美等。

问答008　杰出董秘应该如何练好日常基本功？

（1）每天半小时基本功

a）多关注股转公司官网（上市公司可以关注巨潮资讯网），研究同行业公司公告，包括股权激励、重大重组等重大事件。

b）关注监管机构政策动向（证监会发布、股转系统、证监局的定期发布，及时向董监高转发和通报监管机构最新的处罚文件，持续提醒，促进规范运作。

c）多看看财经新闻，宏观经济、资本市场、相关产业、典型公司事件，增加对资本市场的了解。

（2）日常基本功

a）多关注主流机构的精品报告。目前报告太多了，一天报告就上千个，所以要精选相关行业的靠谱分析师，最好是在新财富上有排名的。看看大家对这个行业的一致判断和预期、不同公司战略解读和这个行业发展空间，这样对做很多工作比如战略和重大资本运作决策会有非常大的帮助。

b）做好公司舆情监测，例如财经新闻、研究报告等。

c）资本市场监测，同行业公司股票走势，为什么与公司相比有较大差异，这个过程就是董秘个人资本市场框架逐步建立的过程。这样才能找到关键驱动因素。

d）公司股价博弈情势分析、股东名册分析。哪些人买了，哪些人卖了，这只是表面上的文章，背后是为什么买、为什么卖。有可能是整体趋势，也可能是特定时间引发，或者换了个基金经理等。这样就会有市场一线信息，通过日积月累就会对整个公司股性比较了解。

（3）长期基本功

企业战略、运营、法律、财会等上述第007问所列的知识体系。

问答009　董秘如何选择适合自己未来与之共成长的公司？

董秘选择公司时要看大方向，不要完美主义，要看企业中长期价值。董秘需要用投资的眼光选择可以承载自身价值的平台，主要注意如下四点：

（1）判断公司所处行业中期发展趋势。未来两到三年公司所处行业整体趋势向好。

（2）判断行业的本质及公司的竞争地位。公司在行业中地位很好，发展很好。

（3）公司治理与规范性。挂牌或上市公司被处罚，董秘是第一责任人，从这一点看董秘是风险较高的职业。

（4）核心是要选择靠谱的企业家和企业家的风格：懂业务、懂管理、负责任、有胸怀、具备可持续性学习能力。

问答010　董秘如何补足自己的财务知识？

显然具有财务知识会对胜任董秘职位有加分项，但这不是唯一的必选项。很多上市公司董秘与财务总监密切协同，也一样能发挥很大的价值。具体到董秘本身去掌握财务知识，我们建议从以下三个维度去丰富自己：

（1）从管理会计的角度去提高自己深度分析业务系统运作的能力，这对理解企业战略与战略实施很有帮助。

（2）熟悉财务基本会计准则与处理方式就可以，这样可以有效节省与财务部门的沟通成本，甚至可以从上市公司财务报告角度提出自己的建议或意见。

（3）针对资本运作方面，对于税务处理也是需要了解的。财务报表只是最后企业运作的现实表现，能走到财务报表后面去描述企业价值与塑造价值才是关键。

1.1.3 董秘制度、政策及要求

问答011　挂牌公司信息披露部与董秘就财务、经营关系有何规定？

根据新三板《董秘管理办法》规定，挂牌公司应当设立信息披露事务部门，由董事会秘书负责管理，并应当在《公司章程》中明确相应工作制度，为董事会秘书履行职责提供便利条件。

董事会秘书为履行职责有权了解公司的财务和经营情况，参加涉及信息披露的有关会议，查阅涉及信息披露的所有文件，并要求公司有关部门和人员及时提供相关资料和信息。董事、监事、财务负责人及其他高级管理人员和公司相关人员应当支持、配合董事会秘书在信息披露方面的工作。董事会秘书在履行职责过程中受到不当妨碍或者严重阻挠时，可以向主办券商或全国股转公司报告。

问答012　哪些人士不得担任董事会秘书？

董事会秘书应当具备履行职责所必需的财务、管理、法律专业知识及相关工作经验，具有良好的职业道德和个人品德。有下列情形之一的，不得担任挂牌公司董事会秘书：

（1）无民事行为能力或者限制民事行为能力的。

（2）因贪污、贿赂、侵占财产、挪用财产或者破坏社会主义市场经济秩序，被判处刑罚，执行期满未逾五年，或者因犯罪被剥夺政治权利，执行期满未逾五年的。

（3）担任破产清算的公司、企业的董事或者厂长、经理，对该公司、企业的破产负有个人责任的，自该公司、企业破产清算完结之日起未逾三年的。

（4）担任因违法被吊销营业执照、责令关闭的公司、企业的法定代表人，并负有个人责任的，自该公司、企业被吊销营业执照之日起未逾三年的。

（5）个人所负数额较大的债务到期未清偿的。

（6）被中国证监会采取证券市场禁入措施，期限尚未届满的。

（7）被全国股转公司或证券交易所认定不适合担任公司董事、监事、高级管理人员的。

（8）挂牌公司现任监事。

（9）针对创新层公司，未取得全国股转公司颁发的董事会秘书资格证书，或者董事会秘书资格证书被吊销后未重新取得的。

（9）全国股转公司认定不适合担任董事会秘书的其他情形。

问答013　挂牌公司董秘聘任、辞职有何规定？

挂牌公司应当在董事会正式聘任董事会秘书后的两个转让日内发布公告，并向全国股转公司报备。公告应包括但不限于以下内容：

（1）董事会秘书符合本办法任职资格的说明。

（2）董事会秘书学历和工作履历说明。

（3）董事会秘书违法违规的记录（如有）。

（4）董事会秘书的通信方式，包括办公电话、移动电话、传真、通信地址及专用电子邮件信箱地址等。

董事会秘书被解聘或者辞职时，挂牌公司应当在两个转让日内发布公告并向全国股转公司报备。

问答014　挂牌公司董秘解聘、离职有何规定？

挂牌公司解聘董事会秘书应当具有充分理由，不得无故将其解聘。董事会秘书有下列情形之一的，挂牌公司应当自该事实发生之日起一个月内解聘董事会秘书：

（1）出现本章第12问所规定情形之一的。

（2）连续三个月以上不能履行职责的。

（3）违反法律法规、部门规章、业务规则、公司章程，给挂牌公司或者股东造成重大损失的。

挂牌公司应当在原任董事会秘书离职后三个月内聘任董事会秘书。董事会秘书空缺期间，董事会应当指定一名董事或者高级管理人员代行董事会秘书的职责，并及时公告，同时向全国股转公司报备。在指定代行董事会秘书职责的人员之前，由董事长代行董事会秘书职责。

基础层挂牌公司如在在原任董事会秘书离职后决定暂不设董事会秘书的，应当指定一名具有相关专业知识的人员负责信息披露管理事务，并向全国股份转让系统公司报备。

问答015　挂牌公司董秘资格证书及考试规定有哪些？

通过全国股转公司组织的董事会秘书资格考试的人士，可取得全国股转公司颁发的董事会秘书资格证书。

拟参加董事会秘书资格考试的相关人员应由挂牌公司（含申请挂牌公司）

董事会进行推荐。有下列情形之一的人士不得推荐参加资格考试。

（1）下列规定情形之一的：

a）无民事行为能力或者限制民事行为能力；

b）因贪污、贿赂、侵占财产、挪用财产或者破坏社会主义市场经济秩序，被判处刑罚，执行期满未逾五年，或者因犯罪被剥夺政治权利，执行期满未逾五年；

c）担任破产清算的公司、企业的董事或者厂长、经理，对该公司、企业的破产负有个人责任的，自该公司、企业破产清算完结之日起未逾三年；

d）担任因违法被吊销营业执照、责令关闭的公司、企业的法定代表人，并负有个人责任的，自该公司、企业被吊销营业执照之日起未逾三年；

e）个人所负数额较大的债务到期未清偿；

f）被中国证监会采取证券市场禁入措施，期限尚未届满的；

g）被全国股转公司或证券交易所认定不适合担任公司董事、监事、高级管理人员的。

（2）董事会秘书资格证书被吊销且未满一年的。

（3）与挂牌公司无劳务关系的。

（4）全国股转公司认定的其他情形。

1.2　典型实战9例

1.2.1　不懂或不重视董秘工作

案例001　9天36家公司遭罚多因不懂或不重视董秘工作

据统计，2016 年 9 月 1 日至 13 日共有 9 个交易日，期间新三板共有 36 家公司披露遭受处罚。这意味着，平均每个交易日有 4 家公司受处罚。仅 9 月 13 日一天，股转系统就发布了 6 条监管公告，其中包括占用资金、违规交易、信息披露等违规行为。

从处罚来看，资金管理不规范是新三板的突出问题。港龙股份（835609）、顺炎新材（834453）等公司均因资金占用受处罚。这些公司或占用资金，或遭实际控制人多次从公司借款。提前使用募资也让一些公司受处罚。还有公司在尚未取得股转登记函的情况下提前使用募资。

仔细阅读这些公司的公告就能发现，基本上每家公司都表示：一定吸取教训，全体股东、董监高和相关人员会加强业务规则及证券法律法规的学习，防止类似情况再次发生。经咨询多家新三板公司，多数表示主要是因对规则不熟悉才“犯错”。挖贝网在券商处了解到，一些新三板公司董秘是由老员工转化而来的，或是由高管兼任董秘，对业务十分熟悉的董秘很“稀缺”。对于一些家族企业来说，这种情况出现得更频繁。

不过，并不是所有违规挂牌公司都“业务不熟”。据某新三板研究院分析认为，会出现这样的问题一方面是因为企业缺乏相关专业性人才（合格的董秘），造成对规则理解不到位；另一方面也不排除有些企业存在“顶风作案”的情况。从某种角度上来说，这些问题几乎都可以归结为不懂或不重视董秘工作的内容与职责范围。

案例002　回避信息沟通导致挂牌或被推迟超1年

新三板某挂牌公司在申请挂牌的初期，全国股转系统公司曾反馈过3个问题，主要集中于以下几点：公司财务报表即将过期，催促公司加期审计；公司股权因法律诉讼存在潜在的不稳定；未正式取得国有股权批复文件。偏偏公司对这3个问题选择了不回答。这应该不是董秘的原因，但是这属于董秘的职责。后来，该公司2015年4月30日重新提交了公开转让说明书，股转公司长时间（至少超过3个月）都未对此进行反馈，该公司在2016年7月挂牌。

信息披露是必需的，信息沟通是互动的，虽然该事件发生的根本原因与董秘无关，但这却是属于董秘及其相关工作范围之内的责任，包括信息披露、主动沟通、尊重规则、重视董秘工作等问题。

案例003　1天4道处罚与董秘未勤勉尽责

2016年3月16日，新三板挂牌企业天运股份被全国股转系统下发了4道处罚通知，公司、董事长潘建新、董事会秘书张陆贤、主办券商太平洋（601099）证券都被股转系统处罚，并要求提交书面承诺。

股转公司给天运股份4道处罚通知为：天运股份在变更转让方式过程中，信息披露不准确；潘建新未能恪尽职守、履行勤勉义务，对信息披露不准确负有责任；张陆贤作为信息披露事务负责人，未能恪尽职守、履行勤勉义务，对信息披露不准确负有责任；太平洋证券未能勤勉尽责，未能督导挂牌公司规范履行信息披露义务。处罚通知要求3月22日提交书面承诺，并被约见谈话。

信息披露正是董秘工作最基础的内容之一，即使造成该事件的根本原因与董秘无关，但是董秘是披露实务负责人，所以也得连坐，所以全国股转公司 1 天 4 道处罚通知之一，便是对董事会秘书张陆贤的处罚。

案例004　信息披露不准确、更正不及时董秘被连坐处罚

B 公司是一家三板挂牌企业，该公司于 2013 年 4 月 22 日在股转公司披露的 2012 年年度报告中（公告编号：2013-008），由于财务人员的疏忽，披露的财务数据与审计报告 100 多处数据不一致，而且未及时发现。时隔近一年后，B 公司于 2014 年 4 月 4 日才在股转公司发布了 2012 年年度报告的更正公告，对报告中的数据重新进行整理，此更正公告长达 7 页。在更正公告发布一个多月后（2014 年 5 月 13 日）重新发布了 2012 年年度报告。

B 公司信息披露不准确且未及时更正，同时董事会秘书作为信息披露负责人，负责公司信披管理事务，未能恪尽职守、履行勤勉义务，对公司信息披露违规行为负有相应责任。根据《全国中小企业股份转让系统业务规则（试行)》第一章 1.5 条的规定，全国股转公司于 2014 年 7 月 7 日对该公司及董秘分别采取了要求提交书面承诺和约见谈话的自律监管措施。

1.2.2　董秘必备 5 大素质和修养

案例005　咬文嚼字与杜绝文字差漏

董秘这个角色涉及大量的文字工作，有时一字之差，便会造成很大的谬误或错误，引发连锁反应；对文字的推敲和措辞，有时可能会收到“化腐朽为神奇”之功效。咬文嚼字与杜绝文字差漏看似小事，实则很重要。

反面例子，新三板挂牌 PE 思考投资（831896），这家在二级市场频频举牌上市公司的挂牌 PE，竟然在一天之内接连发了 3 份更正公告，而 3 份公告所更正的内容竟然是公司在信息披露时搞错了董事会的名称。

据了解，思考投资于 2016 年 1 月 6 日召开了 2016 年的第一次董事会会议，并在会议上通过了提请召开公司 2016 年第二次临时股东大会及关联交易两个议案。会议召开当天，思考投资于晚间披露了会议的相关情况，但本应是公司第一届董事会第十九次会议的董事会被披露成了第二届董事会第一次会议，两天后，公司对信披文件中的错误名称进行了更正。

浸染资本市场多年的 PE 机构更应该熟知公司法和相关监管规则，董事任职不足五年且未召开董事换届会议，公司的董事会名称不会改变这是很多人都清楚的事，思考投资却出现了这种低级的疏忽，这只能说明公司的信披负责人存在问题。

案例006 控制情绪与不吐槽、不浮夸

反面案例：2014 年 4 月 29 日，上市公司创兴资源发布一则“史上最激愤的公告”。公告称，有黄姓人士请人写文章攻击公司。“他们散布断章取义、歪曲事实的文章，使上市公司高管、实际控制人及其他相关人员疲于应对。直接导致了公司股价的暴跌。他们是专业敲诈高手”“公司及陈榕生先生息事、忍让，但始终不能感化这类‘小人’，直接影响了公司股价的滑坡、暴跌。”

短短两页内容用了 10 个感叹号，其间充斥着大量诸如“姓黄的人”、“小人”、“贼喊捉贼”等有似“骂街”的口头语言，令人感慨八股文般的公告原来也可以写得如此“生动活泼”。事后，上海证券交易所对创兴资源发出了监管问询函。

案例007 把握分寸与敬畏媒体

反面案例：2013 年著名的“8·16 股市光大乌龙指事件”中，该公司时任董秘在对事件情况和原因并不了解的情况下，向记者否认市场上“光大证券自营盘 70 亿元乌龙指”的传闻，误导信息在 12 时 47 分发布并被各大门户网站转载。

事发时，该董秘对市场大幅波动的原因并不知情。但作为上市公司履行信息披露义务的直接负责人员，又是证券公司的从业人员，在尚未立即协调公司内外依法履行信息披露义务的情况下，未做核实即以个人猜测对外发表言论，并被媒体纷纷转载。该董秘的言论违反了《证券法》第 78 条第二款关于禁止证券公司从业人员在证券交易活动中作出信息误导的规定。事后，证监会对该董秘给以责令改正并处以罚款 20 万元的处罚。

案例008 管住嘴巴与核心信息

反面案例：2014 年 6 月 6 日，某证券公司首席医药研究员张某，致电某集团董秘李某询问股权激励情况。李某将该集团正在准备的股权激励计划，近期会有公告的情况一五一十全部告知张某。

通过电话后，张某指示其助手王某立即编辑一条关于该集团拟实施股权激励的信息。该信息的定稿内容为：“**医药张**，某集团重大跟踪”某集团将

于下周二公布管理层限制性股票+期权方案。

上述信息于当天上午 11 时 15 分至 17 分发布到 15 个微信群。同时，张某将该信息转发到了自己的微信朋友圈。

事后，张某和李某分别被处以 20 万元和 10 万元的罚款。

案例009　坚守底线与唯老板意识

反面案例：2015 年 4 月 24 日和 5 月 4 日，某财富网股吧有一个名为“冷眼看世 888”的账号先后两次发布“**公司股权之争引发重大资产重组”的帖子；5 月 17 日，该账号再次发布“这次的借壳可能已经谈妥”的帖子。

经核查，这些信息居然是该公司董事长胡某一手策划的，他对董秘罗某安排人员在网络上发布虚假信息进行了事先概括授权与事后认可。

事后，证监会责令胡某、罗某改正，并分别处以 20 万元罚款。

2

第 2 章 新三板董秘视角下的公司治理及内控概述

2.1 常规疑难15问

2.1.1 治理概念与问题重点

问答016 公司治理与本书将讲解的主要内容是什么？

（1）公司治理概念

所谓公司治理，经济合作与发展组织（OECD）这样定义：一种据以对工商公司进行管理和控制的体系。

狭义概念：所有者（主要是股东）对经营者的一种监督与制衡机制；主要通过股东大会、董事会、监事会及管理层所构成的公司治理结构的内部治理。广义概念：通过一套包括正式或非正式的内部或外部的制度或机制来协调公司与所有利益相关者（股东、债权人、供应者、雇员、政府、社区）之间的利益关系。

（2）本书将讲的内容

公司治理及公司治理中内部控制等相关问题和内容重点关注如下内容。

a）公司治理：一是控股股东及实际控制人等行为规范的治理，主要有防范内幕交易、资金占用、同业竞争、不公平关联交易等行为。二是“三会运行”问题，这一问题，对于董秘来说，属于第一重要基础工作之一。

b）内部控制：主要有关联交易、对外担保、对外投资、证券投资、套期保值、信息披露等，防范有关事项风险等。

上述两类事项中，内幕交易、对外投资、证券投资、套期保值等，防范有关事项风险等在本系列图书中册的“股票交易”、“股份管理”与“分层挂牌”，以及下册的“并购重组”、“投资者关系”等部分单独或融入其他主题具体解读。本书根据董秘所需熟悉的知识及实践方向，主要集中到资金占用、同业竞争、关联交易和对外担保这四项治理内控问题上来，在随后的章节将具体展开。另外，信息披露将在本书的第三部分进行专门讲述。

问答017　我国挂牌或上市公司治理的主要特点是什么？

新三板挂牌公司与沪深上市以“股东大会、董事会、监事会”为核心，上市公司同时引入独立董事和监事会制度。另外，新三板挂牌公司对独立董事制度没做强制要求。

（1）商业银行作为债权人的监督作用较小，在公司董事会、监事会中很少派驻代表。

（2）国有控股公司中容易出现“一股独大”问题，可能因所有者缺位导致内部人控制问题。

（3）民营控股公司股权较为集中，所有权和经营权合一，家族管理色彩较浓，可能引发公司不独立等问题。股东大会、董事会、管理层制衡机制较弱，董事会独立性不强，更多地维护控股股东利益。

（4）监事会仅有部分监督权，无权任免董事、高管，无权参与、否决董事会、管理层的经营决策。监事人选主要由控股股东决定，且来自公司内部，执行监督职能所需的专业胜任能力和独立性存在欠缺。

（4）控股股东持股比例很高，控制权市场不发达，来自并购市场的压力较小。

问答018　新三板等公众公司治理的问题主要是什么？

（1）从控制结构分析，新三板挂牌企业等公众公司主要由民营企业构成，股权较为集中，“家族色彩”浓厚。

（2）在三会运作层面，新三板挂牌企业等公众公司大多建立了“完善”的三会运作制度，但实际运作效果尚有待观察。中小股东参与股东大会程度较低，董事会审议程序不够充分，独立董事（如有）和监事的作用有待切实发挥。

（3）在内控层面，近年来新三板挂牌企业等公众公司内控制度逐步得以建立和完善，但内控执行力有待加强，内控评价体系有待标准化。

问答019　公司治理主要关注哪三个重点？

（1）关注重点一

控股股东及实际控制人应严格遵守相应的行为规范：

a）坚决防范控股股东及实际控制人利用控制权损害挂牌公司或上市公司及中小股东权益，坚决防范内幕交易、资金占用、同业竞争、不公平关联交易等行为。

b）应注重同全国股转系统或沪深交易所、国资等监管、主管部门沟通协调，遵守相应承诺。

（2）关注重点二（该内容在本书第1章已经讲解）

挂牌或上市公司应进一步规范三会运作、健全挂牌或上市公司自我约束机制：

a）切实遵守“三会”权利界限，不越权，不滥用权利。

b）着重推进累积投票制度、差额选举制度、征集投票权制度，以加强董事会构成的合理性。

c）进一步发挥董事会专业委员会的作用，提高董事会运作的有效性和独立性。

d）完善独立董事的提名和选聘机制，切实发挥独立董事作用。

e）提高中小股东参加股东大会比例，给中小股东参与挂牌或上市公司重大事务决策管理提供便利。

（3）关注重点三

挂牌或上市公司应不断加强内控建设，强化内控执行力：

a）应不断完善对重要事项内部控制制度的建设，如关联交易、对外担保、对外投资、证券投资、套期保值、信息披露等，防范有关事项风险。

b）应不断提高内部控制制度执行的有效性，内部审计部门和审计委员会应切实履行职责。

问答020　公司治理制度一般有哪些？章程有何作用？

（1）公司治理制度

一般来说，新三板挂牌等公众公司的治理制度包括：

制定《股东大会议事规则》、《董事会议事规则》、《监事会议事规则》、《总经理工作细则》、《对外投资管理制度》、《关联交易决策制度》、《对外担保管理制度》、《董事会秘书工作规则》、《信息披露管理制度》、《财务管理制度》、《投资者关系管理办法》等公司治理制度。

以上制度还需经股东大会审议并通过。

（2）章程的作用

在公司治理中，章程是企业依法实行“自治”的体现，公司的经营管理，包括风险控制、经营活动、纠纷解决等行为依照相关法律和公司章程进行。

《非上市公众公司监管指引第 3 号——章程必备条款》中规定，章程应当载明保障股东享有知情权、参与权、质询权和表决权的具体安排；公司为防止股东及其关联方占用或者转移公司资金、资产及其他资源的具体安排；公司控股股东和实际控制人的诚信义务；明确须提交股东大会的审议的重大事项的范围；载明公司的利润分配制度等。

2.1.2　四类公司治理模式及特点

问答021　公司治理的英美模式特点是什么？

公司治理的英美模式即“外部监督”模式，主要特点有：

（1）资本市场高度发达，市场内在约束机制健全。

（2）以股东利益最大化为目标，强调中小投资者权益保护。

（3）股权高度分散，产生突出的内部人控制问题。

（4）董事会以独立董事、外部董事为主体。

（5）普遍实施股权激励，统一管理层和股东长远利益。

（6）机构投资者、投资银行、分析师、审计师等外部监督机构成熟。

（7）并购活动活跃，控制权市场对管理层约束大。

（8）股东诉讼机制健全，公司违规成本高。

问答022　公司治理的德日模式特点是什么？

公司治理的德日模式即“内部控制”模式，主要特点有：

（1）银行体系发达，资本市场发展受到一定制约。

（2）上市公司股权相对集中，银行持股、企业交叉持股现象普遍。银行既是大股东，又是主要贷款人，在公司治理中扮演重要角色。

（3）德国实行两会制，董事会、监事会中包括股东、银行和职工的代表；日本实行一会制，董事会主要由管理层构成，监事会监督董事会。来自市场的外部监督较弱，中小投资者在公司治理中的话语权较小。

（4）日本允许公司自由选择放弃日本传统模式的“股东会—董事会—监事会”治理结构模式（废除监事会），转向美国模式的“股东会—董事会—独立董事任职的董事会专门委员会”治理结构模式。

问答023　公司治理的东亚模式特点是什么？

公司治理的东亚模式，即“家族控制”模式，其主要特点是：

（1）家族成员对上市公司控股。

（2）家族成员直接参与公司经营管理。

（3）缓解了所有权与经营权分离所产生的代理问题。

（4）大股东、管理层合二为一增加了与外部中小投资者的利益冲突，制衡机制容易失效。

2.1.3　内控事项及各总体要求

问答024　我国公司治理的主要问题及事项是什么？

据相关调查显示，我国公众公司与上市公司的公司治理的相关问题中，三会运作问题和内控问题最为突出。其中公司治理的内部控制的主要事项有：

（1）对控股子公司的管理控制。

（2）关联交易的内部控制。

（3）对外担保的内部控制。

（4）重大投资的内部控制（将在下册专门来谈）。

（5）信息披露的内部控制（将在信披管理部分解读）。

（6）内部审计工作规范（暂不从董秘角度讲解）。

（7）内部控制的检查和披露。

问答025　对控股子公司的管理控制活动是什么？

应当包括下列控制活动：

（1）明确向子公司委派董监高的选任方式及其职责权限。

（2）督导子公司建立相应的经营计划和风险管理程序。

（3）要求子公司建立重大事项报告制度并明确审议程序。

（4）要求子公司及时向董事会秘书报送相关重要文件。

（5）定期取得并分析子公司的季度或月度报告。

（6）建立对子公司的绩效考核制度。

另外，挂牌公司或上市公司控股子公司同时控股其他公司的，公司应当督促其控股子公司建立对其下属公司的管理控制制度。

问答026　关联交易的内部控制总体要求是什么？

（1）遵循诚实信用、平等、自愿、公平、公开、公允的原则，不得损害公司和股东利益。

（2）在公司章程中明确划分股东大会、董事会对关联交易的审批权限、审议程序及回避表决制度。

（3）确定公司关联人名单并及时更新，审慎判断是否构成关联交易。

（4）审议时应详细了解交易标的的真实状况、交易对方情况、交易价格及定价依据。

（5）关注是否存在关联人资金占用等侵占公司利益的问题，如存在，公司董事会应采取相应措施。

问答027　对外担保的内部控制总体要求是什么？

（1）应当遵循合法、审慎、互利、安全的原则。

（2）在公司章程中明确股东大会、董事会的审批权限、审议程序。注意：应执行《股票上市规则》中关于对外担保累计计算的相关规定。

（3）董事会应充分调查被担保人的经营和资信情况，认真审议分析被担保方的财务状况、营运状况、行业前景和信用情况。独立董事发表独立意见。董事会审议时采取特定多数制。

（4）应当要求对方提供反担保，谨慎判断反担保提供方的实际担保能力和反担保的可执行性。

（5）持续关注被担保人的情况，定期或及时向董事会报告。

（6）妥善管理担保合同及相关原始资料，关注担保的时效和期限。

（7）担保债务到期后如需展期，应当按照新的对外担保重新履行审批程序和信息披露义务。

问答028 重大投资的内部控制总体要求是什么？

（1）应当遵循合法、审慎、安全、有效的原则，控制投资风险，注重投资效益。

（2）在章程中明确股东大会、董事会的审批权限和审议程序。

（3）应当指定专门机构，负责对公司重大投资项目的可行性、投资风险、投资回报等事宜进行专门研究和评估，监督进展情况，及时向董事会报告。

（4）涉及证券投资、委托理财、风险投资等，应指定严格的决策程序、报告制度和监控措施，合理确定投资规模。

注意：前述投资事项应当由董事会或股东大会审议批准，不得将委托理财等审批权授予公司董事个人或管理层行使。

（5）董事会应定期了解重大投资项目的执行进展和投资效益情况，建立相应的责任机制。

问答029 内部审计工作规范要求是什么？

新三板挂牌企业等公众公司，特别是处于创新层的企业，建议设置如下相关制度、人员与日常工作。

（1）制度和人员

a）新三板挂牌公司建议建立内部审计制度，设立内部审计部门，对公司内部控制度的建立和实施、公司财务信息的真实性和完整性等情况进行检查监督。

b）内部审计部门对审计委员会（如有）负责，向审计委员（如有）报告工作；内审部专职人员不少于3人，内审负责人应当为专职，由审计委员会（如有）提名，董事会任免。

（2）建议的日常工作（可根据公司实际情况进行增减调整）

a）内部审计部门应当在每个会计年度结束前两个月内向审计委员会提交次一年内部审计工作计划，并在每个会计年度结束后两个月内向审计委员会提交年度内部审计工作报告；至少每年向审计委员会提交一次内部控制评价报告。

b）审计委员会至少每季度召开一次会议审议内审部门提交的工作计划和报告；至少每季度向董事会报告一次内审工作季度、质量及发现的问题。

c）内部审计应当涵盖公司经营活动中与财务报告、信息披露事项相关的所有业务环节，并妥善保存内部审计工作底稿等档案资料。

d）重点关注对外投资、购买和出售资产、对外担保、关联交易、募集资金使用、信息披露事务等事项相关内部控制制度的完整性、合理性及其实施的有效性。

问答030　内部控制的检查和披露工作有哪些内容？

新三板挂牌企业等公众公司，特别是处于创新层的企业，建议进行如下内部控制的检查和披露工作，可根据公司实际情况增减相关内容。

（1）内部审计部门每季度应与审计委员会召开一次会议，报告内审工作情况及问题。

（2）审计委员会出具评估意见并向董事会报告，如存在重大缺陷或风险，应及时向交易所报告并披露。

（3）董事会应当在审议年度报告时对内部控制自我评价报告发表意见，保荐机构应当对内部控制评价报告进行核查并出具意见。

（4）会计师事务所应当每两年对内部控制的有效性出具内部控制审计报告。如存在重大缺陷，董事会、监事会应对所涉及事项作出专项说明。

（5）公司应当将内控制度的健全完备和有效执行情况作为业绩考核重要指标之一，并建立责任追究机制。

2.2　典型实战5例

2.2.1　治理与规范

案例010　关联交易定价缺乏公允的内部控制

2010 年，北京证监局在针对某科技公司的《2009 年报专项检查报告》中指出，在该公司与关联方的交易合同价与市场价比较中，存在较大差异率。根据《企业会计准则第 36 号——关联方披露》“第 12 条企业只有在提供确凿证据的情况下，才能披露关联方交易是公平交易”的规定，该公司与关联方之间的定价方式是市场价的披露缺乏充足的证据支持。

案例011　向监事借款与治理不规范（蓝天园林）

新三板挂牌公司杭州蓝天园林生态科技股份有限公司（蓝天园林832136）于2015年6月10日与监事申力签订为其提供不超过450万元无息借款的协议，用于申力个人资金周转，其后将100万元资金借予申力。该事项发生时未履行董事会、股东大会决议程序，也未披露。公司治理与内控存在问题。

蓝天园林向申力借款的行为违反了《公司法》第115条和《全国中小企业股份转让系统业务规则（试行》第1.4条的要求，申力对此负有主要责任。

蓝天园林向申力借款购成关联交易，事项发生时未履行董事会、股东大会决议程序，属于公司治理不规范，同时也未披露，蓝天园林的行为违反了《全国中小企业股份转让系统信息披露细则（试行》第三十五条的规定。

鉴于上述违规事实和情节，股转公司做出如下决定：对杭州蓝天园林生态科技股份有限公司、申力采取约见谈话、要求提交书面承诺、出具警示函的自律监管措施。

案例012　治理不规范与关联方交易违规（无锡环卫）

无锡市环境卫生服务股份有限公司（无锡环卫832668）控股子公司四川鼎成电力工程有限公司（以下简称“四川鼎成”），及四川鼎成子公司鼎成电力设备销售（天津）有限公司分别与该公司关联方龙井中机新能源科技有限公司签署了《工程设计及施工合同》与《电气合同》，合同金额共计19,090万元。

2016年2月，无锡环卫董事会、股东大会对上述事项进行补充审议与披露

上述行为违反了《公司法》第一百零二条、《全国中小企业股份转让系统业务规则（试行）（以下简称《业务规则》）第1.5条、第4.1.1条、第4.1.2条、第4.2.4条，《全国中小企业股份转让系统挂牌公司信息披露细则（试行》（以下简称《信息披露细则》）第四条、第二十八条、第三十五条之规定，属于公司治理不规范，信息披露不及时的违规行为。

根据《业务规则》第6.1条之规定股转公司决定对无锡环卫给予出具警示函的自律监管措施。

2.2.2　投资、审计等内控

案例013　中信泰富对外投资巨亏损案例

2008年10月20日，港交所上市公司中信泰富公告，指出有管理层在未获

董事局主席授权下，签订了多份杠杆式澳元外汇累计期权，导致集团录得已变现亏损 8 亿元。

2009 年 3 月 25 日，中信泰富公布了 2008 年年报，年报显示，截至 2008 年 12 月 31 日，中信泰富净亏损 126.62 亿港元，其中由于上述外汇期权合同所导致的变现及市场公允值造成亏损达 143.32 亿元之巨。

案例014　第一家内部控制审计被出具否定意见企业

某制药公司在披露 2009 年年报时，其内部控制自我评价报告被审计机构出具否定意见，成为我国内部控制审计以来第一家被出具否定意见的上市公司。在该内部控制评价报告中，会计师认为，由于公司内部控制存在缺陷及其对实现控制目标的影响，该制药公司未能按照《企业内部控制基本规范》、《深圳证券交易所上市公司内部控制指引》的相关要求于 2009 年 12 月 31 日在所有重大方面保持有效的内部控制。

第3章 股东会董秘操作与各类实战、法律问题及解决

3.1 常规疑难18问

3.1.1 有限、股份公司皆有问题

问答031 公司股东的权利有哪些？

不论是有限责任公司，还是股份公司的股东，具备的权利概括起来，不外乎两种，那就是自益权和共益权。

自益权：股东以从公司获取经济利益为目的的权利或者股东以自身经济利益为目的而行使的权利。如股利分配请求权、剩余财产分配请求权、新股认购优先权、股份买取请求权、股份转换请求权、股份转让权等。

共益权：股东以参与公司经营管理为目的的权利或者股东为自己利益的同时兼为公司利益而行使的权利。如表决权、代表诉讼提起权、股东大会召集请求权和召集权、提案权、质询权、股东大会决议撤销诉权、股东大会决议无效确认诉权、累积投票权、查阅权、董事会违法行为制止请求权等。

问答032　公司股东会能够行使哪些职权？

股东会是公司的权力机构，不论是有限责任公司还是股份公司，公司股东会行使下列职权：

（1）决定公司的经营方针和投资计划。

（2）选举和更换非由职工代表担任的董事、监事，决定有关董事、监事的报酬事项。

（3）审议批准董事会的报告。

（4）审议批准监事会或者监事的报告。

（5）审议批准公司的年度财务预算方案、决算方案。

（6）审议批准公司的利润分配方案和弥补亏损方案。

（7）对公司增加或者减少注册资本作出决议。

（8）对发行公司债券作出决议。

（9）对公司合并、分立、解散、清算或者变更公司形式作出决议。

（10）修改公司章程。

（11）其他如特定交易事项的审批权、变更募集资金用途股权激励、聘请或解聘审计机构等。

（12）公司章程规定的其他职权。

问答033　何为累积投票制？如何实行累积投票制？

股东大会选举董事、监事，可以依照公司章程的规定或者股东大会的决议，实行累积投票制。

所谓累积投票制，是指股东大会选举董事或者监事时，每一股份拥有与应选董事或者监事人数相同的表决权，股东拥有的表决权可以集中使用。累积投票权计算公式：可得席位数 Y=股份比例 a×总股份数 S×(席位数 N+1)/(总股份数 S+1/席位数 N+1)即：

$$Y=a\times S(N+1)/(S+1/N+1)$$

股东大会以累计投票选举董事时，独立董事和非独立董事的表决应当分别进行。

股东大会通知中应注意明确累计投票制度的适用情形及授权委托书的格式。

问答034　累积投票制与直线投票制有何区别？

所谓直线投票制就是股东将自己的选票平均地投给自己的候选人，即简单多数原则。直线投票制里的股东按照所持股份将自己的选票平均地投给自己提名的候选人，得票多者当选。作为传统的投票方式，直线投票制的操作极为简便易行，但其缺点亦显而易见，即大股东囊括所有席位，小股东一无所获。尽管从表面上看来，这种选举方式是公平的，符合“资本多数决”原则。但是，采取直线投票制的最大问题在于持股较多的股东有可能囊括董事会的所有席位。

正是因为直线投票制本身的不合理性，累积投票制在政治竞选中一经出现，即引起了公司法学者的浓厚兴趣，并被迅速移植到公司董事的选举之中，成为一种与直线投票制相并行的新兴选举方式。可见，累积投票制是直线投票制的一种修正，其意旨在于能够增加中小股东的候选人当选公司董事的机会，而不至于使董事会成为大股东的“一言堂”。

在股东人数较多的公众公司中，选举董事一般是直线投票制的方式决定的，大型公司中鲜有采用累积投票制方式产生董事成员的。根据统计，累积投票制最常被股东人数介于50～500人之间的中型闭锁性公司所采用。值得一提的是，直线投票制和累积投票制并非是董事会选举时仅有的两种解决方案，在闭锁性公司中，由于往往仅有少数几名股东，董事会成员的产生完全可以通过股东事先约定的方式解决。

问答035　何为逐项表决制度？何为分类表决制度？

（1）除累计投票情形外，股东大会应当对所有提案进行逐项表决。对同一事项有不同提案的，股东或其代理人在股东大会上不得对同一事项的不同提案同时投同意票。

（2）分类表决制度：为充分保障社会公众股东利益，鼓励公司在章程中规定股东大会审议特定事项时，不仅需经股东大会表决通过，还需经参加表决的社会公众股东表决通过。

问答036　何为回避表决制度？

（1）股东与股东大会拟审议事项有关联关系时，应当回避表决，其所持有表决权的股份不计入出席股东大会有表决权的股份总数。

（2）新三板挂牌或沪深上市公司持有自己的股份没有表决权，且该部分股份不计入出席股东大会有表决权的股份总数。

问答037　何为股东权利征集制度？

（1）新三板挂牌或沪深上市公司股东可以向其他股东公开征集其合法享有

的股东大会召集权、提案权、提名权、表决权等股东权利，但不得采取有偿或变相有偿方式进行征集。

（2）《上市公司股权激励管理办法》（试行）第 36 条：股东大会审议股权激励计划时，独立董事应当就股权激励计划向所有的股东征集委托投票权。

（3）董事会、独立董事（如有）和符合相关规定条件的股东可以征集股东投票权。

问答038　股东大会出席、会议记录与资料保存有何要求？

（1）股东应当持股票账户卡、身份证或其他能够表明其身份的有效证件或证明出席股东大会。

（2）股东可以委托代理人出席股东大会会议，代理人还应当提交股东授权委托书和个人有效身份证件，并在授权范围内行使表决权。

（3）授权委托书应当载明对列入股东大会议程的每一审议事项投赞成、反对或弃权票的指示。如果股东不作具体指示，委托书应当载明股东代理人是否可以按自己的意思表决。

（4）股东大会应当对所议事项的决定作成会议记录，主持人、出席会议的董事应当在会议记录上签名。会议记录应当与出席股东的签名册及代理出席的委托书一并保存。

3.1.2　股份公司股东会

问答039　股份有限公司股东大会性质及临时大会召开的要求是什么？

股份有限公司股东大会由全体股东组成。股东大会是公司的权力机构，依法行使职权。

股东大会应当每年召开 1 次年会。有下列情形之一的，应当在 2 个月内召开临时股东大会：

（1）董事人数不足本法规定人数或者公司章程所定人数的 2/3 时。

（2）公司未弥补的亏损达实收股本总额 1/3 时。

（3）单独或者合计持有公司 10%以上股份的股东请求时。

（4）董事会认为必要时。

（5）监事会提议召开时。

（6）公司章程规定的其他情形。

问答040　股份公司股东大会怎样召集与主持？

通常情形：股东大会会议由董事会召集，董事长主持；董事长不能履行职务或者不履行职务的，由副董事长主持；副董事长不能履行职务或者不履行职务的，由半数以上董事共同推举一名董事主持。

非常情形：董事会不能履行或者不履行召集股东大会会议职责的，监事会应当及时召集和主持；监事会不召集和主持的，连续 90 日以上单独或者合计持有公司 10%以上股份的股东可以自行召集和主持。

非常情形要求：监事会、股东自行召集股东大会的，应当书面通知董事会，并在发出股东大会通知时向监管机构（如证监局）、交易所或股转系统提交相应材料。

问答041　股份公司股东大会通知有哪些要求？

（1）年度股东大会提前 20 日。

（2）临时股东大会提前 15 日。

（3）发行无记名股票的，应当于会议召开 30 日前公告会议召开的时间、地点和审议事项。

（4）股东大会通知内容：应当明确会议时间、地点、所有议案具体内容、股权登记日、表决方式。

（5）通知后不得随意修改股东大会通知中的提案或增减提案。

（6）审议中不得随意对提案进行修改。

（7）通知后股东大会非因正当理由不得延期或取消，一旦出现延期或取消的情形，召集人应当在原定召开日期至少两个工作日之前公告并说明原因。

问答042　股份公司股东大会有关提案有何要求？

（1）董事会提案。

（2）监事会提案。

（3）单独或合计持有公司 3%以上股份的股东。

（4）单独或合计持有公司 3%以上股份的股东提交临时提案时应在股东大会召开前 10 日书面提交召集人。召集人应在收到临时提案后两日内发出股东大会补充通知。

（5）临时提案的内容应当属于股东大会职权范围，并有明确议题和具体决议事项。

问答043　股份公司股份与表决权，表决通过及要求有哪些？

无记名股票持有人出席股东大会会议的，应当于会议召开 5 日前至股东大会闭会时将股票交存于公司。

股东出席股东大会会议，所持每一股份有一表决权。但是，公司持有的本公司股份没有表决权。

股东大会作出决议，必须经出席会议的股东所持表决权过半数通过。但是，股东大会作出修改公司章程、增加或者减少注册资本的决议，以及公司合并、分立、解散或者变更公司形式的决议，必须经出席会议的股东所持表决权的 2/3 以上通过。

《公司法》和公司章程规定公司转让、受让重大资产或者对外提供担保等事项必须经股东大会作出决议的，董事会应当及时召集股东大会会议，由股东大会就上述事项进行表决。

股东大会不得对前两款通知中未列明的事项作出决议。

问答044　股东大会特定多数制度及其要求是什么？

（1）简单多数制：股东大会作出决议必须经出席会议的股东所持表决权过半数通过。

（2）特别多数制：股东大会作出决议必须经出席会议的股东所持表决权的 2/3 以上通过。特别多数制适用情形有修改公司章程、增加或减少注册资本、公司合并、分立、解散或者变更公司形式等。

（3）公司向其他企业投资（公司可以向其他企业投资，但是，除法律另有规定外，不得成为对所投资企业的债务承担连带责任的出资人）或者为他人提供担保，依照公司章程的规定，由董事会或者股东会、股东大会决议；公司章程对投资或者担保的总额及单项投资或者担保的数额有限额规定的，不得超过规定的限额。

（4）公司为公司股东或者实际控制人提供担保的，必须经股东会或者股东大会决议。被担保的股东或者受前款规定的实际控制人支配的股东，不得参加前款规定事项的表决。该项表决由出席会议的其他股东所持表决权过半数通过。

3.1.3 有限公司股东会

问答045　股东会性质及类型是什么？不需召开会议即可做决定的情况有哪些？

有限责任公司股东会由全体股东组成。股东会是公司的权力机构，依法行使职权。

股东会会议分为定期会议和临时会议。定期会议应当依照公司章程的规定按时召开。代表1/10以上表决权的股东，1/3以上的董事，监事会或者不设监事会的公司的监事提议召开临时会议的，应当召开临时会议。

公司股东会职权所列事项，股东以书面形式一致表示同意的，可以不召开股东会会议，直接作出决定，并由全体股东在决定文件上签名、盖章。

问答046　有限公司首次股东会是怎样召集与主持的？

首次股东会会议由出资最多的股东召集和主持，依照《公司法》规定行使职权。

有限责任公司设立董事会的，股东会会议由董事会召集，董事长主持；董事长不能履行职务或者不履行职务的，由副董事长主持；副董事长不能履行职务或者不履行职务的，由半数以上董事共同推举一名董事主持。

有限责任公司不设董事会的，股东会会议由执行董事召集和主持。

董事会或者执行董事不能履行或者不履行召集股东会会议职责的，由监事会或者不设监事会的公司的监事召集和主持；监事会或者监事不召集和主持的，代表1/10以上表决权的股东可以自行召集和主持。

问答047　股东会通知、会议记录签名与表决权的规定有哪些？

召开股东会会议，应当于会议召开15日前通知全体股东；但是，公司章程另有规定或者全体股东另有约定的除外。

股东会应当对所议事项的决定作成会议记录，出席会议的股东应当在会议记录上签名。

股东会会议由股东按照出资比例行使表决权；但是，公司章程另有规定的除外。

股东会的议事方式和表决程序，除《中华人民共和国公司》（以下简称《公司法》）有规定的外，由公司章程规定。

问答048　有限公司哪些事项需经代表2/3以上表决权的股东通过？

股东会会议作出修改公司章程、增加或者减少注册资本的决议，以及公司合并、分立、解散或者变更公司形式的决议，必须经代表 2/3 以上表决权的股东通过。

3.2　典型实战9例

3.2.1　召集与运行

案例015　董事长自行决定并召开股东会是否合规

2016 年 3 月，某有限责任公司董事长李某认为原公司的章程已经不符合公司发展的需要，因此决定召开股东临时会议，修改公司章程。3 月 5 日，9 名股东收到了仅有张某签名的会议通知，并于 3 月 7 日参加了股东会。

在此案例中，股东大会的召集是否存在违规与违法？

【案例解读】

董事长有主持会议的权力，但无权自行决定并召开股东会。

我国《公司法》第三十九条规定：股东会会议分为定期会议和临时会议。

定期会议应当依照公司章程的规定按时召开。代表十分之一以上表决权的股东，三分之一以上的董事，监事会或者不设监事会的公司的监事提议召开临时会议的，应当召开临时会议。

同时《公司法》第四十条规定：有限责任公司设立董事会的，股东会会议由董事会召集，董事长主持；董事长不能履行职务或者不履行职务的，由副董事长主持；副董事长不能履行职务或者不履行职务的，由半数以上董事共同推举一名董事主持。

有限责任公司不设董事会的，股东会会议由执行董事召集和主持。

董事会或者执行董事不能履行或者不履行召集股东会会议职责的，由监事会或者不设监事会的公司的监事召集和主持；监事会或者监事不召集和主持的，代表十分之一以上表决权的股东可以自行召集和主持。

所以，董事长张某自行决定并召开股东临时会议是违法的。董事长有主持会议的权力，但无权自行决定并召开股东会。

案例016 召开股东会通知与表决的合规问题

2016年3月，某有限责任公司决定召开股东临时会议，修改公司章程。3月5日，9名股东收到了会议通知，并于3月7日参加了股东会。会上，董事长张某宣读了公司章程的修改草案，结果代表3/5股权的5名股东投票同意修改公司章程，代表2/5股权的4名股东投了反对票。最后会议主持人李某宣布，按照少数服从多数的原则，公司章程修改案通过。

在此案例中，股东大会的通知与会议通过是否存在违规与违法？

【案例解读】

（1）通知与召开会议之间的时间间隔太短，未达到15日。

（2）表决存在问题，如果修改公司章程，必须经过代表2/3表决权的股东通过。

根据《公司法》第四十一条：召开股东会会议，应当于会议召开十五日前通知全体股东；但是，公司章程另有规定或者全体股东另有约定的除外。

本案例中股东3月5日接到会议通知，3月7日就召开股东会议，这也是违法的。因为依照《公司法》规定，召开股东会议，应于会议召开15日前通知全体股东。如果是3月5日通知股东要召开会议，会议至少要在3月20日之后召开。

根据《公司法》第四十三条的规定："股东会会议作出修改公司章程、增加或者减少注册资本的决议，以及公司合并、分立、解散或者变更公司形式的决议，必须经代表三分之二以上表决权的股东通过。"

本案例中仅代表3/5表决权的股东同意，董事长就宣布章程修改案通过，这也是违法的。如果修改公司章程，必须经过代表2/3表决权的股东通过。

案例017 临时股东会召开、通知与股东权益等问题

某市股份有限公司因经营管理不善造成亏损，公司未弥补的亏损达股本的1/4，公司董事长李某决定在4月6日召开临时股东大会，讨论如何解决公司面临的困境。董事长李某在4月1日发出召开该年临时股东大会会议的通知，其内容如下。

为讨论解决本公司面临的亏损问题，凡持有股份10万股（含10万股）以上的股东直接参加股东大会会议，小股东不必参加股东大会。股东大会如期召开，会议议程为两项：

（1）讨论解决公司经营所遇困难的措施。

（2）改选公司监事二人。出席会议的有 90 名股东。经大家讨论，认为目前公司效益太差，无扭亏希望，于是表决解散公司。表决结果，80 名股东，占出席大会股东表决权 3/5，同意解散公司，董事会决议解散公司。会后某小股东认为公司的上述行为侵犯了其合法权益，向人民法院提起诉讼。

问题：

（1）本案例中公司召开临时股东大会合法吗？

（2）临时股东大会的通知存在什么问题？

（3）临时股东大会的议程合法吗？作出解散公司的决议有效吗？

（4）该小股东的什么权益受到了侵害？

【案例解读】

（1）我国《公司法》规定，股东大会应当每年召开一次年会，有下列情形之一的，应当在 2 个月内召开临时股东大会：a）董事人数不足本法规定的人数或公司章程所定人数的 2/3 时；b）公司未弥补的亏损达股本总额 1/3；c）持有公司股份 10%以上的股东请求时；d）董事会认为必要时；e）监事会提议召开时。本案例中，公司亏损占股本总额的 1/4，未到法定未弥补亏损占股本总额 1/3 的下限。召开临时股东大会系董事长李某的决定而非董事会决议。在临时股东会的召开上不符合法定条件。

（2）股东大会会议由董事会依法负责召集，由董事长主持。召开股东大会，应当将会议审议的事项于会议召开 30 日以前通知各股东。本案例中，临时股东大会的通知发出时间不符合法定条件，通知发出人应为董事会而非董事长李某。尤为严重的是，该通知违反了股东平等的原则，不允话小股东参加临时股东大会，严重损害了小股东的合法权益。《公司法》规定，临时股东大会不得对通知中未列明的事项作出决议。本案例中，通知中是讨论解决公司目前亏损问题，而会议议程又增加了讨论改选公司监事两人的任务，与通知规定不符。

（3）我国《公司法》规定，股东大会对公司合并、分立或解散公司作出决议，必须经出席会议的股东所持表决权的 2/3 以上通过。计算表决权应依照持有股份，不应依人数。本案例中解散公司决议未得到出席会议股东所持表决权 2/3 以上多数同意，因而是无效的。此外，公司的解散应由股东大会决议，而不能由董事会决议通过，本案例的公司解散由董事会决议，因而也是错误的。

（4）该小股东被侵害的权益有股东的平等权和股东的知情权、股东参与公司管理的权利等。

案例018 股东大会累积投票制如何选举董事

某公司要选5名董事，公司股份共1000股，股东共10人，其中1名大股东持有510股，即拥有公司51%股份；其他9名股东共计持有490股，合计拥有公司49%的股份。若按直接投票制度，每一股有一个表决权，则控股51%的大股东就能够使自己推选的5名董事全部当选，其他股东毫无话语权。但若采取累积投票制，表决权的总数就成为1000×5=5000票，控股股东总计拥有的票数为2550票，其他9名股东合计拥有2450票。根据累积投票制，股东可以集中投票给一个或几个董事候选人，并按所得同意票数多少的排序确定当选董事，因此从理论上来说，其他股东至少可以使自己的两名董事当选，而控股比例超过半数的股东也最多只能选上3名自己的董事。

按照累积投票权计算公式 $Y=a\times S(N+1)/(S+1/N+1)$ 计算为：

其他股东可得公司股东席位数 $Y=0.49\times1000\times(5+1)/(1000+1/5+1)=2.936$，即该公司其他股东最少可以得到5个席位中的2个。

案例019 股东会决议样本（某公司委托贷款抵押担保）

股东会决议

一、时间：二○一五年×月×日

二、地点：公司会议室

三、与会股东：××、××、××、××、××。

股东会会议应到股东×名，实到股东×名，符合公司法及本公司章程规定。

四、议题：关于本公司申请委托贷款并提供担保之事宜

五、决议：与会股东经审议，表决一致通过以下决议：

1. 股东会同意向××市中小企业信用担保中心申请委托贷款（由××市商业银行××支行受托放贷）××万元，借款期间为一年，借款用途为生产经营流动资金周转。

2. 股东会同意以××名下的房产向担保中心提供抵押担保。

股东签章：

××市××有限公司（公章）

二○一五年×月×日

3.2.2　多种决议与要求

案例020　公司分立的股东会决议与公告问题

某股份有限公司董事会决议该公司分立后，将方案提交股东会讨论。4 月 10 日，在股东大会上，出席会议的股东所持有的表决权之 61%，通过公司分立决议。4 月 28 日公司将分立之事通知债权人，A 与 B 公司。5 月 10 日至 6 月 10 日，又在报纸上二次刊登公告。告知债权人及时行使权利。

问题：如上否存在不合法的地方？

【案例解读】

（1）关于分立的决议与程序存在问题。

（2）公告程序存在问题。

根据《公司法》第一百零三条规定：股东出席股东大会会议，所持每一股份有一表决权。但是，公司持有的本公司股份没有表决权。股东大会作出决议，必须经出席会议的股东所持表决权过半数通过。但是，股东大会作出修改公司章程、增加或者减少注册资本的决议，以及公司合并、分立、解散或者变更公司形式的决议，必须经出席会议的股东所持表决权的 2/3 以上通过。

根据《公司法》第一百七十三条规定：公司合并，应当由合并各方签订合并协议，并编制资产负债表及财产清单。公司应当自作出合并决议之日起 10 日内通知债权人，并于 30 日内在报纸上公告。债权人自接到通知书之日起 30 日内，未接到通知书的自公告之日起 45 日内，可以要求公司清偿债务或者提供相应的担保。

结合本案例，公司 4 月 10 日，通过公司分立决议。应该在 4 月 20 日前通知债权人，在 5 月 10 日以前在报纸上公告。

案例021　更换董监高人员、亏损合并与股东大会

某股份公司注册资本为人民币 2 亿元。后来由于行业市场不景气，公司年底出现了无法弥补的经营亏损，亏损总额为人民币 7000 万元。某股东据此请求召开临时股东大会。公司决定于次年 4 月 10 日召开临时股东大会，并于 3 月 20 日在报纸上刊登了向所有的股东发出的会议通知。通知确定的会议议程包括以下事项：

（1）选举更换部分董事，选举更换董事长。

（2）选举更换全部监事。

（3）更换公司总经理。

（4）就发行公司债券作出决议。

（5）就公司与另一同行业公司合并作出决议。

在股东大会上，上述各事项均经出席大会的股东所持表决权的半数通过。

问题：

（1）公司发生亏损后，在股东请求时，应否召开股东大会？

（2）公司在临时股东大会的召集、召开过程中，有无与法律规定不相符的地方？

【案例解读】

（1）公司发生经营亏损后，在股东请求时，应当召开临时股东大会。召开的理由是，该公司的未弥补亏损 7000 万元已超过注册资本 2 亿元的 1/3。

（2）该公司在临时股东大会的召集、召开过程中，存在以下与法律不符的地方：

召开股东大会应提前 30 日通知股东，该公司通知股东的时间少于 30 日；选举更换董事长，不属于股东大会的职权，应由董事会选举更换董事长；股东大会不能选举、更换全部监事，因其中有公司职工选出的监事，股东大会只能选举更换由股东代表出任的监事；更换聘任公司经理，是董事会的职权，不是股东大会的职权；公司合并决议应经出席股东大会的股东所持表决权的 2/3 而不是半数以上通过。

案例022　股东会与发行债、转增股本决议

某股份有限公司，注册资本为 8000 万元。9 月 1 日，公司召开的股东大会作出如下决议：

为扩大公司的生产规模，决定发行公司债券 500 万元。公司法定盈余公积金 2000 万元中提取 500 万元转增公司资本。

问题：

（1）股东大会会议决定发行公司债券是否符合规定？

（2）股东大会会议决定将法定盈余公积金转增资本是否合法？

【案例解读】

（1）股东大会会议决定发行公司债券是符合规定的。根据规定，所有的公司都是可以发行公司债券的。

（2）股东大会会议决定将法定盈余公积金转增资本的决议方式是符合规定

的，但是转增的金额是不符合规定的。根据规定，公司将法定盈余公积金转增资本时，留存的该项公积金不得少于该公司转增前注册资本的 25%。丁公司转增资本时，留存的法定盈余公积金占注册资本的比例为（2000-500）÷8000×100%=18.75%，留存的法定盈余公积金少于转增前该公司注册资本的 25%，所以是不符合规定的。

案例023　清算决议、委托与债权人保护与股东会问题

甲有限公司由于市场情况发生重大变化，如继续经营将导致公司惨重损失。3 月 20 日，该公司召开了股东大会，以出席会议的股东所持表决权的半数通过决议解散公司。4 月 15 日，股东大会选任公司 5 名董事组成清算组。清算组成立后于 5 月 5 日起正式启动清算工作，将公司解散及清算事项分别通知了有关的公司债权人，并于 5 月 20 日、5 月 31 日分别在报纸上进行了公告，规定自公告之日起 3 个月内未向公司申报债权者，将不负清偿义务。

问题：

（1）该公司关于清算的决议是否合法？说明理由。

（2）甲公司能否由股东会委托董事组成清算组？

（3）该公司在清算中有关保护债权人的程序是否合法？

【案例解读】

（1）该公司关于清算的决议不合法。根据我国《公司法》的规定，股份有限公司决议解散公司，须经出席股东大会的股东所持表决权的 2/3 以上的多数通过，但本案例中，甲股份有限公司只以出席会议的股东所持表决权的半数通过决议解散公司，故该清算决议是不合法的。

（2）按照我国《公司法》的规定，股份有限公司的清算组由股东会议确定其人选。因此，在本案例中，甲公司由股东大会选任清算人是有法律依据的。而且，在公司法实务中，股份有限公司清算组的组成，按照一般惯例，也大多由董事组成公司清算组。

（3）该公司关于保护债权人的程序不合法，根据我国《公司法》的规定，股东大会决议解散公司的，应当在 15 日内成立清算组。清算组应当自成立之日起 10 日内通知债权人，并于 60 日内在报纸上至少公告 3 次。该公司在 3 月 20 日通过了股东大会决议，而至 4 月 15 日才成立清算组，整整迟了 10 天。另外，清算组成立后，应当立即着手公司清算工作，但迟至 5 月 5 日才正式启动清算工作，超过了自成立之日起 10 日内通知债权人的期限，这些都是不合法的。

4

第 4 章

董事会运作与各类实战、法律问题及解决

4.1　常规疑难12问

4.1.1　股份有限公司

问答049　创立大会结束30日内，董事会报送的登记文件有哪些？

董事会应于股份公司创立大会结束后 30 日内，向公司登记机关报送下列文件，申请设立登记：

（1）公司登记申请书。

（2）创立大会的会议记录。

（3）公司章程。

（4）验资证明。

（5）法定代表人、董事、监事的任职文件及其身份证明。

（6）发起人的法人资格证明或者自然人身份证明。

（7）公司住所证明。

以募集方式设立股份有限公司公开发行股票的，还应当向公司登记机关报

送国务院证券监督管理机构的核准文件。

问答050　股份公司董事会成员的产生、任期等有哪些规定？

股份有限公司设董事会，其成员为 5～19 人。

股份公司董事会设董事长 1 人，可以设副董事长。董事长和副董事长由董事会以全体董事的过半数选举产生。

董事会成员中可以有公司职工代表。董事会中的职工代表由公司职工通过职工代表大会、职工大会或者其他形式民主选举产生。

董事任期由公司章程规定，但每届任期不得超过 3 年。董事任期届满，连选可以连任。

董事任期届满未及时改选，或者董事在任期内辞职导致董事会成员低于法定人数的，在改选出的董事就任前，原董事仍应当依照法律、行政法规和公司章程的规定，履行董事职务

另，沪深上市公司要求至少 1/3 以上为独立董事，其中至少 1 名会计专业人士；董事会下设审计委员会、薪酬与考核委员会、提名委员会、战略委员会，除战略委员会外，其他 3 个委员均应由独立董事担任召集人，且独立董事应占半数以上。

问答051　股份公司董事会行使的职权有哪些？

有限责任公司董事会职权的规定，适用于股份有限公司董事会。董事会对股东会负责，行使下列职权：

（1）召集股东会会议，并向股东会报告工作。

（2）执行股东会的决议。

（3）决定公司的经营计划和投资方案。

（4）制定公司的年度财务预算方案、决算方案。

（5）制定公司的利润分配方案和弥补亏损方案。

（6）制定公司增加或者减少注册资本以及发行公司债券的方案。

（7）制定公司合并、分立、解散或者变更公司形式的方案。

（8）决定公司内部管理机构的设置。

（9）决定聘任或者解聘公司经理及其报酬事项，并根据经理的提名决定聘任或者解聘公司副经理、财务负责人及其报酬事项。

（10）制定公司的基本管理制度。

（11）公司章程规定的其他职权。

问答052　董事会召集、委托出席及会议记录有何要求？

董事长召集和主持董事会会议，检查董事会决议的实施情况。副董事长协助董事长工作，董事长不能履行职务或者不履行职务的，由副董事长履行职务；副董事长不能履行职务或者不履行职务的，由半数以上董事共同推举一名董事履行职务。

董事会会议，应由董事本人出席；董事因故不能出席，可以书面委托其他董事代为出席，委托书中应载明授权范围。

董事会应当对会议所议事项的决定作成会议记录，出席会议的董事应当在会议记录上签名。

问答053　股份公司董事会召开、通知与举行等有哪些规定？

股份公司董事会每年度至少召开两次会议，每次会议应当于会议召开 10 日前通知全体董事和监事。

代表 1/10 以上表决权的股东、1/3 以上董事或者监事会，可以提议召开董事会临时会议。董事长应当自接到提议后 10 日内，召集和主持董事会会议。

董事会召开临时会议，可以另定召集董事会的通知方式和通知时限。

董事会会议应有过半数的董事出席方可举行。

另，沪深上市公司：一是独立董事可以提议召开董事会，但应取得全体独立董事过半数同意。二是两名或两名以上的独立董事如认为会议资料不充分或论证不明确，可以向董事会联名提出延期召开董事会或延期审议该事项，董事会应予以采纳。

问答054　股份公司董事会议事规则有哪些？

（1）1 人 1 票制。

（2）应有过半数董事出席方可举行，董事会决议需由全体董事过半数通过。

（3）关联董事回避表决制。

（4）一名董事不得在一次董事会会议上接受超过两名董事的委托代为出席会议。在审议关联交易事项时，非关联董事不得委托关联董事代为出席会议。

（5）出席董事会会议的非关联董事人数不足 3 人的，应提交股东大会审议。

董事应当对董事会的决议承担责任。董事会的决议违反法律、行政法规或者公司章程、股东大会决议，致使公司遭受严重损失的，参与决议的董事对公司负赔偿责任。但经证明在表决时曾表明异议并记载于会议记录的，该董事可以免除责任。

问答055　股份公司经理聘任及其职权内容是什么？

股份有限公司设经理，由董事会决定聘任或者解聘。公司董事会可以决定由董事会成员兼任经理。有限责任公司经理职权的规定，同样适用于股份有限公司经理，具体如下：

（1）主持公司的生产经营管理工作，组织实施董事会决议。

（2）组织实施公司年度经营计划和投资方案。

（3）拟订公司内部管理机构设置方案。

（4）拟订公司的基本管理制度。

（5）制定公司的具体规章。

（6）提请聘任或者解聘公司副经理、财务负责人。

（7）决定聘任或者解聘除应由董事会决定聘任或者解聘以外的负责管理人员。

（8）董事会授予的其他职权。

公司章程对经理职权另有规定的，从其规定。

经理列席董事会会议。

4.1.2　有限公司

问答056　董事会设立与不设立规定、成员人数及其他特殊要求有哪些？

有限责任公司设董事会，其成员为 1～13 人；但是，若公司股东人数较少或者规模较小的有限责任公司，可以设 1 名执行董事，不设董事会。执行董事可以兼任公司经理。执行董事的职权由公司章程规定。

两个以上的国有企业或者两个以上的其他国有投资主体投资设立的有限责任公司，其董事会成员中应当有公司职工代表；其他有限责任公司董事会成员中可以有公司职工代表。董事会中的职工代表由公司职工通过职工代表大会、职工大会或者其他形式民主选举产生。

董事会设董事长 1 人，可以设副董事长。董事长、副董事长的产生办法由公司章程规定。

问答057　董事任期与改选等要求有哪些？

董事任期由公司章程规定，但每届任期不得超过 3 年。董事任期届满，若被连选可以连任。

董事任期届满未及时改选，或者董事在任期内辞职导致董事会成员低于法定人数的，在改选出的董事就任前，原董事仍应当依照法律、行政法规和公司章程的规定，履行董事职务。

问答058　有限公司董事会有哪些职权？

董事会对股东会负责，行使下列职权：

（1）召集股东会会议，并向股东会报告工作。

（2）执行股东会的决议。

（3）决定公司的经营计划和投资方案。

（4）制定公司的年度财务预算方案、决算方案。

（5）制定公司的利润分配方案和弥补亏损方案。

（6）制定公司增加或者减少注册资本以及发行公司债券的方案。

（7）制定公司合并、分立、解散或者变更公司形式的方案。

（8）决定公司内部管理机构的设置。

（9）决定聘任或者解聘公司经理及其报酬事项，并根据经理的提名决定聘任或者解聘公司副经理、财务负责人及其报酬事项。

（10）制定公司的基本管理制度。

（11）公司章程规定的其他职权。

问答059　董事会召集、主持，记录、签名与表决有哪些规定？

董事会会议由董事长召集和主持；董事长不能履行职务或者不履行职务的，由副董事长召集和主持；副董事长不能履行职务或者不履行职务的，由半数以上董事共同推举一名董事召集和主持。

董事会的议事方式和表决程序，除《公司法》的规定之外，由公司章程规定。

董事会应当对所议事项的决定作成会议记录，出席会议的董事应当在会议记录上签名。

董事会决议的表决，实行 1 人 1 票制度。

问答060　董事会聘任的经理（高层）行使的职权有哪些？

有限责任公司可以设经理（高层），由董事会决定聘任或者解聘。经理对董事会负责，行使下列职权：

（1）主持公司的生产经营管理工作，组织实施董事会决议。

（2）组织实施公司年度经营计划和投资方案。

（3）拟订公司内部管理机构设置方案。

（4）拟订公司的基本管理制度。

（5）制定公司的具体规章。

（6）提请聘任或者解聘公司副经理、财务负责人。

（7）决定聘任或者解聘除应由董事会决定聘任或者解聘以外的负责管理人员。

（8）董事会授予的其他职权。

公司章程对经理职权另有规定的，从其规定。

经理列席董事会会议。

4.2　典型实战9例

4.2.1　召集与运行

案例024　章程规定与董事会设立条件问题

三家企业准备投资组建一个新的有限责任公司，该有限责任公司规模很小，股东少，可以不设董事会，但是经协商，三家企业依然共同制定了公司章程，其中，有如下条款：公司设立董事会，董事长负责董事会工作。

问题：规模小的有限公司公司设立董事会合法吗？

【案例解读】

公司章程中有“设立董事会，董事长负责董事会的工作”条款合规合法。

根据《公司法》第五十条规定：有限责任公司，股东人数较少和规模较小的，可以设一名执行董事，不设立董事会。执行董事可以兼任公司经理。

虽然这样，但是，这仅是例外，并不排除股东人数少、规模小设董事会的情况。

案例025　成员不足规定人数与提议召开董事会问题

某有限责任公司，一些董事怀疑公司账目有假，有 3 人退出董事会，其中一名董事 B 提出，现董事会成员已不足公司章程所定人数的 2/3，应依法召开临时股东会，更换公司领导。

问题：此提议是否符合法律规定？

【案例解读】

董事 B 的主张不正确。股份有限公司董事人数不足法定人数或公司章程所定人数 2/3，应依法召开临时股东大会。而本案例设立的公司是有限责任公司，代表 1/10 以上表决权的股东，1/3 以上董事，或者监事会以及不设监事会的监事才可提议召开临时股东会。

案例026　董事会委托与签字问题

2016 年 8 月 1 日，某股份公司召开的董事会会议情形如下：

该公司共有董事 7 人，有 5 人亲自出席。列席本次董事会的监事 A 向会议提交另一名因故不能到会的董事出具的代为行使表决权的委托书，该委托书委托 A 代为行使本次董事会的表决权。董事会会议结束后，所有决议事项均载入会议记录，并由出席董事会会议的全体董事和列席会议的监事签名后存档。

问题：

（1）在董事会会议中 A 能否接受委托代为行使表决权？

（2）董事会会议记录是否存在不妥之处？

【案例解读】

（1）A 不能接受委托代为行使表决权。根据规定，董事因故不能出席董事会会议的，可以书面委托其他董事代为出席。但 A 为监事，不是董事，不能代为行使表决权。

（2）董事会会议记录存在不妥之处。根据规定，董事会会议记录，应由出席会议的董事在会议记录上签名，列席董事会会议的监事无须在会议记录上签名，而该公司列席董事会会议的监事在会议记录上签名，是不符合规定的。

案例027　某公司委托贷款担保的董事会决议样本

董事会决议

一、时间：二〇一五年×月×日

二、地点：公司会议室

三、与会董事：××、××、××、××、××。

董事会会议应到董事×名，实到董事×名，符合公司法及本公司章程规定。

四、议题：关于本公司申请委托贷款并提供担保之事宜

五、决议：与会董事经审议，表决一致通过以下决议：

1．董事会同意向××市中小企业信用担保中心申请委托贷款（由××市商业银行××支行受托放贷）××万元，借款期间为一年，借款用途为生产经营流动资金周转。

2．董事会同意以××名下的房产向担保中心提供抵押担保。

董事签章：

××市××有限公司（公章）

二〇一五年×月×日

4.2.2　多种表决与要求

案例028　董事会委托出席董事会及表决与合规问题

某日化公司董事会由 7 名董事组成。3 月 2 日，日化公司召开董事会会议。出席该次会议的董事有董事 A、董事 B、董事 C、董事 D；董事 E 因出国没有出席会议；董事 F 因出差不能出席会议，电话委托董事 A 代为出席并表决；董事 G 因病不能出席会议，委托董事秘书 H 代为出席并表决。

问题：日化公司董事会的做法有哪些不符合规定之处？

【案例解读】

多处不符合法律规定。根据规定，股份有限公司召开董事会，董事因故不能出席时，可以书面委托其他董事代为出席，但书面委托书中应载明授权范围。

所以，董事 F、董事 G 的委托无效。根据公司法的规定，董事因故不能出席董事会会议时，可以书面委托其他董事代为出席。本题中，董事 F 采取电话方式而非书面形式委托董事 A 代为出席并表决不符合规定；而董事 G 委托董事会会议秘书 H 而非其他董事也不符合规定。

案例029　改变募集资金用途与董事会签字问题

某股份公司董事会由 10 名董事组成。5 月 3 日，公司召开董事会会议。

经出席本次董事会会议诉董事讨论并一致同意，决定改变招股说明书所列的募集资金用途。该次董事会会议，由出席董事会会议的全体董事和列席会议的监事 3 签名后存档。

问题：日化公司董事会的做法有哪些不符合规定之处？

【案例解读】

董事会通过“改变招股说明书所列资金用途”的决议不合法。根据证券法及其他有关规定，挂牌新三板或沪深上市公司如改变招股说明书所列的募集资金用途，应当经股东大会批准。

董事会会议记录的签名不符合规定。根据公司法的规定，董事会的会议记录由出席会议的董事签名，而无须列席会议的监事签名。

案例030　表决退席与董事会决议问题

某股份有限公司召开董事会临时会议，讨论召开股东大会临时会议和解决债务问题。该公司共有董事 9 人，这天出席会议的有李某、章某、王某、丁某、唐某，另有 4 名董事知悉后由于有事未出席会议。在董事会议上，章某、王某、丁某、唐某同意召开股东临时会，并作出决议。李某不同意，便在表决之前中途退席。此后，公司根据董事会临时决议召开股东大会临时会议，并在大会上通过了偿还债务的决议。李某对此表示异议，认为股东大会临时决议无效。问题：

（1）该董事会临时会议的召开是否合法？说出其法律依据。

（2）作出召开股东大会临时会议的决议是否有效？说出其法律依据。

【案例解读】

（1）董事会的召开是合法的。我国《公司法》规定，董事会可根据需要随时决定召开董事会会议，并应当于会议召开前 10 日通知全体董事，但紧急事项可以另定通知方式和时间。董事会会议由 1/2 以上的董事出席即可举行。该股份公司召开董事会通知了公司全体董事，并且出席会议的董事超过 1/2，因此董事会临时会议的召开是合法的。

（2）作出召开股东大会临时会议的决议是无效的。我国《公司法》规定，董事会决议须经全体董事过半数同意。而该案例中，董事李某反对，另有 4 名董事未参加临时董事会，只有董事章某、王某、丁某、唐某 4 人同意该决议，未达到全体董事的过半数的要求，因此是无效的。

案例031　薪资、设置财务部与董事会权力问题

某股份有限公司董事会由 11 名董事组成。某年 5 月 10 日，公司董事长李某召集并主持召开董事会会议，出席会议的共 8 名董事，另有 3 名董事因事请

假。董事会会议讨论了下列事项，经表决有 6 名董事同意而通过。

（1）鉴于公司董事会成员工作任务加重，决定给每位董事涨工资 30%。

（2）鉴于监事会成员中的职工代表张某生病，决定由本公司职工王某参加监事会。

（3）鉴于公司的财务会计工作日益繁重，拟将财务科升级为财务部，并向社会公开招聘会计人员 3 名，招聘会计人员事宜及财务科升格为财务部的方案经股东大会通过后实施。

问题：

（1）公司董事会的召开和表决程序是否符合法律规定？

（2）公司董事会通过的事项有无不符合法律规定之处？

【案例解读】

（1）公司董事会会议的召开和表决程序符合法律规定。按照公司法的规定，股份有限公司董事会须有 1/2 以上的董事出席方可举行，董事会会议由董事长召集并主持；董事会决议须经全体董事过半数通过。

（2）董事会通过的事项中有不符合法律规定之处：

a）董事会决议给每位董事涨工资的决定违法。按照公司法的规定，决定董事的报酬属于公司股东大会的职权。

b）董事会决议由公司职工王某参加监事会的决议违法。根据公司法的规定，选举和更换由职工代表出任的监事应由公司职工民主选举。

c）董事会认为将公司财务科升格为财务部的方案须经股东大会通过的观点不符合法律规定。根据公司法的规定，公司董事会有权决定公司内部管理机构的设置。

案例032　对外投资并设立合伙企业与董事会决议问题

某甲有限责任公司，经营塑料产品的制造、加工和买卖，总资产 1200 万元，总负债 200 万元。因业务兴旺，董事会决定，即日起正式实施以下方案：

（1）以甲公司名义投资 300 万元，与乙公司组成合伙企业。

（2）以甲公司名义向丙电脑有限责任公司投资 350 万元。

（3）以甲公司名义发行 150 万元公司债券。

（4）以甲公司财产为个体户张某的债务提供担保。

问题：董事会的上述决定是否合法，依据何在？

【案例解读】

（1）《公司法》规定：公司可以向其他有限责任公司、股份有限公司投资。

依据合伙企业法规定：合伙人必须是依法承担无限责任的具有完全民事行为能力的自然人，故有限责任公司不能成为合伙人，因此，甲公司决定投资组成合伙企业的决议违法。

（2）《公司法》规定：公司向其他有限责任公司、股份有限公司投资的，所累计投资额不得超过本公司净资产的50%。甲公司的总资产为1200万元，总负债为200万元，故其净资产为1000万元，50%为500万元。因此，以甲公司名义向丙电脑有限责任公司投资350万元的决议合法。

5

第 5 章

监事会、国有独资“三会”及董监高治理

5.1 常规疑难19问

5.1.1 监事会

（一）股份公司

问答061　股份公司监事会产生，成员设置、选举及要求等有哪些规定？

（1）股份有限公司设监事会，公司监事会应向全体股东负责。其成员不得少于 3 人。

（2）监事会应当包括股东代表和适当比例的公司职工代表，其中职工代表的比例不得低于 1/3，具体比例由公司章程规定。监事会中的职工代表由公司职工通过职工代表大会、职工大会或者其他形式民主选举产生。

（3）监事会设主席 1 人，可以设副主席。监事会主席和副主席由全体监事过半数选举产生。监事会主席召集和主持监事会会议；监事会主席不能履行职务或者不履行职务的，由监事会副主席召集和主持监事会会议；监事会副主席不能履行职务或者不履行职务的，由半数以上监事共同推举 1 名监事召集和主

持监事会会议。

（4）董事、高级管理人员不得兼任监事。

问答062　股份公司监事会成员任期、改选及其与公司决议、经营等的关系是什么？

有限公司监事会成员任期、改选，对董事会决议提出质疑或建议，以及对公司经营异常的调查等规定，同样适用于股份公司，具体如下：

（1）有限公司监事的任期每届为 3 年。监事任期届满，若被连选可以连任。

（2）监事任期届满未及时改选，或者监事在任期内辞职导致监事会成员低于法定人数的，在改选出的监事就任前，原监事仍应当依照法律、行政法规和公司章程的规定，履行监事职务。

（3）监事可以列席董事会会议，并对董事会决议事项提出质询或者建议。

（4）监事会、不设监事会的公司的监事发现公司经营情况异常，可以进行调查；必要时，可以聘请会计师事务所等协助其工作，费用由公司承担。

问答063　股份公司监事会、监事的职权有何规定？

有限公司监事会、不设监事会的公司的监事行使的职权，同样适用于股份公司，具体如下：

（1）检查公司财务。

（2）对董事、高级管理人员执行公司职务的行为进行监督，对违反法律、行政法规、公司章程或者股东会决议的董事、高级管理人员提出罢免的建议。

（3）当董事、高级管理人员的行为损害公司的利益时，要求董事、高级管理人员予以纠正。

（4）提议召开临时股东会会议，在董事会不履行本法规定的召集和主持股东会会议职责时召集和主持股东会会议。

（5）向股东会会议提出提案。

（6）董事、高级管理人员违反法律、行政法规或者公司章程的规定，损害股东利益的，监事可以对董事、高级管理人员提起诉讼。

（7）公司章程规定的其他职权。

问答064　股份公司监事会召开、表决、通过及费用等有何规定？

（1）监事会至少每 6 个月召开 1 次会议。监事可以提议召开临时监事会会议。

（2）监事会的议事方式和表决程序，除《公司法》有规定的外，由公司章程规定。

（3）监事会决议应当经半数以上监事通过。

（4）监事会应当对所议事项的决定作成会议记录，出席会议的监事应当在会议记录上签名。

（5）监事会行使职权所必需的费用，由公司承担。

（二）有限公司

问答065　有限公司监事会成员人数、产生及分工、要求等有何规定？

（1）有限责任公司设监事会，公司监事会应向全体股东负责。其成员不得少于 3 人。股东人数较少或者规模较小的有限责任公司，可以设 1～2 名监事，不设监事会。

（2）监事会应当包括股东代表和适当比例的公司职工代表，其中职工代表的比例不得低于 1/3，具体比例由公司章程规定。监事会中的职工代表由公司职工通过职工代表大会、职工大会或者其他形式民主选举产生。

（3）监事会设主席 1 人，由全体监事过半数选举产生。监事会主席召集和主持监事会会议；监事会主席不能履行职务或者不履行职务的，由半数以上监事共同推举一名监事召集和主持监事会会议。

（4）董事、高级管理人员不得兼任监事。

问答066　有限公司监事会成员任期、改选及其对董事会决议异议等有何规定？

（1）有限公司监事的任期每届为 3 年。监事任期届满，若被连选可以连任。

（2）监事任期届满未及时改选，或者监事在任期内辞职导致监事会成员低于法定人数的，在改选出的监事就任前，原监事仍应当依照法律、行政法规和公司章程的规定，履行监事职务。

（3）监事可以列席董事会会议，并对董事会决议事项提出质询或者建议。

（4）监事会、不设监事会的公司的监事发现公司经营情况异常，可以进行调查；必要时，可以聘请会计师事务所等协助其工作，费用由公司承担。

问答067　监事会、不设监事会的公司监事有哪些职权？

有限公司监事会、不设监事会的公司的监事行使下列职权：

（1）检查公司财务。

（2）对董事、高级管理人员执行公司职务的行为进行监督，对违反法律、行政法规、公司章程或者股东会决议的董事、高级管理人员提出罢免的建议。

（3）当董事、高级管理人员的行为损害公司的利益时，要求董事、高级管理人员予以纠正。

（4）提议召开临时股东会会议，在董事会不履行本法规定的召集和主持股东会会议职责时召集和主持股东会会议。

（5）向股东会会议提出提案。

（6）董事、高级管理人员违反法律、行政法规或者公司章程的规定，损害股东利益的，监事可以对董事、高级管理人员提起诉讼。

（7）公司章程规定的其他职权。

问答068　监事会召开、程序、表决、记录等规定是什么？

（1）有限公司监事会每年度至少召开1次会议，监事可以提议召开临时监事会会议。

（2）监事会的议事方式和表决程序，除《公司法》有规定的外，由公司章程规定。

（3）监事会决议应当经半数以上监事通过。

（4）监事会应当对所议事项的决定作成会议记录，出席会议的监事应当在会议记录上签名。

（5）监事会、不设监事会的公司的监事行使职权所必需的费用，由公司承担。

5.1.2　董监高治理与国有独资等

（一）国有独资公司的特别规定

问答069　国有独资概念与不设股东会等规定有哪些？

国有独资公司，是指国家单独出资、由国务院或者地方人民政府授权本级人民政府国有资产监督管理机构履行出资人职责的有限责任公司。

国有独资公司章程由国有资产监督管理机构制定，或者由董事会制定，报国有资产监督管理机构批准。

国有独资公司不设股东会，由国有资产监督管理机构行使股东会职权。国有资产监督管理机构可以授权公司董事会行使股东会的部分职权，决定公司的重大事项，但公司的合并、分立、解散、增加或者减少注册资本和发行公司债券，必须由国有资产监督管理机构决定；其中，重要的国有独资公司合并、分立、解散、申请破产的，应当由国有资产监督管理机构审核后，报本级人民政府批准。

上述所称重要的国有独资公司，按照国务院的规定确定。

问答070　国有独资董事会设置及其成员产生是怎样的？

国有独资公司设董事会，董事会会议由董事长召集和主持；董事长不能履行职务或者不履行职务的，由副董事长召集和主持；副董事长不能履行职务或者不履行职务的，由半数以上董事共同推举 1 名董事召集和主持。董事每届任期不得超过 3 年。董事会成员中应当有公司职工代表。

董事会成员由国有资产监督管理机构委派；但是，董事会成员中的职工代表由公司职工代表大会选举产生。

董事会设董事长 1 人，可以设副董事长。董事长、副董事长由国有资产监督管理机构从董事会成员中指定。

问答071　国有独资企业高管要求及可行使哪些职权？

国有独资公司设经理（高管），由董事会聘任或者解聘。经国有资产监督管理机构同意，董事会成员可以兼任经理。

国有独资公司的董事长、副董事长、董事、高级管理人员，未经国有资产监督管理机构同意，不得在其他有限责任公司、股份有限公司或者其他经济组织兼职。

国有独资企业经理规定行使的职权具体包括：

（1）主持公司的生产经营管理工作，组织实施董事会决议。

（2）组织实施公司年度经营计划和投资方案。

（3）拟订公司内部管理机构设置方案。

（4）拟订公司的基本管理制度。

（5）制定公司的具体规章。

（6）提请聘任或者解聘公司副经理、财务负责人。

（7）决定聘任或者解聘除应由董事会决定聘任或者解聘以外的负责管理人员。

（8）董事会授予的其他职权。

公司章程对经理职权另有规定的，从其规定。

经理列席董事会会议。

问答072　国有独资对监事会设置、权限与人员有何规定？

国有独资公司监事会成员不得少于 5 人，其中职工代表的比例不得低于 1/3，具体比例由公司章程规定。

监事会成员由国有资产监督管理机构委派；但是，监事会成员中的职工代表由公司职工代表大会选举产生。监事会主席由国有资产监督管理机构从监事会成员中指定。

监事会行使如下规定的职权和国务院规定的其他职权。主要包括：

（1）检查公司财务。

（2）对董事、高级管理人员执行公司职务的行为进行监督，对违反法律、行政法规、公司章程或者股东会决议的董事、高级管理人员提出罢免的建议。

（3）当董事、高级管理人员的行为损害公司的利益时，要求董事、高级管理人员予以纠正。

（二）董监高资格与义务

问答073　不能担任公司董监高人员的要求情形有哪些？

有下列情形之一的，不得担任公司的董事、监事、高级管理人员：

（1）无民事行为能力或者限制民事行为能力。

（2）因贪污、贿赂、侵占财产、挪用财产或者破坏社会主义市场经济秩序，被判处刑罚，执行期满未逾 5 年，或者因犯罪被剥夺政治权利，执行期满未逾五年。

（3）担任破产清算的公司、企业的董事或者厂长、经理，对该公司、企业的破产负有个人责任的，自该公司、企业破产清算完结之日起未逾 3 年。

（4）担任因违法被吊销营业执照、责令关闭的公司、企业的法定代表人，并负有个人责任的，自该公司、企业被吊销营业执照之日起未逾 3 年。

（5）个人所负数额较大的债务到期未清偿。

公司违反前款规定选举、委派董事、监事或者聘任高级管理人员的，该选举、委派或者聘任无效。

董事、监事、高级管理人员在任职期间出现上述所列情形的，公司应当解除其职务。

问答074 董监高人员与股东会、监事会的关系是什么？

股东会或者股东大会要求董事、监事、高级管理人员列席会议的，董事、监事、高级管理人员应当列席并接受股东的质询。

董事、高级管理人员应当如实向监事会或者不设监事会的有限责任公司的监事提供有关情况和资料，不得妨碍监事会或者监事行使职权。

问答075 公司董监高人员自律及不得出现哪些违规情形？

公司董事、监事、高级管理人员应当遵守法律、行政法规和公司章程，对公司负有忠实义务和勤勉义务。公司董事、监事、高级管理人员不得利用职权收受贿赂或者其他非法收入，不得侵占公司的财产。公司董事、监事、高级管理人员执行公司职务时违反法律、行政法规或者公司章程的规定，给公司造成损失的，应当承担赔偿责任。同时，公司董事、高级管理人员不得有下列行为：

（1）挪用公司资金。

（2）将公司资金以其个人名义或者以其他个人名义开立账户存储。

（3）违反公司章程的规定，未经股东会、股东大会或者董事会同意，将公司资金借贷给他人或者以公司财产为他人提供担保。

（4）违反公司章程的规定或者未经股东会、股东大会同意，与本公司订立合同或者进行交易。

（5）未经股东会或者股东大会同意，利用职务便利为自己或者他人谋取属于公司的商业机会，自营或者为他人经营与所任职公司同类的业务。

（6）接受他人与公司交易的佣金归为己有。

（7）擅自披露公司秘密。

（8）违反对公司忠实义务的其他行为。

董事、高级管理人员违反前款规定所得的收入应当归公司所有。

问答076 董监高人员被起诉等要求和规定是什么？

（1）公司董事、高级管理人员出现上一问规定的情形的，有限责任公司的股东、股份有限公司连续180日以上单独或者合计持有公司1%以上股份的股东，可以书面请求监事会或者不设监事会的有限责任公司的监事向人民法院提起诉讼；监事有上一问条规定的情形的，前述股东可以书面请求董事会或者不设董事会的有限责任公司的执行董事向人民法院提起诉讼。

（2）监事会、不设监事会的有限责任公司的监事，或者董事会、执行董事收到前款规定的股东书面请求后拒绝提起诉讼，或者自收到请求之日起30日内未提起诉讼，或者情况紧急、不立即提起诉讼将会使公司利益受到难以弥补的损害的，前款规定的股东有权为了公司的利益以自己的名义直接向人民法院提起诉讼。

（3）他人侵犯公司合法权益，给公司造成损失的，上述第一款规定的股东可以依照前两款的规定向人民法院提起诉讼。

（4）董事、高级管理人员违反法律、行政法规或者公司章程的规定，损害股东利益的，股东可以向人民法院提起诉讼。

问答077　公司董监高权利约束与三会决议违规等规定有哪些？

设立公司必须依法制定公司章程。公司章程对公司、股东、董事、监事、高级管理人员具有约束力。

公司的控股股东、实际控制人、董事、监事、高级管理人员不得利用其关联关系损害公司利益。违反规定，给公司造成损失的，应当承担赔偿责任。

公司股东会或者股东大会、董事会的决议内容违反法律、行政法规的无效。

股东会或者股东大会、董事会的会议召集程序、表决方式违反法律、行政法规或者公司章程，或者决议内容违反公司章程的，股东可以自决议作出之日起60日内，请求人民法院撤销。

股东依照前款规定提起诉讼的，人民法院可以应公司的请求，要求股东提供相应担保。

公司根据股东会或者股东大会、董事会决议已办理变更登记的，人民法院宣告该决议无效或者撤销该决议后，公司应当向公司登记机关申请撤销变更登记。

问答078　董监高人员报酬披露与子公司借款的特殊规定有哪些？

股份公司不得直接或者通过子公司向董事、监事、高级管理人员提供借款。

公司应当定期向股东披露董事、监事、高级管理人员从公司获得报酬的情况。

（三）上市公司的特别规定

问答079　沪深上市公司董事、董秘及其相关规定有哪些？

上市公司，是指其股票在证券交易所上市交易的股份有限公司。

上市公司在 1 年内购买、出售重大资产或者担保金额超过公司资产总额 30%的，应当由股东大会作出决议，并经出席会议的股东所持表决权的 2/3 以上通过。

上市公司设立独立董事，具体办法由国务院规定。

上市公司设董事会秘书，负责公司股东大会和董事会会议的筹备、文件保管以及公司股东资料的管理，办理信息披露事务等事宜。

上市公司董事与董事会会议决议事项所涉及的企业有关联关系的，不得对该项决议行使表决权，也不得代理其他董事行使表决权。该董事会会议由过半数的无关联关系董事出席即可举行，董事会会议所作决议须经无关联关系董事过半数通过。出席董事会的无关联关系董事人数不足 3 人的，应将该事项提交上市公司股东大会审议。

5.2　典型实战9例

5.2.1　召集与运行

案例033　监事产生与合法合规问题

甲、乙、丙、丁四个国有企业和戊有限责任公司投资设立股份有限公司，注册资本为 8000 万元。9 月 1 日，公司召开的股东大会作出如下决议。

更换两名监事：一是由甲国有企业的代表杨某代替乙国有企业代表韩某出任该公司的监事；二是公司职工代表曹某代替公司职工代表赵某。

问题：股东大会会议决定更换两名监事是否合法？

【案例解读】

股东大会会议作出由甲国有企业的代表杨某代替乙国有企业代表韩某出任该公司监事决议符合公司法的规定。根据《公司法》的规定，股份有限公司股东代表出任的监事由公司股东会选举产生。

股东大会会议作出由公司职工代表曹某代替公司职工代表赵某的决议不符合公司法的规定。根据《公司法》的规定，股份有限公司职工代表出任的监事不是由公司股东会选举产生，而是由职工代表大会、职工大会或者其他民主形式选举产生。本题由公司股东大会选举职工代表出任监事是不符合规定的。

案例034　监事会反对董事会决议与提议股东会召开等问题

某公司董事会议拟增加注册资本，公司监事会全部 7 名成员坚决反对，但董事会坚持决议。于是，监事会中的 3 名成员联名通知全体股东召开监时股东会议。除 2 名股东因故未参加股东会以外，其他股东全部参加。与会股东最终以 2/3 人数通过了公司增加注册资本的董事会决议。监事会认为会议的表决未到法定人数，因而决议无效。董事会认为，监事越权召开股东会，会后又对会议通过的决议横加指责，纯属无理之举。

问题：

（1）公司董事会是否有权作出增加注册资本的决议？

（2）临时股东大会的召集程序是否合法？

（3）临时股东大会通过的决议是否有效？

【案例解读】

（1）该公司董事会无权作出增加注册资本的决议。我国公司法规定，对增加注册资本等重大事项的决议应当由股东会作出。

（2）临时股东会的召集程序合法。公司法规定，1/3 以上的监事可以提议召开临时股东会，本次临时股东会由 3 名监事召集，该公司共有监事 7 人，达到 1/3 以上。

（3）股东会通过增加注册资本的决议无效。公司法规定，股东会通过增加注册资本的决议应当由代表 2/3 以上表决权的股东通过。而此次临时股东会的表决只是参加本次股东会的 2/3 股东通过。

案例035　国有独资公司董事会产生等问题

某大型国有企业，经国家授权投资的机构转变为国有独资公司，公司内无股东会，由董事会行使股东会的部分职权。董事会成员有 4 人，全部是国家投资的机构任命的干部，无一职工代表，董事长王某还兼任另一有限责任公司的负责人。

问题：本案例中的国有独资公司董事会成员的规定是否合法？

【案例解读】

依据《公司法》第六十四条的规定，国有独资公司是指国家单独出资、由国务院或者地方人民政府授权本级人民政府国有资产监督管理机构履行出资人职责的有限责任公司。

依据《公司法》第六十七条的规定，公司的董事会成员中应当有公司的职工代表，董事会中的职工代表由公司职工民主选举产生。而本案例中的国有独资公司中的董事会中无职工代表，不能体现国有独资公司的民主性，是不符合《公司法》的。依据《公司法》第六十九条规定，国有独资公司的董事长、副董事长、董事、经理，未经国家授权投资的机构或者国家授权的部门同意，不得兼任其他有限责任公司、股份有限公司和其他经营组织的负责人。该公司董事长还兼任其他公司的负责人，也是不符合法律规定的。

5.2.2　董监高治理

案例036　董事长任命与董监高资格限制条款

某食品公司与某农业技术研究院共同设立从事食品生产的甲有限责任公司。协议内容为，其中关于董事会及其相关成员的情况是这样的：

（1）公司董事会由 5 名董事组成，分别由双方按出资比例选派。董事长由食品公司推荐，公司的经理、财务负责人由董事长直接任命。

甲公司于 2015 年 4 月登记成立，并指派丁某作公司董事长。丁某聘任汪某作为公司经理。食品公司方面的某一董事王某称，有证据证明丁某在研究所下属公司期间因贪污行为曾受到刑事处罚，2008 年 3 月刑满释放，且于 1 年前向朋友借钱 50 万元炒股，被套牢，借款仍未还清。另外汪某原先担任某公司的经理，由于管理水平低下，致使该公司经营困难，该公司于 2014 年 3 月宣告破产。据上述两个理由，董事 A 认为丁某无权作董事长，汪某无权担任公司经理。

问题：

（1）董事长、经理与财务负责人的产生方式是否合法？

（2）丁某是否有资格作董事长？

（3）汪某是否有资格作公司经理？

【案例解读】

（1）董事会的组成人数为 5 人，由双方按出资比例选派合法，但董事长的产生方式不正确，不应由一方股东选派，而应当由双方协商产生。经理、财务负责人由董事长任命的作法不正确，应该由董事会聘任。

（2）丁某不具备作董事长的资格。丁某因贪污行为受到刑事处罚，于 2008 年 3 月刑满释放，公司于 2015 年 4 月成立，刑满释放已超过 5 年，任职资格不受法律限制。但是，个人所负到期债务数额较大，未予清偿，不符合董事长的任职资格。丁某向朋友借 50 万元炒股一直无力偿还，属上述情形。因此丁某不具备作董事长的资格。

（3）汪某不具备作经理的资格。根据《公司法》规定，担任因经营管理不善而破产清算的公司、企业的董事或者经理、厂长，并对该公司、企业的破产负有个人责任的，自该公司、企业破产清算完结之日起未逾 3 年者，不得担任有限责任公司的董事、经理。汪某对某公司的破产负有个人责任，自该公司破产清算还没有超过 3 年，因此不能担任甲公司的经理。

案例037　执行董事老婆拟为法定代表人是否可行

A 公司为有限责任公司，规模比较小，没设董事会，为了方便业务，拟将执行董事甲的老婆更换为法定代表人，甲的老婆未参与公司经营，但有拓展业务的渠道与人脉。

【案例解读】

没设董事会，应设执行董事，并以执行董事为公司法定代表人。依据《中华人民共和国公司法》第五十条规定：有限责任公司，股东人数较少和规模较小的，可以设一名执行董事，不设立董事会。执行董事可以兼任公司经理。

执行董事的职权，应当参照《中华人民共和国公司法》第四十九条规定，由公司章程规定。

有限责任公司不设董事会的，执行董事为公司的法定代表人。

案例038　副总经理与法定代表人

因工作需要，B 公司拟将公司法人代表更换为主持工作的副总经理，可行吗？

【案例解读】

不行。依据《中华人民共和国公司法》第十三条规定：公司法定代表人依照公司章程的规定，由董事长、执行董事或者经理担任，并依法登记。公司法定代表人变更，应当办理变更登记。

案例039　为控股股东担保与董事会决议

某新三板挂牌公司 2015 年 4 月 5 日经董事会同意，日化公司为控股股东 A 企业的银行贷款提供了抵押担保。

问题：公司为控股股东华南企业提供抵押担保的做法是否符合规定？

【案例解读】

公司为控股股东A企业提供抵押担保的做法不符合规定。根据公司法的规定，公司为公司股东或者实际控制人提供担保的，必须经股东大会决议。如果超过资产总额30%的，还应当出席会议表决权的2/3以上表决。

案例040 总经理违法牟利与董事会解聘

甲股份有限公司（以下简称甲公司）于2016年2月1日召开董事会会议，该次会议召开情况及讨论决议事项如下：

甲公司与乙公司有业务竞争关系，但甲公司总经理胡某于2015年下半年擅自为乙公司从事经营活动，损害甲公司的利益，故董事会作出如下决定：解聘公司总经理胡某；将胡某为乙公司从事经营活动所得的收益收归甲公司所有。

问题：

（1）董事会作出解聘甲公司总经理的决定是否符合法律规定？简要说明理由。

（2）董事会作出将胡某为乙公司从事经营活动所得的收益收归甲公司所有的决定是否符合法律规定？

【案例解读】

（1）符合法律规定。根据《公司法》等规定，解聘公司经理属于董事会的职权。

（2）符合法律规定。根据规定，董事、高级管理人员不得未经股东会或股东大会同意，利用职务便利为自己或者他人谋取属于公司的商业机会，自营或者为他人经营与所任职公司同类的业务，否则所得收入归公司所有。

案例041 监事借款未履行程序且违反董监高承诺

苏州吴江春宇电子股份有限公司（春宇电子 833883）于2015年8月24日与监事侯景昭（同时持有公司股份 2.3%）签订借款协议，为侯景昭提供借款人民币168万元，并于2015年8月26日将上述款项汇至侯景昭指定的账户。

春宇电子的上述行为未履行公司内部相关审批程序，且未履行信息披露的义务，违反了《全国中小企业股份转让系统业务规则（试行）》第1.5条、《全国中小企业股份转让系统信息披露细则（试行》第三十五条以及《关于申请挂牌期间公司信息披露相关问题的通知》（股转系统公告〔2014〕26号）的规定。

春宇电子审查期间向关联方提供借款，且未履行信息披露义务的行为，与公司《关于关联交易的声明与承诺》及《董事、监事、高级管理人员减少并规范关联交易承诺函》不符，时任董事长郭有煌、信息披露负责人赖叙铭负有责任。公司和当事人后获股转公司约见谈话的监管措施。

2

第 2 部分

核心治理与内部控制

第 6 章　关联交易实战要害、环节与操作

第 7 章　资金占用的政策、常规及典型问题与解决

第 8 章　对外担保的细则、实践重点与操作

第 9 章　同业竞争的政策、实践、典型问题与解决

第 6 章

关联交易实战要害、环节与操作

6.1 常规疑难20问

6.1.1 关联交易与关联方的认定

问答080 如何认定新三板的关联交易？

（1）定义

根据《全国中小企业股份转让系统挂牌公司信息披露细则（试行）》第三十一条规定："挂牌公司的关联交易，是指挂牌公司与关联方之间发生的转移资源或者义务的事项。"

（2）股转公司的认定

根据《全国中小企业股份转让系统挂牌公司信息披露细则（试行）》第三十二条规定："挂牌公司的关联方及关联关系包括《企业会计准则第 36 号——关联方披露》规定的情形，以及挂牌公司、主办券商或全国股份转让系统公司根据实质重于形式原则认定的情形"。股转公司对于关联方和关联关系的认定是根据《公司法》和《会计准则》进行确定，并没有提高到 IPO 审核的要求，这也符合新三板定位于为中小企业挂牌提供服务，促进中小企业发展的宗旨。

问答081　哪些主体构成关联方？

根据《全国中小企业股份转让系统挂牌公司信息披露细则（试行）》第三十二条规规定及《企业会计准则第 36 号——关联方披露》第二章对关联方的规定，实际操作中，下列各方构成企业的关联方：

（1）该企业的母公司。

（2）该企业的子公司。

（3）与该企业受同一母公司控制的其他企业。

（4）对该企业实施共同控制的投资方。

（5）对该企业施加重大影响的投资方。

（6）该企业的合营企业。

（7）该企业的联营企业。

（8）该企业的主要投资者个人及与其关系密切的家庭成员。主要投资者个人，是指能够控制、共同控制一个企业或者对一个企业施加重大影响的个人投资者。

（9）该企业或其母公司的关键管理人员及与其关系密切的家庭成员。关键管理人员，是指有权力并负责计划、指挥和控制企业活动的人员。与主要投资者个人或关键管理人员关系密切的家庭成员，是指在处理与企业的交易时可能影响该个人或受该个人影响的家庭成员。

（10）该企业主要投资者个人、关键管理人员或与其关系密切的家庭成员控制、共同控制或施加重大影响的其他企业。

6.1.2　股转公司审核及要求

问答082　监管部门对新三板关联交易的态度与要求是什么？

《全国中小企业股份转让系统业务规则（试行）》（《业务规则》）、《全国中小企业股份转让系统股票挂牌条件适用基本标准指引（试行）》（《标准指引》）中规定的挂牌公司应符合的条件及基本标准中对关联交易事项并未做具体说明，形式上可能会给人一种“新三板对拟挂牌公司关联交易没有监管要求或监管不严”的错觉。

实际上，由于关联交易不仅直接关系和影响着挂牌公司的利润和价值，而且往往与公司治理机制、公司的规范运行、独立性等监管要求直接关联，因此，新三板对挂牌公司的关联交易是有监管要求的。根据目前公开披露的文件来看，关联交易在符合一定条件的情形下，是允许存在的，且新三板对关联交易的审核标准没有IPO那么严格。

目前，全国股份转让系统公司（转股公司）对于挂牌公司关联交易的审核基本态度是规范和减少。

所谓规范即是应符合市场化的定价和运作要求，做到关联交易价格和条件公允，不存在利用关联交易转移利润的情形；程序上须履行公司章程和相应制度的规定；在交易额及具体交易性质上不应影响到挂牌公司的独立性；对关联交易应履行信息披露义务。

在我国，中小企业通常为了降低交易成本，提升企业利润，往往在经营中与关联方发生关联交易。当企业拟就在全国中小企业股份转让系统（俗称新三板）挂牌转让时，监管部门通常会重点审核关联交易。

问答083　股转公司对关联交易的审核要点有哪些？

根据目前股转公司审核披露的公开文件以及已挂牌公司的挂牌案例来看，新三板对关联交易并非绝对禁止，在符合一定条件的情形下是允许存在的。通常允许继续存在的关联交易应符合以下情形：

（1）关联交易遵循市场公正、公平、公开的原则，交易价格和条件公允，不存在损害挂牌公司利益及利益输送的情形。

（2）程序合法，关联交易在程序上遵循公司章程和相关制度的规定。

（3）关联交易占比较小，不影响公司的独立性。

（4）关联方占用公司资金在挂牌前完成清理。

（5）及时进行真实、准确、完整的信息披露，不存在隐瞒情形。

6.1.3　董秘与律师核查工作

问答084　律师尽职调查中如何核查关联交易？要点有哪些？

对于为企业在新三板挂牌提供专项法律服务的律师而言，在前期的尽职调查过程中应当对公司的关联交易予以高度重视。一般可通过与公司高级管理人员进行访谈、查阅公司重大合同和财务资料、与会计师进行充分沟通等多种方式，从以下方面对公司可能存在的关联交易进行核查：

（1）明确公司的关联方及关联方关系。

（2）核查关联交易决策是否按照公司章程或其他规定履行了必要的审批程序。

（3）核查关联交易定价是否公允，与市场独立第三方价格是否有较大差异，是否存在利益输送。

（4）关注来自关联方的收入占公司主营业务收入的比例、向关联方采购额占公司采购总额的比例是否较高，是否影响拟挂牌公司的独立性。

（5）关注关联方的应收、应付款项余额分别占公司应收、应付款项余额的比例是否较高。

（6）关注关联交易产生的利润占公司利润总额的比例是否较高，是否形成重大依赖。

（7）核查关联交易有无大额销售退回情况，如有，对财务状况的影响。

（8）以实质重于形式的原则核查是否存在关联关系非关联化的情形。

（9）分析关联方交易存在的必要性和持续性。

问答085　律师在处理关联交易过程中的主要工作有哪些？

律师在为企业提供新三板挂牌专项法律顾问服务过程中，对关联交易的核查、规范及披露是律师的重要工作之一，具体而言，律师的主要工作有以下几个方面：

（1）会同主办券商对企业挂牌可能形成障碍的关联交易进行规范。

（2）为拟挂牌公司起草《关联交易管理制度》，对关联交易的定义和认定、审核权限、表决和回避、信息披露和定价机制等内容进行规定，为挂牌公司未来的关联交易规范提供制度保障。

（3）按照《非上市公众公司监管指引第3号——章程必备条款》的要求，在起草拟挂牌公司《公司章程》时，要体现关联交易规范的相关内容。

（4）根据股转公司审核要求，挂牌前为拟挂牌公司制作《控股股东、实际控制人关于减少及规范关联交易的承诺函》。

（5）在出具的法律意见书中对关联交易情况进行披露和发表意见。

综上所述，律师在为企业赴新三板挂牌提供专项法律顾问服务过程中，可通过对已实现挂牌公司关于关联交易处理的案例了解和掌握股转公司对关联交易审核的基本要求和态度，根据股转公司对关联交易审核的态度及要求变化，深入开展尽职调查，对拟挂牌公司现存的关联交易进行梳理和必要的规范并在法律意见书中按照监管要求进行信息披露及发表明确意见。

6.1.4 规范与解决办法

问答086 关联交易规范的6种方式是什么？

公司欲登陆新三板，必须规范公司关联交易，常见规范关联交易的具体方法如下：

（1）剥离关联业务。如果关联企业的业务不属于拟挂牌或上市公司的主要业务，或者盈利能力不强，则可以将该企业或者该部分业务转让给第三方。

（2）转让股权。将关联方股权转让给非关联方。

（3）并购、合并。如果该关联企业在拟挂牌或上市公司的产—供—销任意一个或几个环节中扮演了重要角色，则可以考虑将该企业或该业务买过来作为拟上市企业的子公司或兄弟公司。购买时应注意价格的公允性和税收减免。如果关联企业的业务、资产、人员、财务等与拟挂牌或上市企业存在混同，则建议将该企业与拟上市企业合并，具体做法可以是吸收合并或者新设合并。

（4）清算、注销。如果关联企业已经停止经营、未实际经营或者其存在可能对拟挂牌企业或上市企业挂牌（上市）产生障碍或不良影响，如：经营不善、未通过年检、曾受过行政处罚等，则应考虑将关联企业进行清算、注销。操作过程中，应重点关注相应资产与人员是否已清理完毕。

（5）完善规范关联交易的管理规定。制定《关联交易管理制度》，对关联交易的定义和认定、审核权限、表决和回避、信息披露和定价机制等内容进行规定，为挂牌主体未来的关联交易规范提供制度保障。

（6）拟挂牌主体的控股股东、实际控制人承诺减少和规范关联交易。

总之，根据目前股转公司监管要求和发展趋势判断，对企业在新三板挂牌的信息披露要求越来越严格，若企业未按照要求及时、真实、完整、准确地履行信息披露义务，将不能顺利挂牌。故企业欲登陆新三板，须提前对自身的关联交易进行梳理规范，使之符合股转公司的要求，顺利挂牌。

问答087 关联交易规范方式之一的剥离，具体如何操作？

前一问提到：如果关联企业的业务不属于拟挂牌或上市公司的主要业务，

或者盈利能力不强，则可以将该企业或者该部分业务转让给第三方。这种剥离方式在操作过程中，一定要注意如下几点：

（1）注意调查受让方与拟挂牌或上市公司的实际控制人及其亲属之间的关系。

（2）要确认受让方在人员、资产、业务、财务等方面与拟挂牌或上市公司不存在关联关系。

（3）要重点关注转让价格是否真实、公允、合理。

（4）剥离给关联方的，尤其要注意转让价格的公允、交易程序的合规，确保不存在损害发行人利益的情况。

注意：判断相关业务是否应纳入或剥离出上市主体，不能仅考虑该业务的直接经济效益，要同时考虑到该业务对公司的间接效益，正常情况（已持续经营）下不鼓励资产剥离、分立，为梳理同业竞争及关联交易进行的相关安排不能影响业绩计算的合理性、连续性。

问答088　关联交易主要可分哪两类？处理模式是什么？

新三板拟挂牌企业的关联交易主要可分为两类：一是资金占用与资金拆借的关联交易；二是与资金无关的经营业务往来的关联交易。

前者的处理模式：对于拟挂牌企业，首先要保证公司的资金不能被控股股东、实际控制人或其关联企业占用；其次，拟挂牌企业无偿使用控股股东、实际控制人或关联企业的资金，尽管未侵害拟上市企业的利益，但也应尽量避免。根据《贷款通则》，企业与非银行金融机构的资金拆借是不合规的。不过实践中，这类现象很普遍，违规行为也不是很严重。

后者的处理模式：对于此类关联交易，主要是要做到两点：第一，关联交易的程序要合规，价格要公允；第二，关联交易有逐步减少的趋势，在申报报告期末如能消除最好，有些不能或无法消除的，至少做到第一点的要求（董事会或股东大会决议，审议时关联董事或股东回避表决）。

问答089　资金占用与资金拆借关联交易的解决途径有哪些？

资金占用及资金拆借的关联交易的解决途径有四，具体如下：

（1）重组收购关联方。通过收购控股股东、实际控制人的关联企业，纳入拟挂牌或上市公司的合并报表后，合并报表外的关联交易大幅减少，但这需要集团公司的统一安排。通过集团统一安排，可以要求拟上市企业归还关联方资金，同时关联方归还拟上市企业资金，当然有个前提是关联企业与拟挂牌或上市公司在业务上应该具有较大的关联性。参考案例是升达林业。

（2）以股利冲抵解决。对于股东尤其是控股股东占用拟上市企业资金的情形，一个简便的方式即是以应付该股东的股利冲抵其占用拟上市企业的资金。

（3）对程序瑕疵进行事后追认并充分解释。解决的办法是，保荐机构辅导进入后，不能再发生此类事件，同时之前发生过存在程序瑕疵的，应事后追认，并制定相关的制度，完善公司治理结构，再对资金占用事项进行充分的说明。海亮股份案例和奥特迅案例解释的角度很有新意。

（4）将股东直接向公司提供借款转为委托贷款。由于我国《贷款通则》规定资金借贷行为应当发生在金融机构与企业之间或是金融该机构之间，因此对于股东或实际控制人直接提供给公司的借款就应当转换为委托贷款，以进行规范。芭田股份的案例便是如此。通过委托贷款，一方面规范了公司的资金占用问题，另一方面也解决了公司发展所需的资金问题。而对于公司业务规模小的公司，高管或实际控制人因业务发展借用公司备用金，从而形成“其他应收款”，此类行为应避免发生。

问答090　与资金无关的经营业务往来的关联交易的解决途径有哪些？

目前解决该类关联交易的途径主要有 6 种，具体如下：

（1）设立子公司承担原委托关联企业的业务。

（2）进行业务整合，将独立于拟挂牌公司外的采购或销售系统纳入公司内。

（3）将关联方的股权转让给非关联方，实现交易的非关联化。

（4）收购产生关联交易的资产解决关联交易。某些情况下，产生关联交易是因为关联方有拟上市企业必须使用的资产，如需要租用或历史上就一直租用关联方的房产、土地，或是需要租用关联方的某种特殊资产来生产产品，此种解决方式就是购买该类资产。该种方法操作容易，同时不会产生收购股权所带来的其他问题，较为清爽。

（5）减少和规范关联交易。一是大力发展主营业务；二是建立相关制度对关联交易进行规范。

（6）通过充分解释得到证监会的认可。

问答091 通过业务整合是怎样解决关联交易的？

进行业务整合，将独立于拟挂牌或上市公司外的采购或销售系统纳入公司内。

当然，业务购买、销售等整合，需要遵循会计准则中，同一控制下合并等相关规定。在合并具有相关性业务中，在同一控制下，对被重组方重组前一个会计年度末的资产总额或一个会计年度的营业收入或利润总额占重组前发行人相应项目的100%的，须运行一个会计年度。超过50%，但是低于100%的，则须将被重组方纳入尽职调查范围并发表相关意见。超过20%，但低于50%的，则申报报表至少须包括重组完成后的最近一期资产负债表。

在非同一控制下的业务合并中，业务具有相关性的，掌握标准是：对被重组方重组前一个会计年度末的资产总额或一个会计年度的营业收入或利润总额占重组前发行人相应项目的100%的，须运行36个月。超过50%，但是低于100%的，则须运行24个月。超过20%，但低于50%的，则须运行12个月。对于业务不具有相关性的合并，对被重组方重组前一个会计年度末的资产总额或一个会计年度的营业收入或利润总额占重组前发行人相应项目的50%的，须运行36个月。超过20%，但低于50%的，则须运行24个月。

问答092 重大依赖性关联交易的处理办法有哪些？

需要重点关注经常性的关联交易是否影响资产的完整性。如果拟挂牌或上市企业对某笔关联交易存在重大依赖，影响到资产的完整性，则应当对该笔关联交易进行处理，具体处理方法可以有以下几种。

方案一：如果关联交易的对象是设备、生产厂房所有权、土地使用权、专利、商标等资产类交易，影响到拟上市企业资产完整性的，则最好将该资产纳入拟挂牌或上市主体，转让至发行人名下。个别办公性用房可以向独立第三方租赁。

方案二：对于不涉及资产的关联交易，例如采购或者销售环节的关联交易，可以通过出售关联公司或者重新寻找作为独立第三方的供应商等方法进行非关联化。

方案三：证监会规定，董、监、高及其亲戚不能与发行人共同投资同一家公司。因此，如果存在此类共同投资的关联交易的，应将其投资权益转让出去。

方案四：拟挂牌或上市公司在前期发展的很长一段时间中，普遍存在同一控制人名下企业之间相互资金拆借和抵押担保的情况。在进入报告期之后，此类关联交易应当停止。首先，自然人账户（尤其是实际控制人及其关系密切的自然人账户）和企业账户必须严格分开，不得相互借贷；其次，应建立关联交易管理制度，规范相关资金拆借等关联交易；第三，要求实际控制人承诺不再拆借、占用公司资金。对于已经存在的资金拆借，需要调查是否约定资金占用费或者利息，该关联交易是否损害发行人利益。

问答093　如何解释方能让监管层认可现存的关联交易？

（1）通过充分解释，让监管部门相信关联交易不再发生或不会影响公司在实际运作中的独立性，公司具有较强的独立盈利能力，等等。

（2）解释并分析必要存在的公允的关联交易的成因，以及对拟挂牌或上市公司独立性正面影响。

总之，对于拟挂牌或上市公司应当尽量减少关联交易，对于不可避免的关联交易也必须做到规范。减少和规范关联交易常见的方法主要有两种，一是增加拟挂牌或上市公司的控股子公司或资产，使原来依赖于关联方的业务转由拟挂牌或上市公司自身或者其控股子公司承担；二是将产生关联交易的公司股权转让给非关联方，这样即便产生交易也非关联交易。当然无论是增加控股公司还是转让股权均不得违反股转系统和证监会中相关政策与规定。

6.1.5　非正常规避关联交易手法

问答094　非正常关联交易常见规避关联手法有哪些？

归纳新三板及沪深股市等的实践，一些非正常的关联交易非关联化的形式主要有如下 4 种。

（1）分解交易。

为了规避关联交易，人为地找一个过桥公司，拟挂牌或上市公司将与关联方之间的交易通过一个或几个非关联方转换为若干笔非关联的业务。如公司将资产高价卖给非关联方，再由关联方协议用同样的高价向非关联方赎回或给予非关联方补偿。这样的交易表面看是非关联化，实际上为虚增利润，是必须杜绝的。

这种方式由于简单，可操作性强，现实中被频繁使用。在尽职调查时应当注意。

（2）隐匿关联关系。

（3）解除关联关系。

（4）隐蔽的非关联方利益输送。

问答095　如何识别隐匿关联关系？

有的公司在重组过程中，将交易时机选择在成为关联方之前，与关联方发生现时非关联方交易，按非公允价格交易；交易事项完成后才正式加盟成为关联方。因为交易时还不是法律意义上的关联方，可以名正方言顺地避开对于关联方交易的监管。也可以通过多重参股间接控制上市公司，使两者关系非关联化。

不过，这种隐匿的关联关系安排不一定都会产生损害发行人利益的风险，应该在个案中理性分析。通过审查交易各方权利义务安排、资产归属等判断该交易是否损害发行人利益或存在损害风险，不留下将来利益输送的管道。

问答096　如何识别和核查“解除关联关系”问题？

关联企业中的一方利用转让部分股权或中止受让相关股份等方式，使其之间达不到关联方认定的标准，将关联方关系转为非关联关系，相应交易不再属于关联交易，此后发生的交易便视为一般业务进行处理。**虽然转让双方没有发生实质性的关联交易，但是他们之间的关联关系还是存在的，这种关系在以后的时间里，完全是有可能出现或产生关联交易的。**

这种实质上的关联实际上很难查清楚，因而很多时候，尽职调查的律师等中介人员的工作仍然要依赖企业的坦白意愿。在无法核实或者拿不准的情况下，一方面要求企业建立完善的内控及关联交易、对外担保管理制度，另一方面可以要求发行人及其实际控制人、高管出具承诺。

问答097　如何识别“隐蔽的非关联方利益输送”？

由于拟挂牌或上市企业对于重大关联交易负有详细披露的义务，因此有企业开始进行隐蔽的、灰色的非关联方交易以规避披露义务，进而实现操纵利润。此类较为隐蔽的利益输送手法主要有：员工减薪、供应商减价供应、经销商加价提货甚至囤货、PE 股东通过皮包公司为拟挂牌或上市公司报销费用或虚增收入、地方政府减税或财政补贴等形式。在实际操作中，企业会向员工和供应商等关联利益方做出承诺，即实现上市后进行利益补偿，然后双方达成默契从而进行隐蔽的利益输送。

问答098　关联交易调查要考虑的最重要因素是什么？

关于非货币资产“公允价值”的认定律师在企业挂牌新三板同时定增，或沪深股市上市时的IPO实务中，交易价格是调查关联交易最重要的考虑因素。该关联交易是否公允、合理，是否损害发行人利益，都需要从交易价格方面衡量，而公允价值则是大部分交易资产的定价标准。尤其是非货币资产的公允价值，其确定受市场的影响，在不同的交易中会计操作也有不同。

非货币性资产公允价值的确定原则是：如果该资产存在活跃市场，则该资产的市场价值为其公允价值；如果该资产不能活跃市场，但与该资产类似的资产存在活跃市场，则该资产的公允价值应比照相关类似资产的市价确定；如果该资产和与该资产类似的资产均不存在活跃市场，则该资产的公允价值可按其所能产生的未来现金流量，以适当的折现率贴现计算的现值确定。

问答099　公允价值的确定方法有哪些？

实践中，公允价值可按以下方法确定：

（1）有价证券，按现行市价确定。

（2）非有价证券，应根据同类企业类似证券的市盈率、股利率及其预期增长率等因素估计确定。

（3）存货，按其形态分别确定。产成品和商品，按其售价减去处置费用和合理利润后的余额确定；在产品，按其产成品的售价减去至完工时尚需发生的成本、处置费用和合理利润后的余额确定；原材料，按现行重置成本确定。

（4）固定资产，区分不同情况确定。使用的固定资产，按现行重置成本确定；暂时使用的固定资产，按具有类似生产能力的固定资产的现行重量成本与可变现净值二者孰低确定；为出售而持有的固定资产，按可变现净值确定。

（5）专利权、商标等无形资产，按评估价值确定。

6.2　典型实战26例

6.2.1　购销与劳务

案例042　向关联方采购和销售且金额较大（奥盖克）

新三板挂牌企业奥盖克（430395）在申请挂牌的报告期内存在关联方销售

和采购情况。

报告期内，公司基于自身的业务模式，与关联方之间发生了较为频繁的关联交易事项，交易总额总体偏大，涉及关联方较多。2011 年、2012 年及 2013 年 1~6 月，公司与关联方之间的商品销售额分别为 521.22 万元、1,857.05 万元和 3,138.24 万元，分别占当期销售总额的 12.96%、21.41%和 44.17%；同期，公司与关联方之间的关联采购额分别为 461.82 万元、2,304.05 万元和 3,780.57 万元，分别占当期采购总额的 9.16%、30.44%和 60.36%。报告期内，公司关联交易占比较大主要有以下两方面原因：一是由于关联方无棣万龙、平阴广利的主要原料采购均是通过公司统一对外与供应商签署采购合同，再销售给两家关联企业，而两家关联企业的主要产品销售则是先销售给公司，然后由公司统一对外进行销售，采购价格及销售价格均按照协议价格进行结算；二是由于公司主要供应商浙江安诺于 2013 年 3 月通过增资方式成为公司股东（当时持股比例为 11.1732%），使得其母公司浙江龙盛及其下属企业均成为公司关联方，因此自 2013 年 3 月起公司从浙江安诺采购原材料以及向浙江龙盛下属子公司（上海溯创、上海科华）销售商品均构成关联交易。受浙江龙盛行业及市场地位的影响，公司未来较长一段时期内在采购、销售等环节仍将与其发生较为密切的交易事项，存在关联交易不合理、不必要或不公允的风险。

案例043　向关联方销售整机（开山股份）

2008 年、2009 年，开山股份在上市前，向关联方开山控股、浙江开山销售货物主要系空压机整机及配件、压力容器以及铸件产品，2008 年、2009 年关联销售金额分别为 16,239 万元、12,816 万元，2010 年公司向浙江开山关联销售金额为 5,116 万元。

该关联交易的必要性：压缩机属于通用机械产品、广泛应用于各行业，开山控股的个别客户采购时要求开山控股一并提供本公司的空气压缩机产品，为方便结算，开山控股向本公司采购空气压缩机后再与其他商品一起销售给其客户。

案例044　委托关联方销售产品（新开普）

2008 年度，新开普（上市公司，可借鉴）在上市前，曾向上海九普销售智能卡系统软件和卡片，本次关联交易的形成原因是有上海地区的客户要求以支票方式支付货款，发行人未能及时兑现支票收取货款，故通过上海九普向客户销售相关产品、收受支票并予以兑现。本次关联交易的价格与上海九普向客户的销售价格一致，定价合理、公允。本次关联交易金额不大，占公司当年营业收入的比例很低，且自 2009 年以后不再发生，对公司财务状况及经营成果影响很小。

案例045　接受关联方货物承运（巨龙管业）

巨龙管业（上市公司，可借鉴）在申请上市的报告期内，董事会于 2009 年 5 月 5 日决议批准，2009 年 5 月 6 日公司与巨龙物流签订《货物运输承运协议》，有效期自协议签署之日起至 2009 年 12 月 31 日止，委托巨龙物流承运公司产品，运价按市场价格确定，2009 年公司向巨龙物流支付运费 270.62 万元。

该关联交易的合理性和必要性：巨龙物流成立以前，本公司委托货运公司、个体司机运输产品，存在货运不及时、价格偏高的情形。巨龙物流成立以后，本公司通过巨龙物流的专业化运作平台，保证了公司部分产品的及时外运。

6.2.2　投资（借款）、担保与租赁

案例046　关联双方共同投资（捷顺科技）

捷顺科技（上市公司，可借鉴）发行人实际控制人与发行人员工共同投资。

聚力投资成立于 2007 年 2 月 8 日，法人代表为刘某，经营范围为兴办实业。聚力投资设立时注册资本为 50 万元，本公司的实际控制人刘某持有 100% 股份。2007 年 6 月，捷顺科技的骨干员工对聚力投资进行了增资，增资完成后，聚力投资的注册资本变更为 533 万元，刘某占该公司的股权比例降至 51.03%；2008 年 4 月至 2009 年 12 月期间，经过多次股权转让，刘某不再持有聚力投资的股权。

案例047　向关联方借款（星星科技）

2010 年 2 月 9 日，上市公司星星科技在有限责任公司时，为购买星星电子产业基地相关土地和房产，支付上述土地、房产转让款预付款 4,000 万元。在支付了购买厂房建筑物及相关土地所有权的款项后，2010 年 4 月发行人出现了流动资金紧张的局面。为了补充流动资金，保证公司的正常经营，公司向徐州金地商都集团有限公司借款人民币 1,000 万元。

公司与关联方徐州金地商都集团有限公司于 2010 年 4 月 22 日签署《借款协议》，向其借款人民币 1,000 万元，借款期限为 2010 年 4 月 22 日至 2010 年

5 月 22 日，借款利息按月利息 0.8%计算，如提前或延期还款，依据月利率按实际借款日数计算。

2010 年 5 月 28 日、2010 年 6 月 12 日公司分两次向徐州金地商都集团有限公司还清借款 1,000 万元，并于 2010 年 8 月 26 日支付利息 11.60 万元。

案例048 股权质押的关联担保（凯德自控）

新三板挂牌公司凯德自控（430592）在申请挂牌报告期内存在关联方担保情况。

公司向长沙银行金城支行借款 450 万元的反担保情况：公司向长沙银行金城支行借款 450 万元已于 2013 年 11 月到期并已归还，公司与长沙银行金城支行重新签订了借款 450 万元的合同，将于 2014 年 10 月到期，中融担保为公司借款提供了保证担保，保证期为 2013 年 10 月 24 日—2014 年 10 月 24 日。关联方向中融担保提供的反担保情况如下：（1）公司实际控制人陈某与中融担保签订了《权利质押反担保合同》，以其在凯德实业 980 万元股权做质押，向借款的担保方中融担保提供反担保。（2）凯德实业与中融担保签订了《保证反担保合同》，以“连带责任保证”方式向借款的担保方中融担保提供反担保。（3）公司实际控制人 陈某与中融担保签订了《保证反担保合同》，以“连带责任保证”方式向借款的担保方中融担保提供反担保。

公司向长沙银行金城支行借款 230 万元的反担保情况：公司于 2013 年 11 月与长沙银行金城支行签订了借款 230 万元的合同，将于 2014 年 11 月到期，岳某担保为公司借款提供了保证担保。保证期为 2013 年 11 月 1 日—2014 年 11 月 1 日。公司实际控制人华某与岳某担保公司签订了《权利质押反担保合同》，以其在凯德实业的 1020 万元股权做质押，向借款的担保方岳某担保提供反担保。

案例049 控股股东免租提供办公场所

新三板挂牌公司赛诺达（430231）在申请挂牌的报告期内，公司控股股东刘某将其名下一套 163 平方米的房屋提供给公司作为办公场所。双方签订了《房屋无偿使用协议》，约定公司有权自 2010 年 8 月起无偿使用该房屋 10 年，该房产位于天津市某公寓，公司 2012 年开始实际使用此处办公场所。

鉴于控股股东 刘某与公司签订了长达 10 年的免费租赁协议，公司自 2012 年开始才实际使用此处办公场所，因此，上述关联租赁行为对公司近两年一期以及未来 10 年的财务状况、经营成果无实质性的重大影响。

公司监事会已审议通过了《关于近两年一期公司发生关联交易的专项审核意见》，认为上述关联租赁行为符合法律法规的规定，符合公平、公开、公正的原则，不存在损害公司利益的情况，上述关联租赁对公司近两年一期以及未来10年的财务状况、经营成果无实质性的重大影响。

6.2.3 项目、许可、债务与劳资

案例050　委托关联方开发软件（卫宁软件）

卫宁软件在申请上市的报告期内，对部分系统模块采用委托开发方式进行，主要是一些外延功能模块提升或非核心部件的升级等，报告期主要委托上海兰恒信息系统有限公司、上海复高计算机科技有限公司和上海中信信息发展股份有限公司进行技术开发。

上述委托方均是独立经营的法人实体，公司与上述机构进行的各种交易系公司正常的业务合作，属于正常的市场行为，价格合理公允，公司、公司主要股东及公司董事、监事、高级管理人员等关联方与上述机构均不存在关联关系。公司拥有完整独立的产供销体系和研发体系，公司与上述机构在业务和技术、财务、资产、人员、机构等方面完全独立。

案例051　关联方商号使用许可（星星科技）

星星科技在申请上市的报告期内，发行人存在使用关联方星星集团所拥有的“星星”商号（浙江省知名商号）的情形。为了规范公司经营活动，避免潜在的法律纠纷，2010年8月1日，星星有限与星星集团签订了《商号许可使用协议书》。

证监会在《反馈意见》中要求发行人和律师对发行人无偿使用“星星”商号的期限、到期后是否存在付费使用该商号的风险、实际生产的产品是否使用该商号予以核查和说明。

律师出具的《补充法律意见书》认为：（1）发行人及其子公司在“星星”知名商号及商标的有效期内有权无偿使用“星星”商号，在星星集团依据相关法律、法规及浙江省的相关规定对其“星星”知名商号进行延续、对“星星”商标进行续展后，发行人及其子公司可长期无偿使用“星星”商号，且不存在付费使用的风险。（2）发行人及其子公司仅在其公司名称中使用“星星”商号，

其实际生产的产品上不使用“星星”商标。

案例052　关联方代收货款的债务计算（中京电子）

中京电子曾在申请上市报告期内存在的关联方债务结算情况：

2008—2009年，为利用香港发达的外资银行资源，方便办理银行结算、客户货款催收等手续，公司部分出口业务货款由香港中扬代收后再转回本公司，在代收货款再转回本公司过程中，香港中扬不收取任何费用。代收款项已全部转回。

为减少和规范关联交易，公司于2008年9月在香港设立全资子公司——中京香港，代替香港中扬行使上述货款代收转回功能。截至2009年9月，中京香港完全承接本公司部分出口业务货款代收转回功能，彻底解决了上述关联交易。

案例053　支付关联方关键管理人员薪酬（大连电瓷）

大连电瓷在申请上市的报告期内存在薪酬关联交易。

2010年、2009年、2008年度公司支付自然人关联方即本公司董事（不含独立董事）、监事、高级管理人员的报酬总额分别为486.63万元、461.75万元、254.62万元，其中2010年支付报酬情况如下：

（略）

6.2.4　非关联化的解决方案

案例054　剥离给独立第三方以解决关联交易（捷顺科技）

捷顺科技上市前通过业务剥离给独立第三方，实现关联交易的解决。

2005年度，捷顺科技的实际控制人投资设立了盛健投资，拟利用该平台进行投资咨询、房地产经纪等与捷顺科技主业不相关的业务。盛健投资成立后，曾向贵州深黔进行股权投资，从事投资业务；并购买了富国工业区第2栋等部分房产并租赁给本公司，从事房屋租赁业务。捷顺科技上市之前，他们将盛健投资持有的贵州深黔股权进行了转让。

案例055　剥离子公司给关联方（光线传媒）

光线传媒在上市前将子公司光线影业剥离给关联方，以解决关联交易。

光线影业主要从事国产影片的制作和发行；明星报刊主要从事销售期刊、报纸；梦飞行主要从事各类移动网增值业务。发行人实际控制人王先生将上述子公司剥离出上市主体，转让给其控股的光线控股。为确保上市主体的权益不受损害，转让时按照该类公司净资产转让给控股股东，确保了上市主体权益。

案例056　转让方式解决关联交易（巨龙管业）

2008年1月8日，上市公司巨龙管业在上市前，实际控制人持有红旗巨龙建材45%股权。为了解决关联问题，2009年4月，他将持有的红旗巨龙建材45%股权转让给独立第三方，公司不再持有红旗巨龙建材股权，红旗巨龙建材自2009年4月起不再为本公司关联方。

案例057　收购及注销方式解决关联交易（天津宝恒）

新三板挂牌公司天津宝恒（430299）通过收购及注销关联方解决关联交易，具体情况如下。

公司与恒鑫阀门资产重组情况：报告期内公司与关联方恒鑫阀门存在关联方交易行为，为减少不必要的关联方交易并完善公司的业务独立性，关联方恒鑫阀门进行了资产清算，并将清算后的剩余资产由公司购买。公司于2012年11月份累计向恒鑫阀门购买固定资产21.82万元、存货115.84万元，合计金额为137.66万元；交易价格按照上述资产账面价值或成本价确定。恒鑫阀门员工已解除与恒鑫阀门的劳动合同，多数员工被公司聘用，进入公司工作，并与公司签订新的劳动合同；恒鑫阀门原从事的阀门业务已不再开展，与此业务相关的人员已进入公司工作。截至本说明书签署之日，恒鑫阀门已办理工商注销手续。

案例058　公允定价及收购解决关联交易及操作（虹越花卉）

新三板挂牌公司虹越花卉（430566）以公允定价及收购方式解决关联交易。

报告期内，公司存在经常性关联交易。上海卉彩系公司联营企业，运营的虹越•园艺家上海浦东宣桥店销售花卉产品产生，作为虹越•园艺家体系下运营的门店，其销售的产品主要均由虹越花卉提供，售价与公司销售给子公司运营直营门店的价格一致。上海卉彩2013年4月开业后采购一批花园中心产品，未来该门店仍需持续向公司采购。公司向金达科技、浙创投和严静的销售主要系花卉产品，相关关联方购买后用于装饰或馈赠。

程万里原以个体经营方式生产松鳞核鳞等园艺资材，虹越花卉向其采购，为减少关联交易，2011 年双方协议由虹越花卉以接近当时市场价收购程万里的松鳞核鳞库存，程万里加入公司。目前公司已自行生产相关产品。

案例059　吸收合并关联企业（百润股份）

百润股份在申请上市前，其发行人吸收合并关联企业以解决关联交易。

2007 年 10 月 30 日，经有限公司股东会决议及百润福德股东会决议同意，有限公司以换股方式吸收合并百润福德，换股比例为 1:1，即百润福德原股东以其持有的百润福德 1,000 万元出资额换取有限公司新增的 1,000 万元出资额。合并后有限公司存续，百润福德依法予以注销，合并日为 2008 年 3 月 31 日。百润福德原名上海麦克斯百润香精香料有限公司，成立于 2000 年 1 月 5 日，主要生产乳化香精及其他香精，注册资本 1,000 万元。吸收合并时百润福德的股东及出资比例与有限公司完全一致。

本次吸收合并前，有限公司与百润福德的控股股东及实际控制人相同，且两者的经营范围及业务也相近。为消除同业竞争、减少关联交易，有限公司决定吸收合并百润福德。

本次合并扩大了有限公司的主营业务规模，提升了公司的整体竞争力。本次合并前后有限公司的实际控制人及股东结构未发生变化，管理层亦未发生变化。

案例060　清算注销经营不善的关联企业（星星科技）

星星科技在上市前，清算注销经营不善的关联企业。

（1）浙江星星再生资源利用有限公司的基本情况及其注销

浙江星星再生资源利用有限公司（发行人关联企业）成立于 2008 年 5 月 16 日，注册资本为 500 万元，其中星星集团出资 255 万元，占注册资本的 51%，张某（实际控制人）出资 245 万元，占注册资本的 49%。

由于前期对该项目考察不足，公司成立后，一直未开展主营业务。浙江星星再生资源利用有限公司于 2010 年 3 月 1 日召开股东会作出决议，同意注销星星再生资源，并成立清算组，对星星再生资源进行清算，并在台州市工商行政管理局椒江分局办理了注销备案手续。2010 年 3 月 2 日，浙江星星再生资源利用有限公司在《台州日报》上发布了注销公告。2010 年 11 月 8 日，浙江星星再生资源利用有限公司资源清算组作出了《浙江星星再生资源利用有限公司清算报告》；同日，浙江星星再生资源利用有限公司股东会作出决议，全体股东一致同意确认星星再生资源清算组所提交的《浙江星星再生资源利用有限公司清算报告》并同意根据该清算报告内容办理后续事宜。2010 年 5 月 17 日，台州市国家税务局椒江税务分局出具了《税务事项通知书》（台椒国通【2010】54436号），核准星星再生资源办理税务注销登记手续。根据台州市工商行政管理局椒江分局2010年11月17日出具的《企业（机构）核准注销登记通知书》，浙江星星再生资源利用有限公司于2010年11月15日经该局核准注销登记。

6.2.5 重大依赖性关联交易的处理

案例061 关联方非关联化方式解决重大依赖问题（绿岸网络）

新三板挂牌公司绿岸网络（430229）业务在申请挂牌前对关联方形成重大依赖。

解决办法：（1）说明关联交易具有唯一性，只能通过同行业毛利率比较以证明定价公允；（2）关联方非关联化。

【案例分析】报告期内，公司先后向上海云蟾网络科技有限公司（简称“云蟾网络”）取得《蜀门》、《醉逍遥》两款网络游戏在中国大陆地区的永久独家授权代理运营权，并向其支付授权使用费及运营分成，并因此而构成关联交易。鉴于公司与云蟾网络的交易具有唯一性，公司未与无关联第三方发生同类交易，因此无法通过与第三方价格的比对来核查关联交易的公允性。但从公司业务毛利率来看，与同行业上市公司（如中青宝）相比并无明显偏离，公司关联交易价格基本公允。

公司的收入绝大部分来自于网络游戏《蜀门》、《醉逍遥》的运营收入。而《蜀门》、《醉逍遥》两款网络游戏属于公司原关联方云蟾网络独家授权运营的，故报告期内，公司与云蟾网络的关联交易对公司和云蟾网络的财务状况及经营成果影响甚大。

有限公司阶段，公司未制定规范关联交易相关制度，故相关关联交易亦未履行相应决策程序；股份公司设立后，公司制定了《公司章程》、《关联交易管理办法》等相关规章制度，明确了关联交易的决策程序。此外，2012年9月，随着火玉兰的退出，火玉兰与云蟾网络不再为公司关联方，公司与云蟾网络不再存在关联交易的情形。

案例062 购买方式解决重大依赖性关联交易（星星科技）

办法：如果关联交易的对象是设备、生产厂房所有权、土地使用权、专利、商标等资产类交易，影响到拟上市企业资产完整性的，则最好将该资产纳入拟挂牌或上市主体，转让至发行人名下。个别办公性用房可以向独立第三方租赁。

案例分析：星星电子产业基地 A2、A3、A4 号楼均位于星星电子产业基地内，一直被星星科技发行人租赁用作经营场所。随着公司业务规模、资产规模的扩大，为了提高公司资产的独立性，降低租赁厂房所带来的经营风险，保证公司生产经营的持续性，2010 年公司与星星置业签署协议，受让上述建筑物及相关土地所有权。上述房产购入后的用途与租赁期间用途相同，仍用于发行人的生产经营。

案例063 出售转让方式解决重大依赖性关联交易（初灵信息）

办法：对于不涉及资产的关联交易，例如采购或者销售环节的关联交易，可以通过出售关联公司或者重新寻找作为独立第三方的供应商等方法进行非关联化；

【案例分析】科尔惠系由洪某（实际控制人）和罗某（独立第三方）于 2005 年 9 月 7 日共同以货币方式出资设立。2009 年 6 月，洪某将其持有的科尔惠 65%的股权转让给其舅舅管某。2010 年 3 月，管某将其持有的科尔惠 65%的股权以每股 1.05 元的价格全部转让给罗某。本次股权转让以科尔惠截至 2009 年底经审计的净资产为定价依据。

世宸机械系由洪某和曾某（独立第三方）于 2006 年 12 月 28 日共同以货币方式出资设立，2009 年 6 月，洪某将其持有的世宸机械 50%的股权转让给其舅舅管某、10%的股权转让给其堂兄洪某某。2010 年 3 月，洪某某、管某将其持有的世宸机械合计 60%的股权以每股 1.59 元的价格全部转让给曾某，本次股权转让以世宸机械截至 2009 年底经审计的净资产作为定价依据。

自成立以来，科尔惠一直从事电源模块的生产，世宸机械一直从事机械面板的生产。科尔惠与世宸机械一直为发行人提供相应的产品，其产品为发行人生产的信息接入产品的配件。

科尔惠、世宸机械属于传统制造型企业，其业务类型、人员素质、管理风格等与发行人高科技企业的基调不符。实际控制人洪某从未实际参与过这两家企业的管理，如将其纳入体内，增加了管理难度，也不利于调动实际参与管理的合作方的积极性。公司对其人员、业务的整合管理必然会耗费很大的人力、物力、财力，且整合后其是否可以发挥预期效用具有较大不确定性；同时，公司向这两家公司采购，主要系在业务开展初期，配件采购量小且多需要反复修改、试制，对外采购不能保证交货期和产品质量。随着公司相应产品的技术、经验不断成熟，产品配套市场逐渐完善，公司对科尔惠、世宸机械产品依赖性降低，公司该类电源模块和机械面板的采购业务逐步向其他更优供应商转移。集中力量发展主营业务，符合发行人长期的利益。

为了保证股权转让的顺利进行，不因大股东的变化而引起对发行人供应方面的不良影响，发行人实际控制人洪某采取了逐步退出的方式，即先将其持有的科尔惠和世宸机械的股权转让给关联方，待运作一段时间后再由关联方将股权转让给科尔惠和世宸机械的合作方。（值得参考）

案例064　实际控制人与高管共同投资的关联交易的解决（捷顺科技）

办法：证监会规定：董、监、高及其亲戚不能与发行人共同投资同一家公司。因此，如果存在此类共同投资的关联交易的，应将其投资权益转让出去。

【案例分析】捷顺科技实际控制人与高管共同投资聚力投资，经营范围为兴办实业。2008年4月至2009年12月期间，经过多次股权转让，捷顺科技的实际控制人将其拥有的股权全部转让出去，不再持有聚力投资的股权。

案例065　控股股东拆借资金及解决（威达宇电）

新三板挂牌公司威达宇电（430288）报告期内与控股股东之间存在大量关联方资金拆借问题，主要用于代垫工资、社保及购车。

解决办法：制定政策、主动承诺。

【案例分析】

有限公司时期，公司未制定相关的关联交易决策程序，报告期内与控股股东之间存在关联方资金往来，具体情况如下：

2010年12月31日公司应收账款中应收控股股东宇电威达款项余额为2,902,527.81元，2011年1月1日至12月31日，宇电威达向公司借款6,845,000.00元，接受公司代垫工资与费用513,868.01元，还款6,322,000.00元，代公司垫付工资与社保费用509,948.58元，截至2011年12月31日，公司应收宇电威达3,429,447.24元。

2012年1月1日至12月31日，宇电威达向公司借款人民币7,467,961.42元，接受公司代垫工资与费用521,235.46元，还款10,294,208.42元，代公司垫付代垫工资与社保费用1,158,474.63元，截至2012年12月31日，公司欠宇电威达34,038.93元。

2010年公司自宇电威达借入周转资金190,000.00元，于2013年1月归还，故2012年12月31日，公司合计欠付宇电威达224,038.93元。

2013年1-2月，宇电威达累计从公司拆借款项7,331,937.04元，截至2013年4月19日，上述借款已还清，公司存在的控股股东占用公司资金的问题已规范处理。

上述关联方资金往来发生的原因：第一，控股股东宇电威达因业务开展需要须支付投标保证金，同时，项目采购也需大量流动资金，资金链较为紧张，流动资金一直存在缺口。因此，宇电威达向公司借用闲置的流动资金或由公司代宇电威达支付工资与社保费用。第二，有限公司时期公司未开立社保账户，员工的社保关系都在宇电威达名下，员工的社保和工资都在宇电威达名下列支，但本着核算主体必须独立核算的原则，相应的损益计入公司，同时挂宇电威达往来。因此，宇电威达为公司垫付社保及工资。2012年11月公司办理了独立的社保账户，单独为公司员工缴纳社保，由宇电威达代垫社保的问题得已规范。2011年5月，周某代有限公司垫付购车款290,905.00元；截至2012年12月31日，2013年3月股份公司成立后，周某作为董事的女儿，成为公司关联自然人。该笔款项已于2013年3月29日还清。

有限公司时期和股份公司成立初期，公司存在为控股股东代垫费用以及控股股东向公司借款等控股股东占用公司资金的事项。虽然，公司成立以后进行了规范处理且控股股东已就避免此等事项再次发生做出承诺，承诺将严格遵守《公司章程》、《公司章程》（草案）和其他内部控制制度（详见三、（六）资金、资产及其他资源的使用情况和制度安排），但是，在实际生产经营中仍不能排除控股股东利用其控股股东地位，通过行使股东大会或者董事会表决权等方式对公司的生产经营、财务决策、重大人事安排等实施不当控制从而损害公司利益的情形。针对上述风险，公司将采用以下风险管理措施降低其对公司的影响。公司在中介机构的辅导下逐步建立健全了法人治理结构，制定了适应公司现阶段发展的内部控制体系，即通过制定《公司章程》、《对外担保管理办法》、《关联交易决策管理办法》等内控制度对公司资金、资产及其他资源的使用、决策权限和程序等内容作出了具体规定。为避免公司产生新的资金占用情况，公司及公司控股股东、实际控制人承诺：第一，将严格遵守《公司章程》、《公司章程》（草案）和其他内部控制制度中对防止股东及关联方资金占用或者转移公司资金、资产及其他资源的行为做出的制度安排。第二，承诺效力及于本人及其本人控制的其他

企业。第三，愿意承担因违反本承诺函，由本人直接原因造成的，并经法

律认定的股份公司的全部经济损失。

案例066　报告期内资金拆借及解决（星星科技）

同一控制人名下企业之间相互资金拆借和抵押担保的情况关联交易的解决。

办法：在进入报告期之后，此类关联交易应当停止。一是自然人账户和企业账户必须严格分开，不得相互借贷；二是应建立关联交易管理制度，规范相关资金拆借等关联交易；三是要求实际控制人承诺不再拆借、占用公司资金。对于已经存在的资金拆借，需要调查是否约定资金占用费或者利息，该关联交易是否损害发行人利益。

【案例分析】

（1）资金拆借情况

报告期内，2008 年、2009 年公司与星星集团之间存在资金拆借的情况。星星集团向发行人拆借资金的主要原因是 2008 年、2009 年上半年，受全球金融危机的影响，星星集团的家电产品销售额减少，销售回款期延长，出现了流动资金周转困难的情况，因此向发行人拆借资金，用于购买原材料、归还银行贷款等经营性资金需求。报告期内，发行人曾两次向星星集团拆借资金。2008 年 11 月 30 日，发行人向星星集团拆借资金 1,555 万元，借款期限 33 天，用于归还即将到期的银行贷款。2009 年 5 月 25 日，发行人向星星集团拆借 2,955 万元，借款期限约 4 个月，主要是由于发行人业务发展迅速，公司向星星集团借款用于支付机器设备、原材料的购置款。

2008 年，公司按照年利率 7.30%，收取星星集团有限公司资金拆借利息收入 304.25 万元。上述利率水平参照 2008 年中国人民银行公布的一年期贷款基准利率确定。

2009 年，公司向星星集团借入一笔 2,955 万元的借款，期限约为 4 个月，而当年公司也向星星集团拆出了 6 笔资金，期限均在 7 天以内。2009 年我国一年期贷款基准利率为 5.31%，根据上述利率水平，2009 年公司应向集团收取利息 24.38 万元，应向集团支付利息 52.02 万元，合计应向集团支付利息 27.64 万元。由于上述资金拆借所涉及的净利息金额较小，因此双方均未互相收取利息。该事项对公司经营成果影响较小，未损害公司利益。

（2）对资金拆借的规范

2009 年 10 月以来，本公司与星星集团均认识到资金拆借属于不规范行为，并认识到公司规范独立运作的重要性和必要性，双方即中止了关联资金拆借，并开始对关联方资金往来进行清理。为避免发生关联方资金占用情况，发行人采取了以下措施。

a）2009年12月，公司制定了《浙江星星光电薄膜科技有限公司企业标准——资金管理办法》，该制度规定：公司在与控股股东及其实际控制人、关联方发生经营性业务和资金往来时，应严格监控资金流向，防止资金被占用。公司不得以下列方式将资金直接或间接地提供给控股股东及其他关联方使用：a）有偿或无偿地拆借公司的资金给控股股东及其他关联方使用；b）通过银行或非银行金融机构向关联方提供委托贷款；c）委托控股股东及其他关联方进行投资活动；d）为控股股东及其他关联方开具没有真实交易背景的商业承兑汇票；e）代控股股东及其他关联方偿还债务。控股股东应严格依法行使出资人的权利，控股股东不得利用关联交易、利润分配、资产重组、对外投资、资金占用、借款担保等方式损害公司和其他股东的合法权益，不得利用其控制地位损害公司和其他股东的利益。2010年11月，发行人第一届董事会第二次会议审议通过了《募集资金管理制度》，该制度规定：公司募集资金应存放于董事会决定的专户集中管理，实际募集资金净额超过计划募集资金金额的也应存放于募集资金专户管理；公司应当按照发行申请文件中承诺的募集资金投资计划使用募集资金；公司应当确保募集资金使用的真实性和公允性，防止募集资金被关联人占用或挪用，并采取有效措施避免关联人利用募集资金投资项目获取不正当利益等。上述条款从制度上保证了未来发行人募集资金不被关联人占用或挪用。

b）2009年12月，国科瑞华、中金资本作为机构投资者进入本公司，对公司的资金管理、关联交易等方面提出了规范性要求。2009年12月以来，本公司未再发生以各种有偿或无偿形式为关联方提供拆借资金的情形。

c）为对关联方资金往来作出规范，本公司实际控制人叶仙玉先生作出如下承诺："本人不利用星星科技的控股股东及实际控制人的地位直接或通过本人控制的其他企业以借款、代偿债务、代垫款项或者其他方式占用星星科技资金。若因星星科技与本人控制的其他企业之间的资金往来致使星星科技遭受任何责任或处罚，或因此给星星科技造成任何损失的，均由本人承担全部责任。"

案例067 关联方事宜披露不完整

蓝天环保（203398）于2015年1月挂牌新三板。蓝天环保总经理潘忠为公司控股股东，在蓝天环保申请挂牌时，同时担任金大地新能源（天津）集团有限公司（简称“金大地”）总裁，由于未如实提供个人兼职信息，导致金大地未被认定为蓝天环保关联方，且挂牌后蓝天环保与金大地发生委托采购、资金借款事宜，上述交易没有经过公司内部有效决策程序，且未披露造成违规。

7

第 7 章

资金占用的政策、常规及典型问题与解决

7.1　常规疑难12问

7.1.1　资金占用概念分类与分类监管

问答100　新三板资金占用的监管态度有多严厉？

（1）对于拟挂牌企业

资金占用问题成为股转系统审核中的重中之重。这在股转系统对拟挂牌公司的反馈意见中也可以看出，资金占用的审查越来越严格。股转系统内部通知就直接表示：“重要问题说三遍，重大事项查三遍。资金占用报告期期末查一遍，报材料前查一遍，挂牌前查一遍，一经查实，一律不得挂牌。”“在申报期以后发现资金占用的一律撤材料，未发现的侥幸挂牌的一律采取监管措施，情节严重的一律移交证监会。”

股转系统要求拟挂牌公司开展项目期后关联方资金占用事项的自查及整改。包括报告期后至首次申报日前发生关联方资金占用的，必须于申报前清理，并在申报文件中披露，否则将不具备挂牌条件；首次申报日后至取得挂牌同意

函期间，若发生关联方资金占用的，不再考虑清理情况，一律要求撤销申报。

（2）对挂牌企业

从2015年8月开始，各地证监局和股转系统在对新三板挂牌企业关联方资金占用问题上都进行了摸底，并表示，在2015年年报中存在关联方资金占用情况的挂牌公司，在统一处理结果出来前，都不允许进行定增。

关联方的核查范围为全部关联方，包括关联企业和关联自然人，不应仅局限于拟挂牌公司的控股股东、实际控制人及其控制的企业；核查的事项范围包括关联资金占用、资源占用的情况，包括但不限于关联担保、其他利益输送等，不应仅局限于资金占用。

从2015年8月份至本书写作时，共有超过20家企业因募集资金使用违规被全国股转系统采取监管措施和纪律处分。随着新三板企业2016年中报陆续披露，新三板挂牌企业的资金占用、关联交易、融资等相关事项披露，将成为全国股转系统监管的重点之一。

问答101　资金占用概念、分类和方式是什么？

根据《全国中小企业股份转让系统挂牌公司信息披露细则》的规定，控股股东、实际控制人或其关联方占用资金是指：挂牌公司为控股股东、实际控制人及其附属企业垫付的工资、福利、保险、广告等费用和其他支出；代控股股东、实际控制人及其附属企业偿还债务而支付的资金；有偿或者无偿、直接或者间接拆借给控股股东、实际控制人及其附属企业的资金；为控股股东、实际控制人及其附属企业承担担保责任而形成的债权；其他在没有商品和劳务对价情况下提供给控股股东、实际控制人及其附属企业使用的资金或者全国股份转让系统公司认定的其他形式的占用资金情形。

资金占用分为经营性资金占用和非经营性资金占用，其中非经营性资金占用一般是不正常的，除非被占用公司有闲置资金，同时占用公司对所占用资金支付了合理的资金成本；而经营性资金占用则可能是正常占用，也可能隐藏着不正常占用。

占用挂牌公司资金主要有三种形式：

一是通过关联交易转移占用挂牌公司资产。

二是非经营性交易直接占用挂牌公司资金。

三是利用挂牌公司进行违规担保。

问答102　资金占用问题的缘起是怎样的？

从理论上讲，只要存在“所有权—经营权”分离的公司形态，大股东、管理层等控制公司经营决策的主体，就有可能通过占用公司资金，损害公司和其他股东的利益。对于上市公司、挂牌公司而言，因为其通过公开市场发行证券募集了的大量资金，更容易成为侵占者眼中的“肥肉”。

那么，谁有可能成为资金占用的受益者呢？按照证监会相关规定的精神，一是控股股东、实际控制人及其附属企业；二是公司的董监高；三是公司的其他关联方。由于上市公司、挂牌公司股权结构普遍存在“一股独大”的弊端，加之公司治理机制不健全，对控股股东，实际控制人行为规范约束不力，因此控股股东、实际控制人是最有“作奸犯科”之嫌的资金占用主体。但是其他关联方对公司往往也有一定的影响力和控制力，因此难免产生资金占用的动机。其中，特别是公司如果将资金拆借给董监高，会直接违反《公司法》规定的“公司不得向董监高提供借款”。

同时，一般来讲，公司自身及其子公司，不构成资金占用的主体。

问答103　挂牌公司资金占用问题的特殊性体现在哪里？

上市公司曾经普遍存在大股东占用资金的问题，主要是由于证券市场在发展初期，定位于“服务国有企业改革脱困”的功能错乱。2005 年以来，证监会一方面“严刑峻法”清理资金占用的存量；一方面在 IPO 审查中，确立了公司与大股东之间“三分开、五独立”等严格要求，同时在政策上推动大型国有企业整体上市，基本堵住了资金占用的增量源头。

对于挂牌公司而言，资金占用的发生机理与上市公司完全不同，特别是不存在资金占用的制度性诱因。同时，多数挂牌公司自身体量小，盈利能力弱，单就发生资金占用的金额数量而言，与上市公司也不可同日而语。

挂牌公司虽然资金占用的金额不大，但反映出的实质问题却不小。多数挂牌公司规范运作的时间很短，股东的合规意识不足，股东与公司之间利益关系混淆，公司治理、内部控制往往徒有其表。

此外，挂牌公司公众化水平的参差不齐，也使资金占用问题更加复杂化。9000 多家挂牌公司中，既有两三名股东的夫妻店，长期无交易无融资的公司；也有大量融资，交易活跃，公众化程度比肩上市公司的明星企业。从理论上讲，控股股东、实际控制人、董监高等主体占用公司资金，首先直接损害了挂牌公司自身的利益，其次间接损害了不参与经营活动的外部股东、中小股东的利益。

2016年以来，监管部门将清理资金占用作为倒逼挂牌公司提升公司治理水平和规范运作程度的重要抓手，便绝非“小题大做”。

问答104　何为经营性资金占用？

资金占用，按照是否有以经营活动为基础的资金往来，可以分为经营性资金占用和非经营性资金占用。

经营性资金占用，产生的基础是公司与关联方之间，以经营活动为基础的资金往来。因此，经营性资金占用本质上是不合规关联交易所导致的结果。关联交易本身并不是违规行为，也不必然导致资金占用。一项关联交易，如果履行了规定的审议程序，关联方回避表决；交易条件公允；履行了信息披露义务；便是合法规范的关联交易。反之，如果未经非关联方审议通过，交易条件有失公允，未经披露，尤其是拖欠关联交易款项，在财务上形成应收账款，则会产生资金占用的问题。最典型的经营性资金占用行为是公司销售产品予关联方，但是并未取得货款，并且关联方长期未予归还。

问答105　何为非经营性资金占用？

非经营性资金占用指的是在公司日常经营之外的资金往来中，所产生的资金占用。目前，新三板和沪深交易所，对非经营性资金占用的具体情形分类是一致的，即包括：

（1）垫付工资、福利、保险、广告等费用和其他支出。

（2）代为偿还债务而支付的资金。

（3）有偿或无偿、直接或间接拆借资金。

（4）承担担保责任而形成的债权。

（5）其他在没有商品和劳务对价情况下供给资金。

（6）监管机构认定的其他非经营性资金占用。

资金占用，无论产生的原因是经营性还是非经营性的，都属于违规行为，只是认定判断的关注重点有所区别。对于经营性资金占用，首先需要对关联交易本身的合规性进行判断。另外，从情节上看，非经营性资金占用更为直接地反映了公司的治理缺陷，内控缺失，侵占者的“主观恶意”也更强。当然，实践中也不排除侵占者故意通过关联交易，更为隐蔽地实施占用资金行为。

7.1.2　资金占用原因与四种方式

问答106　新三板挂牌公司资金占用主要原因有哪些？

资金占用的主要原因包括：

（1）改制不彻底，关联交易严重。

（2）股东利益严重分歧，一股独大。

（3）法人治理结构不规范，缺乏有效的内部制约机制。

（4）会计制度的缺陷，会计信息失真以及法律制度的建设不健全，违规成本较低。

问答107　挂牌公司资金被占用的三种常规方式是什么？

（1）通过关联交易转移占用挂牌公司资产

主要体现为经营性资金占用，具体体现在资产负债表的应收账款与预付账款项下。在销售和采购过程中，往往因为关联交易而造成金额巨大的应收账款和预付账款，严重威胁到挂牌公司的生存和持续发展。

根据股转系统下发的通知，经营性往来不认定为资金占用。而实际上，在与关联方的经营性往来中也会存在资金占用的情形。

（2）通过非经营性交易直接占用挂牌公司资金

主要表现为：在非经营性交易背景下，利用关联交易占用资金；代其承担费用或偿还债务；提供委托贷款；为其开具无真实交易背景的商业承兑汇票等。体现在资产负债表的其他应收款项下，主要包括预付的备用金，应收的各项赔款、罚款、租金以及存出保证金等。

（3）利用挂牌公司进行违规担保

市场上，存在挂牌公司为大股东及其控股子公司提供担保的现象。如果挂牌公司对外进行不正当担保，将极大地增加挂牌公司或有负债的金额，使破产风险增加。

问答108　未来资金占用可更为隐蔽的方式是什么？

对于新三板挂牌公司，未来，大股东占用资金的方式及渠道可能会出现新的变化，资金占用的方式更加隐秘，与之相对应的是，资金占用的渠道也会此消彼长。

挂牌公司年报中披露的注册会计师关于关联方资金占用的“专项审计报

告”显示，“预付账款”也是大股东及其他关联方占用挂牌公司资金的途径之一。通过“预付账款”占用挂牌公司资金比“其他应收款”、“应收账款”更加隐秘。比如大股东及其他关联方，通过代销产品等经营性关系，加大对挂牌公司资金占用。

由于股转系统加大了监管力度，一些挂牌公司的大股东部分或全部归还了由其本身直接占用的款项，特别是在“其他应收款”科目下的款项，以逃避监管部门的监管与社会公众的监督。而通过其他关联方占用的款项，特别是通过与挂牌公司有直接的上下游产业链关系的关联方，以“预付账款”方式占用的资金可能会有增加的趋势，形成一种此消彼长的态势。况且，股转系统也不将经营性资金往来认定为资金占用。

7.1.3 认定、要求与解决

问答109 资金占用规定的原则与认定标准是什么？

（1）挂牌公司

a）原则性规定

《全国中小企业股份转让系统业务规则（试行）》第4.1.4条规定：控股股东、实际控制人及其控制的其他企业应切实保证挂牌公司的独立性，不得利用其股东权利或者实际控制能力，通过关联交易、垫付费用、提供担保及其他方式直接或者间接侵占挂牌公司资金、资产，损害挂牌公司及其他股东的利益。

b）认定标准

《全国中小企业股份转让系统挂牌公司信息披露细则（试行）》第四十八条第（十三）项规定：控股股东、实际控制人或其关联方占用资金指挂牌公司为控股股东、实际控制人及其附属企业垫付的工资、福利、保险、广告等费用和其他支出；代控股股东、实际控制人及其附属企业偿还债务而支付的资金；有偿或者无偿、直接或者间接拆借给控股股东、实际控制人及其附属企业的资金；为控股股东、实际控制人及其附属企业承担担保责任而形成的债权；其他在没有商品和劳务对价情况下提供给控股股东、实际控制人及其附属企业使用的资金或者全国股份转让系统公司认定的其他形式的占用资金情形。

（2）上市公司

a）《关于规范上市公司与关联方资金往来及上市公司对外担保若干问题的

通知》（证监发[2003]56 号）。

b）《关于集中解决上市公司资金被占用和违规担保问题的通知》（证监公司字[2005]37 号）。

c）《关于核对上市公司非经营性资金占用和清欠情况的通知》（证监公司字[2006]92 号）。

d）《关于进一步做好清理大股东占用上市公司资金工作的通知》（证监发[2006]128 号）。

问答110　资金占用定期与临时报告的要求什么？

（1）定期报告披露要求

《全国中小企业股份转让系统挂牌公司年度报告内容与格式指引（试行）》第二十三条和《全国中小企业股份转让系统挂牌公司年度报告内容与格式指引（试行）》第二十四条：报告期内发生股东及其关联方以各种形式占用或者转移公司的资金、资产及其他资源的，挂牌公司应当说明发生原因及整改情况，其中发生控股股东、实际控制人及其关联方占用资金情形的，应当充分披露相关的决策程序，以及占用资金的期初金额、发生额、期末余额、占用资金原因、预计归还方式及时间。

（2）临时报告披露要求

《全国中小企业股份转让系统挂牌公司信息披露细则（试行）》第四十六条第（二）项规定：挂牌公司应当在控股股东、实际控制人及其关联方占用资金的事实发生之日起两个转让日内予以披露，并且应当每月发布一次提示性公告，对资金占用的解决情况进行披露。此处的资金占用所指的是非经营性资金占用。

问答111　资金占有的解决方式有哪些？利弊如何？

关联方拆借（占用）资金行为有两种情况：一是指股东向公司提供无息资金的行为；二是控股股东、主要股东、实际控制人及其控股的公司向公司借款，占用公司资金的行为，尤以大股东占用公司为主，包括无偿占用、借款、公司为其借款提供担保等，方式多样。

《全国中小企业股份转让系统股票挂牌条件适用基本标准指引（试行）》对于“合法合规经营”所列示的内容之一是：公司报告期内不应存在股东包括控股股东、实际控制人及其关联方占用公司资金、资产或其他资源的情形。如有，应在申请挂牌前予以归还或规范。

解决思路：对于股东向公司提供资金的行为，可匡算公司资金占用成本对正常经营活动的影响，并做进一步处理。对于股东或其控制的公司占用公司资金的行为，应要求资金的借人方在公司挂牌前归还借款，并由公司股东、董事会、监事会等出具承诺，加强公司治理和内部控制，确保公司利益不被公司股东、关联方、董事会、高级管理人员侵害。

但是，有不少企业因为关联方占用资金金额较大，无法在短时间内归还，导致挂牌进度延后，此时不妨采用上述案例的方式，通过公司回购股东股权并减资的方式，解决资金占用问题。

但公司回购股权并减资的方式会影响股权结构，从而可能导致控股股东失去对公司的实际控制权。根据《公司法》相关规定，减资需经代表 2/3 以上表决权的股东通过，并需公告 45 天，历时周期较长。因此，拟挂牌企业选择上述方式解决关联方占用资金时仍需慎重。

7.2　典型实战7例

7.2.1　资金占用类型

案例068　非经营性交易实施资金占用

2016 年 3 月 28 日，佳瑞高科（832244.OC）因关联方贝特尔药业占用公司资金而受到了河南证监局行政监管，占用总额为 3960 万元。其中，2150 万元为公司 2015 年 6 月定增所募集的资金，另外 1810 万元为自有资金。

4 月 21 日，佳瑞高科称是为了实现向医药行业转变而决定投资贝特尔药业。鉴于贝特尔药业相关项目尚处于建设阶段，相关资产尚不能达到审计、评估条件，为加快贝特尔药业项目建设进程，公司拟先行向贝特尔提供借款。

也就是说，佳瑞高科在借款给贝特尔药业之前就已经有了投资意向。但在 2015 年 6 月 11 日的融资方案中，公司并没有说明募集资金将用于投资。2015 年 11 月 6 日，佳瑞高科拟将贝特尔药业已到期的 3960 万借款直接用于对贝特尔药业的投资。交易完成后，公司将持有贝特尔药业 24.06%的股权。

2015 年 12 月 18 日，公司股东大会否决了投资贝特尔药业的议案，将贝特尔药业的借款期限延长至 2016 年 5 月 13 日。

不过，在公司股东大会做出否决之前，贝特尔药业是否已经使用了借款资金，公司未作披露。

如上不规范和违规事项，河南证监局要求公司在 2016 年 6 月 30 日前完成整改。

案例069　通过违规担保实施间接资金占用

2016 年 5 月 31 日，金洋新材（832490.OC）董事长、实际控制人彭某因借款纠纷涉及重大诉讼，而公司则因作为担保方而成为被告。要命的是，上述担保并未履行董事会、股东大会决议程序，未及时向主办券商报告，也未履行信披义务。总之，这次担保将现有的法律法规差不多都违反了，属于典型的违规担保。

事情是这样的。2015 年 1 月 13 日，彭某、温某向自然人赵某借款 3200 万元。该借款于 2015 年 7 月 13 日到期，但彭某、温某并未如期偿还本息。2016 年 4 月 11 日，赵某向法院提出财产保全，7 名被告的银行存款 4500 万元被查封或扣押等值财产，其中包括金洋新材与桂某（金洋新材董事、总经理）两名担保方。不仅如此，彭某此前还存在占用公司资金以及牵扯到关联方之间的连环担保。2012-2013 年，彭某分别占用公司资金 4996.03 万元、4338.82 万元。

但占用公司资金并不是重点，重点是彭某为桂某作了担保承诺。而桂某则是信用尽失的一个人，因拒绝偿还法院判决的 79.95 万元债务，而被列入失信被执行人名单。该笔借款发生在 2014 年之前，金洋新材的 4 个银行账户也因此被冻结，冻结金额为 1.95 万元。

除此之外，桂某在 2015 年累计占用公司资金 2321.7 万元，其中 2280 万元为定增资金，占公告挂牌以来融资总额的 63.33%。截至 2015 年年底，还有 1945 万元未予偿还，桂某承诺于 2016 年 3 月 31 日归还。同时，彭某承诺，桂某资金占用造成的损失由彭某全额补偿。但截至 2016 年 4 月 20 日，该项占用资金 1945 万元仍未归还。

7.2.2　核查与处罚

案例070　新三板首现大股东违规占款遭整改

2015 年 12 月 22 日晚间，凌志环保（831068）披露了收到江苏证监局出具的行政监督措施决定书。该决议书要求公司整改，同时指出：

凌志环保实际控制人凌某，以及远东控股集团有限公司（下称远东控股）、尚某、凌某某等关联方均存在占用上市公司及子公司资金而未对外披露的违法违规行为。其中，2014 年 9 月 12 日至 2015 年 10 月 30 日，凌志环保实控人凌某累计占用该公司及其子公司、孙公司资金 6684.47 万元。

凌志环保于 2014 年 9 月 12 日在新三板市场挂牌，这意味着从挂牌之后到 2015 年 10 月底，凌某就一直在占用上市公司资金。

案例071　挪用了上亿元公款后自首的董事长

2016 年 5 月，新三板挂牌公司时空客（831335）公告称收到证监会立案调查书，这是 2016 年第三起证监会对新三板公司展开立案调查，也是 2015 年年底以来挂牌公司大股东占款监管风暴中的证监会级别的反馈。时空客公告显示，其实际控制人、董事长兼总经理王某 2015 年累计占用公司资金 1.86 亿元，扣除已经归还的 1.2 亿元，还有 6600 万元在继续占用。

5 月 13 日，一家名为时空客的新三板挂牌企业发布公告称，公司董事会于 2016 年 5 月 12 日，收到公司董事长王某因占用公司资金问题，到大连市公安局高新园区分局自首的通知。

鉴于王恩权已经自首，公安机关已经介入调查，因此事态发展已非公司层面所能左右。此外，大连证监局对时空客进行行政监管。

案例072　控股股东关联方资金占有被处罚

2016 年 7 月 4 日，中国证监会山东监管局对山东飞达集团生物科技股份有限公司（简称飞达股份 830919）发出《关于对山东飞达集团生物科技股份有限公司采取出具警示函措施的决定》。

公告显示飞达股份在 2015 年度与控股股东及其关联方之间发生资金往来，借方累计金额 6,932.20 万元，贷方累计金额为 3,494.42 万元，2015 年末余额为 3,437.78 万元；截至 2016 年 5 月 31 日，关联往来余额为 3,298.49 万元。

案例073　股权回购减资解决股东占用资金问题

武威金苹果农业股份有限公司（金苹果 832663）于 2015 年 6 月 30 在新三板挂牌，报告期内，公司控股股东陈某占用公司 925.05 万元资金。

问题：（1）公司防范关联方占用资源（资金）的制度及执行情况；（2）关联方占用资源（资金）问题的发生及解决情况。

【解决办法】

报告期内截至 2013 年 12 月 31 日公司其他应收款账面应收控股股东陈荣贤 925.05 万元。2014 年 5 月 19 日，金苹果有限公司召开股东会，决议公司注册资本由 11,100 万元减少至 10,335.1208 万元，减少注册资本 764.8792 万元，减少的注册资本由公司回购股东陈荣贤出资 764.8792 万元，占公司注册资本的 6.89%。回购陈荣贤部分股份时公司已经扣除了上述 925.05 万元其他应收款项。

公司在报告期内存在控股股东、实际控制人及其关联方占用公司资源（资金）的情形，截至报告期末，上述资金占用问题已经解决。公司已建立防范关联方占用资源（资金）的相关制度并有效执行。报告期末，公司不存在关联方占用资源（资金）的情形。

案例074　归还借款解决控股股东、实际控制人占用资金

上海华宿电气股份有限公司（华宿电气 430259）主要从事电气防火产品的研发、生产、销售与服务。公司控股股东、实际控制人占用资金，挂牌前该怎么处理？

【解决办法】

挂牌前归还借款，如实披露信息。公司控股股东、实际控制人余某，截至 2012 年 12 月 31 日，向公司的借款总额为 985,821.68 元。截至公开转让说明书签署日，余某已经全部偿还以上欠款。

公司控股股东、实际控制人余某控制的上海研科，截至 2012 年 12 月 31 日，公司其他应收上海研科款余额为 499,877.83 元，截至公开转让说明书签署日，上海研科已经全部偿还以上欠款。公司控股股东、实际控制人余某控制的上海攻之成，截至 2012 年 12 月 31 日，公司的其他应收上海攻之成款项余额为 453,079.80 元。截至公开转让说明书签署日，已经全部偿还以上欠款。

公司控股股东、实际控制人余某控制的上海之立，截至 2012 年 12 月 31 日，公司应收上海之立款项余额分别为 450,174.10 元。截至公开转让说明书签署日，已经全部偿还以上欠款。

第8章 对外担保的细则、实践重点与操作

8.1 常规疑难12问答

8.1.1 内涵、口径与审核

问答112 对外担保的概念和内涵是什么？

担保是指法律为确保特定的债权人实现债权，以债务人或第三人的信用或者特定财产来督促债务人履行债务的制度。

担保是为了担保债权实现而采取的法律措施。从我国担保法的内容看，债的担保应当说是指以当事人的一定财产为基础的，能够用以督促债务人履行债务，保障债权实现的方法。担保法上的担保，又称债权担保、债的担保、债务担保，是个总括的概念，内涵丰富，外延极广。在我国的立法上并未对此下一明确的定义。

民法上指为保障债权实现而采取的保证、抵押等行为。如甲向银行借款，乙为甲提供担保，保证在规定期内甲履行还款义务，一旦甲不履行义务时，乙予以履行。就企业来说，是指公司为他人提供的担保，包括公司对控股子公司

的担保。

问答113　对外担保总额的计算口径是怎样的？

《关于规范上市公司对外担保行为的通知》（证监发[2005]120 号）“四（二）所称“上市公司及其控股子公司的对外担保总额”，是指包括上市公司对控股子公司担保在内的上市公司对外担保总额与上市公司控股子公司对外担保总额之和。”

即对外担保总额占净资产比例的计算口径是：（Σ上市公司母公司及其各控股子公司对外担保总额）/最近期末经审计的上市公司净资产，包含上市公司对其控股子公司提供的担保。

这一规定同样适用于新三板挂牌企业。

问答114　审议对外担保的特殊要求有哪些？

新三板挂牌公司比照沪深上市公司要求，上市公司的特殊要求如下。

（1）必须经董事会审议通过

根据《上交所上市规则》“9.11 上市公司发生‘提供担保’交易事项，应当提交董事会或者股东大会进行审议，并及时披露。”

由董事会审批的对外担保，必须经出席董事会的 2/3 以上董事审议同意并做出决议。

《公告格式指引——第六号：上市公司为他人提供担保公告》“（七）对于董事会权限范围内的担保事项，除应当经全体董事的过半数通过外，还应当经出席董事会会议的 2/3 以上董事同意。”

（2）股东大会达到标准开

《上交所上市规则》“9.11 下述担保事项应当在董事会审议通过后提交股东大会审议：

a）单笔担保额超过公司最近一期经审计净资产 10%的担保；

b）公司及其控股子公司的对外担保总额，超过公司最近一期经审计净资产 50%以后提供的任何担保；

c）为资产负债率超过 70%的担保对象提供的担保；

d）按照担保金额连续十二个月内累计计算原则，超过公司最近一期经审计总资产 30%的担保；

e）按照担保金额连续十二个月内累计计算原则，超过公司最近一期经审计净资产的 50%，且绝对金额超过 5000 万元以上；

f）本所或者公司章程规定的其他担保。

《上交所上市规则》“10.2.6 上市公司为关联人提供担保的，不论数额大小，均应当在董事会审议通过后及时披露，并提交股东大会审议。”

《关于规范上市公司对外担保行为的通知》（证监发[2005]120 号）“（三）应由股东大会审批的对外担保，必须经董事会审议通过后，方可提交股东大会审批。须经股东大会审批的对外担保，包括但不限于下列情形：4.对股东、实际控制人及其关联方提供的担保。”

①一般情况普通决议通过：

上条（一）、（二）、（三）、（五），经出席会议的股东所持表决权的 1/2 以上通过。

②关联方担保关联方回避后普通决议通过：

《上交所上市规则》“10.2.6 上市公司为关联人提供担保的，不论数额大小，均应当在董事会审议通过后及时披露，并提交股东大会审议。

公司为持股 5%以下的股东提供担保的，参照前款规定执行，有关股东应当在股东大会上回避表决。”

关联方回避表决，该项表决由出席股东大会的其他股东所持表决权的过半数通过。

③特别决议的情况：

上条（四），经出席会议的股东所持表决权的 2/3 以上通过。

8.1.2 类型确认与性质特征

问答115 对全资子公司担保算不算对外担保？

新三板挂牌公司比照沪深上市公司的相关政策，即：根据《〈上市公司证券发行管理办法〉第三十九条“违规对外提供担保且尚未解除”的理解和适用——证券期货法律适用意见第 5 号》（证监会公告[2009]16 号）“二、《管理办法》所规定的‘上市公司及其附属公司’是指上市公司及其合并报表的控股子公司。”

所以，沪深上市公司或新三板挂牌对控股子公司（含全资子公司）的担保均列入对外担保的范围。

问答116　公司为自身贷款提供担保算不算对外担保？

不算。

《关于规范上市公司对外担保行为的通知》（证监发[2005]120 号）“四（二）所称‘对外担保’，是指上市公司为他人提供的担保。”这一规定同样适用于新三板挂牌企业。

问答117　对子公司担保算不算关联担保？

不算。

以下来自 2007 年 1 月，证监会有关部门负责人在就《上市公司信息披露管理办法》（证监会令第 40 号）发布的“答记者问”。

问：《管理办法》关于关联人的定义，与财政部的《会计准则第 36 号——关联方披露》中的关联方定义有何不同？为什么？对关联方交易行为做出了哪些具体规定？

答：中国证监会对关联人的定义主要是从上市公司监管角度出发。近年来，上市公司主要股东、实际控制人以及董事、监事、高级管理人员基于其对上市公司的控制地位或重大影响侵犯上市公司利益的现象较为突出。

因此中国证监会监管和规范的关联方是指能够控制上市公司或影响上市公司的决策而损害上市公司利益的各方，在这里不包括上市公司的子公司、合营企业、联营企业。

新三板挂牌企业比照沪深上市公司政策，其对子公司担保也不算关联担保。

问答118　控股股东或其他关联方可以为挂牌或上市公司担保吗？

可以。而且在下述条件下可以豁免按照关联交易的方式进行审议和披露。

《上海证券交易所上市公司关联交易实施指引》“第五十六条关联人向上市公司提供财务资助，财务资助的利率水平不高于中国人民银行规定的同期贷款基准利率，且上市公司对该项财务资助无相应抵押或担保的，上市公司可以向上市公司监管一部申请豁免按照关联交易的方式进行审议和披露。

关联人向上市公司提供担保，且上市公司未提供反担保的，参照上款规定执行。”

这一规定同样适用于新三板挂牌企业。

问答119　挂牌或上市公司可以为控股股东担保吗？

可以。

《关于规范上市公司对外担保行为的通知》（证监发[2005]120 号）“（三）应由股东大会审批的对外担保，必须经董事会审议通过后，方可提交股东大会审批。须经股东大会审批的对外担保，包括但不限于下列情形‘4.对股东、实际控制人及其关联方提供的担保。’

但是根据《关于规范上市公司与关联方资金往来及上市公司对外担保若干问题的通知》（证监发[2003]56 号）“控股股东及其他关联方不得强制上市公司为他人提供担保。”

这一规定同样适用于新三板挂牌企业。

问答120　控股或全资子公司能为挂牌或上市公司担保吗？

可以。

《关于规范上市公司对外担保行为的通知》（证监发[2005]120 号）“（七）上市公司控股子公司的对外担保，比照上述规定执行。上市公司控股子公司应在其董事会或股东大会做出决议后及时通知上市公司履行有关信息披露义务。”

这一规定同样适用于新三板挂牌企业。

8.1.3　披露、处罚与风险

问答121　对外担保的披露义务有哪些？

新三板挂牌公司比照沪深上海公司要求，上市公司的要求如下。

对外担保的首次披露：《上交所上市规则》“9.14 对于担保事项的披露内容，除前条规定外，还应当包括截至披露日上市公司及其控股子公司对外担保总额、上市公司对控股子公司提供担保的总额、上述数额分别占上市公司最近一期经审计净资产的比例。”

对外担保的后续披露：《上交所上市规则》“9.15 对于达到披露标准的担保，如果被担保人于债务到期后十五个交易日内未履行还款义务，或者被担保人出现破产、清算或其他严重影响其还款能力的情形，上市公司应当及时披露。”

对外担保到期后展期：《深圳证券交易所主板上市公司规范运作指引》（深交所，可借鉴）“7.4.10 上市公司担保的债务到期后需展期并需继续由其提供担保的，应当作为新的对外担保，重新履行担保审批程序和信息披露义务。”

违规担保实施其他风险警示期间：《上海证券交易所信息披露工作手册》“第二节实施及撤销其他风险警示 3.上市公司股票因上述第一点第 5 项被实施其他风险警示的，在被实施其他风险警示期间，公司应当至少每月发布 1 次提示性公告，披露资金占用或违规对外担保的解决进展情况。”

问答122　违规担保的处罚有何要求？

新三板挂牌公司比照沪深上海公司要求，上市公司的要求如下。

《上交所上市规则》“13.3.1 上市公司出现以下情形之一的，本所对其股票实施其他风险警示：（五）公司被控股股东及其关联方非经营性占用资金或违反规定决策程序对外提供担保，情形严重的。”

《上市公司证券发行管理办法》“第三十九条　上市公司存在下列情形之一的，不得非公开发行股票：（三）上市公司及其附属公司违规对外提供担保且尚未解除。”

深交所主板、中小板《规范运作指引》第 2.1.7 条、第 2.1.6 条：上市公司在拟购买或参与竞买控股股东、实际控制人或其关联人的项目或资产时，应当核查其是否存在占用公司资金、要求公司违法违规提供担保等情形。在上述违法违规情形未有效解决之前，公司不得向其购买有关项目或者资产。

《关于规范上市公司与关联方资金往来及上市公司对外担保若干问题的通知》（证监发[2003]56 号）“（二）上市公司及其董事、监事、经理等高级管理人员违反本《通知》规定，中国证监会将责令整改，依法予以处罚，并自发现上市公司存在违反本《通知》规定行为起 12 个月内不受理其再融资申请。”

《关于加强社会公众股股东权益保护的若干规定》（证监发[2004]第 118 号）“（二）上市公司被控股股东或实际控制人违规占用资金，或上市公司违规为关联方提供担保的，在上述行为未纠正前，中国证监会不受理其再融资申请。”

问答123　违规担保被实施其他风险警示的撤销规定是什么？

新三板挂牌公司比照沪深上海公司要求，上市公司的要求如下。

违规担保解除的标准详见《〈上市公司证券发行管理办法〉第三十九条“违规对外提供担保且尚未解除”的理解和适用——证券期货法律适用意见第 5 号》（证监会公告[2009]16 号）。

《上海证券交易所信息披露工作手册》“第二节实施及撤销其他风险警示 3.上市公司股票因上述第一点第 5 项被实施其他风险警示后，会计师事务所出具的专项审核报告和独立董事发表的独立意见显示资金占用事项已消除的，或者公司董事会决议说明违规担保事项已解除或相应审议程序已追认的，公司可以向交易所申请撤销对其股票实施的其他风险警示。”

《关于对存在资金占用或违规担保情形的上市公司股票交易实行其他特别处理若干问题的通知》（深交所，可借鉴）：

“三、违反规定程序对外提供担保是指上市公司违反《关于规范上市公司对外担保行为的通知》（证监发〔2005〕120 号）或《股票上市规则》等规定的对外担保行为。

四、情形严重是指上市公司存在以下情形之一，且无切实可行的解决方案或虽提出解决方案但预计无法在一个月内解决的：

（一）上市公司向控股股东或其关联方提供资金的余额在人民币 1000 万元以上，或占上市公司最近一期经审计净资产的 5%以上；

（二）上市公司违反规定程序对外提供担保的余额（担保对象为上市公司合并范围内的除外）在人民币 5000 万元以上，且占上市公司最近一期经审计净资产的 10%以上。

上市公司违规担保事项已纠正，向本所申请对其股票交易撤销其他特别处理的，应当提交以下文件：

（一）董事会关于撤销股票交易其他特别处理的申请；

（二）独立董事意见；

（三）解除担保协议等证明违规担保事项已纠正的证明文件；

（四）本所要求的其他相关文件。”

8.2 典型实战8案例

8.2.1 四类担保

案例075 为客户提供融资担保（中窑股份830949）

2016 年 10 月 25 日，新三板挂牌公司中窑股份（830949）对外公告称：公司为九江金凤凰装饰材料有限公司、江西金凤凰纳米微晶有限公司向广东耀达融资租赁有限公司分别融资 8,000.00 万元提供担保，保证期限为自主合同签订日起至主合同项下的最后一笔到期的债权债务履行期限届满之后两年。

如客户未能按期足额偿还银行贷款，公司存在承担担保责任的。该担保不构成关联担保。

公司提供担保的原因：

因公司产品属于大型环保生产设备，为加快公司资金回收，降低公司财务风险，加强公司产品的市场竞争力，公司为客户九江金凤凰装饰材料有限公司、江西金凤凰纳米微晶有限公司向租赁公司融资提供担保。

案例076　偶发性关联担保（盈博莱839146）

2016 年 10 月 25 日，新三板挂牌公司盈博莱（839146）对外公告称实施偶发性关联担保，主要有两项内容：

（1）公司向中国银行股份有限公司佛山分行申请人民币 1000 万元授信额度。公司实际控制人、董事长兼总经理彭某及其配偶袁某为该授信融资提供连带责任保证担保，并由彭海生提供个人股权质押担保，股权质押具体事项由双方另行协商确定。

（2）公司向招商银行股份有限公司佛山分行申请人民币 1000 万元授信额度。公司的关联方彭某、袁某、周某、冯某、珠海市嘉民塑料制品有限公司、佛山盈嵘股权投资合伙企业（有限合伙）为该授信融资提供连带责任保证担保。

案例077　为子公司提供担保（宝达股份832375）

新三板挂牌公司宝达股份（832375）于 2016 年 10 月 24 日对外公告称对子公司提供担保：

公司全资子公司苏州恒邦汽车销售服务有限公司（以下简称“苏州恒邦”）因生产经营及业务发展的资金需要，拟向金融机构申请额度不超过 1,400 万元的综合授信，具体额度以银行最终审批结果为准。

公司拟为苏州恒邦本次授信提供连带责任保证担保，担保额度不超过人民币 1,400.00 万元，子公司可在授权限额内循环使用。在实际担保发生时，授权公司总经理在授权范围内作出决定并签署相关协议及文件。

苏州恒邦为公司全资子公司，属于公司关联方，构成关联担保。

案例078　控股股东为公司担保

新三板挂牌公司美林数据（831546）于 2016 年 10 月 24 日发布公告称控股股东将为公司融资提供担保：

（1）交易概述

公司拟向工商银行股份有限公司西安东大街支行申请流动资金贷款，贷款金额 200 万元，担保方式为信用担保，期限 1 年；由股东程某、王某、程某及其配偶提供个人信用担保。

（2）关联方关系概述

程宏亮为西安美林数据技术股份有限公司法定代表人、第一大股东，现任公司董事长，安某系其配偶，现任公司财务总监，未持有公司股份；王某为西安美林数据技术股份有限公司董事、总经理，为公司第二大股东，张某系其配偶，未在公司任职，未持有公司股份；程某为西安美林数据技术股份有限公司副总经理，为公司第三大股东，吴某系其配偶，未在公司任职，未持有公司股份。

本公司及董事会全体成员保证公告内容的真实、准确和完整，没有虚假记载、误导性陈述或者重大遗漏，并对其内容的真实性、准确性和完整性承担个别及连带法律责任。

本次交易构成了公司的关联交易。

8.2.2 警示与内控

案例079 对外担保与风险警示

上市公司成城股份（600247）2014 年 4 月 9 日公告的《吉林成城集团股份有限公司股票被实施其他风险警示的公告》，主要内容：

根据《上海证券交易所股票上市规则》第 13.3.1 条第（五）项规定："公司被控股股东及其关联方非经营性占用资金或违反规定决策程序对外提供担保，情形严重的"，上海证券交易所将对股票实施其他风险警示。

公司曾于 2014 年 3 月 11 日发布《吉林成城集团股份有限公司股票交易可能被实施其他风险警示的风险提示公告》（2014-014），公告称：公司于 2014 年 3 月 10 日收到上海证券交易所下发的《关于督促吉林成城集团股份有限公司加强规范运作的通知》（上证公函[2014]0116 号），通知中指出："因 2011 年借款及担保事项，公司孙公司江西富源贸易有限公司被判偿还 6750 万元本金及利息，公司及实际控制人承担连带担保责任。上述江西富源借款和成城股份担保事项未履行决策程序和信息披露义务，相关诉讼未及时履行信息披露义务。2013 年 11 月，上海证券交易所要求公司就公司担保事项进行核查时，公司亦未核查出此事项。"上海证券交易所就上述问题对公司提出了整改要求，要求公司于 2014 年 3 月 14 日前向上海证券交易所报告违规担保整改情况并予以披露，最迟于 2014 年 4 月 8 日前完成整改工作。若到期未完成整改，上交所将根据《上海证券交易所股票上市规则》第 13.3.1 条的相关规定，对公司股票交易实施其他风险警示。

案例080 对外担保的内部控制

2010 年 3 月，某药业公司收到了证监局《责令整改通知书》，指出：该公司《公司章程》第 112 条规定“董事会授权董事长决定占公司最近一期经审计净资产 1%以下的对外投资、短期对外担保、委托理财以及收购出售资产、资产抵押等资产经营事项，并报董事会备案”。而该项规定与《关于规范上市公司对外担保行为的通知》中有关对外担保应当经过董事会或股东大会审批的规定不符，责令改正。

8.2.3 风险与代价

案例081 被担保企业破产，董事长股权被冻结

2016 年 7 月 26 日，亿鑫通（430151）与主办券商申万宏源同日发布公告，披露了公司近 80%股权被司法冻结的详细情况。

根据亿鑫通公告，公司董事长 刘某、刘士龙妻子 鲁某以个人名义为深圳市永利讯科技股份有限公司（以下简称“永利讯科技”）贷款提供担保，并签订无限连带担保责任，该企业无法按时偿还贷款及利息，目前已申请破产。

刘某、鲁某分别持有亿鑫通 1810.8 万股（60.36%）和 556.8 万股（18.56%），合计占比 78.92%。目前，由于陷入该破产案的司法纠纷，两人所持有的 78.92%股权，已全部被司法冻结。

对此，主办券商申万宏源发布公告提示风险称，关于股权司法冻结相关事项，亿鑫通没有及时告知主办券商，未能及时履行信息披露义务。此外，如果相关权利人对本次被冻结股份申请采取司法强制执行措施，可能导致公司实际控制人发生变更。

案例082 违规担保与发行不予核准

上市公司中技控股（600634）2015 年 9 月 9 日公告的《关于收到中国证券监督管理委员会《关于不予核准上海中技投资控股股份有限公司非公开发行股

票申请的决定》的公告》中提到：

“发审委在审核中关注到，你公司后续提供的文件显示，你公司原控股股东东宏实业和原实际控制人鲍某于 2013 年重大资产重组时对你公司重大或有负债出具兜底承诺；针对前述违规担保事项，你公司现实际控制人颜某和原副董事长程某于 2014 年 10 月 16 日出具承诺，将支付你公司本次相关诉讼可能涉及的全部赔偿金额，并放弃向你公司进行追偿。2015 年 3 月，你公司、库邦公司及颜某签署了《和解协议》，颜某代你公司履行上述担保义务。

发审委认为，你公司前述担保未按照相关法律规定履行董事会或股东大会表决程序，也未及时披露信息，根据《证券期货法律适用意见第 5 号）第三条的规定，属违规对外提供担保。你公司新老实际控制人等针对前述违规担保事项所采取的有关纠正、补救措施，不符合《证券期货法律适用意见第 5 号》第四条第二款规定的情形，不能认定为违规担保已经解除或对上市公司的风险隐患已经消除。

鉴于上述情形，发审委认为，你公司递交本次非公开发行股票申请文件时，未披露存在违规对外提供担保事项，且尚未解除，构成《上市公司证券发行管理办法》第三十九条所述情形。

发审委会议以投票方式对你公司非公开发行股票的申请进行了表决，同意票数未达到 3 票，申请未获通过。根据《证券法》、《上市公司证券发行管理办法》和《中国证券监督管理委员会发行审核委员会办法》（证监会令第 62 号）等有关规定，现依法对你公司非公开发行股票的申请作出不予核准的决定。”

第 9 章

同业竞争的政策、实践、典型问题与解决

9.1 常规疑难11问

9.1.1 概念、认定与审核

问答124　同业竞争与不竞争的概念及判定是怎样的？

（1）概念

同业竞争是指公司所从事的业务与其控股股东、实际控制人及其所控制的企业所从事的业务相同或近似，双方构成或可能构成直接或间接的竞争关系。

同业不竞争一般是指发行人与其控股股东、实际控制人及其所控制的企业所从事的业务相同或近似，但由于销售区域不同，销售对象不同等多种原因而不发生业务竞争及利益冲突的状况。

新三板挂牌条件和指引中对同业不竞争未限制，所以不影响公司新三板挂牌。

（2）同业竞争的判定

a）主体的判断

第一类：公司第一大股东、控制董事会的股东、联合共同控制公司的股东、通过协议或章程有实际控制权的股东；

第二类：上述股东直接或间接控制的公司。

b）内容的判断

业务相同或近似：从业务的性质、业务的客户对象、产品或劳务的可替代性、市场差别等方面进行判断。

问答125　监管部门对新三板同业竞争的态度与要求是怎样的？

《全国中小企业股份转让系统股票挂牌条件适用基本标准指引（试行）》及《全国中小企业股份转让系统业务规则（试行）》均未对同业竞争问题予以明确指引。

参考《首次公开发行股票并上市管理办法》、《首次公开发行股票并在创业板上市管理办法》（以下统称“IPO规则”），其中都明确规定，公司应与控股股东、实际控制人及其控制的其他企业间不存在同业竞争。所以，从避免公司任意转移业务和商业机会、保护其他股东利益的角度出发，应避免同业竞争的情况；健全的公司治理机制同样要求公司对同业竞争行为进行必要的规避或消除。

实际操作中，转股公司对于同业竞争的审核要求没有IPO审核标准那么严格，并不要求企业挂牌前必须消除同业竞争，企业只要充分披露，股东作出解决同业竞争问题的切实可行的承诺，就可以挂牌。

所以，新三板是可以在一定条件下容忍同业竞争的，但前提是同业竞争给出合理的解释，且需要实际控制人出具为避免同业竞争采取的措施及做出的承诺，因此，应当避免存在实际控制人同业竞争的问题。所以，一般来说，拟新三板挂牌的公司最好不要存有同业竞争关系的情况，即使有也须进行梳理并整改。

问答126　同业竞争如何认定？

国内目前就同业竞争的具体认定标准尚未出台专门的法规或规范性文件。从审核实践来看，监管部门在判断公司与竞争方之间是否存在同业竞争时，通常会从以下几方面来考察：

（1）产品或者服务的销售区域或销售对象。

（2）如存在细分产品，可考察产品生产工艺是否存在重大差异。

（3）公司所在行业的特点和业务方式。新三板对同业竞争的认定与IPO没有实质区别。

公司的主要业务与控股股东或实际控制人不从事相同、相似业务。如有充分依据说明与竞争方从事的业务有不同的客户对象、不同的市场区域等，存在明显细分市场差别，而且该市场细分是客观的、切实可行的，没有利益冲突的情形，则不会产生实质性同业竞争。

同业竞争的形成，通常为发起人改制过程中未能将构成同业竞争关系的相关资产、业务全部投入股份公司，最终导致股份公司现有的经营业务与控股股东形成竞争关系。判断同业竞争是否成立，应遵从“实质重于形式”的原则，而不应局限于相关各方的经营范围是否重叠。从业务的性质、业务的客户对象、产品或劳务的可替代性、市场差别等方面进行判断，同时应充分考虑对发起人及其股东的客观影响。

问答127　新三板同业竞争的审核尺度是什么？

关于同业竞争问题在新三板挂牌审核过程中的审核尺度问题，目前应该要把握以下几个基本的理念：

（1）原则上只关注控股股东、实际控制人的同业竞争问题，对于其他股东以及关联方的同业竞争问题不会重点关注。

（2）尽管某些股东不是控股股东也没有被认定为实际控制人，但是该股东对公司的生产经营会有重大影响的，还是应该要重点核查同业竞争问题。

（3）如果同业竞争的发生有着特定历史背景且目前整合很困难，控股股东和实际控制人的同业竞争如果在短期内解决无法实现或者成本较高，在充分信息披露的情况下可以尝试，但是要详细说明目前整合存在障碍的原因，并对未来整合的可行性和预期有着明确的表述，可以允许在承诺的一段时间里逐步解决，不过时间不宜过长。

（4）对于亲属同业竞争问题，如果亲属双方控制企业没有历史关联往来且公司设立清晰明确，那么一般情况下不会成为挂牌新三板的障碍。

（5）任何以各种股权调整或其他方式规避同业竞争问题的做法都是不应该允许的，在这种情况下将遵循“实质重于形式”的原则关注同业竞争问题。

问答128　新三板审核同业竞争通常关注哪些内容？

从实践经验上看，如果两者的业务相同，如无特殊情况，就直接认定为存在同业竞争。同业竞争的判断，不仅局限于从经营范围上做出判断，而应遵循“实质重于形式”的原则，从业务的性质、业务的客户对象、产品或劳务的可替代性、市场差别等方面进行判断，同时应充分考虑对拟上市企业及其股东的客观影响。

股转公司在判断公司与竞争方之间是否存在同业竞争时，通常会关注以下几方面的内容：

（1）考察产品或者服务的销售区域或销售对象。若存在销售区域地理距离远、销售对象不同等因素，即使同一种产品或者服务，也可能不发生业务竞争及利益冲突。

（2）如存在细分产品，可考察产品生产工艺是否存在重大差异。若公司与竞争方的产品同属于某一大类行业，但又存在产品细分情形，则两者之间的生产工艺也将可以成为考察是否存在同业竞争的重要方面。

（3）考察公司所在行业的特点和业务方式。有时在具体个案中，股转公司也会结合公司所在行业的特点和业务运作模式来具体判断是否构成同业竞争。

9.1.2 态度与调查

问答129　新三板企业为何最好消除同业竞争？

实务操作中，股转系统对于拟挂牌企业存在的同业竞争问题要求不如IPO严格，并不要求企业挂牌前必须消除同业竞争，但是同业竞争是企业最终必须解决的问题，因此，为了避免同业竞争成为企业挂牌的障碍或者影响挂牌进度，建议拟挂牌企业提前做好对同业竞争的处理，尽可能在挂牌时即消除同业竞争。这是因为：

在同业竞争情况下，由于新三板挂牌公司的关联方从事与挂牌公司相同或相似的业务，从事与公司的主营业务构成或可能构成直接或间接竞争关系的业务或活动。关联方如果从事与挂牌公司具有竞争关系的业务，则会与挂牌公司产生利益冲突，可能会损害挂牌公司的利益，并进而损害挂牌公司的小股东（投资者）的利益。

同业竞争的存在，使得相关联的企业无法完全遵守竞争的市场经济规则，如控股股东利用其表决权可以决定企业的重大经营，如果其表决是倾向于非上市公司的，对中小股东来说是不公平的。因此，各国立法均对同业竞争作出了禁止的规定。

同时，禁止同业竞争也是公司独立性（业务上的独立）的要求，对于新三板挂牌而言，企业存在非独立性，那么就无法判断其是否具有持续经营能力。实践中，许多沪深上市公司通过分拆子公司，然后将子公司挂牌到新三板，但是股转系统对拟挂牌企业的独立性要求较高，要求企业的资产、业务、人员、财务、机构等五个方面独立于控股股东、实际控制人及其控制的其他企业，其中业务的独立性带来的同业竞争问题成为不少企业在新三板挂牌时的实质性障碍。

另外，同业竞争不仅会影响挂牌的进度，而且，如果不能给出合理的解释，很难被全国股份转让系统接受，且全国股份转让系统需要实际控制人出具为避免同业竞争采取的措施及做出的承诺，所以，企业应当避免存在实际控制人同业竞争的问题。对于拟挂牌新三板的企业，应重点关注控股股东或实际控制人的同业竞争问题，以及对公司的生产经营会有重大影响的股东的同业竞争问题。

问答130　同业竞争中介工作及调查有哪些方法？

在企业挂牌之前，主办券商和律师会根据《公司法》、《全国中小企业股份转让系统业务规则（试行）》等有关法律法规、《公司章程》以及有关议事规则等的规定，对拟挂牌公司的同业竞争情况进行尽职调查，披露企业在挂牌前所存在的一系列法律问题，并进一步提出有效可行的整改意见，使企业满足在新三板挂牌的条件。并将在《公开转让说明书》和《法律意见书》中对同业竞争情况及解决措施进行披露。

对同业竞争情况进行尽职调查的方法：

（1）对拟挂牌公司和关联方的相关负责人进行访谈，了解关联方与拟挂牌公司的同业竞争情况。

（2）查阅拟挂牌公司和关联方的营业执照所载明的经营范围，核查关联方的经营范围中有无与拟挂牌公司的经营业务存在同业竞争的情况。

（3）查阅拟挂牌公司和关联方的《资产负债表》、《账务明细账》等公司账务会计资料，核查关联方实际经营的业务是否与拟挂牌公司存在同业竞争的情况。

9.1.3　解决办法

问答131　通过重组解决同业竞争的5种方式是什么？

关于同业竞争，最好的解决方式就是在企业重组过程中，对拟挂牌企业的业务进行合理重组并选择合适的控股股东。主要有以下几种方式：

（1）竞争方股东或并行子公司将相竞争业务转让给无关联的第三方。

（2）通过收购、委托经营等方式，将相竞争的业务集中到拟挂牌或拟上市公司，但不得运用挂牌同时发行（针对新三板公司）或首次发行（针对上市公司）的募集资金来收购。

（3）拟挂牌或上市公司放弃存在同业竞争的业务。

（4）拟挂牌或上市公司与竞争方股东协议解决同业竞争问题，竞争方股东作出今后不再进行同业竞争的书面承诺。

（5）拟挂牌或上市公司应在有关股东协议、公司章程等文件中规定避免同业竞争的措施，并在申请挂牌或发行上市前取得控股股东同业竞争方面的有效承诺，承诺将不以任何方式直接或间接地从事或参与和股份公司相竞争的任何其他业务活动。

问答132　结合关联方情况解决同业竞争有哪8种方式？

在企业挂牌前，应对同业竞争情况进行核查，并根据核查的结果，结合公司和关联方的具体情况，通过如下方式对公司同业竞争问题进行解决：

（1）对关联方经营的业务进行调整，使关联方从事的业务与挂牌公司的业务不存在竞争关系。

（2）挂牌公司控股股东、实际控制人转让其控制的企业的所有股权。

（3）挂牌公司通过受让关联方股权、收购关联方经营性资产和业务的方式，消除与关联方的同业竞争关系。

（4）挂牌公司的总经理、副总经理、董事会秘书、财务负责人等高级管理人员辞去其在挂牌公司控股股东、实际控制人及其控制的其他企业的重要职务，并不得在控股股东、实际控制人及其控制的其他企业领薪。

（5）对关联方在工商管理部门登记的经营范围中与挂牌公司构成同业竞争关系的业务进行变更与调整。

（6）在挂牌公司的《公司章程》中对避免同业竞争问题作出规定。

（7）控股股东、实际控制人、持股 5%以上的股东作出《避免同业竞争的承诺》，承诺目前没有、将来也不直接或间接从事与挂牌公司构成同业竞争关系的任何业务和活动。

（8）控股股东、实际控制人、持股 5%以上的股东与挂牌公司签订《避免同业竞争的协议》，约定不得从事与挂牌公司构成同业竞争的业务或活动；否则，因从事同业竞争的业务或活动所获得的收益全部归挂牌公司所有，同时按同业竞争业务营业额的一定比例向挂牌公司支付违约金。

问答133　综合解决同业竞争的一般方式总结为哪些方面？

综合解决同业竞争的各类侧重，总结一般性**解决思路**，主要从以下几方面考虑：

（1）发行人收购竞争方拥有的竞争性业务。

（2）竞争方将竞争性业务作为出资投入发行人，获得发行人的股份。

（3）发行人对竞争方企业进行收购合并。

（4）发行人将竞争性的业务转让给竞争方。

（5）关联公司转让至非关联方或退出相关领域。

（6）关联方变更经营范围。

（7）控股股东及实际控制人今后不再进行同业竞争的有法律约束力的书面承诺等。

如果企业同业竞争问题无法立即解决，公司要做好过渡期内的业务安排，尽早解决同业竞争问题。如果存在潜在同业竞争问题，应做重大风险提示，并披露解决同业竞争措施的实施计划及进度。

9.1.4　税务处理

问答134　解决同业竞争问题时的税务事宜是如何处理的？

解决同业竞争的前述几种方法中，拟挂牌公司往往会涉及清算注销、企业重组等税务处理甚至是税务筹划事宜。

（1）清算注销的税务处理

依据财税[2009]60 号文规定，企业不再持续经营，发生结束自身业务、处置资产、偿还债务以及分配剩余财产等经济行为时，须对清算所得、所得税、股息分配等事项进行处理。清算税务处理是比较复杂的过程，也是税务机关重点稽查对象。不仅要求企业按 60 号文进行纳税申报，还要求对企业至少 3 年的账簿进行检查或审计，对近 3 年企业经营期间所有涉税事项进行彻查。实践中，企业很容易因为对税收政策不熟悉而导致经营期与清算期处理事项安排不当，导致补缴税款和罚款。

（2）企业重组的税务处理

依据财税[2009]59 号、财税[2014]109 号文规定，企业重组（包括法律形式改变、债务重组、股权收购、资产收购、合并、分立等）区分不同条件分别适用一般性税务处理和特殊性税务处理方式。按照特殊性税务处理方式记账和计税，需满足条件：a）合理商业目的；b）目标公司拟重组的资产或股权比例符合规定；c）交易对价中股权支付及非股权支付比例符合规定；d）12 个月内重组资产再交易的限制；e）重组后企业 12 个月内的变更主营业务的限制。显然，两种处理方法完全不同，直接影响到公司重组的税收成本。因此，有必要对拟挂牌公司的企业重组事项进行合理合法的统筹安排，既能规避挂牌过程中的涉税法律风险，又能达到降低税收成本的双赢效果。

9.2 典型实战12例

9.2.1 撇清关系

案例083 相似业务领域与同业竞争撇清（国威机床）

新三板挂牌公司国威机床（430265）与关联公司业务存在相似领域，关于如何撇清不存在同业竞争的关系，办法如下。

公司与上述公司不存在同业竞争。首先，上述公司自设立以来，从未从事过重型数控机床金属切削机床、机电设备设计、制造、销售及机器设备大修改造，亦未从事过与国威机床相近的业务，其经营范围、实际从事的业务均与国威机床的业务无关，将来也不会从事与国威机床相同或相近的业务；其次，上述公司在技术上主要应用西门子自控技术，与国威机床应用的技术完全不同；再次，上述公司在人员、资产、财务、组织机构等方面均与国威机床完全独立，不存在人员混用或交叉任职、资产共用或互相占用、财务受公司干预或共用银行账户、与国威机床合署办公或混合经营等情形；再次，上述公司与国威机床不存在同业竞争。同时，国威机床的控股股东国威投资、实际控制人 望谟、其配偶 熊某及上述企业均出具承诺，承诺其本人、该公司及其控制的其他企业未来将不会从事与国威机床相同或相近的业务，否则将依法承担相应的赔偿责任。

案例084　监事对外投资或存公司利益处理（麟龙股份）

新三板挂牌公司麟龙股份（430515）监事对外投资，撇清同业竞争的处理办法如下。

裕晖投资股东傅某出具了声明：裕晖投资及公司经营范围均包含“投资”内容。裕晖投资主营业务主要为投资咨询，咨询内容为企业管理、对外投资方面的咨询，而证券投资咨询业务是为投资者提供证券方面的投资咨询，两者业务性质及内容并不相同。裕晖投资目前除持有沈阳麟龙科技股份有限公司股份外，未开展其他业务，因此与公司不存在实质上的同业竞争。傅某还承诺：本人目前未从事、将来也不会从事与公司相同或相似的业务，也不将通过裕晖投资从事与公司相同或相似的业务。如违反上述承诺，由本人负责赔偿给股份公司造成的全部经济损失。

综上，公司董事、监事、高级管理人员不存在对外投资与公司存在利益冲突的情况。

案例085　供应商及客户重叠与同业竞争撇清（永铭医学）

新三板挂牌公司永铭医学（430306）供应商及客户存在重叠，是怎样认定为非同业竞争关系的？具体操作如下。

业务独立情况：公司拥有完整的业务体系，建立了与业务体系配套的管理制度和相应的职能机构，能够独立开展业务，在业务上独立于股东和其他关联方。公司实际控制人及主要股东控制的汇理孚达与伯瑞铭均从事医疗器械销售业务，其上游为心血管领域医药及医疗器械生产厂商，下游为医院。公司主要为心血管领域医药及医疗器械产品提供临床试验技术服务，其上游为以医院为代表的临床试验机构，下游要为心血管领域医药及医疗器械生产厂商。汇理孚达、伯瑞铭与公司在供应商及客户资源上存在部分重叠。但这一情况一定程度上是由我国心血管领域的现状决定的。国内心血管介入器械市场处于寡头垄断竞争格局，行业集中度较高，而公司成立初期即以心血管介入器械临床试验服务为切入点，在心血管介入这一细分领域具有先发优势。因此，公司与汇理孚达和伯瑞铭的客户或供应商存在部分重叠情形是由心血管介入领域行业集中度较高的客观状况决定的，且汇理孚达与伯瑞铭的销售和采购均系正常的商业行为，不存在直接或者通过第三方间接为公司互担渠道费用的情形。

综上，公司在经营中不存在与实际控制人或其他关联方互担成本费用的情形，在业务上完全独立于股东和其他关联方，与控股股东、实际控制人、主要股东及其控制的其他企业之间均不存在同业竞争关系。

关联方潜在利益纠葛风险：实际控制人及公司主要股东控制或参股的其他企业中，北京伯瑞铭科技有限公司与北京汇理孚达贸易有限公司均从事医疗器械代理销售业务。上述两家企业虽然与公司不存在同业竞争，但在医疗器械商、医院等关键资源要素上与公司存在重叠，如果未来公司实际控制人或主要股东施以不当影响，可能会引发利益纠葛，对公司经营造成不利影响。

案例086　关联公司未实际经营，撇清同业竞争（博控科技）

新三板挂牌博控科技（430519）通过关联公司未实际经营而撇清非同业竞争，具体说明如下：

除本公司外，控股股东、实际控制人曾**和共同实际控制人张**还控制企业为“***.Ltd.”。该公司在新加坡注册，组织形式为私人有限公司，注册号为***，住所为***，该公司处于开业状态。

该公司目前并未实际经营，且不具备从事温度传感器生产等的相关专利、人员及资质，并未与公司形成同业竞争关系。

9.2.2　收购、转让与注销解除关系

案例087　收购解决同业竞争（威控科技）

威控科技（430292），新三板挂牌日期 2013 年 8 月 2 日，其《补充法律意见书》第五部分披露“关于无锡威控与本公司的业务相同问题”：经律师核查，2011 年 2 月 10 日，股东王某出资 100 万元设立无锡威控，无锡威控经营范围为智能家居技术开发、物联网技术应用、计算机软硬件的销售。律师认为，报告期内无锡威控与拟挂牌公司威控科技的业务基本相同，因无锡威控为控股股东王某所有的一人有限责任公司，故无锡威控与威控科技存在同业竞争。2012 年 6 月，威控科技将无锡威控收购为全资子公司，解决了同业竞争问题。

案例088　转让股权消除同业竞争（华宿电气）

新三板挂牌公司华宿电气（430259）在申请挂牌的报告期内，实际控制人停止构成同业竞争的业务，并承诺尽快注销该公司，注销前不从事构成同业竞争的业务，在挂牌前以转让股权的方式消除同业竞争关系。

公司控股股东上海研科在有限公司成立之前曾从事过电气火灾监控系统

的生产和销售，但为避免同业竞争，从 2012 年开始，已不再从事电气火灾监控系统的生产和销售。2013 年 1 月 25 日，上海研科与余龙山出具了《关于上海研科信息技术有限公司情况说明及股东承诺》，承诺："上海研科拥有独立的管理机构和人员，与上海华宿之间不存在员工、机构、渠道等方面重叠。"

为了避免同业竞争，余龙山承诺：尽快将上海研科注销。为避免同业竞争，上海研科承诺：在上海研科注销之前，将不在中国境内外直接或间接从事或参与任何在商业上对上海华宿构成竞争的业务及活动。"

公司控股股东、实际控制人余**将其持有的上海研科的全部股权作价后全部转让给自然人王**，王**与上海华宿电气股份有限公司不存在关联关系。双方在 2013 年 5 月 26 日签订了股权转让协议，同时上海研科股东会就股权转让事项作出决议同意转让，其他股东放弃有限购买权，并相应修改公司章程，相关转让款，上海研科新股东王**已于 2013 年 6 月 3 日向余**支付完毕，公司也于 2013 年 5 月 31 日向上海市青浦区工商行政管理局申请变更备案。上海研科与公司不存在同业竞争关系。

案例089　注销关联公司消除同业竞争（金日创）

新三板挂牌公司金日创（430247）在申请挂牌的报告期内，公司的控股股东、实际控制人付某实控制的其他企业情况如下：北京金日创先科技有限公司注册资本 50 万元，其中自然人 付某 实货币出资 15 万元，自然人王某货币出资 15 万元，自然人李某货币出资 15 万元，自然人李某某货币出资 5 万元。营业执照注册号***，住所为北京市某处，法定代表人为付宏实。经营范围：许可经营项目：无。一般经营项目：技术开发、技术服务、技术转让；组织文化艺术交流活动；销售机械设备、电子产品、五金交电、化工产品。

北京金日创先科技有限公司的主营业务与本公司相似，均有自动化设备销售和系统集成，但报告期内其经营规模较小，对本公司无重大影响。为规范公司运营，避免同业竞争和关联交易，金日创先已于 2012 年 9 月通过决议，公司进行注销，并于当月在《新京报》上发布了注销公告，2013 年 4 月 5 日，注销材料已报送相关部门进行注销登记，

案例090　关联企业减资后并入公司消除同业竞争（弘陆股份）

新三板挂牌公司弘陆股份（430584）在申请挂牌报告期内，公司控股股东、实际控制人的近亲属原控制的企业有一家：苏州弘陆工业设备租赁有限公司（以下简称"苏州弘陆"）。苏州弘陆由张某和徐某于 2013 年 4 月 15 日共同设

立，其中张某持股 55%，徐霞持股 45%，张某系公司控股股东 沈某的母亲，徐某系公司股东鲁某之配偶的姐姐。。

2013 年 7 月 12 日，全体股东作出股东会决议，决定将苏州弘陆的注册资本从 500 万元减资到 100 万元，减资后各股东的出资额及出资比例如下：张某以货币出资 55 万元，占全部注册资本的 55%；徐某以货币出资 45 万元，占全部注册资本的 45%。2013 年 9 月 4 日，上述减资经苏州市常熟工商行政管理局核准并核发新的《企业法人营业执照》。

2013 年 7 月 30 日，弘陆有限全体股东作出股东会决定，同意公司在苏州弘陆减资完毕后以 55 万元的价格受让张某持有的苏州弘陆 55%的股权，同意公司以 45 万元的价格受让徐某持有的苏州弘陆 45%的股权。2013 年 9 月 1 日，苏州弘陆全体股东召开股东会作出股东会决议，同意张某将持有的苏州弘陆 55%的股权以 55 万元的价格转让给弘陆股份，其他股东放弃优先受让权；同意徐某将持有的苏州弘陆 45%的股权以 45 万元的价格转让给弘陆股份，其他股东放弃优先受让权。

2013 年 9 月 1 日，弘陆股份分别按照前述条件与张某和徐某签订《股权转让协议》。

2013 年 9 月 4 日，苏州市常熟工商行政管理局核准上述股东变更。截至 2013 年 8 月 31 日，苏州弘陆注册资本 500 万元，总资产为 4,942,681.84 元、净资产为 4,933,755.84 元。弘陆有限收购苏州弘陆 100%股权的收购价格共计为 100 万元，因苏州弘陆成立时间较短，基本尚无业务发生，公司对苏州弘陆 100%股权进行收购时未进行资产评估，系参考苏州弘陆股权转让当时净资产及减资后注册资本 100 万元而确定的收购价格。公司收购苏州弘陆的股权转让款已于 2013 年 8 月 28 日通过银行转账的方式向转让方支付。目前苏州弘陆为公司持股 100%的全资子公司，沈某为苏州弘陆法定代表人、执行董事，鲁某为苏州弘陆监事。苏州弘陆现持有苏州市常熟工商行政管理局于 2013 年 9 月 4 日颁发的注册号为***的《企业法人营业执照》。

9.2.3 承诺、转移与重组等解除关系

案例091 控股股东承诺解决同业竞争

某拟挂牌公司董事会秘书在外设立了 A 公司，A 公司的经营范围与拟挂牌

公司存在部分相似或相同，虽然A公司自设立以来从未与拟挂牌公司发生过关联交易，但A公司实际控制人在拟挂牌公司担任董事会秘书一职，因此A公司与拟挂牌公司存在潜在的同业竞争。那么该同业竞争问题该如何解决？是否会构成挂牌的实质性障碍？

律师建议A公司控股股东承诺在限期内变更营业范围，不从事与拟挂牌公司存在竞争性的业务。若未在限期内完成变更，控股股东就将其在A公司的股权转让给无关联第三方。

鉴于拟挂牌公司作出了上述避免存在同业竞争的措施，上述潜在同业竞争问题不再构成本次系统挂牌的实质性障碍。

案例092 业务转移及承诺措施消除同业竞争（数聚软件）

新三板挂牌公司数聚软件（430435）通过业务转移及承诺等措施消除同业竞争关系，操作如下。

为消除与数聚信息的同业竞争情形，公司、公司实际控制人、数聚信息及其股东各方已采取了以下措施，并对未尽事宜作出了相应承诺：

（1）数聚信息与公司已联名向主要客户发出了《公司经营业务变更函》，函告客户“对于2012年8月31日（交割日）之前数聚信息已经签署的业务合同，根据该等业务合同的约定数聚信息在交割日后仍需继续履行合同义务的，由数聚信息负责继续履行，而有关产品及软件系统的合同后维护责任、质量保证义务以及业务合同中约定的应由数聚信息承担的其他义务和责任均由数聚软件代替数聚信息承担，并由数聚软件就其提供的系统维护和质保义务等享有该业务合同的剩余权利和收益；对于交割日之前数聚信息已经全部履行完毕的业务合同，在交割日后因该业务合同而产生的任何产品质量责任、侵权责任以及由此而发生的诉讼、仲裁等事项，均由数聚软件代替数聚信息承担责任并解决有关事项；对于交割日后与贵司合作开展的新合同将全部由数聚软件对外签署”。函告发出后，公司未收到客户的异议函。

（2）公司已于2013年3月取得SAPBusinessObjects产品及服务代理资质，数聚信息已承诺放弃该代理资质，并承诺未来不再代理销售SAP BusinessObjects产品。数聚信息于2012年9月将其部分已签订尚未履行完毕的业务合同以公允价格分包给公司继续实施。

（3）数聚信息于2013年7月1日作出承诺“本公司注销前，除2013年7月1日之前已经签署尚未收回全部款项的业务合同继续履行至完毕外，不再从事与数聚软件相同或相似业务；本公司将于注销时聘请会计师事务所对本公司进行专项审计，若存在来源于 2013 年 7 月 1 日后签署的与数聚软件相同或相似业务的合同的利润，该利润归数聚软件所有”。

……

数聚信息已采取的上述措施和已作出的上述承诺，已经数聚信息股东以股东书面决定形式作出表决通过的决定。上述各方已采取的措施充分、合理、有效，基本消除了公司与数聚信息的同业竞争情形；已作出的承诺合理、有针对性，能够有效避免数聚信息再次发生与公司业务相同或相似的增量业务。

案例093　同业竞争解除后仍进行风险提示（科胜石油）

新三板挂牌科胜石油（430284）采用股权转让、注销、承诺等方式解决同业竞争后进行风险提示。

报告期内，公司实际控制人冷某除投资股份公司外，还控制了博达技术、科胜石油、胜利四维、科胜投资、博达科技（香港）、博达吉泰，其中博达技术、科胜石油、博达吉泰、科胜投资、胜利四维曾从事与公司相同的业务。为避免同业竞争，博达技术、科胜石油已变更了经营范围，将客户资源及商业机会转给公司，并已停止开展业务；科胜投资、博达吉泰、胜利四维已将客户资源及商业机会转给公司并已停止开展业务，目前正在办理注销手续；冷传波已将博达科技（香港）全部股权转让给第三方，冷某与第三方无亲属关系。目前，上述公司均已不再从事与公司相同或相似的业务。为避免产生新的或潜在的同业竞争，冷某出具了《关于及时注销关联公司的承诺书》《避免同业竞争承诺函》，承诺上述公司不以任何方式从事与股份公司相竞争的业务，不通过上述公司实施任何有损股份公司利益的行为。但若冷某违反上述承诺，从事与公司相竞争的业务，则存在公司利益因此受到损害的风险。

案例094　重大资产重组消除同业竞争的操作（英派瑞）

新三板挂牌公司英派瑞（430555）公司在挂牌前通过重大资产重组消除同业竞争，其操作如下。

（1）收购塑料制品生产线及相关设备。塑料制品生产线及相关设备的资产重组为同一实际控制下的重组。该次重组后，长虹塑料不再拥有与塑料制品生产相关的任何有形资产，不具备塑料制品的生产能力。除印度市场上尼龙扎带的销售暂时需要以长虹塑料的名义销售外，该次重组消除了长虹塑料与本公司之间的同业竞争，杜绝了其他相关关联交易发生的可能性。

（2）受让专利和非专利技术。2013 年 4 月 7 日，有限公司受让长虹塑料的相关专利权后，公司拥有了与塑料制品业务相关的专利技术，由公司独立进行塑料制品的后续研发。公司拥有与公司主营业务相关的所有专利技术。

（3）受让商标。2013 年 4 月 2 日，有限公司受让长虹塑料的商标权后，进一步增强了公司独立性。

（4）向控股股东和实际控制人收购长塑进出口公司 100%股权。2012 年 10 月，有限公司向控股股东长虹塑料和实际控制人郑元和收购长塑进出口公司 100%股权，该项合并为同一控制下企业合并。该次合并后，长塑进出口公司主要从事公司生产的塑料制品的销售。该次合并消除了长塑进出口公司与本公司之间的同业竞争，杜绝了关联交易发生的可能性。

主办券商及律师认为：通过上述资产重组，除印度市场尼龙扎带的销售暂时需要以长虹塑料的名义销售外，公司控股股东长虹塑料已不再从事与公司相同或相关的业务，塑料制品业务全部转入公司体系，消除了同业竞争。

3 第3部分

三类信披与涉密脱密

第10章　信息披露概要、重点与实战操作
第11章　年报披露所涉重要事项、环节操作及财务问题与解决
第12章　半年报告要点、环节与操作
第13章　临时报告重要事项、环节与操作
第14章　涉密披露与豁免重要事项与操作

第 10 章 信息披露概要、重点与实战操作

10.1 常规疑难29问

10.1.1 信息披露概述及制度体系

问答135 新三板企业1年出具2736份公告更正说明了什么？

新三板挂牌公司大多是中小微企业，且进入资本市场不久，总体上来说，信息披露意识淡漠，相关业务知识欠缺，实际操作水平偏低，所以出错率较高，问题很多。比如从 2014 年 7 月 14 日至 2015 年 7 月 14 日，新三板市场共出具 2736 份更正公告。2015 年以来发布的更正公告，主要为补充完善未披露信息和数据差错更正，其中有 215 家挂牌公司公布了 2014 年报更正公告（详见下表）。

由上统计可以看出，新三板挂牌企业及其董秘，在信息披露的意识与规范操作上，需要提升的空间很大，需要企业董秘与其他高层高度重视。

挂牌公司	更正原因
银利智能（430509）	因格式问题导致的部分表格数据未显示，具体错误形式为："错误！未找到引用源"
浩辰软件（832097）	因工作人员疏忽，错填了独立董事领薪情况，漏填了审计报告财务报表附注内容
宇迪光学（831934）	重要事项索引及详情披露有误，更正事宜不会对公司 2014 年业绩产生影响
数据堂（831428）	"管理层讨论与分析"部分，相关表格的单位应为"元"；"重要事项"部分，偶发性关联交易情况有所变动
赛诺达（430231）	对审计报告性质描述有误，将"非标准否定"审计意见更正为"否定"意见
建科机械（832578）	公告实际内容与公告标题不符
国农基业（832425）	因操作失误，缺失报告 3-9 页
荣昌育种（430762）	重要事项详情披露有误
中卉生态（430254）	补充披露"投资情况分析"
鼎普科技（430036）	会计政策发生变更，对递延收益年初数采用追溯调整法进行调整列报；详尽披露应收款及其他应收款情况
法福来（831267）	"第三节会计数据和财务指标摘要"之"六、非经常性损益"的表格中"非经常性损益合计"的"金额"填列有误
益森科技（832359）	补充披露"应收款项、其他应收款、预收账款"前五名单位名称
星通联华（430614）	"资产结构负债分析"披露有误；关联方有变动；公司治理内容披露有误

问答136　新三板企业1年来临时报告多达45类问题又说明了什么？

新三板挂牌企业的信息披露主要有定期报告（主要是年度报告与半年报告）与临时报告两类，近年来，在这方面出问题的情况非常突出。

通过近一年的统计，新三板挂牌企业在临时报告方面，发生重大事项需披露临时公告时，出现的问题主要集中在如下表所示的约 45 类问题：

临时报告重大事项	临时报告披露中出现的问题
授信、贷款、票据	向银行申请综合授信、进行借款时，未说明具体额度、期限、用途、担保情况等；发行集合票据未说明资金用途、期限、利率、担保等情况
投资、增资	成立全资子公司时，未说明原因、投资金额、子公司经营范围以及对公司经营活动产生的影响；注销子公司时，未说明原因、子公司基本情况及对公司产生的影响；向子公司增资时，未披露基本情况、具体方案
高管辞职	高管辞职披露不及时，未披露高管的辞职原因、辞职后是否还在公司任职、公司对岗位的安排及辞职对公司产生的影响
质押	挂牌公司股东质押股份，未说明质押原因、质押股份的性质（流通股或限售股份）、资金用途以及股东与质押权人是否存在关联关系，未分析质押产生的影响
购买、出售资产	公司购买房产，未说明房产具体处所及所需资金数额；公司处置房产，未说明处置原因、方式、涉及金额及对公司的影响

这些问题反映出新三板挂牌企业从整体上对信息披露操作很不熟悉，有必要全方位、系统地学习并对实践经验进行归纳与总结。

问答137　什么是新三板信息披露？

新三板挂牌企业等公众公司的信息披露是董秘的基本工作和重要内容之

一，是公司与投资者和社会公众全面沟通信息的桥梁。公众公司信息披露一般是指公司通过招股说明书（或债券集体说明书）、挂牌公告书、定期报告书、临时报告书及其他披露文件，向广大投资者、债权人及其他信息使用者披露公司财务状况、经营成果和现金流量等对决策有用的信息。投资者和社会公众在获取这些信息后，可以作为投资抉择的主要依据。

信息披露按照其依据不同可以分为法定合规的信息披露和自愿性信息披露。前者是指公众公司将反映其经营状况的主要信息，如财务会计报告、重大事项等信息按照法律的要求，向监管者、投资者及其他社会公众等进行报告或者公示的过程；而后者则是公众公司为了使投资者对公司有更为全面的了解，在法律许可的范围内，超越强制性信息披露的范围而就公司的发展战略、企业文化等方面所做的披露。

真实、全面、及时、充分地进行信息披露至关重要，只有这样，才能对那些持价值投资理念的投资者真正有帮助。

问答138　新三板信息披露分为哪两大类？

《全国中小企业股份转让系统挂牌公司信息披露细则（试行）》（以下简称《信息披露细则》）规定，新三板挂牌企业的信息披露分为两大类，一类是申请挂牌时的信息披露，一类是挂牌后的持续披露。参见下图。

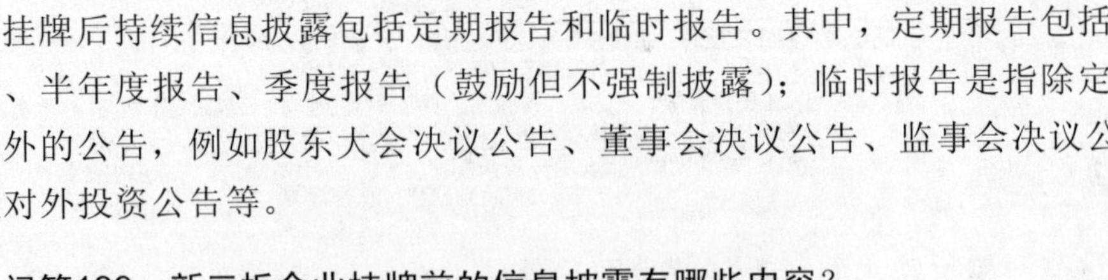

挂牌后持续信息披露包括定期报告和临时报告。其中，定期报告包括年度报告、半年度报告、季度报告（鼓励但不强制披露）；临时报告是指除定期报告以外的公告，例如股东大会决议公告、董事会决议公告、监事会决议公告，以及对外投资公告等。

问答139　新三板企业挂牌前的信息披露有哪些内容？

挂牌申请时公司自然要把申请时的全部情况披露出来，供股转系统审核。新三板采取主办券商推荐制度，由券商整理公司挂牌所需的一应文件报送股转公司。用这些文件论证申请挂牌公司符合“依法设立且存续满两年；业务明确，具有持续经营能力；公司治理机制健全，合法规范经营；股权明晰，股票发行和转让行为合法合规；主办券商持续督导”五大基本要件。可以说，整个申请过程就是首次披露过程。申报的文件主要包括以下内容：

（1）公开转让说明书；

（2）财务报表及审计报告；

（3）补充审计期间的财务报表及审计报告（如有）；

（4）法律意见书；

（5）补充法律意见书（如有）；

（6）公司章程；

（7）主办券商推荐报告；

（8）定向发行情况报告书（如有）；

（9）全国股份转让系统公司同意挂牌的函；

（10）中国证监会核准文件（如有）；

（11）其他公告文件。

问答140　挂牌后的持续信息披露主要有哪些内容？

企业挂牌新三板后的持续信息披露分为两大类。第一类是定期报告，即规定挂牌公司在固定时间内公布自己的整体情况。时间给得越久，自然要求披露的信息就越详细、越郑重。投资者可以根据公司的整体情况来判断公司发展的大方向。第二类是临时报告，即规定公司出现了特定情况时应当及时公布出现的情况。和定期报告相比，临时报告自然无须如此全面，只描述特定发生的事件。而这些事件定然是可能对公司前景或者股价有一些重要影响的问题。此类情况一般也有时效性，所以会规定相应的披露时间。

挂牌公司如何披露其实是一个非常重要的问题。披露信息过量不仅会造成行政资源浪费并加大投资者决策成本，而且会导致企业疲敝应付，所以持续信息披露，并非任何信息都要时时更新，这样反而失去了信息披露的意义。

问答141　新三板信息披露的主要特点有哪些？

（1）券商事前审查，股转系统事后审查，趋势是电子化监控。新三板挂牌公司应当制定信息披露事务管理制度，经董事会审议后及时向全国股份转让系统公司报备并披露。新三板挂牌公司披露重大信息之前，应当经主办券商审查，公司不得披露未经主办券商审查的重大信息。

（2）遵循重要性原则，自主披露。新三板挂牌公司的主办券商对是否属于重要性事项要作出判断。对经营状况、财务状况、持续盈利能力和成长性有严重不利影响的风险因素，挂牌公司应作“重大事项提示”。

（3）引入豁免披露，但不过度。军工企业可豁免，其他有些公司规模较小，担心披露核心优势及商业模式，希望豁免，可向股转公司申请，但股转公司提醒不要过度引用豁免条款。

（4）禁止无痕替换，行为档案。新三板挂牌公司禁止披露文件无痕替换，披露有错误可以替换，但一定是有痕替换，错误文件会保留。全国股转公司对券商、挂牌公司、会计师的行为均有记录，股转公司定期向证监会非公部汇报。

问答142　新三板信息披露法律法规主要有哪些？

这里整理全国股转系统公布有关信息披露的法律规则，主要见下表。

新三板挂牌企业信息披露法律规则体系表

法律	《中华人民共和国公司法》
	《中华人民共和国证券法》
法规	《国务院关于全国中小企业股份转让系统有关问题的决定（国发〔2013〕49号）》
部门规章	《非上市公众公司监督管理办法》
	《非上市公众公司监管指引第1号——信息披露》
	《非上市公众公司信息披露内容与格式准则第1号——公开转让说明书》
	《非上市公众公司信息披露内容与格式准则第2号——公开转让股票申请文件》
	《非上市公众公司信息披露内容与格式准则第3号——定向发行说明书和发行情况报告书》
	《非上市公众公司信息披露内容与格式准则第4号——定向发行申请文件》
	《非上市公众公司信息披露内容与格式准则第5号——权益变动报告书、收购报告书、要约收购报告书》
	《非上市公众公司信息披露内容与格式准则第6号——重大资产重组报告书》
	《非上市公众公司信息披露内容与格式准则第7号——定向发行优先股说明书和发行情况报告书》
	《非上市公众公司信息披露内容与格式准则第8号——定向发行优先股申请文件》
业务规则	《全国中小企业股份转让系统业务规则（试行）》
	《全国中小企业股份转让系统挂牌公司信息披露细则（试行）》
	《全国中小企业股份转让系统挂牌申请文件内容与格式指引（试行）》
	《全国中小企业股份转让系统公开转让说明书内容与格式指引（试行）》
	《全国中小企业股份转让系统挂牌公司年度报告内容与格式指引（试行）》
	《全国中小企业股份转让系统挂牌公司半年度报告内容与格式指引（试行）》
服务指南	《全国中小企业股份转让系统挂牌公司持续信息披露业务指南（试行）》
	《挂牌公司年度报告内容格式模板》
	《全国中小企业股份转让系统临时报告格式模板》

在法律层面上，公司法和证券法都规定了信息披露的相关原则性和框架性的内容，但其主要管理对象是上市公司，因此作为上位法起到的是纲领性作用。对新三板的挂牌公司，主要是由部门规章、业务规则和服务指南来进行细化的。

从实体与程序上看，整个信息披露规则其实主要围绕两个焦点问题展开，首先是从实体上保证公司披露的内容都属于有效信息，能够供投资者决策；其次是从程序上打造一个信息披露的机制，保障企业能够持续披露一应信息。

问答143　信息披露基本原则是什么？

（1）真实性原则

真实性是信息披露的首要原则，真实性要求公众公司披露的信息必须是客观真实的，而且披露的信息必须与客观发生的事实相一致，公众公司要确保所披露的重要事件和财务会计资料有充分的依据。

（2）完整性原则

完整性原则又称充分性原则，要求所披露的信息在数量上和性质上能够保证投资者形成足够的投资判断意识。

（3）准确性原则

准确性原则要求公众公司披露信息必须准确表达其含义，所引用的财务报告、盈利预测报告应由具有证券期货相关业务资格的会计师事务所审计或审核，引用的数据应当提供资料来源，事实应充分、客观、公正，信息披露文件不得刊载任何有祝贺性、广告性和恭维性的词句。

（4）及时原则

及时原则又称时效性原则，包括两个方面：一是定期报告的法定期间不能超越；二是重要事实的及时报告制度，当原有信息发生实质性变化时，信息披露责任主体应及时更改和补充，使投资者获得当前真实有效的信息。任何信息都存在时效性问题，不同的信息披露遵循不同的时间规则。

（5）公平性原则

公平性原则是指信息披露应公平地对待所有投资者，不能因投资者的规模和类型不同而区别对待，其核心是避免选择性信息披露。所谓选择性信息披露，是公众公司将一些重要信息提供给了一部分投资者而非全部投资者，由此人为造成了投资者之间的信息不对等。选择性信息披露是证券法上的一个非常重要的专业术语。广义而言，选择性信息披露可分为披露对象上的选择和内容上的选择，前者是指披露行为人向特定的人士披露未公开的信息，后者是指行为人并未披露信息的全部，而是有选择地披露有关信息。一般而言，选择性信息披露多指前者，即公众公司在未公开披露信息之前向特定的人士或特定类型人员披露有关的重大信息，而后者则归属于完整性原则。

问答144　信息披露的作用和意义是什么？

（1）信息披露可缓解信息不对称。在证券市场上，公众公司与证券经营机构占有信息优势，极易形成对市场交易信息的垄断，而投资者很难获取进行投资决策所需的充分信息。即使公司自愿提供信息，也可能存在信息不真实或是不充分的问题。信息披露制度要求公众公司真实、准确、全面、及时地披露相关信息，以保障股东知情权。

（2）能有效提升公司治理水平，约束公众公司和有关人员的行为。有效的信息披露以及公众公司与投资者之间充分的沟通交流，有利于提高公司的透明度，促进公司加强内控制度建设，提高公司经营管理能力，促进法人治理结构的改善，最终提升公司治理水平。另外，信息披露要求证券公众公司必须如实地公开自己的真实情况，不得弄虚作假、欺骗公众。这种严格的法律责任从正面起到了促使证券发行人和其他相关人员加强自我约束和自我管理的作用。

（3）为投资者提供投资决策依据，并形成一个合理的证券投资组合。信息披露是投资者进行理性决策的前提，投资者只有对公众公司不断变动企业运营状况有全面真实的了解，才能形成对公众公司的基本判断，也才能据此作出理性的投资决策，实现预期收益，投资者建立在充分信息披露基础之上的理性决策最终也会反映在公司价值的持续提升上。事实上，当市场披露了有用的信息后，投资者在权衡不同证券价格所反映的风险和报酬的基础上，做出购买、持有、转让的决策，并形成一个合理的证券投资组合，这样既能分散风险，同时也将筹集到必要的资本，进而获得丰厚的利润。

（4）有利于保护投资者的合法权益。倘若没有一个健全完善的信息披露制度作为有关主体的行为规则，则欺诈行为势必盛行，投资风险随之增加，投资者的利益将无法获得保护，终令投资者失去信息，从而破坏证券市场的完整性。公众公司规范化的信息披露可以防止少数人通过不正当的手段垄断信息，牟取暴利，从而保护了投资者的合法权益和社会公众的基本利益。

（5）能够促进资源的最优配置。当信息披露者向市场披露了有用的信息而筹集到了必要的资本（股票或借入资金），并因此而获得了丰厚的利润后，那么可以认为信息披露已达到了资源的最佳配置的目的，即实现了社会资源的最优增长、社会福利的最大化以及其他有益目标。

（6）有利于公众公司树立一个良好的企业形象。公众公司的信息披露制度为其提供了一个自我表现、宣传业绩的手段。随着证券市场的不断完善和投资者心理的不断成熟，这种趋势将更明显。所以，信息披露是公众公司和投资者沟通的桥梁和纽带。同时，也能促使公司不断改善经营管理，提高管理水平，最大限度地增加股东财富和社会经济利益。

（7）便于证券监管。信息披露制度也是每一个国家证券监管制度的必要组成部分。信息披露制度是以法律的形式制定的一种证券市场游戏规则，是证券发行者必须承担的义务。另外，一些公众公司除了要接受证券监管机构的监督，还会因为其所处行业的特殊性而要接受其行业监管机构的监督。银行业还要受到银监会等机构的监管。

10.1.2　主体、职责与流程

问答145　新三板信息披露地位与义务人主体是什么？

（1）挂牌条件宽松，故以信息披露为核心

目前，新三板挂牌的条件相对比较宽松，其中最突出的是没有对企业盈利能力等的要求。另外，新三板不对企业的经营状况、盈利能力等作出评价和背书，而是让不同经营状况的企业都来挂牌，那么这个市场就会把判断企业好坏或者说是否值得投资的权力完全交给了投资者，让投资者根据自己的判断来决定是否对企业进行投资。而投资者获得企业的信息主要还是依靠企业在新三板市场上披露的信息。所以，挂牌的公司的信息披露就成为新三板市场监管的重心。信息披露也就成为新三板挂牌公司维护和加强投资者关系管理的重要窗口和途径。

（2）信息披露义务人主体

信息披露义务人包括申请挂牌公司、挂牌公司及其董事（会）、监事（会）、高级管理人员、股东、实际控制人、收购人及其他相关信息披露义务人。

挂牌公司及相关信息披露义务人应当及时、公平地披露所有对公司股票及其他证券品种转让价格可能产生较大影响的信息，并保证信息披露内容的真实、准确、完整，不存在虚假记载、误导性陈述或重大遗漏。

根据规定，新三板董事会秘书是信息披露的负责人。

问答146　信息披露义务人的注意事项有哪些？

根据《信息披露细则》，信息披露义务人包括申请挂牌公司、挂牌公司及其董事（会）、监事（会）、高级管理人员、股东、实际控制人、收购人及其他相关信息披露义务人。

在信息披露中，公司实际控制人和董事会秘书是最为关键的承担义务主体。对于公司实际控制人来说，应做到不干预、操纵或使用其他不正当手段干扰公司信息披露工作；而对于董事会秘书或其他信息披露直接责任人来说，应做到恪尽职守，熟悉公司应披露的各项事项及披露时间，确保及时、公平、全面地披露所有对公司股票及其他证券品种转让价格可能产生较大影响的信息，并保证信息披露内容的真实、准确、完整，不存在虚假记载、误导性陈述或重大遗漏。

问答147　企业、大股东与董、监、高的职责分别有哪些？

根据《公司法》《证券法》《非公办法》《全国中小企业股份转让系统业务规则（试行）》（以下简称《业务规则》）《信息披露细则》等相关规定：

挂牌公司应当按照法律、行政法规、部门规章、全国股份转让系统相关业务规定完善公司治理，确保所有股东，特别是中小股东享有平等地位，充分行使合法权利；应当依据《公司法》及有关非上市公众公司章程必备条款的规定制定公司章程并披露，依照公司章程的规定，规范重大事项的内部决策程序。

挂牌公司与控股股东、实际控制人及其控制的其他企业应实行人员、资产、财务分开，各自独立核算、独立承担责任和风险。控股股东、实际控制人及其控制的其他企业应切实保证挂牌公司的独立性，不得利用其股东权利或者实际控制能力，通过关联交易、垫付费用、提供担保及其他方式直接或者间接侵占挂牌公司资金、资产，损害挂牌公司及其他股东的利益。

公司的董事、监事、高级管理人员应当忠实、勤勉地履行职责，保证公司披露信息的真实、准确、完整、及时。董事、监事、高级管理人员不得利用职权收受贿赂或者其他非法收入，不得侵占公司财产。

挂牌公司、控股股东及董事、监事和高级管理人员作为信息披露义务人，应当按照法律、行政法规和中国证监会的规定，真实、准确、完整、及时地披露信息，并应向所有投资者同时公开披露信息，不得有虚假记载、误导性陈述或者重大遗漏。

问答148　信息披露负责人董秘等的主要职责有哪些？

根据全国股份转让系统《信息披露细则》《业务规则》等相关规定，挂牌公司设有董事会秘书的，由董事会秘书负责信息披露管理事务；未设董事会秘书的，挂牌公司应指定一名具有相关专业知识的人员负责信息披露管理事务，并向全国股份转让系统报备。

上述人员离职无人接替或因故不能履行职责时，公司董事会应当及时指定一名高级管理人员负责信息披露事务并披露。

挂牌公司董事会秘书或信息披露事务负责人应按照全国股份转让系统相关规定编写公告文稿，并准备备查文件。负责信息披露管理事务的人员应列席公司的董事会和股东大会。

问答149　新三板中介机构信息披露的注意事项有哪些？

中介机构在信息披露工作中所发挥的主要作用是督促企业认真履行相关义务，中介机构的失职不仅可能导致服务企业的违规，而且自身也会承担相应的责任，因此，中介机构应提高职业操守，切身为服务企业考虑。

主办券商应根据《业务规则》《信息披露细则》等规定及与公司签订的《持续督导协议》，认真履行督导职责，在公司向股转系统报送文件之前严格审查，使企业的信息披露行为做到诚信、合规。

会计师事务所在对公司进行审计时应做到勤勉尽责，仔细调查、核对相关文件和数据，尽力提升审计报告的准确性。

此外，中介机构，特别是主办券商，还应当主动加强与公司的日常联系和沟通，向公司说明信息披露工作的重要性，以便于及时获取公司重大事项的相关信息，避免公司因不熟悉业务规则违规披露导致中介机构受到牵连。

问答150　新三板挂牌公司信息披露的注意事项有哪些？

挂牌公司作为公众公司，其信息披露是投资者做出投资决策的根本依据。公司在履行信息披露义务时应注意做到真实、全面、及时、充分。应当注意以下方面：

（1）公司应对《信息披露细则》规定应当披露的重大信息进行充分了解，不遗漏、错报应披露的重要信息。

（2）在公布信息披露文件前进行仔细核对，以避免遗漏重要的文件附件。

（3）在进行信息披露前，应根据中国证监会和股转系统的要求确定该披露行为是否需要经过监管部门的核准。

（4）注意信息披露的时间。公司应确保信息披露的及时性，对所涉及的重大事件最先触及下列任一时点后及时履行首次披露义务：该事件难以保密；该事件已经泄露或者市场出现有关该事件的传闻；公司股票及其衍生品种交易已发生异常波动。

（5）选择勤勉、尽责的主办券商。新三板信息披露实行主办券商审查制，因此，选择一家勤勉尽责、信誉良好的主办券商尤为重要。此外，建议公司加强与中介机构的日常沟通，特别是与主办券商的沟通，在一些不确定的问题上多征求主办券商的意见。如有条件，挂牌公司也可以聘请常年法律顾问，为公司治理结构规范运行及信息披露提供法律服务。

（6）时刻关注新三板官方信息披露平台。建议公司时刻关注新三板官方网站（http://www.neeq.cc）及微信公众号（“全国股转系统”），上述平台载有新三板的相关法律法规、业务规则、股转系统的最新公告及与之相关的各类其他信息，便于公司更好地履行股转系统要求的相关义务，减少违规情形的发生。

问答151　信息披露的操作流程是什么？

根据2014年12月31日发布的《全国中小企业股份转让系统挂牌公司持续信息披露业务指南（试行）》相关规定，挂牌公司董事会秘书或者信息披露事务负责人应当通过编制端编制披露文件，编制工具里没有明确给出模板的临时公告，由挂牌公司根据有关规定自行编制。

挂牌公司准备好披露文件后，应将包括加盖董事会章的公告纸质文件及相应电子文档，其中电子文档包括定期报告或临时公告正文及相应XBRL文件（自行编制的除外）送达主办券商。主办券商对拟披露文件进行事前审查，使用“全国中小企业股份转让系统数字证书”通过报送端报送披露文件，披露文件包括文件正文（PDF格式）及XBRL文件（自行编制的除外）；信息披露系统在规定的时间段中将披露文件的正文自动发送至全国股份转让系统指定信息披露平台。具体操作流程示意图如下：

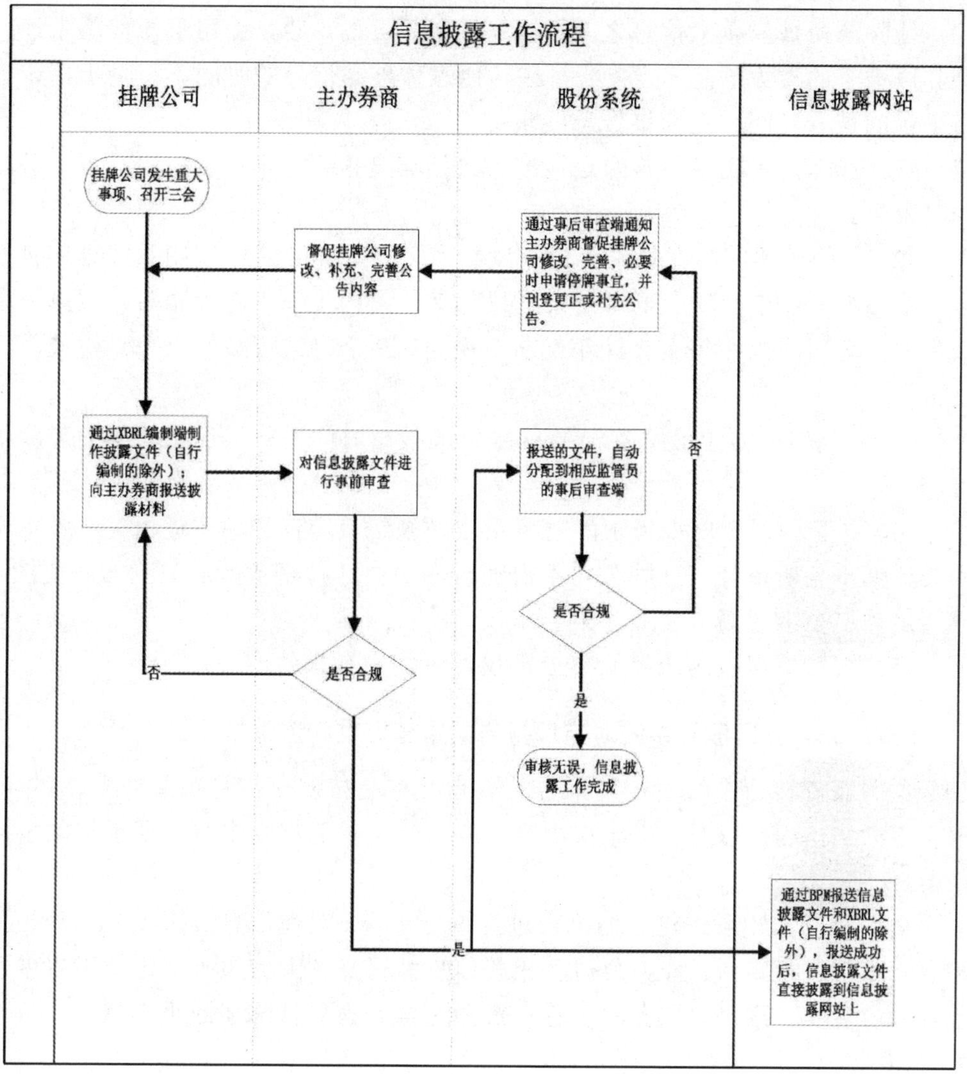

10.1.3　定期报告披露实务

问答152　新三板定期报告内容及披露的总体要求是什么？

新三板挂牌企业的持续信息披露主要包括定期报告、临时报告和其他重要披露事项。

挂牌公司应当披露的定期报告包括年度报告、半年度报告。全国股份转让系统鼓励但不强制要求挂牌公司披露季度报告。

挂牌公司披露重大信息之前，应当经主办券商审查，公司不得披露未经主办券商审查的重大信息。挂牌公司在其他媒体披露信息的时间不得早于指定披露平台的披露时间。定期报告总要求：

（1）挂牌公司应当披露的定期报告包括年度报告、半年度报告，可以披露季度报告。

（2）挂牌公司应当在每个会计年度结束之日起 4 个月内编制并披露年度报告，在每个会计年度的上半年结束之日起 2 个月内披露半年度报告；披露季度报告的，公司应当在每个会计年度前 3 个月、9 个月结束后的一个月内披露季度报告。

（3）披露季度报告的，第一季度报告的披露时间不得早于上一年的年度报告。

（4）挂牌公司年度报告中的财务报告必须经具有证券、期货相关业务资格的会计师事务所审计。挂牌公司不得随意变更会计师事务所，如确需变更的，应当由董事会审议后提交股东大会审议。

（5）公司不得披露未经董事会审议通过的定期报告。

问答153　全国股转系统对定期报告的审查标准和流程是什么？

全国股份转让系统对定期报告的审查标准是按照《信息披露细则》《年报内容与格式指引》以及《半年报内容与格式指引》等规则中对定期报告的要求制定。

全国股份转让系统对定期报告进行事后审查，对在信息披露平台已经披露的定期报告进行审查。挂牌公司及相关信息披露义务人应该确保定期报告中所包含内容真实、准确、完整，不存在虚假记载、误导性陈述或重大遗漏。具体流程如下：

（1）监管员按照全国股份转让系统对年报及半年报的相关要求对已披露的年报及半年报进行内容与格式审查；

（2）对需要调查、了解情况或问题的公司，通过指定邮箱发给主办券商，请主办券商和挂牌公司进行说明；

（3）对主办券商和挂牌公司关于反馈意见的回复进行核查及讨论，必要情况下，可要求主办券商和挂牌公司进行进一步说明。

（4）得出关于年报审查的结论性意见，需要更正的，提请主办券商督导挂牌公司及时更正年报。

问答154　全国股转系统对定期报告不规范行为如何处理？

全国股份转让系统对定期报告进行事后审查，确保定期报告的真实、准确、完整。对于审查中发现的定期报告披露不规范行为，情节较轻者，会与主办券商和挂牌公司进行沟通，要求其对定期报告进行更正，并更新相应的定期报告；情节较为严重者，除要求其对定期报告进行更正外，还将会针对挂牌公司及相关主体在信息披露过程中和券商持续督导过程中的违规行为，根据《业务规则》中的相关规定，对相应的责任人采取自律监管措施或纪律处分措施，违规行为达到中国证监会稽查标准的，将及时移交中国证监会处理。

问答155　如何对定期报告进行修改和补充？

定期报告在全国股份转让系统网站披露后，挂牌公司或主办券商如发现有重大错误或遗漏需要更正或补充的，挂牌公司应依照《全国中小企业股份转让系统挂牌公司持续信息披露业务指南（试行）》的规定发布更正或补充公告，并重新披露相关公告。原已披露的公告不做撤销。

10.1.4　信息披露违规

问答156　实践中，公司及相关人员信息披露违规行为和处理是怎样的？

从股转系统公告的信息看，新三板挂牌公司信息披露违规行为主要分为三类，即“披露信息遗漏或瑕疵”、“未及时信息披露”、和“未履行核准程序前披露信息”。

（1）披露信息遗漏或瑕疵

此类问题在年报披露上尤为突出，具体又存在以下两种情形：

一是年报遗漏审计报告正文或附注。

二是未按规定更正年报信息或年报信息与审计报告不一致。

除年报遗漏相关信息外，还有挂牌公司存在关联方、关联交易等事项遗漏的情况。比如蓝天环保因关联方披露不完整、关联交易未经内部决策程序且未披露，关联方资金占用未披露被要求提交书面承诺，其总经理因兼职信息披露不完整，应对公司关联方披露不完整、关联交易与关联方资金占用未按关联方事宜决策及披露承担主要责任，被约见谈话，并要求提交书面承诺。

（2）未及时信息披露

未及时信息披露主要体现在公司出现相关重大事项时未披露或滞后披露。

（3）未履行核准程序前披露信息

公司股东人数均超过 200 人，向特定对象发行股票，未经中国证监会核准，便违规披露认购公告进行认购，被约见谈话。

从股转系统公布的情况看，挂牌公司往往同时存在以上两种或三种违规行为，违规行为呈现多样化，比如中试电力（430291）因屡次出现各类违规行为且情节严重，其股票被股转系统进行了特别处理（ST）后，还面临摘牌风险。股转系统公司在对信息披露违规的公司处以纪律处分或自律监管措施的同时，也根据相关责任人的不同违规行为给予约见谈话、出具警示函或通报批评的纪律处分。

问答157　中介机构信息披露的违规行为主要有哪些？

挂牌公司信息披露违规行为往往伴随着中介机构的违规，具体如下：

（1）主办券商的违规行为

近年来，股转系统公布的违规主办券商违规行为主要为未能督导挂牌公司规范履行信息披露义务，未能尽责对信息披露文件进行事先审查。股转系统公司根据券商不同违规行为采取了约见谈话、要求提交书面承诺和出具警示函的监管措施。因屡次违反相关规定，未尽到主办券商职责，被股转系统公司采取了多项自律监管措施。

（2）会计师事务所的违规行为

会计师事务所因未尽到勤勉尽责、诚实信用义务被采取自律监管措施。

10.1.5　券商督导与监管处罚

问答158　全国股转系统信息披露日常监管及其四方面工作内容是什么？

全国股份转让系统对挂牌公司的日常监管主要是以信息披露为核心、依托主办券商持续督导的自律监管。具体方式为：主办券商对挂牌公司的信息披露和业务办理进行事先审查和把关，全国股份转让系统进行事后审查和监管。

在监管实践中，全国股份转让系统探索出了由监管员对挂牌公司进行日常监管的方法。日常监管主要包括四个方面：

一是以主办券商来划分监管员对挂牌公司的监管分工。每个监管员负责几家主办券商推荐并持续督导的挂牌公司日常监管工作，以利于保持监管的连续性和稳定性，提高监管和沟通的效率。

二是通过监管员对挂牌公司信息披露文件事后审查的方式，对信息披露文件中涉及重大事项以及风险外溢程度高的挂牌公司进行监管。

三是主要通过引导、培训、督促的方式，对挂牌公司进行规范和监管。

四是通过内部晨会及日志的形式及时将监管情况进行汇总，并传递到每个监管员；在对重点监管事项及重点公司处理后，及时形成监管案例，并建立标准化的处理程序。

问答159　信息披露的券商持续督导要求是什么？

根据全国股转系统规则规定，企业申请挂牌时券商要准备资料推荐挂牌，企业在挂牌后的信息披露等事务也要券商全程督导。具体要求如下：

主办券商应当指导和督促所推荐挂牌公司规范履行信息披露义务，对其信息披露文件进行事前审查。

主办券商发现挂牌公司拟披露的信息或已披露信息存在任何错误、遗漏或者误导的，或者发现存在应当披露而未披露事项的，应当要求挂牌公司进行更正或补充。挂牌公司拒不更正或补充的，主办券商应当在两个转让日内发布风险揭示公告并向全国股份转让系统公司报告。

信息披露一直是上市公司和非上市公众公司在日常运营中的一项重要工作。作为我国多层次资本市场的重要组成部分，全国中小企业股份转让系统（新三板）对挂牌公司的信息披露也有着严格的要求。

问答160　实践中，主办券商信息披露督导主要做哪三件事？

（1）依据《全国中小企业股份转让系统挂牌公司信息披露细则》的规定，指导和督促挂牌公司真实、及时地进行信息披露。

（2）对所推荐挂牌公司信息披露文件进行形式审查，对拟披露或已披露信息的真实性提出合理性怀疑，必要时采取专项调查等措施。

（3）严格按照要求在指定网站（信息披露平台 www.neeq.com.cn）发布所推荐挂牌公司相关信息。

问答161　新三板信息披露监管与惩处是如何升级的？

新三板骨牌企业及相应主办券商有关信息披露的监管，将视违规情节轻重，进行分类升级处理，详见下表：

新三板挂牌公司信息披露的监管和处罚

情节	监管与处罚
情节较轻	全国股转公司与主办券商、挂牌公司沟通，要求对披露文件进行更正，及时更新
情节较严重	除要求对披露文件更正外，还将根据违规情况对主办券商和公司当事人等采取自律监管措施或纪律处分
违规行为严重	达到中国证监会稽查标准的，及时移交中国证监会处理

问答162　新三板信息披露自律监管及限制情形是什么？

根据全国股转系统《信息披露细则》规定，挂牌公司及其董事、监事、高级管理人员、股东、实际控制人、收购人及其他相关信息披露义务人、律师、主办券商和其他证券服务机构违反相关规定及要求，全国股份转让系统公司将依据《业务规则》采取相应监管措施及纪律处分。

另外，新三板挂牌公司相关人员12个月内不许有下列情况：

（1）挂牌公司或其控股股东、实际控制人，现任董事、监事和高级管理人员因信息披露违规、公司治理违规、交易违规等行为被全国股转公司采取出具警示函、责令改正、限制证券账户交易等自律监管措施合计3次以上的，或者被全国股转公司等自律监管机构采取了纪律处分措施。

（2）挂牌公司或其控股股东、实际控制人，现任董事、监事和高级管理人员因信息披露违规、公司治理违规、交易违规等行为被中国证监会及其派出机构采取行政监管措施或者被采取行政处罚，或者正在接受立案调查，尚未有明确结论意见。

（3）挂牌公司或其控股股东、实际控制人，现任董事、监事和高级管理人员受到刑事处罚，或者正在接受司法机关的立案侦查，尚未有明确结论意见。

问答163　自律监管及纪律处分内容是什么？

（1）纪律处分

新三板挂牌企业信息披露违规处罚中涉及几率处分的，根据全国股转系统《业务规则》规定，纪律处分主要包括如下内容：

a）通报批评；

b）公开谴责；

c）认定其不适合担任董事、监事、高级管理人员；

d）限制、暂停、直至终止其从事相关业务（主办券商）；

e）被采取纪律处分措施的主体都将被记入证券期货市场从业诚信档案数

据库。

（2）自律措施

自律监管措施包括：

a）要求对有关问题作出解释、说明和披露；

b）要求聘请中介机构对公司存在的问题进行核查并发表意见（申请挂牌公司、挂牌公司）；

c）约见谈话；

d）要求提交书面承诺；

e）出具警示函；

f）责令改正；

g）暂不受理相关文件（主办券商、证券服务机构或其相关人员）；

h）暂停解除股票限售（挂牌公司控股股东、实际控制人）；

i）限制证券账户交易；

j）向中国证监会报告有关违法违规行为；

k）其他自律监管措施。

10.2　典型实战15例

10.2.1　不披露、忘记披露与不及时

案例095　企业不良信息不披露违规

新三板挂牌公司泰谷生物（430523），其控股股东、实际控制人、董事长兼总经理于 2013 年 12 月被检察机关要求协助调查，2014 年 1 月 27 日因涉嫌滥用职权罪、行贿罪被检察机关采取逮捕强制措施。

自上述事件发生至 2014 年 4 月 16 日期间，公司未履行信息披露义务，违反了《全国中小企业股份转让系统挂牌公司信息披露细则（试行）》第二十九条的规定。

案例096　涉及实际控制人违规不披露

湖南泰谷生物科技股份有限公司（泰谷生物 430523）2014 年 1 月挂牌新三板。挂牌期间，控股股东、实际控制人、董事长兼总经理曹典军违规占用公

司资金，自资金占用行为发生至2014年4月28日期间，公司未履行信息披露义务造成违规。

案例097　未如实提供个人信息与未披露

蓝天环保（203398）于2015年1月挂牌新三板。蓝天环保总经理潘忠为公司控股股东，在蓝天环保申请挂牌时，同时担任金大地新能源（天津）集团有限公司（简称“金大地”）总裁，由于未如实提供个人兼职信息，导致金大地未被认定为蓝天环保关联方，且挂牌后蓝天环保与金大地发生委托采购、资金借款事宜，上述交易没有经过公司内部有效决策程序，且未披露造成违规。

案例098　忘记披露信息与违规

新三板挂牌公司可来博，2013年年度股东大会结束后未进行信息披露，违反了《全国中小企业股份转让系统挂牌公司信息披露细则（试行）》第二十九条的规定。

案例099　未及时披露会计差错更正信息被警示

F公司是一家新三板挂牌企业，该公司于2012年4月27日在股转公司网站上披露了2011年年报。然而，由于会计师事务所更换了项目经理，2012年5月，应会计师事务所的要求，F公司配合完成了工作底稿的重新审计工作，此次审计对年报中的财务数据进行了大范围修改，但是，修改后并未发布与之相关的任何公告，直到2013年4月26日，F公司才发布公告披露上述数据修改。更重要的是，F公司在2012年年报中并没有对2011年年报的财务数据存在重大差错进行应有的说明，当然就更不会把调整前后的数据分别罗列出来了，整个事件过程中，F公司的主办券商没有向股转公司报告，没有向企业提出任何质疑，也没有对投资者做出任何解释。

F公司修改财务数据不披露，年报中不罗列和对比过往修改数据，不对过往错误数据进行解释说明，此行为已构成信息披露不及时、内容不完整的违规事实。根据《全国中小企业股份转让系统业务规则（试行）》第一条第五款规定，股转公司对F公司采取“出具警示函、要求提交书面承诺”的自律监管措施。

案例100　未及时披露定期报告被约谈

新三板挂牌企业不硬性要求披露季报，企业如要披露，则需要遵守相应的规则制度。

B 公司为新三板挂牌企业，该公司 2015 年未能按相关规定及时披露第一季度审计报告，本应该在 4 月 30 日前披露的当年第一季度审计报告，但 B 公司是于 2015 年 7 月 3 日在股转公司网站发布的《2015 年第一季度审计报告》临时公告，尽管 B 公司在 2016 年 2 月 5 日披露的《2015 年年度报告》中声明没有延期披露材料的主观恶意，但是毕竟构成了季报披露时间严重延迟。无论是何种原因，其行为都已经违反了《全国中小企业股份转让系统信息披露细则（试行）》第十一条的规定。

股转公司根据《全国中小企业股份转让系统信息披露细则（试行）》第四十七条的规定，于 2015 年 8 月 7 日对 B 公司采取了“约见谈话”的自律监管措施。

10.2.2　不一致、不准确与不完整

案例101　信息披露前后、对外宣传不一致被约谈

广东伯朗特智能装备股份有限公司（伯朗特 430394）在披露的《重大资产重组预案（二）》（修订案）、《第一届董事会第二十七次会议决议公告》、《第一届董事会第二十八次会议决议公告》和《关于终止〈重大资产重组预案（二）〉（修订案）的公告》等公告中，对公司该次发行股份募集资金是否属于本次重大资产重组配套募集资金的披露内容存在不一致的情况。

同时，伯朗特披露的《重大资产重组预案（二）》（修订案）和公司董事长、总经理尹荣造在其实际控制的广东荣造投资管理有限公司的微信公众号“荣造投资”上发表题为《7000 个千万富翁将在 10 年后诞生，是你吗？》的文章，对公司该次发行股份募集资金的发行认购安排、募集资金用途及效果等披露内容存在不完全一致的情况。

上述行为违反了《非上市公众公司监督管理办法》第二十条和第二十八条和第二十九条、《全国中小企业股份转让系统业务规则（试行）》第 1.5 条的规定，构成信息披露违规。

鉴于上述违规事实，根据《全国中小企业股份转让系统业务规则（试行）第 6.1 条的规定，股转公司决定对伯朗特采取约见谈话的自律监管措施。

案例102　出售金融资产披露不准确与核实解决

【审核问询】

新三板挂牌公司九鼎集团（430719）在年度报告中，公司财务报表附注中披露的“可供出售金融资产”前后不一致，“可供出售金融资产的情况”中有可供出售债务工具和权益工具，“期末按公允价值计量的可供出售金融资产”中没有可供出售债务工具，请核实。

【解决回复】

核实后的信息如下。

（1）可供出售金融资产

项　　目	期末余额	期末余额	期末余额
	账面余额	账面余额	账面余额
可供出售债务工具：	977,160,930.00		977,160,930.00
按公允价值计量的	977,160,930.00		977,160,930.00
可供出售权益工具：	16,544,118,738.75		16,544,118,738.75
按公允价值计量的	16,544,118,738.75		16,544,118,738.75
合计	17,521,279,668.75		17,521,279,668.75
项　　目	期初余额	期初余额	期初余额
	账面余额	账面余额	账面余额
可供出售债务工具：			可供出售债务工具：
可供出售权益工具：	11,556,978,071.04	11,556,978,071.04	可供出售权益工具：
按公允价值计量的	11,556,978,071.04	11,556,978,071.04	按公允价值计量的
合计	11,556,978,071.04	11,556,978,071.04	合计

（2）期末按公允价值计量的可供出售金融资产

可供出售金融资产分类	可供出售权益工具	可供出售债务工具	合　　计
权益工具的成本丨债务工具的摊余成本	8,278,741,158.55	966,296,093.62	9,245,037,252.17
公允价值	16,544,118,738.76	977,160,930.00	17,521,279,668.76
累计计入其他综合收益的公允价值变动金额	8,265,377,580.21	10,864,836.38	8,276,242,416.59
已计提减值金额			

案例103　信息披露不完整问题与解决

【审核问询】

新三板挂牌公司九鼎集团（430719）在年度报告的第七节“融资及分配情况”中，未披露公开发行债券的情况，请披露。

【解决回复】

公司已经在“2015 年年度报告”第七节“融资及分配情况”的第二部分“债券融资情况”中披露：

九鼎集团债券融资情况

代　码	简　称	债券类型	融资金额（元）	存续时间	是否按期还本付息
122451	15 九鼎债	企业债券	1,000,000,000	6.03%	5 年
125706	15 九州 01	其他	500,000,000	6.00%	4 年
合计			1,500,000,000		
注：债券类型为中小企业私募债券、企业债券、中期票据、短期融资券、其他等					

10.2.3　遗漏与未在指定平台披露

案例104　信息披露出现重大遗漏被警示

M 公司是一家新三板挂牌企业，该公司在 2014 年年报披露时，出现信息重大遗漏。具体情况如下：

M 公司于 2015 年 4 月 17 日在股转公司披露的《2014 年度报告》（公告编号 2015-007），经事后审核发现，因披露人员工作疏忽，出现了两个重大问题：第一，年度报告中披露审计报告附注的具体内容里没有披露财务报表附注；第二，年度报告中的股本结构和前十名股东持股情况表的部分数据存在错误。

M 公司随后于 2015 年 4 月 22 日在股转公司发布了《2014 年度报告（更正公告）》和更正后的《2014 年度报告》，对错误的年度报告进行了相应的更正与补充。

M 公司以上行为违反了《非上市股份有限公司信息披露规则》的相关规定，其董事会秘书作为信息披露负责人，未能恪尽职守、履行勤勉义务，对信息披露违规行为负有一定责任，2015 年 8 月 11 日股转公司对 M 公司及其董秘采取了“出具警示函”的自律监管措施。

案例105　未在指定平台披露信息被警示

A 公司是一家新三板挂牌企业，2015 年 3 月挂牌。同年的 9 月 9 日，A 公司发布公告称公司拟定融资 300 亿元，但未说明资金用途。公告发出后，A 公司董事长在接受媒体采访时表示，将使用这 300 亿元的募集资金进行并购，包括对上市公司的并购，共同打造多家市值在千亿级的上市公司。

A 公司董事长在多次接受媒体采访时发布的信息均未在证监会指定的信息披露平台上披露信息，构成违规信息披露事实，所以应对上述问题负有主要责任。根据《非上市公众公司监督管理办法》第二十九条和第六十二条的规定，当地监局对 A 公司董事长采取出具警示函的监督管理措施。

10.2.4 券商、会计师等中介违规

案例106 定期报告（年报）没有注册会计师签字

新三板挂牌公司可来博，2013 年年度报告中所披露的审计报告为会计师事务所提供的审计报告初稿，欠缺注册会计师签字、会计师事务所盖章，且落款日期与会计师事务所正式出具的版本不一致。因此，可来博 2013 年年报披露使用未经会计师事务所正式出具的审计报告的行为违反了《非上市公众公司监督管理办法》第二十条、第二十二条，《全国中小企业股份转让系统挂牌公司信息披露细则（试行)》第四条、第十三条的规定。

案例107 年报督导不力券商被约谈

全国股转系统在对挂牌公司 2013 年年报进行审查的过程中发现，中航新材（430056）年报披露存在违规问题，违反了《全国中小企业股份转让系统挂牌公司年度报告内容与格式指引（试行)》等相关文件的要求。中航新材的主要问题为年报披露形式规范性较差，多个章节出现遗漏应披露信息的现象。

全国股转系统对该公司采取了约见谈话、出具警示函的监管措施，另对中航新材信息披露负责人、主办券商中信建投证券采取了约见谈话的监管措施。

案例108 券商督导失职与派发红利未公告（银河证券 通灵电器）

银河证券股份有限公司（简称“银河证券”）持续督导的挂牌公司江苏通灵电器股份有限公司（通灵电器 833666）于 2015 年 12 月 11 日启动的利润分配，未向中国证券登记结算有限公司北京分公司提交权益分派申请，办理权益分派相关手续，即于 2016 年 1 月 5 日向全体股东直接派送现金红利，并且未发布权益分派实施公告，违反了《全国中小企业股份转让系统挂牌公司信息披露细则（试行》第四条“挂牌公司及相关信息披露义务人应当及时、公平的披露所有对公司股票及其他债券品种转让价格可能产生较大影响的信息（以下简

称重大信息、并保证信息披露内容的真实、准确、完整，不存在虚假记载、误导性陈述或重大遗漏”、第三十八条“挂牌公司应当在董事会审议通过利润分配或资本公积转增股本方案后，及时披露方案具体内容，并于实施方案的股权登记日前披露方案实施公告”的规定。

银河证券在知悉通灵电器存在权益分派行为后未督促其履行相应程序，违反了《业务规则》第 1.4 条、第 5.7 条及《全国中小企业股份转让系统主办券商持续督导工作指引（试行）》（以下简称《工作指引》）第六条的规定。

鉴于上述违规事实，根据《业务规则》第 6.1 条的规定，股转公司做出如下决定：

对银河证券给予要求提交书面承诺的自律监管措施。银河证券应当在收到自律监管措施决定书之日起 10 个转让日内，向股转公司提交书面承诺，承诺按照《业务规则》、《工作指引》等相关规定履行持续督导义务。

案例109　主办券商未勤勉尽责被自律监管

中国中投证券有限责任公司（简称中投证券）持续督导的挂牌公司成都页游科技股份有限公司（页游科技 430627）2014 年 1 月-2015 年 1 月期间向实际控制人薛维洪之关联方成都市西杰实业投资有限公司、成都恩威投资（集团）有限公司分别累计借出 1630 万元和 1400 万元，发生金额总计 3030 万元，页游科技存在公司治理不规范、信息披露违规行为，违反了《非上市公众公司监督管理办法》第十四条、《全国中小企业股份转让系统业务规则（试行）》第 1.4 条、第 1.5 条和《全国中小企业股份转让系统信息披露细则（试行）》第四十六条的规定。

中投证券作为页游科技的主办券商，未能对页游科技的违规行为及时作出反应，未能勤勉尽责，违反了《全国中小企业股份转让系统业务规则（试行）》第 1.7 条、第 5.7 条，《全国中小企业股份转让系统信息披露细则（试行）》第十条，以及《全国中小企业股份转让系统主办券商持续督导工作指引（试行）》第十三条的规定。

鉴于上述违规事实，根据《全国中小企业股份转让系统业务规则（试行》第 6.1 条的规定，股转公司作出如下决定对中投证券采取约见谈话、要求提交书面承诺的自律监管措施。

第 11 章

年报披露所涉重要事项、环节操作及财务问题与解决

11.1 常规疑难47问

11.1.1 高频出错或关注问题

问答164 实践中，关注度最高需董秘注意的8大年报事项是什么？

总结近年来的实践，新三板年报的编制与披露，需董秘们重视的 8 大注意事项，具体如下：

（1）“公司基本情况”，这一节没什么特别要注意的，通常可以参考上一年的相关内容。

（2）“会计数据和业务数据摘要”。这一节是财务部准备的，要点在于对较上年变化幅度大的项目的解释，还有非经常性损益的影响。有时候一家公司，净利润暴增，结果只是因为卖了些资产，而不是经营持续性转好。

（3）“股本变动及股东情况”。这里可以看到公司历次融资和拆细造成的股本变动。然后是前 10 名股东和前 10 名非限售股股东情况表。一般来说，每家公司里面都有“主力机构”驻扎，通过大股东的变动，能够觉察到机构投资人

的态度变化。不过定期报告一年只有四次，而董秘每月可以收到交易场所信息结算中心提供的前 200 位股东名单。在这一节里还有一个有用的信息，就是对公司实际控制人的介绍。

（4）“董事，监事和高级管理人员情况”，里面有公司主要领导的履历介绍，以及薪酬情况。凡事审读公司年报的，都特别喜欢这一节，且发现，董事会上每个董事看得最仔细的，也是这一节的内容。人最关注的是自己，董事们总是把简历读了又读，改了又改。某公司证券代表忘记更新一位董事的年龄，立即被发现了，后来该公司董秘亲自审核这一节。高管的报酬和持股数在这一节里是个重点，另外，公司员工情况中的员工数量和专业与年龄结构值得特别关注。

（5）“公司治理结构”，这一节通常是用文字堆砌出来的官样文章。

（6）“股东大会情况简介”，看看哪家机构派员来参加股东大会了，可帮助推算谁是这个公司的主力机构。有的公司还真的不想让投资人参加股东大会，用的招数有跑到外地去开会的，也有专挑与同行业更著名的公司同时开会的。基金研究员分身乏术，挂牌或上市公司也就乐得清闲。好公司，当然不躲着股东。

（7）“董事会报告”，这一节是整个年报的精华所在。不看报表，也要看“董事会报告”。这一节的主要内容，是描述公司过去一年是怎么干的，干得如何，未来一年又准备如何发展。个体投资者很少有人逐字逐句去看这些内容，但是机构会。所以这一节主要是写给机构看的。这里也是公司通过定期报告传递关键信息并主动控制投资者预期的关键。

（8）“重要事项”，涉及重大诉讼、重大重组、关联交易等。凡是有大量关联交易的公司，在这里都是要看的重点，需要和往年的数据仔细对比。如果这一节里有撤换会计师事务所的情况，那就要格外小心。没有人愿意轻易撤换会计师，除非不能“得心应手”。

问答165　披露年报的当天需要披露哪些公告？

挂牌公司在年报预披露日需披露以下公告：

（1）年度报告；

（2）年报摘要；

（3）董事会决议公告；

（4）监事会决议公告；

（5）关于召开 2015 年年度度股东大会的通知公告（需用 XBRL 编制，20

日后召开）；

（6）关于预计2016年日常性关联交易的公告（如有）；

（7）控股股东、实际控制人及其关联方资金占用情况的专项说明。

董事会决议公告中如有利润分配议案，需写明议案的内容，即使当年度不进行利润分配，也要写明不分配。由于年度股东大会需要由律师见证，因此年度股东大会通知中出席人员要有公司聘请的法律顾问。在披露年度股东大会决议公告的同时还需披露法律意见书。

问答166　年报披露前需向券商提供什么文件？

年报需至少在预披露日前两周左右给到督导员（尽量提前多点时间，以便督导券商更好地检查，如果提交时间太晚导致券商无法审核的，将被出具风险提示公告），督导组会安排CPA和律师审核。预披露日前挂牌公司需提交以下文件：

（1）年度报告全文、摘要、董事会决议公告、监事会决议公告、临时股东大会通知公告、关于日常性关联交易的预计公告（如有）的PDF版本（即所有上传版本公告）；

（2）年报及临时股东大会通知的XBRL版本（需要使用新版2.1的软件编制且通过校验），如未通过校验，督导员将无法上传；

（3）经董事、监事签字的决议PDF扫描件，年报及摘要、董事会决议公告、监事会决议公告、临时股东大会通知公告、关于日常性关联交易的预计公告（如有）盖章版本的pdf扫描件；

（4）审计报告原件的扫描件，财务报表下方有三位相关人员的签字；

（5）公司董事、高级管理人员的书面确认意见；

（6）监事会对年报的审核意见；

以上文件均为股转系统备查所需。如无法提供，将被视情况向股转系统反映，并被出具风险提示公告。

问答167　年报中是否需要包括审计附注？为什么XBRL编制工具里只能填写至四大财务报表？

年报必须披露经审计的财务报告附注（如未披露附注，股转会处罚）。挂牌公司在用XBRL编制年报时只能填写至四大财务报表，是从XBRL导出Word版本后手工粘贴审计报告附注。

注意：挂牌公司首先需要在 XBRL 中编制年报，完成后导出 Word 版本，在 Word 中调整格式，并粘贴审计报告附注。如有内容修改请在 XBRL 和导出的 Word 文档中分别修改，即无须反复导出 Word 版本。定稿后请务必校验 XBRL 文件，通过校验后导出 XBRL 的最终版，文件名无须修改。定稿的 Word 文档直接转换成 PDF 版本。特别提醒上传版年报中的审计附注必须是最终版的审计报告附注！

问答168　审计报告出具时间是什么时候？

年度审计报告出具时间是在董事会召开后，一般建议与董事会召开日同一天。

问答169　董事会、监事会召开日期与预披露日的关系是什么？

根据信息披露相关制度规定，挂牌公司必须在董事会、监事会召开后两日内发出公告，因此与年报同时公告的董事会决议中董事会召开时间理论上说可以为预披露日同一天，也可以是前一个或前两个工作日。但是一般建议董事会召开日期与预披露日为同一天。

问答170　是否可以变更年报的预披露时间？是否需要做变更提示性公告？

因特殊原因需变更预约时间的，主办券商可以协助挂牌公司在原预约披露日 5 个转让日前通过 BPM 报送端进行修改（无须披露更正公告），全国股转公司原则上只接受一次变更申请，并视情况决定是否调整。

在 5 个转让日内需要变更预约披露时间的，挂牌公司需发布《关于延迟披露年报的提示性公告》。

问答171　公司财务报告被出具了非标审计意见，该如何披露？

挂牌公司财务报告被注册会计师出具非标准审计意见的，公司在向主办券商送达定期报告的同时应当提交下列文件：

（1）董事会针对该审计意见涉及事项所做的专项说明，审议此专项说明的董事会决议，以及决议所依据的材料；

（2）监事会对董事会有关说明的意见和相关决议；

（3）负责审计的会计师事务所及注册会计师出具的专项说明。

上述三个文件将与年报一并披露。

问答172　普通股股本结构中，某股东既是控股股东、实际控制人又是董监高，该如何填写持股数？

需分别在两处填写持股数。例如某股东既是实际控制人又是董事长，假设此人持有560万股，占比56%，那么控股股东这一行要填，董、监、高这一行也要把560万股计算进去。

问答173　年报合并利润表中，营业总收入、营业收入、营业总成本、营业成本的填写有什么要求？

合并利润表中：

（1）营业总收入也是一个汇总数，如果没有利息收入、没有手续费及佣金收入的话，则营业总收入等于营业收入。

（2）营业总成本是指第二项所有填列内容的加总，营业成本只是与营业收入对应的成本部分。

问答174　公司在12月31日前发行股票，其股本结构如何填写？

在12月31日前进行股票发行的公司，已收到定增款项，办理了验资手续，但尚未取得股转同意函或已取得函但尚未办理股份登记，在编制年度财务报表时如何进行账务处理？年报中股本结构是填写定增前的股本结构，还是定增后的股本结构呢？

根据股转系统最新的口头指导，定增是否完成以在中登办理股份登记为准。因此，若在12月31日前没有完成股份登记，一律视为定增未完成，年报中的股本和资本公积数据以定增前的为准，股本结构也应填写定增前的股本结构，收到的定增款项在年报中作为负债披露。年报披露后，公司若有资本公积转增股本的意向，资本公积以年报披露数据为准，股本以实施权益分派的股权登记日的股本数为准。

问答175　年报中填列的持股情况，是填直接持股数还是直接加间接持股数？

均为直接持股数。

问答176　主要会计数据和关键指标中是否每个项目的增减比例都要填列？

答：不是。毛利率、加权平均净资产收益率、资产负债率、流动比例、利息保障倍数、应收账款周转率、存货周转率、总资产增长率、营业收入增长率、净利润增长率的增减比例无须填列，可以用“-”表示。

问答177　核心员工是否就是公开转让说明书中披露的核心技术人员？

答：核心员工不是核心技术人员，核心员工需由公司董事会提名，并向全体员工公示和征求意见，由监事会发表明确意见后，经股东大会审议批准。

问答178　证券简称变更的特别处理方式是什么？

答：如审计报告显示公司净资产为负、审计报告被出具否定或无法表示意见，挂牌公司提前向督导员提交说明，证券简称需申请变更，同时披露公告。行管问题及其他疑问，可以通过邮箱 chinaneeq@163.com 与股转系统公司业务部交流。

问答179　挂牌公司董监高可以在公司年报披露前几天买卖公司股份吗？

目前沪深上市公司对控股股东、董监高等公司内部人员在信息披露前的敏感期内交易本公司股票有明确的严格规定，上市公司披露年报前的 30 个交易日内，不得买卖本公司股票。

针对全国股转系统挂牌公司，目前尚无明确规定。但股转系统要求主办券商督促提醒各挂牌公司的控股股东、董监高等内部人员，严格遵守不得利用内幕信息获取不当利益的基本法律原则。

对于确已知悉与年报特别是其中财务数据相关的内幕信息，而仍交易本公司股票的内幕信息知情人，全国股转公司将依法采取监管措施或纪律处分，触犯《证券法》等法律法规的，将依法移送证监会处理。

问答180　董监高买卖公司股票还需注意些什么？

除了上一问的相关规定外，对于董监高买卖公司股票的其他注意事项，这里做个归纳，整理买卖公司股份不可触碰的红线。

（1）窗口期的规定

下列时点前董监高不能买卖股票：

a）定期报告公告前 30 日；

b）业绩预告、业绩快报前 10 日；

c）重大事项筹划至公告后 2 个交易日。

（2）短线交易的规定

所谓短线交易是指上市公司的董事、监事、高级管理人员及大股东，在法定期间内，对公司上市股票买入后再行卖出或卖出后再行买入，以谋取不正当利益的行为。

上市公司董事、监事、高级管理人员、持有上市公司股份 5%以上的股东，将其持有的该公司的股票在买入后 6 个月内卖出，或者在卖出后 6 个月内又买入，由此所得收益归该公司所有，公司董事会应当收回其所得收益。但是，证券公司因包销购入售后剩余股票而持有 5%以上股份的，卖出该股票不受 6 个月时间限制。公司董事会不按照前款规定执行的，股东有权要求董事会在 30 日内执行。公司董事会未在上述期限内执行的，股东有权为了公司的利益以自己的名义直接向人民法院提起诉讼。

（3）内幕信息的规定

持有公司 5%以上股份的股东及其董事、监事、高级管理人员，公司的实际控制人及其董事、监事、高级管理人员为法定的“证券交易内幕信息的知情人”。对于内幕信息的知情人，在内幕信息公开前，不得买卖该公司的证券，或者泄露该信息，或者建议他人买卖该证券。

（4）股东权益变动的规定

投资者及其一致行动人，通过证券交易所的证券交易达到上市公司已发行股份的 5%时，应当在该事实发生之日起 3 日内公告。在上述期限内，不得再行买卖该上市公司的股票。

持有 5%以上权益的投资者及其一致行动人通过证券交易所的证券交易拥有权益的股份占该上市公司已发行股份的比例每增加或者减少 5%需要披露。在报告期限内和作出报告、公告后 2 日内，不得再行买卖该上市公司的股票。

投资者及其一致行动人通过协议转让方式、行政划转或者变更、执行法院裁定、继承、赠与等方式（5 种），拟达到或者超过上市公司已发行股份的 5%时，应当在该事实发生之日起 3 日内披露。在作出报告、公告前，不得再行买卖该上市公司的股票。

持有 5%以上权益的投资者及其一致行动人通过协议转让方式、行政划转或者变更、执行法院裁定、继承、赠与等方式，拥有权益的股份占该上市公司已发行股份的比例每增加或者减少 5%需要披露，在作出报告、公告前，不得再行买卖该上市公司的股票。

上市公司董监高每年减持公司股份数量不能超过自身持有数量的 25%。

11.1.2　监管问询高频问题

问答181　近年来年报问询就概况与管理层讨论关注哪些问题？

（1）公司概况部分遗漏披露注册会计师所、姓名、地址。

（2）管理层讨论与分析中披露的信息与财务报告不一致，如对客户的销售金额、现金流量信息、各类比例，披露的信息明显与实际业务有冲突性的描述。

（3）对于收入增长的解释不符合逻辑，且未有相关佐证。

（4）如出现前五大客户中营业收入全部形成应收的，应当特别关注，并进行说明。

（5）前五大客户和供应商未能在全国企业信用信息公示系统查到。

（6）存在研发费用资本化的，需结合公司内部研究开发项目特点，披露划分研究阶段和开发阶段的具体标准，以及开发阶段支出资本化的具体条件，并说明各研发项目资本化开始时点，资本化的具体依据、截至期末的研发进度等。

（7）为高新技术企业，但研发费用占比明显低于申请高新的要求。

（8）管理层讨论与分析中未披露风险应对措施。

问答182　近年来年报问询函就重要事件等主要关注那些问题？

（1）重要事项中关联交易与财务报告不一致。

（2）日常性关联交易中“公司章程中约定适用于本公司的日常关联交易类型”有发生金额，需补充披露章程中约定的适用于本公司的日常关联交易具体类型，相关约定在公司章程中的具体条款。

（3）合并报表附注中如其他应收款存在关联方借款，必须说明具体关系、款项形成原因、是否履行相关程序，如果系借款的，还需披露是否签订合约支付利息。

（4）财务报表附注中存在关联方应收应付，而未在年报关联交易部分披露。

（5）关注对外投资事项是否构成重大资产重组，特别是报告期内未支付对价的。

（6）存在受限资产的，重要事项中未披露抵押资产。

（7）公开转让说明书中明确披露的承诺事项，且仍适用的，遗漏披露。

（8）融资与分配情况中间接融资的金额与现金流量表中“取得借款收到的现金”不一致。

（9）对于募集资金使用情况的描述，融资与分配部分的描述与其他部分的描述明显有出入。

问答183　近年来年报问询函就财务报告主要关注哪些问题？

（1）财务报表附注中期初数与上期年报期末数不一致。

（2）财务报表加总数不等于合计数，且部分项目填列错误。

（3）财务表表附注存在相互间数据不一致的情况。

（4）财务报表附注披露的关键信息不完整，包括现金流量表项目、分项列示收到或支付的其他与经营活动、筹资活动、投资活动有关的现金性质、本期发生额、上期发生额。

（5）合并报表范围变化的描述与其他披露信息有出入。

（6）会计政策中收入确认政策明显与实际业务类型不符。

（7）应收坏账政策明显与同行业不一致的，应当特别说明。新业务形成的应收账款的坏账计提标准。

（8）应收账款账龄明显出现乌龙的，如期初不存在 2~3 年款项、期末却出现 3~4 年款项。

（9）存在应付票据的，在货币资金科目中未见保证金。

（10）销售费用明细中，其他项金额畸高，且变化巨大。

（11）存在长账龄备用金，需解释与挂牌公司的关系，并说明该项备用金账龄较长的原因、收回的可能性、以及坏账准备计提是否充分。

（12）定向发行项目，即使发行费用未冲资本公积，也需要说明发行费用的会计处理方法。

（13）主要的业务资格证书过期。

11.1.3　年报披露总体要求

问答184　新三板年度报告的基本要求是什么？

针对挂牌公司特点，适当披露，保证信息披露内容的真实、准确、完整。

基本思路：逻辑化、突出重点、模块化展示、对比分析。

自主披露：凡公司认为对投资者决策有重大影响的信息，不论制度是否有明确规定，公司均应主动披露；由于商业机密、国家机密等特殊原因导致某些信息不便披露的，可申请豁免披露。

风险警示：当公司最近一个会计年度财务报告被出具否定或无法表示意见的审计报告，或经审计的期末净资产为负时，将对其股票转让实行风险警示。

关联交易：将关联交易分为日常性关联交易和偶发性关联交易，对日常性关联交易通过一次性披露年度预计总额和执行情况提高效率，对偶发性关联交易则提高披露要求，经股东大会审议发布临时公告说明资金结算情况及该交易对公司生产经营的影响。

问答185　年度报告的主要内容及审计要求有哪些？

挂牌公司的年度报告须参照全国股份转让系统发布的《全国中小企业股份转让系统挂牌公司年度报告内容与格式指引（试行，以下简称《年报内容与格式指引》）的要求进行披露，主要内容包括重要提示、目录和释义，公司简介，会计数据和财务指标摘要，管理层讨论与分析，重要事项，股本变动及股东情况，董事、监事、高级管理人员及核心员工情况，公司治理及内部控制，财务报告，备查文件目录 10 个章节。

挂牌公司年度报告中的财务报告必须经具有证券期货相关业务资格的会计师事务所审计。

问答186　新三板年度报告的主要格式、内容是什么？

（1）格式重点要求

管理层讨论和分析：对于未来的展望和预测必须是严谨的全套的，禁止无根据地胡说。

风险因素：尽可能定量，对新增风险要重点披露，

重要事项：对其本身和变化进行描述分析，对以前披露的事项不必一一罗列。

董监高情况：要求披露董监高完整的职业经历，不能只披露 5 年的经历。

（2）具体内容及操作

挂牌公司应当在每个会计年度结束之日起 4 个月内编制并披露年度报告。年度报告应包括以下内容：

a）公司基本情况。

b）最近两年主要财务数据和指标。

c）管理层讨论与分析本年度内的主要经营情况，对持续经营能力进行评价。对下一年度经营计划或目标进行说明。

d）重要事项。本年度内发生的所有诉讼、仲裁事项，本年度内履行的及

尚未履行完毕的对外担保合同，股权激励计划，关联交易，股东及其关联方以各种形式占用或者转移公司的资金、资产及其他资源。

e）股本变动及股东情况。

f）董事、监事、高级管理人员及核心员工情况。

g）公司治理及内部控制情况。

h）财务报告。

i）备查文件目录。

问答187　实践中，新三板年报披露需注意些什么？

（1）年报要求

登录股转系统官网-服务指南，下载关于披露的通知及要求，包括关于年报的通知要求，格式，XBRL 工具。

（2）注意时间

根据 4 月 30 日之前必须披露的要求，需要经过券商与股转系统预约披露时间，在此之间需要事务所审计、召开董事会、监事会，编报 XBRL 及 Word 格式的年报，并经过券商审核。注意审计报告必须在董事会审议后出具，而董事会召开后两个转让日必须披露，披露必须事先预约，必须经券商审核，董事会更有一套召开流程。

（3）2015 年年报新增披露：事务所需要另行出具关联方非经营性资金占用说明专项报告。

（4）注意非经常性损益及加权平均净资产收益率，可以参考证监会公告信息编报规则第九号。

（5）注意区分会计估计变更、会计差错更正，以及会计政策变更的区别。

问答188　新三板三类公司年报预约披露如何操作？

在新三板披露年报的公司包括挂牌公司、两网公司及退市公司，年报披露前需要做好年报预约披露工作，具体操作如下：

（1）挂牌公司、两网公司及退市公司应在与主办券商协商一致的前提下，与全国股转公司预约年度报告的披露时间。全国股转公司根据均衡原则统筹安排各公司的年度报告的披露顺序。公司应严格按照预约时间披露，如因审计安排调整、挂牌进度等确须变更披露时间的，应提前 5 个转让日通过主办券商向全国股转公司提出变更申请，说明变更理由并明确变更后的披露时间。全国股转公司原则上只接受一次变更申请，并视情况决定是否调整。如因特殊原因无法提前 5 个转让日提出申请的，公司应及时告知主办券商，并及时披露年度报告披露时间变更公告。

（2）一般来说，全国股转公司将在××年 12 月 30 日 9:00 起开放年度报告预约系统。为确保年报披露秩序和便利监管需要，对预约在××年 1 月 1 日至××年 3 月 31 日期间披露年报的公司数量不做限制，对预约在××年 4 月 1 日至××年 4 月 30 日期间披露年报的数量有所限制，比如 2015 年年报的披露限定为每转让日不超过 100 家公司。

（3）挂牌公司年报预约，由主办券商在业务支持平台中统一提交申请；两网公司及退市公司年报预约，由主办券商将申请统一发送至指定邮箱（nianbao@neeq.com.cn）。全国股转公司将根据主办券商报送的预约披露时间制作年度报告预约披露时间表并在全国股转系统指定信息披露平台（www.neeq.com.cn 或 www.neeq.cc）予以公布。

（4）挂牌公司、两网公司及退市公司应当于××年 4 月 30 日前完成上一年年度报告的编制、报送及公开披露工作。在××年 1 月 1 日至××年 4 月 30 日之间挂牌，即股票进行公开转让的挂牌公司，应按上述要求披露上一年年度报告。在××年 4 月 30 日后挂牌公开转让且公开转让说明书中的财务报告未涵盖上一年年度财务数据的公司，应披露经审计的上一年财务报告。

问答189　企业如何才能做好年度报告编制及报送、披露工作？

（1）挂牌公司、两网公司及退市公司年度报告中的财务报告必须经具有证券、期货相关业务资格的会计师事务所审计。公司不得随意变更会计师事务所，如确需变更的，应当由董事会审议后提交股东大会审议，并披露相应临时公告。公司应当根据自身情况提前与会计师事务所协商安排审计时间。

（2）公司董事、监事和高级管理人员不得粉饰财务状况和经营成果，编制和披露虚假财务会计报表。

（2）公司董事、监事、高级管理人员、主办券商、会计师事务所等在年报披露前均负有保密义务，不得以任何形式向外界泄露年报的内容。

（3）挂牌公司年度报告应按照《挂牌公司年度报告内容与格式指引》《挂牌公司年度报告内容与格式模板》的要求进行编制，要确保相关章节的完整性，尤其是审计意见、财务报表及附注部分内容。

（4）两网公司及退市公司的年度报告内容，应当参照中国证监会颁布的《公开发行证券的公司信息披露内容与格式准则第 2 号——年度报告的内容与格式

（××年修订）》正文部分相关内容进行编制。

（5）挂牌公司、两网公司及退市公司预计不能在××年4月30日前披露年度报告的，应当及时告知主办券商，并在××年4月15日前就延期披露原因、延期期限、对公司股票转让方式的影响或公司股票存在被终止挂牌的风险等事项进行公告。

问答190　年报编制与披露对挂牌公司的要求有哪些？

（1）在财务报表附注中披露其他应收款前5名明细，并说明是否为关联方。

（2）在年报“重要事项”部分，详细披露控股股东、实际控制人及其关联方非经营性资金占用情况，说明资金占用发生额、占用原因、偿还额、期末余额，预计偿还方式及清偿时间，是否经过审议且在临时报告中披露；详细披露对外担保的详情，说明对外担保（对控股子公司担保除外）是否经过审议且在临时报告中披露。

（3）在“股本变动及股东情况”部分，详细披露报告期内是否存在股份代持行为，如存在股份代持的，应当披露代持的原因、代持数量、涉及的股东数、代持还原情况等。

（4）在“融资及分配”部分，全面披露挂牌以来股票发行的简要情况，重点说明募集资金的实际用途，募集资金的使用情况是否与公开披露的募集资金用途一致，是否存在用于持有交易性金融资产和可供出售的金融资产、借与他人、委托理财等情形；如存在募集资金用途变更的，说明变更的具体情况及履行的决策程序。如挂牌公司在证券交易所公开发行债券的，需要披露公司债券的有关情况。

（5）重点关注应收账款、存货、固定资产、无形资产以及各项投资的减值损失，以及根据有关会计准则的要求计提必要的减值准备情况。要注意是否存在利用资产减值损失及会计估计变更，采取大额转回、变更计提方法和计提比例、忽视关联方欠款可能发生的坏账损失等方式调节利润的行为。

（6）涉及关联交易的，应当按日常性关联交易和偶发性关联交易，分别披露201(x-1)年度的关联交易情况。要充分披露关联交易价格的公允性，不得利用与关联方之间显失公允的交易调节利润；不得将关联交易非关联化，掩盖实质上的关联方关系及交易。

（7）存在发生会计政策、会计估计变更、前期差错更正情形的，应当披露变更、更正的原因及影响，涉及追溯调整或重述的，应披露对以往各年度经营成果和财务状况的影响金额，及调整前后的数据，明确是否存在利用会计差错更正随意调节利润的情形。

（8）详细披露公司管理层对公司存在的未决诉讼、仲裁、持续经营能力可能存在问题等重大不确定性事项，根据实际情况做出的审慎判断，采用相应会计处理方法对重大不确定性事项的损失确认和计量情况，以及为注册会计师实施审计程序提供充分便利的情况。

问答191　年报编制与披露对主办券商的要求有哪些？

（1）发现公司拟披露的信息或已披露信息存在任何错误、遗漏或者误导的，或者发现存在应当披露而未披露事项的，应当要求挂牌公司进行更正或补充。公司拒不更正或补充的，主办券商应当在两个转让日内发布风险揭示公告，并向全国股转公司报告。

（2）收到挂牌公司报送的关于非标准审计意见的相关材料后，在两个转让日内向全国股转公司提交相关材料，并督促挂牌公司对有关事项进行纠正。

（3）获悉挂牌公司 201×年经审计的年度财务会计报告被会计师事务所出具否定意见或者无法表示意见的，或者其经审计的期末净资产为负值的，依据《信息披露细则》第十六条的要求，及时向全国股转公司报告。

（4）对预计无法在 201×年 4 月 30 日前披露年度报告的挂牌公司，应及时发布风险揭示公告，并暂停受理挂牌公司控股股东和实际控制人的解除股份限售申请。

（5）主办券商应按照《信息披露暂行办法》的要求，安排专业人员加强对两网公司及退市公司 201(x-1)年年度报告编制及披露工作的督导。对于预计201(x-1)年度出现亏损的两网公司及退市公司，应督促其在 201×年 2 月 20 日前发布风险揭示公告，并做好股份转让方式的调整申请。对于在 201×年 4 月30 日前披露年度报告且涉及股份转让方式调整的公司，其股份转让方式应在年度报告披露后的 2 个转让日内调整；截至 201×年 4 月 30 日尚未披露年度报告且涉及股份转让方式调整的公司，其股份转让方式应在 4 月 30 日的次一转让日调整为一周 1 次。逾期披露年度报告的两网公司及退市公司，应当在其披露年度报告的同时发布提示性公告，提示其将按有关规定调整股份转让方式的情况，并在提示性公告披露后的 5 个转让日内完成转让方式调整。

（6）主办券商上传挂牌公司年度报告当日，应将经相关人员签字确认的《审查要点表》（PDF 格式扫描版、Excel 电子版本各一份）发送至指定邮箱

（nianbao@neeq.com.cn）。

问答192　企业年报对会计师事务执业准则与审慎审计的要求有哪些？

（1）针对挂牌公司计提减值准备的方法、比例发生变更的情形，充分关注变更的理由及其对公司财务状况和经营成果的影响，恰当地发表审计意见；对会计政策变更的有效起始时间、会计估计变更的合理性、会计差错更正的处理，予以适当关注，并恰当地发表审计意见。

（2）对关联方的认定，关联交易的真实性、有效性，交易价格的公允性，审议程序的合规性予以适当关注，并恰当地发表审计意见，充分考虑是否存在虚构交易、实质为关联交易的情况。

（3）对挂牌公司××年度控股股东、实际控制人及其关联方资金占用情况出具专项意见。

11.1.4　整体自查与核查关键

问答193　股转公司对企业年报整体情况的审查要点有哪些？

模块	编号	董秘自查及主办券商审查内容	审查意见	备注	填写说明
整体情况	1	整体篇章是否齐全（包括封面、大事记、目录、声明与提示、公司概况、主要会计数据与关键指标、管理层讨论与分析、重要事项、股本变动与股东详情、融资情况、董监高及核心员工情况、公司治理与内部控制、财务报表以及财务报表附注（包括项目注释）			如整体篇章齐全，则填“是”；不齐全则填“否”。尤其注意财务报告章节中，会计师事务所的审计意见、财务报表、财务报表附注（包括项目注释）务必齐全
	2	存在豁免披露情况的，申请事项与豁免披露的内容是否一致			豁免披露的需要提前在BPM系统中进行申请，如存在豁免披露且申请事项与豁免披露事项保持一致，则填“是”，不一致则填“否”；不存在豁免披露事项的，填“不适用”
	3	董事、监事、高级管理人员对年度报告内容是否存在异议或无法保证其真实、准确、完整的情况			如存在异议或者无法保证的情况，填“是”，如不存在，填“否”。填“是”请在备注中说明详细情况
	4	是否已经校对文字、调整表格列宽、对齐段落缩进			如已经校对文字、调整格式，填“是”，未校对，填“否”

续表

模块	编号	董秘自查及主办券商审查内容	审查意见	备注	填写说明
	5	是否生成 XML 格式的年度报告并通过校验			如已经收到 xml 格式且校验通过的年报文件，填“是”，未收到或者未校验通过，填“否”。请提醒挂牌公司，提前进行校验
	6	是否收到挂牌公司报送的相关文件（信息披露细则第十五条列示）			如收到报送的相关文件，填“是”，未收到，填“否”
公司概况	1	所列信息是否填列完整、准确			如填列完整、准确，填“是”，不完整不准确，填“否”
	2	联系方式、企业信息与报告其他部分是否一致			如一致，填“是”，不一致，填“否”

问答194　企业年报公司概况、会计数据与财务数据摘要审核要点有哪些？

模块	编号	董秘自查及主办券商审查内容	审查意见	备注	填写说明
公司概况	1	所列信息是否填列完整、准确			如填列完整、准确，填“是”，不完整不准确，填“否”
	2	联系方式、企业信息与报告其他部分是否一致			如一致，填“是”，不一致，填“否”
会计数据与财务指标摘要	1	所列数据是否与报表保持一致			如一致，填“是”，不一致，填“否”
	2	所列指标是否计算准确			如准确，填“是”，不准确，填“否”
	3	非经常性损益科目列示是否完整，与财务附注是否保持一致			如完整一致，填“是”，不完整一致，填“否”。请与财务报表及附注中的相关科目进行核对
	4	因会计政策变更及会计差错更正的，是否将调整、重述的情况列示准确			存在因会计政策变更及会计差错更正进行调整重述的，如列准确，填“是”，不准确，填“否”；不存在的填“不适用”

问答195　企业年报管理层讨论与分析的审核要点有哪些？

模块	编号	董秘自查及主办券商审查内容	审查意见	备注	填写说明
管理层讨论与分析	1	经营分析、未来展望（自愿披露）、风险因素、非标准意见说明四个部分是否完整			如完整，填“是”，不完整，填“否”
	2	商业模式部分，是否简要描述企业目前所处行业、主营业务、产品或服务、客户类型、关键资源、销售渠道、收入来源等			如填写完整、语言简练、逻辑顺畅，填“是”；不完整、不简练、不顺畅则填“否”

续表

模块	编号	董秘自查及主办券商审查内容	审查意见	备注	填写说明
		情况，说明商业模式各项要素的变化情况以及对公司经营的影响，并整理成有逻辑的文字			
	3	经营情况回顾，是否介绍报告期内业务、产品或服务有关经营计划的实现情况，回顾年度内对企业经营有重大影响的事项			如介绍且结合当年财务数据，填“是”，不介绍或者内容粗略，填“否”
	4	利润构成分析中，财务数据与财务报表是否一致，对与上一年度相比变动达到或超过30%的财务数据，是否充分解释导致变动的原因			如一致、充分，填“是”，不一致、不充分，填“否”
	5	收入构成分析中，财务数据与财务报表是否保持一致，是否恰当地分类别进行分析；对于主营业务占比、按产品或区域进行分类的收入构成指标的重大变动（达到或超过10%），是否充分解释导致变动的原因			如一致、充分，填“是”，不一致、不充分，填“否”
	6	现金流量状况分析中，财务数据与财务报表是否保持一致，对与上一年度相比变动达到或超过30%的，是否充分解释导致变动的原因；若本年度公司经营活动产生的现金流量与本年度净利润存在重大差异的，是否详细解释原因			如一致、充分，填“是”，不一致、不充分，填“否”
	7	主要客户与供应商分析中，销售金额、采购金额等是否列示准确，并与应收账款等进行联动的分析；如存在关联关系的，是否列清客户或者供应商具体名称（请挂牌公司、会计师提供说明）			如准确列示，填“是”，不准确列示，填“否”
	8	研发支出分析中，研发投入金额计算是否准确，研发投入占营业收入比例计算是否准确（请挂牌公司、会计师提供说明）			如准确，填“是”，不准确，填“否”
	9	资产负债结构分析中，财务数据与财务报表是否保持一致，对与上一年度相比变动达到或超过30%的财务数据，是否充分解释导致变动的原因			如一致、充分，填“是”，不一致、不充分，填“否”
	10	投资状况分析中，披露的子公司财务数据与财务报表数据是否保持一致；取得或处置子公司的情况，与财务报表及附注内容是否保持一致			如一致，填“是”，不一致，填“否”

续表

模块	编号	董秘自查及主办券商审查内容	审查意见	备注	填写说明
	11	投资状况分析中，委托理财、委托贷款、衍生品投资数据与财务报表的金融资产、衍生金融资产等科目是否能够对应			如对应，填“是”，不对应，填“否”
	12	外部环境分析中，是否披露宏观环境、行业发展、周期波动、市场竞争的现状、已知趋势、重大事件对公司的影响			如披露充分，填“是”，不充分，填“否”
	13	竞争优势分析中，是否分析企业自身的市场地位、比较优势、竞争劣势			如分析充分，填“是”，不充分，填“否”
	14	持续经营能力评价中，是否说明可能对公司持续经营能力产生重大影响的事项			如说明充分，填“是”，不充分，填“否”
	15	未来展望部分，是否披露行业发展趋势、公司发展战略、经营计划或目标以及不确定因素			自愿披露的，如披露充分，填“是”，不充分，填“否”；如未披露该章节，填“不适用”
	16	风险因素部分，是否列示风险因素的名称、持续的原因、对公司的影响，已经采取及风险管理效果，或拟采取的措施			如列示完整，填“是”，不完整，填 “否”
	17	非标准审计意见的说明部分，审计意见类型与审计报告中是否一致，董事会是否就非标准审计意见进行说明			如一致，填“是”，不一致，填“否”

11.1.5　重要事项自查与审查关键

问答196　企业年报重要事项的总体审核要点有哪些？

模块	编号	董秘自查及主办券商审查内容	审查意见	备注	填写说明
重要事项	1	重要事项索引表中为“是”的项目是否在详情表中进行披露			如披露，填“是”，未披露，填“否”
	2	如填写了详情表格的，是否按照要求完整披露信息			如披露，填“是”，未披露，填“否”
	3	重要事项与临时公告、财务报表及附注所列内容是否一致			如一致，填“是”，不一致，填“否”
	4	重要事项所列内容须经审议程序的，是否履行必要的审议程序			如一致，填“是”，不一致，填“否”。如存在补充履行程序的，请填“否”，并备注补充履行的情况

问答197　企业年报诉讼、仲裁与对外担保的审核要点有哪些？

模块	编号	董秘自查及主办券商审查内容	审查意见	备注	填写说明
诉讼、仲裁	1	重大诉讼、仲裁事项，涉及金额、比例、案件进展情况与临时公告是否保持一致、并填写准确；如涉及预计负债的，与财务报表科目是否匹配			如一致，填“是”，不一致，填“否”
对外担保	2	对外担保事项，与临时公告是否保持一致，是否履行必要的决策程序			如一致，填“是”，不一致，填“否”
	3	如存在违规对外担保，主办券商是否进行风险提示或者向全国股转公司报告			如提示或报告，填“是”，未提示或报告，填“否”；无违规对外担保的，填“不适用”

问答198　企业年报资金占用的审核要点有哪些？

模块	编号	董秘自查及主办券商审查内容	审查意见	备注	填写说明
资金占用	1	资金占用，资金占用问题与财务报表“其他应收款”科目是否匹配			如匹配，填“是”，不匹配，填“否”
	2	发生控股股东、实际控制人及其关联方占用资金情形的，是否充分披露相关的决策程序，预计归还方式及时间			如披露充分，填“是”，不充分，填“否”；无资金占用的，填“不适用”
	3	如存在资金占用的，主办券商是否进行风险提示或者向全国股转公司报告			如提示或报告，填“是”，未提示或报告，填“否”；无资金占用的，填“不适用”

问答199　企业年报关联交易的审核要点有哪些？

模块	编号	董秘自查及主办券商审查内容	审查意见	备注	填写说明
关联交易	1	关联交易部分，日常性关联交易的预计金额与年初预计是否一致			如一致，填“是”，不一致，填“否”
	2	是否存在日常性关联交易补充预计的情形			如存在，填“是”，不存在，填“否”
	3	偶发性关联交易是否履行必要的决策程序			如履行，填“是”，不履行，填“否”；如无偶发性关联交易，填“不适用”
	4	是否存在关联交易价格明显不公允的情形（请挂牌公司向主办券商说明）			如公允，填“是”，不公允，填“否”；如无关联交易，填“不适用”
	5	是否存在关联交易非关联化的情形（请挂牌公司向主办券商说明）			如存在，填“是”，不存在，填“否”。

问答200　企业年报对外投资、企业合并的审核要点有哪些？

模块	编号	董秘自查及主办券商审查内容	审查意见	备注	填写说明
对外投资	1	对外投资事项，是否履行必要的决策程序			如履行，填“是”，不履行，填“否”；如无对外投资，填“不适用”
	2	对外投资事项与财务报表科目“投资支付的现金”是否匹配			如匹配，填“是”，不匹配，填“否”
企业合并	3	企业合并事项与财务报表及附注的内容是否保持一致			如一致，填“是”，不一致，填“否”

问答201　企业年报收购，资产出售、限售的审核要点有哪些？

模块	编号	董秘自查及主办券商审查内容	审查意见	备注	填写说明
收购、出售资产	1	收购、出售资产，企业合并事项，是否存在涉及重大资产重组但未按重大资产重组程序进行的情形			如存在，填“是”，不存在，填“否”
资产受限	2	资产受限事项，与临时公告是否保持一致			如一致，填“是”，不一致，填“否”；如无资产受限事项，填“不适用”

问答202　企业年报股权激励、承诺与媒体质疑的审核要点有哪些？

模块	编号	董秘自查及主办券商审查内容	审查意见	备注	填写说明
股权激励	1	股权激励事项，已披露股权激励计划的公司，是否披露该事项			如披露，填“是”，未披露，填“否”；如无股权激励事项，填“不适用”
承诺事项	2	承诺事项，是否与挂牌时、重大资产重组等中涉及的承诺保持一致			如一致，填“是”，不一致，填“否”；如无承诺事项，填“不适用”
媒体质疑	3	媒体质疑的事项，与临时公告中澄清公告是否保持一致			如一致，填“是”，不一致，填“否”；如无媒体质疑事项，填“不适用”

问答203　企业年报股本变动及股东情况的审核要点有哪些？

模块	编号	董秘自查及主办券商审查内容	审查意见	备注	填写说明
股本变动及股东情况	1	披露内容是否完整（表格中的项目不可删）			如披露完整，填“是”，未披露完整，填“否”

续表

模块	编号	董秘自查及主办券商审查内容	审查意见	备注	填写说明
	2	如存在控股股东、实际控制人变动的，是否披露变动情况			如披露，填“是”，未披露，填“否”
	3	是否披露股份代持的说明			如披露，填“是”，未披露，填“否”
	4	是否存在股份代持事项			如存在，填“是”，不存在，填“否”

问答204　企业年报融资及分配的审核要点有哪些？

模块	编号	董秘自查及主办券商审查内容	审查意见	备注	填写说明
融资及分配	1	披露内容是否完整，尤其是挂牌以来的发行信息是否披露完整			如披露完整，填“是”，未披露完整，填“否”；无发行，填“不适用”
	2	募集资金的使用情况是否与公开披露的募集资金用途一致			如一致，填“是”，不一致，填“否”；无发行，填“不适用”
	3	是否存在募集资金用于持有交易性金融资产和可供出售的金融资产、借与他人、委托理财等情形			如存在，填“是”，不存在，填“否”；无发行，填“不适用”
	4	债券融资与公司披露的临时公告是否保持一致			如一致，填“是”，不一致，填“否”；如无债券融资，填“不适用”
	5	发行公募债券的公司相关信息是否披露完整			如披露，填“是”，未披露，填“否”；如无公开发行债券，填“不适用”
	6	利润分配的信息与临时公告是否保持一致			如一致，填“是”，不一致，填“否”；如无利润分配事项，填“不适用”

问答205　企业年报治理内控，董监高及核心员工的审核要点有哪些？

模块	编号	董秘自查及主办券商审查内容	审查意见	备注	填写说明
董监高及核心员工	1	披露内容是否完整（表格中的项目不可删）			如披露完整，填“是”，未披露完整，填“否”
	2	如存在董监高等变动的，是否履行必要的审议程序并披露临时公告			如履行且披露，填“是”，未履行且披露，填“否”
公司治理与内部控制	1	披露内容是否完整、准确			如披露完整，填“是”，未披露完整，填“否”
	2	公司章程修改、三会召开情况与临时公告是否保持一致			如一致，填“是”，不一致，填“否”
	3	监事会是否发现挂牌公司存在风险			如发现，填“是”，未发现，填“否”

11.1.6　财务报告核查要点及关键

问答206　企业年报审计事项的审核要点有哪些？

模块	编号	董秘自查及主办券商审查内容	审查意见	备注	填写说明
审计事项	1	是否披露审计报告			如披露，填“是”，未披露，填“否”
	2	签字注册会计师是否有相应资格			如有资格，填“是”，无资格，填“否”
	3	如为非标准审计意见，公司是否向主办券商送达董事会、监事会以及会计师事务所专项说明			如送达，填“是”，未送达，填“否”；如审计意见类型为标准审计意见，填“不适用”
	4	对审计意见是否存在异议			如存在异议，填“是”，无异议，填“否”
	5	会计师事务所是否变更			如变更，填“是”，未变更，填“否”
	6	会计师事务所变更是否履行必要程序且披露公告			如履行且披露，填“是”，未履行、披露，填“否”；如未变更事务所，填“不适用”

问答207　企业年报财务报表的总体审核要点有哪些？

模块	编号	董秘自查及主办券商审查内容	审查意见	备注	填写说明
财务报表	7	财务报表是否披露完整，比较期间是否恰当			如完整且恰当，填“是”，不完整、不恰当，填“否”。如需编制合并报表，查看是否有母公司财务报表
	8	是否对财务报表主要项目进行注释；是否填列项目注释编号，并与注释一一对应			如注释完整，填“是”，不完整，填“否”
	9	财务报表项目列报是否恰当（如总计数加总错误、报表串行、正负号错误等）			如恰当，填“是”，不恰当，填“否”
	10	财务报表之间、报表与附注之间是否存在矛盾、数字前后不一致或表述存在差异的情况			如存在，填“是”，不存在，填“否”

问答208　企业年报会计政策、估计变更与差错更正的审核要点有哪些？

模块	编号	董秘自查及主办券商审查内容	审查意见	备注	填写说明
会计政策变更	1	是否存在会计政策变更的事项			如实填写
	2	会计政策变更是否履行必要的决策程序			如履行，填“是”，未履行，填“否”
	3	追溯调整、会计政策变更的有效起始时间是否准确			如准确，填“是”，不准确，填“否”
会计估计变更	4	是否存在会计估计变更的事项			如实填写
	5	会计估计变更是否恰当			如恰当，填“是”，不恰当，填“否”
前期差错更正	6	是否存在前期差错更正的事项			如实填写
	7	追溯调整是否准确			如准确，填“是”，不准确，填“否”

问答209　企业年报财务报告合并范围调整的审核要点有哪些？

模块	编号	董秘自查及主办券商审查内容	审查意见	备注	填写说明
合并范围调整	1	是否调整了合并报表的范围			如实填写
	2	合并报表范围的调整与临时公告是否一致（如涉及对外投资、资产收购或出售）			如一致，填“是”，不一致，填“否”
	3	合并范围的调整，如涉及控制的判断的，判断依据是否恰当			如恰当，填“是”，不恰当，填“否”；未调整填“不适用”

问答210　企业年报资产负债表日后事项、资产减值损失的审核要点有哪些？

模块	编号	董秘自查及主办券商审查内容	审查意见	备注	填写说明
资产负债表日后事项	1	是否存在资产负债表日后事项			如实填写
	2	资产负债表日后事项，与临时公告时候是否一致			如一致，填“是”，不一致，填“否”；无资产负债表日后事项填“不适用”
资产减值损失	3	是否存在重大的资产减值损失			如实填写
	4	与财务报表“资产价值损失”对比是否匹配			如匹配，填“是”，不匹配，填“否”
	5	资产减值损失准备的计提是否合理（请依据往年财务数据、同行业数据进行比较）			如合理，填“是”，不合理，填“否”

11.2　典型实战21例

11.2.1　主要数据与管理层讨论案例

案例110　前五大供应商存信用信息存疑（朗铭科技）

【审核问询】

新三板挂牌公司朗铭科技（430107），股转公司对其年报审核问询：

你公司披露 2015 年第三大供应商“北京意友文化商贸有限公司”、第五大供应商“北京赛德阳光科技发展公司”，在全国企业信用信息公示系统中并未查到相关公司的信息。请解释原因。

【解决回复】

结合公司原始凭证中开具的发票经查询全国企业信用信息公示系统显示：“北京意友文化商贸有限公司”应为“北京意友文华商贸有限公司”，“北京赛德阳光科技发展公司”应为“北京赛德阳光科技有限公司”，针对上述情况我公司将尽快披露年报更正公告，同时会加强对相关业务人员的培训学习，避免今后同样的情况发生。附件资料：

（1）北京意友文华商贸有限公司 2015 年 1 月 26 日开具给我公司发票。

（2）北京赛德阳光科技有限公司 2015 年 12 月 18 日开具给我公司发票。

案例111　营业收入与报表不一致（九鼎集团）

【审核问询】

新三板挂牌公司九鼎集团（430719）在年度报告中第四节“管理层讨论与分析”中，公司主要客户情况中包括年度销售占比这一指标，但利用此指标还原后的营业总收入与报表中数据不一致，请解释原因。

【解决回复】

由于系统原因，系统表格中利润表中投资收益、公允价值变动收益、汇兑收益单独列示，没有含在营业总收入中，因此系统中的利润表营业总收入为 1,694,995,976.07 元，在填写主要客户除以营业总收入的比例作为年度销售占比的指标时以此数据作为年度销售总金额作为计算占比，未按照审计报告中营业总收入 2,525,557,834.26 计算占比，如按照此金额计算，占比将如下显示：

序号	客户名称	销售金额	年度销售占比	是否存在关联关系
1	人人行科技股份有限公司	132,145,951.22	5.23%	是
2	龙泰九鼎投资有限公司	79,153,788.67	3.13%	是
3	北京嘉俪九鼎投资中心（有限合伙）	63,302,288.22	2.51%	是
4	陈晓峰	61,337,348.22	2.43%	否
5	厦门宝嘉九鼎投资管理中心（有限合伙）	41,080,777.83	1.63%	是
合计		377,020,154.16	14.93%	-

案例112　与客户合作模式及收入确认问题（九鼎集团）

【审核问询】

新三板挂牌公司九鼎集团（430719）在年度报告中，公司披露主营业务为“客户资产管理与自有资金投资”，但“管理层讨论与分析”中，公司第一大客户人人行科技股份有限公司为“熟人之间的资金借贷提供互联网金融平台”，收入为13,214万元，第四大客户为非关联自然人“陈晓峰”，收入为6,133万元，请说明你公司与第一大客户、第四大客户的业务合作模式与收入确认方式。

【解决回复】

（1）公司子公司为第一大客户提供技术咨询服务

1）主要服务包括：如电话咨询，远程协助，现场支持等技术支持服务，解决第一大客户在使用公司子公司调用服务中遇到的问题。

2）收入确认方式：按照协议约定完成技术服务时确认当期收入。

（2）公司子公司为第四大客户提供财务顾问服务。

1）主要服务包括：

a）真实完整地向第四大客户物色并介绍有意向出让目标公司股份收益权的目标股东；

b）协助第四大客户和目标股东设计交易方案；

c）协助第四大客户获得有关目标公司和目标股东的有关资料；

d）安排商务谈判并促成第四大客户与目标股东签订具有法律效力的股份收益权转让协议书或其他类似法律文件。

2）收入确认方式：在收到合同金额时确认当期收入。

案例113　高新技术企业资格存续存问题（朗铭科技）

【审核问询】

新三板挂牌公司朗铭科技（430107），股转公司对其年报审核问询：

你公司为国家高新技术企业，2015 年研发支出为 33.81 万元，仅占公司当年营业收入的 2.08%。请说明是否符合高新技术企业认定，如不符合，对公司经营及税收产生何种影响。

【解决回复】

我公司以自主研发的“自助终端管理系统、移动视频监控系统、风险分析监控系统”等计算机软件著作权核心技术申报国家高新技术企业，在 2014 年通过了高新复审，并取得了高新证书，享受高新技术企业所得税 15%的减免税率优惠政策。

按照国科发火[2016]32 号文件第三章第十一条规定，研发费用占当年营业收入应不低于 5%。2015 年由于我公司基于国内经济仍处在深度转型调整期，以及下游行业和客户的竞争加剧，不断调整业务经营的具体思路和安排，积极向“互联网+儿童教育”转型，致使我公司 2015 年研发费用仅占公司当年营业收入的 2.08%，但高新技术企业复审为三年一复审，加之我公司 2015 年年报披露中利润总额为-8,597,387.43 元，所以享受高新技术企业所得税 15 呢的减免税率对我公司税收及经营不产生影响。

11.2.2　治理问题案例

案例114　实际控制人变更后其借款与其公司关系存疑（易点天下）

【审核问询】

新三板挂票公司易点天下（430270）年报披露：

2015 年公司实际控制人由 夏某改变成 邹某，但在其他应付款中仍存在应付夏某 9,577,109.41 元，请说明款项性质、形成原因。

【解决回复】

公司应付夏某 9,577,109.41 元，款项主要系公司经营需要与股东夏某之间的往来款、资金拆借款，这部分相关往来款均用于公司的经营活动中。公司实际控制人变更以前，主营业务为高空作业平台业务，在上述期间，夏某为公司控股股东，公司由于经营资金周转的需要向股东夏某拆入流动资金，减轻资金压力。

案例115　多名高管变动质疑（朗铭科技）

【审核问询】

新三板挂牌公司朗铭科技（430107），股转公司对其年报审核问询：

报告期内你公司的实际控制人发生变动，同时董事长、董事、监事会主席、监事、财务总监、董事会秘书等8名董监高先后离职，请说明多名董监高离职对公司持续经营能力的影响。

【解决回复】

报告期内，公司商业模式开始发生变化，公司紧跟国家“互联网—”、“大数据”、“新时期教育信息化”、“二胎政策”等战略新兴产业发展和宏观政策大势，紧紧把握住“互联网和儿童教育结合的机遇，全资收购北京土星教育科技有限公司，以幼教领域的互联网信息化服务作为切入点，围绕土星教育整合公司既有资源，打造儿童教育领域领先的、生态化的互联网信息服务综合平台，从而积极向“互联网+儿童教育”转型，提供儿童用品电商技术服务，紧紧围绕渠道、用户、数据、内容、互联网、资本等构建核心竞争力，围绕孩子们的“安全、健康、快乐、教育”进行产业孵化、投资、并购和布局，快速实现从“互联网”到“产融结合”的开放式产业生态系统服务布局。

2015年6月5日公司召开2015年第三次临时股东大会审议通过了《关于收购土星教育科技有限公司的议案》，以现金方式出资人民币100万元收购武庄、梁城、张蕾等六位自然人合计持有土星教育100^股权，本次交易完成后，公司持有土星教育100%股权。围绕上述变化，公司选举幼教专家、土星教育董事长武庄先生担任公司董事长；选聘拥有超过15年互联网运营和管理经验的韩庆军先生担任公司董事、总经理；从幼教、互联网等各领域选聘专业人才担任公司董事、监事和高管，上述人员的任命均严格按照《公司章程》等相关规定履行审批及披露程序，上述人员的任命使得公司的业务发展及管理更加专业和高效，对公司的持续经营能力不会产生任何负面影响。

案例116　其他应收款中借款人与公司关系存疑（易点天下）

【审核问询】

新三板挂票公司易点天下（430270）年报披露：

2015年期末“其他应收款”存在应收王某7,700,000元、苏某5,000,000元、孙某64,936元，性质披露为借款。请说明借款人与公司关系、形成原因、是否履行相关程序、是否签订合约支付利息等。

按欠款方归集的期末余额前三名的其他应收款情况

单位名称	款项性质	与公司关系	期末余额	账龄	占其他应收款期末余额合计数的比例（%）
王某	个人借款	非关联方	7,700,000.00	1 年以内	59.97
苏某	个人借款	非关联方	5,000,000.00	1 年以内	38.94
孙某	个人借款	关联方	64,936.00	1 年以内	0.51
合计			12,764,936.00		99.42

2015 年期末“其他应收款”存在应收王某 7,700,000 元、苏某 5,000,000 元、孙某 64,936 元，性质披露为借款。请说明借款人与公司关系、形成原因、是否履行相关程序、是否签订合约支付利息等。

【解决回复】

王某、苏某，与本公司及其子公司不存在关联关系。

（1）其他应收款人王某，西安点告网络科技有限公司拟收购自然人王某持有的八公司股权，需要对王某持股的公司展开尽职调查，为确保西安点告网络科技有限公司作为本次收购的唯一收购人，公司于 2015 年 12 月 29 日以收购定金的形式支付给王某 7,700,000.00 元，该款项属于非关联方往来款。财务在账务处理过程中将该笔定金作为借款。

因为该收购处于意向阶段，未明确相关信息，故上述事项尚未履行相关程序，亦未进行过披露。公司在确定收购信息后，将按照有关规定，履行非上市公众公司的审批流程。

（2）其他应收款人苏某，西安点告网络科技有限公司拟收购自然人苏某持有的 8 公司股权，需要对苏某持股的公司展开尽职调查，为确保西安点告网络科技有限公司作为本次收购的唯一收购人，公司于 2015 年 12 月 29 日以收购定金的形式支付给苏某 5,000,000.00 元，该款项属于非关联方往来款。财务在账务处理过程中将该笔定金作为借款。

因为该收购处于意向阶段，未明确相关信息，故上述事项尚未履行相关程序，亦未进行过披露。后经双方多次协商，未就收购事项达成一致，该笔定金已于 2016 年 3 月 31 日之前全部退还。

（3）孙某为公司董事，担任西安点告网络科技有限公司销售总监，其向 Clich Tech Limited 暂借款 64,936.00 元，系孙某根据公司资金管理制度暂时借支的往来款，主要用于差旅相关费用，未签订合约支付利息，截至目前，上述款项业已结清。

公司未来将加强公司治理建设，努力构建和完善科学有效的公司运行机制，有效提升公司治理水平。

案例117　关联交易及其章程约定披露（九鼎集团）

【审核问询】

新三板挂牌公司九鼎集团（430719）的年度报告中，你公司日常性关联交易事项中披露“公司章程中约定适用于本公司的日常关联交易类型”发生额约33.68 亿元，请补充披露你公司章程中约定的适用于本公司的日常关联交易具体类型，相关约定在公司章程中的具体条款。

【解决回复】

2015 年 3 月 12 日，公司第一届董事会第十二次会议审议通过《关于预计2015 年度公司日常性关联交易的议案》，该议案已于 2015 年 4 月 2 日召开的2014 年度股东大会上审议通过。且公司已于 2015 年 3 月 12 日、2015 年 4 月 3日分别发布了名为《关于预计 2015 年度公司日常关联交易的公告》(公告编号：2015-014)《2014 年年度股东大会决议公告》（公告编号：2015-020)，对相关事项进行了公告。

上述所说的日常性关联交易类型包括公司从基金收取的管理费及项目管理报酬，公司控股股东为公司提供担保，公司为下属企业提供担保等。相关明细如下：

日常性关联交易事项

关 联 方	交易内容	交易金额（元）	是否履行必要决策程序
在管基金	增加对在管基金的出资	439,046,506.09	是
吴刚、吴强、黄晓捷、蔡蕾、覃正宇、江西中江集团有限公司	向公司提供担保	1500,000,000.00	是
同创九鼎投资控股有限公司	向公司提供委托贷款	500,000,00.00	是
九鼎投资控股有限公司、吴刚、吴强、黄晓捷、蔡蕾、覃正宇	向公司提供担保	802,606,800.00	是
吴刚、吴强、黄晓捷	向公司提供担保	105,000,000.00	是
蔡蕾	向公司提供担保	20,930，398.00	是
合计		3,367,583,704.09	是

《全国中小企业股份转让系统挂牌公司信息披露细则（试行》（以下简称“《信披细则》”）中第四十八条第（十二）款规定：“（十二）日常性关联交易及偶发性关联交易：日常性关联交易指挂牌公司和关联方之间发生的购买原材

料、燃料、动力，销售产品、商品，提供或者接受劳务，委托或者受托销售，投资（含共同投资、委托理财、委托贷款），财务资助（挂牌公司接受的）等的交易行为；公司章程中约定适用于本公司的日常关联交易类型。”

公司日常性关联交易中的“从基金收取的管理费及项目管理报酬”属于《信披细则》中的“提供或者接受劳务”，“公司控股股东为公司提供担保，公司为下属企业提供担保”属于《信披细则》中的“财务资助（挂牌公司接受的）等。”

公司章程中并无关于上述日常性关联交易的约定，但公司章程对股东大会相关职权进行了约定。公司章程第三十七条相关规定如下：“股东大会是公司的权力机构，依法行使下列职权：（十六）审议法律、行政法规、部门规章或本章程规定应当由股东大会决定的其他事项由股东大会依法行使职权。”

《信披细则》第三十四条规定：“对于每年发生的日常性关联交易，挂牌公司应当在披露上一年度报告之前，对本年度将发生的关联交易总金额进行合理预计，提交股东大会审议并披露。”如上文所说，公司股东大会已按照相关规定审议通过了相关议案并进行了披露。

案例118　前五名共同控制人承诺与履行披露（九鼎集团）

【审核问询】

新三板挂牌公司九鼎集团（430719）在年度报告中，公司公开转让说明书中披露“2013 年 12 月 20 日，公司五名共同控制人、董事、监事、高级管理人员出具了《承诺函》，承诺：“本人将不在中国境内外，直接或间接从事或参与任何在商业上对九鼎投资构成竞争的业务或活动；将不直接或间接开展对九鼎投资有竞争或可能构成竞争的业务、活动或拥有与九鼎投资存在同业竞争关系的任何经济实体、机构、经济组织的权益；或以其他任何形式取得该经济实体、机构、经济组织的控制权；或在该经济实体、机构、经济组织中担任总经理、副总经理、财务负责人及其他高级管理人员或核心技术人员。如违反承诺函，同意对由此而给九鼎投资造成的损失予以赔偿。”请补充披露该承诺的履行情况。

【解决回复】

补充披露如下：

截至公司 2015 年年度报告出具之日，公司五名共同控制人、董事、监事、高级管理人员均按照上述《承诺函》中的相关约定，未开展相关业务、未获得相关权益、未取得相关控制权、未担任相关职务。

11.2.3 重大事项案例

案例119 资产抵押、质押情况“重要事项”与附注披露不一致（阿波罗）

【审核问询】

新三板挂牌企业阿波罗（832568），公司 2015 年年报第五节“重要事项”中资产抵押、质押情况与附注中相关事项披露不一致，请核对。

【解决回复】

公司的资产抵押、质押情况在年报附注中进行了披露，由于工作人员疏忽，公司第五节“重要事项”中资产抵押、质押情况的披露存在遗漏。公司存在资产被抵押、质押的情况，具体情况如下：

资产	权利受限类型	账面价值（单位：元）	占总资产的比例	发生原因
应收账款	抵押	-	0.00%	与浦发银行签订借款及抵押合同
固定资产	抵押	104,981,993.84	8.99%	与浦发银行、工商银行签订借款及抵押合同
无形资产	抵押	8,478,212.07	0.73%	与浦发银行、工商银行签订借款及抵押合同
累计值	-	113,460,205.91	9.72%	-

注：公司分别与浦发银行、工商银行签订借款及抵押协议，以公司工业用地及地上附着物、中国核电工程有限公司之徐大堡一期海水循环泵项目应收账款作为银行借款的担保物。其中涉及抵押的资产的产权证号为“沪房地奉字（2012）第 014485 号”、“沪房地奉字（2012）第 003879 号”，其中“沪房地奉字（2012）第 003879 号”换证变更为“沪房地奉字（2015）第 003223 号”。截至 2015 年 12 月 31 日，公司与中国核电工程有限公司就徐大堡一期海水循环泵项目尚未开始结算，尚未收款和形成应收账款，公司上述质押应收账款的账面价值为 0。

案例120 大额个人借款存资金占用质疑（朗铭科技）

【审核问询】

新三板挂牌公司朗铭科技（430107），股转公司对其年报审核问询：

报告期内你公司 2015 其他应收款期末余额显示，个人借款余额为 23174 万元，占年末其他应收款余额为 25.87%。请公司说明是否存在资金占用问题，个人借款产生的原因以及对公司的影响。

【解决回复】:

报告期内我公司 2015 年其他应收款期末余额中个人借款不存在大股东及关联方资金占用情况。

个人借款产生的主要原因为公司向“互联网+儿童教育”业务转型后，对新招聘的李楠等五名骨干人员在重新择业后维持家庭正常生活所需暂借款项，上述五人与公司不存在关联关系。

我公司现已平稳转型，员工队伍稳定，前期借支款项陆续归还，截至 2016 年 3 月 31 日共计归还 221.93 万元，我公司承诺剩余其他个人借款 12.81 万元将在 2016 年 4 月 15 日前收回。

上述事项不会对我公司造成不利影响。

附件资料：（1）原始凭证；（2）记账凭证。

案例121　注册资本4000万元却0元对价收购（易点天下）

【审核问询】

新三板挂票公司易点天下（430270）年报披露 2015 年 10 月 8 日，公司披露 0 元对价收购西安点告网络科技有限公司 100%的股权，收购标的注册资本 4,000 万元人民币，请说明收购标的的净资产，以及是否涉及重大资产重组。

【解决回复】

西安点告网络科技有限公司成立于 2015 年 6 月 12 日；公司分别于 2015 年 9 月 20 日的董事会和 2015 年 10 月 7 日的股东大会审议通过了本次收购。自首次披露日，西安点告网络科技有限公司未开展任何业务，注册资本尚未实缴，其净资产为 0 元，故公司以 0 元对价受让西安点告 10070 股权。

根据证监会令第 103 号《非上市公众公司重大资产重组管理办法》第二条的标准，本次 0 元对价收购西安点告网络科技有限公司 100%的股权，不符合所列标准，不构成重大资产重组。

收购标的注册资本 4,000 万元人民币，由公司于 2015 年 12 月 15 日完成注册资本的实缴。

案例122　公允价值负值的收购与影响（朗铭科技）

【审核问询】

新三板挂牌公司朗铭科技（430107），股转公司对其年报审核问询：

你公司 2015 年 8 月以现金 100 万元收购了非同一控制下的企业——北京土星教育科技有限公司 100%的股权。公司年度报告显示，购买日被购买方可辨认净资产的公允价值为-773.29 万元。请说明被购买方在购买日可辨认净资产的公允价值为负数的原因，以及收购完成后对公司的影响。

【解决回复】：

北京土星教育科技有限公司成立于 2010 年，其创始团队拥有近 20 年幼教行业从业经验，积累了广泛、稳定的幼教渠道，对幼教内容有深刻理解。土星教育被收购前主要从事全国幼教信息化服务，为幼儿园提供建立数字化综合服务平台、办公管理系统、多媒体资源库的有偿服务，经营模式主要以传统地推模式向各个幼儿园提供平台建设和数字信息服务，按照服务类别分别向幼儿园和家长收取一定金额的服务费，而家长的付费转化是需要一定周期的。幼儿园点多面广，拓展业务越多，线下投入成本越大，导致支出大于收入，2015 年 1~7 月份土星教育净利润为-5,888,560.31 元，2015 年 7 月 31 日资产总计 8,205,243.23 元，负债总计 15,938,169.64 元，净资产 7,732,926.41 元。

截至收购日（2015 年 7 月 31 日），可辨认资产的公允价值为 8,205,243.23 元，可辨认负债的公允价值为 15，938，169.64 元，可辨认净资产的公允价值为-7,732,926.41 元。

公司全资收购北京土星教育科技有限公司后，利用其全国最大的幼儿园综合服务商渠道，积极转型“互联网”，充分利用线上模式开拓新业务“土星数字化幼教开放式网络服务平台”，通过建设幼儿园一站式综合管理服务平台、微家园共育移动服务平台、学前教育综合管理服务平台和幼教生态合作服务平台等，围绕整个幼教生态打造出了一个四位一体、相对完整的信息服务平台，并积极探索设计新的增值服务为主的收费模式。收购以来业务高速发展，到 2015 年年底已经在全国 300 多个城市设有服务机构，服务 3 万多家幼儿园、数百万在园儿童及其家庭，移动互联网 APP 注册用户超过 400 万，日活跃用户超过 100 万，围绕孩子们的“安全、健康、快乐、教育”进行产业孵化、投资、并购和布局，快速实现从“+互联网”到“+产融结合”的开放式产业生态系统服务布局，未来可以为公司带来新的利润增长点。

11.2.4 财务问题案例

案例123 费用确认存差错更正置疑的会计政策变更（阿波罗）

【审核问询】

新三板挂牌企业阿波罗（832568）在披露 2015 年报中存在会计政策变更，

理由为公司的建造合同费用的确认方法与《企业会计准则第 15 号-建造合同》第二十三条存在差异，因此公司按照会计政策变更进行了披露。请说明此差异是否为差错更正。

【解决回复】

《企业会计准则第 28 号——会计政策、会计估计变更和差错更正》准则对会计政策和前期差错进行了定义，其中第三条对会计政策的定义是“会计政策是指企业在会计确认、计量和报告中所采用的原则、基础和会计处理方法”，其中第十一条对前期差错的界定是：“前期差错通常包括计算错误、应用会计政策错误、疏忽或曲解事实以及舞弊产生的影响以及存货、固定资产盘盈等”。

本公司本期变更的是当期合同费用的确认方法，原会计政策中按已完成工作量实际发生的成本确认合同费用，变更后的会计政策按照合同预计总成本乘以完工进度扣除以前会计期间累计已确认费用后的金额确认为当期合同费用。

本公司原来采用的会计政策对建造合同成本的计量方法是根据已完成工作量的实际成本确认合问费用，是基于对《企业会计准则——基本准则》第十二条“企业应当以实际发生的交易或者事项为依据进行会计确认、计量和报告”的理解，当期确认的合同费用以实际发生作为确认依据，侧重于会计信息质量的准确性要求。

本公司现在采用的当期合同费用确认方法按照合同预计总成本乘以完工进度扣除以前会计期间累计已确认费用后的金额，确认为当期合同费用，是基于《企业会计准则第 15 号——建造合同》第二十三条“在资产负债表日，应当按照合同总收入乘以完工进度扣除以前会计期间累计已确认收入后的金额，确认为当期合同收入；同时，按照合同预计总成本乘以完工进度扣除以前会计期间累计已确认费用后的金额，确认为当期合同费用。”的理解，当期确认的合同费用侧重于会计信息质量的相关性和可比性要求。

综上，本公司原来的会计政策未违背企业会计准则的基本原则，且测算结果两种方法的差异影响数较小，因此不属于滥用会计政策的行为。变更前的合同费用是按照原来制定的会计政策计量的，在计量上以及会计政策应用上并发生没有疏忽或错误，因此该变更不属于前期差错更正。

案例124　应收账款坏账政策存合规置疑（易点天下）

【审核问询】

新三板挂票公司易点天下（430270）年报披露：公司账龄法计提坏账准备

政策中，移动互联网相关业务政策为：6 个月以内（含 6 个月）0，6~12 个月（含 12 个月）0.5%，1~2 年（含 2 年）3%，2~3 年（含 3 年）5%，3 年以上 100%，请结合同行业情况说明坏账计提政策是否合理。

【解决回复】

同行业公司坏账计提政策

<table>
<tr><th>账　龄</th><th>琥珀传播</th><th>上海氩氪</th><th>金源互动</th><th>灵云传媒</th><th>腾信股份</th><th>汇量科技</th><th>账　龄</th></tr>
<tr><td>3 个月以内（含 3 个月）</td><td rowspan="3">0.50%</td><td rowspan="3">0.50%</td><td rowspan="3">5.00%</td><td rowspan="3">5.00%</td><td rowspan="3">5.00%</td><td rowspan="2">2.00%</td><td></td></tr>
<tr><td>3~6 个月（含 6 个月）</td><td></td></tr>
<tr><td>6 月~12 月</td><td>5.00%</td><td>0.50%</td></tr>
<tr><td>1 年 2 年</td><td>10.00%</td><td>10.00%</td><td>10.00%</td><td>10.00%</td><td>10.00%</td><td>20.00%</td><td>3.00%</td></tr>
<tr><td>2~3 年</td><td>20.00%</td><td>20.00%</td><td>30.00%</td><td>30.00%</td><td>20.00%</td><td>50.00%</td><td>5.00%</td></tr>
<tr><td>3 年以（3~4 年）</td><td>100.00%</td><td>100.00%</td><td>50.00%</td><td>50.00%</td><td>100.00%</td><td>100.00%</td><td>100.00%</td></tr>
<tr><td>4~5 年</td><td></td><td></td><td>50.00%</td><td>80.00%</td><td></td><td></td><td></td></tr>
<tr><td>5 年以上</td><td></td><td></td><td>100.00%</td><td>100.00%</td><td></td><td></td><td></td></tr>
</table>

公司坏账计提政策略低于同行业，主要原因为：

（1）公司的互联网业务为新开展业务，基于对新业务的初步判断；

（2）公司主要业务为海外移动互联网业务，市场和客户主要集中在海外，与同行业公司实际情况存在差异；

（3）互联网业务的客户信用比较好，按合同条款回款情况比较好。

公司应收账款信用期一般为 6 个月以内，故公司对 6 个月以内的应收账款不计提坏账准备；公司对账龄 6~12 月的应收账款计提比例确定为 0.5%，与同行业的琥珀传播、上海氩氪相同；基于公司的主要业务为海外移动互联网业务，市场和客户主要集中在海外，客户信用比较好的实际情况，公司将账龄为 1~2 年的应收账款的坏账计提比例确定为 3%、2~3 年账龄的应收账款的坏账计提比例确定为 5%，超过 3 年的应收账款坏账准备计提比例确定为 100%。公司根据自身实际情况制定的坏账计提政策符合公司的实际业务情况，坏账计提比率比较合理。

案例125　收入确认政策及实际开展问题及披露（阿波罗）

【审核问询】

新三板挂牌企业阿波罗（832568）在披露的 2015 年年报的报告期内，实现营业收入 337,570,156.14 元，同比增长 92.49%，净利润 40,437,916.06 元，同比增长 1,012%，但公司披露增长原因为“受国家大力发展核电政策影响，本期核电业务量大幅增加，营业收入大幅增涨”，过于简单。请结合建造合同“百分比法”的收入确认政策，以及实际业务开展情况，例如“A3470 项目完工由 2014 年的 9.94%到达 52.07%，并在 2015 年确认收入 12,900 万元”，说明项目完工的相关证据，收入、净利润增长的原因。

【解决回复】

本公司近年来核电业务收入占比均超过 90%，国家有关核电产业政策的变动对当年度本公司核电订单影响较大。2011 年 3 月福岛地震后，国务院暂停核电新项目审批，对在建和在役核电站进行安全大检查，直至 2015 年 2 月重启核电项目审批。2011 年、2012 年、2013 年本公司新签核电订单数量和金额均较少，2014 年和 2015 年“受国家大力发展核电政策影响”，是木公司核电订单业务量逐年大幅增长的直接原因。

本公司建造合同收入确认严格按照会计政策所描述的计量方法计量，收入确认的证据，根据收入分类的不同具体包括：设计评审单、报交入库单、临时验收报告、开箱验收单等。

收入、净利润增长的原因具体分析如下：

大型核电设备建造项目收入是公司主营业务收入的重要组成部分，因 2011 年、2012 年、2013 年本公司新签核电订单数量和金额均较少，2013 年、2014 年和 2015 年，大型核电设备建造项目的收入金额分别为 7,205.17 万元、5,136.84 万元和 21,415.06 万元，占当期主营业收入的比例分别为 43.980%。和 63.52%。2014 年度大型建造合同项目收入较 2013 年度减少 2,068.33 万元，降幅为 28.710%，2015 年度大型建造合同项目收入较 2014 年度增加 16,278.22 万元，增幅为 316.89%，2015 年度营业收入较 2014 年度、2013 年度增长幅度较大，主要系“受国家大力发展核电政策影响”所致。

近三年公司大型核电设备建造项目按合同列示（单位：万元）

指令	项目名称	建造合同收入总额	2015 年合同收入	2014 年合同收入	2013 年合同收入	累计已经确认的合同收入
A2551	方家山核电海水循环泵	9,412.66	470.63		749.08	9,412.66
A2552	福清核电海水循环泵	9,411.46			592.07	9,411.46
A2816	海南昌江海水循环泵	5,635.14			789.60	5,353.38
A2849	防城港 1～2#机组海水循环泵	6,031.96	‘		741.53	5,730.36
A3086	福清 3、4 海水循环泵	6,240.76	305.51	2,056.05	888.14	5,928.72

续表

指令	项目名称	建造合同收入总额	2015 年合同收入	2014 年合同收入	2013 年合同收入	累计已经确认的合同收入
A3089	福清 3、4 汽动辅助给水泵	3,187.18	1,091.64	1,104.24	576.97	3,027.82
A3338	田湾 3、4#海水循环泵	5,167.68	2,331.60	1,027.62	764.73	4,537.36
A3368	田湾 3、4 号主给水泵	4,948.89	2,108.48	535.02	395.91	3,039.41
A3470	田湾 3、4 号乏燃料格架	21,339.32	12,942.37	413.92	1,707.15	15,063.43
A3513	福清 5、6#海水循环泵	4,475.32	791.15	‘	“	791.15
A3522	陆丰项目海水循环泵	7,741.41	—	“		
A3523	福清 5、7 号汽动泵	3,221.12				
A3525	辽宁徐大堡核电循环水泵	8,055.17			“	
A3587	福清 5、6#主给水泵	8,409.71	“			
A3611	巴基斯坦 6-2/（3 项目海水循环泵	8,538.46	1,373.69		“	1,373.69
A3626	辽宁红沿河核电二期项目 5、6 号机组辅助给水汽动泵	4,389.84	“		—	
A3633	巴基斯坦 1-2/-3 项目辅助给水汽动荥	4,698.07	“		“	
合计		137,601.74	21,415.06	5,136.84	7,205.17	63,669.43

2015 年进度较快的三个项目（A3089、A3368、A3470）均为田湾核电站二期设备制造项目，田湾核电站二期3号4号机组于2012年12月正式开工建设，2015年末3号机组已进入设备安装阶段，本公司承制的三个项目的3号机组交货进度进度加快，其中A3470核燃料格架为本公司首次生产的2台核燃料格架，该项目于2013年签约并完成了样机评审，2014年俄罗斯进口六角形硼不锈钢管分批到货后，因国内首次采购硼钢管，没有硼钢管的复验标准和中子检测设备，本公司与中国核电工程公司、中国原子能科学研究院等就进口六角形硼不锈钢管的中子吸收检测相关内容进行了多方技术交流，联合研制了中子检测装置等设施，起草了中子检测验收标准等，受此影响硼钢管入厂复验进度较晚，2014年确认的完工进度较少，2015年该项目3号机组的设备已全部完工交付，4号机组建造完工率约为30%，该项目的合同总收入较高，故本年实现的合同收入较多，占本年建造合同收入的60.44%。这是导致本年建造合同营业收入大幅增加的主要原因。

案例126 存货跌价准备及其确认依据（易点天下）

【审核问询】

新三板挂票公司易点天下（430270）年报披露：

公司 2015 年主营业务变更为移动互联网业务，而公司 2015 年末仍存在 15,041,793.39 元的存货，请说明存货的类型、计提跌价准备的情况及可变现净值的确认依据，是否存在应计提而未计提存货跌价准备的情形。

【解决回复】

类　型	期末余额		
	账面余额	跌价准备	账面价值
原材料	3,763,374.41		3,763,374.41
在产品	6,806,459.42		6.806,459.42
库存商品	3,909,697.56		3,909,697.56
半成品	562,262.00		562,262.00
合计	15,041,793.39		15,041,793.39

公司主要业务包括两部分：高空作业平台业务和移动互联网业务。2015 年 10 月 22 日通过收购西安点告网络科技有限公司，新增了移动互联网业务，但仍保有高空作业平台业务，2015 年期末存货全部为维持高空作业平台业务相关存货。

报告期内，公司对期末产成品计提存货跌价准备，主要是依据该类产成品期后发票上的单价扣除相关费用后的净额为其可变现净值与期末产成品账面价值的差异测算而来，公司期末存货减值准备的计提符合谨慎性原则。具体测算过程如下：

（1）产成品的减值测试

1）从系统里导出产成品明细清单，选取占产成品总体 50%以上的前十项产成品；

2）获取期后取得的发票上的不含税单价；

3）以发票上的单价扣除相关费用后的净额为其可变现净值，将可变现净值与产成品单个成本进行比较，并计算是否有减值迹象。

（2）原材料的减值测试

公司的原材料基本上用于生产，少数部分直接对外销售，对于用于生产的原材料，如果产成品不存在减值迹象，作为成本最重要组成要素的原材料也无须计提跌价准备；如果产成品存在减值迹象，依据同类产成品的销售发票上的单价，扣除相关费用和至完工时将要发生的成本后的金额作为可变现净值，与期末原材料账面价值相比，成本大于可变现净值的，按二者差额计提存货跌价准备。

公司选取占存货总体的 85%进行抽样，进行存货减值测试，经测试，存货不存在减值迹象。测试结论与公司实际情况相符，不存在应计提而未计提存货跌价准备的情形。

案例127　发行费用的会计处理（易点天下）

【审核问题】

新三板挂票公司易点天下（430270）年报披露：

公司 2015 年共融资 141,937,650 元，现金流量表中“吸收投资收到的现金”为 141,937,650 元，筹资活动的现金流里未列示发行费用，请说明发行费用的会计处理方法。

【解决回复】

2015 年，公司与浙江天册律师事务所签订了《法律事务委托合同》，2015 年实际支付费用 50 万元，其中，涉及发行的费用金额为 15 万元。

2015 年，公司实际支付给申万宏源证券有限公司全部费用共计 40 万元，其中，涉及发行的费用金额为 20 万元。

上述涉及发行费用共 35 万元一并确认为当期损益，会计处理为借记管理费用，贷记银行。

案例128　关利润表与现金表中投资收益不一致（九鼎集团）

【审核问询】

新三板挂牌公司九鼎集团（430719）在年度报告的公司报告期利润表中，“投资收益”约为 8.05 亿，现金流量表中，“取得投资收益收到的现金”约 3.82 亿，二者不一致，请说明差异产生的原因。

【解决回复】：

差额为尚未收到的退出款，按照权责发生制，在管基金在作出分配及返还出资决议时，公司即确认相关投资收益，但在管基金受到现金流量充裕性的影响，不能及时向公司支付相关款项，因此公司利润表中投资收益金额大于现金流量表中取得投资收益收到的现金。

案例129　应付票据未见保证金（阿波罗）

【审核问询】

新三板挂牌企业阿波罗（832568），2015 年公司期末应付票据余额 16,483,700 元，货币资金科目未见票据保证金，请说明原因。

【解决回复】

公司期末应付票据均为通过南京银行上海分行向供应商签发的商业承兑汇票，签发行南京银行上海分行授予本公司 3 亿元债权授信额度，在授信额度内办理本公司签发的商业承兑汇票保贴业务不需要缴纳票据保证金。因此，公司存在期末应付票据余额 16,483,700 元，票据保证金无余额。

案例130　未按时披露2015年年报的两家挂牌公司被摘牌

2016 年 6 月 30 日，全国股转公司根据相关规定，对未按规定期限披露 2015 年年度报告的中青朗顿（北京）教育科技股份有限公司、中成新星油田工程技术服务股份有限公司股票实施了强制摘牌。这是全国股转公司首次对挂牌公司实施强制摘牌。

此次全国股转公司对挂牌公司实施强制摘牌，是加强监管的一项重要举措，将对市场产生警示效应。全国股转公司将坚持对违法违规行为“零容忍”的原则，对不履行信息披露义务、存在重大违法违规等情形并触发退市条件的挂牌公司坚决予以摘牌处理。下一步，全国股转公司将在总结监管实践的基础上，加快制定出台挂牌公司终止挂牌的实施细则，建立常态化退出机制，实现市场优胜劣汰，提高挂牌公司整体质量，提升市场规范程度，促进新三板市场健康、稳定发展。

第 12 章

半年报告要点、环节与操作

12.1 常规疑难43问

12.1.1 总体要求及基本信息

问答211 半年度报告的主要内容及审计要求有哪些？

新三板挂牌公司、两网公司与退市公司的半年度报告须参照全国股份转让系统发布的《全国中小企业股份转让系统挂牌公司半年度报告内容与格式指引（试行）》（以下简称《半年报内容与格式指引》）要求进行披露。

挂牌公司的半年度报告主要内容包括公司半年大事记、声明与提示、目录、基本信息、财务信息和非财务信息，以及备查文件目录等。具体为：

（1）声明与提示

（2）基本信息

a）公司概况

b）主要会计

c）数据和关键指标

d）管理层讨论与分析

（3）非财务信息

e）重要事项

f）股本变动及股东情况

g）董事、监事、

h）高管及核心员工情况

（4）财务信息

i）财务报表

j）财务报表

k）附注

挂牌公司半年度报告中的财务报告无须经审计，若挂牌公司自愿进行审计，需聘请具有证券期货相关业务资格的会计师事务所审计。

在每个会计年度的上半年结束之日起两个月内披露半年度报告。

问答212　新三板企业半年报披露流程是什么？

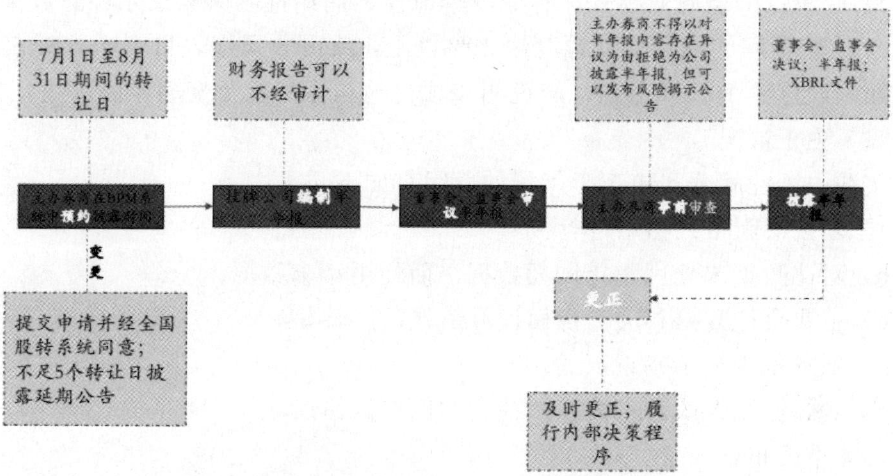

问答213　挂牌公司半年报披露的原则及规则依据是什么？

问答214　半年报及季度报告披露的基本要求与关注点是什么？

（1）半年报告

在每个会计年度的上半年结束之日起两个月内披露半年度报告。

①基本要求与关注要点

a）创新披露格式，标准化表格为主，为电子化报送打基础；

b）体现了强制性/自主性信息、通用/个性信息等不同披露层次的结合；

c）半年度报告可以不经审计，财务报表及其附注未经会计师事务所审计的，挂牌公司应当注明“未经审计”字样；

d）对于指引中列示的情况进行选择，如果存在，须填列详情，如果不存在，则不用填列详情；

e）应重点围绕商业模式、行业及季节性、周期性各因素展示经营成果；

f）比较期间的数据变动幅度达30%以上，或占公司报表日资产总额5%或报告期利润总额10%以上的，应说明该项目的具体情况及变动原因。

（2）更正情况

实践中，挂牌公司更正半年报的原因有如下几类：

a）未按最新格式指引进行披露；

b）对比数据未使用上年同期数据，而使用年末数据；

c）主要会计数据和关键指标计算错误；

d）财务报表列示错误；

e）实际控制人或前十大股东持股比例披露错误。

（3）季度报告

在每个会计年度前三个月、九个月结束后的一个月内披露季度报告。披露季度报告的，第一季度报告的披露时间不得早于上一年的年度报告。

问答215　半年报对挂牌公司这一主体的责任是什么？

应当披露半年报的挂牌公司：2016年8月31日之前挂牌，即股票进行公开转让的挂牌公司；××年8月31日后挂牌的公司不要求披露半年报。

半年报披露时间：××年8月31日前完成××年半年报的编制、报送及公开披露工作。责任要求如下：

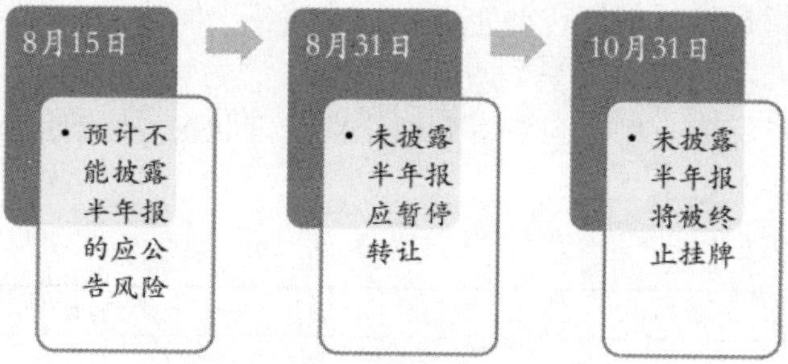

问答216　半年报对主办券商的责任要求是什么？

对预计无法在××年 8 月 31 日前披露半年度报告的挂牌公司，应及时发布风险揭示公告，并暂停受理挂牌公司控股股东和实际控制人的解除股份限售申请。

安排符合《全国中小企业股份转让系统主办券商持续督导工作指引（试行）》第三十五条规定的督导人员，对照《挂牌公司××年半年度报告审查要点表》，在挂牌公司半年度报告正式披露之前对其进行认真审查。

如挂牌公司的半年报已经会计师事务所审计，收到挂牌公司报送的关于非标准审计意见的相关材料后，在两个转让日内向全国股转公司提交相关材料，并督促挂牌公司对有关事项进行纠正。

问答217　半年报声明与公司概况要点及要求是什么？

（1）声明与提示

公司董事会及其董事、监事会及其监事、公司高级管理人员保证半年度报告所载资料不存在任何虚假记载、误导性陈述或者重大遗漏，并对其内容的真实性、准确性和完整性承担个别及连带责任。

公司负责人、主管会计工作负责人及会计机构负责人（会计主管人员）保证半年度报告中财务报告的真实、完整。

（2）公司概况

披露的所有信息均应填写披露日近期的信息，尤其注意普通股总股本。

自愿披露：公司可以根据实际情况选择与企业经营关联性强、体现企业核心竞争力的信息进行自愿披露，如企业拥有的专利技术、重要的合作伙伴、已完成的业务案例等。

问答218　主要会计的数据和关键指标是什么？

自愿披露：公司可以根据实际情况选择与企业经营关联性强、体现企业核心心竞争力的关键指标进行披露，例如市场份额、客户保持率、研发投入与当期营业收入比、新产品投资回报率等。

自愿披露的指标应有助于投资者判断企业经营状况，列示指标时应当说明计算的方法及所用数据的来源。

具体期限要求：

项　类	具体时间
本期（报告期）	×年1月1日—×年6月30日
上年同期	（x-1）年1月1日—（x-1）年6月30日
本期期初	×年1月1日
本期期末	×年6月30日

问答219　管理层讨论与分析中商业模式的要点与要求是什么？

（1）报告期内（xx0101—xx0630），商业模式是否较上年发生变化

（2）报告期后至报告披露日（xx0630-半年报披露日），商业模式是否发生较大变化

（3）公司是处于（细分行业）的（定位，如开发商、生产商、运营商、服务提供商等），拥有（关键资源，如专利技术、核心团队、经营资质等），为（哪些客户，如客户类型、客户构成等）提供（产品特性或价值主张，如高科技、低成本、便利性等）的（产品、服务、业务等）。公司通过（销售渠道、营销模式，如直销、分销等）开拓业务，收入来源是（收入形式，如产品销售、服务收费、租赁收费等）。

报告期内，公司的商业模式较上年度在（哪些要素）发生了较大的变化，变化的情况是（具体分析）。

报告期后至报告披露日，公司的商业模式在（哪些要素）发生了较大的变化，变化的情况是（具体分析）。

问答220　管理层讨论与分析中经营情况的要点与要求是什么？

报告期内的财务状况、经营成果（如营业收入、营业成本、净利润）的实现、现金流量情况，相对于同期或上年度末的增长（下降）情况，年度经营计划（如有）在报告期内的执行情况。

（重点分析）结合行业波动、商业模式、企业季节性、周期性特征，详细分析经营情况变动的原因。尤其应说明行业的发展情况、市场竞争、产品或服

务重大变化与调整、重要研发项目的进展、核心团队与关键技术的变化、供应商和客户的变化、销售渠道变动、成本结构、收入模式变动、季节性、周期性特征等对于经营的影响情况。

问答221　管理层讨论与分析中风险与价值的要点与要求是什么？

对公开转让说明书或年度报告中披露的存续到报告期的风险因素进行分析，回顾企业在报告期内经营管理上遇到的困难，例如政策变动、财务风险、客户投诉、成本提高、人才流失及研发失败等。

分析报告期内企业通过何种措施来应对这些风险与困难、为改善企业经营做出的努力，例如股票发行、并购重组、人才引进、研究开发以及公司治理改进等，分析其对于提升企业价值的影响。

注意：公司应当着重说明报告期内风险与困难的变化之处、对经营情况的影响、企业为此做出的努力。

对非标准审计意见审计报告的说明（如有）

非标准审计意见：标准无保留意见以外的审计意见。包括：带强调事项段的无保留意见、保留意见、否定意见、无法表示意见。

12.1.2　重要事项

问答222　重要事项的总体判断与内容有哪些？

（1）新三板企业半年报重要事项（报告期内）；

（2）是否存在利润分配或公积金转增股本的情况；

（3）是否存在股票发行事项；

（4）是否存在重大诉讼、仲裁事项；

（5）是否存在对外担保事项；

（6）是否存在股东及其关联方占用或转移公司资金、资产及其他资源的情况；

（7）是否存在日常性关联交易事项；

（8）是否存在偶发性关联交易事项；

（9）是否存在经股东大会审议过的收购、出售资产、对外投资事项；

（10）是否存在经股东大会审议过的企业合并事项；

（11）是否存在股权激励事项；

（12）是否存在已披露的承诺事项；

（13）是否存在资产被查封、扣押、冻结或者被抵押、质押的情况；

（14）是否存在被调查处罚的事项；

（15）是否存在公开发行债券的事项。

问答223　利润分配或公积金转增股本披露要点是什么？

（1）报告期内（201x0101—201x0630）利润分配或公积金转增股本的执行情况；

（2）披露相关议案审议情况、执行情况：对于报告期内存在已提出或已批准但尚未实施的利润分配方案或公积金转增股本方案的情况，请说明未实施的原因。

（3）报告期内的股票发行事项：发行方案公告日期和新增股票挂牌转让日期在报告期内（201x0101—201x0630）的股票发行事项。

问答224　重大仲裁与诉讼事项情况要点是什么？

累计金额超过上年末净资产（经审计）绝对值10%的。

是否结案/临时公告披露时间：截至半年报披露日的进展。

（截至半年报披露日）尚未结案的，应当披露案件进展、执行情况及涉及金额、是否形成预计负债以及对公司未来的影响；已经结案的，披露案件执行情况。

问答225　对外担保情况的要点与要求是什么？

挂牌公司应当披露报告期内履行的及尚未履行完毕的对外担保合同，包括担保金额、期限、对象、类型及决策程序等（对控股子公司担保除外）。

有明确迹象表明有可能承担连带清偿责任的，应当明确说明。

以下事项应当单独汇总披露：

（1）为股东、实际控制人及其关联方提供担保的金额；

（2）直接或间接为资产负债率超过70%（不含）的对象提供的债务担保金额；

（3）担保总额超过净资产50%（不含）部分的金额。

问答226　资金占用披露的要点及要求是什么？

报告期内发生股东及其关联方以各种形式占用或者转移公司的资金、资产及其他资源的，挂牌公司应当说明发生原因及整改情况。

发生控股股东、实际控制人及其关联方占用资金情形的，应当充分披露相关的决策程序，说明资金占用期初余额，发生额、占用原因、偿还额、期末余额，预计偿还方式及清偿时间。

资金占用是股转系统监管工作重点，也是挂牌公司违规的重灾区。2015年，各地证监局对部分挂牌公司是否存在资金占用进行了专项检查，发现部分挂牌公司存在控股股东或实际控制人占用资金情形，未履行内部审议程序，也未在临时公告中予以披露。

控股股东、实际控制人或其关联方占用资金是指如下情形：

（1）挂牌公司为控股股东、实际控制人及其附属企业垫付的工资、福利、保险、广告等费用和其他支出；

（2）代控股股东、实际控制人及其附属企业偿还债务而支付的资金；

（3）有偿或者无偿、直接或者间接拆借给控股股东、实际控制人及其附属企业的资金；

（4）为控股股东、实际控制人及其附属企业承担担保责任而形成的债权；

（5）其他在没有商品和劳务对价情况下提供给控股股东、实际控制人及其附属企业使用的资金或者全国股份转让系统公司认定的其他形式的占用资金情形。

问答227　两类关联交易定义与分类审议、披露要求与要点是什么？

（1）定义

日常性关联交易，指挂牌公司和关联方之间发生的购买原材料、燃料、动力，销售产品、商品，提供或者接受劳务，委托或者受托销售，投资（含共同投资、委托理财、委托贷款），财务资助（挂牌公司接受的）等的交易行为；公司章程中约定适用于本公司的日常关联交易类型。

偶发性关联交易，是指除了日常性关联交易之外的为偶发性关联交易。

（2）分类审议与披露

关联交易的分类审议与披露：

日常性关联交易，及时、合理预计；超出部分履行公司章程规定的审议程序并披露；

偶发性关联交易，必须经过股东大会审议。

（3）关联交易在年报中的披露要求

披露日常性关联交易的预计和执行情况；说明偶发性关联交易的金额，结算及资金回笼情况，并说明偶发性关联交易的必要性和持续性及对公司经营的影响。

问答228　哪些关联方交易可以免于审议和披露？

挂牌公司与关联方进行下列交易，可以免予按照关联交易的方式进行审议和披露（临时报告情形）：

（1）一方以现金认购另一方发行的股票、公司债券或企业债券、可转换公司债券或者其他证券品种；

（2）一方作为承销团成员承销另一方公开发行的股票、公司债券或企业债券、可转换公司债券或者其他证券品种；

（3）一方依据另一方股东大会决议领取股息、红利或者报酬；

（4）挂牌公司与其合并报表范围内的控股子公司发生的或者上述控股子公司之间发生的关联交易。仍应执行公司章程规定的回避表决程序

问答229　对外投资、收购合并与资产、限售的要点及要求是什么？

（1）经股东大会审议的对外投资、收购与出售资产

简要说明事项的基本情况（交易对手、交易标的、交易价格、投资金额、支付方式、回报情况）、信息披露情况以及重大资产重组的相关情况，分析该事项对公司业务连续性、管理层稳定性及其他方面的影响。

（2）企业合并事项

企业合并事项的基本情况、信息披露情况，分析该事项对公司业务连续性、管理层稳定性等方面的影响。

（3）资产权利受限等情形

应披露报告期内资产被查封、扣押、冻结或被抵押、质押的资产类别、权利受限类型、账面价值及其占总资产的比例、发生原因等。

问答230　股权激励、处罚与承诺等披露的要求与要点是什么？

挂牌公司存在股权激励计划的，应披露股权激励计划在报告期的具体实施情况。如：股权激励计划的模式、激励对象、激励对象考核情况、实施情况、调整情况等。

承诺事项：承诺是指挂牌公司及相关信息披露义务人就重要事项向公众或者监管部门所作的保证和相关解决措施。例如：控股股东承诺不从事同业竞争活动或通过某种方式解决同业竞争问题，作出业绩承诺，或将某种资产以特定方式注入挂牌公司以及不减持等。

挂牌公司及其董事、监事、高级管理人员或股东、实际控制人等存在报告期或持续到报告期已披露的承诺，应当披露承诺履行情况。

调查处罚事项：简要说明报告期内调查处罚事项，说明被调查、处罚的对象、执法部门，被调查处罚的原因以及结果。

12.1.3　股本与股东变动

问答231　股本变动及股东情况披露要点及要求是什么？

挂牌公司应当披露报告期期初、期末的股本结构；报告期期末前十名股东持股情况，并对前十名股东相互间关系及持股变动情况进行说明。

挂牌公司应当披露控股股东和实际控制人情况，并对控股股东和实际控制人的变动情况进行说明。

期初：201x0101

本期变动：201x0101—201x0630

期末：201x0630

问答232　董事、监事、高管及核心员工情况要点及要求是什么？

挂牌公司应当披露董事、监事、高级管理人员的职务、性别、任期及持股情况。

挂牌公司应当披露董事、监事、高级管理人员及核心员工的变动情况，说明变动对公司经营的影响。

要求如下：

项　类	具体时间
期初	201 x 0101
期末	201 x 0630
基本情况	披露日的董监高的基本情况
持股情况	披露日的董监高持股情况
变动情况	201 x 0101-披露日的董监高变动情况

12.1.4 财务报表

问答233 审计报告与财务报表的内容要点及期间要求是什么？

（1）审计报告

财务报表及其附注未经会计师事务所审计的，挂牌公司应当注明“未经审计”字样；

如审计，应填写相关信息。

（2）财务报表

财务报表包括比较式资产负债表、利润表和现金流量表。

编制合并报表的公司，除提供合并财务报表外，还应提供母公司财务报表。

公司提供的财务报表中会计数据的填列应自左至右，最左侧为最近一期数据，表内各主要报表项目应标有注释编号，并与财务报表注释编号一致。

财务信息与非财务信息应保持一致。时间期要求：

<table>
<tr><th>报表项目</th><th>具体时间</th><th>现金流量表项目</th><th>本期金额</th><th>上期金额</th></tr>
<tr><td>期末余额</td><td>201x0630</td><td rowspan="2">加：期初现金及现金等价物余额</td><td rowspan="2">201x0101</td><td rowspan="2">201(x-1)0101</td></tr>
<tr><td>期初余额</td><td>201x0101</td></tr>
<tr><td>本期金额</td><td>201x0101—201x0630</td><td rowspan="2">期末现金及现金等价物余额</td><td rowspan="2">201x0630</td><td rowspan="2">201(x-1)0630</td></tr>
<tr><td>上期金额</td><td>201(x-1)0101—201(x-1)0630</td></tr>
</table>

问答234 挂牌公司半年报财务报告的一般要求是什么？

（1）挂牌公司应当在每个会计年度上半年结束之日起2个月内编制并披露半年报，其中财务会计报告可以不经过审计，如有特殊原因需审计，应当经具有证券、期货相关业务资格的会计师事务所审计。

（2）如果在规定时间内，挂牌公司无法披露半年报，应当向全国股转系统申请暂停转让，直至按规定披露后恢复转让。

（3）如果自期满之日起2个月内仍未披露半年报，全国股转系统公司将终止其股票挂牌。

（4）挂牌公司董事、监事、高级管理人员应当对半年报内容的真实性、准确性和完整性负责。

（5）主办券商应当对挂牌公司半年报内容进行事前审查。

（6）《半年报内容与格式指引》是对挂牌公司半年度报告信息披露的最低要求；凡公司认为对投资者决策有重大影响的信息，不论本指引是否有明确规定，公司均应披露。

（7）由于国家机密、商业秘密等特殊原因导致规定的某些信息不便披露的，挂牌公司可向全国股份转让系统公司申请豁免，经过全国股转公司同意后，可不予披露。

（8）财务报表及附注中所涉及信息须与已披露年报、半年报以及公开转让说明书信息一致。其中，资产负债表期初对比数为上年末数据，利润表、现金流量表为上年度半年报数据。

（9）财务信息包括财务报表和附注，如未经审计，挂牌公司应当注明“未经审计”字样，若经审计，挂牌公司应当披露审计报告正文。

（10）财务报表包括比较式资产负债表、利润表和现金流量表。编制合并报表的公司，除提供合并财务报表外，还应该提供母公司财务报表；表内主要报表项目应标有注释编号，并与财务报表注释编号一致。

问答235　企业半年报对会计政策和会计估计的要求是什么？

（1）挂牌公司应当财务报表附注中披露，半年度报告所采用的会计政策与与上年度财务报表是否一致。

（2）会计政策发生变更的，应当说明会计政策变更的性质、内容、原因及其影响数；无法追溯调整的，应当说明原因。

（3）半年度报告所采用的会计估计与上年度财务报表是否一致。

（4）会计估计发生变更的，应当说明会计估计变更的内容、原因及其影响数；影响数不能确定的，应当说明原因。

（5）会计估计变更的决策程序及适用时点。

（6）会计估计变更日不得早于董事会审议日或股东大会审议日（如需提交股东大会审议）。

问答236　企业半年报对前期差错更正的要求是什么？

（1）正确区分会计政策变更、会计估计变更和前期差错更正。

（2）是否存在前期差错更正。若存在前期差错更正，应当说明前期差错的性质及其更正金额。

（3）无法追溯调整的，应当说明原因。

（4）部分挂牌公司在进行前期差错更正时，没有具体描述该差错对具体科目的影响。

问答237　企业半年报对财务报表合并范围的要求是什么？

（1）挂牌公司应当说明合并财务报表的合并范围是否发生变化。

（2）若发生变化，应当说明变化的原因。

（3）合并范围、合并日、出售日的确定是否合理，并说明原因。

（4）并购重组中涉及或有对价的，关注或有对价的会计处理原则等。

问答238　企业半年报对研发费用资本化的时点和条件的要求是什么？

研发费用资本化的会计政策：

（1）未结合自身业务特点披露研究费用和开发费用划分的标准。

（2）未结合自身研发业务特征披露开发阶段支出资本化的具体时点和条件。

（3）通过将不符合资本化条件的开发阶段支出进行资本化的会计处理，以达到调节利润的目的。

问答239　财务报表项目编制注意事项有哪些？

（1）若未发生会计政策变更、前期差错更正或者同一控制下合并等事项，则：

报表项目期初余额=年报期末余额；上期金额=去年同期半年报本期金额。

（2）报表中的合计项、总计项需填列数据，且数据加计一致。过往几年常犯的错误有漏填“归属于母公司所有者权益合计”、报表中漏填利润表项目、报表与附注注释不一致，等等。

（3）报表项目注释应当参照《公开发行证券的公司信息披露编报规则第15号——财务报告的一般规定》（2014年修订）的规定编制。

（4）编制合并财务报表的公司，应对合并财务报表项目进行注释，并对母公司财务报表的主要项目进行注释。

（5）另外还需注意格式、页码、最终版本等一些简单的技术性错误。

问答240　财务报表附注的内容和事项有哪些？

财务报表附注包括附注事项以及报表项目注释，应当以年初至报告期末为基础披露。

附注事项：

（1）半年度报告所采用的会计政策与上年度财务报表是否变化；

（2）半年度报告所采用的会计估计与上年度财务报表是否变化；

（3）是否存在前期差错更正；

（4）企业经营是否存在季节性或者周期性特征；

（5）合并财务报表的合并范围是否发生变化；

（6）是否存在需要根据规定披露分部报告的信息；

（7）是否存在半年度资产负债表日至半年度财务报告批准报出日之间的非调整事项；

（8）上年度资产负债表日以后所发生的或有负债和或有资产是否发生变化；

（9）重大的长期资产是否转让或者出售；

（10）重大的固定资产和无形资产是否发生变化；

（11）是否存在重大的研究和开发支出；

（12）是否存在重大的资产减值损失。

上述具体的报表项目注释参照《公开发行证券的公司信息披露编报规则第 15 号——财务报告的一般规定》（2014 年 12 月修订）的规定编制。

问答241　过往几年半年报常犯的低级错误有哪些？

（1）XBRL 文件与半年报内容不一致；

（2）格式错误、串行、财务信息与非财务信息不一致、版本错误、内容遗漏、加总错误、财务指标计算错误等；

（3）套用模板，内容与事实不符；

（4）个人账户与公司账户混用，会计科目混淆、会计处理不当；

（5）年初财务数据与上年末不一致；

（6）合并范围不恰当等，未将挂牌公司实际拥有控制权的公司纳入合并范围。

12.1.5　近年频率最高提问汇总

问答242　半年报披露之前是否也要经股东大会、监事会通过？

半年报披露之前需经董事会、监事会审议通过，不要求必须经股东大会审议通过后才能披露。

问答243　已预约但却无法按时披露，是否可以申请更改披露时间？

可以。

但是应于原预约披露日 5 个转让日前向全国股转系统提供书面申请，即：将经挂牌公司盖章确认的修改半年报预约披露时间申请书（写明延时原因及新的披露时间）传真至股转系统公司业务部（目前的传真号 010-63889674），经全国股转系统同意后方可变更。同时应注意及时与对应监管员沟通。

问答244　公司发现已披露的半年报存重大遗漏或错误，是否可以重新发布？

已经披露于全国股转系统官网的半年报不可以进行无痕替换。如确需替换，挂牌公司应及时与公司业务部沟通，经同意后，发布更正公告及修正后的半年报（标示“修正后”），但必须保留原半年报（标示“废止”）。

问答245　挂牌公司半年度报告是否需要审计？

不需要。

下半年进行定向发行、分红等也不强制要求半年度报告进行审计。

问答246　半年度报告中财务报表包括几个部分？

三个部分：资产负债表、利润表、现金流量表。

问答247　半年度报告是否必须披露“公司半年大事记”？

必须披露。

问答248　半年报会计数据和关键指标部分，成长性指标中各比率是否还需要计算增减比例？

可以不用计算增减比例。

问答249　半年报公司概览部分“拥有的重要经营资质”需要披露什么？

公司开展业务必须具备的经营资质。

问答250　半年报公司是否需要披露以前年度的定向发行？

半年度报告中只需要披露报告期内完成的定向发行。

问答251　半年报中公司在何处披露报表项目的重要变动？

公司须在项目注释部分披露比较期间的数据变动幅度达 30%以上，或变动部分占公司报表日资产总额 5%或报告期利润总额 10%以上的，应说明该项目的具体情况及变动原因。

问答252　半年报附注里面是否需要披露公司沿革、会计政策等内容？

附注请按照半年报指引中要求披露，公司沿革不需披露，会计政策等如无变化也不需披露。

问答253　半年报附注中是否需要披露现金流量补充材料？

需要披露。

12.2　典型实战32例

12.2.1　大事记、重大风险与违约等案例

案例131　半年大事记撰写的思路与解决（鑫岳影视）

思路：重要事项罗列式、简洁，一般含企业战略、经营、业务、融投资等重大事项。

解决：以挂牌公司鑫岳影视（838305）2016 年半年报大事记为例。

（1）股改：2016 年 2 月 28 日，公司召开创立大会暨第一次股东大会决议，审议通过《关于设立上海鑫岳影视传播股份有限公司的议案》。2016 年 4 月 1 日，公司取得了上海市市场监督管理局换发的股份公司《营业执照》。

（2）融资：2016 年 4 月 16 日，股份公司召开 2016 年第一次临时股东大会并作出决议，同意巨网科技以每股 18 元的价格认购股份公司新增的 30 万股，公司股本增加 30 万股，剩余共计 510 万元计入资本公积。

（3）业务：2016 年 5 月 13 日，全资子公司霍尔果斯鑫岳传媒有限公司与二十世纪福克斯（北京）咨询有限公司就《X 战警-天启》达成宣传推广合作协议。2016 年 6 月 3 日，电影《X 战警-天启》上映，最终取得 8.02 亿票房。

（4）挂牌：2016 年 7 月 20 日，全国中小企业股份转让系统对公司出具了《关于同意上海鑫岳影视传播股份有限公司在全国中小企业股份转让系统挂牌的函》（股转系统函[2016]5258 号），2016 年 8 月 12 日，公司股票正式挂牌。

案例132　重要风险提示撰写思路与解决（华协农业）

思路：如存在，一般涉及违约、诉讼、银行贷款还款风险、持续经营能力不确定性风险、实际控制人不当控制的风险、公司治理的风险、政策环境风险、

（农牧）自然灾害风险、市场竞争风险、（农牧）产销不同期风险、品种更新换代风险、新产品开发风险、应收账款无法收回风险和其他未决诉讼等方面。

解决：以华协农业（834140）公司治理的风险提示披露为例。

公司于2014年7月14日由甘肃华协种业有限公司整体变更设立为甘肃华协农业生物科技股份有限公司。变更为股份公司后，公司建立健全了法人治理结构。但是，由于股份公司成立的时间较短，部分管理制度的执行尚未经过实践检验，公司治理和内部控制体系也需要在生产经营过程中逐步完善；同时，随着公司的快速发展，经营规模不断扩大，对公司治理将会提出更高的要求。因此，公司未来经营中存在因内部管理不适应发展需要而影响公司持续、稳定、健康发展的风险。

公司对公司治理风险的应对措施：公司将进一步加强企业内外环境的分析与预测，为公司科学决策提供参考和依据；另一方面，公司将进一步加强公司治理、内控体系的建设，进一步提升员工队伍的素质，切实提升公司经营管理水平，降低经营决策风险。

案例133　私募债违约风险（华协农业）

挂牌公司华协农业（834140）私募存在违约嫌疑，如何披露。

思路：在半年报的“重要风险提示”中，披露详情：

公司于2015年在甘肃股交中心发行“甘肃华协农业生物科技股份有限公司2015年私募债券”（债券代码：515013，以下简称“华协农业私募债”），发行总额为人民币贰仟万元整，发行期限为12个月，债券共分四期，每期500万元，募集成功日期分别为2015年5月22日、5月29日、6月9日、6月19日，到期日分别为2016年5月23日、5月30日、6月10日、6月20日，均为半年付息一次，到期一次还本付息。

2016年5月23日及2016年5月30日，公司未能按期完成私募债第一、二期的本息兑付。2016年5月26日，华协农业向甘肃股交中心出具申请书，申请各延期一个月偿还第一、第二期私募债，延期期限分别至2016年6月22日、6月29日止，公司承诺分别于2016年6月23日、6月30日分别归还第一、第二期私募债的本息等。

2016年6月8日，华协农业向甘肃股交中心出具申请书，公司申请各延期45天偿还第三、第四期私募债，延期期限分别至2016年7月24日、8月3日止，公司承诺分别于2016年7月25日、8月4日归还第三、第四期私募债投资者本息等。

2016 年 6 月 23 日、6 月 30 日、7 月 25 日 84 日分别为华协农业私募债第一期、第二期、第三期和第四期之延期到期偿还日，公司均未能如期支付。公司分别于 2016 年 6 月 24 日、7 月 1 日、7 月 26 日和 8 月 4 日披露了该四期私募债延期到期未偿还的公告，公告编号分别为 2016-027、2016-028、2016-031 和 2016-034 号。根据甘肃股交中心于 2016 年 7 月 12 日向兰州市中级人民法院（“兰州中院”）提交的诉状资料显示，甘肃股交中心作为债券发行受托管理人，为保护广大债券持有人的利益，已经全部受让已发行债券，是债券的唯一持有人。甘肃股交中心表示以上债券依然处于违约状态。

截至本半年报披露日，公司仍未筹措到偿债的资金，由于目前缺少有效的偿债措施，短期内无法偿付违约的债券。

案例134 项目变更资料不完善的风险（大方生态）

主办券商在持续督导的公司发布2016年半年报后作出相关风险提示公告。

西南证券股份有限公司在其督导的重庆大方生态环境治理股份有限公司（大方生态 833589）2016 年半年度报告中，发现如下事项：

大方生态南川凤嘴滨江河景观及公园工程项目，根据公司提供的施工合同，该项目合同造价 37,936,525.01 元。根据大华审字[2016]002707 号审计报告，该项目在 2016 年 1 月 1 日前已确认收入 33,951,925.84 元，已发生成本 26,444,107.85 元。根据大方生态提供的资料，由 2016 年 1 月 1 日至 2016 年 6 月 30 日，大方生态该项目未经审计的成本为 30,475,491.14 元，并根据成本确认收入 30,475,491.14 元。截至 2016 年 6 月 30 日，该项目累计确认成本 56,919,598.99 元，已超出原始施工合同总价 50.04%。

西南证券在对该项目进行审核时，发现该项目工程变更资料不齐全，可能存在不能收回款项的风险。

案例135 实际控制人不当控制的风险（华协农业）

新三板挂牌公司华协农业（834140）在 2016 年半年报的“重大风险提示表”中披露：公司实际控制人为王某，持有公司 58.86%的股份，为公司的控股股东。夏海博持有公司 11.04%的股份，王某与夏某为母子关系，两人合计持股 69.90%。此外，王某为公司的主要创始人，自有限公司成立至今一直担任公司总经理兼执行董事（董事长）。截至报告期末，王某担任公司董事长兼总经理，能够对公司股东大会决策、董事会决策等产生重大影响。公司的实际控制人王某可能凭借其控股地位，对公司的经营决策、人事、财务等进行不当控制，从而给公司经营和其他少数权益股东带来风险。

公司对实际控制人不当控制风险的应对措施：公司建立了较为合理的法人治理结构。《公司章程》规定了关联交易决策、回避表决等制度，购买出售重大资产、重大对外担保等事项须经股东大会审议通过。同时在“三会”议事规则及《关联交易制度》、《对外投资和对外担保管理制度》中也做了相应的制度安排。这些制度措施，将对控股股东、实际控制人的行为进行合理的限制，以保证关联交易的公允性、重大事项决策程序原合法合规性，保护公司所有股东的利益。公司将依据《公司法》等法律法规和规范性文件的要求规范运作，认真执行《公司章程》、三会议事规则、《关联交易管理制度》、《对外投资和对外担保管理制度》等规章制度的规定，保障三会的切实执行，不断完善法人治理结构，切实保护中小投资者的利益，避免公司被实际控制人不当控制，同时股份公司成立后组建了监事会，从决策、监督层面加强对实际控制人的制衡，以防范实际控制人侵害公司及其他股东利益。

案例136 半年度报告与主办券商事前审查被问询（普泰股份）

挂牌公司普泰股份（835261）未按照主办券商半年度报告事前审查意见回复、更正被股转公司问询。其解决与问答如下：

8 月 27 日，公司主办券商国开证券发布风险提示性公告，表示我公司未按照主办券商半年度报告事前审查意见回复、更正。主要原因为我公司相关的董秘、财务、办公室人员协调不一致所造成，公司在收到主办券商的审查意见后，由于财务人员病假和办公室文员调整，不熟悉相关编制系统的操作，导致修改后所生成的半年报报表部分数据没有及时更正，主办券商国开证券发布了风险提示性公告，目前正在组织相关人员学习相关内容，对未完成的事项积极地进行回复、更正。

12.2.2 主要数据、关键指标与管理层讨论

案例137 半年报之盈利能力涵盖内容与数据（丰年科技）

半年报主要会计数据和关键指标有盈利能力、偿债能力、营运情况和成长情况四部分内容。这里以挂牌企业丰年科技（835373）2016 年半年报为例，说

明其盈利能力包含内容（单位：元）：

	本　期	上年同期	增减比例
营业收入	12,143,616.10	8,829,043.56	37.54%
毛利率%	35.68%	32.96%	-
归属于挂牌公司股东的净利润	2,007,020.93	322,762.35	521.83%
归属于挂牌公司股东的扣除非经常性损益后的净利润	268,515.02	233,731.15	14.88%
加权平均净资产收益率%（依据归属于挂牌公司股东的净利润计算）	23.81%	6.15%	-
加权平均净资产收益率%（归属于挂牌公司股东的扣除非经常性损益后的净利润计算）	3.19%	4.49	-
基本每股收益	0.36	0.06	500.00%

案例138　半年报之偿债能力涵盖内容与数据（丰年科技）

半年报主要会计数据和关键指标主要有盈利能力、偿债能力、营运情况和成长情况四部分内容。这里以挂牌企业丰年科技（835373）2016 年半年报为例，说明其偿债能力包含内容（单位：元）：

	本　期	上年同期	增减比例
资产总计	22,933,863.27	19,262,451.73	19.06%
负债总计	13,501,714.05	11,837,323.44	14.06%
归属于挂牌公司股东的净资产	9,432,149.22	7,425,128.29	27.03%
归属于挂牌公司股东的每股净资产	1.71	1.41	21.28%
资产负债率%	58.87%	61.45%	-
流动比率	0.89	0.74	-
利息保障倍数	16.66	-2.59	-

案例139　偿债能力质疑（普泰股份）

挂牌公司普泰股份（835261）偿债能力被股转公司问询。其解决与问答如下：

我公司短期借款为 3875 万元，主要为建设银行贷款 1490 万元和信用社贷款 2385 万元，其中，向建设银行贷款 1490 万为挂牌前形成，并已在《公开转让书》中披露；向信用社贷款 2385 万发生在 2015 年 7 月 23 日，该笔贷款发生时，公司处于挂牌前改制阶段，且发生时点已超过挂牌时采用的报告期（2013 年、2014 年、2015 年 1～6 月），由于我公司未将此事告知主办券商、律师事务所及会计师事务所三方中介机构，因此，此笔贷款未在《公开转让说明书》

《法律意见书》及后续挂牌反馈回复中予以披露。

经主办券商及律师要求，我公司在2015年年度股东大会中，对2385万元贷款事项进行了追认，并通过了审议。上述款项中，2385万用于购买关联方山西双银电热能有限公司的土地房产，其余1490万元主要用于公司运营的流动资金。由于今年受到复杂的市场环境影响，销售收入急剧下降，所合作的项目下游企业均因资金问题无法进展，目前公司与中铝山东华宇公司的技术合作已完成前期的尽调，正在推进当中，预计于10月份将签订正式的商务合作合同。该项目的实施将大大提升公司的销售收入，预计可达4000万元。就从目前情况看不排除公司存在现金流断裂的风险。

由于以上两笔资金到期后仍可以办理续贷手续，其中向建设银行申请的1490万贷款已续贷两年，前期归还的资金来源由当地财政部门的专项资金垫付，手续完成后由银行直接归还该笔资金。综上情况，公司不存在偿付短期借款的风险。

案例140　半年报之营运情况和成长情况涵盖内容（惠同股份）

半年报主要会计数据和关键指标主要有盈利能力、偿债能力、营运情况和成长情况四部分内容。这里以挂牌企业惠同股份（834189）2016年半年报为例，说明其营运情况和成长情况包含内容（单位：元）。

（1）营运情况

	本　期	上年同期	增减比例
经营活动产生的现金流量净额	-573,006.35	-110,893.51	-
应收账款周转率	1.47	2.09	-
存货周转率		1.12	-

（2）成长情况

	本　期	上年同期	增减比例
总资产增长率%	17.50%	12.91%	-
营业收入增长率%	-15.90%	15.18%	-
净利润增长率%	-83.64%	-13.28%	-

案例141　半年报管理层讨论与分析之商业模式（中新股份）

半年报管理层讨论与分析内容包括商业模式、经营情况和风险与价值三部分内容。商业模式以挂牌中新股份（833811）2016年半年报为例说明其内容：

中新股份（以下简称公司）以系统集成、自动化整体控制系统为用户提供信息系统、自动控制的全面解决方案、构建软件、硬件和自动控制平台，并向用户收取项目结算款，实现收入与盈利。公司立足于软件和信息技术服务业，具备一整套符合公司实际情况的产、供、销业务流程，已掌握神经网络预测技术、粒子群自动配料技术、决策树与遗传算法操作寻优技术等信息化集成产品设计等方面的技术。技术服务方面，公司主要通过拥有的人才资源、积累的软件著作权等资源，在现有软件产品的基础上进行二次开发，研制出符合客户需求的软件产品。公司主要采用订单采购的采购模式和“直销为主”的销售模式，将产品及服务直接提供给矿山、钢铁、冶金等行业的企业。公司依靠其多年从事信息化开发和系统集成所形成的专业优势，以及与众多硬件设备供应商、大型研究院、系统集成企业、软件开发企业之间的合作，为客户提供信息化、数字化、自动化与智能化服务。此外，公司通过原有客户推荐、第三方介绍、网络宣传等渠道获悉潜在客户的需求动态后，及时主动地向其进行营销以获取开发新客户、获得新订单。公司依靠自身的研发、设计和生产能力、品牌信誉、渠道资源及人力资源，抵御市场风险能力，提高利润率。

报告期内，公司主营业务未发生改变具体为集成收入和电气工程施工，公司主要从事工业自动化领域系列产品的研制、生产、销售和承接系统集成工程及技术服务等。根据《上市公司行业分类指引（2012 年修订)》，公司所属行业为信息传输、软件和信息技术服务业，根据《国民经济行业分类与代码》（GB/T4754-2011），公司所属行业为软件和信息技术服务业中的信息系统集成服务。

公司目前的收入主要来源于工业自动化系统集成及其全面解决方案，针对客户需求开发整套自动化控制系统，全面提升客户的设备性能，降低开发时间及成本，实现在客户端的价值，从而保证公司业务的持续稳定发展。公司的客户主要为分布在市政、港口、污水处理、石化、矿山、电力、食品加工等行业内的龙头企业。

案例142　半年报管理层讨论与分析之经营情况（惠同股份）

半年报管理层讨论与分析内容包括商业模式、经营情况和风险与价值三部分内容。经营情况以挂牌惠同股份（834189）2016 年半年报为例说明其内容。

（1）财务状况分析

a）报告期末，公司的总资产为 3524 万元，较上年末增长 17.51%，负债总额为1266万元，较上年末减少78万元，主要由于职工薪酬减少58万元，其他应付款减少25万元。

b）报告期末，归属于挂牌公司股东的净资产为2258万元，较上年末增长36.4%，主要系股发增发融资593.6万元。

（2）经营情况分析

a）报告期末，公司实现销售收入877.8万元，较上年同期下降15.9%。

b）报告期内，公司实现净利润9.3万元，较上年同期下降83.64%。公司经营情况增长的主要原因是：

一是当地雨水较多，从河流引入生产用水混浊不能生产，造成产量下降，销售收入下降。

二是报告期内，公司投资的遂昌汇元未及时分红，去年同期分红48.98万元，引起净利润大幅度下降。

（3）现金流量分析

报告期内，公司经营活动现金流量净额-57.3 万元，投资活动现金流量净额-23.8万元，筹资活动现金流量净额为518.1万元。现金流量净额为436.9万元，上年同期公司现金流量净额为-2.8万元，同比增长157.03倍。主要原因是：

a）公司经营活动现金流量净额较上年同期减少46万元，其增加的主要原因库存、应收账款有一定的增长。

b）公司投资活动现金流量净额较上年同期下降65.7万元，其下降的主要原因是未取得遂昌汇元分红和增加了对参股公司的投资。

c）公司筹资活动现金流量净额较上年同期增加了551.70万元，其增加的主要原因是股份增发融资了593.6万元引起比去年大幅度增加。

案例143　半年报管理层讨论与分析之风险与价值（中新股份）

半年报管理层讨论与分析内容包括商业模式、经营情况和风险与价值三部分内容。风险与价值以挂牌中新股份（833811）2016年半年报为例说明其内容。

（1）宏观经济形势波动风险。公司所处的行业与国民经济发展水平密切相关。当前，全球经济增长放缓，直接影响了我国经济的运行。进入“十二五”期间以来，我国的国内生产总值增速有所放缓，经济下行压力较大。如未来几年我国宏观经济形势出现较大波动，可能会对软件和信息技术服务业的整体需求产生负面影响，并最终影响公司的盈利能力。应用公司产品的港口、石化、污水处理、电力、食品加工、矿山等行业，除食品加工、污水处理属于刚性需求，其他行业会受到影响宏观经济形势波动的影响，造成销量萎缩，影响公司业绩。

（2）实际控制人不当控制风险。公司控股股东、实际控制人王某目前直接持有公司 17,511,000 股股份，并通过德隆自动化间接持有公司 4,483,551 股股份，合计持有公司 21,994,551 股股份，持股比例为 73.32%，现任公司董事长兼总经理。公司股权集中，股东对公司控制程度很高从而易使董事、监事、高级管理人员缺乏独立性，使得公司治理制衡机制存在弱化失效风险。同时，若王某利用其对公司的控股地位，通过行使表决权对公司经营决策、投资方向、人事安排等进行不当控制，可能损害少数股东权益。

（3）偿债风险。报告期内，合并报表各资产负债率期初为 56.23%，期末为 58.55%，母公司资产负债率期初为 59.76%，期末为 57.29%。公司主要依靠自身积累、商业信用、银行信贷资金以及部分股东借款满足资本支出及流动资金周转需求，由此导致公司资产负债率较高，如果公司资产负债管理不当，可能存在不能及时偿债的风险。

（4）非经常性损益对公司利润有一定影响。报告期内，非经常性损益净额为 163.79 万元，归属于挂牌公司股东的扣除非经常性损益后的净利润 125.81 万元，公司经营业绩对非经常性损益存在一定程度的依赖。公司报告期内的非经常性损益主要系政府补 190 万元。如果未来不能持续获得政府补助，可能对公司的经营业绩产生一定的影响。

12.2.3　股本与业务案例

案例144　半年报告期期末普通股股本结构（金维制药）

以挂牌企业（康孚科技 430209）2016 年半年报披露的信息为例，说明股本结构所包含的内容（单位：元或股）：

股份性质		期初		本期变动	期末	
		数量	比例%		数量	比例%
无限售条件股份	无限售股份总数	32,924,999	27.44	0	32,924,999	27.44
	其中：控股股东、实际控制人	28,879,054	24.07	0	28,879,054	24.07
	董事、监事、高管	145,945	0.12	0	145,945	0.12
	核心员工	-	-	-	-	-

续表

股份性质		期初		本期变动	期末	
		数量	比例%		数量	比例%
有限售条件股份	有限售股份总数	87,075,001	72.56	0	87,075,001	72.56
	其中：控股股东、实际控制人	86,637,162	72.20	0	86,637,162	72.20
	董事、监事、高管	437,839	0.36	0	437,839	0.36
	核心员工	-	-	-	-	-
总股本		120,000,000	-	0	120,000,000	-
普通股股东人数		7				

案例145　业务清理与拟转型与主营业务变更（浩祯股份）

挂牌公司浩祯股份（831156）在2016年半年报中披露商业模式为“本公司是处于批发业中电气设备批发行业的服务提供商，拥有松下电器代理权及具有行业竞争力的核心技术”，但根据临时公告，公司实际控制人于2015年9月22日发生变更，原有管理团队悉数离职，2016年上半年营业收入为0元。

【审核问询】

请说明公司行业、主营业务是否已经发生变更。

【解决回复】

自公司新任管理层于2015年10月正式上任起，因考虑到公司原有业务市场竞争激烈，以及公司新任管理层对娱乐、餐饮等行业的经验与市场了解，自2016年度起，公司拟转型从事“R89娱乐业”下的细分行业“R8911歌舞厅娱乐活动行业”，提供以量贩式服务为主，相关配套餐饮服务和互联网线上娱乐服务等为辅的综合娱乐服务。

就此事项，我司在公司《2015年年度报告》的“商业模式”“报告期内经营情况回顾”及《2016年半年度报告》的“商业模式”“经营情况”等章节进行了披露，详情请见我司在全国中小企业股份转让系统指定信息平台上披露的《2015年年度报告》（公告编号：2016-023）及《2016年半年度报告》（公告编号：2016-034）。

2015年10月起，公司根据业务转型计划，开始对原有业务进行逐步清理，包括逐步减少原有业务项下的原材料采购与产品销售活动，清理原有业务产生的应收款项，调整公司人员结构，降低公司各项费用支出等。截至2016年6月30日公司已经基本完成对原有业务的采购、销售业务清理，并正在积极清理原有业务项下产生的应收账款。截至公司2016年半年度报告披露日，‘公司尚未开展拟转型新业务的实际经营’公司所属行业与主营业务尚未发生变更。

公司预计将在年内全部完成对原有业务的清理工作，并将在原有业务清理完毕时，严格根据相关法律法规的规定，申请公司行业与主营业务的变更。

综上，根据公司业务转型计划，公司确有变更行业与主营业务的意向。自公司新任管理层上任起，至公司 2016 年半年度报告披露日，公司正处于原有业务清理阶段，未开展任何业务，公司所属行业与主营业务尚未发生变更。

案例146　主营业务变更或存业务明确质疑（中矿龙科）

2016 年 7 月 22 日，新三板挂牌企业中矿龙科（430147）所披露的《关于主营业务变更公告》称，公司将主营业务由“煤炭安全产品研发、生产、销售与技术服务，并结合公司产品和技术，根据煤炭企业的经营特点，开发多款煤矿管理应用软件”变更为“电气设备健康管理专家系统、智能化设备制造、特种医药和电子分析级溶剂及其废液回收处理”。主营业务明确存质疑，被股转公司问询。

【解决回复】

我公司在 2013 年第一次临时股东大会决议公告中（2013-03）已披露（第三条第三款）：审议并通过了《中矿龙科能源科技（北京）股份有限公司关于购买日本阿泰克株式会社“用于电气设备的谐波诊断方法”的中国区域发明专利权及吸收合并上海高谐检测设备有限公司的议案》。

经过三年时间，公司已于 2015 年 5 月 27 日完成专利权受让及产品研发、设计，同时进行了大量工业化试验。目前便携式产品已定型并量产，嵌入该技术的设备远程智能动态管理及监测系统的通用软件也进入测试阶段。系列产品按研发计划进展顺利并将陆续推出。利用该技术可实现大中型企业的设备远程智能管理及运行状态监测，实现设备检测提醒、状态预警、劣化报警。

电气设备健康管理专家系统和智能化设备制造具体产品主要为 HDS 电气设备状态诊断系统。系列产品：LK8000 便携式通用设备故障诊断仪、LK8000L 便携式工业电缆故障诊断仪、LK8100 便携式专业设备故障诊断仪、LK9000 在线电气设备状态诊断系统，软件方面有企业版设备动态管理软件等。上述产品截至 2016 年 8 月 10 日已在电力、石化、建材、冶金、矿山、轨道交通等行业进行现场测试和技术交流，总体反映良好。

HDS 电气设备状态诊断系统其硬件产品加定制化软件开发，可以嵌入工业多元信息融合整体解决方案。公司在该方面拥有专利和软件著作权 14 项以及三级信息系统集成及服务资质证书，可以承接智慧城市、智慧矿山、智慧工厂、工业环境自动监控等项目。2016年5月公司已中标淮南大数据服务中心项目，合同金额约3500万元，同时获得5年运营权。

2016年3月18日，中矿龙科取得中国电子信息行业联合会颁发的《信息系统集成及服务资质证书》，证明中矿龙科的信息系统集成及服务资质为叁级，证书编号为***，有效期至2020年3月31日。

公司目前主营业务主要为上述电气设备健康管理专家系统、智能化设备制造。产品硬件部分拆分成传感器、机壳、主板、附件分别委托相关专业厂家生产，本公司主要负责产品组装、烤机、测试及软件安装，软件升级由本公司负责。销售按照行业代理、区域代理加直销模式开展，技术服务由本公司直接负责。盈利商业模式为前端产品销售加按年收取远程终端专家系统服务费或者收取专业设备故障诊断技术服务费。

另外，我公司于2016年7月8日发布两份对外投资公告（2016-022）（2016-023）：本公司拟设立全资子公司沧州临海龙科环保科技有限公司，注册地为沧州临港开发区西区经四路东侧；拟设立全资子公司南京龙科环保科技有限公司，注册地为南京市六合区，注册资本均为人民币10,000,000.00元。拟未来经营特种医药和电子分析级溶剂及其废液回收处理。

案例147　主营业务调整是否符合产业政策（中矿龙科）

2016年7月22日，新三板挂牌企业中矿龙科（430147）披露的《关于主营业务变更公告》称，公司将主营业务由“煤炭安全产品研发、生产、销售与技术服务，并结合公司产品和技术，根据煤炭企业的经营特点，开发多款煤矿管理应用软件”变更为“电气设备健康管理专家系统、智能化设备制造、特种医药和电子分析级溶剂及其废液回收处理”。公司业务是否符合符合国家产业政策被股转公司问询。

【解决回复】

根据“国发〔2015〕28号：国务院关于印发《中国制造2025》的通知”，公司上述产品符合其中“（二）推进信息化与工业化深度融合。突破新型传感器、智能测量仪表。加快产品全生命周期管理推广应用”领域。根据2013年工业和信息化部、科技部、财政部、国家标准化管理委员会四部委联合下发的文件《加快推进传感器及智能化仪器仪表产业发展行动计划》（实施期为2013—2025年），公司上述产品符合其中（一）技术创新工程。1.重点支持基础共性技术和关键核心技术”领域。也符合《国家新型城镇化规划（2014—2020）》《关于促进智慧城市健康发展的指导意见》提出的智慧城市建设需要。

根据“国发〔2015〕17 号：国务院关于印发水污染防治行动计划的通知”，新投资的危废提纯项目符合其中“四、强化科技支撑。（十二）攻关研发前瞻技术。加快研发重点行业废水深度处理”的规定。

案例148　报告期内未能开展业务被问询（华燃油气）

股转公司问询：

挂牌公司华燃油气（832203）报告期内，你公司实际控制人发生变更，由刘某、梁某二人变更为叶某，但刘某、梁某仍然持股 20.36%、17.70%。且在公司担任董事及高管职务。你公司披露“因受国际与国内大环境影响以及重要客户的业务需求影响，报告期内公司未能开展业务形成收入，收入为 0 元”。请说明公司未能开展业务的具体原因。

【解决回复】

自 2015 年起，因受国际油价大幅下跌的影响，液化天然气（LNG）到岸价从前两年 6000 多元每吨，到目前 3500 元每吨，折算每立方为 2.60 元。液化天然气（LNG）价格是按市场定价，而压缩天然气（CNG）由国家发改委定价，我公司使用的是压缩天然气（CNG），到岸价为 3.10 元每立方，由于压缩天然气（CNG）比液化天然气（LNG）的价格高很多，故用户开始选择液化天然气（LNG），导致我公司的收入情况呈明显下降状态。

同时，公司由于 2016 年年初完成实际控制人变更，现实际控制人在公司原有业务发展乏力的情况下，拟对公司原有业务进行调整，进而又使得公司整体经营思路发生重大变化，导致公司原有客户对于公司能否继续从事原有业务产生疑问，故原有客户纷纷停止与我公司的合作。综合以上原因，导致公司报告期内未能实现业务收入。

案例149　大客户破产与主营业务转移被问询（华燃油气）

股转公司问询：

请说明挂牌公司华燃油气（832203）报告期内，关于与 2015 年年度大客户“扬州大洋造船有限公司”（收入占比 59.2%）是否仍存在业务联系，是否实际控制人变更而将主营业务转移。

【解决回复】

由于扬州大洋造船有限公司在 2015 年 12 月以来已进入破产清算重组状

态，目前该客户的破产清算工作正由政府部门牵头，相关单位进行重组，所以2016年上半年未能与我公司开展业务往来。该客户在2015年12月31日经审计的应收账款余额为813.384.06元，2016年上半年应收账款已全部收回，截至2016年6月30日未经审计的应收账款余额为0。

公司目前实际控制人已发生变更，但公司主营业务并未发生转移，2016年上半年公司曾希望通过进行业务调整改善公司业绩，但经市场考察原有调整思路无法达到预期收益，

经公司全体股东商议，2016年下半年公司仍将以原有业务为主。

12.2.4 战略、市场与预付款案例

案例150 现金流与战略转型的可操作性（奥尔斯）

新三板挂牌企业奥尔斯（430248）2016年上半年收入仅为25,829.46元，毛利率-55.99%。，净资产为-925,050.26元，流动资产合计8,422,655.80元，流动负债合计10,742,679.13元，期末存货余额4,235,973.89元，其中库存商品期初、期末余额均为33,167.73元，而公司半年报披露拟进行战略转型。

股转公司问询：

请说明你公司生产经营是否已停滞，是否存在现金流断裂的风险，你公司的战略转型是否具有可操作性。

【解决回复】

我公司主要从事的是定制化的物联网教育装备、物联网智能模块、智能设备及智能家具系统的研发、生产、销售和服务。由于智能家居业务经前期长期研发投入，新产品试水市场不畅，智能教育业务呈现下半年需求统一释放的季节性特点，以及物联网教育系统产品投入不足，研发迭代速度放缓，无法满足市场需求等原因，导致产品销售不畅，但公司生产经营情况尚未停滞，公司已采取非盈利资产剥离、加快产品研发等方式，积极探索发展方向和寻求发展契机。

截至2016年6月30日，公司本期现金流增加317,895,22元，现金流余额为963,494.97元，尚不存在资金链断裂风险。为支持公司发展，公司控股股东亦计划必要时向公司提供财务资助，帮助公司提高资金流动水平。

公司初步计划未来向通航产业开展战略转型。2013年起，中国低空空域管理改革进入全国推广阶段，通用航空器及航空维修业市场空间巨大，盈利能力稳定。目前控股股东正在遴选可注入公司的目标企业，战略转型具备可操作性。

案例151　拓展新市场办法与计划被问询（华燃油气）

股转公司问询：

关于公司披露“已积极寻求解决办法，通过开拓新市场及新领域，预计 2016 年下半年公司经营情况将会略有好转”。请说明为寻求解决办法作出的具体措施，并说明开拓市场的计划及进展。

【解决回复】

（1）关于我公司寻求解决办法的具体措施

a）维护原有客户，尽量降低客户流失率

虽然目前国际与国内压缩天然气（CNG）整体的市场环境并未好转，但公司仍积极与原有客户不断保持沟通，争取使客户在使用液化天然气（LNG）的同时也能购买部分我公司的产品，向原有客户表明我公司将继续从事主营业务，能够为客户提供相关产品的销售及服务后，部分客户考虑到曾与我公司多年合作，且我公司一贯信誉良好，均表示愿意继续与我公司开展合作。

b）开拓新客户

公司在维护原有客户的同时，也在积极开拓新客户，并将与相关主体签订业务合同，争取在 2016 年下半年较公司上半年实现业务收入的较大增幅。

c）开拓新领域

目前新的市场领域开拓工作公司仍在洽谈过程中，比如意向收购一家服装制造厂，或代理一些鞋服品牌，争取通过开拓新的市场领域达到改善公司营收业绩的效果。新业务洽谈成功后，公司如发生业务变更，将会第一时间按要求进行披露公告。

（2）关于公司开拓市场的计划及进展 2016 年下半年，公司已与扬州龙和造船有限公司、江苏包天下食品有限公司、江苏世通船舶重工有限公司进行了良好的磋商，拟与上述各方签订业务销售合同，预计从 9 月份开始每月销售额在 30-50 万元。公司管理层将会通过不断努力，改善公司业务收入结构，实现公司良性发展。

案例152　预付款项未结算被问询（华协农业）

股转公司问询：

挂牌公司华协农业（834140），根据你公司所披露相关信息，你公司所采购种子的生产周期一般为 1 年，请说明与武威市凉州区瑞丰源生态养殖农民专业合作社合同的采购内容及期限，以及预付 349 万款项尚未结算的原因。

【解决回复】

公司的主营业务包括双低优质杂交油菜种子等农作物品种研发、生产及销售。公司采用委托制种的方式，通过将亲本油菜种子或原种制种交付合作方（合作社、制种公司等）组织种植生产，杂交油菜种子种植出来后，公司经检验合格后向合作方收购杂交油菜种子，再经加工后成为公司外售产品。在种植生产过程中，公司提供技术培训并进行质量监督。

公司所采购的油菜种子生产周期为1年，通常在每年4、5月份进行种植，在每年10、11月份进行收购。按照公司对上游供应商的结算模式，公司在油菜种植期内不同阶段会对种植合作社进行付款，包括公司在种植前期预付部分款项供其用于前期种植支出，因为部分种植合作社资金实力有限无法完全支撑其签约的种植生产面积；到了采收季节，公司向种植合作社采购种子时再从采购款中扣除。

公司与武威市凉州区瑞丰源生态养殖农民专业合作社（以下简称“瑞丰源”）的合同即属于上述情形，瑞丰源按照公司要求进行种子种植生产、瑞丰源组织田间管理，种子采收后瑞丰源向公司交付合格的油菜杂交种子，合同采购内容为油菜杂交种子，合同期限为1年，尚未结算的原因是未到种子采收季节。

公司经复核对瑞丰源的预付账款明细账，截至2016年6月30日的预付款余额3,494,765.98元，系由2016年的预付款所形成，账龄实际为1年以内。

关于对瑞丰源的预付账款的账龄，将在公司《2016年半年度报告》之“第八节财务报表附注”之“五、预付款项”之“2.预付款项金额前五名单位情况”中更正披露如下（单位：元）：

单位名称	与本公司关系	期末余额	账龄	未结算原因
民乐县丰华兴农种植专业合作社	非关联方	9,993,756.78	1年以内	合同未到期
临洮绿洲苗木有限公司	非关联方	8,650,000.00	1年以内	合同未到期
武威市凉州区瑞丰源生态养殖农民专业合作社	非关联方	3,494,765.98	1年以内	合同未到期

12.2.5 营收、资产等与费用案例

案例153 营业收入真实性与收取被问询（了望股份）

股转公司问询：

挂牌公司了望股份（430199），你公司报告期内来自第一大客户丰宁缘天

然乳业有限公司的收入为 2,169,811.32 元，而你公司期末对其应收账款为 2,300,000.00 元，请说明该笔收入的真实性以及截至目前该笔款项的收取情况。

【解决回复】

公司与丰宁缘天然乳业有限公司于 2015 年 12 月签订《全案服务框架合同书》，全面服务于缘天然新产品的营销策划与传播工作。2016 年上半年，公司执行合同金额 2,300,000.00 元，主要提供的服务内容为：新项目的框架咨询与设计、市场调研与分析，推广、渠道策略，战略部署与传播、渠道中介及销售执行的跟踪检查工作。因此，确认应收账款 2,300,000.00 元，其中主营业务收入 2,169,811.32 元，应缴增值税 130,188.68 元。公司已向客户开具发票，确认了该笔收入。

截至报告期期末，公司尚未收到回款。该笔款项账龄低于 1 年，且已按企业会计准则的要求计提坏账准备，详见公司《2016 年半年度报告》。

案例154　毛利、净资产为负与存货跌价准备计提问题（奥尔斯）

新三板挂牌企业奥尔斯（430248）半年报被股转公司问询：

你公司 2016 年上半年收入仅为 25,829.46 元，毛利率-55.99%，净资产为-925,050.26 元，流动资产合计 8,422,655.80 元，流动负债合计 10,742,679.13 元，期末存货余额 4,235,973.89 元，其中库存商品期初、期末余额均为 33,167.73 元，请说明：

你公司存货跌价准备计提是否充分。

【解决回复】

截至 2016 年 6 月 30 日，公司存货构成如下：

项　目	期末余额			期初余额		
	账面余额	跌价准备	账面价值	账面余额	跌价准备	账面价值
	2,482,142.12		2,482,142.12	2,385,942.22		2,385,942.22
	1,720,664.04		1,720,664.04	1,592,726.55		1,592,726.55
	33,167.73		33,167.73	33,167.73		33,167.73
	4,235,973.89		4,235,973.89	4,011,836.50		4,011,836.50

其中原材料为生产标准化产品和定制化产品所采购的用料以及外贸商品用料等；在产品为未完工的自产产品生产成本；库存商品为完工入库的自产产品和外购商品。报告期期初、期末库存商品余额均为 33,167.73 元，为 10 套虚拟仪器实验系统 VI.0 的自产标准化产品，预计未来向客户销售。

报告期末，公司对存货进行减值测试，依据同行业该类产品市场售价扣除至完工估计将要发生的成本以及估计销售费用和相关税费后的净额作为原材料和在产品的可变现净值，依据同行业该类产品市场售价扣除估计销售费用和相关税费后的净额作为库存商品的可变现净值，存货账面成本均低于其可变现净值，因此公司期末存货不存在减值迹象。

案例155　薪酬调整与合理性问询被问询（了望股份）

股转公司问询：

挂牌公司了望股份（430199），你公司报告期期末员工人数为69人，较去年同期期末56人仅增加13人，增幅23.21%，而你公司2016年上半年管理费用中职工酬为5,955,718.36元，较去年同期增加65.89%，你公司解释为"员工人数接近翻番，薪酬水平做了合理调整"，请说明你公司上述解释的合理性。

【解决回复】

公司2015年1~6月份职工人数分别为：41、56、60、61、58、56，平均人数约55人；2016年1~6月份职工人数分别为：80、84、86、79、73、69，平均人数约79人，较去年同期平均人数增长43.64%；并且，公司所处金融公关行业，人力资源成本上升较快，人员流动性较大，为满足公司对专业人才的需求，吸纳和留住人才，公司对部分优秀员工进行了薪资待遇的提升。因此造成报告期内职工酬较去年同期增加65.89%。

12.2.6　财务报表错误与作假

案例156　财务报表报出时间与披露时间存疑（普泰股份）

挂牌公司普泰股份（835261）财务报表报出时间与披露时间存疑被股转公司问询。其解决与问答如下：

我公司披露"本财务报表经公司执行董事于2016年8月1日批准报出"，但实际披露时间为8月27日，产生差异的主要原因为公司第一次预约披露时间为8月4日，由于前期的工作没有经过主办券商的审核，8月4日未能及时披露，申请延期至8月27日。

因公司工作人员的失误，没有及时改正该时间，导致产生差异，对此我公司已组织相关人员对该差异进行及时更正。

案例157　支出资本化的虚假记载

某挂牌公司在 2010 年至 2012 年期间，为了达到盈利的目的，将部分不符合《企业会计准则》规定的资本化条件的开发阶段支出进行资本化的账务处理，导致财务报告存在虚假记载。

案例158　减值准备计提不充分的虚假陈述

某挂牌公司应收账款坏账准备计提不充分，导致 2013 年年报、2014 年半年报中利润总额分别多计 1,716 万元、2,645 万元；该公司全资子公司存货减值准备计提不充分，导致 2014 年年报利润总额多计 1,384 万元；该公司未充分披露其与某财务公司之间发生的关联存、贷款业务的相关信息。

挂牌公司被责令改正，并被处以 40 万元罚款。相关责任人分别被给予警告及 3 万到 5 万元罚款。

案例159　少计收入和利润的虚假陈述

某科技公司 2014 年年报中存在虚假陈述，包括少计收入 356 万元，少计利润 306 万元，主要客户信息披露不真实等信息披露违法违规问题。

挂牌公司被责令改正，给予警告处分，并被处以 30 万元罚款。两名责任人分别被给予警告处分，并处以 3 万元和 5 万元罚款。

案例160　期初余额与上半年几乎都不一致

某挂牌公司期初余额与上年度报告几乎全部不一致，但年报中未进行任何原因披露，股转公司已要求其解释。

案例161　财务报表错误——数据漏填

某新三板挂牌公司某年半年报，漏填数据如下表：

取得借款收到的现金	-	14,720,000.00	13,050,000.00
发行债券收到的现金	-	-	-
收到其他与筹资活动有关的现金	-	-	8,719,566.40
筹资活动现金流入小计	-	38,192,550.00	21,769,566.40

案例162 财务报表与附注注释不一致

某新三板挂牌公司2015年半年报报表与辅助注释数据不一致，报表与附注中“支付其他与经营活动有关的现金合计，报表中的为838,562,810.01；而附注注释中的为838,714,735.77”，如下所示：

收到其他与投资活动有关的现金	五.34	500,000.00	1,710,000.00

（3）收到的其他与投资活动有关的现金

项目	2015年度	2014年度
政府补助		1,710,000.00
合计		**1,710,000.00**

支付其他与经营活动有关的现金	五.34	838,562,810.01	619,796,265.79

（2）支付的其他与经营活动有关的现金

项目	2015年度	2014年度
支付往来款	834,084,566.99	614,673,652.42
各项费用	4,630,168.78	5,122,490.37
罚款滞纳金		
合计	**838,714,735.77**	**619,796,265.79**

13

第 13 章

临时报告重要事项、环节与操作

13.1　常规疑难43问

13.1.1　临时披露的基本要求与内容

问答254　哪些属于应当披露的重大信息？

应当披露的重大信息是指对挂牌公司股票及相关产品转让价格可能产生较大影响的事项。董事会认为对股票及相关产品价格可能产生较大影响的信息，公司也应作为重大信息进行披露。

挂牌公司控股子公司发生的对挂牌公司股票及相关产品转让价格可能产生较大影响的信息，视同挂牌公司的重大信息。

问答255　全国股转系统对临时报告的审查标准和流程是什么？

目前，临时报告的审查标准是按照《业务规则》及《信息披露细则》等有关规定制定。

全国股份转让系统对挂牌公司及其他信息披露义务人已披露的临时公告信息进行审查，具体流程及审查重点如下：

（1）信息披露审查人员按照《业务规则》、《信息披露细则》以及临时公告模板的要求审查临时公告的合规性，信息披露的及时性、真实性、准确性及完整性。

（2）对需要调查、了解情况或问题的公司，要求主办券商和挂牌公司进行说明。

（3）对确实不符合信息披露相关规定、存在较大错误或遗漏的，通知主办券商督促挂牌公司进行更正或补充处理。对于情节较为严重的，将对挂牌公司及相关责任人采取自律监管措施。

问答256　新三板临时报告的三个触及点是什么？

挂牌公司应当在临时报告所涉及的重大事件最先触及下列任一时点后及时履行首次披露义务：

（1）该事件难以保密；

（2）该事件已经泄露或者市场出现有关该事件的传闻；

（3）公司股票及其衍生品种交易已发生异常波动。

问答257　披露临时报告的时间要求是什么？

挂牌公司应当在临时报告所涉及的重大事件最先触及下列任一时点后及时履行首次披露义务：

（1）董事会或者监事会作出决议时。

（2）签署意向书或者协议（无论是否附加条件或者期限）时。

（3）公司（含任一董事、监事或者高级管理人员）知悉或者理应知悉重大事件发生时。

对挂牌公司股票转让价格可能产生较大影响的重大事件正处于筹划阶段，虽然尚未触及上述时点，但出现下列情形之一的公司亦应履行首次披露义务：

（1）该事件难以保密。

（2）该事件已经泄露或者市场出现有关该事件的传闻。

（3）公司股票及其衍生品种交易已发生异常波动。

挂牌公司应该及时履行信息披露义务，所谓“及时”是指自起算日或触及《信息披露细则》规定的披露时点起两个转让日内，另有规定的除外。

问答258　需要披露临时报告的情形有哪些？

（1）挂牌公司召开董事会会议，会议内容涉及应当披露的重大信息，公司应当以临时公告的形式及时披露；决议涉及根据公司章程规定应当提交经股东大会审议的收购与出售资产、对外投资（含委托理财、委托贷款、对子公司投资等）等事项，公司应当在决议后及时以临时公告的形式披露。

（2）挂牌公司召开监事会会议，涉及应当披露的重大信息，公司应当以临时公告的形式披露。

（3）挂牌公司召开股东大会，应当在会议结束后两个转让日内将相关决议以临时公告的形式披露。

（4）除日常关联交易之外的其他关联交易，挂牌公司应当经过股东大会审议并以临时公告的形式披露。

（5）挂牌公司对涉案金额占公司最近一期经审计净资产绝对值 10%以上的重大诉讼、仲裁事项以临时公告的形式披露。

（6）挂牌公司应当在董事会审议通过利润分配或资本公积转增股本方案后，以临时公告的形式披露方案具体内容，并于实施方案的股权登记日前披露方案实施公告。

（7）股票转让被全国股份转让系统认定为异常波动的，挂牌公司应当于次一股份转让日披露异常波动公告。

（8）公共媒体传播的消息可能或者已经对公司股票转让价格产生较大影响的，挂牌公司应当及时向主办券商提供有助于甄别传闻的相关资料，并决定是否发布澄清公告。

（9）实行股权激励计划的挂牌公司，应当严格遵守全国股份转让系统有关规定，并履行披露义务。

（10）限售股份在解除转让限制前，挂牌公司应披露相关公告。

（11）在挂牌公司中拥有的权益份额达到该公司总股本 5%及以上的股东，其拥有权益份额变动达到全国股份转让系统规定标准的，该股东应当按照要求及时通知挂牌公司并披露权益变动公告。

（12）挂牌公司和相关信息披露义务人披露承诺事项的，应当严格披露承诺事项。

（13）全国股份转让系统对挂牌公司实行风险警示或作出股票终止挂牌决定后，公司应当及时披露。

（14）需要及时报送的重大事件（下问 12 项）。

问答259　需及时报送的12项重大事项是什么？

挂牌公司出现以下情形之一的，应当自事实发生之日起两个转让日内以临时公告的形式披露：

（1）控股股东或实际控制人发生变更。

（2）控股股东、实际控制人或者其关联方占用资金。

（3）法院裁定禁止有控制权的大股东转让其所持公司股份。

（4）任一股东所持公司 5%以上股份被质押、冻结、司法拍卖、托管、设定信托或者被依法限制表决权。

（5）公司董事、监事、高级管理人员发生变动；董事长或者总经理无法履行职责。

（6）公司减资、合并、分立、解散及申请破产的决定；或者依法进入破产程序、被责令关闭。

（7）董事会就并购重组、股利分派、回购股份、定向发行股票或者其他证券融资方案、股权激励方案形成决议。

（8）变更会计师事务所、会计政策、会计估计。

（9）对外提供担保（挂牌公司对控股子公司担保除外）。

（10）公司及其董事、监事、高级管理人员、公司控股股东、实际控制人在报告期内存在受有权机关调查、司法纪检部门采取强制措施、被移送司法机关或追究刑事责任、中国证监会稽查、中国证监会行政处罚、证券市场禁入、认定为不适当人选，或收到对公司生产经营有重大影响的其他行政管理部门处罚。

（11）因前期已披露的信息存在差错、未按规定披露或者虚假记载，被有关机构责令改正或者经董事会决定进行更正。

（12）主办券商或全国股份转让系统公司认定的其他情形。发生违规对外担保、控股股东或者其关联方占用资金的公司应当至少每月发布一次提示性公告，披露违规对外担保或资金占用的解决进展情况。

问答260　新三板企业“三会”信息披露要求是什么？

董事会会议结束后及时将经与会董事签字确认的决议（包括所有提案均被否决的董事会决议）向主办券商报备。董事会决议涉及股转公司规定的应当披露的重大信息，公司应当以临时公告的形式及时披露；决议涉及根据公司章程规定应当提交经股东大会审议的收购与出售资产、对外投资（含委托理财、委托贷款、对子公司投资等）的，公司应当在决议后及时以临时公告的形式披露。

监事会决议涉及应当披露的重大信息的，应当以临时公告形式及时披露。

挂牌公司应当在年度股东大会召开二十日前或者临时股东大会召开十五日前，以临时公告方式向股东发出股东大会通知。挂牌公司在股东大会上不得披露、泄露未公开重大信息。

挂牌公司召开股东大会，应当在会议结束后两个转让日内将相关决议公告披露。年度股东大会公告中应当包括律师见证意见。

问答261　关联交易披露与免于披露的内容有哪些？

挂牌公司的关联交易，是指挂牌公司与关联方之间发生的转移资源或者义务的事项。挂牌公司的关联方及关联关系包括《企业会计准则第 36 号-关联方披露》规定的情形，以及挂牌公司、主办券商或全国股份转让系统公司根据实质重于形式原则认定的情形。挂牌公司董事会、股东大会审议关联交易事项时，应当执行公司章程规定的表决权回避制度。

对于每年发生的日常性关联交易，挂牌公司应当在披露上一年度报告之前，对本年度将发生的关联交易总金额进行合理预计，提交股东大会审议并披露。对于预计范围内的关联交易，公司应当在年度报告和半年度报告中予以分类，列表披露执行情况。如果在实际执行中预计关联交易金额超过本年度关联交易预计总金额的，公司应当就超出金额所涉及事项依据公司章程提交董事会或者股东大会审议并披露。除日常性关联交易之外的其他关联交易，挂牌公司应当经过股东大会审议并以临时公告的形式披露。

挂牌公司与关联方进行下列交易，可以免予按照关联交易的方式进行审议和披露：

（1）一方以现金认购另一方发行的股票、公司债券或企业债券、可转换公司债券或者其他证券品种。

（2）一方作为承销团成员承销另一方公开发行的股票、公司债券或企业债券、可转换公司债券或者其他证券品种。

（3）一方依据另一方股东大会决议领取股息、红利或者报酬。

（4）挂牌公司与其合并报表范围内的控股子公司发生的或者上述控股子公司之间发生的关联交易。

问答262　新三板信息披露的其他一般规则有哪些？

（1）挂牌公司及相关信息披露义务人应当及时、公平地披露所有对公司股票及其他证券品种转让价格可能产生较大影响的信息（以下简称“重大信息”），并保证信息披露内容的真实、准确、完整，不存在虚假记载、误导性陈述或重大遗漏。

（2）挂牌公司发生的或者与之有关的事件没有达到本细则规定的披露标准，或者本细则没有具体规定，但公司董事会认为该事件对股票价格可能产生较大影响的，公司应当及时披露。

（3）挂牌公司应当制定信息披露事务管理制度，经董事会审议后及时向全国股份转让系统公司报备并披露。公司应当将董事会秘书或信息披露事务负责人的任职及职业经历向全国股份转让系统公司报备并披露，发生变更时亦同。上述人员离职无人接替或因故不能履行职责时，公司董事会应当及时指定一名高级管理人员负责信息披露事务并披露。

（4）董事、监事及高级管理人员应当在公司挂牌时签署遵守全国股份转让系统公司业务规则及监管要求的《董事（监事、高级管理人员）声明及承诺书》（以下简称“承诺书”），并向全国股份转让系统公司报备。新任董事、监事应当在股东大会或者职工代表大会通过其任命后五个转让日内，新任高级管理人员应当在董事会通过其任命后五个转让日内签署上述承诺书并报备。

（5）主办券商应当指导和督促所推荐挂牌公司规范履行信息披露义务，对其信息披露文件进行事前审查。发现拟披露的信息或已披露信息存在任何错误、遗漏或者误导的，或者发现存在应当披露而未披露事项的，主办券商应当要求挂牌公司进行更正或补充。挂牌公司拒不更正或补充的，主办券商应当在两个转让日内发布风险揭示公告并向全国股份转让系统公司报告。

（6）挂牌公司披露重大信息之前，应当经主办券商审查，公司不得披露未经主办券商审查的重大信息。挂牌公司在其他媒体披露信息的时间不得早于指定披露平台的披露时间。

（7）挂牌公司应当在挂牌时向全国股份转让系统公司报备董事、监事及高级管理人员的任职、职业经历及持有挂牌公司股票情况。有新任董事、监事及高级管理人员或上述报备事项发生变化的，挂牌公司应当在两个转让日内将最新资料向全国股份转让系统公司报备。

问答263　如何对临时报告进行修改和补充？

目前，临时报告在全国股份转让系统网站披露后，挂牌公司或主办券商如发现有重大错误或遗漏需要更正或补充的，挂牌公司应依照《全国中小企业股份转让系统挂牌公司持续信息披露业务指南（试行）》的规定发布更正或补充公告，并重新披露相关公告。原已披露的公告不做撤销。

问答264　全国股转系统发布的临时公告模板是否强制适用？

全国股份转让系统于 2014 年 7 月 21 日公布了经修订的《全国中小企业股份转让系统临时公告格式模板》（详见：全国股份转让系统官方网站 www.neeq.com.cn 或者 www.neeq.cc“法律规则”下的“服务指南”一栏，挂牌公司应当按照模板规定的内容及公司具体情况，规范披露临时公告。

问答265　全国股转系统对临时报告不规范行为如何处理？

全国股份转让系统对临时报告进行事后审查，确保临时报告的真实、准确、完整。对于审查中发现的临时报告披露不规范行为，情节较轻者，全国股转系统公司将会与主办券商和挂牌公司进行沟通，要求其对临时报告进行更正，并更新相应的临时报告；情节较为严重者，除要求其对临时报告进行更正外，全国股转系统公司还将会针对挂牌公及相关主体在信息披露过程中和券商持续督导过程中的违规行为，根据《业务规则》中的相关规定，对相应的责任人采取自律监管措施或纪律处分措施，违规行为达到中国证监会稽查标准的，将及时移交中国证监会处理。

13.1.2　关联交易、股票限售与股东大会披露操作

问答266　关联交易，董秘信息披露与公告如何撰写？

新三板挂牌公司关联交易的披露公告主要涉及七大项内容，董秘需注意。

（1）关联交易概述

a）扼要阐明本次关联交易（超出预计金额的日常性关联交易应特别说明）的主要内容，包括协议签署日期、地点，交易各方当事人的姓名或名称，交易标的等情况。

b）公司应根据《全国中小企业股份转让系统信息披露细则（试行）》（以下简称《信息披露细则》）的规定，简要陈述交易各方的关联关系，并明确表示：本次交易构成了公司的关联交易。

c）公司应当披露董事会审议关联交易的表决情况，是否需要提交股东大会审议，以及《公司章程》规定的表决权回避制度的执行情况（如有）。

d）公司还应明确说明本次关联交易是否需要经过有关部门批准。

（2）关联方介绍

a）关联方的基本情况，包括姓名或名称、住所、企业类型、法定代表人等。

b）构成何种具体关联关系及是否存在其他关系（如产权、业务、资产、债权债务、人员等方面）的说明。

c）全国中小企业股份转让系统有限责任公司规定的其他内容。

（3）定价的依据及公允性

挂牌公司应分析定价政策和依据，以说明本次交易的公允性；若成交价格与市场价格差异较大的，应说明原因；如交易有失公允的，还应当披露本次关联交易所产生的利益转移方向。

（4）交易协议的主要内容

交易协议的成交金额、支付方式、支付期限；协议的生效时间以及有效期限，交易协议生效存在附条件或期限等，应当予以特别说明。

（5）该关联交易的必要性以及对挂牌公司的影响

进行此次关联交易的必要性和真实意图；尽可能量化阐述本次关联交易对挂牌公司财务状况和经营成果所产生的影响。

对超出预计金额的日常性关联交易，还需披露超出的累计金额及超出预计金额的原因。

（6）备查文件目录

主要有董事会决议，公司实际控制人、控股股东承诺函（如有）和意向书、协议或合同（如有）。

（7）备注

a）挂牌公司关联交易达到《信息披露细则》规定的披露标准的，即超出预计金额的日常性关联交易及偶发性关联交易，适用本模板。

b）关联交易达到重大资产重组标准的，不适用本模板，应按照本公司有关重大资产重组的规定进行披露。

c）挂牌公司应当披露的关联交易事项同时为重大事件的，应当按照重大事件公告格式模板披露，无具体格式模板的，应当按照本模板披露。

问答267　关联交易信息披露的公告模板与注意事项是怎样的？

新三板挂牌公司关联交易公告模板与注意事项如下：

证券代码：　　　　　　证券简称：　　　　　　公告编号：

（ ）股份有限公司关联交易公告

本公司及董事会全体成员保证公告内容的真实、准确和完整，没有虚假记载、误导性陈述或者重大遗漏，并对其内容的真实性、准确性和完整性承担个别及连带法律责任。

董事（ ）因（ ）不能保证公告内容真实、准确、完整（如适用）。

一、关联交易概述

（一）关联交易概述

本次关联交易是（超出预计金额的日常性关联交易/偶发性关联交易）。

（年/月/日），本公司与（交易当事人姓名或者名称）于（签署地点）签订协议，交易标的为（）。

其他需说明的情况（如有）：

（二）关联方关系概述

简要陈述交易各方的关联关系，并明确表示：本次交易构成了公司的关联交易。

（三）表决和审议情况

董事会审议关联交易的表决情况，是否需要提交股东大会审议；以及《公司章程》规定的表决权回避制度（如有）的执行情况。

（四）本次关联交易（存在/不存在）需经有关部门批准的情况

如存在，还需说明有关情况。

二、关联方介绍

（一）关联方基本情况

关联方姓名/名称：（）

住所：（）

企业类型：（如适用）

法定代表人：（如适用）

（二）关联关系

构成何种具体关联关系及是否存在其他关系（如产权、业务、资产、债权债务、人员等方面）的说明。

（三）其他事项（如有）

公司自愿说明的其他事项或者全国股份转让系统公司规定的其他事项。

三、交易协议的主要内容

交易协议的成交金额、支付方式、支付期限；协议的生效时间以及有效期限，交易协议生效存在附条件或期限等，应当予以特别说明。

四、定价依据及公允性

（一）定价政策和定价依据

对比成交价格和市场价格，并分析定价政策和依据，以说明本次交易的公允性。

（二）成交价格与市场价格差异较大的原因（如适用）

（三）利益转移方向（如适用）

如交易有失公允的，还应当披露本次关联交易所产生的利益转移方向。

五、该关联交易的必要性及对公司的影响

（一）必要性和真实意图

此次关联交易的必要性和真实意图。

（二）本次关联交易对公司的影响

尽可能量化阐述本次关联交易对挂牌公司财务状况和经营成果所产生的影响。

（三）超出的累计金额及超出预计金额的原因（如适用）

对于超出预计金额的日常性关联交易，需披露超出的累计金额及超出预计金额的原因。

六、备查文件目录

（一）董事会决议；

（二）公司实际控制人、控股股东承诺函（如有）；

（三）意向书、协议或合同（如有）；

（四）其他所需文件。

（ ）股份有限公司董事会

（年/月/日）

问答268 股票解除限售，披露公告如何撰写？

新三板挂牌公司股票解除限售的披露公告主要涉及四项内容，董秘需注意。

（1）本次股票解除限售数量总额及占公司总股本的比例、可转让时间。

（2）本次股票解除限售的明细情况。

（3）本次股票解除限售后的股本情况。

（4）其他情况。

a）申请解除限售的股东是否存在尚未履约的承诺。

b）是否存在申请解除限售的股东对挂牌公司的非经营性资金占用情形。

c）是否存在挂牌公司对申请解除限售的股东的违规担保等损害挂牌公司利益行为的情况。

d）在本次解除限售的股票中，是否存在挂牌公司、挂牌公司股东约定、承诺的限售股份；如存在，挂牌公司、相关股东应做出继续履行约定、承诺限售义务的声明。

问答269　股票解除限售信息披露的公告模板与注意事项是怎样的？

新三板挂牌公司股票解除销售公告模板与注意如下：

证券代码：　　　　　　证券简称：　　　　　　公告编号：

（ ）股份有限公司股票解除限售公告

本公司及董事会全体成员保证公告内容的真实、准确和完整，没有虚假记载、误导性陈述或者重大遗漏，并对其内容的真实性、准确性和完整性承担个别及连带法律责任。

董事（ ）因（ ）不能保证公告内容真实、准确、完整。（如适用）

一、本次股票解除限售数量总额为（　），占公司总股本（　），可转让时间为（　）。

二、本次股票解除限售的明细情况

单位：股

序号	股东姓名或名称	是否为控股股东或实际控制人	董事、监事、高级管理人员任职情况	挂牌前/截至（）年（）月（）日持有股份数量	持股比例	本次解除限售登记股份数量
1						
2						
3						
合计						

三、本次股票解除限售后的股本情况

股份性质		数量	百分比
无限售条件的股份			
有限售条件的股份	1．高管股份		
	2．个人或基金		
	3．其他法人		
	4．其他		
	有限售条件股份合计		
总股本			

四、其他情况

（一）在本次解除限售的股票中，（存在/不存在）挂牌公司、挂牌公司股东约定、承诺的限售股份

（若存在，说明承诺事项，以及挂牌公司、相关股东应做出继续履行约定、承诺限售义务的声明）

（二）申请解除限售的股东（存在/不存在）尚未履约的承诺

（若存在，请具体说明）

（三）（存在/不存在）申请解除限售的股东对挂牌公司的非经营性资金占用情形

（若存在，请具体说明）

（四）（存在/不存在）挂牌公司对申请解除限售的股东的违规担保等损害挂牌公司利益行为的情况

（若存在，请具体说明）

（　　）股份有限公司董事会

（年/月/日）

问答270　召开股东大会，披露公告如何撰写？

新三板挂牌公司召开股东大会的信息披露公告主要涉及六项内容，董秘需注意。

（1）召开会议基本情况

a）股东大会届次。说明本次股东大会是年度股东大会或临时股东大会。召开临时股东大会的，还应说明本次股东大会为年度内第几次临时股东大会。

b）召集人。说明本次股东大会的召集人。

c）说明会议召开的合法、合规性。召集人就本次股东大会会议召开是否符合有关法律、行政法规、部门规章、规范性文件和公司章程的说明。说明会议召开是否还需相关部门批准或履行必要程序（如有）。

d）会议召开日期和时间。列明现场会议召开日期和时间。涉及其他方式投票的，应详细说明投票的具体时间。

e）会议召开方式。列明现场、通讯等方式。采取多种会议召开方式的，需明确公司股东应选择现场投票或其他表决方式的一种方式，如果同一表决权出现重复投票表决的，以第一次投票表决结果为准。

f）出席对象。

一是在股权登记日持有公司股份的股东。应当明确股东大会的股权登记日，并说明于股权登记日下午收市时在中国结算登记在册的公司全体股东均有权出席股东大会（同时说明在股权登记日买入证券的投资者享有此权利，在股权登记日卖出证券的投资者不享有此权利），并可以书面形式委托代理人出席会议、参加表决，该股东代理人不必是本公司股东。

二是本公司董事、监事、高级管理人员及信息披露事务负责人。

三是本公司聘请的律师（如有）。

g）会议地点。召开方式为现场形式的，应当列明现场会议的地点。

（2）会议审议事项

a）逐一列明需提交股东大会审议的议案，涉及特别议案的，应当注明。

b）介绍所有议案的具体内容。如果有关内容已经披露的，应说明披露时间、披露媒体和公告名称。

（3）会议登记方法

a）说明登记方式、登记时间和登记地点。

b）对受委托行使表决权人需登记，并明确表决时需要提交的文件要求。

（4）其他

主要说明会议联系方式和会议费用情况。

（5）备查文件目录

主要包括提议召开本次股东大会的董事会决议或股东提案证明等，有助于股东决策的其他资料，主办券商要求的其他文件（如有）和授权委托书（附件）。

授权委托书应当包括委托人基本信息，包括但不限于委托人姓名（或法人股东单位名称）、身份证号码（或法人股东营业执照号码）、法人股东的法定代表人、股东账户、持股数量；受托人基本信息，包括但不限于受托人姓名、身份证号码；委托权限和委托日期。授权委托书需由委托人签字（法人股东加盖公章，法定代表人签字）。

问答271　股票召开股东大会信息披露的公告模板与注意事项是怎样的？

新三板挂牌公司召开股东大会公告模板与注意如下：

证券代码：　　　　　　证券简称：　　　　　　公告编号：

（ ）股份有限公司关于召开（ ）年第（ ）次临时/年度股东大会通知公告。

本公司及董事会全体成员保证公告内容的真实、准确和完整，没有虚假记载、误导性陈述或者重大遗漏，并对其内容的真实性、准确性和完整性承担个别及连带法律责任。

董事（ ）因（ ）不能保证公告内容真实、准确、完整（如适用）。

一、会议召开基本情况

（一）股东大会届次

本次会议为（）年第（）次临时股东大会/本次会议为（）年年度股东大会。

（二）召集人

本次股东大会的召集人为（）。

（三）会议召开的合法性、合规性

召集人就本次股东大会会议召开是否符合有关法律、行政法规、部门规章、规范性文件和公司章程的说明。说明会议召开是否还需相关部门批准或履行必要程序。

（四）会议召开日期和时间

本次会议将于（）年（）月（）日（上/下）午（具体到时分）召开，会期（）天。

如果涉及以其他方式投票的，详细说明投票的具体时间（如适用）。

（五）会议召开方式

本次会议采用（现场/网络/通讯等）方式召开。

采取多种会议召开方式的，需明确公司股东应选择现场投票或其他表决方式的一种方式，如果同一表决权出现重复投票表决的，以第一次投票表决结果为准（如适用）。

（六）出席对象

1．股权登记日持有公司股份的股东。

本次股东大会的股权登记日为（）年（）月（）日，股权登记日下午收市时在中国结算登记在册的公司全体股东均有权出席股东大会（在股权登记日买入证券的投资者享有此权利，在股权登记日卖出证券的投资者不享有此权利），股东可以书面形式委托代理人出席会议、参加表决，该股东代理人不必是本公司股东。

2．本公司董事、监事、高级管理人员及信息披露事务负责人。

3．本公司聘请的（）律师事务所（）律师（如有）。

（七）会议地点

二、会议审议事项

（一）审议（）议案

介绍议案（涉及特别议案应注明）的具体内容，如果有关内容已经披露的，应说明披露时间、披露媒体和公告名称及相关链接。

（二）审议（）议案

介绍议案（涉及特别议案应注明）的具体内容，如果有关内容已经披露的，应说明披露时间、披露媒体和公告名称及相关链接。

三、会议登记方法

（一）登记方式

（二）登记时间：（年/月/日）

（三）登记地点：（）

四、其他

（一）会议联系方式：（）

（二）会议费用：（）

（三）临时提案（如有）

五、备查文件目录

（一）提议召开本次股东大会的董事会决议或股东提案证明（如有）等。

（二）有助于股东决策的其他资料（如有）。

（三）会议需要的其他文件（如有）。

（ ）股份有限公司董事会

（年/月/日）

问答272　股东大会决议，披露公告如何撰写？

新三板挂牌股东大会决议的披露公告主要涉及四项内容，董秘需注意。

（1）会议召开和出席情况

a）会议召开的时间、地点、方式、召集人和主持人是否符合有关法律、行政法规、部门规章、规范性文件和公司章程的说明。

b）出席会议的股东及股东授权委托代表人数，代表公司股份数量，占公司有表决权股份总数的比例。

（2）议案审议情况

逐一披露每项议案的表决结果。披露每项议案同意、反对、弃权的股份数占出席本次股东大会有效表决权股份总数的比例以及议案是否获得通过。涉及逐项表决的议案，披露逐项表决的结果；涉及特别议案的，应予以强调；涉及关联交易事项的，应当说明根据公司章程执行的回避表决情况。

（3）律师见证情况（如有）

说明见证股东大会的律师事务所名称和律师姓名，出具的结论性意见。法律意见书的具体内容应包括就本次股东大会的召集、召开程序的合法性、出席会议人员和召集人资格的合法有效性以及表决程序和表决结果的合法有效性。

若股东大会出现否决议案的，应全文披露法律意见书的内容。

四、备查文件目录

主要有经与会董事和记录人签字确认的股东大会决议，法律意见书（如有）和会议需要的其他文件（如有）。

问答273　股东大会决议信息披露的公告模板与注意事项是怎样的？

新三板挂牌公司股东大会决议公告模板与注意如下：

证券代码：　　　　　　证券简称：　　　　　　公告编号：

（ ）股份有限公司（ ）年第（ ）次临时/年度股东大会决议公告

本公司及董事会全体成员保证公告内容的真实、准确和完整，没有虚假记载、误导性陈述或者重大遗漏，并对其内容的真实性、准确性和完整性承担个别及连带法律责任。

董事（ ）因（ ）不能保证公告内容真实、准确、完整（如适用）。

一、会议召开和出席情况

（一）会议召开情况

1．会议召开时间：（年/月/日）

2．会议召开地点：（）

3．会议召开方式：（）

4．会议召集人：（）

5．会议主持人：（）

6．召开情况合法、合规、合章程性说明：

从会议召集、召开、议案审议程序等方面是否符合有关法律、行政法规、部门规章、规范性文件和《公司章程》的规定进行说明。

（二）会议出席情况

出席本次股东大会的股东（包括股东授权委托代表）共（）人，持有表决权的股份（）股，占公司股份总数的（）。

二、议案审议情况

（一）（审议通过/否决）（）议案

1．议案内容：

议案内容，如果有关内容已经披露的，应说明披露时间、披露媒体和公告名称及相关链接等；涉及特别议案的，应予以强调。

2．议案表决结果：同意股数（）股，占本次股东大会有表决权股份总数的（）；反对

股数（）股，占本次股东大会有表决权股份总数的（）；弃权股数（）股，占本次股东大会有表决权股份总数的（）。

3．回避表决情况

涉及关联交易事项的，应当说明根据公司章程执行的回避表决情况。不涉及关联交易事项的也应明确说明不涉及关联交易事项。

（二）（审议通过/否决）（）议案

1．议案内容：

议案内容，如果有关内容已经披露的，应说明披露时间、披露媒体和公告名称及相关链接等；涉及特别议案的，应予以强调。

2．议案表决结果：同意股数（）股，占本次股东大会有表决权股份总数的（）；反对

股数（）股，占本次股东大会有表决权股份总数的（）；弃权股数（）股，占本次股东大会有表决权股份总数的（）。

3．回避表决情况

涉及关联交易事项的，应当说明根据公司章程执行的回避表决情况。不涉及关联交易事项的也应明确说明不涉及关联交易事项。

……

三、律师见证情况（如有）

（一）律师事务所名称：（）

（二）律师姓名：（）

（三）结论性意见

四、备查文件目录

（一）经与会董事和记录人签字确认的股东大会决议；

（二）法律意见书（如有）。

（三）会议需要的其他文件（如有）。

（ ）股份有限公司董事会

（年/月/日）

问答274 董监高辞职，披露公告如何撰写？

新三板挂牌公司董事、监事及高级管理人员辞职变动的披露公告主要涉及三项内容，董秘需注意。

（1）任免情形

说明公司董事会（适用于任免高级管理人员）、股东大会（适用于任免董事、监事）关于任免公司董事、监事及高级管理人员的表决情况；被任免当事人的基本情况及持股情况，分管财务工作或核心业务的高级管理人员还需特别说明；任免原因；董事、监事被免职后是否存在导致董事会、监事会低于法定人数的情况、公司对岗位空缺后的后续安排，以及上述人员的任免对公司产生的影响等。

（2）辞职情形

说明公司或公司董事会、监事会收到董事、监事、高级管理人员辞职申请的时间和方式、辞职原因；辞职人员的基本情况和持股情况、以及辞职后在公司任职的情况，分管财务工作或核心业务的高级管理人员还需特别说明；董事、监事辞职后是否存在导致董事会、监事会低于法定人数的情况、公司对岗位空缺后的后续安排，以及辞职对公司产生的影响等。

（3）备查文件目录

主要有董事会关于任免高级管理人员的决议（如有）和股东大会关于任免董事、监事的决议（如有）。

问答275 董监高辞职信息披露的公告模板与注意事项是怎样的？

新三板挂牌公司董事、监事及高级管理人员辞职变动的公告模板与注意如下：

证券代码： 证券简称： 公告编号：

（ ）股份有限公司（董事/监事/高级管理人员）变动公告

（董监高辞职情况下适用本模板）

本公司及董事会全体成员保证公告内容的真实、准确和完整，没有虚假记载、误导性陈述或者重大遗漏，并对其内容的真实性、准确性和完整性承担个别及连带法律责任。

董事（ ）因（ ）不能保证公告内容真实、准确、完整（如适用）。

一、辞职董监高的基本情况

（一）基本情况

本公司董事会（监事会）于（年/月/日）收到董事（监事/总经理/分管×××的副总经理/财务总监/董事会秘书等）（填姓名）递交的辞职报告。该辞职董事（监事/总经理/副总经理/财务总监/董事会秘书等）持有公司股份（）股，占公司股本的（）。（姓名）辞职后不再担任公司其他职务/继续担任（职务名称）职务。

（二）辞职原因

二、上述人员的辞职对公司产生的影响

（一）（填姓名）的辞职（导致/未导致）公司董事会（监事会）成员人数低于法定最低人数。

如导致低于法定人数，还应说明按照《公司法》及《公司章程》规定的后续安排。

（二）对公司生产、经营上的影响

在职期间分管的部门/事项，或职责；对公司生产、经营上的影响；新任上任前的安排等。

三、备查文件

公司董事、监事及高级管理人员辞呈。

（ ）股份有限公司（董事会/监事会）

（年/月/日）

注：如果该副总经理分管财务或者核心业务的，应特别说明。

问答276　董监高任免信息披露的公告模板与注意事项是怎样的？

新三板挂牌公司董事、监事及高级管理人员任免变动公告模板与注意如下：

证券代码：　　　　　证券简称：　　　　　公告编号：

（ ）股份有限公司（董事/监事/高级管理人员）变动公告

（董监高免职情况下适用本模板）

本公司及董事会全体成员保证公告内容的真实、准确和完整，没有虚假记载、误导性陈述或者重大遗漏，并对其内容的真实性、准确性和完整性承担个别及连带法律责任。

董事（ ）因（ ）不能保证公告内容真实、准确、完整（如适用）

一、任免基本情况

（一）任免的基本情况

根据《公司法》及公司章程的有关规定，公司（）年第（）次临时股东大会（董事会）于（年/月/日）审议并通过：任命（姓名）为公司董事/或监事（总经理/分管×××的副总经理/财务总监/董事会秘书等），任职期限（）/或免去（姓名）董事/或监事（总经理/分管×××的副总经理/财务总监/董事会秘书等）的职务的议案。

本次会议召开（）日前以（）方式通知全体股东（董事），实际到会股东（董事）（）人，持有公司股份（）股，占股份总数的（%），会议由（）主持。

以上决议表决情况为：同意股数（）股，占出席股东大会有表决权股份数量的（%），反对股数（）股，占出席股东大会有表决权股份数量的（%），弃权股数（）股，占出席股东大会有表决权股份数量的（%）/或（）票同意，（）票反对，（）票弃权。

（二）被任免董监高人员情况

该（任命/免职）董事（监事/总经理/副总经理/财务总监/董事会秘书等）（姓名）持有公司股份（）股，占公司股本的（%）。

（三）任命/免职原因

（换届/其他）

二、任免对公司产生的影响

免职（导致/未导致）公司董事会（监事会）成员人数低于法定最低人数。（如适用）。

按照《公司法》及《公司章程》的规定，董事会（监事会）将提名新的董事会（监事会）候选人/提名（）为新的董事会（监事会）候选人/免职未导致公司董事会（监事会）成员人数低于法定最低人数。（如适用）。

任免对公司生产、经营的影响：

三、备查文件

（一）董事会关于任免高级管理人员的决议（如有）；

（二）股东大会关于任免董事、监事的决议（如有）。

（ ）股份有限公司董事会

（年/月/日）

注：如果该副总经理分管财务或者核心业务的，应特别说明。

13.1.3 会计政策估计、诉讼仲裁与交易波动披露实战

问答277 会计政策与会计估计变更，披露公告如何撰写？

新三板挂牌公司会计政策、会计估计变更的信息披露公告主要涉及如下内容，董秘需注意。

一、变更概述

简单说明本次会计政策/会计估计变更的时间、变更前后采用会计政策/会计估计的对比及本次变更的原因。

二、表决和审议情况

公司应说明董事会审议会计政策/会计估计变更的表决情况，并说明是否需要经过股东大会审议通过。

三、董事会关于本次会计政策/会计估计变更合理性的说明

公司应说明董事会关于本次会计政策/会计估计变更合理性的意见。

四、独立董事（如有）、监事会对于本次会计政策/会计估计变更的意见

公司应说明独立董事（如有）、监事会对于本次会计政策/会计估计变更的意见。

五、本次会计政策/会计估计变更对公司的影响

（1）若为会计政策变更，应说明当期和各个列报前期财务报表中受影响的项目名称和调整金额。包括：a）采用追溯调整法时，计算出的会计政策变更的累积影响数；当期和各个列报前期财务报表中需要调整的净损益及其影响金额，以及其他需要调整的项目名称和调整金额。b）无法进行追溯调整的，说明事实和原因以及开始应用变更后的会计政策的时点、具体应用情况。

（2）若为会计估计变更的，应说明会计估计变更对当期和未来期间的影响数。包括会计估计变更对当期和未来期间损益的影响金额，以及对其他各项目的影响金额。不能确定的，披露这一事实和原因。

六、备查文件目录

（一）董事会决议；

（二）股东大会决议（如有）；

（三）监事会决议；

（四）其他文件。

问答278　会计政策与会计估计变更的公告模板与注意事项是怎样的？

新三板挂牌公司会计政策、会计估计变更公告模板与注意如下：

证券代码：　　　　　证券简称：　　　　　公告编号：

（）股份有限公司（会计政策/会计估计）变更的公告

本公司及董事会全体成员保证公告内容的真实、准确和完整，没有虚假记载、误导性陈述或者重大遗漏，并对其内容的真实性、准确性和完整性承担个别及连带法律责任。

董事（ ）因（ ）不能保证公告内容真实、准确、完整（如适用）

一、变更概述

（一）变更日期：（年/月/日）

（二）变更前后（会计政策/会计估计）的介绍

1、变更前采取的（会计政策/会计估计）：

2、变更后采取的（会计政策/会计估计）：

（三）变更原因

详细描述会计政策、会计估计变更的原因。

二、表决和审议情况

董事会审议通过情况，是否需要提交股东大会审议通过

三、董事会关于本次（会计政策/会计估计）变更合理性的说明

四、独立董事（如有）、监事会对于本次会计政策/会计估计变更的意见

五、本次（会计政策变更/会计估计变更）对公司的影响

若为会计政策变更的，应说明当期和各个列报前期财务报表中受影响的项目名称和调整金额。若为会计估计变更的，应说明会计估计变更对当期和未来期间的影响数。

六、备查文件目录

（一）董事会决议；

（二）股东大会决议（如有）；

（三）监事会决议

（四）其他文件（如有）。

（ ）股份有限公司董事会

（年/月/日）

问答279　公司涉及诉讼、仲裁，披露公告如何撰写？

新三板挂牌公司涉及诉讼、仲裁的信息披露公告主要涉及如下内容，董秘需注意。

（1）简要介绍本次重大诉讼或仲裁事项受理的基本情况

说明本次诉讼或仲裁受理日期、法院或仲裁机构的名称及所在地。

（2）有关重大诉讼或仲裁事项的基本情况

简要介绍重大诉讼或仲裁事项的基本情况，包括但不限于诉讼或仲裁各方当事人、代理人及其单位的姓名或名称、有关纠纷的起因、诉讼或仲裁的请求、依据等事项。

（3）判决或裁决情况（适用于判决或裁决阶段）

介绍判决或裁决的日期和结果等内容。

（4）简要说明是否有其他尚未披露的诉讼、仲裁事项

简要说明公司（包括控股子公司在内）是否有应披露而未披露的其他诉讼、仲裁事项。若没有，也须明确说明。

（5）本次公告的诉讼、仲裁对公司经营及财务方面的影响

（6）备查文件目录

主要包括诉状或者仲裁申请书，诉讼或仲裁受理通知书，与案件起因有关的材料，如协议等，判决或裁决书（如有）和全国中小企业股份转让系统有限责任公司要求的其他材料。

问答280　公司涉及诉讼、仲裁的公告模板与注意事项是怎样的？

新三板挂牌公司涉及诉讼、仲裁公告模板与注意如下：

证券代码：　　　　　证券简称：　　　　　公告编号：

（ ）股份有限公司涉及诉讼、仲裁公告

本公司及董事会全体成员保证公告内容的真实、准确和完整，没有虚假记载、误导性陈述或者重大遗漏，并对其内容的真实性、准确性和完整性承担个别及连带法律责任。

董事（ ）因（ ）不能保证公告内容真实、准确、完整（如适用）。

一、本次重大诉讼或仲裁事项受理的基本情况

（诉讼/仲裁）受理日期：（年/月/日）

（法院/仲裁机构）的名称：（ ）

（法院/仲裁机构）的所在地：（ ）

二、有关重大诉讼或仲裁事项的基本情况

（一）（原告/申请人）基本信息：

姓名或公司名称：（）

法定代表人/法定代理人：（）

诉讼代理人及所属律所：（）

其他信息：（如有）

（二）（被告/被申请人）基本信息：

姓名或公司名称：（）

法定代表人/法定代理人：（）

诉讼代理人及所属律所：（）

其他信息：（如有）

（三）第三人或其他利害相关人基本信息（如适用）：

姓名或公司名称：（）

法定代表人/法定代理人：（）

诉讼代理人及所属律所：（）

其他信息：（如有）

（四）纠纷起因及基本案情：

（五）诉讼或仲裁的请求及依据：

（六）被告答辩状的基本内容（如有）：

其他需要说明的情况（如有）：

若此事项已进行过和解、仲裁、一审或二审等程序，请逐一说明之前每一程序的起止时间、审判事实及结果、执行情况等

三、判决或裁决情况（适用于判决或裁决阶段）

（年/月/日）（ ）人民法院作出的（ ）号民事判决书，判决结果如下：

在此判决生效前，公司（已提起/准备提起/不提起）上诉。

四、其他应披露而未披露的诉讼、仲裁事项

简要说明公司（包括控股子公司在内）是否有应披露而未披露的其他诉讼、仲裁事项。若有，简要说明具体事项、未披露的原因以及拟披露时间点；若没有，也须明确说明。

五、本次公告的诉讼、仲裁对公司经营及财务方面的影响

（一）本次诉讼、仲裁对公司经营方面产生的影响：

若无，则说明原因；若有，则说明具体影响的情况以及公司的已采取和拟

采取的应对措施。

（二）本次诉讼、仲裁对公司财务方面产生的影响：

若无，则说明原因；若有，则说明具体影响的情况以及公司的已采取和拟采取的应对措施。

六、备查文件目录

（一）（诉状/仲裁）申请书；

（二）（诉讼/仲裁）受理通知书；

（三）与案件起因有关的材料，如协议等；

（四）判决或裁决书；（如有）

（五）其他材料。

（　）股份有限公司董事会

（年/月/日）

问答281　股份交易异常波动，披露公告如何撰写？

新三板挂牌公司股份交易异常波动的信息披露公告主要涉及四项内容，董秘需注意。

（1）股票交易异常波动的具体情况

说明股票交易异常波动的具体情形及发生时间等。

（2）公司关注并核实的相关情况

a）说明关注问题、核实对象、核实方式、核实结论等。关注问题可参考：前期披露的信息是否存在需要更正、补充之处；近期公共传媒是否报道了可能或已经对本公司股票交易价格产生较大影响的未公开重大信息；近期公司经营情况及内外部经营环境是否或预计将要发生重大变化；公司、控股股东和实际控制人是否存在关于本公司的应披露而未披露的重大事项，或处于筹划阶段的重大事项，以及股票异常波动期间控股股东、实际控制人是否买卖公司股票。

b）说明公司对股票交易异常波动的合理解释。

c）在关注、核实过程中发现涉及其他应披露事项的，应参照相关公告格式模板对有关事项逐项做出说明和披露。

（3）是否存在应披露而未披露的重大信息的声明

挂牌公司董事会在核实并确认不存在相关问题后（见说明），方可做出如下声明：

“本公司董事会确认，（除前述第二部分涉及的披露事项外）本公司没有任何根据《全国中小企业股份转让系统信息披露细则（试行）》等有关规定应披露而未披露的事项或与该事项有关的筹划、商谈、意向、协议等，董事会也未获悉本公司有根据《全国中小企业股份转让系统信息披露细则（试行）》等有关规定应披露而未披露的、对本公司股份转让交易价格产生较大影响的信息。”

（4）挂牌公司认为必要的风险提示（如适用）

问答282　股份交易异常波动的公告模板与注意事项是怎样的？

新三板挂牌公司股份交易异常波动公告模板与注意如下：

证券代码：　　　　　　证券简称：　　　　　　公告编号：

（ ）股份有限公司股票交易异常波动公告

本公司及董事会全体成员保证公告内容的真实、准确和完整，没有虚假记载、误导性陈述或者重大遗漏，并对其内容的真实性、准确性和完整性承担个别及连带法律责任。

董事（ ）因（ ）不能保证公告内容真实、准确、完整（如适用）。

一、股票交易异常波动的具体情况

（年/月/日）公司股票以（）元/股的价格成交（）股。股票交易异常波动表现为：（协议转让方式下，股票当日换手率超过10%/连续三个转让日换手率累计超过20%/做市转让方式下，股票连续三个转让日涨跌幅累计超过50%/全国股份转让系统公司认定的其他情形）。

二、公司关注并核实的相关情况

（一）关注问题及结论

关注问题：

如前期披露信息是否需要更正/补充；近期公共媒体是否报道了未公开重大信息；公司经营情况及内外部经营环境是否或预计将发生重大变化；公司、控股股东和实际控制人是否存在关于本公司的应披露而未披露或处于筹划阶段的重大事项；股票异常波动期间控股股东、实际控制人是否买卖公司股票；其他。

核实对象：

核实方式：

核实结论：

（二）公司对股票交易异常波动的解释

说明公司对股票交易异常波动的解释。

（三）在关注、核实过程中发现涉及的其他应披露事项（如适用）

参照相关公告格式模板对有关事项逐项做出说明和披露。

三、是否存在应披露而未披露的重大信息的声明

本公司董事会确认，（除前述第二部分涉及的披露事项外）本公司没有任何根据《全国中小企业股份转让系统信息披露细则（试行）》等有关规定应披露而未披露的事项或与该事项有关的筹划、商谈、意向、协议等，董事会也未获悉本公司有根据《全国中小企业股份转让系统信息披露细则（试行）》等有关规定应披露而未披露的、对本公司股份转让交易价格产生较大影响的信息。

四、挂牌公司认为必要的风险提示（如适用）

（）股份有限公司董事会

（年/月/日）

13.1.4　澄清、担保、收购与资产出售披露操作

问答283　公司事项澄清，披露公告如何撰写？

新三板挂牌公司公司事项澄清的信息披露公告主要涉及四项内容，董秘需注意。

（1）传闻简述

简要说明报道传闻的媒体、传播方式与时间、传闻内容（传闻涉及事项应分条说明，传闻较多或传闻篇幅较大的，应经归纳、提炼后说明要点）。

（2）澄清声明

针对传闻事项逐条说明是否属实及其真实情况。

简要说明董事会针对报道传闻的起因、报道传闻内容是否属实、结论是否成立、报道传闻的影响、对相关责任人等进行调查、核实的情况。

针对报道传闻中与挂牌公司实际情况不完全相符的，应同时说明相关事项当前状态、未来可能的发展、对公司影响及其他可能影响投资者判断信息；对于不实的传闻，公司应予以澄清。

无法判断报道传闻真实性的，公司应说明前期核实的情况，公司无法判断的理由，以及公司是否有采取相应措施进一步核实的计划。

针对传闻涉及控股权变更或重大资产重组等事项，公司应在书面征询控股股东或其他相关关联方之后，根据控股股东或其他相关关联方回函情况做出声

明。声明中应明确表述："经公司书面函证控股股东或其他相关关联方，控股股东或其他相关关联方回函明确表示，……"

最后，应在公告中郑重提醒广大投资者：网站"www.neeq.com.cn 或 www.neeq.cc 为公司的信息披露平台，本公司发布的信息以在上述指定平台的公告为准，请广大投资者理性投资，注意风险。"

（3）其他说明

a)（如适用）因挂牌公司或其他信息披露义务人违反信息披露原则而产生传闻的，说明违反信息披露原则的情形及责任追究情况。

b)（如适用）因媒体误解而产生传闻的，挂牌公司应在澄清公告中对媒体纠正情况进行说明，并提请投资者予以关注。

c)（如适用）挂牌公司可以谴责相关当事人散布谣言、报道误导性消息等不负责任的行为，声明保留追究法律责任的权利。

（4）备查文件目录

主要包括有报道传闻的书面材料，公司董事会的相关说明，公司向控股股东或其他相关关联方的书面征询函（如适用），公司控股股东或其他相关关联方的书面回函（如适用）和其他文件（如有）。

问答284　公司事项澄清的公告模板与注意事项是怎样的？

新三板挂牌公司公司事项澄清公告模板与注意如下：

证券代码：　　　　　　证券简称：　　　　　　公告编号：

（ ）股份有限公司澄清公告

本公司及董事会全体成员保证公告内容的真实、准确和完整，没有虚假记载、误导性陈述或者重大遗漏，并对其内容的真实性、准确性和完整性承担个别及连带法律责任。

董事（ ）因（ ）不能保证公告内容真实、准确、完整（如适用）。

一、传闻简述

（一）传播中介

传播时间：（）

传播方式：（）

报道传闻媒体：（）

（二）传闻内容

传闻涉及事项应分条说明，传闻较多或传闻篇幅较大的，应经归纳、提炼后说明要点。

二、澄清声明

（一）传闻事项属实情况

针对传闻事项逐条说明是否属实及其真实情况。

（二）董事会核查情况

简要说明董事会针对报道传闻的起因、报道传闻内容是否属实、结论是否成立、报道传闻的影响、对相关责任人等进行调查、核实的情况。

（三）传闻报道（不完全属实/不属实）的说明（如适用）

针对报道传闻中与挂牌公司实际情况不完全相符的，应同时说明相关事项当前状态、未来可能的发展、对公司影响及其他可能影响投资者判断信息；对于不实的传闻，公司应予以澄清。

（四）无法判断真实性的说明（如适用）

无法判断报道传闻真实性的，公司应说明前期核实的情况，公司无法判断的理由，以及公司是否有采取相应措施进一步核实的计划。

（五）传闻涉及控股权变更或重大资产重组的说明（如适用）

针对传闻涉及控股权变更或重大资产重组等事项，公司应在书面征询控股股东或其他相关关联方之后，根据控股股东或其他相关关联方回函情况做出声明。声明中应明确表述："经公司书面函证控股股东或其他相关关联方，控股股东或其他相关关联方回函明确表示，……"。

（六）郑重提醒

网站 www.neeq.com.cn 或 www.neeq.cc 为公司的信息披露平台，本公司发布的信息以在上述指定平台的公告为准，请广大投资者理性投资，注意风险。

三、其他说明（如适用）

（一）违反信息披露原则产生传闻的说明（如适用）

因挂牌公司或其他信息披露义务人违反信息披露原则而产生传闻的，说明违反信息披露原则的情形及责任追究情况。

（二）媒体误解而产生传闻的说明（如适用）

因媒体误解而产生传闻的，挂牌公司应在澄清公告中对媒体纠正情况进行说明，并提请投资者予以关注。

（三）谴责相关当事人的声明（如适用）

挂牌公司可以谴责相关当事人散布谣言、报道误导性消息等不负责任的行为，声明保留追究法律责任的权利。

四、备查文件目录

（一）报道传闻的书面材料；

（二）公司董事会的相关说明；

（三）公司向控股股东或其他相关关联方的书面征询函（如有）；

（四）公司控股股东或其他相关关联方的书面回函（如有）；

（五）其他文件（如有）。

（ ）股份有限公司董事会

（年/月/日）

问答285 对外提供担保，披露公告如何撰写？

新三板挂牌公司对外提供担保的信息披露公告主要涉及如下内容，董秘需注意。

（1）担保情况概述

简要介绍担保的基本情况，包括协议签署日期、地点，被担保人和债权人的名称，担保金额，是否构成关联担保等。

简要说明董事会审议担保议案的表决情况；交易生效所必需的审批程序，如是否需经过股东大会批准或政府有关部门批准等。

（2）被担保人基本情况

主要介绍被担保人的名称、住所、法定代表人、注册资本、主营业务、成立日期、注册地点，与挂牌公司的关联关系或其他关系、信用等级、最近一期财务报表的资产总额、负债总额（其中包括银行贷款总额、一年内到期的负债总额）、或有事项涉及的总额（包括担保、抵押、诉讼与仲裁事项）、净资产、营业收入、利润总额、净利润等主要财务指标等。

（3）担保协议的主要内容

主要介绍担保的方式、期限、金额和担保协议中的其他重要条款。如有反担保的，说明反担保的具体内容。

（4）董事会意见

首先介绍担保的原因，其次披露该担保事项的利益和风险，包括董事会对被担保方偿还债务能力的判断。如有反担保的，说明反担保是否足以保障挂牌公司的利益。

（5）对外担保累计金额及逾期担保的累计金额

说明挂牌公司及其控股子公司的对外担保的累计金额及占公司最近一期

经审计净资产的比例、逾期担保累计金额、超过本身最近一期经审计净资产50%的担保余额，以及为资产负债率超过 70%担保对象提供的担保余额。额外注明涉及诉讼的担保金额及因担保被判决败诉可能承担的损失金额。

（6）备查文件目录

主要有担保协议、董事会决议、被担保人营业执照复印件和其他文件（如有）。

问答286　对外提供担保的公告模板与注意事项是怎样的？

新三板挂牌公司对外提供担保公告模板与注意如下：

证券代码：　　　　　　证券简称：　　　　　　公告编号：

（ ）股份有限公司为（ ）提供担保的公告

本公司及董事会全体成员保证公告内容的真实、准确和完整，没有虚假记载、误导性陈述或者重大遗漏，并对其内容的真实性、准确性和完整性承担个别及连带法律责任。

董事（ ）因（ ）不能保证公告内容真实、准确、完整（如适用）。

一、担保情况概述

（一）担保基本情况

简要介绍担保的基本情况，包括协议签署日期、地点，被担保人和债权人的名称，担保金额。

（二）是否构成关联担保

说明是否构成关联担保；若构成关联担保需简要陈述各方的关联关系。

（三）表决和审议情况

董事会审议担保议案的表决情况、是否需要提交股东大会审议；若构成关联担保还需披露回避表决情况。

（四）部门审批情况（如适用）

明确说明本次对外担保是否需要经有关部门批准，是否已经过批准以及相关审批部门或者机关等。

二、被担保人基本情况

（一）被担保人基本情况

被担保人（姓名/名称）：

被担保人住所：

法定代表人：（如适用）

注册资本：（如适用）

主营业务：（如适用）

成立日期：（如适用）

注册地址：（如适用）

（二）被担保人信用状况（法人机构适用）

信用等级：

资产总额：（最近一期财务报表）

负债总额：（其中包括银行贷款总额、一年内到期的负债总额）

净资产：（）

营业收入：（）

税前利润：（）

净利润：（）

其他状况（如有）

三、担保协议的主要内容

主要介绍担保的方式、期限、金额和担保协议中的其他重要条款。如有反担保的，说明反担保的具体内容。

四、董事会意见

（一）担保原因

公司对（被担保人姓名或者名称）提供担保的原因。

（二）担保事项的利益与风险

披露该担保事项的利益和风险，包括董事会对被担保方偿还债务能力的判断。如有反担保的，说明反担保是否足以保障挂牌公司的利益。

（三）其他意见（如有）

五、对外担保累计金额

（上述数据的统计对象为挂牌公司及其控股子公司）

项　目		金额/万元	比例
对外担保累计金额			100%
其中	逾期担保累计金额		
	超过本身最近一期经审计净资产50%的担保金额		
	为资产负债率超过70%担保对象提供的担保金额		

其中，对外担保累计金额占公司最近一期审计净资产的比例为（）。

涉及诉讼的担保金额为（），因担保被判决败诉可能承担的损失金额为（）。

（如适用）

（注：担保金额是指，担保仍然有效，挂牌公司或者控股子公司可能承担担保责任的担保金额）

六、备查文件目录

（一）担保协议；

（二）董事会决议；

（三）被担保人营业执照复印件；

（四）其他文件（如有）。

（ ）股份有限公司董事会

（年/月/日）

问答287　收购与出售资产，披露公告如何撰写？

新三板挂牌公司收购、出售资产的信息披露公告主要涉及如下内容，董秘需注意。

（1）交易概述

a）简要介绍本次交易的基本情况，包括交易各方当事人名称、交易标的名称（股权类资产的，须说明股权比例）、交易事项、购买或出售资产价格、是否构成关联交易、协议签署日期等。

b）简要说明董事会审议收购、出售资产议案的表决情况；交易生效所必需的审批及其他程序（如是否需经过股东大会或政府有关部门批准、是否需征得债权人同意、是否需征得其他第三方同意等）。

c）如交易实施所必须的审批及其他相关程序尚未完成，或交易尚存在重大法律障碍（如作为交易标的的资产产权权属不清等），应做出详细说明。

（2）交易对方的基本情况

a）交易对方为法人的，应当披露其名称、企业性质、注册地点、主要办公地点、法定代表人、注册资本、营业执照注册号、主营业务；交易对方为自然人的，应当披露其姓名、性别、国籍、住所、最近三年的职业和职务等基本情况。

b）交易对方与挂牌公司、挂牌公司控股股东或实际控制人有无关联关系，在产权、业务、资产、债权债务、人员等方面有无其他可能或已经造成挂牌公司对其利益倾斜的关系。

c）全国股份转让系统要求的其他内容。

（3）交易标的基本情况

a）逐项列明收购和出售资产的名称、类别（流动资产、固定资产、无形资产、在建工程、股权类资产等）、权属（包括交易标的产权是否清晰，是否存在抵押、质押及其他任何限制转让的情况，是否涉及诉讼、仲裁事项或查封、冻结等司法措施，以及是否存在妨碍权属转移的其他情况）、所在地。

b）该项资产的账面价值（包括账面原值、已计提的折旧、摊销或减值准备、账面净值）和评估价值等。成交价格以经审计账面价值或评估价值为参考依据的，应详细介绍标的资产评估或审计情况以及评估或审计机构的相关情况。如审计报告为非标准无保留意见，应详细披露审计报告内容及相关事项的具体影响。

c）收购、出售标的如为公司股权，应当披露该公司主要股东及各自持股比例、主营业务、注册资本、设立时间、住所，最近一期经审计的资产总额、负债总额、净资产、营业收入和净利润等基本情况。

d）出售控股子公司股权导致挂牌公司合并报表范围变更的，应当特别说明。

（4）交易协议的主要内容

a）交易协议主要内容：成交金额、支付方式（如现金、股权、资产置换等）、支付期限或分期付款的安排、协议的生效条件、生效时间以及有效期限等；交易协议生效附条件或附期限的，应当予以特别说明。

b）交易定价依据，成交价格与账面值、评估值差异较大的，董事会应当说明原因；如果构成关联交易的，还应说明定价的公允性。

c）交易标的的交付状态、交付和过户时间；存在过渡期安排的，还应当对过渡期相关标的资产产生的损益归属做出明确说明。

（5）收购、出售资产的目的和对公司的影响

如属于出售资产情况，应披露出售资产的原因、该项交易本身预计获得的损益及对公司财务状况和经营成果的影响；如属收购资产情况，应披露收购的意图和该项交易对挂牌公司本期和未来财务状况和经营成果的影响。

（6）其他

主办券商或公司董事会认为有助于说明交易实质的其他内容。

（7）备查文件目录

主要有董事会决议，交易意向书，交易协议等，收购或出售的资产的财务报表或审计报告，评估报告（如有），法律意见书（如有）和其他文件（如有）。

问答288　收购、出售资产的公告模板与注意事项是怎样的？

新三板挂牌公司收购、出售资产公告模板与注意如下：

证券代码：　　　　　　证券简称：　　　　　　公告编号：

（ ）股份有限公司（出售/收购）资产的公告

本公司及董事会全体成员保证公告内容的真实、准确和完整，没有虚假记载、误导性陈述或者重大遗漏，并对其内容的真实性、准确性和完整性承担个别及连带法律责任。

董事（ ）因（ ）不能保证公告内容真实、准确、完整（如适用）。

一、交易概况

（一）基本情况

简要介绍本次交易的基本情况，包括交易各方当事人名称、交易标的名称（股权类资产的，须说明股权比例）、交易事项、购买或出售资产价格、是否构成关联交易、协议签署日期等。

（二）审议和表决情况

董事会审议通过情况，是否需经过股东大会批准，若构成关联交易，需披露回避表决情况。

（三）交易生效需要的其他审批及有关程序

是否需要经过政府有关部门批准，是否需征得债权人同意、是否需征得第三方同意等，相关审批程序和情况如何（如适用）。

（四）其他说明（如适用）

如交易实施所必须的审批及其他相关程序尚未完成，或交易尚存在重大法律障碍（如作为交易标的资产产权权属不清等），又或与前期其他收购、出售资产的事项有关联应做出详细说明。公司需说明的情况也可在此说明。

二、交易对手方的情况

（一）交易对手方基本情况

（若为法人，不止一个法人交易对手方时可手动添加以下内容）

交易对手方（交易对方名称），注册地为（），主要办公地点为（），法定代表人为（），注册资本为（币种，金额），营业执照号为（），主营业务为（）。

（若为自然人，不止一个自然人交易对手方时可手动添加以下内容）

交易对手方（姓名，性别，国籍），住所为（），最近三年担任过（最近三年职务情况）。

应说明的情况

交易对方与挂牌公司、挂牌公司控股股东或实际控制人（存在/不存在）关联关系。在产权、业务、资产、债权债务、人员等方面（存在/不存在）可能或已经造成挂牌公司对其利益倾斜的关系。

如存在上述情况，还应说明具体情况（如适用）。

三、交易标的情况说明（若交易标的不止一个可手动添加相关内容）

（一）交易标的基本情况

交易标的名称：()

交易标的类别：（流动资产、固定资产、无形资产、在建工程、股权类资产等）

交易标的所在地：()

交易标的账面原值为（币种，金额），（折旧/摊销）为（币种，金额），已经计提的减值准备为（币种，金额），净值为（币种，金额）。交易标的评估价值为（币种，金额）。

股权类资产特殊披露（如适用）。

涉及的公司的主要股东，各自持股比例，主营业务，注册资本，设立时间，住所，最近一期经审计的资产总额、负债总额、净资产、营业收入和净利润等基本情况。

成交价格以经审计账面价值或评估价值为参考依据时的特殊披露（如适用）。

标的资产评估或审计情况以及评估或审计机构的相关情况。

审计报告为非标准无保留意见时的特殊说明（如适用）。

审计报告内容及相关事项的具体影响。

（二）交易标的资产在权属方面的情况

说明易标的产权是否清晰，是否存在抵押、质押及其他任何限制转让的情况，是否涉及诉讼、仲裁事项或查封、冻结等司法措施，以及是否存在妨碍权属转移的其他情况。如存在上述情形，还需说明相关情况。

（三）其他应说明的基本情况（如适用）

出售控股子公司股权导致挂牌公司合并报表范围变更的，应当特别说明。其他想说明的情况也在此说明。

四、交易协议的主要内容

（一）交易协议主要内容

成交金额、支付方式（如现金、股权、资产置换等）、支付期限或分期付款的安排、协议的生效条件、生效时间以及有效期限等；交易协议生效附条件或附期限的，应当予以特别说明。

（二）交易定价依据

本次交易的定价依据为（）。

成交价与账面值、评估值差距较大的原因为（如适用）。

本次交易为关联交易，定价的公允性说明如下（如适用）。

（三）时间安排

协议约定标的的交付时间为（），过户时间为（）。同时协议约定的过渡期为（），过渡期间标的资产产生的损益归属于（）（如适用）。

五、本次（出售/收购）资产对于公司的影响

本次（出售/收购）资产对挂牌公司本期和未来财务状况和经营成果的影响。

六、关于交易的其他内容（如适用）

七、备查文件目录

（一）董事会决议；

（二）交易意向书、交易协议等；

（三）收购或出售的资产的财务报表或审计报告、评估报告（如有）；

（四）法律意见书（如有）；

（五）其他文件（如有）。

（ ）股份有限公司董事会

（年/月/日）

13.1.5　投资、主业变更、质押冻结与中介变更披露操作

问答289　对外投资，披露公告如何撰写？

新三板挂牌公司对外投资的信息披露公告主要涉及如下内容，董秘需注意。

（1）对外投资概述

a）对外投资的基本情况，包括协议签署日期、地点，协议主体名称，投资标的以及涉及金额等。

b）董事会审议投资议案的表决情况；交易生效所必需的审批程序，诸如是否需经过股东大会批准或政府有关部门批准等。

c）是否构成关联交易。

（2）交易对手方介绍（如适用）

主要介绍除挂牌公司本身以外的投资协议主体的基本情况，包括姓名或名称、住所、企业类型、法定代表人、注册资本、主营业务和相互关系等。如属于关联交易，说明关联关系。交易对手方为法人的，需披露相关的产权及控制关系和实际控制人情况。

（3）投资标的基本情况

a）如果是成立有限责任公司或股份有限公司

出资方式：介绍主要投资人或股东出资的方式：一是如现金出资的，说明资金来源；二是如涉及用实物资产或无形资产出资的，应当介绍资产的名称、账面价值、评估价值或本次交易价格、资产运营情况、设定担保等其他财产权利的情况、涉及该资产的诉讼、仲裁事项；三是如涉及用公司股权出资的，应当介绍该公司的名称，股权结构，主营业务，最近一期经审计的资产总额、负债总额、净资产、营业收入和净利润等财务数据。

标的公司基本情况：如是成立有限责任公司，需说明公司的经营范围、各主要投资人的投资规模和持股比例；如是成立股份有限公司，需说明经营范围、前五名股东的投资规模和持股比例等。

b）如果涉及投资具体项目

披露项目的具体内容、投资进度、对公司的影响。

如果公司投资进入新的领域，还需披露新进入领域的基本情况，行业的竞争情况及本公司面临的风险因素。

c）如果是对现有公司增资

应按照前述“出资方式”的要求披露增资价格及依据，增资方式，并说明原股东是否同比例增资，如果采取单方面增资或者不同比例增资，应当说明原因，同时披露被增资公司经营情况、增资前后的股权结构。

d）如果是涉及收购股权的，应当参照临时公告格式模板 11 号披露。

（4）定价情况（如适用）

涉及对现有公司增资的，说明增资定价情况；如果构成关联交易的，还应说明定价的依据及其公允性。

（5）对外投资的目的、存在的风险和对公司的影响

主要披露对外投资的意图；投资可能产生的风险；以及对挂牌公司未来财务状况和经营成果的影响。

（6）备查文件目录

包括董事会决议、出资协议（如有）、投资协议（如有）、增资协议（如有）、股权收购协议等（如有）和其他文件（如有）。

问答290　对外投资的公告模板与注意事项是怎样的？

新三板挂牌公司对外投资公告模板与注意如下：

证券代码：　　　　　　　证券简称：　　　　　　　公告编号：

（ ）股份有限公司对外投资的公告

本公司及董事会全体成员保证公告内容的真实、准确和完整，没有虚假记载、误导性陈述或者重大遗漏，并对其内容的真实性、准确性和完整性承担个别及连带法律责任。

董事（ ）因（ ）不能保证公告内容真实、准确、完整（如适用）。

一、对外投资概述

（一）基本情况

（若为设立全资子公司）：

本公司拟设立全资子公司（公司名称），注册地为（），注册资本为（币种，金额）。

（若为设立控股子公司或参股公司）：

本公司拟与（合作方名称）共同出资设立（控股子公司/参股公司）（公司名称），注册地为（），注册资本为（币种，金额），其中本公司出资（币种，金额），占注册资本的（百分比），（其他合作方的出资情况和出资比例）。本次对外投资（构成/不构成）关联交易。

（若为增资子公司）：

本公司拟将（全资/控股）子公司（子公司名称）注册资本增加到（币种，金额），即（子公司名称）新增注册资本（币种，金额），其中公司认缴出资（币种，金额），（其他股东认缴情况（如适用））。本次对外投资（构成/不构成）关联交易。

（二）审议和表决情况

董事会审议通过情况，及是否需经过股东大会批准，若构成关联交易，需披露回避表决情况。

（三）交易生效需要的其他审批及有关程序（如适用）

是否需要经过政府有关部门批准，相关审批程序和情况如何。

（四）本次对外投资（涉及/不涉及）进入新的领域

进入新领域的情况：（如适用）

二、交易对手方的情况介绍（如适用）

若为法人（不止一个法人交易对手方时可手动添加相关内容）

交易对手方名称：()

注册地为：()

主要办公地点：()

法定代表人：()

注册资本：()

营业执照号：()

主营业务：()

交易对手方与本公司（存在/不存在）关联关系。（若存在，说明关联关系）。

若为自然人（不止一个自然人交易对手方时可手动添加相关内容）

交易对手方（姓名，性别，国籍），住所为（），与本公司（存在/不存在）关联关系。（若存在，说明关联关系）。

三、投资标的基本情况（若交易标的不止一个可手动添加相关内容）

（若是成立有限责任公司或股份有限公司）

（一）出资方式

本次对外投资的出资方式为（）

本次对外投资的出资说明

①如现金出资的，说明资金来源；②如涉及用实物资产或无形资产出资的，应当介绍资产的名称、账面价值、评估价值或本次交易价格、资产运营情况、设定担保等其他财产权利的情况、涉及该资产的诉讼、仲裁事项；③如涉及用公司股权出资的，应当介绍该公司的名称，股权结构，主营业务，最近一期经审计的资产总额、负债总额、净资产、营业收入和净利润等财务数据。

（二）投资标的基本情况

（若为有限责任公司）

名称：()

注册地：()

经营范围：()

各主要投资人的投资规模和持股比例：

股东名称	出资额	出资比例
…		

（若为股份有限公司）

名称：()

注册地：()

经营范围：()

前五名股东的投资规模和持股比例如下：

股东名称	投资金额	持股比例

（若是对现有公司增资）

（一）出资方式

本次增资的出资方式为（）。

本次增资的出资说明：

①现金出资的，说明资金来源；②涉及用实物资产或无形资产出资的，应当介绍资产的名称、账面价值、评估价值或本次交易价格、资产运营情况、设定担保等其他财产权利的情况、涉及该资产的诉讼、仲裁事项；③如涉及用公司股权出资的，应当介绍该公司的名称，股权结构，主营业务，最近一期经审计的资产总额、负债总额、净资产、营业收入和净利润等财务数据。

（二）增资情况说明

说明原股东是否同比例增资，如果采取单方面增资或者不同比例增资，应当说明原因，同时披露被增资公司经营情况、增资前后的股权结构。

（若涉及投资具体项目）

（一）投资项目的具体内容

（二）项目的投资进度情况

（三）项目对公司的影响

四、定价情况（如适用）

涉及对现有公司增资的，说明增资定价情况；如果构成关联交易的，还应说明定价的依据及其公允性。

五、对外投资的目的、存在的风险和对公司的影响

（一）本次对外投资的目的

（二）本次对外投资可能存在的风险

（三）本次对外投资对公司的未来财务状况和经营成果影响

六、关于交易实质的其他内容（如适用）

七、备查文件目录

（一）董事会决议；

（二）出资协议（如有）；

（三）投资协议（如有）；

（四）增资协议（如有）；

（五）股权收购协议等（如有）；

（六）其他文件（如有）。

（ ）股份有限公司董事会

（年/月/日）

问答291 公司主营业务变更，披露公告如何撰写？

新三板挂牌公司主营业务变更的信息披露公告主要涉及如下内容，董秘需注意。

（1）主营业务变更概述

请详细说明公司主营业务变更的原因及变更前后主营业务范围；本次主营业务变更是否会导致公司所属行业发生变化。

（2）审议和表决情况

董事会审议通过情况，是否需要提交股东大会审议通过。

（3）主营业务变更对公司经营的影响

说明公司主营业务变更对于公司商业模式、本期和未来财务状况和经营成果的影响。

（4）备查文件目录

主要有董事会决议，交易意向书、交易协议书（如有），收购或出售的资产的财务报表或审计报告（如有），法律意见书（如有）和其他文件（如有）。

问答292 公司主营业务变更的公告模板与注意事项是怎样的？

新三板挂牌公司主营业务变更公告模板与注意如下：

证券代码：　　　　证券简称：　　　　公告编号：

（）股份有限公司主营业务变更的公告

本公司及董事会全体成员保证公告内容的真实、准确和完整，没有虚假记载、误导性陈述或者重大遗漏，并对其内容的真实性、准确性和完整性承担个别及连带法律责任。

董事（ ）因（ ）不能保证公告内容真实、准确、完整（如适用）。

一、变更原因

详细说明公司发生主营业务变更的原因。

二、变更前后详细情况

变更前本公司主营业务为（），变更后主营业务为（），本次主营业务变更（会/不会）导致公司所属行业发生变化。

三、表决和审议情况

董事会审议通过情况，是否需要提交的股东大会审议通过。

四、本次主营业务变更对公司经营的影响

说明公司主营业务变更对于公司商业模式、本期和未来财务状况和经营成果的影响。

五、备查文件目录

（一）董事会决议；

（二）交易意向书、交易协议等；

（三）收购或出售的资产的财务报表或审计报告、评估报告（如有）；

（四）法律意见书（如有）；

（五）其他文件（如有）。

（ ）股份有限公司董事会

（年/月/日）

问答293　公司股权质押、司法冻结，披露公告如何撰写？

新三板挂牌公司股权质押、司法冻结的信息披露公告主要涉及如下内容，董秘需注意。

（1）股权质押、司法冻结概述

a）股权质押。说明本次质押的股数及所占公司总股本的比例，质押股份的限售情况，质押的起止期限，质押发生的原因，质押权人名称或姓名，质押权人与质押股东是否存在关联关系，在中国结算办理质押登记的情况，并分析质押对公司的影响等情况，说明质押是否可能导致公司控股股东或者实际控制人发生变化。若用于融资，说明融资金额、是否存在结合其他资产抵押或质押等情况。

b）股权司法冻结。说明本次司法冻结的股数及所占公司总股本的比例，司法冻结的起止期限、发生原因、在中国结算办理司法冻结登记的情况，并分析司法冻结对公司的影响等情况，说明司法冻结是否可能导致公司控股股东或者实际控制人发生变化。

（2）股权质押、司法冻结所涉股东情况

说明相关股东是否为控股股东，该股东持有公司股份的总数及所占公司总股本的比例，所持股份限售情况，股东是否在公司任职等。

披露该股东包括本次质押、司法冻结在内的全部已质押、司法冻结股数，以及所占公司总股本的比例。详细说明该股东曾经股权质押、司法冻结的情况（如有）。

（3）备查文件目录

主要有质押协议，中国结算质押登记材料，司法冻结决定书等和其他文件（如有）。

问答294　公司股权质押、司法冻结的公告模板与注意事项是怎样的？

新三板挂牌公司股权质押、司法冻结公告模板与注意如下：

证券代码：　　　　　　证券简称：　　　　　　公告编号：

（）股份有限公司（股权质押/股权司法冻结）的公告

本公司及董事会全体成员保证公告内容的真实、准确和完整，没有虚假记载、误导性陈述或者重大遗漏，并对其内容的真实性、准确性和完整性承担个别及连带法律责任。

董事（ ）因（ ）不能保证公告内容真实、准确、完整（如适用）。

一、（股权质押/股权司法冻结）概述

（股权质押适用）

公司股东（ ）质押（）股，占公司总股本（%）。在本次质押的股份中，（）股为有限售条件股份，（）股为无限售条件股份。质押期限为（年/月/日）起至（年/月/日）止。质押股份用于（），质押权人为（），质押权人与质押股东（存在/不存在）关联关系。质押股份（已在/将在）中国结算办理质押登记。

若用于融资，说明融资金额、是否存在结合其他资产抵押或质押等情况。

本次股权质押对公司的影响。

分析本次股权质押对公司生产经营等产生的影响，是否导致公司控股股东或者实际控制人发生变化等。

（股权司法冻结适用）

公司司法冻结（）股，占公司总股本（百分比）。司法冻结期限为（年/月/日）起至（年/月/日）止。冻结股份（已在/将在）中国结算办理司法冻结登记。

发生本次股权司法冻结的原因。

说明发生股权司法冻结的原因。

本次股权司法冻结对公司的影响。

分析本次股权司法冻结对公司生产经营等产生的影响，是否导致公司控股股东或者实际控制人发生变化等。

二、（股权质押/司法冻结）所涉股东情况（若所涉股东不止一个可手动添加相关内容）

（股权质押适用）

股东姓名（名称）：（）

是否为控股股东：（是/否）

公司任职（如有）：（）

所持股份总数及占比：（）

股份限售情况：（）

累计质押股数及占比（包括本次）：（）

曾经股权质押情况（如适用）

（股权司法冻结适用）

股东姓名（名称）：（）

是否为控股股东：（是/否）

公司任职（如有）：（）

所持股份总数及占比：（）

股份限售情况：（）

累计司法冻结股数及占比（包括本次）：（）

曾经股权司法冻结情况（如适用）

三、备查文件目录

主要有质押协议，中国结算质押登记材料，司法冻结决定书等和其他文件（如有）。

（）股份有限公司董事会

（年/月/日）

问答295　公司会计师事务所变更、更名，披露公告如何撰写？

新三板挂牌公司会计师事务所变更、更名公告主要涉及如下内容，董秘需注意。

（1）会计师事务所的更换

说明更换会计师事务所的原因，包括公司不再续聘、会计师事务所主动请辞、因会计师事务所合并或者分立而变更等。详细说明为公司提供服务的新会计师事务所的情况，包括注册资本、法定代表人、住所，经营范围、规模，是否具备证券期货相关业务资格等资质，并分析和评价新任会计师事务所对公司提供相关服务的胜任情况等。同时说明召开董事会、股东大会对变更会计师事务所的审议情况。涉及会计师事务所合并或者分立而变更的，还应当说明会计师事务所合并或者分立的情况，包括合并或者分立的各方主体，合并或者分立后权利义务的承继主体等，并明确变更后为公司继续提供相关服务的主体。

（2）会计师事务所名称的变更

会计师事务所名称变更的，应说明其变更前后的名称，以及工商登记变更的相关情况，是否具备证券期货相关业务资格。

问答296　会计师事务所变更、更名的公告模板与注意事项是怎样的？

新三板挂牌公司会计师事务所变更、更名公告模板与注意如下：

证券代码：　　　　　　证券简称：　　　　　　公告编号：

（）股份有限公司会计师事务所（变更/更名）公告

本公司及董事会全体成员保证公告内容的真实、准确和完整，没有虚假记载、误导性陈述或者重大遗漏，并对其内容的真实性、准确性和完整性承担个别及连带法律责任。

董事（ ）因（ ）不能保证公告内容真实、准确、完整（如适用）。

（会计师事务所变更适用）

一、公司更换会计师事务所的原因

包括公司不再续聘、会计师事务所主动请辞、因会计师事务所合并或者分立而变更等。

二、变更会计师事务所的审议情况

说明董事会、股东大会的召开及对变更会计师事务所的审议情况。

三、新任会计师事务所的情况

详细说明为公司提供服务的新会计师事务所的情况，包括注册资本、法定代表人、住所，经营范围、规模，是否具备证券期货相关业务资格等等，并分析和评价新任会计师事务所对公司提供相关服务的胜任情况等。

涉及会计师事务所合并或者分立而变更的，还应当说明会计师事务所合并或者分立的情况，包括合并或者分立的各方主体，合并或者分立后权利义务的承继主体等，并明确变更后为公司继续提供相关服务的主体。

（会计师事务所名称变更适用）

会计师事务所名称变更的，应说明其变更前后的名称，以及工商登记变更的相关情况，是否具备证券期货相关业务资格等。

（）股份有限公司董事会

（年/月/日）

13.2　典型实战14例

13.2.1　权益分派与关联交易等

案例163　权益分派未向中国结算履行申请程序（古纤道）

新三板挂牌公司古纤道（834677）于 2016 年 3 月 30 日召开董事会启动利润分配事项，2016 年 4 月 23 日召开 2015 年年度股东大会审议通过《2015 年利润分配方案》。之后，古纤道未向中国证券登记结算有限公司北京分公司提交权益分派申请，办理权益分派相关手续，即于 2016 年 4 月 29 日以公司 2015 年末总股数 5000 万股为基数，向全体股东直接派送现金红利（每 10 股派 3.72 元，共计派发 1860 万元），直接派送现金红利之前古纤道未披露权益分派实施公告。

古纤道的上述行为违反了《全国中小企业股份转让系统挂牌公司信息披露细则》（试行）第四条和第三十八条的规定，即“挂牌公司应当在董事会审议通过利润分配或资本公积转增股本方案后，及时披露方案具体内容，并于实施方案的股权登记日前披露方案实施公告”。

案例164　利润分配登记日早于公告日（创元期货）

新三板挂牌公司创元期货于2016年4月15日召开第一届董事会第十次会议启动2015年度利润分配事项，2016年5月9日召开2015年年度股东大会审议通过了2015年度利润分配预案。2015年5月24日，创元期货披露《利润分配实施公告》，决定以公司总股本120,000,000股为基数，按持股比例向全体股东自行派发现金红利共计4,730,582.72元，且该公告中确定的本次现金分红的股权登记日为2016年5月19日，早于实施公告披露时间。

创元期货的上述行为违反了《全国中小企业股份转让系统挂牌公司信息披露细则》（试行）第四条和第三十八条的规定，即“挂牌公司应当在董事会审议通过利润分配或资本公积转增股本方案后，及时披露方案具体内容，并于实施方案的股权登记日前披露方案实施公告”。

案例165　派发红利未公告与权益分派未履行程序（通灵电器）

新三板挂牌公司江苏通灵电器股份有限公司（通灵电器833666）于2015年12月11日启动的利润分配，未向中国证券登记结算有限公司北京分公司提交权益分派申请，办理权益分派相关手续，即于2016年1月5日向全体股东直接派送现金红利，并且未发布权益分派实施公告，违反了《全国中小企业股份转让系统挂牌公司信息披露细则（试行》第四条和三十八条，即：

“挂牌公司及相关信息披露义务人应当及时、公平的披露所有对公司股票及其他债券品种转让价格可能产生较大影响的信息（以下简称重大信息、并保证信息披露内容的真实、准确、完整，不存在虚假记载、误导性陈述或重大遗漏”；

“挂牌公司应当在董事会审议通过利润分配或资本公积转增股本方案后，及时披露方案具体内容，并于实施方案的股权登记日前披露方案实施公告”的规定。

案例166　信息披露不及时与股东大会召开违规（无锡环卫）

无锡市环境卫生服务股份有限公司（无锡环卫832668）于2016年4月7日披露《提前召开2016年第三次临时股东大会会议通知》，通知公司将于4月8日召开本次股东大会；4月8日，公司召开第三次临时股东大会，审议通过了《关于申请公司股票在全国中小企业股份转让系统终止挂牌的议案》等议案；4月12日，公司披露上述股东大会决议公告。公司本次股东大会召开时间距离通知时间不足 15 天。

经核实，无锡环卫的上述行为违反了《公司法》第一百零二条、《全国中小企业股份转让系统业务规则（试行）》（以下简称《业务规则》）第 4.1.1 条之规定，属于公司治理不规范，信息披露不及时的违规行为。

案例167　向关联方借款与治理不规范（页游科技）

挂牌公司成都页游科技股份有限公司（页游科技 430627）2014 年 1 月—2015 年 1 月期间向实际控制人 薛某之关联方成都市西杰实业投资有限公司、成都恩威投资（集团）有限公司分别累计借出 1630 万元和 1400 万元，发生金额总计 3030 万元，页游科技存在公司治理不规范、信息披露违规行为，违反了《非上市公众公司监督管理办法》第十四条、《全国中小企业股份转让系统业务规则（试行）》第 1.4 条、第 1.5 条，即：

"申请挂牌公司、挂牌公司及其董事、监事、高级管理人员、股东、实际控制人，主办券商、会计师事务所、律师事务所、其他证券服务机构及其相关人员，投资者应当遵守法律、行政法规、部门规章、本业务规则及全国股份转让系统公司其他业务规定"和"申请挂牌公司、挂牌公司及其他信息披露义务人、主办券商应当真实、准确、完整、及时地披露信息，不得有虚假记载、误导性陈述或者重大遗漏。"

同时，违反了《全国中小企业股份转让系统信息披露细则（试行）》第四十六条的规定，即"挂牌公司出现以下情形之一的，应当自事实发生之日起两个转让日内披露：……（二）控股股东、实际控制人或者其关联方占用资金……"

13.2.2　融投资、债务与重组

案例168　融资计划非指定媒体披露或存违规（客如云）

新三板挂牌企业客如云（835268）2016 年 8 月媒体报道拟 2.22 亿元融资计划。

股转公司问询：

如媒体报道属实，在向媒体公开披露相关信息前，客如云是否已在全国股份转让系统指定信息披露平台进行信息披露，其披露行为是否符合《非上市公众公司监督管理办法》第二十九条、《全国中小企业股份转让系统业务规则》（试行）》第 1.5 条、《全国中小企业股份转让系统挂牌公司信息披露细则（试行）》第八条的规定。

【解决回复】

（1）对于报道属实的轮定向发行股份，我司在本次向媒体公开披露相关信息前，已根据贵司的相关规定在全国股份转让系统指定信息披露平台（www.neeq.com.cn 或者 www.neeq.cn）发布了相关公告，披露了股份发行方案、董事会决议、股东大会决议以及认购情况等事宜。

（2）对于媒体报道中提及的 C 轮融资，我司在本次新品发布会现场答复媒体时，确实存在用词不够严谨、思虑不周的问题，在公司内部未确定最终融资方案并按贵司的规定进行首次信息披露前即向媒体公的行为，确不符合《全国中小企业股份转让系统挂牌公司信息披露细则（试行）》第八条等相关规范性文件的规定，但鉴于我司的股票交易采用协议转让方式，且截至目前尚未发生任何转让交易行为，本次媒体报道部分内容失实的情况并未导致我司股票价格发生异常波动，未损害现有投资人的合法权益。

（3）我司以及彭雷已经充分意识到作为公众公司及公司高管所应履行的职责，承诺今后将严格规范公司及高管的言行，保证按照公司章程，以及相关法律法规、规范性文件的要求，切实履行信息披露等义务，确保公司及高管的行为合法合规。

案例169　对外投资未履行信息披露义务（宇昂科技）

新三板挂牌企业上海宇昂新材料科技股份有限公司（宇昂科技 430179）于 2015 年 6 月 30 日同时完成两次股票发行，共募集资金 2028.4 万元。7 月 13 日和 14 日，宇昂科技改变募集资金用途，分别向公司开立的证券账户中汇入募集资金 500 万元和 200 万元，合计占募集资金总金额的 35%，购买二级市场 A 股股票及分级基金。根据宇昂科技《公司章程》第 104 条的规定，单笔或 12 个月内累计占公司最近经审计的净资产总额 30%以下（不含 30%）的对外投资，由董事会决定。

宇昂科技上述 700 万元的对外投资超过了最近经审计的净资产总额（2014 年度经审计净资产总额为 671 万元），应当履行董事会及股东大会的决议程序。宇昂科技未依据《公司章程》履行内部决议程序，直接实施了对外投资，也未告知主办券商广发证券。

宇昂科技在实施根据公司章程规定应当提交股东大会审议的对外投资时，

应当及时以临时公告的形式披露对外投资公告。在股转公司的要求下，宇昂科技直至 2016 年 4 月 22 日才补充披露了《关于利用闲置资金进行委托理财的公告》。

宇昂科技未依据公司章程的规定，履行对外投资内部决策程序的行为，违反了《全国中小企业股份转让系统业务规则（试行）》4.1.2 条的规定。宇昂科技信息披露违规行为违反了《全国中小企业股份转让系统挂牌公司信息披露细则（试行）》第二十六条的规定。

鉴于上述违规事实和情节，股转公司纪律处分委员会审议通过，根据《全国中小企业股份转让系统业务规则相关规定给予宇昂科技、董事长王宇和信息披露负责人刘振璐通报批评的纪律处分。

案例170　发行企业债未披露违规（永联科技）

深圳市永联科技股份有限公司（永联科技 834160）于 2015 年 8 月 26 日向全国中小企业股份转让系统有限责任公司（以下简称“我司”）提交了申请挂牌文件，2015 年 8 月 20 日至 2015 年 8 月 24 日发行“前海股权交易中心 15 号永联梧桐债“001-008”产品未及时披露。

经核实，永联科技及相关责任人员的上述行为违反了我司《全国中小企业股份转让系统公开转让说明书内容与格式指引（试行）》第四条的规定，属于信息披露违规行为。

案例171　重大资产重组披露信息不一致（伯朗特）

新三板挂牌公司伯朗特（430394）2016 年在披露的《重大资产重组预案（二）》（修订案）、《第一届董事会第二十七次会议决议公告》、《第一届董事会第二十八次会议决议公告》和《关于终止〈重大资产重组预案（二）〉（修订案）的公告》等公告中，对于发行股份募集资金是否属于本次重大资产重组配套募集资金的披露内容存在不一致之处。

13.2.3　业务、成本与资金拆借

案例172　主营业务调整是否影响持续经营能力（中矿龙科）

2016 年 7 月 22 日，新新三板挂牌企业中矿龙科（430147）披露的《关于主营业务变更公告》称，公司将主营业务由“煤炭安全产品研发、生产、销售

与技术服务，并结合公司产品和技术，根据煤炭企业的经营特点，开发多款煤矿管理应用软件”变更为“电气设备健康管理专家系统、智能化设备制造、特种医药和电子分析级溶剂及其废液回收处理”。公司是否具备持续经营能力被股转公司问询。

【解决回复】

（1）公司业务在报告期内有持续的营运记录

2016年上半年，公司实现营业收入3,700万元，比去年同期增长超过200%，其中“谐波法设备状态数据诊断系统”营业收入1,700万元，超过公司营业收入的45%，贸易收入1,300万元，超过公司营业收入的3%，2016年上半年净利润-260万元，比去年同期减少亏损40余万元。2016年上半年亏损原因：一是我公司主打产品谐波法设备状态数据诊断系统产品属于公司主营业务变更后新推出的产品，用户接受有个过程，推广周期也相对较长。上半年公司安排大量工程技术人员分别在电力、石化、建材、冶金、矿山、轨道交通等行业进行现场免费测试和技术交流，推广成本高；二是上半年只销售了23台谐波法设备状态数据诊断系统，销量远没有达到盈亏平衡点。由于大部分订单将集中在9~12月份；淮南大数据服务中心项目也将于8月20日开工，计划工期2个月。因此公司预计2016年全年公司将实现利润1000.00万元左右。

公司2016年1~6月前五大客户的销售合同金额为2600万元；2016年1~6月签订的所有销售合同金额为2900万元。

公司2015年1~6月前五大客户的销售合同金额为200.93万元；2015年1~6月签订的所有销售合同金额为309.10万元。

（2）符合会计准则持续经营条件

公司按照《企业会计准则》的规定编制2015年度年报，由具利安达会计师事务所出具标准无保留意见的审计报告。

公司通过自查，不存在《中国注册会计师审计准则第1324号——持续经营》中列举的影响其持续经营能力的相关事项。

公司不存在依据《公司法》第一百八十一条规定解散的情形，或法院依法受理重整、和解或者破产申请。

综上，根据《全国中小企业股份转让系统公开转让说明书内容与格式指引（试行）》，公司目前具有持续经营能力，主营业务变更为电气设备健康管理专家系统、智能化设备制造。此业务商业模式为前端产品销售加按年收取远程终端专家系统服务费。

案例173　营业成本追溯调增前信息披露不真实（芯能科技）

浙江芯能光伏科技股份有限公司（芯能科技 833677）在申请挂牌过程中存在以下信息披露的违规行为：

申报财务报表中对于已达到固定资产确认条件的在建工程未及时结转固定资产，不符合《企业会计准则》要求。公司在 2015 年年报中对该事项进行会计差错更正，对 2014 年度营业成本追溯调增 451.64 万，调整后的 2014 年度净利润较申报报表减少 383.89 万元，占公司 2014 年度净利润的 21.72%。你公司作为信息披露第一责任人，未能保证申请挂牌文件信息披露的真实、准确、完整。

芯能科技的上述行为违反了《全国中小企业股份转让系统业务规则（试行）》第 1.5 条的规定。对公司申报财务报表编制错误行为，时任董事长张某、财务总监张某某未能忠实、勤勉地履行职责，未尽保证公司信息披露真实、准确、完整的义务，负有主要责任。

董事长张某、财务总监张某某的上述行为违反了《全国中小企业股份转让系统业务规则（试行）》第 1.5 条的规定。

鉴于上述违规事实和情节，根据《全国中小企业股份转让系统业务规则（试行）》第 6.1 条的规定，股转公司做出对浙江芯能光伏科技股份有限公司给予出具警示函的监管措施；对仲谋给予约见谈话并提交书面承诺的监管措施；对张某某给予约见谈话并提交书面承诺的监管措施。

案例174　拆借资金未履行三会程序和披露义务（银奕达）

江苏银奕达科技股份有限公司（银奕达 836235）在申请挂牌过程中向实际控制人控制的企业江苏苏鑫装饰（集团）公司（以下简称“苏鑫集团”）拆借资金 1,970.52 万元，约定利率是年息 7.2%。资金拆借经办人为公司副总经理、财务总监兼董事会秘书佘某，公司董事长兼总经理金某、董事金某 2、董事金某 3 当时知晓资金拆借事项。上述资金拆借行为未经过公司董事会、监事会、股东大会的审议程序，未履行信息披露义务。

银奕达的上述行为违反了《全国中小企业股份转让系统业务规则（试行）》第 1.5 条关于信息披露的要求。对公司上述违规行为，时任董事长兼总经理金某、董事金某 2、董事金某 3、副总经理、财务总监兼董事会秘书佘某未履行信息披露的义务，负有责任。股转公司查明后给予公司及当事人分别给予出具警示函、约见谈话并提交书面承诺的监管措施。

13.2.4 规范与违规

案例175 隐瞒境外居留权致公司信息披露违规（南菱汽车）

广州南菱汽车股份有限公司（南菱汽车 830865）法定代表人兼董事长邓某、董事兼总经理马某，在公司申请挂牌过程中存在隐瞒持有境外居留权的情况以致公司未在申报文件中披露上述情况的违规行为。

邓某、马某隐瞒持有境外居留权的情况以致公司未在申报文件中披露上述情况，上述行为违反了《公开转让说明书内容与格式指引（试行）》第 12 条的规定："申请挂牌公司应扼要披露董事、监事、高级管理人员的情况，主要包括：姓名、国籍及境外居留权、性别、年龄、学历、职称、现任职务及任期、职业经历。"

对邓某、马某隐瞒持有境外居留权的情况以致公司未在申报文件中披露上述情况的行为，时任董事长邓某、董事、总经理马春欣未履行信息披露的义务，负有责任。

此外，邓某、马某在 2014 年半年度报告、2014 年年度报告、2015 年半年度报告中仍未披露持有境外居留权的情况。但考虑到，上述违规事实属于自挂牌以来的持续状态，与申请挂牌期间的违规事项合并处理。

鉴于上述违规事实和情节，根据《全国中小企业股份转让系统业务规则（试行）》第 6.1 条的规定，股转公司做出对邓某、马某给予约见谈话并提交书面承诺的监管措施。

案例176 董事、总经理被逮捕与公司主业变更（中矿龙科）

新三板挂牌企业中矿龙科（430147）披露于 2016 年 8 月 9 日所披《关于公司董事，总经理接受司法机关的立案调查的公告》称，刘某因涉嫌背信损害上市公司利益被逮捕。请公司自查并进一步说明上述事宜是否与公司主营业务变更有关。

解决与回复：

公司主营业务的变更起步于 2013 年上半年，2015 年 2 月通过购买专利权"用于电气设备的谐波故障诊断方法"后，开始全面该项产品的国产化，2015 年 9 月研制出电气设备健康管理专家系统的样机，2016 年 3 月实现量产，截至 2016 年 6 月，谐波法设备状态数据诊断系统营业收入 1,700 万元，超过公司营业收入的 45.00%，因此公司于 2016 年 7 月披露主营业务变更。而刘某 2015

年 8 月才入职本公司并担任总经理职务，其入职公司时，谐波法设备状态数据诊断系统研发已初具规模且刘某未掌握核心技术。另外，刘某本人一直从事煤炭行业，与“特种医药和电子分析级溶剂及其废液回收处理”项目也无直接联系。因此，主营业务变更与刘某本人没有关系。

综上，根据公司自查未发现刘某事件影响公司主营业务。

14 第 14 章

涉密披露与豁免重要事项与操作

14.1 常见疑难6问

14.1.1 军工等涉密信息要求与鉴别

问答297 资本市场企业对军工涉密信息披露的总体要求是什么?

根据国家和军队的现行法律法规，承担武器装备科研生产任务的单位，一般应取得武器装备质量管理体系证书、武器装备科研生产保密资格证书、武器装备科研生产许可证书和装备承制单位资格证书（以下简称“四证”）。根据《保守国家秘密法》《保守国家秘密法实施条例》《军工涉密业务咨询服务安全保密监督管理办法实施细则》《军工企业对外融资特殊财务信息披露管理暂行办法》《涉军企事业单位改制重组上市及上市后资本运作军工事项审查工作管理暂行办法》（2016）等法律相关规定，为涉军涉密业务提供咨询、法律等服务的中介服务机构和人员，必须要有参加涉军涉密咨询服务资格和条件。中介服务机构在服务和对外信息披露过程中应当遵守保密规定。国防科技工业管理机构对涉军企业涉密信息披露进行指导和监督检查。

我们研究了股票在全国中小企业股份转让系统挂牌并公开转让的企业（以下简称“新三板挂牌企业”）和A股上市公司案例，试图梳理清楚“军工涉密业务”企业在新三板挂牌过程中涉及的保密和信息披露的工作要求等事宜。

问答298 保密资格单位和涉军企业的鉴别及要求有哪些？

《武器装备科研生产单位保密资格审查认证管理办法》第三条规定，对承担涉密武器装备科研生产任务的企事业单位，实行保密资格审查认证制度。承担涉密武器装备科研生产任务，应当取得相应保密资格。第六条规定，经审查认证取得保密资格的单位，列入《武器装备科研生产单位保密资格名录》（以下简称《名录》）。又根据《武器装备科研生产许可实施办法》、《武器装备科研生产许可管理条例》等规定，军队系统装备部门的涉密武器装备科研生产合同项目，应当在列入《名录》的具有相应等级保密资格的单位中招标订货。如果企业取得了保密资格单位证书，中介服务机构在为涉军企业提供咨询和服务需要注意保密。

根据《涉军企事业单位改制重组上市及上市后资本运作军工事项审查工作管理暂行办法》（2016）第二条规定，本办法所称涉军企事业单位，是指已取得武器装备科研生产许可的企事业单位。第三十五条规定，取得武器装备科研生产单位保密资格，但未取得武器装备科研生产许可的企事业单位实施改制、重组、上市及上市后资本运作，按有关规定办理涉密信息披露审查。所以，我们这里对涉军企业的定义为“已取得武器装备科研生产许可的企业”。

问答299 参与企业新三板申请挂牌的中介机构及其人员的要求有哪些？

《军工涉密业务咨询服务安全保密监督管理办法实施细则》第二条规定，为军工单位涉密业务提供咨询、审计、法律、评估、评价、招标、设计、施工、监理、载体制作、设备设施维修、展览展示、物资采购代理、信息系统集成和安全防范工程等服务的法人单位或组织，应当具备相应的安全保密条件，在国防科技工业管理部门备案。第三条规定，经国防科技工业管理部门审查，符合安全保密条件的法人单位或组织，列入《军工涉密业务咨询服务单位备案名录》，颁发《军工涉密业务咨询服务安全保密条件合格证书》。第八条规定，咨询服务单位的专、兼职保密工作人员应当通过国防科工局组织的安全保密管理知识和技能培训，考试合格，获得上岗资格。第九条规定，咨询服务单位的涉密人员（包括外聘专家）应当通过国防科工局组织的军工涉密业务咨询服务安全保密专项培训和考核，获得相应的《安全保密培训证书》。《涉军企事业单位改制重组上市及上市后资本运作军工事项审查工作管理暂行办法》（2016）的第二条、第十一条、第三十五条等规定把为已取得武器装备科研生产许可的企事业单位从事咨询服务机构也纳入需要军工涉密业务咨询服务资格的范围。

根据上述规定，所有为军工单位、涉军企事业单位涉密业务提供咨询、审计、法律、评估、评价等服务的中介机构及人员应当符合上述《军工涉密业务咨询服务安全保密监督管理办法实施细则》的规定，中介机构应当已经列入《军工涉密业务咨询服务单位备案名录》，咨询服务单位的涉密人员应当通过国防科工局组织的军工涉密业务咨询服务安全保密专项培训和考核，获得相应的《安全保密培训证书》。

所以，中介服务机构在为军工企业、涉军企业提供咨询和服务时首先应明确企业是否持有保密资格单位证书和武器装备科研生产许可证书。如果企业已经取得了武器装备科研生产许可证书，中介服务机构都必须要遵守《军工涉密业务咨询服务安全保密监督管理办法实施细则》等规定。如果企业只取得了保密资格单位证书，而未取得武器装备科研生产许可证书，并非《国家税务总局关于明确军工企业范围的通知》（国税发[1994]233 号）规定范围内的“军工企业”或者《涉军企事业单位改制重组上市及上市后资本运作军工事项审查工作管理暂行办法》（2016）第二条规定的“涉军企事业单位”，中介服务机构在提供咨询和服务过程也不接触涉密信息，作为咨询服务单位和咨询服务单位的涉密人员可以不需要具备前文所述的特殊的资格。

14.1.2 保密、脱密披露与豁免

问答300 挂牌过程中的保密和信息披露注意事项有哪些？

根据《保守国家秘密法》和《保守国家秘密法实施条例》对保守国家秘密作了相对概括的规定。《军工企业对外融资特殊财务信息披露管理暂行办法》对财务信息披露作了概括的规定。《军工涉密业务咨询服务安全保密监督管理办法》对为军工单位涉密业务提供咨询、审计、法律、评估、评价、招标、设计、施工、监理、载体制作、设备设施维修、展览展示、物资采购代理、信息系统集成和安全防范工程等服务的法人单位或组织的资质、从业人员、监督管理部门、监督管理工作、安全保密管理具体措施等进行了具体的规定。

《军工涉密业务咨询服务安全保密监督管理办法》第五条规定，省级国防

科技工业管理部门负责本行政区域内军工涉密业务咨询服务的安全保密监督管理，主要履行下列职责：（一）对本行政区域内咨询服务单位安全保密工作进行监督检查……第十条规定，处理涉密事项和存储涉密载体的场所要划定专门区域，做到集中、可控。涉密场所应当安装防盗门、防盗窗、防护栏和防盗报警装置。处理机密级以上（含机密级）事项的涉密场所还应当安装电子门禁、视频监控和入侵报警装置。第十一条规定，处理国家秘密信息的计算机（含便携式计算机）、存储介质和办公自动化设备应当根据所处理、存储信息的最高密级粘贴标签，涉密信息应当标明密级。第十二条规定，机密级以下（含机密级）国家秘密载体应当存在密码文件柜中，绝密级国家秘密载体应当存放在密码保险柜中。第十四条规定，军工单位与咨询服务单位签订安全保密协议，应当明确保密内容、保密要求、保密期限、违约责任等。《涉军企事业单位改制重组上市及上市后资本运作军工事项审查工作管理暂行办法》（2016）第六条规定，涉军企事业单位实施以下上市及上市后资本运作行为，须履行军工事项审查程序：（一）涉军企事业单位及其控股的涉军公司发生的境内外资本市场首次公开发行股份并上市、涉军上市公司分拆子公司在境内外多层次资本市场上市（挂牌）……第七条规定，涉军企事业单位在履行改制、重组、上市及上市后资本运作法定程序之前，须通过国防科工局军工事项审查，并接受相关指导、管理、核查。《公开发行证券的公司信息披露内容与格式准则第 28 号——创业板公司招股说明书（2015 年修订）》第五条规定，发行人有充分依据证明本准则要求披露的某些信息涉及国家秘密、商业秘密及其他因披露可能导致其违反国家有关保密法律法规规定或严重损害公司利益的，发行人可向中国证监会申请豁免按本准则披露。

所以，中介服务机构在提供军工涉密业务咨询等服务时应当注意以下几点：

一是必须严格遵守涉密事项和保密协议等规定；

二是中介服务机构如果对掌握的情况是否应当保密或者披露不是很有把握的时候，可以咨询省级国防科技工业管理部门或者国防科工局；

三是公司部分涉密信息采取脱密处理的方式进行披露，部分无法进行脱密处理或者进行脱密处理后仍存在泄密风险的信息，在取得国防科工局批复同意后豁免披露，企业向国防科工局申请后，由国防科工局下发信息披露豁免的批复文件，企业依据该文件可以豁免信息披露。

另外，涉军企业在制定《信息披露管理制度》时，要依据《军工企业对外融资特殊财务信息披露管理暂行办法》对与涉密行业有关的信息披露的特殊要求作相应规定，通常会在《信息披露管理制度》中包含以下内容：对于涉及国家秘密的财务信息，或者可能间接推断出国家秘密的财务信息，公司及下属子公司对外披露时应当采用代称、打包或者汇总等方式，按照《军工企业对外融资特殊财务信息披露管理暂行办法》的要求进行脱密处理；对于无法进行脱密处理，或者经脱密处理后仍然存在泄露国家秘密风险的财务信息，军工企业应当依照《军工企业对外融资特殊财务信息披露管理暂行办法》的规定，向国家相关主管部门或者证券交易所申请豁免披露。

问答301　中介为涉军企业提供改制和挂牌咨询的要求和注意事项是什么？

中介服务机构为涉军企业提供改制和挂牌咨询和服务时，要注意以下几点：

（1）中介服务机构和人员必须要资格合格；

（2）中介服务机构和军工单位建立咨询、服务关系时，应当先签订保密协议，明确保密内容、保密要求、保密期限、违约责任等；

（3）在提供咨询、服务的过程中遵守涉密规定，履行相应程序；

（4）中介服务机构在履行信息披露义务时，对于不能披露的信息，必须先向国防科技工业管理部门申请信息豁免披露，对于需要披露的涉密信息必须先作脱密处理再披露，并且在正式公开信息前向国防科技工业管理部门申请对拟披露信息保密审查，对于没有涉及军队和其他秘密的信息，可以不需要向国防科技工业管理部门申请对拟披露信息保密审查，直接披露客户名称等信息。

问答302　实践中，申请豁免信息披露的要求和条件一般是什么？

通过总结新三板挂牌案例发现，非军工等性质的企业，如德博科技（834377）外，新球清洗（834400）、商安信（代码832754）等挂牌企业都曾以商业秘密为由向股转系统申请豁免信息披露，但上述挂牌企业的申请都未获批准。

然而像华创股份（835322）、希迈气象（830790）、三角防务（836582）等涉军工类企业存在申请豁免信息披露获批准的情形，但这类涉军工类企业申请豁免信息披露都必须严格履行相应程序并符合以下条件：

（1）按照相关保密方面的法律法规及规范性文件的规定对涉密信息进行打包、脱密等信息披露处理；

（2）公司履行了规定的销售、采购程序；

（3）参与挂牌的各中介机构及其人员均需具备相应的保密资格；

（4）公司采取的信息披露方式及材料还需取得相关机构的批准或备案。

综上，在实际操作中，除须经过相应程序进行披露信息脱密处理的军工类等涉及国家秘密的企业豁免信息披露申请获批准外，其他以商业秘密为由向股转系统申请豁免信息披露的，暂未发现通过案例，建议企业在申请挂牌过程中充分、完整、真实地披露相关信息，以避免增加挂牌负累。

14.2　典型实战12例

14.2.1　商业机密不豁免

案例177　以商业机密申请豁免披露未获批准

新三板挂牌企业萍乡德博科技股份有限公司（德博科技 834377）主营业务为从事内燃机配件制造，公司在申请挂牌时以商业秘密为由申请豁免披露公司客户信息未获股转系统批准，并针对德博科技报告期内存在未披露客户信息情形提出两轮反馈意见。

第一轮反馈意见：公司与客户 A 签订了保密协议，申报材料中未披露客户 A 的基本信息。请主办券商及律师核查公司未披露客户信息原因、信息披露方式是否适当。请公司对前述事项予以说明并披露。第二轮反馈意见：请公司补充披露客户信息。

德博科技中介机构反馈回复要点如下：

（1）公司与客户 A 的相关交易信息确系商业秘密，且该客户 A 已声明不同意公司对相关交易信息予以披露，如果公司直接披露将违反保密协议约定，客户 A 有权请求公司支付违约金 50 万元，存在失去该客户并承担大额违约金的风险，将严重损害挂牌公司利益；

（2）公司已向股转系统提交《萍乡市德博科技股份有限公司关于公司股票在全国中小企业股份转让系统挂牌信息豁免的申请报告》，符合《全国中小企业股份转让系统业务规则（试行）》中关于豁免披露规定。

案例结果：

中介机构及公司在第二轮反馈回复中将公开转让说明书及其他申报文件中对客户 A 的名称改为“迈力特（常州）精密机械有限公司”，同时对涉及该客户的其他信息的表述进行修改。

14.2.2 涉密军工豁免披露

案例178 涉密信息豁免披露（高德红外）

中小板上市企业武汉高德红外股份有限公司（高德红外 002414），在申请上市过程中，由于公司为军工涉密企业，证监会对涉密问题提出了意见。

【案例解读】

武汉高德对涉密信息豁免披露的反馈，答复如下：

发行人（高德红外）已于 2008 年 8 月、2008 年 9 月分别取得国防科工局与湖北省国防科学技术工业办公室（以下简称“湖北省科工办”）出具的涉密信息豁免披露的批复，同意发行人在首次公开发行股票中不公开披露相关涉密信息。发行人（高德红外）作为国家二级保密单位，其保密委员会有权对本单位涉密信息进行定级、对外披露的审查。发行人（高德红外）保密委员会根据上述规定及批复，对本次申报材料中涉及涉密信息披露的情况予以逐条核对、审查，确认符合前述国家安全保密法规和有关批复的规定，不存在违反国家安全保密规定的情形。

因此，中介服务机构在面对信息时，首先要认真审核相关信息是否为涉密信息，对涉密内容不得披露，并且企业必须取得国防科工局同意豁免披露批复。

案例179 军工企业信息披露豁免（希脉气象）

新三板挂牌公司公司为军队提供军工产品，公司申请挂牌是申请信息披露豁免。股转公司反馈意见：

①请主办券商补充核查，公司来自军品的收入占报告期内收入的比例、是否进行打包、脱密等信息披露处理、信息披露豁免是否影响投资者对公司的判断、是否建立健全保密方面的内控制度；②请公司补充披露是否履行军方采购程序；③请公司补充说明并披露参与申请挂牌的中介机构及其人员是否具备相应资格；④公司采取的信息披露处理方式是否取得国家相关部门批准或确认文件；若不能取得批准或确认文件，请主办券商和律师通过尽调、走访等方式予以见证；⑤请公司补充披露公司向军方销售的可持续性，是否影响公司持续经营能力；⑥请主办券商和律师对前述事项核查并发表意见。

【案例解读】

主办券商与律师回答：

（1）公司豁免披露信息的处理及其他相关事项

①根据吉林省国防科技工业办公室（以下简称“吉林省国防科工办”）出具的《关于长春希迈气象科技股份有限公司拟在全国中小企业股份转让系统挂牌交易申请信息豁免披露的意见》（吉国密函[2014]1 号）及公司出具的《关于长春希迈气象科技股份有限公司拟在全国中小企业股份转让系统挂牌交易事宜出具意见的请示》（长希迈[2014]1 号），“军品在报告期内的销售额占当期销售总额的百分比”申请豁免披露。

②司申请文件均进行了打包、脱密等信息披露处理。根据《长春市国家保密局关于信息公开保密审查管理的暂行规定》第十条规定，“对涉及国家秘密但确需公开的有关信息，信息提供单位应当按照法定权限向该信息原密级确定机关、单位建议解密或采取删节、改编、隐去等保密措施”的保密要求，公司对军品相关信息采取了隐去、打包、脱密等信息披露处理。公司本次申请股票挂牌及公开转让涉及公开披露的文件有：a）主办券商出具的推荐报告；b）公开转让说明书；c）律师事务所出具的法律意见书及补充法律意见书（一）；d）会计师事务所出具的公司 2011 年、2012 年及 2013 年 1~10 月两年一期的财务报表及审计报告；e）公司章程。对于以上公开披露的文件，其涉密信息披露的具体处理方式为：对公开转让说明书中公司报告期前五大客户名称采用代称方式、公司的重大业务合同及其履行情况中客户名称采用代称方式、合同名称采用模糊处理方式、应收账款描述中的客户名称采用代称方式、报告期应收账款前五大客户名称采用代称方式；对审计报告中资产负债表日欠款金额前五名客户名称、前五大客户名称采用模糊表述方式；对法律意见书中与军工企业签订的正在履行的重大军品合同的客户名称采用代称方式、合同名称采用模糊处理方式。对未公开披露的文件，公司对提供的重大合同中涉密信息采取屏蔽的方式进行保密。

③公司目前公开披露的文件信息及其脱密处理符合《保守国家秘密法》关于“既确保国家秘密安全，又便利信息资源合理利用”的规定。公司已按照本次申请股票挂牌并公开转让的相关法律法规的要求充分披露了所应披露的事项，军工企业信息披露限制已经作为重大事项在《公开转让说明书》中进行了提示，未以保密为由规避法定的信息披露义务，不存在影响投资者对拟挂牌公司进行投资判断的情形，能够充分保障投资者利益。

④公司已经建立健全保密方面的内控制度。根据《武器装备科研生产单位三级保密资格标准》中第3.3.1条关于“保密制度健全、规范，具有可操作性”的要求和标准，公司在吉林省国防科工办的指导下，结合公司实际情况，制定了《对外宣传报道（财务信息披露）保密管理制度》、《计划财务部国家秘密管理规定》、《安全保密教育制度》、《涉密人员管理制度》、《定密和变更密级工作制度》、《国家秘密载体保密管理制度》、《要害部门（部位）保密管理规定》等一套完善的保密内控管理制度。

（2）公司履行了军方采购程序

根据公司说明，军方向公司采购的物资为定制品，主要采用“单一来源采购”的方式。公司及子公司作为军方特定定制品的唯一供应商，符合《军队物资采购管理规定》第三十一条第（一）款关于可以采用单一来源方式的规定。根据《军队物资采购管理规定》第三十二条规定，军队物资集中采购，应当按照编制采购预算、下达采购计划、组织实施采购、进行质量验收、集中支付资金的程序组织实施。该法第三十七条规定，采用单一来源方式的，军队物资采购机构与供应商应当遵循本规定确定的原则，在保证采购项目质量和双方商定合理价格的基础上实施采购。

根据公司与军方多年的合作经验，按照惯例，军方采购的程序为：军方制定采购计划→签订产品技术规格书和装备采购合同→公司依据前述约定进行生产、检测、交付→军方依据产品技术规格书的要求进行军检（验收）→公司依据军方调拨单组织发货。公司严格按照军方的需求进行军品供货。

经核查，本所律师认为，公司及其子公司已依法履行军方的采购程序。

（3）参与申请挂牌的中介机构及其人员具备保密的相应资格

根据公司及各中介机构提供的有关保密资格文件，并经本所律师核查，参与本次挂牌的中介机构东北证券和本所均已取得了《军工涉密业务咨询服务安全保密条件备案证书》，均在有效期内；中兴财光华已于2013年11月22日取得《军工涉密业务咨询服务单位安全保密条件审查意见书》，审查结果为：符合备案条件，同意向国家国防科技工业局备案。由于备案和颁发备案证书之间有一定的时间间隔，所以中兴财光华尚待取得《军工涉密业务咨询服务安全保密条件备案证书》。根据《军工涉密业务咨询服务安全保密监督管理办法（试行）》等相关法律法规和规范性文件的规定，省级国防科技工业管理部门负责本行政区域内军工涉密业务咨询服务的安全保密监督管理。经公司咨询吉林省国防科工办，中介机构通过军工保密资质的现场审查后，即可以为公司提供咨询服务。据此，本所律师认为，中兴财光华取得《军工涉密业务咨询服务安全保密条件备案证书》不存在实质性障碍，不影响其为公司提供财务咨询服务。

根据吉林省国防科工办下发的《关于规范开展军工涉密业务咨询服务工作的通知》[吉国密字（2013）42 号]的有关规定，参与本次挂牌的中介机构及相关服务人员的保密资格均经吉林省国防科工办进行审查，跨省从事军工涉密业务咨询服务的本所和中兴财光华及其相关服务人员均在吉林省国防科工办履行了登记备案手续。

（4）公司采取的信息披露处理方式已取得国家相关部门批准或确认文件

经本所律师核查，公司于 2014 年 1 月 20 日取得了吉林省国防科工办出具的《关于长春希迈气象科技股份有限公司拟在全国中小企业股份转让系统挂牌交易申请信息豁免披露的意见》（吉国密函[2014]1 号）的确认文件。公司依据该确认文件向全国中小企业股份转让系统有限责任公司提出信息豁免披露申请。

（5）公司向军方销售具有可持续性，不会影响公司的持续经营能力

根据公司说明，公司向军方销售具有可持续性。一方面，公司的子公司长春气象仪器研究所最早成立于 1958 年，系长春气象仪器厂气象仪器研究室，隶属于总后勤部。几十年来该所与军方有良好的合作记录，能做到持续跟踪军方的需求，不断满足客户的需要；另一方面，公司的子公司与某部队院校建立了合作关系，参与部队型号任务研制，同时也在不断地增加军方客户。据此，公司向军方销售具有可持续性，不会影响公司的持续经营能力。

综上所述，本所律师认为：

a）公司已经按照有关保密方面的法律法规及规范性文件的规定，对涉密信息进行了打包、脱密等信息披露处理，信息披露豁免不会影响投资者对公司的判断，公司已经建立健全了保密方面的内控制度；

b）公司履行了军方采购程序；

c）参与申请本次挂牌的各中介机构及其人员均具备相应资格；

d）公司采取的信息披露处理方式已经取得吉林省国防科工办的确认文件；

e）公司向军方销售具有可持续性，不会影响公司的持续经营能力。

案例180　涉密信息豁免披露（长城军工）

安徽长城军工股份有限公司（长城军工）曾在 IPO 招股说明书中表示，由于公司为军工企业，因此会因为涉密信息脱密处理和豁免披露影响投资者对公

司价值判断的风险。

长城军工表示，公司主要从事军品业务，部分生产、销售和技术信息属于国家秘密，不宜披露或直接披露。根据《军工企业对外融资特殊财务信息披露管理暂行办法》的相关规定，公司部分涉密信息采取脱密处理的方式进行披露，部分无法进行脱密处理或者进行脱密处理后仍存在泄密风险的信息，在取得国防科工局批复同意后豁免披露。2013年5月27日，国防科工局出具《国防科工局关于安徽长城军工股份有限公司上市特殊财务信息豁免披露有关事项的批复》（科工财审[2013]613号），2013年10月18日，国防科工局出具《国防科工局关于安徽长城军工股份有限公司上市第二次特殊财务信息豁免披露有关事项的批复》（科工财审[2013]1342号），2014年3月17日，国防科工局出具《国防科工局关于安徽长城军工股份有限公司上市特殊财务信息豁免披露有关事项的批复》（科工财审[2014]256 号），同意发行人（长城军工）豁免披露军品市场占有率、竞争对手、产能、产量、销量以及军品募集资金投资项目新增产能、产量等信息。投资者将因上述涉密信息脱密披露或豁免披露而无法获知公司的部分信息，可能影响其对公司价值的判断，造成其投资决策失误。

14.2.3 涉密脱密披露

注意：中介服务机构如果已经对相关涉密信息进行了脱密处理，企业在信息披露前，可以不向国防科技工业管理部门申请对拟披露信息保密审查。但是，如果在对相关信息作脱密处理后披露是否违反相关法律不是非常确定，企业在信息披露前，必须向国防科技工业管理部门申请对拟披露信息保密审查，确认信息披露没有问题。

案例181　涉密信息脱密后披露（智创联合）

新三板挂牌企业北京智创联合科技股份有限公司（智创联合 831382）挂牌期间，在公开转让说明书中披露前五大客户时，披露信息作脱密处理后披露为客户1、客户2等，对其销售合同中合同对象披露为解放军某研究中心、某大学、航天某研究所、某核研究院、航空某公司等。

案例182　涉密信息脱密后披露（中科国信）

新三板挂牌公司北京中科国信科技股份有限公司（中科国信 430062）申请

挂牌时，在股份报价转让说明书中披露了前五名客户的销售额及占比，在客户名称一栏中披露的客户为：哈飞航空工业公司、某部队、陆军航空兵学院、北京同方世创科技有限公司、北京长征高科技公司，并在表格下面作注：由于部队保密需要在前五大客户披露中以“某部队”代替部队名称。相关法律意见书中未见到相关合同，也未对未披露原因作说明。

案例183　涉密信息脱密后披露（国基科技）

新三板挂牌公司北京国基科技股份有限公司（国基科技 430076）挂牌时，在披露技术委托开发合同部分时，进行了如下披露：（1）2009 年 2 月 28 日，某军工科研单位甲和公司签订《科学技术协作项目合同书》，委托公司完成基于无线宽带网络的移动通信测试系统研制，提供科研成果和技术资料，合同总价款为人民币 145 万元。（2）2009 年 9 月 17 日，中国电子科技集团公司第二十七研究所和公司签订《技术合同书》，委托公司完成数据传输与监视管理系统，合同总价款为 2,638,460 元，研发的相关技术成果及知识产权归中国电子科技集团公司第二十七研究所所有。（3）2009 年 9 月 17 日，中国电子科技集团公司第二十七研究所和公司签订《技术合同书》，委托公司完成视频服务与管理系统，合同总价款为 1,964,600 元，研发的相关技术成果及知识产权归中国电子科技集团公司第二十七研究所所有。

以上描述中，用了“某军工科研单位”进行脱密处理，但对中国电子科技集团公司第二十七研究所等非军工科技单位进行了披露。

14.2.4　未通过豁免或未申请直接披露

案例184　军工企业未能通过信息披露豁免（捷世智通）

新三板挂牌企业捷世智通（430330）在申请挂牌的报告期内，公司客户中存在军工类企业和研究所，股转公司要求：请补充披露公司向该类客户销售产品是否需要取得保密资质或军品销售资质。报告期内前五大客户中未披露军方客户名称，请公司补充说明原因，并说明是否影响投资者对企业价值的判断。如申请豁免披露的，请公司按照《公开转让说明书内容与格式指引（试行）》第三条规定提交豁免披露的申请，说明依据，并提供有关部门确认文件。请主办券商和律师对公司豁免披露申请事宜出具意见。

【案例解读】

主办券商与律师回复如下：

（1）涉及公司生产经营资质的相关规定

《武器装备科研生产许可管理条例》第二条规定：国家对列入武器装备科研生产许可目录（以下简称许可目录）的武器装备科研生产活动实行许可管理。但是，专门的武器装备科学研究活动除外。

《武器装备科研生产单位保密资格审查认证管理办法》第三条规定，对承担涉密武器装备科研生产任务的企事业单位，实行保密资格审查认证制度，承担涉密武器装备科研生产任务，应当取得相应保密资格。

《武器装备科研生产单位保密资格审查认证管理办法》第六条规定，经审查认证取得保密资格的单位，列入《武器装备科研生产单位保密资格名录》（以下简称《名录》），军队系统装备部门的涉密武器装备科研生产合同项目，应当在列入《名录》的具有相应等级保密资格的单位中招标订货。

上述武器装备科研生产许可目录不对外公开，经走访北京市国防科学技术工业局（北京市经济和信息化委员会），就公司业务是否应当获得武器生产许可资质申请查阅该目录，获得的主管部门口头答复确认，申请查阅该目录的企业应当具备《武器装备科研生产单位保密资格审查认证管理办法》规定的保密资格，公司目前没有保密资格，因此不受理公司的查阅申请。

根据上述相关规定，军工单位在发生涉密武器装备科研生产交易时，应当要求供应商提供相关武器生产许可和保密资格。申请保密资格的单位应当向军工保密资格认定机构提供合同甲方出具的交易项目的密级证明，或合同甲方出具的合同意向证明及密级证明。嵌入式计算机的功能为实现对特定控制对象的工业控制，所利用的技术为通用技术。报告期内公司为军工客户提供的产品时，无法确认军工客户是否将公司的产品应用于武器装备以及具体的控制对象；负有审查供应商生产许可资质和保密资格义务的军工客户未要求公司提供武器生产许可资质和保密资格，也没有向公司提供相关密级证明文件，双方的交易合同也没有约定公司应具备相关资质。

（2）关于未披露军工客户名称

公司根据与军工类企业和研究所的业务交往经验判断其名称为保密信息，在公开披露文件中隐去相关工厂、研究所的具体代码，并在不需要披露的申报文件中披露其完整名称。

公司经核查后确认相关客户的名称属于公开信息，按照《公开转让说明书内容与格式指引（试行）》等相关规定属于应当披露的客户信息，因此已在《转让说明书》中披露相关客户的名称。

本所律师认为，报告期内军工客户未要求公司提供相关武器生产许可资质和保密资格，公司与报告期内的军工客户交易时无须具备武器生产许可资质和保密资格；公司已按照《公开转让说明书内容与格式指引（试行）》等相关规定披露相关客户信息，不涉及需要申请豁免披露的事项。

案例185 军工企业未涉及军队客户直接披露（日望电子）

新三板挂牌企业株洲日望电子科技股份有限公司（日望电子 430400）作为军工“四证”齐全的公司，挂牌时在公开转让说明书中公开披露了销售合同信息，客户分别为郑州飞机装备有限责任公司、中国航空救生研究所、北京德恩电子有限公司和北京德恩电子有限公司，合同主要产品为固定钽电容、高能钽电容器、超低温储能模块、高能钽电容器、电解电容器等，中介服务机构在信息披露时未申请信息披露豁免或脱密处理。结合其他公司案例，主要是这里未直接涉及军队客户。

案例186 未申请豁免直接披露销售合同（西部超导）

新三板挂牌企业西部超导材料科技股份有限公司（西部超导 831628）曾在挂牌法律意见书中披露了三个销售合同，其中一个如下：

2010 年 12 月 20 日，超导股份与中国国际核聚变能源计划执行中心签订了《国际热核聚变实验堆（ITER）计划校正场线圈导体股线和磁体馈线导体采购包股线制造合同》。该合同约定了超导股份于 2015 年 2 月前按照进度计划要求为后者提供校正场线圈导体股线和磁体馈线导体股线，合同总金额为 39,800,200 元。这里同样未涉及军队客户。

案例187 军工企业非涉密军工合同直接披露（常荣声学）

新三板挂牌企业南京常荣声学股份有限公司（常荣声学 832341）申请挂牌在反馈意见的回复中，主办券商和律师核查了公司报告期内以及主要军工客户的销售合同（不含技术参数及其他涉密图纸）、入账单及相关财务凭证，披露了全部公司正在执行的合同。主办券商和律师经核查认为，公司与北京强度环境研究所及北京卫星环境工程研究所签订的上述四份合同均通过公开市场方式（公开招投标和市场竞争性谈判）取得，属于军民通用合同，不属于军工涉密合同。

主办券商和律师同时表示："根据公司保密委员会的定密，公司核心涉密信息主要包括技术参数及涉密图纸，中介机构未能进行核查，且此部分信息并非中介结构尽职调查的范围，故无须进行核查披露。"

这里，公司核心涉密信息主要包括技术参数及涉密图纸，和合同的主要披露要素关系不大，同时公司也未涉及军队客户。

案例188 军工未涉及军队客户的信息披露（七维航测）

新三板挂牌且北京七维航测科技股份有限公司（以下简称"七维航测"）曾在挂牌法律意见书当中未披露销售合同。在股份报价转让说明书中，披露了2010年客户前五名：中国电子科技集团公司第五十四研究所、上海杰瑞信息科技有限公司、中国航天科工集团第二研究院二十三所、北京振兴计量测试研究所、中国人民解放军海军航空工程学院。这里同样未涉及军队客户。

因此，对于没有涉及军队和其他秘密的，中介服务机构可以不需要向国防科技工业管理部门申请对拟披露信息保密审查，直接披露了客户名称等，并不会违反相关法律。